U0856202

山 西 省 统 计 局
国家统计局山西调查总队 编

山西统计年鉴

SHANXI STATISTICAL YEARBOOK 2013

总 第31期

中国统计出版社
China Statistics Press

图书在版编目（CIP）数据

山西统计年鉴. 2013 : 汉英对照 / 山西省统计局，国家统计局山西调查总队 编
—— 北京 : 中国统计出版社，2013.7

ISBN 978-7-5037-6843-9

Ⅰ. ①山…

Ⅱ. ①山… ②国…

Ⅲ. ①统计资料 - 山西省 - 2013 - 年鉴 - 汉、英

Ⅳ. ①C832.25-54

中国版本图书馆CIP数据核字(2013)第140190号

山西统计年鉴-2013

作　　者 / 山西省统计局 国家统计局山西调查总队
责任编辑 / 佘竞雄
责任校对 / 董晓玲　樊梅洁
装帧设计 / 太原大道设计有限公司
出版发行 / 中国统计出版社
地　　址 / 北京市丰台区西三环南路甲6号
邮政编码 / 100073
电　　话 / 邮购（010）63376909　　书店（010）68783171
网　　址 / http://csp.stats.gov.cn
印　　刷 / 山西臣功印刷包装有限公司
经　　销 / 新华书店
开　　本 / 890mm × 1240mm 1/16
字　　数 / 1590千字
印　　张 / 52.15
版　　别 / 2013年7月第1版
版　　次 / 2013年7月第1次印刷
定　　价 / 390.00元

本书附同版本CD-ROM一张，光盘内容以书面文字为准。

如有印装差错，由本社发行部调换。

山西统计年鉴 2013

SHANXI STATISTICAL YEARBOOK [2013]

编者说明

一、《山西统计年鉴－2013》收录了全省和各地市、县（市、区）有关部门2012年经济、社会、科技等方面的统计数据，是一部全面反映山西省国民经济和社会发展情况的资料性年刊。为便于国际交流，内文全部采用中英文对照。

二、全书共分20个篇章：1.综合；2.人口、劳动工资和社会保障；3.固定资产投资；4.对外经济贸易；5.能源；6.物价；7.人民生活；8.农村经济；9.工业；10.建筑业；11.交通运输、邮电通信业；12.批发和零售业；13.住宿、餐饮业和旅游；14.财政、金融和保险；15.教育、科技；16.文化、体育、卫生、环保；17.城市概况；18.地市篇；19.县（市）篇；20.企业篇。为方便读者使用，各篇章前绘制了反映总体趋势的统计图，篇末附有《主要统计指标解释》，对主要统计指标的涵义、统计范围和统计方法以及历史沿革予以简要说明。

三、与2012年版《山西统计年鉴》相比，本年鉴内容主要做了如下修订：删减工业总产值指标；企业篇删减了企业家信心指数和企业家景气指数。

四、本年鉴统计指标口径范围以国家现行统计报表制度为准。资料主要来源于统计年报，部分资料来自于抽样调查和有关部门。

五、为方便读者使用，对有变动的指标在表下作了简要注释。按照国际惯例，一些主要指标需要根据普查等进行定期核实修正，凡以前发表过的统计数字与本年鉴不一致的，请以本年鉴为准。

六、本年鉴所使用的度量衡单位，均采用国际统一标准计量单位。部分数据合计数或相对数由于单位取舍不同而产生的计算误差，均未作机械调整。

七、年鉴符号使用说明："空格"表示该项统计指标数据不足本表最小单位数、数据不详或无数据；"#"表示该指标其中的主要项。

COMPILER'S NOTES

Ⅰ. *Shanxi Statistical Yearbook 2013* is an annual statistics publication, which reflects various aspects of national economic and social development in Shanxi province. It covers very comprehensive data series in 2012 at provincial level and local levels of city, county from relative departments, reflecting social and economic as well as science and technology development of Shanxi province. To meet the need of international exchange, an English–Chinese has been made in the book.

Ⅱ. The book contains the following twenty parts: 1. General Information; 2. Population, Labor Wages and Social Security; 3. Investment in Fixed Assets; 4. Foreign Trade; 5. Energy; 6. Price; 7. People's Livelihood; 8. Agricultural Economy; 9. Industry; 10. Construction; 11. Transportation, Post and Telecommunication Services; 12. Wholesale and Retail Trade; 13. Hotels, Catering Services and Tourism; 14. Public Finance, Banking and Insurance; 15. Education, Science and Technology; 16. Culture, Sports, Public Health and Environmental Protection; 17. Information of City; 18. Part of Prefecture and City; 19. Part of County and City; 20. Part of Enterprises. In addition, Statistical Chart reflecting total trend is attached at every chapter, Explanatory Notes on Main Statistical Indicators, a brief introduction about the meaning, data sources, statistical coverage, statistical methods and historical changes of main statistical indicators, are provided at the end of each part.

Ⅲ. Comparing with *Shanxi Statistical Yearbook 2012*, this yearbook is made revising as follow: the indicator of gross industrial output value is deleted; confidence index of entrepreneur and prosperity index of enterprise is deleted from the Part of Enterprises.

Ⅳ. On the whole, the concepts, definitions and coverage of statistics in indicators in this book are the same as in the current statistics report system of our country. The major data sources of this book are obtained from annual statistical reports, some from sample surveys and some from statistics materials provided by relative economical administrative departments.

Ⅴ. For the convenience of the readers, brief notes concerning some indicators about their changes in meaning or coverage are given at the lower part of relevant tables. According to international practice, some main indicators need to check and revise regularly by statistical surveys, such as census. In case of some statistical data issued before being inconsistent with this publication, take the data in this publication as correction.

Ⅵ. The units of measurement used in this book are international standard measurement units. Statistical discrepancies due to rounding are not adjusted in this yearbook.

Ⅶ. Notations used in this book: "(blank)" indicates that the figure is not large enough to be measured with the smallest unit in the table or is not available; " # " indicates the major items of the total.

目　　录

CONTENTS

一、综　合
GENERAL INFORMATION

二、人口、劳动工资和社会保障
POPULATION，LABOR WAGES AND SOCIAL SECURITY

三、固定资产投资
INVESTMENT IN FIXED ASSETS

四、对外经济贸易
FOREIGN TRADE

五、能　源
ENERGY

六、物 价
PRICE

七、人民生活
PEOPLE'S LIVELIHOOD

八、农村经济
AGRICULTURAL ECONOMY

九、工 业
INDUSTRY

十、建筑业
CONSTRUCTION

十一、交通运输、邮电通信业
TRANSPORTATION，POST AND TELECOMMUNICATION SERVICES

十二、批发和零售业
WHOLESALE AND RETAIL TRADE

十三、住宿、餐饮业和旅游
HOTELS，CATERING SERVICES AND TOURISM

十四、财政、金融和保险
PUBLIC FINANCE，BANKING AND INSURANCE

十五、教育、科技
EDUCATION，SCIENCE AND TECHNOLOGY

十六、文化、体育、卫生、环保
CULTURE，SPORTS，PUBLIC HEALTH AND ENVIRONMENTAL PROTECTION

十七、城市概况
INFORMATION OF CITY

十八、地市篇
PATR OF PREFECTURE AND CITY

十九、县(市)篇
PART OF COUNTY AND CITY

二十、企业篇
PART OF ENTERPRISES

01 综合
GENERAL INFORMATION

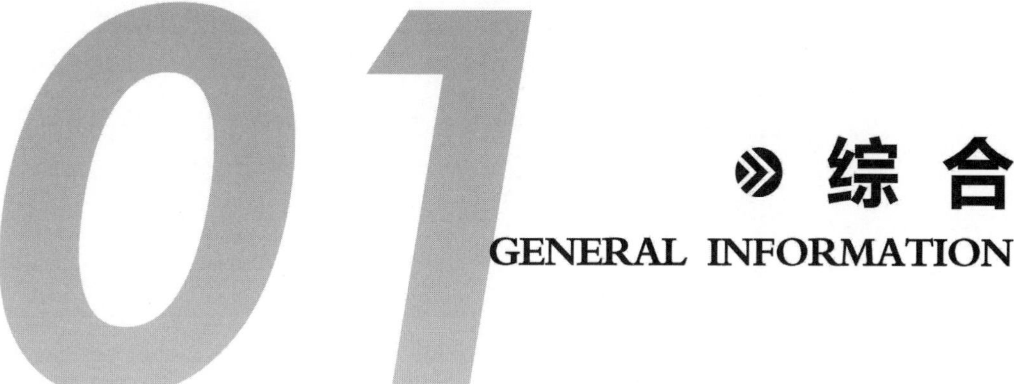

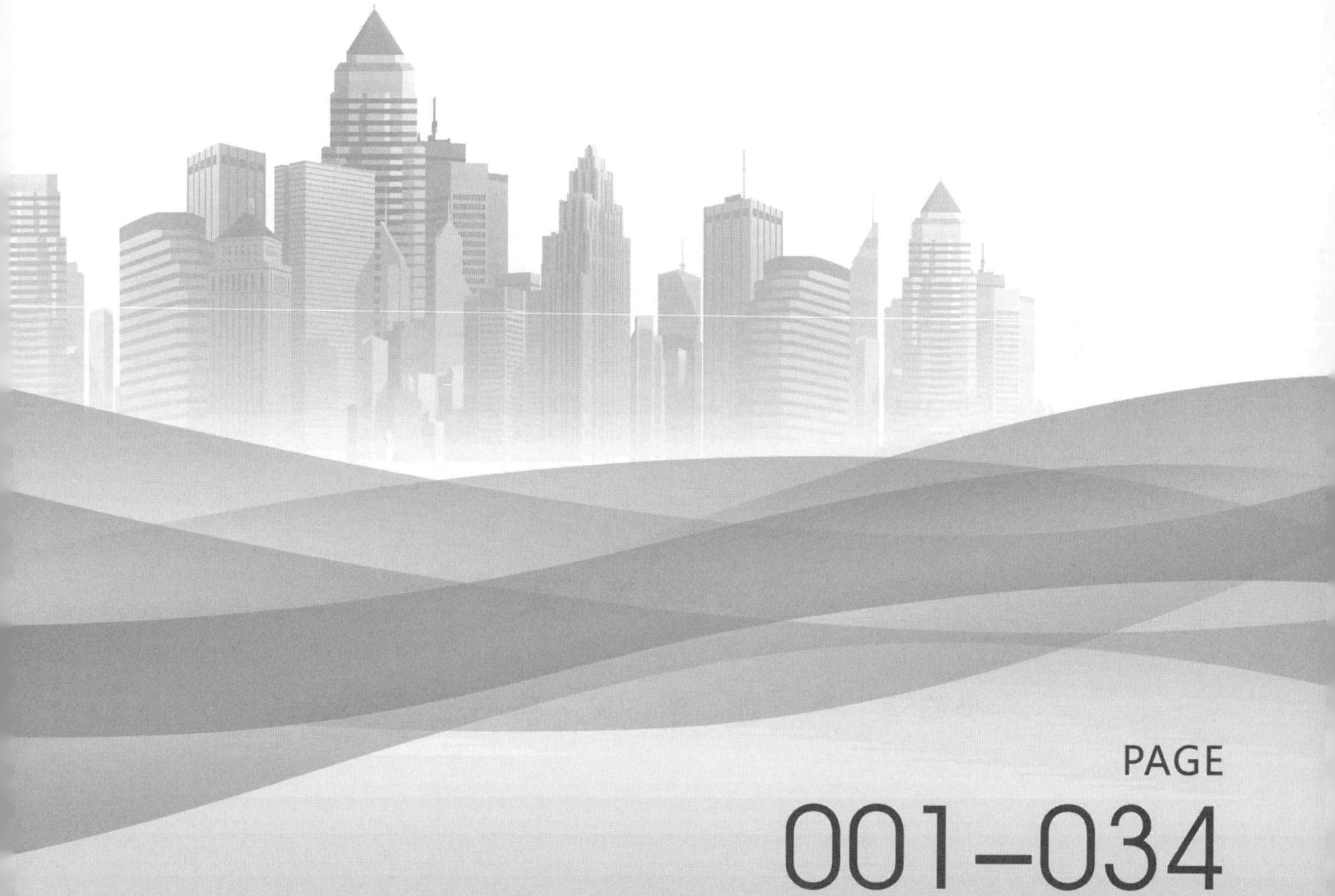

PAGE
001–034

资料整理人员

樊梅洁　李　静　李　燕　阴　燕　张淑虹

综　合

GENERAL INFORMATION

地区生产总值	Gross Domestic Product	12112.8	亿元	(100 million yuan)
第一产业	Primary Industry	698.3	亿元	(100 million yuan)
第二产业	Secondary Industry	6731.6	亿元	(100 million yuan)
第三产业	Tertiary Industry	4683.0	亿元	(100 million yuan)
法人单位数	Number of Corporation Units	244874	个	(unit)
产业活动单位数	Number of Active Units	323296	个	(unit)

地区生产总值构成 (%)

Composition of Gross Domestic Product (%)

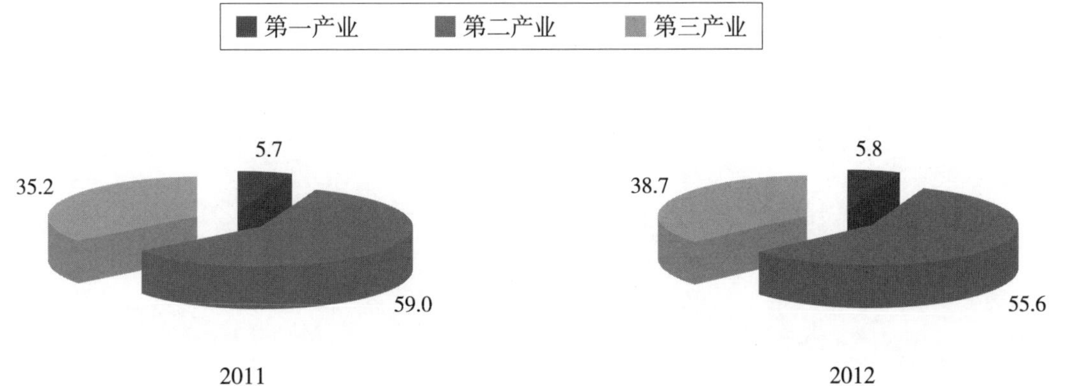

地区生产总值 (亿元)

Gross Domestic Product (100 million yuan)

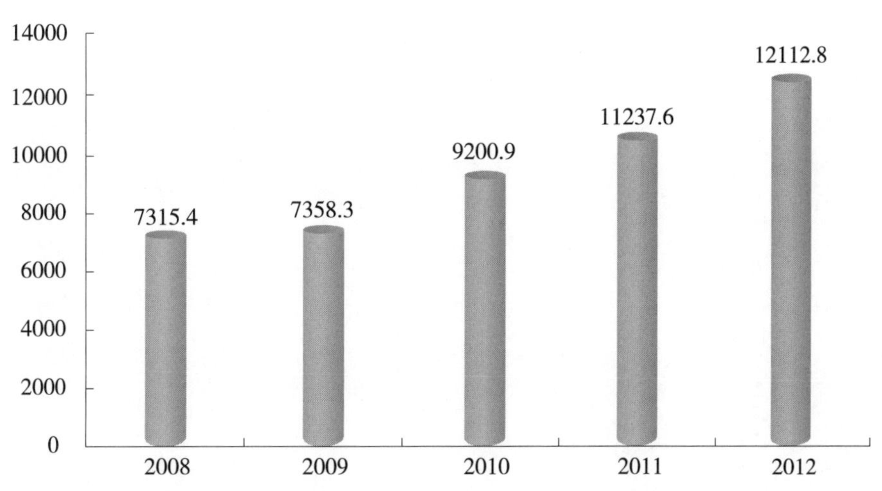

综 合

GENERAL INFORMATION

人均地区生产总值	Per Capita Gross Domestic Product	33628	元	(yuan)
支出法地区生产总值	Gross Domestic Product by Expenditure Approach	12112.8	亿元	(100 million yuan)
最终消费	Final Consumption Expenditure	5506.1	亿元	(100 million yuan)
资本形成总额	Gross Capital Formation	8223.9	亿元	(100 million yuan)
货物和服务净出口	Net Export of Goods and Services	-1617.1	亿元	(100 million yuan)

支出法地区生产总值构成(%)

Composition of Gross Domestic Product by Expenditure Approach(%)

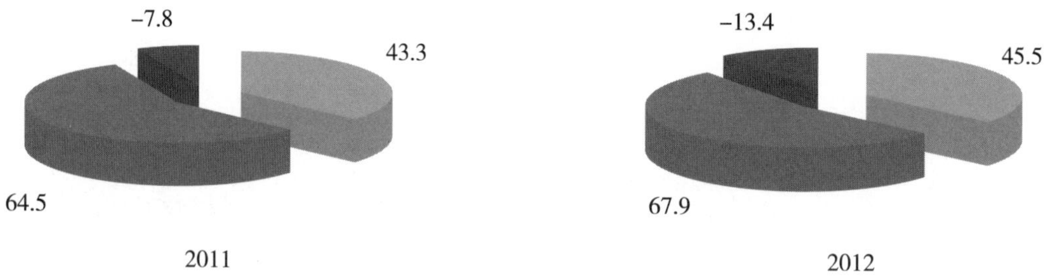

人均地区生产总值（元）

Per Capita Gross Domestic Product(yuan)

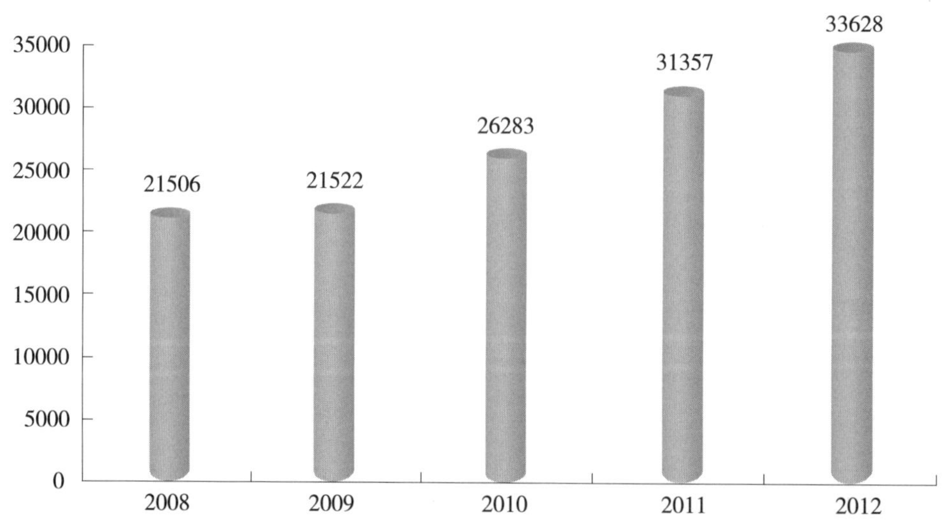

1-1 行政区划(2012年)

ADMINISTRATIVE DIVISION(2012)

市 名 City	城 市 City			市辖区 District Under Jurisdiction of Cities	县 County	镇 Town	乡 Township
	合 计 Total	地级市 City at Prefecture Level	县级市 City at County Level				
	22	11	11	23	85	564	632

市 名 City									
太原市 Taiyuan	小店区 Xiaodian	迎泽区 Yingze	杏花岭区 Xinghualing	尖草坪区 Jiancaoping	万柏林区 Wanbailin	晋源区 Jinyuan	清徐县 Qingxu	阳曲县 Yangqu	
	娄烦县 Loufan	古交市 Gujiao							
大同市 Datong	城 区 Chengqu	矿 区 Kuangqu	南郊区 Nanjiao	新荣区 Xinrong	阳高县 Yanggao	天镇县 Tianzhen	广灵县 Guangling	灵丘县 Lingqiu	
	浑源县 Hunyuan	左云县 Zuoyun	大同县 Datong						
阳泉市 Yangquan	城 区 Chengqu	矿 区 Kuangqu	郊 区 Jiaoqu	平定县 Pingding	盂 县 Yuxian				
长治市 Changzhi	城 区 Chengqu	郊 区 Jiaoqu	长治县 Changzhi	襄垣县 Xiangyuan	屯留县 Tunliu	平顺县 Pingshun	黎城县 Licheng	壶关县 Huguan	
	长子县 Zhangzi	武乡县 Wuxiang	沁 县 Qinxian	沁源县 Qinyuan	潞城市 Lucheng				
晋城市 Jincheng	城 区 Chengqu	沁水县 Qinshui	阳城县 Yangcheng	陵川县 Lingchuan	泽州县 Zezhou	高平市 Gaoping			
朔州市 Shuozhou	朔城区 Shuocheng	平鲁区 Pinglu	山阴县 Shanyin	应 县 Yingxian	右玉县 Youyu	怀仁县 Huairen			
晋中市 Jinzhong	榆次区 Yuci	榆社县 Yushe	左权县 Zuoquan	和顺县 Heshun	昔阳县 Xiyang	寿阳县 Shouyang	太谷县 Taigu		
	祁 县 Qixian	平遥县 Pingyao	灵石县 Lingshi	介休市 Jiexiu					
运城市 Yuncheng	盐湖区 Yanhu	临猗县 Linyi	万荣县 Wanrong	闻喜县 Wenxi	稷山县 Jishan	新绛县 Xinjiang	绛 县 Jiangxian	垣曲县 Yuanqu	
	夏 县 Xiaxian	平陆县 Pinglu	芮城县 Ruicheng	永济市 Yongji	河津市 Hejin				
忻州市 Xinzhou	忻府区 Xinfu	定襄县 Dingxiang	五台县 Wutai	代 县 Daixian	繁峙县 Fanshi	宁武县 Ningwu	静乐县 Jingle	神池县 Shenchi	
	五寨县 Wuzhai	岢岚县 Kelan	河曲县 Hequ	保德县 Baode	偏关县 Pianguan	原平市 Yuanping			
临汾市 Linfen	尧都区 Yaodu	曲沃县 Quwo	翼城县 Yicheng	襄汾县 Xiangfen	洪洞县 Hongtong	古 县 Guxian	安泽县 Anze	浮山县 Fushan	吉 县 Jixian
	乡宁县 Xiangning	大宁县 Daning	隰 县 Xixian	永和县 Yonghe	蒲 县 Puxian	汾西县 Fenxi	侯马市 Houma	霍州市 Huozhou	
吕梁市 Lvliang	离石区 Lishi	文水县 Wenshui	交城县 Jiaocheng	兴 县 Xingxian	临 县 Linxian	柳林县 Liulin	石楼县 Shilou	岚 县 Lanxian	方山县 Fangshan
	中阳县 Zhongyang	交口县 Jiaokou	孝义市 Xiaoyi	汾阳市 Fenyang					

1-2 国民经济和社会发展总量与速度指标

指 标	Item	总 量 指 标		
		1990	2000	2005
一、年末常住人口(万人)	**Year-end Population (10 000 persons)**	**2899.0**	**3247.8**	**3355.2**
二、全社会从业人员(万人)	**Total Employees (10 000 persons)**	**1304.0**	**1392.4**	**1500.2**
#城镇单位在岗职工人数	Fully Employed Staff and Workers in Urban Units	438.7	370.2	352.1
三、地区生产总值(亿元)	**Gross Domestic Product (100 million yuan)**	**429.3**	**1845.7**	**4230.5**
第一产业	Primary Industry	80.8	179.9	262.4
第二产业	Secondary Industry	210.1	858.4	2357.0
第三产业	Tertiary Industry	138.4	807.5	1611.1
四、农业生产	**Agriculture**			
农林牧渔业总产值(亿元)	Gross Output Value of Farming, Forestry, Animal Husbandry and Fishery (100 million yuan)	124.8	322.4	483.8
主要农产品产量	Output of Major Farm Products			
粮 食 (万吨)	Grain (10 000 tons)	969.0	853.4	978.0
棉 花 (万吨)	Cotton (10 000 tons)	11.2	4.5	10.3
油 料 (万吨)	Oil-bearing Crops (10 000 tons)	39.4	44.8	21.3
猪牛羊肉 (万吨)	Output of Pork,Beef and Mutton (10 000 tons)	29.3	59.2	81.0
猪年末数 (万头)	Hogs at Year-end (10 000 heads)	363.1	519.5	626.1
羊年末数 (万只)	Sheep and Goats at Year-end (10 000 heads)	709.6	1058.4	1196.4
农业机械总动力(万千瓦)	Total Power of Agricultural Machinery (10 000 kw)	1053.5	1701.0	2288.7
五、工业生产	**Industry**			
主要工业产品产量	Output of Major Industrial Products			
原 煤 (万吨)	Coal (10 000 tons)	28597	25152	55426
发电量 (亿千瓦小时)	Electricity (100 million kwh)	314.2	624.7	1316.5
粗 钢 (万吨)	Crude Steel (10 000 tons)	238.6	472.7	1654.7
钢 材 (万吨)	Steel Products (10 000 tons)	128.8	392.6	1368.6
水 泥 (万吨)	Cement (10 000 tons)	612.5	1434.0	2310.7
金属切削机床 (台)	Metal-Cutting Machine Tools (unit)	1678	832	1813
布 (万米)	Cloth (10 000 m)	42948	33253	36256
机制纸及纸板 (万吨)	Machine-made Paper and Paperboard (10 000 tons)	35	27	40
卷 烟 (万箱)	Cigarettees (10 000 cases)	24	30	25
合成洗涤剂 (吨)	Synthetic Detergents (ton)	68951	189235	162303
化学纤维 (吨)	Chemical Fiber (ton)	19839	28987	27051

PRINCIPAL AGGREGATE INDICATORS ON NATIONAL ECONOMIC AND SOCIAL DEVELOPMENT AND THEIR RELATED INDICES AND GROWTH RATES

Aggregate Data		速 度 指 标 Indices and Growth Rates						
		指数(2012为以下各年%) Index (2012 as percentage of the following years)				平均增长速度 (%) Average Annual Growth Rate (%)		
2010	2012	1990	2000	2005	2010	1991-2012	2001-2012	2006-2012
3574.1	**3610.8**	**124.6**	**111.2**	**107.6**	**101.0**	**1.0**	**0.9**	**1.1**
1685.9	**1790.2**	**137.3**	**128.6**	**119.3**	**106.2**	**1.5**	**2.1**	**2.6**
384.5	418.5	95.4	113.1	118.9	108.8	-0.2	1.0	2.5
9200.9	**12112.8**	**1039.5**	**395.6**	**211.9**	**124.4**	**11.2**	**12.1**	**11.3**
554.5	698.3	196.1	155.1	134.1	112.8	3.1	3.7	4.3
5234.0	6731.6	1241.1	456.2	224.3	129.1	12.1	13.5	12.2
3412.4	4683.0	1182.9	394.1	207.6	119.2	11.9	12.1	11.0
1047.8	1304.3							
1085.1	1274.1	131.5	149.3	130.3	117.4	1.3	3.4	3.9
6.9	4.7	42.1	104.9	45.7	67.8	-3.9	0.4	-10.6
17.6	19.6	49.8	43.7	92.2	111.4	-3.1	-6.7	-1.2
63.6	67.1	229.2	113.3	82.8	105.5	3.8	1.0	-2.7
474.8	473.8	130.5	91.2	75.7	99.8	1.2	-0.8	-3.9
734.7	834.0	117.5	78.8	69.7	113.5	0.7	-2.0	-5.0
2809.2	3056.1	290.1	179.7	133.5	108.8	5.0	5.0	4.2
74096	91333	319.4	363.1	164.8	123.3	5.4	11.3	7.4
2150.6	2535.0	806.9	405.8	192.6	117.9	10.0	12.4	9.8
3048.8	3950.2	1655.7	835.6	238.7	129.6	13.6	19.4	13.2
2866.4	3799.5	2950.4	967.8	277.6	132.6	16.6	20.8	15.7
3670.3	5076.2	828.8	354.0	219.7	138.3	10.1	11.1	11.9
1822	834	49.7	100.2	46.0	45.8	-3.1	0.02	-10.5
7381	7499	17.5	22.6	20.7	101.6	-7.6	-11.7	-20.2
22	33	94.2	123.7	82.5	153.3	-0.3	1.8	-2.7
30	31	129.1	102.8	124.8	105.8	1.2	0.2	3.2
119774	101898	147.8	53.8	62.8	85.1	1.8	-5.0	-6.4
10023	4504	22.7	15.5	16.7	44.9	-6.5	-14.4	-22.6

1-2 续表1

指 标	Item	总量指标		
		1990	2000	2005
六、运输邮电	**Transportation, Post and Telecommunication Services**			
货物运输量 (万吨)	Freight Traffic (10 000 tons)	50111	86624	125367
#铁 路	Railways	23332	28779	49067
公 路	Highways	26706	57813	76201
货物周转量 (亿吨公里)	Turnover Volume of Freight Traffic (100 million ton-km)	594.8	868.0	1362.6
#铁 路	Railways	479.6	598.0	969.7
公 路	Highways	115.3	270.0	392.8
旅客客运量 (万人)	Passenger Traffic (10 000 persons)	15960	31818	40209
#铁 路	Railways	3226	2953	3433
旅客周转量 (百万人公里)	Turnover Volume of Passenger Traffic (million person-km)	12604	22458	32954
#铁 路	Railways	6681	8336	10564
邮电业务总量 (亿元)	Business Volume of Post and Telecommunication Service (100 million yuan)			
函 件 (万件)	Number of Letters (10 000 pcs)	10967	11331	9294
市话年末到达数(万户)	Number of Urban Telephone Subscribers (10 000 subscribers)	11.7	222.5	621.0
农话年末到达数(万户)	Number of Rural Telephones Subscribers (10 000 subscribers)	1.6	80.2	276.8
七、全社会固定资产投资(亿元)	**Total Investment in Fixed Assets (100 million yuan)**	**123.4**	**625.2**	**1859.4**
#住 宅	Residential Investment	22.0	111.3	224.6
第一产业	Primary Industry	5.2	12.0	50.1
第二产业	Secondary Industry	75.6	289.6	1130.4
第三产业	Tertiary Industry	42.6	323.6	678.9
八、国内贸易 (亿元)	**Domestic Trade (100 million yuan)**			
社会消费品零售总额	Total Retail Sales of Consumer Goods	158.0	722.7	1410.7

continued

Aggregate Data		速 度 指 标 Indices and Growth Rates						
2010	2012	指数(2012为以下各年%) Index (2012 as percentage of the following years)				平均增长速度 (%) Average Annual Growth Rate (%)		
		1990	2000	2005	2010	1991-2012	2001-2012	2006-2012
124677	144622	288.6	167.0	115.4	116.0	4.9	4.4	2.1
63836	71437	306.2	248.2	145.6	111.9	5.2	7.9	5.5
60819	73150	273.9	126.5	96.0	120.3	4.7	2.0	-0.6
2332.4	3345.8	562.5	385.5	245.6	143.4	8.2	11.9	13.7
1362.5	2143.5	447.0	358.5	221.0	157.3	7.0	11.2	12.0
969.9	1202.2	1043.1	445.2	306.1	124.0	11.2	13.3	17.3
39059	40839	255.9	128.4	101.6	104.6	4.4	2.1	0.2
5746	6208	192.4	210.2	180.8	108.0	3.0	6.4	8.8
37157	42298	335.6	188.3	128.4	113.8	5.7	5.4	3.6
15582	19237	287.9	230.8	182.1	123.5	4.9	7.2	8.9
260.0	339.4				130.5			
7732	5332	48.6	47.1	57.4	69.0	-3.2	-6.1	-7.6
488.1	482.0	4119.7	216.6	77.6	98.8	18.4	6.7	-3.6
232.6	203.2	12700.0	253.4	73.4	87.3	24.6	8.1	-4.3
6352.6	**9176.3**	**7435.4**	**1467.8**	**493.5**	**144.4**	**21.9**	**25.2**	**26.3**
900.3	1467.0	6657.7	1317.6	653.3	162.9	19.9	22.7	32.7
281.3	381.4	7340.1	3187.7	761.2	135.6	19.9	34.5	35.6
2628.1	4146.7	5482.7	1431.7	366.8	157.8	19.3	25.6	19.5
3443.2	4648.2	10915.2	1436.5	684.7	135.0	23.4	24.3	34.3
3318.2	4506.8	2851.7	623.6	319.5	135.8	16.5	16.5	18.0

1-2 续表2

指　　标	Item	总量指标		
		1990	2000	2005
九、对外贸易 (亿美元)	**Foreign Trade (USD 100 million)**			
海关进出口总额	Total Exports and Imports	3.5	17.6	55.5
出　口	Exports	2.6	12.4	35.3
进　口	Imports	0.9	5.3	20.2
十、财　政 (亿元)	**Public Finance (100 million yuan)**			
一般预算收入	General Budget Revenue	51.7	114.5	368.3
一般预算支出	General Budget Expenditure	54.9	225.1	668.8
十一、物价指数(上年=100)	**Price Indices (last year=100)**			
商品零售价格总指数	General Retail Price Index	102.1	97.1	100.3
居民消费价格总指数	General Consumer Price Index	102.2	103.9	102.3
十二、工　资 (亿元)	**Wages (100 million yuan)**			
全部职工工资总额	Total Wages of Staff and Workers	90.7	256.1	548.1
全部职工平均工资(元)	Average Wage of Fully Employed Staff and Workers (yuan)	2111	6918	15645
国有单位职工工资总额	Total Wages of State-owned Units	75.9	200.9	394.4
国有单位职工平均工资(元)	Average Wage of State-owned Units (yuan)	2263	7249	16027
十三、教育、文化	**Education and Culture**			
高等学校数(所)	Number of Regular Institutions of Higher Education (unit)	26	24	59
高等学校在校学生数 (万人)	Student Enrollment of Institutions of Higher Education (10 000 persons)	5.1	12.6	40.7
普通中专在校学生数 (万人)	Student Enrollment of Regular Specialized Secondary Schools (10 000 persons)	8.7	19.7	20.2
普通中学在校学生数 (万人)	Student Enrollment of Regular Secondary Schools (10 000 persons)	145.1	199.8	261.2
小学在校学生数 (万人)	Student Enrollment of Primary Schools (10 000 persons)	297.4	343.6	350.3
图书总印数 (万册)	Total Printed Copies of Books (10 000 copies)	12166	10105	10081
期刊总印数 (万份)	Total Printed Copies of Magazines (10 000 copies)	2815	2657	5914
报纸总印数 (万份)	Total Printed Copies of Newspapers (10 000 copies)	54361	58825	329713

continued

Aggregate Data		速 度 指 标 Indices and Growth Rates						
2010	2012	指数(2012为以下各年) Index (2012 as percentage of the following years)				平均增长速度(%) Average Annual Growth Rate (%)		
		1990	2000	2005	2010	1991-2012	2001-2012	2006-2012
125.8	150.4	4297.1	852.4	271.2	119.6	18.6	19.6	15.3
47.1	70.2	2669.2	567.6	198.9	149.1	16.1	15.6	10.3
78.7	80.3	9229.9	1522.2	398.1	102.0	22.8	25.5	21.8
969.7	1516.4	2930.3	1324.6	411.7	156.4	16.6	24.0	22.4
1931.4	2759.5	5026.8	1226.1	412.6	142.9	19.5	23.2	22.4
102.3	101.8	213.4	123.9	122.4	106.8	3.5	1.8	2.9
103.0	102.5	289.6	134.7	126.5	107.8	5.0	2.5	3.4
1268.8	1871.7	2063.6	730.8	341.5	147.5	14.8	18.0	19.2
33544	44943	2129.0	649.7	287.3	134.0	14.9	16.9	16.3
760.3	959.2	1263.8	477.5	243.2	126.2	12.2	13.9	13.5
33119	41561	1836.5	573.3	259.3	125.5	14.1	15.7	14.6
65	67	257.7	279.2	113.6	103.1	4.4	8.9	1.8
56.3	63.7	1241.5	506.9	156.5	113.2	12.1	14.5	6.6
20.7	17.9	206.2	91.1	88.8	86.3	3.3	-0.8	-1.7
253.7	235.7	162.5	118.0	90.3	92.9	2.2	1.4	-1.5
291.1	261.8	88.0	76.2	74.7	89.9	-0.6	-2.2	-4.1
13183	14789	121.6	146.4	146.7	112.2	0.9	3.2	5.6
4000	3733	132.6	140.5	63.1	93.3	1.3	2.9	-6.4
206698	208938	384.4	355.2	63.4	101.1	6.3	11.1	-6.3

1-3 山西省水资源总量(2011年)
RESOURCES OF WATER(2011)

单位：亿立方米 (100 million cu.m)

市名 City		水资源总量 Water Resources	地表水资源量 Surface Water Resources	地下水资源量 Ground Water Resources	重复计算量 Repetition Statistical Amount	年降水量 Precipitation
全　省	**Total**	**124.34**	**76.65**	**94.95**	**47.27**	**940.90**
太原市	Taiyuan	5.52	2.14	4.34	0.96	40.60
大同市	Datong	5.46	2.71	4.87	2.11	49.36
阳泉市	Yangquan	3.56	3.95	3.33	3.72	28.40
长治市	Changzhi	12.20	8.75	9.44	5.99	94.79
晋城市	Jincheng	13.73	10.88	9.66	6.81	75.35
朔州市	Shuozhou	4.76	1.66	4.52	1.42	38.25
晋中市	Jinzhong	12.42	7.83	9.13	4.54	97.98
运城市	Yuncheng	26.00	13.70	14.89	2.60	112.43
忻州市	Xinzhou	16.26	8.64	14.84	7.23	135.51
临汾市	Linfen	12.41	8.56	10.19	6.34	135.93
吕梁市	Lvliang	12.02	7.82	9.75	5.55	132.31

1-4 山西省实际用水量(2011年)
USAGE OF WATER(2011)

单位：亿立方米 (100 million cu.m)

市名 City		总计 Total	农田灌溉 Farmland Irrigation	工业 Industry	城镇生活 Urban Living	农村生活 Rural Living	林牧渔业 Forestry, Animal Husbandry and Fishery
全　省	**Total**	**74.18**	**38.15**	**14.27**	**10.99**	**5.52**	**5.25**
太原市	Taiyuan	7.51	1.94	1.98	3.23	0.25	0.12
大同市	Datong	6.04	3.24	1.40	0.86	0.45	0.09
阳泉市	Yangquan	1.95	0.34	0.88	0.55	0.14	0.05
长治市	Changzhi	5.83	2.43	1.62	0.92	0.42	0.44
晋城市	Jincheng	4.48	1.08	1.89	0.78	0.57	0.16
朔州市	Shuozhou	5.00	3.45	0.86	0.37	0.27	0.04
晋中市	Jinzhong	7.28	4.61	1.06	0.88	0.64	0.09
运城市	Yuncheng	15.75	8.75	1.64	0.93	0.62	3.81
忻州市	Xinzhou	6.64	4.42	0.81	0.62	0.69	0.09
临汾市	Linfen	7.89	4.95	1.03	0.95	0.73	0.23
吕梁市	LvLiang	5.83	2.94	1.09	0.91	0.74	0.14

1-5 平均每天主要社会经济活动
MAJOR INDICATORS OF AVERAGE DAILY SOCIAL AND ECONOMIC ACTIVITIES

指 标	Item	2005	2010	2012
全省每天创造的财富	**Daily Production**			
地区生产总值 (万元)	Gross Domestic Product (10 000 yuan)	115905	252078	331858
原煤产量 (万吨)	Coal (10 000 tons)	151.9	203.0	250.2
焦炭产量 (万吨)	Coke (10 000 tons)	21.9	23.3	23.6
发电量 (万千瓦小时)	Electricity (10 000 kwh)	36068	58919	69452
粗钢产量 (吨)	Crude Steel (ton)	45335	83529	108225
钢材产量 (吨)	Steel Products (ton)	37496	78530	104096
水泥产量 (吨)	Cement (ton)	63306	100556	139074
布产量 (万米)	Cloth (10 000 m)	99.3	20.2	20.5
其他经济活动	**Other Daily Economic Activities**			
全社会固定资产投资额 (万元)	Total Investment in Fixed Assets (10 000 yuan)	50942	174044	251406
图书出版 (万册)	Books Published (10 000 copies)	27.62	36.12	40.52
期刊出版 (万份)	Magazines Issued (10 000 copies)	16.20	10.96	10.23
报纸出版 (万份)	Newspapers Issued (10 000 copies)	903.32	566.30	572.43
函 件 (万件)	Letters Delivered (10 000 copies)	25.46	21.18	14.61
人口变动与婚姻	**Daily Population Changes and Marriages**			
出 生 (人)	Births (person)	1102	1043	1056
死 亡 (人)	Deaths (person)	550	525	575
结 婚 (对)	Marriages (couple)	520	988	994
离 婚 (对)	Divorces (couple)	48	73	97

1-6 社会经济主要指标人均水平
MAJOR PER CAPITA INDICATORS OF SOCIAL AND ECONOMY

指　标	Item	2005	2010	2012
一、地区生产总值　(元)	**Gross Domestic Product (yuan)**	**12647**	**26283**	**33628**
二、农林牧渔业总产值 (元)	**Gross Output Value of Farming,Forestry, Animal Husbandry and Fishery (yuan)**	**1446**	**2993**	**3621**
三、主要产品产量	**Output of Major Products**			
原　煤　(吨)	Coal (ton)	16.57	21.17	25.36
焦　炭　(吨)	Coke (ton)	2.39	2.43	2.39
发电量　(千瓦小时)	Electricity (kwh)	3935.6	6143.2	7037.6
粗　钢　(公斤)	Crude Steel (kg)	494.7	870.9	1096.6
钢　材　(公斤)	Steel Products (kg)	409.1	818.8	1054.8
水　泥　(公斤)	Cement (kg)	690.8	1048.4	1409.3
布　(米)	Cloth (m)	11	2	2
粮　食　(公斤)	Grain (kg)	292	310	354
棉　花　(公斤)	Cotton (kg)	3.1	2.0	1.3
油　料　(公斤)	Oil-bearing Crops (kg)	6.4	5.0	5.4
猪牛羊肉 (公斤)	Pork,Beef and Mutton (kg)	24.2	18.2	18.6
四、社会消费品零售额(元)	**Total Retail Sales of Consumer Goods (yuan)**	**4217**	**9478**	**12512**
五、人民生活 (元)	**People's Livelihood (yuan)**			
职工平均工资	Average Wage of Staff and Workers	15645	33544	44943
国　有	State-owned Units	16027	33119	41561
集　体	Collective-owned Units	10157	21993	33355
城镇居民可支配收入	Annual Disposable Income of Urban Residents	8914	15648	20412
城镇居民消费性支出	Living Expenditure of Urban Residents	6343	9793	12212
农民家庭纯收入	Net Income of Rural Residents	2891	4736	6357
农民家庭生活费支出	Living Expenditure of Rural Residents	1878	3664	5566
城乡居民储蓄存款年末余额	Balance of Saving Deposits of Urban and Rural Residents year-end	12315	26346	33306

1-7 国民经济主要比例关系
MAJOR PERCENTAGE INDICATORS OF THE NATIONAL ECONOMY

单位：%　　(%)

指　标	Item	2005	2010	2012
一、地区生产总值中三次产业比例	**Industry Structure of GDP**			
第一产业	Primary Industry	6.2	6.0	5.8
第二产业	Secondary Industry	55.7	56.9	55.6
第三产业	Tertiary Industry	38.1	37.1	38.7
二、工业增加值中轻重工业比例	**Structure of Light and Heavy Industry in Value Added of Industry**			
轻工业	Light Industry	6.1	4.9	5.6
重工业	Heavy Industry	93.9	95.1	94.4
三、农林牧渔业总产值内部比例	**Structure of Agricultural Gross Output Value**			
农业产值	Farming	58.2	63.8	65.0
林业产值	Forestry	3.4	6.2	6.1
牧业产值	Animal Husbandry	30.7	23.9	22.9
渔业产值	Fishery	0.6	0.6	0.6
农林牧渔服务业	Farming, Forestry, Animal Husbandry and Fishery Services	7.1	5.4	5.4
四、全社会固定资产投资中三次产业比例	**Industry Structure of Total Investment in Fixed Assets**			
第一产业	Primary Industry	2.7	4.4	4.2
第二产业	Secondary Industry	60.8	41.4	45.2
第三产业	Tertiary Industry	36.5	54.2	50.6
五、能源使用比例	**Structure of Energy Consumption**			
第一产业	Primary Industry	3.0	2.4	2.3
第二产业	Secondary Industry	81.1	75.9	76.2
第三产业	Tertiary Industry	7.6	12.0	11.6
人民生活	People's Livelihood	8.3	9.6	9.9
六、全社会固定资产投资额占地区生产总值的比例	**Structure of Investment in Total Fixed Assets in GDP**	**44.0**	**69.0**	**75.8**
七、文教卫生科学事业费占财政支出的比例	**Structure of Operating Expenses for Culture, Education, Public Health And Science in Government Expenditures**	**22.4**	**24.6**	**28.6**

1-8 人民物质文化生活情况
CONDITIONS OF PEOPLE'S MATERIAL AND CULTURAL LIFE

指　　标	Item	2005	2010	2012
一、城乡居民收入 (元)	**Income of Rural and Urban Residents (yuan)**			
城镇居民人均可支配收入	Annual Per Capita Disposable Income of Urban Residents	8914	15648	20412
农民人均纯收入	Annual Per Capita Net Income of Rural Residents	2891	4736	6357
职工平均工资	Average Wage of Staff and Workers	15645	33544	44943
二、平均每人住房面积 (平方米)	**Per Capita Floor Space of Residential Buildings (sq.m)**			
城镇居民建筑面积	Urban Residents	25.6	28.0	30.6
农村居民住房面积	Rural residents	24.2	28.7	32.4
三、生活、文化、教育、卫生	**Livelihood, Culture, Education and Public Health**			
每百户拥有　(抽 样)	Number of Durable Consumer Goods Owned Per 100 Households by Sample			
彩色电视机 (台)	Color Television Sets (unit)			
城镇居民	Urban Residents	113.7	111.8	111.2
农　民	Rural Residents	82.3	109.0	109.2
洗衣机(台)	Washing Machines (unit)			
城镇居民	Urban Residents	99.8	100.7	103.4
农村居民	Rural Residents	69.3	81.0	86.6
移动电话 (部)	Mobile Telephones (unit)			
城镇居民	Urban Residents	109.7	146.6	188.4
农村居民	Rural Residents	27.5	107.7	186.8
每百人每天拥有报纸 (份)	Newspapers per 100 Persons per Day (copy)	27.0	16.2	15.9
每人每年拥有期刊　(份)	Number of Magazines per Person per Year (copy)	1.8	1.1	1.0
每万人拥有在校大学生 (人)	Number of Enrollment Students of Regular Institutions of Higher Education per 10000 Persons (person)	121.7	160.8	176.9
每千人拥有医院床位数 (张)	Number of Hospital Bed per 1000 persons (unit)	2.4	3.1	3.3
每千人拥有卫生技术人员 (人)	Number of Medical Technical Personnels Per 1000 Persons (person)	3.9	5.5	5.4
四、储　蓄	**Savings Deposit**			
城乡居民储蓄存款年末余额 (亿元)	Balance of Savings Deposit of Urban and Rural Residents at Year-end (100 million yuan)	4119.7	9223.0	11997.0
平均每人储蓄存款余额 (元)	Per Capita Balance of Saving Deposit (yuan)	12315	26346	33306

1-9 主要年份地区生产总值
GROSS DOMESTIC PRODUCT IN MAJOR YEARS

按当年价格计算 (at current prices)

年 份 Year	地区生产总值 (万元) Gross Domestic Product (10 000 yuan)	第一产业 Primary Industry	第二产业 Secondary Industry			第三产业 Tertiary Industry	人均地区生产总值 (元/人) Per Capita GDP (yuan/person)
				工 业 Industry	建筑业 Construction		
1952	159978	93831	27484	23447	4037	38663	116
1957	291594	115415	93994	71745	22249	82185	186
1962	324083	110666	121848	109126	12722	91569	188
1965	439158	127041	205199	185889	19310	106918	238
1970	576900	151931	302600	279549	23051	122369	277
1975	698101	208009	346700	321978	24722	143392	301
1978	879946	182040	514685	481225	33460	183221	365
1980	1087619	206348	635098	582107	52991	246173	442
1985	2189896	422629	1200573	1021192	179381	566694	838
1990	4292736	808080	2100746	1866110	234636	1383910	1528
1991	4685100	687700	2362800	2108100	254700	1634600	1592
1992	5511200	829400	2702800	2404400	298400	1979000	1862
1993	6804100	972700	3350300	2960100	390200	2481100	2271
1994	8266600	1238400	3965700	3471800	493900	3062500	2729
1995	10760300	1686900	4944500	4385000	559500	4128900	3515
1996	12921100	1982800	6002100	5327300	674800	4936200	4178
1997	14760000	1918400	7075800	6263600	812200	5765800	4724
1998	16110800	2072500	7612500	6585500	1027000	6425800	5104
1999	16671000	1599600	7854700	6845500	1009200	7216700	5230
2000	18457200	1798600	8583700	7486500	1097200	8074900	5722
2001	20295300	1710900	9560100	8324500	1235600	9024300	6226
2002	23248000	1978000	11343100	9914400	1428700	9926900	7082
2003	28552200	2151900	14633800	12919400	1714400	11766500	8641
2004	35713700	2763000	19194000	17113000	2081000	13756700	10741
2005	42305300	2624200	23570400	21176800	2393600	16110700	12647
2006	48786100	2767700	27556600	24850600	2706000	18461800	14497
2007	60244500	3119700	34544900	31418900	3126000	22579900	17805
2008	73154000	3135800	42423600	38685400	3738200	27594600	21506
2009	73583100	4775900	39938000	35188800	4749200	28869200	21522
2010	92008600	5544800	52340000	46579700	5760300	34123800	26283
2011	112375500	6414200	66352600	59599600	6753000	39608700	31357
2012	121128300	6983200	67315600	60235500	7080100	46829500	33628

1-10 主要年份地区生产总值构成
COMPOSITION OF GROSS DOMESTIC PRODUCT IN MAJOR YEARS

单位：%　　(%)

年 份 Year	地区生产总值 Gross Domestic Product	第一产业 Primary Industry	第二产业 Secondary Industry			第三产业 Tertiary Industry
				工 业 Industry	建筑业 Construction	
1952	100.0	58.6	17.2	14.6	2.5	24.2
1957	100.0	39.6	32.2	24.6	7.6	28.2
1962	100.0	34.2	37.6	33.7	3.9	28.3
1965	100.0	28.9	46.7	42.3	4.4	24.3
1970	100.0	26.3	52.5	48.4	4.0	21.2
1975	100.0	29.8	49.7	46.1	3.5	20.5
1978	100.0	20.7	58.5	54.7	3.8	20.8
1980	100.0	19.0	58.4	53.5	4.9	22.6
1985	100.0	19.3	54.8	46.6	8.2	25.9
1990	100.0	18.8	48.9	43.5	5.5	32.3
1991	100.0	14.7	50.4	45.0	5.4	34.9
1992	100.0	15.0	49.0	43.6	5.4	35.9
1993	100.0	14.3	49.2	43.5	5.7	36.5
1994	100.0	15.0	48.0	42.0	6.0	37.0
1995	100.0	15.7	46.0	40.8	5.2	38.4
1996	100.0	15.3	46.5	41.2	5.2	38.2
1997	100.0	13.0	47.9	42.4	5.5	39.1
1998	100.0	12.9	47.3	40.9	6.4	39.9
1999	100.0	9.6	47.1	41.1	6.1	43.3
2000	100.0	9.7	46.5	40.6	5.9	43.8
2001	100.0	8.4	47.1	41.0	6.1	44.5
2002	100.0	8.5	48.8	42.6	6.1	42.7
2003	100.0	7.5	51.3	45.2	6.0	41.2
2004	100.0	7.7	53.7	47.9	5.8	38.5
2005	100.0	6.2	55.7	50.1	5.7	38.1
2006	100.0	5.7	56.5	50.9	5.5	37.8
2007	100.0	5.2	57.3	52.2	5.2	37.5
2008	100.0	4.3	58.0	52.9	5.1	37.7
2009	100.0	6.5	54.3	47.8	6.5	39.2
2010	100.0	6.0	56.9	50.6	6.3	37.1
2011	100.0	5.7	59.0	53.0	6.0	35.2
2012	100.0	5.8	55.6	49.7	5.8	38.7

1-11 主要年份地区生产总值指数
INDICES OF GROSS DOMESTIC PRODUCT IN MAJOR YEARS

1952年=100 (year of 1952=100)

年 份 Year	地区生产总值 Gross Domestic Product	第一产业 Primary Industry	第二产业 Secondary Industry	工 业 Industry	建筑业 Construction	第三产业 Tertiary Industry
1952	100.0	100.0	100.0	100.0	100.0	100.0
1957	174.0	106.1	371.3	326.7	629.9	198.2
1962	169.2	92.7	404.4	411.5	335.5	194.3
1965	248.5	123.3	705.2	725.5	538.1	251.0
1970	304.2	129.3	982.4	1026.3	648.5	291.6
1975	378.4	160.0	1264.7	1348.3	636.2	334.6
1978	485.1	131.7	1893.0	2034.9	821.4	434.3
1980	543.3	124.4	2117.4	2241.3	1169.7	555.9
1985	939.1	188.3	3565.9	3519.2	3454.5	1119.2
1990	1252.9	220.3	4689.7	4850.7	3266.6	1651.7
1991	1305.5	192.6	4985.2	5185.4	3309.1	1831.7
1992	1468.7	217.4	5453.8	5698.8	3355.4	2090.0
1993	1660.5	237.2	6149.5	6463.6	3605.5	2371.3
1994	1831.2	247.9	6857.3	7220.4	4006.0	2612.8
1995	2051.6	257.3	7776.8	8225.8	4257.2	2939.8
1996	2292.8	287.7	8659.5	9106.0	5087.5	3289.7
1997	2552.8	273.3	9813.2	10282.3	5999.4	3732.8
1998	2805.9	302.0	10714.2	11071.8	7664.6	4112.8
1999	3009.6	251.5	11771.9	12115.6	8691.0	4508.7
2000	3292.0	278.4	12757.1	13197.9	9084.2	4957.9
2001	3624.7	268.4	14133.6	14631.4	10045.3	5580.6
2002	4091.7	304.9	16248.1	16836.0	11437.4	6206.4
2003	4700.1	326.0	18963.8	19648.8	13171.2	7168.1
2004	5416.1	340.6	22291.8	23157.7	15011.5	8304.3
2005	6147.2	322.2	25947.7	27071.3	16797.9	9408.8
2006	6934.1	338.7	29995.5	31402.7	18830.4	10349.7
2007	8036.6	338.0	35154.8	37118.0	20449.8	12036.7
2008	8719.7	346.5	37404.7	39679.1	20613.4	13553.3
2009	9190.6	361.0	38115.4	39401.4	26735.6	14976.4
2010	10468.0	383.0	45090.5	47084.7	29168.5	16384.2
2011	11828.9	406.4	52530.4	55324.5	31647.9	17809.6
2012	13023.6	432.0	58203.7	61852.8	32439.1	19537.2

1-12 主要年份地区生产总值指数
INDICES OF GROSS DOMESTIC PRODUCT IN MAJOR YEARS

上年=100 (last year=100)

年 份 Year	地区生产总值 Gross Domestic Product	第一产业 Primary Industry	第二产业 Secondary Industry			第三产业 Tertiary Industry
				工 业 Industry	建筑业 Construction	
1953	116.7	105.6	125.7	124.6	132.0	137.2
1957	107.6	89.6	133.0	122.2	181.5	108.4
1962	91.3	105.7	85.2	84.2	93.9	84.7
1965	118.8	103.1	135.2	136.6	124.5	117.4
1970	124.4	99.2	147.0	150.5	120.0	121.7
1975	107.9	108.1	112.0	113.4	93.0	97.9
1978	117.6	89.8	131.2	130.7	140.9	109.9
1980	102.0	87.6	102.9	104.6	82.6	111.1
1985	107.1	82.2	113.1	110.2	133.3	115.8
1990	105.0	112.6	101.4	100.4	110.7	108.6
1991	104.2	87.4	106.3	106.9	101.3	110.9
1992	112.5	112.9	109.4	109.9	101.4	114.1
1993	113.1	109.1	112.8	113.4	107.5	113.5
1994	110.3	104.5	111.5	111.7	111.1	110.2
1995	112.0	103.8	113.4	113.9	106.3	112.5
1996	111.8	111.8	111.4	110.7	119.5	111.9
1997	111.3	95.0	113.3	112.9	117.9	113.5
1998	109.9	110.5	109.2	107.7	127.8	110.2
1999	107.3	83.3	109.9	109.4	113.4	109.6
2000	109.4	110.7	108.4	108.9	104.5	110.0
2001	110.1	96.4	110.8	110.9	110.6	112.6
2002	112.9	113.6	115.0	115.1	113.9	111.2
2003	114.9	106.9	116.7	116.7	115.2	115.5
2004	115.2	104.5	117.5	117.9	114.0	115.9
2005	113.5	94.6	116.4	116.9	111.9	113.3
2006	112.8	105.1	115.6	116.0	112.1	110.0
2007	115.9	99.8	117.2	118.2	108.6	116.3
2008	108.5	102.5	106.4	106.9	100.8	112.6
2009	105.4	104.2	101.9	99.3	129.7	110.5
2010	113.9	106.1	118.3	119.5	109.1	109.4
2011	113.0	106.1	116.5	117.5	108.5	108.7
2012	110.1	106.3	110.8	111.8	102.5	109.7

1-13 支出法地区生产总值
GROSS DOMESTIC PRODUCT BY EXPENDITURE APPROACH

单位：万元 (10 000 yuan)

指 标	Item	按当年价格计算 at Current Prices		2012年为2011年% 2012 as Percentage of 2011
		2011	2012	
总 计	**Total**	**112375500**	**121128300**	**110.1**
一、最终消费	Final Consumption Expenditure	48681100	55060900	115.0
居民消费	Residents Consumption Expenditure	34925300	39007000	113.1
农村居民	Rural Residents	10310100	11568900	113.5
城镇居民	Urban Residents	24615200	27438100	113.0
政府消费	Government Consumption Expenditure	13755800	16053900	119.8
二、资本形成总额	Gross Capital Formation	72513800	82238500	118.8
固定资本形成总额	Gross Fixed Capital Formation	72561200	76633900	110.2
存货增加	Changes in Inventories	-47400	5604600	
三、货物和服务净出口	Net Export of Goods and Services	-8819400	-16171100	

1-14 支出法地区生产总值构成
COMPOSITION OF GROSS DOMESTIC PRODUCT BY EXPENDITURE APPROACH

单位：% (%)

指 标	Item	按当年价格计算 at Current Prices	
		2011	2012
总 计	**Total**	**100.0**	**100.0**
一、最终消费	Final Consumption Expenditure	43.3	45.5
居民消费	Residents Consumption Expenditure	31.1	32.2
农村居民	Rural Residents	9.2	9.6
城镇居民	Urban Residents	21.9	22.7
政府消费	Government Consumption Expenditure	12.2	13.3
二、资本形成总额	Gross Capital Formation	64.5	67.9
固定资本形成总额	Gross Fixed Capital Formation	64.5	63.3
存货增加	Changes in Inventories		4.6
三、货物和服务净出口	Net Export of Goods and Services	-7.8	-13.4

1-15 总产出
TOTAL OUTPUT

单位：万元 (10 000 yuan)

指　　标	Item	按当年价格计算 at Current Prices	
		2011	2012
总　　计	**Total**	**289611500**	**314093100**
第一产业	Primary Industry	12075700	13042600
第二产业	Secondary Industry	206687700	221007400
工　业	Industry	174472800	187292500
建筑业	Construction	32214900	33714900
第三产业	Tertiary Industry	70848100	80043100
#交通运输、仓储和邮政业	Transportation, Storage and Post	16601800	18071600
批发和零售业	Wholesale and Retail Trade	11521600	13372800

1-16 资本形成总额
GROSS CAPITAL FORMATION

单位：万元 (10 000 yuan)

指　　标	Item	2011	2012
总　　计	**Total**	**72513800**	**82238500**
固定资本形成总额	Gross Fixed Capital Formation	72561200	76633900
住　宅	Residential Buildings	9848500	10049000
非住宅建筑物	Nonresidential Buildings	38201000	40461000
机器和设备	Machinery and Equipment	15007700	16304000
其　他	Others	9504000	9819900
存货增加	Changes in Inventories	–47400	5604600
第一产业	Primary Industry	242300	257600
第二产业	Secondary Industry	1198700	4158100
第三产业	Tertiary Industry	–1488400	1188900

1-17 地区生产总值构成项目(2012年)
COMPONENTS OF GROSS DOMESTIC PRODUCT(2012)

单位：万元 (10 000 yuan)

指 标	Item	总 计 Total	劳动者报酬 Laborers' Remuneration	生产税净额 Net Taxes on Production	固定资产折旧 Depreciation of Fixed Assets	营业盈余 Operating Surplus
地区生产总值	**Gross Domestic Product**	**121128300**	**53191800**	**19899900**	**18666800**	**29369800**
第一产业	**Primary Industry**	**6983200**	**5235800**	**-521100**	**680800**	**1587700**
农、林、牧、渔业	Farming, Forestry, Animal Husbandry and Fishery	6983200	5235800	-521100	680800	1587700
第二产业	**Secondary Industry**	**67315600**	**28001300**	**14643900**	**10987100**	**13683300**
工 业	Industry	60235500	24242300	13304400	10142800	12546000
建筑业	Construction	7080100	3759000	1339500	844300	1137300
第三产业	**Tertiary Industry**	**46829500**	**19954700**	**5777100**	**6998900**	**14098800**
交通运输、仓储和邮政业	Transport, Storage and Post	8474400	3343200	531700	1266700	3332800
信息传输、计算机服务和软件业	Information Transmission, Computer Services and Software	2721100	462600	161700	1034900	1061900
批发和零售业	Wholesale and Retail Trade	9910800	2618400	2953600	865300	3473500
住宿和餐饮业	Lodging and Catering Services	2996700	1049600	297400	254300	1395400
金融业	Banking	6396100	2339600	886500	270600	2899400
房地产业	Real Estate Trade	3018800	313500	645200	1974500	85600
租赁和商务服务业	Lease and Business Affairs Services	1268300	478600	104800	250600	434300
科学研究、技术服务和地质勘查业	Scientific Reseach, Technical Services and Geological Prospecting	697700	450400	58100	84300	104900
水利、环境和公共设施管理业	Water, Environmental Protection and Public Facility Management	286400	206300	7100	71800	1200
居民服务和其他服务业	Resident Services and Other Services	1665100	726500	58000	62300	818300
教 育	Education	2609200	2280500	7200	233400	88100
卫生、社会保障和社会福利业	Health Care, Social Security and Social Welfare	1230700	877200	10700	107300	235500
文化、体育和娱乐业	Culture, Sports and Recreation	812200	511800	41500	110100	148800
公共管理和社会组织	Public Management and Social Organization	4742000	4296500	13600	412800	19100

1-18 按三次产业、行业(门类)划分的法人单位数、产业活动单位数及从业人数(2012年)

项　　目	Item	单位数 (个) Number of Units (unit)
总　　计	**Total**	**244874**
按三次产业划分	**By Industry**	
第一产业	Primary Industry	30437
第二产业	Secondary Industry	42113
第三产业	Tertiary Industry	172324
按行业(门类)划分	**By Sector**	
农、林、牧、渔业	Farming , Forestry , Animal Husbandry and Fishery	33885
采矿业	Ming	7716
制造业	Manufacturing	25964
电力、热力、燃气及水生产和供应业	Production and Supply of Electricity, Heat, Gas and Water	1251
建筑业	Construction	7433
批发和零售业	Wholesale and Retail Trade	53267
交通运输、仓储和邮政业	Transport, Storage and Post	5407
住宿和餐饮业	Hotels and Catering Services	3678
信息传输、软件和信息技术服务业	Information Transmission, Software and Information Technology Services	2036
金融业	Banking and Insurance	1875
房地产业	Real Estate Trade	6363
租赁和商务服务业	Lease and Business Affairs Services	10997
科学研究和技术服务业	Scientific Reseach and Technical Services	5925
水利、环境和公共设施管理业	Management of Water Conservancy, Environment and Public Facilities	2413
居民服务、修理和其他服务业	Resident Services, Repair and Other Services	5016
教　育	Education	8982
卫生和社会工作	Health Care and Social Work	4716
文化、体育和娱乐业	Culture, Sports and Recreation	5145
公共管理、社会保障和社会组织	Public Management, Social Security and Social Organization	52805

NUMBER OF CORPORATION UNITS, ACTIVE UNITS AND EMPLOYEES BY TYPE OF INDUSTRY AND SECTOR(2012)

法人单位 Corporation Units			产业活动单位 Active Units		
单产业法人 Single Industry	多产业法人 Multi--industry	从业人数 (人) Employees (person)	单位数 (个) Number of Units (unit)	#多产业法人所属的产业活动单位 Units Belong to Multi–industry Corporation	从业人数 (人) Employees (person)
224921	**19953**	**7983926**	**323296**	**98375**	**8530805**
30380	57	315624	30782	402	321332
40962	1151	3965673	45751	4789	4183825
153579	18745	3702629	246763	93184	4025648
33818	67	344877	34636	818	353509
7570	146	1306626	8125	555	1278184
25335	629	1730958	27299	1964	1851891
1177	74	143480	1773	596	198433
7126	307	793434	8842	1716	869536
50977	2290	768251	65775	14798	821881
5165	242	189283	7870	2705	242511
3544	134	211688	4360	816	231344
1932	104	71886	4673	2741	87110
1497	378	178742	8276	6779	204806
6091	272	120122	6933	842	136564
10600	397	171357	13037	2437	216386
5718	207	110271	7696	1978	123033
2332	81	75098	3115	783	83739
4921	95	67661	5587	666	78310
7886	1096	513712	24080	16194	598074
4274	442	179529	19039	14765	222676
5043	102	87414	5805	762	89679
39915	12890	919537	66375	26460	843139

1-19 按登记注册类型划分的法人单位数、产业活动单位数及从业人数(2012年)

项　目	Item	单位数 (个) Number of Units (unit)
总　计	**Total**	**244874**
一、内　资	**Civil Funded Enterprises**	**244395**
国　有	State-owned Enterprises	39827
集　体	Collective Owned Enterprises	7531
股份合作	Share Cooperative Enterprises	1283
国有联营	State-owned Joint Owned Enterprises	71
集体联营	Collective-owned Joint Owned Enterprises	125
国有与集体联营	State-owned and Collective-owned Joint Owned Enterprises	32
其他联营	Other Joint Owned Enterprises	162
国有独资公司	Company Exclusively with Investment from State	334
其他有限责任公司	Other Limited Responsibility Company	21420
股份有限公司	Share Holding Limited Company	4353
私营独资	Enterprise Exclusively with Investment from Private	29346
私营合伙	Private Partner Enterprises	4736
私营有限责任公司	Privately Owned Limited Responsibility Company	57459
私营股份有限公司	Privately Owned Share Holding Limited Company	5370
其　他	Others	72346
二、港澳台商投资	**Enterprises Funded by HongKong, Macao and Taiwan**	**191**
与港澳台商合资经营	Joint Venture	100
与港澳台商合作经营	Cooperative Enterprise	13
港澳台商独资	Ventures Exclusively with HongKong，Macao and Taiwan Investment	58
港澳台商投资股份有限公司	Share Holding Limited Company	19
其他港澳台商投资	Others	1
三、外商投资	**Foreign Funded Enterprises**	**288**
中外合资经营	Joint Venture	174
中外合作经营	Cooperative Enterprises	16
外资企业	Enterprises Funded By Foreign Investments	80
外商投资股份有限公司	Limited Company Funded by Foreign Investment	16
其他外商投资	Others	2

NUMBER OF CORPORATION UNITS, ACTIVE UNITS AND EMPLOYEES BY REGISTERED KIND(2012)

法人单位 Corporation Units			产业活动单位 Active Units		
单产业法人 Single Industry	多产业法人 Multi-industry	从业人数(人) Employees (person)	单位数(个) Number of Units (unit)	#多产业法人所属的产业活动单位 Units Belong to Multi-industry Corporation	从业人数(人) Employees (person)
224921	**19953**	**7983926**	**323296**	**98375**	**8530805**
224489	**19906**	**7807998**	**322106**	**97617**	**8339235**
33324	6503	2188142	77412	44088	2475729
6493	1038	359337	22397	15904	435441
1233	50	43250	1771	538	55405
68	3	3174	185	117	4260
125		5907	183	58	6370
29	3	792	48	19	971
142	20	4793	265	123	4805
274	60	302570	545	271	250542
20576	844	1607736	24784	4208	1603217
4008	345	355384	8838	4830	528032
28995	351	432441	31407	2412	441708
4677	59	95989	4964	287	97184
55856	1603	1563224	60779	4923	1572066
5232	138	134051	5738	506	127273
63457	8889	711208	82790	19333	736232
173	**18**	**60407**	**412**	**239**	**66720**
95	5	25011	155	60	26699
10	3	2840	21	11	3118
48	10	26913	167	119	28535
19		5585	68	49	8310
1		58	1		58
259	**29**	**115521**	**778**	**519**	**124850**
160	14	52509	242	82	54807
14	2	6133	24	10	6985
73	7	49888	328	255	56255
11	5	3142	181	170	2992
1	1	3849	3	2	3811

1-20 按登记注册类型、从业人数组距划分的法人单位数(2012年)

单位：个

项　目	Item	9人以下 9 Persons Below
总　计	**Total**	**144564**
一、内　资	**Civil Funded Enterprises**	**144491**
国　有	State-owned Enterprises	13456
集　体	Collective Owned Enterprises	2725
股份合作	Share Cooperative Enterprises	614
国有联营	State-owned Joint Owned Enterprises	28
集体联营	Collective-owned Joint Owned Enterprises	53
国有与集体联营	State-owned and Collective-owned Joint Owned Enterprises	8
其他联营	Other Joint Owned Enterprises	72
国有独资公司	Company Exclusively with Investment from State	84
其他有限责任公司	Other Limited Responsibility Company	11520
股份有限公司	Share Holding Limited Company	1970
私营独资	Enterprise Exclusively with Investment from Private	18060
私营合伙	Private Partner Enterprises	2591
私营有限责任公司	Privately Owned Limited Responsibility Company	33489
私营股份有限公司	Privately Owned Share Holding Limited Company	3007
其　他	Others	56814
二、港澳台商投资	**Enterprises Funded by HongKong, Macao and Taiwan**	**31**
与港澳台商合资经营	Joint Venture	18
与港澳台商合作经营	Cooperative Enterprise	1
港澳台商独资	Ventures Exclusively with HongKong,Macao and Taiwan Investment	10
港澳台商投资股份有限公司	Share Holding Limited Company	2
其他港澳台商投资	Others	
三、外商投资	**Foreign Funded Enterprises**	**42**
中外合资经营	Joint Venture	21
中外合作经营	Cooperative Enterprises	2
外资企业	Enterprises Funded By Foreign Investments	13
外商投资股份有限公司	Limited Company Funded by Foreign Investment	6
其他外商投资	Others	

NUMBER OF CORPORATION UNITS BY REGISTERED KIND AND QUANTITY OF EMPLOYEES(2012)

(unit)

10-49人 10-49 Persons	50-99人 50-99 Persons	100-299人 100-299 Persons	300-499人 300-499 Persons	500-999人 500-999 Persons	1000-4999人 1000-4999 Persons	5000人以上 5000 Persons Above
75458	**12876**	**8673**	**1562**	**1034**	**644**	**63**
75318	**12812**	**8563**	**1522**	**1013**	**616**	**60**
17071	4907	3428	471	289	198	7
3335	716	561	98	68	27	1
485	102	55	12	14	1	
29	10	2		2		
50	8	8	3	3		
19	5					
69	13	4	3	1		
129	33	26	13	13	26	10
6835	1192	1098	325	257	168	25
1690	278	210	67	74	56	8
9791	1045	401	41	5	2	1
1800	281	44	9	8	1	2
18318	2868	2040	395	232	112	5
1902	266	141	25	16	13	
13795	1088	545	60	31	12	1
51	**31**	**47**	**16**	**6**	**7**	**2**
17	16	29	12	5	2	1
4	5	1	1		1	
21	9	12	2	1	2	1
9		5	1		2	
	1					
89	**33**	**63**	**24**	**15**	**21**	**1**
53	17	43	18	8	14	
6	2	2	1		3	
27	12	14	5	6	2	1
3	1	4		1	1	
	1				1	

主要统计指标解释

地区生产总值 是按市场价格计算的一个地区所有常住单位在一定时期内生产活动的最终成果。地区生产总值有三种表现形态，即价值形态、收入形态和产品形态。从价值形态看，它是所有常住单位在一定时期内所生产的全部货物和服务价值超过同期投入的全部非固定资产货物和服务价值的差额，即所有常住单位的增加值之和；从收入形态看，它是所有常住单位在一定时期内所创造并分配给常住单位和非常住单位的初次分配收入之和；从产品形态看，它是最终使用的货物和服务减去进口货物和服务。在核算中，地区生产总值的三种表现形态表现为三种计算方法，即生产法、收入法和支出法。三种方法分别从不同的方面反映地区生产总值及其构成。

三次产业 三次产业的划分是世界上较为通用的产业结构分类，但各国的划分不尽一致。我国的三次产业划分是：

第一产业：农业(包括种植业、林业、牧业、渔业和农林牧渔服务业)。

第二产业：工业(包括采矿业，制造业，电力、煤气及水的生产和供应业)和建筑业。

第三产业：除第一、二产业以外的其他各业。

总产出 指一定时期内一个地区常住单位生产的所有货物和服务的价值，既包括新增价值，也包括被消耗的货物和服务价值以及固定资产的转移价值。总产出按生产者价格计算，它反映常住单位生产活动的总规模。

中间投入 指常住单位在生产或提供货物与服务过程中，消耗和使用的所有非固定资产货物和服务的价值。中间投入也称为中间消耗，一般按购买者价格计算。

增加值 指常住单位生产过程创造的新增价值和固定资产的转移价值。它可以按生产法计算，也可以按收入法计算，按生产法计算，它等于总产出减去中间投入；按收入法计算，它等于劳动者报酬、生产税净额、固定资产折旧和营业盈余之和。

劳动者报酬 指劳动者因从事生产活动所获得的全部报酬。包括劳动者获得的各种形式的工资、奖金和津贴，既有货币形式的，也有实物形式的，还包括劳动者所享受的公费医疗和医药卫生费、上下班交通补贴、单位支付的社会保险费、住房公积金等。对于个体经济来说，其所有者所获得的劳动报酬和经营利润不易区分，这两部分统一作为劳动者报酬处理。

生产税净额 指生产税减生产补贴后的差额。生产税指政府对生产单位从事生产、销售和经营活动以及因从事生产活动使用某些生产要素（如固定资产、土地、劳动力）所征收的各种税、附加费和规费。生产补贴与生产税相反，指政府对生产单位的单方面转移支付，因此视为负生产税，包括政策性亏损补贴、价格补贴等。

固定资产折旧 指一定时期内为弥补固定资产损耗按照规定的固定资产折旧率提取的固定资产折旧，或按国民经济核算统一规定的折旧率虚拟计算的固定资产折旧。它反映了固定资产在当期生产中的转移价值。各类企业和企业化管理的事业单位的固定资产折旧是指实际计提的折旧费；不计提折旧的政府机关、非企业化管理的事业单位和居民住房的固定资产折旧是按照统一规定的折旧率和固定资产原值计算的虚拟折旧。原则上，固定资产折旧应按固定资产的重置价值计算，但是目前我国尚不具备对全社会固定资产进行重估价的基础，所以暂时还不能采用这种办法。

营业盈余 指常住单位创造的增加值扣除劳动者报酬、生产税净额和固定资产折旧后的余额。它相当于企业的营业利润加上生产补贴，但要扣除从利润中开支的工资和福利等。

支出法地区生产总值 指一个地区所有常住单位在一定时期内用于最终消费、资本形成总额，以及货物和服务净出口的总额，它反映本期生产的地区生产总值的使用情况。

最终消费 指常住单位在一定时期内对于货物和服务的全部最终消费支出，也就是说常住单位为满足物质、文化和精神生活的需要，从本地区经济领土和地区外购买的货物和服务的支出，不包括非常住单位在本地区经济领土内的消费支出。最终消费分为居民消费和政府消费。

居民消费 指常住住户对货物和服务的全部最终消费支出。它除了常住住户直接以货币形式购买货物和服务的消费之外，还包括以其他方式获得的货物和服务的消费，即单位以实物报酬及实物转移的形式提供给劳动者的货物和服务；住户生产并由住户自己消费的货物和服务，其中的服务仅指住户的自有住房服务和付酬的家庭服务；金融机构提供的金融媒介服务；保险公司提供的保险服务。

政府消费 指政府部门为全社会提供公共服务的消费支出和免费或以较低价格向住户提供的货物消费和服务的净支出。前者等于政府服务的产出价值减去政府单位所获得的经营收入后的价值，政府服务的产出价值等于它的经常性业务支出加上固定资产折旧；后者等于政府部门免费或以较低价格向住户提供的货物和服务的市场价值减去向住户收取的价值。

资本形成总额 指常住单位在一定时期内获得的减去处置的固定资产加存货的净变动额，包括固定资本形成总额和存货增加。

固定资本形成总额 指生产者在一定的时期内获得的固定资产减处置的固定资产的价值总额。固定资产是通过生产活动生产出来的，其使用年限在一年以上，单位价值在规定标准以上的资产，不包括自然资产。固定资本形成总额分有形固定资本形成总额和无形固定资本形成总额。有形固定资本形成总额包括一定时期内完成的建筑工程、安装工程、设备工器具购置（减处置）价值以及土地改良、新增役、种、奶、毛、娱乐用牲畜和新增经济林木价值。无形固定资本形成总额包括矿藏的勘探、计算机软件等获得减处置。

存货增加 指常住单位存货实物量变动的市场价值，即期末价值减期初价值的差额，再扣除当期由于价格变动而产生的持有收益。存货增加可以是正值，也可以是负值；正值表示存货增加，负值表示存货减少。它包括生产单位购进的原材料、燃料和储备物资等存货，以及生产单位生产的产成品、在制品存货等。

货物和服务净出口 指货物和服务出口减货物和服务进口的差额。出口包括常住单位向非常住单位出售或无偿转让的各种货物和服务的价值；进口包括常住单位从非常住单位购买或无偿得到的各种货物和服务的价值。由于服务活动的提供与使用同时发生，因此服务的进出口业务并不发生出入境现象，一般把常住单位从国外得到的服务作为进口，常住单位向国外提供的服务作为出口。

法人单位 指有权拥有资产、承担负债，并独立从事社会经济活动（或与其他单位进行交易）的组织。

产业活动单位 指位于一个地点，从事一种或主要从事一种社会经济活动的组织或组织的一部分。

Explanatory Notes on Main Statistical Indicators

Gross Domestic Product refers to the final products of all resident units calculated at market prices, in a region during a certain period of time. Gross domestic product is expressed in three different forms i.e. value, income and products respectively. The form of value refers to the total value of all products and services produced by all resident units during a certain period of time minus total value of intermediate input of materials and services of the nature of non-fixed assets or the summation of the value-added of all resident units; the form of income includes all the income created by all resident units and distributed primarily to all resident and non-resident units; the form of products refers to the value of all final goods and services for final use by all resident units plus the value of net exports of goods and services during given period of time. In the practice of national accounting, gross domestic product is calculated with three approaches, i.e. production approach, income approach, and expenditure approach, which reflect gross domestic product and its composition from different aspects.

Three Industries The three industries classification is universal although it varies to some extent from country to country. Industry in China comprises:

Primary industry: agriculture (including farming, forestry, animal husbandry, fishery and services support these industries).

Secondary industry: industry (including mining and quarrying, manufacturing, production and supply of electricity, water and gas) and construction.

Tertiary industry all other economic activities not included in the primary and secondary industries.

Total Output refers to value of all goods and services produced by resident units in a certain period of time, including new increasing value, also including value of goods and services consumed and transfer value of fixed assets. It is calculated at producer price, reflecting total production scale of resident units.

Intermediate Input refers to total non-fixed assets goods and services consumed and used by resident units during producing or supplying goods and services. Intermediate input is also called intermediate consumption, calculated at price of buyer.

Value Added refers to new increasing value and transfer value of fixed assets created by resident units during production. It is calculated in production way, also in income way. It equals total output minus intermediate consume when in production way. It equals compensation of laborers plus net tax on production, depreciation of fixed assets and operating surplus when in income way.

Laborers' Remuneration refers to the whole payment of various forms earned by the laborers from the productive activities they are engaged in. It includes wages, bonuses and allowances the laborers earned in monetary form and in kind. It also includes the free medical services provided to the laborers and the medicine expenses, traffic subsidies and social insurance fee paid by the laborers working units for them. As the individual economy is concerned, since the laborers remuneration is not easily distinguished from the operating profit, both are treated as laborers remuneration.

Net Taxes on Production refers to the residual of the taxes on production minus the subsidies on production. The taxes on production refers to the various taxes, extra charges and fees levied on the production units on their production, sale and business activities as well as on some factors pf production, such as fixed assets, land and labor force, used in the production activities they are engaged in. In contrast to the taxes on production, the subsidies on production refer to the unilateral transfer of part of the government's revenue to the production units and is therefore regarded as negative taxes on production. They include subsidies on the loss due to implementation of government policies and price subsidies etc.

Depreciation of Fixed Assets refers to the depreciation of fixed assets of a given period, drawn in accordance with the stipulated depreciation rate for the purpose of compensating the wear loss of the fixed assets of the depreciation of fixed assets calculated in a fictitious way in accordance with the stipulated unified depreciation rate in the national economic accounting system. It reflects the value of transfer of the fixed assets in the production of the current period. The depreciation of fixed assets in various enterprises and institutions managed as enterprises which do not drawn and calculated as part of the cost. In government agencies and institution not managed as enterprises which do not draw the depreciation expenses, as well as for the houses of residents, the depreciation of fixed assets is the imputed depreciation, which is calculated in accordance with the stipulated unified depreciation rate. In principle, the depreciation of fixed assets should be calculated on the basis of the repurchased value of the fixed assets.

However, there is no actual condition to reevaluate all the fixed assets in China. Therefore, the method can't be adopted temporarily at present.

Operating Surplus refers to the balance of the value added created by the resident units deducting the laborers remuneration, net taxes on production and the depreciation of fixed assets. It is equivalent to the business profit of the enterprises plus subsidies on production, but the wages and welfare expenses paid from the profits should be deducted.

GDP Calculated by Expenditure Approach refers to total expenditure on final consumption, total capital formation and net export of goods and services by resident units of a region in a certain period of time. It reflects the composition of GDP by its use.

Final Consumption refers to the total expenditure of resident units on final consumption of goods and services in a certain period, namely the expenditure of the resident units for purchases of goods and services from domestic economic territory and other regions to meet the requirements of material, cultural and spiritual life. It excludes the expenditure of non-resident units on consumption in the economic territory. The final consumption is classified into household consumption and government consumption.

Households Consumption refers to the total expenditure of resident households on the final consumption of goods and services. In addition to the consumption of goods and services bought by the households directly with money, the expenditure on goods and services obtained by the households in other ways, i.e. the so-called imputed expenditure on consumption, is also include in the households consumption. The imputation expenditure of the households on consumption includes the following types: (a) the goods and services provided to the households themselves, in the form of payment in kind and transfer in kind; (b) the goods and services produced and consumed by the households themselves, in which the services refer only to the services provided by the residential buildings owned by the households; (c) the services of financial intermediary provided by the financial institutions; (d) the insurance services provided by the insurance companies.

Government Consumption refers to the expenditure on the consumption of the public services provided by the government to the whole society and the net expenditure on the goods and services provided by the government to the households at free charge or lower prices. The former equals to the output value of the government services minus the value of operating income obtained by the government departments.(The output value of the government services equals to its current operating expenditure plus depreciation of fixed assets). The latter equals to the market value of the goods and services provided by the government free of charge or at low prices to the households minus the value received by the government from the households.

Total Capital Formation refers to the fixed assets acquired minus those disposed and the change in inventory, including the total fixed assets formation and the increase in inventory.

Total Fixed Capital Formation refers to the value of fixed assets purchased, transferred in by the resident units and those produced and used by themselves deducting the value of fixed assets sold and transferred out. It can be classified into total tangible assets formation and total intangible assets formation. The total tangible assets formation include the value of the construction projects, installation projects completed and the equipment, apparatus and instruments purchased as well as the value of land improved, the value of draught animals, breeding stock, milk, wool and recreational animals and the newly increased economic forest in a certain period. The total intangible assets formation includes the prospecting of minerals, the acquisition of computer software, the originals of recreational works and works of literature and arts minus the disposal of them.

Increase in Inventory refers to the market value of the charge in inventory, i.e. the difference of value between the beginning and the end of the period. The increase in inventory can be positive or negative. A positive value indicates the increase in inventory while negative value indicates the decrease in stock. The inventory includes the raw materials, fuels, reserve materials purchased by the production units as well as the inventory of finished products, semi-finished products, work-in-progress, etc.

Net Export of Goods and Services refers to the difference of the exports of goods and services minus the imports of goods and services. The imports include the value of various goods and services sold or gratuitously transferred by the resident units to the non-resident units. The imports include the value of various goods and services purchased or gratuitously acquisition by the resident units from the non-resident units. Because the provision of services and the use of them happen simultaneously, the import and export of services do not appear to have the phenomena of crossing the border of country. The acquisition of services by the resident units from abroad is usually treated as import while the acquisition of services by non-resident units in this country is usually treated as export.

Corporation Units refer to organizations which are entitled to possess assets, assume liabilities and carry out social economic activities (or can trade with other units) independently.

Active Units refer to organizations or a part of it which carry out one or mainly one social economic activities in certain places.

02

人口、劳动工资和社会保障

POPULATION, LABOR WAGES AND SOCIAL SECURITY

PAGE

035–058

资料整理人员

刘英娥　周俊英　栗金荣　李亚芬

人　口
POPULATION

总户数	Number of Households	1282.40	万户	(10 000 households)
常住人口	Resident Population	3610.83	万人	(10 000 persons)
男　性	Male	1850.96	万人	(10 000 persons)
女　性	Female	1759.87	万人	(10 000 persons)
出生人口	Number of Birth	38.53	万人	(10 000 persons)
死亡人口	Number of Death	20.99	万人	(10 000 persons)

人口构成 (%)

Composition of Population (%)

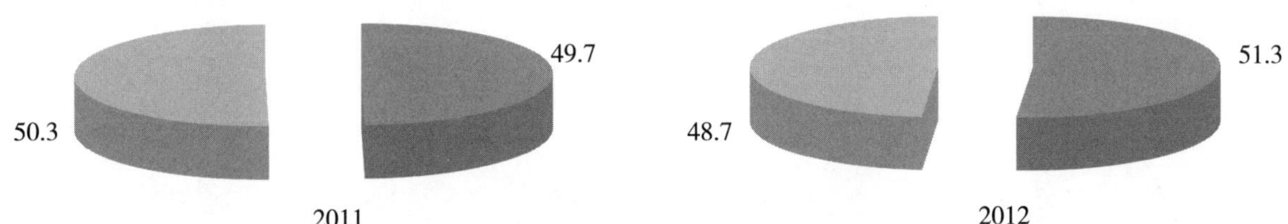

人口出生率、死亡率、自然增长率 (‰)

Birth Rate, Death Rate and Natural Increase Rate (‰)

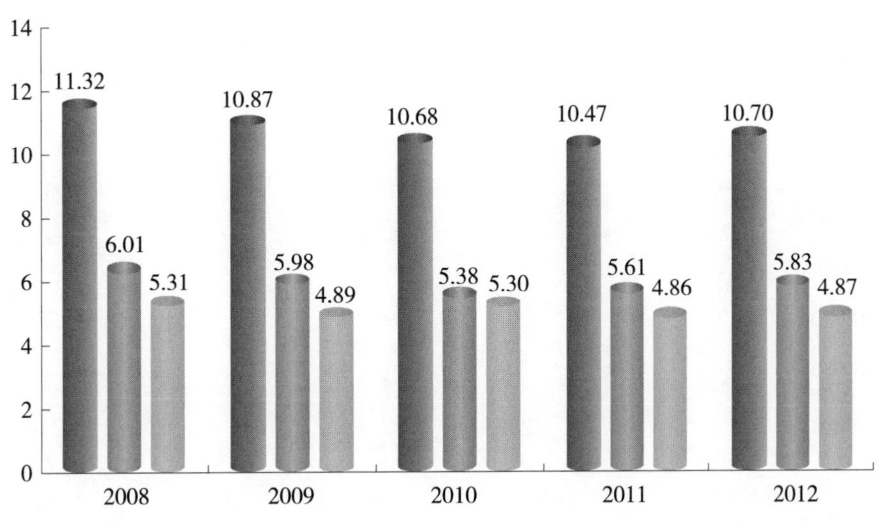

全社会从业人员和劳动报酬

TOTAL EMPLOYED AND PAYMENT

全社会从业人员	Total Employed	1790.2	万人	(10 000 persons)
第一产业	Primary Industry	647.1	万人	(10 000 persons)
第二产业	Secondary Industry	489.9	万人	(10 000 persons)
第三产业	Tertiary Industry	653.1	万人	(10 000 persons)

全社会从业人员和城镇单位在岗职工人数(万人)

Number of Total Employed and Fully Employed Staff and Workers in Urban Units (10 000 persons)

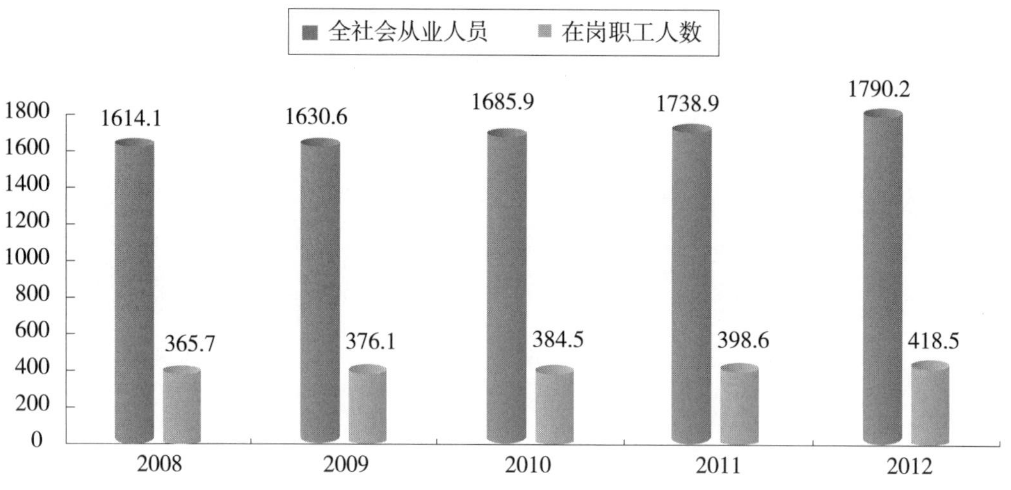

城镇单位在岗职工平均工资(元)

Average Wage of Fully Employed Staff and Workers in Urban Units(yuan)

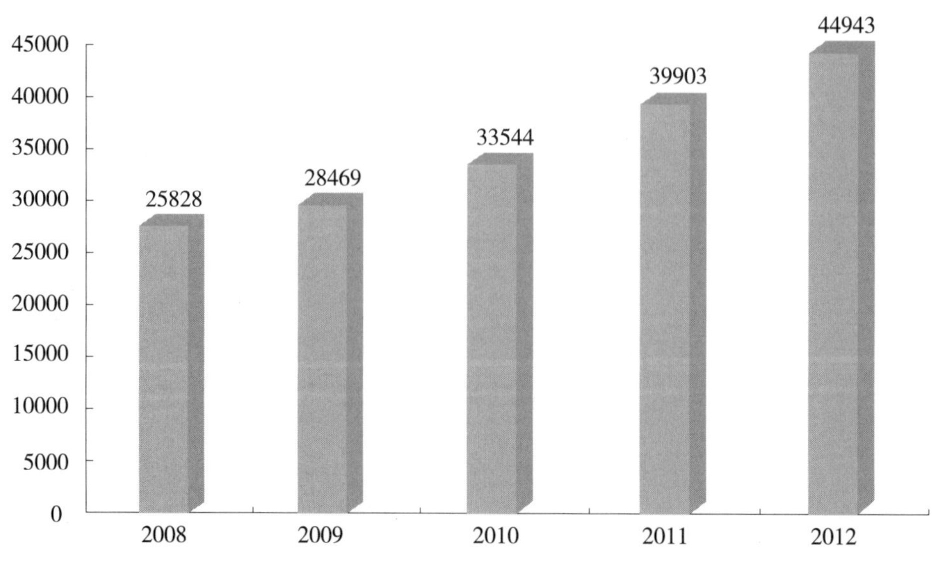

2-1 主要年份总户数、常住人口数
TOTAL HOUSEHOLD AND RESIDENT POPULATION IN MAJOR YEARS

单位：万人 (10 000 persons)

年 份 Year	总户数(万户) Number of Households (10 000 Households)	常住人口 Resident Population	按性别分 By Sex		按农业非农业分 By Residence	
			男 性 Male	女 性 Famle	非农业人口 Non-agriaculture	农业人口 Agriculture
1978	558.01	2423.60	1273.07	1150.53	393.79	2029.81
1980	579.71	2476.46	1299.32	1177.14	439.81	2036.65
1985	631.69	2673.51	1403.33	1270.18	536.84	2136.67
1990	740.63	2898.96	1508.62	1390.34	639.22	2259.74
1995	815.23	3077.28	1606.34	1470.94	748.39	2328.89
2000	885.55	3247.80	1680.91	1566.89	861.84	2334.34
2005	1008.04	3355.21	1719.33	1635.88	1010.46	2283.97
2006	1051.49	3374.55	1725.49	1649.06	1047.15	2292.73
2007	1094.72	3392.58	1735.34	1657.24	1078.65	2313.69
2008	1118.31	3410.64	1750.20	1660.44	1103.50	2319.60
2009	1159.14	3427.36	1758.13	1669.23	1124.16	2334.48
2010	1188.84	3574.11	1835.37	1738.75	1144.45	2329.18
2011	1233.13	3593.28	1843.75	1749.52	1162.44	2334.79
2012	1282.40	3610.83	1850.96	1759.87	1171.99	2326.73

注：本表2000年及以后年份农业、非农业人口和2005年及以后年份总户数为公安年报数。

Note: Data of agriculture and non-agriculture population since 2000 and number of households since 2005 are all from public security department.

2-2 主要年份人口自然变动
NATURAL CHANGE OF POPULATION IN MAJOR YEARS

单位：万人 (10 000 persons)

年 份 Year	出 生 Birth		死 亡 Death		自然增长 Natural Growth	
	人 数 Population	出生率 (‰) Birth Rate	人 数 Population	死亡率 (‰) Death Rate	人 数 Population	增长率 (‰) Natural Growth Rate
1978	37.76	15.66	15.80	6.55	21.96	9.11
1980	41.74	16.95	15.98	6.49	25.76	10.46
1985	56.65	21.36	16.87	6.36	39.78	15.00
1990	64.82	22.54	18.87	6.56	45.95	15.98
1995	50.82	16.60	18.73	6.12	32.09	10.48
2000	42.72	13.25	18.59	5.77	24.13	7.48
2005	40.21	12.02	20.07	6.00	20.14	6.02
2006	38.63	11.48	19.28	5.73	19.35	5.75
2007	38.26	11.31	20.23	5.98	18.03	5.33
2008	38.51	11.32	20.44	6.01	18.06	5.31
2009	37.16	10.87	20.45	5.98	16.71	4.89
2010	38.06	10.68	19.18	5.38	18.88	5.30
2011	37.50	10.47	20.10	5.61	17.41	4.86
2012	38.53	10.70	20.99	5.83	17.55	4.87

2-3 各年龄组受教育程度人口占6岁及以上人口比重(2012年)

PROPORTION OF EDUCATIONAL ATTAINMENT POPULATION BY AGE IN POPULATION AGED 6 AND OVER(2012)

单位：% (%)

年龄组	Age	未上过学 No-schooling	小学 Primary School	初中 Junior Secondary School	高中 Senior Seconary School	大学专科及以上 Junior College and Above
合　计	**Total**	**2.81**	**21.31**	**46.69**	**20.05**	**9.14**
6–9岁	Age 6–9	6.11	92.95	0.93		
10–14岁	Age 10–14	1.52	52.04	43.87	2.39	0.17
15–19岁	Age 15–19	0.64	2.87	37.09	54.66	4.71
20–24岁	Age 20–24	0.86	3.28	44.79	30.40	20.67
25–29岁	Age 25–29	0.35	4.15	49.61	21.44	24.44
30–34岁	Age 30–34	0.60	5.20	55.18	19.87	19.15
35–39岁	Age 35–39	0.64	8.08	61.58	18.38	11.32
40–44岁	Age 40–44	0.72	11.73	61.26	17.58	8.70
45–49岁	Age 45–49	1.67	13.60	58.53	20.11	6.09
50–54岁	Age 50–54	1.52	18.85	51.43	22.86	5.35
55–59岁	Age 55–59	3.02	30.07	48.54	14.47	3.86
60–64岁	Age 60–64	3.96	43.39	44.33	6.51	1.81
65岁及以上	Age 65 and Over	17.98	50.97	23.43	5.57	2.01

注：本表根据人口抽样调查数据计算。

Note: Data in this table are caculated according to the Sample Survey of Population.

2-4 主要年份人口年龄构成和抚养比

AGE COMPOSITION AND DEPENDENCY RATIO OF POPULATION IN MAJOR YEARS

单位：% (%)

年份 Year	年龄构成 Age Composition			抚养比 Dependency Ratio		
	0—14岁 Age 0–14	15—64岁 Age 15–64	65岁及以上 Age 65 and Above	总抚养比 Gross Dependency Ratio	少儿抚养比 Children Dependency Ratio	老年抚养比 Old People Dependency Ratio
1953	33.89	61.37	4.74	62.95	55.22	7.72
1964	40.43	55.22	4.35	81.09	73.22	7.88
1982	33.36	61.65	4.99	62.21	54.11	8.09
1990	28.15	66.46	5.39	50.47	42.36	8.11
2000	25.73	67.94	6.33	47.19	37.87	9.32
2005	21.30	71.55	7.15	39.76	29.77	9.99
2006	20.20	72.60	7.20	37.74	27.82	9.92
2007	19.64	73.02	7.34	36.95	26.90	10.05
2008	18.35	73.75	7.90	35.59	24.88	10.71
2009	17.32	74.60	8.08	34.05	23.22	10.83
2010	17.10	75.33	7.58	32.75	22.70	10.06
2011	16.47	75.62	7.91	32.24	21.78	10.46
2012	16.44	75.59	7.97	32.29	21.75	10.54

注：1953、1964、1982、1990、2000、2010年为六次人口普查数据，其余年份为人口抽样调查推算数。

Note: Data of 1953,1964,1982,1990,2000 and 2010 in this table are obtained from six National Population Census, and the rest are caculated from the Sample Survey of Population .

2-5 全社会劳动力资源配置情况
LABOR RESOURCES ALLOCATION IN THE WHOLE SOCIETY

单位：万人 (10 000 persons)

指 标	Item	2011	2012
年末劳动力资源总数	**Labor Resources at Year-end**	**2690.0**	**2719.8**
年末劳动力配置	**Labor Allocation at Year-end**		
一、从业人员	**Number of Employees**	**1738.9**	**1790.2**
按经济类型分	**By Ownership**		
1.国有经济	State-Owned Economy	243.8	239.8
2.集体经济	Colletive-Owned Economy	1016.1	1007.7
3.私营经济	Private Economy	139.3	174.7
4.个体经济	Indivdual Economy	198.6	191.6
5.联营经济	Joint-Owned Economy	0.6	0.7
6.股份制经济	Share Holding Ecnonmy	20.4	24.6
7.外商投资经济	Foreign Funded Economy	4.9	14.0
8.港、澳、台投资经济	Economy Funded By Entrepreneurs from Hongkong, Macao and Taiwan	7.0	2.2
9.其他经济	Other Types of Ownership	108.1	134.8
按国民经济行业分	**By Sector**		
1.农、林、牧、渔业	Farming,Forestry,Animal Husbandry and Fishery	649.4	647.1
2.采矿业	Mining and Quarring	162.7	169.5
3.制造业	Manufacturing	160.9	165.0
4.电力、热力、燃气及水生产和供应业	Production and Supply of Electricity, Heat, Gas and Water	10.7	11.6
5.建筑业	Construction	133.8	143.8
6.批发和零售业	Wholesale and Retail Trade	183.1	145.3
7.交通运输、仓储和邮政业	Transport, Storage and Post	91.6	146.7
8.住宿和餐饮业	Lodging and Catering Services	55.4	54.3
9.信息传输、软件和信息技术服务业	Information Transmission, Software and Information Technology Services	14.4	20.8
10.金融业	Banking and Insurance	15.9	20.0
11.房地产业	Real Estate Trade	5.1	8.0
12.租赁和商务服务业	Lease and Business Services	11.6	9.6
13.科学研究和技术服务业	Scientific Reseach and Technical Services	7.3	7.7
14.水利、环境和公共设施管理业	Water,Environmental Protection and Public Facility Management	7.5	14.1
15.居民服务、修理和其他服务业	Resident Services, Repair and Other Services	23.4	10.5
16.教　育	Education	49.3	50.0
17.卫生和社会工作	Health Care and Social Work	17.6	17.8
18.文化、体育和娱乐业	Culture,Sports and Recreation	6.1	6.1
19.公共管理、社会保障和社会组织	Public Management, Social Security and Social Organization	58.4	59.6
20.其他行业	Others	74.7	82.6
按三次产业分	**By Type of Industry**		
1.第一产业	Primary Industry	649.4	647.1
2.第二产业	Secondry Industry	468.0	489.9
3.第三产业	Tertiary Industry	621.5	653.1
二、城镇登记失业人员	**Urban Unemployed Registered**	**21.2**	**21.3**
三、16岁以上在校学生	**Student Enrollment Over Age 16**	**199.8**	**191.3**
四、其他劳动者	**Others**	**726.3**	**717.1**

2-6 主要年份全社会从业人员年末人数
YEAR-END TOTAL EMPLOYEES IN MAJOR YEARS

单位：万人 (10 000 persons)

年份 Year	从业人员合计 Total Employees	职工 Staff and Workers				其他从业人员 Other Employees	城镇私营企业及个体 Urban Private Enterprises and Self-employed Individuals	农村及乡镇企业 Rural, Township and Village Enterprises
			国有单位 State-Owned Units	城镇集体单位 Urban Collective-Owned Units	其他单位 Units of Other Types Ownership			
1978	965.23	268.30	227.34	40.96			0.12	696.81
1980	1002.64	298.98	246.24	52.74			1.08	702.58
1985	1154.11	377.09	291.49	85.27	0.33		8.18	768.84
1990	1304.01	438.68	340.94	97.41	0.33		11.84	853.49
1995	1424.52	463.51	370.14	88.14	5.23	15.41	34.48	911.12
2000	1392.40	370.16	276.62	48.24	45.30	11.64	48.66	961.94
2005	1500.20	352.11	247.50	29.83	74.78	8.38	80.15	1059.56
2006	1561.16	357.17	249.15	28.81	79.21	8.38	115.68	1079.93
2007	1595.65	366.73	248.20	28.06	90.47	8.52	137.40	1083.00
2008	1614.10	365.70	249.79	26.87	89.04	9.48	164.02	1074.90
2009	1630.60	376.09	240.85	23.39	111.85	9.71	162.01	1082.79
2010	1685.90	384.48	231.90	22.79	129.79	9.93	171.50	1100.01
2011	1738.89	398.62	237.25	23.72	137.65	11.07	199.66	1129.53
2012	1790.17	418.48	232.44	23.75	162.29	17.52	216.47	1137.70

2-7 主要年份工农业劳动者人数
NUMBER OF EMPLOYEES IN INDUSTRY AND AGRICULTURE IN MAJOR YEARS

单位：万人 (10 000 persons)

年份 Year	工农业劳动者总数 Total Employmees			劳动者构成(%) Composition in Percentage	
		工业劳动者 Industry	农业劳动者 Agriculture	工业劳动者 Industry	农业劳动者 Agriculture
1978	809.42	158.62	650.80	19.60	80.40
1980	826.83	170.30	656.53	20.60	79.40
1985	847.50	271.60	575.90	32.10	67.90
1990	939.99	313.48	626.51	33.30	66.70
1995	993.31	357.20	636.11	36.00	64.00
2000	942.00	279.34	662.66	29.70	70.30
2005	941.70	299.90	641.80	31.85	68.15
2006	969.72	329.98	639.74	34.03	65.97
2007	962.80	323.90	638.90	33.65	66.35
2008	966.40	323.80	642.60	33.51	66.49
2009	1064.70	429.70	635.00	40.36	59.64
2010	1081.00	442.80	638.20	41.00	59.00
2011	1117.42	468.04	649.38	41.89	58.11
2012	1137.02	489.92	647.10	43.09	56.91

2-8 城镇单位从业人员(2012年)
NUMBER OF EMPLOYEES IN URBAN UNITS(2012)

单位：人 (person)

项 目	Item	从业人员 Number of Employees	#女性 Female	在岗职工 Fully Employed	其他从业人员 Other Employees
总 计	**Total**	**4360001**	**1405826**	**4184755**	**175246**
一、按企业、事业、机关分组	**Grouped By Enterprises，Institutions and Government Agencies**				
#1.企 业	Enterprises	2852256	718040	2723030	129226
2.事 业	Institutions	1038318	543780	1004325	33993
3.机 关	Government Agencies	464847	141253	452919	11928
二、按国民经济行业分组	**Grouped By Sector**				
1.农、林、牧、渔业	Farming，Forestry，Animal Husbandry and Fishery	28246	7726	26135	2111
2.采矿业	Mining	902565	135822	896308	6257
3.制造业	Manufacturing	702927	214347	695530	7397
4.电力、热力、燃气及水生产和供应业	Production and Supply of Electricity, Heat, Gas and Water	111272	33756	108638	2634
5.建筑业	Construction	387767	52569	312441	75326
6.批发和零售业	Wholesale and Retail Trade	191635	68799	187164	4471
7.交通运输、仓储和邮政业	Transport, Storage and Post	223140	55943	220798	2342
8.住宿和餐饮业	Lodging and Catering Services	69215	30687	67126	2089
9.信息传输、软件和信息技术服务业	Information Transmission, Software and Information Technology Services	52745	26613	50895	1850
10.金融业	Banking and Insurance	157731	79778	136341	21390
11.房地产业	Real Estate Trade	26119	8543	25097	1022
12.租赁和商务服务业	Lease and Business Services	53465	17505	50877	2588
13.科学研究和技术服务业	Scientific Reseach and Technial Services	59181	20167	57687	1494
14.水利、环境和公共设施管理业	Water, Environmental Protection and Public Facility Management	76288	35582	72863	3425
15.居民服务、修理和其它服务业	Resident Services, Repair and Other Services	6443	2856	6254	189
16.教 育	Education	499074	299528	486824	12250
17.卫生和社会工作	Health Care and Social Work	171291	108899	163489	7802
18.文化、体育和娱乐业	Culture, Sports and Recreation	44620	20369	42640	1980
19.公共管理、社会保障和社会组织	Public Management, Social Security and Social Organization	596277	186337	577648	18629
总计中:国有控股	**Share Controlled by State**	**2020707**	**487748**	**1948458**	**72249**

注：在岗职工包含劳务派遣工，下同。

Note：Dispatching workers are included in fully employed workers. The same applies to the tables following.

2-9 城镇单位从业人员劳动报酬(2012年)
REWARD OF EMPLOYEES IN URBAN UNITS(2012)

单位：万元 (10 000 yuan)

项　目	Item	从业人员劳动报酬 Total Reward of Employees	在岗职工工资总额 Wages of Fully Employed	其他从业人员劳动报酬 Reward of Other Employees	在岗职工平均工资(元) Average Wages of Fully Employed (yuan)
总　计	**Total**	**19227146**	**18717374**	**509772**	**44943**
一、按企业、事业、机关分组	**Grouped By Enterprises, Institutions and Government Agencies**				
#1.企　业	Enterprises	14106500	13669127	437373	50422
2.事　业	Institutions	3551408	3495518	55891	35005
3.机　关	Government Agencies	1560831	1544427	16404	34263
二、按国民经济行业分组	**Grouped By Sector**				
1.农、林、牧、渔业	Farming，Forestry，Animal Husbandry and Fishery	71288	65338	5950	25055
2.采矿业	Mining	6328018	6314299	13718	71895
3.制造业	Manufacturing	2425014	2409281	15733	35082
4.电力、热力、燃气及水生产和供应业	Production and Supply of Electricity, Heat, Gas and Water	629667	623814	5853	58070
5.建筑业	Construction	1535782	1213933	321849	35987
6.批发和零售业	Wholesale and Retail Trade	572953	565163	7790	30677
7.交通运输、仓储和邮政业	Transport, Storage and Post	1105354	1099788	5566	50021
8.住宿和餐饮业	Lodging and Catering Services	198900	195013	3887	29719
9.信息传输、软件和信息技术服务业	Information Transmission, Software and Information Technology Services	202566	198316	4250	39086
10.金融业	Banking and Insurance	964695	920911	43784	69094
11.房地产业	Real Estate Trade	76004	73222	2782	29906
12.租赁和商务服务业	Lease and Business Services	142760	135260	7500	26700
13.科学研究和技术服务业	Scientific Reseach and Technial Services	251540	247865	3675	43009
14.水利、环境和公共设施管理业	Water, Environmental Protection and Public Facility Management	159269	155076	4193	21727
15.居民服务、修理和其它服务业	Resident Services, Repair and Other Services	14546	14263	283	22806
16.教　育	Education	1908614	1890577	18037	39020
17.卫生和社会工作	Health Care and Social Work	550326	537522	12805	33132
18.文化、体育和娱乐业	Culture, Sports and Recreation	147952	140291	7661	33098
19.公共管理、社会保障和社会组织	Public Management, Social Security and Social Organization	1941900	1917442	24458	33313
总计中:国有控股	**Share Controlled by State**	**11064134**	**10863452**	**200682**	**55985**

2-10 国有单位从业人员(2012年)

NUMBER OF EMPLOYEES IN STATE-OWNED UNITS(2012)

单位：人 (person)

项　目	Item	从业人员 Number of Employees	#女性 Female	在岗职工 Fully Employed	其他从业人员 Other Employees
总　计	**Total**	**2398219**	**921694**	**2324396**	**73823**
一、按隶属关系分组	**Grouped By Administrative Relationship**				
1.中　央	Central Government	339919	96731	326863	13056
2.省、自治区、直辖市	Province	527408	163862	515148	12260
3.地　区	Prefecture	400271	162483	388107	12164
4.县及县以下	County and Below	1130621	498618	1094278	36343
二、按企业、事业、机关分组	**Grouped By Enterprises, Institutions and Government Agencies**				
#1.企　业	Enterprises	932642	257371	903643	28999
#地　方	Local	620482	169802	604060	16422
2.事　业	Institutions	1000139	522774	967268	32871
#地　方	Local	987818	518759	955175	32643
3.机　关	Government Agencies	464413	141111	452485	11928
#地　方	Local	448975	135964	437298	11677
三、按国民经济行业分组	**Grouped By Sector**				
1.农、林、牧、渔业	Farming, Forestry, Animal Husbandry and Fishery	19248	5370	18997	251
2.采矿业	Mining	238906	40019	236632	2274
3.制造业	Manufacturing	119329	38052	117628	1701
4.电力、热力、燃气及水生产和供应业	Production and Supply of Electricity, Heat, Gas and Water	76820	23735	75347	1473
5.建筑业	Construction	111055	24095	99855	11200
6.批发和零售业	Wholesale and Retail Trade	93339	32292	90365	2974
7.交通运输、仓储和邮政业	Transport, Storage and Post	180212	43377	179027	1185
8.住宿和餐饮业	Lodging and Catering Services	25557	11993	24499	1058
9.信息传输、软件和信息技术服务业	Information Transmission, Software and Information Technology Services	35568	17257	33770	1798
10.金融业	Banking and Insurance	53628	27054	50078	3550
11.房地产业	Real Estate Trade	9001	3337	8492	509
12.租赁和商务服务业	Lease and Business Services	31457	9163	29754	1703
13.科学研究和技术服务业	Scientific Reseach and Technial Services	55454	18935	54175	1279
14.水利、环境和公共设施管理业	Water, Environmental Protection and Public Facility Management	69275	31335	66026	3249
15.居民服务、修理和其它服务业	Resident Services, Repair and Other Services	4012	1683	3847	165
16.教　育	Education	487799	292655	475861	11938
17.卫生和社会工作	Health Care and Social Work	150633	96547	143705	6928
18.文化、体育和娱乐业	Culture, Sports and Recreation	41443	18797	39484	1959
19.公共管理、社会保障和社会组织	Public Management, Social Security and Social Organization	595483	185998	576854	18629

2-11 国有单位从业人员劳动报酬(2012年)
REWARD OF EMPLOYEES IN STATE-OWNED UNITS(2012)

单位：万元 (10 000 yuan)

项　目	Item	从业人员劳动报酬 Total Reward of Employees	在岗职工工资总额 Wages of Fully Employed	其他从业人员劳动报　酬 Reward of Other Employees	在岗职工平均工资(元) Average Wages of Fully Employed (yuan)
总　计	**Total**	**9730005**	**9592100**	**137905**	**41561**
一、按隶属关系分组	**Grouped By Administrative Relationship**				
1.中　央	Central Government	2032368	1999973	32395	61551
2.省、自治区、直辖市	Province	2778931	2746009	32921	53896
3.地　区	Prefecture	1314401	1292439	21962	33587
4.县及县以下	County and Below	3604306	3553679	50627	32034
二、按企业、事业、机关分组	**Grouped By Enterprises, Institutions and Government Agencies**				
#1.企　业	Enterprises	4713348	4646542	66806	51915
#地　方	Local	2785046	2749551	35495	46027
2.事　业	Institutions	3455601	3400907	54694	35366
#地　方	Local	3406368	3352421	53946	35305
3.机　关	Government Agencies	1559199	1542794	16404	34260
#地　方	Local	1504366	1488298	16069	34204
三、按国民经济行业分组	**Grouped By Sector**				
1.农、林、牧、渔业	Farming, Forestry, Animal Husbandry and Fishery	50767	50400	366	26584
2.采矿业	Mining	1620308	1613782	6526	69279
3.制造业	Manufacturing	406286	403157	3130	34262
4.电力、热力、燃气及水生产和供应业	Production and Supply of Electricity, Heat, Gas and Water	456749	454295	2454	60856
5.建筑业	Construction	351829	322277	29552	32814
6.批发和零售业	Wholesale and Retail Trade	323971	319692	4279	35958
7.交通运输、仓储和邮政业	Transport, Storage and Post	987050	983167	3883	55312
8.住宿和餐饮业	Lodging and Catering Services	70570	68758	1812	27877
9.信息传输、软件和信息技术服务业	Information Transmission, Software and Information Technology Services	146358	142166	4192	42096
10.金融业	Banking and Insurance	359308	352871	6437	71122
11.房地产业	Real Estate Trade	21480	20951	529	24971
12.租赁和商务服务业	Lease and Business Services	89204	83411	5794	28191
13.科学研究和技术服务业	Scientific Reseach and Technial Services	231163	228123	3041	42105
14.水利、环境和公共设施管理业	Water, Environmental Protection and Public Facility Management	147094	143057	4037	22158
15.居民服务、修理和其它服务业	Resident Services, Repair and Other Services	9847	9579	268	24834
16.教　育	Education	1879641	1861925	17716	39310
17.卫生和社会工作	Health Care and Social Work	497598	485823	11775	34081
18.文化、体育和娱乐业	Culture, Sports and Recreation	142555	134897	7658	34294
19.公共管理、社会保障和社会组织	Public Management, Social Security and Social Organization	1938228	1913770	24458	33299

2-12 集体单位从业人员(2012年)
NUMBER OF EMPLOYEES IN COLLECTIVE-OWNED UNITS(2012)

单位：人 (person)

项目	Item	从业人员 Number of Employees	#女性 Female	在岗职工 Fully Employed	其他从业人员 Other Employees
总计	**Total**	**248399**	**96609**	**237490**	**10909**
一、按企业、事业、机关分组	**Grouped By Enterprises, Institutions and Government Agencies**				
#1.企业	Enterprises	215755	78364	205871	9884
2.事业	Institutions	32062	17955	31037	1025
3.机关	Government Agencies	185	59	185	
二、按国民经济行业分组	**Grouped By Sector**				
1.农、林、牧、渔业	Farming，Forestry，Animal Husbandry and Fishery	1041	246	1029	12
2.采矿业	Mining	26435	3926	25810	625
3.制造业	Manufacturing	53165	27143	51847	1318
4.电力、热力、燃气及水生产和供应业	Production and Supply of Electricity, Heat, Gas and Water	1471	387	1471	
5.建筑业	Construction	28668	5259	25323	3345
6.批发和零售业	Wholesale and Retail Trade	35740	11366	35116	624
7.交通运输、仓储和邮政业	Transport, Storage and Post	5530	2107	4753	777
8.住宿和餐饮业	Lodging and Catering Services	5048	2246	5009	39
9.信息传输、软件和信息技术服务业	Information Transmission, Software and Information Technology Services	134	72	131	3
10.金融业	Banking and Insurance	44367	19404	41853	2514
11.房地产业	Real Estate Trade	2314	813	2095	219
12.租赁和商务服务业	Lease and Business Services	11905	4428	11488	417
13.科学研究和技术服务业	Scientific Reseach and Technial Services	521	172	498	23
14.水利、环境和公共设施管理业	Water, Environmental Protection and Public Facility Management	5724	3755	5685	39
15.居民服务、修理和其它服务业	Resident Services, Repair and Other Services	1269	644	1257	12
16.教育	Education	4186	2612	4109	77
17.卫生和社会工作	Health Care and Social Work	18872	11200	18028	844
18.文化、体育和娱乐业	Culture, Sports and Recreation	1805	755	1784	21
19.公共管理、社会保障和社会组织	Public Management, Social Security and Social Organization	204	74	204	

2-13 集体单位从业人员劳动报酬(2012年)
REWARD OF EMPLOYEES IN COLLECTIVE-OWNED UNITS(2012)

单位：万元 (10 000 yuan)

项　目	Item	从业人员劳动报酬 Total Reward of Employees	在岗职工工资总额 Wages of Fully Employed	其　他从业人员劳动报酬 Reward of Other Employees	在岗职工平均工资(元) Average Wages of Fully Employed (yuan)
总　计	**Total**	**809875**	**789426**	**20449**	**33355**
一、按企业、事业、机关分组	**Grouped By Enterprises, Institutions and Government Agencies**				
#1.企　业	Enterprises	731494	712194	19300	34720
2.事　业	Institutions	76806	75658	1149	24429
3.机　关	Government Agencies	504	504		27254
二、按国民经济行业分组	**Grouped By Sector**				
1.农、林、牧、渔业	Farming，Forestry，Animal Husbandry and Fishery	2691	2662	29	25846
2.采矿业	Mining	148173	147366	808	59542
3.制造业	Manufacturing	147945	145445	2500	27966
4.电力、热力、燃气及水生产和供应业	Production and Supply of Electricity, Heat, Gas and Water	3280	3280		22359
5.建筑业	Construction	67763	61288	6475	22742
6.批发和零售业	Wholesale and Retail Trade	60775	60336	439	17223
7.交通运输、仓储和邮政业	Transport, Storage and Post	10373	10192	181	20326
8.住宿和餐饮业	Lodging and Catering Services	14608	14568	40	28053
9.信息传输、软件和信息技术服务业	Information Transmission, Software and Information Technology Services	263	259	5	20516
10.金融业	Banking and Insurance	248771	242006	6765	59867
11.房地产业	Real Estate Trade	4558	3213	1345	15386
12.租赁和商务服务业	Lease and Business Services	26256	25493	763	22910
13.科学研究和技术服务业	Scientific Reseach and Technial Services	996	982	14	19640
14.水利、环境和公共设施管理业	Water, Environmental Protection and Public Facility Management	9244	9197	47	16160
15.居民服务、修理和其它服务业	Resident Services, Repair and Other Services	1607	1593	14	12703
16.教　育	Education	10592	10530	62	25834
17.卫生和社会工作	Health Care and Social Work	48407	47448	959	26411
18.文化、体育和娱乐业	Culture, Sports and Recreation	2923	2919	3	16409
19.公共管理、社会保障和社会组织	Public Management, Social Security and Social Organization	652	652		31946

2-14 其他单位从业人员(2012年)

NUMBER OF EMPLOYEES IN OTHER-OWNED UNITS(2012)

单位：人 (person)

项目	Item	从业人员 Number of Employees	#女性 Female	在岗职工 Fully Employed	其他人员 Other Employees
总计	**Total**	**1713383**	**387523**	**1622869**	**90514**
一、按登记注册类型分组	**Grouped by Registered Kind**				
内资	Civil Funded Enterprises	1550575	335313	1461402	89173
1.股份合作	Share Cooperative Enterprises	18800	5147	18404	396
2.联营	Joint Owned Enterprises	6511	798	6432	79
#国有联营	State-owned Joint Owned Enterprises	1927	165	1881	46
集体联营	Collective-owned Joint Owned Enterprises	3797	483	3797	
3.有限责任公司	Limited Liability Company	1263229	236044	1194852	68377
#国有独资	Company Exclusively with Investment from State	314348	71023	312223	2125
4. 股份有限公司	Share Holding Limited Company	226966	81112	209029	17937
5.其他	Others	35069	12212	32685	2384
港、澳、台商投资	Enterprises Funded by HongKong, Macao and Taiwan	22418	7108	22098	320
外商投资	Foreign Funded Enterprises	140390	45102	139369	1021
二、按企业、事业、机关分组	**Grouped By Enterprises, Institutions and Government Agencies**				
#1.企业	Enterprises	1703859	382305	1613516	90343
2.事业	Institutions	6117	3051	6020	97
三、按国民经济行业分组	**Grouped By Sector**				
1.农、林、牧、渔业	Farming, Forestry, Animal Husbandry and Fishery	7957	2110	6109	1848
2.采矿业	Mining	637224	91877	633866	3358
3.制造业	Manufacturing	530433	149152	526055	4378
4.电力、热力、燃气及水生产和供应业	Production and Supply of Electricity, Heat, Gas and Water	32981	9634	31820	1161
5.建筑业	Construction	248044	23215	187263	60781
6.批发和零售业	Wholesale and Retail Trade	62556	25141	61683	873
7.交通运输、仓储和邮政业	Transport, Storage and Post	37398	10459	37018	380
8.住宿和餐饮业	Lodging and Catering Services	38610	16448	37618	992
9.信息传输、软件和信息技术服务业	Information Transmission, Software and Information Technology Services	17043	9284	16994	49
10.金融业	Banking and Insurance	59736	33320	44410	15326
11.房地产业	Real Estate Trade	14804	4393	14510	294
12.租赁和商务服务业	Lease and Business Services	10103	3914	9635	468
13.科学研究和技术服务业	Scientific Reseach and Technial Services	3206	1060	3014	192
14.水利、环境和公共设施管理业	Water, Environmental Protection and Public Facility Management	1289	492	1152	137
15.居民服务、修理和其它服务业	Resident Services, Repair and Other Services	1162	529	1150	12
16.教育	Education	7089	4261	6854	235
17.卫生和社会工作	Health Care and Social Work	1786	1152	1756	30
18.文化、体育和娱乐业	Culture, Sports and Recreation	1372	817	1372	
19.公共管理、社会保障和社会组织	Public Management, Social Security and Social Organization	590	265	590	

2-15 其他单位从业人员劳动报酬(2012年)
REWARD OF EMPLOYEES IN OTHER-OWNED UNITS(2012)

单位：万元 (10 000 yuan)

项目	Item	从业人员劳动报酬 Total Reward of Employees	在岗职工工资总额 Wages of Fully Employed	其他从业人员劳动报酬 Reward of Other Employees	在岗职工平均工资(元) Average Wages of Fully Employed (yuan)
总　计	**Total**	**8687267**	**8335847**	**351419**	**51453**
一、按登记注册类型分组	**Grouped by Registered Kind**				
内　资	Civil Funded Enterprises	8180192	7833441	346751	53324
1.股份合作	Share Cooperative Enterprises	62346	61983	364	34606
2.联　营	Joint Owned Enterprises	24745	24590	155	38859
#国有联营	State-owned Joint Owned Enterprises	10172	10067	105	54122
集体联营	Collective-owned Joint Owned Enterprises	12527	12527		33720
3.有限责任公司	Limited Liability Company	6913080	6609391	303690	54746
#国有独资	Company Exclusively with Investment from State	1969854	1965594	4260	63658
4. 股份有限公司	Share Holding Limited Company	1060655	1024534	36121	49809
5.其　他	Others	119366	112944	6422	35498
港、澳、台商投资	Enterprises Funded by HongKong, Macao and Taiwan	69644	68493	1152	31606
外商投资	Foreign Funded Enterprises	437430	433914	3517	33539
二、按企业、事业、机关分组	**Grouped By Enterprises, Institutions and Government Agencies**				
#1.企　业	Enterprises	8661658	8310391	351267	51592
2.事　业	Institutions	19001	18953	48	31726
三、按国民经济行业分组	**Grouped By Sector**				
1.农、林、牧、渔业	Farming, Forestry, Animal Husbandry and Fishery	17830	12275	5555	20160
2.采矿业	Mining	4559536	4553152	6384	73370
3.制造业	Manufacturing	1870783	1860680	10103	35984
4.电力、热力、燃气及水生产和供应业	Production and Supply of Electricity, Heat, Gas and Water	169638	166239	3399	53099
5.建筑业	Construction	1116190	830368	285822	39137
6.批发和零售业	Wholesale and Retail Trade	188208	185135	3073	30705
7.交通运输、仓储和邮政业	Transport, Storage and Post	107932	106430	1502	28684
8.住宿和餐饮业	Lodging and Catering Services	113722	111687	2035	31231
9.信息传输、软件和信息技术服务业	Information Transmission, Software and Information Technology Services	55945	55891	54	33190
10.金融业	Banking and Insurance	356616	326034	30582	75394
11.房地产业	Real Estate Trade	49966	49058	908	35026
12.租赁和商务服务业	Lease and Business Services	27300	26357	943	26503
13.科学研究和技术服务业	Scientific Reseach and Technial Services	19381	18761	620	63574
14.水利、环境和公共设施管理业	Water, Environmental Protection and Public Facility Management	2932	2822	110	25174
15.居民服务、修理和其它服务业	Resident Services, Repair and Other Services	3091	3091		27046
16.教　育	Education	18381	18122	259	26677
17.卫生和社会工作	Health Care and Social Work	4321	4251	70	24715
18.文化、体育和娱乐业	Culture, Sports and Recreation	2475	2475		19472
19.公共管理、社会保障和社会组织	Public Management, Social Security and Social Organization	3021	3021		45561

2-16 城镇私营单位从业人员和劳动报酬(2012年)

NUMBER AND REWARD OF EMPLOYEES IN PRIVATE URBAN UNITS(2012)

单位：人 (person)

项目	Item	从业人员 Number of Employees	劳动报酬总额(万元) Total Reward of Employees (10 000 yuan)	平均劳动报酬(元) Average Reward of Employees (yuan)
总计	**Total**	**1714491**	**4013613**	**23452**
按国民经济行业分组	**Grouped By Sector**			
1.农、林、牧、渔业	Farming，Forestry，Animal Husbandry and Fishery	17151	30916	17600
2.采矿业	Mining	164779	509753	30641
3.制造业	Manufacturing	564261	1271336	23173
4.电力、热力、燃气及水生产和供应业	Production and Supply of Electricity, Heat, Gas and Water	6760	16259	25722
5.建筑业	Construction	263706	766954	26741
6.批发和零售业	Wholesale and Retail Trade	258632	538844	21380
7.交通运输、仓储和邮政业	Transport, Storage and Post	40106	73152	18800
8.住宿和餐饮业	Lodging and Catering Services	161269	301427	18909
9.信息传输、软件和信息技术服务业	Information Transmission, Software and Information Technology Services	11311	23081	20660
10.金融业	Banking and Insurance	4906	15272	30753
11.房地产业	Real Estate Trade	62589	182993	29294
12.租赁和商务服务业	Lease and Business Services	43764	66976	15226
13.科学研究和技术服务业	Scientific Reseach and Technical Services	17372	38420	23954
14.水利、环境和公共设施管理业	Water, Environmental Protection and Public Facility Management	7332	15345	20681
15.居民服务、修理和其他服务业	Resident Services, Repair and Other Services	33220	60057	18731
16.教　育	Education	35060	61902	17734
17.卫生和社会工作	Health Care and Social Work	10339	18381	17952
18.文化、体育和娱乐业	Culture , Sports and Recreation	11935	22547	18629

2-17 主要年份职工平均工资及指数

AVERAGE WAGE OF STAFF AND WORKERS AND RELATED INDICES IN MAJOR YEARS

单位：元 (yuan)

年 份 Year	全部职工平均工资 Total Average Wage	指 数 (1952年 = 100) Indices (year of 1952=100)		国有单位平均工资 Average Wage of State-owned Units
		货币工资 Average Money Wage	实际工资 Average Real Wage	
1978	632	168.5	145.8	655
1980	754	201.1	163.2	795
1985	1122	299.2	201.9	1200
1990	2111	562.9	228.3	2263
1995	4721	1258.9	258.2	5094
2000	6918	1844.8	323.5	7249
2005	15645	4172.0	702.3	16027
2006	18300	4880.0	807.0	18719
2007	21525	5740.0	911.0	22309
2008	25828	6887.5	1021.6	26557
2009	28469	7591.7	1130.5	29266
2010	33544	8945.1	1301.2	33119
2011	39903	10640.8	1470.0	37164
2012	44943	11984.8	1616.7	41561

年 份 Year	指 数 (1952年 = 100) Indices (year of 1952=100)		城镇集体单位平均工资 Average Wage of Urban Collective -owned Units	指 数(1952年 = 100) Indices (year of 1952=100)	
	货币工资 Average Money Wage	实际工资 Average Real Wage		货币工资 Average Money Wage	实际工资 Average Real Wage
1978	166.2	143.8	519	169.1	146.2
1980	201.8	163.8	581	189.3	153.6
1985	304.6	205.5	856	278.8	188.1
1990	574.4	232.9	1565	509.8	206.7
1995	1292.9	265.2	3108	1012.4	207.6
2000	1839.8	322.7	4193	1365.8	239.5
2005	4067.8	684.7	10157	3308.4	556.9
2006	4751.0	785.7	12162	3961.6	655.1
2007	5662.2	898.6	14141	4606.2	731.0
2008	6740.4	999.8	16947	5520.2	818.8
2009	7427.9	1106.1	18367	5982.7	890.9
2010	8405.8	1222.7	21993	7163.8	1046.1
2011	9432.5	1303.0	27669	9012.7	1245.0
2012	10548.5	1423.0	33355	10864.8	1465.6

2-18 城镇在岗职工社会保障基本情况
BASIC SOCIAL SECURITY OF FULLY EMPLOYED STAFF AND WORKERS IN URBAN UNITS

年份 Year	参加保险人数(万人) Active Contributors (10 000 persons)				基金收入(亿元) Fund Revenue(100 million yuan)		
	城镇在岗职工养老保险 Basic Pension Insurance		失业保险 Unemployment Insurance	医疗保险 Basic Medical Insurance	城镇在岗职工养老保险 Basic Pension Insurance		失业保险 Unemployment Insurance
	企业 Enterprises	机关事业 Government Agencies and Institutions			企业 Enterprises	机关事业 Government Agencies and Institutions	
1995			187.00				0.75
1996			192.61				1.12
1997	231.13		240.70				1.02
1998	337.11		211.90				1.22
1999	362.32		254.70				2.01
2000	358.81		254.80		53.87		2.43
2001	365.57		286.10	156.00	58.05		2.94
2002	361.24		278.90	217.00	75.91		3.42
2003	364.42	67.13	284.10	272.00	86.27	7.09	3.80
2004	376.08	68.71	286.50	295.00	109.30	9.04	4.22
2005	383.43	80.08	288.50	325.00	118.90	11.96	5.53
2006	404.25	82.58	295.93	354.00	168.93	19.64	6.22
2007	418.84	87.83	298.97	461.00	203.67	27.89	10.05
2008	450.62	88.80	312.15	594.00	253.97	35.56	12.75
2009	471.70	92.40	293.30	879.30	290.30	42.20	11.90
2010	494.92	96.11	305.05	935.00	357.13	48.24	13.52
2011	523.93	99.84	309.35	1005.06	516.78	56.93	18.62
2012	548.67	100.02	380.88	1055.90	602.26	64.68	25.05

年份 Year		基金支出(亿元) Fund Expenditure(100 million yuan)				城镇低保人数(万人) Persons Receiving lowest cost of living (10 000 persons)	新型合作医疗参合率(%) Participation Rate of New Cooperative Medical Care(%)
	医疗保险 Basic Medical Insurance	城镇在岗职工养老保险 Basic Pension Insurance		失业保险 Unemployment Insurance	医疗保险 Basic Medical Insurance		
		企业 Enterprises	机关事业 Government Agencies and Institutions				
1995				0.25			
1996				0.60			
1997				0.71		0.23	
1998				0.94		1.80	
1999				1.11		2.08	
2000		50.62		1.34		3.06	
2001	1.32	51.22		1.49	0.68	28.53	
2002	4.13	60.32		2.12	1.53	62.21	
2003	10.19	65.18	8.19	3.17	4.80	84.21	
2004	17.88	76.30	12.40	2.58	10.98	84.86	87.32
2005	25.60	78.37	14.75	2.78	15.75	84.97	80.92
2006	32.22	96.78	16.65	2.59	21.00	86.98	86.11
2007	44.95	126.11	24.11	3.27	29.16	89.95	87.54
2008	64.65	159.34	31.12	4.66	42.79	91.90	90.42
2009	64.80	184.30	36.80	6.20	46.00	94.44	91.43
2010	86.74	226.81	43.61	6.56	69.65	91.51	96.61
2011	106.32	367.39	51.79	5.64	84.07	91.69	98.94
2012	141.04	437.23	58.24	4.96	104.24	89.04	98.94

主要统计指标解释

人口数 指一定时点、一定地区范围内有生命的个人总和。

年度统计的年末人口数指每年 12 月 31 日 24 时的常住人口数。

人口变动抽样调查的对象包括：1、在抽中调查小区居住并且户口在本乡(镇、街道)的人口；2、在抽中调查小区居住半年以上，户口在外乡(镇、街道)的人口；3、在抽中调查小区居住不满半年，离开户口登记地半年以上的人口；4、在抽中调查小区居住，户口待定的人口。

城镇人口和乡村人口 城镇人口是指居住在城镇范围内的全部常住人口；乡村人口是除上述人口以外的全部人口。

城镇包括城区和镇区。城区是指在市辖区和不设区的市中，街道办事处所辖的居民委员会地域；城市公共设施、居住设施等连接到的其他居民委员会地域和村民委员会地域。

镇区是指在城区以外的镇和其他区域，其包括镇所辖的居民委员会地域；镇的公共设施、居住设施等连接到的村民委员会地域。

出生率（又称粗出生率） 指在一定时期内（通常为一年）一定地区的出生人数与同期内平均人数（或期中人数）之比，用千分率表示。本资料中的出生率指年出生率，其计算公式为：

出生率=年出生人数/年平均人数 × 1000‰

式中：出生人数指活产婴儿，即胎儿脱离母体时（不管怀孕月数），有过呼吸或其他生命现象。年平均人数指年初、年底人口数的平均数，也可用年中人口数代替。

死亡率（又称粗死亡率） 指在一定时期内（通常为一年）一定地区的死亡人数与同期内平均人数（或期中人数）之比，用千分率表示。本资料中的死亡率指年死亡率，其计算公式为：

死亡率=年死亡人数/年平均人数 × 1000‰

人口自然增长率 指在一定时期内（通常为一年）人口自然增加数（出生人数减死亡人数）与该时期内平均人数（或期中人数）之比，用千分率表示。计算公式为：

人口自然增长率=（本年出生人数-本年死亡人数）/年平均人数 × 1000‰=人口出生率-人口死亡率

总抚养比 也称总负担系数。指人口总体中非劳动年龄人口数与劳动年龄人口数之比。通常用百分比表示。用以表明每 100 名劳动年龄人口大致要负担多少名非劳动年龄人口。用于从人口角度反映人口与经济发展的基本关系。计算公式为：

$$GDR=(P_{0\text{-}14}+P_{65^+})/P_{15\text{-}64}\times 100\%$$

其中：GDR 为总抚养比；

$P_{0\text{-}14}$ 为 0–14 岁少年儿童人口数；

$P_{15\text{-}64}$ 为 15–64 岁的劳动年龄人口数；

P_{65^+} 为 65 岁及 65 岁以上的老年人口数。

老年人口抚养比 也称老年人口抚养系数。指某一人口中老年人口数与劳动年龄人口数之比。通常用百分比表示。用以表明每 100 名劳动年龄人口要负担多少名老年人。老年人口抚养比是从经济角度反映人口老龄化社会后果的指标之一。计算公式为：

$$ODR=P_{65^+}/P_{15\text{-}64}\times 100\%$$

其中：ODR 为老年人口抚养比；

$P_{15\text{-}64}$ 为 15–64 岁的劳动年龄人口数；

P_{65^+} 为 65 岁及 65 岁以上的老年人口数。

少年儿童抚养比 也称少年儿童抚养系数。指某一人口中少年儿童人口数与劳动年龄人口数之比。通常用百分比表示。以反映每 100 名劳动年龄人口要负担多少名少年儿童。计算公式为：

$$CDR=P_{0\text{-}14}/P_{15\text{-}64}\times 100\%$$

其中：CDR 为少年儿童抚养比；

$P_{0\text{-}14}$ 为 0–14 岁少年儿童人口数；

$P_{15\text{-}64}$ 为 15–64 岁的劳动年龄人口数。

劳动力资源总数 指在劳动年龄内，具有劳动能力，在正常情况下，可能或实际参加社会劳动的人口数。劳动力资源的范围为：劳动年龄内（16 周岁以上），有劳动能力，实际参加社会劳动和未参加社会劳动的人员。劳动力资源也可划分为经济活动人口和非经济活动人口。劳动力资源不包括下列人员：

(1)在押犯人；

(2)劳动年龄内丧失劳动能力的人员；

(3)16 岁以下实际参加社会劳动的人员。

从业人员期末人数 指报告期末最后一日 24 时在本单位工作，并取得工资或其他形式劳动报酬的人员数。该指标为时点指标，不包括最后一日当天及以前已经与单位解除劳动合同关系的人员，是在岗职工、劳务派遣人员及其他从业人员之和。从业人员不包括：

(1)离开本单位仍保留劳动关系，并定期领取生活费的人员；

(2)利用课余时间打工的学生及在本单位实习的各类在校学生；

(3)本单位因劳务外包而使用的人员，如：建筑业整建制使用的人员。

私营企业和个体从业人员 指在私营企业或个体经营者所经营的机构中劳动，并领取劳动报酬的人员，包括在私营或个体经营机构中劳动的帮工、学徒、雇用人员。

在岗职工 指在本单位工作且与本单位签订劳动合同，并由单位支付各项工资和社会保险、住房公积金的人员，以及上述人员中由于学习、病伤、产假等原因暂未工作仍由单位支付工资的人员。在岗职工还包括：

(1)应订立劳动合同而未订立劳动合同人员（如使用的农村户籍人员）；

(2)处于试用期人员；

(3)编制外招用的人员，如临时人员；

(4)派往外单位工作，但工资仍由本单位发放的人员（如挂职锻炼、外派工作等情况）。

在岗职工不包括：

(1)本单位使用的且由本单位直接支付工资的劳务派遣人员，应统计在本单位“劳务派遣人员”指标中；

(2)本单位因劳务外包而使用的人员，由承包劳务的单位统计为在岗职工。

在岗职工工资总额 指本单位在报告期内直接支付给本单位全部在岗职工的劳动报酬总额。在岗职工工资总额由基本工资、绩效工资、工资性津贴和补贴、其他工资四部分组成。工资总额不包括病假、事假等情况的扣款。

各单位在填报在岗职工工资总额四项构成时，应根据实际情况调整对应项目；如不能确定调整项，可扣减基本工资项。

在岗职工平均工资 指企业、事业、机关等单位的职工在一定时期内平均每人所得的货币工资额。它表明一定时期在岗职工工资收入的高低程度，是反映在岗职工工资水平的主要指标。计算公式为：

$$\text{在岗职工平均工资}=\frac{\text{报告期实际支付的全部在岗职工工资总额}}{\text{报告期全部职工平均人数}}$$

在岗职工平均实际工资 指扣除物价变动因素后的在岗职工平均工资。计算公式为：

$$\text{在岗职工平均实际工资}=\frac{\text{报告期在岗职工平均工资}}{\text{报告期职工生活费价格指数}}\times 100\%$$

在岗职工平均工资指数 指报告期平均工资与基础平均工资的比率，是反映不同时期职工货币工资水平变动情况的相对数。它表明报告期平均工资比基期平均工资提高或降低的程度。计算公式为：

$$\text{在岗职工平均工资指数}=\frac{\text{报告期在岗职工平均工资}}{\text{基期在岗职工平均工资}}\times 100\%$$

城镇登记失业人员 指有非农业户口，在劳动年龄内（16 周岁至退休年龄），有劳动能力，无业而要求就业，并在当地劳动保障部门进行失业登记的人员。

城镇登记失业率 指城镇期末实有登记失业人数与城镇期末就业人员总数加城镇期末实有登记失业人数之比。计算公式为：

$$\text{城镇登记失业率}=\frac{\text{城镇期末实有登记失业人数}}{\text{城镇期末就业人员总数}+\text{城镇期末实有登记失业人数}}\times 100\%$$

Explanatory Notes on Main Statistical Indicators

Total Population refers to the total number of people alive at a certain point of time within a given area.

The annual statistics on total population is taken at midnight, the 31st of December.

The object of the national sample surveys on population changes including (a) population with residence registered in the sampled area and actually residing there. (b) population with residence registered in any area, but having actually resided in the sampled area more than half a year. (c) population having actually resided in the sampled area less than half a year, but having left place of residence registration more than half a year. (d) population with no residence registered in any area but having actually resided in the sampled area.

Urban Population and Rural Population Urban population refer to all people residing in cities and towns, while rural population refer to population other than urban population.

City and town include city area and town area. City area refers to the area of residence committees ruled by sub-district office in municipal district or cities with no district, and area of other residence committees which joined by urban public establishment and residence establishment.

Town area refers to the area of township and other areas besides the city zone, including the area of residence committees ruled by town government, and the area of villager's committees which joined by township public establishment and residence establishment.

Birth Rate (Crude Birth Rate) refers to the ratio of the number of birth to the average population (or mid-period population) during a certain period of time (usually a year), expressed in ‰. Birth rate in the chapter refers to annual birth rate. The following formula is used:

Birth Rate=(Number of Births/Average Number of Population)*1000‰

Number of births in the formula refers to live births, i.e. when a baby has breathed or shown any vital phenomena regardless of the length of pregnancy. Annual average number of population is the average of the beginning of the year and that at the end of the year. Sometimes it is substituted by the mid-year population.

Death Rate (Crude Death Rate) refers to the ratio of the number of deaths to the average population (or mid-period population) during a certain period of time (usually a year), expressed in ‰. Death rate in the chapter refers to annual death rate. The following formula is used:

Death Rate=(Number of Deaths/Annual Average Number of Population)*1000‰.

Natural Growth Rate of Population refers to the ratio of natural increase in population (number of births minus number of deaths) in a certain period of time (usually a year) to the average population (or mid-period population) of the same period, expressed in ‰. The following formula is applied:

Natural Growth Rate of Population=[(Number of Birth-Number of Death)/Average Number of Population]*1000‰=Birth Rate-Death Rate

Gross Dependency Ratio also called gross dependency coefficient, refers to the ratio of non-working-age population to the working-age population, express in ‰. Describing in general the number of non-working-age population that every 100 people at working ages will take care of, this indicator reflects the basic relation between population and economic development from the demographic perspective. The gross dependency ratio is calculated with the following formula:

$GDR=P_{0-14}+P_{65}^{+}/P_{15-64}\times 100\%$

Where: GDR is the gross dependency ratio;

P_{0-14} is the population of children aged 0-14;

P_{15-64} is the working-age population aged 15-64;

P_{65}^{+} is the elderly population aged 65 and over.

Old Dependency Ratio also called old dependency coefficient, refers to the ratio of the elderly population to the working-age population, express in ‰. It describes the number of the elderly population that every 100 people at working ages will take care of. Old dependency ratio is one of the indicators reflecting the social implication of population aging from the economic perspective.

The old dependency ratio is calculated with the following formula:

$ODR=P_{65}^{+}/P_{15\text{-}64}\times 100\%$

Where: ODR is the old dependency ratio;

$P_{15\text{-}64}$ is the working-age population aged 15-64;

P_{65}^{+} is the elderly population aged 65 and over.

Children Dependency Ratio also called children dependency coefficient, refers to the ratio of the children population to the working-age population, express in ‰. It describes the number of children population that every 100 people at working ages will take care of. The children dependency ratio is calculated with the following formula:

$CDR=P_{0\text{-}14}/P_{15\text{-}64}\times 100\%$

Where: CDR is the children dependency ratio;

$P_{0\text{-}14}$ is the children population aged 0-14;

$P_{15\text{-}64}$ is the working-age population aged 15-64.

Labor Resources refer to the persons, under normal condition, who are capable to labor within age of the total population. The coverage of labor resources includes: laborers within the working age (16 and over 16) and those who are capable to labor, and actually engaged in or not engaged in social labor. Labor resources also may be divided into economically active population and non-economically active population.

The following persons are not included in the labor resources;

(1)Prisoners in custody;

(2)Persons with the working age but disabled;

(3)Persons actually engaged in social labor under aged 16.

Employed Persons at the End of Period refer to the number of employees working and receiving wages or other form of payments in the units. It is a point data, which doesn't include the number of employees who dissolve labor contract relationship in the last day and before. It equals to the sum of the number of employed staff and workers, labor dispatch persons and other employed persons.

The following persons cannot be included:

(1)Staff and workers who get living expenses regularly from the units, while left the unit and retain labor relation;

(2)Students and undergraduate trainees who work in the units in their spare time;

(3) Labor outsourcing persons working in the units.

Private Enterprises and Self-employed Individuals refer to the persons work in and receive payment from the private enterprises and individual agencies including self-employed persons as well as helper and hired laborers.

Fully Employed Staff and Workers refer to persons who work in, and receive wages, social insurance and housing funds from their working units, as well as persons who have their work posts, but are temporarily absent from work for reasons of study or on sick, injury or maternal leave and still receive wages from their working units. Fully Employed Staff and Workers also include:

(1)Persons who should have signed the labor contracts but not, such as persons with rural household registration;

(2)Employees on probation;

(3)Employees beyond the staffing quota;

(4)Employees who are sent to other working units but still receive wages from the original units. (Situations like on-the-job placement, expatriated assignment, etc.)

Fully Employed Staff and Workers do not include:

(1)Dispatched persons who work and are paid directly by the working units should be counted into "labor dispatch persons" of the units;

(2)Persons through labor outsourcing who should be counted into fully employed staff and workers by the contracted units.

Total Wages of Fully Employed Staff and Workers refer to the total remuneration payment paid directly to the fully employed staff and workers by the units during a certain period of time. Total wages include four parts which include base wages, performance wages, allowances and subsidies and other wages. Total Wages do not include leave deductions.

Units can adjust the wage composition in according to the actual situation while filling the forms of total wages. When it doesn't confirm the adjustment items, the units can deduct the base wages.

Average Wages of Fully Employed Staff and Workers refers to the average wage in money terms per person during a certain period of time for fully employed staff and workers in enterprises, institutions, and government agencies, which reflects the general level of wage income during a certain period of time and is calculated as follows:

$$\text{Average Wages}=\frac{\text{Total Wages of Staff and Workers in Reference Period}}{\text{Average Number of Staff and Workers in Reference Period}}$$

Average Real Wage of Fully Employed Staff and Workers refers to average wage of staff and workers after removing the effects of price changes, which is calculated as follows:

$$\text{Average Real Wage}=\times\frac{\text{Average Wage of Staff and Workers in Reference Period}}{\text{Consumer Price Index of Urban Wesidents in Reference Period}}\times 100\%$$

Average Wage Indices of Fully Employed Staff and Workers refers to the ratio of average wage of stuff and workers at reference period to that at base period, which reflects the change of wage of staff and workers at different period and shows the increasing or decreasing level of average wage. It is calculated as follows:

$$\text{Average Wage Indices}=\frac{\text{Average Wage of Staff and Workers in Reference Period}}{\text{Average Wage of Staff and Workers in Base Period}}\times 100\%$$

Registered Unemployed Persons in Urban Areas refer to the persons with non-agricultural household registration at certain working ages (16 years old to retirement age), who are capable of working, unemployed and willing to work, and have been registered at the local employment service agencies to apply for a job.

Registered Unemployment Rate in Urban Areas refers to the ratio of the number of the registered unemployed persons to the sum of the number of the registered unemployed persons and the number of registered employed persons in urban areas.

The formula is as follows:

Registered Unemployment Rate in Urban Areas

$$=\frac{\text{Number of registered urban unemployed persons}}{\text{Number of registered urban employed persons} + \text{number of registered urban unemployed persons}}\times 100\%$$

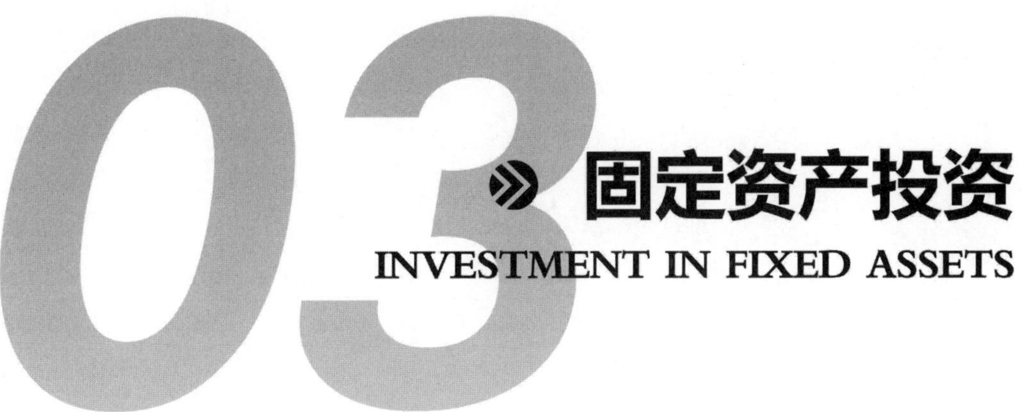

03 固定资产投资

INVESTMENT IN FIXED ASSETS

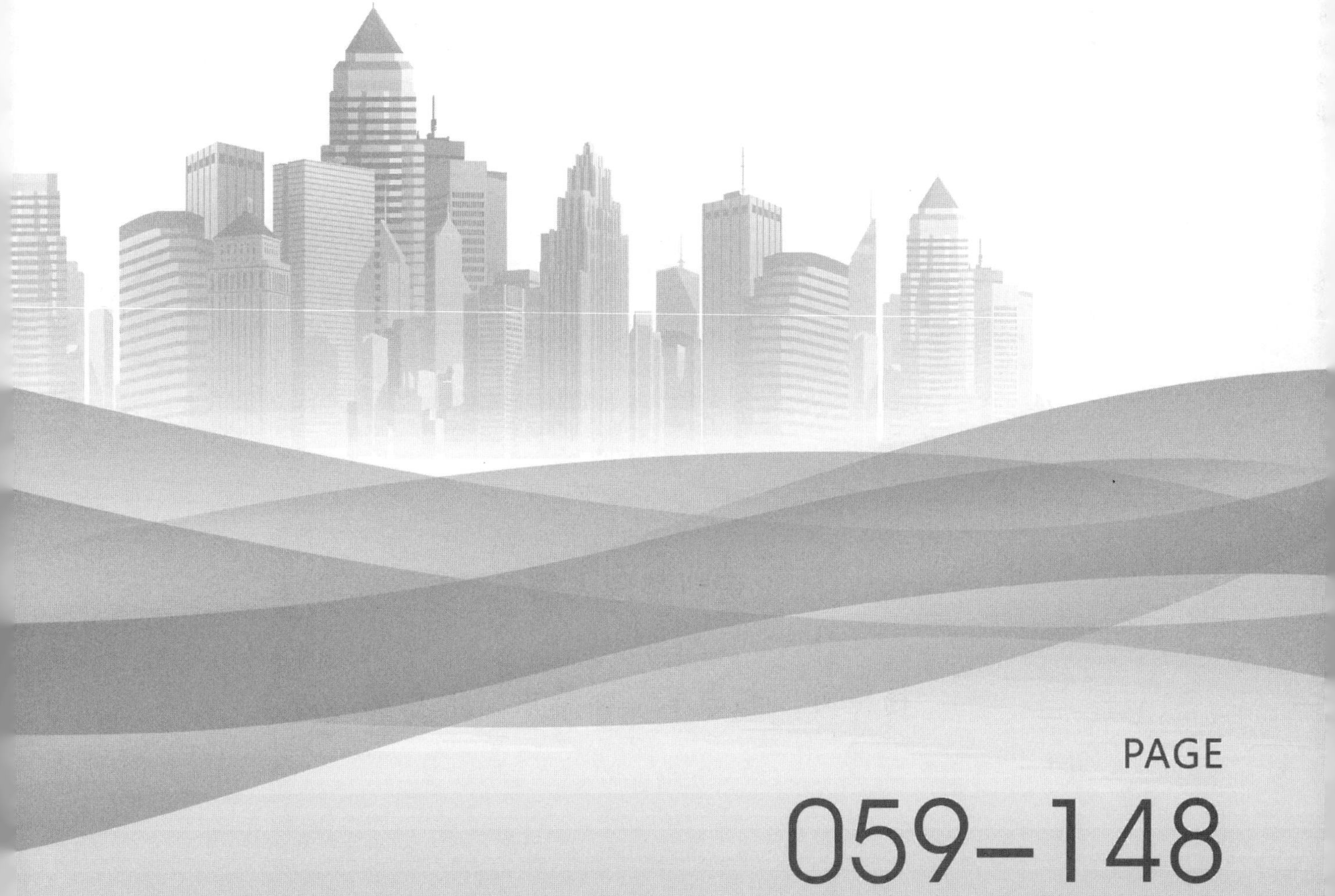

PAGE

059–148

山西统计年鉴 2013

SHANXI STATISTICAL YEARBOOK

资料整理人员

杨艳文　郝志军　邸慧东　张春雷

固定资产投资

INVESTMENT IN FIXED ASSETS

全社会固定资产投资	Total Investment in Fixed Assets	9176.3	亿元 (100 million yuan)
第一产业	Primary Industry	381.4	亿元 (100 million yuan)
第二产业	Secondary Industry	4146.7	亿元 (100 million yuan)
第三产业	Tertiary Industry	4648.2	亿元 (100 million yuan)
全社会竣工房屋面积	Total Floor Space of Completed Buildings	7038	万平方米 (10 000 sq.m)
#住　宅	Residential Buildings	4813	万平方米 (10 000 sq.m)

全社会固定资产投资总额构成 (%)

Composition of Total Investment in Fixed Assets (%)

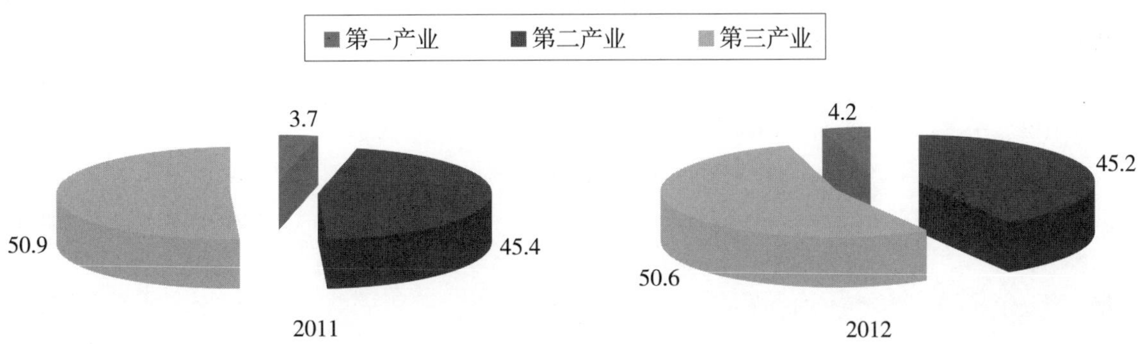

房地产开发投资 (亿元)

*Real Estate Development (*100 million yuan*)*

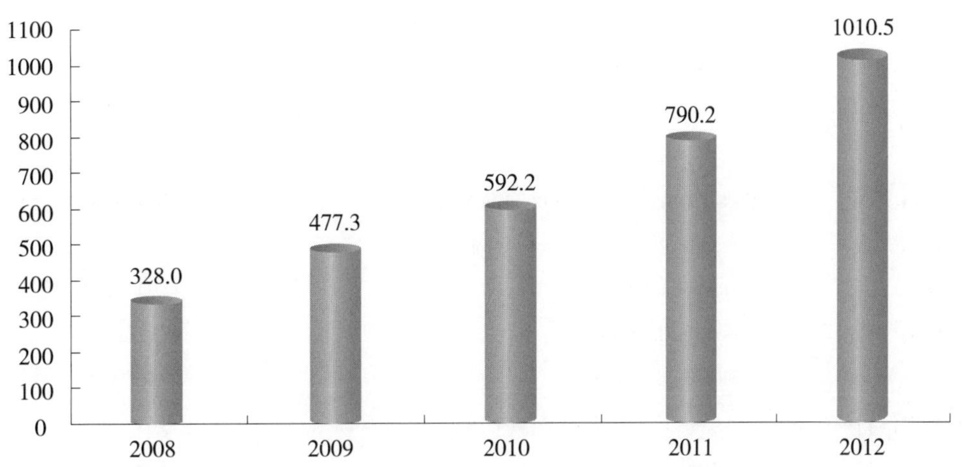

3-1 全社会固定资产投资主要指标
MAJOR INDICATORS OF TOTAL INVESTMENT IN FIXED ASSETS

单位：万元 (10 000 yuan)

指　　标	Item	2011	2012
一、投资总额	**Total**	**73730582**	**91763142**
#房地产开发投资	Real Estate Investment	7901982	10104513
#农户投资	Rural Households Investment	2353725	2784109
#住　宅	Residential Buildings	11877169	14670489
按登记注册类型分	Grouped by Type of Registration Status		
内　资	Domestic-funded Enterprises	72490945	90103668
港、澳、台商投资	Enterprises with Investment from Hong Kong, Macao and Taiwan	441170	897412
外商投资	Enterprises with Foreign Investment	798467	762062
按构成分	Grouped by Use of Funds		
建筑工程	Construction	43751372	56477711
安装工程	Installation	5783451	7227412
设备工器具购置	Purchase of Equipment and Instruments	14915230	17197533
其他费用	Other Expenses	9280529	10860486
按三次产业分	Grouped by Type of Industry		
第一产业	Primary Industry	2712048	3814072
第二产业	Secondary Industry	33485814	41466603
第三产业	Tertiary Industry	37532720	46482467
二、新增固定资产	**Newly Increased Fixed Assets**	**43189809**	**55040892**
三、房屋建筑面积(万平方米)	**Floor Space of Buildings (10 000 sq.m)**		
本年施工房屋面积	Floor Space of Buildings Under Construction	19197	25556
#住　宅	Residential Buildings	13589	16860
本年竣工房屋面积	Floor Space of Buildings Completed This Year	7175	7038
#住　宅	Residential Buildings	5315	4813
本年竣工房屋价值(万元)	Value of Buildings Completed This Year (10 000 yuan)	10414922	11933806
#住　宅	Residential Buildings	7326072	7845371
四、本年资金来源小计	**Total Sources of Funds This Year**	**70820203**	**85169306**
国家预算内资金	State Budgetary Appropriation	3893537	4699569
国内贷款	Domestic Loans	9182575	9412229
利用外资	Foreign Investment	200761	229129
自筹资金	Self-Raised Funds	49676132	62851472
#企事业单位自有资金	Own Funds of Enterprises and Institutions	16187420	23056225
其　他	Others	7867198	7976907

3-2 全社会固定资产投资
TOTAL INVESTMENT IN FIXED ASSETS

单位：万元 (10 000 yuan)

年 份 Year	总 计 Total	#房地产开发 Real Estate Development	#农 户 Rural Households	#住 宅 Residential Buildings	第一产业 Primary Industry	第二产业 Secondary Industry	第三产业 Tertiary Industry
1978	214935		11313	15006	1645	132080	81210
1979	232713		14940	38261	10752	131838	90123
1980	281960		21173	59117	17560	162157	102243
1981	254719		38452	76511	13723	129473	111523
1982	345486		38244	95144	20698	186438	138350
1983	448347		57569	96277	26159	257200	164988
1984	688991		63475	114800	15352	384594	289045
1985	916918		87387	158060	11443	554744	350731
1986	970247		106473	176525	22578	600777	346892
1987	1062371	6207	136987	193745	25621	597032	439718
1988	1076779	5421	141201	169236	33359	662277	381143
1989	1079587	2370	136709	184680	28614	668424	382549
1990	1234137	28486	164556	220354	51962	756324	425851
1991	1495206	32642	202269	238231	56159	934621	504426
1992	1727858	51869	119330	240328	48795	1079071	599992
1993	2512628	129685	191765	415095	84534	1424294	1003800
1994	2909041	116512	201153	464303	63897	1427878	1417266
1995	2955570	150886	188798	456871	76160	1401945	1477465
1996	3334714	147893	302383	666374	90324	1587144	1657246
1997	3983959	181736	317673	708704	104368	2008130	1871461
1998	5346852	278653	331200	920980	83706	2135036	3128110
1999	5753507	350458	245781	1083149	103046	2261965	3388496
2000	6251628	394556	344392	1113447	119648	2896273	3235707
2001	7083468	466464	399594	1021534	205239	3090533	3787696
2002	8382683	674331	462572	1173468	334467	3793232	4254984
2003	11163486	950740	533216	1210898	359529	6127825	4676132
2004	14776985	1449898	621851	1551521	362856	8697815	5716314
2005	18593969	1779937	757098	2245567	501034	11304223	6788712
2006	23214735	2086231	933279	3503467	651894	13463726	9099115
2007	29271653	2589251	1157947	4619967	838947	16171517	12261189
2008	36351396	3279807	1443268	5651842	1119701	18688907	16542788
2009	50335333	4772748	1785790	7600820	2203844	21636020	26495469
2010	63526011	5922376	2179375	9003350	2812813	26281280	34431918
2011	73730582	7901982	2353725	11877169	2712048	33485814	37532720
2012	91763142	10104513	2784109	14670489	3814072	41466603	46482467

3-3 按登记注册类型和控股情况分全社会固定资产投资

TOTAL INVESTMENT IN FIXED ASSETS BY REGISTRATION STATUS AND SHARE HOLDING

单位：万元 (10 000 yuan)

指　　标	Item	2011	2012
总　　计	**Total**	**73730582**	**91763142**
按登记注册类型分	**Grouped by Type of Registration Status**		
内　资	Domestic-Funded Enterprises	72490945	90103668
国　有	State-owned Enterprises	30836950	37162900
集　体	Collective-owned Enterprises	3333886	3912227
股份合作	Share Cooperative Enterprises	595764	735552
国有联营	State Joint Ownership Enterprises	241116	417527
集体联营	Collective Joint Ownership Enterprises	21119	55919
国有与集体联营	Joint State-collective Enterprises	85864	77182
其他联营	Other Joint Ownership Enterprises	25367	35941
国有独资公司	State-funded Corporations	1268194	1242814
其他有限责任公司	Other Limited Liability Corporations	19365870	22247782
股份有限公司	Share-holding Corporations Ltd.	4327915	4837681
私　营	Private Enterprises	8552881	14654482
个体户	Self-employed Individual	2394873	2941664
个人合伙	Individual Partnership Enterprises	97034	108778
其　他	Others	1344112	1673219
港澳台投资	Enterprises with Investment from Hong Kong, Macao and Taiwan	441170	897412
港澳台合资经营	Joint-venture Enterprises	144675	199154
港澳台合作经营	Cooperative Enterprises	4430	1220
港澳台独资	Enterprises with Sole Investment	227318	326241
港澳台股份有限	Share-holding Corporations Ltd.	64747	111009
其他港、澳、台商投资企业	Others		259788
外商投资	Enterprises with Foreign Investment	798467	762062
外商合资经营	Joint-Venture Enterprises	261949	251545
外商合作经营	Cooperative Enterprises	114208	104539
外商独资	Enterprises with Sole Foreign Investment	294716	350966
外商股份有限	Share Corporations Ltd.	127594	52031
其他外商投资企业	Others		2981
按控股情况分	**Grouped by Share Holding**		
国有控股	State-owned Enterprises	38634293	45212240
集体控股	Collective-owned Enterprises	5482046	6381563
私人控股	Private Enterprises	25586872	35218548
港澳台商控股	Enterprises with Investment from Hong Kong, Macao and Taiwan	395415	519031
外商控股	Enterprises with Foreign Investment	547027	545711
其　他	Others	3084929	3886049

3-4 按国民经济行业分全社会固定资产投资(2012年)

TOTAL INVESTMENT IN FIXED ASSETS BY ECONOMIC SECTOR(2012)

单位：万元 (10 000 yuan)

行业	Sector	全社会固定资产投资 Total Investment In Fixed Assets	#农户投资 Rural Households Investment
总计	**Total**	**91763142**	**2784109**
农、林、牧、渔业	Farming, Forestry, Animal Husbandry and Fishery	3814072	525911
采矿业	Mining	15816922	
制造业	Manufacturing	19415563	422
电力、热力、燃气及水生产和供应业	Production and Supply of Electricity, Heat, Gas and Water	6064643	
建筑业	Construction	169475	5200
批发和零售业	Wholesale and Retail Trade	1959097	31199
交通运输、仓储和邮政业	Transport, Storage and Post	13264685	325152
住宿和餐饮业	Hotels and Catering Services	606705	13100
信息传输、软件和信息技术服务业	Information Transmission, Software and Information Technology Services	356055	
金融业	Banking and Insurance	20188	
房地产业	Real Estate Trade	18567079	1860401
租赁和商务服务业	Lease and Business Affairs Services	258983	
科学研究和技术服务业	Scientific Reseach and Technical Services	348860	
水利、环境和公共设施管理业	Water, Environmental Protection and Public Facility Management	7420271	
居民服务、修理和其他服务业	Resident Services, Repair and Other Services	152822	20980
教育	Education	1685437	
卫生和社会工作	Health Care and Social Work	543391	1488
文化、体育和娱乐业	Culture, Sports and Recreation	831189	256
公共管理、社会保障和社会组织	Public Management, Social Security and Social Organization	467705	

3-5 固定资产投资

单位：万元

年　份 Year	施工项目(个) Number of Projects Under Construction (unit)	新开工项目(个) Number of Newly Started Projects (unit)	建成投产项目(个) Number of Projects Completed (unit)	固定资产投资 Investment in Fixed Assets in Urban Area	#住　宅 Residential Buildings
1978	4477	548	2424	197409	11507
1979	2282	509	841	203476	21911
1980	3253	878	1204	227885	34960
1981	3398	878	1290	186890	33669
1982	4848	989	2172	263473	49408
1983	4354	848	2015	331972	46070
1984	4049	1216	1913	523864	51023
1985	5249	1656	2250	728498	68621
1986	4335	1063	2053	789593	98173
1987	4173	1071	1981	859390	94857
1988	4219	942	1863	861514	83192
1989	3618	542	1695	873928	90315
1990	3017	582	1401	981331	113872
1991	3417	582	1628	1187970	113389
1992	3702	819	1867	1490073	185171
1993	3833	841	1902	2144908	324911
1994	4124	2043	2043	2546950	341533
1995	3815	892	2004	2550276	367761
1996	4416	2713	2539	2859217	470490
1997	5718	3781	3678	3488553	508095
1998	4011	1481	1896	4812052	695634
1999	4497	2679	2627	5273575	885847
2000	4937	3343	3107	5518198	847573
2001	4851	3464	3148	6325861	751015
2002	5542	4264	3584	7526897	859174
2003	5419	4076	2948	10143163	898601
2004	5060	3323	2663	13490264	1302098
2005	5090	3764	2975	16992979	1723145
2006	5846	3902	3331	21214238	2741836
2007	6558	4336	3972	26659240	3525849
2008	6803	4571	3898	32985514	4435275
2009	9656	7389	6097	45999284	6112434
2010	12861	9425	8031	58160325	7316208
2011	9941	6621	6494	71376857	10348491
2012	10777	7285	6593	88979033	12810088

注：2010年以前为城镇固定资产投资，下同。

Note: Data coverage in the table is urban investment in fixed assets before 2010. The same applies to the following.

INVESTMENT IN FIXED ASSETS

(10 000 yuan)

第一产业 Primary Industry	第二产业 Secondary Industry	第三产业 Tertiary Industry	工 业 Industry	轻工业 Light Industry	重工业 Heavy Industry	#能源工业 Energy Industry
1592	130133	65684	130534	3573	126961	66664
3392	127372	72712	127800	44571	83229	74156
4038	152567	71280	158672	10202	148470	88460
1891	119232	65767	118886	8224	110662	73167
2744	173884	86845	168500	12998	155502	98593
4167	236887	90918	235600	11440	224160	140591
3227	359278	161359	361794	16198	345596	214490
4961	506000	217537	503455	23596	479859	257108
5351	565154	219088	536314	31439	504875	330956
4993	566917	287480	544004	33077	510927	347642
4966	613805	242743	605667	43721	561946	381904
5146	628569	240213	621684	40844	580840	415226
7880	708513	264938	704105	25287	678818	489747
6740	876223	305007	868290	32581	835709	602208
6879	1017443	465751	1007817	38803	969014	638782
8971	1305601	830336	1292477	55174	1237303	733737
6515	1371463	1168972	1287314	34898	1252416	699372
7003	1300878	1242395	1259735	71793	1187942	727468
10983	1513878	1334356	1490037	87527	1402510	919671
45001	1918423	1525129	1811050	38473	1772577	1262414
21302	2015391	2775359	1974814	84854	1889960	1378520
33087	2194339	3046149	2143590	134705	2008885	1508720
72412	2593464	2852322	2532148	165447	2366701	1706272
103986	2836651	3385224	2766524	228006	2538518	1661777
215901	3577905	3733091	3527500	397139	3130361	1826431
235450	5833360	4074353	5795798	584801	5210997	3046474
192183	8306909	4991172	8269361	664565	7604796	4930625
253784	10701927	6037268	10660374	541604	10118770	6027304
353720	12846351	8014167	12782402	857080	11925322	6856405
485984	15443603	10729653	15348518	1162724	14185794	8627639
671437	17628300	14685777	17459436	836878	16622558	10231350
1477215	20640157	23881912	20423626	1286480	19137146	12194046
1609380	25367665	31183280	25201300	1990317	23210983	15207315
2227834	33478939	35670084	33389789	3228708	30161081	19190472
3288161	41460981	44229891	41296706	3673024	37623682	21126315

3-6 工业固定资产投资

单位：万元

年 份 Year	工业合计 Total Industry	煤炭工业 Coal Industry	食品工业 Food Industry	纺织工业 Textile Industry	炼焦工业 Coking Industry	医药工业 Medical Industry
1978	130534	42326	595	3731	2452	
1979	127800	44571	1273	3672	3159	301
1980	158672	61543	2700	6663	2584	1451
1981	118886	56227	1134	5417	1928	920
1982	168500	71532	3074	8297	1529	1534
1983	235600	98328	4601	7646	3615	1502
1984	361794	153277	9504	9122	6228	1609
1985	503455	179652	10790	14680	1856	4808
1986	536314	244082	9891	11892	1437	1044
1987	544004	250597	11898	9956	1465	2566
1988	605667	257214	7945	10549	3639	3879
1989	621684	270039	4871	11630	4321	2695
1990	704105	324577	10867	7944	1681	3281
1991	868290	377988	6560	11377	1201	2689
1992	1007817	407803	11047	16381	1874	3373
1993	1292477	435372	20448	30578	3728	4621
1994	1287314	405070	20562	14013	9622	4206
1995	1259735	473255	10174	29886	21173	7312
1996	1490037	598324	36195	26176	25246	8213
1997	1811050	671205	35400	17395	46370	8462
1998	1974814	480879	24755	8534	32066	6540
1999	2143590	421932	29734	9428	67568	13885
2000	2532148	365536	42995	15450	118894	15977
2001	2766524	466135	35928	13640	227631	57351
2002	3527500	674181	103161	33102	266173	97095
2003	5795798	903602	228361	26114	761553	119907
2004	8269361	1523924	237363	31665	1231811	217946
2005	10660374	2587510	234051	36801	940325	119171
2006	12782402	3056054	448909	60892	744919	114432
2007	15348518	3639235	630765	51605	923172	82769
2008	17459436	4640781	480582	44382	1014761	116958
2009	20423626	5986723	638705	136310	1025476	213235
2010	25201300	9295058	844184	87951	964168	266805
2011	33389789	12402352	1408809	159945	922900	560131
2012	41296706	13522238	2292109	214322	965519	618691

INDUSTRY INVESTMENT IN FIXED ASSETS

(10 000 yuan)

化学工业 Chemical Industry	建材工业 Building Materials Industry	冶金工业 Metallurgical Industry	机械工业 Machinery Industry	电力工业 Power Industry	其他工业 Others
14665	2827	19577	19225	21886	3250
7974	3366	11823	18336	26426	6899
8790	4402	12983	17229	24333	15994
7194	2010	7041	13131	15012	8872
12055	4397	18899	19895	25532	1756
12089	4569	20637	20584	38648	23381
41986	8416	29405	16561	54985	30701
75494	14595	59590	34519	70424	37047
58768	18490	55891	33104	80994	20721
32144	30402	66666	33664	87301	17345
37512	24226	77954	39492	112286	30971
36350	18079	80367	29048	136334	27950
46013	15541	69476	39446	154818	30461
68093	24920	94526	32441	206166	42329
66447	35103	150136	47118	200365	68170
39808	65250	264320	40015	273695	114642
32096	75502	355916	56577	266244	47506
54248	83759	228823	68076	213791	69238
88097	57404	228823	84496	264519	72544
27638	42921	179755	108587	524099	149218
92894	80906	228381	109525	823699	86635
78552	50793	234689	119146	933944	183919
125360	59112	359334	136555	1155472	137463
195203	95932	433812	143919	917135	179838
224754	159615	797834	135082	819672	216831
417828	266663	1411434	184932	1243865	231539
361725	258973	1558100	547290	1993540	307024
551373	311073	2565294	707231	2351865	255680
854895	399107	2834415	1049695	2859992	359092
1168096	575193	2383560	1533976	3559634	800513
1669419	795012	2402164	1379377	3860768	1055232
1356876	1350349	2167187	1826408	4084562	1637795
1301352	1823683	2514715	2299351	3628893	2175140
1987466	1989882	3516824	3762369	3973930	2705181
2720478	3435742	4756524	4747496	3826177	4197410

3-7 按国民经济行业分固定资产投资
INVESTMENT IN FIXED ASSETS BY ECONOMIC SECTOR

单位：万元 (10 000 yuan)

行　业	Sector	2011	2012
总　计	**Total**	**71376857**	**88979033**
农、林、牧、渔业	Farming, Forestry, Animal Husbandry and Fishery	2227834	3288161
农　业	Farming	892677	1370838
林　业	Forestry	548632	583462
畜牧业	Animal Husbandry	568575	1146287
渔　业	Fishery	7491	34370
农、林、牧、渔服务业	Farming, Forestry, Animal Husbandry and Fishery Services	210459	153204
采矿业	Mining	14259307	15816922
煤炭开采和洗选业	Coal Mining and Washsing	12402352	13522238
石油和天然气开采业	Extraction of Petroleum and Natural Gas	651959	883138
黑色金属矿采选业	Mining and Dressing of Ferrous Metals	739224	815998
有色金属矿采选业	Mining and Dressing of Nonferrous Metals	285830	326830
非金属矿采选业	Mining and Dressing of Nonmetal Ores	170716	196296
开采辅助活动	Mining Auxiliary Activities	4866	62480
其他采矿业	Others	4360	9942
制造业	Manufacturing	13653223	19415141
农副食品加工业	Farm and Sideline Food Processing	605439	1135839
食品制造业	Food Manufacturing	381083	532772
酒、饮料和精制茶制造业	Alcohol, Beverage and Refined Tea Manufacturing	422287	608253
烟草制品业	Tobacoo Manufaturing		15245
纺织业	Textile Industry	151362	154954
纺织服装、服饰业	Manufacture of Garments and Accessories	50753	121870
皮革、毛皮、羽毛及其制品和制鞋业	Manufacture of Leather, Fur, Feather and their Products and Footwear	5018	4775
木材加工和木、竹、藤、棕、草制品业	Processing of Timber, Manufacture of Wood, Bamboo, Rattan, Palm, and Straw Products	27414	78567
家具制造业	Manufacture of Funiture	58206	55045
造纸和纸制品业	Manufacture of Paper and Paper Products	116578	208460
印刷和记录媒介复制业	Printing and Record Medium Reproduction	79020	62847
文教、工美、体育和娱乐用品制造业	Manufacture of Articles For Culture, Education and Sport Activity	25896	55157
石油加工、炼焦和核燃料加工业	Petroleum Processing ,Coking and Nuclear Fuel Processing	984261	1017827
化学原料和化学制品制造业	Manufacture Raw Chemical Materials and Chemical Products	1666503	2278537
医药制造业	Manufacture of Medical Products	560131	618691
化学纤维制造业	Manufacture of Chemical Fibers	8583	59368
橡胶和塑料制品业	Manufacture of Rubber and Plastic Products	320963	441941
非金属矿物制品业	Manufacture of Nonmetals Mineral Products	1819166	3239446
黑色金属冶炼和压延加工业	Smelting and Pressing of Ferrous Metals	1573930	2205888
有色金属冶炼和压延加工业	Smelting and Pressing of Nonferrous Metals	1145792	1407808
金属制品业	Manufacture of Metal Products	470741	616299
通用设备制造业	Manufacture of Universal Purpose Equipment	408319	677284
专用设备制造业	Manufacture of Special Purpose Equipment	730526	1080522
汽车制造业	Manufacture of Motor Vehicles	354092	499584

注：2011年为2012年同口径数据，下同。
Note：Date of 2011 has the same coverage with 2012, The same applies to the following.

3-7 续表1 continued

单位：万元 (10 000 yuan)

行 业	Sector	2011	2012
铁路、船舶、航空航天和其他运输设备制造业	Manufacture of Railways, Ships, Aviation, Aircrafts and Other Transportation Equipments	255752	362247
电气机械和器材制造业	Manufacture of Electrical Equipment and Machinery	1099986	1023447
计算机、通信和其他电子设备制造业	Manufacture of Computer, Telecommunication and Other Electronic Equipments	187272	432206
仪器仪表制造业	Manufacture of Measuring Instrument and Machinery	26868	55907
其他制造业	Other Manufacturing	60912	39748
废弃资源综合利用业	Comprehensive Utilization of Waste	56370	274504
金属制品、机械和设备修理业	Repair of Metal Products, Machinery and Equipment		50103
电力、热力、燃气及水生产和供应业	Production and Supply of Electricity, Heat, Gas and Water	5476398	6064643
电力、热力生产和供应业	Production and Supply of Electricity and Heat	4628334	5009699
燃气生产和供应业	Production and Supply of Gas	518700	693413
水的生产和供应业	Production and Supply of Water	329364	361531
建筑业	Construction	89150	164275
房屋建筑业	Buildings Construction	16469	13023
土木工程建筑业	Civil Engineering	26286	98226
建筑安装业	Building Installation	8832	
建筑装饰和其他建筑业	Building Decoration and Other Construction	37563	53026
批发和零售业	Wholesale and Retail Trade	1457159	1927898
批发业	Wholesale Trade	532151	787240
零售业	Retail Trade	925008	1140658
交通运输、仓储和邮政业	Transport, Storage and Post	12107332	12939533
铁路运输业	Railway Transport	3789060	4625147
道路运输业	Highway Transport	7594751	7409395
水上运输业	Water Transport		
航空运输业	Air Transport	73670	61918
管道运输业	Transport Via Pipelines	68864	87622
装卸搬运和运输代理业	Loading, Unloading and Other Transport Services	25443	188451
仓储业	Storage	554690	567000
邮政业	Post	854	
住宿和餐饮业	Hotels and Catering Services	513054	593605
住宿业	Hotels	421354	450705
餐饮业	Catering Services	91700	142900
信息传输、软件和信息技术服务业	Information Transmission, Software and Information Technology Services	259861	356055
电信、广播电视和卫星传输服务	Transimission Services of Telecommunication, Broadcast, Television and Satellite	223314	166787
互联网和相关服务	Internet and Relative Services	1500	24590
软件和信息技术服务业	Software and Information Technology Services	35047	164678
金融业	Banking and Insurance	16722	20188
货币金融服务	Monetary Banking	9222	20188

3-7 续表2 continued

单位：万元 (10 000 yuan)

行 业	Sector	2011	2012
资本市场服务	Capital Market		
保险业	Insurance	200	
其他金融业	Other Financial Activities	7300	
房地产业	Real Estate Trade	13258216	16706678
房地产业	Real Estate Trade	13258216	16706678
租赁和商务服务业	Lease and Business Affairs Services	157870	258983
租赁业	Leasing	500	3500
商务服务业	Business Affairs Services	157370	255483
科学研究和技术服务业	Scientific Reseach and Technical Services	241779	348860
研究和试验发展	Reserch and Experimental Development	106433	134619
专业技术服务业	Professional Technical Services	97090	41686
科技推广和应用服务业	Services of Science and Technology Exchanges and Promotion	38256	172555
水利、环境和公共设施管理业	Management of Water Conservancy, Environment and Public Facilities	4902643	7420271
水利管理业	Water Conservancy	668056	724137
生态保护和环境治理业	Ecological Protection and Enviromental Management	329282	495888
公共设施管理业	Public Facilities	3905305	6200246
居民服务、修理和其他服务业	Resident Services, Repair and Other Services	61180	131842
居民服务业	Residence Services	30853	60765
机动车、电子产品和日用产品修理业	Repair of Motor Vehicles, Electronic Products and Daily Products	15165	23965
其他服务业	Other Services	15162	47112
教 育	Education	1254947	1685437
教 育	Education	1254947	1685437
卫生和社会工作	Health Care and Social Work	505899	541903
卫 生	Health Care	476823	454640
社会工作	Social Work	29076	87263
文化、体育和娱乐业	Culture, Sports and Recreation	758381	830933
新闻和出版业	Journalism and Publishing Activities	13387	22472
广播、电视、电影和影视录音制作业	Broadcasting, Movies, Televisions and Audiovisual Activities	10857	10069
文化艺术业	Culture and Arts Activities	521092	505292
体 育	Sports Activities	154553	76094
娱乐业	Entertainment	58492	217006
公共管理、社会保障和社会组织	Public Management, Social Security and Social Organization	175902	467705
中国共产党机关	Organs of CPC		
国家机构	Government Agencies	140840	402754
人民政协、民主党派	PPCC and Democratic Parties		
社会保障	Social Security	14172	10434
群众团体、社会团体和其他成员组织	Mass Organizations, Social Organizations and Other Member Organizations	1323	7234
基层群众自治组织	Grass Roots Self-governing Organizations	19567	47283

3-8 固定资产投资主要指标
MAJOR INDICATORS OF INVESTMENT IN FIXED ASSETS

单位：万元 (10 000 yuan)

指　标	Item	2011	2012
一、投资总额	**Total Investment**	**71376857**	**88979033**
#国有经济控股	State-Controlled Share Holding	38634293	45212240
#住　宅	Residential Buildings	10348491	12810088
按隶属关系分	Grouped by Administrative Relationship		
中　央	Central Investment	8269428	9420014
地　方	Local Investment	63107429	79559019
按登记注册类型分	Grouped by Type of Registration Status		
内　资	Domestic-Funded Enterprises	70137220	87319559
港、澳、台商投资	Enterprises with Investment from Hong Kong, Macao and Taiwan	441170	897412
外商投资	Enterprises with Foreign Investment	798467	762062
按构成分	Grouped by Use of Funds		
建筑工程	Construction	42192518	54575909
安装工程	Installation	5783451	7227412
设备工器具购置	Purchase of Equipment and Instruments	14280816	16508257
其他费用	Others	9120072	10667455
按建设性质分(不含房地产投资)	Grouped by Type of Construction		
新　建	New Construction	33051285	43180240
扩　建	Expansion	13139252	15014344
改建和技术改造	Reconstruction	12711429	15219965
单纯建造生活设施	Living Installation	3664062	4215814
其　他	Others	908847	1244157
按三次产业分	Grouped by Type of Industry		
第一产业	Primary Industry	2227834	3288161
第二产业	Secondary Industry	33478939	41460981
第三产业	Tertiary Industry	35670084	44229891
二、新增固定资产	**Newly Increased Fixed Assets**	**41040599**	**52523892**
三、建设项目(个)	**Construction Projects (unit)**		
施工项目	Projects Under Construction	9941	10777
#本年新开工	Projects Newly Started This Year	6621	7285
本年投产项目	Projects Put into Use This Yesr	6494	6593
四、房屋建筑面积(万平方米)	**Floor Space of Buildings (10 000 sq.m)**		
本年施工房屋面积	Floor Space Under Construction	16671.7	22879.6
#住　宅	Residential Buildings	11263.0	14401.4
本年竣工房屋面积	Floor Space Completed	5246.4	5018.0
#住　宅	Residential Buildings	3499.7	2905.8
本年竣工房屋价值(万元)	Value of Buildings Completed (10 000yuan)	9259663	10603466
#住　宅	Residential Buildings	6202318	6523704
五、投资资金来源合计	**Grouped by Source of Funds**	**73971544**	**88717067**
上年结余资金	Balance of Funds Last Year	5505066	6331870
本年资金来源小计	Subtotal Source of Funds This Year	68466478	82385197
国家预算内资金	State-budgetary Appropriation	3893537	4699569
国内贷款	Domestic Loans	9089309	9298896
利用外资	Foreign Investment	200761	229129
自筹资金	Self-raised Funds	47439712	60191196
#企事业单位自有资金	Own Funds of Enterprises and Institutions	16187420	23056225
其　他	Others	7843159	7966407

3-9 固定资产投资规模(2012年)

单位：万元

指　标	Item	计划总投资 Total Planned Investment	自开始建设至本年底累计完成投资 Grand Total Investment Completed This Year
总　计	**Total**	**219984054**	**147720696**
#本年新开工项目	Projects Newly Started This Year	74054835	39793282
#本年投产项目	Projects Put into Use This Year	58326130	59699179
按隶属关系分	Grouped By Administrative Relationship		
中　央	Central Investment	32478264	23374421
地　方	Local Investment	187505790	124346275
按登记注册类型分	Grouped by Type of Registration Status		
内　资	Domestic-Funded Enterprises	215772281	144980021
港、澳、台商投资	Enterprises with Investment from Hong Kong, Macao and Taiwan	2153247	1448816
外商投资	Enterprises with Foreign Investment	2058526	1291859
按建设性质分	Grouped by Type of Construction		
新　建	New Construction	134046207	87005643
扩　建	Expansion	40012189	26364433
改建和技术改造	Reconstruction and Technical Reforming	32571219	24751490
单纯建造生活设施	Construction of Living Facilities	11213909	7793052
其　他	Others	2140530	1806078
按控股情况分	Grouped by Share Holding		
国有控股	State-owned Enterprises	133309431	92958722
集体控股	Collective-owned Enterprises	16075387	9645648
私人控股	Private Enterprises	59811535	38216041
港澳台商控股	Enterprises with Investment from Hong Kong, Macao and Taiwan	1654700	999288
外商控股	Enterprises with Foreign Investment	1373005	706163
其　他	Others	7759996	5194834
按三次产业分	Grouped by Type of Industry		
第一产业	Primary Industry	684882	562281
第二产业	Secondary Industry	83971535	57002103
第三产业	Tertiary Industry	135327637	90156312
按投资总规模分	Grouped by Scale of Investment		
500－5000万元	5 million-10 million yuan	13065697	11947437
5000万元－1亿元	50 million-100 million yuan	15868429	13482359
1亿元－5亿元	100 million-500 million yuan	51835317	38542481
5亿元－10亿元	500 million-1 billion yuan	26840473	17021963
10亿元以上	1 billion yuan and Above	112374138	66726456

注：本表不含房地产开发投资。

Note: Data in this table excludes investment in real estate development.

SCALE OF FIXED ASSETS INVESTMENT(2012)

(10 000 yuan)

#本年完成投资 Investment Completed This Year	本年新增固定资产 Newly Increased Fixed Assets This Year	施工项目(个) Number of Construction Projects (unit)	#本年新开工 Newly Started This Year	本年投产项目(个) Number of Projects Put into Use This Year (unit)
78874520	**48281099**	**10777**	**7285**	**6593**
39051912	21045110	7285	7285	4582
32109844	46796089	6593	4582	6593
9378205	3623581	320	173	169
69496315	44657518	10457	7112	6424
77471939	47281256	10657	7225	6525
773795	523274	64	39	39
628786	476569	56	21	29
43180240	24578586	5430	3713	3254
15014344	8636889	2335	1532	1405
15219965	10931192	2219	1571	1535
4215814	3144843	704	419	344
1244157	989589	89	50	55
43704935	26320829	4983	3237	2979
6094426	3659845	1097	723	681
24957213	15792915	4119	2916	2615
396634	290948	29	13	16
419163	264128	27	13	14
3302149	1952434	522	383	288
492157	400010	164	137	117
27976880	17464697	2912	1750	1636
50405483	30416392	7701	5398	4840
10354877	9140534	5917	4648	4507
10594697	8485771	2100	1386	1186
25364123	16075526	2019	1044	755
8331833	4285798	397	122	84
24228990	10293470	344	85	61

3-10 按登记注册类型分固定资产投资(2012年)

单位：万元

行业	Sector	总计 Total
总计	**Total**	**88979033**
农、林、牧、渔业	Farming, Forestry, Animal Husbandry and Fishery	3288161
农业	Farming	1370838
林业	Forestry	583462
畜牧业	Animal Husbandry	1146287
渔业	Fishery	34370
农、林、牧、渔服务业	Farming, Forestry, Animal Husbandry and Fishery Services	153204
采矿业	Mining	15816922
煤炭开采和洗选业	Coal Mining and Washsing	13522238
石油和天然气开采业	Extraction of Petroleum and Natural Gas	883138
黑色金属矿采选业	Mining and Dressing of Ferrous Metals	815998
有色金属矿采选业	Mining and Dressing of Nonferrous Metals	326830
非金属矿采选业	Mining and Dressing of Nonmetal Ores	196296
开采辅助活动	Mining Auxiliary Activities	62480
其他采矿业	Others	9942
制造业	Manufacturing	19415141
农副食品加工业	Farm and Sideline Food Processing	1135839
食品制造业	Food Manufacturing	532772
酒、饮料和精制茶制造业	Alcohol, Beverage and Refined Tea Manufacturing	608253
烟草制品业	Tobacoo Manufaturing	15245
纺织业	Textile Industry	154954
纺织服装、服饰业	Manufacture of Garments and Accessories	121870
皮革、毛皮、羽毛及其制品和制鞋业	Manufacture of Leather, Fur, Feather and their Products and Footwear	4775
木材加工和木、竹、藤、棕、草制品业	Processing of Timber, Manufacture of Wood, Bamboo, Rattan, Palm, and Straw Products	78567
家具制造业	Manufacture of Funiture	55045
造纸和纸制品业	Manufacture of Paper and Paper Products	208460
印刷和记录媒介复制业	Printing and Record Medium Reproduction	62847
文教、工美、体育和娱乐用品制造业	Manufacture of Articles For Culture, Education and Sport Activity	55157
石油加工、炼焦和核燃料加工业	Petroleum Processing ,Coking and Nuclear Fuel Processing	1017827
化学原料和化学制品制造业	Manufacture Raw Chemical Materials and Chemical Products	2278537
医药制造业	Manufacture of Medical Products	618691
化学纤维制造业	Manufacture of Chemical Fibers	59368
橡胶和塑料制品业	Manufacture of Rubber and Plastic Products	441941
非金属矿物制品业	Manufacture of Nonmetals Mineral Products	3239446
黑色金属冶炼和压延加工业	Smelting and Pressing of Ferrous Metals	2205888
有色金属冶炼和压延加工业	Smelting and Pressing of Nonferrous Metals	1407808
金属制品业	Manufacture of Metal Products	616299
通用设备制造业	Manufacture of Universal Purpose Equipment	677284

INVESTMENT IN FIXED ASSETS BY REGISTRATION STATUS(2012)

(10 000 yuan)

内 资 Domestic-Funded Enterprises	国 有 State-owned	集 体 Collective -owned Enterprises	股份合作 Share Cooperative Enterprises	国有联营 State Joint Ownership Enterprises	集体联营 Collective Joint Ownership Enterprises	国有与集体联营 Joint State-collective Enterprises	其他联营 Other Joint Ownership Enterprises
87319559	**37162900**	**3912227**	**735552**	**417527**	**55919**	**77182**	**35941**
3277411	751186	185586	31812		43184		21779
1370218	241439	118214	28481		40984		6295
583462	360127	11209	1200				
1136157	63401	46745	2131		2200		1361
34370		7065					
153204	86219	2353					14123
15654945	6559248	142230	265939	168109		64236	
13492205	5676858	135340	223149	168109		3202	
751194	266011						
815998	372945		42790				
326830	157905						
196296	33029	6890				61034	
62480	52500						
9942							
18728057	2501129	162244	270307	132660	7149	5270	1520
1135839	17368	18529	6622				460
511605		15020					
580966	7720	2816	8935				
15245							
151384	1085						
121870							
4775							
78567							
55045							
208460	7168	2088					
62847	12900	2360					
55157	6568	18050					
986547	12709		39495				
2136423	444352	52059	5860	4660			1060
579591		2685		128000			
59368	8533						
441941	35880		36738				
3127436	127165	35046	104610		4178		
2205888	827540	5487	10648			5270	
1380708	275557		42724				
571472	4643	4000					
677284	89438		8500				

3-10 续表1

单位：万元

行 业	Sector	总 计 Total
专用设备制造业	Manufacture of Special Purpose Equipment	1080522
汽车制造业	Manufacture of Motor Vehicles	499584
铁路、船舶、航空航天和其他运输设备制造业	Manufacture of Railways, Ships, Aviation, Aircrafts and Other Transportation Equipments	362247
电气机械和器材制造业	Manufacture of Electrical Equipment and Machinery	1023447
计算机、通信和其他电子设备制造业	Manufacture of Computer, Telecommunication and Other Electronic Equipments	432206
仪器仪表制造业	Manufacture of Measuring Instrument and Machinery	55907
其他制造业	Other Manufacturing	39748
废弃资源综合利用业	Comprehensive Utilization of Waste	274504
金属制品、机械和设备修理业	Repair of Metal Products, Machinery and Equipment	50103
电力、热力、燃气及水生产和供应业	Production and Supply of Electricity, Heat, Gas and Water	6064643
电力、热力生产和供应业	Production and Supply of Electricity and Heat	5009699
燃气生产和供应业	Production and Supply of Gas	693413
水的生产和供应业	Production and Supply of Water	361531
建筑业	Construction	164275
房屋建筑业	Buildings Construction	13023
土木工程建筑业	Civil Engineering	98226
建筑安装业	Building Installation	
建筑装饰和其他建筑业	Building Decoration and Other Construction	53026
批发和零售业	Wholesale and Retail Trade	1927898
批发业	Wholesale Trade	787240
零售业	Retail Trade	1140658
交通运输、仓储和邮政业	Transport, Storage and Post	12939533
铁路运输业	Railway Transport	4625147
道路运输业	Highway Transport	7409395
水上运输业	Water Transport	
航空运输业	Air Transport	61918
管道运输业	Transport Via Pipelines	87622
装卸搬运和运输代理业	Loading, Unloading and Other Transport Services	188451
仓储业	Storage	567000
邮政业	Post	
住宿和餐饮业	Hotels and Catering Services	593605
住宿业	Hotels	450705
餐饮业	Catering Services	142900
信息传输、软件和信息技术服务业	Information Transmission, Software and Information Technology Services	356055
电信、广播电视和卫星传输服务	Transimission Services of Telecommunication, Broadcast, Television and Satellite	166787
互联网和相关服务	Internet and Relative Services	24590
软件和信息技术服务业	Software and Information Technology Services	164678

continued

(10 000 yuan)

内　资 Domestic-Funded Enterprises	国　有 State-owned	集　体 Collective-owned Enterprises	股份合作 Share Cooperative Enterprises	国有联营 State Joint Ownership Enterprises	集体联营 Collective Joint Ownership Enterprises	国有与集体联　营 Joint State-collective Enterprises	其他联营 Other Joint Ownership Enterprises
1062972	71205	2904			2971		
467117	132602						
344221	50194						
991606	103293		6175				
325541	133015						
55907	17382						
39748		1200					
242424	81775						
50103	33037						
5875665	3492528	53130	48590	5716			
4879096	2976776	37246	34280	2700			
635038	310203	14504	14310	2403			
361531	205549	1380		613			
164275	53352						
13023	6253						
98226	39354						
53026	7745						
1911147	230199	179429	56089				
771532	137065	44244					
1139615	93134	135185	56089				
12898667	11566665	117165	28554				4000
4623585	4264592	9444	28554				
7408286	7037228	88022					
61918	55523						
86227	55731						
151651	37734						
567000	115857	19699					4000
581605	116965	54946	11750				700
438705	66212	38198	11750				
142900	50753	16748					700
323313	72395						
157835	66053						
800							
164678	6342						

3-10 续表2

单位：万元

行　业	Sector	总　计 Total
金融业	Banking and Insurance	20188
货币金融服务	Monetary Banking	20188
资本市场服务	Capital Market	
保险业	Insurance	
其他金融业	Other Financial Activities	
房地产业	Real Estate Trade	16706678
房地产业	Real Estate Trade	16706678
租赁和商务服务业	Lease and Business Affairs Services	258983
租赁业	Leasing	3500
商务服务业	Business Affairs Services	255483
科学研究和技术服务业	Scientific Reseach and Technical Services	348860
研究和试验发展	Reserch and Experimental Development	134619
专业技术服务业	Professional Technical Services	41686
科技推广和应用服务业	Services of Science and Technology Exchanges and Promotion	172555
水利、环境和公共设施管理业	Management of Water Conservancy, Environment and Public Facilities	7420271
水利管理业	Water Conservancy	724137
生态保护和环境治理业	Ecological Protection and Enviromental Management	495888
公共设施管理业	Public Facilities	6200246
居民服务、修理和其他服务业	Resident Services, Repair and Other Services	131842
居民服务业	Residence Services	60765
机动车、电子产品和日用产品修理业	Repair of Motor Vehicles, Electronic Products and Daily Products	23965
其他服务业	Other Services	47112
教　育	Education	1685437
教　育	Education	1685437
卫生和社会工作	Health Care and Social Work	541903
卫　生	Health Care	454640
社会工作	Social Work	87263
文化、体育和娱乐业	Culture, Sports and Recreation	830933
新闻和出版业	Journalism and Publishing Activities	22472
广播、电视、电影和影视录音制作业	Broadcasting, Movies, Televisions and Audiovisual Activities	10069
文化艺术业	Culture and Arts Activities	505292
体　育	Sports Activities	76094
娱乐业	Entertainment	217006
公共管理、社会保障和社会组织	Public Management, Social Security and Social Organization	467705
中国共产党机关	Organs of CPC	
国家机构	Government Agencies	402754
人民政协、民主党派	PPCC and Democratic Parties	
社会保障	Social Security	10434
群众团体、社会团体和其他成员组织	Mass Organizations, Social Organizations and Other Member Organizations	7234
基层群众自治组织	Grass Roots Self-governing Organizations	47283

continued

(10 000 yuan)

内　资 Domestic-Funded Enterprises	国　有 State-owned	集　体 Collective-owned Enterprises	股份合作 Share Cooperative Enterprises	国有联营 State Joint Ownership Enterprises	集体联营 Collective Joint Ownership Enterprises	国有与集体联　营 Joint State-collective Enterprises	其他联营 Other Joint Ownership Enterprises
20188	10053	805					
20188	10053	805					
16304234	3449484	2447077	6840	95521	4500		7942
16304234	3449484	2447077	6840	95521	4500		7942
258983	71788	60703					
3500							
255483	71788	60703					
345690	90121	8696					
131449	57739						
41686	30511						
172555	1871	8696					
7359785	5460070	313030	8321	15000		5811	
721837	649038	16199	1291				
495888	202738	30024					
6142060	4608294	266807	7030	15000		5811	
131842	54915	7375			1086	1865	
60765	36546	7375			1086	1865	
23965	5721						
47112	12648						
1685437	1470040	59058	350				
1685437	1470040	59058	350				
531203	421474	22744		521			
443940	392684	13067		521			
87263	28790	9677					
806594	379027	51514	7000				
22472	9197						
10069	7069						
480953	310600	8391					
76094	50302	7450					
217006	1859	35673	7000				
460518	412261	46495					
401067	386089	13216					
10434	9434	1000					
7234	4458	2776					
41783	12280	29503					

3-10 续表3

单位：万元

行业	Sector	国有独资公司 State-funded Corporations
总计	**Total**	**1242814**
农、林、牧、渔业	Farming, Forestry, Animal Husbandry and Fishery	
农业	Farming	
林业	Forestry	
畜牧业	Animal Husbandry	
渔业	Fishery	
农、林、牧、渔服务业	Farming, Forestry, Animal Husbandry and Fishery Services	
采矿业	Mining	376866
煤炭开采和洗选业	Coal Mining and Washsing	376866
石油和天然气开采业	Extraction of Petroleum and Natural Gas	
黑色金属矿采选业	Mining and Dressing of Ferrous Metals	
有色金属矿采选业	Mining and Dressing of Nonferrous Metals	
非金属矿采选业	Mining and Dressing of Nonmetal Ores	
开采辅助活动	Mining Auxiliary Activities	
其他采矿业	Others	
制造业	Manufacturing	230494
农副食品加工业	Farm and Sideline Food Processing	
食品制造业	Food Manufacturing	2100
酒、饮料和精制茶制造业	Alcohol, Beverage and Refined Tea Manufacturing	
烟草制品业	Tobacoo Manufaturing	
纺织业	Textile Industry	14757
纺织服装、服饰业	Manufacture of Garments and Accessories	
皮革、毛皮、羽毛及其制品和制鞋业	Manufacture of Leather, Fur, Feather and their Products and Footwear	
木材加工和木、竹、藤、棕、草制品业	Processing of Timber, Manufacture of Wood, Bamboo, Rattan, Palm, and Straw Products	
家具制造业	Manufacture of Funiture	
造纸和纸制品业	Manufacture of Paper and Paper Products	
印刷和记录媒介复制业	Printing and Record Medium Reproduction	
文教、工美、体育和娱乐用品制造业	Manufacture of Articles For Culture, Education and Sport Activity	
石油加工、炼焦和核燃料加工业	Petroleum Processing ,Coking and Nuclear Fuel Processing	19095
化学原料和化学制品制造业	Manufacture Raw Chemical Materials and Chemical Products	
医药制造业	Manufacture of Medical Products	
化学纤维制造业	Manufacture of Chemical Fibers	
橡胶和塑料制品业	Manufacture of Rubber and Plastic Products	1000
非金属矿物制品业	Manufacture of Nonmetals Mineral Products	550
黑色金属冶炼和压延加工业	Smelting and Pressing of Ferrous Metals	
有色金属冶炼和压延加工业	Smelting and Pressing of Nonferrous Metals	11649
金属制品业	Manufacture of Metal Products	
通用设备制造业	Manufacture of Universal Purpose Equipment	4000

continued

(10 000 yuan)

其他有限责任公司 Other Limited Liability Corporations	股份有限公司 Share Co. Ltd.	私营 Private	个体户 Self-employed Individual	个体合伙 Individual Partnership Enterprises	其他 Others	港澳台商投资 Enterprises with Investment from HongKong, Macao and Taiwan	外商投资 Enterprises with Foreign Investment
22247782	**4837681**	**14654482**	**157555**	**108778**	**1673219**	**897412**	**762062**
807882	74487	886368	50537	66757	357833	3000	7750
356582	37938	337179	5100	41880	156126		620
123107	700	53019	3037	3543	27520		
306793	35849	453443	40341	18307	165586	3000	7130
2890		21915		2500			
18510		20812	2059	527	8601		
6095096	999478	948887	1602	3338	29916	4350	157627
5514483	819036	549075		1508	24579		30033
326373	152810	6000				4350	127594
94340	8440	297483					
143212		25713					
16688	9250	60636	1602	1830	5337		
		9980					
	9942						
8559013	2060510	4298593	61833	18573	418762	319701	367383
461054	123972	422311	13100	10943	61480		
251750	30048	182587	1390	3580	25130		21167
400568	80093	78684			2150	11873	15414
14445	800						
120712		9730			5100	3570	
102268		18082			1520		
1365	600	1960			850		
29913	3000	34179	2475		9000		
37424		14637	1484		1500		
82933	53210	60061			3000		
24645	13339	9603					
15922		10140			4477		
443096	177197	275058			19897		31280
1184880	278571	114290			50691	36900	105214
155481	165589	109252			18584		39100
16873		33962					
198717	82050	70836	5500		11220		
1293866	317245	1130271	29034	4050	81421	106910	5100
937947	18170	386276	2850		11700		
504489	175228	365409			5652	22100	5000
237682	81801	214866	6000		22480	41010	3817
393998	26565	137153			17630		

3-10 续表4

单位：万元

行　业	Sector	国有独资公　司 State-funded Corporations
专用设备制造业	Manufacture of Special Purpose Equipment	175004
汽车制造业	Manufacture of Motor Vehicles	2339
铁路、船舶、航空航天和其他运输设备制造业	Manufacture of Railways, Ships, Aviation, Aircrafts and Other Transportation Equipments	
电气机械和器材制造业	Manufacture of Electrical Equipment and Machinery	
计算机、通信和其他电子设备制造业	Manufacture of Computer, Telecommunication and Other Electronic Equipments	
仪器仪表制造业	Manufacture of Measuring Instrument and Machinery	
其他制造业	Other Manufacturing	
废弃资源综合利用业	Comprehensive Utilization of Waste	
金属制品、机械和设备修理业	Repair of Metal Products, Machinery and Equipment	
电力、热力、燃气及水生产和供应业	Production and Supply of Electricity, Heat, Gas and Water	135046
电力、热力生产和供应业	Production and Supply of Electricity and Heat	123846
燃气生产和供应业	Production and Supply of Gas	11200
水的生产和供应业	Production and Supply of Water	
建筑业	Construction	15537
房屋建筑业	Buildings Construction	1352
土木工程建筑业	Civil Engineering	14185
建筑安装业	Building Installation	
建筑装饰和其他建筑业	Building Decoration and Other Construction	
批发和零售业	Wholesale and Retail Trade	9195
批发业	Wholesale Trade	9195
零售业	Retail Trade	
交通运输、仓储和邮政业	Transport, Storage and Post	
铁路运输业	Railway Transport	
道路运输业	Highway Transport	
水上运输业	Water Transport	
航空运输业	Air Transport	
管道运输业	Transport Via Pipelines	
装卸搬运和运输代理业	Loading, Unloading and Other Transport Services	
仓储业	Storage	
邮政业	Post	
住宿和餐饮业	Hotels and Catering Services	
住宿业	Hotels	
餐饮业	Catering Services	
信息传输、软件和信息技术服务业	Information Transmission, Software and Information Technology Services	980
电信、广播电视和卫星传输服务	Transimission Services of Telecommunication, Broadcast, Television and Satellite	980
互联网和相关服务	Internet and Relative Services	
软件和信息技术服务业	Software and Information Technology Services	

continued

(10 000 yuan)

其他有限责任公司 Other Limited Liability Corporations	股份有限公司 Share Co. Ltd.	私营 Private	个体户 Self-employed Individual	个体合伙 Individual Partnership Enterprises	其他 Others	港澳台商投资 Enterprises with Investment from HongKong, Macao and Taiwan	外商投资 Enterprises with Foreign Investment
388070	89903	293470			39445	6700	10850
219647	9150	93739			9640		32467
55939	229838	8250					18026
690542	72684	106317			12595	31841	
134233	21427	33266			3600	58797	47868
17210	10030	11285					
27239		11309					
116105		44544					32080
		17066					
1160285	511707	397400	2980		68283	149654	39324
860777	464541	336783			42147	91279	39324
206990	23371	41902	2980		7175	58375	
92518	23795	18715			18961		
57133	3000	26953	5800		2500		
2100	3000	318					
27687		17000					
27346		9635	5800		2500		
697591	192751	448364			97529	1043	15708
311000	39536	176712			53780		15708
386591	153215	271652			43749	1043	
687849	136567	321630	3500	2000	30737	38195	2671
241384	21895	57716					1562
172416	90531	12547			7542		1109
6395							
22023	8473					1395	
62315		46602			5000	36800	
183316	15668	204765	3500	2000	18195		
193341	17612	129087	647	2050	54507	12000	
169098	5000	99270		380	48797	12000	
24243	12612	29817	647	1670	5710		
22173	93008	59855			74902	26309	6433
500	90302					2519	6433
	800					23790	
21673	1906	59855			74902		

3-10 续表5

单位：万元

行 业	Sector	国有独资公 司 State-funded Corporations
金融业	Banking and Insurance	
货币金融服务	Monetary Banking	
资本市场服务	Capital Market	
保险业	Insurance	
其他金融业	Other Financial Activities	
房地产业	Real Estate Trade	313247
房地产业	Real Estate Trade	313247
租赁和商务服务业	Lease and Business Affairs Services	13174
租赁业	Leasing	
商务服务业	Business Affairs Services	13174
科学研究和技术服务业	Scientific Reseach and Technical Services	
研究和试验发展	Reserch and Experimental Development	
专业技术服务业	Professional Technical Services	
科技推广和应用服务业	Services of Science and Technology Exchanges and Promotion	
水利、环境和公共设施管理业	Management of Water Conservancy, Environment and Public Facilities	146844
水利管理业	Water Conservancy	10502
生态保护和环境治理业	Ecological Protection and Enviromental Management	20646
公共设施管理业	Public Facilities	115696
居民服务、修理和其他服务业	Resident Services, Repair and Other Services	
居民服务业	Residence Services	
机动车、电子产品和日用产品修理业	Repair of Motor Vehicles, Electronic Products and Daily Products	
其他服务业	Other Services	
教 育	Education	580
教 育	Education	580
卫生和社会工作	Health Care and Social Work	851
卫 生	Health Care	851
社会工作	Social Work	
文化、体育和娱乐业	Culture, Sports and Recreation	
新闻和出版业	Journalism and Publishing Activities	
广播、电视、电影和影视录音制作业	Broadcasting, Movies, Televisions and Audiovisual Activities	
文化艺术业	Culture and Arts Activities	
体 育	Sports Activities	
娱乐业	Entertainment	
公共管理、社会保障和社会组织	Public Management, Social Security and Social Organization	
中国共产党机关	Organs of CPC	
国家机构	Government Agencies	
人民政协、民主党派	PPCC and Democratic Parties	
社会保障	Social Security	
群众团体、社会团体和其他成员组织	Mass Organizations, Social Organizations and Other Member Organizations	
基层群众自治组织	Grass Roots Self-governing Organizations	

continued

(10 000 yuan)

其他有限责任公司 Other Limited Liability Corporations	股份有限公司 Share Co. Ltd.	私营 Private	个体户 Self-employed Individual	个体合伙 Individual Partnership Enterprises	其他 Others	港澳台商投资 Enterprises with Investment from HongKong, Macao and Taiwan	外商投资 Enterprises with Foreign Investment
	6580						
	6580						
	442554	6557067	27656	2300	304647	269165	133279
	442554	6557067	27656	2300	304647	269165	133279
	5088	49834	2400		3800		
		2700					
	5088	47134	2400		3800		
	63673	107904			17885	1670	1500
	615	70864				1670	1500
		5740			985		
	63058	31300			16900		
	212493	190819			131828	42486	18000
						2300	
	82068	5845			4090		
	130425	184974			127738	40186	18000
	2543	47993		1310	7431		
	2543	9150			1860		
		6918		1310	3032		
		31925			2539		
	8074	26097		7150	42271		
	8074	26097		7150	42271		
		15368			13000		10700
		13450			10000		10700
		1918			3000		
	7556	142263	600	5300	15626	24339	
		3431			950		
	3284	3280			14676	24339	
	4272	1840		2500			
		133712	600	2800			
					1762	5500	1687
					1762		1687
						5500	

3-11 按构成分固定资产投资(2012年)

单位：万元

行　业	Sector	本年完成投资 Investment Completed This Year
总　计	**Total**	**88979033**
农、林、牧、渔业	Farming, Forestry, Animal Husbandry and Fishery	3288161
农　业	Farming	1370838
林　业	Forestry	583462
畜牧业	Animal Husbandry	1146287
渔　业	Fishery	34370
农、林、牧、渔服务业	Farming, Forestry, Animal Husbandry and Fishery Services	153204
采矿业	Mining	15816922
煤炭开采和洗选业	Coal Mining and Washsing	13522238
石油和天然气开采业	Extraction of Petroleum and Natural Gas	883138
黑色金属矿采选业	Mining and Dressing of Ferrous Metals	815998
有色金属矿采选业	Mining and Dressing of Nonferrous Metals	326830
非金属矿采选业	Mining and Dressing of Nonmetal Ores	196296
开采辅助活动	Mining Auxiliary Activities	62480
其他采矿业	Others	9942
制造业	Manufacturing	19415141
农副食品加工业	Farm and Sideline Food Processing	1135839
食品制造业	Food Manufacturing	532772
酒、饮料和精制茶制造业	Alcohol, Beverage and Refined Tea Manufacturing	608253
烟草制品业	Tobacoo Manufaturing	15245
纺织业	Textile Industry	154954
纺织服装、服饰业	Manufacture of Garments and Accessories	121870
皮革、毛皮、羽毛及其制品和制鞋业	Manufacture of Leather, Fur, Feather and their Products and Footwear	4775
木材加工和木、竹、藤、棕、草制品业	Processing of Timber, Manufacture of Wood, Bamboo, Rattan, Palm, and Straw Products	78567
家具制造业	Manufacture of Funiture	55045
造纸和纸制品业	Manufacture of Paper and Paper Products	208460
印刷和记录媒介复制业	Printing and Record Medium Reproduction	62847
文教、工美、体育和娱乐用品制造业	Manufacture of Articles For Culture, Education and Sport Activity	55157
石油加工、炼焦和核燃料加工业	Petroleum Processing ,Coking and Nuclear Fuel Processing	1017827
化学原料和化学制品制造业	Manufacture Raw Chemical Materials and Chemical Products	2278537
医药制造业	Manufacture of Medical Products	618691
化学纤维制造业	Manufacture of Chemical Fibers	59368
橡胶和塑料制品业	Manufacture of Rubber and Plastic Products	441941
非金属矿物制品业	Manufacture of Nonmetals Mineral Products	3239446
黑色金属冶炼和压延加工业	Smelting and Pressing of Ferrous Metals	2205888
有色金属冶炼和压延加工业	Smelting and Pressing of Nonferrous Metals	1407808
金属制品业	Manufacture of Metal Products	616299
通用设备制造业	Manufacture of Universal Purpose Equipment	677284

INVESTMENT IN FIXED ASSETS BY COMPOSITION(2012)

(10 000 yuan)

#住　宅 Residential Buildings	建筑工程 Construction	安装工程 Installation	设备工器具购置 Purchase of Equipment and Instruments	其他费用 Others
12810088	**54575909**	**7227412**	**16508257**	**10667455**
7140	2207270	204725	449129	427037
2131	1039841	84066	117656	129275
300	317928	23526	68660	173348
4689	721839	85009	236491	102948
	27410	921	4237	1802
20	100252	11203	22085	19664
22500	7585113	1554478	4164547	2512784
19472	6345306	1421752	3637721	2117459
	584453	54300	118558	125827
3028	418486	39286	216686	141540
	97736	25041	103294	100759
	85981	10344	76170	23801
	49225	3730	8356	1169
	3926	25	3762	2229
24707	8243833	1973680	7553923	1643705
6161	656666	87945	313654	77574
125	251874	41908	216310	22680
	398568	42834	123896	42955
	250		14945	50
	47135	15480	74521	17818
	64316	8460	28542	20552
	1132	282	2385	976
	51646	6010	16922	3989
	31469	2233	12566	8777
1325	109413	10930	68807	19310
	37591	9054	13555	2647
	37772	1940	10485	4960
	402928	114503	383822	116574
	712209	228490	1056246	281592
	419281	55845	125058	18507
	19086	10182	29762	338
200	212034	53075	144726	32106
7178	1632210	307569	1112149	187518
708	594654	266494	1115257	229483
	503324	214751	651521	38212
394	236802	52622	266342	60533
	324390	62591	237910	52393

3-11 续表1

单位：万元

行 业	Sector	本年完成投资 Investment Completed This Year
专用设备制造业	Manufacture of Special Purpose Equipment	1080522
汽车制造业	Manufacture of Motor Vehicles	499584
铁路、船舶、航空航天和其他运输设备制造业	Manufacture of Railways, Ships, Aviation, Aircrafts and Other Transportation Equipments	362247
电气机械和器材制造业	Manufacture of Electrical Equipment and Machinery	1023447
计算机、通信和其他电子设备制造业	Manufacture of Computer, Telecommunication and Other Electronic Equipments	432206
仪器仪表制造业	Manufacture of Measuring Instrument and Machinery	55907
其他制造业	Other Manufacturing	39748
废弃资源综合利用业	Comprehensive Utilization of Waste	274504
金属制品、机械和设备修理业	Repair of Metal Products, Machinery and Equipment	50103
电力、热力、燃气及水生产和供应业	Production and Supply of Electricity, Heat, Gas and Water	6064643
电力、热力生产和供应业	Production and Supply of Electricity and Heat	5009699
燃气生产和供应业	Production and Supply of Gas	693413
水的生产和供应业	Production and Supply of Water	361531
建筑业	Construction	164275
房屋建筑业	Buildings Construction	13023
土木工程建筑业	Civil Engineering	98226
建筑安装业	Building Installation	
建筑装饰和其他建筑业	Building Decoration and Other Construction	53026
批发和零售业	Wholesale and Retail Trade	1927898
批发业	Wholesale Trade	787240
零售业	Retail Trade	1140658
交通运输、仓储和邮政业	Transport, Storage and Post	12939533
铁路运输业	Railway Transport	4625147
道路运输业	Highway Transport	7409395
水上运输业	Water Transport	
航空运输业	Air Transport	61918
管道运输业	Transport Via Pipelines	87622
装卸搬运和运输代理业	Loading, Unloading and Other Transport Services	188451
仓储业	Storage	567000
邮政业	Post	
住宿和餐饮业	Hotels and Catering Services	593605
住宿业	Hotels	450705
餐饮业	Catering Services	142900
信息传输、软件和信息技术服务业	Information Transmission, Software and Information Technology Services	356055
电信、广播电视和卫星传输服务	Transimission Services of Telecommunication, Broadcast, Television and Satellite	166787
互联网和相关服务	Internet and Relative Services	24590
软件和信息技术服务业	Software and Information Technology Services	164678

continued

(10 000 yuan)

#住 宅 Residential Buildings	建筑工程 Construction	安装工程 Installation	设备工器具购置 Purchase of Equipment and Instruments	其他费用 Others
8516	406114	83440	463885	127083
100	197161	30902	188834	82687
	142013	38977	151709	29548
	404657	144366	378388	96036
	165836	47962	192516	25892
	34556	9539	4229	7583
	15936	4592	15212	4008
	108691	14700	121999	29114
	24119	6004	17770	2210
743	2217812	998352	2407238	441241
415	1619831	833853	2185720	370295
328	357818	140235	152548	42812
	240163	24264	68970	28134
25	46396	11348	101574	4957
	9356	813	2164	690
	13957	5848	75784	2637
25	23083	4687	23626	1630
47504	1298870	193638	241447	193943
4440	528823	72844	106781	78792
43064	770047	120794	134666	115151
12227	10575714	151878	394751	1817190
500	3551713	17954	73786	981694
5577	6486202	29355	171460	722378
	49274	812	2100	9732
	20974	31141	28215	7292
	107341	20766	39510	20834
6150	360210	51850	79680	75260
10025	429181	86795	60875	16754
9625	313864	69830	54384	12627
400	115317	16965	6491	4127
	107558	57129	145161	46207
	14651	39977	103806	8353
	17670	43		6877
	75237	17109	41355	30977

3-11 续表2

单位：万元

行 业	Sector	本年完成投资 Investment Completed This Year
金融业	Banking and Insurance	20188
货币金融服务	Monetary Banking	20188
资本市场服务	Capital Market	
保险业	Insurance	
其他金融业	Other Financial Activities	
房地产业	Real Estate Trade	16706678
房地产业	Real Estate Trade	16706678
租赁和商务服务业	Lease and Business Affairs Services	258983
租赁业	Leasing	3500
商务服务业	Business Affairs Services	255483
科学研究和技术服务业	Scientific Reseach and Technical Services	348860
研究和试验发展	Reserch and Experimental Development	134619
专业技术服务业	Professional Technical Services	41686
科技推广和应用服务业	Services of Science and Technology Exchanges and Promotion	172555
水利、环境和公共设施管理业	Management of Water Conservancy, Environment and Public Facilities	7420271
水利管理业	Water Conservancy	724137
生态保护和环境治理业	Ecological Protection and Enviromental Management	495888
公共设施管理业	Public Facilities	6200246
居民服务、修理和其他服务业	Resident Services, Repair and Other Services	131842
居民服务业	Residence Services	60765
机动车、电子产品和日用产品修理业	Repair of Motor Vehicles, Electronic Products and Daily Products	23965
其他服务业	Other Services	47112
教 育	Education	1685437
教 育	Education	1685437
卫生和社会工作	Health Care and Social Work	541903
卫 生	Health Care	454640
社会工作	Social Work	87263
文化、体育和娱乐业	Culture, Sports and Recreation	830933
新闻和出版业	Journalism and Publishing Activities	22472
广播、电视、电影和影视录音制作业	Broadcasting, Movies, Televisions and Audiovisual Activities	10069
文化艺术业	Culture and Arts Activities	505292
体 育	Sports Activities	76094
娱乐业	Entertainment	217006
公共管理、社会保障和社会组织	Public Management, Social Security and Social Organization	467705
中国共产党机关	Organs of CPC	
国家机构	Government Agencies	402754
人民政协、民主党派	PPCC and Democratic Parties	
社会保障	Social Security	10434
群众团体、社会团体和其他成员组织	Mass Organizations, Social Organizations and Other Member Organizations	7234
基层群众自治组织	Grass Roots Self-governing Organizations	47283

continued

(10 000 yuan)

#住 宅 Residential Buildings	建筑工程 Construction	安装工程 Installation	设备工器具购置 Purchase of Equipment and Instruments	其他费用 Others
	12518	3075	4095	500
	12518	3075	4095	500
12519463	12861295	1324062	267446	2253875
12519463	12861295	1324062	267446	2253875
5000	201215	10659	21164	25945
	605	100	2645	150
5000	200610	10559	18519	25795
	204647	32803	75921	35489
	89919	3832	23839	17029
	32444	2218	5560	1464
	82284	26753	46522	16996
66417	5754188	280672	355741	1029670
45	563529	32609	45265	82734
3229	309114	28428	90200	68146
63143	4881545	219635	220276	878790
2849	91140	19444	12965	8293
2849	44074	7322	4381	4988
	13890	5432	1538	3105
	33176	6690	7046	200
30418	1380842	132664	72999	98932
30418	1380842	132664	72999	98932
47011	402210	50470	56622	32601
12529	329241	45925	52618	26856
34482	72969	4545	4004	5745
12489	598470	88600	76352	67511
	17246	1480	3746	
	4339	3150	2100	480
6569	382419	61753	30927	30193
	64096	4794	5911	1293
5920	130370	17423	33668	35545
1570	357637	52940	46307	10821
	305952	43409	44279	9114
	7957	2048	260	169
	5205	511		1518
1570	38523	6972	1768	20

3-12 按建设性质分固定资产投资(2012年)

单位：万元

行 业	Sector	新 建 New Construction
总 计	**Total**	**43180240**
农、林、牧、渔业	Farming, Forestry, Animal Husbandry and Fishery	2348661
农 业	Farming	934669
林 业	Forestry	413607
畜牧业	Animal Husbandry	892774
渔 业	Fishery	28397
农、林、牧、渔服务业	Farming, Forestry, Animal Husbandry and Fishery Services	79214
采矿业	Mining	5143220
煤炭开采和洗选业	Coal Mining and Washsing	3517185
石油和天然气开采业	Extraction of Petroleum and Natural Gas	717348
黑色金属矿采选业	Mining and Dressing of Ferrous Metals	485899
有色金属矿采选业	Mining and Dressing of Nonferrous Metals	260040
非金属矿采选业	Mining and Dressing of Nonmetal Ores	142826
开采辅助活动	Mining Auxiliary Activities	9980
其他采矿业	Others	9942
制造业	Manufacturing	10187750
农副食品加工业	Farm and Sideline Food Processing	736435
食品制造业	Food Manufacturing	305029
酒、饮料和精制茶制造业	Alcohol, Beverage and Refined Tea Manufacturing	389587
烟草制品业	Tobacoo Manufaturing	800
纺织业	Textile Industry	88574
纺织服装、服饰业	Manufacture of Garments and Accessories	96960
皮革、毛皮、羽毛及其制品和制鞋业	Manufacture of Leather, Fur, Feather and their Products and Footwear	4175
木材加工和木、竹、藤、棕、草制品业	Processing of Timber, Manufacture of Wood, Bamboo, Rattan, Palm, and Straw Products	61374
家具制造业	Manufacture of Funiture	14844
造纸和纸制品业	Manufacture of Paper and Paper Products	80074
印刷和记录媒介复制业	Printing and Record Medium Reproduction	26466
文教、工美、体育和娱乐用品制造业	Manufacture of Articles For Culture, Education and Sport Activity	14495
石油加工、炼焦和核燃料加工业	Petroleum Processing ,Coking and Nuclear Fuel Processing	537322
化学原料和化学制品制造业	Manufacture Raw Chemical Materials and Chemical Products	1440142
医药制造业	Manufacture of Medical Products	280212
化学纤维制造业	Manufacture of Chemical Fibers	23665
橡胶和塑料制品业	Manufacture of Rubber and Plastic Products	250873
非金属矿物制品业	Manufacture of Nonmetals Mineral Products	1668860
黑色金属冶炼和压延加工业	Smelting and Pressing of Ferrous Metals	433800
有色金属冶炼和压延加工业	Smelting and Pressing of Nonferrous Metals	333997
金属制品业	Manufacture of Metal Products	335836
通用设备制造业	Manufacture of Universal Purpose Equipment	484954

注：本表不含房地产开发投资。

Note：Investment in this table doesn't include investment in real estate development.

INVESTMENT IN FIXED ASSETS BY TYPE OF CONSTRUCTION(2012)

(10 000 yuan)

扩　建 Expansion	改建和技术改造 Reconstruction and Technical Reforming	单纯建造生活设施 Construction of Living Facilities	迁　建 Movement Construction	恢　复 Resumption Construction	单纯购置 Purchase of Equipment and Instruments
15014344	**15219965**	**4215814**	**509576**	**101934**	**632647**
688218	245709	1417			4156
308099	128070				
114841	55014				
233887	18209	1417			
5973					
25418	44416				4156
5481625	4906366	11648			274063
5156477	4574652	11648			262276
104090	61700				
72506	249897				7696
58947	5564				2279
40605	11053				1812
49000	3500				
4160592	4576777	10760	227271	65764	186227
292931	100440		1200		4833
179000	48743				
166490	48798		1200		2178
					14445
48351	18029				
11910	13000				
600					
14393	2800				
38701	1500				
68160	60226				
21790	13736				855
35432	5230				
398282	73049	4900			4274
454270	355819		18757		9549
130852	100472		107155		
35703					
141209	49859				
560930	937634	1550	38749		31723
464320	1252095		19880		35793
351283	716748				5780
160239	108644		6710		4870
82706	98622		10900		102

3-12 续表1

单位：万元

行 业	Sector	新 建 New Construction
专用设备制造业	Manufacture of Special Purpose Equipment	569191
汽车制造业	Manufacture of Motor Vehicles	287777
铁路、船舶、航空航天和其他运输设备制造业	Manufacture of Railways, Ships, Aviation, Aircrafts and Other Transportation Equipments	295392
电气机械和器材制造业	Manufacture of Electrical Equipment and Machinery	866277
计算机、通信和其他电子设备制造业	Manufacture of Computer, Telecommunication and Other Electronic Equipments	204540
仪器仪表制造业	Manufacture of Measuring Instrument and Machinery	38796
其他制造业	Other Manufacturing	27763
废弃资源综合利用业	Comprehensive Utilization of Waste	249203
金属制品、机械和设备修理业	Repair of Metal Products, Machinery and Equipment	40337
电力、热力、燃气及水生产和供应业	Production and Supply of Electricity, Heat, Gas and Water	3979377
电力、热力生产和供应业	Production and Supply of Electricity and Heat	3278527
燃气生产和供应业	Production and Supply of Gas	486479
水的生产和供应业	Production and Supply of Water	214371
建筑业	Construction	71190
房屋建筑业	Buildings Construction	11079
土木工程建筑业	Civil Engineering	12085
建筑安装业	Building Installation	
建筑装饰和其他建筑业	Building Decoration and Other Construction	48026
批发和零售业	Wholesale and Retail Trade	1343465
批发业	Wholesale Trade	515550
零售业	Retail Trade	827915
交通运输、仓储和邮政业	Transport, Storage and Post	11205791
铁路运输业	Railway Transport	4468773
道路运输业	Highway Transport	6016664
水上运输业	Water Transport	
航空运输业	Air Transport	33143
管道运输业	Transport Via Pipelines	49562
装卸搬运和运输代理业	Loading, Unloading and Other Transport Services	171350
仓储业	Storage	466299
邮政业	Post	
住宿和餐饮业	Hotels and Catering Services	376634
住宿业	Hotels	296436
餐饮业	Catering Services	80198
信息传输、软件和信息技术服务业	Information Transmission, Software and Information Technology Services	298925
电信、广播电视和卫星传输服务	Transimission Services of Telecommunication, Broadcast, Television and Satellite	131177
互联网和相关服务	Internet and Relative Services	23790
软件和信息技术服务业	Software and Information Technology Services	143958

continued

(10 000 yuan)

扩　建 Expansion	改建和技术改造 Reconstruction and Technical Reforming	单纯建造生活设施 Construction of Living Facilities	迁　建 Movement Construction	恢　复 Resumption Construction	单纯购置 Purchase of Equipment and Instruments
174966	306336	4310	4000	21719	
98827	112980				
32736	34119				
57101	35418		2300	43180	19171
97004	61588		16420		52654
16950	161				
5790	5330			865	
15700	9601				
3966	5800				
1085446	958319	30887	500	153	9961
872430	824490	27118			7134
137686	62768	3500		153	2827
75330	71061	269	500		
5500	8400	2600			76585
					1944
5500	8400	2600			69641
					5000
355657	203428		23348		2000
117945	129897		23348		500
237712	73531				1500
537897	1127690	12776	4905	2260	48214
118698	35976			700	1000
304016	1027932	10104	4905	1560	44214
9085	19690				
3600	31788	2672			
14101					3000
88397	12304				
128652	85582	2737			
116912	34620	2737			
11740	50962				
39999	15038				2093
33784	1826				
800					
5415	13212				2093

3-12 续表2

单位：万元

行 业	Sector	新 建 New Construction
金融业	Banking and Insurance	8325
货币金融服务	Monetary Banking	8325
资本市场服务	Capital Market	
保险业	Insurance	
房地产业	Real Estate Trade	1662901
房地产业	Real Estate Trade	1662901
租赁和商务服务业	Lease and Business Affairs Services	187232
租赁业	Leasing	3500
商务服务业	Business Affairs Services	183732
科学研究和技术服务业	Scientific Reseach and Technical Services	232364
研究和试验发展	Reserch and Experimental Development	87405
专业技术服务业	Professional Technical Services	26184
科技推广和应用服务业	Services of Science and Technology Exchanges and Promotion	118775
水利、环境和公共设施管理业	Management of Water Conservancy, Environment and Public Facilities	3456129
水利管理业	Water Conservancy	265113
生态保护和环境治理业	Ecological Protection and Enviromental Management	221484
公共设施管理业	Public Facilities	2969532
居民服务、修理和其他服务业	Resident Services, Repair and Other Services	75402
居民服务业	Residence Services	39835
机动车、电子产品和日用产品修理业	Repair of Motor Vehicles, Electronic Products and Daily Products	18875
其他服务业	Other Services	16692
教 育	Education	1287114
教 育	Education	1287114
卫生和社会工作	Health Care and Social Work	367923
卫 生	Health Care	313496
社会工作	Social Work	54427
文化、体育和娱乐业	Culture, Sports and Recreation	594327
新闻和出版业	Journalism and Publishing Activities	22472
广播、电视、电影和影视录音制作业	Broadcasting, Movies, Televisions and Audiovisual Activities	2895
文化艺术业	Culture and Arts Activities	344236
体 育	Sports Activities	49138
娱乐业	Entertainment	175586
公共管理、社会保障和社会组织	Public Management, Social Security and Social Organization	353510
中国共产党机关	Organs of CPC	
国家机构	Government Agencies	307214
人民政协、民主党派	PPCC and Democratic Parties	
社会保障	Social Security	6744
群众团体、社会团体和其他成员组织	Mass Organizations, Social Organizations and Other Member Organizations	5129
基层群众自治组织	Grass Roots Self-governing Organizations	34423

continued

(10 000 yuan)

扩　建 Expansion	改建和技术改造 Reconstruction and Technical Reforming	单纯建造生活设施 Construction of Living Facilities	迁　建 Movement Construction	恢　复 Resumption Construction	单纯购置 Purchase of Equipment and Instruments
8863	3000				
8863	3000				
209550	551465	4068267	109982		
209550	551465	4068267	109982		
66429	5322				
66429	5322				
29405	41472		44000		1619
980	615		44000		1619
3450	12052				
24975	28805				
1585209	2313271	32489	2076	28207	2890
116784	340325			1915	
14620	253914			2980	2890
1453805	1719032	32489	2076	23312	
37665	6161	2300	10314		
3575	6161	2300	8894		
5090					
29000			1420		
255680	39080	22280	69507		11776
255680	39080	22280	69507		11776
140582	3100	14943	9815		5540
123898	1370	521	9815		5540
16684	1730	14422			
141198	89858			5550	
4174	3000				
88706	66800			5550	
21925	5031				
26393	15027				
56177	39927	2710	7858		7523
45657	38222	2710	1428		7523
3690					
400	1705				
6430			6430		

3-13 按控股情况分固定资产投资(2012年)

单位：万元

行　业	Sector	本年完成投资 Investment Completed This Year
总　计	**Total**	**88979033**
农、林、牧、渔业	Farming, Forestry, Animal Husbandry and Fishery	3288161
农　业	Farming	1370838
林　业	Forestry	583462
畜牧业	Animal Husbandry	1146287
渔　业	Fishery	34370
农、林、牧、渔服务业	Farming, Forestry, Animal Husbandry and Fishery Services	153204
采矿业	Mining	15816922
煤炭开采和洗选业	Coal Mining and Washsing	13522238
石油和天然气开采业	Extraction of Petroleum and Natural Gas	883138
黑色金属矿采选业	Mining and Dressing of Ferrous Metals	815998
有色金属矿采选业	Mining and Dressing of Nonferrous Metals	326830
非金属矿采选业	Mining and Dressing of Nonmetal Ores	196296
开采辅助活动	Mining Auxiliary Activities	62480
其他采矿业	Others	9942
制造业	Manufacturing	19415141
农副食品加工业	Farm and Sideline Food Processing	1135839
食品制造业	Food Manufacturing	532772
酒、饮料和精制茶制造业	Alcohol, Beverage and Refined Tea Manufacturing	608253
烟草制品业	Tobacoo Manufaturing	15245
纺织业	Textile Industry	154954
纺织服装、服饰业	Manufacture of Garments and Accessories	121870
皮革、毛皮、羽毛及其制品和制鞋业	Manufacture of Leather, Fur, Feather and their Products and Footwear	4775
木材加工和木、竹、藤、棕、草制品业	Processing of Timber, Manufacture of Wood, Bamboo, Rattan, Palm, and Straw Products	78567
家具制造业	Manufacture of Funiture	55045
造纸和纸制品业	Manufacture of Paper and Paper Products	208460
印刷和记录媒介复制业	Printing and Record Medium Reproduction	62847
文教、工美、体育和娱乐用品制造业	Manufacture of Articles For Culture, Education and Sport Activity	55157
石油加工、炼焦和核燃料加工业	Petroleum Processing ,Coking and Nuclear Fuel Processing	1017827
化学原料和化学制品制造业	Manufacture Raw Chemical Materials and Chemical Products	2278537
医药制造业	Manufacture of Medical Products	618691
化学纤维制造业	Manufacture of Chemical Fibers	59368
橡胶和塑料制品业	Manufacture of Rubber and Plastic Products	441941
非金属矿物制品业	Manufacture of Nonmetals Mineral Products	3239446
黑色金属冶炼和压延加工业	Smelting and Pressing of Ferrous Metals	2205888
有色金属冶炼和压延加工业	Smelting and Pressing of Nonferrous Metals	1407808
金属制品业	Manufacture of Metal Products	616299
通用设备制造业	Manufacture of Universal Purpose Equipment	677284

INVESTMENT IN FIXED ASSETS BY SHARE HOLDING(2012)

(10 000 yuan)

国有控股 State-owned	集体控股 Collective-owned	私人控股 Private	港澳台商控股 Investment from Hong Kong, Mcao and Taiwan	外商控股 Foreign Investment	其　他 Others
45212240	**6381563**	**32434439**	**519031**	**545711**	**3886049**
757860	296306	1940646	6923		286426
241439	207134	833099			89166
361727	23818	164201			33716
68475	55936	876393	6923		138560
	7065	24415			2890
86219	2353	42538			22094
10238467	981286	3746019	4350	147619	699181
9002817	930910	3027669		20025	540817
548437		70487	4350	127594	132270
382745	43486	375693			14074
157905		168914			11
94063	6890	90766			4577
52500		9980			
		2510			7432
3853217	983031	13178802	155321	232914	1011856
17368	28251	1015801			74419
2100	15020	461859		21167	32626
28626	18662	540021	1712	15414	3818
14445		800			
15842		129770			9342
	2450	44819			74601
		4775			
		72344			6223
		32701			22344
7168	2088	199184			20
12900	2360	47587			
6568	18550	27389			2650
47365	39495	894965			36002
715570	230160	1154991		77918	99898
141859	18438	412411			45983
18473		40895			
36880	58738	326899			19424
181188	217571	2548301	6320		286066
861402	69471	1177719			97296
379564	45214	926631	22100	5000	29299
49763	4000	479407	41010		42119
101199	20363	536460			19262

3-13 续表1

单位：万元

行　业	Sector	本年完成投资 Investment Completed This Year
专用设备制造业	Manufacture of Special Purpose Equipment	1080522
汽车制造业	Manufacture of Motor Vehicles	499584
铁路、船舶、航空航天和其他运输设备制造业	Manufacture of Railways, Ships, Aviation, Aircrafts and Other Transportation Equipments	362247
电气机械和器材制造业	Manufacture of Electrical Equipment and Machinery	1023447
计算机、通信和其他电子设备制造业	Manufacture of Computer, Telecommunication and Other Electronic Equipments	432206
仪器仪表制造业	Manufacture of Measuring Instrument and Machinery	55907
其他制造业	Other Manufacturing	39748
废弃资源综合利用业	Comprehensive Utilization of Waste	274504
金属制品、机械和设备修理业	Repair of Metal Products, Machinery and Equipment	50103
电力、热力、燃气及水生产和供应业	Production and Supply of Electricity, Heat, Gas and Water	6064643
电力、热力生产和供应业	Production and Supply of Electricity and Heat	5009699
燃气生产和供应业	Production and Supply of Gas	693413
水的生产和供应业	Production and Supply of Water	361531
建筑业	Construction	164275
房屋建筑业	Buildings Construction	13023
土木工程建筑业	Civil Engineering	98226
建筑安装业	Building Installation	
建筑装饰和其他建筑业	Building Decoration and Other Construction	53026
批发和零售业	Wholesale and Retail Trade	1927898
批发业	Wholesale Trade	787240
零售业	Retail Trade	1140658
交通运输、仓储和邮政业	Transport, Storage and Post	12939533
铁路运输业	Railway Transport	4625147
道路运输业	Highway Transport	7409395
水上运输业	Water Transport	
航空运输业	Air Transport	61918
管道运输业	Transport Via Pipelines	87622
装卸搬运和运输代理业	Loading, Unloading and Other Transport Services	188451
仓储业	Storage	567000
邮政业	Post	
住宿和餐饮业	Hotels and Catering Services	593605
住宿业	Hotels	450705
餐饮业	Catering Services	142900
信息传输、软件和信息技术服务业	Information Transmission, Software and Information Technology Services	356055
电信、广播电视和卫星传输服务	Transimission Services of Telecommunication, Broadcast, Television and Satellite	166787
互联网和相关服务	Internet and Relative Services	24590
软件和信息技术服务业	Software and Information Technology Services	164678

continued

(10 000 yuan)

国有控股 State-owned	集体控股 Collective-owned	私人控股 Private	港澳台商控股 Investment from Hong Kong, Mcao and Taiwan	外商控股 Foreign Investment	其 他 Others
396338	34104	583926		4000	62154
158541		298036		32467	10540
278128		84119			
106969	151813	724668	25382		14615
133015		188110	58797	44868	7416
17382		28946			9579
	1200	37158			1390
91527	5083	141044		32080	4770
33037		17066			
4374786	193919	1158818	123288	14194	199638
3703973	137808	949809	71415	14194	132500
418317	30936	150500	51873		41787
252496	25175	58509			25351
97036		61459			5780
7605		5418			
78626		19600			
10805		36441			5780
284169	317271	1151184			175274
161828	44244	486863			94305
122341	273027	664321			80969
11903682	145719	815691	1395		73046
4369859	37998	206425			10865
7183665	88022	127599			10109
61918					
83555		2672	1395		
37734		108917			41800
166951	19699	370078			10272
116965	72151	301631	12000		90858
66212	51949	238896	12000		81648
50753	20202	62735			9210
98799		81893	91687	6433	77243
92457			67897	6433	
		800	23790		
6342		81093			77243

3-13 续表2

单位：万元

行 业	Sector	本年完成投资 Investment Completed This Year
金融业	Banking and Insurance	20188
货币金融服务	Monetary Banking	20188
资本市场服务	Capital Market	
保险业	Insurance	
房地产业	Real Estate Trade	16706678
房地产业	Real Estate Trade	16706678
租赁和商务服务业	Lease and Business Affairs Services	258983
租赁业	Leasing	3500
商务服务业	Business Affairs Services	255483
科学研究和技术服务业	Scientific Reseach and Technical Services	348860
研究和试验发展	Reserch and Experimental Development	134619
专业技术服务业	Professional Technical Services	41686
科技推广和应用服务业	Services of Science and Technology Exchanges and Promotion	172555
水利、环境和公共设施管理业	Management of Water Conservancy, Environment and Public Facilities	7420271
水利管理业	Water Conservancy	724137
生态保护和环境治理业	Ecological Protection and Enviromental Management	495888
公共设施管理业	Public Facilities	6200246
居民服务、修理和其他服务业	Resident Services, Repair and Other Services	131842
居民服务业	Residence Services	60765
机动车、电子产品和日用产品修理业	Repair of Motor Vehicles, Electronic Products and Daily Products	23965
其他服务业	Other Services	47112
教 育	Education	1685437
教 育	Education	1685437
卫生和社会工作	Health Care and Social Work	541903
卫 生	Health Care	454640
社会工作	Social Work	87263
文化、体育和娱乐业	Culture, Sports and Recreation	830933
新闻和出版业	Journalism and Publishing Activities	22472
广播、电视、电影和影视录音制作业	Broadcasting, Movies, Televisions and Audiovisual Activities	10069
文化艺术业	Culture and Arts Activities	505292
体 育	Sports Activities	76094
娱乐业	Entertainment	217006
公共管理、社会保障和社会组织	Public Management, Social Security and Social Organization	467705
中国共产党机关	Organs of CPC	
国家机构	Government Agencies	402754
人民政协、民主党派	PPCC and Democratic Parties	
社会保障	Social Security	10434
群众团体、社会团体和其他成员组织	Mass Organizations, Social Organizations and Other Member Organizations	7234
基层群众自治组织	Grass Roots Self-governing Organizations	47283

continued

(10 000 yuan)

国有控股 State-owned	集体控股 Collective-owned	私人控股 Private	港澳台商控股 Investment from Hong Kong, Mcao and Taiwan	外商控股 Foreign Investment	其　他 Others
19383	805				
19383	805				
4616674	2725398	8154466	122397	126551	961192
4616674	2725398	8154466	122397	126551	961192
98559	75201	84411			812
		3500			
98559	75201	80911			812
90121	9311	229688	1670		18070
57739	615	73775	1670		820
30511		11175			
1871	8696	144738			17250
5789917	372176	1062073		18000	178105
688087	17490	18560			
293415	60707	120709			21057
4808415	293979	922804		18000	157048
58467	8461	56008			8906
40098	8461	11010			1196
5721		13073			5171
12648		31925			2539
1475540	59408	123671			26818
1475540	59408	123671			26818
434989	33111	49453			24350
394056	23434	16450			20700
40933	9677	33003			3650
491348	61514	238526			39545
18091		3431			950
7069	3000				
414027	8391	44279			38595
50302	7450	18342			
1859	42673	172474			
412261	46495				8949
386089	13216				3449
9434	1000				
4458	2776				
12280	29503				5500

3-14 按资金来源分固定资产投资(2012年)

单位：万元

行 业	Sector	本年资金来源小计 Total Source of Funds
总 计	**Total**	**82385197**
农、林、牧、渔业	Farming, Forestry, Animal Husbandry and Fishery	3226947
农 业	Farming	1313030
林 业	Forestry	494288
畜牧业	Animal Husbandry	1232901
渔 业	Fishery	34050
农、林、牧、渔服务业	Farming, Forestry, Animal Husbandry and Fishery Services	152678
采矿业	Mining	15090404
煤炭开采和洗选业	Coal Mining and Washsing	12990801
石油和天然气开采业	Extraction of Petroleum and Natural Gas	760844
黑色金属矿采选业	Mining and Dressing of Ferrous Metals	810363
有色金属矿采选业	Mining and Dressing of Nonferrous Metals	296427
非金属矿采选业	Mining and Dressing of Nonmetal Ores	158479
开采辅助活动	Mining Auxiliary Activities	63480
其他采矿业	Others	10010
制造业	Manufacturing	19136078
农副食品加工业	Farm and Sideline Food Processing	1103476
食品制造业	Food Manufacturing	526767
酒、饮料和精制茶制造业	Alcohol, Beverage and Refined Tea Manufacturing	589046
烟草制品业	Tobacoo Manufaturing	15245
纺织业	Textile Industry	156666
纺织服装、服饰业	Manufacture of Garments and Accessories	115524
皮革、毛皮、羽毛及其制品和制鞋业	Manufacture of Leather, Fur, Feather and their Products and Footwear	4465
木材加工和木、竹、藤、棕、草制品业	Processing of Timber, Manufacture of Wood, Bamboo, Rattan, Palm, and Straw Products	78321
家具制造业	Manufacture of Funiture	51575
造纸和纸制品业	Manufacture of Paper and Paper Products	245307
印刷和记录媒介复制业	Printing and Record Medium Reproduction	61570
文教、工美、体育和娱乐用品制造业	Manufacture of Articles For Culture, Education and Sport Activity	75155
石油加工、炼焦和核燃料加工业	Petroleum Processing ,Coking and Nuclear Fuel Processing	865519
化学原料和化学制品制造业	Manufacture Raw Chemical Materials and Chemical Products	2091684
医药制造业	Manufacture of Medical Products	653069
化学纤维制造业	Manufacture of Chemical Fibers	61382
橡胶和塑料制品业	Manufacture of Rubber and Plastic Products	464864
非金属矿物制品业	Manufacture of Nonmetals Mineral Products	3279631
黑色金属冶炼和压延加工业	Smelting and Pressing of Ferrous Metals	2170514
有色金属冶炼和压延加工业	Smelting and Pressing of Nonferrous Metals	1373561
金属制品业	Manufacture of Metal Products	666728
通用设备制造业	Manufacture of Universal Purpose Equipment	713634

INVESTMENT IN FIXED ASSETS BY SOURCE OF FUNDS(2012)

(10 000 yuan)

国家预算内资金 State Budgetary Appropriation	国内贷款 Domestic Loans	利用外资 Foreign Investment	自筹资金 Self-raised Funds	#企业事业单位自有资金 Own Funds of Enterprises and Institutions	其他资金 Others
4699569	**9298896**	**229129**	**60191196**	**23056225**	**7966407**
225317	126568	180	2792841	815324	82041
44569	53652	180	1179107	274761	35522
121822	3299		365204	81111	3963
15236	69027		1117275	442168	31363
	500		33550	3985	
43690	90		97705	13299	11193
17759	972015	39114	13886085	5262208	175431
11031	850100		11957842	4298770	171828
		39114	721730	317485	
	26160		784203	545890	
	82555		213222	31164	650
6728	13200		135651	48599	2900
			63480	20300	
			9957		53
117154	1641313	175812	16715581	8416337	486218
13930	78704		999819	379910	11023
300	35420	2824	472083	138809	16140
815	22988		551986	393001	13257
			15245	14445	
	10020		139734	108559	6912
150	9500		105874	27817	
	1000		3065		400
	1000		76571	57915	750
	2300		47925	4040	1350
950	3500		239399	139027	1458
	5000		44614	17614	11956
1868	11150		62137	14540	
	41188		823301	433749	1030
48628	180005	86759	1707458	847758	68834
300	17100		599416	155228	36253
4290	3300		53754	14193	38
3000	5810		450647	225386	5407
8451	129385	1000	3089582	1608997	51213
	493722		1673792	1068689	3000
	126810	14375	1207740	834071	24636
500	22100		636628	282310	7500
	125499		576680	185367	11455

3-14 续表1

单位：万元

行业	Sector	本年资金来源小计 Total Source of Funds
专用设备制造业	Manufacture of Special Purpose Equipment	1071023
汽车制造业	Manufacture of Motor Vehicles	467887
铁路、船舶、航空航天和其他运输设备制造业	Manufacture of Railways, Ships, Aviation, Aircrafts and Other Transportation Equipments	403658
电气机械和器材制造业	Manufacture of Electrical Equipment and Machinery	1013084
计算机、通信和其他电子设备制造业	Manufacture of Computer, Telecommunication and Other Electronic Equipments	452655
仪器仪表制造业	Manufacture of Measuring Instrument and Machinery	48138
其他制造业	Other Manufacturing	39289
废弃资源综合利用业	Comprehensive Utilization of Waste	224272
金属制品、机械和设备修理业	Repair of Metal Products, Machinery and Equipment	52369
电力、热力、燃气及水生产和供应业	Production and Supply of Electricity, Heat, Gas and Water	5339662
电力、热力生产和供应业	Production and Supply of Electricity and Heat	4382248
燃气生产和供应业	Production and Supply of Gas	646310
水的生产和供应业	Production and Supply of Water	311104
建筑业	Construction	164051
房屋建筑业	Buildings Construction	15396
土木工程建筑业	Civil Engineering	99139
建筑安装业	Building Installation	
建筑装饰和其他建筑业	Building Decoration and Other Construction	49516
批发和零售业	Wholesale and Retail Trade	1841195
批发业	Wholesale Trade	773284
零售业	Retail Trade	1067911
交通运输、仓储和邮政业	Transport, Storage and Post	10504987
铁路运输业	Railway Transport	3653866
道路运输业	Highway Transport	5931166
水上运输业	Water Transport	
航空运输业	Air Transport	56300
管道运输业	Transport Via Pipelines	62743
装卸搬运和运输代理业	Loading, Unloading and Other Transport Services	206212
仓储业	Storage	594700
邮政业	Post	
住宿和餐饮业	Hotels and Catering Services	538625
住宿业	Hotels	420679
餐饮业	Catering Services	117946
信息传输、软件和信息技术服务业	Information Transmission, Software and Information Technology Services	413948
电信、广播电视和卫星传输服务	Transimission Services of Telecommunication, Broadcast, Television and Satellite	189974
互联网和相关服务	Internet and Relative Services	20800
软件和信息技术服务业	Software and Information Technology Services	203174

continued

(10 000 yuan)

国家预算内资金 State Budgetary Appropriation	国内贷款 Domestic Loans	利用外资 Foreign Investment	自筹资金 Self-raised Funds	#企事业单位自有资金 Own Funds of Enterprises and Instiutions	其他资金 Others
11255	153159		795695	303265	110914
800	5126		456051	258200	5910
755	72833		269970	168124	60100
4200	36766		954156	512380	17962
2100	22700	62354	362249	137210	3252
13112			24398	12029	10628
	2100		36589	8058	600
1750	22128	8500	187654	46846	4240
	1000		51369	18800	
354518	1120492		3714520	1027135	150132
245509	948680		3072252	752964	115807
22832	159423		453336	216184	10719
86177	12389		188932	57987	23606
	18474		142977	60434	2600
			15396	5452	
	18474		78065	53001	2600
			49516	1981	
22233	75579		1697850	460699	45533
16954	10374		737606	285733	8350
5279	65205		960244	174966	37183
994676	3570634		4376617	1813484	1563060
329170	1386309		601280	149384	1337107
637606	2101941		3009996	1279794	181623
25300			31000	5000	
	33223		26520	9351	3000
100	15411		151701	74767	39000
2500	33750		556120	295188	2330
100	26546	13750	486579	140529	11650
	26246	13750	377683	94897	3000
100	300		108896	45632	8650
2532	1420	20	409806	193273	170
2326			187648	110418	
			20800		
206	1420	20	201358	82855	170

3-14 续表2

单位：万元

行 业	Sector	本年资金来源小计 Total Source of Funds
金融业	Banking and Insurance	16373
货币金融服务	Monetary Banking	16373
房地产业	Real Estate Trade	16467001
房地产业	Real Estate Trade	16467001
租赁和商务服务业	Lease and Business Affairs Services	262282
租赁业	Leasing	3500
商务服务业	Business Affairs Services	258782
科学研究和技术服务业	Scientific Reseach and Technical Services	353618
研究和试验发展	Reserch and Experimental Development	139126
专业技术服务业	Professional Technical Services	42078
科技推广和应用服务业	Services of Science and Technology Exchanges and Promotion	172414
水利、环境和公共设施管理业	Management of Water Conservancy, Environment and Public Facilities	5911552
水利管理业	Water Conservancy	646852
生态保护和环境治理业	Ecological Protection and Enviromental Management	440643
公共设施管理业	Public Facilities	4824057
居民服务、修理和其他服务业	Resident Services, Repair and Other Services	133159
居民服务业	Residence Services	53564
机动车、电子产品和日用产品修理业	Repair of Motor Vehicles, Electronic Products and Daily Products	30433
其他服务业	Other Services	49162
教 育	Education	1277229
教 育	Education	1277229
卫生和社会工作	Health Care and Social Work	515139
卫 生	Health Care	433403
社会工作	Social Work	81736
文化、体育和娱乐业	Culture, Sports and Recreation	777317
新闻和出版业	Journalism and Publishing Activities	23922
广播、电视、电影和影视录音制作业	Broadcasting, Movies, Televisions and Audiovisual Activities	8094
文化艺术业	Culture and Arts Activities	467206
体 育	Sports Activities	65730
娱乐业	Entertainment	212365
公共管理、社会保障和社会组织	Public Management, Social Security and Social Organization	415630
中国共产党机关	Organs of CPC	
国家机构	Government Agencies	353239
人民政协、民主党派	PPCC and Democratic Parties	
社会保障	Social Security	9073
群众团体、社会团体和其他成员组织	Mass Organizations, Social Organizations and Other Member Organizations	7247
基层群众自治组织	Grass Roots Self-governing Organizations	46071

continued

(10 000 yuan)

国家预算内资金 State Budgetary Appropriation	国内贷款 Domestic Loans	利用外资 Foreign Investment	自筹资金 Self-raisied Funds	#企事业单位自有资金 Own Funds of Enterprises and Instiutions	其他资金 Others
			16373	8725	
			16373	8725	
288986	680424	253	10644198	3322966	4853140
288986	680424	253	10644198	3322966	4853140
62733	19400		169311	48948	10838
			3500		
62733	19400		165811	48948	10838
11151	7651		328164	190664	6652
7540			130684	63580	902
2906			39172	15336	
705	7651		158308	111748	5750
1642731	684419		3223862	849175	360540
299359	68088		187019	43629	92386
76635	76027		283057	98074	4924
1266737	540304		2753786	707472	263230
24167	2000		98009	50134	8983
19426			25155	9206	8983
4741	2000		23692	6664	
			49162	34264	
422860	276443		453917	102818	124009
422860	276443		453917	102818	124009
140381	34396		329156	108513	11206
119569	33896		270403	95864	9535
20812	500		58753	12649	1671
189502	41122		485860	156143	60833
1350	3431		19141	11041	
4728			1116		2250
158540	35741		236555	109053	36370
24884			37222	9335	3624
	1950		191826	26714	18589
182769			219490	28716	13371
176491			172162	27821	4586
4613			2325	535	2135
400			6497	360	350
1265			38506		6300

3-15 固定资产投资规模及新增生产能力(2012年)

生产能力(或效益)名称		Item	建设规模 Construction Scale
原煤开采	(万吨／年)	Coal Mining (10 000 tons/year)	61854
洗 煤	(万吨／年)	Coal Washing (10 000 tons/year)	21082
焦 炭	(万吨／年)	Coke (10 000 tons/year)	4606
天然气开采	(亿立方米／年)	Extraction of Natural Gas(100 million cu.m/year)	84
铁矿开采(原矿)	(万吨／年)	Iron-Ore Mining (10 000 tons/year)	1083
铁矿选矿处理量	(万吨／年)	Iron Ore Dressing (10 000 tons/year)	405
铁矿石成品矿	(万吨／年)	End Product of Iron Ore (10 000 tons/year)	621
生 铁	(万吨／年)	Pig Iron (10 000 tons/year)	1091
粗 钢	(万吨／年)	Crude Steel (10 000 tons/year)	329
铁合金	(折标吨／年)	Iron Alloy (10 000 tons /year)	368
钢 材	(万吨／年)	Rolled Steel (10 000 tons /year)	1087
铜采矿(原矿)	(万吨／年)	Copper Ore Mining (10 000 tons/year)	630
铜选矿：处理原矿	(吨／年)	Copper Ore Dressing: Crude Ore Dressing (ton/year)	763
铜含量	(吨／年)	Copper Content (ton/year)	30890
铅锌选矿：处理原矿	(万吨／年)	Plumbum and Zinc Ore Dressing: Crude Ore Dressing (10 000 tons/year)	29
铅冶炼	(吨／年)	Plumbum Smelting (ton/year)	60000
其中：电解铅	(吨／年)	Electrolytic Plumbum (ton/year)	60000
镍冶炼	(万吨／年)	Nickel Smelting (10 000 tons/year)	5000
氧化铝	(吨／年)	Oxide Aluminium (ton/year)	5887030
铝加工	(吨／年)	Aluminium Fabrication (ton/year)	1808000
铜加工材	(吨／年)	Copper Manufacturing Materials (ton/year)	50000
发电机组容量	(万千瓦)	Capacity of Power Generating Sets (10 000 kw)	2303
水力发电	(万千瓦)	Hydraulic power(10 000 kw)	42
火力发电	(万千瓦)	Fire Power (10 000 kw)	1787
风力发电	(万千瓦)	Wind Power (10 000 kw)	361
太阳能发电	(万千瓦)	Solar Power (10 000 kw)	8
其 他	(万千瓦)	Others (10 000 kw)	105
输电线路长度(11万伏及以上)	(公里)	Length of Power Transmission Line (≥110 kv) (km)	3149
水 泥	(万吨／年)	Cement (10 000 tons/year)	4043
平板玻璃	(万重量箱／年)	Plate Glass (10 000 weight cases/year)	87
石墨及炭素制品	(吨／年)	Graphite and Carbon Products (ton/year)	525366
电 石	(吨／年)	Calcium Carbide (ton/year)	660000
农用氮、磷、钾化学肥料	(吨／年)	Chemical Fertilizers (ton/year)	1893126
氮 肥	(吨／年)	Nitrogen Fertilizers (ton/year)	1701678
磷 肥	(吨／年)	Phosphate Fertilizers (ton/year)	121448
钾 肥	(吨／年)	Potash Fertilizers (ton/year)	70000
化学农药原药	(吨／年)	Chemical Pesticide (ton/ year)	15000
精甲醇	(吨／年)	Wood Alcohol (ton/year)	2057100

SCALE OF INVESTMENT IN FIXED ASSETS AND NEWLY INCREASED PRODUCTION CAPACITY(2012)

本年施工规模 Construction Scale This Year	#本年新开工 Nenly Started This Year	累计新增生产能力 Grand Total Newly Increased Production Capacity	#本年新增 Newly Increased This Year
42328	14074	21114	9777
19011	14741	11749	10621
4175	1196	1451	1161
37	24	30	12
1063	400	301	301
405	400	405	405
553	465	493	493
885	410	920	720
259	154	105	105
360	301	326	321
1087	683	750	750
630			
761	131	131	131
30890			
10	10	10	10
60000		60000	60000
60000		60000	60000
5000			
4496644	1006332	1687030	601948
1535450	1463000	326000	195000
50000			
1646	741	1238	850
21	19	4	4
1253	467	976	637
270	184	206	169
8	8	3	3
95	63	49	37
2987	2181	2351	2202
2822	1417	1907	1285
87	87	12	12
378364	233564	333364	262564
180000	100000	480000	180000
1404089	586037	820042	420242
1212752	504700	638705	238905
121448	21448	121448	121448
69889	59889	59889	59889
14600	14600	15000	14600
1457000	57000	200000	200000

3-15 续表

生产能力(或效益)名称		Item	建设规模 Construction Scale
塑料树脂及共聚物	(吨／年)	Plastics (ton/year)	647620
合成橡胶	(吨／年)	Synthetic Rubber (ton/year)	3700
轮胎外胎	(万条／年)	Tire Cover (10 000 units/year)	420
内燃机	(台／年)	Internal Combustion Engines (unit/year)	7500
内燃机	(万千瓦/年)	Internal Combustion Engines (10 000 kw/year)	20
汽车制造	(辆／年)	Motor Vehicles (unit/year)	300000
#客车制造	(辆／年)	Buses (unit/year)	300000
化学纤维	(吨／年)	Chemical Fibre (ton/year)	47800
棉纺锭	(锭)	Cotton Spinning Spindel (unit)	300000
酒	(万吨／年)	Alcoholic Drink (10 000 tons/year)	59
#啤　酒	(万吨／年)	Beer (10 000 tons/year)	30
白　酒	(万吨／年)	White Spirit(10 000 tons/year)	16
其他酒	(万吨／年)	Other Alcohols (10 000 tons/year)	12
机制纸浆	(万吨／年)	Machine-made Paper Pulp (10 000 tons/year)	8
家用洗衣机	(万台／年)	Household Washing Machines (10 000 units/year)	105
房间空气调节器	(万台／年)	Air Conditioners (10 000 sets/year)	20
程控交换机 (指安装能力)	(万线／年)	Program-controlled Telephone Switching Machines (10 000 lines/year)	467
新建铁路投产里程	(公里)	Operating Length of Newly Built Railways (km)	536
电气化铁路里程	(公里)	Length of Electrified Railways (km)	119
新建高速铁路里程	(公里)	Length of Newly Built High Speed Railways (km)	89
新建公路	(公里)	Length of Newly Built Highways (km)	6222
#高速公路	(公里)	Express-way (km)	2275
一级公路	(公里)	First Class (km)	256
二级公路	(公里)	Second Class (km)	375
改建公路	(公里)	Reconstructed Highways (km)	10145
一级公路	(公里)	First Class (km)	191
二级公路	(公里)	Second Class (km)	916
新建独立公路桥梁	(延长米)	Length of Newly Built Highway Bridges (extended m)	7804
新建独立公路桥梁	(座)	Number of Newly Built Highway Bridges (unit)	19
新建独立公路隧道	(延长米)	Length of Newly Built Highway Tunnels (extended m)	18
新建独立公路隧道	(座)	Number of Newly Built Highway Tunnels (unit)	166196
民航机场跑道	(条)	Runways of Civil Aviation Airport (unit)	4
民航机场跑道	(米)	Runways of Civil Aviation Airport (meter)	6700
候机楼	(座)	Terminal Buildings (unit)	5
候机楼	(延长米)	Terminal Buildings (extended m)	49300
城市自来水供水能力	(万吨／日)	City Tap Water Supply Capacity (10 000 tons/day)	117
城市污水处理能力	(万吨／日)	City Sewage Treatment Capacity (10 000 tons/day)	65

continued

本年施工规模 Construction Scale This Year	#本年新开工 Newly Started This Year	累计新增生产能力 Grand Total Newly Increased Production Capacity	#本年新增 Newly Increased This Year
643070	232070	22120	21120
		3700	
360	240	400	340
7500	7500	7500	7500
20	20	20	20
180000	100000	300000	180000
180000	100000	300000	180000
47800	6000	47800	47800
200000	110000	300000	110000
31	16	37	9
4	4	30	4
16	4	5	5
11	8	2	
8	8	8	8
35	35	5	5
20	20	20	20
467	467	467	467
468	221	35	32
119	119	22	22
89			
4161	2145	4411	2898
1700	28	1506	819
194	67	119	119
375	283	211	211
9902	8407	8762	8717
108	79	8	8
860	634	636	592
7004	4910	3762	3762
18	16	12	12
18	10	12	11
158042	60328	59592	53783
4	3		
6700	4100		
5	3	2	2
49300	21300	34900	34900
99	89	111	97
32	22	25	23

3-16 固定资产投资总规模及新增固定资产(2012年)

单位：万元

行 业	Sector	计划总投资 Total Planned Investment
总 计	**Total**	**265593639**
农、林、牧、渔业	Farming, Forestry, Animal Husbandry and Fishery	6198724
农 业	Farming	3291783
林 业	Forestry	754540
畜牧业	Animal Husbandry	1890682
渔 业	Fishery	51455
农、林、牧、渔服务业	Farming, Forestry, Animal Husbandry and Fishery Services	210264
采矿业	Mining	48947517
煤炭开采和洗选业	Coal Mining and Washsing	42068786
石油和天然气开采业	Extraction of Petroleum and Natural Gas	2711715
黑色金属矿采选业	Mining and Dressing of Ferrous Metals	1872801
有色金属矿采选业	Mining and Dressing of Nonferrous Metals	1829682
非金属矿采选业	Mining and Dressing of Nonmetal Ores	312197
开采辅助活动	Mining Auxiliary Activities	67480
其他采矿业	Others	84856
制造业	Manufacturing	57369556
农副食品加工业	Farm and Sideline Food Processing	2022827
食品制造业	Food Manufacturing	1083148
酒、饮料和精制茶制造业	Alcohol, Beverage and Refined Tea Manufacturing	1309235
烟草制品业	Tobacoo Manufaturing	15605
纺织业	Textile Industry	283581
纺织服装、服饰业	Manufacture of Garments and Accessories	165297
皮革、毛皮、羽毛及其制品和制鞋业	Manufacture of Leather, Fur, Feather and their Products and Footwear	8858
木材加工和木、竹、藤、棕、草制品业	Processing of Timber, Manufacture of Wood, Bamboo, Rattan, Palm, and Straw Products	116068
家具制造业	Manufacture of Funiture	165411
造纸和纸制品业	Manufacture of Paper and Paper Products	478625
印刷和记录媒介复制业	Printing and Record Medium Reproduction	91404
文教、工美、体育和娱乐用品制造业	Manufacture of Articles For Culture, Education and Sport Activity	90694
石油加工、炼焦和核燃料加工业	Petroleum Processing ,Coking and Nuclear Fuel Processing	4751929
化学原料和化学制品制造业	Manufacture Raw Chemical Materials and Chemical Products	6613518
医药制造业	Manufacture of Medical Products	1512106
化学纤维制造业	Manufacture of Chemical Fibers	202688
橡胶和塑料制品业	Manufacture of Rubber and Plastic Products	940569
非金属矿物制品业	Manufacture of Nonmetals Mineral Products	6844515
黑色金属冶炼和压延加工业	Smelting and Pressing of Ferrous Metals	5836252
有色金属冶炼和压延加工业	Smelting and Pressing of Nonferrous Metals	5335365
金属制品业	Manufacture of Metal Products	1320837
通用设备制造业	Manufacture of Universal Purpose Equipment	1475110

注：本表项目个数不含房地产开发投资。

Note: Number of projects in this table doesn't include investment in real estate development.

SCALE OF INVESTMENT AND NEWLY INCREASED FIXED ASSETS(2012)

(10 000 yuan)

自开始建设至本年底累计完成投资 Grand Total Investment Completed This Year	#本年完成投资 Investment Completed This Year	施工项目(个) Number of Construction Projects (unit)	#本年新开工 Newly Started This Year	本年投产项目(个) Number of Projects Put into Use This Year (unit)	本年新增固定资产 Newly Increased Fixed Assets This Year
174639643	**88979033**	**10777**	**7285**	**6593**	**52523892**
3886599	3288161	1171	978	831	2460783
1720512	1370838	449	367	301	998786
643354	583462	191	164	161	524036
1316255	1146287	447	377	309	804538
35770	34370	13	12	5	10570
170708	153204	71	58	55	122853
33428977	15816922	1130	556	506	7790562
28444021	13522238	922	397	383	7090215
1919641	883138	32	15	10	141664
1498842	815998	91	79	54	291038
1239696	326830	16	10	9	90656
254355	196296	61	47	44	126999
62480	62480	6	6	5	47480
9942	9942	2	2	1	2510
32801767	19415141	2588	1774	1615	12618100
1513140	1135839	309	225	208	878559
735374	532772	113	84	79	341001
1024213	608253	85	54	46	230079
15245	15245	1	1	1	15245
255019	154954	28	18	22	150215
135958	121870	18	10	10	81654
8271	4775	4	2	3	7421
80467	78567	17	16	9	36785
89777	55045	14	10	10	23761
222470	208460	36	34	24	101516
89104	62847	12	7	9	41752
56997	55157	18	17	10	16125
2962984	1017827	52	22	22	1382924
3973378	2278537	217	153	145	1556171
998112	618691	86	46	46	300897
83603	59368	5	2	2	14874
745709	441941	79	56	54	282201
4370358	3239446	552	418	402	1814381
3815803	2205888	162	103	103	1832218
2894177	1407808	98	45	57	851376
762624	616299	129	98	72	216659
914706	677284	132	90	77	373686

3-16 续表1

单位：万元

行　业	Sector	计划总投资 Total Planned Investment
专用设备制造业	Manufacture of Special Purpose Equipment	3570621
汽车制造业	Manufacture of Motor Vehicles	1672774
铁路、船舶、航空航天和其他运输设备制造业	Manufacture of Railways, Ships, Aviation, Aircrafts and Other Transportation Equipments	2137863
电气机械和器材制造业	Manufacture of Electrical Equipment and Machinery	7100256
计算机、通信和其他电子设备制造业	Manufacture of Computer, Telecommunication and Other Electronic Equipments	999481
仪器仪表制造业	Manufacture of Measuring Instrument and Machinery	170038
其他制造业	Other Manufacturing	83929
废弃资源综合利用业	Comprehensive Utilization of Waste	908296
金属制品、机械和设备修理业	Repair of Metal Products, Machinery and Equipment	62656
电力、热力、燃气及水生产和供应业	Production and Supply of Electricity, Heat, Gas and Water	17009718
电力、热力生产和供应业	Production and Supply of Electricity and Heat	14847181
燃气生产和供应业	Production and Supply of Gas	1250616
水的生产和供应业	Production and Supply of Water	911921
建筑业	Construction	207773
房屋建筑业	Buildings Construction	43131
土木工程建筑业	Civil Engineering	114852
建筑安装业	Building Installation	
建筑装饰和其他建筑业	Building Decoration and Other Construction	49790
批发和零售业	Wholesale and Retail Trade	4471522
批发业	Wholesale Trade	2227939
零售业	Retail Trade	2243583
交通运输、仓储和邮政业	Transport, Storage and Post	41881550
铁路运输业	Railway Transport	17578827
道路运输业	Highway Transport	21478919
水上运输业	Water Transport	
航空运输业	Air Transport	219230
管道运输业	Transport Via Pipelines	234354
装卸搬运和运输代理业	Loading, Unloading and Other Transport Services	344805
仓储业	Storage	2025415
邮政业	Post	
住宿和餐饮业	Hotels and Catering Services	1152641
住宿业	Hotels	907570
餐饮业	Catering Services	245071
信息传输、软件和信息技术服务业	Information Transmission, Software and Information Technology Services	1277520
电信、广播电视和卫星传输服务	Transimission Services of Telecommunication, Broadcast, Television and Satellite	219912
互联网和相关服务	Internet and Relative Services	471600
软件和信息技术服务业	Software and Information Technology Services	586008

continued

(10 000 yuan)

自开始建设至本年底累计完成投资 Grand Total Investment Completed This Year	#本年完成投资 Investment Completed This Year	施工项目(个) Number of Construction Projects (unit)	#本年新开工 Newly Started This Year	本年投产项目(个) Number of Projects Put into Use This Year (unit)	本年新增固定资产 Newly Increased Fixed Assets This Year
1744161	1080522	175	110	89	826855
792152	499584	38	22	19	313369
764407	362247	23	13	12	120030
2376557	1023447	86	53	42	338211
869449	432206	27	16	10	318211
75357	55907	17	7	9	36107
61283	39748	13	8	9	29410
320769	274504	35	28	12	81907
50143	50103	7	6	2	4500
13338415	6064643	710	436	456	4669904
11664285	5009699	479	294	310	4054895
1014202	693413	122	77	74	415853
659928	361531	109	65	72	199156
168974	164275	24	21	20	129317
17622	13023	5	3	4	11991
98226	98226	5	5	3	73325
53126	53026	14	13	13	44001
2820195	1927898	324	230	222	1239262
1203018	787240	148	110	95	563921
1617177	1140658	176	120	127	675341
30730116	12939533	779	581	533	6225680
12179155	4625147	42	18	17	182408
16943866	7409395	589	457	431	5481903
191104	61918	4	1	2	77251
223716	87622	12	5	7	154777
195751	188451	15	13	9	88742
996524	567000	117	87	67	240599
947102	593605	105	58	62	502801
751714	450705	72	37	40	442606
195388	142900	33	21	22	60195
392227	356055	41	32	24	248011
193167	166787	25	21	19	163524
24590	24590	2	2	1	800
174470	164678	14	9	4	83687

3-16 续表2

单位：万元

行　业	Sector	计划总投资 Total Planned Investment
金融业	Banking and Insurance	41279
货币金融服务	Monetary Banking	41279
资本市场服务	Capital Market	
保险业	Insurance	
其他金融业	Other Financial Activities	
房地产业	Real Estate Trade	61711413
房地产业	Real Estate Trade	61711413
租赁和商务服务业	Lease and Business Affairs Services	709081
租赁业	Leasing	3500
商务服务业	Business Affairs Services	705581
科学研究和技术服务业	Scientific Reseach and Technical Services	894083
研究和试验发展	Reserch and Experimental Development	544778
专业技术服务业	Professional Technical Services	81759
科技推广和应用服务业	Services of Science and Technology Exchanges and Promotion	267546
水利、环境和公共设施管理业	Management of Water Conservancy, Environment and Public Facilities	15310366
水利管理业	Water Conservancy	1668604
生态保护和环境治理业	Ecological Protection and Enviromental Management	1504939
公共设施管理业	Public Facilities	12136823
居民服务、修理和其他服务业	Resident Services, Repair and Other Services	205718
居民服务业	Residence Services	93024
机动车、电子产品和日用产品修理业	Repair of Motor Vehicles, Electronic Products and Daily Products	39073
其他服务业	Other Services	73621
教　育	Education	4104837
教　育	Education	4104837
卫生和社会工作	Health Care and Social Work	1246360
卫　生	Health Care	1109379
社会工作	Social Work	136981
文化、体育和娱乐业	Culture, Sports and Recreation	2204515
新闻和出版业	Journalism and Publishing Activities	75540
广播、电视、电影和影视录音制作业	Broadcasting, Movies, Televisions and Audiovisual Activities	32886
文化艺术业	Culture and Arts Activities	1408889
体　育	Sports Activities	307058
娱乐业	Entertainment	380142
公共管理、社会保障和社会组织	Public Management, Social Security and Social Organization	649466
中国共产党机关	Organs of CPC	
国家机构	Government Agencies	561467
人民政协、民主党派	PPCC and Democratic Parties	
社会保障	Social Security	25895
群众团体、社会团体和其他成员组织	Mass Organizations, Social Organizations and Other Member Organizations	18487
基层群众自治组织	Grass Roots Self-governing Organizations	43617

continued

(10 000 yuan)

自开始建设至本年底累计完成投资 Grand Total Investment Completed This Year	#本年完成投资 Investment Completed This Year	施工项目(个) Number of Construction Projects (unit)	#本年新开工 Newly Started This Year	本年投产项目(个) Number of Projects Put into Use This Year (unit)	本年新增固定资产 Newly Increased Fixed Assets This Year
27513	20188	11	9	6	11048
27513	20188	11	9	6	11048
38235757	16706678	1092	660	505	8740632
38235757	16706678	1092	660	505	8740632
468877	258983	57	45	35	180507
3500	3500	2	2	2	3500
465377	255483	55	43	33	177007
579189	348860	66	36	40	151064
281580	134619	18	6	7	19931
74184	41686	21	14	16	37833
223425	172555	27	16	17	93300
10634233	7420271	1629	1212	1104	5359825
1397565	724137	269	213	190	516296
965776	495888	108	80	55	242314
8270892	6200246	1252	919	859	4601215
174178	131842	40	26	32	84821
88203	60765	23	14	20	56832
28745	23965	11	9	8	19960
57230	47112	6	3	4	8029
2895113	1685437	419	246	261	833679
2895113	1685437	419	246	261	833679
1007942	541903	184	113	106	443698
899144	454640	146	84	85	385322
108798	87263	38	29	21	58376
1538343	830933	189	116	108	491744
54887	22472	6	1	4	17830
32696	10069	5	2	4	24861
939612	505292	113	68	63	319773
272822	76094	32	16	17	47843
238326	217006	33	29	20	81437
564126	467705	218	156	127	342454
487526	402754	187	131	108	288595
20660	10434	10	6	5	5028
8657	7234	7	5	3	3981
47283	47283	14	14	11	44850

3-17 农户固定资产投资主要指标
INVESTMENT IN FIXED ASSETS OF RURAL HOUSEHOLDS

单位：万元 (10 000 yuan)

指　标	Item	2011	2012
一、本年新增固定资产原值	Original Value of Newly Increased Fixed Assets	2149210	2517000
二、本年固定资产投资完成额	Investment Completed This Year	2353725	2784109
按投资来源分	Grouped by Source of Funds		
国内贷款	Domestic Loans	93266	113333
自筹资金	Self-raised Funds	2236420	2660276
其他资金	Others	24039	10500
按投资构成分	Grouped by Coposition of Funds		
建筑工程	Construction	1558854	1901802
#水　利	Conservancy		
房　屋	Buildings	1558854	1901802
#住　宅	Residential Buildings	1528678	1860401
安装工程	Installation		
设备工器具购置	Purchase of Equipment and Instruments	634414	689276
#生产设备	Production Equipment	473729	489125
其　他	Others	160457	193031
按具体投资项目分	Grouped by Investment Projects		
房　屋	Buildings	1558854	1901802
#住　宅	Residential Buildings	1528678	1860401
道　路	Roadway		
桥　梁	Bridge		
设　备	Equipment	634414	689276
水　利	Conservancy		
其　他	Others	160457	193031
三、本年施工房屋面积(万平方米)	Floor Space of Buildings Under Construction This Year (10 000 sq.m)	2525	2676
#住　宅	Residential Buildings	2326	2459
#当年新开工	Newly Started This Year	2206	2301
四、本年竣工房屋面积(万平方米)	Floor Space of Buildings Completed This Year (10 000 sq.m)	1929	2020
#住　宅	Residential Buildings	1815	1907
五、本年竣工房屋投资额	Investment in Buildings Completed This Year	1155259	1330340
#住　宅	Residential Buildings	1123754	1321667

3-18 主要年份农户固定资产投资
INVESTMENT IN FIXED ASSETS OF RURAL HOUSEHOLDS IN MAJOR YEARS

年 份 Year	竣工房屋面积 (万平方米) Floor Space of Buildings Completed (10 000 sq.m)	#住 宅 Residential Buildings	本年竣工房屋投资额 (万元) Investment in Buildings Completed This Year (10 000 yuan)	#住 宅 Residential Buildings	购置生产性固定资产投资(万元) Purchase of Productive Fixed Assets (10 000 yuan)
1985	1327	1165	67840	58794	19547
1990	1214	1192	152724	103171	10971
1995	406	403	85050	84528	97111
2000	793	765	236059	227276	58651
2001	862	826	258909	246602	49381
2002	954	932	304384	298523	91453
2003	1152	1023	332777	320480	131960
2004	1164	1077	377435	362733	158117
2005	1320	1298	456869	448930	158022
2006	1545	1507	596264	577144	205530
2007	1702	1666	783527	769298	176299
2008	1617	1554	869494	824246	357467
2009	1700	1599	960717	904851	413236
2010	1899	1714	1107868	1022321	451000
2011	1929	1815	1155259	1123754	473729
2012	2020	1907	1330340	1321667	489125

3-19 房地产开发完成情况
DEVELOPMENT COMPLETED IN REAL ESTATE

项 目	Item	2005	2010	2012
本年完成投资 (万元)	Investment Completed This Year (10 000 yuan)	1779937	5922376	10104513
#住 宅	Residential Buildings	1168931	4574340	7356137
本年新增固定资产 (万元)	Newly Increased Fixed Assets This Year (10 000 yuan)	1020261	2400863	4242793
本年商品房销售额 (万元)	Sales of Commercial Buildings This Year (10 000 yuan)	1522069	4117112	5798872
#住 宅	Residential Buildings	1163065	3573679	5131950
本年商品房销售面积 (平方米)	Floor Space of Commercial Houses Sold This Year (sq.m)	6887486	11805872	14978843
#住 宅	Residential Buildings	6198563	10705378	13904422
本年房屋施工面积 (平方米)	Floor Space of Buildings under Construction This Year (sq.m)	22665320	75998460	117142849
#住 宅	Residential Buildings	17667959	62544066	92996204
#房屋新开工面积 (平方米)	Floor Space of Buildings Newly Started Construction (sq.m)	11560090	27820539	41663385
#住 宅	Residential Buildings	9838964	22705185	32711068
本年房屋竣工面积 (平方米)	Floor Space of Buildings Completed This Year (sq.m)	6672519	12037309	17329943
#住 宅	Commercial Residential Houses	5573845	9913062	14356940
本年房屋竣工价值 (万元)	Value of Buildings Completed This Year (10 000 yuan)	917262	2081040	3992377
#住 宅	Residential Houses	686002	1685507	3302475

3-20 房地产开发施工、销售和空置情况(2012年)

指　　标		Item	合 计 Total	住 宅 Residential Buildings
房屋施工面积	(平方米)	Floor Space of Buildings under Construction (sq.m)	117142849	92996204
#本年新开工		Floor Space of Buildings Newly Started Construction This Year	41663385	32711068
房屋竣工面积	(平方米)	Floor Space of Buildings Completed (sq.m)	17329943	14356940
#不可销售		Floor Space of Buildings Unable to be Sold	1992378	1466156
商品住宅竣工套数	(套)	Sets of Commercial Residential Buildings Completed (set)		131677
竣工房屋价值	(万元)	Value of Buildings Completed (10 000 yuan)	3992377	3302475
出租房屋面积	(平方米)	Floor Space of Buildings Leased (sq.m)	127700	4726
商品房销售面积	(平方米)	Floor Space of Commercial Residential Buildings Sold (sq.m)	14978843	13904422
现　房		Floor Space of Completed Buildings Sold	6530676	6004783
期　房		Floor Space of Forward Delivery Buildings Sold	8448167	7899639
商品房销售额	(万元)	Sales of Commercial Buildings (10 000 yuan)	5798872	5131950
现　房		Sales of Completed Buildings	1912592	1677869
期　房		Sales of Forward Delivery Buildings	3886280	3454081
商品住宅销售套数	(套)	Sets of Commercial Residential Buildings Sold (set)		122431
现　房		Sets of Completed Buildings Sold		52771
期　房		Sets of Forward Delivery Buildings Sold		69660
待售面积	(平方米)	Area of Land for Sale (sq.m)	7580164	5752764
#待售1-3年面积		Area of Land for Sale in 1-3 Years	2825488	2172898
待售3年以上面积		Area of Land for Sale More Than 3 Years	86216	50957

BUILDINGS' CONSTRUCTION, SELLING AND UNTAPPING IN REAL ESTATE DEVELOPMENT(2012)

#90平方米及以下住房 90 sq.m and Below	#144平方米以上住房 Above 144 sq.m	#别墅、高档公寓 Villas and High-grade Apartment Buildings	办公楼 Office Buildings	商业营业用房 Buildings for Business Operation	其他 Others
23012732	16374667	793789	2166689	12529954	9450002
11236011	3908062	193822	666218	4424366	3861733
3569143	2677431	87774	149002	1825385	998616
946080	37235		33525	220503	272194
49092	13815	522			
698312	1032827	81139	32681	462514	194707
726				99879	23095
2270064	2769452	53834	95353	794999	184069
1012080	1218047	41140	46682	384035	95176
1257984	1551405	12694	48671	410964	88893
727360	1359969	29378	74705	545762	46455
231058	461378	16751	28981	184224	21518
496302	898591	12627	45724	361538	24937
28527	15919	215			
12406	7185	146			
16121	8734	69			
882807	1093780	66956	109827	1268440	449133
350744	420555	44348	38907	488820	124863
	10587		6133	29126	

3-21 房地产开发投资(2012年)

单位：万元

指　标	Item	企业个数 (个) Number of Enterprises (unit)
总　计	**Total**	**2221**
按登记注册类型	**Grouped by Type of Registration Status**	
内　资	Domestic-Funded Enterprises	2201
国　有	State-owned Enterprises	99
集　体	Collective-owned Enterprises	16
股份合作	Share Cooperative Enterprises	5
国有联营	State Joint Ownership Enterprises	1
集体联营	Collective Joint Ownership Enterprises	
国有与集体联营	Joint State-collective Enterprises	
其他联营	Other Joint Ownership Enterprises	
国有独资公司	State-funded Corporations	13
其他有限责任公司	Other Limited Liability Corporations	398
股份有限公司	Share Corporations Ltd.	39
私营独资	Private-funded Enterprises	25
私营合伙	Private Partnership Enterprises	11
私营有限责任公司	Private Limited Liability Corporations	1496
私营股份有限公司	Private Share-holding Corporations Ltd.	73
其　他	Others	25
港澳台投资	Enterprises with Investment from Hong Kong, Macao and Taiwan	13
合资经营	Joint-venture Enterprises	6
合作经营	Cooperative Enterprises	1
独　资	Enterprises with Sole Investment	6
股份有限	Share Corporations Ltd.	
其　他	Others	
外商投资	Enterprises with Foreign Investment	7
合资经营	Joint-Venture Enterprises	4
合作经营	Cooperative Enterprises	
独　资	Enterprises with Sole Foreign Investment	3
股份有限	Share Corporations Ltd.	
其　他	Others	
按控股情况分	**Grouped by Share Holding**	
国有控股	State Holding Enterprises	180
集体控股	Collective-owned Holding Enterprises	60
私人控股	Private Holding Enterprises	1867
港澳台商控股	Hongkong, Macao and Taiwan Holding Enterprises	10
外商控股	Foreign Holding Enterprises	6
其　他	Others	98

INVESTMENT IN REAL ESTATE DEVELOPMENT(2012)

(10 000 yuan)

计划总投资 Total Planned Investment	累计完成投资 Accumulative Investment Completed	本年完成投资 Investment Completed This Year	#配套工程投资 Auxiliary Project Investment
45609585	**26918947**	**10104513**	**140637**
44532863	26157810	9847620	139607
3106668	1548316	646959	8126
217117	97420	52609	541
6887	3031	1540	300
500623	110021	95521	
514375	213546	97900	281
10257658	6413675	2219745	22374
933607	501350	327060	
382064	266611	92699	1065
137179	51321	43027	
26620897	15966240	5912988	79137
1375150	613071	227955	27728
480638	373208	129617	55
569443	356468	123617	
103794	95825	457	
25000	24227	1220	
440649	236416	121940	
507279	404669	133276	1030
82879	63429	10838	
424400	341240	122438	1030
7447677	4000936	1507305	9237
1176631	806893	287137	2887
33069901	20069311	7477226	121096
544443	332241	122397	
484279	383000	126548	1030
2886654	1326566	583900	6387

3-21 续表1

单位：万元

指 标	Item	建筑工程 Construction
总 计	**Total**	**7073575**
按登记注册类型	**Grouped by Type of Registration Status**	
内 资	Domestic-Funded Enterprises	6918679
国 有	State-owned Enterprises	502869
集 体	Collective-owned Enterprises	43060
股份合作	Share Cooperative Enterprises	1240
国有联营	State Joint Ownership Enterprises	9494
集体联营	Collective Joint Ownership Enterprises	
国有与集体联营	Joint State-collective Enterprises	
其他联营	Other Joint Ownership Enterprises	
国有独资公司	State-funded Corporations	68997
其他有限责任公司	Other Limited Liability Corporations	1556184
股份有限公司	Share Corporations Ltd.	286467
私营独资	Private-funded Enterprises	53980
私营合伙	Private Partnership Enterprises	26819
私营有限责任公司	Private Limited Liability Corporations	4137827
私营股份有限公司	Private Share-holding Corporations Ltd.	137929
其 他	Others	93813
港澳台投资	Enterprises with Investment from Hong Kong, Macao and Taiwan	42199
合资经营	Joint-venture Enterprises	457
合作经营	Cooperative Enterprises	909
独 资	Enterprises with Sole Investment	40833
股份有限	Share Corporations Ltd.	
其 他	Others	
外商投资	Enterprises with Foreign Investment	112697
合资经营	Joint-Venture Enterprises	4337
合作经营	Cooperative Enterprises	
独 资	Enterprises with Sole Foreign Investment	108360
股份有限	Share Corporations Ltd.	
其 他	Others	
按控股情况分	**Grouped by Share Holding**	
国有控股	State Holding Enterprises	1098195
集体控股	Collective-owned Holding Enterprises	244250
私人控股	Private Holding Enterprises	5163449
港澳台商控股	Hongkong, Macao and Taiwan Holding Enterprises	41290
外商控股	Foreign Holding Enterprises	110160
其 他	Others	416231

continued

(10 000 yuan)

安装工程 Installation	设备工器具购置 Purchase of Equipment and Instruments	其他费用 Other Expenses	#旧建筑物购置费 Purchse of old Building	#土地购置费 Purchase of Land
1015994	**123489**	**1891455**	**36890**	**1176101**
1003530	122839	1802572	36850	1090291
77907	2602	63581	112	26514
60		9489		
		300	300	
264		85763		
8950	7413	12540		9662
212507	44859	406195	5614	322672
26406	1530	12657		10675
7915	4294	26510		17639
286	86	15836		14300
632537	58369	1084255	30824	628974
17006	1587	71433		55215
19692	2099	14013		4640
3295		78123	40	75810
246		65		
3049		78058	40	75810
9169	650	10760		10000
6501				
2668	650	10760		10000
155023	22364	231723	112	86044
7664	1611	33612	400	13809
778496	95048	1440233	35556	919719
3049		78058	40	75810
4978	650	10760		10000
66784	3816	97069	782	70719

3-21 续表2

单位：万元

指 标	Item	住 宅 Residential Buildings	#90平方米及以下住房 90 sq.m and Below
总 计	**Total**	**7356137**	**2167006**
按登记注册类型	**Grouped by Type of Registration Status**		
内 资	Domestic-Funded Enterprises	7208273	2161027
国 有	State-owned Enterprises	579262	390562
集 体	Collective-owned Enterprises	49762	46994
股份合作	Share Cooperative Enterprises	1240	1000
国有联营	State Joint Ownership Enterprises	9758	
集体联营	Collective Joint Ownership Enterprises		
国有与集体联营	Joint State-collective Enterprises		
其他联营	Other Joint Ownership Enterprises		
国有独资公司	State-funded Corporations	74126	16061
其他有限责任公司	Other Limited Liability Corporations	1437780	299822
股份有限公司	Share Corporations Ltd.	306552	223881
私营独资	Private-funded Enterprises	63550	17651
私营合伙	Private Partnership Enterprises	26232	18776
私营有限责任公司	Private Limited Liability Corporations	4398303	1084150
私营股份有限公司	Private Share-holding Corporations Ltd.	166443	26370
其 他	Others	95265	35760
港澳台投资	Enterprises with Investment from Hong Kong, Macao and	108613	197
合资经营	Joint-venture Enterprises		
合作经营	Cooperative Enterprises	1037	197
独 资	Enterprises with Sole Investment	107576	
股份有限	Share Corporations Ltd.		
其 他	Others		
外商投资	Enterprises with Foreign Investment	39251	5782
合资经营	Joint-Venture Enterprises	4110	4110
合作经营	Cooperative Enterprises		
独 资	Enterprises with Sole Foreign Investment	35141	1672
股份有限	Share Corporations Ltd.		
其 他	Others		
按控股情况分	**Grouped by Share Holding**		
国有控股	State Holding Enterprises	1150751	488195
集体控股	Collective-owned Holding Enterprises	249803	71119
私人控股	Private Holding Enterprises	5337295	1349367
港澳台商控股	Hongkong, Macao and Taiwan Holding Enterprises	107576	
外商控股	Foreign Holding Enterprises	39251	5782
其 他	Others	471461	252543

continued

(10 000 yuan)

#144平方米以上住房 Above 144 sq.m	#别墅、高档公寓 Villas and Highgrade Apartment Buildings	办公楼 Office Buildings	商业营业用房 Buildings for Business Operation	其　他 Others	本年新增固定资产 Newly Increased Fixed Assets This Year
1688955	**63861**	**227958**	**1392518**	**1127900**	**4242793**
1641046	55628	212250	1334837	1092260	4183143
10052		2873	12629	52195	196475
			301	2546	2100
				300	1540
				85763	
18550			12329	11445	33178
384628	12051	39966	479322	262677	1270893
21577		449	13519	6540	126569
8642		8861	5079	15209	2382
3500			2000	14795	
1104839	38747	157221	767879	589585	2486013
62815	4830	1286	21071	39155	34571
26443		1594	20708	12050	29422
26010			13351	1653	56152
			457		30789
2			73	110	4625
26008			12821	1543	20738
21899	8233	15708	44330	33987	3498
		2537	4191		
21899	8233	13171	40139	33987	3498
107958	2910	13914	131936	210704	435457
63105	467	1044	11038	25252	302572
1378016	47904	191221	1149617	799093	3147270
26008			13278	1543	51527
21899	8233	13171	40139	33987	3498
91969	4347	8608	46510	57321	302469

3-22 房地产开发资金来源情况(2012年)

单位：万元

指　标	Item	本年资金来源合计 Total Funds This Year	上年末结余资金 Remaining Funds at The End of Last Year
总　计	**Total**	**13386503**	**3049587**
按登记注册类型	**Grouped by Type of Registration Status**		
内　资	Domestic-Funded Enterprises	13067380	2929002
国　有	State-owned Enterprises	805061	349121
集　体	Collective-owned Enterprises	32657	65
股份合作	Share Cooperative Enterprises	1791	1091
国有联营	State Joint Ownership Enterprises	95521	
集体联营	Collective Joint Ownership Enterprises		
国有与集体联营	Joint State-collective Enterprises		
其他联营	Other Joint Ownership Enterprises		
国有独资公司	State-funded Corporations	174172	77872
其他有限责任公司	Other Limited Liability Corporations	3211960	567905
股份有限公司	Share Corporations Ltd.	234928	9009
私营独资	Private-funded Enterprises	115384	9893
私营合伙	Private Partnership Enterprises	36163	1123
私营有限责任公司	Private Limited Liability Corporations	7856027	1740795
私营股份有限公司	Private Share-holding Corporations Ltd.	286504	87086
其　他	Others	217212	85042
港澳台投资	Enterprises with Investment from Hong Kong, Macao and Taiwan	185294	112994
合资经营	Joint-venture Enterprises	40817	15882
合作经营	Cooperative Enterprises	1661	561
独　资	Enterprises with Sole Investment	142816	96551
股份有限	Share Corporations Ltd.		
其　他	Others		
外商投资	Enterprises with Foreign Investment	133829	7591
合资经营	Joint-Venture Enterprises	12928	2696
合作经营	Cooperative Enterprises		
独　资	Enterprises with Sole Foreign Investment	120901	4895
股份有限	Share Corporations Ltd.		
其　他	Others		
按控股情况分	**Grouped by Share Holding**		
国有控股	State Holding Enterprises	2159253	651043
集体控股	Collective-owned Holding Enterprises	367330	120025
私人控股	Private Holding Enterprises	9801536	2033119
港澳台商控股	Hongkong, Macao and Taiwan Holding Enterprises	183633	112433
外商控股	Foreign Holding Enterprises	126964	6848
其　他	Others	747787	126119

SOURCE OF FUNDS FOR REAL ESTATE DEVELOPMENT(2012)

(10 000 yuan)

本年资金来源小计 Subtotal Funds This Year	国内贷款 Domestic Loans	利用外资 Foreign Investment	自筹资金 Self-raised Funds	其他资金来源 Others	#定金及预付款 Deposit and Advanced Payment
10336916	**608744**	**253**	**5507027**	**4220892**	**3183897**
10138378	549122		5381988	4207268	3171320
455940	35957		308424	111559	59700
32592			24999	7593	5903
700			700		
95521			95521		
96300	15000		59415	21885	20851
2644055	126403		1174446	1343206	1026662
225919	17917		169682	38320	36379
105491	2650		49224	53617	34263
35040			32040	3000	3000
6115232	328195		3268008	2519029	1882809
199418	19300		133913	46205	40919
132170	3700		65616	62854	60834
72300	47740		21456	3104	2112
24935	15000		7931	2004	1012
1100				1100	1100
46265	32740		13525		
126238	11882	253	103583	10520	10465
10232	300	253	3970	5709	5654
116006	11582		99613	4811	4811
1508210	121007		714046	673157	496726
247305	11970		104556	130779	102615
7768417	414678		4283918	3069821	2321771
71200	47740		21456	2004	1012
120116	11582		99613	8921	8866
621668	1767	253	283438	336210	252907

3-23 房地产开发企业土地购置、开发和空置情况(2012年)

单位：平方米

指 标	Item	待开发土地面积 Land Area Pending Development
总 计	**Total**	**6188455**
按登记注册类型	**Grouped by Type of Registration Status**	
内 资	Domestic-Funded Enterprises	6188455
国 有	State-owned Enterprises	779911
集 体	Collective-owned Enterprises	
股份合作	Share Cooperative Enterprises	
国有联营	State Joint Ownership Enterprises	
集体联营	Collective Joint Ownership Enterprises	
国有与集体联营	Joint State-collective Enterprises	
其他联营	Other Joint Ownership Enterprises	
国有独资公司	State-funded Corporations	91704
其他有限责任公司	Other Limited Liability Corporations	1856213
股份有限公司	Share Corporations Ltd.	
私营独资	Private-funded Enterprises	81048
私营合伙	Private Partnership Enterprises	
私营有限责任公司	Private Limited Liability Corporations	3303335
私营股份有限公司	Private Share-holding Corporations Ltd.	62216
其 他	Others	14028
港澳台投资	Enterprises with Investment from Hong Kong, Macao and Taiwan	
合资经营	Joint-venture Enterprises	
合作经营	Cooperative Enterprises	
独 资	Enterprises with Sole Investment	
股份有限	Share Corporations Ltd.	
其 他	Others	
外商投资	Enterprises with Foreign Investment	
合资经营	Joint-Venture Enterprises	
合作经营	Cooperative Enterprises	
独 资	Enterprises with Sole Foreign Investment	
股份有限	Share Corporations Ltd.	
其 他	Others	
按控股情况分	**Grouped by Share Holding**	
国有控股	State Holding Enterprises	1255028
集体控股	Collective-owned Holding Enterprises	70835
私人控股	Private Holding Enterprises	3848819
港澳台商控股	Hongkong, Macao and Taiwan Holding Enterprises	
外商控股	Foreign Holding Enterprises	
其 他	Others	1013773

LAND'S PURCHASING, DEVELOPPING AND UNTAPPING OF REAL ESTATE DEVELOPMENT ENTERPRISES(2012)

(sq.m)

本年购置土地面积 Land Area Purchased This Year	本年土地成交价款(万元) Deal Value of land This Year (10 000 yuan)	待售面积 Land Area for Sale	#待售面积(一年至三年) Land Area for Sale in 1-3 Years	#待售面积(三年以上) Land Area for Sale More Than Three Years
7183623	**973876**	**7580164**	**2825488**	**86216**
7179598	972636	7443175	2772188	86216
526466	56376	80847	6596	374
		35740	29208	
117017	23012	136932		
1672476	246665	1864513	491012	35149
41780	5698	184025	42067	
41418	1389	86865	35497	
26937	27001	36346		
4565376	588388	4799590	2008074	36335
179308	23137	182452	124819	13408
8820	970	35865	34915	950
4025	1240	136989	53300	
		50328	50328	
		2972	2972	
4025	1240	83689		
1275966	169362	423626	28842	3573
66863	25058	98119	70956	1391
5699718	753494	6602189	2568191	52650
4025	1240	134017	50328	
137051	24722	322213	107171	28602

3-24 房地产开发企业财务状况(2012年)

单位：万元

指　　标	Item	固定资产原　　价 Original Value of Fixed Assets
总　　计	**Total**	**883694**
按登记注册类型	**Grouped by Type of Registration Status**	
内　资	Domestic-Funded Enterprises	872741
国　有	State-owned Enterprises	51058
集　体	Collective-owned Enterprises	3571
股份合作	Share Cooperative Enterprises	1340
国有联营	State Joint Ownership Enterprises	508
集体联营	Collective Joint Ownership Enterprises	
国有与集体联营	Joint State-collective Enterprises	
其他联营	Other Joint Ownership Enterprises	
国有独资公司	State-funded Corporations	1612
其他有限责任公司	Other Limited Liability Corporations	181763
股份有限公司	Share Corporations Ltd.	11115
私营独资	Private-funded Enterprises	9870
私营合伙	Private Partnership Enterprises	1756
私营有限责任公司	Private Limited Liability Corporations	576891
私营股份有限公司	Private Share-holding Corporations Ltd.	25091
其　他	Others	8166
港澳台投资	Enterprises with Investment from Hong Kong, Macao and Taiwan	7266
合资经营	Joint-venture Enterprises	5455
合作经营	Cooperative Enterprises	217
独　资	Enterprises with Sole Investment	1593
股份有限	Share Corporations Ltd.	
其　他	Others	
外商投资	Enterprises with Foreign Investment	3688
合资经营	Joint-Venture Enterprises	3569
合作经营	Cooperative Enterprises	
独　资	Enterprises with Sole Foreign Investment	118
股份有限	Share Corporations Ltd.	
其　他	Others	
按控股情况分	**Grouped by Share Holding**	
国有控股	State Holding Enterprises	111916
集体控股	Collective-owned Holding Enterprises	32855
私人控股	Private Holding Enterprises	706438
港澳台商控股	Hongkong, Macao and Taiwan Holding Enterprises	3243
外商控股	Foreign Holding Enterprises	3489
其　他	Others	25754

FINANCIAL AFFAIRS OF REAL ESTATE DEVELOPMENT ENTERPRISES(2012)

(10 000 yuan)

固定资产累计折旧 Accumulative Depreciation of Fixed Assets	#本年折旧 Depreciation of This Year	资产总计 Total Assets	负债合计 Total Liabilities	所有者权益合计 Total Creditors' Equity	#实收资金 Paid-in Capital
231078	**47322**	**37384680**	**32466691**	**4917988**	**4691077**
226626	46197	36465875	31735873	4730003	4574419
13640	1632	1777162	1641721	135441	154987
1265	64	63269	55521	7748	7062
573	3	32955	28648	4307	3910
107	86	132520	124053	8466	10000
569	151	407233	361840	45393	40080
40485	7881	8652320	7301018	1351302	1055807
3070	715	538729	438100	100629	87364
1156	448	332444	264804	67639	40176
135	37	34482	26660	7822	8121
157579	33331	23139404	20338108	2801295	2945235
6571	1365	1036275	840431	195844	193024
1477	485	319085	314969	4116	28653
3403	338	349658	283138	66519	66573
2869	227	105066	67968	37098	28360
103	22	19433	19883	-450	2100
431	88	225158	195287	29871	36113
1050	787	569147	447680	121466	50085
1000	771	215096	231531	-16435	7666
49	17	354051	216150	137901	42419
25617	3595	4971189	4292324	678866	591094
5926	844	1037076	923917	113159	60965
190544	40181	28509329	24866907	3642422	3650720
1114	227	309431	243274	66157	63763
898	727	558502	441536	116966	49151
6980	1750	1999153	1698735	300418	275384

3-24 续表1

单位：万元

指　标	Item	营业收入 Business Revenue
总　计	**Total**	**4727911**
按登记注册类型	**Grouped by Type of Registration Status**	
内　资	Domestic-Funded Enterprises	4695574
国　有	State-owned Enterprises	291412
集　体	Collective-owned Enterprises	29042
股份合作	Share Cooperative Enterprises	280
国有联营	State Joint Ownership Enterprises	
集体联营	Collective Joint Ownership Enterprises	
国有与集体联营	Joint State-collective Enterprises	
其他联营	Other Joint Ownership Enterprises	
国有独资公司	State-funded Corporations	12813
其他有限责任公司	Other Limited Liability Corporations	1348046
股份有限公司	Share Corporations Ltd.	56467
私营独资	Private-funded Enterprises	72085
私营合伙	Private Partnership Enterprises	5397
私营有限责任公司	Private Limited Liability Corporations	2732925
私营股份有限公司	Private Share-holding Corporations Ltd.	89097
其　他	Others	58011
港澳台投资	Enterprises with Investment from Hong Kong, Macao and Taiwan	11187
合资经营	Joint-venture Enterprises	10115
合作经营	Cooperative Enterprises	
独　资	Enterprises with Sole Investment	1072
股份有限	Share Corporations Ltd.	
其　他	Others	
外商投资	Enterprises with Foreign Investment	21150
合资经营	Joint-Venture Enterprises	2691
合作经营	Cooperative Enterprises	
独　资	Enterprises with Sole Foreign Investment	18459
股份有限	Share Corporations Ltd.	
其　他	Others	
按控股情况分	**Grouped by Share Holding**	
国有控股	State Holding Enterprises	787785
集体控股	Collective-owned Holding Enterprises	210562
私人控股	Private Holding Enterprises	3516207
港澳台商控股	Hongkong, Macao and Taiwan Holding Enterprises	10853
外商控股	Foreign Holding Enterprises	19084
其　他	Others	183421

continued

(10 000 yuan)

#主营业务收入 Revenue of Major Business	土地转让收入 Land Transferred Revenue	商品房屋销售收入 Sales Revenue of Commercial Buildings	房屋出租收入 Revenue from Buildings Leasing	其他收入 Other Revenue
4606447	**38262**	**4370785**	**81683**	**115717**
4574410	38262	4340351	80421	115376
289120		273969	4127	11024
28851	703	27342	96	709
280		280		
12198		12198		
1309002	875	1203231	38498	66397
50657		47642	8	3007
72085		71146	55	884
5397	98	5293	5	1
2662789	36586	2556523	37488	32191
86022		85153	143	727
58011		57575		436
10887		9909	637	341
10115		9137	637	341
772		772		
21150		20525	625	
2691		2066	625	
18459		18459		
746854	800	664526	8190	73338
210085	703	206701	374	2306
3436975	36684	3289423	71533	39336
10423		9909	514	
19084		18459	625	
183027	75	181767	448	738

3-24 续表2

单位：万元

指　　标	Item	营业成本 Business Costs
总　　计	**Total**	**3678015**
按登记注册类型	**Grouped by Type of Registration Status**	
内　资	Domestic-Funded Enterprises	3663488
国　有	State-owned Enterprises	245952
集　体	Collective-owned Enterprises	22957
股份合作	Share Cooperative Enterprises	189
国有联营	State Joint Ownership Enterprises	
集体联营	Collective Joint Ownership Enterprises	
国有与集体联营	Joint State-collective Enterprises	
其他联营	Other Joint Ownership Enterprises	
国有独资公司	State-funded Corporations	11041
其他有限责任公司	Other Limited Liability Corporations	1066018
股份有限公司	Share Corporations Ltd.	47350
私营独资	Private-funded Enterprises	43648
私营合伙	Private Partnership Enterprises	4362
私营有限责任公司	Private Limited Liability Corporations	2097850
私营股份有限公司	Private Share-holding Corporations Ltd.	68327
其　他	Others	55794
港澳台投资	Enterprises with Investment from Hong Kong, Macao and Taiwan	6909
合资经营	Joint-venture Enterprises	5964
合作经营	Cooperative Enterprises	
独　资	Enterprises with Sole Investment	945
股份有限	Share Corporations Ltd.	
其　他	Others	
外商投资	Enterprises with Foreign Investment	7618
合资经营	Joint-Venture Enterprises	1070
合作经营	Cooperative Enterprises	
独　资	Enterprises with Sole Foreign Investment	6548
股份有限	Share Corporations Ltd.	
其　他	Others	
按控股情况分	**Grouped by Share Holding**	
国有控股	State Holding Enterprises	641513
集体控股	Collective-owned Holding Enterprises	163027
私人控股	Private Holding Enterprises	2708262
港澳台商控股	Hongkong, Macao and Taiwan Holding Enterprises	6884
外商控股	Foreign Holding Enterprises	6548
其　他	Others	151782

continued

(10 000 yuan)

#主营业务成本 Costs of Major Business	营业税金及附加 Business Tax and Extra Charges	#主营业务税金及附加 Tax and Extra Charges of Major Business	营业利润 Business Profits	利润总额 Total Profits	应交所得税 Income Taxes Payable	从业人员平均人数(人) Average Number of Employees (person)
3628222	**362144**	**351975**	**61637**	**50811**	**105858**	**52389**
3613695	359609	349440	61119	50380	105599	51859
244643	15235	15015	3031	3474	3861	3420
22808	2172	2152	237	227	10	464
189	154	154	-627	-152	19	94
			-930	-933		69
10910	767	744	-228	-258	326	287
1035091	98634	93879	57466	47285	28344	10264
41714	3469	3059	-2432	-2520	279	1213
43362	5748	5748	19617	19552	5268	666
4362	546	247	134	127	35	256
2089036	222312	218883	-4764	-6361	64168	33049
65786	6638	5904	-2245	-2057	3136	1485
55794	3932	3656	-8140	-8005	154	592
6909	673	673	-1856	-1922	146	303
5964	626	626	894	863	146	128
			-164	-163		28
945	47	47	-2586	-2621		147
7618	1862	1862	2374	2353	113	227
1070	217	217	-6512	-6532	113	163
6548	1646	1646	8885	8885		64
612236	50569	49482	40392	40993	15792	6506
162874	18234	17806	10358	10601	6498	1544
2688589	280758	272124	13384	9996	82176	42036
6873	607	597	-1579	-1634	146	231
6548	1682	1682	1902	1901		184
151103	10295	10284	-2820	-11045	1246	1888

主要统计指标解释

全社会固定资产投资 是以货币形式表现的在一定时期内全社会建造和购置固定资产的工作量以及与此有关的费用的总称。该指标是反映固定资产投资规模、结构和发展速度的综合性指标，又是观察工程进度和考核投资效果的重要依据。全社会固定资产投资按登记注册类型可分为国有、集体、个体、联营、股份制、外商、港澳台商、其他等。

从 2011 年起，城镇固定资产投资数据发布口径改为固定资产投资（不含农户），固定资产投资（不含农户）等于原口径的城镇固定资产投资加上农村企事业组织项目投资，除房地产投资、农村个人投资外，固定资产投资统计起点由 50 万元提高到 500 万元，增长速度按可比口径计算。

房地产开发投资 指各种登记注册类型的房地产开发法人单位统一开发的包括统代建、拆迁还建的住宅、厂房、仓库、饭店、宾馆、度假村、写字楼、办公楼等房屋建筑物，配套的服务设施，土地开发工程（如道路、给水、排水、供电、供热、通讯、平整场地等基础设施工程）和土地购置的投资；不包括单纯的土地交易活动。

固定资产投资的资金来源 指固定资产投资单位在报告期收到的，用于固定资产投资的各种货币资金。根据固定资产投资的资金来源不同，分为国家预算资金、国内贷款、债券、利用外资、自筹资金和其他资金。

(1)国家预算资金：自 2011 年起，各级财政的所有资金，包括税收和非税收入，均必须纳入预算管理，因此各级政府用于固定资产投资的财政资金均为预算资金。由于已经没有预算外资金，因此名称改为国家预算资金，包括中央预算资金和地方预算资金，旧的国家预算内资金的内容和现中央预算资金的内容基本一致。

国家预算包括一般预算、政府性基金预算、国有资本经营预算和社保基金预算。各类预算中用于固定资产投资的资金全部作为国家预算资金填报，其中一般预算中用于固定资产投资的部分包括基建投资、车购税、灾后恢复重建基金和其他财政投资。各级政府债券也应归入国家预算资金。

(2)国内贷款：指报告期固定资产投资项目单位向银行及非银行金融机构借入的用于固定资产投资的各种国内借款，包括银行贷款、非银行金融机构贷款等。

银行贷款：是指向各商业银行、政策性银行借入的用于固定资产投资的各项贷款。

非银行金融机构贷款：是指向除上述银行之外从事金融业务的机构借入的用于固定资产投资的各项贷款。非银行金融机构包括保险公司和养老基金（企业年金）、信托投资公司、金融租赁公司、金融资产管理公司、汽车金融服务公司、金融担保公司、证券公司、投资基金、证券交易所、其他金融辅助机构。

投资项目单位从上级部门、总公司或公司股东处取得的用于固定资产投资的资金中，来源于银行或非银行金融机构贷款的部分，也应归入国内贷款。

通过银行理财产品和信托产品筹集的资金，如果是用于固定资产投资的，也作为国内贷款统计。

报告期固定资产投资单位向银行及非银行金融机构借入的用于固定资产投资的长期借款和短期借款，均以报告期实际发生额计算。

(3)利用外资：指报告期收到的用于固定资产建造和购置的国外资金(包括设备、材料、技术在内)。包括对外借款(外国政府、国际金融组织贷款、出口信贷、外国银行商业贷款、对外发行债券和股票)、外商直接投资及外商其他投资。不包括我国自有外汇资金(国家外汇、地方外汇、留成外汇、调剂外汇和中国银行自有资金发行的外汇贷款等)。计算利用外资时，需要折算成人民币，折算中所使用的外汇汇率按现汇计算，即按使用外汇时的汇率计算。

(4)自筹资金：指固定资产投资单位在报告期收到的，由各企事业单位筹集用于固定资产投资的资金，包括各类企事业单位的自有资金和从其他单位筹集的用于固定资产投资的资金，但不包括各类财政性资金、从各类金融机借入资金和国外资金。自筹资金包括以下三项内容：企、事业单位自有资金、股东投入资金、借入资金。

(5)其他资金：指在报告期收到的除以上各种资金之外其他用于固定资产投资的资金，包括企业或金融机构通过发行各种债券筹集到的资金、群众集资、个人资金、无偿捐赠的资金及其他单位拨入的资金等。

固定资产投资按国民经济行业分 根据建设项目建成投产后的主要产品或主要用途及社会经济活动性质来确定国民经济行业。一般情况下，一个建设项目只能属于一种国民经济行业。

固定资产投资按隶属关系分 是按建设单位或企业、事业、行政单位的主管上级机关确定的。

(1)中央：是指中共中央、人大常委会和国务院各部、委、局、总公司以及直属机构直接领导的建设项目和企业、事业、行政单位。这些单位的固定资产投资计划由国务院各部门直接编制和下达，建设中所需物资、主要设备以及建设中的问题都由中央有关部门安排和解决。

(2)地方：是由省（自治区、直辖市）、地区（州、盟、省辖市）、县（旗、县级市）三级政府及业务主管部门直接领导和管理的建设项目、企业、事业、行政单位。地方项目还包括不隶属以上各级政府及主管部门的建设项目和企业、事业单位，如外商投资企业和无主管部门的企业等。

固定资产投资按建设性质分 根据整个建设项目情况来确定。建设项目的性质一般分为新建、扩建、改建和技术改造、迁建、恢复。

(1)新建：一般指从无到有“平地起家”开始建设的企业、事业和行政单位或建设项目。现有企业、事业、行政单位一般不属于新建。但如有的单位原有基础很小，经过建设后新增的固定资产价值超过该企、事业、行政单位原有固定资产价值(原值)三倍以上的也应作为新建。

(2)扩建：指在厂内或其他地点，为扩大原有产品的生产能力(或效益)或增加新的产品生产能力，而增建主要的生产车间(或主要工程)、分厂、独立的生产线。行政、事业单位在原单位增建业务用房(如学校增建教学用房、医院增建门诊部、病房等)也作为扩建。

现有企、事业单位为扩大原有主要产品生产能力或增加新的产品生产能力，增建一个或几个主要生产车间(或主要工程)、分厂，同时进行一些更新改造工程的，也应作为扩建。

(3)改建和技术改造：指现有企业、事业单位，对原有设施进行技术改造或更新(包括相应配套的辅助性生产、生活福利设施) 的建设项目。现有企业、事业单位为适应市场变化的需要，而改变企业的主要产品种类(如军工企业转产民用品等) 的建设项目，应作为改建。原有产品生产作业线由于各工序(车间)之间能力不平衡，为填平补齐充分发挥原有生产能力而增建不增加本企业主要产品设计能力的车间，也应作为改建。技术改造是指企业、事业单位在现有基础上，用先进的技术代替落后的技术，用先进的工艺和装备代替落后的工艺和装备，以改变企业落后的技术经济面貌，实现以内涵为主的扩大再生产，达到提高产品质量、促进产品更新换代、节约能源、降低消耗、扩大生产规模、全面提高社会经济效益的目的。技术改造具体包括以下内容：机器设备和工具的更新改造；生产工艺改革、节约能源和原材料的改造；厂房建筑和公共设施的改造；劳动条件和生产环境的改造等。

固定资产投资按构成分 固定资产投资活动按其工作内容和实现方式分为建筑安装工程，设备、工具、器具购置，其他费用三个部分。

(1)建筑安装工程(建筑安装工作量)：指各种房屋、建筑物的建造工程和各种设备、装置的安装工程。包括各种房屋建造工程；各种用途设备基础和各种工业窑炉的砌筑工程及金属结构工程；为施工而进行的各种准备工作和临时工程以及完工后的清理工作等；铁路、道路的铺设，矿井的开凿及石油管道的架设等；水利工程；防空地下建筑等特殊工程；列入房屋工程预算内的暖气、卫生、通风、照明、煤气等设备的价值及装设油饰工程；列入建筑工程预算内的各种管道(蒸汽、压缩空气、石油、给排水等管道)、电力、电讯电缆导线等的敷设工程；以及各种机械设备的安装工程；为测定安装工程质量，对设备进行的试运工作；房地产开发单位进行的商品房屋开发建设工程、土地开发工程。

在安装工程中，不包括被安装设备本身的价值。

(2)设备、工具、器具购置：指建设单位或企、事业单位购置或自制的，达到固定资产标准的设备、工具、器具的价值。新建单位及扩建单位的新建车间，按照设计或计划要求购置或自制的全部设备、工具、器具，不论是否达到固定资产标准均计入"设备、工具、器具购置"中。

(3)其他费用：指在固定资产建造和购置过程中发生的，除上述几项内容以外的各种应分摊计入固定资产的费用。

施工项目 指报告期内进行过建筑或安装施工活动的项目。凡是报告期内施过工的建设项目，不论施工时间长短，均作为施工项目统计。施工项目个数可以反映一定时期固定资产投资的实际规模，与同期全部建成投产项目个数相比，可以从建设速度的角度反映固定资产投资的效果。根据建设项目施工活动的不同性质，施工项目又分为：本年正式施工项目、本年收尾项目和以前年度全部停缓建项目。

全部建成投产项目 工业项目指设计文件规定形成生产能力的主体工程及其相应配套的辅助设施全部建成，经负荷试运转，证明具备生产设计规定合格产品的条件，并经过验收鉴定合格或达到竣工验收标准，与生产性工程配套的生活福利设施可以满足近期正常生产的需要，正式移交生产的建设项目。非工业项目指设计文件规定的主体工程和相应的配套工程全部建成，能够发挥设计规定的全部效益，经验收鉴定合格或达到竣工验收标准，正式移交使用的建设项目。

新增生产能力(或工程效益) 指通过固定资产投资活动而增加的设计能力(或工程效益)，主要指标包括建设规模、本年施工规模、自开始建设累计新增生产能力（或工程效益）、本年新增生产能力(或工程效益)。

建设规模 指建设项目或工程设计文件中规定的全部设计能力(或工程效益)。包括已经建成投产和尚未建成投产的工程的生产能力(或工程效益)。

本年施工规模 指报告期内施工的单项工程（或更新改造项目）的设计能力(或工程效益)，包括报告期以前已开工跨入本年继续施工的工程的设计能力和报告期新开工工程的设计能力。也包括报告期内建成投产或报告期施工后又停缓建的单项工程设计能力。不包括在报告期以前建成投产或已经停、缓建的工程，以及报告期内尚未正式开工的工程的设计能力。

自开始建设累计新增生产能力(或工程效益) 指自开始建设至本年底止建成投产的全部单项工程累计新增生产能力(或工

程效益)。包括报告期以前已经建成投产和报告期内建成投产的单项工程的生产能力(或工程效益)。

本年新增生产能力(或工程效益) 指在本年度内按照新增生产能力(或工程效益)的计算条件和标准，实际建成投入生产或交付使用的生产能力(或工程效益)。

房屋施工面积 指报告期内施工的全部房屋建筑面积。包括本期新开工的面积、上期跨入本期继续施工的房屋面积、上期停缓建在本期恢复施工的房屋面积、本期竣工的房屋面积以及本期施工后又停缓建的房屋面积。多层建筑应填各层建筑面积之和。

房屋竣工面积 指在报告期内房屋建筑按照设计要求已全部完工，达到住人和使用条件，经验收鉴定合格或达到竣工验收标准，可正式移交使用的各栋房屋建筑面积的总和。

房屋竣工价值 指在报告期内按规定已经上报竣工的房屋本身的建造价值。一般按房屋设计和预算规定的内容计算。包括竣工房屋本身的基础、结构、屋面、装修以及水、电、卫等附属工程的建造价值，也包括作为房屋建筑组成部分而列入房屋建筑工程预算内的设备（如电梯、通风设备等）的购置和安装费用。不包括厂房内的工艺设备、工艺管线的购置和安装，工艺设备基础的建造，室外的水、暖、电、卫、道路工程、挡土墙等环境工程的费用，办公及生活用家具的购置等费用，购置土地的费用，迁移补偿费和场地平整的费用及城市建设配套投资。

新增固定资产 指报告期内已经完成建造和购置过程，并已交付生产或使用单位的固定资产价值。该指标是表示固定资产投资成果的价值指标，也是反映建设进度，计算固定资产投资效果的重要指标。

项目建设投产率 指一定时期内全部建成投产项目个数与同期施工项目个数的比率。该指标是从建设单位建设速度的角度反映投资效果的指标。

固定资产交付使用率 指一定时期新增固定资产与同期完成投资额的比率。该指标是反映固定资产动用速度，衡量建设过程中宏观投资效果的综合指标。由于新增固定资产是较长时期内形成的结果，而投资额则是当年完成的，因此，该指标一般适宜于反映较长时期内固定资产的动用情况。

商品房销售面积 指报告期内出售商品房屋的合同总面积(即双方签署的正式买卖合同中所确定的建筑面积)。由现房销售面积和期房销售面积两部分组成。

商品房销售额 指报告期内出售商品房屋的合同总价款(即双方签署的正式买卖合同中所确定的合同总价)。该指标与商品房销售面积同口径，由现房销售额和期房销售额两部分组成。

商品住宅销售套数 指报告期内出售商品房屋合同中总的成套住宅数量（即双方签署的正式买卖合同中所确定的成套住宅数量）。由现房销售套数和期房销售套数两部分组成。

Explanatory Notes on Main Statistical Indicators

Total Investment in Fixed Assets refers to the volume of activities in construction and purchases of fixed assets and related fees, expressed in monetary terms during the reference period. It is a comprehensive indicator which shows the size, structure and growth of the investment in fixed assets, providing a basis for observing the progress of construction projects and evaluating results of investment. Total investment in fixed assets in the whole country includes, by type of ownership, the investment by State-owned units, collective-owned units, individuals, joint ownership units, share-holding units, as well as investments by entrepreneurs from foreign countries and from Hong Kong, Macao and Taiwan, and by other units.

The former urban Investment in fixed assets changed into fixed assets without agriculture households since 2011. Fixed assets without agriculture households contain the former urban investment in fixed assets and project investment of rural enterprises and institutions. The cut-off point of investment statistics is changed from a minimum of 50 thousand yuan to a minimum of 5 million yuan, except real estate investment and rural individual investment, and the increase rate are calculated by the comparable coverage.

Investment in Real Estate Development refers to investment by real estate development corporation units of various types of ownership in the construction of buildings, such as residential buildings, factory buildings, warehouses, hotels, guesthouses, holiday villages, office buildings complementary service facilities, land development projects and land purchase, such as roads, water supply, water drainage, power supply, heating supply, telecommunications, land leveling and other infrastructural projects. It does not include activities in pure land transactions.

Sources of Funds for Investment in Fixed Assets refer to all kinds of money funds that the investment units received at the reference period for investment in fixed assets. They are categorized as funds from the State budget, domestic loans, bonds, foreign investment, self-raised funds, and others, depending on the sources of investment.

(1) Fund from the State budget: Governments at all levels investment funds are budget funds because of all the governments' funds must count as budget management including taxes and non-taxes since 2011. And it is called state budget funds which include central government budget funds and local government budget funds. And the content of former state inner budget funds are basically the same with the new central government budget funds.

State budget contains general budget, government funds budget, state capital management budget and social security budget. Budget funds used for investing in fixed assets are all filled out a form as state budget funds, in which general budget used for investment in fixed assets usually contain construction investment, motors purchasing taxes, rebuild funds after disasters and other financial investments. Governments' bonds at all levels are also belonging to the state budget funds.

(2) Domestic loans refer to loans of various forms borrowed by investing units from banks and non-bank financial institutions during the reference period for the purpose of investment in fixed assets, including bank loans and non-bank financial institutions loans.

Bank Loans refer to loans borrowed from commercial banks and policy banks for the investment in fixed assets.

Non-bank Financial Institutions Loans refer to loans borrowed from financial institutions except the above banks for investing in fixed assets. The financial institutions contain insurance companies, pension funds (enterprise pension), trust and investment corporations, financial leasing companies, financial assets management companies, motor financial service companies, financial guarantee companies, security companies, investment funds, stock exchange and other financial assistant agencies.

Funds coming from bank loans or non-bank financial institutions loans, which got from upper department and head offices or company share holders for investing in fixed assets, are included in the domestic loans.

Long-term and short-term loans fixed assets investment units borrowed at reference period from banks and non-bank financial institutions are calculated at the actual amounts of the reference period.

(3) Foreign investment refers to foreign funds received during the reference period for the construction and purchase of investment in fixed assets (covering equipment, materials and technology), including foreign borrowings (loans from foreign governments and international financial institutions, export credit, commercial loans from foreign banks, issue of bonds and stocks overseas), foreign direct investment and other foreign investments. Excluded from this category is capital in foreign exchanges owned by China (foreign exchanges owned by the central and local governments, foreign exchanges retained by enterprises, foreign exchanges by enterprises through the regulating mechanism, loans in foreign exchanges issued by the Bank of China with its own fund,

etc.). In calculating the utilization of foreign capital, foreign currencies are converted into Chinese RMB applying the current exchange rate when the foreign capitals are actually used.

(4) Self-raised funds refer to funds raised by investing units from enterprises and institutions for investment in fixed assets received during the reference period, including self-raised funds of enterprises and institutions and other units for investment in fixed assets. Self-raised funds don't include financial funds, funds borrowed from financial institutions and foreign funds. Self-raised funds include self owned funds of enterprises and institutions, shareholders funds and borrowed funds.

(5) Others refer to funds for investment in fixed assets received from sources other than those listed above, including capital raised through issuing bonds by enterprises or financial institutions, funds raised from individuals and through donations, and funds transferred from other units.

Investment in Fixed Assets by Sector The classification of construction projects by sector is determined by the major products or the purpose of the projects when they are put into production or use, and by the nature of their social economic activities. In general, one project or one enterprise or institution can only be classified into one sector.

Investment in Fixed Assets by Administrative Relationship refers to the classification of investment by the competent authorities under which investment is made by construction units, enterprises, institutions or administrative units.

(1) Central investment refers to the investment in projects or by enterprises, institutions or administrative units which are under the direct leadership and management of the State Council and of the national commissions, ministries, agencies and State-owned large corporations. Various ministries and departments of the State Council prepare and implement plans for investment in fixed assets by those departments, and arrange and ensure the supply of materials and key equipment required for the projects.

(2) Local investment refers to the investment in projects or by enterprises, institutions or administrative units which are under the direct leadership and management of departments under the provincial, prefecture and county governments. Also included are projects by foreign-invested enterprises and enterprises without competent managing authorities.

Investment in Fixed Assets by Type of Construction Construction projects in general can be classified, by the type of construction, into new construction, expansion, reconstruction and technical transformation, moving and restoration. However, investment by type of construction is not applied to investment by real-estate development units, investment in rural areas and private investment in housing construction in urban areas and in industrial and mining areas.

(1) New construction in general refers to construction projects, which start from scratch, of enterprises, institutions, administrative agencies. Construction in existing enterprises, institutions or agencies is generally not considered as new construction. In case the size of the existing unit is quite small, and the value of newly added fixed assets is more than three times of the the original value, the expansion will be considered as new construction.

(2) Expansion refers to construction of new major production workshop, branch factory or independent production line within a factory or in other locations, for the purpose of increasing the production capacity (or improving efficiency) or adding new production capacity. Newly constructed accommodation for the operation of institutions and administrative organizations (such as newly constructed buildings for teaching in schools, buildings for clinics or wards in hospitals, etc.) are also classified as expansion.

Also included in expansion are investments by existing enterprises or institutions in building major production lines or branch factories along with some work on innovation, for the purpose of expanding the production capacity of original products or producing new products.

(3) Reconstruction and technical transformation refers to construction projects by existing enterprises or institutions in innovation or technical transformation of the old facilities (including auxiliary production equipment and welfare facilities). Also considered as reconstruction is the construction of new workshops by the existing enterprises or institutions to change the variety of products to meet the market demand (such as the production of civil products by defence industries), or to bring the designed production capacity into full play through a more balanced production process on production lines. Technical transformation refers to replacement of old technology or equipment by new technology or equipment, in order to expand the reproduction through improvement of technology contents in production, to improve product quality, to promote new products, to save energy, to reduce consumption, to expand the production scale and to improve overall social-economic efficiency. Contents of technical transformation include: updating of machinery, equipment and tools; reforming production process by using energy or materials saving technology; construction of factory workshops and transformation of public facilities; improvement of working conditions and environment, etc.

Investment in Fixed Assets by Composition By their contents and the mode of implementation, investment activities are classified into 3 categories, i.e. construction and installation, purchase of equipment and instrument, and other expenses.

(1) Construction and installation (work volume of construction and installation) refers to the construction of houses and

buildings and the installation of various kinds of equipment and instruments. They include construction of houses; equipment foundations, industrial kilns and stoves, and metal structure work; preparation works and temporary works for project construction, and clearing up works post project construction; pavement of railways and roads, drilling of mines and putting up of oil pipes; construction of water conservancy; construction of underground air-raid shelters and construction of other special projects; value of equipment for heating, sanitation, ventilation, lighting, gas, painting, etc. that are covered by the budget of housing projects; laying out of various pipelines (for steam, compressed air, petroleum, tap water and sewage) and wiring and cabling for electric power and for communications; installation of various machinery and equipment; testing operation for pre-testing the quality of installation projects, and land and other development work conducted by real estate developers for commercialized housing. The value of equipment installed is itself not included in the value of installation projects.

(2) Purchase of equipment and instruments refers to the total value of equipment, tools, and instruments purchased or self-produced which come up to the cut-off point for fixed assets by the construction units or investing enterprises or institutions. Equipment, tools and instruments purchased or self-produced for new workshops by newly established or expanded units are categorized as “purchase of equipment and instruments” no matter whether they come up to the cut-off point for fixed assets.

(3) Other expenses refer to expenses arising during the construction or purchase of fixed assets other than those mentioned above.

Projects Under Construction refer to projects with construction or installation activities in the reference period, no matter how long the activities last. Number of projects under construction can reflect the actual scale of investment in a given period, and it can demonstrate the results of investment in fixed assets when compared with the number of projects completed and put into use. Projects under construction can be divided into projects actually under construction in the year, projects closure in the year and projects started this year but suspended or postponed in current year by nature of construction activities.

Projects Completed and Put into Use Industrial projects refer to the major projects and auxiliary facilities having been completed in accordance with the design documents, resulting in forming production capacity and having checked and accepted after relevant tests, while the living and welfare facilities having been completed and being capable of ensuring normal production. Non-industrial projects refer to the major projects and auxiliary facilities which have been completed in accordance with the design documents; have been checked, accepted after relevant examination; and have been formally delivered for use.

Newly Increased Production Capacity (Project Efficiency) refers to the increase in design capacity (or project efficiency) through investment in fixed assets. Its main indicators include construction scale, scale of projects under construction in current year, the accumulated newly increased production capacity (project efficient) since the start of the projects, the newly increased production capacity (project efficiency) of current year.

Construction Scale refers to the total designed production capacity (project efficiency) of the construction projects in accordance with the design document, including those have been put into operation and those that have not been completed.

Scale of Projects under Construction in Current Year refers to the designed production capacity (project efficiency) of a single project under construction in the reference period, including designed production capacity of projects that have been under construction before the reference period and newly start construction. It also includes the single designed production capacity of projects that completed or started in the reference period and then suspended. It doesn’t include the designed production capacity of projects that completed, have been stopped or suspended before the reference period, or projects don’t come into operation during the reference period.

The Accumulated Newly Increased Production Capacity (Project Efficiency) since the Start of the Projects refers to the accumulated newly increased production capacity of all the single projects which have been put into use from the beginning of the projects till the end of current year. It includes the production capacity (project efficiency) of single projects that have been constructed and put into operation before and during the reference period.

The newly Increased Production Capacity (Project Efficiency) of Current Year refers to the production capacity (project efficiency) that has been completed and put into operation in current year according to the calculation conditions and standards on newly increased production capacity (project efficiency).

Floor Space of Buildings under Construction refers to total floor space of all buildings under construction during the reference period, including floor space of newly started buildings during the reference period, floor space of construction extended from the previous period to the current period, and floor space of construction suspended during the previous period and resumed in the current period. Floor space of construction completed in the current period, and floor space of construction started and then suspended in the current period are also included in the floor space under construction of the current year. Floor space of multistoried buildings is the sum of space of every floor.

Floor Space of Buildings Completed refers to the floor space of all buildings completed in the reference period, which have been appraised, accepted (or come up to the designed standards) and transferred to owner units.

Value of Buildings Completed refers to construction value of completed buildings which has been reported in the reference period. It is usually calculated by the contents of building design and budget, including the construction value of completed buildings' backbone, structure, roof, decoration and appurtenant works such as water, electricity and sanitation. The purchasing and installation charges of budgetary facilities, such as elevators and ventilating devices, as a part of the composition of buildings, are also included in the value of completed buildings. The costs of purchasing and installation of plant processing equipments and pipelines and basic construction, costs of environmental projects outdoors, such as water, heating, electricity, sanitation, road projects and retaining walls, costs of purchasing of office and life furniture, costs of land purchasing, costs of residence moving and site formation and costs of supporting investment of urban construction are not included in the value of completed buildings.

Newly Increased Fixed Assets refer to the newly increased value of fixed assets, constructed or purchased, that have been transferred to the investors. This is an indicator that demonstrates the results of investment in fixed assets in monetary terms, and an important indicator to reflect the speed of construction and to calculate the efficiency of investment.

Rate of Construction Projects Completed and Put into Use refers to the ratio of the number of construction projects completed and put into use in a certain period of time to the number of projects under construction in the same period. This reflects the investment efficiency from the perspective of the speed of projects construction.

Rate of Projects of Fixed Assets Completed and Put into Operation refers to the ratio of the newly increased fixed assets to the total investment made in the same period. This is a comprehensive indicator reflecting the speed of the employment of fixed assets and the investment efficiency at the macro-level. As the newly increase fixed assets is the result of a long period while the investment is completed in the current year, this indicator is expected to be used to reflect the employment of fixed assets over a long period of time.

Floor Space of Commercial Buildings Sold refers to total contracted area of commercialized housing (i.e. area of floor space as designated in the formal contracts signed by both sides) during the reference time. It constitutes floor space of completed housing and floor space of future housing.

Sales of Commercial Buildings refers to the total contracted value (i.e. value of sales/purchase for selling/purchase of commercialized housing as designated in the contract signed by both sides) during the reference time. This indicator has the same coverage as the area of commercialized housing sold, which constitutes floor space of completed housing and floor space of housing yet to be completed.

Sets of Commercial Residential Buildings Sold refer to sets of commercialized residential buildings in the housing sales contracts, i.e. the house sold amount of formal housing contracts. It is consisted of completed housing sold sets and future housing sold sets.

对外经济贸易
FOREIGN TRADE

资料整理人员

王玉凤

对外经济贸易
FOREIGN TRADE

海关进出口总额	Total Value of Imports and Exports of Customs	150.4	亿美元	(USD 100 million)
出口总额	Total Value of Exports	70.2	亿美元	(USD 100 million)
进口总额	Total Value of Imports	80.3	亿美元	(USD 100 million)
实际利用外资额	Actual Utilization of Foreign Capital	27.7	亿美元	(USD 100 million)

海关进出口总额(亿美元)

Total Value of Imports and Exports of Customs (USD 100 million)

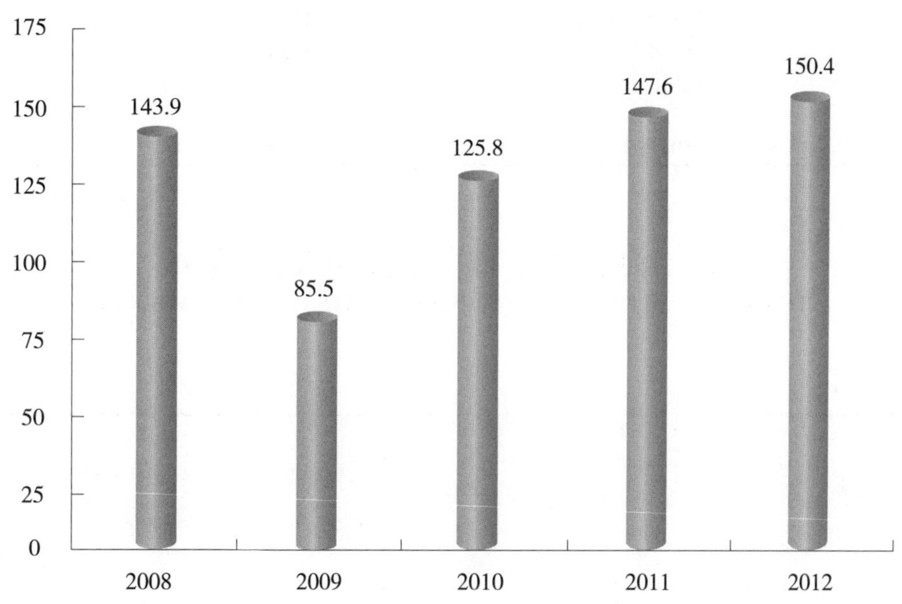

2012**年合同利用外资额构成**(%)

Composition of Contract Utilization of Foreign Capital in 2012(%)

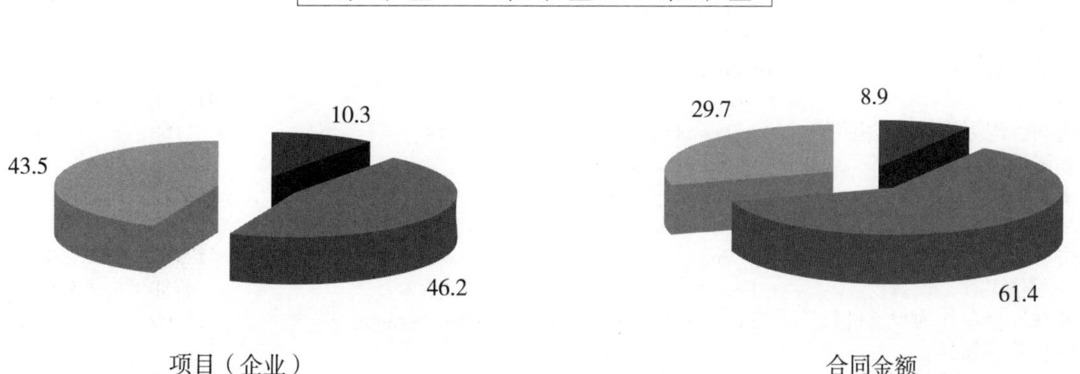

4-1 主要年份海关进出口贸易总额
TOTAL VALUE OF IMPORTS AND EXPORTS OF CUSTOMS IN MAJOR YEARS

单位：万美元 (USD 10 000)

年 份 Year	进出口总额 Total	出口总额 Exports	进口总额 Imports
1990	35000	26300	8700
1995	140769	114367	26402
2000	176438	123687	52751
2005	554597	352871	201726
2006	662779	414030	248749
2007	1157047	653296	503751
2008	1439004	924474	514530
2009	855432	283836	571596
2010	1257839	470930	786909
2011	1475981	542823	933158
2012	1504325	701620	802705

4-2 海关进出口贸易总额(2012年)
TOTAL VALUE OF IMPORTS AND EXPORTS OF CUSTOMS(2012)

单位：万美元 (USD 10 000)

项 目	Item	进出口总额 Total	出口总额 Exports	进口总额 Imports
总 额	**Total**	**1504325**	**701620**	**802705**
一、按企业性质分	**Grouped by Ownership**			
国有企业	State-Owned Enterprises	521369	195722	325647
外商投资企业	Foreign Funded Enterprises	443295	221497	221798
合作企业	Sino-Foreign Cooperative Operation Enterprises	3303	3162	141
合资企业	Sino-Foreign Joint Ventures Enterprises	157915	36034	121881
独资企业	Solely Foreign-Funded Enterprises	282077	182300	99776
集体企业	Collective-owned Enterprises	41816	7991	33824
私人企业	Private-owned Enterprises	496847	275491	221355
个体工商户	Self-employed Business	918	918	
其 他	Others	81		81
二、按贸易方式分	**Grouped by The Mode of Trade**			
一般贸易	Original Trade	971770	412544	559226
国家间、国际组织无偿援助和赠送的物资	Aid and Donation between Countries and from International	166	166	
加工贸易	Processing Trade	442415	281712	160703
来料加工装配贸易	Processing and Assembly Trade for Income Material	255	211	44
进料加工贸易	Processing Trade for Imported Material	442160	281500	160660
对外承包工程出口货物	Exported Goods on Contracted Projects	5788	5788	
外商投资企业作为投资进口的设备、物品	Equipments and Goods Imported as Foreign Investment	11369		11369
保税仓库进出境货物	Goods of Bonded Warehouse	72349	1382	70967
其 他	Others	467	26	440

4-3 海关进出口主要商品分类总额(2012年)
TOTAL VALUE OF IMPORTS AND EXPORTS OF CUSTOMS BY CATEGORY OF MAIN COMMODITIES(2012)

单位：万美元　　　　(USD 10 000)

项　目	Item	出口总额 Exports	进口总额 Imports
合　计	**Total**	**701620**	**802705**
1. 活动物及动物产品	Live Animals and Animal Products	1627	581
2. 植物产品	Vegetables, Fruits and Cereals	4401	1690
3. 动、植物油脂及分解产品；精制的食用油脂、动植物脂	Animals and Vegetables Oils, Fats and Waxs, Refined Edibles Oils and Fats		19
4. 食品、饮料、酒及醋；烟草及烟草代品的制品	Foods, Beverages, Liquor and Vinegar, Tobacco and Tobacco Substitutes	4860	517
5. 矿产品	Minerals	59540	377539
6. 化学工业及其相关工业的产品	Chemicals and Related Products	44777	5982
7. 塑料及其制品；橡胶及其制品	Plastics and Related Products, Rubber and Related Products	14503	9627
8. 生皮、皮革、毛皮及其制品；鞍具及挽具;旅行用品、手提包及类似品；动物肠线(蚕胶丝除外)制品	Raw Hides, Leather, Furs and Related Products, Saddle, Travel Articles, Handbags and Similar Containers, Animal Intestines Products	10957	12
9. 木及木制品；木炭；软木及软木制品稻草、秸秆、针茅或其他编结材料制品、蓝筐及柳条编结品	Wood and Wooden Products, Charcoal, Cork and Related Products, Straws, Plaited Products, Baskets and Wickerwork	712	189
10. 木浆及其他纤维状纤维素浆；纸及纸板的废碎品；纸、纸板及其制品废碎品；纸、纸板及其制品	Paper Pulp and Cellulose Pulp, Paper and Paperboard Waste, Paper and Paperboard Products	3964	2229
11. 纺织原料及纺织制品	Textile Materials and Products	24001	992
12. 鞋、帽、伞、仗、鞭及其零件；已加工的羽毛及其制品；人造花；人发制品	Footwear, Headgear, Umbrellas, Canes, Whips, Processed Feather, Artificial Flowers, Wigs	8607	10
13. 石料、石膏、水泥、石棉、云母及类似材料的制品；陶瓷产品；玻璃及其制品	Gypsum, Cement, Asbestos, Mica and Related Products, Ceramics, Glass and Glassware	32697	1473
14. 天然或养殖珍珠、宝石或半宝石、贵金属包贵金属及其制品；仿首饰；硬币	Natural or Cultivated Pearls, Precious or Semi-Precious Stones, Jewelery of Precious Metal or Rolled Precious Metal, Artificial Jewerlery, Coins	7	10
15. 贱金属及其制品	Base Metals and Related Products	176471	150018
16. 机器、机械器具、电气设备及其零件;录音机及放声机、电视图像、声音的录制和重放设备及其零件附件	Machinery, Electric Equipment and Accessorie, Recorders, Videorecorders and Accessories	246574	211815
17. 车辆、航空器、船舶及有关运输设备	Locomotives, Vehicles, Aircraft,Ship and Related Trasportation Equipment	26282	13055
18. 光学、照相、电影、计量、检验、医疗或外科用仪器及设备、精密仪器及设备；钟表；乐器；上述物品的零件附件	Optical, Photographic, Film, Measuring, Checking and Medical Instruments and Equipments, Precision Instruments and Equipments, Clocks, Musical Instruments,Sundry Goods and Related Products	3187	26640
19. 杂项制品	Miscellaneous Products	38297	225
20. 艺术品；收藏品及古物	Works of Art, Collectors' Pieces and Antiques	156	1
21. 特殊交易商品及未分类商品	Special Trading Goods and Non-classified Goods		81

4-4 海关分国别(地区)进出口贸易总额(2012年)
TOTAL VALUE OF IMPORTS AND EXPORTS OF CUSTOMS BY COUNTRY(REGION)(2012)

单位：万美元 (USD 10 000)

国 别 (地区)	Country (Region)	进出口总额 Total	出口总额 Exports	进口总额 Imports
总 计	**Total**	**1504325**	**701620**	**802705**
亚 洲	**Asia**	**559185**	**268239**	**290946**
#香 港	Hongkong	28750	28648	101
印 度	India	31818	22817	9000
日 本	Japan	89149	26598	62551
韩 国	Republic of Korea	85184	63085	22099
印度尼西亚	Indonesia	43716	12991	30725
马来西亚	Malaysia	18310	14359	3952
新加坡	Singapore	21707	19542	2165
泰 国	Thailand	10200	9639	560
中华人民共和国	China	50480		50480
台 湾	Taiwan	43049	24389	18659
土耳其	Turkey	15065	5497	9567
伊 朗	Iran	19742	2956	16785
越 南	Vietnam	13876	3468	10408
哈萨克斯坦	Kazakhstan	44600	282	44318
非 洲	**Africa**	**60370**	**34276**	**26094**
#南 非	South Africa	32213	10514	21698
安哥拉	Angola	4985	4985	
埃 及	Egypt	1685	1683	2
欧 洲	**Europe**	**292376**	**167165**	**125211**
#英 国	United Kingdom	24851	14531	10320
德 国	Germany	70836	14076	56759
法 国	France	7961	3975	3986
意大利	Italy	30625	20278	10347
荷 兰	Netherlands	61244	57614	3630
俄罗斯	Russia	18050	8148	9902
拉丁美洲	**Latin America**	**186103**	**48665**	**137439**
#阿根廷	Argentina	1705	1693	12
巴 西	Brazil	107693	21647	86046
古 巴	Cuba	17315	73	17241
墨西哥	Mexico	8628	6907	1721
秘 鲁	Peru	1494	1494	
北美洲	**North America**	**198014**	**163217**	**34797**
#加拿大	Canada	21947	18155	3792
美 国	United States	176067	145062	31005
大洋洲	**Oceania**	**208277**	**20057**	**188220**
#澳大利亚	Australia	201468	18662	182806
新西兰	New Zealand	1352	1338	13
东盟组织	**ASEAN**	**114390**	**62806**	**51584**
欧盟组织	**EU**	**253044**	**156480**	**96564**

注：进口不包括国别不详、联合国机构及国际组织。

Note: Data from countries unkown, UN agencies and international organizations is not included in imports figure.

4-5 实际利用外资额
ACTURAL UTILIZATION OF FOREIGN CAPITAL

单位：万美元 (USD 10 000)

项　目	Item	2005	2010	2012
总　计	**Total**	**106369**	**116512**	**276711**
一、对外借款	**Foreign Loans**	**78853**	**45091**	**26332**
外国政府贷款	Government Loans	22484	4874	3000
国际金融组织贷款	Loans form International Financial Organizations	17835	12480	3232
一般商业贷款	General Commercial Loans		20589	20100
买方信贷	Buyer Credit	1361	7147	
出口信贷	Export Credit			
向国外企业私人借款	Loans from Private of Foreign Enterprises			
贸易信贷	External Bonds Trade Credit			
二、外商直接投资	**Foreign Direct Investments**	**27516**	**71421**	**250379**
独资企业	Solely Foreign-Funded Enterprises	14238	34009	69791
合资企业	Joint Ventures Enterprises	11899	34900	89707
合作企业	Cooperative Operation Enterprises	1379	2512	16091
股份制企业	Foreign Investment Share Enterprises			52779
其　他	Others			22011

注：2011年起，实际利用外资额为全口径，下同。
Note: The coverage of actural utilization of foreign capital is whole society since 2011.The same applies to the follwing.

4-6 主要年份实际利用外资额
ACTURAL UTILIZATION OF FOREIGN CAPITAL IN MAJOR YEARS

单位：万美元 (USD 10 000)

年　份 Year	利用外资总额 Total	对外借款 Foreign Loans	外商直接投资 Foreign Direct Investments	外商其他投资 Other Foreign Investments
1985	176	55	43	78
1990	3763	3006	340	417
1995	16085	7662	6383	2040
2000	63188	40716	22472	
2001	56600	33207	23393	
2002	39352	14436	24916	
2003	63636	41601	22035	
2004	62184	53163	9021	
2005	106369	78853	27516	
2006	132438	85239	47199	
2007	191471	57188	134283	
2008	172174	69892	102282	
2009	82646	33331	49315	
2010	116512	45091	71421	
2011	249530	42252	207278	
2012	276711	26332	250379	

4-7 主要年份合同利用外资金额(外商直接投资)

CONTRACT UTILIZATION OF FOREIGN CAPITAL IN MAJOR YEARS(DIRECT INVESTMENT)

年 份 Year	项目投资总 额 Total Value of Project Investment	合同利用外资情况 Contract Utilization of Foreign Capital	独资企业 Solely Foreign -funded Enterprises	合资企业 Joint Venture Enterprises	合作企业 Cooperative Operation Enterprises	外商投资股份制 Foreign-funded Joint-stock
一、合同项目(个) Number of Projects (unit)						
1985		4		4		
1990		26		24	2	
1995		178	26	138	14	
2000		71	11	48	12	
2001		75	17	40	18	
2002		73	26	27	20	
2003		89	29	40	20	
2004		90	28	41	21	
2005		85	28	35	21	
2006		150	51	71	28	
2007		152	39	98	15	
2008		77	25	37	15	
2009		58	20	25	13	
2010		52	15	28	6	3
2011		62	35	21	6	
2012		39	12	18	7	2
二、合同金额(万美元) Contracted Value (USD10 000)						
1985	201	53		53		
1990	2160	1194		458	736	
1995	40058	23133	3206	17223	2704	
2000	44409	26174	732	15028	10414	
2001	58585	29859	6806	6462	16591	
2002	59672	28940	11960	3165	13815	
2003	92511	48100	22646	9425	16029	
2004	135741	40439	13860	13576	13004	
2005	244292	110208	30712	35877	43619	
2006	338880	134207	53339	37109	43759	
2007	834379	247174	50496	175153	21525	
2008	171644	107758	48949	30175	28634	
2009	109438	66893	22326	22548	22019	
2010	132039	100301	32528	56198	7436	4139
2011	291687	155636	50325	7157	11539	86615
2012	144834	35605	6734	24009	4574	288

4-8 按行业分合同利用外商直接投资额(2012年)

CONTRACT UTILIZATION OF FOREIGN DIRECT INVESTMENT CAPITAL BY SECTOR(2012)

单位：万美元 (USD 10 000)

行业	Item	项目(企业)(个) Number of Projects (unit)	合同金额 Contract Value
总　计	**Total**	**39**	**35605**
农、林、牧、渔业	Farming, Forestry, Animal Husbandry and Fishery	4	3154
采矿业	Mining and Quarrying		-1745
制造业	Manufacturing	15	17417
电力、热力、燃气及水生产和供应业	Production and Supply of Electricity, Heat, Gas and Water	3	6198
建筑业	Construction		
批发和零售业	Wholesale and Retail Trade	4	1169
住宿和餐饮业	Lodging and Catering Services	1	7048
信息传输、软件和信息技术服务业	Information Transmission, Software and Information Technology Services	2	10017
房地产业	Real Estate Trade		-3829
租赁和商务服务业	Lease and Business Affairs Services	7	2401
科学研究和技术服务业	Scientific Reseach and Technical Services	3	-6225

4-9 按国别(地区)分利用外商直接投资额(2012年)

UTILIZATION OF FOREIGN DIRECT INVESTMENT CAPITAL BY COUNTRY(REGION)(2012)

单位：万美元 (USD 10 000)

国　别(地区)	Country (Region)	新批项目(企业)(个) Number of New Projects (unit)	合同外资金额 Contract Value	实际使用外资金额 Actual Value
合　计	**Total**	**39**	**35605**	**250379**
香　港	Hongkong	22	30141	170791
日　本	Japan	2	29	910
台湾省	Taiwan Province	4	68	8931
塞舌尔	Seychelles	1	325	
意大利	Italy	1	8	
英属维尔京群岛	British Virgin Is.	1	6790	16296
美　国	America	4	250	7144
加拿大	Canada	2	25	
投资性公司	Investment Companies	2	3254	8579
奥地利	Austria			1600
德　国	Germany			199
非洲其他	Other Africa Regions			260
韩　国	Republic of Korea			1695
荷　兰	Netherland			509
开曼群岛	Cayman Is.			999
卢森堡	Luxembourg			1193
萨摩亚	Samoa			7799
英　国	United Kingdom			2330
其　他	Others		-5285	21146

4-10 对外承包工程和劳务合作
CONTRACTED PROJECTS AND LABOR COOPERATION WITH FOREIGN COUNTRIES OR REGIONS

年 份 Year	新签合同份数 (个) Number of New Contracts (unit)	新签合同额 (万美元) New Contracted Value (USD 10 000)	完成营业额 (万美元) Value of Business (USD 10 000)	派出人数 (人) Persons Posted Abroad (person)	年末在外人数 (人) Persons Abroad at Year-end (person)
1990	12	186	118		73
1991	10	437	186		100
1992	21	268	337		204
1993	34	554	362		247
1994	27	989	342		425
1995	43	1537	728		574
1996	74	3941	1281		1110
1997	117	3859	2621		1277
1998	69	3897	2098		1304
1999	117	4610	2475		1340
2000	50	5563	3892		1518
2001	25	3323	5071	815	1539
2002	24	4346	5049	520	1509
2003	23	1823	4125	491	1338
2004	70	14834	30134	769	1729
2005	55	22187	20200	1195	2263
2006	105	28573	28669	1155	2642
2007	86	28424	33462	1605	3945
2008	73	70894	52592	2662	5021
2009	54	49591	114921	2022	6113
2010	8	48179	72228	1224	6147
2011	71	42187	70018	2447	5934
2012	42	64018	44927	3264	3513

4-11 对外承包工程和劳务合作(2012年)
CONTRACTED PROJECTS AND LABOR COOPERATION WITH FOREIGN COUNTRIES OR REGIONS(2012)

单位：万美元 (USD 10 000)

指 标	Item	总 计 Total	对外承包工程 Contracted Projects With Foreign Countries or Regions	对外劳务合作 Labor Cooperation With Foreign Countries or Regions
新签合同份数 (个)	Number of New Contracts (unit)	42	42	
新签合同额	New Contracted Value	64018	63910	108
完成营业额	Value of Business	44927	44556	371
派出人数 (人)	Persons Posted Abroad (person)	3264	3159	105
年末在外人数 (人)	Persons Abroad at Year-end (person)	3513	3085	428

4-12 高新经济技术开发区综合情况
KEY STATISTICS OF NEW AND HIGH-TECH DEVELOPMENT ZONES

单位：亿元 (100 million yuan)

指 标	Item	2011	2012
当年工业总产值	Gross Industry Output Value	2518.5	3234.9
当年进出口总额 (万美元)	Total Value of Imports and Exports (USD 10 000)	349672.4	429061.8
出口总额 (万美元)	Total Value of Exports (USD 10 000)	186438.4	227069.3
进口总额 (万美元)	Total Value of Imports (USD 10000)	163234.1	201992.6
当年财政收入	Financial Revenue	116.2	159.4
#税收收入	Tax Revenue	113.2	145.9
全区从业人员 (万人)	Employees (10 000 persons)	57.7	57.0
企业主营业务收入	Major Business Revenue of Enterprises	3557.4	4552.1

4-13 各开发区综合发展情况(2012年)

单位：亿元

开 发 区	Development Zone	企业主营业务收入 Major Business Revenue of Enterprises	工业总产值 Gross Industry Output Value	税 收 收 入 Tax Revenue
总 计	**Total**	**4552.1**	**3234.9**	**145.9**
太原高新开发区	Taiyuan High-tech Development Zone	1470.0	1260.0	15.6
长治高新开发区	Changzhi High-tech Development Zone	323.1	283.6	30.9
太原经济开发区	Taiyuan Economic Development Zone	443.5	431.6	19.0
大同经济开发区	Datong Economic Development Zone	73.4	54.2	6.2
太原民营经济开发区	Taiyuan Private Economic Development Zone	132.2	5.0	6.5
太原不锈钢产业园区	Taiyuan Stainless Steel Industry Zone	60.3	38.3	1.5
清徐经济开发区	Qingxu Economic Development Zone	36.8	43.0	2.3
朔州经济开发区	Shuozhou Economic Development Zone	57.2	32.0	2.7
忻州经济开发区	Xinzhou Economic Development Zone	46.7	38.1	2.6
阳泉经济开发区	Yangquan Economic Development Zone	86.0	24.1	2.6
孝义经济开发区	Xiaoyi Economic Development Zone	209.5	218.0	20.1
文水经济开发区	Wenshui Economic Development Zone	27.5	28.2	0.8
晋中经济开发区	Jinzhong Economic Development Zone	213.9	39.2	6.4
祁县经济开发区	Qixian Economic Development Zone	40.8	31.3	1.8
榆次工业园区	Yuci Industry Zone	146.3	141.7	4.5
壶关经济开发区	Huguan Economic Development Zone	42.9	43.9	0.6
临汾经济开发区	Linfen Economic Development Zone	209.4	18.1	2.9
侯马经济开发区	Houma Economic Development Zone	128.0	16.5	2.1
晋城经济开发区	Jincheng Economic Development Zone	183.0	99.7	5.6
运城经济开发区	Yuncheng Economic Development Zone	221.9	80.7	2.7
运城盐湖工业园区	Yuncheng Yanhu Industry Zone	61.8	53.9	
风陵渡经济开发区	Fenglingdu Economic Development Zone	52.3	38.5	2.9
绛县经济开发区	Jiangxian Economic Development Zone	23.7	23.6	0.5
交城经济开发区	Jiaocheng Economic Development Zone	116.8	144.4	3.4
运城空港开发区	Yuncheng Konggang Economic Eevelopment Zone	145.5	47.2	1.6

KEY STATISTICS OF DEVELOPMENT ZONES(2012)

(100 million yuan)

进出口总额 (万美元) Total Value of Imports and Exports (USD 10 000)	合同引进外资金额(万美元) Foreign Funds Introduced by Contracts (USD 10 000)	实际到位外资金额(万美元) Paid-in Foreign Funds (USD 10 000)	合同引进境内省外资金额 Funds from Other Provinces Introduced by Contracts (USD 10 000)	实际到位境内省外资金额 Paid-in Funds from Other Provinces
429061.8	**177918.7**	**106751.7**	**1726.6**	**501.2**
32000.0	154.3	10.0	57.5	57.5
1117.3			29.0	30.0
228313.0	12588.0	12588.0	99.8	52.7
8700.0		252.0	3.0	2.0
338.0		52579.0	70.9	
696.7			2.6	0.4
1069.6			11.0	1.1
266.0	1793.7	1285.7	133.4	37.7
311.6			56.5	4.8
6498.0	26962.0	6991.0	37.4	19.3
202.7			620.0	130.0
594.8			12.8	5.0
1600.0	8093.5	5812.6	35.4	6.0
2961.0	20050.0	7218.0	16.6	1.6
6133.1	200.0		73.0	24.9
5260.0				
5345.0			66.9	15.8
26705.5	110.0	40.0	24.6	12.8
82000.0	79717.2	19625.4	81.0	19.2
4286.5	350.0	350.0	96.0	27.2
707.0			26.2	15.2
605.0			37.1	7.6
2213.0			24.2	11.1
9947.0	27900.0		11.3	3.5
1191.0			100.7	16.0

4-14 人民币对主要外币年平均汇价(中间价)
AVERAGE EXCHANGE RATE OF RMB YUAN AGAINST MAIN CONVERTIBLE CURRENCIES (MIDDLE RATE)

单位：人民币元 (RMB yuan)

年 份 Year	100美元 100 US Dollars	100日元 100 Japanese Yen	100港元 100 Hong Kong Dollars	100欧元 100 Euros
1985	293.66	1.25	37.57	
1986	345.28	2.07	44.22	
1987	372.21	2.58	47.74	
1988	372.21	2.91	47.70	
1989	376.51	2.74	48.28	
1990	478.32	3.32	61.39	
1991	532.33	3.96	68.45	
1992	551.46	4.36	71.24	
1993	576.20	5.20	74.41	
1994	861.87	8.44	111.53	
1995	835.10	8.92	107.96	
1996	831.42	7.64	107.51	
1997	828.98	6.86	107.09	
1998	827.91	6.35	106.88	
1999	827.83	7.29	106.66	
2000	827.84	7.69	106.18	
2001	827.70	6.81	106.08	
2002	827.70	6.62	106.07	800.58
2003	827.70	7.15	106.24	936.13
2004	827.68	7.66	106.23	1029.00
2005	819.17	7.45	105.30	1019.53
2006	797.18	6.86	102.62	1001.90
2007	760.40	6.46	97.46	1041.75
2008	694.51	6.74	89.19	1022.27
2009	682.78	7.68	88.11	1020.76
2010	662.27	8.11	85.09	878.96
2011	633.59	8.19	81.29	843.89
2012	630.00	7.67	81.30	816.73

注：欧元自2002年开始进入市场流通。
Note：ECU enters the circulating market since 2002.

主要统计指标解释

进出口总额 指实际进出我国国境的货物总金额。包括对外贸易实际进出口货物，来料加工装配进出口货物，国家间、联合国及国际组织无偿援助物资和赠送品，华侨、港澳台同胞和外籍华人捐赠品，租赁期满归承租人所有的租凭货物，进料加工进出口货物，边境地方贸易及边境地区小额贸易进出口货物(边民互市贸易除外)，中外合资经营企业，中外合作经营企业，外商独资经营企业进出口货物和公用物品，到、离岸价格在规定限额以上的进出口货样和广告品(无商业价值、无使用价值和免费提供出口的除外)，从保税仓库提取在中国境内销售的进出口货物，以及其他进出口货物。进出口总额用以观察一个国家在对外贸易方面的总规模。我国规定出口货物按离岸价格统计，进口货物按到岸价格统计。

实际利用外资 指我国各级政府、部门、企业和其他经济组织通过对外借款、吸收外商直接投资以及用其他方式筹措的境外现汇、设备、技术等。

对外借款 是我国利用外资的主要部分。包括我国通过外国政府贷款、国际金融组织贷款、外国银行商业贷款、出口信贷以及对外发行债券、股票等方式，从境外筹措的资金。

外商直接投资 是指外国企业和经济组织或个人(包括华侨、港澳台同胞以及我国在境外注册的企业)按我国有关政策、法规，用现汇、实物、技术等在我国境内开办外商独资企业，与我国境内的企业或经济组织共同举办中外合资经营企业、合作经营业或合作开发资源的投资(包括外商投资收益的再投资)以及经政府有关部门批准的项目投资总额内企业从境外借入的资金。

对外承包工程 包括各对外承包公司以招标议标承包方式承揽下列业务：(1)承包国外工程建设项目；(2)承包我国对外经援项目；(3)承包我国驻外机构的工程建设项目；(4)承包我国境内利用外资进行建设的工程项目；(5)与外国承包公司合营或联合承包工程项目时我国公司分包部分；(6)以服务成果向业主收费的技术服务项目(包括承揽地形地貌测绘；地质资源勘探与普查；建区域规划；提供设计文件、图纸、生产工艺技术资料和工程技术经济咨询；工程项目的可行性考察、研究和评估；进行技术指导和训人员等)；(7)对外承包兼劳营的房屋开发业务。对外承包工程的营业额是以货币表现的本期内完成的对外承包工程的工作量，包括以前年度签订的合同和本年度新签订的合同在报告期完成的工作量。

对外劳务合作 指以收取工资的形式向业主或承包商提供技术或劳务的活动。我国对外承包公司在境外开办的合营企业，中国公司同时又提供劳务的，其劳务部分也纳入劳务合作统计。劳务合作营业额按报告期内向雇主提交的结算数(包括工资、加班费和资金等)统计。

Explanatory Notes on Main Statistical Indicators

Total Value of Imports and Exports refers to the real value of commodities imported and exported across the border of China. They include the actual imports and exports through foreign trade, imported and exported goods under the processing and assembling trades and materials, supplies and gifts as aid given gratis between governments and by the United Nations and other international organizations, and contributions donated by overseas Chinese, compatriots in Hong Kong and Macao and Chinese with foreign citizenship, leasing commodities owned by tenant at the expiration of leasing period, the imported and exported commodities processed with imported materials, commodities trading in border areas (excluding mutual exchange goods), the imported and exported commodities and articles for public use of the Sino-foreign joint ventures, cooperative enterprises and ventures with sole foreign investment. Also included is import or export of samples and advertising goods for which CIF or FOB value are beyond the permitted ceiling (excluding goods of no trading or use value and free commodities for export), imported goods sold in China from bonded warehouses and other imported or exported goods. The indicator of the total imports and exports at customs can be used to observe the total size of external trade in a country. In accordance with the stipulation of the Chinese government, imports are calculated at CIF, while exports are calculated at FOB.

Actual Utilization of Foreign Capital refers to remittance, equipment and technology financed from abroad, by loans, foreign direct investment and other forms undertaken by the Chinese governments at all levels, by various departments, enterprises and other economic units.

Foreign Borrowings refer to funds borrowed from abroad through formal signing of borrowing agreements with foreign institutions, including loans of foreign governments, loans of international financial institutions, commercial loans of foreign banks, export credit, and funds raised by Chinese bonds (and shares before 1996) issued abroad. It is an important part of China's utilization of foreign capitals.

Foreign Direct Investment refers to the investments inside china by foreign enterprises and economic organizations or individuals（including overseas Chinese, compatriots from Hong Kong and Macao, and Chinese enterprises registered abroad）, following the relevant policies and laws of china, for the establishment of ventures exclusively with foreign own investment, Sino-foreign joint ventures and cooperative enterprises or for cooperative exploration of resources with enterprises or economic organizations in China. It includes the re-investment of the foreign entrepreneurs with the profits gained from the investment and the funds that enterprises borrow from abroad in the total investment of projects which are approved by the relevant department of the government.

Contracted Projects with Foreign Countries or Regions refer to projects undertaken by Chinese contractors（project contracting companies）through bidding process. They include：(1)overseas civil engineering construction projects financed by foreign investors; (2)overseas projects financed by the Chinese government through its foreign aid programs; (3)construction projects of Chinese diplomatic missions, trade offices and other institutions stationed abroad; (4)construction projects in china financed by foreign investment; (5)sub—contracted projects to be taken by Chinese contractors through a joint umbrella project with foreign contractor(s); (6)projects with charges for technical services from overseas operators. It includes geographic and topographic mappings geological resource prospecting and survey planning of construction areas provision of design documents blueprints materials on production process and techniques as well as engineering technical and economic consultation feasibility study research and evaluation of projects technical supervising and staff training; (7)housing development projects. The business income from international contracted projects is the work volume of contracted projects completed during the reference period, expressed in monetary terms, including completed work on projects signed in previous years.

Labor Service Cooperation with Foreign Countries or Regions refers to the activities of providing technology and labor services to employers or contractors in the forms of receiving salaries and wages. labor services providing by contractual joint ventures of Chinese international contracting corporations should be included in the statistics of service cooperation with foreign countries. the business income of labor service cooperation is the income in the form of wages and salaries overtime pay bonuses and other remuneration received from the employers during the reference period.

05 » 能 源
ENERGY

PAGE
165–188

资料整理人员

焦有梅　郭骞璧　傅宏岗
张艳鹏　杨　永　武鹏程

能　源
ENERGY

一次能源产量	Primary Energy Production	78182.9	万吨标准煤	(10 000 tons of SCE)
能源消费总量	Total Energy Consumption	15803.3	万吨标准煤	(10 000 tons of SCE)
煤炭消费量	Coal Consumption	31085	万吨	(10 000 tons)
全社会用电量	Total Electricity Consumption	1765.8	亿千瓦小时	(100 million kwh)
焦炭外调量	Coke Transferred to the Other Provinces	5827.8	万吨	(10 000 tons)

原煤外调量（万吨）

Coal Transferred to the Other Pvovinces (10 000 tons)

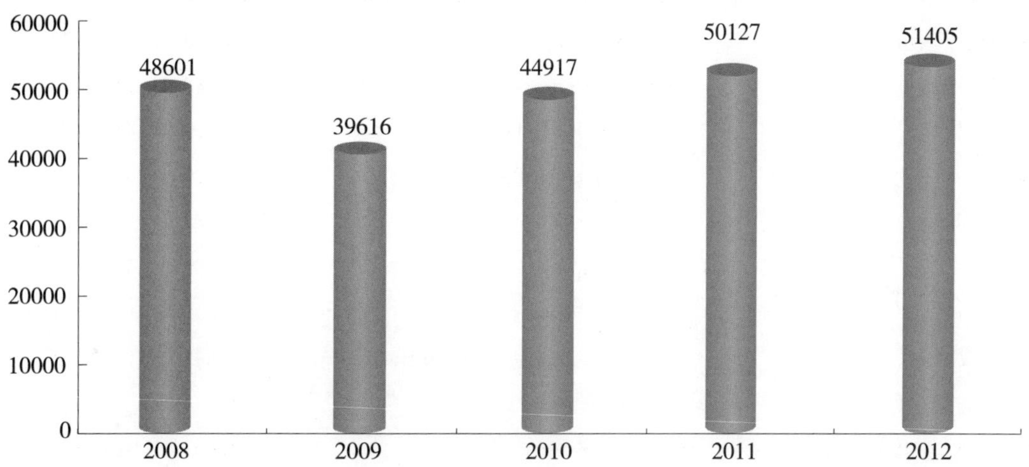

电力外调量（亿千瓦小时）

Electricity Transferred to the Other Localities (100 million kwh)

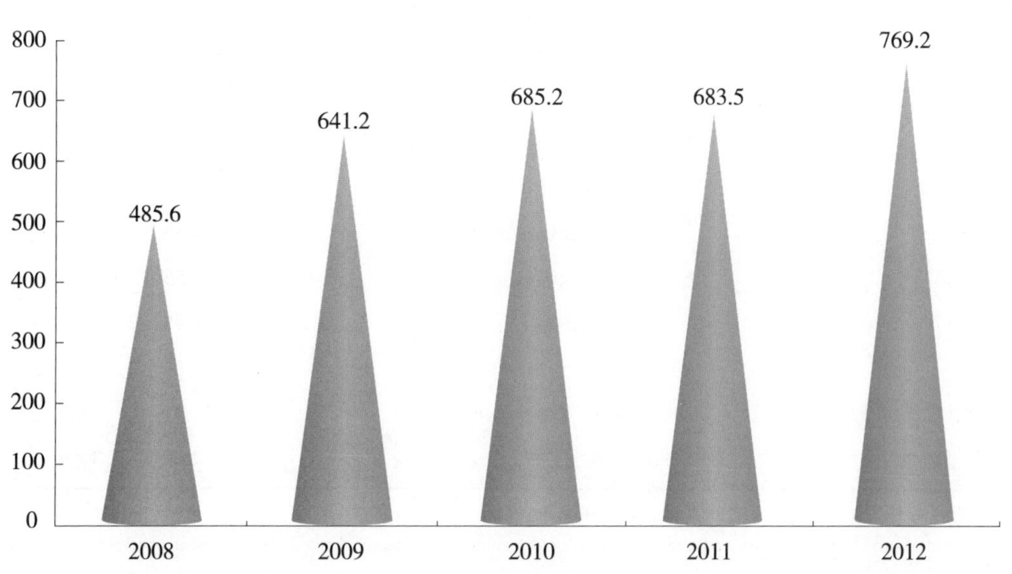

5-1 能源生产、外调、使用平衡表
BALANCE SHEET OF ENERGY PRODUCTION, TRANSFER AND USE

单位：万吨标准煤 (10 000 tons of SCE)

项　　目	Item	2005	2010	2012
一、资　源	Resources	43839.94	65186.55	76050.66
年初库存	Stock of Year Beginning	2826.26	3380.58	4428.76
一次能源生产量	Primary Energy Output	39767.60	56098.74	68145.46
外省市调入量	Transfer from Other Provinces	917.70	5466.26	3381.60
回收能	Recvery of Energy	328.38	331.80	94.84
二、加工转换投入产出差数	Margin of Input and Output for Conversion	2001.22	2734.44	3237.40
加工转换投入量	Input for Conversion	25291.10	34471.73	42285.31
加工转换产出量	Output for Conversion	23289.88	31737.29	39047.91
三、外调出省、出口	Transfer to Other Provinces and Export	37847.16	45730.99	51088.66
调给外省市	Transfer to Other Provinces	34911.29	45268.31	50975.87
供应外贸出口	Export	2935.87	462.68	112.79
四、终端消费	Final Consumption	10117.06	13820.47	15803.31
(一)第一产业	Primary Industry	299.45	337.65	362.56
农林牧渔业	Farming, Forestry, Animal Husbandry And Fishery	299.45	337.65	362.56
(二)第二产业	Secondry Industry	8209.93	10489.37	12040.20
工　业	Industry	8127.39	10343.91	11876.53
轻工业	Light Industry	238.96	202.37	221.25
重工业	Heavy Industry	7888.43	10141.54	11655.28
建筑业	Construction	82.54	145.46	163.68
(三)第三产业	Tertiary Industry	772.15	1661.76	1830.97
交通运输、仓储和邮政业	Transport, Storage and Post	452.48	887.83	977.12
批发、零售业和住宿、餐饮业	Wholesale and Retail Trade, Hotels and Catering Services	167.87	339.74	394.94
其　他	Others	151.80	434.19	458.91
(四)人民生活	Residential Consumption	835.53	1331.69	1569.58
城　镇	Cities and Townes	443.55	774.12	903.43
乡　村	Rural Areas	391.98	557.57	666.15
五、损失量	Losses	193.61	253.12	294.88
#运输变电损失	Losses in Transmission	192.82	253.12	294.88
六、年末库存量	Stock of Year End	2474.59	3956.72	5531.37

注：2005-2007年部分数据未做调整，与2008年之后数据不可比，下同。

Note：Part of the data from 2005 to2007 isn't adjusted,which isn't comparable with the data since 2008.The same applies to the follwing.

5-2 煤炭生产、外调、使用平衡表
BALANCE SHEET OF COAL PRODUCTION, TRANSFER AND USE

单位：万吨 (10 000 tons)

项 目	Item	2005	2010	2012
一、资 源	Resources	59351.76	83330.02	99233.66
年初库存	Stock of Year Beginning	3436.18	3226.07	4830.64
一次能源生产量	Primary Energy Product	55426.00	74096.00	91333.00
外省市调入量	Transfer from Other Provinces	489.58	6007.95	3070.02
二、加工转换投入产出差数	Margin of Input and Output for Conversion	21418.35	24186.40	28096.54
加工转换投入量	Input for Conversion	33021.72	42727.04	53582.93
加工转换产出量	Output for Conversion	11603.37	18540.64	25486.39
三、外调出省、出口	Transfer to Other Provinces and Export	43277.00	51197.64	58020.99
调给外省市	Transfer to Other Provinces	39983.00	50714.22	57841.99
供应外贸出口	Export	3294.00	483.42	179.00
四、终端消费	Final Consumption	4262.59	5678.70	6454.63
(一)第一产业	Primary Industry	140.00	175.55	193.50
农林牧渔业	Farming, Forestry, Animal Husbandry And Fishery	140.00	175.55	193.50
(二)第二产业	Secondry Industry	3136.92	3921.41	4448.26
工 业	Industry	3091.12	3849.34	4374.73
轻工业	Light Industry	168.42	146.91	193.87
重工业	Heavy Industry	2922.70	3702.43	4180.86
建筑业	Construction	45.80	72.07	73.53
(三)第三产业	Tertiary Industry	165.00	499.28	567.48
交通运输、仓储和邮政业	Transport, Storage and Post	68.00	54.94	63.73
批发、零售业和住宿、餐饮业	Wholesale and Retail Trade, Hotels and Catering services	52.00	219.19	254.66
其 他	Others	45.00	225.15	249.09
(四)人民生活	Residential Consumption	820.67	1082.46	1245.39
城 镇	Cities and Townes	246.50	421.46	487.91
乡 村	Rural Areas	574.17	661.00	757.48
五、损失量	Losses			
#运输变电损失	Losses in Transmission			
六、年末库存量	Stock of Year End	2393.82	4267.28	6661.50

5-3 焦炭生产、外调、使用平衡表
BALANCE SHEET OF COKE PRODUCTION, TRANSFER AND USE

单位：万吨 (10 000 tons)

项　　目	Item	2005	2010	2012
一、资　源	Resources	324.52	916.71	666.99
年初库存	Stock of Year Beginning	324.52	916.71	666.99
二、加工转换投入产出差数	Margin of Input and Output for Conversion	7981.04	8476.44	8612.66
加工转换投入量	Input for Conversion			
加工转换产出量	Output for Conversion	7981.04	8476.44	8612.66
三、外调出省、出口	Transfer to Other Provinces and Export	5474.00	6121.00	5827.84
调给外省市	Transfer to Other Provinces	4877.60	5954.93	5827.84
供应外贸出口	Export	596.40	166.07	
四、终端消费	Final Consumption	2139.90	2589.22	2938.55
(一)第一产业	Primary Industry	20.00		
农林牧渔业	Farming, Forestry, Animal Husbandry And Fishery	20.00		
(二)第二产业	Secondry Industry	2049.40	2586.93	2934.58
工　业	Industry	2040.50	2586.73	2934.42
轻工业	Light Industry	0.51	0.24	1.01
重工业	Heavy Industry	2039.99	2586.48	2933.41
建筑业	Construction	8.90	0.20	0.16
(三)第三产业	Tertiary Industry	45.50	1.11	1.49
交通运输、仓储和邮政业	Transport, Storage and Post			
批发、零售业和住宿、餐饮业	Wholesale and Retail Trade, Hotels and Catering services	45.50	1.11	1.49
其　他	Others			
(四)人民生活	Residential Consumption	25.00	1.18	2.48
城　镇	Cities and Townes	10.00	1.10	1.13
乡　村	Rural Areas	15.00	0.08	1.35
五、损失量	Losses			
运输变电损失	Losses in Transmission			
六、年末库存量	Stock of Year End	691.66	682.93	513.26

5-4 电力生产、外调、使用平衡表
BALANCE SHEET OF ELECTRICITY PRODUCTION, TRANSFER AND USE

单位：亿千瓦小时 (10 000 kwh)

项 目	Item	2005	2010	2012
一、资 源	Resources	239300	915400	1224700
一次能源生产量	Primary Energy Output	203200	462100	920100
外省市调入量	Transfer from Other Provinces	36100	453300	304600
二、加工转换投入产出差数	Margin of Input and Output for Conversion	12916500	21043500	24429500
加工转换投入量	Input for Conversion			
加工转换产出量	Output for Conversion	12916500	21043500	24429500
三、外调出省、出口	Transfer to Other Provinces and Export	3692600	7358400	7996400
调给外省市	Transfer to Other Provinces	3692600	7358400	7996400
四、终端消费	Final Consumption	8924600	13812500	16723900
(一)第一产业	Primary Industry	356400	351400	373900
农林牧渔业	Farming, Forestry, Animal Husbandry And Fishery	356400	351400	373900
(二)第二产业	Secondry Industry	7384400	11273900	13626800
工 业	Industry	7334900	11112100	13406600
轻工业	Light Industry	322700	284300	219100
重工业	Heavy Industry	7012200	10827800	13187500
建筑业	Construction	49500	161800	220200
(三)第三产业	Tertiary Industry	724100	1132400	1375200
交通运输、仓储和邮政业	Transport, Storage and Post	310700	456300	519200
批发、零售业和住宿、餐饮业	Wholesale and Retail Trade, Hotels and Catering services	154900	201700	272400
其 他	Others	258500	474400	583600
(四)人民生活	Residential Consumption	459700	1054800	1348000
城 镇	Cities and Townes	281000	641200	817600
乡 村	Rural Areas	178700	413600	530400
五、损失量	Losses	538600	788000	933900
运输变电损失	Losses in Transmission	538600	788000	933900

5-5 石油制品生产、外调、使用平衡表

BALANCE SHEET OF PETROLEUM PRODUCTS PRODUCTION, TRANSFER AND USE

单位：万吨标准煤 (10 000 tons SCE)

项　　目	Item	2005	2010	2012
一、资　源	Resources	601.72	1183.83	1206.68
年初库存	Stock of Year Beginning	47.19	64.27	82.64
外省市调入量	Transfer from Other Provinces	554.53	1119.56	1124.04
二、加工转换投入产出差数	Margin of Input and Output for Conversion			
加工转换投入量	Input for Conversion			
加工转换产出量	Output for Conversion			
三、外调出省、出口	Transfer to Other Provinces and Export	1.35		
调给外省市	Transfer to Other Provinces	1.35		
四、终端消费	Final Consumption	537.46	1103.77	1129.61
(一)第一产业	Primary Industry	52.43	100.14	106.87
农林牧渔业	Farming, Forestry, Animal Husbandry And Fishery	52.43	100.14	106.87
(二)第二产业	Secondry Industry	140.59	172.23	182.35
工　业	Industry	124.27	131.31	141.26
轻工业	Light Industry	2.32	2.39	2.07
重工业	Heavy Industry	121.95	128.91	139.19
建筑业	Construction	16.32	40.92	41.09
(三)第三产业	Tertiary Industry	329.95	743.48	745.72
交通运输、仓储和邮政业	Transport, Storage and Post	292.67	643.12	691.93
批发、零售业和住宿、餐饮业	Wholesale and Retail Trade, Hotels and Catering services	10.17	47.06	17.02
其　他	Others	27.11	53.30	36.76
(四)人民生活	Residential Consumption	14.49	87.92	94.67
城　镇	Cities and Townes	10.30	54.25	48.63
乡　村	Rural Areas	4.19	33.68	46.04
五、损失量	Losses	0.79	1.76	1.61
运输变电损失及仓储	Losses in Transmission and Storage	0.79	1.76	1.61
六、年末库存量	Stock of Year End	62.12	78.30	75.53

5-6 主要年份一、二次能源生产量及构成
PRODUCTION AND COMPOSITION OF PRIMARY AND SECONDARY ENERGY IN MAJOR YEARS

年 份 Year	一次能源产量(万吨标准煤) Primary Energy Production (10 000 tons of SCE)	占能源产量(%) Percentage			加工转换能源占一次能源产量(%) Conversion As Percentage of Primary Energy(%)			
		原 煤 Coal	水 电 Hydro-Power	瓦 斯 Gas		火 电 Thermal Power	洗精煤 Washed Coal	焦 炭 Coke
1975	6413.23	99.95	0.05		13.19	5.01	3.66	4.52
1980	10310.32	99.71	0.18	0.04	11.28	4.68	3.02	3.57
1985	18237.45	99.82	0.16	0.02	8.85	4.06	2.23	2.56
1990	24341.19	99.86	0.13	0.01	17.08	5.37	5.29	6.42
1995	29760.94	99.88	0.10	0.02	38.73	6.77	14.67	17.29
2000	21457.60	99.63	0.31	0.06	53.72	11.44	19.79	22.50
2005	47233.52	99.74	0.17	0.09	47.04	11.05	19.58	16.41
2006	49590.18	99.66	0.19	0.15	52.50	12.24	22.23	18.03
2007	53755.77	99.65	0.19	0.16	56.00	13.04	25.07	17.89
2008	55902.23	99.71	0.17	0.12	50.02	12.81	22.65	14.56
2009	52526.52	99.58	0.19	0.23	50.91	14.22	22.44	14.25
2010	63326.74	99.45	0.23	0.32	47.20	13.43	20.77	13.00
2011	74481.77	99.55	0.26	0.19	45.31	12.46	21.05	11.80
2012	78182.88	99.30	0.47	0.23	45.89	12.62	22.57	10.70

5-7 主要年份煤炭消费量
COAL CONSUMPTION IN MAJOR YEARS

单位：万吨 (10 000 tons)

年 份 Year	总 计 Total	生产建设消费 Production and Construction Consumption			生活用 Living Consumption
			#发 电 Electricity Generation	#炼 焦 Coking	
1980	4326	3378	727	642	948
1985	5566	4539	1028	1169	1027
1990	7292	6451	1692	2383	841
1995	13373	12757	2717	7264	616
2000	12704	12179	3128	6298	525
2005	22631	21811	6550	11208	820
2006	25514	24671	7340	13094	842
2007	27772	26953	7989	13800	819
2008	26879	25855	8469	11662	1024
2009	26149	25030	8610	10757	1119
2010	28180	27098	9968	11640	1082
2011	30896	29702	10980	12498	1194
2012	31085	29840	11547	11800	1245

注：本表煤炭消费量包括终端消费量和用于加工转换消费量。

Note: Data of coal consumption in this table includes end-use consumption and consumption during the process of energy conversion.

5-8 主要年份石油制品、焦炭消费量
PETROLEUM PRODUCTS AND COKE CONSUMPTION IN MAJOR YEARS

单位：吨 (ton)

年 份 Year	石油制品(标准煤) Petroleum Products (SCE)	#工业交通 Industry And Transportation	#农 业 Agriculture	焦 炭 Coke	#工业生产 Industry	#建 筑 Construction
1980	1084440	684270	351519	2995572	2553669	9840
1985	1582990	913600	462500	3698900	3118000	17500
1990	1987500	1481400	380400	8326800	7611200	12100
1995	2581000	1828700	449300	12764800	10114700	40800
2000	2751900	1988800	455100	12769000	10103000	62000
2005	5374600	4169400	524300	21399000	20405000	89000
2006	5990500	4583200	652800	24169000	23189000	70000
2007	6347400	4805500	702800	25263700	24521700	62000
2008	9197600	6895200	689800	23587600	23577600	
2009	12119700	8483000	959500	24383900	24353600	1700
2010	11037700	7744300	1001400	25892200	25867300	2000
2011	11105000	8238700	1004700	25585500	25546900	1500
2012	11296100	8331900	1068700	29385500	29344200	1600

5-9 主要年份社会用电量
TOTAL ELECTRICITY CONSUMPTION IN MAJOR YEARS

单位：万千瓦小时 (10 000 kwh)

年 份 Year	社会用电量 Total Consumption	#农 业 Agriculture	#工 业 Industry	#电力工业 Electricity	#化学工业 Chemistry	#煤炭工业 Coal	#黑色金属 Ferrous Metal	#交通运输 Transportation	#市政生活 Civicism
1980	1185877	171092	962483	248288	218915	146197	131800	5502	46798
1985	1634743	159100	1343101	321440	268079	232152	173668	37281	85000
1990	2552179	146279	2127321	480095	403856	386180	272555	89230	157301
1995	3782338	232387	3280436	809643	547112	553580	391889	121693	298126
2000	5020917	261338	4114046	939969	684945	603963	493088	147750	392327
2005	9463268	356384	7873556	1704567	1380229	1101659	1223916	310704	701698
2006	10976771	332557	9226217	2002767	1347675	1236806	1434010	373158	797896
2007	13488115	283769	11555987	2446779	1559778	1480152	1901101	419210	983014
2008	13143332	273224	11027563	2435403	1466808	1495149	1718484	406581	1163913
2009	12675376	320375	10277414	2393917	1257705	1508344	1799597	411778	1346817
2010	14600467	351399	11900099	2725517	1323372	1718512	2096358	456362	1482910
2011	16504098	387461	13451317	2933961	1500490	1943094	2223308	507130	1651314
2012	17657848	373888	14340495	3261393	1646993	2129660	2491088	519249	1659972

5-10 主要年份一、二次能源外调量及构成

TRANSFRRED QUANTITY AND COMPOSITION OF PRIMARY AND SECONDRY ENERGY IN MAJOR YEARS

年 份 Year	合 计 Total	原 煤 Coal	电 力 Electricity	洗 煤 Washed Coal	焦 炭 Coke
	实物量 (万吨、亿千瓦小时) Physical Quantity (10 000 tons,100 million kwh)				
1985		13562	20.1	284	176.1
1990		19218	64.7	1050	826.4
1995		20641	123.8	1776	2217.4
2000		20341	119.1	2201	2393.6
2005		40202	369.3	3075	5474.0
2006		42403	432.2	4240	6284.6
2007		49168	462.6	4460	6983.8
2008		48601	485.6	4723	6422.2
2009		39616	641.2	5976	5413.1
2010		44917	685.2	6280	6121.0
2011		50127	683.5	7999	6505.3
2012		51405	769.2	6796	5557.8
	标准量 (万吨标准煤) Standard Quantity (10 000 tons of SCE)				
1985	12035.5	11527.7	81.1	255.6	171.1
1990	18358.2	16334.9	275.5	945.0	802.7
1995	21809.6	17545.9	512.5	1598.7	2152.6
2000	22077.3	17289.9	481.3	1980.9	2325.2
2005	43748.5	34171.3	1491.8	2767.9	5317.5
2006	47709.9	36042.3	1746.1	3816.2	6105.3
2007	54459.8	41792.8	1868.9	4014.0	6784.1
2008	53761.9	41311.1	1962.1	4250.4	6238.5
2009	46900.6	33673.5	2590.3	5378.6	5258.3
2010	52546.2	38179.8	2768.3	5652.2	5945.9
2011	58887.3	42608.0	2761.1	7199.0	6319.3
2012	58316.8	43694.5	3107.5	6116.0	5398.9
	构成 (%) Composition (%)				
1985	100.0	95.8	0.7	2.1	1.4
1990	100.0	89.0	1.5	5.1	4.4
1995	100.0	80.4	2.4	7.3	9.9
2000	100.0	78.4	2.2	9.0	10.5
2005	100.0	78.1	3.4	6.3	12.2
2006	100.0	75.5	3.7	8.0	12.8
2007	100.0	76.7	3.4	7.4	12.5
2008	100.0	76.8	3.7	7.9	11.6
2009	100.0	71.8	11.5	5.5	11.2
2010	100.0	72.7	5.3	10.8	11.3
2011	100.0	72.4	4.7	12.2	10.7
2012	100.0	74.9	10.5	5.3	9.2

5-11 分省(市、区)晋煤销售量(2012年)
SALES OF SHANXI COAL TO OTHER PROVINCES(2012)

单位：万吨 (10 000 tons)

省(市、区)	Region	总 计 Total	铁路外运 Sales to Outside by Railway	公路外销 Sales to Outsideby Highway
总 计	**Total**	**58187.95**	**46494.23**	**11693.72**
北京市	Beijing	805.49	802.67	2.82
天津市	Tianjin	1815.94	1784.54	31.40
河北省	Hebei	17893.37	9071.21	8822.16
内蒙区	Inner Mongolia	226.23	177.49	48.74
辽宁省	Liaoning	1330.90	1329.47	1.43
吉林省	Jilin	34.54	34.54	
黑龙江省	Heilongjiang	33.38	33.38	
上海市	Shanghai	2648.61	2648.61	
江苏省	Jiangsu	7603.20	7603.20	
浙江省	Zhejiang	4105.64	4105.64	
安徽省	Anhui	873.42	873.42	
福建省	Fujian	849.73	849.73	
江西省	Jiangxi	331.63	331.63	
山东省	Shandon	8981.73	8357.56	624.17
河南省	Henan	4559.48	2442.46	2117.02
湖北省	Hubei	2024.39	2024.17	0.22
湖南省	Hunan	594.60	594.32	0.28
广东省	Guangdong	2940.70	2940.70	
海南省	Hainan	41.18	40.93	0.25
广西区	Guangxi	68.83	68.83	
重庆市	Chongqing	2.27	2.27	
四川省	Sichuan	18.03	18.03	
贵州省	Guizhou			
云南省	Yunnan	2.68	2.68	
西藏区	Xizang			
陕西省	Shanxi	135.29	90.93	44.36
青海省	Qinghai			
宁夏区	Ningxia			
甘肃省	Gansu	0.73	0.73	
新疆区	Xinjiang	88.22	87.35	0.87
出 口	Export	177.75	177.75	

5-12 主要年份能源生产弹性系数
ELASTICITY RATIO OF ENERGY PRODUCTION IN MAJOR YEARS

单位：% (%)

年 份 Year	能源生产比上年增长 Growth Rate of Energy Production Over Preceding Year	电力生产比上年增长 Growth Rate of Electricity Over Preceding Year	地区生产总值比上年增长 Growth Rate of Gross Domestic Product Over Preceding Year	能源生产弹性系数 Elasticity Ratio of Energy Production	电力生产弹性系数 Elasticity Ratio of Electricity Production
1980	11.10	5.38	2.00	5.55	2.69
1985	14.46	10.18	7.10	2.04	1.43
1990	3.96	3.64	5.00	0.79	0.73
1995	5.26	10.73	12.00	0.44	0.89
2000	1.12	9.62	9.40	0.12	1.02
2005	10.85	21.59	12.60	0.86	1.71
2006	4.43	16.34	11.80	0.38	1.38
2007	12.72	15.34	14.40	0.88	1.07
2008	1.79	2.01	8.10	0.22	0.25
2009	–5.72	–5.65	5.40	–1.06	–1.05
2010	24.87	14.97	13.90	1.79	1.08
2011	15.75	9.01	13.00	1.21	0.69
2012	4.94	8.13	10.10	0.49	0.80

5-13 主要年份能源消费弹性系数
ELASTICITY RATIO OF ENERGY CONSUMPTION IN MAJOR YEARS

单位：% (%)

年 份 Year	能源消费比上年增长 Growth Rate of Energy Consumption Over Preceding Year	煤炭消费比上年增长 Growth Rate of Coal Consum–ption Over Preceding Year	电力消费比上年增长 Growth Rate of Electricity Consumption Over Preceding Year	地区生产总值比上年增长 Growth Rate of Gross Domestic Product Over Preceding Year	能源消费弹性系数 Elasticity Ratio of Energy Consumption	煤炭消费弹性系数 Elasticity Ratio of Coal Consumption	电力消费弹性系数 Elasticity Ratio of Electricity Consumption
1980	3.92	8.31	–4.22	2.00	1.96	4.16	–2.11
1985	10.25	7.20	14.85	7.10	1.44	1.01	2.09
1990	–0.19	–12.57	2.98	5.00	–0.04	–2.51	0.60
1995	10.03	5.85	10.82	12.00	0.84	0.49	0.90
2000	3.60	2.44	11.61	9.40	0.38	0.26	1.24
2005	8.61	3.30	14.24	12.60	0.68	0.26	1.13
2006	9.62	5.75	16.09	11.80	0.82	0.49	1.36
2007	8.32	13.37	22.55	14.40	0.58	0.93	1.57
2008	0.30	7.57	–2.48	8.10	0.04	0.93	–0.31
2009	3.32	6.07	–2.49	5.40	0.61	1.12	–0.46
2010	7.91	–3.22	15.47	13.90	0.57	–0.23	1.11
2011	8.97	9.77	14.12	13.00	0.69	0.75	1.09
2012	5.57	3.03	6.10	10.10	0.55	0.30	0.60

5-14 主要年份能源加工转换投入产出情况
EFFICIENCY OF ENERGY CONVERSION IN MAJOR YEARS

年 份 Year	投入及转换总效率 Total Efficiency		发电及供热投入原煤(万吨) Coal Input in Electricity And Heat (10 000 tons)	洗选加工投入原煤(万吨) Coal Input in Washing (10 000 tons)
	投入总量(万吨标准煤) Total Input (10 000 tons of SCE)	投入产出总效率(%) Efficiency(%)		
1980	1512.30	54.35	727.18	617.16
1985	2214.09	61.77	1108.00	802.00
1990	4792.46	73.22	1812.74	2162.71
1995	13076.80	82.56	2946.49	6864.89
2000	12867.25	81.44	3127.88	6958.75
2005	25291.10	79.72	6597.20	14652.96
2006	29328.52	81.22	7423.29	17175.78
2007	33682.00	82.02	8061.21	19648.54
2008	30901.52	82.03	8393.23	18479.56
2009	30047.10	79.09	8540.95	18034.44
2010	34407.94	80.18	9977.89	20225.00
2011	39760.22	80.86	11085.49	24827.28
2012	42285.31	81.08	11742.37	28952.95

年 份 Year	炼焦投入量 Input in Coking		制气投入原 煤(万吨) Coal Input in Making Gas (10 000 tons)	产出总量(万吨标准煤) Total Output (10 000 tons of SCE)
	原 煤(万吨) Coal (10 000 tons)	洗精煤(万吨) Washed Coal (10 000 tons)		
1980	474.00	168.00		821.90
1985	834.00	234.74		1367.69
1990	1772.80	610.24	72.59	3509.20
1995	3964.26	3298.52	63.97	10796.47
2000	3250.02	3045.74	58.03	10478.69
2005	2633.60	8571.16	136.14	20161.30
2006	2595.72	10498.75	36.33	23820.89
2007	1227.37	12556.60	15.24	27624.47
2008	599.30	11048.78	38.76	25349.81
2009	435.41	10318.22	33.53	23763.43
2010	223.61	11414.74	33.76	27587.12
2011	297.20	12180.33	55.57	32149.49
2012	67.32	11732.62	55.09	34283.93

注：本表炼焦产出的焦炉煤气从2005年起包括了加热炼焦炉用气。

Note: The gas output from coking from 2005 in this table includes the gas used to heat up the stoves.

5-14 续表 continued

年 份 Year	发电及供热产出 Output of Electricity And Heat		炼焦产出 Output of Coking	
	电 力 (万千瓦小时) Electricity (10 000 kwh)	热 力 (万百万千焦) Heat (10 billion kilo-joule)	焦 炭 (万吨) Coke (10 000 tons)	焦炉煤气 (万立方米) Gas (10 000 cu.m)
1980	1156600		320.95	
1985	1777200	1297.88	568.66	55634
1990	3068800	2324.00	1586.57	81600
1995	4988500	3930.40	5294.97	159800
2000	6087300	2367.70	4967.22	179900
2005	12916500	6020.60	7981.04	1440000
2006	15025400	7410.87	9202.18	1714000
2007	17347600	9068.98	9897.29	1777600
2008	17727600	10067.00	8376.50	1728100
2009	18487600	9804.65	7705.83	1485200
2010	21043500	12089.93	8476.44	1607200
2011	22964500	14472.47	9047.91	1868200
2012	24429600	16014.55	8612.66	1674300

年 份 Year	洗选煤产出 Output of Washed Coal		制气产出 Output of Making Gas	
	炼焦精煤 (万吨) Coking Coal (10 000 tons)	其他洗煤 (万吨) Others (10 000 tons)	焦炉煤气 (万立方米) Gas (10 000 cu.m)	其他煤气 (万立方米) Others (10 000 cu.m)
1980	409.00			
1985	518.55	158.91		
1990	1429.65	366.30	9400	136400
1995	4850.20	710.59	1100	230000
2000	4818.21	590.05		191800
2005	10275.88	1327.49		417900
2006	12249.46	2054.58		108000
2007	14975.82	3255.20		110600
2008	14069.18	3022.46		94100
2009	13095.28	3180.80		81200
2010	14863.17	3537.38		101600
2011	17426.68	4652.97		168300
2012	19604.71	5698.09		156000

5-15 终端能源消费量和构成(2012年)

单位：万吨标准煤

项 目	Ietm	合 计 Total
消费总计	**Total Consumption**	**15803.31**
一、第一产业	Primary Industry	362.56
农林牧渔业	Farming, Forestry, Animal Husbandry And Fishery	362.56
二、第二产业	Secondry Industry	12040.20
工 业	Industry	11876.53
轻工业	Light Industry	221.25
重工业	Heavy Industry	11655.24
建筑业	Construction	163.68
三、第三产业	Tertiary Industry	1830.97
交通运输、仓储及邮电通讯业	Transport, Storage, Post and Telecommunication	977.12
批发、零售业和住宿、餐饮业	Wholesale and Retail Trade, Hotels and Catering Services	394.94
其 他	Others	458.91
四、人民生活	Residential Consumption	1569.58
部门构成(%)	**Composition of Department(%)**	
消费总计	**Total Consumption**	**100.00**
一、第一产业	Primary Industry	2.29
农林牧渔业	Farming, Forestry, Animal Husbandry And Fishery	2.29
二、第二产业	Secondry Industry	76.19
工 业	Industry	75.15
轻工业	Light Industry	1.40
重工业	Heavy Industry	73.75
建筑业	Construction	1.04
三、第三产业	Tertiary Industry	11.59
交通运输、仓储及邮电通讯业	Transport, Storage, Post and Telecommunication	6.18
批发、零售业和住宿、餐饮业	Wholesale and Retail Trade, Hotels and Catering Services	2.50
其 他	Others	2.90
四、人民生活	Residential Consumption	9.93
品种构成(%)	**Composition of Variety(%)**	
消费总计	**Total Consumption**	**100.00**
一、第一产业	Primary Industry	100.00
农林牧渔业	Farming,Forestry,Animal Husbandry And Fishery	100.00
二、第二产业	Secondry Industry	100.00
工 业	Industry	100.00
轻工业	Light Industry	100.00
重工业	Heavy Industry	100.00
建筑业	Construction	100.00
三、第三产业	Tertiary Industry	100.00
交通运输、仓储和邮政业	Transport,Storage and Post	100.00
批发、零售业和住宿、餐饮业	Wholesale and Retail Trade, Hotels and Catering Services	100.00
其 他	Others	100.00
四、人民生活	Residential Consumption	100.00

CONSUMPTION AND COMPOSITION OF TERMINAL ENERGY(2012)

(10 000 tons of SCE)

原 煤 Coal	洗精煤及其他洗煤 Washed Coal and Others	焦 炭 Coke	石油制品 Petroleum Products	电 力 Electricity	天然气煤气及其他 Natural Gas, Gas and Others
3903.64	**592.39**	**2854.51**	**1129.61**	**5251.76**	**2071.41**
138.16			106.87	117.41	0.12
138.16			106.87	117.41	0.12
2959.88	306.05	2850.65	182.35	4279.18	1462.09
2908.45	306.05	2850.50	141.26	4210.04	1460.24
134.17	2.81	0.98	2.07	68.81	12.41
2774.28	303.24	2849.51	139.19	4141.24	1447.78
51.43		0.16	41.09	69.15	1.85
402.62		1.45	745.72	431.85	249.33
45.50			691.93	163.04	76.64
179.26		1.45	17.02	85.54	111.66
177.86			36.76	183.27	61.03
402.97	286.34	2.41	94.67	423.31	359.88
100.00	**100.00**	**100.00**	**100.00**	**100.00**	**100.00**
3.54			9.46	2.24	0.01
3.54			9.46	2.24	0.01
75.82	51.66	99.86	16.14	81.48	70.58
74.51	51.66	99.86	12.51	80.16	70.50
3.44	0.47	0.03	0.18	1.31	0.60
71.07	51.19	99.82	12.32	78.85	69.89
1.32		0.01	3.64	1.32	0.09
10.31		0.05	66.02	8.22	12.04
1.17			61.25	3.10	3.70
4.59		0.05	1.51	1.63	5.39
4.56			3.25	3.49	2.95
10.32	48.34	0.08	8.38	8.06	17.37
24.70	**3.75**	**18.06**	**7.15**	**33.23**	**13.11**
38.11			29.48	32.38	0.03
38.11			29.48	32.38	0.03
24.58	2.54	23.68	1.51	35.54	12.14
24.49	2.58	24.00	1.19	35.45	12.30
60.64	1.27	0.44	0.94	31.10	5.61
23.80	2.60	24.45	1.19	35.53	12.42
31.42		0.09	25.11	42.25	1.13
21.99		0.08	40.73	23.59	13.62
4.66			70.81	16.69	7.84
45.39		0.37	4.31	21.66	28.27
38.76			8.01	39.94	13.30
25.67	18.24	0.15	6.03	26.97	22.93

5-16 分行业能源消费总量(2012年)

单位：万吨标准煤

行 业	Sector	能源消费总量 Total Energy Consumption
消费总计	**Total**	**19335.54**
农、林、牧、渔业	**Farming, Forestry, Animal Husbandry And Fishery**	**362.56**
工 业	**Industry**	**15407.13**
轻工业	Light Industry	236.98
重工业	Heavy Industry	15170.16
按工业行业分	Grouped by Industry Sector	
采矿业	Mining	3858.37
煤炭开采和洗选业	Coal Mining and Dressing	3721.54
石油和天然气开采业	Petroleum and Natural Gas Extraction	15.40
黑色金属矿采选业	Ferrous Metals Mining and Dressing	111.59
有色金属矿采选业	Nonferrous Metals Mining and Dressing	6.96
非金属矿采选业	Nonmetal Minerals Mining and Dressing	2.21
开采辅助活动	Mining Auxiliary Activities	0.67
其他采矿业	Other Minerals Mining	
制造业	Manufacturing	10289.16
农副食品加工业	Farm and Sideline Food Processing	63.00
食品制造业	Food Manufacturing	27.68
酒、饮料和精制茶制造业	Alcohol, Beverage and Refined Tea Manufacturing	35.75
烟草制品业	Tobacoo Manufaturing	0.74
纺织业	Textile Industry	17.63
纺织服装、服饰业	Manufacture of Garments and Accessories	1.56
皮革、毛皮、羽毛及其制品和制鞋业	Manufacture of Leather, Fur, Feather and their Products and Footwear	0.20
木材加工和木、竹、藤、棕、草制品业	Processing of Timber, Manufacture of Wood, Bamboo, Rattan, Palm, and Straw Products	2.57
家具制造业	Manufacture of Funiture	0.20
造纸和纸制品业	Manufacture of Paper and Paper Products	16.24
印刷和记录媒介复制业	Printing and Record Medium Reproduction	2.09
文教、工美、体育和娱乐用品制造业	Manufacture of Articles For Culture, Education and Sport Activity	1.19

ENERGY CONSUMPTION BY SECTOR(2012)

(10 000 tons of SCE)

煤 炭 (万吨) Coal (10 000 tons)	电 力 (亿千瓦小时) Electricity (100 million kwh)	焦 炭 (万吨) Coke (10 000 tons)	汽 油 (万吨) Gasoline (10 000 tons)	柴 油 (万吨) Diesel Oil (10 000 tons)
31084.62	**1765.79**	**2938.55**	**224.11**	**497.47**
193.50	**37.39**		**34.80**	**38.20**
29004.72	**1434.05**	**2934.42**	**17.73**	**70.64**
421.03	21.91	1.01	1.05	0.35
28583.69	1412.14	2933.41	16.69	70.28
2699.32	303.11	55.94	10.98	53.03
2694.08	270.74	37.16	10.64	44.77
	4.76		0.25	0.06
4.02	26.04	16.38	0.10	7.15
0.43	0.98	2.41		0.85
0.79	0.37			0.19
	0.21			
16003.14	771.79	2878.48	6.36	15.88
62.63	5.05	0.54	0.13	0.04
26.98	1.92		0.15	0.04
29.84	2.59		0.23	0.03
0.43	0.11			
12.16	2.77		0.01	0.01
1.36	0.16		0.05	
0.08	0.04			
1.04	0.54	0.07	0.02	0.02
0.01	0.05		0.02	
18.81	1.86		0.13	0.09
1.16	0.33		0.05	0.05
0.61	0.08	0.38	0.01	0.01

5-16 续表

单位：万吨标准煤

行　　业	Sector	能源消费总量 Total Energy Consumption
石油加工、炼焦和核燃料加工业	Petroleum Processing ,Coking and Nuclear Fuel Processing	1967.98
化学原料和化学制品制造业	Manufacture Raw Chemical Materials and Chemical Products	1812.84
医药制造业	Manufacture of Medical Products	54.46
化学纤维制造业	Manufacture of Chemical Fibers	0.28
橡胶和塑料制品业	Manufacture of Rubber and Plastic Products	17.81
非金属矿物制品业	Manufacture of Nonmetals Mineral Products	850.92
黑色金属冶炼和压延加工业	Smelting and Pressing of Ferrous Metals	4286.30
有色金属冶炼和压延加工业	Smelting and Pressing of Nonferrous Metals	906.12
金属制品业	Manufacture of Metal Products	70.39
通用设备制造业	Manufacture of Universal Purpose Equipment	15.02
专用设备制造业	Manufacture of Special Purpose Equipment	43.01
汽车制造业	Manufacture of Motor Vehicles	22.87
铁路、船舶、航空航天和其他运输设备制造业	Manufacture of Railways, Ships, Aviation, Aircrafts and Other Transportation Equipments	17.12
电气机械和器材制造业	Manufacture of Electrical Equipment and Machinery	7.58
通信设备、计算机和其他电子设备制造业	Manufacture of Computer, Telecommunication and Other Electronic Equipments	30.25
仪器仪表制造业	Manufacture of Measuring Instrument and Machinery	1.07
其他制造业	Other Manufacturing	15.96
废弃资源综合利用业	Comprehensive Utilization of Waste	0.27
金属制品、机械和设备修理业	Repair of Metal Products, Machinery and Equipment	0.05
电力、热力、燃气及水生产和供应业	Production and Supply of Electricity, Heat, Gas and Water	1259.61
电力、热力生产和供应业	Production and Supply of Electricity and Heat	1256.15
燃气生产和供应业	Production and Supply of Gas	
水的生产和供应业	Production and Supply of Water	3.47
建筑业	**Construction**	**163.68**
交通运输、仓储和邮政业	**Transport, Storage and Post**	**978.74**
批发、零售业和住宿、餐饮业	**Wholesale and Retail Trade, Hotels and Catering Services**	**394.94**
人民生活及其他	**Redidential Consumption and Others**	**2028.49**

continued

(10 000 tons of SCE)

煤 炭 (万吨) Coal (10 000 tons)	电 力 (亿千瓦小时) Electricity (100 million kwh)	焦 炭 (万吨) Coke (10 000 tons)	汽 油 (万吨) Gasoline (10 000 tons)	柴 油 (万吨) Diesel Oil (10 000 tons)
10799.97	59.13	68.43	1.15	4.83
1490.38	157.35	43.62	1.16	0.93
43.29	6.86		0.26	0.05
0.30	0.04			
2.95	3.46		0.08	0.06
700.31	63.81	7.92	0.32	2.90
1732.36	274.52	2725.89	0.68	4.99
771.34	161.45	12.20	0.14	0.90
42.74	5.93	10.05	0.41	0.24
4.20	2.54	0.70	0.28	0.20
19.28	5.32	0.29	0.61	0.20
4.15	3.69	8.07	0.06	0.09
9.26	2.40	0.22	0.19	0.07
0.92	1.57	0.01	0.09	0.03
2.00	7.87		0.09	0.07
0.15	0.22		0.02	
224.33	0.06			0.01
0.09	0.03	0.09		0.01
	0.02			
10302.26	359.16		0.39	1.72
10298.46	358.95		0.34	1.71
3.80	0.21		0.06	0.01
73.53	**22.02**	**0.16**	**10.83**	**16.92**
63.73	**51.92**		**109.93**	**347.30**
254.66	**27.24**	**1.49**	**3.28**	**5.45**
1494.48	**193.16**	**2.48**	**47.54**	**18.97**

主要统计指标解释

能源资源 指报告期全省各种能源资源总量。能源品种包括原煤、洗精煤、焦炭、原油、汽油、柴油、煤油、燃料油、天然气、焦炉煤气、其他煤气、其他焦化制品、热力、电力等品种。能源资源组成包括三部分：

1.期初、期末库存量是指一定时点各种能源的库存量，其中包括产成品库存量，各种能源库存量。产成品库存量中，还包括乡村企业能源产成品库存量。

2.一次能源生产量是指报告期一次能源的生产量，其中包括原煤、水电、天然气（煤矿瓦斯）的生产量，不包括太阳能、风能产量。由一次能源加工转换产出的二次能源产量不包括在内。

3.外省市调入量是指报告期调入的各种能源数量。我省从外省市调入的能源主要是石油制品：汽油、柴油、煤油、燃料油及电网交界处输入部分电力和相邻省调入的部分煤炭。

能源消费总量 是指报告期全省用于生产、生活的各种能源消费量的总和。能源消费总量按标准煤折算。能源消费总量中包括：原煤、原油及其制品、天然气、电力，不包括生物能和太阳能等的利用。能源消费总量包括三部分：

1.能源终端消费量 指报告期全省物质生产部门、非物质生产部门的各种能源消费量。不包括加工转换损失量和运输、管理中的损失量。

2.能源加工转换损失量 指全省投入加工转换的各种能源数量和与产出能源及制品之和的差数，是能源加工转换过程的消费量，也称加工转换损失量。

3.损失量 指能源的运输、储存中发生的经营管理损失量，包括煤炭库存中的水冲、自燃等损失量。

能源生产弹性系数 是研究能源生产量的增长与国民经济增长之间关系的指标。国民经济年平均增长速度，可根据不同目的的需要，用工农业总产值、国内生产总值等指标来计算，本资料是采用国内生产总值指标计算的。其计算公式为：

$$\text{能源生产弹性系数}=\frac{\text{能源生产量年平均增长速度}}{\text{国内生产总值年平均增长速度}}\times 100\%$$

电力生产弹性系数 是研究电力生产的增长与国民经济增长之间关系的指标。其计算公式为：

$$\text{电力生产弹性系数}=\frac{\text{电力生产量年平均增长速度}}{\text{国内生产总值年平均增长速度}}\times 100\%$$

能源消费弹性系数 是反映能源消费增长速度与国民经济增长速度之间比例关系的指标。其计算公式为：

$$\text{能源消费弹性系数}=\frac{\text{能源消费年平均增长速度}}{\text{国内生产总值年平均增长速度}}\times 100\%$$

电力消费弹性系数 是反映电力消费增长速度与国民经济增长速度之间比例关系的指标。其计算公式为：

$$\text{电力消费弹性系数}=\frac{\text{电力消费年平均增长速度}}{\text{国内生产总值年平均增长速度}}\times 100\%$$

能源加工转换效率 是指报告期内一次能源产品经过加工转换后，产出的各种能源产品及其制品的数量，与同期投入加工转换的各种一次能源数量的比率。它是观察能源加工转换装置和生产工艺先进与落后、管理水平高低等的重要指标。

能源外调量 是报告期通过铁路、公路售给外省市、供应外贸出口的各种能源数量。

一、二次能源外调量构成 是报告期各种能源外调量在能源外调总量中的结构比，它全面反映山西能源加工工业的发展，外调能源结构变化，原煤外调量所占比例逐年减少，二次能源外调量所占比例上升，供应的优质能源逐年增加，它是反映能源产业结构变化的重要标志。

Explanatory Notes on Main Statistical Indicators

Energy Resources refers to total resources of all energy in the province in the reference period. It includes coal, washed coal, coke, crude oil, gasoline, diesel oil, kerosene, fuel oil, natural gas, gas and other gas, other coking products, heat and electricity, etc. It includes three parts:

1. Stock in the beginning and end of the year refers to stock of all kind of energy at a certain point of time, including products stock and energy stock. The stock of rural enterprises energy products is also included.

2. Primary Energy Production refers to the total production of primary energy in the reference period, including production of coal, hydropower and gas, excluding solar energy, wind energy and secondary energy converted from the primary energy.

3. Energy Quantity Transferred from other Province refers to energy quantity transferred in a given period of time. Energy transferred from other province mostly is crude oil product including gasoline, diesel oil, kerosene, fuel oil, some electricity input in the juncture of electricity nets and some coals.

Total Energy Consumption refers to the total consumption of various kinds by production and households in the province in a given period of time. It is converted by SCE. The total energy includes that of coal, crude oil and their products, natural gas and electricity. It excludes bionergy and solar energy. It can be divided into three parts:

1. Final energy consumption refers to total energy consumption by material production sectors, non-material production sectors in the province in a given period of time, but excludes the loss in the conversion and transportation.

2. Loss During the Process of Energy Conversion refers to the total input of various kinds of energy for conversion, minus total output of various kinds of energy in the province in a given period of time. It is energy consumption during the process of energy conversion, also called loss of energy conversation.

3. Loss refers to the loss of energy during the course of energy transportation and storage, include coal loss caused by washed away by the water and self-ignite in the storage.

Elasticity Ratio of Energy Production refers to indicators to show the relationship between the growth rate of energy production and the growth rate of the national economy. average annual growth rate of national economy can be shown by the gross domestic product, gross output value of industry and agriculture, depending upon the purposes or need. The gross domestic product is used in calculation of the in this chapter. The formula is:

$$\text{Elasticity Ratio of Energy Production} = \frac{\text{Average Annual Growth Rate of Energy Production}}{\text{Average Annual Growth Rate of Gross Demestic Product}} \times 100\%$$

Elasticity Ratio of Electricity Production refers to indicators to show the relationship between the growth rate of electricity production and the growth rate of the national economy. The formula is:

$$\text{Elasticity Ratio of Electricity Production} = \frac{\text{Average Annual Growth Rate of Electricity Production}}{\text{Average Annual Growth Rate of Gross Demestic Product}} \times 100\%$$

Elasticity Ratio of Energy Consumption refers to indicators to show the relationship between the growth rate of energy consumption and the growth rate of the national economy. The formula is:

$$\text{Elasticity Ratio of Energy Consumption} = \frac{\text{Average Annual Growth Rate of Energy Consumption}}{\text{Average Annual Growth Rate of Gross Demestic Product}} \times 100\%$$

Elasticity Ratio of Electricity Consumption refers to indicators to show the relationship between the growth rate of electricity consumption and the grow the rate of the national economy. The formula is:

$$\text{Elasticity Ratio of Electricity Consumption} = \frac{\text{Average Annual Growth Rate of Electricity Consumption}}{\text{Average Annual Growth Rate of Gross Demestic Product}} \times 100\%$$

Efficiency of Energy Processing and Conversion refers to the ratio of the total output of energy products of various kinds after processing and conversion and the total input of energy of various kinds for processing and conversion in the same reference period. It is an important indicators to show the current conditions of energy processing and conversion equipment, production technique and management.

Energy Transferred to Other Provinces refers to a mount of energy transferred to other provinces by railway and highway, export in a given period of time.

Composition of Primary and Secondary Energy Transferred to Other Provinces refers to the composition of energy transferred. It shows energy processing development of energy base, structure changes of energy transferred, proportion of coal transferred reduction year after year ,proportion of secondary energy transferred increase year after year, supply of high grade energy increase year after year. It is an important change symbol of energy structure.

06 物 价

PRICE

PAGE

189–204

资料整理人员

刘　钰　张慧琴　陈　中　朱　军

物　价
PRICE

居民消费价格总指数	General Residents Consumer Price Index	102.5
城　镇	General Urban Residents Consumer Price Index	102.4
农　村	General Rural Residents Consumer Price Index	102.6
商品零售价格总指数	General Retail Price Index	101.8
工业生产者出厂价格指数	Ex-factory Price Index of Industrial Producer	94.5
工业生产者购进价格指数	Purchasing Price Index of Industrial Producer	98.1

工业生产者价格指数（上年=100）

Price Index of Industrial Producer (last year=100)

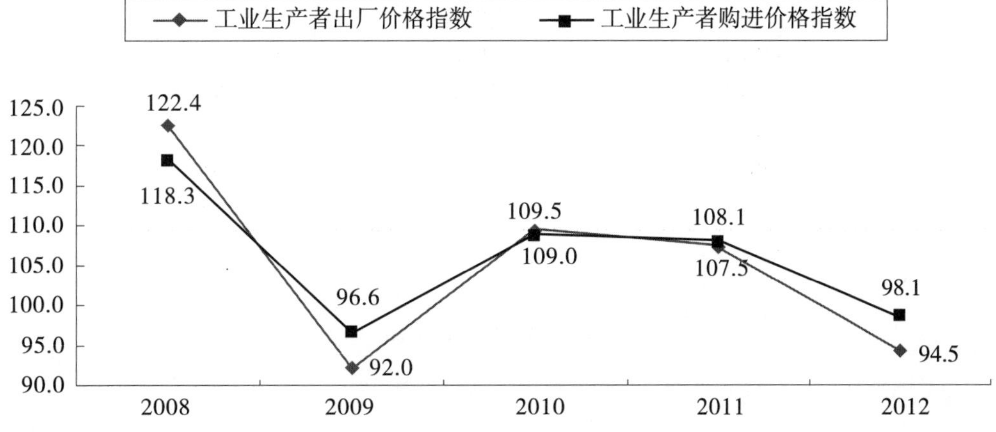

物价总指数（上年=100）

General Price Index (last year=100)

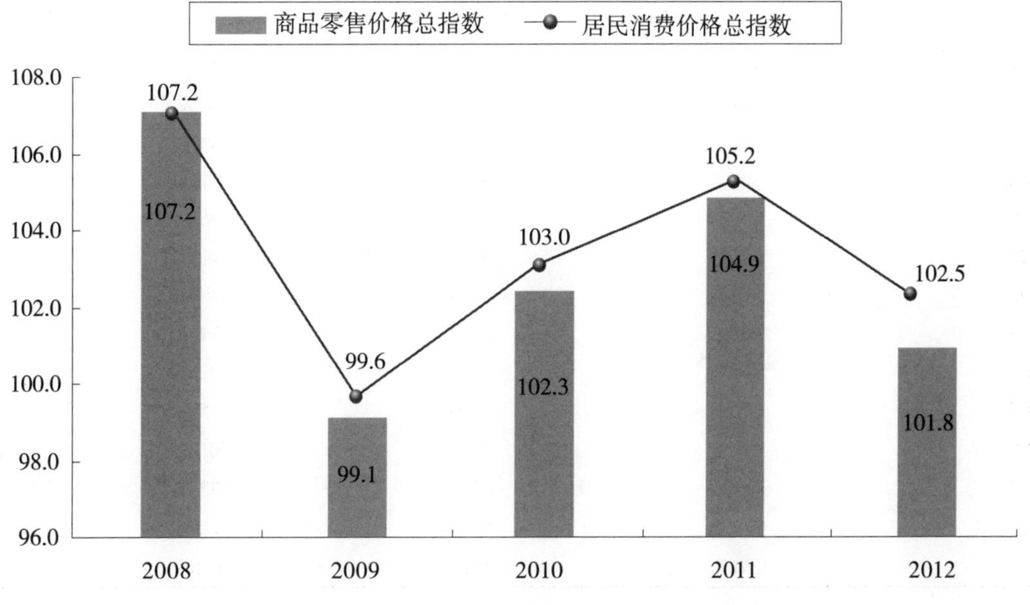

6-1 主要年份各类物价总指数
GENERAL PRICE INDICES IN MAJOR YEARS

上年=100 (last year=100)

年 份 Year	全省商品零售价格总指数 General Retail Price Index	全省居民消费价格总指数 General Residents Consumer Price Index	城市居民消费价格总指数 General Urban Residents Consumer Price Index	农村居民消费价格总指数 General Rural Residents Consumer Price Index
1978	100.0		100.0	
1980	103.5	103.4	105.5	101.3
1985	107.6	108.5	109.1	107.8
1990	102.1	102.2	101.5	103.0
1995	115.6	116.9	116.7	117.2
2000	97.1	103.9	104.7	103.0
2005	100.3	102.3	101.7	103.7
2006	101.2	102.0	101.8	102.5
2007	104.2	104.6	104.2	105.7
2008	107.2	107.2	107.0	107.7
2009	99.1	99.6	99.0	100.9
2010	102.3	103.0	103.1	102.8
2011	104.9	105.2	105.1	105.4
2012	101.8	102.5	102.4	102.6

6-1 续表 continued

年 份 Year	全省商品零售价格总指数 General Retail Price Index (1950年=100)	全省居民消费价格总指数 Ceneral Residents Consumer Price Index (1978年=100)	城市居民消费价格总指数 General Urban Residents Consumer Price Index (1950年=100)	农村居民消费价格总指数 General Rural Residents Consumer Price Index (1978年=100)
1978	143.1	100.0	141.3	100.0
1980	148.8	104.0	150.6	101.5
1985	174.5	123.4	181.1	118.4
1990	290.6	206.6	301.4	200.5
1995	510.1	391.3	595.6	354.6
2000	500.5	444.2	690.0	391.6
2005	506.8	472.9	718.8	437.4
2006	512.9	482.4	731.7	448.3
2007	534.4	504.6	762.4	473.9
2008	572.9	540.9	815.8	510.4
2009	567.7	538.7	807.6	515.0
2010	580.8	554.9	832.6	529.4
2011	609.3	583.8	875.1	558.0
2012	620.3	598.4	896.5	572.6

6-2 主要年份商品零售价格总指数
GENERAL RETAIL PRICE INDICES IN MAJOR YEARS

年 份 Year	1950年价格=100 Year of 1950=100	1957年价格=100 Year of 1957=100	1965年价格=100 Year of 1965=100	1970年价格=100 Year of 1970=100	1978年价格=100 Year of 1978=100	1980年价格=100 Year of 1980=100	1985年价格=100 Year of 1985=100	1990年价格=100 Year of 1990=100	上年=100 Last Year=100
1978	143.1	104.2	95.4	99.6	100.0				100.0
1980	148.8	108.4	99.3	103.6	104.0	100.0			103.5
1985	174.5	127.0	116.3	121.5	122.0	117.3	100.0		107.6
1990	290.6	211.5	193.8	202.4	203.2	195.4	166.6	100.0	102.1
1995	510.1	371.3	340.3	355.5	356.7	343.1	292.5	175.6	115.6
2000	500.5	364.1	333.7	348.6	349.9	336.5	286.8	172.2	97.1
2005	506.8	368.8	337.9	353.0	354.3	340.6	290.3	174.3	100.3
2006	512.9	373.2	342.0	357.2	358.6	344.7	293.8	176.4	101.2
2007	534.4	388.9	356.4	372.2	373.7	359.2	306.1	183.8	104.2
2008	572.9	416.9	382.1	399.0	400.6	385.1	328.1	197.0	107.2
2009	567.7	413.1	378.7	395.4	397.0	381.6	325.1	195.2	99.1
2010	580.8	422.6	387.4	404.5	406.1	390.4	332.6	199.7	102.3
2011	609.3	443.3	406.4	424.3	426.0	409.5	348.9	209.5	104.9
2012	620.3	451.3	413.7	431.9	433.7	416.9	355.2	213.3	101.8

6-3 主要年份城市居民消费价格总指数
GENERAL URBAN RESIDENTS CONSUMER PRICE INDICES IN MAJOR YEARS

年 份 Year	1950年价格=100 Year of 1950=100	1957年价格=100 Year of 1957=100	1965年价格=100 Year of 1965=100	1970年价格=100 Year of 1970=100	1978年价格=100 Year of 1978=100	1980年价格=100 Year of 1980=100	1985年价格=100 Year of 1985=100	1990年价格=100 Year of 1990=100	上年=100 Last Year=100
1978	141.3	104.1	98.6	100.0	100.0				100.0
1980	150.6	110.9	102.1	106.5	106.6	100.0			105.5
1985	181.1	133.5	123.0	128.2	128.2	120.3	100.0		109.1
1990	301.4	222.2	204.7	213.4	213.4	200.2	166.4	100.0	101.5
1995	595.6	439.3	404.6	421.6	421.6	395.8	328.9	197.6	116.7
2000	690.0	508.8	468.7	488.5	488.5	458.6	380.9	229.0	104.7
2005	718.8	530.1	488.3	508.9	508.9	477.7	396.8	238.7	101.7
2006	731.7	539.6	497.1	518.1	518.1	486.3	403.9	243.0	101.8
2007	762.4	562.3	518.0	539.9	539.9	506.7	420.9	253.2	104.2
2008	815.8	601.7	554.3	577.7	577.7	542.2	450.4	270.9	107.0
2009	807.6	595.7	548.8	571.9	571.9	536.8	445.9	268.2	99.0
2010	832.6	614.2	565.8	589.6	589.6	553.4	459.7	276.5	103.1
2011	875.1	645.5	594.7	619.7	619.7	581.6	483.1	290.6	105.1
2012	896.5	661.3	609.2	634.8	634.8	595.8	494.9	297.7	102.4

6-4 商品零售价格分类指数(2012年)
GENERAL RETAIL PRICE INDICES BY CATEGORY OF COMMODITIES(2012)

上年=100 (last year=100)

指 标	Item	全 省 Total Province Indices	城 市 Urban Indices	农 村 Rural Indices
商品零售价格总指数	**General Retail Price Indices**	**101.8**	**101.7**	**102.1**
一、食品类	Food	104.0	104.5	103.2
1.粮 食	Grain	103.0	103.7	102.1
2.淀粉及制品	Starches and Its Products	101.5	102.8	99.3
3.干豆类及豆制品	Bean and Its Prodrcts	98.4	99.5	95.7
4.油 脂	Oil or Fat	105.1	106.5	103.9
5.肉禽及其制品	Meat, Poultry and their Products	101.0	102.3	98.9
6.蛋	Eggs	96.2	96.3	96.0
7.水产品	Aquatic Products	107.5	108.0	106.0
8.菜	Vegetables	114.3	114.7	113.5
9.调味品	Condiments	103.1	102.9	103.4
10.糖	Sugar	105.5	108.1	101.5
11.干鲜瓜果	Fresh and Dried Fruits	94.4	94.0	95.9
12.糕点饼干面包	Cake, Biscuit and Bread	104.8	104.9	104.3
13.液体乳及乳制品	Milk and Its Products	101.5	101.0	102.5
14.在外用膳食品	Food Eating out	108.4	108.9	107.4
15.其 他	Others	102.7	103.2	102.0
二、饮料、烟酒	Drinking, Tobacco and Liquor	103.3	103.4	103.1
1.茶及饮料	Tea and Drinking	104.1	105.1	102.4
2.烟 草	Tobacco	103.0	102.6	103.6
3.酒	Liquor	103.2	103.7	102.3
三、服装、鞋帽类	Garments, Shoes and Hats	102.2	102.0	102.4
1.服 装	Garments	102.3	102.0	102.7
2.鞋袜帽	Shoes, Socks and Stockings, Hats	101.9	102.1	101.6
3.其 他	Others	101.6	102.2	100.6
四、纺织品类	Textiles	102.7	102.9	102.4
1.衣着材料	Clothing Material	105.0	103.3	106.5
2.床上用品	Bed Articles	102.2	102.8	100.5
五、家用电器及音像器材	Household Appliances and Audiovisual Equipment	98.0	97.3	99.1
1.家庭设备	Household Facilities	99.4	99.0	100.1
2.文娱用耐用消费品	Durable Consumer Goods for Cultural and Recreational Use	95.2	92.5	97.8
3.专业音像器材	Professional Audiovisual Equipment	98.5	98.5	

6-4 续表 continued

上年=100 (last year=100)

指 标	Item	全 省 Total Province Indices	城 市 Urban Indices	农 村 Rural Indices
六、文化办公用品	Culture and Office Articles	98.0	97.4	99.0
七、日用品	Daily Use Articles	101.7	101.6	102.1
1.日用百货	Daily Use Articles	101.2	100.8	102.2
2.日用杂品	Daily Use Sundry Goods	102.5	102.3	102.8
3.洗涤用品	Washing Goods	102.5	103.0	101.5
4.其 他	Others	100.9	100.1	102.2
八、体育娱乐用品	Sports and Recreational Articles	101.1	101.1	101.1
1.体育用品	Sports Articles	101.4	101.2	101.7
2.娱乐用品	Recreational Articles	100.9	101.0	100.7
九、交通、通信用品	Transportation and Communication Appliances	96.9	96.7	97.3
1.交通运输机械	Transportation Machinery	98.9	98.7	99.6
2.通讯器材类	Communication Equipment	89.4	87.8	92.1
十、家 具	Furniture	102.4	102.4	102.5
十一、化妆品类	Cosmetics	101.7	101.7	101.7
十二、金银珠宝类	Gold, Silver and Jewelry	100.5	100.2	101.0
十三、中西药品及医疗保健用品类	Traditional, Western Medicines and Health Care Products	102.1	102.3	101.8
1.医疗器具及用品	Medical Appliances and Articles	102.8	103.3	101.9
2.中药材及中成药	Traditional Chinese Medicine	106.4	106.3	106.7
3.西 药	Western Medicine	100.8	100.7	101.0
4.保健器具及用品	Health Care Equipment and Articles	102.6	103.3	100.7
十四、书报杂志及电子出版物类	Newspapers, Magazines and Electronic Publication	102.4	103.3	100.8
1.教材及参考书	Teaching Materials and Reference Books	104.8	106.3	101.9
2.书报杂志	Newspapers and Magazines	101.1	101.4	100.7
3.电子音像制品	Electronic Audiovisual Products	101.0	101.9	99.6
十五、燃料类	Fuels	102.6	102.7	102.4
1.煤炭及制品类	Coal and Coal Products	100.9	99.7	102.7
2.石油及制品类	Petroleum and its Products	103.3	103.7	102.3
十六、建筑材料及五金电料类	Building Materials, Hardware and Electrical Materials	100.5	97.7	104.6
1.建筑装璜材料	Decoration Materials	100.1	96.9	104.8
2.五金电料类	Hardware and Electrical Materials	102.0	101.0	103.6

6-5 居民消费价格分类指数(2012年)

GENERAL RESIDENTS CONSUMER PRICE INDICES BY CATEGORY OF COMMODITIES(2012)

上年=100 (last year=100)

指　　标	Item	全　省 Total Province Indices	城　市 Urban Indices	农　村 Rural Indices
居民消费价格总指数	**General Residents Consumer Price Index**	**102.5**	**102.4**	**102.6**
一、食　品	Food	104.2	104.6	103.2
1.粮　食	Grain	103.0	103.7	102.0
2.淀粉及制品	Starches and Its Products	100.9	102.4	97.9
3.干豆类及豆制品	Bean and Its Products	98.3	99.1	95.8
4.油　脂	Oil or Fat	105.2	106.4	103.9
5.肉禽及其制品	Meat and Poultry	101.4	102.6	99.0
(1)食用畜肉及副产品	Poultry Meat and by-product	99.5	100.8	97.1
(2)禽	Poultry	98.8	98.8	98.9
(3)肉禽加工制品	Poultry Product	108.5	110.1	105.4
6.蛋	Eggs	96.2	96.4	96.0
7.水产品	Aquatic Products	107.4	107.8	106.0
(1)鱼	Fish	107.8	108.3	106.2
(2)其　他	Others	106.5	106.7	103.8
8.菜	Vegetables	114.2	114.7	113.0
(1)鲜　菜	Fresh Vegetables	115.9	116.3	115.0
(2)干菜及菜制品	Dried Vegetables and Its Products	105.8	106.3	104.7
9.调味品	Condiments	103.2	103.1	103.4
10.糖	Sugar	105.6	108.1	101.2
11.茶及饮料	Tea and Beverages	104.7	105.4	102.6
(1)茶　叶	Tea	102.5	102.8	101.6
(2)饮　料	Beverages	105.6	106.6	103.0
12.干鲜瓜果	Fresh and Dried Fruits	94.3	94.0	95.5
(1)鲜　果	Fresh Fruits	93.4	93.0	94.8
(2)干(坚)果	Dried Fruits	96.4	96.2	98.4
13.糕点饼干面包	Cake，Biscuit and Bread	104.9	105.1	104.1
14.液体乳及乳制品	Milk and Its Products	101.3	101.1	101.7
15.在外用膳食品	Food Eating out	109.0	109.3	108.2
(1)主　食	Staple Food	106.5	105.5	108.6
(2)炒　菜	Fried Dishes	108.8	109.9	106.4
(3)地方小吃	Local Snack	112.4	111.4	114.6
16.其他食品	Other Food	102.8	103.3	102.0
二、烟酒及用品	Tobacco, Liquor and Appliance	103.1	103.2	103.0
1.烟　草	Tobacco	103.0	102.7	103.4
2.酒	Liquor	103.3	104.0	102.3
3.吸烟饮酒用品	Appliance			
三、衣　着	Clothing	102.1	101.9	102.7
1.服　装	Garments	102.1	101.9	102.6
(1)男式服装	Man's Garments	101.8	101.1	104.0
(2)女式服装	Woman's Garments	102.3	102.5	101.6
(3)儿童服装	Children's Garments	102.5	102.5	102.5
2.衣着材料	Clothing Material	104.4	103.5	106.5
3.鞋袜帽	Shoes, Socks and Stockings, Hats	101.7	101.4	102.6
(1)鞋	Shoes	101.2	100.9	101.9
(2)袜　子	Socks and Stockings	104.5	104.0	105.3
(3)帽　子	Hats	101.5	100.8	103.1
4.衣着加工服务	Colthing Processing	106.7	107.4	104.5

6-5 续表 continued

上年=100 (last year=100)

指 标	Item	全 省 Total Province Indices	城 市 Urban Indices	农 村 Rural Indices
四、家庭设备用品及维修服务	Household Facilities and Maintenance Services	101.7	101.6	102.1
1.耐用消费品	Durable Consumer Goods	100.6	100.3	101.5
(1)家 具	Furniture	102.2	101.8	103.2
(2)家庭设备	Household Facilities	99.5	99.3	100.2
2.室内装饰品	Interior Decorations	100.7	100.0	103.6
3.床上用品	Bed Articles	102.3	103.5	99.5
4.家庭日用杂品	Daily Use Household Articles	102.5	102.4	102.8
5.家庭服务及加工维修服务	Household Service，Processing and Maintenance Services	106.3	106.2	106.6
五、医疗保健和个人用品	Health Care and Personal Articles	101.9	101.6	102.5
1.医疗保健	Health Care	101.9	101.7	102.2
(1)医疗器具及用品	Medical Appliances and Articles	103.1	103.5	102.3
(2)中药材及中成药	Traditional Chinese Medicine	107.1	107.0	107.5
(3)西 药	Western Medicine	100.8	100.7	100.8
(4)保健器具及用品	Health Care Equipment	102.8	103.2	101.6
(5)医疗保健服务	Medical and Health Care Services	101.4	100.6	102.5
2.个人用品及服务	Personal Articles and Services	101.9	101.2	103.5
(1)化妆美容用品	Cosmetics	102.0	102.1	101.5
(2)清洁化妆用品	Sanitation Articles	101.4	101.0	102.0
(3)个人饰品	Personal Decorations	99.5	98.7	102.1
(4)个人服务	Personal Service	104.8	104.1	106.1
六、交通和通信	Transportation and Communication	99.7	99.4	100.3
1.交 通	Transportation	100.8	100.5	101.7
(1)交通工具	Means of Transportation	99.1	98.5	100.7
(2)车用燃料及零配件	Fuel and Parts of Transportation	102.8	102.9	102.6
(3)车辆使用及维修	Use and Repairment of Traffic Means	105.4	106.0	103.1
(4)市区公共交通	Urban Public Transportation	101.7	101.6	101.8
(5)城市间交通	Transportation Between Cities	99.8	98.8	102.1
2.通 信	Communication	98.2	98.0	98.7
(1)通信工具	Means of Communication	83.2	79.8	89.9
(2)通信服务	Service of Communication	100.2	100.3	100.0
七、娱乐教育文化用品及服务	Recreation, Education and Culture Articles and Services	101.0	101.2	100.6
1.文娱用耐用消费品及服务	Durable Consumer Goods and Service for Cultural Recreational Use	94.3	93.2	97.5
2.教 育	Education	101.8	102.1	100.7
(1)教材及参考书	Teaching Materials and Reference Books	105.2	105.9	102.1
(2)教育服务	Education Service	101.4	101.7	100.6
3.文化娱乐类	Cultural and Recreational Articles	101.4	101.5	101.1
(1)文化娱乐	Cultural and Recreational	100.7	100.3	101.1
(2)书报杂志	Newspapers and Magazines	101.3	101.5	100.9
(3)文娱费	Recreational Fees	101.9	102.0	101.5
4.旅 游	Tourism	103.2	103.5	102.2
八、居 住	Residence	102.7	102.2	103.8
1.建房及装修材料	Housing Building and Decorations	99.4	95.5	106.3
2.住房租金	Rent for Housing	105.1	103.9	107.4
3.自有住房	Private House	103.7	103.9	103.3
4.水、电、燃料	Water, Electricity and Fuels	102.5	102.2	102.9

6-6 农业生产资料价格分类指数

INDICES OF AGRICULTURAL PRODUCTIVE MATERIALS BY CATEGORY OF COMMODITIES

上年=100 (last year=100)

类　别	Category	2005	2010	2012
农业生产资料价格指数	**Price Indices of Agricultural Pruductive Materials**	**113.3**	**102.0**	**105.4**
一、农用手工工具	Manipulative Tools for Agruiculture	125.8	103.3	108.9
二、饲　料	Forage	109.0	109.7	102.9
三、产品畜	Commodity Animals	114.0	96.1	111.4
四、半机械化农具	Semi-mechanized Farm Implements	101.8	100.0	100.0
五、机械化农具	Mechanized Farm Implements	101.4	99.6	101.4
六、化学肥料	Chemical Fertilizer	115.9	94.7	106.4
七、农药及农药械	Pesticide and Its Appliances	129.7	101.3	101.9
1.化学农药	Chemical Pesticide	133.2	101.1	101.7
2.农药器械	Chemical Pesticide Appliances	116.0	102.2	102.5
八、农用机油	Oil for Farm Machinery	109.5	109.8	103.9
九、其他农业生产资料	Other Agricultural Pruductive Material	116.4	105.7	103.5
十、农业生产服务	Agricultural Pruductive Service		107.2	109.4

6-7 调查市县居民消费价格指数(2012年)

RESIDENTS CONSUMER PRICE INDICES IN CITIES AND COUNTIES SURVEYED (2012)

上年=100 (last year=100)

市　县	Region	居民消费价格总指数 General Index	食品类 Food	烟酒类 Tobacco and Liquor	衣着类 Clothing	家庭设备用品及维修服务 Household Appliances and Maintenance Services	医疗保健和个人用品 Health Care and Personal Articles	交通和通信类 Transportation and Communication	娱乐教育文化用品及服务 Recreation, Education and Cultural Articles and Services	居住类 Residence
全　省	**Total**	**102.5**	**104.2**	**103.1**	**102.1**	**101.7**	**101.9**	**99.7**	**101.0**	**102.7**
太原市	Taiyuan	102.1	103.8	103.2	102.1	104.0	102.1	99.3	100.7	101.1
大同市	Datong	102.3	105.0	104.7	100.5	100.2	101.5	99.9	101.1	101.1
阳泉市	Yangquan	102.3	106.4	100.3	99.1	101.1	100.8	100.6	100.5	100.6
长治市	Changzhi	102.4	103.9	101.2	104.6	100.1	101.1	100.2	102.7	101.3
晋城市	Jincheng	102.4	103.6	101.5	101.9	102.4	101.8	98.5	101.4	104.4
朔州市	Shuozhou	102.7	105.0	106.1	101.8	100.5	100.3	99.7	99.9	104.3
晋中市	Jinzhong	102.2	105.5	102.6	99.7	100.9	101.2	99.9	101.1	101.5
运城市	Yuncheng	102.5	105.2	105.9	97.5	97.8	103.2	100.6	100.2	104.4
忻州市	Xinzhou	102.3	103.3	103.2	106.4	100.6	101.2	97.8	97.7	103.8
临汾市	Linfen	103.0	103.7	100.2	104.9	102.5	102.8	100.3	101.2	104.3
吕梁市	Lvliang	102.6	104.3	101.4	103.0	101.3	101.2	100.3	101.2	102.6
汾阳市	Fenyang	102.7	103.4	100.5	103.6	101.2	102.7	101.1	100.9	103.1
永济市	Yongji	102.5	104.6	102.3	102.9	99.8	101.5	99.5	98.8	103.5
平遥县	Pingyao	102.6	102.0	105.8	102.9	101.6	101.6	102.3	100.5	105.1
浑源县	Hunyuan	102.1	103.3	100.6	102.1	101.0	102.0	101.2	100.6	101.6
兴　县	Xingxian	102.5	103.7	100.6	101.7	102.2	102.6	101.3	100.4	102.8
洪洞县	Hongtong	102.5	102.7	104.4	101.6	104.2	103.2	100.1	102.3	102.8

6-8 调查市县商品零售价格指数(2012年)

RETAIL PRICE INDICES IN CITIES AND COUNTIES SURVEYED(2012)

上年=100 (last year=100)

市 县 Region		商品零售价格指数 General Index	食品类 Food	服装鞋帽类 Garments, Shoes and Hats	纺织品类 Textiles	家用电器及音像器材 Household Appliances and Audiovisual Equipment	日用品类 Daily Use Articles	中西药品及医疗保健用品类 Traditional, Western Medecines and Health Care Products	燃料类 Fuels	建筑材料及五金电料类 Building Materials, Hardware and Electrical Materials
全 省	**Total**	**101.8**	**104.0**	**102.2**	**102.7**	**98.0**	**101.7**	**102.1**	**102.6**	**100.5**
太原市	Taiyuan	101.2	103.7	102.1	103.9	95.1	102.1	103.6	101.5	94.6
大同市	Datong	101.5	105.0	100.4	106.3	94.9	103.4	102.6	99.3	98.2
阳泉市	Yangquan	101.9	106.4	99.0	105.5	98.2	100.3	101.6	102.7	100.7
长治市	Changzhi	101.8	103.9	104.8	105.7	97.6	100.4	101.6	102.5	99.4
晋城市	Jincheng	101.9	103.6	101.9	103.7	98.7	100.0	103.2	104.8	101.5
朔州市	Shuozhou	102.5	105.0	101.6	101.9	98.9	102.2	101.6	106.0	103.6
晋中市	Jinzhong	102.2	104.9	99.8	103.6	99.3	100.6	102.7	101.9	101.2
运城市	Yuncheng	101.0	105.3	97.7	98.2	92.9	100.1	103.7	104.4	100.9
忻州市	Xinzhou	101.1	103.4	106.8	104.2	90.4	98.2	103.2	101.2	101.5
临汾市	Linfen	101.8	103.6	104.7	96.1	99.7	101.4	99.8	104.9	100.9
吕梁市	Lvliang	101.8	104.6	103.0	101.5	98.3	102.2	101.0	100.7	99.5
汾阳市	Fenyang	102.4	103.4	103.3	103.8	100.0	101.3	104.5	103.0	100.1
永济市	Yongji	101.6	103.1	102.0	100.6	98.1	99.9	104.4	103.1	103.7
平遥县	Pingyao	100.8	101.9	102.9	100.3	98.7	104.4	101.9	99.9	103.5
浑源县	Hunyuan	101.5	102.2	102.7	104.8	99.8	100.8	99.8	104.5	102.7
兴 县	Xingxian	102.2	103.8	101.3	106.4	100.3	103.1	103.2	103.8	100.7
洪洞县	Hongtong	102.1	102.5	101.4	104.5	97.9	103.3	103.0	103.0	105.3

6-9 工业生产者购进价格指数

PURCHASING PRICE INDICES OF INDUSTRIAL PRODUCER

上年=100 (last year=100)

名 称	Item	2005	2010	2012
总 指 数	**Total Price Index**	**108.2**	**109.0**	**98.1**
一、燃料动力类	Fuels	113.2	104.9	98.2
二、黑色金属材料类	Ferrous Metal Materials	105.5	110.1	95.9
钢 材	Steel	107.0	103.6	96.9
其 他	Others	104.5	115.7	95.3
三、有色金属材料和电线类	Non-ferrous Metals	115.8	119.9	95.1
四、化工原料类	Chemical Raw Materials	107.8	112.2	101.9
五、木材及纸浆类	Timber and Paper Pulp	104.5	103.5	108.0
六、建筑材料及非金属矿类	Building Materials and Non-metal Mineral	105.1	98.2	111.6
七、其他工业原材料及半成品类	Other Industrial Raw Materials and Half-products	104.6	102.5	98.3
八、农副产品类	Farm Products	105.0	118.8	96.1
九、纺织原料类	Textile Raw Materials	101.8	111.4	94.9

6-10 工业生产者出厂价格指数
EX-FACTORY PRICE INDICES OF INDUSTRIAL PRODUCER

上年=100 (last year=100)

指　标	Item	2005	2010	2012
全部工业品	**Total Industrial Products**	**110.2**	**109.5**	**94.5**
1.轻工业	Light Industry	102.4	101.8	100.8
以农产品为原料	Using Farm Products as Raw Materials	100.4	106.7	100.8
以非农产品为原料	Using Non-farm Products as Raw Materials	103.9	98.4	101.0
重工业	Heavy Industry	111.3	110.2	94.2
采掘工业	Ming and Quarrying	127.3	112.1	91.9
原料工业	Raw Material Industry	106.4	109.8	95.6
加工工业	Manufacturing Industry	104.4	109.6	91.7
2.生产资料	Productive Materials	110.6	109.7	94.2
采掘工业	Ming and Quarrying	127.1	110.7	91.9
原料工业	Raw Material Industry	104.7	110.1	95.6
加工工业	Manufacturing Industry	103.7	107.9	91.9
生活资料	Living Materials	102.8	104.9	100.4
食　品	Food	102.1	105.0	100.9
衣　着	Clothing	100.6	104.9	105.5
一般日用品	Daily Articles	105.6	105.2	97.9
耐用消费品	Duriable Consumer	105.9	101.7	103.0
按工业部门分	**By Department of Industry**			
1.冶金工业	Metallurgical Industry	104.6	114.3	88.1
2.电力工业	Power Industry	105.3	105.7	105.8
3.煤炭及炼焦工业	Coal and Coking Industry	119.3	110.5	93.1
4.石油工业	Petroleum Industry	102.6	101.2	100.8
5.化学工业	Chemical Industry	111.2	102.8	99.5
6.机械工业	Machine Industry	103.6	98.9	99.5
7.建筑材料工业	Building Materials Industry	103.9	98.5	97.9
8.森林工业	Forestry Industry	102.7	104.8	100.2
9.食品工业	Food Industry	102.6	105.4	101.2
10.纺织工业	Textile Industry	90.9	116.9	92.8
11.缝纫工业	Tailoring Industry	100.3	104.9	105.5
12.皮革工业	Leather Industry	108.2	104.2	92.8
13.造纸工业	Paper Making Industry	103.0	105.5	99.6
14.文教艺术用品工业	Cultural,Education & Handicrafts Article	104.5	101.8	100.6
15.其他工业	Other Industry	104.7	102.5	100.3

6-11 工业生产者分行业出厂价格指数
EX-FACTORY PRICE INDICES OF INDUSTRIAL PRODUCER BY SECTOR

上年=100 (last year=100)

指 标	Item	2011	2012
煤炭开采和洗选业	Coal Mining and Dressing	110.5	94.6
石油和天然气开采业	Petroleum and Natural Gas Extraction	106.5	100.3
黑色金属矿采选业	Ferrous Metals Mining and Dressing	107.7	92.5
有色金属矿采选业	Non-ferrous Metals Mining and Dressing	120.8	97.5
非金属矿采选业	Non-metal Minerals Mining and Dressing	101.4	100.4
其他采矿业	Other Minings		
农副食品加工业	Farm Products Processing	113.6	100.3
食品制造业	Food Manufacturing	107.3	102.1
饮料制造业	Beverage Manufacturing	103.6	101.7
烟草制品业	Tobacco Products	100.0	102.6
纺织业	Textile Industrial	115.2	93.1
纺织服装、鞋、帽制造业	Garments, Shoes and Hats Manufacturing	106.3	105.6
皮革、毛皮、羽毛(绒)及其制品业	Leather, Furs, Down and Related Products	101.3	92.8
木材加工及木、竹、藤、棕、草制品业	Timber Processing, Bamboo, Cane, Plam, Fiber and Straw Products	100.0	100.0
家具制造业	Furniture Manufacturing	121.4	103.1
造纸及纸制品业	Papermaking and Paper Products	107.6	99.6
印刷业和记录媒介的复制	Printing and Record Medium Reproduction	103.1	100.5
文教体育用品制造业	Cultural, Educational and Sports Goods	103.1	103.0
石油加工、炼焦及核燃料加工业	Petroleum Processing, Coking and Nuclear Fuel Processing	105.0	88.7
化学原料及化学制品制造业	Raw Chemical Materials and Chemical Products	112.9	99.9
医药制造业	Medical and Pharmaceutical Products	102.1	98.7
化学纤维制造业	Chemical Fiber	130.0	92.7
橡胶制品业	Rubber Products	118.0	94.6
塑料制品业	Plastic Products	102.5	99.2
非金属矿物制品业	Non-metal Mineral Products	102.6	98.4
黑色金属冶炼及压延加工业	Smelting and Pressing of Ferrous Metals	107.5	86.2
有色金属冶炼及压延加工业	Smelting and Pressing of Non-ferrous Metals	111.2	95.8
金属制品业	Metal Prodcuts	103.1	98.1
通用设备制造业	Ordinary Machinery Manufacturing	105.4	99.9
专用设备制造业	Special Purpose Equipment Manufacturing	100.2	97.7
交通运输设备制造业	Transport Equipment Manufacturing	100.6	100.6
电气机械及器材制造业	Electric Equipment and Machinery	101.4	100.3
通信设备、计算机及其他电子设备制造业	Telecommunications Equipments , Computer and Other Electronic Equipments Manufacturing	99.0	101.4
仪器仪表及文化、办公用机械制造业	Instrument,Meters,Cultural and Office Machinery Manufacturing	100.5	98.4
工艺品及其他制造业	Handicraft Articles and Others Manfacturing	102.5	100.1
废弃资源和废旧材料回收加工业	Resources Discarded & Waste Materials Recovering and Processing		
电力、热力的生产和供应业	Production & Supply of Electric Power and Heating Power	101.9	105.8
燃气生产和供应业	Production and Supply of Gas	99.8	100.0
水的生产和供应业	Production and Supply of Water	101.4	101.1

6-12 固定资产投资价格指数

PRICE INDICES OF INVESTMENT IN FIXED ASSETS

上年=100 (last year=100)

指　　标	Item	2005	2010	2012
固定资产投资	**Investment in Fixed Assets**	**103.0**	**103.7**	**101.2**
建筑安装、装饰工程	**Construction, Installation and Decoration**	**102.7**	**105.5**	**102.0**
人工费	Labour	106.9	109.1	111.5
工程管理人员	Manager	105.8	109.6	104.4
工程技术人员	Engineer	106.4	107.2	109.0
普通工人	Ordinary Labour	107.2	109.4	113.6
材料费	Material	101.7	104.5	98.7
钢　材	Steel	100.1	105.0	94.3
木　材	Timber	101.4	102.4	103.8
水　泥	Cement	102.3	104.9	99.8
地方建筑材料	Local Construction Material	104.8	104.1	103.9
化工材料	Chemical Material	106.5	104.4	103.3
电　料	Electric Material	98.7	104.4	101.9
其他材料	Others	103.7	104.4	103.8
机械费	Machinery	102.9	104.9	104.0
土石方及筑路机械	Earthwork and Road Building Machinery	103.6	104.4	104.6
打桩机械	Piling	100.2	103.1	113.5
起重机械	Hoist	104.1	102.9	106.2
运输机械	Transporting	103.0	107.7	102.5
混凝土及砂浆机械	Concrete and Sand Starch	102.4	104.2	102.3
加工机械	Processing	100.8	102.7	99.7
泵类机械	Pumping	100.6	102.3	103.8
船舶机械	Shipping	95.2		117.7
其他机械	Others	101.6	105.6	100.0
设备、工器具购置	**Purchase of Equipment, Tools and Instruments**	**104.3**	**100.3**	**98.9**
其他费用	**Others**	**102.5**	**100.9**	**100.7**
土地取得费	Land Obtaining	101.5	100.3	100.4
前期工程费	Prophase Project	102.2	100.1	100.1
施工工作费	Construction	103.7	101.8	101.5
建设单位其他费用	Other fees of Construction Unit	102.6	101.3	101.0

主要统计指标解释

居民消费价格指数 反映居民生活消费品及服务项目价格变动趋势和变动程度的相对数，采用链式拉斯贝尔公式，加权平均计算。根据抽样调查方法在全省抽取 17 个调查市、县为填报单位。

商品零售价格指数 反映市场商品零售价格变动趋势和变动程度的相对数，计算方法及样本单位同上。

农业生产资料价格指数 反映农业生产资料价格变动趋势和变动程度的相对数，计算方法同上，根据抽样调查方法在全省抽取 6 个县、市为填报单位。

工业生产者出厂价格指数 是反映全部工业产品出厂价格总水平的变动趋势和程度的相对数，根据全省部分重点企业的产品出厂价格的定期调查资料，按加权算术平均公式计算。

工业生产者购进价格指数 是反映工业企业购进主要原材料、燃料、动力价格水平变动趋势和程度的相对数。根据全省部分重点企业主要原材料、燃料、动力购进价格的定期调查资料，按加权算术平均公式计算。

Explanatory Notes on Main Statistical Indicators

Residents Consumer Price Indices reflect the trend and degree of changes in prices of consumer goods and services purchased by urban and rural residents. They are calculated by the weighted arithmetic mean, using Byes formula. According to sampling survey, draw 17 survey cities and counties in total Province as report units.

Retail Price Indices reflect the general change and degree in retail prices of market commodities. The calculating method and sample unit are the same as above.

Indices of Agricultural Productive Materials refer the trend and degree of changes in price of agricultural productive materials. The calculating method is same as above, and drawing 6 survey cities and counties as report units.

Ex-factory Price Indices of Industrial Producer reflect the trend and degree of changes in ex-factory prices of all industrial products. They are calculated by the weighted arithmetic mean, according to regular survey data of ex-factory price in part of important enterprises in the province.

Purchasing Price Indices of Industrial Producer reflect the trend and degree of changes in prices of industrial enterprises purchasing raw materials and fuels. They are calculated by the weighted arithmetic mean, according to regular survey data of major raw materials and fuels purchasing price in part of important enterprises in the province.

07 人民生活

PEOPLE'S LIVELIHOOD

PAGE

205–250

资料整理人员

刘红刚　张庆贤　高　芳　刘　琳

人民生活

PEOPLE´S LIVELIHOOD

城镇居民家庭人均可支配收入	Per Capita Disposable Income of Urban Households	20411.7	元	(yuan)
城镇居民家庭人均消费性支出	Per Capita Living Expenditure of Urban Households	12211.5	元	(yuan)
城镇居民人均住房建筑面积	Per Capita Living Space of Urban Households	30.6	平方米	(sq.m)
农民人均纯收入	Per Capita Net Income of Rural Households	6356.6	元	(yuan)
农村住户人均生活消费支出	Per Capita Living Expenditure of Rural Households	5566.2	元	(yuan)
农村居民人均住房面积	Per Capita Living Space of Rural Households	32.4	平方米	(sq.m)

城乡居民恩格尔系数 (%)

Engel s Coefficient of Urban and Rural Residents (%)

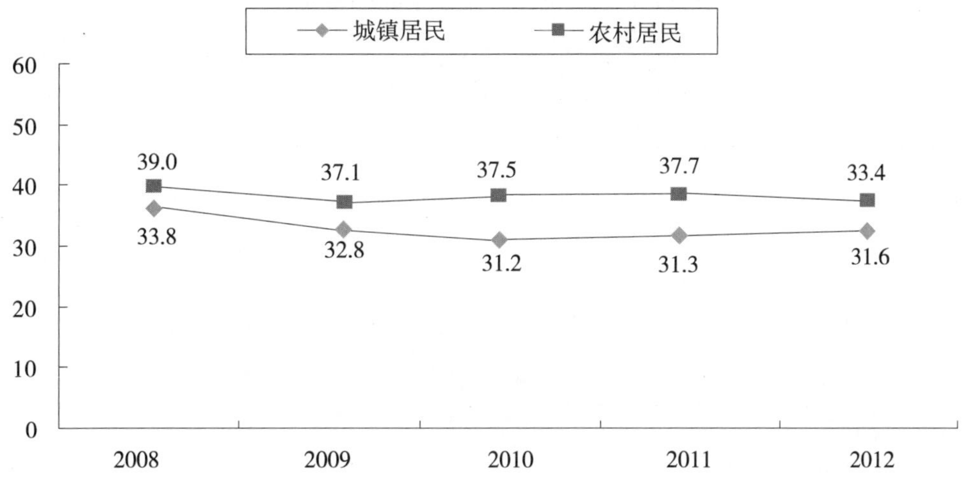

城乡居民家庭人均收入 (元)

Per Capita Disposable Income of Urban Households and Net Income of Rural Households (yuan)

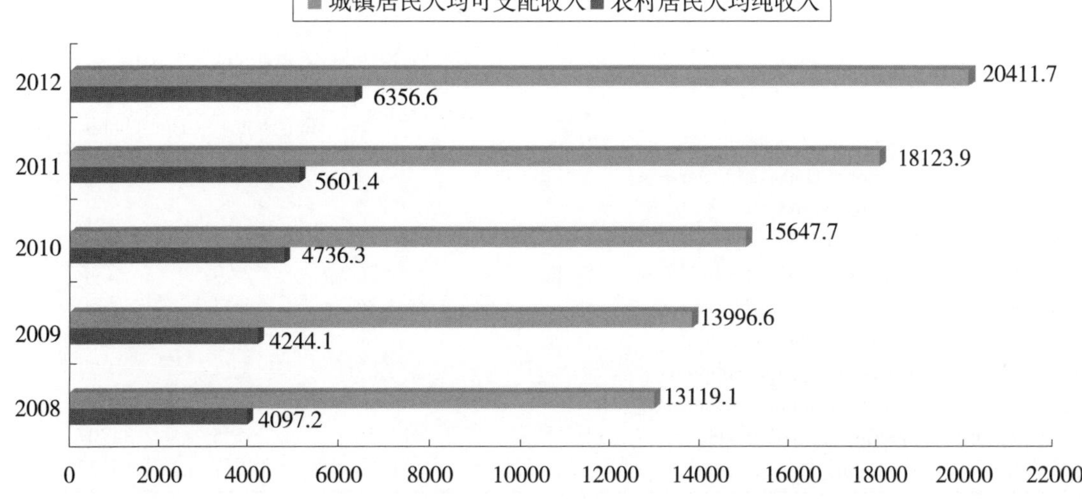

7-1 城镇居民家庭生活基本情况
BASIC CONDITIONS OF URBAN HOUSEHOLDS

指　标	Item	2005	2010	2012
一、调查户数(户)	Number of Households Surveyed (household)	1810	1810	1810
二、平均每户家庭人口数(人)	Average Household Size (person)	2.97	2.84	2.78
三、平均每户就业人口数(人)	Average Number of Employees Per Household (person)	1.47	1.34	1.31
四、平均每一就业者负担人数(人)	Number of Persons Supported by Each Employee (person)	2.02	2.12	2.12
五、平均每人全年可支配收入(元)	Per Capita Disposable Income (yuan)	8913.90	15647.66	20411.71
高收入户	High Income Households	16950.98	38165.41	41420.86
中等收入户	Middle Income Households	8203.99	15197.35	20193.27
低收入户	Low Income Households	3732.89	8555.43	8588.06
六、平均每人全年消费性支出(元)	Per Capita Annual Living Expenditure (yuan)	6342.63	9792.65	12211.53
高收入户	High Income Households	10169.22	20111.64	21813.69
中等收入户	Middle Income Households	6270.30	9917.88	12195.20
低收入户	Low Income Households	3363.30	6172.03	6654.49
七、人均住房建筑面积(平方米)	Construction Space Per Capia(sq.m)	25.57	28.02	30.64

按收入等级分组　　(by scale of income)

指　标	Item	总计组 Total	最低收入户 Lowest Income Households	#更低收入户 Difficult Households	低收入户 Low Income Households	中下收入户 Lower Middle Income Households
调查户数(户)	Number of Households Surveyed (household)	1810	182	92	181	361
比　重(%)	Proportion (%)	100.00	10.06	5.08	10.00	19.94
每户家庭人口数(人)	Average Household Size (person)	2.78	3.42	3.52	3.19	2.90
每户就业人口数(人)	Average Number of Employees Per Household (person)	1.31	1.13	0.97	1.26	1.42
每一就业者负担人数(人)	Number of Persons Supported By Each Employee (person)	2.12	3.03	3.63	2.53	2.04
每人可支配收入(元)	Per Capita Disposable Income (yuan)	20412	6711	5337	10611	14658
每人消费性支出(元)	Per Capita Annual Living Expenditure (yuan)	12212	5933	5042	7432	9561

指　标	Item	中等收入户 Middle Income Households	中上收入户 Upper Middle Income Households	高收入户 High Income Households	最高收入户 Highest Income Households
调查户数(户)	Number of Households Surveyed (household)	364	366	179	177
比　重(%)	Proportion (%)	20.11	20.22	9.89	9.78
每户家庭人口数(人)	Average Household Size (person)	2.76	2.50	2.46	2.25
每户就业人口数(人)	Average Number of Employees Per Household (person)	1.36	1.17	1.39	1.44
每一就业者负担人数(人)	Number of Persons Supported By Each Employee (person)	2.03	2.14	1.77	1.56
每人可支配收入(元)	Per Capita Disposable Income (yuan)	19958	26785	34707	48844
每人消费性支出(元)	Per Capita Annual Living Expenditure (yuan)	11796	15647	18278	25724

7-1 续表1 continued

按人均月可支配收入分组 (by monthly disposable income per capita)

指 标	Item	总 计 Total	200元以下 Under 200 yuan	200-400元 200-400 yuan
调查户数 (户)	Number of Households Surveyed (household)	1810	11	38
比 重 (%)	Proportion (%)	100	0.61	2.10
每户家庭人口数 (人)	Average Household Size (person)	2.78	3.18	3.34
每户就业人口数 (人)	Average Number of Employees Per Household (person)	1.31	0.75	0.92
每一就业者负担人数 (人)	Number of Persons Supported By Each Employee (person)	2.12	4.24	3.63
每人可支配收入 (元)	Per Capita Disposable Income (yuan)	20412	-3347	3702
每人消费性支出 (元)	Per Capita Annual Living Expenditure (yuan)	12212	8805	4726

指 标	Item	400-600元 400-600 yuan	600-800元 600-800 yuan	800-1000元 800-1000 yuan	1000-1500元 1000-1500 yuan
调查户数 (户)	Number of Households Surveyed (household)	87	121	153	441
比 重 (%)	Proportion (%)	4.81	6.68	8.45	24.36
每户家庭人口数 (人)	Average Household Size (person)	3.32	3.23	3.15	2.89
每户就业人口数 (人)	Average Number of Employees Per Household (person)	1.17	1.25	1.33	1.39
每一就业者负担人数 (人)	Number of Persons Supported By Each Employee (person)	2.84	2.58	2.37	2.08
每人可支配收入 (元)	Per Capita Disposable Income (yuan)	6025	8360	10755	14776
每人消费性支出 (元)	Per Capita Annual Living Expenditure (yuan)	5561	6879	8043	10241

指 标	Item	1500-2000元 1500-2000 yuan	2000-2500元 2000-2500 yuan	2500-3000元 2500-3000 yuan
调查户数 (户)	Number of Households Surveyed (household)	360	228	141
比 重 (%)	Proportion (%)	19.89	12.60	7.79
每户家庭人口数 (人)	Average Household Size (person)	2.68	2.51	2.37
每户就业人口数 (人)	Average Number of Employees Per Household (person)	1.35	1.22	1.19
每一就业者负担人数 (人)	Number of Persons Supported By Each Employee (person)	1.99	2.06	1.99
每人可支配收入 (元)	Per Capita Disposable Income (yuan)	20655	26714	32474
每人消费性支出 (元)	Per Capita Annual Living Expenditure (yuan)	12639	15537	17911

指 标	Item	3000-4000元 3000-4000 yuan	4000元以上 4000 yuan over
调查户数 (户)	Number of Households Surveyed (household)	127	103
比 重 (%)	Proportion (%)	7.02	5.69
每户家庭人口数 (人)	Average Household Size (person)	2.35	2.35
每户就业人口数 (人)	Average Number of Employees Per Household (person)	1.36	1.56
每一就业者负担人数 (人)	Number of Persons Supported By Each Employee (person)	1.73	1.51
每人可支配收入 (元)	Per Capita Disposable Income (yuan)	40721	75683
每人消费性支出 (元)	Per Capita Annual Living Expenditure (yuan)	20880	29183

7-1 续表2 continued

按户主职业分组 (by occupation)

指　标	Item	国家机关、企事业单位负责人 Person in Charge	专业技术人员 Technical Personnel	办事人员和有关人员 Office Worker and Relative	商业、服务业人员 Commercial and Service Personnel
调查户数 (户)	Number of Households Surveyed (household)	56	254	386	154
比　重 (%)	Proportion (%)	4.61	20.91	31.77	12.67
每户家庭人口数 (人)	Average Household Size (person)	2.95	2.75	2.90	2.92
每户就业人口数 (人)	Average Number of Employees Per Household (person)	1.73	1.79	1.90	1.71
每一就业者负担人数 (人)	Number of Persons Supported By Each Employee (person)	1.71	1.54	1.53	1.71
每人可支配收入 (元)	Per Capita Disposable Income (yuan)	30455	23649	22620	15878
每人消费性支出 (元)	Per Capita Annual Living Expenditure (yuan)	16563	14004	13831	10544

指　标	Item	农、林、牧、渔、水利生产人员 Agricultural Labour	生产、运输设备操作人员及有关人员 Worker of Prouction and Transportation and Relative	军　人 Armyman	不便分类的其　他从业人员 Others
调查户数 (户)	Number of Households Surveyed (household)	3	320	2	40
比　重 (%)	Proportion (%)	0.25	26.34	0.16	3.29
每户家庭人口数 (人)	Average Household Size (person)	3.00	2.96	3.00	3.00
每户就业人口数 (人)	Average Number of Employees Per Household (person)	2.00	1.69	2.00	1.56
每一就业者负担人数 (人)	Number of Persons Supported By Each Employee (person)	1.50	1.75	1.50	1.92
每人可支配收入 (元)	Per Capita Disposable Income (yuan)	13441	18156	24353	15756
每人消费性支出 (元)	Per Capita Annual Living Expenditure (yuan)	9432	11097	18269	8839

按家庭规模分组 (by scale of household)

指　标	Item	总　计 Total	一人户 One Person Hou-seholds	二人户 Two Persons House-holds	三人户 Three Persons House-holds	四人户 Four Persons House-holds	五人及以上户 Five Persons and over Households
调查户数 (户)	Number of Households Surveyed (household)	1810	61	631	801	232	85
比　重 (%)	Proportion (%)	100	3.37	34.86	44.25	12.82	4.70
每户家庭人口数(人)	Average Household Size (person)	2.77	1.00	2.00	3.00	4.00	5.11
每户就业人口数(人)	Average Number of Employees Per Household (person)	1.31	0.18	0.77	1.70	1.57	1.96
每一就业者负担人数 (人)	Number of Persons Supported By Each Employee (person)	2.11	5.56	2.60	1.76	2.55	2.61
每人可支配收入(元)	Per Capita Disposable Income (yuan)	20412	25816	27093	20161	14036	13698
每人消费性支出(元)	Per Capita Annual Living Expenditure (yuan)	12212	18584	15261	12569	8385	7704

7-2 城镇居民家庭人均全部收入及构成
TOTAL INCOME PER CAPITA AND COMPOSITION OF URBAN HOUSEHOLDS

指　　标	Item	2005	2010	2012
家庭总收入(元)	**Total Income (yuan)**	**9538.56**	**16893.00**	**22100.31**
#可支配收入	Disposable Income	8913.91	15647.66	20411.71
一、工薪收入	Income of Pay	7103.46	10784.74	14973.64
工资及补贴收入	Wage and Subsidy	6687.69	10458.97	14464.87
其他劳动收入	Other Income	415.77	325.78	508.77
二、经营净收入	Net Income of Business	350.90	1044.85	1041.43
三、财产性收入	Property Income	136.38	198.59	301.84
#利息收入	Interest	18.61	41.29	73.32
股息与红利收入	Dividend and Bonus	37.03	24.18	36.19
其他投资收入	Other Investment Income	32.28	31.54	23.51
出租房屋收入	House Rent Income	34.45	96.03	165.24
四、转移性收入	Transfer Income	1947.76	4864.81	5783.41
#养老金或离退休金	Pensions For Old People and Retired Veterans	1550.98	3928.90	4981.33
社会救济收入	Social Relief Income	19.62	71.43	97.56
辞退金	Dismiss Pensions	12.50	19.84	42.85
赡养收入	Old Alimony	72.64	200.94	228.99
捐赠收入	Contribution Income	211.14	484.83	245.84
提取住房公积金	Drawing House Accumulation Fund	13.76	11.41	5.91
家庭总收入构成(%)	**Composition of Total Income (%)**	**100.00**	**100.00**	**100.00**
#可支配收入	Disposable Income	93.45	92.63	92.36
一、工薪收入	Income of Pay	74.47	63.84	67.75
工资及补贴收入	Wage and Subsidy	70.11	61.91	65.45
其他劳动收入	Other Income	4.36	1.93	2.30
二、经营净收入	Net Incom of Business	3.68	6.19	4.71
三、财产性收入	Property Income	1.43	1.18	1.37
#利息收入	Interest	0.20	0.24	0.33
股息与红利收入	Dividend and Bonus	0.39	0.14	0.16
其他投资收入	Other Investment Income	0.34	0.19	0.11
出租房屋收入	House Rent Income	0.36	0.57	0.75
四、转移性收入	Transfer Income	20.42	28.80	26.17
#养老金或离退休金	Pensions For Old People and Retired Veterans	16.26	23.26	22.54
社会救济收入	Social Relief Income	0.21	0.42	0.44
辞退金	Dismiss Pensions	0.13	0.12	0.19
赡养收入	Old Alimony	0.76	1.19	1.04
捐赠收入	Contribution Income	2.21	2.87	1.11
提取住房公积金	Drawing House Accumulation Fund	0.14	0.07	0.03

7-3 城镇居民家庭平均每人全年消费性支出及构成

LIVING EXPENDITURE PER CAPITA AND COMPOSITION OF URBAN HOUSEHOLDS

项　目	Item	2005	2010	2012
消费性支出(元)	**Total living Expenditure (yuan)**	**6342.63**	**9792.65**	**12211.53**
一、食　品	Food	2056.79	3052.57	3855.56
1.粮油类	Grain , Oil and Fats	376.96	587.07	679.59
2.肉禽蛋水产品类	Meats , Poultry , Eggs and Aquatic Products	392.56	579.54	726.30
3. 蔬菜类	Vegetables	247.57	347.90	383.69
4.调味品	Seasoning	24.45	47.78	56.58
5.糖烟酒饮料类	Sugar , Tobacco , Liquor and Drinking	233.64	368.78	475.38
6.干鲜瓜果类	Dry and Fresh Fruits	144.14	289.15	402.92
7. 糕点、奶及奶制品	Cakes , Milk and Milk Products	199.68	239.24	314.82
8. 其他食品	Other Foods	31.97	62.66	82.80
9. 饮食服务	Catering Service	405.82	530.45	733.47
二、衣　着	Clothing	933.03	1205.89	1529.47
三、居　住	Residence	727.91	1245.00	1438.88
四、家庭设备用品及服务	Household Facilities,Articles and Services	359.44	612.59	832.52
五、医疗保健	Health Care	538.70	774.89	905.88
六、交通和通信	Transportation and Communication	604.35	1340.90	1672.29
七、教育文化娱乐服务	Education,Culture and Recreation Services	932.53	1229.68	1506.20
八、杂项商品和服务	Miscellaneous Commodities and Services	189.88	331.14	470.72
消费性支出构成 (%)	**Composition of Living Expenditure(%)**	**100.00**	**100.00**	**100.00**
一、食　品	Food	32.43	31.17	31.57
1.粮油类	Grain , Oil and Fats	5.94	6.00	5.57
2.肉禽蛋水产品类	Meats , Poultry , Eggs and Aquatic Products	6.19	5.92	5.95
3. 蔬菜类	Vegetables	3.90	3.55	3.14
4.调味品	Seasoning	0.39	0.49	0.46
5.糖烟酒饮料类	Sugar , Tobacco , Liquor and Drinking	3.68	3.77	3.89
6.干鲜瓜果类	Dry and Fresh Fruits	2.27	2.95	3.30
7. 糕点、奶及奶制品	Cakes , Milk and Milk Products	3.15	2.44	2.58
8. 其他食品	Other Foods	0.50	0.64	0.68
9. 饮食服务	Catering Service	6.40	5.42	6.00
二、衣　着	Clothing	14.71	12.31	12.53
三、居　住	Residence	11.48	12.71	11.78
四、家庭设备用品及服务	Household Facilities,Articles and Services	5.67	6.26	6.82
五、医疗保健	Health Care	8.49	7.91	7.42
六、交通和通信	Transportation and Communication	9.53	13.69	13.69
七、教育文化娱乐服务	Education,Culture and Recreation Services	14.70	12.56	12.34
八、杂项商品和服务	Miscellaneous Commodities and Services	2.99	3.38	3.85

7-4 主要年份城镇居民人均可支配收入增长情况

INCREASE OF URBAN HOUSEHOLDS PER CAPITA DISPOSABLE INCOME IN MAJOR YEARS

单位：元 (yuan)

年 份 Year	可支配收入 Disposable Income	比上年增加额 Increase Value over Last Year	比上年增长(%) Increase Rate over Last Year	城镇居民消费价格指数(1952年=100) Consumer Price Index of Urban Residents (year of 1952=100)	扣除物价上涨因素后 Deducting Price Rising	
					实际收入 Disposable Income	比上年增长% Increase Rate over Last Year
1978	301.4			115.6	260.7	
1980	379.7			123.2	308.2	
1985	595.3	78.4	15.2	148.2	401.7	5.6
1990	1290.9	114.8	9.8	246.6	523.5	8.2
1995	3301.9	736.2	28.7	487.5	677.3	10.3
2000	4724.1	381.5	8.8	564.8	836.4	3.9
2005	8913.9	1011.0	12.8	588.3	1515.2	10.9
2006	10027.7	1113.8	12.5	598.9	1674.4	10.5
2007	11565.0	1537.3	15.3	624.1	1853.1	10.7
2008	13119.1	1554.1	13.4	667.8	1964.5	6.0
2009	13996.6	877.5	6.7	661.1	2117.1	7.8
2010	15647.7	1651.1	11.8	681.6	2295.7	8.4
2011	18123.9	2476.2	15.8	716.4	2529.9	10.2
2012	20411.7	2287.8	12.6	733.6	2782.4	10.0
2012年为1952年% 2012as Percentage of 1952 %	16199.8					
平均每年递增% Average Annual Growth Rate (%)	8.8					

7-5 主要年份城镇居民人均消费性支出增长情况

INCREASE OF URBAN HOUSEHOLDS PER CAPITA LIVNG EXPENDITURE IN MAJOR YEARS

单位：元 (yuan)

年 份 Year	消费性支出 Living Expenditure	比上年增加额 Increase Value over Last Year	比上年增长(%) Increase Rate over Last Year	城镇居民消费价格指数(1952年 = 100) Consumer Price Index of Urban Residents (year of 1952=100)	扣除物价上涨因素后 Deducting Price Rising	
					实际支出 Expenditure	比上年增长% Increase Rate over Last Year
1978	275.4			115.6	238.2	
1980	356.6	51.8	17.0	123.2	289.4	10.8
1985	533.4	100.1	23.1	148.2	359.9	12.8
1990	1047.7	54.2	5.5	246.6	424.9	3.9
1995	2640.7	597.4	29.2	487.5	541.7	10.7
2000	3941.9	448.9	12.9	564.8	697.9	7.8
2005	6342.6	688.4	12.2	588.3	1078.1	10.3
2006	7170.9	828.3	13.1	598.9	1197.4	11.1
2007	8101.8	930.9	12.9	624.1	1298.2	8.4
2008	8806.6	704.8	8.7	667.8	1318.7	1.6
2009	9355.1	548.6	6.2	661.1	1415.1	7.3
2010	9792.7	437.6	4.7	681.6	1436.7	1.5
2011	11354.3	1561.7	15.9	716.4	1584.9	10.3
2012	12211.5	857.2	7.6	733.6	1664.6	5.0
2012年为1952年% 2012as Percentage of 1952%	13088.5					
平均每年递增% Average Annual Growth Rate (%)	8.5					

7-6 城镇居民家庭平均每人全年购买的主要商品数量
PER CAPITA ANNUAL PURCHASES OF MAJOR COMMODITIES IN URBAN HOUSEHOLDS

指　　标		Item	2005	2010	2012
粮　食	(公斤)	Grain (kg)	91.38	98.17	92.58
食用植物油	(公斤)	Edible Vegetable Oil (kg)	6.59	7.71	7.96
猪　肉	(公斤)	Pork (kg)	11.30	11.54	11.16
牛羊肉	(公斤)	Beef and Mutton (kg)	2.21	1.96	1.82
家　禽	(公斤)	Poultry (kg)	2.82	3.60	3.34
蛋　类	(公斤)	Fresh Eggs (kg)	13.56	12.81	12.55
鱼　虾	(公斤)	Fish and Shrimp (kg)	2.67	2.65	2.75
蔬　菜	(公斤)	Fresh Vegetables (kg)	138.59	123.30	110.50
酒　类	(公斤)	Liquor (kg)	3.69	3.50	3.28
服　装	(件)	Garments (piece)	8.58	8.20	9.43
鞋　类	(双)	Shoes (pair)	2.94	2.63	2.83
煤　炭	(公斤)	Coal (kg)	180.90	137.56	106.68

7-7 城镇居民家庭平均每百户年末耐用消费品拥有量
DURABLE CONSUMER GOODS OWNED PER 100 URBAN HOUSEHOLDS AT YEAR-END

品　　名		Item	2005	2010	2012
洗衣机	(台)	Washing Machines (unit)	99.77	100.73	103.44
电冰箱	(台)	Refrigerators (unit)	87.08	90.19	91.81
微波炉	(台)	Microwave Ovens (unit)		32.66	38.82
彩色电视机	(台)	Color Television Sets (unit)	113.69	111.75	111.17
组合音响	(套)	Hi-fi Systems (unit)	17.19	17.21	13.24
空调器	(台)	Air Conditioners (unit)	25.59	34.90	48.17
照相机	(架)	Cameras (unit)	35.20	29.34	32.64
摩托车	(辆)	Motorcycles (unit)	26.23	27.54	21.08
家用电脑	(台)	Household Computers (unit)	30.16	54.08	74.07
移动电话	(部)	Mobile Telephones (set)	109.70	146.61	188.39
家用汽车	(辆)	Household Cars (unit)	3.13	11.53	20.81

7-8 城镇居民家庭年末居住情况
LIVING CONDITIONS OF URBAN HOUSEHOLDS AT YEAR-END

单位：% (%)

指　　标	Item	2011	2012
一、按房屋产权	By Household Property Right	100.0	100.0
租赁公房	Rent Public Houses	3.9	3.3
租赁私房	Rent Private Houses	4.2	4.0
原有私房	Private Houses	10.1	10.7
房改私房	Reform Private Houses	48.0	45.8
商品房	Commercial Houses	28.9	32.2
其　他	Others	4.9	1.0
二、住宅建筑式样	By Style of Resident Building	100.0	100.0
单栋住宅	Dependent Resident	1.7	1.8
四居室	Four Bedrooms	2.8	2.9
三居室	Three Bedrooms	27.2	27.7
二居室	Two Beedrooms	47.5	46.5
一居室	One Beedroom	2.8	2.6
普通楼房	Ordinary Building	2.1	1.7
平房及其他	Single Storey Houses and Others	15.9	16.8
三、饮水情况	Water Drinking	100.0	100.0
自来水	Tap Water	97.5	97.5
矿泉水	Mineral Water	1.3	1.1
纯净水	Pure Water	1.2	1.4
井、河水	Well or River Water		0.01
其　他	Others		0.04
四、用水情况	Water Usage	100.0	100.0
独用自来水	Tap Water Owned Per Household	98.8	98.6
公用自来水	Public Tap Water	1.2	1.4
井、河水	Well or River Water		0.01
其　他	Others		
五、卫生设备	Health Facilities	100.0	100.0
无卫生设备	Without Health Facilities	10.5	10.8
有厕所浴室	Bathroom and Toilet Owned Per Household	64.0	66.4
有厕所无浴室	Toilet Owned Per Household Without Bathroom	23.5	20.7
公　用	Public Toilet room	2.0	2.1
六、取暖设备	Heating Facilities	100.0	100.0
无取暖设备	Without Heating Equipment	0.6	0.6
空调设备	Air Coditioner Owned	0.9	0.7
暖　气	Central Heating	85.0	84.2
其　他	Others	13.5	14.4
七、炊用燃料使用情况	Cooking Fuel	100.0	59.9
管道煤气	Pipeline Gas	28.7	25.8
液化石油气	Natural Gas	10.2	8.0
煤	Coal	8.0	8.2
其　他	Others	53.1	17.9
八、信息化调查	Informationization	100.0	100.0
#接入互联网的移动电话	Mobile Phone Connected with Internet	53.2	61.6
#接入有线电视网络的电视机	TV Sets Connected with CATV	90.3	91.5
#接入互联网的计算机	Computers Connected with Internet	58.4	63.5

7-9 城镇居民家庭平均每人全年消费性支出(2012年)

按户主职业分组

指　标	Item	国家机关、企事业单位负责人 Person in Charge	专业技术人员 Technical Personnel
消费性支出(元)	**Total Living Expenditure (yuan)**	**16563.46**	**14004.14**
一、食　品	Food	4444.71	3888.53
#1.粮　食	Grain	451.82	371.16
2.油脂类	Oil and Fats	141.79	106.53
3.肉禽及制品	Meat, Poultry and Related Products	545.53	498.10
4.蛋　类	Eggs	93.37	101.57
5.水产品类	Aquatic Products	80.07	68.32
6.菜　类	Vegetables	388.62	330.09
7.烟草类	Tobacco	290.18	247.11
8.酒和饮料	Liquor and Beverages	264.78	177.27
9.干鲜瓜果类	Dried and Fresh Melons and Fruits	399.85	424.21
10.奶及奶制品	Milk and Dairy Products	247.84	212.22
11.饮食服务	Dining Out	1152.83	941.47
二、衣　着	Clothing	2489.51	2062.32
#服　装	Garments	1932.64	1554.70
衣着材料	Clothing Materials	5.17	5.97
三、居　住	Residence	2201.55	1204.24
#住　房	Housing	711.92	154.99
水、电、燃料其他	Water, Electricity, Fuels and Others	1354.35	941.12
四、家庭设备用品及服务	Household Facilities, Articles and Services	1352.73	848.66
#耐用消费品	Durable Consumer Goods	697.70	364.31
五、医疗保健	Health Care	1033.76	687.95
六、交通和通信	Transportation and Communication	2377.92	2490.46
七、教育文化娱乐服务	Education, Culture and Recreation Services	1975.09	2230.76
1.耐用消费品	Durable Consumer Goods	584.50	564.55
2.教　育	Education	765.34	1207.88
3.文化娱乐	Culture and Recreation	625.25	458.33
八、杂项商品和服务	Miscellaneous Commodities and Services	688.19	591.23

URBAN HOUSEHOLDS PER CAPITA ANNUAL LIVING EXPENDITURE(2012)

(by cupation)

办事人员和有关人员 Office Worker and Relative	商业、服务业人员 Commercial and Service Personnel	农、林、牧、渔、水利生产人员 Agricultural Labour	生产、运输设备操作人员及有关人员 Worker of Prouction and Transportation and Relative	军人 Armyman	不便分类的其他从业人员 Others
13830.95	**10544.31**	**9432.18**	**11097.14**	**18269.47**	**8839.08**
3904.16	3167.13	3991.26	3772.97	5124.60	2859.37
355.30	411.76	449.48	386.95	340.47	372.30
102.98	121.10	43.96	106.84	80.83	110.09
492.68	418.17	387.56	528.79	808.95	461.97
108.02	77.16	96.58	92.25	86.00	86.71
56.84	66.89	27.69	70.21	29.17	69.26
332.54	319.34	263.56	343.57	450.35	265.98
272.14	208.11	537.01	288.28	232.92	212.70
207.87	136.94	124.59	194.25	216.75	196.80
413.53	312.91	256.95	390.70	806.82	285.51
233.19	148.66	142.19	202.64	383.33	127.92
920.08	601.93	1195.17	764.00	1144.30	367.61
2001.87	1273.06	1559.56	1573.33	4079.47	916.64
1521.85	963.74	1124.15	1155.92	2897.83	668.28
9.56	5.77		8.66		9.16
1549.47	1448.01	551.47	1105.23	1017.00	897.05
476.75	373.55	53.64	280.21	255.00	285.68
983.80	1009.70	492.20	754.47	752.00	579.29
974.56	842.79	388.38	724.17	1478.42	407.66
455.22	478.62		326.82	538.00	166.74
665.75	509.62	372.21	618.37	864.63	1175.12
2437.19	1589.28	827.26	1322.68	1456.75	1030.98
1726.78	1276.49	1521.37	1564.21	2889.70	1150.15
453.30	280.82	296.05	345.11	1138.23	181.69
879.47	612.82	1087.19	888.29	1637.13	616.57
394.01	382.86	138.14	330.81	114.33	351.90
571.19	437.93	220.67	416.17	1358.90	402.12

7-9 续表1

按收入等级分组

指　标	Item	总计组 Total	最低收入户 Lowest Income Households	更低收入户 Difficult Households
消费性支出(元)	**Total Living Expenditure (yuan)**	**12211.53**	**5933.27**	**5041.82**
一、食　品	Food	3855.56	2197.26	1901.15
#1.粮　食	Grain	421.97	369.54	357.55
2.油脂类	Oil and Fats	117.58	110.06	108.02
3.肉禽及制品	Meat, Poultry and Related Products	546.45	314.83	274.96
4.蛋　类	Eggs	106.60	74.10	71.29
5.水产品类	Aquatic Products	73.25	32.41	25.76
6.菜　类	Vegetables	383.69	270.81	243.59
7.烟草类	Tobacco	255.65	150.24	124.94
8.酒和饮料	Liquor and Beverages	186.72	84.64	73.03
9.干鲜瓜果类	Dried and Fresh Melons and Fruits	402.92	184.15	156.55
10.奶及奶制品	Milk and Dairy Products	209.63	107.90	94.82
11.饮食服务	Dining Out	733.47	242.00	134.91
二、衣　着	Clothing	1529.47	683.36	565.79
#服　装	Garments	1143.34	496.36	411.20
衣着材料	Clothing Materials	9.26	2.65	3.05
三、居　住	Residence	1438.88	1003.76	915.92
#住　房	Housing	362.83	146.32	133.82
水、电、燃料其他	Water, Electricity, Fuels and Others	986.78	811.27	741.73
四、家庭设备用品及服务	Household Facilities, Articles and Services	832.52	278.60	265.22
#耐用消费品	Durable Consumer Goods	384.47	80.19	71.84
五、医疗保健	Health Care	905.88	359.53	279.12
六、交通和通信	Transportation and Communication	1672.29	508.52	368.91
七、教育文化娱乐服务	Education, Culture and Recreation Services	1506.20	769.98	628.92
1.耐用消费品	Durable Consumer Goods	380.90	110.71	79.62
2.教　育	Education	719.76	562.85	464.68
3.文化娱乐	Culture and Recreation	405.54	96.43	84.62
八、杂项商品和服务	Miscellaneous Commodities and Services	470.72	132.27	116.79

continued

(by level of income)

低收入户 Low Income Households	中下收入户 Lower Middle Income Households	中等收入户 Middle Income Households	中上收入户 Upper Middle Income Households	高收入户 High Income Households	最高收入户 Highest Income Households
7431.99	**9561.47**	**11795.94**	**15646.96**	**18277.58**	**25723.52**
2717.04	3349.28	3899.95	4851.71	5489.99	6020.56
357.60	424.27	429.04	447.66	513.07	439.55
92.97	120.50	120.91	126.50	144.19	104.78
391.71	480.01	562.33	689.27	781.93	786.53
86.06	99.60	114.34	128.50	128.56	126.05
50.01	58.98	73.27	92.14	121.22	129.97
291.83	352.45	383.84	465.51	502.71	512.80
151.97	211.76	258.47	337.33	395.18	394.01
90.76	154.48	169.75	200.35	349.49	455.92
261.02	360.72	438.68	501.46	610.87	611.34
155.35	198.86	214.50	267.23	271.40	308.50
453.77	503.37	700.43	1093.00	1115.32	1595.36
922.45	1201.79	1511.91	1799.05	2410.09	3473.41
659.31	876.29	1102.58	1346.64	1818.73	2786.86
5.51	6.02	10.47	14.14	16.90	13.72
898.45	1179.96	1411.21	1765.87	2050.27	2503.35
101.51	165.48	340.90	494.03	751.86	1061.00
745.10	941.55	976.51	1154.89	1138.70	1321.47
419.00	549.58	898.58	988.92	1664.52	1851.96
122.80	193.67	446.48	426.80	947.42	1005.35
487.26	673.14	864.04	1473.16	1116.26	1868.76
879.96	1203.61	1405.24	2233.70	2327.25	5203.76
892.31	1089.57	1450.86	1954.26	2252.06	3345.45
159.91	299.87	324.17	457.10	691.39	1108.52
603.32	550.13	770.42	922.92	860.98	913.96
129.09	239.57	356.27	574.24	699.69	1322.96
215.52	314.56	354.16	580.29	967.14	1456.28

7-9 续表2

按人均月可支配收入分组

指 标	Item	总 计 Total	200元下 Under 200 yuan
消费性支出(元)	**Total Living Expenditure (yuan)**	**12211.53**	**8805.14**
一、食 品	Food	3855.56	2633.68
#1.粮 食	Grain	421.97	324.56
2.油脂类	Oil and Fats	117.58	143.68
3.肉禽及制品	Meat, Poultry and Related Products	477.35	339.63
4.蛋 类	Eggs	106.60	69.16
5.水产品类	Aquatic Products	73.25	31.40
6.菜 类	Vegetables	383.69	287.74
7.烟草类	Tobacco	255.65	286.87
8.酒和饮料	Liquor and Beverages	186.72	130.35
9.干鲜瓜果类	Dried and Fresh Melons and Fruits	402.92	229.12
10.奶及奶制品	Milk and Dairy Products	209.63	135.87
11.饮食服务	Dining Out	733.47	346.77
二、衣 着	Clothing	1529.47	892.80
#服 装	Garments	1143.34	649.35
衣着材料	Clothing Materials	9.26	12.78
三、居 住	Residence	1438.88	2025.75
#住 房	Housing	362.83	370.53
水、电、燃料其他	Water, Electricity, Fuels and Others	986.78	1524.11
四、家庭设备用品及服务	Household Facilities, Articles and Services	832.52	683.53
#耐用消费品	Durable Consumer Goods	384.47	340.59
五、医疗保健	Health Care	905.88	347.05
六、交通和通信	Transportation and Communication	1672.29	818.47
七、教育文化娱乐服务	Education, Culture and Recreation Services	1506.20	1161.10
1.耐用消费品	Durable Consumer Goods	380.90	516.96
2.教 育	Education	719.76	394.47
3.文化娱乐	Culture and Recreation	405.54	249.66
八、杂项商品和服务	Miscellaneous Commodities and Services	470.72	242.76

continued

(by monthly disposble income per capita)

200-400元 200-400 yuan	400-600元 400-600 yuan	600-800元 600-800 yuan	800-1000元 800-1000 yuan
4726.35	**5561.39**	**6879.41**	**8043.35**
1767.15	2127.50	2615.98	2943.30
351.57	365.81	375.73	372.34
96.34	107.61	99.59	104.52
238.65	273.56	316.06	372.60
76.43	72.56	83.53	92.40
26.61	35.96	42.52	54.56
230.36	268.46	300.54	326.38
94.19	101.53	177.86	186.54
43.82	79.53	88.26	117.97
143.23	196.21	238.38	311.50
95.72	91.93	154.95	163.46
123.57	242.68	388.54	434.55
407.90	677.40	856.41	1014.62
273.74	507.35	611.36	744.65
4.37	4.25	2.86	5.42
1192.94	724.53	844.42	820.86
42.05	122.85	129.88	94.31
1134.96	545.47	660.65	676.87
144.54	329.41	388.77	393.63
9.11	113.52	111.36	106.09
215.52	386.68	460.56	669.70
279.06	556.65	679.17	976.40
624.47	637.43	831.39	967.23
52.21	84.99	128.76	196.74
531.02	435.11	580.66	577.90
41.24	117.33	121.96	192.59
94.77	121.79	202.71	257.61

7-9 续表3

按人均月可支配收入分组

指　标	Item	1000-1500元 1000-1500 yuan	1500-2000元 1500-2000 yuan
消费性支出(元)	**Total Living Expenditure (yuan)**	**10241.10**	**12639.16**
一、食　品	Food	3462.58	4156.11
#1.粮　食	Grain	407.46	441.79
2.油脂类	Oil and Fats	114.42	119.65
3.肉禽及制品	Meat, Poultry and Related Products	438.55	500.94
4.蛋　类	Eggs	101.70	117.03
5.水产品类	Aquatic Products	61.62	75.65
6.菜　类	Vegetables	352.79	401.37
7.烟草类	Tobacco	215.26	267.23
8.酒和饮料	Liquor and Beverages	152.18	170.44
9.干鲜瓜果类	Dried and Fresh Melons and Fruits	368.38	448.78
10.奶及奶制品	Milk and Dairy Products	204.88	231.94
11.饮食服务	Dining Out	589.45	851.28
二、衣　着	Clothing	1285.50	1576.50
#服　装	Garments	935.19	1156.12
衣着材料	Clothing Materials	5.51	11.40
三、居　住	Residence	1157.33	1469.68
#住　房	Housing	167.99	392.87
水、电、燃料其他	Water, Electricity, Fuels and Others	912.32	972.56
四、家庭设备用品及服务	Household Facilities, Articles and Services	626.40	934.39
#耐用消费品	Durable Consumer Goods	251.20	447.18
五、医疗保健	Health Care	716.66	999.35
六、交通和通信	Transportation and Communication	1380.26	1615.76
七、教育文化娱乐服务	Education, Culture and Recreation Services	1298.91	1489.80
1.耐用消费品	Durable Consumer Goods	329.13	329.52
2.教　育	Education	729.96	755.97
3.文化娱乐	Culture and Recreation	239.82	404.30
八、杂项商品和服务	Miscellaneous Commodities and Services	313.46	397.57

continued

(by monthly disposble income per capita)

2000-2500元 2000-2500 yuan	2500-3000元 2500-3000 yuan	3000-4000元 3000-4000 yuan	4000元以上 over 4000 yuan
15537.03	**17911.12**	**20880.19**	**29182.98**
4809.51	5641.05	5539.82	6172.11
464.23	501.01	486.38	452.43
133.45	149.19	127.78	110.35
617.87	668.88	696.49	704.87
120.94	136.86	135.94	122.93
103.86	116.26	111.15	134.97
474.46	516.80	498.70	482.98
350.81	433.56	373.08	406.92
222.60	397.01	304.02	505.25
516.48	589.30	597.72	623.90
252.54	285.17	269.04	317.22
959.09	1206.93	1270.34	1637.58
1944.69	2171.04	2808.30	3731.60
1469.79	1654.96	2185.72	2949.19
16.45	15.68	15.61	16.65
1763.24	1790.38	2942.33	3309.19
492.27	367.92	1257.52	1540.77
1152.84	1314.70	1586.81	1529.23
1073.83	1358.36	1370.20	2618.07
471.07	676.91	699.11	1678.61
1376.98	1124.74	1380.60	2283.25
1998.72	2625.94	3383.20	5501.47
1824.46	2367.42	2482.31	3923.59
501.58	603.61	725.40	1388.99
789.33	763.56	943.26	1193.05
533.55	1000.26	813.65	1341.56
745.60	832.18	973.42	1643.68

7-9 续表4 continued

按家庭规模分组 (by scale of households)

指　标	Item	总计 Total	一人户 One Person House-holds	二人户 Two Persons House-holds	三人户 Three Persons House-holds	四人户 Four Persons House-holds	五人及以上户 Five Persons and over Households
消费性支出(元)	**Total Living Expenditure (yuan)**	**12211.53**	**18584.00**	**15260.64**	**12568.73**	**8385.41**	**7703.69**
食　品	Food	3855.56	6913.84	5227.61	3721.77	2667.55	2365.16
#1.粮　食	Grain	421.97	844.38	579.92	375.68	327.65	325.79
2.油脂类	Oil and Fats	117.58	250.73	159.61	102.26	94.56	101.15
3.肉禽及制品	Meat, Poultry and Related Products	546.45	1013.37	836.97	480.95	364.37	328.90
4.蛋　类	Eggs	106.60	216.42	148.64	98.10	72.44	78.35
5.水产品类	Aquatic Products	73.25	173.74	116.25	64.06	44.63	36.33
6.菜　类	Vegetables	383.69	770.41	579.16	334.01	255.18	268.71
7.烟草类	Tobacco	255.65	331.29	339.85	241.87	218.70	141.43
8.酒和饮料	Liquor and Beverages	186.72	493.43	251.71	185.85	100.48	119.00
9.干鲜瓜果类	Dried and Fresh Melons and Fruits	402.92	785.34	576.83	386.53	256.71	202.86
10.奶及奶制品	Milk and Dairy Products	296.86	597.00	376.29	296.68	200.38	205.48
11.饮食服务	Dining Out	733.47	913.00	811.00	849.15	485.20	324.12
衣　着	Clothing	1529.47	1551.88	1656.49	1755.81	1086.82	770.86
#服　装	Garments	1143.34	1110.98	1230.70	1321.84	807.71	564.77
衣着材料	Clothing Materials	9.26	34.32	16.07	7.50	4.53	4.05
居　住	Residence	1438.88	3708.46	1907.12	1305.07	957.03	1373.25
#住　房	Housing	362.83	1550.37	480.33	318.30	199.89	389.04
水、电、燃料及其他	Water, Electricity, Fuels and Others	986.78	2039.01	1291.62	901.86	703.03	942.61
家庭设备用品及服务	Household Facilities, Articles and Services	832.52	1181.22	1070.49	887.44	467.87	487.89
#耐用消费品	Durable Consumer Goods	384.47	443.65	471.52	442.00	166.12	232.19
医疗保健	Health Care	905.88	1802.30	1556.26	679.65	545.99	793.50
交通和通信	Transportation and Communication	1672.29	1097.22	1927.93	1826.12	1254.08	983.71
教育文化娱乐服务	Education, Culture and Recreation Services	1506.20	1203.72	1377.03	1847.94	1141.64	768.59
1.耐用消费品	Durable Consumer Goods	380.90	241.53	506.98	409.92	214.95	198.03
2.教　育	Education	719.76	79.49	301.47	1040.36	689.50	351.21
3.文化娱乐	Culture and Recreation	405.54	882.70	568.58	397.66	237.20	219.36
杂项商品和服务	Miscellaneous Commodities and Services	470.72	1125.37	537.70	544.91	264.44	160.73

7-10 主要年份农民家庭基本情况
BASIC CONDITIONS OF RURAL HOUSEHOLDS IN MAJOR YEARS

单位：人 (person)

年 份 Year	调查户数(户) Number of Households Surveyed (household)	调查户常住人口 Number of Permanent Residents in the Household Surveyed	户均常住人口 Average Number of Permanent Residents Per Household
1978	600	3193	5.32
1980	600	3157	5.26
1985	2100	10079	4.80
1990	2100	9654	4.60
1995	2100	9170	4.37
2000	2100	8870	4.22
2005	2100	8555	4.07
2006	2100	8450	4.02
2007	2100	8330	3.97
2008	2100	8265	3.94
2009	2100	8118	3.87
2010	2100	8035	3.83
2011	2100	7357	3.50
2012	2100	7329	3.49

年 份 Year	平均每户整半劳动力 Average Number of Ablebodied and Semiablebodied Laborers Per Household	每个劳力负担人口 Average Number of Persons Supported by Every Laborer	人均住房面积(平方米) Per Capita Housing Floor Space (sq.m)
1978	2.20	2.40	9.40
1980	2.30	2.30	11.10
1985	2.64	1.80	13.65
1990	2.66	1.73	16.50
1995	2.74	1.59	17.13
2000	2.70	1.56	21.57
2005	2.74	1.49	24.15
2006	2.75	1.47	24.96
2007	2.72	1.46	25.80
2008	2.72	1.44	26.52
2009	2.71	1.43	27.97
2010	2.70	1.42	28.69
2011	2.54	1.38	31.83
2012	2.54	1.37	32.39

7-11 农民家庭人口状况(2012年)
POPULATION CONDITIONS OF RURAL HOUSEHOLDS(2012)

指标	Item	总计 Total	每户平均 Average Per Household
一、调查户数 (户)	**Number of Households Surveyed (household)**	**2100**	
二、家庭常住人口(人)	**Number of Permanent Residents in the Household (person)**	**7329**	**3.49**
#整半劳动力数	Ablebodied and Semiablebodied Labors	5335	2.54
#整劳动力	Ablebodied	3211	1.53
1.学龄前人数	Preschool Age	411	0.20
2.7-15岁	Aged 7-15	806	0.38
6-15岁在校人数	Enrollment of Students Aged 6-15	831	0.40
3.16-60岁	Aged 16-60	5451	2.60
4.60岁以上	Aged 60 and above	676	0.32

7-12 农民家庭劳动力状况(2012年)
LABOR FORCE OF RURAL HOUSEHOLDS(2012)

单位：人 (person)

指标	Item	总计 Total	每百人 Average Per 100 Labour Forces
一、劳动力文化状况	**Cultural Level of Labor Force**		
1.不识字或识字很少	Illiteracy or little literacy	149	2.03
2.小学程度	Level of Primary School	1036	14.14
3.初中程度	Level of Junior Middle School	2741	37.40
4.高中程度	Level of Senior Middle School	575	7.85
5.中　专	Level of Specialized Secondary School	151	2.06
6.大专及以上	Level of Junior College and Above	169	2.31
二、劳动力就业情况	**Employment of Labor Force**		
第一产业	Primary Industry	2643	36.06
第二产业	Secondary Industry	878	11.98
采矿业	Mining Industry	223	3.04
制造业	Manufacturing	307	4.19
电力、热力、燃气及水生产和供应业	Production and Supply of Electricity, Heat, Gas and Water	27	0.37
建筑业	Construction	321	4.38
第三产业	Tertiary Industry	426	5.81
#交通运输、仓储和邮政业	Traffic,Transportation and Post	237	3.23
批发和零售业	Wholesale and Retail Trade, Catering Trade	164	2.24

7-13 农民家庭平均每户房屋情况
HOUSING CONDITIONS OF PER RURAL HOUSEHOLD

指　　标	Item	2005	2010	2012
一、年内新建房屋面积 (平方米)	**Number of Rooms Newly Built Within the Year (sq.m)**	**1.70**	**1.58**	**1.90**
#砖木结构面积	Brick and Wood Structure	0.64	0.47	0.78
钢筋混凝土结构面积	Reinforced Concrets Structure	1.06	0.89	1.10
年内新建房屋价值 (元)	Value of Newly Built Room Within the Year (yuan)	609.29	998.10	1773.27
平均每平方米新建房屋价值 (元)	Value Per Square Meter Newly Built Room (yuan)	357.70	631.71	934.82
新建房屋中生活用房面积 (平方米)	Living Floor Space (sq.m)	1.70	1.58	1.56
新建房屋中楼房面积 (平方米)	Floor Space of Multi-Floor Buildings (sq.m)	0.74	0.54	0.71
二、年末住房面积 (平方米)	**Per Capita Floor Space at Year-end (sq.m)**	**98.36**	**109.78**	**113.04**
#砖木结构面积	Brick and Wood Structure	66.14	67.09	65.32
钢筋混凝土结构面积	Reinforced Concrete Structures	22.47	27.87	28.85
人均住房面积 (平方米)	Per Capita Living Floor Space (sq.m)	24.15	28.69	32.39
三、年末住房价值 (元)	**Value of Room at Year-end (yuan)**	**27242.62**	**34193.21**	**63271.62**

7-14 农民家庭土地经营情况(2012年)
LAND MANAGEMENT OF RURAL HOUSEHOLDS(2012)

单位：亩　　(mu)

指　　标	Item	总　计 Total	每户平均 Average per Household	每人平均 Average per Person
一、期初实际经营土地面积	**Area of Land Under Real Management at the Year-beginning**	**21781.91**	**10.37**	**2.97**
#耕　地	Cultivated Land	18580.35	8.85	2.54
#有效灌溉面积	Effective Irrigated Area	5967.72	2.84	0.81
二、期内增加的经营土地面积	**Added Area of Land Under Management in the Year**	**1042.91**	**0.50**	**0.14**
#耕　地	Cultivated Land	1010.91	0.48	0.14
#有效灌溉面积	Effective Irrigated Area	391.91	0.19	0.05
三、期内减少的经营土地面积	**Reduced Area of Land Under Management in the Year**	**1316.20**	**0.63**	**0.18**
#耕　地	Cultivated Land	1293.80	0.62	0.18
#有效灌溉面积	Effective Irrigated Area	191.30	0.09	0.03
四、期末实际经营的土地面积	**Area of Land Under Real Management at the Year-end**	**21508.62**	**10.24**	**2.93**
#耕　地	Cultivated Land	18297.46	8.71	2.50
#有效灌溉面积	Effective Irrigated Area	6168.33	2.94	0.84

7-15 农民家庭收支情况(2012年)

ANNUAL INCOME AND EXPENDITURE OF RURAL HOUSEHOLDS(2012)

单位：元 (yuan)

指 标	Item	合 计 Total	每人平均 Average Per Person
一、总收入	**Total Income**	**60124959**	**8203.71**
(一)工资性收入	Laborers' Remuneration	23273270	3175.50
(二)家庭经营收入	Income from Household Business	29911798	4081.29
1.第一产业	Primary Industry	23272411	3175.39
#农 业	Farming	18436738	2515.59
林 业	Forestry	373656	50.98
牧 业	Animal Husbandary	4462017	608.82
2.第二产业	Secondary Industry	427126	58.28
工 业	Industry	206111	28.12
建筑业	Construction	221015	30.16
3.第三产业	Tertiary Industry	6212261	847.63
其他产品收入	Other Products	3439	0.47
第三产业服务性收入	Service Trade	6208822	847.16
交通、运输、邮电业	Traffic,Transportation and Post	2645046	360.90
批零贸易业、餐饮业	Wholesale and Retail Trade ,Catering Trade	2437604	332.60
社会服务业	Social Service	557226	76.03
文教卫生业	Culture,Education and Public Health	217715	29.71
其他行业	Others	351232	47.92
(三)财产性收入	Property Income	1031922	140.80
(四)转移性收入	Transfer Income	5907969	806.11
二、总支出	**Total Expenditure**	**58236715**	**7946.07**
(一)家庭经营费用	Expenditure of Household Business	11408611	1556.64
1.第一产业生产费用	Producing Cost of Primary Industry	9199142	1255.17
#农 业	Farming	6071420	828.41
林 业	Forestry	101593	13.86
牧 业	Animal Husbandary	3026129	412.90
2.第二产业生产费用	Producing Cost of Primary Industry	142029	19.38
工 业	Industry	89292	12.18
建筑业	Construction	52737	7.20
3.第三产业生产费用	Producing Cost of Secondary Industry	2067440	282.09
交通、运输、邮电业	Traffic,Transportation and Post	890020	121.44
批零贸易业、餐饮业	Wholesale and Retail Trade ,Catering Trade	908443	123.95
社会服务业	Social Service	131373	17.93
文教卫生业	Culture,Education and Public Health	41238	5.63
其他行业	Others	96366	13.15
(二)购置生产性固定资产支出	Costs of Purchasing Fixed Assets for Production	1071213	146.16
(三)建造生产性固定资产雇工支出	Costs of Hiring Workers to Construct Fixed Assets for Production	6070	0.83
(四)税费支出	Costs of Taxes	21136	2.88
(五)生活消费支出	Expenditure of Living Consumption	40794626	5566.19
(六)财产性支出	Property Expenditure	89532	12.22
(七)转移性支出	Transfer Expenditure	4845527	661.14
三、全年纯收入	**Annual Net Income**	**46587720**	**6356.63**

7-16 农民家庭平均每人家庭经营纯收入
PER CAPITA NET INCOME FROM HOUSEHOLD BUSINESS OF RURAL HOUSEHOLDS

单位：元 (yuan)

指　　标	Item	2005	2010	2012
家庭经营纯收入	**Net Income from Household Business**	**1563.52**	**2028.46**	**2334.41**
1.农业收入	Farming	922.60	1376.72	1611.27
2.林业收入	Forestry	15.99	21.58	36.86
3.牧业收入	Animal Husbandry	176.72	131.16	172.01
4.渔业收入	Fishery			
5.工业收入	Industry	14.44	15.85	13.93
6.建筑业收入	Construction	39.17	23.37	20.04
7.交通、运输、邮电业收入	Traffic, Transportation and Post	166.42	145.00	192.66
8.商业、饮食业收入	Commerce & Catering	99.78	166.66	189.75
9.服务业收入	Service Trade	57.52	106.09	46.83
10.其他收入	Others	70.88	42.03	51.04

7-17 主要年份农村住户每人平均纯收入
PER CAPITA NET INCOME OF RURAL HOUSEHOLDS IN MAJOR YEARS

单位：元 (yuan)

年　份 Year	全　年 纯收入 Annual Net Income	按纯收入来源分 by Source				按纯收入性质分 by Type of Income	
		工资性 收　入 Laborers' Remuneration	家庭经营 纯 收 入 Net Income from Household Business	转移性 收　入 Transfer Income	财产性 收　入 Property Income	生产性 收　入 Productive Income	非生产 性收入 Non-productive Income
1978	101.61	77.65	14.79	7.19	1.98	92.44	9.17
1980	155.78	95.70	38.88	18.20	3.00	134.58	21.20
1985	358.32	100.52	229.39	22.31	6.10	326.18	32.14
1990	603.51	159.56	407.88	28.17	7.90	561.78	41.73
1995	1208.30	367.19	780.84	37.39	22.88	1132.31	75.99
2000	1905.61	726.05	1113.56	46.30	19.70	1807.94	97.67
2005	2890.66	1177.94	1563.52	86.50	62.70	2683.94	206.72
2006	3180.92	1374.34	1622.86	109.21	74.51	2922.64	258.28
2007	3665.66	1520.95	1860.38	148.53	135.80	3291.29	374.37
2008	4097.24	1713.55	1986.38	244.26	153.05	3607.26	489.98
2009	4244.10	1789.93	1919.76	329.29	205.12	3586.48	657.62
2010	4736.25	2108.60	2028.46	385.01	214.17	4030.98	705.27
2011	5601.40	2684.87	2140.83	605.30	170.41	4764.92	836.48
2012	6356.63	3175.50	2334.41	705.91	140.80	5463.08	893.55

7-18 主要年份农村住户每人平均生活消费支出
PER CAPITA LIVING EXPENDITURE OF RURAL HOUSEHOLDS IN MAJOR YEARS

单位：元 (yuan)

年份 Year	生活消费支出 Living Expenditure	食品 Food	衣着 Clothing	居住 Residence	家庭设备用品及服务 Household Facilities, Articles and Services
1978	90.64	61.02	13.02	8.84	4.10
1980	134.38	80.48	20.81	24.35	4.98
1985	272.74	148.13	39.88	37.67	21.81
1990	487.65	257.87	60.71	75.68	33.39
1995	927.99	586.03	103.02	77.62	42.95
2000	1149.01	558.86	113.37	143.90	48.77
2005	1877.70	830.48	202.35	200.56	68.93
2006	2253.25	867.65	227.61	305.02	98.29
2007	2682.57	1033.68	260.88	392.78	120.86
2008	3097.54	1206.69	276.23	486.75	138.26
2009	3304.76	1224.60	283.20	584.07	156.27
2010	3663.86	1372.49	315.78	614.70	173.62
2011	4586.98	1729.91	401.93	824.68	243.84
2012	5566.19	1859.98	501.77	1142.14	298.29

年份 Year	医疗保健 Health Care	交通和通讯 Transportation and Communication	文教娱乐用品及服务 Articles and Services of Culture, Education and Recreation	其他商品和服务 Other Commodities and Services
1978	0.65	0.49	1.95	0.57
1980	0.59	0.54	2.17	0.46
1985	7.31	1.40	14.43	2.11
1990	19.81	3.17	32.80	4.22
1995	31.09	14.05	62.80	10.43
2000	60.35	48.82	135.39	39.55
2005	102.90	160.27	279.54	32.67
2006	142.66	224.23	339.75	48.04
2007	170.85	268.75	370.97	63.80
2008	210.32	328.74	380.70	69.85
2009	240.94	324.89	416.94	73.85
2010	328.92	357.74	420.21	80.40
2011	349.29	458.76	448.44	130.13
2012	490.25	625.99	498.02	149.75

7-19 农民家庭平均每人现金收入
PER CAPITA CASH INCOME OF RURAL HOUSEHOLDS

单位：元 (yuan)

指 标	Item	2005	2010	2012
一、人均现金收入	**Total Per Capita Cash Income**	**3053.06**	**5667.44**	**7066.27**
1.工资性收入	Wages Income	1177.49	2099.75	3174.35
2.出售产品的收入	Selling Product	1050.82	2174.35	2172.70
3.工业服务性收入	Industry	18.39	13.99	27.56
4.交通、运输、邮电业收入	Traffic, Transportation and Post	245.75	255.04	360.90
5.商业、饮食业收入	Commerce and Catering	136.82	252.69	332.60
6.社会服务业收入	Social Service	69.34	155.02	76.03
7.其他经营收入	Others	132.94	93.75	137.81
8.建筑业服务性收入	Construction	48.49	30.47	30.16
9.转移性收入	Transfer Income	116.21	407.85	629.93
10.财产性收入	Property Income	56.81	184.53	124.24
二、非收入所得	**Non-income Obtaining**	**361.99**	**1683.18**	**3165.59**

7-20 农民家庭平均每人现金支出
PER CAPITA CASH EXPENDITURE OF RURAL HOUSEHOLDS

单位：元 (yuan)

指 标	Item	2005	2010	2012
总 计	**Total**	**2431.96**	**5170.01**	**7588.32**
一、生产费用支出	**Expenditure of Production**	**627.14**	**1492.16**	**1564.60**
#家庭经营费用支出	Expenditure of Household Business	580.94	1354.58	1417.61
购置生产性固定资产支出	Costs of Purchasing Fixed Assets for Production	45.62	134.69	146.16
二、税费支出	**Costs of Taxes**	**6.92**	**1.90**	**2.88**
三、生活消费支出	**Living Consumption Expenditure**	**1636.83**	**3395.13**	**5359.05**
1.食 品	Food	596.81	1124.93	1657.57
#主 食	Staple Food	134.05	208.04	264.54
副 食	Non-staple Food	201.79	720.22	1088.74
2.衣 着	Clothing	202.29	315.78	501.74
3.居 住	Residence	193.57	593.54	1137.44
4.家庭设备用品及服务	Household Facilities, Articles and Services	68.92	173.61	298.29
5.医疗保健	Health Care	102.90	328.92	490.25
6.交通和通讯	Transportation and Communication	160.27	357.74	625.99
7.文教娱乐用品及服务	Articles and Services of Culture, Education and Recreation	279.54	420.21	498.02
8.其他商品和服务	Other Commodities and Services	32.53	80.40	149.75
四、财产性支出	**Property Income**	**7.72**	**10.51**	**12.22**
五、转移性支出	**Transfer Imcome**	**153.35**	**270.32**	**649.57**

7-21 农村住户调查按平均每人纯收入分组基本情况(2012年)

指标		Item	500元以下的户 Below 500 yuan Households	500-800元的户 500-800 yuan Households
一、调查户数	(户)	Number of Households Surveyed (household)	11	9
二、调查户常住人口	(人)	Number of Permanent Residents in the Household Surveyed (person)	35	37
三、整半劳动力数	(人)	Ablebodied and Semiablebodied Labours (person)	28	25
四、年末经营耕地面积	(亩)	Cultivated Area at the Year-end (mu)	144	91
五、山地面积	(亩)	Mountainous Area (mu)		
六、生产性固定资产原值	(元)	Original Value of Fixed Assets for Production (yuan)	187300	18400
七、主要生产性固定资产数量		Number of Major Fixed Assets for Production		
1.房屋及建筑物	(平方米)	Houses and Buildings (sq.m)	1162	120
2.汽　车	(辆)	Motorcars (unit)	1	1
3.大中型拖拉机	(台)	Large and Medium Tractors (unit)		
4.小型和手扶拖拉机	(台)	Mini and Walking Tractors (unit)	2	1
5.机动脱粒机	(台)	Motorized Threshing Machines (unit)		
6.收割机	(台)	Harvesters (unit)		
7.农用动力机械	(台)	Engines for Agriculture (unit)		
8.胶轮大车	(架)	Large Vehicles with Rubber Wheels (unit)		
9.水　泵	(台)	Pumps (units)		
10.役　畜	(头)	Draught Animals (head)	5	1
11.产品畜	(头)	Animals for Production (head)	22	23
八、住房面积	(平方米)	Floor Space (sq.m)	1357	666
住房价值	(元)	Value of Houses (yuan)	1011900	406500
住房结构	(平方米)	Structure of Houses (sq.m)		
钢筋混凝土结构面积		Reinforced Concrete Structure	70	96
砖木结构面积		Brick and Wood Structure	1032	510
九、期内粮食收入合计	(公斤)	Total Harvest of Grain in this Period of Time (kg)	26207	10293
期内粮食支出合计	(公斤)	Total Expenditure of Grain in this Period of Time (kg)	17854	11915
期末粮食结存实际调查数	(公斤)	Balance of Grain at the End of this Period of Time in Actual Inquiry (kg)	35026	11913
十、生产量	(公斤)	Output (kg)		
谷　物		Cereals	19480	5530
薯　类		Tubers	1330	760
豆　类		Beans	640	660
棉　花		Cotton		
油　料		Oil-bearing Crops	2050	975
蔬　菜		Vegetables	1735	528
畜　肉		Meats of Domestic Animals	273	190
家禽肉		Meats of Poultry		
蛋　类		Eggs	10193	12
皮（张）		Feather (piece)		
毛、绒		Fur and Down		
奶　类		Milks		

BASIC CONDITIONS BY NET INCOME PER CAPITA IN INQUIRY OF RURAL HOUSEHOLDS(2012)

800-1000 元的户 800-1000 yuan Households	1000-1300 元的户 1000-1300 yuan Households	1300-1500 元的户 1300-1500 yuan Households	1500-1700 元的户 1500-1700 yuan Households	1700-2000 元的户 1700-2000 yuan Households	2000-2300 元的户 2000-2300 yuan Households	2300-2500 元的户 2300-2500 yuan Households	2500-2800 元的户 2500-2800 yuan Households
9	23	22	31	53	67	45	63
41	89	93	127	213	269	177	258
36	64	62	90	135	198	122	183
47	214	196	182	459	534	575	687
		36	26	188	63	176	77
36550	124850	177470	403050	507030	304100	567420	445240
15	258	185	295	829	741	373	320
			1	2	1	1	2
		1	1	1	1	4	1
3	4	5	4	12	6	11	13
		2			1	4	4
					1	1	1
	1	2	3	1	1	4	3
	1	1	3	3	1	3	5
				5	3		5
1	14	7	5	12	13	9	15
1	11	11	30	47	30	27	156
768	2311	2208	3350	5013	5954	3764	5755
283000	974000	1713000	2078500	1986438	3346500	1872600	3411600
213	615	946	1338	868	1713	606	873
295	1328	892	1533	3058	2844	2124	3256
11935	35473	44994	68312	111003	132000	143819	210437
15476	35708	31609	46697	85041	94692	80144	139384
10210	35654	48001	69453	92908	106606	132295	217069
8350	22486	29925	50765	73861	89827	113025	166827
868	3778	3730	1150	3362	5898	4879	7622
125	2206	2795	525	4170	6745	6300	5640
				209			360
265	1670	1040	710	880	2885	2900	2330
568	2428	2349	6766	10157	19284	6088	33308
68	616	181	216	2059	1696	229	2368
	18		20	9	64	33	13
37	23	50	130	378	423	277	274
	2				1	2	
	53				39		

7-21 续表1

指　　标	Item	500元以下的户 Below 500 yuan Households	500-800元的户 500-800 yuan Households
十一、出售量(公斤)	Sales (kg)	137283	18427
谷　物	Cereals	4400	1915
薯　类	Tubers	364	690
豆　类	Beans	182	400
棉　花	Cotton		
油　料	Oil-bearing Crops	160	320
蔬 菜	Vegetables		
肉猪及猪肉	Fattened Hogs and Pork		
菜羊及羊肉	Sheep,Goats and Mutton	263	190
肉牛及牛肉	Fattened Cattle , Buffaloes and Beef		
家　禽	Poultry		
蛋　类	Eggs	10078	2
畜　皮(张)	Feather (piece)		
毛、绒	Fur and Down	73	
奶　类	Milks		
十二、食品消费情况(公斤)	Consumption of Foods(kg)		
粮食消费量	Consumption of Grain	6153	4476
谷　物	Cereals	5513	3815
薯　类	Tubers	343	427
豆　类	Beans	298	234
油脂类	Oil and Fat	361	305
蔬菜及菜制品	Vegetables and Related Products	2335	1204
肉禽及其制品	Meats,Poultry and Related Products	425	220
蛋类及蛋制品	Eggs and Related Products	408	146
奶和奶制品	Milk and Dairy Products	120	158
食　糖	Sugar	30	14
十三、期末每百户耐用消费品拥有量	Possession of Major Durable Consumer Goods Per Hundred Households		
洗衣机　(台)	Washing Machines (unit)	7	5
电冰箱　(台)	Refrigerators (unit)	8	3
空调机　(台)	Air Conditioners (unit)		
微波炉　(台)	Micro-wave Ovens(unit)		
自行车　(辆)	Bicycles (unit)	8	4
摩托车　(台)	Motorcycles (unit)	5	3
移动电话　(部)	Mobile Telephones (set)	17	10
彩色电视机　(台)	Color Television Sets (unit)	11	9
影碟机　(台)	Vdieo Disc Players (unit)		
照相机　(架)	Cameras (unit)		

continued

800–1000 元的户 800–1000 yuan Households	1000–1300 元的户 1000–1300 yuan Households	1300–1500 元的户 1300–1500 yuan Households	1500–1700 元的户 1500–1700 yuan Households	1700–2000 元的户 1700–2000 yuan Households	2000–2300 元的户 2000–2300 yuan Households	2300–2500 元的户 2300–2500 yuan Households	2500–2800 元的户 2500–2800 yuan Households
22717	58137	58653	73663	183887	224742	136549	282277
8380	9321	13037	22963	30988	36151	42540	78819
110	2052	395	190	250	1207	507	835
200	3815	1806		2655	1580	811	1975
				209			360
75	650	43	350	100	4348	650	888
1000	1200	1194	5400	2100	12174	1910	28752
68	140	99	117	1821	953	77	905
	260	63		85	670	33	816
				153		73	577
			3	9	32	23	3
			1	4	44	36	34
	2				1	2	
	53			6	39		
5412	12770	11261	18328	29954	39399	28428	37368
4834	10921	9857	16758	27044	36235	26198	32636
436	1052	1008	1111	1361	1719	1363	3240
141	797	396	460	1549	1446	867	1492
222	554	566	768	1175	1784	1328	1511
1861	4354	4454	7568	12466	15919	10701	13277
232	634	605	959	1313	1826	1020	2061
140	380	467	785	1540	1516	1090	1479
49	235	477	593	904	903	626	1662
20	66	74	73	153	223	124	227
5	12	13	27	39	51	29	49
3	5	9	16	18	22	11	26
			2	2	1	2	2
				1	1	1	
2	9	12	23	25	36	18	43
1	8	10	16	29	26	22	35
14	29	34	58	84	101	61	89
8	21	26	33	57	70	48	67
	1	3		3	1	7	6
				1	1		

7-21 续表2

指 标	Item	2800-3000元的户 2800-3000 yuan Households	3000-3500元的户 3000-3500 yuan Households
一、调查户数 (户)	Number of Households Surveyed (household)	54	116
二、调查户常住人口 (人)	Number of Permanent Residents in the Household Surveyed (person)	193	423
三、整半劳动力数 (人)	Ablebodied and Semiablebodied Labours (person)	130	294
四、年末经营耕地面积 (亩)	Cultivated Area at the Year-end (mu)	434	1161
五、山地面积 (亩)	Mountainous Area (mu)	89	184
六、生产性固定资产原值 (元)	Original Value of Fixed Assets for Production (yuan)	393934	730030
七、主要生产性固定资产数量	Number of Major Fixed Assets for Production		
1.房屋及建筑物 (平方米)	Houses and Buildings (sq.m)	720	1017
2.汽 车 (辆)	Motorcars (unit)	1	4
3.大中型拖拉机 (台)	Large and Medium Tractors (unit)	3	4
4.小型和手扶拖拉机 (台)	Mini and Walking Tractors (unit)	7	16
5.机动脱粒机 (台)	Motorized Threshing Machines (unit)	2	3
6.收割机 (台)	Harvesters (unit)		2
7.农用动力机械 (台)	Engines for Agriculture (unit)	5	3
8.胶轮大车 (架)	Large Vehicles with Rubber Wheels (unit)	1	5
9.水 泵 (台)	Pumps (units)	1	2
10.役 畜 (头)	Draught Animals (head)	5	22
11.产品畜 (头)	Animals for Production (head)	21	56
八、住房面积 (平方米)	Floor Space (sq.m)	4900	11074
住房价值 (元)	Value of Houses (yuan)	2236500	5535000
住房结构 (平方米)	Structure of Houses (sq.m)		
钢筋混凝土结构面积	Reinforced Concrete Structure	568	2365
砖木结构面积	Brick and Wood Structure	2754	6566
九、期内粮食收入合计 (公斤)	Total Harvest of Grain in this Period of Time (kg)	114780	344521
期内粮食支出合计 (公斤)	Total Expenditure of Grain in this Period of Time (kg)	85239	216652
期末粮食结存实际调查数 (公斤)	Balance of Grain at the End of this Period of Time in Actual Inquiry (kg)	99132	336500
十、生产量 (公斤)	Output (kg)		
谷 物	Cereals	81397	280930
薯 类	Tubers	6202	10496
豆 类	Beans	3715	6242
棉 花	Cotton		
油 料	Oil-bearing Crops	1860	8635
蔬 菜	Vegetables	23493	17194
畜 肉	Meats of Domestic Animals	589	5238
家禽肉	Meats of Poultry	6	91
蛋 类	Eggs	208	514
皮 (张)	Feather (piece)		
毛、绒	Fur and Down	10	28
奶 类	Milks		

continued

3500-4000元的户 3500-4000 yuan Households	4000-4500元的户 4000-4500 yuan Households	4500-5000元的户 4500-5000 yuan Households	5000-5500元的户 5000-5500 yuan Households	5500-6000元的户 5500-6000 yuan Households	6000-7000元的户 6000-7000 yuan Households	7000-8000元的户 7000-8000 yuan Households	8000元以上的户 Above 8000 yuan Households
145	109	140	113	108	185	179	618
528	397	500	410	373	627	612	1930
365	270	363	283	262	470	446	1509
1332	859	1378	1236	1108	1523	1575	4563
78	79	200	21	61	46	3	67
1994300	830770	1254490	877210	945555	1529030	1974100	7296763
1195	1161	1856	1278	1270	1226	2116	7104
8	7	5	11	2	9	8	43
3	6	4	1	3	4	6	17
31	18	29	20	19	31	25	75
3	7	7	1	2	5	7	20
1		1		1	2	2	6
14	16	13	9	11	12	12	36
6	4	3	4	2	5	8	7
3	6	8	5	6	7	21	59
22	15	23	21	8	16	15	22
136	32	77	55	89	30	250	385
14497	10595	15671	12537	11900	20297	21646	83116
6243000	6007100	7782900	6941900	6889200	10895500	12099220	51156050
3757	2080	4058	3059	3235	6909	4265	22944
8166	6610	8439	6980	7201	10859	13443	49287
483887	307490	516350	370621	399700	692890	653839	2336684
333975	219253	349986	258836	266099	473389	447323	1674264
439618	287763	479536	346187	374598	601828	559432	2082643
395008	251923	422733	299892	332944	585987	535309	1930585
12494	9684	11179	7616	11763	10551	10902	31367
7280	4570	9191	10044	6388	13252	8935	21651
75			3044	461	1895		6393
6211	3490	6025	8465	6069	6555	6765	13108
76458	20571	143205	85764	123596	94261	133773	643028
7670	4313	3596	3224	6372	3770	18082	38280
157	37	57	58	186	112	5100	14880
681	226	691	424	345	638	16647	89289
3	20	11	1	16	4		1
40	4	109	50	4		33	41
13996	13916	71039		52	25066	22949	55013

7-21 续表3

指 标	Item	2800-3000元的户 2800-3000 yuan Households	3000-3500元的户 3000-3500 yuan Households
十一、出售量(公斤)	Sales (kg)	203679	511191
谷 物	Cereals	40428	112393
薯 类	Tubers	362	2988
豆 类	Beans	2531	5296
棉 花	Cotton		
油 料	Oil-bearing Crops	637	2004
蔬 菜	Vegetables	17444	5755
肉猪及猪肉	Fattened Hogs and Pork		156
菜羊及羊肉	Sheep,Goats and Mutton	589	4555
肉牛及牛肉	Fattened Cattle , Buffaloes and Beef		248
家 禽	Poultry		28
蛋 类	Eggs	30	8
畜 皮(张)	Feather (piece)		
毛、绒	Fur and Down	10	48
奶 类	Milks		
十二、食品消费情况(公斤)	Consumption of Foods(kg)		
粮食消费量	Consumption of Grain	32094	70244
谷 物	Cereals	29295	64443
薯 类	Tubers	1791	3533
豆 类	Beans	1008	2268
油脂类	Oil and Fat	1111	3127
蔬菜及菜制品	Vegetables and Related Products	14419	26584
肉禽及其制品	Meats,Poultry and Related Products	1724	3485
蛋类及蛋制品	Eggs and Related Products	1190	2804
奶和奶制品	Milk and Dairy Products	835	2249
食 糖	Sugar	180	303
十三、期末每百户耐用消费品拥有量	Possession of Major Durable Consumer Goods Per Hundred Households		
洗衣机 (台)	Washing Machines (unit)	35	83
电冰箱 (台)	Refrigerators (unit)	18	45
空调机 (台)	Air Conditioners (unit)	3	2
微波炉 (台)	Micro-wave Ovens (unit)	1	2
自行车 (辆)	Bicycles (unit)	30	70
摩托车 (台)	Motorcycles (unit)	19	56
移动电话 (部)	Mobile Telephones (set)	79	193
彩色电视机 (台)	Color Television Sets (unit)	53	127
影碟机 (台)	Vdieo Disc Players (unit)	1	8
照相机 (架)	Cameras (unit)		2

continued

3500–4000 元的户 3500–4000 yuan Households	4000–4500 元的户 4000–4500 yuan Households	4500–5000 元的户 4500–5000 yuan Households	5000–5500 元的户 5000–5500 yuan Households	5500–6000 元的户 5500–6000 yuan Households	6000–7000 元的户 6000–7000 yuan Households	7000–8000 元的户 7000–8000 yuan Households	8000元 以上的户 Above 8000 yuan Households
837265	526311	1088878	674519	723876	1189769	1917802	7054097
176711	117671	177151	150990	166521	309063	245409	1018265
2457	2263	2059	2097	4298	2763	2798	15176
4291	3670	6143	9010	4573	8924	5232	19600
1500	50		3107	461	1895		6918
3096	1098	2875	5876	3782	2800	2307	7286
61208	8786	129636	74629	109621	79523	117191	592376
5106	2193	2224	1594	4661	1310	14330	26513
1705	1983	1138	1018	1346	2070	3145	9851
591			394		219	483	1470
87	8	25	21	144	69	5073	14745
117	7	141	57	15	5	15783	87850
3	20	11	1	16	4		1
85	4	123	50	59		33	145
13996	13916	71039		22	25066	22949	55013
81714	58838	83070	63913	55640	104452	100521	309198
75730	53564	77320	59760	51419	96730	94802	291503
3619	2888	3152	2585	2293	4441	2978	9911
2364	2386	2598	1569	1928	3281	2742	7785
3872	2339	3586	2905	2875	4873	4850	16138
32576	25168	33341	26892	24927	40184	46279	163367
4653	3413	4866	3708	3983	7331	5914	22747
3695	2503	3859	3259	2650	4862	5443	19082
2831	2419	5315	3701	2943	4463	5483	19788
485	428	451	372	469	855	616	2052
112	87	114	99	96	168	170	618
72	49	67	57	56	108	91	427
9	5	10	10	3	12	13	83
8		8	2	5	14	7	51
99	82	117	84	85	180	183	687
76	59	78	68	59	108	119	394
246	184	262	198	196	353	351	1363
152	113	149	124	115	202	197	712
13	10	9	5	13	16	16	67
	2	1	1	1	5	4	37

7-22 农村住户调查按平均每人纯收入分组收支情况(2012年)

单位：元

指　标	Item	500元以下的户 Below 500 yuan Households	500-800元的户 500-800 yuan Households
一、总收入	**Total Income**	**232893**	**73684**
(一)工资性收入	Laborers' Remuneration	37910	3445
1.在非企业组织中劳动得到	Earning by Work in Non-enterprises Organization	4000	
2.在本乡地域内劳动得到	Earning by Work in Districs of Their Township	15910	1445
3.外出从业得到	Earning by Work Outside	18000	2000
(二)家庭经营收入	Income from Household Business	160409	54972
1.第一产业	Primary Industry	159959	29407
农　业	Farming	60192	23144
林　业	Forestry		190
牧　业	Animal Husbandary	99767	6072
渔　业	Fishery		
2.第二产业	Secondary Industry		
工　业	Industry		
建筑业	Construction		
3.第三产业	Tertiary Industry	450	25565
其他产品收入	Other Products		
第三产业服务性收入	Service Trade	450	25565
交通、运输、邮电业	Traffic,Transportation and Post		
批零贸易业、饮食业	Wholesale and Retail Trade ,Catering Trade	150	2965
社会服务业	Social Service	300	
文教卫生业	Culture,Education and Public Health		
其他行业	Others		22600
(三)财产性收入	Property Income	8513	-257
(四)转移性收入	Transfer Income	26060	15524
二、总支出	**Total Expenditure**	**419442**	**137042**
(一)家庭经营费用支出	Expenditure of Household Business	253629	39508
1.第一产业生产费用	Producing Cost of Primary Industry	208609	19163
农　业	Farming	27096	11784
林　业	Forestry	300	240
牧　业	Animal Husbandary	181212	7139
渔　业	Fishery		
2.第二产业生产费用	Producing Cost of Primary Industry	45000	
工　业	Industry	45000	
建筑业	Construction		
3.第三产业生产费用	Producing Cost of Secondary Industry	20	20345
交通运输邮电业	Traffic,Transportation and Post		
批零贸易餐饮业	Wholesale and Retail Trade ,Catering Trade	20	600
社会服务业	Social Service		
文教卫生业	Culture,Education and Public Health		
其他行业	Others		19745
(二)购置生产性固定资产支出	Costs of Purchasing Fixed Assets for Production	7360	
(三)建造生产性固定资产雇工支出	Costs of Hiring Workers to Construct Fixed Assets for Production		
(四)税费支出	Costs of Taxes		

INCOME AND EXPENDITURE BY NET INCOME PER CAPITA IN INQUIRY OF RURAL HOUSEHOLDS(2012)

(yuan)

800–1000 元的户 800–1000 yuan Households	1000–1300 元的户 1000–1300 yuan Households	1300–1500 元的户 1300–1500 yuan Households	1500–1700 元的户 1500–1700 yuan Households	1700–2000 元的户 1700–2000 yuan Households	2000–2300 元的户 2000–2300 yuan Households	2300–2500 元的户 2300–2500 yuan Households	2500–2800 元的户 2500–2800 yuan Households
54547	**162510**	**205521**	**304293**	**615179**	**782275**	**617156**	**980025**
16530	28818	34430	82730	178162	236944	115097	304657
	500			8520	10700	5100	12597
13530	27102	21830	69930	141042	189504	95497	204335
3000	1216	12600	12800	28600	36740	14500	87725
28878	101175	130194	168048	353207	434424	439254	557891
28528	96975	109289	135568	311754	388546	347054	513461
25260	76629	102869	120177	260935	306144	316051	429623
1455	5321	1164	3600	8644	9384	13251	14754
1813	15026	5257	11791	42175	73018	17753	69085
				2532		19330	2427
				2532		8830	2427
						10500	
350	4200	20905	32480	38921	45878	72870	42004
				165			153
350	4200	20905	32480	38756	45878	72870	41851
	3900	150	9310	28356	28078	18910	24200
350	300	20755	3260		16500	13660	4350
			12800	10400	1300	26800	155
						12500	13146
			7110			1000	
50	-2004	3590		4366	5649	1399	4358
9089	34521	37307	53514	79445	105259	61406	113118
111835	**238690**	**478826**	**529126**	**891120**	**1134684**	**751428**	**1173380**
14963	44051	50625	60132	180948	163043	151648	242772
14953	37396	46777	55003	159806	148034	138276	222459
12396	28020	40323	44917	112686	106669	121102	177218
1528	618	56	1258	3579	552	2027	558
1030	8757	6398	8828	43540	40813	15147	44683
				510		5134	2672
				510		1834	722
						3300	1950
10	6655	3848	5129	20632	15009	8239	17642
	6645		3115	17914	12355	3605	14210
10	10	3848			2654	2549	732
			2014	2718			700
						2040	2000
						45	
800	500	10055	600	14125	31231	14920	31425
							800

7-22 续表1

单位：元

指　　标	Item	500元以下的户 Below 500 yuan Households	500-800元的户 500-800 yuan Households
(五)生活消费支出	Expenditure of Living Consumption	143506	88934
#服务性	Services	27965	27772
1.食　品	Food	65700	45037
2.衣　着	Closing	13828	8588
3.居　住	Residence	13398	7315
4.家庭设备用品及服务	Household Facilities,Articles and Services	4337	3810
5.医疗保健	Health Care	25857	6551
6.交通和通讯	Transportation and Communication	2519	11967
7.文教娱乐用品及服务	Articles and Services of Culture, Education and Recreation	15668	4732
8.其他商品和服务	Other Commodities and Services	2199	935
(六)财产性支出	Property Expenditure		
(七)转移性支出	Transfer Expenditure	14947	8600
三、全年纯收入	**Annual Net Income**	**-50253**	**23275**
四、期内现金收支情况	**Cash Income and Expenditure**		
(一)期内现金收入	Cash Income	195683	57607
1.工资性收入	Laborers ' Remuneration	37910	3445
在非企业组织中劳动得到	Earning by Work in Non-enterprises Organization	4000	
在本乡地域内劳动得到	Earning by Work in Districs of Their Township	15910	1445
外出从业得到	Earning by Work Outside	18000	2000
2.家庭经营现金收入	Income from Household Business	137733	43992
第一产业	Primary Industry	137283	18427
第二产业	Secondary Industry		
第三产业	Tertiary Industry	450	25565
3.财产性收入	Property Income		
4.转移性收入	Transfer Income	20040	10170
(二)非收入现金所得	Non-income Cash Obtaining	215515	56311
(三)期内现金支出	Cash Expenditure in this Period of Time	393277	120652
1.生产费用支出	Expenditure of Production	246490	29713
#家庭经营费用支出	Expenditure of Household Business	239130	29713
第一产业生产费用	Primary Industry	194110	9368
第二产业生产费用	Secondary Industry	45000	
第三产业生产费用	Tertiary Industry	20	20345
购置生产性固定资产支出	Costs of Purchasing Fixed Assets for Production	7360	
2.税费支出	Costs of Taxes		
3.生活消费支出	Expenditure of Living Consumption	131960	82369
4.财产性支出	Property Expenditure		
5.转移性支出	Transfer Expenditure	14827	8570
(四)非消费性支出	Expenditure of Non-consumption	49016	4200
(五)期末金融资产余额	Balance of Financial Assets at the End of this Period of Time	166960	49155
#手存现金	Cash Deposited by Hands	56960	37155
存款余额	Balance of Deposits	110000	12000
(六)期末债务余额	Balance of Debts at the End of this Period of Time	72000	6300

continued

(yuan)

800–1000 元的户 800–1000 yuan Households	1000–1300 元的户 1000–1300 yuan Households	1300–1500 元的户 1300–1500 yuan Households	1500–1700 元的户 1500–1700 yuan Households	1700–2000 元的户 1700–2000 yuan Households	2000–2300 元的户 2000–2300 yuan Households	2300–2500 元的户 2300–2500 yuan Households	2500–2800 元的户 2500–2800 yuan Households
89824	181333	383412	411517	647160	879252	546066	841134
23599	38397	89996	108088	171972	264531	111892	210183
47299	98343	122233	163079	310011	363009	241365	358671
8780	13676	25313	42026	59103	58251	49933	74308
8500	31545	28188	63524	71899	216455	49258	106889
5373	4118	11726	22674	42624	40204	27593	40858
6520	16178	126026	29836	56912	55481	93304	81404
7169	4736	38072	38750	59162	50179	36023	69420
3244	10556	26284	42119	38866	82807	36686	92737
2940	2182	5571	9510	8583	12868	11905	16848
							7
6247	12806	34735	56877	48888	61158	38794	57241
37147	**102425**	**130240**	**202431**	**392845**	**581579**	**424713**	**681800**
46686	114453	144376	224274	472856	590909	414568	719669
16530	28818	34430	82730	178062	236944	114997	304657
	500			8420	10700	5000	12597
13530	27102	21830	69930	141042	189504	95497	204335
3000	1216	12600	12800	28600	36740	14500	87725
24047	62337	79558	106143	233659	272020	255400	326554
23697	58137	58653	73663	192206	226142	163200	282124
				2532		19330	2427
350	4200	20905	32480	38921	45878	72870	42004
		1040	840	2100	4521	325	3080
6109	23298	29348	34561	59035	77424	43846	85378
41180	105549	347313	272865	457995	672477	337659	545102
99587	197262	450279	502443	829588	1046722	694906	1083372
13666	29455	51962	55748	178732	165625	153041	245764
12866	28955	41907	55148	164607	134394	138121	214339
12856	22300	38059	50019	143465	119385	124749	194025
				510		5134	2672
10	6655	3848	5129	20632	15009	8239	17642
800	500	10055	600	14125	31231	14920	31425
							800
79674	155871	363661	390718	602829	821338	503865	779965
							7
6247	11936	34656	55977	48028	59759	37999	56836
19185	46904	46975	84552	238012	262753	102270	350580
101483	339217	329614	646062	581151	848580	472352	813644
31483	50217	69059	100833	156151	197680	113852	212800
70000	289000	260555	544250	425000	650900	358500	600843
6000	3200	72750	208100	88200	122860	29900	85300

7-22 续表2

单位：元

指 标	Item	2800-3000元的户 2800-3000 yuan Households	3000-3500元的户 3000-3500 yuan Households
一、总收入	**Total Income**	**757152**	**1883946**
(一)工资性收入	Laborers' Remuneration	247328	619893
1.在非企业组织中劳动得到	Earning by Work in Non-enterprises Organization	10560	41721
2.在本乡地域内劳动得到	Earning by Work in Districs of Their Township	164718	334312
3.外出从业得到	Earning by Work Outside	72050	243860
(二)家庭经营收入	Income from Household Business	397976	1025861
1.第一产业	Primary Industry	329768	909436
农 业	Farming	274813	733578
林 业	Forestry	24740	17038
牧 业	Animal Husbandary	30214	158820
渔 业	Fishery		
2.第二产业	Secondary Industry		19000
工 业	Industry		
建筑业	Construction		19000
3.第三产业	Tertiary Industry	68208	97425
其他产品收入	Other Products		
第三产业服务性收入	Service Trade	68208	97425
交通、运输、邮电业	Traffic,Transportation and Post	43170	43890
批零贸易业、饮食业	Wholesale and Retail Trade ,Catering Trade	11600	53220
社会服务业	Social Service	13438	315
文教卫生业	Culture,Education and Public Health		
其他行业	Others		
(三)财产性收入	Property Income	3930	16665
(四)转移性收入	Transfer Income	107918	221527
二、总支出	**Total Expenditure**	**986863**	**2255442**
(一)家庭经营费用支出	Expenditure of Household Business	144479	438223
1.第一产业生产费用	Producing Cost of Primary Industry	122051	402113
农 业	Farming	104435	281395
林 业	Forestry	3106	5700
牧 业	Animal Husbandary	14511	115018
渔 业	Fishery		
2.第二产业生产费用	Producing Cost of Primary Industry	385	7160
工 业	Industry	310	
建筑业	Construction	75	7160
3.第三产业生产费用	Producing Cost of Secondary Industry	22043	28951
交通运输邮电业	Traffic,Transportation and Post	16190	19833
批零贸易餐饮业	Wholesale and Retail Trade ,Catering Trade	3189	8815
社会服务业	Social Service	2544	3
文教卫生业	Culture,Education and Public Health		300
其他行业	Others	120	
(二)购置生产性固定资产支出	Costs of Purchasing Fixed Assets for Production	1402	149155
(三)建造生产性固定资产雇工支出	Costs of Hiring Workers to Construct Fixed Assets for Production		
(四)税费支出	Costs of Taxes	1200	1200

continued

(yuan)

3500–4000元的户 3500–4000 yuan Households	4000–4500元的户 4000–4500 yuan Households	4500–5000元的户 4500–5000 yuan Households	5000–5500元的户 5000–5500 yuan Households	5500–6000元的户 5500–6000 yuan Households	6000–7000元的户 6000–7000 yuan Households	7000–8000元的户 7000–8000 yuan Households	8000元以上的户 Above 8000 yuan Households
2828318	**2172478**	**3240122**	**2654095**	**2737439**	**5004931**	**6000134**	**28818260**
840432	866100	1145182	1062490	1136693	2053508	2211293	12051627
37677	25280	41532	58610	32956	193452	121503	954731
551494	565993	810435	723660	780644	1426836	1563014	7779627
251261	274827	293215	280220	323093	433220	526776	3317270
1652917	1055463	1797563	1290133	1279960	2358275	3275499	13349698
1398349	850245	1637060	1034864	1115558	1787579	2731849	9357161
1094750	660093	1238283	908132	936828	1555561	1984726	7328950
23959	23673	14704	27364	15827	20044	33645	114900
279640	166479	384074	99368	162903	211974	713478	1913311
18800	14440	16698		6500		52700	274700
18800	6940	1733				52700	112150
	7500	14965		6500			162550
235768	190778	143805	255269	157902	570697	490950	3717837
820	200	219		127	1206	130	419
234948	190578	143586	255269	157775	569491	490820	3717418
149822	124126	91460	123084	42880	192229	232890	1488592
56630	42792	24896	102887	49568	257468	158590	1617663
14030	960	18240	28500	9480	116478	49400	254630
8276	22700			55847			105246
6190		8990	798		3316	49940	251288
20560	45982	23825	35190	26450	40780	98842	694033
314409	204933	273552	266282	294336	552367	414500	2722902
3025468	**2406816**	**3160756**	**2522767**	**2987896**	**4600644**	**6394594**	**24029896**
680891	410348	756936	406298	491836	754801	1222271	4901209
614651	351955	712360	332741	444232	621815	1067723	3479028
403627	244948	457052	275586	323420	484314	614697	2199737
4999	9237	4325	9114	1925	6886	10105	35481
206025	97770	250984	48041	118887	130615	442921	1243810
6394	3826	3684		30	100	800	66335
6394	2306	684		30		800	30703
	1520	3000			100		35632
59847	54567	40892	73556	47574	132886	153748	1355847
42726	39839	30830	34490	10116	74570	91555	472027
8419	6926	4685	25654	12416	36019	29752	762145
1740	200	3892	13413	1020	21697	8770	72663
2532	7602	80		23422	300		2962
4430		1405		600	300	23671	46049
107956	48015	13438	32385	24175	137494	43286	402891
		70					6000
	700	500	4953	800	2672	730	7581

7-22 续表3

单位: 元

指　　标	Item	2800-3000元的户 2800-3000 yuan Households	3000-3500元的户 3000-3500 yuan Households
(五)生活消费支出	Expenditure of Living Consumption	776965	1538858
#服务性	Services	189276	364048
1.食　品	Food	323961	640024
2.衣　着	Closing	69270	139621
3.居　住	Residence	168062	288928
4.家庭设备用品及服务	Household Facilities,Articles and Services	34979	60527
5.医疗保健	Health Care	61752	157242
6.交通和通讯	Transportation and Communication	50584	116388
7.文教娱乐用品及服务	Articles and Services of Culture, Education and Recreation	51200	112128
8.其他商品和服务	Other Commodities and Services	17157	24000
(六)财产性支出	Property Expenditure		
(七)转移性支出	Transfer Expenditure	62817	128005
三、全年纯收入	**Annual Net Income**	**561093**	**1371362**
四、期内现金收支情况	**Cash Income and Expenditure**		
(一)期内现金收入	Cash Income	606662	1427863
1.工资性收入	Laborers ' Remuneration	247328	619683
在非企业组织中劳动得到	Earning by Work in Non-enterprises Organization	10560	41721
在本乡地域内劳动得到	Earning by Work in Districs of Their Township	164718	334102
外出从业得到	Earning by Work Outside	72050	243860
2.家庭经营现金收入	Income from Household Business	272217	633866
第一产业	Primary Industry	204009	517441
第二产业	Secondary Industry		19000
第三产业	Tertiary Industry	68208	97425
3.财产性收入	Property Income	2100	13938
4.转移性收入	Transfer Income	85018	160376
(二)非收入现金所得	Non-income Cash Obtaining	417215	898668
(三)期内现金支出	Cash Expenditure in this Period of Time	923371	2062158
1.生产费用支出	Expenditure of Production	128411	524183
#家庭经营费用支出	Expenditure of Household Business	127009	375028
第一产业生产费用	Primary Industry	104581	338918
第二产业生产费用	Secondary Industry	385	7160
第三产业生产费用	Tertiary Industry	22043	28951
购置生产性固定资产支出	Costs of Purchasing Fixed Assets for Production	1402	149155
2.税费支出	Costs of Taxes	1200	1200
3.生活消费支出	Expenditure of Living Consumption	731853	1409869
4.财产性支出	Property Expenditure		
5.转移性支出	Transfer Expenditure	61907	126905
(四)非消费性支出	Expenditure of Non-consumption	136631	305156
(五)期末金融资产余额	Balance of Financial Assets at the End of this Period of Time	1029774	1731386
#手存现金	Cash Deposited by Hands	193532	521062
存款余额	Balance of Deposits	836242	1209346
(六)期末债务余额	Balance of Debts at the End of this Period of Time	28000	184819

continued

(yuan)

3500–4000元的户 3500–4000 yuan Households	4000–4500元的户 4000–4500 yuan Households	4500–5000元的户 4500–5000 yuan Households	5000–5500元的户 5000–5500 yuan Households	5500–6000元的户 5500–6000 yuan Households	6000–7000元的户 6000–7000 yuan Households	7000–8000元的户 7000–8000 yuan Households	8000元以上的户 Above 8000 yuan Households
2043469	1773625	2167725	1874377	2259349	3295672	4605495	16246952
647857	592912	616171	586504	714587	1024382	1050584	5069101
848807	668725	862820	695271	717805	1237782	1223775	4598106
189044	157828	226436	163361	178634	322473	370117	1506896
236903	351158	305938	333681	695846	414924	1199984	3778328
109737	59690	128375	99175	95891	165679	196859	1031973
175066	139251	219590	165346	141413	366398	895460	1768314
227806	168774	227649	174075	205255	274838	299518	1587086
198300	186425	151682	196956	171439	429636	309760	1431807
57806	41774	45235	46512	53066	83943	110022	544443
	14000		1270	200	900	36920	36235
193152	160128	222087	203484	211537	409105	485893	2429028
1976443	**1680262**	**2378616**	**2150093**	**2142387**	**4075768**	**4595585**	**23129907**
2245424	1786189	2622445	2214876	2290924	4319175	5081926	26212106
840432	864920	1145008	1061960	1136567	2052498	2210578	12047293
37677	24340	41532	58610	32956	193352	121103	954311
551494	565753	810261	723660	780518	1425926	1562699	7776373
251261	274827	293215	279690	323093	433220	526776	3316610
1153241	734721	1263503	940185	905781	1777939	2470906	11302826
898673	529503	1103000	684915	741379	1207408	1927257	7310841
18800	14440	16698		6500		52700	274700
235768	190778	143805	255269	157902	570531	490950	3717284
4195	43350	10312	27892	17928	31747	91912	655249
247556	143198	203622	184838	230648	456992	308530	2206738
1397207	854791	1029307	844356	1184130	1550347	2791600	9181052
2810249	2272983	2933076	2384180	2849278	4412058	6154085	23395276
697190	407894	654934	399904	474547	834118	1157970	5017602
589234	359879	641426	367519	450372	696624	1114684	4608711
522993	301486	596850	293963	402767	563638	960136	3186529
6394	3826	3684		30	100	800	66335
59847	54567	40892	73556	47574	132886	153748	1355847
107956	48015	13438	32385	24175	137494	43286	402891
	700	500	4953	800	2672	730	7581
1922404	1693345	2058528	1781309	2168147	3175216	4480674	15942881
	14000		1270	200	900	36920	36235
190655	157044	219115	196744	205585	399152	477791	2390977
867573	811546	614141	495344	627751	986804	1332229	9608043
2740463	2121717	2681111	2645422	2482493	4013063	4423357	23445657
775582	472743	808338	773852	727593	1501230	1253871	7213640
1963700	1647659	1871908	1871571	1754900	2510614	3169486	16231579
425437	198600	286040	163500	379530	344200	639300	2447780

7-23 农民家庭平均每人主要消费品消费量
PER CAPITA CONSUMPTION OF MAJOR CONSUMER GOODS OF RURAL HOUSEHOLDS

单位：公斤 (kg)

名　称	Item	2005	2010	2012
粮　食(原 粮)	Grain (Unprocessed)	217.63	168.63	157.35
#细　粮	Wheat and Rice	148.15	125.02	115.57
蔬　菜	Fresh Vegetables	80.72	77.68	69.30
食　油	Edible Oil	5.54	7.15	7.40
肉禽及其制品	Meat, Poultry and Related Products	6.57	8.93	9.70
#家　禽	Poultry	0.41	0.92	1.14
蛋　类	Eggs	5.74	6.22	7.82
水产品	Aquatic Products	0.67	0.81	0.94
食　糖	Sugar	0.96	0.99	0.98
酒	Liquor	3.40	3.39	4.80

7-24 农民家庭平均每百户耐用消费品拥有量
DURABLE CONSUMER GOODS OWNED PER 100 RURAL HOUSEHOLDS

名　称	Item	2005	2010	2012
洗衣机　(台)	Washing Machines (unit)	69.29	81.05	86.62
摩托车　(辆)	Motorcycles (unit)	39.29	56.57	56.71
微波炉　(台)	Micro-wave Ovens (unit)	0.29	3.38	4.81
黑白电视机　(台)	Black and White TV Sets (unit)	21.86	7.76	1.24
彩色电视机　(台)	Color TV Sets (unit)	82.33	109.00	109.24
空调机　(台)	Airconditioners(unit)	1.00	4.62	7.57
照相机　(架)	Cameras (unit)	4.81	4.57	2.62
电冰箱　(台)	Refrigerators (unit)	14.43	29.19	52.90
影碟机　(台)	Videorecorders (unit)	16.67	26.90	8.52
电话机　(部)	Telephones (unit)	50.29	75.62	46.86
移动电话　(部)	Mobile Telephones (unit)	27.52	107.71	186.76
家用电脑　(台)	Household Computers (unit)	0.57	8.71	27.67
生活用汽车　(辆)	Cars for Daily Life (unit)	0.33	1.86	6.48

主要统计指标解释

城镇居民家庭就业人口 指从事社会劳动并取得劳动报酬或经营收入的人口。我国的就业方针是："在国家统筹规划和指导下，实行劳动部门介绍就业、自愿组织起来就业和自谋职业相结合"。因此通过这三种方式就业的，不论在全民所有制、集体所有制单位工作或从事个体劳动，不论有固定性职业或临时性职业都是就业人口。

城镇居民家庭总收入 指调查户中生活在一起的所有家庭成员在调查期得到的工资性收入、经营净收入、财产性收入、转移性收入的总和，不包括出售财物和借贷收入。

城镇居民家庭可支配收入 指调查户可用于最终消费支出和其它非义务性支出以及储蓄的总和，即居民家庭可以用来自由支配的收入。它是家庭总收入扣除交纳的个人所得税、个人交纳的社会保障支出以及调查户的记帐补贴后的收入。计算公式为：

可支配收入 = 家庭总收入 - 交纳个人所得税 - 个人交纳的社会保障支出 - 记帐补贴

城镇居民家庭工资性收入 指就业人员通过各种途径得到的全部劳动报酬，包括所从事的主要职业的工资以及从事第二职业、其他兼职和零星劳动得到的其它劳动收入。

城镇居民家庭消费支出 指调查户用于满足本家庭日常生活的全部支出，包括食品、衣着、居住、家庭设备用品及服务、医疗保健、交通和通信、教育文化娱乐服务、杂项商品和服务八大类等。包括用于赠送的商品和服务。

农村居民家庭纯收入 指农村住户当年从各个来源得到的总收入相应地扣除所发生的费用后的收入总和。纯收入主要用于再生产投入和当年生活消费支出，也可用于储蓄和各种非义务性支出。"农民人均纯收入"是按人口平均的纯收入水平，反映的是一个地区一个农村居民的平均收入水平。计算公式为：

纯收入 = 总收入 - 家庭经营费用支出 - 税费支出 - 生产性固定资产折旧 - 赠送农村内部亲友支出

农村居民家庭生活消费支出 指农村住户用于物质生活和精神生活方面的消费支出。生活消费支出包括食品支出、衣着支出、居住支出、家庭设备用品及服务支出、医疗保健支出、交通和通讯支出、文化教育娱乐用品及服务支出、其他商品和服务支出。

Explanatory Notes on Main Statistical Indicators

Employed Population in Urban Households refer to urban residents engaged in certain work and receiving payment for their labor or income from their business operation. Under the overall plan and guidance of our country's employment policy, there are three means to find a job through employment department providing services, laborers organizing themselves on a voluntary basis and finding jobs all by themselves. Laborers who get jobs by the three means are employed population, regardless of whether they work in state-owned enterprises or collective enterprises with permanent or temporary jobs.

Total Income of Urban Households refers to the total of wages, net business income, property income and transfer income of the membership in sample households. It excludes income of property selling and loans borrow.

Disposable Income of Urban Households refers to the actual income at the disposal of members of the households which can be used for final consumption, other non-compulsory expenditure and savings. This equals to total income minus income tax, expenditure of personal social insurance and subsidies of account. The formula is as follow:

Disposable income of urban households = total income – income tax – expenditure of personal social insurance – subsidies of account.

Income of Wages of Urban Households refers to total wages of employees by all kinds of ways, including wages of major occupation engaged, other income of the second occupation and part-time job or odd labor.

Expenditure of Urban Households for Consumption refers to total expenditure of the sample households for their own daily life including eight types, such as food, clothes, residence, household facilities, articles and services, medicine and medical services, transportation and communications, recreation, education and cultural services, miscellaneous commodities and services. It include goods and services donated to others.

Net Income of Rural Households refers to sum of income in rural households during a year of total income from all sources minus all expenses. Net income is mainly used in re-production input and expenditure in living consumption, also in saving and non-compulsory expenditure. Income of rural households reflects average income level in a region or a rural resident. It is calculated:

Net Income = total income – expenditure in manage expenses – tax and fee – depreciation of fixed assets – expenditure in contribution to relatives and friends inside rural.

Expenditure of Rural Households for Consumption refers to expenditure of rural households used in cultural life and material life for consumption, which includes expenditures on food, clothing, housing, equipments and articles, health care, transportation and communication, culture, education and recreation articles and services, other commodities and services.

08 » 农村经济

AGRICULTURAL ECONOMY

PAGE

251—270

资料整理人员

程英翠　李怀民　郝静敏　王翠翠
张　媛　王爱兵　刘　川　习朝瑞

农村经济
AGRICULTURAL ECONOMY

农作物播种面积	Sown Areas of Farm Crops	3796.4	千公顷	(1 000 ha)
#粮　食	Sown Areas of Grain	3291.5	千公顷	(1 000 ha)
粮食产量	Output of Grain	1274.1	万吨	(10 000 tons)
油料产量	Output of Oil-bearing Crops	19.6	万吨	(10 000 tons)
肉类产量	Output of Meat	77.4	万吨	(10 000 tons)

农林牧渔业总产值构成 (%)

Composition of Gross Output Value of Farming, Forestry, Animal Husbandry and Fishery (%)

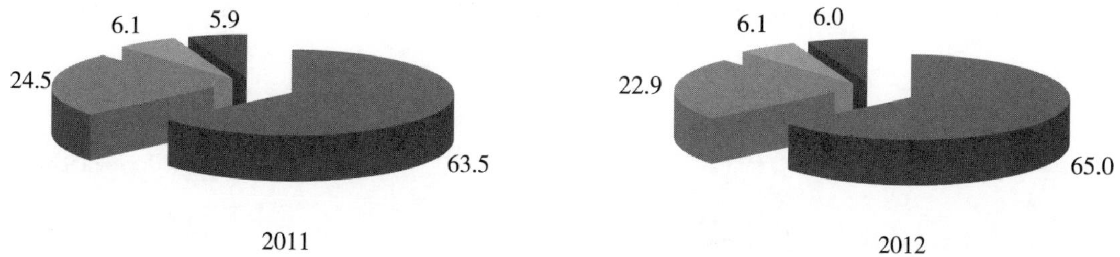

粮食总产量 (万吨)

Output of Grain (10 000 tons)

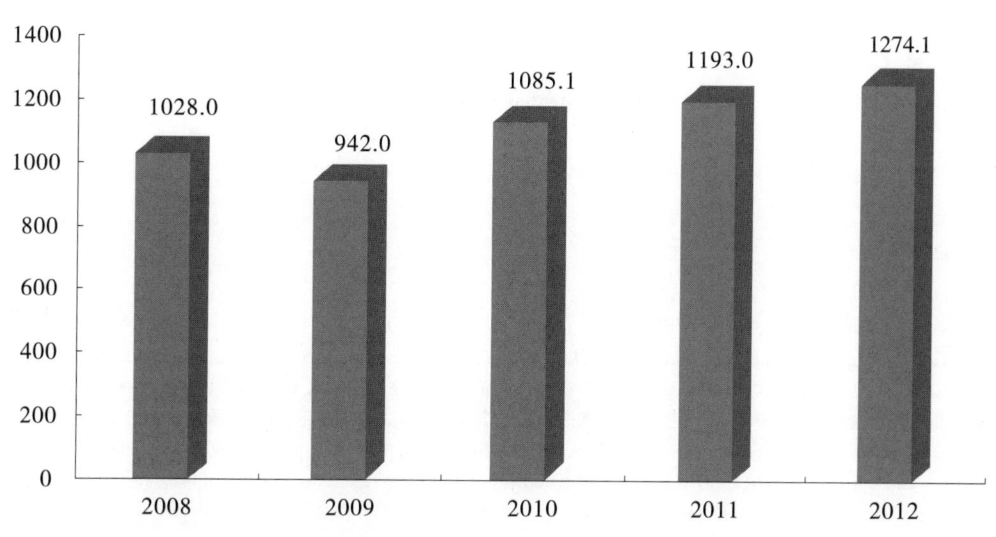

8-1 农村基层组织情况
BASIC CONDITIONS OF RURAL GRASS-ROOTS UNITS

指 标		Item	2005	2010	2012
一、农村基层组织情况		**Basic Conditions of Rural Grass-roots Units**			
1.乡(镇)政府	(个)	Number of Township and Town Governments (unit)	1192	1118	1115
#镇政府		Number of Town Governments	475	478	478
2.村民委员会	(个)	Number of Villager Committees (unit)	28323	28242	28222
二、乡村户数	**(万户)**	**Number of Rural Households (10 000 households)**	**638.39**	**694.42**	**791.89**
三、乡村人口	**(万人)**	**Rural Population (10 000 persons)**	**2354.94**	**2393.83**	**2415.00**
四、乡村从业人员	**(万人)**	**Number of Rural Laborers (10 000 persons)**	**1035.73**	**1100.01**	**1137.71**
1.按性别分		Group by Sexual Distinction			
男		Male	573.60	609.86	631.51
女		Female	462.13	490.15	506.19
2.按行业分		Group by Sector			
农、林、牧、渔业		Farming, Forestry, Animal Husbandry and Fishery	637.44	632.44	640.68
工 业		Industry	141.94	148.36	151.14
建筑业		Construction	62.67	86.31	96.01
交通运输、仓储和邮政业		Transportation, Storage and Post	62.72	64.97	67.26
批发、零售贸易业 、住宿和餐饮业		Wholesale, Retail Trade and Catering Services	61.89	89.53	96.99
其他行业		Others	69.07	78.40	85.63

注：本表乡镇个数指农村中经省人民政府批准成立的乡一级行政区划的数量，不包括城关镇、城市街道办事处、工矿区；乡村人口数指乡村地区常住居民户数中的常住人口数，即经常在家或在家居住6个月以上，而且经济和生活与本户连成一体的人口。

Note: The number of township and town governments is quantity of township level approved by province,which doesn't include suburban villages, urban street offices and industrial mining districts.Number of Residents of Villages refers to the number of usual residents in usual resident households in rural areas, who are regularly at home for more than 6 months and economically and socially integrated with the household.

8-2 主要年份农林牧渔业总产值

GROSS OUTPUT VALUE OF FARMING, FORESTRY, ANIMAL HUSBANDRY AND FISHERY IN MAJOR YEARS

按当年价格计算 (at current price)

年 份 Year	农林牧渔业总产值(万元) Total (10 000 yuan)	农 业 Farming	林 业 Forestry	牧 业 Animal Husbandry	渔 业 Fishery	农林牧渔服务业 Farming, Forestry, Animal Husbandry and Fishery Service
1978	290133	239742	17391	32934	66	
1980	382302	286574	40154	55492	82	
1985	629163	484341	41218	102941	663	
1990	1247781	889037	78275	276170	4299	
1995	2996751	2033892	133136	817463	12260	
2000	3223544	2183303	127258	896667	16316	
2005	4837972	2817384	165153	1485882	26945	342608
2006	4418484	2921543	153420	1194034	23339	126148
2007	4983892	3226482	175856	1401804	34881	144868
2008	5959205	3661605	202405	1853677	42320	199198
2009	9087428	5563352	667047	2309425	52604	495000
2010	10478483	6689937	650089	2508360	61097	569000
2011	12075686	7671421	734651	2956927	75187	637500
2012	13042557	8474140	790686	2988314	84168	705250

8-3 农林牧渔业总产值及增加值(按当年价格计算)

GROSS OUTPUT VALUE AND VALUE ADDED OF FARMING, FORESTRY, ANIMAL HUSBANDRY AND FISHERY(AT CURRENT PRICE)

单位：万元 (10 000 yuan)

指 标	Item	2011	2012
一、农林牧渔业总产值	**Gross Output Value**	**12075686**	**13042557**
农 业	Farming	7671421	8474140
林 业	Forestry	734651	790686
牧 业	Animal Husbandry	2956927	2988314
渔 业	Fishery	75187	84168
农林牧渔服务业	Farming, Forestry, Animal Husbandry and Fishery Service	637500	705250
二、农林牧渔业中间消耗	**Intermediate Material Consumption**	**5661487**	**6059270**
农 业	Farming	3361156	3681594
林 业	Forestry	447463	469000
牧 业	Animal Husbandry	1477665	1492806
渔 业	Fishery	33752	37856
农林牧渔服务业	Farming, Forestry, Animal Husbandry and Fishery Service	341452	378014
三、农林牧渔业增加值	**Value Added**	**6414199**	**6983288**
农 业	Farming	4310265	4792546
林 业	Forestry	287188	321686
牧 业	Animal Husbandry	1479263	1495508
渔 业	Fishery	41436	46312
农林牧渔服务业	Farming, Forestry, Animal Husbandry and Fishery Service	296048	327236

8-4 主要年份耕地情况
CULTIVATED AREA IN MAJOR YEARS

单位：千公顷 (1 000 ha)

年 份 Year	耕地总资源 Resoruces of Cultivated Area	有效灌溉面积 Effective Irrigated Area	#机电排灌面积 Mechanical and Electrical Irrigated Area	机耕地面积 Area Cultivated by Machine
1978	3923.41	1092.48	766.30	1936.99
1980	3921.46	1115.14	775.22	1777.76
1985	3761.09	1079.10	776.98	1916.74
1990	3692.51	1134.45	836.74	1987.08
1995	3645.09	1201.99	891.74	2143.55
2000	4341.94	1105.04	939.07	2270.24
2005	3793.19	1088.59	946.39	2042.27
2006	4054.30	1172.10	944.90	2022.50
2007	4053.45	1255.69	943.31	2056.37
2008	4055.82	1254.56	945.72	2179.93
2009		1261.00	948.53	2367.46
2010		1274.15	961.90	2559.72
2011		1324.78	1012.03	2525.92
2012		1319.16	1042.43	2573.45

8-5 主要年份主要农作物播种面积
SOWN AREAS OF MAJOR FARM CROPS IN MAJOR YEARS

单位：千公顷 (1 000 ha)

年 份 Year	总播种面积 Total Sown Area	#粮食作物 Grain Crops	#谷 物 Cereal	#油 料 Oil-bearing Crops	#棉 花 Cotton	#甜 菜 Beetroots	#蔬 菜 Vegetable
1978	4389.25	3692.43	3279.15	165.16	237.53	9.00	
1980	4266.60	3508.76	3117.22	231.46	224.31	9.69	92.37
1985	3978.23	3055.05	2634.17	505.61	121.14	10.79	104.94
1990	4016.89	3290.79	2755.55	356.33	130.34	16.89	110.59
1995	3895.55	3151.48	2425.09	342.42	127.10	21.76	156.79
2000	4042.42	3186.46	2326.74	417.06	43.04	7.56	242.13
2005	3795.35	3033.59	2333.37	273.38	97.45	1.22	244.93
2006	3471.30	2833.27	2306.81	172.29	119.87	3.40	243.23
2007	3653.15	3028.21	2443.35	166.76	103.99	5.76	240.13
2008	3726.49	3111.33	2556.59	179.16	89.07	6.40	240.99
2009	3692.14	3146.67	2617.09	169.93	70.16	4.06	220.57
2010	3763.92	3239.23	2714.82	156.95	58.72	4.89	228.47
2011	3797.42	3287.85	2774.28	149.97	53.32	5.61	228.58
2012	3796.43	3291.50	2776.91	145.86	37.36	8.55	247.81

8-6 农作物播种面积
SOWN AREA OF FARM CROPS

单位：千公顷 (1 000 ha)

指　标	Item	2005	2010	2012
农作物总播种面积	**Total Sown Area**	**3795.35**	**3763.92**	**3796.43**
一、粮　食	**Grain**	**3033.59**	**3239.23**	**3291.50**
(一)谷　物	Cereal	2333.37	2714.82	2776.91
#稻　谷	Rice	2.68	1.04	1.01
小　麦	Wheat	721.03	728.47	688.97
玉　米	Corn	1183.72	1548.93	1668.97
谷　子	Millet	216.54	204.96	206.83
高　粱	Sorghum	38.55	34.09	28.70
燕　麦	Nakedoats	56.45	62.48	56.52
(二)豆　类	Beans	346.25	334.03	324.30
#大　豆	Soybean	217.93	195.07	199.67
(三)薯　类	Tubers	353.97	190.38	190.29
#马铃薯	Potato	311.95	170.19	168.93
二、油　料	**Oil-bearing Crops**	**273.38**	**156.95**	**145.86**
#花　生	Peanuts	14.57	9.04	9.28
油　菜	Rapeseeds	10.12	6.07	4.17
芝　麻	Sesame	5.96	4.45	3.48
胡　麻	Benne	82.10	62.81	60.48
向日葵	Sunflower	113.64	43.04	34.20
三、棉　花	**Cotton**	**97.45**	**58.72**	**37.36**
四、麻　类	**Fiber Crops**	**0.05**	**0.15**	**0.07**
五、甜　菜	**Beetroots**	**1.22**	**4.89**	**8.55**
六、烟　叶	**Tobacco**	**2.66**	**3.38**	**3.11**
七、药　材	**Medicinal Materials**	**31.56**	**21.83**	**27.78**
八、蔬　菜	**Vegetables**	**244.93**	**228.47**	**247.81**
九、瓜果类	**Melons**	**30.39**	**22.96**	**23.27**
十、其他作物	**Others**	**80.12**	**27.34**	**22.84**
#青饲料	Green feed	63.04	21.75	18.22

8-7 主要年份主要农作物产量

OUTPUT OF MAJOR FARM CROPS IN MAJOR YEARS

单位：吨 (ton)

年份 Year	粮食 Grain	1.谷物 Cereal	#稻谷 Rice	#小麦 Wheat	#玉米 Corn	#谷子 Millet
1978	7069560	6363715	58990	1288415	2711625	891140
1980	6857060	6201675	69290	1184780	2628820	960370
1985	8226767	7408051	58472	2950507	2098065	883671
1990	9690053	8643731	54429	3192990	3054441	876631
1995	9171000	8162190	41450	2701000	4035207	627530
2000	8533500	7029713	32770	2151500	3547500	602218
2005	9780000	8820582	8974	2022800	6161300	381889
2006	10245000	9534200	7000	2271000	6660000	357900
2007	10070500	9165155	6161	2201500	6403600	320183
2008	10280000	9483300	1403	2530000	6828000	66221
2009	9420000	8958055	4979	2111100	6542700	157305
2010	10851000	10351600	4615	2322400	7660000	203000
2011	11930000	11383900	5000	2403000	8546000	262000
2012	12741000	12146500	6000	2591800	9038700	312000

年份 Year	#高粱 Sorghum	2.豆类 Beans	#大豆 Soybean	3.薯类 Tubers	#马铃薯 Potato	油料 Oil-bearing Crops
1978	959400	137420	137420	568425		42290
1980	766805	130620	130620	524765		133672
1985	770607	176898	176898	641818	477197	444478
1990	767132	302242	302242	744080	585814	393810
1995	519119	366840	220104	641970	430120	222635
2000	299801	577822	359542	925965	704063	448259
2005	111894	366750	259806	592668	461451	212620
2006	99300	396800	271000	314000	246000	146852
2007	84344	397190	265919	508155	393261	134537
2008	16051	347464	228527	449236	361770	191185
2009	40461	215305	138312	246640	193662	170188
2010	53249	240500	154500	258900	212300	175892
2011	54000	244000	162400	302100	249300	187044
2012	62000	276000	182000	318500	261600	195672

8-7 续表 continued

单位：吨 (ton)

年 份 Year	棉 花 Cotton	麻 类 Fiber Crops	甜 菜 Beetroots	烟 叶 Tobacco	蔬 菜 Vegetables
1978	69430	5000	54605	1650	
1980	77500	5792	117024	1001	1804220
1985	73455	3779	248541	4702	2915412
1990	111526	1048	431641	8860	3474121
1995	90817	2155	396978	10455	5428701
2000	44796	680	210313	16319	9203364
2005	102907	38	39617	6327	9015370
2006	129000	58	108000	7040	7908063
2007	115076	93	210929	7733	8215047
2008	106735	116	234395	8410	8527544
2009	83991	130	154191	9663	8931437
2010	69311	227	225768	12002	9090901
2011	63364	207	324347	11021	9819032
2012	46981	42	407752	9939	10733368

8-8 主要年份主要油料作物产量

OUTPUT OF MAJOR OIL-BEARING CROPS IN MAJOR YEARS

单位：吨 (ton)

年 份 Year	花生果 Peanuts	油菜籽 Rapeseeds	芝 麻 Sesame	胡麻籽 Benne Seeds	向日葵籽 Sunflower Seeds
1978	888	2229	968	20437	3488
1980	5025	2800	2214	54932	31452
1985	50247	6766	11810	80071	164865
1990	48539	7758	23469	75102	139664
1995	48611	14759	11716	28820	78645
2000	41404	8638	19081	51279	257370
2005	28583	7676	4268	37889	102668
2006	18000	3000	4341	48418	59721
2007	25301	5770	3519	39770	49295
2008	22068	8890	3664	61839	62876
2009	21828	6939	3943	49959	57045
2010	21085	6360	4301	55026	57025
2011	21799	5888	4827	60302	56122
2012	20321	6570	3555	72553	53261

8-9 主要年份主要农作物单位面积产量
MAJOR FARM CROPS OUTPUT PER HECTARE IN MAJOR YEARS

单位：公斤/公顷 (kg/ha)

年 份 Year	粮 食 Grain	谷 物 Cereal	稻 谷 Rice	小 麦 Wheat	玉 米 Corn	谷 子 Millet	高 粱 Sorghum
1978	1915	1941	5207	1169	3419	1579	3171
1980	1954	1989	5670	1191	3541	1743	3269
1985	2693	2812	6871	2912	4221	2234	4315
1990	2945	3137	5923	3141	4797	2296	4532
1995	2910	3366	6436	2945	5253	2101	4430
2000	2678	3021	7234	2409	4470	2150	4393
2005	3224	3780	3349	2805	5205	1764	2903
2006	3616	4133	4762	3443	5284	1855	3161
2007	3326	3751	4163	3091	5040	1387	2375
2008	3304	3709	1231	3628	4953	294	477
2009	2994	3423	4368	2902	4508	788	1455
2010	3350	3813	4438	3188	4945	990	1562
2011	3629	4103	4902	3384	5190	1272	1834
2012	3871	4374	5941	3762	5416	1508	2160

年 份 Year	豆 类 Beans	薯 类 Tubers	油 料 Oil-bearing Crops	棉 花 Cotton	麻 类 Fiber Crops	甜 菜 Beetroots	烟 叶 Tobacco
1978	1188	1910	256	292	522	6067	851
1980	943	2074	578	346	695	12077	1125
1985	1066	2517	879	606	1050	23034	2387
1990	1200	2627	1105	856	1092	25556	1897
1995	884	2061	650	715	1390	18243	1700
2000	1194	2465	1075	1041	1236	27819	2042
2005	1059	1674	778	1056	760	32473	2379
2006	1124	1811	852	1076	1450	31765	4069
2007	1140	2149	807	1107	1329	36620	2197
2008	999	2170	1067	1198	2320	36624	2628
2009	640	1277	1012	1146	1704	37139	2567
2010	720	1360	1090	1112	1373	40099	3237
2011	760	1571	1209	1151	2045	43613	3293
2012	851	1674	1341	1257	602	47718	3197

8-10 主要年份造林和果园面积
AREA OF AFFORESTATION AND ORCHARDS IN MAJOR YEARS

年份 Year	当年造林面积 (千公顷) Afforestation Area in the year (1 000 ha)	#用材林 Timber Forest	零星植树 (万株) Planting Trees Piecemeal (10 000 unit)	年末果园面积 (千公顷) Area of Orchards (1 000 ha)	#苹果园面积 Area of Apple Orchards
1978	173.65	123.71	21992	64.00	37.57
1980	221.57	122.94	23129	68.21	40.80
1985	243.33	137.87	28764	111.47	56.98
1990	191.05	91.31	21057	184.71	101.15
1995	405.18	128.58	21418	286.34	188.47
2000	404.86	50.84	17176	288.89	177.98
2005	140.26	0.67	10596	279.69	151.40
2006	288.50	14.28	11855	270.15	145.97
2007	291.92	1.80	10353	274.03	144.31
2008	300.95	11.76	9382	277.20	148.21
2009	353.73	0.60	11212	281.16	145.23
2010	291.10	0.01	11098	294.38	137.63
2011	302.53	0.03	10803	322.57	144.73
2012	307.22	1.73	10415	342.36	150.69

8-11 造林和果园面积
AREA OF AFFORESTATION AND ORCHARDS

单位：千公顷 (1 000 ha)

指　标	Item	2005	2010	2012
一、当年造林面积	Afforestation Area in the Year	140.3	291.1	307.2
#用材林	Timber Forest	0.7		1.7
经济林	Economic Forest	4.1	52.3	61.7
防护林	Shelter Forest	135.4	223.7	226.2
薪炭林	Fuel Forest	0.1	6.3	13.2
二、育苗面积	Area of Growing Seedings	32.6	40.0	55.0
#本年新育	Area of Growing Seedings in the Year	16.1	19.2	24.2
三、零星植树(万株)	Planting Trees Piecemeal (10 000 unit)	10596	11098	10415
四、年末果园面积	Area of Orchards at Year-end	279.7	294.4	342.4
#苹果园	Apple Orchards	151.4	137.6	150.7
梨　园	Pears Orchards	30.0	28.1	35.1
葡萄园	Grapes Orchards	13.2	9.6	10.0

8-12 主要林产品与水果产量
OUTPUT OF MAJOR FOREST PRODUCTS AND FRUITS

单位：吨 (ton)

指　标	Item	2005	2010	2012
一、主要林产品产量	Output of Major Forest Products			
核　桃	Walnuts	53432	65156	106772
板　栗	Chinese Chestnut	622	1346	2470
二、水果产量	Output of Fruits	2454962	4084560	6068467
#苹　果	Apples	1648413	2566472	3752442
梨	Pears	246247	342202	663588
葡　萄	Grapes	119187	219513	258450
红　枣(鲜枣)	Red Jujube(Fresh Jujube)	196858	421167	549325
柿　子(鲜柿)	Persimmon(Fresh Persimmon)	55169	95516	126404
桃	Peach	132355	321002	512283

8-13 主要年份肉类产量和猪羊头数
OUTPUT OF MEAT AND NUMBER OF HOGS, SHEEP AND GOATS IN MAJOR YEARS

年　份 Year	猪牛羊肉产量 (万吨) Output of Pork, Beef and Mutton (10 000 tons)	肉猪出栏头数 (万头) Slaughtered Fattened Hogs (10 000 heads)	猪年末头数 (万头) Hogs at Year-end (10 000 heads)	羊年末只数 (万只) Sheep and Goats at Year-end (10 000 heads)		
					山　羊 Goats	绵　羊 Sheep
1978	18.23	274.10	578.50	872.04	532.45	339.59
1980	17.34	277.31	531.16	909.86	535.73	374.13
1985	20.85	270.56	372.12	414.28	174.06	240.22
1990	29.27	308.59	363.14	709.58	303.92	405.66
1995	56.09	569.36	560.99	915.01	408.03	506.98
2000	59.24	589.92	519.52	1058.42	474.86	583.56
2005	80.99	805.23	626.07	1196.35	488.82	707.52
2006	49.90	530.50	377.30	733.90	354.80	379.10
2007	53.18	568.20	422.20	746.40	374.58	371.82
2008	54.70	584.70	452.20	744.00	416.28	327.72
2009	61.10	663.40	498.80	747.70	375.10	372.60
2010	63.60	683.97	474.84	734.70	353.40	381.30
2011	62.30	672.10	446.10	778.70	369.20	409.50
2012	67.10	723.90	473.80	834.00	364.20	469.80

8-14 畜牧业生产情况
NUMBER OF LIVESTOCK AND LIVESTOCK PRODUCTS

指　　标	Item	2005	2010	2012
一、大牲畜年末存栏 (万头)	Larger Animals at Year-end (10 000 heads)	312.67	127.64	122.71
1.牛 (万头)	Cattle and Buffaloes (10 000 heads)	245.22	90.10	91.95
#良种及改良种乳牛	Milch Cows of Fine Breed and Improved Varieties	29.87	28.80	30.59
2.马 (万匹)	Horses (10 000 heads)	3.90	1.71	1.46
3.驴 (万头)	Donkeys (10 000 heads)	32.43	18.87	16.29
4.骡 (万头)	Mules (10 000 heads)	31.11	16.96	13.01
二、猪年末存栏 (万头)	Hogs at Year-end (10 000 heads)	626.07	474.84	473.76
#能繁殖的母猪	Reproducible Hogs	55.72	53.54	54.29
三、羊年末存栏 (万只)	Sheep and Goats at Year-end (10 000 heads)	1196.35	734.70	833.99
1.山　羊	Goats	488.82	353.40	364.14
2.绵　羊	Sheep	707.52	381.30	469.85
四、家禽年末存栏 (万只)	Poultry at Year-end (10 000 heads)	8338.60	5694.68	7295.78
五、养兔年末存栏 (万只)	Rabbits at Year-end (10 000 heads)	308.80	322.09	293.37
六、猪、牛、羊出栏	Slaughtered Hogs, Cattle Buffaloes and Sheep			
猪全年出栏 (万头)	Slaughtered Hog in the Year (10 000 heads)	805.23	683.97	723.85
牛全年出栏 (万头)	Slaughtered Cattle Buffaloes in the Year (10 000 heads)	73.45	34.98	33.88
羊全年出栏 (万只)	Slaughtered Mutton in the Year (10 000 heads)	673.52	405.60	427.01
七、当年肉类总产量 (万吨)	Total Output of Meat (10 000 tons)	90.59	72.44	77.40
#猪肉产量	Pork	60.97	53.09	56.32
牛肉产量	Beef	10.07	4.92	4.89
羊肉产量	Mutton	9.96	5.60	5.93
禽肉产量	Poultry	7.85	7.11	8.70
兔肉产量	Rabbit	0.74	0.75	0.76
八、畜禽产品产量 (吨)	Output of Animal and Poulty Products (ton)			
1.奶　类	Milk	737541	749374	809892
#牛　奶	Cow Milk	712781	732250	799712
2.绵羊毛产量	Sheep Wool	8805	7094	7833
3.山羊毛产量	Goat Wool	1740	1285	1432
4.羊绒产量	Cashmere	795	666	739
5.禽蛋产量	Poultry Eggs	568789	706836	747338
6.蜂蜜产量	Honey	2812	3156	4286
7.蚕茧产量	Silkworm Cocoons	4340	5384	6178

8-15 渔业生产情况
PRODUCTION OF FISHERY

指　标	Item	2005	2010	2012
淡水产品产量(吨)	**Freshwater Aquatic Products (ton)**	**37542**	**31700**	**41243**
#鱼类产量	Fish	36013	30514	40630
1.养殖产量	Aquiculture Products	36109	30869	40121
#池　塘	Pond	25466	18933	25689
湖　泊	Lakes	774	917	2017
水　库	Reservoir	9044	10682	12215
河　沟	Brook	627	240	91
2.捕捞产量	Fishing Products	1433	831	1122
淡水养殖面积(公顷)	**Freshwater Aquatic Area (ha)**	**18318**	**14840**	**15046**

8-16 主要年份按人口平均的主要农产品产量
MAJOR AGRICULTURAL PRODUCTS OUTPUT PER CAPITA IN MAJOR YEARS

单位：公斤/人　　(kg/person)

年　份 Year	粮　食 Grain	油　料 Oil-bearing Crops	棉　花 Cotton	猪牛羊肉 Pork, Beef and Mutton	禽　蛋 Poultry-Eggs
1978	293	1.8	2.9	6.3	
1980	279	5.4	3.1	7.0	
1985	310	16.8	2.8	7.9	4.1
1990	337	13.7	3.9	10.2	5.5
1995	300	7.3	3.0	18.3	11.8
2000	265	13.9	1.4	18.4	12.5
2005	292	6.4	3.1	24.2	17.0
2006	304	4.4	3.8	24.7	15.6
2007	298	4.0	3.4	15.7	13.9
2008	302	5.6	3.1	16.1	18.1
2009	276	5.0	2.5	17.9	22.1
2010	310	5.0	2.0	18.2	20.2
2011	333	5.2	1.8	17.4	19.8
2012	354	5.4	1.3	18.6	20.7

8-17 农业机械拥有量
AGRICULTURAL MACHINERY

年末数 (end of year)

指　　标		Item	2005	2010	2012
农业机械总动力	**(万千瓦)**	**Total Power of Agricultural Machinery (10 000 kw)**	**2288.70**	**2809.17**	**3056.09**
大中型农用拖拉机	(台)	Large and Medium Tractors for Agriculture (unit)	35928	73178	97832
	(万千瓦)	(10 000 kw)	127.69	261.25	347.55
小型农用拖拉机	(台)	Mini-tractors for Agriculture (unit)	251260	299453	333772
	(万千瓦)	(10 000 kw)	234.78	276.82	312.34
大中型拖拉机配套机具	(部)	Number of Large and Medium Tractor Towing Farm Machinery (unit)	74607	151727	200452
小型拖拉机配套机具	(部)	Mini-Tractor Towing Farm Machinery (unit)	305367	390537	462396
农用排灌动力机械	(台)	Drainage and Irrigation Machinery (unit)	133965	156780	170244
	(万千瓦)	(10 000 kw)	159.49	186.94	206.35
农用水泵	(台)	Pumps for Agricultural Use (unit)	133858	139517	150944
联合收割机	(台)	Combine Harvesters (unit)	6436	12771	22054
机动脱粒机	(台)	Motorized Threshers (unit)	53724	60629	81645
农用运输车	(辆)	Wagones for Agriculture(unit)	819940	965199	980797

8-18 农业现代化情况
AGRICULTURAL MODERNIZATION

指　　标		Item	2005	2010	2012
一、农业机械化情况		**Agricultural Mechanization**			
1.当年实际机耕面积	(千公顷)	Area Cultivated by Machine at This Year (1 000 ha)	2042.27	2559.72	2573.45
2.当年机械播种面积	(千公顷)	Area Sown by Machine at This Year (1 000 ha)	1517.64	2181.66	2444.00
占总播种面积	(%)	Percentage to Total Sown Area (%)	40.0	58.0	63.2
3.当年机械收获面积	(千公顷)	Mechanical Harvest Area at This Year (1 000 ha)	649.22	1026.62	1515.47
占总播种面积	(%)	Percentage to Total Sown Area (%)	17.1	27.3	39.2
二、农田水利情况		**Farm Water Conservancy Condition**			
年末有效灌溉面积	(千公顷)	Effective Irrigated Area at Year-end (1 000 ha)	1088.59	1274.15	1319.16
#机电排灌面积	(千公顷)	Mechanical and Electrical Irrigated Area (1 000 ha)	946.39	961.90	1042.43
配套机电井数量	(眼)	Number of Motor-electric-pumped Matching Well (unit)	83103	81166	86599
三、农村用电情况		**Electricity Consumed Condition**			
1.农村用电量	(万千瓦小时)	Electricity Consumed in Rural Areas (10 000 kwh)	669390	811763	949517
2.农村小型水电站个数	(个)	Small Hyrdopower Station in Rural Areas (unit)	87	72	71
装机容量	(千瓦)	Installed Capacity (kw)	22994	29264	28093
四、农用化肥情况		**Chemical Fertilizers Condition**			
农用化肥施用折纯量	(吨)	Effective Component of Chemical Fertilizers (ton)	956999	1103663	1182795
1.氮　肥		Nitrogenous Fertilizer	410520	400203	390141
2.磷　肥		Phosphate Fertilizer	190374	199996	191018
3.钾　肥		Potash Fertilizer	68608	85069	93355
4.复合肥		compownd Fertilizer	287497	418395	508281

8-19 主要年份化肥施用量、小水电站和农村用电量

CONSUMPTION OF CHEMICAL FERTILIZER, NUMBER OF SMALL HYDROPOWER STATION AND ELECTRICITY CONSUMPTION IN RURAL AREAS IN MAJOR YEARS

年份 Year	农用化肥施用量(折纯量，吨) Consumption of Chemical Fertilizer (ton)	农村小型水电站 Small Hydropower Station in Rural Areas		农村用电量(万千瓦小时) Electricity Consumption in Rural Areas (10 000 kwh)
		个数(个) Number (unit)	装机容量(千瓦) Installed Capacity (kw)	
1978	355990	401	18678	122683
1980	302904	407	23191	135870
1985	397907	231	26762	151085
1990	565624	197	30414	259437
1995	780568	142	31401	460583
2000	869882	106	24900	531441
2005	956999	87	22994	669390
2006	983000	69	22729	692109
2007	1008000	70	23880	759390
2008	1034042	74	25379	789864
2009	1043239	73	29000	811966
2010	1103663	72	29264	811763
2011	1145667	71	29177	865984
2012	1182795	71	28093	949517

8-20 农民家庭平均每户生产性固定资产原值

ORIGINAL VALUE OF FIXED ASSETS FOR PRODUCTION PER RURAL HOUSEHOLD

单位：元 (yuan)

指　标	Item	2005	2010	2012
总　计	**Total**	**4329.27**	**6364.49**	**9808.38**
1.役畜、产品畜	Draught and Commodity Animals	546.42	715.37	1337.76
2.大中型铁木农具	Large and Medium Wood and Iron Farm Tools	150.17	204.89	207.54
3.农林牧渔业机械	Machinery of Farming , Forestry Animal Husbandry and Fishery	1193.50	1792.16	2367.74
4.工业机械	Industrial Machinery	103.28	76.47	105.00
5.交通运输业机械	Transport Machinery	1078.29	1157.35	2450.19
6.其　他	Others	1257.61	2418.25	3340.15

8-21 农民家庭平均每百户拥有主要生产性固定资产数量
NUMBER OF MAJOR FIXED ASSETS FOR PRODUCTION PER 100 RURAL HOUSEHOLDS

指　标	Item	2005	2010	2012
汽　车　(辆)	Motor Vehicles (unit)	3.00	3.10	5.05
大中型拖拉机　(台)	Large and Medium Tractors (unit)	2.29	2.10	2.86
小型和手扶拖拉机　(台)	Mini and Walking Tractors (unit)	19.02	13.71	15.81
机动脱粒机　(台)	Motorized Threshing Machines (unit)	1.62	1.24	3.24
胶轮大车　(辆)	Carts with Rubber Tires (unit)	6.90	4.76	2.95
水　泵　(台)	Pumps (unit)	3.57	6.67	6.24
役　畜　(头)	Draught Animals (head)	18.50	12.90	11.95
产品畜　(头)	Commodity Animals (head)	49.14	56.81	70.90

8-22 农民家庭平均每人生产和销售的主要农林产品
PER CAPITA PRODUCTION AND SALES OF MAJOR FARM AND FOREST PRODUCTS BY RURAL HOUSEHOLDS

单位：公斤　　(kg)

指　标	Item	生产量 Output			出售量 Sales		
		2005	2010	2012	2005	2010	2012
粮　食	Grain	545.21	608.63	815.05	177.14	331.13	394.28
棉　花	Cotton	23.21	6.24	1.70	23.19	5.71	1.98
油　料	Oil-bearing Crops	16.56	10.08	11.31	5.74	3.90	5.37
糖　料	Sugar Crops	9.12	5.69	46.97	9.11	5.63	46.97
蔬　菜	Vegetables	255.04	332.54	197.10	209.62	285.30	170.54
水　果	Fruits	181.45	204.39	204.08	152.19	194.46	165.22

主要统计指标解释

乡村户数 指长期(一年以上)居住在乡镇(不包括城关镇)行政管理区域内的住户，还包括居住在城关镇所辖行政村范围内的农村住户。户口不在本地而在本地居住一年及以上的住户也包括在本地农村住户内；有本地户口，但举家外出谋生一年以上的住户，无论是否保留承包耕地都不包括在本地农村住户范围内。不包括乡村地区内的国有经济的机关、团体、学校、企业、事业单位的集体户。

乡村人口 乡村地区常住居民户数中的常住人口数，即经常在家或在家居住6个月以上，而且经济和生活与本户连成一体的人口。外出从业人员在外居住时间虽然在6个月以上,但收入主要带回家中,经济与本户连为一体，仍视为家庭常住人口；在家居住，生活和本户连成一体的国家职工、退休人员也为家庭常住人口，但是现役军人、中专及以上（走读生除外）的在校学生以及常年在外（不包括探亲、看病等）且已有稳定的职业与居住场所的外出从业人员，不应当作家庭常住人口。

乡村从业人员 指乡村人口中16岁以上实际参加生产经营活动并取得实物或货币收入的人员，既包括劳动年龄内经常参加劳动的人员，也包括超过劳动年龄但经常参加劳动的人员。但不包括户口在家的在外学生、现役军人和丧失劳动能力的人，也不包括待业人员和家务劳动者。从业人员年龄为16岁以上。从业人员按从事主业时间最长（时间相同按收入）分为农业从业人员、工业从业人员、建筑业从业人员、交运仓储及邮政从业人员、信息传输、计算机服务业和软件业从业人员、批发与零售业从业人员、住宿和餐饮业从业人员、其他行业从业人员。

农林牧渔业总产值 指以货币表现的农林牧渔业的全部产品总量和对农林牧渔业生产进行的各种支持性服务活动的价值。它反映一定时期内农林牧渔业生产总规模和总成果，是观察农林牧渔业生产水平和发展速度，研究农林牧渔业内部比例关系、农林牧渔业与工业、农林牧渔业与国家建设、人民生活比例关系的重要指标，同时也是计算农林牧渔业劳动生产率和农林牧渔业增加值的基础资料。

农林牧渔业增加值 指农、林、牧、渔业生产及农林牧渔服务业提供服务活动所增加的价值，为农林牧渔业现价总产值扣除农林牧渔业现价中间投入后的余额。

耕地总资源 指种植农作物的土地。包括熟地，新开发、复垦、整理地，休闲地（含轮歇地、轮作地）；以种植农作物（含蔬菜）为主，间有零星果树、桑树或其他树木的土地；平均每年能保证收获一季的已是滩地和海涂。耕地中包括南方宽度<1.0米、北方宽度<2.0米固定的沟、渠、路和地坎（梗）；临时种植药材、草皮、花卉、苗木等的耕地，以及其他临时改变用途的耕地。

有效灌溉面积 具有一定水源，地块比较平整,灌溉工程或设备已经配套，在一般年景下当年能够进行正常灌溉的耕地面积。在一般情况下，有效灌溉面积应等于灌溉工程或设备已经配套，能够进行正常灌溉的水田和水浇地之和。

农作物播种面积 指实际播种或移植有农作物的面积。凡是实际种植有农作物的面积，不论种植在耕地上还是种植在非耕地上，均包括在农作物播种面积中。在播种季节基本结束后，因遭灾而重新改种和补种的农作物面积，也包括在内。

农作物总产量 指本年度内生产的各种农作物总产量，不论计划内外、数量多少，耕地与非耕地上的农作物产量，都应统计在内。包括粮食、棉花、油料、麻类、糖类、药材、蔬菜、瓜类及其他农作物。

农业机械总动力 指指主要用于农、林、牧、渔业的各种动力机械的动力总和。包括耕作机械、排灌机械、收获机械、农用运输机械、植物保护机械、牧业机械、林业机械、渔业机械和其他农业机械。总动力按法定计算单位千瓦计算。（注：1马力=735.5瓦特=0.735千瓦）

农用化肥施用量 指本年内实际用于农业生产的化肥数量，包括氮肥、磷肥、钾肥和复合肥。化肥施用量要求按折纯量计算数量。折纯量是指把氮肥、磷肥、钾肥分别按含氮、含五氧化二磷、含氧化钾的百分之百成份进行折算后的数量。复合肥按其所含主要成分折算。公式为：折纯量=实物量×某种化肥有效成份含量的百分比

农村用电量 本年度内，扣除在农村中的国有工业、交通、基建等单位的用电量以后的农村生产和生活的全年用电总量。包括国家电网供电和农村自办电站供电量。

Explanatory Notes on Main Statistical Indicators

Number of Rural Households refers to households resident on a long term basis (i.e. 1 year or more) in administrative districts in townships (not including urban townships), including rural households resident in areas under the jurisdiction of urban townships. Households whose household registration is not in the locality yet resident for one year or more are included among the rural households. Households having local household registration yet the whole household having left for somewhere else for work for one year or more, whether still retaining contracted farmland, are not included among the local rural households. Also not included are collective households associated with institutions of the State economy, organizations, schools and enterprises.

Rural Population refers to residential population of residential households in rural areas, i.e. who stay at home usually or residing at home above 6 months and link closely to the household in economy and livelihood. Persons who engaged outside above 6 months while take their income back to home and link closely with the household in economy, are still calculated as rural population. National workers and retirees who reside at home at the same time link closely with the household are still calculated as rural population, while enlisted man, secondary specialized and above students (except day-students) and persons engaged outside (except family visit and medical treatment) for years having stable jobs and living places can't be calculated as rural population.

Rural Laborers refer to persons in the rural labor force aged over 16 years who are engaged in actual production and management activities and receive payment in kind or wages, including those covered within the labor force age bracket and regularly participating in production activities, and those who are out of the labor force age bracket yet also participating in production activities regularly. Students studying in other places with their permanent residence registered in local areas, servicemen and persons incapable of working are not included. Unemployed persons and domestic workers are also not included. Persons employed are classified as persons engaged in agriculture, forestry, animal husbandry or fishery activities; persons engaged in industrial activities; persons engaged in construction activities; persons engaged in transport, storage and telecommunications activities; persons engaged in information transmission, computer services and software industry; persons engaged in wholesale and retail trade and catering activities; and persons engaged in other non-agriculture activities. In case the person is engaged in more than one type of work, classification is according to the industry in which he works most of the time.

Gross Output of Farming, Forestry, Animal Husbandry and Fishery refers to the total volume of products of farming, forestry, animal husbandry and fishery and value of service for farming, forestry, animal husbandry and fishery productive activity in value terms. It reflects total scale and results of farming, forestry, animal husbandry and fishery productive in a period time. It's a important indicator to watch production level and rate, research interior percentage, percentage with industry, state construction and people's livelihood. It's also basic to calculate productivity and value added.

Value Added of Farming, Forestry, Animal Husbandry and Fishery refers to new increasing value through farming, forestry, animal husbandry and fishery and services activities, which equals to gross output of farming, forestry, animal husbandry and fishery minus their intermediate consumption.

Resources of Cultivated Area refers to farm land for growing crops, including cultivated land, newly cultivated land and land planted crops in the current year, fallow land including swidden and rotation land, land which are mainly planted with crops including vegetables and scattered with fruit trees, mulberry trees and other trees, beaches and shoal land which can gains at least one season. Cultivated Area includes channels, ditches, footpaths and ridges which are not wider than one meter in the south while 2 meters in the north, land temporarily plant with medical materials, turfs, flowers and nursery stocks, and other lands which temporarily change usage.

Effective Irrigated Area refers to area of land that are effectively irrigated, i.e. relatively level land, where there are water sources or complete sets of irrigation facilities to lift and move adequate water for irrigation purpose under normal conditions. Under normal institutions, irrigated area is the sum of watered fields and irrigated fields where irrigation systems or equipment have been installed for regular irrigation purpose.

Sown Area of Farm Crops refers to area of land sown or transplanted with crops regardless of being in cultivated area or non-cultivated area, area of land re-sown due to natural disasters is also included.

Total Output of Farm Crops refers to the total output of all kinds of crops this year. It does not matter if they are included in the plans the amount is large or small or the crops are grown on the cultivated land or on uncultivated land. The crops include grain cotton oil hemp sugar herbs vegetables melons and other crops.

Total Power of Agricultural Machinery refers to total mechanical power of machinery in farming forestry, animal husbandry and fishery including plough irrigation and drainage harvesting transport plant protection stock breeding forestry and fishery. The total power of farm machinery is calculated by the unit of account kilowatt (1 horsepower = 735.5 watt = 0.735 kilowatt).

Consumption of Chemical Fertilizers refers to the quantity of chemical fertilizers applied in agriculture in the year, including nitrogenous fertilizer, phosphate fertilizer, potash fertilizer and compound fertilizer. It is calculated in terms of volume of effective components by means of converting the gross weight of the respective fertilizers into weight containing effective component (e.g. nitrogen content in nitrogenous fertilizer, phosphorous pentoxide contents in phosphate fertilizer and potassium oxide contents in potash fertilizer). Compound fertilizer is converted in regard to its major components. The formula is: Volume of effective component = physical quantity × effective component of certain chemical fertilizer (%)

Electricity Consumption in Rural Areas refers to the total electricity consumption for rural production and living in the year, which deduct consumption of national industry, transportation and capital construction units in rural areas. It includes the supply of national power grid and power station building by rural residents.

09

工 业

INDUSTRY

PAGE

271–338

资料整理人员

刘香元 童 超 杨 健

工 业
INDUSTRY

工业企业单位数	Number of Industrial Enterprises	3905	个	(unit)
工业增加值	Value Added of Industry	6230.2	亿元	(100 million yuan)
原煤产量	Output of Coal	91333	万吨	(10 000 tons)
发电量	Output of Electricity	2535.0	亿千瓦小时	(100 million kwh)
生铁产量	Output of Pig Iron	4009.6	万吨	(10 000 tons)
粗钢产量	Output of Crude Steel	3950.2	万吨	(10 000 tons)
水泥产量	Output of Cement	5076.2	万吨	(10 000 tons)

工业增加值构成 (%)

Composition of Value Added of Industry (%)

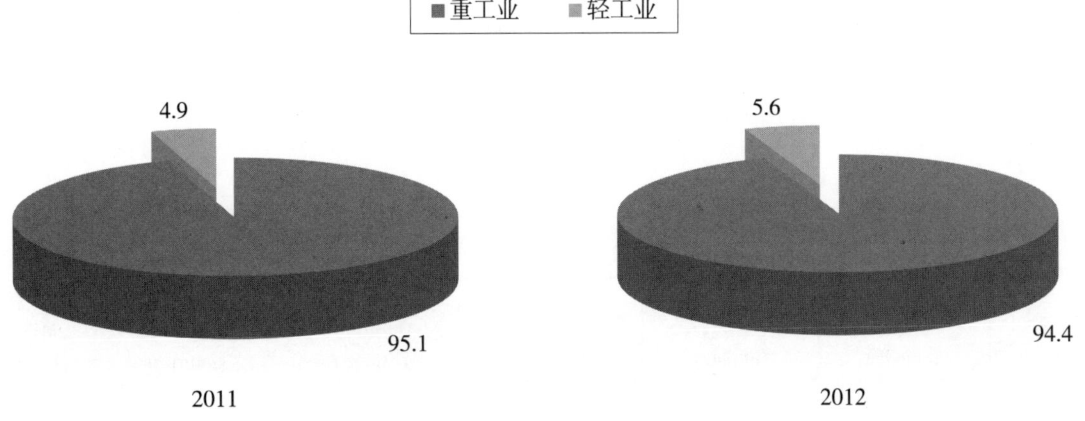

工业增加值 (亿元)

Value Added of Industry (100 million yuan)

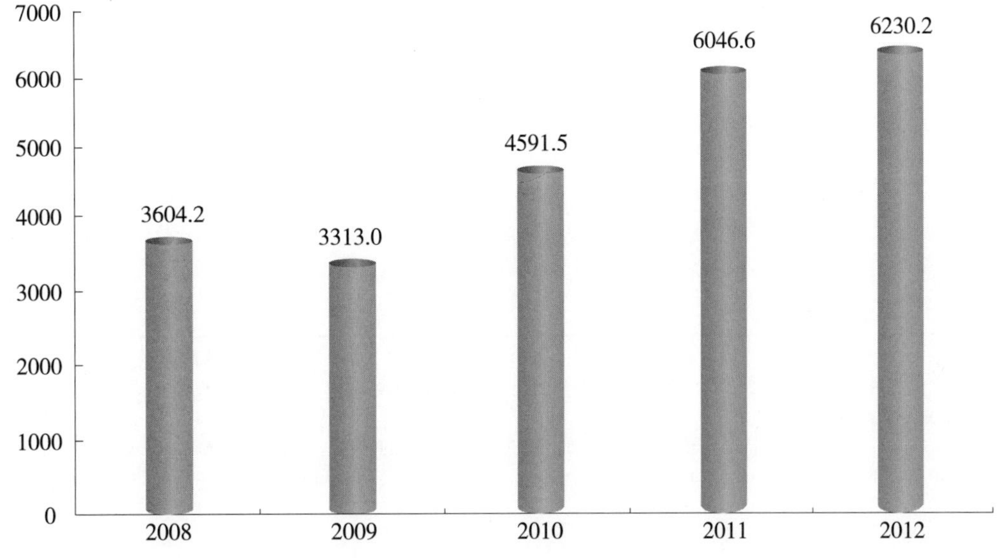

9-1 主要年份工业企业单位数

NUMBER OF INDUSTRIAL ENTERPRISES IN MAJOR YEARS

单位：个 (unit)

年份 Year	工业企业单位数 Number of Industrial Enterprises	按隶属关系分 Grouped by Jurisdiction of Management		按经济类型分 Grouped by Ownership		
		中央企业 Central Enterprise	地方企业 Local Enterprise	国有经济 State-owned Enterprise	集体经济 Collective-owned Enterprise	其他经济 Other Ownership
1978	9381	100	9281	2547	6834	
1980	9533	112	9421	2524	7009	
1985	11004	168	10836	2421	8577	6
1990	12122	187	11935	2776	9318	28
1995	12086	183	11903	3042	8698	346
2000	3275	110	3165	1537	766	972
2005	4441	95	4346	879	928	2634
2006	4668	94	4574	752	972	2944
2007	4472	101	4371	352	715	3405
2008	4415	99	4316	310	443	3662
2009	4023	119	3904	286	248	3489
2010	4240	120	4120	266	181	3793
2011	3673	135	3538	227	114	3332
2012	3905	150	3755	237	97	3571

年份 Year	按轻重工业分 Grouped by Light & Heavy Industry		按企业规模分 Grouped by Size of Enterprises			
	轻工业 Light Industry	重工业 Heavy Industry	大型企业 Large-size Enterprise	中型企业 Medium-size Enterprise	小型企业 Small-size Enterprise	微型企业 Micro-size Enterprises
1978	4463	4918	36	117	9228	
1980	4528	5005	50	94	9389	
1985	4875	6129	75	144	10785	
1990	4922	7200	97	169	11856	
1995	4080	8006	122	252	11712	
2000	944	2331	137	228	2910	
2005	761	3680	87	757	3597	
2006	777	3891	98	829	3741	
2007	618	3854	114	873	3485	
2008	653	3762	129	934	3352	
2009	716	3307	127	876	3020	
2010	737	3503	149	970	3121	
2011	546	3127	300	924	2297	152
2012	569	3336	295	889	2513	208

注：(1)工业企业统计范围1998-2006年为国有企业、大中型企业和年产品销售收入500万元及以上非国有企业；2007-2010年为年主营业务收入500万元以上的工业法人企业；2011年及以后为年主营业务收入2000万元以上的工业法人企业。

(2)2011年起企业规模划分采用新标准。

Notes: (1)Enterprises in this table contains enterprises which is state-owned, large & medium-sized and non-state-owned with sales above 5 million yuan from 1998 to 2006; enterprises whose major business revenue is above 5 million yuan from 2007 to 2010; enterprises whose major business revenue is above 20 million yuan since 2011.

(2)New standards of enterprise size have been used since 2011.

9-2 主要年份主要工业产品产量

OUTPUT OF MAJOR INDUSTRIAL PRODUCTS IN MAJOR YEARS

年 份 Year	原 煤 (万吨) Coal (10 000 tons)	发电量 (亿千瓦小时) Electricity (100 million kwh)	粗 钢 (万吨) Crude Steel (10 000 tons)	钢 材 (万吨) Steel Products (10 000 tons)	生 铁 (万吨) Pig Iron (10 000 tons)	焦 炭 (万吨) Coke (10 000 tons)	铜 (吨) Copper (ton)
1978	9825	106.63	119.99	74.04	150.39	356.51	13583
1980	12103	120.24	149.38	86.42	171.39	320.95	26607
1985	21418	184.59	183.74	110.80	229.54	417.34	24400
1990	28597	314.16	238.58	128.78	454.88	1609.27	25147
1995	34731	505.97	339.80	217.09	1438.29	5297.62	27530
2000	25152	624.71	472.73	392.60	1628.00	4967.00	28544
2005	55426	1316.50	1654.72	1368.60	3229.80	7981.00	27225
2006	58142	1526.40	1949.28	1677.63	3556.43	9202.00	68025
2007	63021	1760.50	2506.36	2097.27	3727.64	9897.29	102276
2008	65577	1793.78	2350.75	1984.90	2780.37	8295.87	91245
2009	61535	1873.80	2648.49	2289.10	3166.84	7705.83	67051
2010	74096	2150.56	3048.82	2866.35	3402.43	8502.10	80610
2011	87228	2344.00	3490.42	3371.16	3786.08	9047.91	87785
2012	91333	2534.99	3950.17	3799.47	4009.64	8612.66	98134

年 份 Year	水 泥 (万吨) Cement (10 000 tons)	平板玻璃 (万重量箱) Plate Glass (10 000 weight cases)	化学肥料(折有效成份100%，万吨) Chemical Fertilizer (calculated on100% effictive content，10 000 tons)			化学农药 (万吨) Chemical Pesticide (10 000 tons)	塑 料 (万吨) Plastics (10 000 tons)
			合 计 Total	#氮 肥 Nitrogenous	#磷 肥 Phosphate		
1978	255.87	47.09	32.33	30.24	2.09	0.90	0.57
1980	287.88	52.74	40.15	34.91	5.24	0.77	0.55
1985	458.68	113.33	39.31	37.41	1.89	0.29	0.94
1990	612.47	181.58	71.94	60.06	11.88	0.38	1.82
1995	1169.85	241.44	102.31	83.31	18.93	0.71	2.64
2000	1434.00	357.98	170.17	137.55	18.82	0.40	3.04
2005	2310.68	360.24	353.51	336.35	13.10	0.74	29.28
2006	2681.13	814.16	314.57	303.16	10.48	0.20	37.39
2007	2780.91	971.91	368.68	357.00	9.72	0.03	55.69
2008	2451.67	1327.27	397.10	384.93	12.17	0.32	50.75
2009	2753.18	1275.70	375.17	365.61	9.56	0.16	16.26
2010	3670.29	1673.37	331.84	321.60	10.24	0.17	20.24
2011	4101.47	1847.64	363.75	353.73	10.02	0.15	23.01
2012	5076.21	1975.81	389.07	379.23	9.84	0.08	24.73

注：本表产量为全社会口径。

Note: Coverage of products in the table is total society.

9-2 续表 continued

年 份 Year	轮胎外胎 (万条) Tires Cover (10 000 units)	矿山设备 (吨) Mining Equipment (ton)	金属切削 机床(台) Metal-cutting Machine Tools (unit)	纱(吨) Yarn(ton)	布(万米) Cloth(10 000 m)
1978	9.97	18214	3131	72193	32756
1980	14.44	9349	1706	84145	38652
1985	29.25	16345	1288	77762	37555
1990	57.33	25717	1678	94237	42948
1995	112.45	23675	688	72165	35593
2000	154.30	6857	832	84765	33253
2005	135.11	109570	1813	149828	36256
2006	117.44	123055	1947	129150	27813
2007	98.43	153923	2133	99920	20472
2008	105.44	127906	1895	66004	6648
2009	137.38	252239	1025	43077	5242
2010	173.51	329442	1822	53913	7381
2011	164.86	354327	1937	54012	8139
2012	170.26	434304	834	61575	7499

年 份 Year	化学纤维 (吨) Chemical Fiber (ton)	糖(吨) Sugar(ton)	卷 烟 (万箱) Cigarettes (10 000 cases)	机制纸及纸板 (万吨) Machine-made Paper and Paperboard (10 000 tons)	合成洗涤剂 (吨) Synthetic Detergents (ton)
1978	1668	5319	16.77	9.35	14409
1980	3642	11111	18.62	11.55	18505
1985	14581	30118	18.72	18.75	60746
1990	19839	30514	24.17	35.44	68951
1995	25345	36850	28.43	59.69	135359
2000	28987	7660	30.34	27.00	189235
2005	27051	4111	25.00	40.49	162303
2006	35089	28738	26.00	45.77	166934
2007	43522	25697	28.00	44.40	154132
2008	30371	31450	29.00	31.55	117795
2009	8878	34150	29.00	16.95	127758
2010	10023	43547	29.50	21.78	119774
2011	6446	43480	31.00	20.48	98419
2012	4504	52607	31.20	33.39	101898

9-3 工业增加值(2012年)

VALVE ADDED OF INDUSTRY(2012)

单位：万元 (10 000 yuan)

指 标	Item	2012
总 计	**Total**	**62302068**
按轻重工业分	Grouped by Light and Heavy Industry	
轻工业	Light Industry	3508914
重工业	Heavy Industry	58793154
按企业规模分	Grouped by Size of Enterprises	
大型企业	Large-size Enterprise	37134123
中型企业	Medium-size Enterprise	15384205
小型企业	Small-size Enterprise	9555182
微型企业	Micro-size Enterprise	228557
按行业大类分	Grouped by Sector	
采矿业	Mining	39181656
煤炭开采和洗选业	Coal Mining and Dressing	37584591
石油和天然气开采业	Petroleum and Natural Gas Extraction	182857
黑色金属矿采选业	Ferrous Metals Mining and Dressing	1295787
有色金属矿采选业	Nonferrous Metals Mining and Dressing	100423
非金属矿采选业	Nonmetal Minerals Mining and Dressing	8166
开采辅助活动	Mining Auxiliary Activities	9832
其他采矿业	Other Mining Industry	
制造业	Manufacturing	19370109
农副食品加工业	Farm Products Processing	798229
食品制造业	Food Manufacturing	277537
酒、饮料和精制茶制造业	Beverage Manufacturing	704866
烟草制品业	Tobacoo Products Manfacturing	289151
纺织业	Textile Industry	67290
纺织服装、服饰业	Textile Garments Manufacturing	43936
皮革、毛皮、羽毛及其制品和制鞋业	Leather, Fur, Feather and its products and Footwear	3040
木材加工及木、竹、藤、棕、草制品业	Timber Processing, Bamboo, Cane, Palm Fiber and Straw Products	32309
家俱制造业	Furniture Manufacturing	9273
造纸及纸制品业	Paper Making and Paper Products	40807
印刷业和记录媒介的复制	Printing and Record Medium Reproduction	54784
文教、工美、体育和娱乐用品制造业	Cultural,Educational, Sports and Entertainment Products	32995
石油加工、炼焦及核燃料加工业	Petroleum Processing,Coking and Nuclear Fuel Processing	2956794
化学原料及化学制品制造业	Raw Chemical Materials and Chemical Products	1632154
医药制造业	Medical and Pharmaceutical Products	407251
化学纤维制造业	Chemical Fiber	311
橡胶和塑料制品业	Rubber and Plastic Products	161489
非金属矿物制品业	Nonmetal Mineral Products	1156373
黑色金属冶炼及压延加工业	Smelting and Pressing of Ferrous Metals	5288458
有色金属冶炼及压延加工业	Smelting and Pressing of Non-ferrous Metals	1007225
金属制品业	Metal Prodcuts	442321
通用设备制造业	Ordinary Machinery Manufacturing	474553
专用设备制造业	Special Purpose Equipment Manufacturing	748792
交通运输设备制造业	Automobile Manufacturing Industry	111493
铁路、船舶、航空航天和其他运输设备制造业	Railroad, Marine, Aviation and Other Transport Equipment Manufacturing Industry	213057
电气机械和器材制造业	Electrical Machinery and Equipment Manufacturing Industry	314614
通信设备、计算机及其他电子设备制造业	Telecommunication Equipment, Computer and Other Electronic Product	1885131
仪器仪表制造业	Equipments and Instruments Manufacturing	182565
其他制造业	Other Mafufacturing Industry	12034
废弃资源综合利用业	Comprehensive Utilization of Waste Resources	7590
金属制品、机械和设备修理业	Metal products, Machinery and Equipment Repair Industry	13690
电力、热力、燃气及水生产和供应业	Production and Supply of Electricity, Heat, Gas and Water	3750303
电力、热力生产和供应业	Production and Supply of Electricity and Heat	3545850
燃气生产和供应业	Production and Supply of Gas	132827
水的生产和供应业	Production and Supply of Water	71625

9-4 工业企业主要经济指标(2012年)

单位：万元

指　　标	Item	单位数(个) Number of Enterprises (unit)
总　计	**Total**	**3905**
一、按隶属关系分	Grouped by Belongs	
中央企业	Central Enterprises	150
省属企业	Province-owned Enterprises	280
市属企业	Cities-owned Enterprises	182
县(市、区)属企业	County-owned Enterprises	565
城市街道企业	Cities' Subdistrict-owned Enterprises	7
镇属企业	Small Town-owned Enterprises	63
乡属企业	Township Enterprises	33
居委会办企业	Neighbourhood Committee-run Enterprises	1
村办企业	Village Enterprises	45
其　他	Enterprises of Other Types of Ownership	2579
二、按登记注册类型分	Grouped by Registered Kind	
内资企业	Civil Funded Enterprises	3767
国有企业	State-owned Enterprises	237
集体企业	Collective Owned Enterprises	97
股份合作企业	Share Holding Cooperative Enterprises	13
联营企业	Joint Owned Enterprises	5
有限责任公司	Limited Responsibility Company	1058
国有独资公司	Company Exclusively with Investment from State	40
其他有限责任公司	Other Limited Responsibility Company	1018
股份有限公司	Share Holding Limited Company	115
私营企业	Privately Owned Enterprises	2159
私营独资企业	Enterprise Exclusively with Investment from Private	226
私营合伙企业	Private Partner Enterprises	19
私营有限责任公司	Privately Owned Limited Responsibility Company	1831
私营股份有限公司	Privately Owned Share Holding Limited Company	83
其他企业	Enterprises of Other Types of Ownership	83
港、澳、台商投资企业	Enterprises Funded by HongKong, Macao and Taiwan	46
合资经营企业(港或澳、台资)	Joint Venture	31
合作经营企业(港或澳、台资)	Cooperative Enterprise	3
港澳台商独资企业	Ventures Exclusively with HongKong，Macao and Taiwan Investment	9
港澳台商投资股份有限公司	Share Holding Limited Company	3
外商投资企业	Foreign Funded Enterprises	92
中外合资经营企业	Joint Venture	64
中外合作经营企业	Cooperative Enterprises	3
外资企业	Enterprises Funded By Foreign Investments	22
外商投资股份有限公司	Share Holding Limited Company	2
其他外商投资企业	Other Foreign Funded Enterprises	1
三、在总计中：亏损企业	Of the Total: Loss-making Enterprises	1253
在总计中：国有控股企业	Of the Total: State-Controlled Share Holding Enterprises	738
在总计中：农村工业	Of the Total: Rural Industry	78
在总计中：轻工业	Of the Total: Light Industry	569
重工业	Heavy Industry	3336
在总计中：大型企业	Of the Total: Large-size Enterprises	295
中型企业	Medium-size Enterprises	889
小型企业	Small-size Enterprises	2513
微型企业	Micro-size Enterprises	208

MAIN ECONOMIC INDICATORS OF INDUSTRIAL ENTERPRISES(2012)

(10 000 yuan)

#亏损企业 Loss-making Enterprises	工业销售产值 Industrial Sales Output Value	年末资产合计 Total Assets at Year-end	流动资产合计 Total Circulating Funds	固定资产合计 Total Fixed Assets	固定资产原价 Original Value of Fixed Assets
1253	**165947471**	**253420811**	**109564015**	**96933452**	**135766055**
46	28246651	40457129	11606728	23739262	34346769
101	48863425	88865690	35701533	33317885	48000326
78	7471709	12892988	6187951	4532584	6201607
173	15242738	30041293	12898670	9686660	11166634
1	45674	119740	64724	14772	17975
19	2640084	3981657	2539249	1054708	1213703
14	682033	1474081	683419	322909	381670
	5268	4456	3359	1059	1560
9	1322370	1654664	803290	490537	656216
812	61427519	73929113	39075093	23773078	33779596
1208	154321883	235863144	101326538	89862963	124497662
92	25923355	41767604	14225194	18217794	26646494
20	2181412	1709804	929637	436357	685731
3	568163	739075	259219	432957	261663
1	236608	368389	87966	151205	329266
372	64589037	117473635	49849587	44212198	59006290
10	18573797	32932991	14713460	10142801	17492667
362	46015241	84540644	35136127	34069397	41513624
39	14806067	23882405	8803200	9922816	14414412
657	44591998	48140988	26010413	16028296	22477402
57	3270419	1565229	976871	483169	666873
2	186258	114105	75853	34299	45904
580	37997535	43116358	23116410	14329110	20402914
18	3137787	3345297	1841280	1181717	1361711
24	1425243	1781245	1161322	461341	676403
17	5754967	6822198	3517797	3008904	4079855
14	3949501	4114681	1971730	1919804	2696185
2	187719	199909	81741	95285	142282
1	1347839	1911875	1031791	841539	1013252
	269908	595733	432535	152277	228136
28	5870621	10735469	4719680	4061584	7188538
19	3640079	7215059	3340823	2219476	3800155
	989619	1530740	606905	880968	2001935
8	1170429	1814004	748756	945969	1359990
	67518	34823	19176	15115	26265
1	2976	140842	4021	56	193
1253	39416887	69600815	30469004	27220067	38124865
275	87866735	154769629	56766519	66113053	93274472
23	2004403	3128744	1486708	813445	1037886
121	9379894	10682785	5213093	3733402	4914189
1132	156567577	242738027	104350922	93200050	130851866
77	89598360	149250672	66647617	54495273	81368016
315	43016216	66787400	26356803	27292112	36639634
777	32294478	34505770	15648436	14338393	16890951
84	1038416	2876969	911159	807673	867454

9-4 续表1

单位：万元

指 标	Item	累计折旧 Total Depreciation
总 计	**Total**	**54081438**
一、按隶属关系分	Grouped by Jurisdiction of Management	
中央企业	Central Enterprises	13760618
省属企业	Province-owned Enterprises	21445990
市属企业	Cities-owned Enterprises	2359536
县(市、区)属企业	County-owned Enterprises	3008989
城市街道企业	Cities' Subdistrict-owned Enterprises	3804
镇属企业	Small Town-owned Enterprises	299551
乡属企业	Township Enterprises	103537
居委会办企业	Neighbourhood Committee -run Enterprises	502
村办企业	Village Enterprises	206061
其 他	Enterprises of Other Types of Ownership	12892851
二、按登记注册类型分	Grouped by Registered Kind	
内资企业	Civil Funded Enterprises	49660779
国有企业	State-owned Enterprises	10290866
集体企业	Collective Owned Enterprises	335747
股份合作企业	Share Holding Cooperative Enterprises	107944
联营企业	Joint Owned Enterprises	186137
有限责任公司	Limited Responsibility Company	23518263
国有独资公司	Company Exclusively with Investment from State	8665687
其他有限责任公司	Other Limited Responsibility Company	14852576
股份有限公司	Share Holding Limited Company	6204887
私营企业	Privately Owned Enterprises	8747335
私营独资企业	Enterprise Exclusively with Investment from Private	218496
私营合伙企业	Private Partner Enterprises	14443
私营有限责任公司	Privately Owned Limited Responsibility Company	8136033
私营股份有限公司	Privately Owned Share Holding Limited Company	378363
其他企业	Enterprises of Other Types of Ownership	269602
港、澳、台商投资企业	Enterprises Funded by HongKong, Macao and Taiwan	1142788
合资经营企业(港或澳、台资)	Joint Venture	818247
合作经营企业(港或澳、台资)	Cooperative Enterprise	47324
港澳台商独资企业	Ventures Exclusively with HongKong, Macao and Taiwan Investment	184673
港澳台商投资股份有限公司	Share Holding Limited Company	92544
外商投资企业	Foreign Funded Enterprises	3277870
中外合资经营企业	Joint Venture	1668585
中外合作经营企业	Cooperative Enterprises	1128398
外资企业	Enterprises Funded By Foreign Investments	468978
外商投资股份有限公司	Share Holding Limited Company	11772
其他外商投资企业	Other Foreign Funded Enterprises	137
三、在总计中:亏损企业	Of the Total: Loss-making Enterprises	15611942
在总计中:国有控股企业	Of the Total: State-Controlled Share Holding Enterprises	38546544
在总计中:农村工业	Of the Total: Rural Industry	309598
在总计中:轻工业	Of the Total: Light Industry	1640190
重工业	Heavy Industry	52441248
在总计中:大型企业	Of the Total: Large-size Enterprises	37135441
中型企业	Medium-size Enterprises	12802903
小型企业	Small-size Enterprises	3971694
微型企业	Micro-size Enterprises	171400

continued

(10 000 yuan)

流动负债 Liquid Liabilities	负债合计 Total Liabilities	年末所有者权益 Creditors' Equity at Year-end	主营业务收入 Revenue of Major Business	主营业务成本 Costs of Major Business	主营业务税金及附加 Tax and Extra Charges of Major Business	营业费用 Costs of Business	管理费用 Costs of Administration
125119496	**176393965**	**76431247**	**181189378**	**150874818**	**1624948**	**4978452**	**10355611**
17949517	28340964	12002970	27848063	22755340	392378	1228845	1169512
37652157	60982625	27681259	65855942	55225888	632102	1600050	4881185
6510207	8661235	4219655	7249243	5715174	56626	197994	541876
14990105	20009914	9923990	14770707	10763592	177521	430528	1372604
46276	89420	30315	41146	33935	497	1839	4541
2484608	3242721	730274	2687286	2162822	31519	58336	96241
749632	822523	651478	656867	408280	6924	25685	63115
3930	3930	527	5268	4912	23	37	139
938621	1208372	445842	1310657	1149946	7924	20335	65521
43794443	53032261	20744938	60764199	52654930	319434	1414804	2160877
115550497	164394812	70883567	169504108	141750759	1562736	4720607	9843480
18875026	30157784	11424368	23925690	19938256	224184	378725	1575582
1152666	1427609	241831	2018022	1635210	21780	67140	151077
326097	442208	296730	498121	424844	2626	14058	22059
303469	312517	55872	206253	171311	2413	27788	21929
55244308	81781773	35600204	82750499	69414284	884218	1880944	5832084
13915928	21982667	10914476	27324748	23655720	252543	484689	1849264
41328381	59799106	24685728	55425751	45758564	631676	1396254	3982820
9746224	14005796	9699277	14607175	10047147	198064	1330396	935802
28925435	34987923	13067030	44108282	38981212	212559	987286	1221221
919467	986216	573661	3165364	2765425	24292	72253	64080
45558	62742	50497	175419	160927	523	1725	3451
26057999	31230770	11806922	37604415	33173563	169052	846689	1078150
1902411	2708194	635950	3163084	2881297	18692	66619	75540
977272	1279202	498256	1390066	1138495	16892	34271	83727
4078763	5286689	1530001	5812733	4625120	14447	66665	211469
2549681	3435137	674433	4032153	3076740	9868	30307	106565
63905	83119	116563	149506	140146	243	5266	4608
1078234	1294468	617266	1365452	1183536	2656	21897	80326
386942	473964	121739	265622	224697	1680	9194	19971
5490235	6712464	4017679	5872537	4498938	47765	191180	300661
4002693	4938201	2271534	3670194	2821018	25129	163001	185564
330939	456766	1073974	989976	623127	9354	8760	40733
1060075	1212156	601847	1141129	994563	13081	14533	71664
8827	9469	25354	68261	58035	180	4886	1933
87701	95872	44970	2977	2196	20		767
43202176	59052436	10569327	38230703	36354884	216865	877009	2473986
67674774	106169355	48217441	104195435	85654595	1159869	3081569	7263441
1688253	2030895	1097319	1967524	1558226	14848	46020	128637
4906871	5995727	4659362	9867532	7634275	338011	544416	501260
120212624	170398238	71771884	171321846	143240544	1286937	4434037	9854350
69109539	100565094	48323204	109299119	89729316	1104353	3265370	6847084
36091902	48736785	17959661	38960904	32630898	325102	763257	2463463
18362562	24874592	9572236	31811252	27491118	189574	931025	980439
1555492	2217494	576146	1118103	1023487	5919	18800	64624

9-4 续表2

单位：万元

指　　标	Item	财务费用 Costs of Finance
总　计	**Total**	**4668285**
一、按隶属关系分	Grouped by Jurisdiction of Management	
中央企业	Central Enterprises	876205
省属企业	Province-owned Enterprises	1555047
市属企业	Cities-owned Enterprises	183547
县(市、区)属企业	County-owned Enterprises	462381
城市街道企业	Cities' Subdistrict-owned Enterprises	3930
镇属企业	Small Town-owned Enterprises	55202
乡属企业	Township Enterprises	12395
居委会办企业	Neighbourhood Committee -run Enterprises	
村办企业	Village Enterprises	33142
其　他	Enterprises of Other Types of Ownership	1486437
二、按登记注册类型分	Grouped by Registered Kind	
内资企业	Civil Funded Enterprises	4349603
国有企业	State-owned Enterprises	940027
集体企业	Collective Owned Enterprises	22530
股份合作企业	Share Holding Cooperative Enterprises	13802
联营企业	Joint Owned Enterprises	14556
有限责任公司	Limited Responsibility Company	2035830
国有独资公司	Company Exclusively with Investment from State	480332
其他有限责任公司	Other Limited Responsibility Company	1555498
股份有限公司	Share Holding Limited Company	314443
私营企业	Privately Owned Enterprises	985831
私营独资企业	Enterprise Exclusively with Investment from Private	23752
私营合伙企业	Private Partner Enterprises	641
私营有限责任公司	Privately Owned Limited Responsibility Company	899934
私营股份有限公司	Privately Owned Share Holding Limited Company	61505
其他企业	Enterprises of Other Types of Ownership	22586
港、澳、台商投资企业	Enterprises Funded by HongKong, Macao and Taiwan	142510
合资经营企业(港或澳、台资)	Joint Venture	108609
合作经营企业(港或澳、台资)	Cooperative Enterprise	1578
港澳台商独资企业	Ventures Exclusively with HongKong, Macao and Taiwan Investment	26729
港澳台商投资股份有限公司	Share Holding Limited Company	5593
外商投资企业	Foreign Funded Enterprises	176172
中外合资经营企业	Joint Venture	147229
中外合作经营企业	Cooperative Enterprises	11369
外资企业	Enterprises Funded By Foreign Investments	17397
外商投资股份有限公司	Share Holding Limited Company	168
其他外商投资企业	Other Foreign Funded Enterprises	9
三、在总计中：亏损企业	Of the Total: Loss-making Enterprises	1604971
在总计中：国有控股企业	Of the Total: State-Controlled Share Holding Enterprises	2759754
在总计中：农村工业	Of the Total: Rural Industry	45537
在总计中：轻工业	Of the Total: Light Industry	157507
重工业	Heavy Industry	4510778
在总计中：大型企业	Of the Total: Large-size Enterprises	2607247
中型企业	Medium-size Enterprises	1314260
小型企业	Small-size Enterprises	729318
微型企业	Micro-size Enterprises	17460

continued

(10 000 yuan)

#利息支出 Interest Expenditure	利润总额 Total Profits	亏损企业亏损额 Loss of Loss-making Enterprises	利税总额 Total Pre-tax Profits	本年应付薪酬总额 Total Wages Payable This Year	本年应交所得税 Income Taxes Payable This Year	本年应交增值税 Value Added Taxes Payable This Year	全部从业人员年平均人数(人) Average Annual Employees (person)
4529804	**10109063**	**2983391**	**20076148**	**14469558**	**2308266**	**8295063**	**2223689**
828488	2039733	418904	3916753	2012378	448216	1477208	226968
1761357	2502756	815761	6278230	7516693	814369	3107289	791543
180119	689744	289169	1107731	729395	214745	360438	133066
460120	1565466	350243	2742719	1347139	396349	997946	291301
2082	-2857	3694	308	5992	21	2668	1762
64264	278126	9245	401223	91751	5175	91567	26742
12011	127889	4702	183899	57440	26766	49086	10099
	159		257	282	48	75	95
31969	37491	7331	104836	45327	9290	59398	14636
1189394	2870556	1084341	5340193	2663162	393286	2149388	727477
4231995	8383251	2783064	17841267	13589484	2093086	7848214	2049133
872687	1533665	388055	3161406	2298660	291655	1396518	262240
15456	118991	21785	280986	210533	11090	139748	47734
11584	27368	26515	49576	22838	12308	19583	5391
10167	8919	7004	26313	13180	1245	14266	2544
2120026	3074088	1356766	7619995	8227443	1022700	3632193	1079675
552483	711098	152144	1817266	2582172	245582	849495	286467
1567543	2362990	1204622	5802729	5645272	777118	2782698	793208
343017	2062880	229699	3251456	1210281	498175	981665	169661
835738	1466389	739076	3269692	1498977	241536	1590256	462557
18497	148372	27900	308969	63650	22797	136303	21955
318	7949	261	13110	5080	593	4638	1747
763156	1251754	681925	2765506	1310134	204117	1344232	409416
53767	58314	28990	182107	120113	14030	105083	29439
23320	90951	14166	181844	107571	14377	73986	19331
137478	950043	63571	1086971	325320	35136	122481	78502
110362	818704	58011	907922	178161	22076	79350	39373
715	-2257	2484	2284	5860	57	4297	2138
22294	124939	3076	155120	122856	12944	27525	31588
4107	8657		21646	18443	60	11309	5403
160331	775768	136756	1147910	554755	180044	324368	96054
125016	411402	125957	601335	208259	101916	164805	43702
15291	301336		413424	82289	70445	102725	6124
19922	57331	10778	126013	261431	7033	55601	45789
92	5721		7102	2308	650	1201	368
11	-21	21	36	468		36	71
1408091	-2983391	2983391	-1549795	3332995	57056	1210600	618211
2915678	5543101	1662190	12088979	10912282	1569454	5340303	1264735
43981	165380	12033	288735	102767	36056	108484	24735
163361	754417	117429	1448954	643237	127290	356089	175568
4366443	9354646	2865962	18627194	13826322	2180976	7938974	2048121
2697597	7132089	1266136	13450143	10539989	1619661	5172229	1365132
1160843	1812117	1055156	4083297	2973647	498118	1942394	570614
657419	1187786	610279	2535332	896572	187468	1156315	274859
13946	-22930	51818	7377	59351	3019	24125	13084

9-4 续表3

单位：万元

指 标	Item	单位数(个) Number of Enterprises (unit)
四、按工业行业大类分	Grouped by Sector	
采掘业	Mining	1457
煤炭开采和洗选业	Coal Mining and Dressing	1222
石油和天然气开采业	Petroleum and Natural Gas Extraction	10
黑色金属矿采选业	Ferrous Metals Mining and Dressing	205
有色金属矿采选业	Nonferrous Metals Mining and Dressing	9
非金属矿采选业	Nonmetal Minerals Mining and Dressing	10
开采辅助活动	Mining Auxiliary Activities	1
其他采矿业	Other Mining Industry	
制造业	Manufacturing	2308
农副食品加工业	Farm Products Processing	127
食品制造业	Food Manufacturing	76
酒、饮料和精制茶制造业	Beverage Manufacturing	57
烟草制品业	Tobacoo Products Manfacturing	1
纺织业	Textile Industry	38
纺织服装、服饰业	Textile Garments Manufacturing	10
皮革、毛皮、羽毛及其制品和制鞋业	Leather, Fur, Feather and its products and Footwear	1
木材加工和木、竹、藤、棕、草制品业	Timber Processing,Bamboo,Cane,Palm Fiber and Straw Products	12
家具制造业	Furniture Manufacturing	5
造纸和纸制品业	Paper Making and Paper Products	24
印刷和记录媒介复制业	Printing and Record Medium Reproduction	21
文教、工美、体育和娱乐用品制造业	Cultural,Educational, Sports and Entertainment Products	10
石油加工、炼焦和核燃料加工业	Petroleum Processing,Coking and Nuclear Fuel Processing	177
化学原料和化学制品制造业	Raw Chemical Materials and Chemical Products	221
医药制造业	Medical and Pharmaceutical Products	81
化学纤维制造业	Chemical Fiber	1
橡胶和塑料制品业	Rubber and Plastic Products	52
非金属矿物制品业	Nonmetal Mineral Products	427
黑色金属冶炼和压延加工业	Smelting and Pressing of Ferrous Metals	266
有色金属冶炼和压延加工业	Smelting and Pressing of Non-ferrous Metals	99
金属制品业	Metal Prodcuts	133
通用设备制造业	Ordinary Machinery Manufacturing	121
专用设备制造业	Special Purpose Equipment Manufacturing	141
汽车制造业	Automobile Manufacturing Industry	46
铁路、船舶、航空航天和其他运输设备制造业	Railroad, Marine, Aviation and Other Transport Equipment Manufacturing Industry	28
电气机械和器材制造业	Electrical Machinery and Equipment Manufacturing Industry	65
计算机、通信和其他电子设备制造业	Telecommunication Equipment, Computer and Other Electronic Product	30
仪器仪表制造业	Equipments and Instruments Manufacturing	17
其他制造业	Other Mafufacturing Industry	7
废弃资源综合利用业	Comprehensive Utilization of Waste Resources	5
金属制品、机械和设备修理业	Metal products, Machinery and Equipment Repair Industry	9
电力、热力、燃气及水生产和供应业	Production and Supply of Electricity, Heat, Gas and Water	140
电力、热力生产和供应业	Production and Supply of Electricity and Heat	112
燃气生产和供应业	Production and Supply of Gas	14
水的生产和供应业	Production and Supply of Water	14

continued

(10 000 yuan)

#亏损企业 Loss-making Enterprises	工业销售产值 Industrial Sales Output Value	年末资产合计 Total Assets at Year-end	流动资产合计 Total Circul-ating Funds	固定资产合计 Total Fixed Assets	固定资产原价 Original Value Of Fixed Assets
487	71182336	125643311	54131512	40913857	51346426
432	68054557	120781027	52380401	39163825	49396256
5	285118	2005922	451397	883602	712823
44	2562224	2405603	1075191	710202	989093
2	181592	272432	132922	109952	197370
4	48337	95996	79595	13705	16240
	50508	82331	12005	32572	34644
701	78972850	102915277	51188678	37883739	56087169
16	2870472	1930443	964231	820818	962870
8	1091740	855479	438946	356370	427851
13	1472022	1831677	1084986	533883	717574
	369101	261464	175145	84054	134373
12	323478	474754	284402	141773	213103
1	169255	152749	85160	64966	66515
	37916	7425	4680	2295	3262
3	117223	348034	193196	95328	93264
1	19166	35914	15576	11329	13069
6	173869	209075	78469	92405	117266
4	153628	238440	113876	92771	140078
5	125693	197867	128765	53008	55927
116	13667161	22584232	12865714	7135097	11174655
86	6479551	10637000	3959137	5722825	7146485
25	1159100	2301758	970199	678105	845999
1	3514	5382	2988	533	500
11	805960	797833	448194	302221	346567
122	3624246	5696446	2487360	2639164	3381496
93	25314253	27023094	10848186	10721311	18409324
44	4761636	6761791	2452675	3350604	5063487
25	2192817	2833544	1626183	989916	1324807
25	1896950	2041805	1352818	525281	677604
29	3946666	6332438	4683285	973316	1354521
23	624566	1084036	520332	365509	488801
6	1246545	1365002	898461	372002	453872
13	1317367	1782664	963652	409025	508393
6	4383701	4260802	2916847	1196799	1733527
	431276	727082	540619	112589	165272
1	79283	65906	35582	24247	41320
4	22499	17326	9736	7172	5787
2	92197	53816	39280	9025	19602
65	15792284	24862224	4243826	18135855	28332460
48	15086327	23076491	3746073	17396447	27388573
5	548508	1151175	304431	416976	411161
12	157449	634559	193321	322432	532727

9-4 续表4

单位：万元

指 标	Item	累计折旧 Total Depreciation
四、按工业行业大类分	Grouped by Sector	
采掘业	Mining	20524286
煤炭开采和洗选业	Coal Mining and Dressing	19911253
石油和天然气开采业	Petroleum and Natural Gas Extraction	138489
黑色金属矿采选业	Ferrous Metals Mining and Dressing	370067
有色金属矿采选业	Nonferrous Metals Mining and Dressing	98555
非金属矿采选业	Nonmetal Minerals Mining and Dressing	3850
开采辅助活动	Mining Auxiliary Activities	2073
其他采矿业	Other Mining Industry	
制造业	Manufacturing	22869206
农副食品加工业	Farm Products Processing	288070
食品制造业	Food Manufacturing	129033
酒、饮料和精制茶制造业	Beverage Manufacturing	228377
烟草制品业	Tobacoo Products Manfacturing	54935
纺织业	Textile Industry	87201
纺织服装、服饰业	Garments,Shoes and Hats Manufacturing	21623
皮革、毛皮、羽毛及其制品和制鞋业	Leather, Fur, Feather and its products and Footwear	967
木材加工和木、竹、藤、棕、草制品业	Timber Processing,Bamboo,Cane,Palm Fiber and Straw Products	23014
家具制造业	Furniture Manufacturing	1942
造纸和纸制品业	Paper Making and Paper Products	29054
印刷和记录媒介复制业	Printing and Record Medium Reproduction	69488
文教、工美、体育和娱乐用品制造业	Cultural,Educational, Sports and Entertainment Products	9208
石油加工、炼焦和核燃料加工业	Petroleum Processing,Coking and Nuclear Fuel Processing	5105883
化学原料和化学制品制造业	Raw Chemical Materials and Chemical Products	2406112
医药制造业	Medical and Pharmaceutical Products	249886
化学纤维制造业	Chemical Fiber	51
橡胶和塑料制品业	Rubber and Plastic Products	104805
非金属矿物制品业	Nonmetal Mineral Products	995146
黑色金属冶炼和压延加工业	Smelting and Pressing of Ferrous Metals	8893404
有色金属冶炼和压延加工业	Smelting and Pressing of Non-ferrous Metals	1788285
金属制品业	Metal Prodcuts	515329
通用设备制造业	Ordinary Machinery Manufacturing	213567
专用设备制造业	Special Purpose Equipment Manufacturing	494995
汽车制造业	Automobile Manufacturing Industry	145033
铁路、船舶、航空航天和其他运输设备制造业	Railroad, Marine, Aviation and Other Transport Equipment Manufacturing Industry	191127
电气机械和器材制造业	Electrical Machinery and Equipment Manufacturing Industry	173198
计算机、通信和其他电子设备制造业	Telecommunication Equipment,Computer and Other Electronic Product	560311
仪器仪表制造业	Equipments and Instruments Manufacturing	59247
其他制造业	Other Mafufacturing Industry	18426
废弃资源综合利用业	Comprehensive Utilization of Waste Resources	913
金属制品、机械和设备修理业	Metal products, Machinery and Equipment Repair Industry	10577
电力、热力、燃气及水生产和供应业	Production and Supply of Electricity, Heat, Gas and Water	10687945
电力、热力生产和供应业	Production and Supply of Electricity and Heat	10397351
燃气生产和供应业	Production and Supply of Gas	70781
水的生产和供应业	Production and Supply of Water	219814

continued

(10 000 yuan)

流动负债 Liquid Liabilities	负债合计 Total Liabilities	年末所有者权益 Creditors' Equity at Year-end	主营业务收入 Revenue of Major Business	主营业务成本 Costs of Major Business	主营业务税金及附加 Taxes and Extra Charges of Major Business	营业费用 Costs of Business	管理费用 Costs of Administration
55435403	81377892	43811038	79005584	58914127	1020781	2932647	6569009
53245393	78782704	41553194	75868595	56576003	979506	2898609	6383709
868203	1031285	974638	301487	203314	1564	2228	44877
1022654	1234052	1164398	2537999	1899243	36841	20077	123835
175613	204155	66287	194901	157876	1965	1717	10765
83717	85373	10513	52268	42872	723	1215	1508
39824	40323	42008	50333	34820	181	8803	4315
58896606	74558024	28220015	86450635	77447129	533109	1965866	3442995
921701	1028321	897565	2993284	2612075	2344	39451	52604
350511	423131	424060	1116449	908396	4233	62865	39677
856663	922467	908445	1906608	1199571	153713	209748	108787
39642	39642	221822	365475	126416	158516	4351	26528
298247	333217	136977	319261	295339	541	5151	10571
68611	73635	79115	216683	189212	425	3460	10597
314	330	7095	37916	36749	375	126	188
173797	220434	127093	139157	117762	810	1600	6212
22378	22437	13477	18872	14656	80	1436	1105
86133	137308	71609	167708	150632	594	3140	4843
104064	127288	110743	160827	123976	1498	7268	14220
121952	150494	47374	109816	92208	415	4645	8302
15868440	19254999	3294360	13807673	13144900	38230	460793	406425
5887275	7536940	3066248	7575480	6842943	15214	158651	355482
998722	1342862	952189	1158320	755184	8553	153868	130085
3900	3900	1482	3514	3292	6		94
341335	473049	323954	781882	679182	2646	22836	24797
3044503	4016401	1669806	3660113	3105292	19892	131834	188958
13809484	19015164	8000855	31026817	29071757	55540	310791	836161
3639511	5161690	1596771	4906353	4641889	15747	62683	147138
1407176	1760847	1064385	2146242	1864840	7889	41528	194791
1129165	1365809	673254	1682286	1428375	5270	41357	103973
3908054	4703540	1627913	4062639	3506553	15852	124364	264517
544261	725812	357727	639983	569792	1059	30949	46765
795920	956365	407150	1184597	996566	6280	21474	108161
1061052	1237358	542216	1198007	1044883	5057	27391	88956
3064567	3077690	1182406	4409141	3421901	9999	17701	210195
299081	373400	350372	466947	336613	1544	12354	42954
16467	33304	32602	74721	63686	92	2485	3617
8624	11263	6063	22700	21518	297	821	627
25054	28928	24888	91165	80971	398	744	5667
10787487	20458050	4400193	15733160	14513563	71058	79939	343606
10192325	19263997	3808513	15037729	13941417	67516	43673	281363
415638	889969	261206	538358	441525	2022	28122	26194
179524	304084	330475	157073	130621	1519	8144	36049

9-4 续表5

单位：万元

指 标	Item	财务费用 Costs of Finance
四、按工业行业大类分	Grouped by Sector	
采掘业	Mining	1815955
煤炭开采和洗选业	Coal Mining and Dressing	1763531
石油和天然气开采业	Petroleum and Natural Gas Extraction	21175
黑色金属矿采选业	Ferrous Metals Mining and Dressing	27163
有色金属矿采选业	Nonferrous Metals Mining and Dressing	659
非金属矿采选业	Nonmetal Minerals Mining and Dressing	3438
开采辅助活动	Mining Auxiliary Activities	-11
其他采矿业	Other Mining Industry	
制造业	Manufacturing	1996734
农副食品加工业	Farm Products Processing	40317
食品制造业	Food Manufacturing	12636
酒、饮料和精制茶制造业	Beverage Manufacturing	10185
烟草制品业	Tobacoo Products Manfacturing	-213
纺织业	Textile Industry	11684
纺织服装、服饰业	Garments,Shoes and Hats Manufacturing	1822
皮革、毛皮、羽毛及其制品和制鞋业	Leather, Fur, Feather and its products and Footwear	73
木材加工和木、竹、藤、棕、草制品业	Timber Processing,Bamboo,Cane,Palm Fiber and Straw Products	5480
家具制造业	Furniture Manufacturing	679
造纸和纸制品业	Paper Making and Paper Products	5965
印刷和记录媒介复制业	Printing and Record Medium Reproduction	3663
文教、工美、体育和娱乐用品制造业	Cultural,Educational, Sports and Entertainment Products	4581
石油加工、炼焦和核燃料加工业	Petroleum Processing,Coking and Nuclear Fuel Processing	596741
化学原料和化学制品制造业	Raw Chemical Materials and Chemical Products	232620
医药制造业	Medical and Pharmaceutical Products	29956
化学纤维制造业	Chemical Fiber	175
橡胶和塑料制品业	Rubber and Plastic Products	15360
非金属矿物制品业	Nonmetal Mineral Products	123139
黑色金属冶炼和压延加工业	Smelting and Pressing of Ferrous Metals	501643
有色金属冶炼和压延加工业	Smelting and Pressing of Non-ferrous Metals	182912
金属制品业	Metal Prodcuts	38645
通用设备制造业	Ordinary Machinery Manufacturing	19619
专用设备制造业	Special Purpose Equipment Manufacturing	69458
汽车制造业	Automobile Manufacturing Industry	18239
铁路、船舶、航空航天和其他运输设备制造业	Railroad, Marine, Aviation and Other Transport Equipment Manufacturing Industry	20567
电气机械和器材制造业	Electrical Machinery and Equipment Manufacturing Industry	26572
计算机、通信和其他电子设备制造业	Telecommunication Equipment,Computer and Other Electronic Product	21061
仪器仪表制造业	Equipments and Instruments Manufacturing	2318
其他制造业	Other Mafufacturing Industry	210
废弃资源综合利用业	Comprehensive Utilization of Waste Resources	493
金属制品、机械和设备修理业	Metal products, Machinery and Equipment Repair Industry	133
电力、热力、燃气及水生产和供应业	Production and Supply of Electricity, Heat, Gas and Water	855596
电力、热力生产和供应业	Production and Supply of Electricity and Heat	837062
燃气生产和供应业	Production and Supply of Gas	12869
水的生产和供应业	Production and Supply of Water	5665

continued

(10 000 yuan)

#利息支出 Interest Expenditure	利润总额 Total Profits	亏损企业亏损额 Loss of Loss-making Enterprises	利税总额 Total Pre-tax Profits	本年应付薪酬总额 Total Wages Payable This Year	本年应交所得税 Income Taxes Payable This Year	本年应交增值税 Value Added Taxes Payable This Year	全部从业人员年平均人数(人) Average Annual Employees (person)
1922877	7670796	938338	14407483	8981012	1860313	5677447	1073160
1875137	7393229	890948	13931811	8815708	1812063	5520991	1029869
20915	65983	13353	81450	38587	9621	13538	3861
24011	184400	30771	344383	107607	34057	123142	34272
912	22705	980	41164	12942	3682	16494	3152
1901	1139	2285	3800	1695	156	1938	748
	3340		4875	4473	734	1344	1258
1819441	2054234	1668109	4529849	4359586	351609	1938266	1057601
39002	223707	12742	251126	72141	5324	25063	27531
11449	93813	3560	132039	58875	12283	33870	18806
15712	226140	16544	505544	112732	66937	125691	23217
	49683		251236	50802	12421	43037	1074
11358	-1596	11699	3230	22546	1826	4285	10398
1799	14199	16	18490	19461	3504	3696	5181
71	444		1205	311	97	386	170
4519	7968	1598	10693	6937	1329	1915	2410
671	922	131	1392	1771	93	390	592
5824	3736	1405	6789	9147	773	2459	3723
3384	12614	589	18046	19076	1098	3906	5167
4568	-3139	6274	1446	7646	151	4170	2690
430722	-524914	719012	-122001	385926	5587	364566	130286
234182	106496	191768	226644	377485	44034	103375	102938
31778	91939	18346	167843	102336	15331	67335	27868
175	-53	53	-2	240		45	108
15602	51343	1248	65220	37179	3874	11070	12283
107323	121693	104917	282068	280875	31918	140307	93879
503793	318737	293360	970001	1114224	72293	595087	200826
173661	-87355	180552	31616	272089	-1527	103222	65493
39641	53616	11056	92292	187407	9187	30623	51801
18886	120697	9268	159891	124158	11338	33884	33683
69071	95092	34377	186967	289429	17840	75538	65731
19897	4930	11244	14308	60277	2638	8319	17473
22169	47198	950	104333	116240	4011	50638	19807
26044	25109	31981	67790	76259	6835	37591	15848
23686	940958	4529	1004828	501915	16548	53871	107125
3157	51766		62105	34097	3967	8495	6695
655	4878	1	5747	4261	835	777	1891
494	-276	302	1956	1609		1935	583
150	3891	588	7010	12133	1065	2722	2324
787487	384033	376944	1138816	1128961	96344	679350	92928
767454	337759	351648	1074154	1059788	85246	664937	79020
13881	66857	3971	74039	26029	10939	4813	4740
6152	-20583	21325	-9377	43143	159	9601	9168

9-5 国有控股工业企业主要经济指标(2012年)

单位：万元

指　　标	Item	单位数(个) Number of Enterprises (unit)	#亏损企业 Loss-making Enterprises
总　计	**Total**	**738**	**275**
在总计中:	Of the Total:		
亏损企业	Loss-making Enterprises	275	275
按隶属关系分	Grouped by Jurisdiction of Management		
中央企业	Central Enterprises	143	44
地方企业	Local Enterprises	595	231
#省属企业	Province-owned Enterprises	254	95
市属企业	City-owned Enterprises	109	54
县属企业	County-owned Enterprises	175	62
在总计中:	Of the Total:		
轻工业	Light Industry	62	26
重工业	Heavy Industry	676	249
在总计中:	Of the Total:		
大型企业	Large-size Enterprises	180	45
中型企业	Medium-size Enterprises	289	124
小型企业	Small-size Enterprises	218	78
微型企业	Micro-size Enterprises	51	28
按工业行业大类分	Grouped by Sector		
采掘业	Mining	349	115
煤炭开采和洗选业	Coal Mining and Dressing	333	111
石油和天然气开采业	Petroleum and Natural Gas Extraction	5	2
黑色金属矿采选业	Ferrous Metals Mining and Dressing	7	2
有色金属矿采选业	Nonferrous Metals Mining and Dressing	3	
非金属矿采选业	Nonmetal Minerals Mining and Dressing		
开采辅助活动	Mining Auxiliary Activities	1	
其他采矿业	Other Mining Industry		
制造业	Manufacturing	289	116
农副食品加工业	Farm Products Processing	8	2
食品制造业	Food Manufacturing	1	
酒、饮料和精制茶制造业	Wine, Beverages and Refined Tea Manufacturing	10	3
烟草制品业	Tobacoo Products Manfacturing	1	
纺织业	Textile Industry	3	1
纺织服装、服饰业	Textile Garments Manufacturing	3	1

MAIN INDICATORS OF STATE-HOLDING INDUSTRIAL ENTERPRISES(2012)

(10 000 yuan)

工业销售产值 Industrial Sales Output Value	年末资产合计 Total Assets at Year-end	流动资产合计 Total Circulating Funds	固定资产合计 Total Fixed Assets	固定资产原价 Original Value Of Fixed Assets
87866735	**154769629**	**56766519**	**66113053**	**93274472**
20944581	38336144	13544033	17974965	24318939
27951960	40282386	11551662	23698419	34276657
59914776	114487243	45214856	42414634	58997816
47577407	87528036	35188825	32662566	46997289
5131241	10209618	4356856	3917865	5293335
5976332	13290261	4795202	4710879	5354652
2276182	3865062	1867770	1124925	1679819
85590554	150904567	54898749	64988128	91594653
61572497	111062137	45649111	42532085	62514439
21631149	30744701	8334426	16270422	22529379
4604521	11226928	2536879	6764146	7679850
58568	1735864	246102	546399	550805
44030992	89039038	34644027	32513395	41416396
43580010	86979820	34089080	31659133	40640372
193703	1652833	408394	715067	551829
110887	162922	48085	36332	51536
95884	161133	86464	70292	138016
50508	82331	12005	32572	34644
28666267	42672915	18368519	16665648	24935483
66186	122602	76167	32645	40688
2592	2997	2345	422	1078
793787	1050007	747665	164624	275924
369101	261464	175145	84054	134373
24630	52014	26987	21313	51933
78344	64259	34810	29374	24941

9-5 续表1

单位：万元

指　标	Item	累计折旧 Total Depreciation	流动负债 Liquid Liabilities
总　计	**Total**	**38546544**	**67674774**
在总计中:	Of the Total:		
亏损企业	Loss-making Enterprises	9750245	21167648
按隶属关系分	Grouped by Belongs		
中央企业	Central Enterprises	13730349	17850560
地方企业	Local Enterprises	24816195	49824215
#省属企业	Province-owned Enterprises	21053034	36989946
市属企业	City-owned Enterprises	1985979	5203495
县属企业	County-owned Enterprises	1417234	5978144
在总计中:	Of the Total:		
轻工业	Light Industry	639065	1813123
重工业	Heavy Industry	37907479	65861651
在总计中:	Of the Total:		
大型企业	Large-size Enterprises	28945384	46216757
中型企业	Medium-size Enterprises	8267946	15230216
小型企业	Small-size Enterprises	1258115	5169759
微型企业	Micro-size Enterprises	75099	1058042
按工业行业大类分	Grouped by Sector		
采掘业	Mining	17724027	35588278
煤炭开采和洗选业	Coal Mining and Dressing	17522793	34755109
石油和天然气开采业	Petroleum and Natural Gas Extraction	108874	612158
黑色金属矿采选业	Ferrous Metals Mining and Dressing	18951	37015
有色金属矿采选业	Nonferrous Metals Mining and Dressing	71336	144172
非金属矿采选业	Nonmetal Minerals Mining and Dressing		
开采辅助活动	Mining Auxiliary Activities	2073	39824
其他采矿业	Other Mining Industry		
制造业	Manufacturing	10463050	22063822
农副食品加工业	Farm Products Processing	13670	109292
食品制造业	Food Manufacturing	656	1744
酒、饮料和精制茶制造业	Wine, Beverages and Refined Tea Manufacturing	113281	474772
烟草制品业	Tobacoo Products Manfacturing	54935	39642
纺织业	Textile Industry	31698	19219
纺织服装、服饰业	Textile Garments Manufacturing	11433	28771

continued

(10 000 yuan)

负债合计 Total Liabilities	年末所有者权益 Creditors' Equity at Year-end	主营业务收入 Revenue of Major Business	主营业务成本 Costs of Major Business	主营业务税金及附加 Taxes and Extra Charges of Major Business	营业费用 Costs of Business	管理费用 Costs of Administration
106169355	**48217441**	**104195435**	**85654595**	**1159869**	**3081569**	**7263441**
32457890	5923490	20591412	19324916	137076	348043	1738398
28235734	11933457	27556726	22510418	391593	1185093	1162651
77933621	36283984	76638709	63144177	768276	1896476	6100790
60114532	27212092	64453097	54157504	614543	1538578	4782437
7176954	3030923	5176269	4314976	34490	114251	415684
8316464	4909773	5669778	3667071	95303	206869	734058
2342924	1520879	2598848	1711355	294749	209570	204393
103826432	46696562	101596587	83943239	865120	2872000	7059049
72970592	37744158	81532819	66432346	956654	2667121	5735467
22663454	8060259	18192054	15467391	163884	251304	1256678
9108928	2105335	4399410	3699191	38847	162729	227252
1426381	307689	71152	55667	484	416	44044
56705009	31919753	52238841	38489856	719000	2227117	5108783
55671338	30894207	51780659	38173435	715208	2217243	5056550
757980	894853	209466	131160	1187	459	37560
87788	75133	90685	54508	958	23	7006
147581	13552	107697	95932	1466	589	3352
40323	42008	50333	34820	181	8803	4315
30472032	12236307	36811047	33178282	374366	781625	1837877
115358	7244	72791	70403	173	1624	4993
1900	1097	10587	7953	77	1396	619
481975	567268	1198913	639232	132253	163703	76305
39642	221822	365475	126416	158516	4351	26528
33200	18318	25224	23230	113	1140	2612
33773	30486	123452	110995	159	2567	4933

9-5 续表2

单位：万元

指　标	Item	财务费用 Costs of Finance	#利息支出 Interest Expenditure
总　计	**Total**	**2759754**	**2915678**
在总计中:	Of the Total:		
亏损企业	Loss-making Enterprises	847258	854337
按隶属关系分	Grouped by Belongs		
中央企业	Central Enterprises	875177	827610
地方企业	Local Enterprises	1884577	2088068
#省属企业	Province-owned Enterprises	1528577	1734692
市属企业	City-owned Enterprises	150361	148846
县属企业	County-owned Enterprises	153729	157679
在总计中:	Of the Total:		
轻工业	Light Industry	40371	46944
重工业	Heavy Industry	2719383	2868734
在总计中:	Of the Total:		
大型企业	Large-size Enterprises	1805506	2044366
中型企业	Medium-size Enterprises	639944	551037
小型企业	Small-size Enterprises	307046	313072
微型企业	Micro-size Enterprises	7257	7204
按工业行业大类分	Grouped by Sector		
采掘业	Mining	1158331	1338811
煤炭开采和洗选业	Coal Mining and Dressing	1138340	1318970
石油和天然气开采业	Petroleum and Natural Gas Extraction	18836	18716
黑色金属矿采选业	Ferrous Metals Mining and Dressing	1145	1101
有色金属矿采选业	Nonferrous Metals Mining and Dressing	20	24
非金属矿采选业	Nonmetal Minerals Mining and Dressing		
开采辅助活动	Mining Auxiliary Activities	-11	
其他采矿业	Other Mining Industry		
制造业	Manufacturing	794619	838745
农副食品加工业	Farm Products Processing	1583	1744
食品制造业	Food Manufacturing	60	42
酒、饮料和精制茶制造业	Wine, Beverages and Refined Tea Manufacturing	-501	4717
烟草制品业	Tobacoo Products Manfacturing	-213	
纺织业	Textile Industry	384	378
纺织服装、服饰业	Textile Garments Manufacturing	106	189

continued

(10 000 yuan)

利润总额 Total Profits	亏损企业亏损额 Loss of Loss-making Enterprises	利税总额 Total Pre-tax Profits	本年应付薪酬总额 Total Wages Payable This Year	本年应交所得税 Income Taxes Payable This Year	本年应交增值税 Value Added Taxes Payable This Year	全部从业人员年平均人数(人) Average Annual Employees (person)
5543101	**1662190**	**12088979**	**10912282**	**1569454**	**5340303**	**1264735**
-1662190	1662190	-727313	2613154	55339	792067	359235
2045698	409316	3916952	2006113	447246	1472227	225660
3497403	1252874	8172027	8906169	1122208	3868077	1039075
2372940	805002	6033480	7377054	793205	3009915	772587
295304	260898	567177	596311	124891	236617	103912
784414	158663	1421783	784692	195289	540646	134893
217034	63834	687811	258397	74596	175797	48933
5326067	1598356	11401168	10653885	1494858	5164506	1215802
4752810	874615	9828844	8953592	1301787	4077920	988363
819340	518919	2039675	1708731	233443	1053562	232788
4891	226809	248973	206867	32246	204068	34462
-33941	41848	-28513	43093	1979	4753	9122
5017604	613619	9752411	7803497	1341920	3977646	829581
4934426	607099	9634095	7754397	1330287	3946673	821957
57052	6095	69454	33308	7593	10850	3120
14617	425	22239	5806	3306	6664	1606
8168		21749	5513		12115	1640
3340		4875	4473	734	1344	1258
156128	704279	1251442	2019343	140594	717621	350292
-3615	4054	-1742	4597	5	1700	1219
528		1188	1254	132	583	122
188908	2961	427758	80950	58836	106597	13967
49683		251236	50802	12421	43037	1074
-2257	2288	-1372	5076		771	2245
5700	16	7451	10798	1545	1420	2380

9-5 续表3

单位：万元

指　标	Item	单位数 (个) Number of Enterprises (unit)
皮革、毛皮、羽毛及其制品和制鞋业	Leather, Fur, Feather and its products and Footwear	
木材加工和木、竹、藤、棕、草制品业	Timber Processing,Bamboo,Cane,Palm Fiber and Straw Products	
家具制造业	Furniture Manufacturing	
造纸和纸制品业	Paper Making and Paper Products	
印刷和记录媒介复制业	Printing and Record Medium Reproduction	6
文教、工美、体育和娱乐用品制造业	Cultural,Educational, Sports and Entertainment Products	2
石油加工、炼焦和核燃料加工业	Petroleum Processing,Coking and Nuclear Fuel Processing	20
化学原料和化学制品制造业	Raw Chemical Materials and Chemical Products	45
医药制造业	Medical and Pharmaceutical Products	8
化学纤维制造业	Chemical Fiber	
橡胶和塑料制品业	Rubber and Plastic Products	9
非金属矿物制品业	Nonmetal Mineral Products	40
黑色金属冶炼和压延加工业	Smelting and Pressing of Ferrous Metals	11
有色金属冶炼和压延加工业	Smelting and Pressing of Non-ferrous Metals	14
金属制品业	Metal Prodcuts	12
通用设备制造业	Ordinary Machinery Manufacturing	18
专用设备制造业	Special Purpose Equipment Manufacturing	28
汽车制造业	Automobile Manufacturing Industry	10
铁路、船舶、航空航天和其他运输设备制造业	Railroad, Marine, Aviation and Other Transport Equipment Manufacturing Industry	9
电气机械和器材制造业	Electrical Machinery and Equipment Manufacturing Industry	11
计算机、通信和其他电子设备制造业	Telecommunication Equipment,Computer and Other Electronic Product	3
仪器仪表制造业	Equipments and Instruments Manufacturing	8
其他制造业	Other Mafufacturing Industry	1
废弃资源综合利用业	Comprehensive Utilization of Waste Resources	
金属制品、机械和设备修理业	Metal products, Machinery and Equipment Repair Industry	8
电力、热力、燃气及水生产和供应业	Production and Supply of Electricity, Heat, Gas and Water	100
电力、热力生产和供应业	Production and Supply of Electricity and Heat	81
燃气生产和供应业	Production and Supply of Gas	6
水的生产和供应业	Production and Supply of Water	13

continued

(10 000 yuan)

#亏损企业 Loss-making Enterprises	工业销售产值 Industrial Sales Output Value	年末资产合计 Total Assets at Year-end	流动资产合计 Total Circulating Funds	固定资产合计 Total Fixed Assets	固定资产原价 Original Value Of Fixed Assets
1	46326	83668	36877	21414	51030
2	32188	94147	57147	31860	30282
13	2335146	2921675	1246897	1366434	1683557
22	3449935	6869041	2308038	3984216	4989129
4	248586	751416	216555	233838	260967
2	370883	362718	179795	167132	150915
19	567401	1206626	449046	639215	860047
7	10478841	13112501	4008606	4959569	9126945
9	2657228	4290617	1318545	2292166	3742599
2	1309345	2001111	1054609	778367	1011921
6	450721	1005126	668933	267494	355905
7	2881132	4790343	3597182	681996	954908
5	176620	540233	257048	175749	258804
3	1024265	1070448	704967	283255	334918
4	864380	1172744	603040	270820	322558
1	72370	223742	157606	62930	90835
	260008	538234	382318	99048	144775
	18066	32842	20379	8694	16953
2	88187	52343	37813	9018	19499
44	15169476	23057676	3753972	16934010	26922594
30	14587158	21438002	3302579	16298814	26047217
3	429275	992551	258467	317490	351879
11	153043	627123	192926	317705	523498

9-5 续表4

单位：万元

指　标	Item	累积折旧 Total Depreciation
皮革、毛皮、羽毛及其制品和制鞋业	Leather, Fur, Feather and its products and Footwear	
木材加工和木、竹、藤、棕、草制品业	Timber Processing, Bamboo, Cane, Palm Fiber and Straw Products	
家具制造业	Furniture Manufacturing	
造纸和纸制品业	Paper Making and Paper Products	
印刷和记录媒介复制业	Printing and Record Medium Reproduction	31144
文教、工美、体育和娱乐用品制造业	Cultural,Educational, Sports and Entertainment Products	2609
石油加工、炼焦和核燃料加工业	Petroleum Processing,Coking and Nuclear Fuel Processing	665251
化学原料和化学制品制造业	Raw Chemical Materials and Chemical Products	1716940
医药制造业	Medical and Pharmaceutical Products	42366
化学纤维制造业	Chemical Fiber	
橡胶和塑料制品业	Rubber and Plastic Products	33594
非金属矿物制品业	Nonmetal Mineral Products	265545
黑色金属冶炼和压延加工业	Smelting and Pressing of Ferrous Metals	4667639
有色金属冶炼和压延加工业	Smelting and Pressing of Non-ferrous Metals	1458824
金属制品业	Metal Prodcuts	397312
通用设备制造业	Ordinary Machinery Manufacturing	128886
专用设备制造业	Special Purpose Equipment Manufacturing	354950
汽车制造业	Automobile Manufacturing Industry	90308
铁路、船舶、航空航天和其他运输设备制造业	Railroad, Marine, Aviation and Other Transport Equipment Manufacturing Industry	159971
电气机械和器材制造业	Electrical Machinery and Equipment Manufacturing Industry	117781
计算机、通信和其他电子设备制造业	Telecommunication Equipment,Computer and Other Electronic Product	33703
仪器仪表制造业	Equipments and Instruments Manufacturing	51813
其他制造业	Other Mafufacturing Industry	8259
废弃资源综合利用业	Comprehensive Utilization of Waste Resources	
金属制品、机械和设备修理业	Metal products, Machinery and Equipment Repair Industry	10482
电力、热力、燃气及水生产和供应业	Production and Supply of Electricity, Heat, Gas and Water	10359468
电力、热力生产和供应业	Production and Supply of Electricity and Heat	10082185
燃气生产和供应业	Production and Supply of Gas	61971
水的生产和供应业	Production and Supply of Water	215312

continued

(10 000 yuan)

流动负债 Liquid Liabilities	负债合计 Total Liabilities	年末所有者权益 Creditors' Equity at Year-end	主营业务收入 Revenue of Major Business	主营业务成本 Costs of Major Business	主营业务税金及附加 Taxes and Extra Charges of Major Business	营业费用 Costs of Business	管理费用 Costs of Administration
46146	53456	30212	50765	41906	302	488	7817
83404	86269	7878	26305	24850	14	492	2557
2330567	2810199	152071	2918264	2848698	6759	70651	63922
3983184	5030234	1838806	4603540	4250652	5205	75195	250400
393128	611049	140367	240220	199975	875	13874	25347
136388	249847	112871	372787	327259	1227	9676	8855
566784	980707	225918	609388	502629	4250	22965	50418
5605310	8839374	4273127	16479574	15375048	30185	198061	613455
1839687	3102196	1188421	2697649	2597104	10234	38171	89466
892268	1211767	788046	1324150	1128215	4331	19269	151558
572069	739066	265317	409441	327596	1669	14935	51547
2852998	3525240	1265102	2939213	2540116	9695	95274	184594
286648	364417	175772	176299	160993	353	13191	25385
616836	761619	307405	970290	829121	4814	17731	89785
750524	876948	295398	742996	670381	2581	12261	63358
179795	186002	37740	73818	62945	46	297	11525
225062	290525	247709	279370	223089	215	3184	25022
5357	19168	13674	13382	11962	17	386	1380
24229	28102	24241	87155	77512	303	744	5496
10022675	18992314	4061381	15145546	13986457	66503	72827	316782
9488555	17908811	3525210	14576661	13515318	63457	40597	264105
359290	787851	204699	416219	343946	1563	24116	17974
174829	295652	331471	152667	127193	1483	8115	34702

9-5 续表5

单位：万元

指　　标	Item	财务费用 Costs of Finance
皮革、毛皮、羽毛及其制品和制鞋业	Leather, Fur, Feather and its products and Footwear	
木材加工和木、竹、藤、棕、草制品业	Timber Processing,Bamboo,Cane,Palm Fiber and Straw Products	
家具制造业	Furniture Manufacturing	
造纸和纸制品业	Paper Making and Paper Products	
印刷和记录媒介复制业	Printing and Record Medium Reproduction	532
文教、工美、体育和娱乐用品制造业	Cultural,Educational, Sports and Entertainment Products	3945
石油加工、炼焦和核燃料加工业	Petroleum Processing,Coking and Nuclear Fuel Processing	72545
化学原料和化学制品制造业	Raw Chemical Materials and Chemical Products	150598
医药制造业	Medical and Pharmaceutical Products	13418
化学纤维制造业	Chemical Fiber	
橡胶和塑料制品业	Rubber and Plastic Products	10305
非金属矿物制品业	Nonmetal Mineral Products	38933
黑色金属冶炼和压延加工业	Smelting and Pressing of Ferrous Metals	263211
有色金属冶炼和压延加工业	Smelting and Pressing of Non-ferrous Metals	117269
金属制品业	Metal Prodcuts	22334
通用设备制造业	Ordinary Machinery Manufacturing	8798
专用设备制造业	Special Purpose Equipment Manufacturing	54151
汽车制造业	Automobile Manufacturing Industry	5307
铁路、船舶、航空航天和其他运输设备制造业	Railroad, Marine, Aviation and Other Transport Equipment Manufacturing Industry	11954
电气机械和器材制造业	Electrical Machinery and Equipment Manufacturing Industry	19459
计算机、通信和其他电子设备制造业	Telecommunication Equipment,Computer and Other Electronic Product	-908
仪器仪表制造业	Equipments and Instruments Manufacturing	1667
其他制造业	Other Mafufacturing Industry	-452
废弃资源综合利用业	Comprehensive Utilization of Waste Resources	
金属制品、机械和设备修理业	Metal products, Machinery and Equipment Repair Industry	136
电力、热力、燃气及水生产和供应业	Production and Supply of Electricity, Heat, Gas and Water	806804
电力、热力生产和供应业	Production and Supply of Electricity and Heat	792377
燃气生产和供应业	Production and Supply of Gas	8804
水的生产和供应业	Production and Supply of Water	5622

continued

(10 000 yuan)

#利息支出 Interest Expenditure	利润总额 Total Profits	亏损企业亏损额 Loss of Loss-making Enterprises	利税总额 Total Pre-tax Profits	本年应付薪酬总额 Total Wages Payable This Year	本年应交所得税 Income Taxes Payable This Year	本年应交增值税 Value Added Taxes Payable This Year	全部从业人员年平均人数(人) Average Annual Employees (person)
572	1139	141	3030	8149	41	1589	2035
3943	-5282	5282	-3490	1664	16	1778	707
73406	-99839	139768	-42577	99179	1133	50435	22141
160141	-16401	156055	26685	267760	22199	36331	62151
12176	-3792	9792	503	22243	1227	3405	7214
10715	19957	58	23698	16771	683	2400	4488
36197	4231	39684	43034	49805	8803	34553	14994
285014	-40854	162792	213966	605911	12768	224006	60726
116476	-98988	118656	-15173	180344	-3550	73582	37384
26452	28191	1075	42379	123975	4314	9751	30669
8837	8850	4359	19835	58843	1837	9277	13343
54903	57585	21666	117372	207939	11920	50011	31058
5589	-4477	6631	-1818	28573	476	2306	7248
14967	31526	599	77662	95174	2473	41105	14583
19412	-2308	26887	19733	53805	965	19427	9368
287	1363	926	1689	7477	2	280	3319
2438	32317		33897	26572	1359	1065	5294
1	361		489	2117		110	916
150	3602	588	6009	9566	993	2104	1647
738122	369369	344293	1085126	1089442	86940	645036	84862
722206	331840	321406	1032126	1027428	78669	632887	72357
9808	57010	2663	61670	21479	8113	2866	3881
6109	-19481	20223	-8670	40536	159	9284	8624

9-6 外商投资和港澳台投资工业企业主要经济指标(2012年)

单位：万元

指 标	Item	单位数(个) Number of Enterprises (unit)
总 计	**Total**	**138**
港、澳、台商投资企业	Enterprises Funded by HongKong, Macao and Taiwan	46
合资经营企业(港或澳、台资)	Joint Venture	31
合作经营企业(港或澳、台资)	Cooperative Enterprise	3
港澳台商独资经营企业	Ventures Exclusively with HongKong, Macao and Taiwan Investment	9
港澳台商投资股份有限公司	Share Holding Limited Company	3
外商投资企业	Foreign Funded Enterprises	92
中外合资经营企业	Joint Venture	64
中外合作经营企业	Cooperative Enterprises	3
外资企业	Enterprises Funded By Foreign Investments	22
外商投资股份有限公司	Enterprises Invested By Foreign Investments	2
其他外商投资企业	Others	1
在总计中:亏损企业	Of the Total:Loss-making Enterprises	45
在总计中:国有控股企业	Of the Total:State Holding Enterprises	22
在总计中:轻工业	Of the Total:Light Industry	36
重工业	Heavy Industry	102
在总计中:大型企业	Of the Total:Large-size Enterprises	23
中型企业	Medium-size Enterprises	36
小型企业	Small-size Enterprises	76
微型企业	Micro-size Enterprises	3
按工业行业大类分	Grouped by Sector	
采矿业	Mining	16
煤炭开采和洗选业	Coal Mining and Dressing	11
石油和天然气开采业	Petroleum and Natural Gas Extraction	5
制造业	Manufacturing	107
农副食品加工业	Farm Products Processing	2
食品制造业	Food Manufacturing	5
酒、饮料和精制茶制造业	Wine, Beverages and Refined Tea Manufacturing	12
纺织业	Textile Industry	2
印刷业和记录媒介的复制业	Printing and Record Medium Reproduction	2
石油加工、炼焦及核燃料加工业	Petroleum Processing,Coking and Nuclear	16
化学原料及化学制品制造业	Raw Chemical Materials and Chemical Products	15
医药制造业	Medical and Pharmaceutical Products	6
橡胶和塑料制品业	Rubber and Plastic Products	4
非金属矿物制品业	Nonmetal Mineral Products	11
黑色金属冶炼和压延加工业	Smelting and Pressing of Ferrous Metals	6
有色金属冶炼和压延加工业	Smelting and Pressing of Non-ferrous Metals	6
金属制品业	Metal Prodcuts	1
通用设备制造业	Ordinary Machinery Manufacturing	3
专用设备制造业	Special Purpose Equipment Manufacturing	2
汽车制造业	Automobile Manufacturing Industry	3
铁路、船舶、航空航天和其他运输设备制造业	Railroad, Marine, Aviation and Other Transport Equipment Manufacturing Industry	2
电气机械及器材制造业	Electrical Machinery and Equipment Manufacturing Industry	3
计算机、通信和其他电子设备制造业	Telecommunication Equipment,Computer and Other Electronic Product	4
仪器仪表制造业	Equipments and Instruments Manufacturing	1
其他制造业	Other Mafufacturing Industry	
金属制品、机械和设备修理业	Metal products, Machinery and Equipment Repair Industry	1
电力、热力、燃气及水生产和供应业	Production and Supply of Electricity, Heat, Gas and Water	15
电力、热力的生产和供应业	Production and Supply of Electricity and Heat	12
燃气生产和供应业	Production and Supply of Gas	3

MAIN INDICATORS OF INDUSTRIAL ENTERPRISES WITH HONGKONG, MACAO, TAIWAN AND FOREIGN FUNDS(2012)

(10 000 yuan)

#亏损企业 Loss-making Enterprises	工业销售产值 Industrial Sales Output Value	年末资产合计 Total Assets at Year-end	流动资产合计 Total Circulating Funds	固定资产合计 Total Fixed Assets	固定资产原价 Original Value Of Fixed Assets
45	**11625588**	**17557667**	**8237477**	**7070488**	**11268393**
17	5754967	6822198	3517797	3008904	4079855
14	3949501	4114681	1971730	1919804	2696185
2	187719	199909	81741	95285	142282
1	1347839	1911875	1031791	841539	1013252
	269908	595733	432535	152277	228136
28	5870621	10735469	4719680	4061584	7188538
19	3640079	7215059	3340823	2219476	3800155
	989619	1530740	606905	880968	2001935
8	1170429	1814004	748756	945969	1359990
	67518	34823	19176	15115	26265
1	2976	140842	4021	56	193
45	1431037	3783731	1686983	1490356	2109051
7	2224013	4269850	832741	2961765	4811273
8	704291	1162735	418473	419461	555894
37	10921298	16394932	7819004	6651027	10712499
4	7692815	11347075	6069100	3619491	6650500
12	2465566	4027637	1463295	2242715	3147501
28	1439575	2106291	689317	1155783	1403607
1	27632	76664	15766	52499	66785
5	1853863	3704861	1301391	1391993	1771848
2	1762448	3351772	1258387	1223457	1610853
3	91414	353089	43003	168535	160994
35	8315216	11132422	6503777	3452446	5638735
	35047	30404	19378	9909	10591
	108840	54086	26388	26057	44041
3	170018	208528	90183	111656	160239
1	12356	37594	18698	12119	21910
1	14458	16717	7020	9241	22237
9	1724892	3660463	2389082	775654	1933455
5	916611	1239047	408590	739410	1021972
1	264302	729834	216803	210320	222449
	77720	89528	39844	48898	76367
6	153970	424848	81707	212864	243843
1	133048	128400	93776	24667	75451
4	109173	168615	98237	65000	79219
	9627	16610	6341	9241	9241
1	11349	15261	8682	6279	10795
1	143331	182012	133358	43782	89725
1	11090	35398	25494	7289	10975
	163761	221295	138478	70577	111668
1	65757	69728	59898	4781	10440
	4082128	3728913	2582961	1057486	1472649
	94860	65953	52336	6055	9092
	12878	9188	6522	1163	2377
5	1456509	2720384	432309	2226050	3857811
4	1413961	2633817	412916	2162458	3838698
1	42548	86567	19393	63592	19113

9-6 续表1

单位：万元

指　标	Item	累计折旧 Total Depreciation
总　计	**Total**	**4420658**
港、澳、台商投资企业	Enterprises Funded by HongKong, Macao and Taiwan	1142788
合资经营企业(港或澳、台资)	Joint Venture	818247
合作经营企业(港或澳、台资)	Cooperative Enterprise	47324
港澳台商独资经营企业	Ventures Exclusively with HongKong, Macao and Taiwan Investment	184673
港澳台商投资股份有限公司	Share Holding Limited Company	92544
外商投资企业	Foreign Funded Enterprises	3277870
中外合资经营企业	Joint Venture	1668585
中外合作经营企业	Cooperative Enterprises	1128398
外资企业	Enterprises Funded By Foreign Investments	468978
外商投资股份有限公司	Enterprises Invested By Foreign Investments	11772
其他外商投资企业	Others	137
在总计中:亏损企业	Of the Total:Loss-making Enterprises	741378
在总计中:国有控股企业	Of the Total:State Holding Enterprises	1890869
在总计中:轻工业	Of the Total:Light Industry	157047
重工业	Heavy Industry	4263612
在总计中:大型企业	Of the Total:Large-size Enterprises	3086655
中型企业	Medium-size Enterprises	984517
小型企业	Small-size Enterprises	335092
微型企业	Micro-size Enterprises	14394
按工业行业大类分	Grouped by Sector	
采矿业	Mining	426768
煤炭开采和洗选业	Coal Mining and Dressing	397153
石油和天然气开采业	Petroleum and Natural Gas Extraction	29615
制造业	Manufacturing	2271367
农副食品加工业	Farm Products Processing	687
食品制造业	Food Manufacturing	18525
酒、饮料和精制茶制造业	Wine, Beverages and Refined Tea Manufacturing	54497
纺织业	Textile Industry	9990
印刷业和记录媒介的复制业	Printing and Record Medium Reproduction	13033
石油加工、炼焦及核燃料加工业	Petroleum Processing,Coking and Nuclear	1194338
化学原料及化学制品制造业	Raw Chemical Materials and Chemical Products	286919
医药制造业	Medical and Pharmaceutical Products	25420
橡胶和塑料制品业	Rubber and Plastic Products	29671
非金属矿物制品业	Nonmetal Mineral Products	35112
黑色金属冶炼和压延加工业	Smelting and Pressing of Ferrous Metals	50784
有色金属冶炼和压延加工业	Smelting and Pressing of Non-ferrous Metals	25254
金属制品业	Metal Prodcuts	5813
通用设备制造业	Ordinary Machinery Manufacturing	5031
专用设备制造业	Special Purpose Equipment Manufacturing	45943
汽车制造业	Automobile Manufacturing Industry	3983
铁路、船舶、航空航天和其他运输设备制造业	Railroad, Marine, Aviation and Other Transport Equipment Manufacturing Industry	41092
电气机械及器材制造业	Electrical Machinery and Equipment Manufacturing Industry	5659
计算机、通信和其他电子设备制造业	Telecommunication Equipment,Computer and Other Electronic Product	415163
仪器仪表制造业	Equipments and Instruments Manufacturing	3241
其他制造业	Other Mafufacturing Industry	
金属制品、机械和设备修理业	Metal products, Machinery and Equipment Repair Industry	1214
电力、热力、燃气及水生产和供应业	Production and Supply of Electricity, Heat, Gas and Water	1722524
电力、热力的生产和供应业	Production and Supply of Electricity and Heat	1719489
燃气生产和供应业	Production and Supply of Gas	3035

continued

(10 000 yuan)

流动负债 Liquid Liabilities	负债合计 Total Liabilities	年末所有者权益 Creditors' Equity at Year-end	主营业务收入 Revenue of Major Business	主营业务成本 Costs of Major Business	主营业务税金及附加 Taxes and Extra Charges of Major Business	营业费用 Costs of Business	管理费用 Costs of Administration
9568998	**11999153**	**5547680**	**11685270**	**9124059**	**62211**	**257845**	**512130**
4078763	5286689	1530001	5812733	4625120	14447	66665	211469
2549681	3435137	674433	4032153	3076740	9868	30307	106565
63905	83119	116563	149506	140146	243	5266	4608
1078234	1294468	617266	1365452	1183536	2656	21897	80326
386942	473964	121739	265622	224697	1680	9194	19971
5490235	6712464	4017679	5872537	4498938	47765	191180	300661
4002693	4938201	2271534	3670194	2821018	25129	163001	185564
330939	456766	1073974	989976	623127	9354	8760	40733
1060075	1212156	601847	1141129	994563	13081	14533	71664
8827	9469	25354	68261	58035	180	4886	1933
87701	95872	44970	2977	2196	20		767
2583885	3449705	332223	1273503	1220634	8956	56935	69068
1793152	3045556	1222144	2203954	1840507	14271	16947	90945
551065	785436	375949	728793	590469	6291	54419	41528
9017933	11213716	5171731	10956477	8533590	55920	203426	470603
6455380	7543181	3801432	7769980	5819389	38391	112794	370278
1984470	3036734	987593	2553845	2172572	14161	57122	81179
1122654	1390833	710396	1333813	1108457	9568	87909	59316
6493	28405	48259	27632	23641	91	20	1358
1302958	1724917	1979717	1843822	961584	24035	82277	129628
1046913	1451612	1899933	1751802	889430	23658	80508	122311
256045	273305	79784	92021	72153	377	1769	7317
7178070	8242991	2880478	8400707	6893908	28440	172638	363880
12130	12130	17561	39080	34774		640	737
13150	13845	40240	107454	91085	338	7297	3341
140602	153388	55140	215602	176199	4209	21169	8952
15831	16406	20693	9818	8508	29	213	783
1134	2636	14081	14073	8106	157	1518	1535
2692265	3124073	533929	1771281	1652142	5788	68083	55614
494451	724137	513107	913890	772256	2716	11361	18309
342378	553835	175859	257453	200585	1193	19941	22621
26568	31547	57981	67943	56726	338	2392	2794
242531	288929	135918	158595	128116	755	4194	15421
44800	67644	60756	137219	114681	479	5984	7246
90621	106141	62474	99837	88942	150	1046	3796
5879	5879	10731	9627	6891	81	691	956
8178	8348	6883	12152	11223	25	551	998
107147	166724	15288	136734	122416	553	4429	13549
25464	27150	8249	12765	9947	55	382	978
126203	140203	81093	160485	122893	1021	4622	12912
41387	47430	22298	66174	46710	730	1564	2136
2721133	2721133	1007780	4089406	3168852	9036	11381	182383
22874	28070	34573	108274	61698	759	5180	8074
3345	3345	5843	12845	11156	29		747
1087970	2031246	687485	1440741	1268568	9737	2930	18622
1066838	1975842	656322	1396926	1236803	9457		14486
21133	55403	31164	43814	31764	279	2930	4137

9-6 续表2

单位：万元

指　标	Item	财务费用 Costs of Finance
总　计	**Total**	**318681**
港、澳、台商投资企业	Enterprises Funded by HongKong, Macao and Taiwan	142510
合资经营企业(港或澳、台资)	Joint Venture	108609
合作经营企业(港或澳、台资)	Cooperative Enterprise	1578
港澳台商独资经营企业	Ventures Exclusively with HongKong, Macao and Taiwan Investment	26729
港澳台商投资股份有限公司	Share Holding Limited Company	5593
外商投资企业	Foreign Funded Enterprises	176172
中外合资经营企业	Joint Venture	147229
中外合作经营企业	Cooperative Enterprises	11369
外资企业	Enterprises Funded By Foreign Investments	17397
外商投资股份有限公司	Enterprises Invested By Foreign Investments	168
其他外商投资企业	Others	9
在总计中:亏损企业	Of the Total:Loss-making Enterprises	116833
在总计中:国有控股企业	Of the Total:State Holding Enterprises	129186
在总计中:轻工业	Of the Total:Light Industry	12716
重工业	Heavy Industry	305965
在总计中:大型企业	Of the Total:Large-size Enterprises	145240
中型企业	Medium-size Enterprises	124641
小型企业	Small-size Enterprises	47941
微型企业	Micro-size Enterprises	860
按工业行业大类分	Grouped by Sector	
采矿业	Mining	41681
煤炭开采和洗选业	Coal Mining and Dressing	39343
石油和天然气开采业	Petroleum and Natural Gas Extraction	2339
制造业	Manufacturing	168819
农副食品加工业	Farm Products Processing	553
食品制造业	Food Manufacturing	195
酒、饮料和精制茶制造业	Wine, Beverages and Refined Tea Manufacturing	408
纺织业	Textile Industry	835
印刷业和记录媒介的复制业	Printing and Record Medium Reproduction	11
石油加工、炼焦及核燃料加工业	Petroleum Processing,Coking and Nuclear	92645
化学原料及化学制品制造业	Raw Chemical Materials and Chemical Products	24217
医药制造业	Medical and Pharmaceutical Products	10132
橡胶和塑料制品业	Rubber and Plastic Products	399
非金属矿物制品业	Nonmetal Mineral Products	7637
黑色金属冶炼和压延加工业	Smelting and Pressing of Ferrous Metals	823
有色金属冶炼和压延加工业	Smelting and Pressing of Non-ferrous Metals	4716
金属制品业	Metal Prodcuts	390
通用设备制造业	Ordinary Machinery Manufacturing	213
专用设备制造业	Special Purpose Equipment Manufacturing	651
汽车制造业	Automobile Manufacturing Industry	1284
铁路、船舶、航空航天和其他运输设备制造业	Railroad, Marine, Aviation and Other Transport Equipment Manufacturing Industry	7062
电气机械及器材制造业	Electrical Machinery and Equipment Manufacturing Industry	744
计算机、通信和其他电子设备制造业	Telecommunication Equipment,Computer and Other Electronic Product	15770
仪器仪表制造业	Equipments and Instruments Manufacturing	138
其他制造业	Other Mafufacturing Industry	
金属制品、机械和设备修理业	Metal products, Machinery and Equipment Repair Industry	-1
电力、热力、燃气及水生产和供应业	Production and Supply of Electricity, Heat, Gas and Water	108181
电力、热力的生产和供应业	Production and Supply of Electricity and Heat	105137
燃气生产和供应业	Production and Supply of Gas	3045

continued

(10 000 yuan)

#利息支出 Interest Expenditure	利润总额 Total Profits	亏损企业亏损额 Loss of Loss-making Enterprises	利税总额 Total Pre-tax Profits	本年应付薪酬总额 Total Wages Payable This Year	本年应交所得税 Income Taxes Payable This Year	本年应交增值税 Value Added Taxes Payable This Year	全部从业人员年平均人数(人) Average Annual Employees (person)
297809	**1725812**	**200327**	**2234881**	**880074**	**215180**	**446849**	**174556**
137478	950043	63571	1086971	325320	35136	122481	78502
110362	818704	58011	907922	178161	22076	79350	39373
715	-2257	2484	2284	5860	57	4297	2138
22294	124939	3076	155120	122856	12944	27525	31588
4107	8657		21646	18443	60	11309	5403
160331	775768	136756	1147910	554755	180044	324368	96054
125016	411402	125957	601335	208259	101916	164805	43702
15291	301336		413424	82289	70445	102725	6124
19922	57331	10778	126013	261431	7033	55601	45789
92	5721		7102	2308	650	1201	368
11	-21	21	36	468		36	71
106451	-200327	200327	-143626	71020	518	47745	16463
128783	140473	33781	272298	142227	30184	117546	20797
12024	34159	8179	61370	43376	6557	20920	12794
285785	1691653	192147	2173511	836699	208623	425929	161762
138347	1597076	74519	1935333	739692	171296	299857	143741
118439	99392	61951	216493	92610	29234	102940	19744
40163	27700	62880	80525	46834	14556	43257	10893
860	1644	976	2531	939	94	796	178
44700	659663	19991	889369	176302	144561	205671	21794
42500	650732	12733	877373	171022	142533	202983	21053
2200	8931	7258	11996	5279	2028	2688	741
144130	1010131	145322	1198798	653713	52613	160226	146079
500	2376		2436	290		60	184
174	7881		11049	3948	1152	2830	1089
1099	5227	6292	15980	14526	2022	6543	3118
811	-549	557	-203	703		318	395
	2398	154	3725	2110	363	1170	573
69650	-84693	116124	-44874	38630	1259	34030	14941
22771	88172	5817	116104	21654	19349	25217	4483
8852	11222	847	18888	14033	1893	6473	5028
482	4769		8346	3504	768	3239	942
7389	2818	7355	6481	15981	2455	2908	4357
719	7906	251	10630	8951	1022	2246	2358
4423	1724	3627	6175	3618	4	4301	1424
390	925		1831	1652	159	825	290
131	-754	772	-363	1694	4	367	424
390	8	2942	6803	17623	56	6243	3877
1251	246	261	456	1232		155	431
5811	14322		22196	11812	2059	6854	842
887	14464	323	21250	5322	3578	6055	520
18216	923232		979126	482270	15048	46859	100170
185	6619		10637	3006	1019	3259	546
	1819		2123	1156	405	275	87
108979	56017	35013	146715	50060	18006	80952	6683
105892	54146	33745	144099	47983	17187	80487	6241
3087	1871	1268	2616	2076	820	465	442

9-7 大中型工业企业主要经济指标(2012年)

单位：万元

指　标	Item	单位数(个) Number of Enterprises (unit)
总　计	**Total**	**1184**
一、按隶属关系分	Grouped by Jurisdiction of Management	
中央企业	Central Enterprises	100
省属企业	Province-owned Enterprises	182
市属企业	Cities-owned Enterprises	102
县(市、区)属企业	County-owned Enterprises	231
城市街道企业	Cities' Subdistrict-owned Enterprises	1
镇属企业	Small Town-owned Enterprises	16
乡属企业	Township Enterprises	9
居委会办企业	Neighbourhood Committee -run Enterprises	
村办企业	Village Enterprises	13
其　他	Enterprises of Other Types of Ownership	530
二、按登记注册类型分	Grouped by Registered Kind	
内资企业	Civil Funded Enterprises	1125
国有企业	State-owned Enterprises	148
集体企业	Collective Owned Enterprises	32
股份合作企业	Share Holding Cooperative Enterprises	6
联营企业	Joint Owned Enterprises	4
有限责任公司	Limited Responsibility Company	483
国有独资公司	Company Exclusively with Investment from State	33
其他有限责任公司	Other Limited Responsibility Company	450
股份有限公司	Share Holding Limited Company	71
私营企业	Privately Owned Enterprises	364
私营独资企业	Enterprise Exclusively with Investment from Private	12
私营合伙企业	Private Partner Enterprises	1
私营有限责任公司	Privately Owned Limited Responsibility Company	334
私营股份有限公司	Privately Owned Share Holding Limited Company	17
其他企业	Enterprises of Other Types of Ownership	17
港、澳、台商投资企业	Enterprises Funded by HongKong, Macao and Taiwan	18
合资经营企业(港或澳、台资)	Joint Venture	12
合作经营企业(港或澳、台资)	Cooperative Enterprise	2
港澳台商独资企业	Ventures Exclusively with HongKong, Macao and Taiwan Investment	2
港澳台商投资股份有限公司	Share Holding Limited Company	2
外商投资企业	Foreign Funded Enterprises	41
中外合资经营企业	Joint Venture	29
中外合作经营企业	Cooperative Enterprises	3
外资企业	Enterprises Funded By Foreign Investments	9
外商投资股份有限公司	Share Holding Limited Company	
其他外商投资企业	Other Foreign Funded Enterprises	
三、在总计中:亏损企业	Of the Total: Loss-making Enterprises	392
在总计中:国有控股企业	Of the Total: State-Controlled Share Holding Enterprises	469
在总计中:农村工业	Of the Total: Rural Industry	22
在总计中:轻工业	Of the Total: Light Industry	151
重工业	Heavy Industry	1033
在总计中:大型企业	Of the Total: Large-size Enterprises	295
中型企业	Medium-size Enterprises	889

MAIN ECONOMIC INDICATORS OF LARGE AND MEDIUM-SIZE INDUSTRIAL ENTERPRISES(2012)

(10 000 yuan)

#亏损企业 Loss-making Enterprises	工业销售产值 Industrial Sales Output Value	年末资产合计 Total Assets at Year-end	流动资产合计 Total Circul-ating Funds	固定资产合计 Total Fixed Assets	固定资产原价 Original Value of Fixed Assets
392	**132614577**	**216038073**	**93004420**	**81787385**	**118007650**
27	26403894	35655304	10876670	20405979	30429741
62	47473964	83878889	34697980	30402901	44830438
48	6169729	11626937	5563488	4086383	5556480
66	11161525	24266497	10494958	7743120	9016819
1	12124	104491	53077	11195	12782
3	2033246	3491302	2241303	922903	1073637
3	378251	1234699	555125	234868	278733
2	804148	1372800	637099	399118	549377
180	38177695	54407154	27884721	17580919	26259644
376	122456195	200663361	85472025	75925179	108209649
59	24047938	37115252	13263708	15483324	23378532
7	1240195	1198480	606516	337934	557776
3	469187	679456	216917	416679	242364
1	189363	282046	74958	103470	278218
167	56893067	105026535	45349245	38864843	52956918
7	18459525	32615345	14610811	9928554	17327685
160	38433543	72411190	30738434	28936289	35629233
20	14100590	22253931	8283987	9095882	13423610
115	24737331	32892695	16865972	11322249	16888889
2	450656	392003	227218	136598	177770
	49911	38147	22370	15777	21415
109	21785500	30189298	15445397	10249024	15613394
4	2451264	2273247	1170987	920850	1076309
4	778523	1214967	810723	300797	483342
6	5298346	5991353	3261329	2483665	3399997
4	3602396	3439053	1787046	1466063	2094244
2	158753	191806	77616	92069	138918
	1269369	1770260	966532	776097	942199
	267829	590233	430135	149437	224636
10	4860035	9383359	4271066	3378540	6398004
7	2810915	6258076	2990825	1689493	3175980
	989619	1530740	606905	880968	2001935
3	1059500	1594543	673337	808080	1220089
392	31109746	55375474	24508867	21442046	31381612
169	83203647	141806838	53983537	58802508	85043818
5	1182399	2607499	1192223	633986	828111
39	6002570	7261651	3465626	2417190	3248967
353	126612007	208776422	89538794	79370196	114758683
77	89598360	149250672	66647617	54495273	81368016
315	43016216	66787400	26356803	27292112	36639634

9-7 续表1

单位：万元

指　标	Item	累计折旧 Total Depreciation
总　计	**Total**	**49938344**
一、按隶属关系分	Grouped by Jurisdiction of Management	
中央企业	Central Enterprises	13080715
省属企业	Province-owned Enterprises	20966165
市属企业	Cities-owned Enterprises	2160230
县(市、区)属企业	County-owned Enterprises	2562101
城市街道企业	Cities' Subdistrict-owned Enterprises	2187
镇属企业	Small Town-owned Enterprises	249793
乡属企业	Township Enterprises	62996
居委会办企业	Neighbourhood Committee -run Enterprises	
村办企业	Village Enterprises	181912
其　他	Enterprises of Other Types of Ownership	10672246
二、按登记注册类型分	Grouped by Registered Kind	
内资企业	Civil Funded Enterprises	45867172
国有企业	State-owned Enterprises	9590458
集体企业	Collective Owned Enterprises	283593
股份合作企业	Share Holding Cooperative Enterprises	103628
联营企业	Joint Owned Enterprises	182712
有限责任公司	Limited Responsibility Company	22349900
国有独资公司	Company Exclusively with Investment from State	8641334
其他有限责任公司	Other Limited Responsibility Company	13708566
股份有限公司	Share Holding Limited Company	5982759
私营企业	Privately Owned Enterprises	7162307
私营独资企业	Enterprise Exclusively with Investment from Private	55840
私营合伙企业	Private Partner Enterprises	7890
私营有限责任公司	Privately Owned Limited Responsibility Company	6788655
私营股份有限公司	Privately Owned Share Holding Limited Company	309923
其他企业	Enterprises of Other Types of Ownership	211814
港、澳、台商投资企业	Enterprises Funded by HongKong, Macao and Taiwan	970895
合资经营企业(港或澳、台资)	Joint Venture	661833
合作经营企业(港或澳、台资)	Cooperative Enterprise	46850
港澳台商独资企业	Ventures Exclusively with HongKong, Macao and Taiwan Investment	170367
港澳台商投资股份有限公司	Share Holding Limited Company	91844
外商投资企业	Foreign Funded Enterprises	3100278
中外合资经营企业	Joint Venture	1539610
中外合作经营企业	Cooperative Enterprises	1128398
外资企业	Enterprises Funded By Foreign Investments	432270
外商投资股份有限公司	Share Holding Limited Company	
其他外商投资企业	Other Foreign Funded Enterprises	
三、在总计中:亏损企业	Of the Total: Loss-making Enterprises	14020709
在总计中:国有控股企业	Of the Total: State-Controlled Share Holding Enterprises	37213330
在总计中:农村工业	Of the Total: Rural Industry	244907
在总计中:轻工业	Of the Total: Light Industry	1111402
重工业	Heavy Industry	48826942
在总计中:大型企业	Of the Total: Large-size Enterprises	37135441
中型企业	Medium-size Enterprises	12802903

continued

(10 000 yuan)

流动负债 Liquid Liabilities	负债合计 Total Liabilities	年末所有者权益 Creditors' Equity at Year-end	主营业务收入 Revenue of Major Business	主营业务成本 Costs of Major Business	主营业务税金及附加 Taxes and Extra Charges of Major Business	营业费用 Costs of Business	管理费用 Costs of Administration
105201441	**149301879**	**66282865**	**148260024**	**122360213**	**1429454**	**4028627**	**9310547**
15915534	24054598	11491273	26172330	21278798	386471	1164367	1109508
35435788	57166265	26512379	64488605	54133907	624599	1574810	4764051
5730144	7710936	3912637	6064475	4719112	46163	159569	493260
11798156	16050833	8119476	10886400	7474392	145371	278185	1197016
38892	82036	22455	12661	7022	315	978	3392
2218817	2903802	581999	2098907	1673219	28411	43178	80482
578437	625746	608953	356411	151601	6326	15323	57420
753279	1000309	372382	784745	672541	4179	4677	57743
32732395	39707354	14661310	37395490	32249620	187620	787541	1547675
96761591	138721964	61493840	137936199	114368252	1376902	3858711	8859090
16987717	26162737	10774081	22203138	18471111	205806	356145	1484836
970780	1070812	127274	1064244	805133	16619	50354	130317
295447	410834	268622	413700	346837	2506	13025	20320
244399	252302	29744	159009	146271	1468	13394	9680
48329601	72350657	32608939	75280584	63091658	831649	1625538	5492850
13770730	21716712	10862785	27209278	23560181	252316	476704	1844599
34558871	50633945	21746154	48071306	39531477	579334	1148833	3648251
9096310	12909791	9168134	13925791	9435466	195965	1315613	907119
20162901	24673860	8193053	24122442	21499893	108067	465349	746374
229099	238978	153025	392688	326385	2500	8676	18992
22370	30368	7779	54302	49543	103	26	756
18488433	22421432	7742083	21241061	18849956	89682	416964	677041
1422999	1983082	290165	2434392	2274009	15783	39683	49585
674435	890972	323994	767291	571884	14821	19294	67593
3760129	4764695	1223348	5350195	4262015	10420	42073	187255
2292922	3007151	428593	3678319	2785032	6560	23470	91434
60030	79244	112563	120540	111805	205	5007	4521
1024035	1208307	561954	1288185	1142374	1976	4472	71745
383142	469994	120239	263152	222806	1680	9124	19556
4679721	5815219	3565676	4973630	3729946	42132	127843	264203
3442152	4312881	1942732	2957167	2216727	19939	107714	160036
330939	456766	1073974	989976	623127	9354	8760	40733
906631	1045572	548970	1026486	890091	12839	11369	63433
34040134	46811342	8608738	30329301	28836814	180970	629211	2129904
61446973	95634046	45804417	99724873	81899737	1120537	2918425	6992145
1331716	1626054	981335	1141156	824143	10505	20000	115164
3259536	4095013	3155449	6417330	4702318	319768	417729	372090
101941905	145206866	63127416	141842693	117657896	1109686	3610898	8938457
69109539	100565094	48323204	109299119	89729316	1104353	3265370	6847084
36091902	48736785	17959661	38960904	32630898	325102	763257	2463463

9-7 续表2

单位：万元

指　标	Item	财务费用 Costs of Finance
总　计	**Total**	**3921507**
一、按隶属关系分	Grouped by Jurisdiction of Management	
中央企业	Central Enterprises	698452
省属企业	Province-owned Enterprises	1447701
市属企业	Cities-owned Enterprises	162675
县(市、区)属企业	County-owned Enterprises	392271
城市街道企业	Cities' Subdistrict-owned Enterprises	3792
镇属企业	Small Town-owned Enterprises	48932
乡属企业	Township Enterprises	9013
居委会办企业	Neighbourhood Committee -run Enterprises	
村办企业	Village Enterprises	28241
其　他	Enterprises of Other Types of Ownership	1130430
二、按登记注册类型分	Grouped by Registered Kind	
内资企业	Civil Funded Enterprises	3651626
国有企业	State-owned Enterprises	807444
集体企业	Collective Owned Enterprises	19715
股份合作企业	Share Holding Cooperative Enterprises	13536
联营企业	Joint Owned Enterprises	4781
有限责任公司	Limited Responsibility Company	1826421
国有独资公司	Company Exclusively with Investment from State	473518
其他有限责任公司	Other Limited Responsibility Company	1352904
股份有限公司	Share Holding Limited Company	266947
私营企业	Privately Owned Enterprises	699428
私营独资企业	Enterprise Exclusively with Investment from Private	6108
私营合伙企业	Private Partner Enterprises	96
私营有限责任公司	Privately Owned Limited Responsibility Company	655811
私营股份有限公司	Privately Owned Share Holding Limited Company	37413
其他企业	Enterprises of Other Types of Ownership	13352
港、澳、台商投资企业	Enterprises Funded by HongKong, Macao and Taiwan	124762
合资经营企业(港或澳、台资)	Joint Venture	93400
合作经营企业(港或澳、台资)	Cooperative Enterprise	1566
港澳台商独资企业	Ventures Exclusively with HongKong, Macao and Taiwan Investment	24326
港澳台商投资股份有限公司	Share Holding Limited Company	5469
外商投资企业	Foreign Funded Enterprises	145119
中外合资经营企业	Joint Venture	117791
中外合作经营企业	Cooperative Enterprises	11369
外资企业	Enterprises Funded By Foreign Investments	15960
外商投资股份有限公司	Share Holding Limited Company	
其他外商投资企业	Other Foreign Funded Enterprises	
三、在总计中:亏损企业	Of the Total: Loss-making Enterprises	1255919
在总计中:国有控股企业	Of the Total: State-Controlled Share Holding Enterprises	2445451
在总计中:农村工业	Of the Total: Rural Industry	37254
在总计中:轻工业	Of the Total: Light Industry	98689
重工业	Heavy Industry	3822818
在总计中:大型企业	Of the Total: Large-size Enterprises	2607247
中型企业	Medium-size Enterprises	1314260

continued

(10 000 yuan)

#利息支出 Interest Expenditure	利润总额 Total Profits	亏损企业亏损额 Loss of Loss-making Enterprises	利税总额 Total Pre-tax Profits	本年应付薪酬总额 Total Wages Payable This Year	本年应交所得税 Income Taxes Payable This Year	本年应交增值税 Value Added Taxes Payable This Year	全部从业人员年平均人数(人) Average Annual Employees (person)
3858440	**8944207**	**2321293**	**17533440**	**13513635**	**2117779**	**7114623**	**1935746**
640441	2105046	276718	3907569	1952728	440502	1408757	218841
1657827	2475884	737379	6180204	7410297	794515	3044076	775286
161361	613077	246385	983082	689057	201417	323002	121402
394680	1385851	284004	2402580	1195478	357961	870399	246916
1945	-3694	3694	-2522	3734		857	935
59117	224153	3995	330669	79147	3069	78093	22112
9461	108042	2073	157673	49552	24833	43305	7681
27573	21153	3700	55435	35878	5181	30081	10415
906034	2014694	763346	3518751	2097765	290302	1316053	532158
3601654	7247739	2184823	15381614	12681334	1917248	6711827	1772261
739988	1520042	302437	3036005	2210567	280540	1303268	249009
13470	57358	17109	173715	183181	6956	99305	40053
11330	23566	26515	44954	20632	11944	18883	4740
2488	2007	7004	10004	12477	1245	5814	2358
1917111	2788792	1119315	7043444	7940776	955273	3394624	1003222
548382	707535	150984	1811797	2577866	245264	847816	285611
1368729	2081258	968331	5231647	5362909	710009	2546808	717611
296431	2074509	192860	3239589	1178760	496039	960500	162246
606652	708065	515289	1681376	1047709	152648	865126	297280
2502	39744	2725	58754	18398	3545	16509	4910
	3753		5573	2650		1717	580
572168	640940	486835	1494445	929000	139938	763705	270691
31982	23628	25729	122605	97662	9166	83195	21099
14183	73400	4294	152527	87233	12602	64306	13353
120214	919065	39833	1025178	308229	25869	95692	74697
95029	794248	37349	860137	165292	13776	59329	36499
703	-2484	2484	1826	5617		4105	2053
20453	118659		141753	119267	12036	21118	30812
4029	8642		21461	18053	56	11140	5333
136573	777403	96637	1126648	524072	174662	307104	88788
102716	416736	91633	587067	186435	97768	150392	38542
15291	301336		413424	82289	70445	102725	6124
18566	59331	5003	126157	255349	6449	53988	44122
1097681	-2321293	2321293	-1125367	3027867	55431	1009253	523359
2595402	5572151	1393534	11868519	10662322	1535230	5131482	1221151
37034	129195	5773	213108	85430	30014	73386	18096
109959	577847	84045	1193603	509056	104489	295575	124533
3748482	8366359	2237248	16339837	13004579	2013290	6819048	1811213
2697597	7132089	1266136	13450143	10539989	1619661	5172229	1365132
1160843	1812117	1055156	4083297	2973647	498118	1942394	570614

9-7 续表3

单位：万元

指 标	Item	单位数（个）Number of Enterprises (unit)
四、按工业行业大类分	Grouped by Sector	
采掘业	Mining	439
煤炭开采和洗选业	Coal Mining and Dressing	411
石油和天然气开采业	Petroleum and Natural Gas Extraction	2
黑色金属矿采选业	Ferrous Metals Mining and Dressing	21
有色金属矿采选业	Nonferrous Metals Mining and Dressing	4
非金属矿采选业	Nonmetal Minerals Mining and Dressing	
开采辅助活动	Mining Auxiliary Activities	1
其他采矿业	Other Mining Industry	
制造业	Manufacturing	687
农副食品加工业	Farm Products Processing	17
食品制造业	Food Manufacturing	17
酒、饮料和精制茶制造业	Beverage Manufacturing	13
烟草制品业	Tobacoo Products Manfacturing	1
纺织业	Textile Industry	10
纺织服装、服饰业	Garments,Shoes and Hats Manufacturing	6
皮革、毛皮、羽毛及其制品和制鞋业	Leather, Fur, Feather and its products and Footwear	
木材加工和木、竹、藤、棕、草制品业	Timber Processing,Bamboo,Cane,Palm Fiber and Straw Products	3
家具制造业	Furniture Manufacturing	
造纸和纸制品业	Paper Making and Paper Products	4
印刷和记录媒介复制业	Printing and Record Medium Reproduction	5
文教、工美、体育和娱乐用品制造业	Cultural,Educational, Sports and Entertainment Products	5
石油加工、炼焦和核燃料加工业	Petroleum Processing,Coking and Nuclear Fuel Processing	127
化学原料和化学制品制造业	Raw Chemical Materials and Chemical Products	70
医药制造业	Medical and Pharmaceutical Products	23
化学纤维制造业	Chemical Fiber	
橡胶和塑料制品业	Rubber and Plastic Products	12
非金属矿物制品业	Nonmetal Mineral Products	91
黑色金属冶炼和压延加工业	Smelting and Pressing of Ferrous Metals	102
有色金属冶炼和压延加工业	Smelting and Pressing of Non-ferrous Metals	36
金属制品业	Metal Prodcuts	26
通用设备制造业	Ordinary Machinery Manufacturing	25
专用设备制造业	Special Purpose Equipment Manufacturing	35
汽车制造业	Automobile Manufacturing Industry	19
铁路、船舶、航空航天和其他运输设备制造业	Railroad, Marine, Aviation and Other Transport Equipment Manufacturing Industry	10
电气机械和器材制造业	Electrical Machinery and Equipment Manufacturing Industry	10
计算机、通信和其他电子设备制造业	Telecommunication Equipment,Computer and Other Electronic Product	10
仪器仪表制造业	Equipments and Instruments Manufacturing	6
其他制造业	Other Mafufacturing Industry	2
废弃资源综合利用业	Comprehensive Utilization of Waste Resources	
金属制品、机械和设备修理业	Metal products, Machinery and Equipment Repair Industry	2
电力、热力、燃气及水生产和供应业	Production and Supply of Electricity, Heat, Gas and Water	58
电力、热力生产和供应业	Production and Supply of Electricity and Heat	44
燃气生产和供应业	Production and Supply of Gas	3
水的生产和供应业	Production and Supply of Water	11

continued

(10 000 yuan)

#亏损企业 Loss-making Enterprises	工业销售产值 Industrial Sales Output Value	年末资产合计 Total Assets at Year-end	流动资产合计 Total Circul-ating Funds	固定资产合计 Total Fixed Assets	固定资产原价 Original Value Of Fixed Assets
112	52611836	110155168	46466476	36877913	46929044
106	51617823	107760136	45607579	35807838	45830636
	156846	1080632	354323	650431	470885
6	648087	993743	373299	292730	413108
	138571	238327	119270	94343	179771
	50508	82331	12005	32572	34644
248	66484652	89136749	43591489	33109915	49952510
2	1688856	1025935	510918	435012	453946
1	614642	469382	238357	183923	209452
6	965981	1163405	759856	245754	386182
	369101	261464	175145	84054	134373
4	194853	292837	189053	90949	139472
1	161057	142554	78857	62703	63472
	76088	240214	166362	48488	50778
2	68701	100913	33148	53096	70112
	42485	77619	33074	26711	56002
2	59537	148568	84005	50665	52300
83	12570341	21307892	12150218	6719939	10582881
25	5293139	9468279	3390318	5255571	6505444
5	810479	1786221	689647	523447	644506
2	585665	567815	315706	238170	261162
28	1791894	3115261	1263910	1498088	1961648
39	23922625	25660867	10128590	10214133	17775356
16	3874158	6174592	2076209	3171811	4861404
5	1515587	2262938	1244629	836796	1108997
6	1366831	1304482	856743	336807	462435
8	3247865	5400761	4026760	803442	1125718
7	505936	855021	411782	298628	409475
	1154369	1255974	817748	348035	416138
4	949969	1269200	642947	307601	372903
2	4257721	4122903	2842057	1152613	1661634
	346837	593800	426943	102615	149255
	37460	46405	26631	14857	23410
	12473	21446	11876	6008	14057
32	13518089	16746156	2946455	11799557	21126096
20	12960047	15192254	2517263	11203388	20284412
2	409000	945068	245915	288108	329810
10	149043	608834	183277	308061	511873

9-7　续表4

单位：万元

指　标	Item	累计折旧 Total Depredation
四、按工业行业大类分	Grouped by Sector	
采掘业	Mining	19375901
煤炭开采和洗选业	Coal Mining and Dressing	19025510
石油和天然气开采业	Petroleum and Natural Gas Extraction	92566
黑色金属矿采选业	Ferrous Metals Mining and Dressing	161086
有色金属矿采选业	Nonferrous Metals Mining and Dressing	94666
非金属矿采选业	Nonmetal Minerals Mining and Dressing	
开采辅助活动	Mining Auxiliary Activities	2073
其他采矿业	Other Mining Industry	
制造业	Manufacturing	20952832
农副食品加工业	Farm Products Processing	110765
食品制造业	Food Manufacturing	65088
酒、饮料和精制茶制造业	Beverage Manufacturing	144070
烟草制品业	Tobacoo Products Manfacturing	54935
纺织业	Textile Industry	59551
纺织服装、服饰业	Garments,Shoes and Hats Manufacturing	20844
皮革、毛皮、羽毛及其制品和制鞋业	Leather, Fur, Feather and its products and Footwear	
木材加工和木、竹、藤、棕、草制品业	Timber Processing,Bamboo,Cane,Palm Fiber and Straw Products	14955
家具制造业	Furniture Manufacturing	
造纸和纸制品业	Paper Making and Paper Products	19346
印刷和记录媒介复制业	Printing and Record Medium Reproduction	34730
文教、工美、体育和娱乐用品制造业	Cultural,Educational, Sports and Entertainment Products	7828
石油加工、炼焦和核燃料加工业	Petroleum Processing,Coking and Nuclear Fuel Processing	4893749
化学原料和化学制品制造业	Raw Chemical Materials and Chemical Products	2185758
医药制造业	Medical and Pharmaceutical Products	177568
化学纤维制造业	Chemical Fiber	
橡胶和塑料制品业	Rubber and Plastic Products	79105
非金属矿物制品业	Nonmetal Mineral Products	578933
黑色金属冶炼和压延加工业	Smelting and Pressing of Ferrous Metals	8721485
有色金属冶炼和压延加工业	Smelting and Pressing of Non-ferrous Metals	1732383
金属制品业	Metal Prodcuts	439288
通用设备制造业	Ordinary Machinery Manufacturing	154967
专用设备制造业	Special Purpose Equipment Manufacturing	424040
汽车制造业	Automobile Manufacturing Industry	127094
铁路、船舶、航空航天和其他运输设备制造业	Railroad, Marine, Aviation and Other Transport Equipment Manufacturing Industry	177326
电气机械和器材制造业	Electrical Machinery and Equipment Manufacturing Industry	131389
计算机、通信和其他电子设备制造业	Telecommunication Equipment,Computer and Other Electronic Product	528104
仪器仪表制造业	Equipments and Instruments Manufacturing	52929
其他制造业	Other Mafufacturing Industry	8554
废弃资源综合利用业	Comprehensive Utilization of Waste Resources	
金属制品、机械和设备修理业	Metal products, Machinery and Equipment Repair Industry	8050
电力、热力、燃气及水生产和供应业	Production and Supply of Electricity, Heat, Gas and Water	9609612
电力、热力生产和供应业	Production and Supply of Electricity and Heat	9338447
燃气生产和供应业	Production and Supply of Gas	57834
水的生产和供应业	Production and Supply of Water	213331

continued

(10 000 yuan)

流动负债 Liquid Liabilities	负债合计 Total Liabilities	年末所有者权益 Creditors' Equity at Year-end	主营业务收入 Revenue of Major Business	主营业务成本 Costs of Major Business	主营业务税金及附加 Tax and Extra Charges of Major Business	营业费用 Costs of Business	管理费用 Costs of Administration
45936002	70014020	39717962	60680382	43184938	891632	2357193	6103019
45008611	68916553	38422404	59560837	42429984	877365	2335146	6012245
327055	412679	667953	172067	106254	683	452	26913
399162	455273	538453	762530	509556	11838	11076	52282
161351	189193	47145	134614	104325	1565	1717	7264
39824	40323	42008	50333	34820	181	8803	4315
51559325	65882259	23224347	74169331	66662932	475058	1601158	2942625
512352	575989	449946	1797664	1534100	833	19201	29336
205440	249495	213240	597364	473308	2545	39963	23330
517655	542168	621337	1384506	776342	145069	184428	88353
39642	39642	221822	365475	126416	158516	4351	26528
195687	227540	61258	191484	177650	327	3257	6630
63142	68144	74410	206269	180185	390	3210	10158
130915	153021	87193	73043	61840	102	415	1708
34919	79471	21442	63895	61491	100	375	1286
28533	35590	42029	55251	36221	1185	5521	6468
104564	116773	31795	54799	45817	192	3875	6193
15079608	18244658	3068527	12859068	12266501	28264	435349	378837
5337767	6793465	2667859	6395629	5801733	12540	117775	311268
724965	1011136	774596	810553	494951	6418	118805	98751
231530	336186	231629	573946	496904	2030	17539	17238
1677264	2368571	743045	1841337	1549623	9076	56152	104283
12995543	18088574	7568017	29609454	27732510	52195	295698	805036
3302482	4781649	1392943	4069792	3863147	13952	55417	133388
1057071	1406154	851437	1513548	1297769	4034	22424	162207
746088	879555	424184	1190019	1008055	3564	27546	74250
3344903	4086609	1314149	3343279	2903559	12831	105444	213190
478744	633610	221367	527888	471265	909	28209	40253
729474	889208	366732	1098794	927510	5890	19266	100227
773832	932659	336541	826008	722869	3506	15317	65293
2988448	2996501	1126403	4291642	3332945	9486	13131	202155
244052	313646	276845	379484	278875	934	7730	31569
8838	22649	23756	35320	31356	18	759	2061
5870	9597	11849	13818	9992	154	4	2630
7706114	13405600	3340556	13410311	12512343	62765	70275	264904
7192137	12358205	2834049	12862955	12057605	59843	41521	213501
342511	751882	193186	398445	331506	1481	20617	16236
171466	295512	313321	148910	123232	1441	8138	35166

9-7 续表5

单位：万元

指　标	Item	财务费用 Costs of Finance
四、按工业行业大类分	Grouped by Sector	
采掘业	Mining	1587747
煤炭开采和洗选业	Coal Mining and Dressing	1555163
石油和天然气开采业	Petroleum and Natural Gas Extraction	18186
黑色金属矿采选业	Ferrous Metals Mining and Dressing	13744
有色金属矿采选业	Nonferrous Metals Mining and Dressing	666
非金属矿采选业	Nonmetal Minerals Mining and Dressing	
开采辅助活动	Mining Auxiliary Activities	-11
其他采矿业	Other Mining Industry	
制造业	Manufacturing	1779193
农副食品加工业	Farm Products Processing	24066
食品制造业	Food Manufacturing	6044
酒、饮料和精制茶制造业	Beverage Manufacturing	355
烟草制品业	Tobacoo Products Manfacturing	-213
纺织业	Textile Industry	9675
纺织服装、服饰业	Garments,Shoes and Hats Manufacturing	1701
皮革、毛皮、羽毛及其制品和制鞋业	Leather, Fur, Feather and its products and Footwear	
木材加工和木、竹、藤、棕、草制品业	Timber Processing,Bamboo,Cane,Palm Fiber and Straw Products	3212
家具制造业	Furniture Manufacturing	
造纸和纸制品业	Paper Making and Paper Products	2180
印刷和记录媒介复制业	Printing and Record Medium Reproduction	1166
文教、工美、体育和娱乐用品制造业	Cultural,Educational, Sports and Entertainment Products	4253
石油加工、炼焦和核燃料加工业	Petroleum Processing,Coking and Nuclear Fuel Processing	578051
化学原料和化学制品制造业	Raw Chemical Materials and Chemical Products	209668
医药制造业	Medical and Pharmaceutical Products	21361
化学纤维制造业	Chemical Fiber	
橡胶和塑料制品业	Rubber and Plastic Products	12303
非金属矿物制品业	Nonmetal Mineral Products	81483
黑色金属冶炼和压延加工业	Smelting and Pressing of Ferrous Metals	481370
有色金属冶炼和压延加工业	Smelting and Pressing of Non-ferrous Metals	169876
金属制品业	Metal Prodcuts	27373
通用设备制造业	Ordinary Machinery Manufacturing	11852
专用设备制造业	Special Purpose Equipment Manufacturing	60499
汽车制造业	Automobile Manufacturing Industry	14540
铁路、船舶、航空航天和其他运输设备制造业	Railroad, Marine, Aviation and Other Transport Equipment Manufacturing Industry	18913
电气机械和器材制造业	Electrical Machinery and Equipment Manufacturing Industry	19642
计算机、通信和其他电子设备制造业	Telecommunication Equipment,Computer and Other Electronic Product	18113
仪器仪表制造业	Equipments and Instruments Manufacturing	1802
其他制造业	Other Mafufacturing Industry	-200
废弃资源综合利用业	Comprehensive Utilization of Waste Resources	
金属制品、机械和设备修理业	Metal products, Machinery and Equipment Repair Industry	109
电力、热力、燃气及水生产和供应业	Production and Supply of Electricity, Heat, Gas and Water	554566
电力、热力生产和供应业	Production and Supply of Electricity and Heat	540625
燃气生产和供应业	Production and Supply of Gas	8478
水的生产和供应业	Production and Supply of Water	5463

continued

(10 000 yuan)

#利息支出 Interest Expenditure	利润总额 Total Profits	亏损企业亏损额 Loss of Loss-making Enterprises	利税总额 Total Pre-tax Profits	本年应付薪酬总额 Total Wages Payable This Year	本年应交所得税 Income Taxes Payable This Year	本年应交增值税 Value Added Taxes Payable This Year	全部从业人员年平均人数(人) Average Annual Employees (person)
1745776	6833387	676545	12614711	8673742	1747403	4852327	987531
1715501	6710893	663222	12414598	8569083	1731661	4789240	963114
18115	49935		57640	29273	3911	6766	2809
11249	49040	13323	101879	58868	7448	41001	17504
911	20179		35719	12045	3648	13975	2846
	3340		4875	4473	734	1344	1258
1634730	1684019	1457967	3841861	3803345	294275	1678930	865657
25009	179330	6584	198809	48106	618	18634	16616
5597	53004	338	79499	36706	7943	23850	11248
6391	189766	9536	449110	96626	60068	114275	17512
	49683		251236	50802	12421	43037	1074
9386	-3440	8759	-404	15540	1180	2709	7169
1733	13674	16	17672	18598	3498	3436	4784
2303	6225		6950	3146	1287	623	1000
2101	-845	1231	49	2957	22	794	1331
1266	4981		8282	11741	975	2088	2995
4257	-5248	5282	-1805	6217	24	3252	2081
419539	-476997	660506	-103989	364177	4653	344662	122634
213656	75676	166931	172688	330952	40153	82922	86201
23820	81955	9771	140939	83628	12959	52551	20559
12743	41678	521	51549	27393	3054	7679	7904
73653	55224	68889	138402	169658	21978	74066	53707
486432	307303	272983	932916	1055014	69637	572787	180663
162313	-113128	169840	-988	250467	-2846	98189	58512
31213	37770	4937	56831	146978	6053	14920	38485
11855	100252	4772	126393	91341	8960	22569	22702
60607	53758	28367	125110	242278	11935	58086	52757
16092	3277	7668	9922	51060	2264	5736	14130
20664	42125		96504	109242	3947	48272	17614
19587	17200	26887	48289	58439	4928	27584	10250
21512	929566	4149	990491	496134	15971	51439	105331
2623	38414		43683	27988	2306	4034	5369
253	1600		1733	3515	16	116	1605
125	1215		1988	4642	271	619	1424
477934	426801	186781	1076868	1036549	76101	583367	82558
462462	393031	164871	1028656	974620	69073	571932	70145
9518	53997	1556	58005	19783	6996	2527	3503
5955	-20227	20354	-9792	42146	32	8908	8910

9-8 工业企业主要经济效益指标(2012年)

单位：%

指　　标	Item	亏损面 Range of Deficits
总　计	**Total**	**32.09**
一、按隶属关系分	Grouped by Jurisdiction of Management	
中央企业	Central Enterprises	30.67
省属企业	Province-owned Enterprises	36.07
市属企业	Cities-owned Enterprises	42.86
县(市、区)属企业	County-owned Enterprises	30.62
城市街道企业	Cities' Subdistrict-owned Enterprises	14.29
镇属企业	Small Town-owned Enterprises	30.16
乡属企业	Township Enterprises	42.42
居委会办企业	Neighbourhood Committee -run Enterprises	
村办企业	Village Enterprises	20.00
其　他	Enterprises of Other Types of Ownership	31.49
二、按登记注册类型分	Grouped by Registered Kind	
内资企业	Civil Funded Enterprises	32.07
国有企业	State-owned Enterprises	38.82
集体企业	Collective Owned Enterprises	20.62
股份合作企业	Share Holding Cooperative Enterprises	23.08
联营企业	Joint Owned Enterprises	20.00
有限责任公司	Limited Responsibility Company	35.16
国有独资公司	Company Exclusively with Investment from State	25.00
其他有限责任公司	Other Limited Responsibility Company	35.56
股份有限公司	Share Holding Limited Company	33.91
私营企业	Privately Owned Enterprises	30.43
私营独资企业	Enterprise Exclusively with Investment from Private	25.22
私营合伙企业	Private Partner Enterprises	10.53
私营有限责任公司	Privately Owned Limited Responsibility Company	31.68
私营股份有限公司	Privately Owned Share Holding Limited Company	21.69
其他企业	Enterprises of Other Types of Ownership	28.92
港、澳、台商投资企业	Enterprises Funded by HongKong, Macao and Taiwan	36.96
合资经营企业(港或澳、台资)	Joint Venture	45.16
合作经营企业(港或澳、台资)	Cooperative Enterprise	66.67
港澳台商独资企业	Ventures Exclusively with HongKong,Macao and Taiwan Investment	11.11
港澳台商投资股份有限公司	Share Holding Limited Company	
外商投资企业	Foreign Funded Enterprises	30.43
中外合资经营企业	Joint Venture	29.69
中外合作经营企业	Cooperative Enterprises	
外资企业	Enterprises Funded By Foreign Investments	36.36
外商投资股份有限公司	Share Holding Limited Company	
其他外商投资企业	Other Foreign Funded Enterprises	100.00
三、在总计中:亏损企业	Of the Total: Loss-making Enterprises	100.00
在总计中:国有控股企业	Of the Total: State-Controlled Share Holding Enterprises	37.26
在总计中:农村工业	Of the Total: Rural Industry	29.49
在总计中:轻工业	Of the Total: Light Industry	21.27
重工业	Heavy Industry	33.93
在总计中:大型企业	Of the Total: Large-size Enterprises	26.10
中型企业	Medium-size Enterprises	35.43
小型企业	Small-size Enterprises	30.92
微型企业	Micro-size Enterprises	40.38

MAIN ECONOMIC BENEFIT INDICATORS OF INDUSTRIAL ENTERPRISES(2012)

(%)

总资产贡献率 Ratio of Profits, Taxes and Interests to Average Assets	资产负债率 Ratio of Debts to Assets	成本费用利润率 Ratio of Profits to Total Costs	人均实现利税(元) Per Capita Pre-tax Profits (yuan)	产品销售率 Ratio of Sales to Gross Output Value
9.54	**69.61**	**5.71**	**90283**	**97.34**
11.64	70.05	7.69	172569	99.09
8.77	68.62	3.69	79316	101.58
9.88	67.18	10.02	83247	96.92
10.57	66.61	11.84	94154	92.30
1.99	74.68	-5.39	1745	82.38
11.27	81.44	11.71	150035	95.36
13.25	55.80	25.00	182096	85.46
5.75	88.19	3.12	27000	95.92
8.26	73.03	2.95	71629	97.73
8.73	71.73	4.92	73407	94.99
9.19	69.70	5.03	87067	97.33
9.55	72.20	6.53	120554	110.68
17.32	83.50	5.83	58865	102.60
8.23	59.83	5.67	91961	97.57
9.66	84.83	3.77	103430	93.43
8.06	69.62	3.67	70577	94.87
6.95	66.75	2.64	63437	98.53
8.50	70.73	4.17	73155	93.47
14.88	58.64	16.00	191644	96.87
8.46	72.68	3.45	70687	94.17
20.88	63.01	5.07	140728	96.49
11.77	54.99	4.77	75040	90.75
8.11	72.43	3.44	67548	93.97
7.02	80.96	1.88	61859	94.41
11.43	71.82	6.93	94068	97.68
17.89	77.49	18.58	138464	99.72
24.69	83.48	24.27	230595	100.62
1.50	41.58	-1.49	10681	98.78
9.22	67.71	9.51	49107	98.70
4.28	79.56	3.17	40063	92.96
11.99	62.53	14.71	119507	95.53
9.88	68.44	12.15	137599	93.92
27.75	29.84	44.00	675088	100.72
7.82	66.82	5.07	27520	96.11
20.57	27.19	8.47	192997	103.32
0.03	68.07	-0.70	5000	79.29
-0.31	84.84	-6.97	-25069	102.93
9.50	68.60	5.33	95585	99.87
10.61	64.91	9.29	116731	93.18
14.93	56.13	8.32	82530	93.38
9.31	70.20	5.57	90948	97.59
10.59	67.38	6.62	98526	95.92
7.75	72.97	4.80	71560	102.02
9.21	72.09	3.90	92241	95.41
0.73	77.08	-2.02	5638	98.60

9-8 续表

单位：%

指　　标	Item	亏损面 Range of Deficits
四、按工业行业大类分	Grouped by Sector	
采掘业	Mining	33.42
煤炭开采和洗选业	Coal Mining and Dressing	35.35
石油和天然气开采业	Petroleum and Natural Gas Extraction	50.00
黑色金属矿采选业	Ferrous Metals Mining and Dressing	21.46
有色金属矿采选业	Nonferrous Metals Mining and Dressing	22.22
非金属矿采选业	Nonmetal Minerals Mining and Dressing	40.00
开采辅助活动	Mining Auxiliary Activities	
其他采矿业	Other Mining Industry	
制造业	Manufacturing	30.37
农副食品加工业	Farm Products Processing	12.60
食品制造业	Food Manufacturing	10.53
酒、饮料和精制茶制造业	Beverage Manufacturing	22.81
烟草制品业	Tobacoo Products Manfacturing	
纺织业	Textile Industry	31.58
纺织服装、服饰业	Garments,Shoes and Hats Manufacturing	10.00
皮革、毛皮、羽毛及其制品和制鞋业	Leather, Fur, Feather and its products and Footwear	
木材加工和木、竹、藤、棕、草制品业	Timber Processing,Bamboo,Cane,Palm Fiber and Straw Products	25.00
家具制造业	Furniture Manufacturing	20.00
造纸和纸制品业	Paper Making and Paper Products	25.00
印刷和记录媒介复制业	Printing and Record Medium Reproduction	19.05
文教、工美、体育和娱乐用品制造业	Cultural,Educational, Sports and Entertainment Products	50.00
石油加工、炼焦和核燃料加工业	Petroleum Processing,Coking and Nuclear Fuel Processing	65.54
化学原料和化学制品制造业	Raw Chemical Materials and Chemical Products	38.91
医药制造业	Medical and Pharmaceutical Products	30.86
化学纤维制造业	Chemical Fiber	100.00
橡胶和塑料制品业	Rubber and Plastic Products	21.15
非金属矿物制品业	Nonmetal Mineral Products	28.57
黑色金属冶炼和压延加工业	Smelting and Pressing of Ferrous Metals	34.96
有色金属冶炼和压延加工业	Smelting and Pressing of Non-ferrous Metals	44.44
金属制品业	Metal Prodcuts	18.80
通用设备制造业	Ordinary Machinery Manufacturing	20.66
专用设备制造业	Special Purpose Equipment Manufacturing	20.57
汽车制造业	Automobile Manufacturing Industry	50.00
铁路、船舶、航空航天和其他运输设备制造业	Railroad, Marine, Aviation and Other Transport Equipment Manufacturing Industry	21.43
电气机械和器材制造业	Electrical Machinery and Equipment Manufacturing Industry	20.00
计算机、通信和其他电子设备制造业	Telecommunication Equipment,Computer and Other Electronic Product	20.00
仪器仪表制造业	Equipments and Instruments Manufacturing	
其他制造业	Other Mafufacturing Industry	14.29
废弃资源综合利用业	Comprehensive Utilization of Waste Resources	80.00
金属制品、机械和设备修理业	Metal products, Machinery and Equipment Repair Industry	22.22
电力、热力、燃气及水生产和供应业	Production and Supply of Electricity, Heat, Gas and Water	46.43
电力、热力生产和供应业	Production and Supply of Electricity and Heat	42.86
燃气生产和供应业	Production and Supply of Gas	35.71
水的生产和供应业	Production and Supply of Water	85.71

continued

(%)

总资产贡献率 Ratio of Profits, Taxes and Interests to Average Assets	资产负债率 Ratio of Debts to Assets	成本费用利润率 Ratio of Profits to Total Costs	人均实现利税(元) Per Capita Pre-tax Profits (yuan)	产品销售率 Ratio of Sales to Gross Output Value
12.79	64.77	10.34	134253	98.32
12.88	65.23	10.34	135278	98.61
5.09	51.41	17.79	210956	99.45
15.28	51.30	8.81	100485	90.69
15.34	74.94	12.85	130597	107.89
5.92	88.93	2.32	50803	95.39
5.91	48.98	6.97	38750	100.00
6.02	72.45	2.37	42831	96.00
14.96	53.27	8.13	91216	96.90
16.76	49.46	8.86	70211	94.88
28.09	50.36	14.59	217747	96.38
96.00	15.16	31.41	2339253	99.78
2.95	70.19	-0.48	3107	93.90
13.21	48.21	6.89	35689	108.02
17.18	4.44	1.20	70853	83.74
4.33	63.34	6.07	44369	96.84
5.74	62.48	5.16	23514	74.28
6.01	65.67	2.25	18234	92.30
8.88	53.38	8.08	34926	100.11
3.02	76.06	-2.75	5374	73.93
1.19	85.26	-3.51	-9364	94.17
4.14	70.86	1.39	22018	96.13
8.49	58.34	8.48	60228	84.70
3.20	72.47	-1.48	-213	95.56
10.07	59.29	6.76	53098	94.75
6.79	70.51	3.40	30046	92.30
5.29	70.37	1.02	48301	96.88
2.99	76.34	-1.71	4827	93.00
4.45	62.14	2.47	17817	95.91
8.71	66.89	6.93	47469	105.83
3.96	74.28	2.34	28444	96.16
2.93	66.95	0.71	8189	96.78
9.00	70.06	3.97	52675	101.25
5.23	69.41	1.78	42775	98.47
24.00	72.23	25.40	93800	100.59
8.83	51.36	13.02	92763	96.90
9.02	50.53	6.97	30393	101.71
14.14	65.01	-1.18	33556	98.73
13.25	53.75	4.25	30164	99.14
7.71	82.29	2.39	122548	99.84
7.94	83.48	2.20	135934	99.85
7.53	77.31	12.83	156201	99.89
-0.59	47.92	-11.02	-10228	98.30

9-9 国有控股工业企业主要经济效益指标(2012年)

单位：%

指　　标	Item	亏损面 Range of Deficits
总　计	**Total**	**37.26**
在总计中:	Of the Total:	
亏损企业	Loss-making Enterprises	100.00
在总计中:	Of the Total:	
中央企业	Central Enterprises	30.77
地方企业	Local Enterprises	38.82
#省属企业	Province-owned Enterprises	37.40
地、市属企业	Prefectures,Cities-owned Enterprises	49.54
县(旗)属企业	County-owned Enterprises	35.43
在总计中:	Of the Total:	
轻工业	Light Industry	41.94
重工业	Heavy Industry	36.83
在总计中:	Of the Total:	
大型企业	Large-size Enterprises	25.00
中型企业	Medium-size Enterprises	42.91
小型企业	Small-size Enterprises	35.78
微型企业	Micro-size Enterprises	54.90
按工业行业大类分	Grouped by Sector	
采矿业	Mining	32.95
煤炭开采和洗选业	Coal Mining and Dressing	33.33
石油和天然气开采业	Petroleum and Natural Gas Extraction	40.00
黑色金属矿采选业	Ferrous Metals Mining and Dressing	28.57
有色金属矿采选业	Nonferrous Metals Mining and Dressing	
非金属矿采选业	Nonmetal Minerals Mining and Dressing	
其他采矿业	Other Mining Industry	
制造业	Manufacturing	
农副食品加工业	Farm Products Processing	40.14
食品制造业	Food Manufacturing	25.00
饮料制造业	Wine, Beverages and Refined Tea Manufacturing	
烟草制品业	Tobacoo Products Manfacturing	30.00
纺织业	Textile Industry	
纺织服装、鞋、帽制造业	Textile Garments Manufacturing	33.33

MAIN ECONOMIC BENEFIT INDICATORS OF STATE-HOLDING INDUSTRIAL ENTERPRISES(2012)

(%)

总资产贡献率 Ratio of Profits, Taxes and Interests to Average Assets	资产负债率 Ratio of Debts to Assets	成本费用利润率 Ratio of Profits to Total Costs	人均实现利税(元) Per Capita Pre-tax Profits (yuan)	产品销售率 Ratio of Sales to Gross Output Value
9.50	**68.60**	**5.33**	**95585**	**99.87**
0.23	84.67	-7.11	-20246	113.87
11.69	70.09	7.80	173578	99.11
8.73	68.07	4.50	78647	100.24
8.60	68.68	3.56	78095	101.76
6.92	70.30	5.79	54582	97.11
11.80	62.58	16.35	105401	93.18
18.78	60.62	9.32	140562	93.77
9.26	68.80	5.24	93775	100.05
10.44	65.70	5.83	99446	96.33
8.37	73.71	4.59	87619	112.33
4.96	81.13	0.11	72246	97.61
-1.23	82.17	-30.54	-31257	66.86
12.22	63.69	9.87	117558	101.59
12.35	64.00	9.80	117209	101.61
5.33	45.86	19.87	222609	99.27
14.34	53.88	23.32	138472	93.52
13.51	91.59	8.17	132613	108.65
5.91	48.98	6.97	38750	100.00
4.71	71.41	0.41	35726	97.33
0.16	94.09	-4.59	-14287	91.30
41.06	63.40	5.27	97410	107.01
40.60	45.90	21.26	306263	102.37
96.00	15.16	31.41	2339253	99.78
-1.92	63.83	-8.18	-6112	98.78

9-9 续表

单位：%

指　标	Item	亏损面 Range of Deficits
皮革、毛皮、羽毛及其制品和制鞋业	Leather, Fur, Feather and its products and Footwear	
木材加工和木、竹、藤、棕、草制品业	Timber Processing,Bamboo,Cane,Palm Fiber and Straw Products	
家具制造业	Furniture Manufacturing	
造纸和纸制品业	Paper Making and Paper Products	
印刷和记录媒介复制业	Printing and Record Medium Reproduction	16.67
文教、工美、体育和娱乐用品制造业	Cultural,Educational, Sports and Entertainment Products	100.00
石油加工、炼焦和核燃料加工业	Petroleum Processing,Coking and Nuclear Fuel Processing	65.00
化学原料和化学制品制造业	Raw Chemical Materials and Chemical Products	48.89
医药制造业	Medical and Pharmaceutical Products	50.00
化学纤维制造业	Chemical Fiber	
橡胶和塑料制品业	Rubber and Plastic Products	22.22
非金属矿物制品业	Nonmetal Mineral Products	47.50
黑色金属冶炼和压延加工业	Smelting and Pressing of Ferrous Metals	63.64
有色金属冶炼和压延加工业	Smelting and Pressing of Non-ferrous Metals	64.29
金属制品业	Metal Prodcuts	16.67
通用设备制造业	Ordinary Machinery Manufacturing	33.33
专用设备制造业	Special Purpose Equipment Manufacturing	25.00
汽车制造业	Automobile Manufacturing Industry	50.00
铁路、船舶、航空航天和其他运输设备制造业	Railroad, Marine, Aviation and Other Transport Equipment Manufacturing Industry	33.33
电气机械和器材制造业	Electrical Machinery and Equipment Manufacturing Industry	36.36
计算机、通信和其他电子设备制造业	Telecommunication Equipment,Computer and Other Electronic Product	33.33
仪器仪表制造业	Equipments and Instruments Manufacturing	
其他制造业	Other Mafufacturing Industry	
废弃资源综合利用业	Comprehensive Utilization of Waste Resources	
金属制品、机械和设备修理业	Metal products, Machinery and Equipment Repair Industry	25.00
电力、热力、燃气及水生产和供应业	Production and Supply of Electricity, Heat, Gas and Water	44.00
电力、热力生产和供应业	Production and Supply of Electricity and Heat	37.04
燃气生产和供应业	Production and Supply of Gas	50.00
水的生产和供应业	Production and Supply of Water	84.62

continued

(%)

总资产贡献率 Ratio of Profits, Taxes and Interests to Average Assets	资产负债率 Ratio of Debts to Assets	成本费用利润率 Ratio of Profits to Total Costs	人均实现利税(元) Per Capita Pre-tax Profits (yuan)	产品销售率 Ratio of Sales to Gross Output Value
4.21	63.89	2.01	14888	106.13
0.48	91.63	-14.54	-49361	46.73
0.93	96.18	-3.25	-19230	94.37
2.52	73.23	-0.34	4294	98.97
1.66	81.32	-1.46	697	73.49
9.38	68.88	5.36	52802	97.36
6.46	81.28	0.68	28701	84.86
3.53	67.41	-0.24	35235	99.68
2.32	72.30	-3.45	-4059	92.20
3.16	60.55	2.09	13818	98.26
2.80	73.53	2.11	14865	97.50
3.51	73.59	1.94	37791	96.83
0.59	67.46	-2.06	-2509	91.22
8.33	71.15	3.19	53255	101.83
3.31	74.78	-0.23	21064	99.31
0.35	83.13	1.84	5089	102.88
6.57	53.98	12.67	64029	95.94
0.11	58.37	2.72	5334	99.08
11.71	53.69	4.09	36482	99.10
7.87	82.37	2.39	127869	99.90
8.15	83.54	2.23	142643	99.91
7.08	79.38	14.06	158903	99.94
-0.49	47.14	-10.74	-10054	98.69

9-10 外商投资和港澳台投资工业企业主要经济效益指标(2012年)

单位：%

指　标	Item	亏损面 Range of Deficits
总　计	**Total**	**32.61**
港、澳、台商投资企业	Enterprises Funded by HongKong, Macao and Taiwan	36.96
合资经营企业(港或澳、台资)	Joint Venture	45.16
合作经营企业(港或澳、台资)	Cooperative Enterprise	66.67
港澳台商独资经营企业	Ventures Exclusively with HongKong, Macao and Taiwan Investment	11.11
港澳台商投资股份有限公司	Share Holding Limited Company	
外商投资企业	Foreign Funded Enterprises	30.43
中外合资经营企业	Joint Venture	29.69
中外合作经营企业	Cooperative Enterprises	
外资企业	Enterprises Funded By Foreign Investments	36.36
外商投资股份有限公司	Enterprises Invested By Foreign Investments	
其他外商投资企业	Others	100.00
在总计中:亏损企业	Of the Total:Loss-making Enterprises	100.00
在总计中:国有控股企业	Of the Total:State Holding Enterprises	31.82
在总计中:轻工业	Of the Total:Light Industry	
重工业	Heavy Industry	22.22
在总计中:大型企业	Of the Total:Large-size Enterprises	36.27
中型企业	Medium-size Enterprises	17.39
小型企业	Small-size Enterprises	33.33
微型企业	Micro-size Enterprises	36.84
按工业行业大类分	Grouped by Sector	33.33
采矿业	Mining Industry	31.25
煤炭开采和洗选业	Coal Mining and Dressing	18.18
石油和天然气开采业	Petroleum and Natural Gas Extraction	60.00
制造业	Manufacturing	32.71
农副食品加工业	Farm Products Processing	
食品制造业	Food Manufacturing	
酒、饮料和精制茶制造业	Wine, Beverages and Refined Tea Manufacturing	25.00
纺织业	Textile Industry	50.00
印刷业和记录媒介的复制业	Printing and Record Medium Reproduction	50.00
石油加工、炼焦及核燃料加工业	Petroleum Processing,Coking and Nuclear	56.25
化学原料及化学制品制造业	Raw Chemical Materials and Chemical Products	33.33
医药制造业	Medical and Pharmaceutical Products	16.67
橡胶和塑料制品业	Rubber and Plastic Products	
非金属矿物制品业	Nonmetal Mineral Products	54.55
黑色金属冶炼和压延加工业	Smelting and Pressing of Ferrous Metals	16.67
有色金属冶炼和压延加工业	Smelting and Pressing of Non-ferrous Metals	66.67
金属制品业	Metal Prodcuts	
通用设备制造业	Ordinary Machinery Manufacturing	33.33
专用设备制造业	Special Purpose Equipment Manufacturing	50.00
汽车制造业	Automobile Manufacturing Industry	33.33
铁路、船舶、航空航天和其他运输设备制造业	Railroad, Marine, Aviation and Other Transport Equipment Manufacturing Industry	
电气机械及器材制造业	Electrical Machinery and Equipment Manufacturing Industry	33.33
计算机、通信和其他电子设备制造业	Telecommunication Equipment,Computer and Other Electronic Product	
仪器仪表制造业	Equipments and Instruments Manufacturing	
其他制造业	Other Mafufacturing Industry	
金属制品、机械和设备修理业	Metal products, Machinery and Equipment Repair Industry	
电力、热力、燃气及水生产和供应业	Production and Supply of Electricity, Heat, Gas and Water	33.33
电力、热力的生产和供应业	Production and Supply of Electricity and Heat	33.33
燃气生产和供应业	Production and Supply of Gas	33.33

MAIN ECONOMIC BENEFIT INDICATORS OF INDUSTRIAL ENTERPRISES WITH HONGKONG, MACAO, TAIWAN AND FOREIGN FUNDS (2012)

(%)

总资产贡献率 Ratio of Profits, Taxes and Interests to Average Assets	资产负债率 Ratio of Debts to Assets	成本费用利润率 Ratio of Profits to Total Costs	人均实现利税(元) Per Capita Pre-tax Profits (yuan)	产品销售率 Ratio of Sales to Gross Output Value
14.28	**68.34**	**16.62**	**128032**	**97.56**
17.89	77.49	18.58	138464	99.72
24.69	83.48	24.27	230595	100.62
1.50	41.58	-1.49	10681	98.78
9.22	67.71	9.51	49107	98.70
4.28	79.56	3.17	40063	92.96
11.99	62.53	14.71	119507	95.53
9.88	68.44	12.15	137599	93.92
27.75	29.84	44.00	675088	100.72
7.82	66.82	5.07	27520	96.11
20.57	27.19	8.47	192997	103.32
0.03	68.07	-0.70	5000	79.29
-1.07	91.17	-12.84	-87242	106.94
9.36	71.33	6.55	130932	96.59
38.19	20.27	104.04	412192	67.05
6.26	67.55	4.75	47968	85.99
14.85	68.40	17.50	134365	98.41
18.09	66.48	24.36	134640	96.89
8.26	75.40	4.00	109650	97.03
5.65	66.03	2.10	73923	102.24
4.42	37.05	6.35	142185	100.40
24.84	46.56	54.12	408080	89.38
27.04	43.31	57.33	416745	88.89
3.96	77.40	10.66	161891	99.85
11.97	74.04	13.08	82065	99.16
9.56	39.90	6.22	132380	86.57
20.69	25.60	7.44	101463	88.25
8.02	73.56	2.44	51250	81.96
1.60	43.64	-5.31	-5142	98.45
22.23	15.77	21.38	65000	98.63
0.61	85.35	-4.42	-30034	103.15
11.10	58.44	10.61	258988	96.61
3.77	75.89	4.31	37566	83.46
9.79	35.24	7.60	88600	95.58
3.23	68.01	1.80	14875	95.24
8.81	52.68	6.13	45082	96.51
6.28	62.95	1.72	43362	88.24
13.37	35.39	10.35	63141	102.27
-1.53	54.70	-5.81	-8550	100.66
3.82	91.60	0.01	17548	90.85
4.69	76.70	1.95	10589	86.22
12.60	63.36	9.71	263614	99.62
31.53	68.02	28.28	408646	116.63
26.62	72.97	27.08	97746	101.41
16.33	42.56	8.81	194824	100.00
23.08	36.40	15.27	244034	100.26
9.36	74.67	3.88	219534	100.02
9.46	75.02	3.86	230891	100.02
6.50	64.00	4.47	59174	100.00

9-11 大中型工业企业主要经济效益指标(2012年)

单位：%

指 标	Item	亏损面 Range of Deficits
总 计	**Total**	**33.11**
一、按隶属关系分	Grouped by Jurisdiction of Management	
中央企业	Central Enterprises	27.00
省属企业	Province-owned Enterprises	34.07
市属企业	Cities-owned Enterprises	47.06
县(市、区)属企业	County-owned Enterprises	28.57
城市街道企业	Cities' Subdistrict-owned Enterprises	100.00
镇属企业	Small Town-owned Enterprises	18.75
乡属企业	Township Enterprises	33.33
居委会办企业	Neighbourhood Committee -run Enterprises	
村办企业	Village Enterprises	15.38
其 他	Enterprises of Other Types of Ownership	33.96
二、按登记注册类型分	Grouped by Registered Kind	
内资企业	Civil Funded Enterprises	33.42
国有企业	State-owned Enterprises	39.86
集体企业	Collective Owned Enterprises	21.88
股份合作企业	Share Holding Cooperative Enterprises	50.00
联营企业	Joint Owned Enterprises	25.00
有限责任公司	Limited Responsibility Company	34.58
国有独资公司	Company Exclusively with Investment from State	21.21
其他有限责任公司	Other Limited Responsibility Company	35.56
股份有限公司	Share Holding Limited Company	28.17
私营企业	Privately Owned Enterprises	31.59
私营独资企业	Enterprise Exclusively with Investment from Private	16.67
私营合伙企业	Private Partner Enterprises	
私营有限责任公司	Privately Owned Limited Responsibility Company	32.63
私营股份有限公司	Privately Owned Share Holding Limited Company	23.53
其他企业	Enterprises of Other Types of Ownership	23.53
港、澳、台商投资企业	Enterprises Funded by HongKong, Macao and Taiwan	33.33
合资经营企业(港或澳、台资)	Joint Venture	33.33
合作经营企业(港或澳、台资)	Cooperative Enterprise	100.00
港澳台商独资企业	Ventures Exclusively with HongKong, Macao and Taiwan Investment	
港澳台商投资股份有限公司	Share Holding Limited Company	
外商投资企业	Foreign Funded Enterprises	24.39
中外合资经营企业	Joint Venture	24.14
中外合作经营企业	Cooperative Enterprises	
外资企业	Enterprises Funded By Foreign Investments	33.33
外商投资股份有限公司	Share Holding Limited Company	
其他外商投资企业	Others	
三、在总计中：亏损企业	Of the Total: Loss-making Enterprises	100.00
在总计中：国有控股企业	Of the Total: State-Controlled Share Holding Enterprises	36.03
在总计中：农村工业	Of the Total: Rural Industry	22.73
在总计中：轻工业	Of the Total: Light Industry	25.83
重工业	Heavy Industry	34.17
在总计中：大型企业	Of the Total: Large-size Enterprises	26.10
中型企业	Medium-size Enterprises	35.43

MAIN ECONOMIC BENEFIT INDICATORS OF LARGE AND MEDIUM-SIZE INDUSTRIAL ENTERPRISES(2012)

(%)

总资产贡献率 Ratio of Profits, Taxes and Interests to Average Assets	资产负债率 Ratio of Debts to Assets	成本费用利润率 Ratio of Profits to Total Costs	人均实现利税(元) Per Capita Pre-tax Profits (yuan)	产品销售率 Ratio of Sales to Gross Output Value
9.72	**69.11**	**6.15**	**90577**	**97.82**
12.66	67.46	8.53	178557	99.00
9.06	68.15	3.73	79715	101.69
9.73	66.32	10.65	80977	100.34
11.41	66.14	14.60	97304	91.51
-0.55	78.51	-15.82	-26978	54.86
10.68	83.17	12.13	149543	97.28
13.49	50.68	46.14	205276	78.92
6.04	72.87	2.77	53226	97.98
8.00	72.98	5.56	66122	94.35
9.27	69.13	5.31	86791	97.89
10.06	70.49	7.01	121924	111.98
15.60	89.35	4.91	43371	107.36
8.24	60.47	5.86	94841	98.02
4.42	89.45	1.15	42426	91.96
8.28	68.89	3.65	70208	94.91
6.99	66.58	2.64	63436	98.50
8.86	69.93	4.19	72904	93.28
15.71	58.01	17.03	199671	97.09
6.87	75.01	2.99	56559	93.34
15.64	60.96	11.03	119661	96.94
14.61	79.61	7.44	96088	87.83
6.75	74.27	3.07	55209	93.17
6.80	87.24	0.98	58109	94.37
13.60	73.33	10.74	114227	95.65
19.06	79.53	19.63	137245	100.26
27.71	87.44	26.09	235661	101.11
1.31	41.31	-2.02	8896	99.38
9.11	68.26	9.54	46006	99.68
4.28	79.63	3.19	40242	92.89
13.25	61.97	17.84	126892	93.53
10.82	68.92	15.66	152319	90.01
27.75	29.84	44.00	675088	100.72
8.87	65.57	5.86	28593	97.14
-0.17	84.53	-6.78	-21503	105.31
9.99	67.44	5.61	97191	100.04
9.57	62.36	12.95	117765	90.95
17.73	56.39	9.99	95846	93.96
9.44	69.55	5.99	90215	98.01
10.59	67.38	6.62	98526	95.92
7.75	72.97	4.80	71560	102.02

9-11 续表

单位：%

指　　标	Item	亏损面 Range of Deficits
四、按工业行业大类分	Grouped by Sector	
采掘业	Mining	25.51
煤炭开采和洗选业	Coal Mining and Dressing	25.79
石油和天然气开采业	Petroleum and Natural Gas Extraction	
黑色金属矿采选业	Ferrous Metals Mining and Dressing	28.57
有色金属矿采选业	Nonferrous Metals Mining and Dressing	
非金属矿采选业	Nonmetal Minerals Mining and Dressing	
开采辅助活动	Mining Auxiliary Activities	
其他采矿业	Other Mining Industry	
制造业	Manufacturing	36.10
农副食品加工业	Farm Products Processing	11.76
食品制造业	Food Manufacturing	5.88
酒、饮料和精制茶制造业	Beverage Manufacturing	46.15
烟草制品业	Tobacoo Products Manfacturing	
纺织业	Textile Industry	40.00
纺织服装、服饰业	Garments,Shoes and Hats Manufacturing	16.67
皮革、毛皮、羽毛及其制品和制鞋业	Leather, Fur, Feather and its products and Footwear	
木材加工和木、竹、藤、棕、草制品业	Timber Processing, Bamboo, Cane, Palm Fiber and Straw Products	
家具制造业	Furniture Manufacturing	
造纸和纸制品业	Paper Making and Paper Products	50.00
印刷和记录媒介复制业	Printing and Record Medium Reproduction	
文教、工美、体育和娱乐用品制造业	Cultural,Educational, Sports and Entertainment Products	40.00
石油加工、炼焦和核燃料加工业	Petroleum Processing,Coking and Nuclear Fuel Processing	65.35
化学原料和化学制品制造业	Raw Chemical Materials and Chemical Products	35.71
医药制造业	Medical and Pharmaceutical Products	21.74
化学纤维制造业	Chemical Fiber	
橡胶和塑料制品业	Rubber and Plastic Products	16.67
非金属矿物制品业	Nonmetal Mineral Products	30.77
黑色金属冶炼和压延加工业	Smelting and Pressing of Ferrous Metals	38.24
有色金属冶炼和压延加工业	Smelting and Pressing of Non-ferrous Metals	44.44
金属制品业	Metal Prodcuts	19.23
通用设备制造业	Ordinary Machinery Manufacturing	24.00
专用设备制造业	Special Purpose Equipment Manufacturing	22.86
汽车制造业	Automobile Manufacturing Industry	36.84
铁路、船舶、航空航天和其他运输设备制造业	Railroad, Marine, Aviation and Other Transport Equipment Manufacturing Industry	
电气机械和器材制造业	Electrical Machinery and Equipment Manufacturing Industry	40.00
计算机、通信和其他电子设备制造业	Telecommunication Equipment,Computer and Other Electronic Product	20.00
仪器仪表制造业	Equipments and Instruments Manufacturing	
其他制造业	Other Mafufacturing Industry	
废弃资源综合利用业	Comprehensive Utilization of Waste Resources	
金属制品、机械和设备修理业	Metal products, Machinery and Equipment Repair	
电力、热力、燃气及水生产和供应业	Production and Supply of Electricity, Heat, Gas and Water	55.17
电力、热力生产和供应业	Production and Supply of Electricity and Heat	45.45
燃气生产和供应业	Production and Supply of Gas	66.67
水的生产和供应业	Production and Supply of Water	90.91

continued

(%)

总资产贡献率 Ratio of Profits, Taxes and Interests to Average Assets	资产负债率 Ratio of Debts to Assets	成本费用利润率 Ratio of Profits to Total Costs	人均实现利税(元) Per Capita Pre-tax Profits (yuan)	产品销售率 Ratio of Sales to Gross Output Value
12.81	63.56	11.95	127740	99.23
12.88	63.95	11.95	128901	99.36
7.00	38.19	20.01	205199	100.00
11.38	45.81	8.09	58203	88.72
15.26	79.38	16.89	125506	104.99
5.91	48.98	6.97	38750	100.00
5.98	73.91	2.25	44381	96.33
21.74	56.14	11.13	119649	96.05
18.12	53.15	9.59	70678	94.89
38.58	46.60	17.86	256458	103.43
96.00	15.16	31.41	2339253	99.78
2.87	77.70	-1.68	-563	93.99
13.53	47.80	6.97	36939	108.55
3.79	63.70	9.27	69500	94.03
2.13	78.75	-1.29	366	84.52
12.09	45.85	8.94	27652	93.07
1.62	78.60	-8.12	-8671	60.40
1.29	85.62	-3.40	-8480	93.15
3.88	71.75	1.16	20033	97.29
8.99	56.61	10.95	68554	82.39
11.25	59.21	7.43	65219	94.10
6.75	76.03	3.05	25770	90.75
5.36	70.49	1.03	51638	97.26
2.56	77.44	-2.64	-169	92.98
3.64	62.14	2.46	14767	97.40
10.55	67.43	7.99	55675	111.53
3.36	75.67	1.59	23714	96.75
2.80	74.10	0.57	7022	101.07
9.04	70.80	3.81	54788	101.60
5.31	73.48	1.64	47112	99.12
24.40	72.68	25.83	94036	100.67
7.62	52.82	11.95	81362	97.03
3.30	48.81	4.71	10799	104.60
9.74	44.75	9.54	13960	100.00
9.24	80.05	3.15	130438	99.86
9.78	81.35	3.02	146647	99.88
7.03	79.56	14.05	165586	100.00
-0.71	48.54	-11.38	-10990	98.21

主要统计指标解释

工业 从事自然资源的开采，对采掘品和农产品进行加工和再加工的物质生产部门。具体包括：(1)对自然资源的开采，如采矿、晒盐、森林采伐等(但不包括禽兽捕猎和水产捕捞)；(2)对农副产品的加工、再加工，如粮油加工、食品加工、轧花、缫丝、纺织、制革等；(3)对采掘品的加工、再加工，如炼铁、炼钢、化工生产、石油加工、机器制造、木材加工等，以及电力、自来水、煤气的生产和供应等；(4)对工业品的修理、翻新，如机器设备的修理、交通运输工具(包括小卧车)的修理等。

1984 年以前农村的村及村以下办工业归属农业，1984 年以后划归工业。

工业统计调查单位 工业统计调查单位分为两类：独立核算法人工业企业和工业活动单位。

(1)独立核算法人工业企业 指从事工业生产经营活动的单位。独立核算法人工业企业应同时具备以下条件：①依法成立，有自己的名称、组织机构和场所，能够承担民事责任；②独立拥有和使用资产，承担负债，有权与其他单位签订合同；③独立核算盈亏，并能够编制资产负债表。

(2)工业活动单位 指在一个场所从事一种或主要从事一种工业生产活动的经济单位。它包括独立核算工业企业按主营业务活动(即工业生产活动)划分的主营业务活动单位和非工业企业所属的工业生产活动单位(即原非独立核算工业生产单位)。工业活动单位，一般应同时具备以下三个条件：①具有一个场所，从事一种或主要从事一种工业活动；②单独组织工业生产、经营或业务活动；③单独核算收入和支出。

本年鉴中涉及的企业登记注册类型：

国有控股企业 国有企业和国有控股企业。国有企业（即过去的全民所有制工业或国营工业）是指企业全部资产归国家所有，并按《中华人民共和国企业法人登记管理条例》规定登记注册的非公司制的经济组织。包括国有企业、国有独资公司和国有联营企业。1957 年以前的公私合营和私营工业，后均改造为国营工业，1992 年改为国有工业，这部分工业的资料不单独分列时，均包括在国有企业内。国有控股企业是对混合所有制经济的企业进行的“国有控股”分类。它是指这些企业的全部资产中国有资产（股份）相对其他所有者中的任何一个所有者占资（股）最多的企业。该分组反映了国有经济控股情况。

集体企业 企业资产归集体所有，并按《中华人民共和国企业法人登记管理条例》规定登记注册的经济组织。是社会主义公有制经济的组成部分。包括城乡所有使用集体投资举办的企业，以及部分个人通过集资自愿放弃所有权并依法经工商行政管理机关认定为集体所有制的企业。

股份有限公司 根据《中华人民共和国企业法人登记管理条例》规定登记注册，其全部注册资本由等额股份构成并通过发行股票筹集资本，股东以其认购的股份对公司承担有限责任，公司以其全部资产对其债务承担责任的经济组织。

港、澳、台商投资企业 企业注册登记类型中的港、澳、台资合资、合作、独资经营企业和股份有限公司之和。

外商投资企业 企业注册登记类型中的中外合资、合作经营企业、外资企业和外商投资股份有限公司之和。

本年鉴中主要年份工业企业单位数涉及的名称为“其他”的企业 指除国有企业、集体企业以外的其他类型工业企业（单位)。包括股份合作企业、联营企业、私营企业、股份有限公司、有限责任公司；外商投资企业(中外合资经营、中外合作经营、外资企业)；港、澳、台投资企业(与大陆合资经营、与大陆合作经营、港、澳、台独资企业)及其他企业。

轻工业 主要提供生活消费品和制作手工工具的工业。按其所使用的原料不同，可分为两大类：(1)以农产品为原料的轻工业，是指直接或间接以农产品为基本原料的轻工业。主要包括食品制造、饮料制造、烟草加工、纺织、缝纫、皮革和毛皮制作、造纸以及印刷等工业；(2)以非农产品为原料的轻工业，是指以工业品为原料的轻工业。主要包括文教体育用品、化学药品制造、合成纤维制造、日用化学制品、日用玻璃制品、日用金属制品、手工工具制造、医疗器械制造、文化和办公用机械制造等工业。

重工业 指为国民经济各部门提供物质技术基础的主要生产资料的工业。按其生产性质和产品用途，可以分为下列三类：(1)采掘工业，是指对自然资源的开采，包括石油开采、煤炭开采、金属矿开采、非金属矿开采和木材采伐等工业；(2)原材料工业，指向国民经济各部门提供基本材料、动力和燃料的工业。包括金属冶炼及加工、炼焦及焦炭、化学、化工原料、水泥、人造板以及电力、石油和煤炭加工等工业；(3)加工工业，是指对工业原材料进行再加工制造的工业。包括装备国民经济各部门的机械设备制造工业、金属结构、水泥制品等工业，以及为农业提供的生产资料如化肥、农药等工业。

根据上述划分原则，修理业中以重工业产品为修理作业对象的划为重工业，反之划为轻工业。从 2003 年起轻、重工业内部不再细划分。

工业增加值 指工业企业在报告期内以货币表现的工业生产活动的最终成果。

资产合计 企业拥有或控制的能以货币计量的经济资源。包括各种财产、债权和其他权利。资产按其流动性划分为流动资产、长期投资、固定资产、无形及递延资产和其他资产。

(1)流动资产 企业可以在一年内或者超过一年的一个生产周期内变现或耗用的资产合计。包括现金及各种存款、短期投资、应收及预付款项、存货等。

(2)固定资产 企业固定资产净值、固定资产清理、在建工程、待处理固定资产损失所占用的资金合计。

负债合计 企业承担的能以货币计量，将以资产或劳务偿付的债务。负债一般按偿还期长短分为流动负债和长期负债、递延税项等。

流动负债 企业在一年内或者超过一年的一个营业周期内需要偿还的债务合计，其中包括短期借款、应付及预收款项、应付工资、应交税金和应交利润等。

所有者权益 企业投资人对企业净资产的所有权。企业净资产等于企业全部资产减去全部负债后的余额，其中包括投资者对企业的最初投入，以及资本公积金、盈余公积金和未分配利润，股份制企业即为股东权益。

固定资产原价 企业在建造、购置、安装、改建、扩建、技术改造某项固定资产时所支出的全部货币总额。它一般包括买价、包装费、运杂费和安装费等。

流动资产 是指可以在一年或者超过一年的一个营业周期内变现或者耗用的资产，包括现金及各种存款、短期投资、应收及预付货款、存货等。

主营业务收入 企业销售产品和提供劳务等主要经营业务取得的业务总额。

主营业务成本 企业销售产品和提供劳务等主要经营业务的实际成本。

主营业务税金及附加 企业销售产品和提供工业性劳务等主要经营业务应负担的城市维护建设税、消费税、资源税和教育费附加。

利润总额 企业在生产经营过程中各种收入扣除各种耗费后的盈余，反映企业在报告期内实现的亏盈总额，包括营业利润、补贴收入、投资净收益和营业外收支净额。

应交增值税 企业按税法规定，从事货物销售或提供加工、修理修配劳务等增加货物价值的活动报告期应交纳的增值税额。计算工式为：

应交增值税=销项税额-（进项税额-进项税额转出）-出口抵减内销产品应纳税额-减免税款+出口退税

总资产贡献率 映企业全部资产的获利能力，是企业经营业绩和管理水平的集中体现，是评价和考核企业盈利能力的核心指标。计算公式为：

总资产贡献率(%)=（利润总额+税金总额+利息支出）/平均资产总额×100%

资产负债率 指标既反映企业经营风险的大小，也反映企业利用债权人提供的资金从事经营活动的能力。计算公式:

资产负债率(%)=负债总额/资产总额×100%

工业成本费用利润率 在一定时期内实现的利润与成本费用之比，是反映工业生产成本及费用投入的经济效益指标，同时也是反映降低成本的经济效益的指标。计算公式为：

工业成本费用利润率(%)=利润总额/成本费用总额×100%

产品销售率 指报告期工业销售产值与同期工业总产值之比，是反映工业产品已实现销售的程度，分析工业产销衔接情况，研究工业产品满足社会需求程度的指标。计算公式为：

产品销售率(%)=工业销售产值/工业总产值×100%

亏损面 指亏损企业单位数占全部工业企业单位数的比重。计算公式为：

亏损面(%) = 亏损企业单位数/全部工业企业单位数×100%。

人均实现利税 指全部从业人员年均实现的利税总额。计算公式为：

人均实现利税 = 利税总额/全部从业人员

Explanatory Notes on Main Statistical Indicators

Industry refers to the material production sector which is engaged in extraction of natural resources and processing and reprocessing of minerals and agricultural products, including (1) extraction of natural resources, such as mining, salt production, logging (but not including hunting and fishing); (2) processing and reprocessing of farm and sideline produces, such as rice husking, flour milling, wine making, oil pressing, cotton ginning, silk reeling, spinning and weaving, and leather making; (3) manufacture of industrial products, such as steel making, iron smelting, chemicals manufacturing, petroleum processing, machine building, timber processing; water and gas production and electricity generation and supply; (4)repairing of industrial products such as the repairing of machinery and means of transport (including cars).

Prior to 1984, the rural industry run by villages and cooperative organizations under village was classified into agriculture. Since 1984, it has been grouped into industry.

Units of Industrial Statistics and Inquiry they are classified into two categories corporate industrial enterprises with independent accounting system and industrial establishments.

(1)**Corporate Industrial Enterprises with Independent Accounting System** refer to enterprises engaging in industrial production activities, which meet the following requirements: ①They are established legally, having their own names, organizations, location, able to take civil liability; ②They possess and use their assets independently, assume liabilities, and are entitled to sign contracts with other units; ③They are financially independent and compile their own balance sheets.

(2)**Industrial Establishments** refer to economic units which located in one single place and engaged entirely or primarily in one kind of industrial activity, including financially independent industrial enterprises and units engaged in industrial activities under the non industrial enterprises (or financially dependent). Industrial establishments generally meet the following requirements: ① They have each one location and are engaged in one kind of industrial activity each; ② They operate and manage their industrial production activities separately; ③ They have accounts of income and expenditures separately.

types of registeration status concerned in this yearbook:

State-holding Enterprises refer to state-owned enterprises and the enterprises which state holds majority shares. State-owned enterprises (industry ownership by the whole people or state-run industry) refers to non-corporation economic units, where the entire assets are owned by the state and which have registered in accordance with the Regulation of the People Republic of China on the Management of Registration of Corporate Enterprises, including the state-owned enterprise, sole state-funded corporation and state-owned joint ownership enterprise. Joint state-private industries and private industries, which existed before 1957, have been transformed into state-run industries. Since 1992, those were named state-owned industries. Statistics on these enterprises has been included in the state-industries since 1957 when separation of data was no longer necessary.

Collective-owned Enterprises refers to industrial enterprises where the means of production are owned collectively including urban and rural enterprises invested by collectives and some enterprises which were formerly owned privately but have been registered in industrial and commercial administration agency as collective units through raising fund from the public.

Share-holding Corporations Ltd. refer to economic units registered in accordance with the regulation of the people's republic of china on the management of registration of corporate enterprises with total registered capitals divided into equal shares and raised through issuing stocks. Each investor bears limited liability to the corporation depending on the holding of shares and the corporation bears liability to its debt to the maximum of its total assets.

Enterprises Funded by Hongkong, Macao and Taiwan refer to all industrial enterprises as the joint-venture, cooperative, sole investment industrial enterprises and limited liability corporations with funds from Hongkong, Macao and Taiwan.

Foreign Funded Enterprises refer to all industrial enterprises registered as the joint-venture, cooperative, sole investment industrial enterprises and limited liability corporations with foreign funds.

Other Enterprises Related in Number of Industrial Enterprises in Major Years refer to other types of industrial enterprises or units except for state-owned enterprises and collective enterprises, including share holding cooperative enterprises, joint-venture enterprises, private enterprises, share holding limited enterprises, foreign funded enterprises, enterprises funed by Hongkong, Macao and Taiwan and other enterprises.

Light Industry refers to the industry that produces consumer goods and hand tools. It consists of two categories depending on the materials used:

(1)Industries using farm products as raw materials. These are branches of light industry which directly or indirectly use farm products as basic raw materials, including the manufacture of food and beverages, tobacco processing, textile, clothing, fur and leather manufacturing, paper making, printing, etc.

(2)Industries using non farm products as raw materials. These are branches of light industry which use manufactured goods as raw materials, including the manufacture of cultural, educational articles and sports goods chemicals synthetic fiber chemical products for daily use glass products for daily use metal products for daily use hand tools medical apparatus and instruments and the manufacture of cultural and clerical machinery.

Heavy Industry refers to the industry which produces capital goods and provides various sectors of the national economy with necessary material and technical basis. It consists of the following three branches according to the purpose of production or the use of products: (1)Mining and Quarrying Industry refers to the industry that extracts natural resources including extraction of petroleum coal metal and non-metal ores and logging. (2)Raw Materials Industry refers to the industry that provides various sectors of the national economy with raw materials fuels and power. it includes smelting and processing of metals coking and coke chemistry chemical materials and building materials such as cement plywood and power petroleum refining and coal dressing. (3)Manufacturing Industry refers to the industry that processes raw materials. It includes machine building industry which equips sectors of the national economy industries of metal structure and cement products industries producing means of agricultural production such as chemical fertilizers and pesticides.

According to the above principle of classification the repairing trades which are engaged primarily in repairing products of heavy industry are classified into heavy industry while these engaged in repairing products of light industry are classified into light industry.It is not divided further in the interior of light industry and heavy industry from 2003.

Value Added of Industry refers to the final results of industrial production of the industrial trade in money terms during the reference period.

Total Assets refer to all economic resources owned or controlled by enterprises that could be measured in monetary terms including properties creditor equity and other economic rights of all forms. classified by the degree of equitability total assets include circulating assets long term investment fixed assets intangible assets and deferred assets and other assets.

(1)Circulating Assets (Working Capital) refers to assets which can be cashed in or spent or consumed in an operating cycle of one year or over one year including cash all kinds of deposits short term investment receivables advance payment stock etc.

(2)Fixed Assets refers to the net value of fixed assets clearance of fixed assets project under construction fixed assets losses in suspense. these are corporations fund holdings.

Total Liabilities refers to the debts measured in monetary terms that enterprises are responsible for repayment in the form of cash assets or labor. Classified by terms of repayment liability include liquid liabilities and long-term liabilities.

Liquid Liabilities refers to enterprises total debt payable within an operating cycle of one year or over one year, including short term loans, payables and advance payments, wage payable, taxes payable and profit payable,etc.

Creditors' Equity refers to investors ownership of net assets of the enterprise. It is equal to the total assets of the enterprise minus its total liabilities, including the primary input from investors, capital accumulation fund, surplus accumulation fund and undistributed profit. it is the shareholders equity in share—holding companies.

Original Value of Fixed Assets refers to the original value of all fixed assets owned by industrial enterprises calculated the cost paid at the time of purchase installation reconstruction expansion and technical innovation and transformation of at the said assets which includes expenses on purchase package transportation and installation etc.

Circulating Assets refers to assets which can be cashed in or spent or consumed in an operating cycle of one year or over one year which includes cash various deposits short term investment and receivable payments and advance payments stock etc.

Revenue of Major Business refers to the revenue from the sales of products by industrial enterprises and the revenue from services provided and etc.

Cost of Major Business refers to the actual cost of products of industrial enterprises and industrial services provided etc.

Taxes and Extra Charges of Major Business refer to the tax on city maintenance and construction consumption tax resources tax and extra charges for education which should be borne by the enterprises in selling products and providing industrial services.

Total Profits refer to the surplus gained by enterprises by deducting costs from all kinds of revenues in business, which reflects the total profits and losses of enterprises in reporting period, including business profits, subsidy revenue, net investment profit and net amount of non-business revenue and expenditure.

Value Added Tax Payable refers to the amount of value-added tax which should be paid by enterprises which are engaged in value-added activities such as goods saling, processing and repairing according to the tax laws of enterprise. It is calculated as follows.

Value Added Tax Payable = Tax on Sales - (Tax on Purchase-Transferred Tax on Purchase) - Tax Payable for the Exported Goods Sold on the Domestic Market - Derated Tax + Export Rebate.

Ratio of Profits, Taxes and Interests to Average Assets reflects the profit-making capability of all assets of the enterprise and is a key indicator manifesting the performance and management and evaluating the profit-making potential of the enterprise. It is calculated as follows:

Ratio of profits taxes and interests to average assets (%) = [(Total profits + total Taxes + interest payment) ÷ average assets]×100%

Ratio of Debts to Assets reflect both the operation risk and the capability of the enterprise in making use of the capital from the creditors. It is calculated as follows:

Ratio of debts to assets (%) = (Total debts ÷ total assets)×100%

Ratio of Profits to Total Industrial Costs refers to the ratio of profits realized in a given period to the total costs in the same period, which reflects the economic efficiency of input cost and is calculated as follows:

Ratio of Profits to Total Industrial Cost(%) = (Total Profits ÷ Total Costs)×100%

Ratio of Sales to Gross Output Value refers to the sales of industrial products to the gross industrial output value during the reference period and is important in reflecting the linkage between production and sales and the extent of the needs of the society that has been met by the supply of industrial products. It is calculated as follows:

Ratio of Sales to Gross Output Value = Industrial sales ÷ Gross industrial output value (at current prices) ×100%

Range of Deficits refers to the proportion of lossing enterprises in the number of all industrial enterprises.The formular is as follows:

Range of Deficits(%) = (Number of Lossing enterprises ÷ Number of All Industrial Enterprises) ×100%

Per Capita Pre-tax Profits refers to the total pre-tax profits that total employees get per year.The formula is as follows:

Per Capita Pre-tax Profits(%) = (Total Pre - tax Profits ÷ Total Employees) ×100%

10 建筑业

CONSTRUCTION

PAGE
339–360

资料整理人员

张利云　陈烨松

建筑业

CONSTRUCTION

建筑业企业单位数	Number of Construction Enterprises	2016	个	(unit)
建筑业总产值	Gross Output Value of Construction	2668.2	亿元	(100 million yuan)
建筑业竣工产值	Completed Output Value of Costruction	1129.0	亿元	(100 million yuan)
建筑业房屋建筑竣工面积	Floor Space of Buildings Completed of Construction	3162	万平方米	(10 000 sq.m)

建筑业总产值构成 (%)

Composition of Total Output Value of Construction (%)

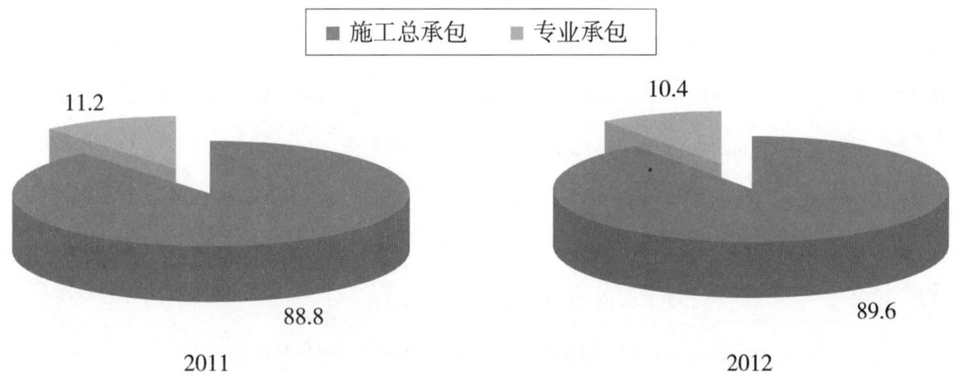

建筑业总产值 (亿元)

Total Output Value of Construction (100 million yuan)

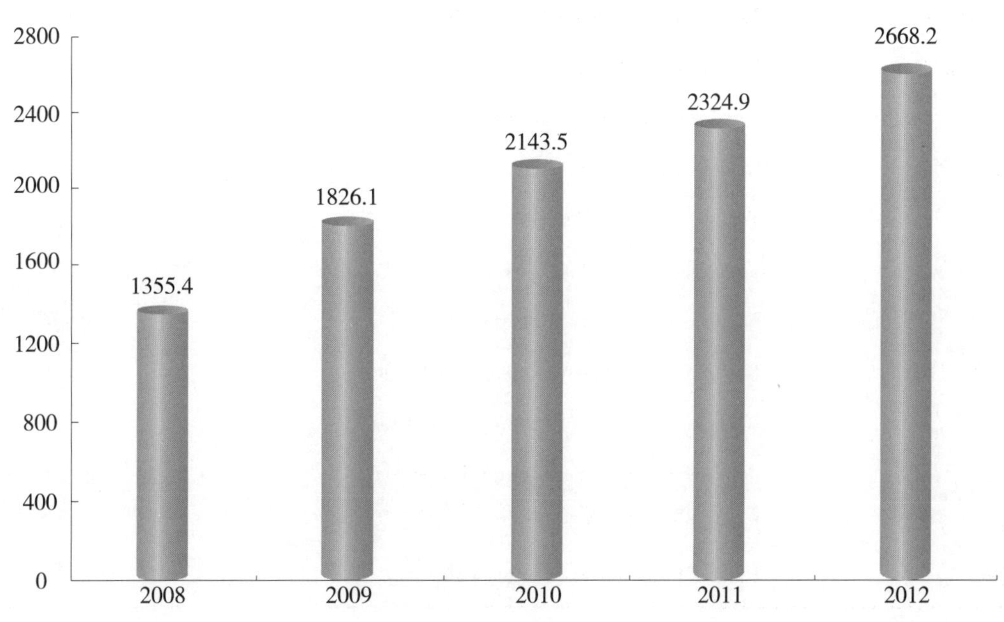

10-1 建筑施工企业主要经济指标
MAJOR ECONOMIC INDICATORS OF CONSTRUCTION ENTERPRISES

指　　标	Item	2011	2012
施工企业个数(个)	Number of Construction Enterprises (unit)	1920	2016
直接从事生产经营活动的平均人数(万人)	Average Number of People Directly Engaged in Production and Operating Activities (10 000 persons)	106	81
期末从业人数(万人)	Employees at the Year End (10 000 persons)	62	66
固定资产原价(万元)	Original Value of Fixed Assets (10 000 yuan)	3673316	3894305
固定资产合计(万元)	Total Fixed Assets (10 000 yuan)	2437599	2677869
自有机械设备总台数(台)	Number of Machinery and Equipment Owned (set)	216691	208493
自有机械设备净值(万元)	Net Value of Machinery and Equipment Owned (10 000 yuan)	1140165	1211129
自有机械设备总功率(万千瓦)	Total Power of Machinery and Equipment Owned (10 000 kw)	589	658
建筑业总产值 (万元)	Output Value of Construction (10 000 yuan)	23249108	26681679
竣工产值 (万元)	Output Value of Buildings Completed (10 000 yuan)	11465263	11290236
固定资产折旧 (万元)	Depreciation of Fixed Assets (10 000 yuan)	255955	290756
施工面积 (万平方米)	Floor Space of Buildings Under Construction (10 000 sq.m)	8798	10991
竣工面积 (万平方米)	Floor Space of Buildings Completed (10 000 sq.m)	2538	3162
营业利润 (万元)	Profits of Business (10 000 yuan)	485433	680726
管理费用 (万元)	Costs of Administration (10 000 yuan)	1071845	1206571
利润总额 (万元)	Total Profits (10 000 yuan)	492236	693319
上缴税金 (万元)	Tax Turned Over to the State (10 000 yuan)	711176	815456
按总产值计算的全员劳动生产率(元/人)	Overall Labor Productivity in Terms of Total Output Value (yuan/person)	219834	329530
实收资本金(万元)	Capitals Hold (10 000 yuan)	4033750	4794315
资产总计 (万元)	Total Assets (10 000 yuan)	25034786	29761637
负债合计 (万元)	Total Liabilities (10 000 yuan)	19448892	22955850
所有者权益合计 (万元)	Total Creditors Quity (10 000 yuan)	5585894	6804943
竣工率(按产值计算) (%)	Rate of Completed (By Output Value) (%)	49.3	42.3
技术装备率(元/人)	Value of Machines per Laborer (yuan/person)	18257	18392
动力装备率(千瓦/人)	Power of Machines per Laborer (kw/person)	9.4	10.0
资产负债率(%)	Ratio of Debts to Assets (%)	77.7	77.1
产值利润率(%)	Ratio of Profit to Gross Output Value (%)	2.1	2.6

10-2 建筑业企业总产值和竣工产值(2012年)
GROSS OUTPUT VALUE AND COMPLETED VALUE OF CONSTRUCTION ENTERPRISES(2012)

单位：万元 (10 000 yuan)

指 标	Item	建筑业总产值 Total Output Value	#建筑工程 Construction	#安装工程 Installation	竣工产值 Output Value of Buildings Completed
总 计	**Total**	**26681679**	**23350004**	**2524274**	**11290236**
#国有及国有控股	State Owned and State Controlling Share	17921396	16230400	1385621	6570238
按登记注册类型分组	**Grouped by Registered Kind**				
内资企业	Civil Funded Enterprises	26587020	23282141	2512363	11252947
国有企业	State-owned Enterprises	4953935	4101185	760324	2383846
集体企业	Collective-owned Enterprises	447740	366739	62866	268019
股份合作企业	Share Cooperative Enterprises	2423	2057	366	2423
联营企业	Joint Ownership Enterprises				
有限责任公司	Limited Responsibility Corporations	14506890	13435103	813317	5163520
国有独资公司	Company Exclusively with Investment from State	1987103	1908058	34311	664808
其他有限责任公司	Other Limited Responsibility Company	12519787	11527046	779006	4498712
股份有限公司	Share-holding Limited Corporations	77960	61628	14356	53162
私营企业	Private-owned Enterprises	6537810	5284616	843970	3345431
私营独资企业	Enterprise Exclusively with Investment from Private	54166	35958	5426	25515
私营合伙企业	Private Partnership Enterprises	24243	9839	1930	18473
私营有限责任公司	Private Limited Responsibility Corporations	5831990	4715198	772542	3081853
私营股份有限公司	Private Share-holding Limited Corporations	627412	523621	64071	219590
其他企业	Other Enterprises	60263	30812	17165	36547
港、澳、台商投资企业	Enterprises Funded by HongKong, Macao and Taiwan	39211	34200	5011	28773
外商投资企业	Foreign Funded Enterprises	55449	33663	6900	8516
按国民经济行业分组	**Grouped by Economic Sector**				
房屋和土木工程建筑业	Housing and Civil Engineering Construction	24538187	22184410	1767294	10305107
房屋工程建筑	Housing	10141066	9217427	740077	5101544
土木工程建筑	Civil Engineering	14397122	12966983	1027216	5203563
建筑安装业	Building Installation	1114876	379930	678412	523305
建筑装饰业	Building Fiting and Decoration	353856	295915	23613	202831
其他建筑业	Other Construction	674760	489749	54956	258993
按隶属关系分组	**Grouped by Subordination**				
#中 央	Central	9816652	9072497	687346	3284273
省	Province	6259258	5530601	502806	2364140
地 区	Prefecture	2057546	1781401	249583	1202122
县	County	719492	576648	93943	526169
按企业资质等级分组	**Grouped by Qualification Criteria**				
施工总承包	Overall Contract	23902342	21529955	1817316	10020083
专业承包	Specialized Contract	2779337	1820049	706959	1270153

10-3 按主要用途分的房屋建筑竣工面积(2012年)

单位：平方米

指　　标	Item	总　计 Total	住宅房屋 Residential Buildings
总　计	**Total**	**31617202**	**21054825**
#国有及国有控股	State Owned and State Controlling Share	12945991	7588479
按登记注册类型分组	**Grouped by Registered Kind**		
内资企业	Civil Funded Enterprises	31476406	20927407
国有企业	State-owned Enterprises	7752147	4951402
集体企业	Collective-owned Enterprises	1411402	1063575
股份合作企业	Share Cooperative Enterprises	10190	10000
联营企业	Joint Ownership Enterprises		
有限责任公司	Limited Responsibility Corporations	8390143	5098141
国有独资公司	Company Exclusively with Investment from State	939170	508691
其他有限责任公司	Other Limited Responsibility Company	7450973	4589450
股份有限公司	Share-holding Limited Corporations	181269	150606
私营企业	Private-owned Enterprises	13700186	9653683
私营独资企业	Enterprise Exclusively with Investment from Private	63394	15200
私营合伙企业	Private Partnership Enterprises	68684	25684
私营有限责任公司	Private Limited Responsibility Corporations	12879806	9401679
私营股份有限公司	Private Share-holding Limited Corporations	688302	211120
其他企业	Other Enterprises	31069	
港、澳、台商投资企业	Enterprises Funded by HongKong，Macao and Taiwan	129250	115872
外商投资企业	Foreign Funded Enterprises	11546	11546
按国民经济行业分组	**Grouped by Economic Sector**		
房屋和土木工程建筑业	Housing and Civil Engineering Construction	31044635	20845741
房屋工程建筑	Housing	28295963	19786014
土木工程建筑	Civil Engineering	2748672	1059727
建筑安装业	Building Installation	464260	154688
建筑装饰业	Building Fiting and Decoration		
其他建筑业	Other Construction	108307	54396
按隶属关系分组	**Grouped by Subordination**		
#中　央	Central	2072251	869187
省	Province	7763055	4554557
地　区	Prefecture	3411575	2741382
县	County	2418553	1718183
按企业资质等级分组	**Grouped by Qualification Criteria**		
施工总承包	Overall Contract	30980571	20947628
专业承包	Specialized Contract	636631	107197

FLOOR SPACE OF BUILDINGS COMPLETED BY MAJOR USE(2012)

(sq.m)

商业及服务用房屋 Commercial and Service Buildings	办公用房 Oiffices	科研、教育、医疗用房屋 Scientific Research, Education and Healthcare Buildings	文化、体育、娱乐用房屋 Culture, Sports and Entertaninment Buildings	厂房及建筑物 Factory Buildings	仓 库 Warehouses	其他未列明的房屋建筑物 Other Unlisted Buildings
1808642	**1552865**	**2312829**	**299981**	**3476303**	**182686**	**929071**
910286	765183	1044667	225124	1834143	44918	533191
1805459	1552865	2302634	299981	3476303	182686	929071
490620	194199	738841	159254	1086147	28464	103220
9003	58910	95577	16105	116478	23414	28340
90	20	20	20	20	20	
552428	681993	524840	67070	957291	24103	484277
159409	73490	55585	3333	98779	7934	31949
393019	608503	469255	63737	858512	16169	452328
24010		2020		4633		
698239	617743	941336	57532	1311734	106685	313234
5000				43194		
	7000	31500		3000		1500
683782	541763	850479	53532	937788	99360	311423
9457	68980	59357	4000	327752	7325	311
31069						
3183		10195				
1807115	1533946	2304445	299981	3155713	182542	915152
1584163	1437903	2257782	299981	2205856	168507	555757
222952	96043	46663		949857	14035	359395
1527	18919	8384		266679	144	13919
				53911		
36490	63910	2467	49926	748357	6520	295394
833097	485459	836573	174198	738592	25619	114960
79854	169039	238565		124990	17727	40018
62757	163357	189673	3129	244090	7025	30339
1758352	1549865	2309834	299981	3007959	182542	924410
50290	3000	2995		468344	144	4661

10-4 按主要用途分的房屋建筑竣工价值(2012年)

单位：万元

指标	Item	总计 Total	住宅房屋 Residential Buildings
总计	**Total**	**4510429**	**2784206**
#国有及国有控股	State Owned and State Controlling Share	2086036	1066731
按登记注册类型分组	**Grouped by Registered Kind**		
内资企业	Civil Funded Enterprises	4493153	2768490
国有企业	State-owned Enterprises	1210391	697593
集体企业	Collective-owned Enterprises	156618	113111
股份合作企业	Share Cooperative Enterprises	990	971
联营企业	Joint Ownership Enterprises		
有限责任公司	Limited Responsibility Corporations	1332293	707665
国有独资公司	Company Exclusively with Investment from State	139265	56265
其他有限责任公司	Other Limited Responsibility Company	1193027	651400
股份有限公司	Share-holding Limited Corporations	22846	18948
私营企业	Private-owned Enterprises	1768938	1230201
私营独资企业	Enterprise Exclusively with Investment from Private	4397	1546
私营合伙企业	Private Partnership Enterprises	8504	2689
私营有限责任公司	Private Limited Responsibility Corporations	1653400	1194568
私营股份有限公司	Private Share-holding Limited Corporations	102638	31398
其他企业	Other Enterprises	1078	
港、澳、台商投资企业	Enterprises Funded by HongKong, Macao and Taiwan	15660	14100
外商投资企业	Foreign Funded Enterprises	1616	1616
按国民经济行业分组	**Grouped by Economic Sector**		
房屋和土木工程建筑业	Housing and Civil Engineering Construction	4450584	2756433
房屋工程建筑	Housing	4015908	2640459
土木工程建筑	Civil Engineering	434676	115974
建筑安装业	Building Installation	45267	16779
建筑装饰业	Builing Fiting and Decoration		
其他建筑业	Other Construction	14579	10993
按隶属关系分组	**Grouped by Subordination**		
#中　央	Central	426117	153745
省	Province	1252833	665869
地　区	Prefecture	456916	337106
县	County	289123	197928
按企业资质等级分组	**Grouped by Qualification Criteria**		
施工总承包	Overall Contract	4460447	2778308
专业承包	Specialized Contract	49982	5898

VALUE OF BUILDINGS COMPLETED BY MAJOR USE(2012)

(10 000 yuan)

商业及服务用房屋 Commercial and Service Buildings	办公用房 Oiffices	科研、教育、医疗用房屋 Scientific Research, Education and Healthcare Buildings	文化、体育、娱乐用房屋 Culture, Sports and Entertaininment Buildings	厂房及建筑物 Factory Buildings	仓 库 Warehouses	其他未列明的房屋建筑物 Other Unlisted Buildings
284722	**266418**	**378415**	**93311**	**503385**	**21775**	**178197**
162141	152195	179949	80427	318413	4811	121369
284362	266418	377215	93311	503385	21775	178197
81713	36285	134398	54378	179421	1170	25433
1069	6316	12608	2551	12429	3295	5239
9	2	2	2	2	2	
102664	132607	84423	26209	167273	4806	106646
32274	9685	4362	663	19042	902	16072
70390	122922	80061	25546	148231	3904	90573
3131		283		484		
94699	91208	145501	10171	143777	12501	40880
400				2451		
	1080	4075		450		210
92936	80157	132015	9618	91833	11648	40625
1363	9972	9412	553	49043	852	44
1078						
360		1200				
284477	263566	377355	93311	476912	21771	176758
241215	251019	373574	93311	292557	19529	104245
43263	12547	3782		184354	2242	72514
244	2852	1060		22888	4	1439
				3585		
7198	35728	387	22439	145618	1389	59614
146044	91066	151161	57868	106816	1372	32638
17429	21640	40540		19846	2874	17482
6457	20136	27735	350	30983	714	4819
276340	266190	377932	93311	469938	21771	176657
8382	228	483		33447	4	1540

10-5 建筑业企业房屋建筑面积(2012年)
BUILDING FLOOR SPACE OF CONSTRUCTION ENTERPRISES(2012)

单位:平方米 (sq.m)

指标	Item	房屋建筑施工面积 Floor Space of Buildings Under Construction	#本年新开工面积 Floor Space of Started This Year	#投标承包的面积 Floor Space of Enter a Bid Contract
总计	**Total**	**109910535**	**46657161**	**91421793**
#国有及国有控股	State Owned and State Controlling Share	58144432	21057530	55662526
按登记注册类型分组	**Grouped by Registered Kind**			
内资企业	Civil Funded Enterprises	109310294	46274704	90821552
国有企业	State-owned Enterprises	31032899	11706262	29921992
集体企业	Collective-owned Enterprises	2749247	1553485	1685647
股份合作企业	Share Cooperative Enterprises	10190		
联营企业	Joint Ownership Enterprises			
有限责任公司	Limited Responsibility Corporations	35979150	13704400	33265339
国有独资公司	Company Exclusively with Investment from State	3777634	1201766	3739818
其他有限责任公司	Other Limited Responsibility Company	32201516	12502634	29525521
股份有限公司	Share-holding Limited Corporations	553820	280092	374863
私营企业	Private-owned Enterprises	38758480	18977884	25502133
私营独资企业	Enterprise Exclusively with Investment from Private	283224	108344	24200
私营合伙企业	Private Partnership Enterprises	141436	100528	96528
私营有限责任公司	Private Limited Responsibility Corporations	34703456	16945873	23329462
私营股份有限公司	Private Share-holding Limited Corporations	3630364	1823139	2051943
其他企业	Other Enterprises	226508	52581	71578
港、澳、台商投资企业	Enterprises Funded by HongKong, Macao and Taiwan	336676	251707	336676
外商投资企业	Foreign Funded Enterprises	263565	130750	263565
按国民经济行业分组	**Grouped by Economic Sector**			
房屋和土木工程建筑业	Housing and Civil Engineering Construction	108864008	46084023	90979246
房屋工程建筑	Housing	99771422	42356226	83978996
土木工程建筑	Civil Engineering	9092586	3727797	7000250
建筑安装业	Building Installation	908159	539158	354436
建筑装饰业	Building Fiting and Decoration			
其他建筑业	Other Construction	138368	33980	88111
按隶属关系分组	**Grouped by Subordination**			
#中　央	Central	13618632	4256993	13380816
省	Province	36154974	12314860	35157415
地　区	Prefecture	10300655	5100317	9525854
县	County	4406077	2910291	3623128
按企业资质等级分组	**Grouped by Qualification Criteria**			
施工总承包	Overall Contract	108839497	45909680	90961924
专业承包	Specialized Contract	1071038	747481	459869

10-6 建筑业企业机械设备情况(2012年)

MACHINARY AND EQUIPMENT OF CONSTRUCTION ENTERPRISES(2012)

指　　标	Item	自有机械设备年末总台数(台) Number of Machinery and Equipment Owned(unit)	自有机械设备年末总功率(千瓦) Total Power of Machinery and Equipment Owned(kw)	自有机械设备净值(万元) Net Value of Machinery and Equipment Owned (10 000 yuan)
总　计	**Total**	**208493**	**6579275**	**1211129**
#国有及国有控股	State Owned and State Controlling Share	80170	3986270	688090
按登记注册类型分组	**Grouped by Registered Kind**			
内资企业	Civil Funded Enterprises	206370	6552272	1203843
国有企业	State-owned Enterprises	36125	874504	152637
集体企业	Collective-owned Enterprises	13756	152765	22151
股份合作企业	Share Cooperative Enterprises	18	1700	481
联营企业	Joint Ownership Enterprises			
有限责任公司	Limited Responsibility Corporations	59197	3814837	609280
国有独资公司	Company Exclusively with Investment from State	5272	173827	37537
其他有限责任公司	Other Limited Responsibility Company	53925	3641010	571743
股份有限公司	Share-holding Limited Corporations	3346	42855	7356
私营企业	Private-owned Enterprises	92314	1649147	405496
私营独资企业	Enterprise Exclusively with Investment from Private	294	8678	10638
私营合伙企业	Private Partnership Enterprises	638	10611	1728
私营有限责任公司	Private Limited Responsibility Corporations	83278	1487889	365221
私营股份有限公司	Private Share-holding Limited Corporations	8104	141969	27909
其他企业	Other Enterprises	1614	16464	6442
港、澳、台商投资企业	Enterprises Funded by HongKong, Macao and Taiwan	1393	16361	4086
外商投资企业	Foreign Funded Enterprises	730	10642	3199
按国民经济行业分组	**Grouped by Economic Sector**			
房屋和土木工程建筑业	Housing and Civil Engineering Construction	176787	6040691	1090141
房屋工程建筑	Housing	110500	2091278	345798
土木工程建筑	Civil Engineering	66287	3949413	744344
建筑安装业	Building Installation	18034	277070	50221
建筑装饰业	Building Fiting and Decoration	9315	83353	13638
其他建筑业	Other Construction	4357	178161	57129
按隶属关系分组	**Grouped by Subordination**			
#中　央	Central	28393	2539539	449237
省	Province	29354	670073	134033
地　区	Prefecture	25087	1079840	113347
县	County	17891	293902	50527
按企业资质等级分组	**Grouped by Qualification Criteria**			
施工总承包	Overall Contract	172972	5872500	1040670
专业承包	Specialized Contract	35521	706775	170459

10-7 建筑业企业劳动生产率(2012年)
LABOR PRODUCTIVITY OF CONSTRUCTION ENTERPRISES(2012)

指　标	Item	企业个数(个) Number of Enterprises (unit)	直接从事生产经营活动的平均人数(人) Average Number of People Directly Engaged (person)	按总产值计算的劳动生产率(元/人) Overall Labor Productivity in Terms of Total Output Value (yuan/person)	人均竣工产值(元/人) Per Capita Output Value of Buildings Completed (yuan/person)
总　计	**Total**	**2016**	**809690**	**329530**	**139439**
#国有及国有控股	State Owned and State Controlling Share	274	454528	394286	144551
按登记注册类型分组	**Grouped by Registered Kind**				
内资企业	Civil Funded Enterprises	2004	805036	330259	139782
国有企业	State-owned Enterprises	150	156676	316190	152151
集体企业	Collective-owned Enterprises	102	26863	166675	99773
股份合作企业	Share Cooperative Enterprises	3	178	136101	136101
联营企业	Joint Ownership Enterprises				
有限责任公司	Limited Responsibility Corporations	327	361200	401630	142955
国有独资公司	Company Exclusively with Investment from State	13	64389	308609	103249
其他有限责任公司	Other Limited Responsibility Company	314	296811	421810	151568
股份有限公司	Share-holding Limited Corporations	24	5579	139738	95289
私营企业	Private-owned Enterprises	1375	251785	259658	132869
私营独资企业	Enterprise Exclusively with Investment from Private	20	1887	287046	135212
私营合伙企业	Private Partnership Enterprises	7	1097	220995	168396
私营有限责任公司	Private Limited Responsibility Corporations	1276	234264	248949	131555
私营股份有限公司	Private Share-holding Limited Corporations	72	14537	431596	151056
其他企业	Other Enterprises	23	2755	218739	132658
港、澳、台商投资企业	Enterprises Funded by HongKong, Macao and Taiwan	7	1690	232016	170252
外商投资企业	Foreign Funded Enterprises	5	2964	187074	28733
按国民经济行业分组	**Grouped by Economic Sector**				
房屋和土木工程建筑业	Housing and Civil Engineering Construction	1090	723650	339089	142405
房屋工程建筑	Housing	645	386248	262553	132079
土木工程建筑	Civil Engineering	445	337402	426705	154224
建筑安装业	Building Installation	378	46100	241839	113515
建筑装饰业	Building Fiting and Decoration	353	17056	207467	118920
其他建筑业	Other Construction	195	22884	294861	113176
按隶属关系分组	**Grouped by Subordination**				
#中　央	Central	52	193537	507224	169697
省	Province	93	175183	357298	134953
地　区	Prefecture	197	87687	234647	137092
县	County	145	43495	165419	120972
按企业资质等级分组	**Grouped by Qualification Criteria**				
施工总承包	Overall Contract	947	709598	336843	141208
专业承包	Specialized Contract	1069	100092	277678	126899

10-8 建筑业企业资本金及资产(2012年)

CAPITAL AND ASSETS OF CONSTRUCTION ENTERPRISES(2012)

单位：万元 (10 000 yuan)

指标	Item	实收资本 Capitals Hold	资产总计 Total Assets	#流动资产合计 Total Circulating Funds	#固定资产合计 Total Fixed Assets
总计	**Total**	**4794315**	**29761637**	**23780917**	**2677869**
#国有及国有控股	State Owned and State Controlling Share	2143209	20877050	17111683	1309710
按登记注册类型分组	**Grouped by Registered Kind**				
内资企业	Civil Funded Enterprises	4759174	29665601	23703548	2661070
国有企业	State-owned Enterprises	510849	4410231	3766373	412500
集体企业	Collective-owned Enterprises	101598	461164	358871	66420
股份合作企业	Share Cooperative Enterprises	1923	3730	2400	1320
联营企业	Joint Ownership Enterprises				
有限责任公司	Limited Responsibility Corporations	1982559	18262383	14688301	1099842
国有独资公司	Company Exclusively with Investment from State	271450	3152169	2019678	105533
其他有限责任公司	Other Limited Responsibility Company	1711109	15110214	12668623	994309
股份有限公司	Share-holding Limited Corporations	39168	108414	67520	28704
私营企业	Private-owned Enterprises	2093469	6304967	4726542	1032542
私营独资企业	Enterprise Exclusively with Investment from Private	25394	81607	51754	25678
私营合伙企业	Private Partnership Enterprises	6209	19279	14863	4415
私营有限责任公司	Private Limited Responsibility Corporations	1960911	5715349	4304286	943385
私营股份有限公司	Private Share-holding Limited Corporations	100955	488732	355639	59063
其他企业	Other Enterprises	29609	114712	93541	19742
港、澳、台商投资企业	Enterprises Funded by HongKong, Macao and Taiwan	16227	58400	46559	10990
外商投资企业	Foreign Funded Enterprises	18914	37637	30810	5809
按国民经济行业分组	**Grouped by Economic Sector**				
房屋和土木工程建筑业	Housing and Civil Engineering Construction	3841058	27092908	21685919	2280194
房屋工程建筑	Housing	1556194	8414396	6950979	919714
土木工程建筑	Civil Engineering	2284864	18678512	14734941	1360480
建筑安装业	Building Installation	425848	1308362	1117586	150758
建筑装饰业	Building Fiting and Decoration	286411	484679	396588	63211
其他建筑业	Other Construction	240997	875688	580824	183706
按隶属关系分组	**Grouped by Subordination**				
#中　央	Central	1196538	11974333	10075027	679762
省	Province	675828	6858824	5237453	366198
地　区	Prefecture	379033	2147030	1721615	297444
县	County	162444	727893	570597	129496
按企业资质等级分组	**Grouped by Qualification Criteria**				
施工总承包	Overall Contract	3737794	26510915	21251609	2157879
专业承包	Specialized Contract	1056521	3250722	2529307	519990

10-9 建筑业企业负债及所有者权益(2012年)
LIABILITIES AND CREDITORS' EQUITY OF CONSTRUCTION ENTERPRISES(2012)

单位：万元 (10 000 yuan)

指 标	Item	负债合计 Total Liabilities	#流动负债 Liquid Liabilities	#非流动负债合计 Illiquid Liabilities	所有者权益合计 Total Creditors' Equity
总 计	**Total**	**22955850**	**21903552**	**810291**	**6804943**
#国有及国有控股	State Owned and State Controlling Share	17834119	17341231	472362	3042751
按登记注册类型分组	**Grouped by Registered Kind**				
内资企业	Civil Funded Enterprises	22895791	21843493	810291	6768966
国有企业	State-owned Enterprises	3846809	3714610	113132	563242
集体企业	Collective-owned Enterprises	341131	324214	3118	119793
股份合作企业	Share Cooperative Enterprises	1818	536	96	1912
联营企业	Joint Ownership Enterprises				
有限责任公司	Limited Responsibility Corporations	15258075	14755004	489592	3004252
国有独资公司	Company Exclusively with Investment from State	2618625	2539993	78632	533544
其他有限责任公司	Other Limited Responsibility Company	12639450	12215012	410959	2470708
股份有限公司	Share-holding Limited Corporations	46383	45201	116	62031
私营企业	Private-owned Enterprises	3328993	2945395	190210	2975607
私营独资企业	Enterprise Exclusively with Investment from Private	51214	48740	551	30393
私营合伙企业	Private Partnership Enterprises	4478	4478		14802
私营有限责任公司	Private Limited Responsibility Corporations	2978703	2658036	186027	2736279
私营股份有限公司	Private Share-holding Limited Corporations	294598	234142	3632	194134
其他企业	Other Enterprises	72583	58532	14028	42128
港、澳、台商投资企业	Enterprises Funded by HongKong, Macao and Taiwan	39504	39504		18895
外商投资企业	Foreign Funded Enterprises	20555	20555		17083
按国民经济行业分组	**Grouped by Economic Sector**				
房屋和土木工程建筑业	Housing and Civil Engineering Construction	21431457	20509424	712787	5661270
房屋工程建筑	Housing	6323050	5942283	241077	2091346
土木工程建筑	Civil Engineering	15108408	14567140	471710	3569924
建筑安装业	Building Installation	791802	759018	19950	515953
建筑装饰业	Building Fiting and Decoration	194743	185579	3268	289879
其他建筑业	Other Construction	537847	449531	74286	337841
按隶属关系分组	**Grouped by Subordination**				
#中 央	Central	10357885	10035149	322726	1616448
省	Province	5857882	5748547	108984	1000762
地 区	Prefecture	1547029	1482411	42094	600001
县	County	514774	485954	4764	213120
按企业资质等级分组	**Grouped by Qualification Criteria**				
施工总承包	Overall Contract	20993134	20031243	760159	5517601
专业承包	Specialized Contract	1962716	1872309	50131	1287342

10-10 建筑业企业收入及成本情况(2012年)
REVENUE AND COST OF CONSTRUCTION ENTERPRISES(2012)

单位：万元 (10 000 yuan)

指　标	Item	营业收入 Revenue of Business	#主营业务收入 Revenue of Major Business	主营业务成本 Cost of Major Business
总　计	**Total**	**25953230**	**25424826**	**22650904**
#国有及国有控股	State Owned and State Controlling Share	17879044	17484294	15823560
按登记注册类型分组	**Grouped by Registered Kind**			
内资企业	Civil Funded Enterprises	25860766	25333186	22567371
国有企业	State-owned Enterprises	4772312	4707856	4280537
集体企业	Collective-owned Enterprises	448702	430821	371768
股份合作企业	Share Cooperative Enterprises	2423	2423	1928
联营企业	Joint Ownership Enterprises			
有限责任公司	Limited Responsibility Corporations	14600833	14253282	12838739
国有独资公司	Company Exclusively with Investment	2050184	2040162	1828905
其他有限责任公司	Other Limited Responsibility Company	12550649	12213120	11009834
股份有限公司	Share-holding Limited Corporations	86725	84519	66507
私营企业	Private-owned Enterprises	5872103	5781376	4942370
私营独资企业	Enterprise Exclusively with Investment from Private	54833	53659	44828
私营合伙企业	Private Partnership Enterprises	22233	22078	18478
私营有限责任公司	Private Limited Responsibility Corporations	5330406	5288436	4510008
私营股份有限公司	Private Share-holding Limited Corporations	464631	417203	369057
其他企业	Other Enterprises	77669	72910	65523
港、澳、台商投资企业	Enterprises Funded by HongKong, Macao and Taiwan	36834	36834	33680
外商投资企业	Foreign Funded Enterprises	55631	54807	49852
按国民经济行业分组	**Grouped by Economic Sector**			
房屋和土木工程建筑业	Housing and Civil Engineering Construction	23836429	23338293	20904819
房屋工程建筑	Housing	9532264	9211060	8311320
土木工程建筑	Civil Engineering	14304165	14127233	12593498
建筑安装业	Building Installation	1173529	1150152	978461
建筑装饰业	Building Fiting and Decoration	344931	343202	276433
其他建筑业	Other Construction	598341	593179	491192
按隶属关系分组	**Grouped by Subordination**			
#中　央	Central	9748154	9706936	8763949
省	Province	6329760	6021147	5481484
地　区	Prefecture	2113353	2051482	1848491
县	County	699247	685365	599536
按企业资质等级分组	**Grouped by Qualification Criteria**			
施工总承包	Overall Contract	23300441	22821799	20480384
专业承包	Specialized Contract	2652789	2603027	2170520

10-11 建筑业企业费用情况(2012年)
EXPENSES OF CONSTRUCTION ENTERPRISES(2012)

单位：万元 (10 000 yuan)

指　标	Item	销售费用 Sales Expenses	管理费用 Adminis-trative Expenses	#差旅费 Travelling Expenses	#工会经费 Labor Union Expenditure	财务费用 Financial Expenses
总　计	**Total**	**88452**	**1206571**	**53292**	**11055**	**152071**
#国有及国有控股	State Owned and State Controlling Share	19629	814701	26909	6911	67944
按登记注册类型分组	**Grouped by Registered Kind**					
内资企业	Civil Funded Enterprises	88394	1200175	52965	10907	152019
国有企业	State-owned Enterprises	7667	237123	11542	2003	11096
集体企业	Collective-owned Enterprises	3281	31215	746	259	703
股份合作企业	Share Cooperative Enterprises	22	333	62	3	24
联营企业	Joint Ownership Enterprises					
有限责任公司	Limited Responsibility Corporations	19287	658156	17730	5911	62059
国有独资公司	Company Exclusively with Investment from State	2021	53994	744	495	22518
其他有限责任公司	Other Limited Responsibility Company	17267	604162	16986	5416	39541
股份有限公司	Share-holding Limited Corporations	1066	4235	143	22	442
私营企业	Private-owned Enterprises	56341	266760	22462	2627	77512
私营独资企业	Enterprise Exclusively with Investment from Private	965	3833	365	45	1048
私营合伙企业	Private Partnership Enterprises	118	1103	37	18	34
私营有限责任公司	Private Limited Responsibility Corporations	52862	244550	21226	2433	73776
私营股份有限公司	Private Share-holding Limited Corporations	2396	17275	835	131	2655
其他企业	Other Enterprises	729	2353	280	82	183
港、澳、台商投资企业	Enterprises Funded by HongKong, Macao and Taiwan	47	1840	235	16	35
外商投资企业	Foreign Funded Enterprises	11	4557	92	132	17
按国民经济行业分组	**Grouped by Economic Sector**					
房屋和土木工程建筑业	Housing and Civil Engineering Construction	60205	1051821	41864	9537	138997
房屋工程建筑	Housing	31248	382738	19269	3609	36590
土木工程建筑	Civil Engineering	28957	669083	22595	5928	102407
建筑安装业	Building Installation	10429	84504	6302	767	4269
建筑装饰业	Building Fiting and Decoration	5952	26025	2400	235	2137
其他建筑业	Other Construction	11866	44221	2727	516	6667
按隶属关系分组	**Grouped by Subordination**					
#中　央	Central	4399	483463	13792	3161	29478
省	Province	7819	247563	10461	2954	30166
地　区	Prefecture	7833	111593	3383	1507	2913
县	County	6569	37900	1630	373	3342
按企业资质等级分组	**Grouped by Qualification Criteria**					
施工总承包	Overall Contract	49157	994844	41274	8819	138527
专业承包	Specialized Contract	39295	211728	12019	2236	13544

10-12 建筑业企业薪酬及利润情况(2012年)
REMUNERATION AND PROFITS OF CONSTRUCTION ENTERPRISES(2012)

单位：万元 (10 000 yuan)

指　标	Item	应付职工薪　酬 Remuneration Payable of Staff and Workers	营业利润 Business Profits	其他业务利　润 Profits of Other Business
总　计	**Total**	**2053883**	**680726**	**49007**
#国有及国有控股	State Owned and State Controlling Share	1229800	396085	38145
按登记注册类型分组	**Grouped by Registered Kind**			
内资企业	Civil Funded Enterprises	2037783	681911	48999
国有企业	State-owned Enterprises	386685	33046	8182
集体企业	Collective-owned Enterprises	63796	5857	3013
股份合作企业	Share Cooperative Enterprises	399	18	
联营企业	Joint Ownership Enterprises			
有限责任公司	Limited Responsibility Corporations	1050765	404533	32574
国有独资公司	Company Exclusively with Investment from State	100340	82925	1509
其他有限责任公司	Other Limited Responsibility Company	950425	321608	31065
股份有限公司	Share-holding Limited Corporations	12072	3093	326
私营企业	Private-owned Enterprises	520467	233140	4900
私营独资企业	Enterprise Exclusively with Investment from Private	4088	1422	114
私营合伙企业	Private Partnership Enterprises	1798	1674	
私营有限责任公司	Private Limited Responsibility Corporations	489514	211460	4788
私营股份有限公司	Private Share-holding Limited Corporations	25067	18583	-2
其他企业	Other Enterprises	3598	2223	4
港、澳、台商投资企业	Enterprises Funded by HongKong, Macao and Taiwan	4684	260	
外商投资企业	Foreign Funded Enterprises	11417	-1445	8
按国民经济行业分组	**Grouped by Economic Sector**			
房屋和土木工程建筑业	Housing and Civil Engineering Construction	1855012	607552	43270
房屋工程建筑	Housing	931262	148668	33262
土木工程建筑	Civil Engineering	923750	458883	10008
建筑安装业	Building Installation	117537	35063	4254
建筑装饰业	Building Fiting and Decoration	37216	14835	423
其他建筑业	Other Construction	44119	23277	1060
按隶属关系分组	**Grouped by Subordination**			
#中　央	Central	588304	251560	3678
省	Province	436694	105523	30373
地　区	Prefecture	229007	37644	6013
县	County	107115	13212	2842
按企业资质等级分组	**Grouped by Qualification Criteria**			
施工总承包	Overall Contract	1783042	597220	42052
专业承包	Specialized Contract	270841	83507	6954

10-13 建筑业企业利润及税金情况(2012年)
PROFITS AND TAXES OF CONSTRUCTION ENTERPRISES(2012)

单位：万元 (10 000 yuan)

指 标	Item	利润总额 Total Profits	税金总额 Total Taxes	主营业务税金及附加 Taxes and Extra Charges of Major Business	管理费用中的税金 Taxes in Costs of Administration
总 计	**Total**	**693319**	**815456**	**787796**	**27660**
#国有及国有控股	State Owned and State Controlling Share	406552	540813	527213	13599
按登记注册类型分组	**Grouped by Registered Kind**				
内资企业	Civil Funded Enterprises	694535	812544	784993	27551
国有企业	State-owned Enterprises	39056	159323	154006	5317
集体企业	Collective-owned Enterprises	6169	17395	16543	852
股份合作企业	Share Cooperative Enterprises	17	127	98	29
联营企业	Joint Ownership Enterprises				
有限责任公司	Limited Responsibility Corporations	409484	429382	418275	11107
国有独资公司	Company Exclusively with Investment from State	81850	74023	72889	1134
其他有限责任公司	Other Limited Responsibility Company	327634	355360	345386	9974
股份有限公司	Share-holding Limited Corporations	3287	2634	2535	99
私营企业	Private-owned Enterprises	234720	201562	191649	9913
私营独资企业	Enterprise Exclusively with Investment from Private	1599	1419	1372	47
私营合伙企业	Private Partnership Enterprises	1642	630	622	7
私营有限责任公司	Private Limited Responsibility Corporations	213415	185224	175920	9304
私营股份有限公司	Private Share-holding Limited Corporations	18063	14290	13735	555
其他企业	Other Enterprises	1804	2120	1887	233
港、澳、台商投资企业	Enterprises Funded by HongKong, Macao and Taiwan	230	1047	985	62
外商投资企业	Foreign Funded Enterprises	-1447	1866	1818	48
按国民经济行业分组	**Grouped by Economic Sector**				
房屋和土木工程建筑业	Housing and Civil Engineering Construction	615924	750617	727415	23202
房屋工程建筑	Housing	154081	317666	304667	12999
土木工程建筑	Civil Engineering	461843	432951	422748	10204
建筑安装业	Building Installation	34510	37236	34803	2432
建筑装饰业	Building Fiting and Decoration	14518	12741	12001	740
其他建筑业	Other Construction	28367	14863	13577	1285
按隶属关系分组	**Grouped by Subordination**				
#中 央	Central	253568	281244	277541	3703
省	Province	113407	202496	195981	6516
地 区	Prefecture	39260	67645	63824	3821
县	County	12771	28403	26587	1817
按企业资质等级分组	**Grouped by Qualification Criteria**				
施工总承包	Overall Contract	604676	736330	713967	22363
专业承包	Specialized Contract	88643	79126	73829	5297

主要统计指标解释

签订的合同额 指建筑业企业在报告期直接同建设单位签订合同的总价款和以前年度同建设单位签定合同的未完工程跨入本年度继续施工工程合同的总价款余额。

本年新签合同额 指建筑业企业在报告期内同建设单位直接新签订的各种国内工程合同的总价款，不包括与其他建筑业企业新签的分包合同额。

建筑业总产值 建筑业总产值是以货币表现的建筑业企业在一定时期内生产的建筑业产品和服务的总和。建筑业总产值包括建筑工程产值、安装工程产值和其他产值三部分内容。

竣工产值 一般是以单位工程为对象，当该工程按照设计所规定的工程内容全部完成，达到了设计规定的交工条件，经有关部门检查验收鉴定合格的单位工程价值，即为竣工产值。竣工产值包括范围应是报告期内竣工单位工程从开工到竣工的全部自行完成的价值，竣工产值不包括附属辅助企业或内部核算的其他单位为外单位生产和服务的价值。

房屋施工面积 指报告期内施工的全部房屋建筑面积，它包括本期新开工的面积、上期跨入本期继续施工的房屋面积、上期停缓建在本期恢复施工的房屋面积、本期竣工的房屋面积以及本期施工后又停缓建的房屋面积。

房屋竣工面积 指在报告期内房屋建筑按照设计要求已全部完工，达到住人和使用条件，经验收鉴定合格或达到竣工验收标准，可正式移交使用的各栋房屋建筑面积总和。

房屋竣工价值 指在报告期内按规定已经上报竣工的房屋本身的建造价值。一般按房屋设计和预算规定的内容计算。一般按结算价格（或中标价）计算。

固定资产合计 指企业为生产商品、提供劳务、出租或经营管理而持有的，使用寿命超过一个会计年度的有形资产。包括使用期限超过一年的房屋、建筑物、机器、机械、运输工具以及其他与生产、经营有关的设备、器具、工具等。

资产总计 指企业过去的交易或者事项形成的、由企业拥有或者控制的、预期会给企业带来经济利益的资源。资产一般按流动性分为流动资产和非流动资产。

执行 2006 年《企业会计准则》的企业：资产合计 = 流动资产合计 + 非流动资产合计；

未执行 2006 年《企业会计准则》的企业：资产合计 = 流动资产合计 + 长期投资 + 固定资产合计 + 无形及递延资产小计 + 其他资产。

负债合计 指企业过去的交易或者事项形成的，预期会导致经济利益流出企业的现时义务。负债一般按偿还期长短分为流动负债和非流动负债。

所有者权益合计 指企业资产扣除负债后由所有者享有的剩余权益。公司的所有者权益又称股东权益。包括实收资本、资本公积、盈余公积、未分配利润等。

主营业务收入 指企业确认的销售商品、提供劳务等主营业务的收入。

执行 2006 年《企业会计准则》的企业，如未设置该科目，以“营业收入”代替填报。

销售费用 指企业从事施工生产活动过程中发生的各项费用，包括应由企业负担的运输费、装卸费、包装费、保险费、维修费、展览费、差旅费、广告费和其他经费。

营业利润 指企业从事生产经营活动所取得的利润。

执行 2006 年《企业会计准则》的企业，营业利润为营业收入减去营业成本、营业税金及附加、销售费用、管理费用、财务费用、资产减值损失，再加上公允价值变动收益和投资收益。

未执行 2006 年《企业会计准则》的企业，营业利润为主营业务收入减去主营业务成本、主营业务税金及附加，加上其他业务利润后，再减去销售费用、管理费用、财务费用后的金额。

利润总额 指企业在一定会计期间的经营成果，是生产经营过程中各种收入扣除各种耗费后的盈余，反映企业在报告期内实现的亏盈总额。

执行 2006 年《企业会计准则》的企业，利润总额为营业利润加上营业外收入，减去营业外支出后的金额。

未执行 2006 年《企业会计准则》的企业，利润总额为营业利润加上投资收益、补贴收入、营业外收入，再减去营业外支出后的金额。

应付职工薪酬 指企业为获得职工提供的服务而给予各种形式的报酬以及其他相关支出。包括职工工资、奖金、津贴和补贴，职工福利费，医疗保险费、养老保险费、失业保险费、工伤保险费和生育保险费等社会保险费，住房公积金，工会经费和职工教育经费，非货币性福利，因解除与职工的劳动关系给予的补偿，其他与获得职工提供的服务相关的支出。

Explanatory Notes on Main Statistical Indicators

Contract Amount Signed refers to the contract total amount that construction enterprises signed directly with the constructed units in the reference period and the remaining sum of contract amount that construction enterprises signed in the previous years, with construction project are in process and extending to continue in current year.

Contract Amount Newly Signed This Year refers to total amount of domestic project contracts that construction enterprises newly signed directly with constructed units in the reference period, excluding subcontracts that construction enterprises newly signed with other construction enterprises.

Gross Output Value of Construction refers to total of construction products and services, expressed in money terms, completed by construction enterprises during a given period of time. It includes three parts: output value of construction projects, output value of installation projects and output value of others.

Output Value of Buildings Completed refers to the value of unit project that is completed in accordance with the requirements of the design, up to the standard for handing in, and has been checked and accepted by concerned departments as qualified one. It includes entire value of the completed project from start to completing in the reference period. If a project is under construction in two years, the output value of building completed should include completed value last year. Some large projects, such as large factory building, senior hotel, pipelines, roads, railways, which can be constructed by span, layer or fragment and can be put into use separately by contract, can calculate their output value separately. It excludes the value of products and services which affiliated enterprises or other inner accounting units provide to outer units.

Floor Space of Buildings under Construction refers to total floor space of buildings under construction during the reference period, including newly started buildings, buildings started earlier and continued during the reference period, and buildings suspended earlier but restarted during the reference period, buildings completed during the reference period, and buildings under construction and then suspended during the reference period.

Floor Space of Buildings Completed refers to the floor space of buildings that are completed in the reference period in accordance with the requirement of the design, up to the standard for being resided in and put into use, and have been checked and accepted by concerned departments as qualified ones or up to the standard of buildings completed and can be handed over fore putting into use.

Value of Buildings Completed refers to the constructing value of buildings which have reported completing in accordance with the requirement in reference period. Generally, it calculates by stipulated items in design and budget. It can report in term of settling value or value of attaining contract.

Total Fixed Assets refer to tangible assets enterprises possess for production, service supplying, leasing or management, with life operation is longer than a fiscal year. Total Fixed Assets include houses, buildings, machines, machineries, transport tools and other relevant equipments, appliances and tools which use longer than a year.

Total Assets refer to resources, formed by former transaction or events, owned or controlled by enterprises, and it can bring economic profits in future. Total assets normally include liquid assets and illiquid assets.

For enterprises implement Accounting Standards of 2006,

Total Assets = Liquid Assets + Illiquid Assets.

For enterprises don't implement Accounting Standards of 2006,

Total Assets = Liquid Assets + Long Term Investment + Fixed Assets + Intangible Assets + Deferred Assets + Other Assets.

Total Liabilities refer to the debts, formed by former transaction or events, and it can bring economic profits in future. The liabilities include liability include liquid liabilities and illiquid liabilities by terms of repayment.

Creditors' Equity refers to the residual equity enjoyed by the owners, which equals to assets deducting liabilities, including capital hold, capital accumulation fund, surplus accumulation fund and undistributed profit.

Revenue of Major Business refers to enterprises confirmed revenue of products sales, services supply and so on.

It is can be substituted by business revenue for enterprises implementing Accounting Standards of 2006 which don't set the account.

Sales Expenses refer to kinds of costs through constructing activities, which include costs of transport, loading and unloading, packing, insurance, maintaining, showing, business trip, advertisement and others.

Profits of Business refer to profits realized through the business of enterprises.

For enterprises implement Accounting Standards of 2006, profits of business equal to business revenue minus business costs, business taxes and extra charges, costs of sales, administrative expenses, fiscal costs, assets devaluation, and plus proceeds of changes in fair value and investment income.

For enterprises don't implement Accounting Standards of 2006, profits of business equal to business revenue of major business minus business costs of major business, taxes and extra charges of major business, plus other business profits, and minus costs of sales, administrative expenses, and fiscal costs.

Total Profits refer to business results of enterprises in a certain account period, i.e. enterprises' business surplus of income deduct losses in the production and operation process, reflecting total profits and losses during the reference period.

For enterprises implement Accounting Standards of 2006, total profits equal business profits plus non-business income, and minus non-business expenses.

For enterprises don't implement Accounting Standards of 2006, total profits equal business profits plus investment income, subside income, non-business income, and plus non-business expenses.

Remuneration Payable of Staff and Workers refers to all kinds of payments and other relevant expenditures that enterprises pay for getting services of staff and workers. It includes wages, bonus, allowances, subsides, welfare fees, health insurance premiums, endowment insurance premiums, unemployment insurance premiums, employment injury insurance premiums, birth insurance premiums, housing provident funds, labor union expenditures, educational expenditures, non-monetary welfare, compensation for terminal labor relations and other relevant expenditures.

11 交通运输、邮电通信业

TRANSPORTATION, POST AND TELECOMMUNICATION SERVICES

PAGE

361–384

资料整理人员

崔旭莲　阮并晶

交通运输、邮电通信业

TRANSPORTATION, POST AND TELECOMMUNICATION SERVICES

铁路营业里程	Length of Railways in Operation	3774	公里	(km)
公路线路里程	Length of Highways	137771	公里	(km)
货物周转量	Turnover Volume of Freight Traffic	3345.8	亿吨公里	(100 million ton-km)
旅客周转量	Turnover Volume of Passenger Traffic	423.0	亿人公里	(100 million person-km)
市话年末到达数	Telephones in Urban Area at Year-end	482.0	万户	(10 000 households)
农话年末到达数	Telephones in Rural Area at Year-end	203.2	万户	(10 000 households)
移动电话户数	Number of Mobile Telephone Subscribers	2764.6	万户	(10 000 households)

民用汽车拥有量（万辆）

Number of Civil Motor Vihicles (10 000 unit)

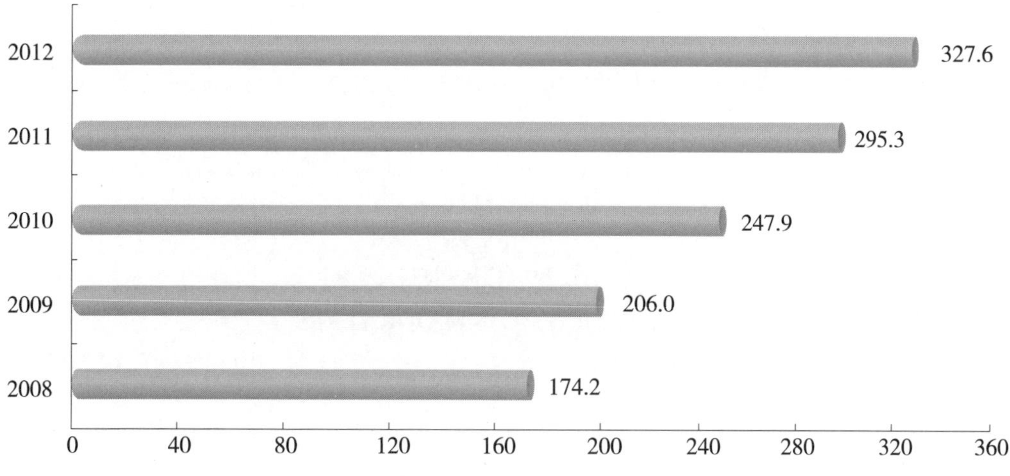

高速公路线路里程(公里)

Length of Express Highways(km)

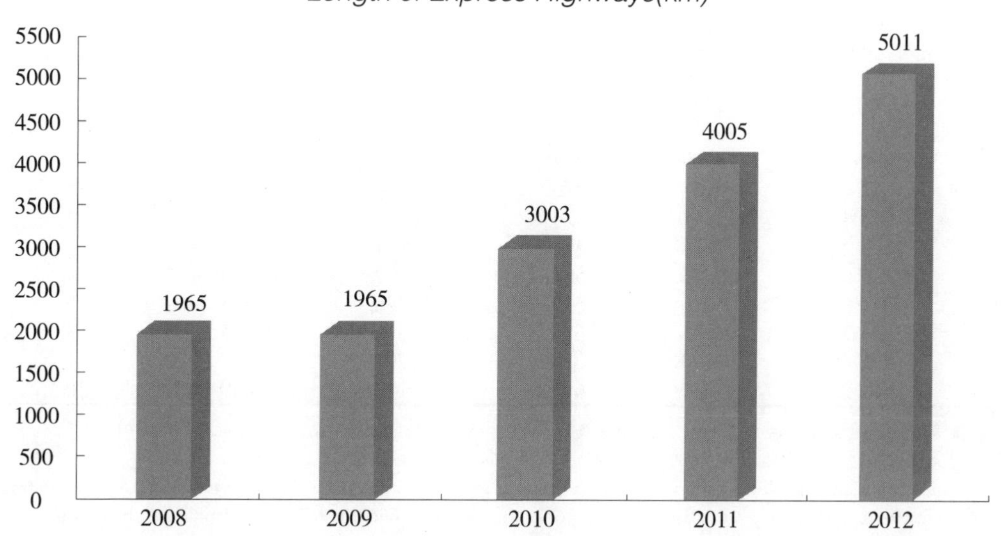

11-1 主要年份运输线路长度
LENGTH OF TRANSPORT ROUTES IN MAJOR YEARS

单位：公里 (km)

年 份 Year	铁路营业里程 Length of Railways in Operation	公路线路里程 Length of Highways	#晴雨通车里程 Length of All Weather Highways	#高速公路 Expressways	每百平方公里平均里程 Average Length Per Square Kilometre 铁 路 Railways	公 路 Highways
1978	2057	31868	11163		1.3	20.3
1980	2129	27261	8509		1.4	17.4
1985	2169	28762	12214		1.4	18.4
1990	2330	30784	15493		1.5	19.6
1995	2435	33644	19914		1.6	21.5
2000	2512	55408	37655	518	1.6	35.4
2005	2512	111227	96092	1686	1.6	71.0
2006	3110	112930	98955	1752	2.0	72.1
2007	3115	119869	109093	1893	2.0	76.5
2008	3324	124773	115771	1965	2.1	79.6
2009	3536	127330	122912	1965	2.3	81.3
2010	3752	131644	128844	3003	2.4	84.0
2011	3774	134808	132394	4005	2.4	86.0
2012	3774	137771		5011	2.4	87.9

注：2005年及以后公路线路里程和晴雨通车里程包括村道里程数；2006年及以后铁路营业里程包括国铁、合资和地方铁路，原来只包括国家铁路。

Note: Length of highways and all-weather highways includes length of roads between villages since 2005. Length of railways, which only includes national railways formerly, includes length of national railways, joint-venture railways and local railways since 2006 .

11-2 主要年份货运量
FREIGHT TRAFFIC IN MAJOR YEARS

单位：万吨 (10 000 tons)

年 份 Year	合 计 Total	铁 路 Railways	#中央铁路 National Railways	公 路 Highways	#汽 车 Automobile	水 运 Water Transport	民 航 Civil Aviation
1978	15620	9166	9166	6443	1073	11	0.09
1980	18080	11067	11067	7004	1059	9	0.15
1985	29181	16110	16092	13071	1854		0.35
1990	50111	23332	23082	26706	1927	72	0.55
1995	65962	26095	25718	39776	1920	90	0.67
2000	86624	28779	28469	57813	48730	31	0.60
2005	125367	49067	47697	76201	72997	95	3.80
2006	132041	53465	52474	78512	75413	59	3.80
2007	141729	59614	57589	82084	80156	27	4.27
2008	127066	60305	58122	66709	61185	49	3.36
2009	109883	55086	52928	54786	50485	5	3.64
2010	124677	63836	60808	60819	56985	18	4.49
2011	137940	69194	65695	65201	61237	41	4.53
2012	144622	71437	68294	73150	66890	30	4.84

注：(1)2000年以前汽车货运量为交通系统内口径，2000年及以后为全社会口径。
(2)2008年至今公路运输量相关指标为专项调查数据，下同。

Notes: (1)The freight traffic of automobile is calculated by the coverage of traffic system before 2000, and refferred to total society from 2000.
(2)Traffic volume of highways and relative data obtained from a special survey since 2008.The same applies to the follwing.

11-3 主要年份货物周转量
TURNOVER VOLUME OF FREIGHT TRAFFIC IN MAJOR YEARS

单位：万吨公里 (10 000 ton-km)

年 份 Year	合 计 Total	铁 路 Railways	#中央铁路 National Railways	公 路 Highways	#汽 车 Automobile	水 运 Water Transport
1978	1896350	1784790	1784790	111483	71220	77
1980	2253618	2096450	2096450	157126	76908	42
1985	3609795	3086917	3086584	522878	172565	
1990	5948295	4795516	4784200	1152520	256140	259
1995	7179630	5363846	5346060	1815463	223791	321
2000	8679954	5979696	5958000	2700206	2363596	52
2005	13625549	9697012	9599369	3927715	3788087	822
2006	15302020	11273456	11184936	4028106	3915891	458
2007	16130831	11856056	11736093	4274569	4212114	206
2008	23291682	12269080	12128155	11022284	11022284	318
2009	21000654	11936994	11787797	9063535	8832473	125
2010	23324205	13624714	13436905	9698896	9486877	595
2011	30827489	20355804	20153949	10471189	10237638	496
2012	33458466	21435390	21231815	12022480	11686546	596

注：2011年起，铁路为全行业数据，包括国家铁路（含控股）、非控股合资铁路及地方铁路。

Note: Volume of railways is calculated by the whole industry coverage since 2011, which includes national railways, non-shareholding joint venture railways and local railways.

11-4 主要年份旅客运输量和周转量
PASSENGER TRAFFIC AND TURNOVER VOLUME IN MAJOR YEARS

年 份 Year	客运量 (万人) Passenger Traffic (10 000 persons)	#铁 路 Railways	#公 路 Highways	旅客周转量 (万人公里) Passenger Kilometers (10 000 person-km)	#铁 路 Railways	#公 路 Highways
1978	4498	2124	2375	387366	270950	116416
1980	5865	2523	3342	497897	356420	141477
1985	10564	3391	7173	931783	621351	310432
1990	15960	3226	12728	1260441	668100	587953
1995	21337	3308	17956	1750989	806580	861061
2000	31818	2953	28821	2245807	833600	1358962
2005	40209	3433	36456	3295406	1056422	1809406
2006	42552	3760	38415	3668693	1104390	1897094
2007	44270	4182	39632	3739365	1225343	2071400
2008	36706	4738	31397	4481766	1343296	2425444
2009	37033	5320	31122	3521129	1417639	2103170
2010	39059	5746	32606	3715683	1558206	2157019
2011	39932	6219	32865	4158078	1957808	2199108
2012	40839	6208	33662	4229773	1923652	2306121

注：2009年以后旅客周转量不包括民航数据。

Note: Passenger turnover volume doesn't include civil aviation data since 2009.

11-5 公路客货运输量(2012年)
HIGHWAY PASSENGER AND FREIGHT TRAFFIC(2012)

指　标	Item	营业性 Business	个 体 Individual
一、客运量 (万人)	**Passenger Traffic (10 000 persons)**	**33662**	**328**
汽　车	Automobile	33662	328
二、旅客周转量 (万人公里)	**Turnover Value of Passenger (10 000 person-km)**	**2306121**	**25005**
汽　车	Automobile	2306121	25005
三、货运量 (万吨)	**Freight Traffic (10 000 tons)**	**73150**	**36652**
汽　车	Automobile	66890	30617
其他机动车	Other Motor Vehicle	5672	5506
轮胎式拖拉机	Wheeled Tractors	588	529
四、货物周转量 (万吨公里)	**Turnover Value of Freight (10 000 ton-km)**	**12022480**	**5518475**
汽　车	Automobile	11686546	5192929
其他机动车	Other Motor Vehicle	318732	310131
轮胎式拖拉机	Wheeled Tractors	17202	15416

11-6 公路分货类运输量(2012年)
HIGHWAY FREIGHT TRAFFIC BY CATEGORY OF CARGO(2012)

指　标	Item	货运量 (万吨) Freight Traffic (10 000 tons)	货物周转量 (万吨公里) Turnover Volume of Freight Traffic (10 000 ton-km)
合　计	**Total**	**73151**	**12022480**
煤炭及制品	Coal and Products	38334	6199647
石油天然气及制品	Petroleum,Natural Gas and Products	2426	282979
#原　油	Crude Oil	90	9550
金属矿石	Metal Ores	1232	220481
钢　铁	Steel and Iron	2709	602496
矿建材料	Mineral Building Materials	5519	586960
水　泥	Cement	3510	221729
木　材	Timber	858	75387
非金属矿石	Nonmetal Ores	703	81543
#磷　矿	Phosphorus Ore	7	670
化肥及农药	Chemical Fertilizers and Pesticides	983	163928
盐	Salt	400	28603
粮　食	Grain	2017	277291
机械、设备、电器	Mechanism,Equipment and Eletric	966	262286
化工原料及制品	Raw Chemical and Products	806	132782
有色金属	Nonferrous Metal	158	25810
轻工、医药产品	Light Product and Medical Products and Fishery Products	809	178160
#日用工业品	Industrial Articles for Daily Use	123	8438
农林牧渔业产品	Farming,Forestry,Animal Husbandry	1854	495821
#棉　花	Cotton	116	18695
其　他	Others	9867	2186577

11-7 主要年份民用汽车拥有量
NUMBER OF CIVIL MOTOR VEHICLES IN MAJOR YEARS

单位：辆 (unit)

年份 Year	民用汽车总数 Total	#载货汽车 Trucks	#载客汽车 Buses and Cars	#私人汽车 Private Vehicles	#载货 Trucks	#载客 Passenger Vehicles	每百公里公路平均汽车数 Average Number of Motor Vehicles Per 100 km
1978	45634	34383	8341				143.2
1980	70730	47872	10329				259.5
1985	129286	102033	20968	23664	21525	1884	449.5
1990	232665	174618	46390	46540	36084	10450	755.8
1995	332886	210157	106924	94987	54806	40131	989.4
2000	550148	278235	253481	235078	98837	135909	992.9
2005	1074350	379599	677746	587721	155570	430314	1056.5
2006	1215470	362904	832787	735838	166972	568866	1289.2
2007	1443307	387232	1028553	931163	187040	739517	1447.1
2008	1742158	426521	1272342	1193476	220678	954482	1632.8
2009	2059535	485446	1555324	1488602	264851	1220074	1844.6
2010	2478905	558169	1899271	1865984	319589	1541432	2315.8
2011	2953253	612696	2316189	2301975	364040	1931590	2190.7
2012	3275805	567788	2708017	2697177	362482	2334695	2377.7

注：民用汽车总数和私人汽车数不包括三轮汽车和低速货车。

Note: Number of civil motor vehicles and number of private cars exclude tricars and lower-speed cars.

11-8 民用汽车拥有量(2012年)
NUMBER OF CIVIL MOTOR VEHICLES(2012)

单位：辆 (unit)

指标	Item	合计 Total	营运 Business	非营运 Non-business	#个人 Individual
一、民用汽车	Civil Motor Vehicles	3711308	577810	3133498	2816759
1. 载客汽车	Buses and Cars	2708017	69843	2638174	2334695
#大　型	Large-size	27359	18373	8986	1195
中　型	Medium-size	21028	6883	14145	5642
#轿　车	Cars	1843383	43500	1799883	1639124
2. 载货汽车	Trucks	567788	422762	145026	362482
#重　型	Heavy	212804	209641	3163	90988
中　型	Medium	40352	37724	2628	27138
#普通载货汽车	Ordinary	272323	143626	128697	204575
3.其他汽车	Others	435503	85205	350298	119582
二、拖拉机	Tractors	431604			431604
#大中型	Large and medium-size	97832			97832
小型方向盘式	Small-size with Steering Wheel	124927			124927
三、摩托车	Motorcycles	662343	29554	632789	651394
#普　通	Ordinary	654888	29550	625338	643979
轻　便	Light	7455	4	7451	7415
四、载货挂车	Trailers	104751	104077	674	41020
五、其他类型车	Other Kinds of Vehicles	293	192	101	48

注：民用汽车拥有量包括三轮汽车和低速货车。

Note: Number of civil motor vehicles include tricars and lower-speed cars.

11-9 民用航空航线(2012年)
CIVIL AVIATION ROUTES(2012)

太原-北京	Taiyuan-Beijing	太原-仁川	Taiyuan-Incheon
太原-上海	Taiyuan-Shanghai	太原-普吉	Taiyuan-Phuket
太原-广州	Taiyuan-Guangzhou	太原-济州岛	Taiyuan-Chejudo
太原-成都	Taiyuan-Chengdu	太原-日本	Taiyuan-Janpan
太原-深圳	Taiyuan-Shenzhen	太原-南京-福州	Taiyuan-Nanjing-Fuzhou
太原-昆明	Taiyuan-Kunming	太原-南京-晋江	Taiyuan-Nanjing-Jinjiang
太原-郑州	Taiyuan-Zhengzhou	太原-南京-温州	Taiyuan-Nanjing-Wenzhou
太原-武汉	Taiyuan-Wuhan	太原-南京-厦门	Taiyuan-Nanjing-Xiamen
太原-长沙	Taiyuan-Changsha	太原-杭州-厦门	Taiyuan-Hangzhou-Xiamen
太原-沈阳	Taiyuan-Shenyang	太原-济南-厦门	Taiyuan-Jinan-Xiamen
太原-南京	Taiyuan-Nanjing	太原-济南-威海	Taiyuan-Jinan-Weihai
太原-杭州	Taiyuan-Hangzhou	太原-长沙-厦门	Taiyuan-Changsha-Xiamen
太原-天津	Taiyuan-Tianjin	太原-长沙-海口	Taiyuan-Changsha-Haikou
太原-西安	Taiyuan-Xi'an	太原-长沙-贵阳	Taiyuan-Changsha-Guiyang
太原-大连	Taiyuan-Dalian	太原-长沙-南宁	Taiyuan-Changsha-Nanning
太原-合肥	Taiyuan-Hefei	太原-长沙-三亚	Taiyuan-Changsha-Sanya
太原-三亚	Taiyuan-Sanya	太原-合肥-厦门	Taiyuan-Hefei-Xiamen
太原-海口	Taiyuan-Haikou	太原-无锡-厦门	Taiyuan-Wuxi-Xiamen
太原-福州	Taiyuan-Fuzhou	太原-桂林-海口	Taiyuan-Guilin-Haikou
太原-重庆	Taiyuan-Chongqing	太原-西安-三亚	Taiyuan-Xi'an-Sanya
太原-包头	Taiyuan-Baotou	太原-武汉-桂林	Taiyuan-Wuhan-Guilin
太原-温州	Taiyuan-Wenzhou	太原-武汉-深圳	Taiyuan-Wuhan-Shenzhen
太原-厦门	Taiyuan-Xiamen	太原-贵阳-南宁	Taiyuan-Guiyang-Nanning
太原-运城	Taiyuan-Yuncheng	太原-重庆-昆明	Taiyuan-Chongqing-Kunming
太原-长治	Taiyuan-Changzhi	太原-郑州-合肥	Taiyuan-Zhengzhou-Hefei
太原-大同	Taiyuan-Datong	太原-深圳-三亚	Taiyuan-Shenzhen-Sanya
太原-香港	Taiyuan-Hong Kong	太原-南昌-汕头	Taiyuan-Nanchang-Shantou
太原-澳门	Taiyuan-Macau	太原-榆林-银川	Taiyuan-Yulin-Yinchuan
太原-台北（桃园）	Taiyuan-Taibei（Taoyuan）	太原-运城-厦门	Taiyuan-Yuncheng-Xiamen
太原-台北（松山）	Taiyuan-Taibei（Songshan）	太原-运城-海口	Taiyuan-Yuncheng-Haikou
太原-台中	Taiyuan-Taizhong	太原-运城-三亚	Taiyuan-Yuncheng-Sanya
太原-曼谷	Taiyuan-Bangkok	太原-运城-贵阳	Taiyuan-Yuncheng-Guiyang

11-9 续表 continued

太原-运城-福州	Taiyuan-Yuncheng-Fuzhou	大连-太原-西宁	Dalian-Taiyuan-Xining
太原-武汉-南宁	Taiyuan-Wuhan-Nanning	贵阳-太原-大同	Guiyang-Taiyuan-Datong
太原-海口-新加坡	Taiyuan-Haikou-Singapore	重庆-太原-沈阳	Chongqing-Taiyuan-Shenyang
太原-杭州-福州	Taiyuan-Hangzhou-Fuzhou	济南-太原-鄂尔多斯	Jinan-Taiyuan-Eerduosi
太原-长治-武汉	Taiyuan-Changzhi-Wuhan	三亚-太原-呼和浩特	Sanya-Taiyuan-Huhehaote
太原-曼谷-普吉	Taiyuan-Bangkok-Phuket	绵阳-太原-沈阳	Mianyang-Taiyuan-Shenyang
太原-南京-三亚	Taiyuan-Nanjing-Sanya	大连-太原-三亚	Dalian-Taiyuan-Sanya
天津-太原-西安	Tianjin-Taiyuan-Xi'an	烟台-太原-西安	Yantai-Taiyuan-Xi'an
沈阳-太原-西安	Shenyang-Taiyuan-Xi'an	三亚-太原-沈阳	Sanya-Taiyuan-Chenyang
武汉-太原-沈阳	Wuhan-Taiyuan-Shenyang	烟台-太原-银川	Yantai-Taiyuan-Yinchuan
长沙-太原-沈阳	Changsha-Taiyuan-Shenyang	桃园-太原-兰州	Taoyuan-Taiyuan-Lanzhou
天津-太原-兰州	Tianjin-Taiyuan-Lanzhou	南京-太原-大同	Nanjing-Taiyuan-Datong
天津-太原-重庆	Tianjin-Taiyuan-Chongqing	呼和浩特-太原-青岛	Huhehaote-Taiyuan-Qingdao
沈阳-太原-昆明	Shenyang-Taiyuan-Kunming	长治-北京	Changzhi-Beijing
烟台-太原-西安	Yantai-Taiyuan-Xi'an	长治-成都	Changzhi-Chengdu
西安-太原-长春	Xi'an-Taiyuan-Changchun	长治-上海	Changzhi-Shanghai
大连-太原-重庆	Dalian-Taiyuan-Chongqing	大同-长治-广州	Datong-Changzhi-Guangzhou
福州-长沙-太原	Fuzhou-Changsha-Taiyuan	天津-长治-重庆	Tianjin-Changzhi-Chongqing
昆明-长沙-太原	Kongming-Changsha-Taiyuan	运城-北京	Yuncheng-Beijing
南京-太原-乌鲁木齐	Nanjing-Taiyuan-Wulumuqi	运城-上海	Yuncheng-Shanghai
乌鲁木齐-太原-海口	Wulumuqi-Taiyuan-Haikou	运城-成都	Yuncheng-Chengdu
哈尔滨-太原-深圳	Haerbin-Taiyuan-Shenzhen	运城-广州	Yuncheng-Guangzhou
昆明-太原-呼和浩特	Kunming-Taiyuan-Huhehaote	运城-南京	Yuncheng-Nanjing
青岛-太原-乌鲁木齐	Qingdao-Taiyuan-Wulumuqi	大同-运城-三亚	Datong-Yuncheng-Sanya
重庆-太原-大同	Chongqing-Taiyuan-Datong	郑州-运城-合肥	Zhengzhou-Yuncheng-Hefei
西安-太原-哈尔滨	Xi'an-Taiyuan-Haerbin	杭州-运城-乌鲁木齐	Hangzhou-Yuncheng-Wulumuqi
杭州-太原-银川	Hangzhou-Taiyuan-Yinchuan	天津-运城-昆明	Tianji-Yuncheng-Kunming
呼和浩特-太原-南昌	Huhehaote-Taiyuan-Nanchang	运城-武汉-厦门	Yuncheng-Wuhan-Xiamen
南京-太原-鄂尔多斯	Nanjing-Taiyuan-Eerduosi	天津-运城-重庆	Tianjin-Yuncheng-Chongqing
青岛-太原-兰州	Qingdao-Taiyuan-Lanzhou	大同-北京	Datong-Beijing
哈尔滨-太原-桂林	Haerbin-Taiyuan-Guilin	大同-上海	Datong-Shanghai

11-10 山西省通过铁路发往各省、市、自治区的货物(2012年)

单位：万吨

省、市、区 Region		总计 Total	煤 Coal	焦炭 Coke	金属矿石 Metal Ores	钢铁及有色金属 Steel and Nonferrous Metal
总　计	**Total**	**67585**	**59213**	**3191**	**349**	**2587**
北　京	Beijing	730	701			22
天　津	Tianjin	2136	1759	101		239
河　北	Hebei	37326	35481	1632		108
山　西	Shanxi	4347	3344	62	301	91
内蒙古	Inner Mongolia	304	149	57		69
辽　宁	Liaoning	1431	1148	196		23
吉　林	Jilin	123	28	13		7
黑龙江	Heilongjiang	97	23	1		5
上　海	Shanghai	191	12	84		77
江　苏	Jiangsu	2547	1809	391		244
浙　江	Zhejiang	354	184	12		89
安　徽	Anhui	958	810	48		21
福　建	Fujian	139	28	82		4
江　西	Jiangxi	440	331	55		5
山　东	Shandong	8585	7957	202	5	141
河　南	Henan	2776	2532	16	1	66
湖　北	Hubei	2204	2046	32		90
湖　南	Hunan	789	602	98		61
广　东	Guangdong	190	10	54		64
广　西	Guangxi	159	57	23		5
海　南	Hainan	5				
重　庆	Chongqing	194				159
四　川	Sichuan	440	17	8		254
贵　州	Guizhou	118		12		84
云　南	Yunnan	37	1	6		2
西　藏	Tibet	9				7
陕　西	Shaanxi	371	90		42	225
甘　肃	Gansu	206				195
青　海	Qinghai	136				109
宁　夏	Ningxia	96				94
新　疆	Xinjiang	147	93	4		27

FREIGHT SENT TO PROVINCES, CITIES AND MUNICIPALITIES FROM SHANXI BY RAILWAY(2012)

(10 000 tons)

非金属矿石 Non-Metal Ores	石油 Petroleum	矿建材料 Mine Construction Materials	水泥 Cement	木材 Timber	粮食 Grain	化肥及农药 Chemical Fertilizer and Pesticide	盐 Salt	其他 Others
501	**56**	**147**		**4**	**304**	**783**		**451**
						4		3
5		4			1	5		23
38		11				43		14
250	54	87				12		144
2	1	3				16		8
12					1	33		17
5		2				66		2
5		7				47		10
3					8			6
12					15	61		14
8					30	7		25
3					37	38		2
					11	6		9
3					24	14		8
27		3			1	237		12
102					4	49		4
3					8	13		11
3					11	8		6
2					16	26		18
1		3			23	43		4
						4		
2		2			5	2		24
6		7		3	102	16		26
1		6			5	3		7
1		3			2	13		9
		1						1
4						8		2
2						3		6
								26
						1		1
2		7		1		4		9

11-11 各省、市、自治区通过铁路发往山西省的货物(2012年)

单位：万吨

省、市、区 Region		总 计 Total	煤 Coal	焦 炭 Coke	金 属 矿 石 Metal Ores	钢 铁 及 有色金属 Steel and Nonferrous Metal	非金属 矿 石 Non-Metal Ores
总 计	**Total**	**11406**	**4342**	**87**	**4672**	**239**	**321**
北 京	Beijing	71	4				
天 津	Tianjin	433		4	291	6	1
河 北	Hebei	435	23		108	9	16
山 西	Shanxi	4347	3344	62	301	91	250
内蒙古	Inner Mongolia	158	24		34	28	2
辽 宁	Liaoning	114		4		11	16
吉 林	Jilin	18		2		1	
黑龙江	Heilongjiang	52				4	
上 海	Shanghai	6				3	
江 苏	Jiangsu	820	15	4	683	6	
浙 江	Zhejiang	19					2
安 徽	Anhui	21	1		4	1	5
福 建	Fujian	6					
江 西	Jiangxi	7		2			2
山 东	Shandong	3365	30	5	3236	16	3
河 南	Henan	98				5	
湖 北	Hubei	43	1	4		2	1
湖 南	Hunan	18			2	1	6
广 东	Guangdong	17			3	1	1
广 西	Guangxi	16			2	2	2
海 南	Hainan						
重 庆	Chongqing	6				1	
四 川	Sichuan	19				2	1
贵 州	Guizhou	18			2	2	2
云 南	Yunnan	38					
西 藏	Tibet	1					
陕 西	Shaanxi	937	845	1	2	1	10
甘 肃	Gansu	94				5	1
青 海	Qinghai	82	22		1	5	
宁 夏	Ningxia	47	33				
新 疆	Xinjiang	102	1			35	

FREIGHT SENT TO SHANXI FROM PROVINCES, CITIES AND MUNICIPALITIES BY RAILWAY (2012)

(10 000 tons)

石　油 Petroleum	磷矿石 Phosphate ore	矿建材料 Mine Construction Materials	水　泥 Cement	木　材 Timber	粮　食 Grain	棉　花 Cotton	化肥及农药 Chemical Fertilizer and Pesticide	盐 Salt	其　他 Others
679	**44**	**163**	**10**	**55**	**52**	**31**	**98**	**60**	**554**
57		1							8
116									15
201	20	27	10		1		3	1	16
54		87					12		144
		1		42	1		2	5	19
72		2			2		1		6
7				2	4				3
8				9	22		1		8
									4
					13		2		96
									16
							6	1	3
		1		1					4
							1		1
32							3	25	15
56		25					4	1	6
		3					6	17	10
							3		5
									11
				1					8
		1					1		3
		1			1		5	2	7
	7						2		3
	17						12		9
63		1					6	1	7
5		10			6		2	1	63
							9	6	39
7							5		1
1					2	31	11		22

11-12 铁路运输主要技术经济指标(2012年)

MAJOR ECONOMIC AND TECHNICAL INDICATORS OF RAILWAY TRANSPORT(2012)

指 标	Item	太原铁路局 Taiyuan Bureau of Railway
货运机车日产量 (万吨公里)	Average Daily Ton-kilometers of Freight Locomotives (10 000 ton-km)	249.1
内燃机车	Diesel Locomotives	59.8
电力机车	Electric Locomotives	274.4
货运机车平均牵引总重量 (吨)	Average Total Tonnage of Freight Locomotives (ton)	6762.0
内燃机车	Diesel Locomotives	2982.0
电力机车	Electric Locomotives	7079.0
客运机车日车公里 (公里)	Daily Distance per Passenger Locomotive (km)	644.0
货运机车日车公里 (公里)	Daily Distance per Freight Locomotive (km)	573.0
内燃机车万吨公里耗油 (公斤)	Oil Consumption of Diesel Locomotives (kg/10 000 ton-km)	35.1
电力机车万吨公里耗电 (千瓦小时)	Electricity Consumption of Electric Locomotives (kwh/10 000 ton-km)	81.7
旅客列车技术速度 (公里/小时)	Technical Speed of Passenger Trains (km/hr)	69.6
旅客列车旅行速度 (公里/小时)	Traveling Speed of Passenger Trains (km/hr)	62.1
货物列车技术速度 (公里/小时)	Technical Speed of Freight Trains (km/hr)	45.7
货物列车旅行速度 (公里/小时)	Running Speed of Freight Trains (km/hr)	38.9
货物列车运行正点率 (%)	Punctuality Rate of Freight Trains in Running (%)	95.6
货物列车出发正点率 (%)	Punctuality Rate of Freight Trains at Departure (%)	95.6
旅客列车运行正点率 (%)	Punctuality Rate of Passenger Trains in Running (%)	99.8
旅客列车出发正点率 (%)	Punctuality Rate of Passenger Trains at Departure (%)	99.6
货车周转时间 (天)	Trunning Around Time of Freight Cars (day)	2.2
货车一次作业时间 (小时)	Handling Time of Freight Cars (hour)	10.0
货车中转停留时间 (小时)	Transfer Waiting Time Per Freight Car (hour)	2.4

11-13 太原铁路局机车拥有量
LOCOMOTIVES OF TAIYUAN RAILWAY BUREAU

单位：台 (unit)

项　　目	Item	2011	2012
总　　计	**Total**	**1162**	**1111**
内燃机车	**Diesel Locomotives**	**376**	**337**
NYJ1	NYJ1	4	4
东 风4	Dongfeng Model IV	12	1
东 风4A	Dongfeng Model IV A	8	1
东 风4B	Dongfeng Model IV B	99	82
东 风4BD	Dongfeng Model IV BD	25	25
东 风4BK	Dongfeng Model IV BK	59	55
东 风4DD	Dongfeng Model IV DD	8	8
东 风4D客	Dongfeng Carrige Model IV D	8	8
东 风7	Dongfeng Model VⅡ	41	28
东 风7B	Dongfeng Model VⅡ B	20	10
东 风7C	Dongfeng Model VⅡ C	13	10
东 风7G	Dongfeng Model VⅡ G	7	6
东 风8B	Dongfeng Model VIII B	72	72
电力机车	**Electric Locomotive**	**786**	**774**
韶山1型	Shaoshan Model Ⅰ	40	35
韶山4型	Shaoshan Model Ⅳ	200	200
8G型	8G Model	95	88
8K型	8K Model	51	51
HXD1	HXD1 Model	220	220
HXD2	HXD2 Model	180	180

11-14 太原铁路局客车拥有量
PASSENGER COACHES OF TAIYUAN RAILWAY BUREAU

单位：辆 (coach)

项　　目	Item	2011	2012
总　　计	**Total**	**2037**	**1964**
软卧车	Soft Berth Coaches	152	151
硬卧车	Hard Berth Coaches	834	797
软硬卧车	Soft and Hard Berth Coaches	2	2
软座车	Soft Seat Coaches	35	3
硬座车	Hard Seat Coaches	814	768
软硬座车	Soft and Hard Seat Coaches		
餐　车	Dining Cars	117	112
行李邮政车	Luggage and Post Cars		
公务车	Business Cars	10	10
动　车	Motor Car	32	48
其　他	Others	41	73

11-15 国家铁路分货类运输量(2012年)
NATIONAL RAILWAY FREIGHT TRAFFIC BY CATEGORY OF CARGO(2012)

指　　标	Item	运输量(万吨) Volume of Freight Traffic (10 000 tons)	货物周转量 (万吨公里) Turnover Volume of Freight Traffic (10 000 ton-km)	平均运程 (公里) Average Transport Mileage (km)
合　计	**Total**	**76783.0**	**38084357.3**	**496**
煤　炭	Coal	58361.6	33365220.5	572
#晋煤外运	Sent to other prefectures	42581.6		
石　油	Petroleum	1101.5	311557.7	283
焦　炭	Cake	3544.1	1180145.2	333
金属矿石	Metal Ore	4673.5	998780.5	214
钢铁及有色金属	Steel and Nonferrous Metal	3347.0	917025.5	274
非金属矿石	Nonmetal Ores	491.8	164987.0	335
磷矿石	Phosphate Rock	13.6	33.8	2
矿建材料	Mine Construction Materials	2109.1	178572.5	85
水　泥	Cement	11.5	1958.1	171
木　材	Timber	62.2	19680.2	317
粮　食	Grain	375.3	129639.6	345
棉　花	Cotton	152.2	54123.4	356
化肥及农药	Chemical Fertilizers and Pesticides	766.4	216388.4	282
盐	Salt	58.7	12462.5	212
化工品	Chemical Products	398.0	137851.5	346
金属制品	Metal Products	19.8	6935.1	350
工业机械	Industry Machinery	61.9	18093.7	292
电子电气机械	Electric Machinery	1.7	512.0	299
农业机具	Agricultral Machinery and Tools	0.1	57.6	565
鲜活货物	Fresh and Living Goods	28.3	14088.2	498
农副产品	Agricultural Produts	12.5	3723.9	298
饮食品及烟草制品	Drinking,Food and Tobacco Products	136.8	46535.8	340
纺织品皮革毛皮及其制品	Textile,Leather,Furs and Their Products	0.6	197.1	311
纸及文教用品	Paper,Cultural and Education Goods	27.2	9822.6	361
医药品	Medical and Pharmaceutical Products	6.4	2319.4	364
零　担	Sporadic Freight Transport			
集装箱	Container Transport	843.0	238945.2	283
其　他	Others	178.2	54700.3	307

注：本表为太原铁路局全部数据。

Note: Data in the table is supplied by Taiyuan Railway Bureau.

11-16 铁路每日平均装车数及货车静载重(2012年)

DAILY AVERAGE LOADED FREIGHT CARS AND NET LOADING CAPACITY OF FREIGHT(2012)

指　标	Item	装车数(日车) Number of Loaded Freight Cars (day-wagon)	货车静载重(吨) Net Loading Capacity of Freight(ton)
总　计	**Total**	**20998**	**72.2**
煤	Coal	16960	74.1
石　油	Petroleum	37	55.3
焦　炭	Cake	1246	64.9
金属矿石	Metal Ore	194	66.6
钢铁及有色金属	Steel and Nonferrous Metal	1126	61.3
非金属矿石	Nonmetal Ores	143	66.5
磷矿石	Phosphate Rock		
矿建材料	Mine Construction Materials	804	69.3
水　泥	Cement		
木　材	Timber	2	59.3
粮　食	Grain	112	61.9
棉　花	Cotton		58.0
化肥及农药	Chemical Fertilizers and Pesticides	158	63.2
盐	Salt		
化工品	Chemical Products	25	59.7
金属制品	Metal Products		60.3
工业机械	Industry Machinery	11	59.1
电子电气机械	Electric Machinery		
农业机具	Agricultral Machinery and Tools		
鲜活货物	Fresh and Living Goods	4	58.5
农副产品	Agricultural Produts	1	61.2
饮食品及烟草制品	Drinking,Food and Tobacco Products	5	60.0
纺织品皮革毛皮及其制品	Textile,Leather,Furs and Their Products		
纸及文教用品	Paper,Cultural and Education Goods	1	53.0
医药品	Medical and Pharmaceutical Products		
零　担	Sporadic Freight Transport		
集装箱	Container Transport	148	52.2
其　他	Others	22	54.0

11-17 地方铁路营运概况(2012年)
BASIC STATISTICS ON LOCAL RAILWAY(2012)

地市及线路名称 Regions and Name of Railway Lines	起迄地址 The Beginning and The End	线路长度 (公里) Length of Railways (km)		机 车(台) Locomotives (unit)		
		延展里程 Length of Extention	正线里程 Length of the Truck Lines	合 计 Total	电 气 Electrical	内 燃 Diesel
总 计 Total		**436.6**	**324.5**	**35**	**16**	**19**
一、合资铁路						
Joint Venture Railways						
武沁铁路	武乡-左权；沁县-沁源	141.4	116.2	5		5
Wuqin Railway	Wuxiang-Zuoquan;Qinxian-Qinyuan					
孝柳有限责任公司	孝西-穆村	184.8	115.5	23	16	7
Xiaoliu Railway Co.,Ltd.	Xiaoxi-MuCun					
二、地方铁路						
Local Railways						
宁静铁路	宁武-静乐	110.4	92.8	7		7
Ningjing Railway	Ningwu-Jingle					

地市及线路名称 Regions and Name of Railway Lines	货物运输 Freight Traffic		财务状况 Financial Situation			
	货运量 (万吨) Freight Traffic (10 000 tons)	货物周转量 (万吨公里) Turnover of Freight Traffic (10 000 ton-kms)	运输收入 (万元) Transportation Revenue (10 000 yuan)	运输支出 (万元) Transportation Expend (10 000 yuan)	实现利润 (万元) Profits (10 000 yuan)	上缴税金 (万元) Taxes (10 000 yuan)
总 计 Total	**3143**	**203575**	**74097**	**64955**	**7012**	**4733**
一、合资铁路						
Joint Venture Railways						
武沁铁路	262	12287	4386	4193	33	160
Wuqin Railway						
孝柳有限责任公司	2068	173388	56916	50462	5455	3601
Xiaoliu Railway Co.,Ltd.						
二、地方铁路						
Local Railways						
宁静铁路	813	17900	12795	10300	1524	972
Ningjing Railway						

11-18 邮电业务总量
VOLUME OF POST AND TELECOMMUNICATION SERVICES

指　标	Item	2011	2012
邮电业务总量 (亿元)	**Business Volume of Post and Telecommunication Services(10 000 yuan)**	**305**	**339**
函　件 (万件)	Number of Letters (10 000 pcs)	6667	5332
包　件 (万件)	Number of Parcels (10 000 pcs)	72	73
汇　票 (万笔)	Number of Postal Money Orders (10 000 pcs)	796	704
机要邮件 (万件)	Number of Confidential Letters (10 000 pcs)	58	60
快　递 (万件)	Express Mail Services (10 000 pcs)	2098	2805
集邮邮票 (万枚)	Philately (10 000 pcs)	1307	1302
订销报纸期发数 (万份)	Newspapers Circulation (10 000 copies)	244	253
订销报纸累计数 (万份)	Accumulative Total of Newspapers Circulation (10 000 copies)	51943	57259
订销杂志期发数 (万份)	Magazines Circulation (10 000 copies)	123	141
订销杂志累计数 (万份)	Accumulative Total of Magazines Circulation (10 000 copies)	2701	2777
报刊流转额 (万元)	Circulation of Newspapers and Magazines (10 000 yuan)	69666	73737
市话年末到达数 (万户)	Number of Subscribers of Urban Telephone at Year-end (10 000 subscriber)	468.0	482.0
农话年末到达数 (万户)	Number of Subscribers of Rural Telephone at Year-end (10 000 subscriber)	214.3	203.2
移动电话总户　(万户)	Number of Mobile Telephone Subscribers (10 000 subscriber)	2446.9	2764.6
移动短信 (万条)	Mobile Short Information (10 000 pcs)	2497484	2649298

注：2010年起，邮电业务总量按2010年不变价计算。

Note：Business volume of post and telecommunication services is calculated at 2010 constant price since 2010.

11-19 主要年份邮电通信网
NETWORK OF POST AND TELECOMMUNICATION IN MAJOR YEARS

年份 Year	邮政支局所(处) Number of Branch Post Offices (unit)	#在农村 Rural	邮路长度(公里) Length of Postal Routes (km)	#铁路 Railway Routes	#汽车 Highway Routes
1978	1675	1444	143907	3420	8836
1980	1629	1380	141596	3652	8951
1985	1890	1591	146024	3512	10727
1990	1813	1456	146251	4741	10160
1995	1888	1454	157202	5531	15350
2000	1730	1239	203725	5782	22744
2005	1603	1045	181703	6869	24008
2006	1604	1022	172789	6869	25306
2007	1589	1003	173607	6869	25346
2008	1552	988	183699	7041	27849
2009	1282	785	147994	7650	28385
2010	1306	759	184998	7600	29349
2011	1526	853	213310	8033	40697
2012	1516	738	169908	8430	41245

11-20 邮政邮路
POSTAL ROUTES

单位：公里 (km)

指标	Item	2011	2012
邮路总条数（条）	Number of Postal Routes (route)	533	530
#航　空	Air Postal Routes	40	32
铁　路	Railway Postal Routes	6	6
汽　车	Highway Postal Routes	354	374
邮路总长度（单程）	Total Length of Postal Routes (one-way)	106655	84954
#航　空	Air Postal Routes	51268	41518
铁　路	Railway Postal Routes	8033	8430
汽　车	Automobile Postal Routes	40697	41245
农村邮路条数（条）	Number of Rural Postal Routes (route)	305	280
农村邮路长度（单程）	Length of Rural Postal Routes (One-way)	17264	16848
城市投递路线条数（条）	Number of Rural Delivery Routes (route)	1467	1581
城市投递路线长度（单程）	Length of Rural Delivery Routes (One-way)	31406	35409
农村投递路线条数（条）	Number of Rural Delivery Routes (route)	2517	2519
#摩托车	Motorcycles	323	1402
自行车	Bicycles	1917	911
步　班	On Foot	274	194
农村投递线路长度（单程）	Length of Rural Delivery Routes (One-way)	116345	119338
#摩托车	Motorcycles	22803	77288
自行车	Bicycles	83925	35269
步　班	On Foot	9286	5933

11-21 邮政局所、房屋、服务点

NUMBER OF POSTAL OFFICES, BUILDINGS AND SERVICE PLACES

单位：处 (unit)

指　　标	Item	2011	2012
邮政支局所	Number of Branch Post Offices	1526	1516
#设在农村的	In Rural Area	853	738
#电子化支局	Electrical Branch Offices	928	930
#邮政局	Number of Post Offices	115	115
邮政支局	Nmber of Branch Post Offices	480	480
自办邮政所	Number of Post Offices Operated By Post Department	482	482
代办邮政所	Number of Postal Agencies	241	241
邮政报刊图书销售点	Number of Sell Places of Papers，Maganizes and Books	587	625
集邮品销售点	Number of Sell Places of Philatelic Items	157	136
邮政储蓄点	Number of Postal Saving Places	916	933
邮政信报箱群	Post Boxes Group	2141	2691
邮政信筒信箱 (个)	Post Boxes (unit)	2747	2508
邮局用户信箱(个)	User Boxes In Post Offices (unit)	1204	1056
邮政妥投点 (个)	Number of Post Delivery Places (unit)	433912	564979
直接投递	Direct Delivery Places	376395	494455
与用户签订妥投协议	Delivery Places Made Contract with Users	57517	70524
自有房屋建筑 面积(万平方米)	Floor Space of Self -owned Buildings (10 000 sq.m)	109.5	108.4
邮政生产用房面积	Floor Space of Production Used	59.1	57.6
其他生产用房	Other Productive Buildings	6.9	7.9
非生产用房面积	Floor Space of Non-production	43.3	42.7

主要统计指标解释

铁路营业里程 指办理客货运输业务的铁路正线总长度。凡是全线或部分建成双线及以上的线路，以第一线的实际长度计算；复线、站线、段管线、岔线和特别用途线以及不计算运费的联络线都不计算营业里程。线路营业里程是反映铁路运输业基础设施发展水平的重要指标，也是计算客货周转量、运输密度和机车车辆运用效率等指标的基础资料。

铁路延展里程 可以分为总延展里程以及正线、站线、段管线、岔线和特别用途线的延展里程。总延展里程是各种线路的延展里程之和。正线延展里程是正线第一线、第二线、第三线和其他正线建筑里程之和，站线、段管线、岔线和特别用途线的延展里程，均是各自建筑里程之和。延展里程是作为计算线路上钢轨、枕木及路基砂石需要量的主要依据。

公路网 是由各级公路组成的网状运输系统。它是由连结各城镇、乡村和工矿基地之间主要供汽车行驶的道路形成的网络。我国的公路里程是按其作用及使用管理性质分为国家干线公路、省级干线公路、县级公路、乡公路和专用公路。按其公路工程技术要求分为高速公路和一、二、三、四级公路。

公路里程 也称“公路通车里程”，是指实际达到交通部制定的公路工程技术标准规定的等级公路长度。它包括大中城市的郊区以及通过小城镇街道的公路里程，也包括桥梁、渡口的长度，但不包括城市街道以及厂矿、林区和农业生产用道的里程。两条或多条公路共同径由同一路段，只计算一次，不得重复计算里程长度。公路里程是反映公路建设发展规模的重要指标，也是计算运输网密度等指标的资料。

民用汽车 由公安交通监理部门所掌管的领有本地区民用车辆牌照的机动车辆中的一部分。不包括拖拉机、摩托车、其他机动车等。民用汽车包括普通载货汽车、专用载货汽车、载客汽车、其他专用汽车、特种汽车等。

营运汽车 指领有公安交通监理部门核发的车辆牌照，并经当地工商行政管理机关核准，领取营业执照，参加营业性运输的载客和载货汽车。

货(客)运量 指运输业实际运送的货物（旅客）数量。货运按吨计算。货物不论运输距离长短、货物类别，均按实际重量计算，旅客不论行程远近或票价多少，均按一人一次作为客运量统计。半票价、小孩票也按一人统计。货（客）运量反映运输业为国民经济和人民生活服务的数量指标，也是制定和检查运输生产计划，研究运输发展规模和速度的重要指标。

货物(旅客)周转量 指运输业运送的货物（旅客）数量与其相应运输距离的乘积之总和，通常以吨公里和人公里为计算单位。计算货物周转量通常按发出站与到达站之间的最短距离，也就是计费距离计算。它是反映运输业生产总成果的重要指标，也是编制和检查运输生产计划、计算运输效率、劳动生产率以及核算运输单位成本的主要基础资料。

换算周转量 是综合反映各种运输工具在一定时期内实际完成的旅客、货物周转量的综合指标。具体计算方法是将旅客周转量和货物周转量区分不同运输工具按相应的换算比例，换算成同一计量单位进行加总求得。其计算单位为：吨公里。

公路运输的换算比例是：1 吨公里=10 人公里

内河水运的换算比例是：1 吨公里=3 人公里（座位）　　1 吨公里=1 人公里（带卧铺）

铁路运输的换算比例是：1 吨公里=1 人公里（地方铁路为 5 人公里）

民航运输的换算比例是：1 吨公里=13.9 人公里（国际航线为 13.3 人公里）

邮电业务总量 指以货币表现的邮电部门为用户传递信息和提供其他邮电服务的总量。它用各种邮电分类业务量，如函件件数、电报份数、长话张数、市内电话和农村电话的年均户数、订销报刊累计份数等，分别乘以相应的平均单价（不变价），加总后再加上出租电路和设备的收入、代用户维护电话交换机和线路等设备的收入、其他业务收入求得。邮电业务总量综合反映了一定时期邮电工作的总成果，是研究邮电业务量构成和发展趋势的重要指标。

电话用户数 包括固定和移动电话。固定电话用户指接入国家公众固定电话网，并按固定电话业务进行经营管理的电话用户。移动电话用户指在移动电话营业部门登记，通过移动电话交换机接入移动电话网、占有移动电话号码的用户。

邮路 各邮政局所之间，邮政局所与车站、码头、机场、转运站、邮件处理中心、报刊社之间，邮区中心局与邮政局所及各邮区中心局之间由自办或委办人员按固定班期规定路线交换邮件（包括机要文件，下同）、报刊的路线。包括农村地区运邮兼投递的路线，不包括城市、农村地区纯投递路线。按运输方式可分为航空邮路、铁路邮路、汽车邮路、水路邮路和其他邮路等。

邮路总长度 邮路由起点到终点的长度。单程长度统计法的计算方法是直线算单程，环型算全程；直环混合中直线部分算单程，环型部分算全称；Y 型三段相加算单程。

投递路线 投递路线是指邮政局所或邮政投递机构的自办或委办人员按固定班期（班次）、规定路线为城乡用户投递邮件、报刊的路线。按地域可分为城市投递路线和农村投递路线。按投递方式可分为汽车投递路线、摩托车投递路线、自行车投递路线、马班投递路线和步班投递路线等。

Explanatory Notes on Main Statistical Indicators

Length of Railways in Operation refers to the total length of the trunk line under passenger and freight transportation. The calculation is based on the actual length of the first line even if this line has a full or partial double tracks, excluding double tracks, station sidings, tracks under the charge of stations, branch lines, special-purpose lines and the non-payable connecting lines. The length of railways is an important, traffic density and utilization efficiency of the locomotives and carriages.

Extention Length of Railway it can be divided into total extention length and extention length of trunk lines, station lines under the jurisdiction of trunk refers to the sum of the first, the second, the third lines and other constructed length of the trunk railways. Extenuation length of trunk lines, station lines under the jurisdiction of depots, sidings and lines for special purpose, are all themselves construction length. It provides important information for the calculation of the needs for rails, sleepers, sand and stone for the construction of railways.

Highway Net is a netted communications system, it is composed of various highway. It is a network that linked with carious road of cities, towns, villages and mines. In China, the length of highways, if grouped by its functions and administer characters, can be divided into state highways, provincial highways, county highways, village highways and highways for special purpose. Grouped by its engineering standard, it can be divided into expressways and class I to IV class highways.

Length of Highways it is also be called "opening length of highways". It refers to the length of highways which are built in conformity with the grades specified by the highway engineering standard formulated by the Ministry of Communications. The length of highways includes that of the suburb highways at large and medium-sized cities, highways passing through streets at small cities and towns, and also the length of bridges and ferries. It does not include the length of streets in big and medium-sized cities and highways built for the production purpose at factories, mines, forest areas and agricultural areas. If two or more highway go the same section of the way, the length of the section is only calculated for once and no duplication is allowed. The length of highway is an important indicator to show the development of the highway construction and to provide essential information to calculate the transport network density.

Civil Motor Vehicles refer to a part of motor vehicles that are controlled by public security supervise department and have this locality civil motor vehicles license. Excluding the tractors, motor cycles and other motor vehicles, Civil motor vehicles include ordinary trucks, trucks for special use, buses and cars, other trucks for special use, special vehicles.

Working Vehicles refer to the passenger vehicles and trucks for business, which gains vehicle licenses issued by the traffic control department and the business license approved by administration for industry and commerce.

Freight (Passenger) Traffic refers to the volume of freight (passenger) transported with various means within a specific period of time. This indicator reflects the service of the transport industry towards the national economy and people's living conditions, as well as an important indicator used in formulating and monitoring transport production plans and research into the scale and pace of transport development. Freight transport is calculated in tons and passenger traffic is calculated in terms of number of persons. Freight transport is calculated in terms of the actual weight of the goods and takes no account of the type of freight and distance of travel. Passenger traffic is calculated by the principle that one person can be counted only once in one trip and takes no account of the travelling distance and ticket price. The passengers who travel with a half price ticket or a child's ticket is also calculated as one person.

Freight Ton-kilometres (Passenger-kilometres) refers to the sum of the product of the volume of transported cargo (passengers) multiplied by the transport distance. It is an important indicator to reflect the achievement of the transportation industry. This is an important indicator to show the total results of the transport industry; to prepare and examine the transport plan; and to serve as the main basic data for calculating the efficiency, labour productivity and unit cost of transport. Normally, the shortest distance between the departure station and the destination station (i.e., the payable distance) is the basis in calculating the freight ton-kilometres.

Converted into Turnover Volume is a synthesis item which reflect real freight or passenger traffic with various means in a period time. The calculated method as follows: Sum of Freight or passenger traffic which are converted into uniform unit by transport means according to corresponding scaling. The uniform unit is ton-km.

Scaling of highways: 1 ton-km=10 person-km

Scaling of river: 1 ton-km=3 person-km(seat);1 ton-km=1 person-km(sleeper)

Scaling of railway: 1 ton-km=1 person-km(equals 5 person-km on local railways)

Scaling of Civil Avication: 1 ton –km=13.9 person-km(equals 13.3 person-km on international routes)

Volume of Post and Telecommunication Sercives refers to the total amount of postal and telecommunication services, expressed in value terms, provided by the post and telecommunications departments for society. Postal and telecommunication services can be classified as letters, parcels, remittance, issue of newspapers and magazines, fast mail service, express mail service, savings deposits, stamps for collection, facsimiles, long-distance telephone service, leasing of telephone lines, mobile telephone service, data transmission, income from leasing, maintenance, etc. The accounting approach is to multiply the service products of all types with their average unit price (constant price) to get the total business value, and to add to it income from other services such as leasing of telephone lines and equipment and maintenance of telephone switchboards and lines on behalf of customers. This indicator reflects the overall results of postal and telecommunication services during a given period, and is important for studying the composition of business service and the trend of development of postal and telecommunication services.

Number of Subscribers of Telephone includes fixed-telephone subscribers and mobile telephone subscribers. Fixed-telephone subscribers refer to subscribers that are connected to the state public fixed-telephone net and are managed according to fixed-telephone business. Mobile telephone subscribers refer to subscribers that are registering in business department on mobile phone, connected to the mobile telephone net and owing the number of mobile phone.

Postal Routes refers routes that self-run clerks or clients change mails, newspapers and magazines by fixed schedule and regular routes between post offices, post offices and stations, docks, airports, transfer stations, mail processing centers, newspaper agencies. It includes posting and delivering routes in rural areas, while excludes routes that only delivers in urban and rural areas. It can be divided into airway postal routes, railway postal routes, automobile postal routes, waterway postal routes and other postal routes according to transport means.

Total Length of Post Routes refers length of postal routes from the start point to the end point. The single length is calculated by the following method, that is, straight line route is calculated as single way, circle route as entire way, straight line and circle mixed route is calculated separately, and Y type route is calculated as the sum of three single lines.

Delivery Routes refers routes that self-run clerks or clients of postal offices and postal delivery agencies deliver mails, newspapers and magazines by fixed schedule and regular routes for urban and rural residents. It can be divided into urban delivery postal routes and rural delivery postal routes according to regions. And there are automobile deliver route, motorcycle deliver route, bicycle deliver route, horse deliver route and deliver route on foot.

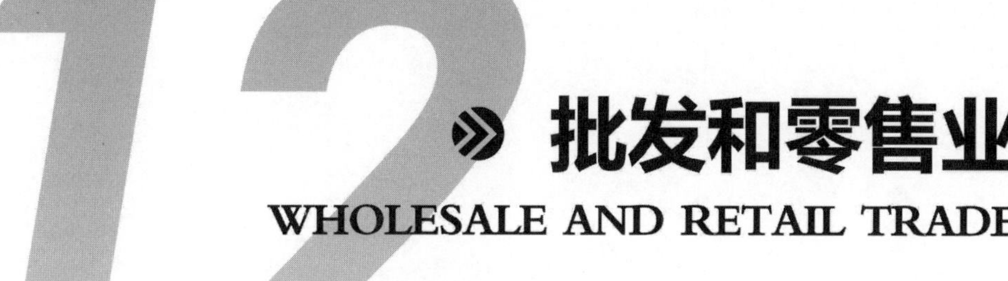

12 批发和零售业
WHOLESALE AND RETAIL TRADE

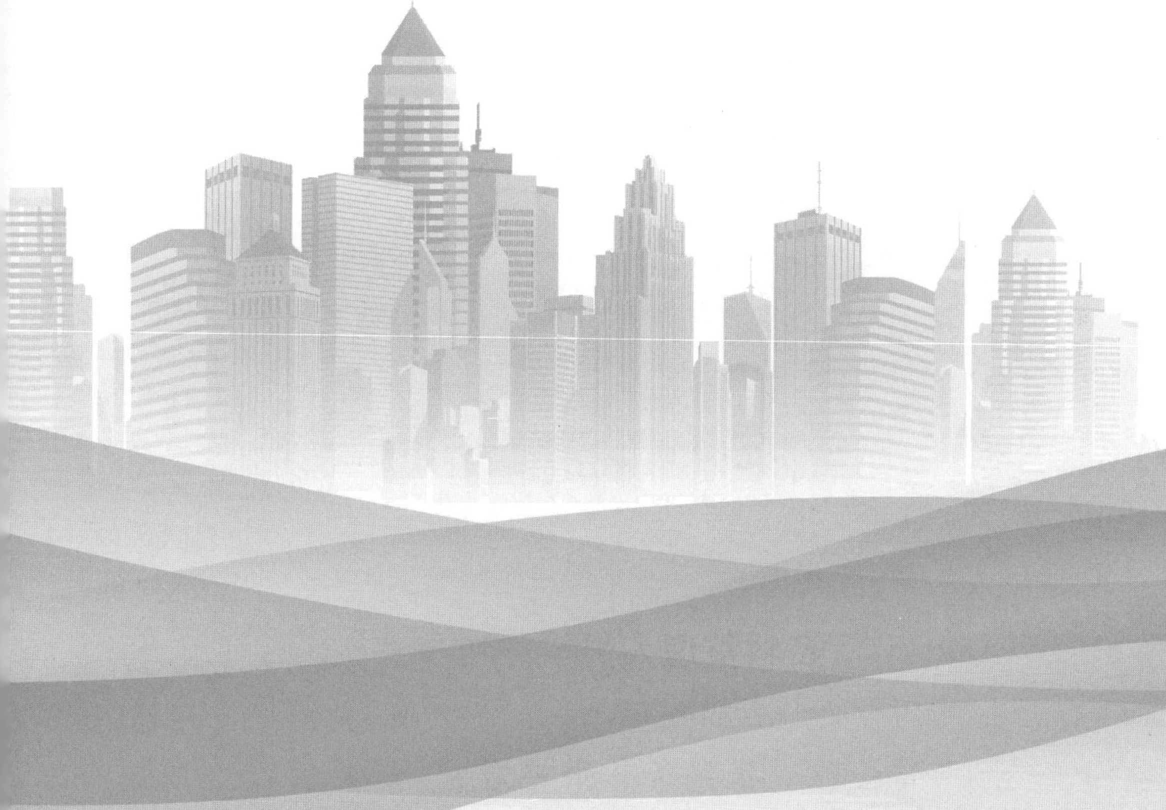

PAGE
385–434

山西统计年鉴 2013
SHANXI STATISTICAL YEARBOOK

资料整理人员

雷士伟　张艳芳　张艳君

批发和零售业

WHOLESALE AND RETAIL TRADE

社会消费品零售总额	Total Retail Sales of Consumer Goods	4506.8	亿元	(100 million yuan)
城　镇	Town	3682.5	亿元	(100 million yuan)
乡　村	Village	824.3	亿元	(100 million yuan)

社会消费品零售总额构成 (%)

Composition of Total Retail Sales of Consumer Goods (%)

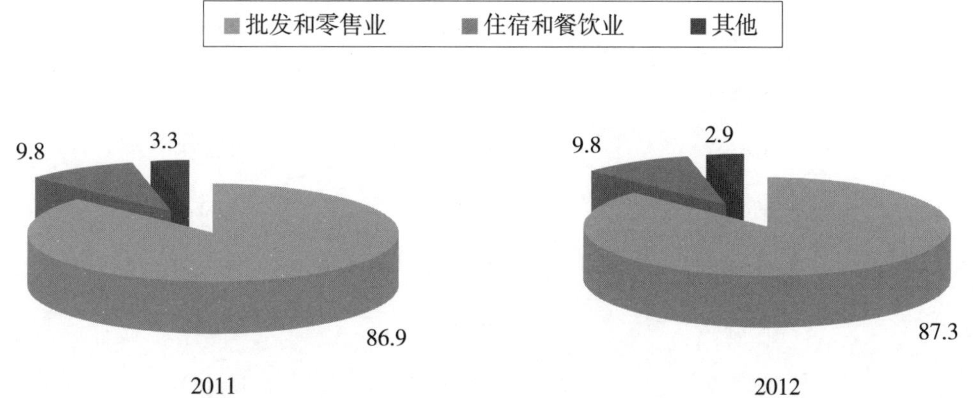

社会消费品零售总额 (亿元)

Total Retail Sales of Consumer Goods (100 million yuan)

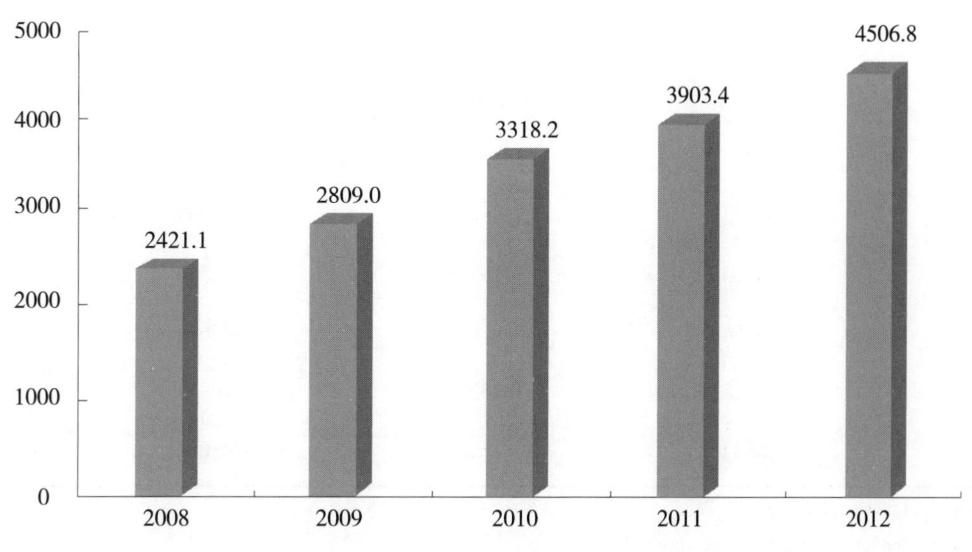

12-1 主要年份社会消费品零售总额
TOTAL RETAIL SALES OF CONSUMER GOODS IN MAJOR YEARS

单位：万元 (10 000 yuan)

年 份 Year	社会消费品零售总额 Total Retail Sales of Consumer Goods	市 City	县 County	县以下 Below County
1952	57436	19536	37900	
1957	119600	52278	67322	
1962	146532	59686	86846	
1965	153257	57252	96005	
1970	190949	63853	127096	
1975	265190	108543	133713	22934
1978	323837	121772	113985	88080
1980	426597	163154	122191	141252
1985	894413	394784	278646	220983
1990	1580415	848543	413831	318041
1995	3759500	2130633	861482	767385
2000	7226579	4240688	1521837	1464054
2001	7811932	4691960	1559178	1560794
2002	8671245	5218448	1720096	1732701
2003	10049972	6495135	1862970	1691867
2004	12190617	8002017	2181917	2006683
2005	14106531	9084606	2637921	2384004
2006	16353948	10630067	3025480	2698401
2007	19532597	12735253	3593998	3203346
2008	24210825	15785458	4479003	3946364
2009	28089708	17476248	5796850	4816610
2010	33181548	26697874	6483674	
2011	39034283	31885231	7149052	
2012	45068327	36825267	8243060	

注：2010年起分区域划分为城镇和乡村。

Note：Regions are divided into town and village since 2010.

12-2 社会消费品零售总额

TOTAL RETAIL SALES OF CONSUMER GOODS

单位：万元 (10 000 yuan)

指　　标	Item	2011	2012
社会消费品零售总额	**Total**	**39034283**	**45068327**
按销售地区分	By Selling Region		
城　镇	Town	31885231	36825267
#城　区	Urban Area	21819158	24423493
乡　村	Village	7149052	8243060
按行业分	By Sector		
批发零售贸易业	Wholesale and Retail Sale Trades	33930473	39359740
限额以上贸易企业	Enterprises above Designated	12685024	19191603
限额以下及个体户贸易业	Enterprises below Designated and Individual	21245449	20168137
住宿和餐饮业	Hotels and Catering Trade	3806257	4398352
限额以上企业	Enterprises above Designated	955538	1265240
限额以下企业及个体户	Enterprises below Designated and Individual	2850719	3133112
其　他	Others	1297553	1310235

12-3 限额以上连锁批发零售业经营情况(2012年)

MANAGEMENT OF CHAIN ENTERPRISES ABOVE DESIGNATED SIZE IN WHOLESALE AND RETAIL TRADE(2012)

指　　标	Item	合　计 Total	直营店 Regular Chain	加盟店 Franchise Chain
一、门店总数 (个)	**Number of Store (uint)**	**2388**	**1277**	**1111**
二、年末零售业营业面积 (平方米)	**Areas of Stores (sq.m)**	**1584753**	**1531742**	**53011**
三、年末从业人员 (人)	**Employees (person)**	**40711**	**35636**	**5075**
四、商品购进总额 (万元)	**Total Purchases Value (10 000 yuan)**	**2622905**	**2493477**	**129428**
#统一配送商品购进额	Value of Unified Distribution	1286114	1279898	6217
#自有配送中心配送商品购进额	Owned Disrtibuted by Distribution Center	252873	252873	
非自有配送中心配送商品购进额	Distributed by Other Distribution Center	18905	18905	
五、商品销售额 (万元)	**Total Sales Value (10 000 yuan)**	**3795252**	**3659100**	**136151**
#零售额	Retail Sales	3176594	3040443	136151

12-4 限额以上批发和零售业法人企业商品购销存情况(2012年)

单位：万元

指　　标	Item	法人企业数(个) Number of Corporation Enterprises (unit)
总　　计	**Total**	**2903**
一、批发业	**Wholesale Trade**	**1083**
1.按登记注册类型分组	Grouped by Registered Kind	
内资企业	Civil Funded Enterprises	1075
国有企业	State-owned Enterprises	212
集体企业	Collective-owned Enterprises	43
股份合作企业	Share Cooperative Enterprises	2
联营企业	Joint Ownership Enterprises	2
国有联营企业	State-owned Enterprises	1
国有与集体联营企业	State and Collective Joint Enterprises	1
有限责任公司	Limited Responsibility Corporations	222
国有独资公司	Company Exclusively with Investment from State	24
其他有限责任公司	Other Limited Responsibility Company	198
股份有限公司	Share-holding Limited Corporations	14
私营企业	Private-owned Enterprises	563
私营独资企业	Enterprise Exclusively with Investment from Private	12
私营合伙企业	Private Partnership Enterprises	2
私营有限责任公司	Private Limited Responsibility Corporations	535
私营股份有限公司	Private Share-holding Limited Corporations	14
其他企业	Others	17
港澳台商投资企业	Enterprises Funded by HongKong，Macao and Taiwan	4
与港澳台商合资经营企业	Joint Venture Enterprises	1
港澳台商独资企业	Solely Owned Entersprises	1
港澳台商投资股份有限公司	Share Holding Limited Corporation	2
外商投资企业	Foreign Funded Enterprises	4
中外合资经营企业	Joint Venture Enterprises	4
2.按国民经济行业分	Grouped by Economic Sector	
农、林、牧产品批发	Wholesale of Agricultural, Forestry and Animal Husbandry Products	43
#谷物、豆及薯类批发	Wholesale of Cereal, Beans and Potatos	35
食品、饮料及烟草制品批发	Wholesale of Food，Beverage and Tobaccos	103
#米、面制品及食用油批发	Rice, Flour and Edible Oil	20
烟草制品批发	Tobacoo Products Manufacturing	11
纺织、服装及家庭用品批发	Wholesale of Textiles,Garments and Family Articles	29
#服装批发	Wholesale of Garments	7
文化、体育用品及器材批发	Wholesale of Culture , Sports Articles and Equipments	10
医药及医疗器材批发	Wholesale of Medicines and Medical Appliances	58
#西药批发	Wholesale of Western Medicine	30
中药批发	Wholesale of Chinese Traditional and Patent Medicine	22
矿产品、建材及化工产品批发	Wholesale of Mineral Products, Building and Chemical Products	707
#煤炭及制品批发	Coal and Related Products	434
石油及制品批发	Petroleum and Related Products	27
金属及金属矿批发	Metals and Metals Materials	157
建材批发	Building Materials	40
化肥批发	Chemical Fertilizer	18
机械设备、五金交电及电子产品批发	Wholesale of Machinery, Hardwares, Transport and Electronic Products	107
#汽车批发	Motor Vehicles	26
计算机、软件及辅助设备批发	Computer, Sofeware and Accessories	8
贸易经纪与代理	Trade Broker and Agency	2
其他批发业	Other Wholesales	24

TOTAL VALUE OF COMMODITIES' PURCHASING, SELLING AND INVENTORY OF CORPORATION ENTERPRISES ABOVE DESIGNATED SIZE IN WHOLESALE AND RETAIL TRADE(2012)

(10 000 yuan)

年末从业人员数 (人) Number of Employees at Year-end (person)	商品购进总额 Total Purchases Value	商品销售总额 Total Sales Value	批发额 Wholesale Value	零售额 Retail Value	年末商品库存总额 Total Value of Storing at the Year-end	年末零售营业面积 (平方米) Retail Operating Area at Year-end (sq.m)
248248	**101973529**	**108668522**	**90380206**	**18288316**	**4569695**	**12048941**
97441	**84564749**	**88951349**	**88202157**	**749192**	**2755569**	**5953480**
96243	84465760	88845125	88095980	749146	2746023	5939210
37114	32045408	34427511	34003978	423533	721002	1177580
8835	1056036	1344651	1332830	11821	85633	439592
29	8804	9177	9177		2724	2000
134	16101	22017	22017		3254	5215
90	12973	18594	18594		1676	215
44	3129	3423	3423		1578	5000
26320	35896901	37156147	37061181	94966	655501	2151663
5730	10304679	10810622	10796189	14432	181106	429022
20590	25592222	26345526	26264992	80534	474395	1722641
1386	3436678	3345462	3342703	2759	285078	91888
21802	11638940	12150604	11951127	199476	982171	1923287
320	296242	299146	297856	1290	2551	45107
24	24988	25568	25568		2681	
20303	10978874	11397257	11221549	175708	941285	1511458
1155	338836	428633	406154	22479	35654	366722
623	366893	389556	372966	16590	10660	147985
1094	83604	85058	85011	46	6849	221
296	58142	58142	58142			1
771	18931	20324	20324		6849	
27	6530	6591	6545	46		220
104	15386	21166	21166		2698	14049
104	15386	21166	21166		2698	14049
4802	249049	272703	267620	5082	78346	171321
3987	209217	221342	217995	3347	60558	146591
14688	3319129	4377562	4278895	98667	264841	398614
1276	191552	178184	159257	18927	25675	23138
6941	2376374	3397590	3397590		167788	152592
2921	426803	458022	427323	30699	61826	14400
1396	76465	106689	106689		19763	2783
1450	469189	474496	454319	20177	55148	9849
5774	1115977	1207800	1199663	8136	81813	39717
3034	705863	749059	746646	2413	52019	24536
2371	295826	343375	337651	5724	17179	12311
61388	74660871	77769754	77271608	498147	2053278	5096821
51517	53535775	56292660	56185858	106802	1292130	4607660
2134	2316383	2538097	2209079	329018	233742	152931
4881	11078286	11180065	11121068	58997	358148	235483
978	6916395	6929943	6927662	2281	62172	41271
582	441773	432878	431828	1049	77628	30274
5428	3919016	3965066	3887064	78001	119628	187333
909	186040	190163	147368	42795	24672	100744
189	37101	37498	29591	7907	1752	1062
130	235884	244608	244608		32509	1000
860	168830	181340	171057	10283	8182	34425

12-4 续表1

单位：万元

指　　标	Item	法人企业数 (个) Number of Corporation Enterprises (unit)
3.按控股情况分	Grouped by Share Holding	
国有控股	State Holding Enterprises	351
集体控股	Collective-owned Holding Enterprises	63
私人控股	Private Holding Enterprises	622
港澳台商控股	Hongkong, Macao and Taiwan Holding Enterprises	4
外商控股	Foreign Holding Enterprises	1
其　他	Others	42
4.按经营形式分	Grouped by Share Holding	
独立门店	Independent Stores	831
连锁总店(总部)	Chain Headquarters	3
连锁门店	Chain Stores	6
其　他	Others	243
二、零售业	**Retail Trade**	**1820**
1.按登记注册类型分组	Grouped by Registered Kind	
内资企业	Civil Funded Enterprises	1808
国有企业	State-owned Enterprises	167
集体企业	Collective-owned Enterprises	84
股份合作企业	Share Cooperative Enterprises	4
联营企业	Joint Ownership Enterprises	3
国有联营企业	State-owned Enterprises	1
集体联营企业	Collective Joint Enterprises	2
有限责任公司	Limited Responsibility Corporations	278
国有独资公司	Solely State-owned Enterprises	4
其他有限责任公司	Other Limited Responsibility Company	274
股份有限公司	Share-holding Limited Corporations	31
私营企业	Private-owned Enterprises	1183
私营独资企业	Enterprise Exclusively with Investment from Private	150
私营合伙企业	Private Partnership Enterprises	11
私营有限责任公司	Private Limited Responsibility Corporations	999
私营股份有限公司	Private Share-holding Limited Corporations	23
其他企业	Others	58
港澳台商投资企业	Enterprises Funded by HongKong，Macao and Taiwan	8
与港澳台商合资经营企业	Joint Venture Enterprises	3
港澳台商独资企业	Solely Owned Enterspises	4
港澳台商投资股份有限公司	Share Holding Limited Corporation	1
外商投资企业	Foreign Funded Enterprises	4
中外合资经营企业	Joint Venture	3
外资企业	Enterprises with Sole Investment from Foreign	1
2.按国民经济行业分	Grouped by Economic Sector	
综合零售	General Retail Sales Trade	311
百货零售	Daily Goods	147
超级市场零售	Supermarkets	132
其他综合零售	Others	32
食品、饮料及烟草制品专门零售	Retail of Food,Beverage and Tobaccos	117
#粮油零售	Grains and Oils	27
果品、蔬菜零售	Fruit and Vegetables	19

continued

(10 000 yuan)

年末从业人员数(人) Number of Employees at Year-end (person)	商品购进总额 Total Purchases Value	商品销售总额 Total Sales Value	批发额 Wholesale Value	零售额 Retail Value	年末商品库存总额 Total Value of Storing at the Year-end	年末零售营业面积(平方米) Retail Operating Area at Year-end (sq.m)
55812	68956531	72389079	71927134	461945	1482458	2379016
9985	1381394	1559555	1527905	31650	127121	480604
25370	12951979	13655270	13418372	236898	1057154	2441501
1094	83604	85058	85011	46	6849	221
10	9428	11781	11781			350
5170	1181814	1250606	1231954	18652	81987	651788
66138	56694215	59416955	59036546	380409	1657502	3951313
1606	1533784	1665096	1665052	44	162909	8482
1062	355119	430696	430696		12087	285086
28635	25981632	27438602	27069863	368739	923071	1708599
150807	**17408780**	**19717173**	**2178049**	**17539124**	**1814126**	**6095461**
148198	17141685	19422392	2150142	17272250	1787794	5976907
14193	2495132	3060560	219258	2841302	138767	421153
4471	538261	565767	90549	475218	27535	213021
129	26368	26586	662	25924	953	10100
77	16521	17011	1785	15226	1342	2229
18	1300	1300		1300	100	129
59	15221	15711	1785	13926	1242	2100
30202	2496614	2857731	212898	2644833	296711	1249771
248	33762	38261	991	37270	2576	11832
29954	2462852	2819470	211908	2607563	294136	1237939
7354	1782200	2954980	505382	2449598	106848	421683
87526	9521473	9657269	1108743	8548526	1169657	3520936
4834	264937	262698	12787	249910	27157	217047
374	106442	109462	85325	24138	2419	169235
69096	8577573	8635799	995919	7639880	1075298	2921609
13222	572521	649310	14712	634598	64783	213045
4246	265116	282489	10865	271625	45981	138014
1620	217993	239157	27907	211250	21459	58692
926	94935	98982	27907	71074	13792	17810
511	123059	124314		124314	7657	30348
183		15862		15862	11	10534
989	49101	55623		55623	4873	59862
968	43097	48053		48053	4549	58932
21	6004	7570		7570	324	930
55898	2317193	2616119	99968	2516151	232720	1817889
23052	1005901	1088919	10760	1078159	71411	887170
29564	946676	1100805	9393	1091412	150211	833076
3282	364617	426395	79815	346580	11099	97643
5902	422245	473313	113658	359654	44457	213230
948	55459	57725	21840	35884	8610	13322
1321	160981	185309	41071	144238	10368	109751

12-4 续表2

单位：万元

指　　标	Item	法人企业数(个) Number of Corporation Enterprises (unit)
纺织、服装及日用品专门零售	Retail of Textiles, Garments and Daily Articles	100
#服装零售	Garments	82
文化、体育用品及器材专门零售	Retail of Culture,Sports Articles and Equipments	119
#图书、报刊零售	Books and Mangzines	87
珠宝首饰零售	Jewelry	18
医药及医疗器材专门零售	Retail of Medicines and Medical Appliances	71
#药品零售	Medicines	70
汽车、摩托车、燃料及零配件专门零售	Retail of Motor Vehicles, Motorcycles, Feuls and Parts	703
#汽车零售	Motor Vehicles	530
机动车燃料零售	Vehicle Feuls	156
家用电器及电子产品专门零售	Retail of Household Electronic Equipments and Products	222
#日用家电设备零售	Household Appliance	120
计算机、软件及辅助设备零售	Computer, Software and Auxiliary Equipments	54
通信设备零售	Communication Equipments	18
五金、家具及室内装修材料专门零售	Retail of Hardwares, Furniture and Room Decorative Building	91
#五金零售	Retail of Hardwares	34
家具零售	Retail of Furniture	30
货摊、无店铺及其他零售业	Retail of Stall, Non-store and Others	86
3.按控股情况分	Grouped by Share Holding	
国有控股	State Holding Enterprises	238
集体控股	Collective-owned Holding Enterprises	124
私人控股	Private Holding Enterprises	1348
港澳台商控股	Hongkong, Macao and Taiwan Holding Enterprises	5
外商控股	Foreign Holding Enterprises	5
其　他	Others	100
4.按经营形式分	Grouped by Share Holding	
独立门店	Independent Stores	1656
连锁总店(总部)	Chain Headquarters	49
连锁门店	Chain Stores	43
其　他	Others	72
5.按零售业态分	Grouped by Retail Format	
有店铺零售	Store-based	1817
食杂店	Grocery Store	7
便利店	Convenient Store	22
折扣店	Discount Store	1
超　市	Supermarket	171
大型超市	Hypermarket	34
仓储会员店	Warehouse Club	6
百货店	Department Store	185
专业店	Specialized Shop	772
专卖店	Exclusive Shop	520
家居建材商店	Home Center	31
购物中心	Shopping Center	34
厂家直销中心	Factory Outlet Center	34
无店铺零售	Non-store	3

continued

(10 000 yuan)

年末从业人员数(人) Number of Employees at Year-end (person)	商品购进总额 Total Purchases Value	商品销售总额 Total Sales Value	批发额 Wholesale Value	零售额 Retail Value	年末商品库存总额 Total Value of Storing at the Year-end	年末零售营业面积(平方米) Retail Operating Area at Year-end (sq.m)
13564	804683	953529	11823	941706	96514	676490
12470	727584	866169	1195	864974	82162	645802
5417	402351	403306	31838	371467	89697	66052
3330	209107	201057	11065	189992	29283	43324
1429	169404	177278	18023	159255	52838	12912
7182	528642	576342	126531	449811	70738	98008
7170	528009	575607	126531	449076	70735	97858
45663	10835435	12492013	1460800	11031213	1075926	2071893
29563	6270924	6215589	203291	6012297	848738	1181949
15562	4506303	6215009	1247959	4967050	223096	869681
8649	951928	959370	64782	894587	100405	372184
5628	639277	640417	18169	622248	62152	263971
1129	116778	121450	24899	96551	10974	23580
582	66849	69434	6991	62443	4580	9409
3271	616648	699435	36010	663425	21859	342017
523	93231	102195	11116	91079	5237	31456
1501	120221	189712	2068	187644	8101	211191
5261	529655	543748	232640	311109	81811	437698
26456	4946189	6767452	842242	5925210	331945	996901
8777	856011	910296	114450	795845	85910	418335
106978	10607755	10871439	1142071	9729368	1285539	4258351
1216	160312	175808	27907	147900	11644	32744
1287	93793	104148		104148	5935	84380
6093	744721	888030	51379	836652	93153	304750
115273	13809380	14974336	1611269	13363067	1533506	4969576
15336	1682105	2078004	153910	1924094	103673	786246
14277	1148920	1637281	142137	1495144	100448	188577
5921	768375	1027552	270733	756819	76499	151062
150760	17400573	19709360	2177362	17531998	1812702	6094951
689	30188	40599	1603	38996	7147	27282
2891	289164	353251	50748	302503	11045	44060
48	1463	1262		1262	201	190
12974	381601	416629	7397	409232	53442	321816
28862	818709	967600		967600	115724	799563
320	350945	346494	314655	31839	7753	118773
19958	1433224	1590506	89083	1501423	88112	1077573
43405	8089204	9335488	1142348	8193140	686458	2038853
29578	5121332	5456870	471370	4985501	748005	1064867
1219	88710	157543	15406	142136	10435	172685
7549	383632	426379	28	426351	52047	326474
3267	412402	616740	84726	532015	32333	102815
47	8207	7813	687	7126	1424	510

12-5 限额以上批发和零售业法人企业财务状况(2012年)

单位：万元

指　标	Item	年初存货 Beginning Inventory
总　计	**Total**	**4030867**
一、批发业	**Wholesale Trade**	**2671777**
1.按登记注册类型分组	Grouped by Registered Kind	
内资企业	Civil Funded Enterprises	2662450
国有企业	State-owned Enterprises	747631
集体企业	Collective-owned Enterprises	98259
股份合作企业	Share Cooperative Enterprises	3328
联营企业	Joint Ownership Enterprises	2494
国有联营企业	State-owned Enterprises	1790
国有与集体联营企业	State and Collective Joint Enterprises	704
有限责任公司	Limited Responsibility Corporations	608019
国有独资公司	Company Exclusively with Investment from State	216125
其他有限责任公司	Other Limited Responsibility Company	391893
股份有限公司	Share-holding Limited Corporations	278780
私营企业	Private-owned Enterprises	904859
私营独资企业	Enterprise Exclusively with Investment from Private	3778
私营合伙企业	Private Partnership Enterprises	5124
私营有限责任公司	Private Limited Responsibility Corporations	865202
私营股份有限公司	Private Share-holding Limited Corporations	30755
其他企业	Others	19080
港澳台商投资企业	Enterprises Funded by HongKong, Macao and Taiwan	6640
与港澳台商合资经营企业	Joint Venture Enterprises	
港澳台商独资企业	Solely Owned Entersprises	6640
港澳台商投资股份有限公司	Share Holding Limited Corporation	
外商投资企业	Foreign Funded Enterprises	2687
中外合资经营企业	Joint Venture Enterprises	2687
2.按国民经济行业分	Grouped by Economic Sector	
农、林、牧产品批发	Wholesale of Agricultural, Forestry and Animal Husbandry Products	75917
#谷物、豆及薯类批发	Wholesale of Cereal, Beans and Potatos	55885
食品、饮料及烟草制品批发	Wholesale of Food, Beverage and Tobaccos	256445
#米、面制品及食用油批发	Rice, Flour and Edible Oil	58090
烟草制品批发	Tobacoo Products Manufacturing	156468
纺织、服装及家庭用品批发	Wholesale of Textiles,Garments and Family Articles	54052
#服装批发	Wholesale of Garments	19469
文化、体育用品及器材批发	Wholesale of Culture , Sports Articles and Equipments	40321
医药及医疗器材批发	Wholesale of Medicines and Medical Appliances	63340
#西药批发	Wholesale of Western Medicine	39786
中药批发	Wholesale of Chinese Traditional and Patent Medicine	14270
矿产品、建材及化工产品批发	Wholesale of Mineral Products, Building and Chemical Products	2051496
#煤炭及制品批发	Coal and Related Products	1329171
石油及制品批发	Petroleum and Related Products	181667
金属及金属矿批发	Metals and Metals Materials	411233
建材批发	Building Materials	63559
化肥批发	Chemical Fertilizer	39800
机械设备、五金交电及电子产品批发	Wholesale of Machinery, Hardwares, Transport and Electronic Products	90976
#汽车批发	Motor Vehicles	27464
计算机、软件及辅助设备批发	Computer, Sofeware and Accessories	1381
贸易经纪与代理	Trade Broker and Agency	32918
其他批发业	Other Wholesales	6314

FINANCIAL INDICATORS OF CORPORATION ENTERPRISES IN WHOLESALE AND RETAIL TRADE ABOVE DESIGNATED SIZE(2012)

(10 000 yuan)

流动资产合　计 Total Circulating Assets	#应收帐款 Accounts Receivable	#存　货 Inventory	固定资产合　计 Total Fixed Assets	累计折旧 Accumulated Depreciation	#本年折旧 Depreciation This Year	资产总计 Total Assets
30593327	**5966203**	**4647158**	**3006664**	**1300913**	**222936**	**39432394**
24675674	**4955516**	**2805615**	**1675363**	**762655**	**133201**	**31101138**
24657784	4953449	2793920	1664408	760995	132357	31058617
7748906	1245146	741313	526765	331694	56727	8972934
345784	80436	72929	57596	48936	4496	457652
7383	1556	2714	437	635	128	7831
11570	4545	3259	2417	1159		14375
9437	3995	1676	366	362		10191
2133	550	1583	2051	797		4184
7944682	2293415	571412	614659	188958	35447	10183659
2274833	582426	142201	298719	77038	17741	3228450
5669849	1710989	429211	315940	111920	17705	6955209
2238268	335907	380029	115858	63796	7393	3487446
6303465	977256	1002462	326043	120935	26777	7834613
222586	26339	2480	1347	1437	622	252636
7539	−289	2683	2366	807	296	9905
5775392	918883	960247	296201	110869	24254	7206826
297949	32323	37052	26129	7823	1605	365247
57726	15189	19803	20634	4881	1389	100108
14422	2031	9000	1271	770	525	16872
5542	2238		94	68		5637
8760	−240	9000	1177	702	525	11116
120	34					120
3468	36	2695	9684	891	320	25649
3468	36	2695	9684	891	320	25649
144992	21572	89007	46845	16153	3794	210124
93221	14458	64567	27169	13624	3466	127325
1014705	114344	265927	279702	133893	25323	1414941
96240	7201	61055	19236	7535	569	126729
661419	4140	148697	204920	104667	20345	941543
191870	50821	60301	7443	3676	1121	225095
83626	24960	21769	5367	2438	876	110951
278689	79823	54977	21119	6527	1229	319034
501128	264575	95038	28051	11646	2345	572820
318850	183390	55782	17601	7332	1529	362267
132838	65863	26398	9710	3994	692	159808
21539403	3947690	2083622	1212870	562869	92670	27170226
17404723	3066762	1336354	1024241	435214	70904	22116308
550882	147156	217168	94791	82038	15007	894601
2619895	383591	395694	41686	22227	2657	3075730
725813	331489	60360	28382	15275	2531	769859
139151	16065	42922	9889	2593	590	154404
835340	466227	117531	55006	17924	5023	967690
113910	44355	23862	17998	4048	1177	176852
6271	1979	1365	138	117	80	6449
126079	350	32516	17587	4848	302	165363
43468	10115	6696	6741	5119	1394	55845

12-5 续表1

单位：万元

指　标	Item	年初存货 Beginning Inventory
3.按控股情况分	Grouped by Share Holding	
国有控股	State Holding Enterprises	1501047
集体控股	Collective-owned Holding Enterprises	91280
私人控股	Private Holding Enterprises	1005601
港澳台商控股	Hongkong, Macao and Taiwan Holding Enterprises	6640
外商控股	Foreign Holding Enterprises	
其　他	Others	67209
4.按经营形式分	Grouped by Share Holding	
独立门店	Independent Stores	1674485
连锁总店(总部)	Chain Headquarters	136200
连锁门店	Chain Stores	8896
其　他	Others	852196
二、零售业	**Retail Trade**	**1359090**
1.按登记注册类型分组	Grouped by Registered Kind	
内资企业	Civil Funded Enterprises	1323721
国有企业	State-owned Enterprises	182642
集体企业	Collective-owned Enterprises	26171
股份合作企业	Share Cooperative Enterprises	1328
联营企业	Joint Ownership Enterprises	1293
国有联营企业	State-owned Enterprises	25
集体联营企业	Collective Joint Enterprises	1268
有限责任公司	Limited Responsibility Corporations	221420
国有独资公司	Solely State-owned Enterprises	2305
其他有限责任公司	Other Limited Responsibility Company	219116
股份有限公司	Share-holding Limited Corporations	85832
私营企业	Private-owned Enterprises	785103
私营独资企业	Enterprise Exclusively with Investment from Private	22581
私营合伙企业	Private Partnership Enterprises	1728
私营有限责任公司	Private Limited Responsibility Corporations	713634
私营股份有限公司	Private Share-holding Limited Corporations	47160
其他企业	Others	19932
港澳台商投资企业	Enterprises Funded by HongKong，Macao and Taiwan	28893
与港澳台商合资经营企业	Joint Venture Enterprises	23008
港澳台商独资企业	Solely Owned Entersprises	5867
港澳台商投资股份有限公司	Share Holding Limited Corporation	18
外商投资企业	Foreign Funded Enterprises	6476
中外合资经营企业	Joint Venture	6252
外资企业	Enterprises with Sole Investment from Foreign	224
2.按国民经济行业分	Grouped by Economic Sector	
综合零售	General Retail Sales Trade	180806
百货零售	Daily Goods	48867
超级市场零售	Supermarkets	122090
其他综合零售	Others	9849
食品、饮料及烟草制品专门零售	Retail of Food,Beverage and Tobaccos	43654
#粮油零售	Grains and Oils	17255
果品、蔬菜零售	Fruit and Vegetables	3397

continued

(10 000 yuan)

流动资产合计 Total Circulating Assets	#应收帐款 Accounts Receivable	#存货 Inventory	固定资产合计 Total Fixed Assets	累计折旧 Accumulated Depreciation	#本年折旧 Depreciation This Year	资产总计 Total Assets
16556769	3468813	1544275	1075507	535575	92753	20655570
708868	105049	77946	93742	58204	6764	1089078
6721889	1162873	1088930	403384	138184	29979	8466450
14422	2031	9000	1271	770	525	16872
43			13	40	6	55
673684	216749	85464	101447	29883	3175	873114
14490321	2969960	1614229	1214064	489354	82726	18206453
700745	21839	170671	30659	16457	2276	792567
106435	33544	11431	24285	12699	2868	163642
9378173	1930173	1009284	406355	244145	45332	11938476
5917654	**1010688**	**1841543**	**1331300**	**538258**	**89734**	**8331256**
5809458	1015227	1797527	1260906	526107	84057	8114748
844138	302649	369787	203565	91313	12812	1220947
95641	17904	27163	29975	14264	1187	136224
2401	627	1168	1460	494	80	5442
3369	1483	1570	643	897	113	4520
208	18	100	8	2		569
3161	1465	1470	636	895	113	3951
943718	163796	244572	187510	86214	14039	1267813
7869	1161	2481	7603	4510	486	15770
935849	162636	242091	179907	81704	13553	1252043
158000	5401	138131	167815	81075	6624	404931
3657947	505183	977534	624619	243016	45242	4908190
71119	13880	25385	19032	4200	1203	95417
21607	3380	981	4218	1092	212	26876
3254402	471350	886671	540400	217331	41353	4326800
310819	16573	64497	60969	20392	2475	459098
104244	18184	37602	45318	8833	3959	166681
92001	-5216	41366	62803	10104	4467	190722
53740	4601	23540	29801	5892	1859	98942
51083	3020	17812	15350	3525	1920	69918
-12822	-12836	14	17653	688	688	21863
16195	677	2650	7592	2047	1211	25786
15700	677	2372	7563	1918	1201	25261
496		277	29	129	9	525
1156901	113419	206328	385489	135283	16160	1801651
458657	53383	51015	148603	50528	5475	697496
639830	53437	144322	211430	79183	9309	1001924
58413	6599	10991	25455	5572	1376	102231
125501	19670	48334	63194	20887	2410	215347
33250	6423	16751	15746	4862	502	52469
7374	1593	2507	25596	1845	565	34427

12-5 续表2

单位：万元

指　　标	Item	年初存货 Beginning Inventory
纺织、服装及日用品专门零售	Retail of Textiles, Garments and Daily Articles	70432
#服装零售	Garments	56709
文化、体育用品及器材专门零售	Retail of Culture,Sports Articles and Equipments	58018
#图书、报刊零售	Books and Mangzines	18595
珠宝首饰零售	Jewelry	34659
医药及医疗器材专门零售	Retail of Medicines and Medical Appliances	47171
#药品零售	Medicines	47171
汽车、摩托车、燃料及零配件专门零售	Retail of Motor Vehicles, Motorcycles, Feuls and Parts	784928
#汽车零售	Motor Vehicles	511452
机动车燃料零售	Vehicle Feuls	266659
家用电器及电子产品专门零售	Retail of Household Electronic Equipments and Products	90447
#日用家电设备零售	Household Appliance	60024
计算机、软件及辅助设备零售	Computer, Software and Auxiliary Equipments	10411
通信设备零售	Communication Equipments	3558
五金、家具及室内装修材料专门零售	Retail of Hardwares, Furniture and Room Decorative Building	19380
#五金零售	Retail of Hardwares	5372
家具零售	Retail of Furniture	5440
货摊、无店铺及其他零售业	Retail of Stall, Non-store and Others	64255
3.按控股情况分	Grouped by Share Holding	
国有控股	State Holding Enterprises	309577
集体控股	Collective-owned Holding Enterprises	53659
私人控股	Private Holding Enterprises	898643
港澳台商控股	Hongkong, Macao and Taiwan Holding Enterprises	19208
外商控股	Foreign Holding Enterprises	8187
其　他	Others	69816
4.按经营形式分	Grouped by Share Holding	
独立门店	Independent Stores	1061082
连锁总店(总部)	Chain Headquarters	139089
连锁门店	Chain Stores	96940
其　他	Others	61979
5.按零售业态分	Grouped by Retail Format	
有店铺零售	Store-based	1358799
食杂店	Grocery Store	1086
便利店	Convenient Store	9359
折扣店	Discount Store	83
超　市	Supermarket	49148
大型超市	Hypermarket	107523
仓储会员店	Warehouse Club	3962
百货店	Department Store	40967
专业店	Specialized Shop	569351
专卖店	Exclusive Shop	482649
家居建材商店	Home Center	11133
购物中心	Shopping Center	28981
厂家直销中心	Factory Outlet Center	54558
无店铺零售	Non-store	292

continued

(10 000 yuan)

流动资产合计 Total Circulating Assets	#应收帐款 Accounts Receivable	#存货 Inventory	固定资产合计 Total Fixed Assets	累计折旧 Accumulated Depreciation	#本年折旧 Depreciation This Year	资产总计 Total Assets
317881	11333	91032	71434	30249	7171	533425
298267	7424	79493	66847	29416	7025	507053
176441	35903	63574	46245	23358	2652	296482
98785	32803	18001	31693	18709	2051	188297
66381	–458	40551	13448	4281	557	95430
223319	113043	57198	14673	9412	1230	262467
222492	112425	57195	14575	9379	1206	261542
3030340	559164	1152357	532786	258027	44391	3953266
1976364	232939	641351	223217	107858	27877	2409392
1031290	322580	503336	306989	149281	15973	1514735
345427	52493	89607	55222	11878	3077	428478
240788	21468	63631	46813	8604	2147	307207
34372	12310	9440	4061	1934	369	40079
16577	7582	4406	1905	546	140	18996
186693	52832	51375	42779	11788	2003	273124
46955	20390	5617	4457	1839	228	54492
39617	5287	6110	19816	3092	443	82540
355152	52831	81739	119478	37376	10641	567018
1231717	407940	558554	397115	195399	21386	1909011
176150	32327	57092	71489	32348	4253	284233
4121959	547019	1102647	735997	280807	53740	5563286
50258	–8479	20511	52441	7395	2967	136104
47906	3656	14799	17925	4628	2702	70322
289664	28225	87940	56334	17682	4688	368301
4231507	670453	1294542	1024402	418768	73889	6065358
575564	28457	120382	112565	50412	8263	802634
327826	20380	98026	128265	43931	4023	583517
782757	291398	328593	66068	25147	3561	879747
5916614	1010402	1841166	1331030	538165	89701	8329917
5179	1288	419	4663	414	135	10302
53731	9856	11644	20438	4623	1114	88925
3158	262	20	874	51	27	4032
155486	28862	54252	50334	18909	2311	220993
572374	32678	118169	132546	63870	6172	851011
51856	34719	7705	3657	1276	186	56074
585417	48911	48545	249215	75146	11058	971193
2528942	603410	939847	491428	212154	36859	3437109
1681451	210597	542331	281979	123189	24500	2171742
71443	18597	21176	17677	4318	1294	117516
104440	10348	52542	19984	8524	3220	216130
103138	10875	44516	58236	25689	2828	184890
1040	286	377	271	94	34	1339

12-5 续表3

单位：万元

指　　标	Item	流动负债合　　计 Total Liquid Liabilities
总　　计	**Total**	**27075888**
一、批发业	**Wholesale Trade**	**21231462**
1.按登记注册类型分组	Grouped by Registered Kind	
内资企业	Civil Funded Enterprises	21221713
国有企业	State-owned Enterprises	5947415
集体企业	Collective-owned Enterprises	327754
股份合作企业	Share Cooperative Enterprises	3097
联营企业	Joint Ownership Enterprises	11102
国有联营企业	State-owned Enterprises	8389
国有与集体联营企业	State and Collective Joint Enterprises	2713
有限责任公司	Limited Responsibility Corporations	7298649
国有独资公司	Company Exclusively with Investment from State	2153855
其他有限责任公司	Other Limited Responsibility Company	5144794
股份有限公司	Share-holding Limited Corporations	1923483
私营企业	Private-owned Enterprises	5659833
私营独资企业	Enterprise Exclusively with Investment from Private	145926
私营合伙企业	Private Partnership Enterprises	5402
私营有限责任公司	Private Limited Responsibility Corporations	5250028
私营股份有限公司	Private Share-holding Limited Corporations	258477
其他企业	Others	50381
港澳台商投资企业	Enterprises Funded by HongKong，Macao and Taiwan	-4239
与港澳台商合资经营企业	Joint Venture Enterprises	5705
港澳台商独资企业	Solely Owned Enterspprises	-10064
港澳台商投资股份有限公司	Share Holding Limited Corporation	120
外商投资企业	Foreign Funded Enterprises	13988
中外合资经营企业	Joint Venture Enterprises	13988
2.按国民经济行业分	Grouped by Economic Sector	
农、林、牧产品批发	Wholesale of Agricultural, Forestry and Animal Husbandry Products	121659
#谷物、豆及薯类批发	Wholesale of Cereal, Beans and Potatos	84218
食品、饮料及烟草制品批发	Wholesale of Food，Beverage and Tobaccos	427688
#米、面制品及食用油批发	Rice, Flour and Edible Oil	95012
烟草制品批发	Tobacoo Products Manufacturing	106347
纺织、服装及家庭用品批发	Wholesale of Textiles,Garments and Family Articles	132566
#服装批发	Wholesale of Garments	18101
文化、体育用品及器材批发	Wholesale of Culture , Sports Articles and Equipments	258902
医药及医疗器材批发	Wholesale of Medicines and Medical Appliances	456886
#西药批发	Wholesale of Western Medicine	306829
中药批发	Wholesale of Chinese Traditional and Patent Medicine	110475
矿产品、建材及化工产品批发	Wholesale of Mineral Products, Building and Chemical Products	18889135
#煤炭及制品批发	Coal and Related Products	15072619
石油及制品批发	Petroleum and Related Products	436439
金属及金属矿批发	Metals and Metals Materials	2428146
建材批发	Building Materials	714848
化肥批发	Chemical Fertilizer	124913
机械设备、五金交电及电子产品批发	Wholesale of Machinery, Hardwares, Transport and Electronic Products	808124
#汽车批发	Motor Vehicles	112013
计算机、软件及辅助设备批发	Computer, Sofeware and Accessories	2886
贸易经纪与代理	Trade Broker and Agency	105600
其他批发业	Other Wholesales	30902

continued

(10 000 yuan)

应付帐款 Accounts Payable	负债合计 Total Liabilities	所有者权益合计 Total Creditors' Equity	#实收资本 Capital Hold	#国家资本 State	#集体资本 Collective	#法人资本 Legal Person	#个人资本 Individual
6612757	**30981368**	**8417944**	**4143882**	**740399**	**230955**	**1943622**	**1180937**
5217317	**24703391**	**6397747**	**2777655**	**572995**	**176814**	**1393802**	**607898**
5221400	24693642	6364975	2746757	570795	176814	1391077	607871
1373747	7110764	1862170	534117	273290	7342	252225	1260
71604	344321	113331	66586	256	54123	3634	8573
112	3423	4409	4012			2000	2012
2510	12451	1924	590	500	90		
1123	9738	453	500	500			
1386	2713	1471	90		90		
2324435	8098272	2085386	967183	179994	105099	598900	83189
565957	2527909	700541	229361	47265		182096	
1758478	5570363	1384846	737822	132729	105099	416804	83189
349075	2578212	909234	191977	89856		65910	36211
1080216	6494443	1340170	970848	26899	9659	461482	472608
39516	246028	6608	10016	1000		1200	7816
42	5402	4503	4502				4502
1005443	5981306	1225520	910127	25899	9659	449687	424682
35216	261707	103540	46203			10595	35608
19703	51757	48352	11444		500	6927	4017
-8491	-4239	21111	21093			50	
1744	5705	-68					
-10234	-10064	21179	21043				
	120		50			50	
4407	13988	11661	9806	2200		2675	28
4407	13988	11661	9806	2200		2675	28
19595	132518	77606	44222	13914	2527	13020	14761
11096	92767	34558	20196	13250	2527	1840	2579
132499	478011	936931	170977	14216	11552	114254	30955
15290	104739	21990	9177	5921		1569	1687
58408	106347	835197	107739	3433		104306	
24032	133043	92052	43814	87	395	3487	18803
-5003	18101	92849	36314	87		650	14534
131741	258902	60132	25886	14299		7327	4260
223055	470230	102590	81622	6800	30	33685	41106
148005	308632	53635	42017	2960	30	14529	24498
57513	121995	37813	29980	2741		14181	13058
4112685	22231487	4938739	2278626	494269	160571	1155818	462863
3290248	18028014	4088294	1650362	367909	75615	966107	235627
252313	773166	121435	53596	7781	419	22456	22940
349290	2467370	608360	448357	101559	81892	88186	176721
172751	715182	54677	72947	9000		49271	14675
22731	128967	25437	18053	3231	1294	4680	8848
490306	837698	129992	117351	25751	150	64361	27089
46230	137626	39227	41901	20318		11160	10422
641	2886	3563	3250			1300	1950
71549	129691	35672	5066				5066
11854	31811	24034	10093	3659	1589	1850	2995

12-5 续表4

单位：万元

指　　标	Item	流动负债合　　计 Total Liquid Liabilities
3.按控股情况分	Grouped by Share Holding	
国有控股	State Holding Enterprises	13928972
集体控股	Collective-owned Holding Enterprises	579859
私人控股	Private Holding Enterprises	6091106
港澳台商控股	Hongkong, Macao and Taiwan Holding Enterprises	-4239
外商控股	Foreign Holding Enterprises	968
其　他	Others	634795
4.按经营形式分	Grouped by Share Holding	
独立门店	Independent Stores	12919295
连锁总店(总部)	Chain Headquarters	697748
连锁门店	Chain Stores	78811
其　他	Others	7535608
二、零售业	**Retail Trade**	**5844426**
1.按登记注册类型分组	Grouped by Registered Kind	
内资企业	Civil Funded Enterprises	5681547
国有企业	State-owned Enterprises	772907
集体企业	Collective-owned Enterprises	91809
股份合作企业	Share Cooperative Enterprises	2844
联营企业	Joint Ownership Enterprises	2313
国有联营企业	State-owned Enterprises	209
集体联营企业	Collective Joint Enterprises	2104
有限责任公司	Limited Responsibility Corporations	932449
国有独资公司	Solely State-owned Enterprises	7316
其他有限责任公司	Other Limited Responsibility Company	925133
股份有限公司	Share-holding Limited Corporations	81931
私营企业	Private-owned Enterprises	3685089
私营独资企业	Enterprise Exclusively with Investment from Private	56068
私营合伙企业	Private Partnership Enterprises	22524
私营有限责任公司	Private Limited Responsibility Corporations	3198585
私营股份有限公司	Private Share-holding Limited Corporations	407913
其他企业	Others	112206
港澳台商投资企业	Enterprises Funded by HongKong，Macao and Taiwan	141956
与港澳台商合资经营企业	Joint Venture Enterprises	71609
港澳台商独资企业	Solely Owned Entersprises	47679
港澳台商投资股份有限公司	Share Holding Limited Corporation	22668
外商投资企业	Foreign Funded Enterprises	20923
中外合资经营企业	Joint Venture	20448
外资企业	Enterprises with Sole Investment from Foreign	475
2.按国民经济行业分	Grouped by Economic Sector	
综合零售	General Retail Sales Trade	1459223
百货零售	Daily Goods	526756
超级市场零售	Supermarkets	857016
其他综合零售	Others	75451
食品、饮料及烟草制品专门零售	Retail of Food,Beverage and Tobaccos	130674
#粮油零售	Grains and Oils	31991
果品、蔬菜零售	Fruit and Vegetables	10258

continued

(10 000 yuan)

应付帐款 Accounts Payable	负债合计 Total Liabilities	所有者权益合计 Total Creditors' Equity	#实收资本 Capital Hold				
				#国家资本 State	#集体资本 Collective	#法人资本 Legal Person	#个人资本 Individual
3701679	16406221	4249348	1353485	539260	13568	748179	51790
106310	657704	431374	181525	2456	151235	11270	12348
1204591	6968409	1498041	1082241	26998	11946	507096	536001
–8491	–4239	21111	21093			50	
15	968	–912	500			500	
213213	674328	198785	138813	4281	65	126707	7760
3189037	14675682	3530771	1698428	297262	116937	820691	458435
44544	697795	94772	42775			2775	40000
39002	79409	84232	16141	14021	2120		
1944733	9250505	2687971	1020311	261711	57758	570336	109464
1395441	**6277977**	**2020197**	**1366226**	**167404**	**54141**	**549821**	**573039**
1354568	6109287	1972379	1331300	167404	54141	536861	572840
98168	832794	388153	153905	38991	1040	112682	1193
23979	96213	40011	28307	300	26733	767	508
994	2872	2571	1699	567	577	255	301
118	2313	2208	645	299	46		300
	209	360	299	299			
118	2104	1848	346		46		300
282905	1037522	230292	210011	50938	7541	93157	58376
2468	8051	7719	3636	3636			
280437	1029471	222572	206374	47301	7541	93157	58376
12631	103442	268406	80367	74436	2803	1304	1825
908031	3917985	990205	815721	1435	15083	312369	486780
16926	59852	35565	29460	140	250	12704	16327
3279	22524	4352	2702		247	752	1703
723859	3426945	899855	763316	1295	14332	287708	459967
163968	408664	50434	20242		254	11205	8783
27742	116146	50534	40646	440	319	16329	23558
35846	147763	42959	31081			11610	
19319	74580	24362	16160			3110	
14402	50515	19403	14421			8000	
2125	22668	–805	500			500	
5027	20927	4859	3846			1350	199
5027	20452	4809	3796			1350	199
	475	50	50				
437686	1590012	211639	171524	7698	19369	57820	84833
149405	611273	86223	59374	3037	7822	31183	17219
266168	899818	102106	97184	3135	7370	20825	64165
22114	78921	23310	14965	1527	4178	5812	3449
25304	147748	67599	56281	11905	9908	14793	19625
4944	38100	14368	11064	5146	23	1730	4164
1597	11331	23096	16967	599	3516	3093	9759

12-5 续表5

单位：万元

指　　标	Item	流动负债合　　计 Total Liquid Liabilities
纺织、服装及日用品专门零售	Retail of Textiles, Garments and Daily Articles	340336
#服装零售	Garments	320998
文化、体育用品及器材专门零售	Retail of Culture,Sports Articles and Equipments	146908
#图书、报刊零售	Books and Mangzines	86645
珠宝首饰零售	Jewelry	53784
医药及医疗器材专门零售	Retail of Medicines and Medical Appliances	154616
#药品零售	Medicines	153789
汽车、摩托车、燃料及零配件专门零售	Retail of Motor Vehicles, Motorcycles, Feuls and Parts	2747761
#汽车零售	Motor Vehicles	1884891
机动车燃料零售	Vehicle Feuls	840332
家用电器及电子产品专门零售	Retail of Household Electronic Equipments and Products	328998
#日用家电设备零售	Household Appliance	246452
计算机、软件及辅助设备零售	Computer, Software and Auxiliary Equipments	21463
通信设备零售	Communication Equipments	13185
五金、家具及室内装修材料专门零售	Retail of Hardwares, Furniture and Room Decorative Building	157453
#五金零售	Retail of Hardwares	39922
家具零售	Retail of Furniture	46005
货摊、无店铺及其他零售业	Retail of Stall, Non-store and Others	378458
3.按控股情况分	Grouped by Share Holding	
国有控股	State Holding Enterprises	1022005
集体控股	Collective-owned Holding Enterprises	197333
私人控股	Private Holding Enterprises	4193587
港澳台商控股	Hongkong, Macao and Taiwan Holding Enterprises	103232
外商控股	Foreign Holding Enterprises	49635
其　他	Others	278635
4.按经营形式分	Grouped by Share Holding	
独立门店	Independent Stores	4104751
连锁总店(总部)	Chain Headquarters	589440
连锁门店	Chain Stores	367478
其　他	Others	782757
5.按零售业态分	Grouped by Retail Format	
有店铺零售	Store-based	5843441
食杂店	Grocery Store	7106
便利店	Convenient Store	65836
折扣店	Discount Store	3632
超　市	Supermarket	139079
大型超市	Hypermarket	773966
仓储会员店	Warehouse Club	46878
百货店	Department Store	673289
专业店	Specialized Shop	2209476
专卖店	Exclusive Shop	1599248
家居建材商店	Home Center	76027
购物中心	Shopping Center	144235
厂家直销中心	Factory Outlet Center	104670
无店铺零售	Non-store	986

continued

(10 000 yuan)

应付帐款 Accounts Payable	负债合计 Total Liabilities	所有者权益合计 Total Creditors' Equity	#实收资本 Capital Hold	#国家资本 State	#集体资本 Collective	#法人资本 Legal Person	#个人资本 Individual
125168	423326	110099	87544	847	792	50258	30546
120446	403795	103258	83324	724	220	49118	28161
75184	148878	147604	75046	2609	1072	52860	18505
58810	88028	100268	51457	2609	3	47598	1247
13299	54350	41080	19815		1069	2787	15960
101625	198282	64185	57420	34896	56	11140	11328
100967	197455	64087	57320	34896	56	11040	11328
383958	2824521	1095663	694404	99455	14291	265313	308024
313159	1926190	483202	468614	5420	13301	179336	263237
65842	874852	606801	219671	94029	940	84004	40697
99400	336027	92451	74694	252	1198	28081	45163
73274	253137	54070	38042	100	313	12497	25132
10036	21616	18463	16672	152	530	5810	10180
6828	13225	5772	5160			2520	2640
53328	165908	107216	56948	2780	720	23856	29095
16585	40356	14136	12208	2095	547	6243	3324
5165	48851	33690	14103	517	173	5554	7362
93788	443275	123743	92368	6962	6735	45699	25922
216618	1152430	723499	296477	163794	1828	126157	4699
56927	218071	66161	44691	536	33604	8531	2021
1027107	4443000	1120286	912409	1455	15733	357953	537214
13986	106203	29901	18071			3600	
18060	52475	17847	16796			9350	199
62743	305797	62504	77783	1620	2977	44230	28907
1008512	4496005	1536271	1209758	122986	51258	505446	522098
186843	610461	192172	53685	8214	330	22343	16147
146109	387234	196284	46973	33753	934	9901	2235
53976	784277	95470	55811	2452	1620	12130	32559
1395233	6276991	2019844	1366048	167404	54141	549792	572889
839	7745	2557	2595	136	356	903	1200
22578	67674	21251	11194	3355	2046	3541	2252
-131	3632	399	100				100
48913	146813	74180	43607	880	1028	16211	25434
224871	795688	55323	64469	2264	6651	11710	42094
33767	47728	8346	7519	18		6203	1298
206844	857942	113251	111629	5010	15807	53765	32048
450865	2291460	1112567	632931	112424	17056	258703	244648
308551	1721853	449889	408612	41848	9243	160954	189196
22167	82176	35340	25198	564		14507	9630
52122	148525	67604	30698		105	15083	15510
23848	105754	79136	27496	906	1848	8211	9481
208	986	354	179			29	150

12-5 续表6

单位：万元

指　　标	Item	营业收入 Business Revenue
总　　计	**Total**	**100024340**
一、批发业	**Wholesale Trade**	**81635046**
1.按登记注册类型分组	Grouped by Registered Kind	
内资企业	Civil Funded Enterprises	81526938
国有企业	State-owned Enterprises	32228206
集体企业	Collective-owned Enterprises	1365030
股份合作企业	Share Cooperative Enterprises	7844
联营企业	Joint Ownership Enterprises	19351
国有联营企业	State-owned Enterprises	15913
国有与集体联营企业	State and Collective Joint Enterprises	3439
有限责任公司	Limited Responsibility Corporations	33083937
国有独资公司	Company Exclusively with Investment from State	8755455
其他有限责任公司	Other Limited Responsibility Company	24328483
股份有限公司	Share-holding Limited Corporations	3126250
私营企业	Private-owned Enterprises	11322767
私营独资企业	Enterprise Exclusively with Investment from Private	292663
私营合伙企业	Private Partnership Enterprises	25539
私营有限责任公司	Private Limited Responsibility Corporations	10589208
私营股份有限公司	Private Share-holding Limited Corporations	415357
其他企业	Others	373554
港澳台商投资企业	Enterprises Funded by HongKong，Macao and Taiwan	84967
与港澳台商合资经营企业	Joint Venture Enterprises	58360
港澳台商独资企业	Solely Owned Entersprises	20429
港澳台商投资股份有限公司	Share Holding Limited Corporation	6178
外商投资企业	Foreign Funded Enterprises	23141
中外合资经营企业	Joint Venture Enterprises	23141
2.按国民经济行业分	Grouped by Economic Sector	
农、林、牧产品批发	Wholesale of Agricultural, Forestry and Animal Husbandry Products	280484
#谷物、豆及薯类批发	Wholesale of Cereal, Beans and Potatos	216850
食品、饮料及烟草制品批发	Wholesale of Food，Beverage and Tobaccos	3914853
#米、面制品及食用油批发	Rice, Flour and Edible Oil	183866
烟草制品批发	Tobacoo Products Manufacturing	2931435
纺织、服装及家庭用品批发	Wholesale of Textiles,Garments and Family Articles	430758
#服装批发	Wholesale of Garments	97688
文化、体育用品及器材批发	Wholesale of Culture , Sports Articles and Equipments	446035
医药及医疗器材批发	Wholesale of Medicines and Medical Appliances	1108563
#西药批发	Wholesale of Western Medicine	675176
中药批发	Wholesale of Chinese Traditional and Patent Medicine	323487
矿产品、建材及化工产品批发	Wholesale of Mineral Products, Building and Chemical Products	71607089
#煤炭及制品批发	Coal and Related Products	51319992
石油及制品批发	Petroleum and Related Products	2286114
金属及金属矿批发	Metals and Metals Materials	10468303
建材批发	Building Materials	6746427
化肥批发	Chemical Fertilizer	430059
机械设备、五金交电及电子产品批发	Wholesale of Machinery, Hardwares, Transport and Electronic Products	3426720
#汽车批发	Motor Vehicles	174868
计算机、软件及辅助设备批发	Computer, Sofeware and Accessories	33501
贸易经纪与代理	Trade Broker and Agency	245270
其他批发业	Other Wholesales	175273

continued

(10 000 yuan)

主营业务收入 Revenue of Major Business	营业成本 Business Costs	主营业务成本 Costs of Major Business	营业税金及附加 Business Taxes and Extra Charges	主营业务税金及附加 Taxes and Extra Charges in Major Business	其他业务利润 Profits of Other Business	销售费用 Costs of Sales	管理费用 Costs of Administration
91191084	**94970345**	**89561791**	**336232**	**312568**	**352393**	**2061936**	**1388905**
73372970	**78196199**	**73140434**	**279520**	**265284**	**203279**	**1332313**	**922900**
73265970	78097112	73045136	278495	264260	202738	1326936	919754
29265459	30882318	30824194	205866	201016	90907	236859	422643
1330194	1190004	1154981	3997	3603	3907	106020	44744
7844	6568	6568	26	26	100	1246	126
18454	18446	18283	158	158		215	536
15016	15023	14860	157	157		215	526
3439	3423	3423	1	1			10
28137222	31953440	27130118	45785	40214	80485	543473	269680
5781651	8383322	5451975	21415	20478	45375	176344	73966
22355571	23570118	21678143	24370	19736	35110	367129	195715
3097466	2999217	2994704	3415	3008	993	71241	24226
11035778	10695071	10564253	18568	15580	26311	348236	153317
286343	277052	276304	551	83	49	5090	8979
25539	22406	22406	23	23		2457	497
10308539	10037573	9907502	16766	14246	25870	314752	128833
415357	358041	358041	1228	1228	392	25937	15008
373554	352048	352035	680	655	35	19646	4483
84635	79079	75435	93	93	331	4243	1217
58142	55938	55938	47	47	217	2173	0
20322	17075	17075	46	46	107	2070	1217
6171	6066	2422			7		
22364	20008	19863	932	932	210	1134	1929
22364	20008	19863	932	932	210	1134	1929
280330	254858	252021	186	155	659	7577	9560
216703	203615	203511	94	94	355	5260	6128
3897845	3045512	3034350	177524	177334	10339	93270	199593
183734	176103	175949	179	179	119	6031	3521
2923467	2181579	2181367	175739	175739	7907	41789	154661
429627	384500	380262	1093	1093	835	23382	9996
97554	71131	71131	520	520	107	8217	7598
445936	413825	411111	1210	1197	895	15459	6547
1064610	1022127	1015978	1825	1701	1561	45593	20807
672230	635416	635391	878	778	805	14917	11711
309821	281581	275457	807	799	800	28557	7680
63422868	69336610	64319735	94130	80298	183607	1099746	632183
46039116	49321891	44335705	81879	68703	170551	945004	571770
2275795	2228794	2225967	1443	1438	613	30546	1331
7579739	10326832	10309421	7411	6765	2733	94033	31231
6745110	6713277	6703925	1739	1739	8896	7036	12486
428389	421390	420476	284	282	120	6248	4110
3412385	3340825	3329036	2433	2386	3859	39713	34746
173283	168917	168768	99	99	2075	2484	4231
33362	32616	32616	33	33	139	379	308
244602	235879	235879	668	668	1119	4397	2650
174767	162062	162062	453	453	405	3177	6819

12-5 续表7

单位：万元

指　标	Item	营业收入 Business Revenue
3.按控股情况分	Grouped by Share Holding	
国有控股	State Holding Enterprises	65842192
集体控股	Collective-owned Holding Enterprises	1655993
私人控股	Private Holding Enterprises	12804355
港澳台商控股	Hongkong, Macao and Taiwan Holding Enterprises	84967
外商控股	Foreign Holding Enterprises	10069
其　他	Others	1237470
4.按经营形式分	Grouped by Share Holding	
独立门店	Independent Stores	56279406
连锁总店(总部)	Chain Headquarters	1444221
连锁门店	Chain Stores	387897
其　他	Others	23523522
二、零售业	**Retail Trade**	**18389294**
1.按登记注册类型分组	Grouped by Registered Kind	
内资企业	Civil Funded Enterprises	18097204
国有企业	State-owned Enterprises	2934998
集体企业	Collective-owned Enterprises	540896
股份合作企业	Share Cooperative Enterprises	25052
联营企业	Joint Ownership Enterprises	17152
国有联营企业	State-owned Enterprises	1300
集体联营企业	Collective Joint Enterprises	15852
有限责任公司	Limited Responsibility Corporations	2601803
国有独资公司	Solely State-owned Enterprises	33310
其他有限责任公司	Other Limited Responsibility Company	2568493
股份有限公司	Share-holding Limited Corporations	2594382
私营企业	Private-owned Enterprises	9094926
私营独资企业	Enterprise Exclusively with Investment from Private	256933
私营合伙企业	Private Partnership Enterprises	110170
私营有限责任公司	Private Limited Responsibility Corporations	8115570
私营股份有限公司	Private Share-holding Limited Corporations	612253
其他企业	Others	287995
港澳台商投资企业	Enterprises Funded by HongKong，Macao and Taiwan	243903
与港澳台商合资经营企业	Joint Venture Enterprises	109874
港澳台商独资企业	Solely Owned Enterspriseses	119503
港澳台商投资股份有限公司	Share Holding Limited Corporation	14527
外商投资企业	Foreign Funded Enterprises	48188
中外合资经营企业	Joint Venture	41717
外资企业	Enterprises with Sole Investment from Foreign	6470
2.按国民经济行业分	Grouped by Economic Sector	
综合零售	General Retail Sales Trade	2450691
百货零售	Daily Goods	975900
超级市场零售	Supermarkets	1050823
其他综合零售	Others	423969
食品、饮料及烟草制品专门零售	Retail of Food,Beverage and Tobaccos	468297
#粮油零售	Grains and Oils	56791
果品、蔬菜零售	Fruit and Vegetables	183490

continued

(10 000 yuan)

主营业务收入 Revenue of Major Business	营业成本 Business Costs	主营业务成本 Costs of Major Business	营业税金及附加 Business Taxes and Extra Charges	主营业务税金及附加 Taxes and Extra Charges	其他业务利润 Profits of Other Business	销售费用 Costs of Sales	管理费用 Costs of Administration
58032024	63464876	58637470	247148	236920	164849	750114	667514
1621929	1453245	1417163	4231	3813	1246	105824	53578
12443238	12091382	11904714	21936	18483	32436	403095	174003
84635	79079	75435	93	93	331	4243	1217
10069	9100	9100	884	884		145	
1181074	1098519	1096552	5228	5092	4418	68892	26588
48181219	54053588	49067397	179152	170128	117005	808150	613231
1444184	1330305	1330305	19823	19823	485	57570	20589
387807	321535	320197	14898	14876	93	4788	17489
23359760	22490772	22422534	65646	60457	85698	461806	271591
17818114	**16774146**	**16421357**	**56712**	**47283**	**149114**	**729622**	**466005**
17540523	16527462	16179283	54775	45917	134852	710601	449075
2880363	2726615	2676923	5500	4828	7045	117089	37898
530722	469508	456235	2866	1795	2144	12917	23288
24726	23143	20835	75	57	167	799	903
17152	16465	15165	26	26	2	109	597
1300	1300		2	2			7
15852	15165	15165	24	24	2	109	589
2506447	2313069	2280399	12622	8554	26786	116792	95837
33310	31554	31554	40	40	151	834	1883
2473137	2281516	2248846	12581	8514	26635	115959	93954
2587806	2420335	2414890	3188	2506	7003	83002	29298
8747227	8317242	8094040	29327	26999	89033	370925	250262
250987	229285	216325	2180	1937	1247	9209	9267
110170	106739	106720	132	132	52	1498	834
7809063	7453300	7252357	22888	20888	59024	298833	224460
577007	527919	518638	4127	4042	28710	61384	15701
246080	241086	220796	1172	1151	2672	8970	10993
229404	206982	202372	1787	1217	8273	11039	15128
98731	94014	90095	480	480	6858	4839	5862
117102	101087	100397	1164	594	460	4542	8013
13572	11881	11881	143	143	955	1659	1254
48188	39702	39702	150	150	5990	7982	1802
41717	34623	34623	123	123	5901	7293	1773
6470	5079	5079	27	27	89	689	29
2256650	2094312	1954837	17831	12196	77416	175979	111961
939552	840241	820155	6322	5775	26434	55314	55594
993394	888696	868092	6385	5827	48325	114277	46333
323704	365376	266590	5125	595	2657	6388	10035
438903	418663	383168	3074	3009	1833	20775	14506
55495	52494	51226	166	164	164	2339	2367
156215	174133	146981	1272	1229	442	2732	1533

12-5 续表8

单位：万元

指　　标	Item	营业收入 Business Revenue
纺织、服装及日用品专门零售	Retail of Textiles, Garments and Daily Articles	798634
#服装零售	Garments	712490
文化、体育用品及器材专门零售	Retail of Culture,Sports Articles and Equipments	365719
#图书、报刊零售	Books and Mangzines	174207
珠宝首饰零售	Jewelry	166981
医药及医疗器材专门零售	Retail of Medicines and Medical Appliances	537227
#药品零售	Medicines	536491
汽车、摩托车、燃料及零配件专门零售	Retail of Motor Vehicles, Motorcycles, Feuls and Parts	11675463
#汽车零售	Motor Vehicles	5850422
机动车燃料零售	Vehicle Feuls	5767396
家用电器及电子产品专门零售	Retail of Household Electronic Equipments and Products	870619
#日用家电设备零售	Household Appliance	571908
计算机、软件及辅助设备零售	Computer, Software and Auxiliary Equipments	115985
通信设备零售	Communication Equipments	63072
五金、家具及室内装修材料专门零售	Retail of Hardwares, Furniture and Room Decorative Building	687974
#五金零售	Retail of Hardwares	100927
家具零售	Retail of Furniture	180943
货摊、无店铺及其他零售业	Retail of Stall, Non-store and Others	534670
3.按控股情况分	Grouped by Share Holding	
国有控股	State Holding Enterprises	6237040
集体控股	Collective-owned Holding Enterprises	852510
私人控股	Private Holding Enterprises	10200054
港澳台商控股	Hongkong, Macao and Taiwan Holding Enterprises	185506
外商控股	Foreign Holding Enterprises	92860
其　他	Others	821326
4.按经营形式分	Grouped by Share Holding	
独立门店	Independent Stores	14056108
连锁总店(总部)	Chain Headquarters	1814034
连锁门店	Chain Stores	1508931
其　他	Others	1010220
5.按零售业态分	Grouped by Retail Format	
有店铺零售	Store-based	18381981
食杂店	Grocery Store	38611
便利店	Convenient Store	349434
折扣店	Discount Store	1262
超　市	Supermarket	406008
大型超市	Hypermarket	872599
仓储会员店	Warehouse Club	346494
百货店	Department Store	1453138
专业店	Specialized Shop	8767228
专卖店	Exclusive Shop	5069393
家居建材商店	Home Center	148292
购物中心	Shopping Center	349544
厂家直销中心	Factory Outlet Center	579977
无店铺零售	Non-store	7313

continued

(10 000 yuan)

主营业务收入 Revenue of Major Business	营业成本 Business Costs	主营业务成本 Costs of Major Business	营业税金及附加 Business Taxes and Extra Charges	主营业务税金及附加 Taxes and Extra Charges	其他业务利润 Profits of Other Business	销售费用 Costs of Sales	管理费用 Costs of Administration
700751	671553	637583	4947	4065	24025	62932	56378
647372	592145	590699	4838	3961	23869	60015	54620
360091	303355	299067	3891	3836	3028	34268	14473
170164	134963	131632	288	255	2644	26179	8434
165985	146167	145730	3567	3553	367	6908	5366
506084	476241	446459	1213	1181	909	29265	22580
505349	475611	445829	1209	1177	909	29211	22525
11512311	10977647	10899576	13839	12299	24375	311561	168673
5738622	5522079	5473455	7699	7247	15989	136282	105935
5737312	5421580	5392194	6055	4969	8111	174662	61204
855864	785547	778006	2803	2652	4632	43489	25432
561657	511923	506959	2044	1962	2320	32090	15945
114647	106816	105356	402	384	748	2305	3707
62079	58090	58058	153	115	1036	2983	1734
670806	577000	566626	7375	6337	3598	20919	28100
93314	94685	87226	510	503	–21	1505	2859
174829	125073	123796	4567	4117	1741	8127	17037
516654	469829	456034	1740	1708	9298	30435	23902
6149386	5752775	5691587	11239	9738	17391	239747	91548
839456	758440	743341	3740	2652	6544	25313	35601
9761727	9304929	9045894	33296	30669	102074	419708	285625
173267	158720	154800	791	791	7813	9908	8227
90600	75899	75209	1120	550	6360	8424	8674
803679	723384	710526	6527	2884	8932	26523	36331
13657538	12832503	12606882	46262	38303	102705	507773	377927
1711666	1634652	1542424	4041	3081	8970	93475	42259
1470035	1372318	1359119	3705	3525	27915	95330	22029
978876	934673	912933	2705	2374	9524	33044	23790
17810806	16767281	16414493	56711	47282	149135	729357	465865
12047	36989	9868	108	65	2	303	465
234132	290366	182785	4380	415	2384	9163	10271
1262	1064	1064				138	147
379824	347750	320961	3579	3219	4688	30965	15597
834074	744298	741382	4231	3939	51343	107862	30710
325226	311301	311257	189	189	9	5837	4243
1386577	1232766	1197420	9873	7481	35433	61934	92248
8659498	8110699	8019806	16910	15469	25744	293993	154477
4960313	4741093	4688778	9349	9035	11939	153333	107131
146492	118439	117292	4566	3996	2792	7232	13847
304760	299838	299641	2174	2129	7776	35595	23476
566602	532679	524239	1353	1346	7027	23002	13252
7309	6864	6864	1	1	–21	265	140

12-5 续表9

单位：万元

指标	Item	财务费用 Costs of Finance
总计	**Total**	**491979**
一、批发业	**Wholesale Trade**	**354343**
1.按登记注册类型分组	Grouped by Registered Kind	
内资企业	Civil Funded Enterprises	354111
国有企业	State-owned Enterprises	61048
集体企业	Collective-owned Enterprises	4267
股份合作企业	Share Cooperative Enterprises	72
联营企业	Joint Ownership Enterprises	4
国有联营企业	State-owned Enterprises	4
国有与集体联营企业	State and Collective Joint Enterprises	
有限责任公司	Limited Responsibility Corporations	90215
国有独资公司	Company Exclusively with Investment from State	25730
其他有限责任公司	Other Limited Responsibility Company	64484
股份有限公司	Share-holding Limited Corporations	46644
私营企业	Private-owned Enterprises	151167
私营独资企业	Enterprise Exclusively with Investment from Private	635
私营合伙企业	Private Partnership Enterprises	297
私营有限责任公司	Private Limited Responsibility Corporations	144931
私营股份有限公司	Private Share-holding Limited Corporations	5305
其他企业	Others	694
港澳台商投资企业	Enterprises Funded by HongKong，Macao and Taiwan	
与港澳台商合资经营企业	Joint Venture Enterprises	
港澳台商独资企业	Solely Owned Entersprises	
港澳台商投资股份有限公司	Share Holding Limited Corporation	
外商投资企业	Foreign Funded Enterprises	232
中外合资经营企业	Joint Venture Enterprises	232
2.按国民经济行业分	Grouped by Economic Sector	
农、林、牧产品批发	Wholesale of Agricultural, Forestry and Animal Husbandry Products	3780
#谷物、豆及薯类批发	Wholesale of Cereal, Beans and Potatos	2382
食品、饮料及烟草制品批发	Wholesale of Food，Beverage and Tobaccos	4945
#米、面制品及食用油批发	Rice, Flour and Edible Oil	1786
烟草制品批发	Tobacoo Products Manufacturing	-2692
纺织、服装及家庭用品批发	Wholesale of Textiles,Garments and Family Articles	1357
#服装批发	Wholesale of Garments	750
文化、体育用品及器材批发	Wholesale of Culture , Sports Articles and Equipments	912
医药及医疗器材批发	Wholesale of Medicines and Medical Appliances	4702
#西药批发	Wholesale of Western Medicine	3361
中药批发	Wholesale of Chinese Traditional and Patent Medicine	1351
矿产品、建材及化工产品批发	Wholesale of Mineral Products, Building and Chemical Products	329956
#煤炭及制品批发	Coal and Related Products	246462
石油及制品批发	Petroleum and Related Products	11610
金属及金属矿批发	Metals and Metals Materials	50243
建材批发	Building Materials	14723
化肥批发	Chemical Fertilizer	2360
机械设备、五金交电及电子产品批发	Wholesale of Machinery, Hardwares, Transport and Electronic Products	6837
#汽车批发	Motor Vehicles	2696
计算机、软件及辅助设备批发	Computer, Sofeware and Accessories	93
贸易经纪与代理	Trade Broker and Agency	1692
其他批发业	Other Wholesales	162

continued

(10 000 yuan)

#利息支出 Interest Expenses	营业利润 Business Profits	利润总额 Total Profits	应交所得税 Income Tax Payable	应付职工薪酬(本年贷方累计发生额) Remuneration Payable (Accumulated Credit Balance of The Year)
404220	**934115**	**806726**	**249616**	**1028262**
320536	**749698**	**708850**	**224322**	**653871**
320285	750879	710181	224282	650848
65416	444195	460740	135064	316690
3863	14949	16901	4301	17625
73	-95	-87	41	53
	-8	-41		280
	-13	-46		162
	5	5		119
83745	198988	257625	72117	135781
28968	85100	87285	21841	38384
54777	113888	170340	50277	97397
47561	115291	14276	2631	6975
119381	-18416	-35400	10104	172496
2271	483	359	41	1568
257	-140	87	20	67
111465	-28798	-46409	9058	165450
5388	10039	10564	984	5411
248	-4024	-3834	25	949
1	334	349	5	2788
	201	216		703
1	21	21	5	2030
	112	112		55
250	-1516	-1680	35	235
250	-1516	-1680	35	235
2714	4594	5983	400	4038
2142	-531	1098	311	2465
5620	393000	397630	100421	150894
1537	-3599	125	25	2608
4	380360	382031	98444	130825
1510	9343	10205	831	9470
799	8749	9420	640	5208
306	8088	8159	1301	4930
4416	13882	13117	3610	19169
3140	8634	9093	2385	9182
1328	4142	2890	799	8876
300992	314459	264801	113935	443998
231662	322338	249433	101234	395834
10655	16903	21268	3603	11717
40081	-19369	-10552	6444	25233
12486	-2239	-464	1246	4801
1740	-4245	3402	774	1179
4764	2959	5165	2796	18676
2295	-3178	-2077	11	2568
89	72	72	23	369
19	768	625	121	606
196	2604	3166	906	2091

12-5 续表10

单位：万元

指 标	Item	财务费用 Costs of Finance
3.按控股情况分	Grouped by Share Holding	
国有控股	State Holding Enterprises	166858
集体控股	Collective-owned Holding Enterprises	11994
私人控股	Private Holding Enterprises	158569
港澳台商控股	Hongkong, Macao and Taiwan Holding Enterprises	
外商控股	Foreign Holding Enterprises	-20
其 他	Others	16941
4.按经营形式分	Grouped by Share Holding	
独立门店	Independent Stores	232473
连锁总店(总部)	Chain Headquarters	13128
连锁门店	Chain Stores	54
其 他	Others	108688
二、零售业	**Retail Trade**	**137636**
1.按登记注册类型分组	Grouped by Registered Kind	
内资企业	Civil Funded Enterprises	136004
国有企业	State-owned Enterprises	4737
集体企业	Collective-owned Enterprises	1567
股份合作企业	Share Cooperative Enterprises	40
联营企业	Joint Ownership Enterprises	64
国有联营企业	State-owned Enterprises	
集体联营企业	Collective Joint Enterprises	64
有限责任公司	Limited Responsibility Corporations	23491
国有独资公司	Solely State-owned Enterprises	199
其他有限责任公司	Other Limited Responsibility Company	23293
股份有限公司	Share-holding Limited Corporations	3088
私营企业	Private-owned Enterprises	99595
私营独资企业	Enterprise Exclusively with Investment from Private	1827
私营合伙企业	Private Partnership Enterprises	102
私营有限责任公司	Private Limited Responsibility Corporations	94114
私营股份有限公司	Private Share-holding Limited Corporations	3552
其他企业	Others	3423
港澳台商投资企业	Enterprises Funded by HongKong，Macao and Taiwan	1391
与港澳台商合资经营企业	Joint Venture Enterprises	910
港澳台商独资企业	Solely Owned Entersprises	394
港澳台商投资股份有限公司	Share Holding Limited Corporation	87
外商投资企业	Foreign Funded Enterprises	241
中外合资经营企业	Joint Venture	207
外资企业	Enterprises with Sole Investment from Foreign	34
2.按国民经济行业分	Grouped by Economic Sector	
综合零售	General Retail Sales Trade	31982
百货零售	Daily Goods	13842
超级市场零售	Supermarkets	15858
其他综合零售	Others	2282
食品、饮料及烟草制品专门零售	Retail of Food,Beverage and Tobaccos	3043
#粮油零售	Grains and Oils	677
果品、蔬菜零售	Fruit and Vegetables	745

continued

(10 000 yuan)

#利息支出 Interest Expenses	营业利润 Business Profits	利润总额 Total Profits	应交所得税 Income Tax Payable	应付职工薪酬(本年贷方累计发生额) Remuneration Payable (Accumulated Credit Balance of The Year)
173594	726523	691620	203472	429427
11672	41345	51965	4487	21575
125426	-19144	-35951	11730	182414
1	334	349	5	2788
	-40	-245		23
9843	680	1111	4628	17644
199510	425919	483116	151974	445767
14316	4372	8912	9440	25703
172	29031	29594	7850	7628
106537	290376	187228	55058	174773
83684	**184417**	**97876**	**25294**	**374391**
82219	176551	90149	22582	364389
2877	42988	29422	2352	49290
635	5288	4083	1989	8966
14	93	95	41	293
67	-106	-221	2	175
	-9	-9		40
67	-98	-212	2	135
16408	33855	3880	4852	61901
198	-1049	-563	30	813
16210	34903	4443	4822	61088
1522	60532	56914	180	41652
59186	31330	-6374	12662	196033
1160	5185	2091	248	7892
98	868	292	36	631
56979	25742	-9433	11975	165487
949	-464	676	403	22023
1511	2573	2350	507	6079
1381	7957	7890	2559	6864
917	4150	4165	1192	4513
464	4303	4199	1367	1983
	-496	-474		368
85	-91	-163	153	3138
85	-792	-866	11	3035
	701	703	142	103
15119	41877	11018	6442	81096
5588	18330	17373	4707	31432
8471	-11326	-7448	1324	46546
1060	34873	1093	410	3119
2213	8352	10427	841	12241
615	-1252	718	16	1339
386	3069	3576	46	2130

12-5 续表11

单位：万元

指 标	Item	财务费用 Costs of Finance
纺织、服装及日用品专门零售	Retail of Textiles, Garments and Daily Articles	12604
#服装零售	Garments	11969
文化、体育用品及器材专门零售	Retail of Culture,Sports Articles and Equipments	2121
#图书、报刊零售	Books and Mangzines	140
珠宝首饰零售	Jewelry	1954
医药及医疗器材专门零售	Retail of Medicines and Medical Appliances	2156
#药品零售	Medicines	2156
汽车、摩托车、燃料及零配件专门零售	Retail of Motor Vehicles, Motorcycles, Feuls and Parts	71048
#汽车零售	Motor Vehicles	60250
机动车燃料零售	Vehicle Feuls	10694
家用电器及电子产品专门零售	Retail of Household Electronic Equipments and Products	4074
#日用家电设备零售	Household Appliance	2993
计算机、软件及辅助设备零售	Computer, Software and Auxiliary Equipments	412
通信设备零售	Communication Equipments	255
五金、家具及室内装修材料专门零售	Retail of Hardwares, Furniture and Room Decorative Building	3211
#五金零售	Retail of Hardwares	398
家具零售	Retail of Furniture	1871
货摊、无店铺及其他零售业	Retail of Stall, Non-store and Others	7398
3.按控股情况分	Grouped by Share Holding	
国有控股	State Holding Enterprises	10691
集体控股	Collective-owned Holding Enterprises	3900
私人控股	Private Holding Enterprises	114719
港澳台商控股	Hongkong, Macao and Taiwan Holding Enterprises	1348
外商控股	Foreign Holding Enterprises	250
其 他	Others	6729
4.按经营形式分	Grouped by Share Holding	
独立门店	Independent Stores	117602
连锁总店(总部)	Chain Headquarters	11554
连锁门店	Chain Stores	2991
其 他	Others	5490
5.按零售业态分	Grouped by Retail Format	
有店铺零售	Store-based	137564
食杂店	Grocery Store	281
便利店	Convenient Store	1621
折扣店	Discount Store	138
超 市	Supermarket	3046
大型超市	Hypermarket	11411
仓储会员店	Warehouse Club	231
百货店	Department Store	25490
专业店	Specialized Shop	42334
专卖店	Exclusive Shop	47237
家居建材商店	Home Center	1477
购物中心	Shopping Center	2619
厂家直销中心	Factory Outlet Center	1680
无店铺零售	Non-store	72

continued

(10 000 yuan)

#利息支出 Interest Expenses	营业利润 Business Profits	利润总额 Total Profits	应交所得税 Income Tax Payable	应付职工薪酬 (本年贷方累计发生额) Remuneration Payable (Accumulated Credit Balance of The Year)
9708	-7540	-9461	1461	32487
9209	-8967	-10909	1187	30675
1184	8613	9182	2445	20066
71	5088	5660	1316	14597
1094	3201	3157	1046	4539
1644	6385	6271	1795	16768
1644	6392	6277	1795	16733
43983	93384	45080	8295	169272
39590	-6602	-38205	4665	94547
4260	99962	83580	3622	73607
2566	5374	3198	819	20950
1922	2705	1838	382	12483
289	2600	1261	208	2485
98	-114	123	74	2584
1946	26436	17597	1010	7400
200	1316	750	179	1053
1178	-718	-505	288	3110
5321	1535	4566	2187	14111
6451	115218	98975	5323	109243
2330	2596	5130	2306	18293
67972	32923	-8326	13712	221229
1199	6894	6793	2164	5683
267	2	-37	406	4061
5466	26785	-4658	1384	15882
74502	126766	37410	18858	285181
5153	34605	34429	3747	40918
512	12595	12783	459	29655
3517	10452	13254	2231	18637
83633	184446	97897	25294	373843
17	459	615	41	945
967	33609	980	404	4428
				86
1498	4203	5473	658	19700
7716	-14244	-11848	704	40441
299	3390	3426	883	995
12942	18013	17910	5959	36133
26087	139127	108903	9232	137802
29640	1337	-22312	5140	98375
1513	2814	1695	751	2832
1545	-12311	-12852	153	19523
1410	8051	6132	1370	12581
52	-29	-21		548

12-5 续表12

单位：万元

指　标	Item	应交增值税 Added Taxes Payable
总　计	**Total**	**1604287**
一、批发业	**Wholesale Trade**	**1283710**
1.按登记注册类型分组	Grouped by Registered Kind	
内资企业	Civil Funded Enterprises	1282460
国有企业	State-owned Enterprises	866175
集体企业	Collective-owned Enterprises	25919
股份合作企业	Share Cooperative Enterprises	221
联营企业	Joint Ownership Enterprises	195
国有联营企业	State-owned Enterprises	188
国有与集体联营企业	State and Collective Joint Enterprises	7
有限责任公司	Limited Responsibility Corporations	299843
国有独资公司	Company Exclusively with Investment from State	43143
其他有限责任公司	Other Limited Responsibility Company	256700
股份有限公司	Share-holding Limited Corporations	-453
私营企业	Private-owned Enterprises	85398
私营独资企业	Enterprise Exclusively with Investment from Private	1780
私营合伙企业	Private Partnership Enterprises	265
私营有限责任公司	Private Limited Responsibility Corporations	72674
私营股份有限公司	Private Share-holding Limited Corporations	10680
其他企业	Others	5162
港澳台商投资企业	Enterprises Funded by HongKong，Macao and Taiwan	691
与港澳台商合资经营企业	Joint Venture Enterprises	352
港澳台商独资企业	Solely Owned Entersprises	318
港澳台商投资股份有限公司	Share Holding Limited Corporation	21
外商投资企业	Foreign Funded Enterprises	559
中外合资经营企业	Joint Venture Enterprises	559
2.按国民经济行业分	Grouped by Economic Sector	
农、林、牧产品批发	Wholesale of Agricultural, Forestry and Animal Husbandry Products	1225
#谷物、豆及薯类批发	Wholesale of Cereal, Beans and Potatos	82
食品、饮料及烟草制品批发	Wholesale of Food，Beverage and Tobaccos	250334
#米、面制品及食用油批发	Rice, Flour and Edible Oil	423
烟草制品批发	Tobacoo Products Manufacturing	206487
纺织、服装及家庭用品批发	Wholesale of Textiles,Garments and Family Articles	3460
#服装批发	Wholesale of Garments	1053
文化、体育用品及器材批发	Wholesale of Culture , Sports Articles and Equipments	4591
医药及医疗器材批发	Wholesale of Medicines and Medical Appliances	11640
#西药批发	Wholesale of Western Medicine	4902
中药批发	Wholesale of Chinese Traditional and Patent Medicine	5587
矿产品、建材及化工产品批发	Wholesale of Mineral Products, Building and Chemical Products	998511
#煤炭及制品批发	Coal and Related Products	919587
石油及制品批发	Petroleum and Related Products	43063
金属及金属矿批发	Metals and Metals Materials	27434
建材批发	Building Materials	4804
化肥批发	Chemical Fertilizer	482
机械设备、五金交电及电子产品批发	Wholesale of Machinery, Hardwares, Transport and Electronic Products	9627
#汽车批发	Motor Vehicles	276
计算机、软件及辅助设备批发	Computer, Sofeware and Accessories	221
贸易经纪与代理	Trade Broker and Agency	1
其他批发业	Other Wholesales	4321

continued

(10 000 yuan)

土地和固定资产支出 Costs of Land and Fixed Assets	土地购置 Land Purchasing	房屋和建筑物 Houses and Buildings	机器设备 Machinery Equipment	运输工具 Transport Tools
503072	**74183**	**189499**	**69583**	**50610**
368859	**46922**	**138044**	**55518**	**28547**
368811	46922	138009	55518	28547
104285	31827	43099	8716	11972
4564	425	2112	1786	240
33			33	
168372	1087	34610	35240	9190
115032	86	1949	21816	4225
53340	1000	32661	13424	4965
29510	1957	24928	2079	203
62033	11626	33260	7649	6941
56421	11626	29309	6950	6584
5612		3951	699	357
15			15	
48		35		
48		35		
3908	93	2973	816	
1083	93	853	135	
48252	3513	22922	9856	4366
372		18	84	253
25879	3452	8599	3257	3589
4981		3951	2	408
4911		3951		357
444			66	129
1417		4	852	396
1329		4	852	322
61				48
274505	16123	106199	40746	20346
210508	9644	66915	36802	17077
30980	2110	25818	2371	252
14052	2770	6437	1360	2797
12068		2030	158	
69		23		47
34795	27193	1962	3136	2424
31575	26892	1727	2874	53
557		34	44	478

12-5 续表13

单位：万元

指　标	Item	应交增值税 Added Taxes Payable
3.按控股情况分	Grouped by Share Holding	
国有控股	State Holding Enterprises	1021329
集体控股	Collective-owned Holding Enterprises	66786
私人控股	Private Holding Enterprises	144036
港澳台商控股	Hongkong, Macao and Taiwan Holding Enterprises	691
外商控股	Foreign Holding Enterprises	328
其　他	Others	50539
4.按经营形式分	Grouped by Share Holding	
独立门店	Independent Stores	666177
连锁总店(总部)	Chain Headquarters	18001
连锁门店	Chain Stores	10178
其　他	Others	589354
二、零售业	**Retail Trade**	**320577**
1.按登记注册类型分组	Grouped by Registered Kind	
内资企业	Civil Funded Enterprises	306156
国有企业	State-owned Enterprises	55532
集体企业	Collective-owned Enterprises	2288
股份合作企业	Share Cooperative Enterprises	456
联营企业	Joint Ownership Enterprises	187
国有联营企业	State-owned Enterprises	8
集体联营企业	Collective Joint Enterprises	179
有限责任公司	Limited Responsibility Corporations	102165
国有独资公司	Solely State-owned Enterprises	94
其他有限责任公司	Other Limited Responsibility Company	102071
股份有限公司	Share-holding Limited Corporations	18663
私营企业	Private-owned Enterprises	110837
私营独资企业	Enterprise Exclusively with Investment from Private	1780
私营合伙企业	Private Partnership Enterprises	390
私营有限责任公司	Private Limited Responsibility Corporations	99211
私营股份有限公司	Private Share-holding Limited Corporations	9457
其他企业	Others	16028
港澳台商投资企业	Enterprises Funded by HongKong，Macao and Taiwan	13135
与港澳台商合资经营企业	Joint Venture Enterprises	9640
港澳台商独资企业	Solely Owned Entersprises	3277
港澳台商投资股份有限公司	Share Holding Limited Corporation	218
外商投资企业	Foreign Funded Enterprises	1286
中外合资经营企业	Joint Venture	1065
外资企业	Enterprises with Sole Investment from Foreign	221
2.按国民经济行业分	Grouped by Economic Sector	
综合零售	General Retail Sales Trade	115176
百货零售	Daily Goods	98284
超级市场零售	Supermarkets	14901
其他综合零售	Others	1990
食品、饮料及烟草制品专门零售	Retail of Food,Beverage and Tobaccos	3615
#粮油零售	Grains and Oils	146
果品、蔬菜零售	Fruit and Vegetables	354

continued

(10 000 yuan)

土地和固定资产支出 Costs of Land and Fixed Assets	土地购置 Land Purchasing	房屋和建筑物 Houses and Buildings	机器设备 Machinery Equipment	运输工具 Transport Tools
256925	33993	72191	34581	19620
21609	425	15273	5215	672
88416	12141	50521	15175	7354
1910	362	59	548	901
247967	36341	74379	40396	16042
15291		10022	462	2293
3713	199	341	133	392
101888	10382	53302	14528	9820
134213	**27262**	**51455**	**14065**	**22063**
126366	26904	48943	13434	18312
21796	1828	6787	2806	447
1633		672	155	396
69			69	
27832	3003	15638	2024	4342
248		9	100	109
27584	3003	15630	1924	4233
2630	242	2372	13	3
71935	21822	23469	8326	12709
2543	300	1432	601	204
227			227	
68410	21195	22031	7413	12337
755	327	6	86	167
471	10	5	41	414
7435	357	2511	219	3751
5118	357	2511	209	1484
2318			11	2267
412			412	
412			412	
10479	1901	4834	2299	455
5041	310	3241	718	109
4481	1282	1593	1148	301
957	309		434	45
3330	150	1531	864	543
288		34	206	33
508	20	94	18	354

12-5 续表14

单位：万元

指 标	Item	应交增值税 Added Taxes Payable
纺织、服装及日用品专门零售	Retail of Textiles, Garments and Daily Articles	11165
#服装零售	Garments	10048
文化、体育用品及器材专门零售	Retail of Culture,Sports Articles and Equipments	7631
#图书、报刊零售	Books and Mangzines	4779
珠宝首饰零售	Jewelry	2514
医药及医疗器材专门零售	Retail of Medicines and Medical Appliances	26203
#药品零售	Medicines	26176
汽车、摩托车、燃料及零配件专门零售	Retail of Motor Vehicles, Motorcycles, Feuls and Parts	117166
#汽车零售	Motor Vehicles	46671
机动车燃料零售	Vehicle Feuls	70074
家用电器及电子产品专门零售	Retail of Household Electronic Equipments and Products	23020
#日用家电设备零售	Household Appliance	13677
计算机、软件及辅助设备零售	Computer, Software and Auxiliary Equipments	845
通信设备零售	Communication Equipments	530
五金、家具及室内装修材料专门零售	Retail of Hardwares, Furniture and Room Decorative Building	3339
#五金零售	Retail of Hardwares	800
家具零售	Retail of Furniture	1228
货摊、无店铺及其他零售业	Retail of Stall, Non-store and Others	13263
3.按控股情况分	Grouped by Share Holding	
国有控股	State Holding Enterprises	164570
集体控股	Collective-owned Holding Enterprises	5517
私人控股	Private Holding Enterprises	132719
港澳台商控股	Hongkong, Macao and Taiwan Holding Enterprises	11027
外商控股	Foreign Holding Enterprises	3173
其 他	Others	3571
4.按经营形式分	Grouped by Share Holding	
独立门店	Independent Stores	200878
连锁总店(总部)	Chain Headquarters	49958
连锁门店	Chain Stores	9679
其 他	Others	60062
5.按零售业态分	Grouped by Retail Format	
有店铺零售	Store-based	320368
食杂店	Grocery Store	45
便利店	Convenient Store	2090
折扣店	Discount Store	183
超 市	Supermarket	4596
大型超市	Hypermarket	14795
仓储会员店	Warehouse Club	640
百货店	Department Store	101429
专业店	Specialized Shop	141668
专卖店	Exclusive Shop	34857
家居建材商店	Home Center	1740
购物中心	Shopping Center	3301
厂家直销中心	Factory Outlet Center	15025
无店铺零售	Non-store	210

continued

(10 000 yuan)

土地和固定资产支出 Costs of Land and Fixed Assets	土地购置 Land Purchasing	房屋和建筑物 Houses and Buildings	机器设备 Machinery Equipment	运输工具 Transport Tools
18060	12800	2305	980	635
18053	12800	2305	973	635
5886	1826	2014	605	349
5568	1826	2014	559	273
318			45	76
547		212	235	91
547		212	235	91
60127	7543	22745	5909	18045
51100	3836	19037	5451	17743
9006	3697	3703	453	302
12029	1086	10655	92	104
10803		10655	26	39
65			39	18
74			27	47
300		23	60	205
258			56	203
42		23	5	2
23457	1955	7136	3022	1636
26261	1831	9550	3351	760
3553	242	1485	232	1068
88635	24832	35444	9160	13498
7435	357	2511	219	3751
412			412	
7917		2464	691	2987
111809	25173	36807	12149	19192
11639	100	10021	1187	92
3033	619	1899	336	72
7732	1370	2728	393	2707
134154	27262	51455	14061	22008
100	20	12	18	48
1676	309	587	434	178
3805	1140	1432	674	344
7034	3000	1952	1718	53
285			132	27
5892	452	4153	492	142
46274	7358	24457	5524	6569
49579	3665	14807	4267	13162
11			5	
13797	9800	1490	577	601
5702	1518	2564	222	885
59			4	55

12-6 限额以上批发零售业商品销售类值(2012年)

SALES VALUE OF ENTERPRISES ABOVE DESIGNATED SIZE IN WHOLESALE AND RETAIL TRADE BY CATEGORY OF COMMODITIES(2012)

单位：万元 (10 000 yuan)

指标	Item	销售额 Sales Value	批发额 Wholesale	零售额 Retail
总计	**Total**	**95395268**	**76203665**	**19191603**
一、批发业	**Wholesale Trade**	**75142614**	**74427477**	**715137**
1.粮油、食品、饮料、烟酒类	Food, Beveragers, Tobacoo and Liquor	4652038	4486192	165847
粮油、食品类	Food and Oil	833492	700356	133137
饮料类	Beverages	96093	80217	15876
烟酒类	Tobacco and Liquor	3722453	3705619	16834
2.服装、鞋帽、针纺织品类	Clothing, Shoes and Hats, Textiles	148165	142949	5216
服装类	Garments	97358	95519	1839
鞋帽类	Shoes and Hats	37050	35166	1884
针纺织品	Textiles	13757	12264	1493
3.化妆品类	Cosmetics	7539	6998	541
4.金银珠宝类	Gold Silver and Jewels	55538	54385	1153
5.日用品类	Daily Use Goods	49693	46078	3615
#洗涤用品类	Detergent	43258	40840	2418
儿童玩具类	Toy	1168	818	350
6.五金、电料类	Hardware and Electrical Appliances	39731	30184	9547
7.体育、娱乐用品类	Sports and Recreation Articles	24011	23740	271
8.书报杂志类	Books Newspapers and Magazines	170330	151669	18661
9.电子出版物及音像制品类	Electronic Publications and Audiovisual Products	6700	6700	
10.家用电器和音像器材类	Household Electrical and Sound Acoustic Appliances	293764	261079	32686
11.中西药品类	Chinese and Western Medicine	1206335	1187410	18926
#西药	Western Medicine	737224	729592	7632
中草药及中成药类	Chinese Medicine	290010	279708	10302
12.文化办公用品类	Culture and Office Articles	174568	168068	6500
13.家具类	Furnitures	1818	1458	360
14.通讯器材类	Communication Equipments	14020	14020	
15.煤炭及制品类	Coal and Related Products	39532522	39463734	68789
16.木材及制品类	Timber and Related Products	9648	9648	
17.石油及制品类	Petroleum and Related Products	1548022	1206960	341062
18.化工材料及制品类	Chemical Materials	1190672	1190672	
#化肥类	Chemical Fertilizer	422998	422998	
19.金属材料类	Metal Materials	23728655	23728655	
20.建筑及装潢材料类	Building and Decoration Materials	136432	130833	5599
21.机电产品及设备类	Mechanical and Electrical Products and Equipments	727644	723477	4167
#农机类	Farm Machineries	65995	65995	
22.汽车类	Motor Vehicles	207947	185511	22436
23.种子饲料类	Seeds and Forages	28816	28816	
24.棉麻类	Cotton Ambery Local and Animal Products			
25.其他类	Others	1188007	1178244	9763

12-6 续表 continued

单位：万元 (10 000 yuan)

指标	Item	销售额 Sales Value	批发额 Wholesale	零售额 Retail
二、零售业	**Retail Trade**	**20252654**	**1776188**	**18476466**
1.粮油、食品、饮料、烟酒类	Food, Beveragers, Tobacoo and Liquor	1610021	70904	1539118
粮油、食品类	Food and Oil	1054576	58891	995686
饮料类	Beverages	211960	2153	209807
烟酒类	Tobacco and Liquor	343485	9860	333625
2.服装、鞋帽、针纺织品类	Clothing, Shoes and Hats, Textiles	1767837	2839	1764998
服装类	Garments	1263156	2289	1260867
鞋帽类	Shoes and Hats	309477	162	309314
针纺织品	Textiles	195204	387	194817
3.化妆品类	Cosmetics	159862	364	159498
4.金银珠宝类	Gold Silver and Jewels	385177	9973	375204
5.日用品类	Daily Use Goods	344275	2146	342129
#洗涤用品类	Detergent	139454	993	138462
儿童玩具类	Toy	35778	140	35638
6.五金、电料类	Hardware and Electrical Appliances	139143	16623	122520
7.体育、娱乐用品类	Sports and Recreation Articles	43529	74	43455
8.书报杂志类	Books Newspapers and Magazines	194643	8978	185665
9.电子出版物及音像制品类	Electronic Publications and Audiovisual Products	9491	124	9367
10.家用电器和音像器材类	Household Electrical and Sound Acoustic Appliances	975053	17007	958047
11.中西药品类	Chinese and Western Medicine	574003	116051	457953
#西　药	Western Medicine	418602	86116	332486
中草药及中成药类	Chinese Medicine	126750	29734	97016
12.文化办公用品类	Culture and Office Articles	157286	14053	143234
13.家具类	Furnitures	235586	915	234671
14.通讯器材类	Communication Equipments	104654	7849	96806
15.煤炭及制品类	Coal and Related Products	48568	7157	41412
16.木材及制品类	Timber and Related Products	691	691	
17.石油及制品类	Petroleum and Related Products	6315463	1143943	5171520
18.化工材料及制品类	Chemical Materials	56495	56495	
#化肥类	Chemical Fertilizer	51354	51354	
19.金属材料类	Metal Materials	14693	14693	
20.建筑及装潢材料类	Building and Decoration Materials	656897	8061	648836
21.机电产品及设备类	Mechanical and Electrical Products and Equipments	126254	17827	108427
#农机类	Farm Machineries	19751	19751	
22.汽车类	Motor Vehicles	5720483	118839	5601644
23.种子饲料类	Seeds and Forages	50	50	
24.棉麻类	Cotton Ambery Local and Animal Products	1847	479	1368
25.其他类	Others	610654	140057	470597

12-7 亿元交易市场经营情况(2012年)
MANAGEMENT OF 100 MILLION YUAN MARKET(2012)

企业名称	Enterprise Name	摊位数(个) Number of Stall (unit)	成交额(万元) Volume of Transaction (10 000 yuan)	营业面积(平方米) Area of Bussiness (sq.m)
山西联运集团股份有限公司山西汽车配件市场	Shanxi Lianyun Group Co. Ltd Shanxi Motorcar Parts Market	426	15000	70000
太原青龙实业集团有限公司电脑城	Taiyuan Qinglong Industry Group Co.Ltd Computer Town	180	13000	8000
太原赛格数码港	Taiyuan Saige Digital Port	260	15000	10000
太原市果品茶叶副食总公司南批发部	Taiyuan Fruit and Tea Food Company Wholesale south Department	100	15000	10000
太原服装城(集团)有限公司	Taiyuan Garments Town Co.Ltd	5502	40000	150000
朝阳鞋城(山西五龙鞋业有限公司)	Chaoyang Shoes Town (Shanxi Wulong Shoes Co.Ltd)	600	14400	12000
太原市三江源(鞋城)商贸有限公司	Taiyuan Sanjiangyuan Business (Shoes Town) Co.Ltd	671	9980	4500
山西太原小商品批发市场	Shanxi Taiyuan Small Merchandise Wholesale	1500	12843	60000
太原市尖草坪区兴业钢材市场	Taiyuan Jiancaoping Xingye Steel Market	170	273000	111800
山西现代家居大世界有限公司	Shanxi Xiandai Household World Co.Ltd	1100	108000	120000
山西雅阁瑞普家居汇展中心(有限公司)	Shanxi Yageruipu Furniture Exhibition Center Co.Ltd	62	10252	40000
太原市河西农产品有限公司	Taiyuan Hexi Farm Product Co.Ltd	1350	225000	220000
山西屯汇商贸有限公司瑞旭市场服务分公司	Shanxi Tunhui Commercial Co. Ltd Ruixu Market Service Branch	145	65000	17000
太原市美丽家园建材家居装饰有限公司	Taiyuan Meilijiayuan Household Decoration Co.Ltd	230	8700	30000
太原市方格和平装饰有限公司明珠装饰市场	Taiyuan Fanggeheping Decoration Co.Ltd Mingzhu Decoration Market	206	8877	30500
大同市云中商城服装大世界	Datong Yunzhong Commercial Town Garments Field	1100	40000	30400
大同市海盛服饰	Datong Haisheng Garments	1130	30000	35608
大同市万圣精品服装城	Datong Wangsheng High Quality Garments Town	450	8000	9000
大同市新荣区公路煤炭交易市场	Datong Xinrong Highway Coal Trading Market	8	47994	180
阳泉蔬菜副食有限公司	Yangquan Vegetable and Food Co.Ltd	368	33183	18600
盂县煤炭运销公司发运站	Yuxian Coal Marketing Corporation Forwarding Station	2	27445	3000

12-7 续表 continued

企业名称	Enterprise Name	摊位数(个) Number of Stall (unit)	成交额(万元) Volume of Transaction (10 000 yuan)	营业面积(平方米) Area of Bussiness (sq.m)
长治市金鑫瓜果批发市场	Changzhi Jinxin Fruit Wholesale Market	251	18250	32786
长治市紫坊农产品综合交易市场	Changzhi Zifang Agricultural Trade Wholesale Market	1100	170000	106667
太谷县东海商贸有限公司	Taigu Donghai Co.Ltd	172	24154	16943
运城市禹都市场	Yuncheng Yudu Market	6101	3229079	651000
临猗县市场管理服务中心	Linyi Market Service Center	434	14099	17000
新绛县汾河湾市场	Xinjiang Fenhewan Market	327	51713	25680
临汾市尧都区百汇物业有限公司	Linfen Yaodu District Baihui Wholesale Market Property Co.Ltd	1075	27488	25800
临汾市尧都区奶牛场尧丰农产品批发市场	Linfen Yaodu District Yaofeng Farm Products Wholesale Market	1030	256659	60000
临汾市尧都区南街秦署社区神州装饰材料城	Linfen Yaodu District Shenzhou Decoration Town	390	16425	15000
洪洞县莲花城农副产品营销有限公司	Hongtong Lianhuacheng Farm Product Marketing Co.Ltd	980	65615	47040
侯马市新港服装城	Houma Xingang Garments Wholesale Town	2311	71059	70973
侯马市新田综合批发市场	Houma Xintian Wholesale Market Complex	902	17739	88041
侯马市亚欧桥汽车摩托车市场	Houma Yaouqiao Cars and Motorcycles Market	38	23590	43000
侯马市副食批发市场	Houma Luxi Food Wholesale Market	122	13900	3300
侯马市五交化家电家具市场	Houma Hardware Electrical Appliance &Chemical Household Furniture Market	197	18277	15000
侯马北方轻工城	Houma Northern Light Industrial City	4000	35575	300000
孝义市张家庄蔬菜市场	Xiaoyi Zhangjiazhuang Vegetable Market	720	11630	47000
孝义市梁家庄工贸总公司	Xiaoyi Liangjiazhuang Industrial and Trading Company	78	12574	3500
汾阳市北廓村晋阳农副产品批发市场	Fenyang Beiguocun Jinyang Farm Product Wholesale Market	250	12865	56695
吕梁市离石区马茂庄长青蔬菜瓜果综合市场	Lvliang Lishi Mamaozhuang Changqing Vegetable and Fruit Market	300	61800	12000

12-8 私营企业基本情况(2012年)
BASIC STATISTICS ON PRIVATE-OWNED ENTERPRISES(2012)

单位：户 (household)

指　标	Item	年末实有户数 Real Number of Households at Year-end	#本年开业 Openning at This Year	注册资金(万元) Registered Capital (10 000 yuan)	社会消费品零售总额(万元) Total Retail Sales of Consumer Goods (10 000 yuan)
总　计	**Total**	**202836**	**31440**	**69541369**	**2850660**
农、林、牧、渔业	Farming, Forestry, Animal Husbandry and Fishery	10569	1734	1974314	100644
采矿业	Mining and Quarrying	4787	245	4542045	113243
制造业	Manufacturing	24526	2071	12418604	502636
电力、热力、燃气及水生产和供应业	Production and Supply of Electricity, Heat, Gas and Water	764	92	1134360	35539
建筑业	Construction	10914	1832	4566949	63255
交通运输、仓储和邮政业	Transport, Storage and Post	53728	8231	14759064	27926
信息传输、软件和信息技术服务业	Information Transmission, Software and Information Technology Services	4458	617	528500	11794
批发和零售业	Wholesale and Retail Trade	48433	8145	8900360	979990
住宿和餐饮业	Hotels and Catering Services	2051	354	1110704	458469
金融业	Banking and Insurance	6947	1149	7395848	7373
房地产业	Real Estate Trade	12754	2919	7325650	79794
租赁和商务服务业	Lease and Business Affairs Services	8967	1766	2558546	122983
科学研究和技术服务业	Scientific Reseach and Technical Services	2886	569	906619	2917
水利、环境和公共设施管理业	Water, Environmental Protection and Public Facility Management	4542	663	611440	1049
居民服务、修理和其他服务业	Resident Services, Repair and Other Services	4004	552	431511	201939
教　育	Education	118	24	27724	267
卫生和社会工作	Health Care and Social Work	694	154	133393	43885
文化、体育和娱乐业	Culture, Sports and Recreation	1442	274	161891	95009
其他行业	Others	252	49	53847	1949

12-9 个体工商业基本情况(2012年)

BASIC STATISTICS ON INDIVIDUAL BUSSINESS(2012)

单位：户 (household)

指标	Item	年末实有户数 Real Number of Households at Year-end	#本年开业 Openning at This Year	年末实有资金(万元) Capital (10 000 yuan)	社会消费品零售总额(万元) Total Retail Sales of Consumer Goods (10 000 yuan)
总计	**Total**	**940687**	**132720**	**3982203**	**2731895**
农、林、牧、渔业	Farming , Forestry , Animal Husbandry and Fishery	8543	1517	152009	32595
采矿业	Mining and Quarrying	880	84	37662	27843
制造业	Manufacturing	30831	2621	214565	85109
电力、热力、燃气及水生产和供应业	Production and Supply of Electricity, Heat, Gas and Water	180	24	2203	7404
建筑业	Construction	1945	262	19216	10584
交通运输、仓储和邮政业	Transport, Storage and Post	259473	39483	958763	113843
信息传输、软件和信息技术服务业	Information Transmission , Software and Information Technology Services	31682	6551	118117	23116
批发和零售业	Wholesale and Retail Trade	419734	58220	1695938	1762387
住宿和餐饮业	Hotels and Catering Services	52034	7403	227509	356460
金融业	Banking and Insurance	803	216	6421	249
房地产业	Real Estate Trade	1619	355	6474	1144
租赁和商务服务业	Lease and Business Affairs Services	5240	858	25501	21882
科学研究和技术服务业	Scientific Reseach and Technical Services	5371	655	18785	2370
水利、环境和公共设施管理业	Water , Environmental Protection and Public Facility Management	38065	4961	125229	8034
居民服务、修理和其他服务业	Resident Services, Repair and Other Services	74492	8305	317253	225685
教育	Education	56	7	575	5623
卫生和社会工作	Health Care and Social Work	2418	261	10690	25593
文化、体育和娱乐业	Culture , Sports and Recreation	4847	782	35052	16645
其他行业	Others	2474	155	10242	5331

主要统计指标解释

批发业 指向其他批发或零售单位（含个体经营者）及其他企事业单位、机关团体等批量销售生活用品、生产资料的活动，以及从事进出口贸易和贸易经纪与代理的活动。

零售业 指百货商店、超级市场、专门零售商店、品牌专卖店、售货摊等主要面向最终消费者（如居民等）的销售活动，以互联网、邮政、电话、售货机等方式的销售活动，还包括在同一地点，后面加工生产，前面销售的店铺（如面包房）。

批发和零售业法人企业 指具备如下条件的批发零售贸易企业：(1)依法成立，有自己的名称、组织机构和场所，能够承担民事责任；(2)独立拥有和使用资产，承担负债，有权与其他单位签订合同；(3)独立核算盈亏，并能够编制包括资产负债表在内的全部会计帐户。

限额以上批发企业 年主营业务收入 2000 万元及以上为限额以上批发企业。

限额以上零售企业 年主营业务收入 500 万元及以上为限额以上零售企业。

社会消费品零售总额 指企业（单位、个体户）通过交易直接售给个人、社会集团非生产、非经营用的实物商品金额，以及提供餐饮服务所取得的收入金额。个人包括城乡居民和入境人员，社会集团包括机关、社会团体、部队、学校、企事业单位、居委会或村委会等。

批发和零售业零售额 指批发和零售业企业、产业活动单位和个体户售给城乡居民用于生活消费和社会集团用于公共消费的商品金额。

门店总数 指该连锁企业所拥有的全部连锁门店数量，包括总店(如果总公司有门店的话)和全部直营分店、加盟分店数。其中，总店作为一个直营店处理。此外，有的地区分出控股店，控股店按直营店统计。

连锁企业（或称连锁店、连锁公司） 指在核心企业或总店的领导下，由分散的、经营同类商品或服务的企业或活动单位，采取共同方针，实行集中采购和分散销售的有机结合，通过规范化经营，实现规模效益的经济联合组织形式。一般连锁店应由若干个分店组成。其经营特征：(1)经营同类商品；(2)使用统一商号；(3)统一采购配送，采购与销售相分离(部分商品可根据物流合理和保质保鲜原则由供应商直接送货到门店，其余均由总部统一配送)。连锁店总店(总部)指连锁店的核心企业或管理中心。连锁店分店指连锁店所属各分散经营的企业或活动单位，也可称分店或成员店。

连锁店包括下列三种形式：

直营连锁 指连锁店铺由连锁公司全资或控股开设，在总部的直接控制下，开展统一经营的连锁经营形式。

特许连锁 指拥有注册商标、企业标志、专利、专有技术等经营资源的企业（特许人），以合同形式将其拥有的经营资源许可其他经营者（被特许人）使用，被特许人按合同约定在统一的经营模式下开展经营，并向特许人支付特许经营费用的连锁经营形式。

自愿连锁 指若干个店铺或企业自愿组合起来，在不改变各自资产所有权关系的情况下，以同一个品牌形象面对消费者，以共同进货为纽带开展的连锁经营形式。

零售业态 指零售企业（单位）为满足不同的消费需求进行相应的要素组合而形成的不同经营形态；分类原则是，零售业态按零售店铺的结构特点，根据其经营方式、商品结构、服务功能，以及选址、商圈、规模、店堂设施、目标顾客和有无固定营业场所进行分类。

零售业态从总体上可以分为有店铺零售业态和无店铺零售业态两类。按照零售业态分类原则分为食杂店、便利店、折扣店、超市、大型超市、仓储会员店、百货店、专业店、专卖店、家居建材商店、购物中心、厂家直销中心、电视购物、邮购、网上商店、自动售货亭、电话购物等 17 种零售业态。

商品购进额 指从本企业以外的单位和个人购进（包括从国外直接进口）作为转卖或加工后转卖的商品金额（含增值税）。本指标反映批发和零售业从国内外市场上购进商品的总价。

商品销售额 指对本单位以外的单位和个人出售的商品金额（包括售给本单位消费用的商品，含增值税），本指标反映批发和零售业在国内市场上销售商品以及出口商品的总量。包括：

期末商品库存额 对于批发和零售业法人单位和个体经营户，是指取得所有权的全部商品金额（含增值税）；对于批发和零售业产业活动单位，是指期末实际在库且归属法人具有所有权的全部商品金额（含增值税）。

亿元以上商品交易市场 指年成交额在亿元及以上的经有关部门和组织批准设立，有固定场所、设施，有经营管理部门和监管人员，若干市场经营者入内，常年或实际开业三个月以上，集中、公开、独立地进行生活消费品、生产资料等现货商品交易以及提供相关服务的交易场所。

Explanatory Notes on Main Statistical Indicators

Wholesale Trade refers to the activities of wholesaler selling commodities in bulk for daily use and capital goods to other wholesale and retail enterprises, institutions and government offices, including the activities of wholesaler engaged in import and export and acting as a trade agent.

Retail Trade refers to the activities of department store, supermarket, franchised store, brand store, retail stall and on-the-spot-making-selling store selling commodities to the final consumers (citizens) by any means including internet, post, telephone, sales machine.

Wholesale and Retail Corporation Enterprises refer to the wholesale and retail trade enterprises satisfy the conditions as follow: (1) They are established legally, having their own names, organizations, location, able to take civil liability; (2) They possess and use their assets independently, assume liabilities, and are entitled to sign contracts with other units; (3) They are financially independent and compile their own balance sheets.

Wholesale Enterprise Above Designated Size refers to wholesale enterprises whose annual revenue of major business amounts to 20 million yuan and over.

Retail Trade Enterprise Above Designated Size refers to retail enterprises whose annual revenue of major business amounts to 5 million yuan and over.

Total Retail Sales of Consumer Goods refer to the amount obtained by enterprises (units, self-employed individuals) through direct sales of non-production and non-business physical commodity to individuals, social institutions, and revenue from providing catering services. Individuals include rural and urban households, population from abroad, and social institutions include government agencies, social organizations, military units, schools, institutions, neighborhood (village) committees.

Total Retail Sales of Wholesale and Retail Trade refer to the amount obtained by wholesale and retail enterprises, active units and self-employed individuals through sales to residents and social groups for mass consumption.

The Number of Stores refers to the total number of enterprises owned by the full number of chain stores, including the headquarters (if a company store it) and all Direct stores, joining a few stores. The headquarters dealing with as a Guide. In addition, the separation of holding some regional stores, shops by holding Guide statistics.

Chain Enterprises (also called chain stores or chain corporations) refer to a form of joint economic entities under which scattered enterprises or establishments engaged in providing homogeneous commodities or services, with the central leadership of core enterprise or headquarters and guided by common policies, conduct centralized purchase and distributed selling of commodities, in order to gain better efficiency through standardized operation. Consisting of a number of branch stores, the chain stores have in general the following features: (1) homogeneous commodities, (2) unique name of stores, (3) centralized purchase and delivery which is separated from distributed selling operation (most commodities are delivered from the headquarters except some items which, for logistics, quality or freshness considerations, might be delivered by suppliers directly). Chain headquarters (HQ) means the core of enterprises or chain management centre. Chain store chain that owned the decentralized management of the enterprise or activity units, but also said members of shops or stores.

Chain stores include the following three forms:

Regular Chain refers to chain that are invested or controlled by the headquarters. They operate under direct and unified management from the headquarters. Adopting a direct management approach, the headquarters gives orders and controls all retail stores, which follow completely the directives from the headquarters. Large monopolized commercial companies develop and expand their business through purchasing, merging, direct investment and controlling of shares.

Franchise Chain Through contracts, chain stores (or their owners) obtain licenses from the headquarters (franchisee) to use designated trade marks, names, operation know-how, and to sell commodities developed by the headquarters. Under this arrangement, each store in the chain is an independent legal entity and operates under the guidance from the headquarters.

Voluntary Chain refers to the chain business model that several stores or enterprises united together voluntarily to use a same brand image and phachase together under the previous independent property relationship.

Retail Trade Format refers to the different business forms which combined by corresponding factors to satisfy different consumption needs. It is classified according to retail stores' structure characters, such as business form, commodities' structure, service function, address, business circle, scale, store facilities, target customers and whether having a fixed business place.

Retail trade format can be divided into store-based and non-store retail. It can be classified into 17 forms as the following: grocery store, convenient store, discount store, supermarket, hypermarket, warehouse club, department store, specialized shop, exclusive shop, home centre, shopping centre, factory outlet centre, TV shopping, mail shopping, web shop, vending machine and telephone shopping.

Value of Commodities Purchases refers to the value of commodities purchasing by enterprises from other units or individuals with value-added tax, including direct import form abroad, for the purpose of re-selling, either with or without further processing of the commodities purchased. It reflects the total commodities value that wholesale and retail trade purchased from the domestic and abroad market.

Value of Commodities Sales refers to the value of commodities sold by the units to other units or individuals with value-added tax, including goods sold for self consumption. It reflects the total commodities amount that wholesale and retail trade sold and exported in the domestic and abroad market. It can be divided into wholesale value and retail value.

Total Value of Storing at the End of Period refers to total possessed commodities value including value-added tax for the wholesale and retail corporation units and individuals. And it refers to the total commodities value, including value-added tax, which are in stock and belong to the corporation units for the wholesale and retail active units.

Commodities Trading market Over 100 Million Yuan refers to the commodity market with an annual transaction at and above 100 million. It is approved and managed by related departments, where there are fixed sites, facilities, managers and administration offices, traders to operate for three month and above or all the year, where the commodities including the articles for daily consumption, productive materials, goods transactions and services are traded in a centralized, independedt and open way.

13

住宿、餐饮业和旅游

HOTELS, CATERING SERVICES AND TOURISM

PAGE

435–466

资料整理人员

雷士伟　张艳芳　张艳君　邓　娜

住宿、餐饮业和旅游

HOTELS, CATERING SERVICES AND TOURISM

住宿、餐饮业营业额	Business Volume of Hotels and Catering Services	1565976	万元	(10 000 yuan)
国内旅游者	Number of Domestic Tourists	19434	万人次	(10 000 person-times)
海外旅游者	Number of Overseas Tourists	189.2	万人次	(10 000 person-times)
旅游总收入	Total Income of Tourism	1813.0	亿元	(100 million yuan)
旅游外汇收入	Foreign Exchange Earnings from Tourism	72024	万美元	(USD 10 000)

旅游总收入(亿元)

Total Income of Tourism (100 million yuan)

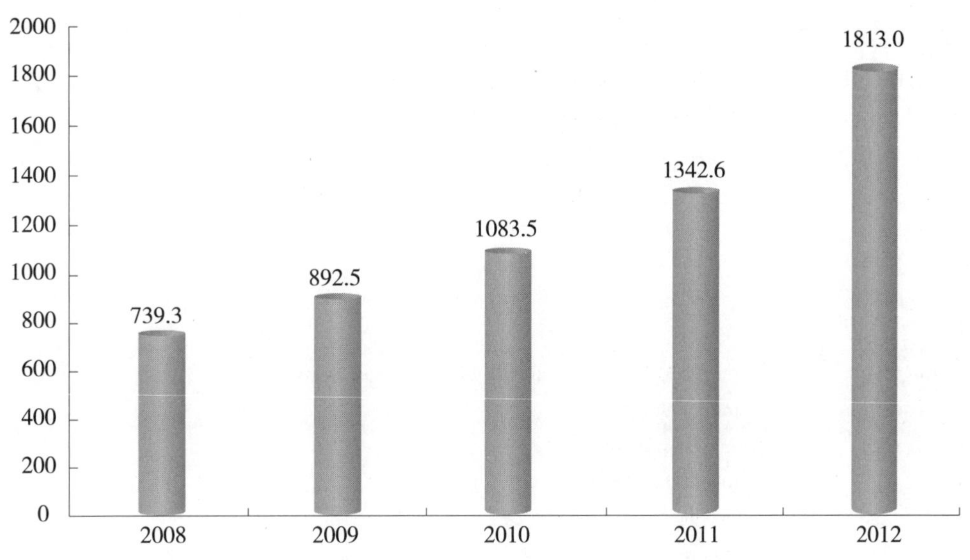

海外旅游者(万人次)

Number of Overseas Tourists (10 000 person-times)

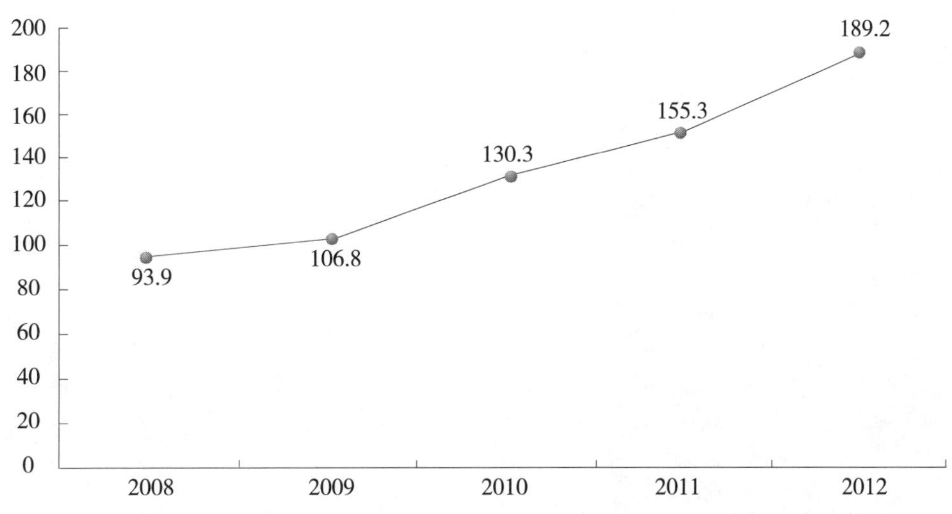

13-1 限额以上住宿和餐饮业法人企业经营情况(2012年)

单位：万元

指　标	Item	法人企业数(个) Number of Corporation Enterprises (unit)	年末从业人员数(人) Number of Employees at Year-end (person)
总　计	**Total**	**973**	**131853**
一、住宿业	**Hotels**	**392**	**53328**
1.按登记注册类型分组	Grouped by Registered Kind		
内资企业	Civil Funded Enterprises	390	52710
国有企业	State-owned Enterprises	94	12717
集体企业	Collective-owned Enterprises	24	2597
有限责任公司	Limited Responsibility Corporations	43	8518
国有独资公司	Company Exclusively with Investment from State	3	473
其他有限责任公司	Other Limited Responsibility Corporations	40	8045
股份有限公司	Share-holding Limited Corporations	8	1444
私营企业	Private-owned Enterprises	211	25895
私营独资企业	Enterprise Exclusively with Investment from Private	40	3753
私营合伙企业	Private Partnership Enterprises	4	240
私营有限责任公司	Private Limited Responsibility Corporations	160	21130
私营股份有限公司	Private Share-holding Limited Corporations	7	772
其他企业	Others	10	1539
港澳台商投资企业	Enterprises Funded by HongKong,Macao and Taiwan	2	618
与港澳台商合资经营企业	Joint Venture	2	618
2.按住宿行业小类分组	Grouped by Hotels		
旅游饭店	Resturants for Trip	232	38957
一般旅馆	Ordinary Hotels	144	12509
其他住宿服务	Others	16	1862
3.按控股情况分	Grouped by Share Holding		
国有控股	State Holding Enterprises	97	14047
集体控股	Collective-owned Holding Enterprises	30	3303
私人控股	Private Holding Enterprises	238	30980
港澳台商控股	Hongkong, Macao and Taiwan Holding Enterprises	1	352
外商控股	Foreign Holding Enterprises		
其　他	Others	26	4646
4.按经营形式分	Grouped by Share Holding		
独立门店	Independent Stores	374	51503
连锁总店(总部)	Chain Headquarters	3	290
连锁门店	Chain Stores	4	316
其　他	Others	11	1219
5.按星级分	Grouped by Stars		
五　星	Five Star	16	7062
四　星	Four Star	58	12170
三　星	Three Star	93	14319
二　星	Two Star	46	4191
其　他	Others	179	15586

MANAGEMANT OF HOTELS AND CATERING CORPORATION ENTERPRISES ABOVE DESIGNATED SIZE(2012)

(10 000 yuan)

营业额 Business Volume	客房收入 Revenue of Guest Room	餐费收入 Revenue of Dining	商品销售收入 Revenue of Sales of Commodities	其他收入 Other Revenue	客房数（间） Rooms (unit)	床位数（个） Beds (unit)	餐位数（位） Tables (unit)	年末餐饮营业面积(平方米) Operating Area of Catering Services at Year-end (sq.m)
1565976	**378434**	**1066432**	**56530**	**64580**	**100775**	**178832**	**399141**	**2440945**
568537	**229272**	**275417**	**17312**	**46536**	**62131**	**115295**	**144252**	**939397**
558787	225698	271116	17307	44666	61873	114886	143032	926327
138714	58755	66896	2020	11043	10529	19339	34182	250271
26024	12372	11961	315	1375	2386	4725	7172	40751
103259	34103	54897	5349	8910	6563	11227	29107	120495
5695	2227	2168	1004	296	416	725	1130	6305
97564	31875	52730	4345	8614	6147	10502	27977	114190
11262	3196	7022	134	909	692	1344	4722	18829
264367	113290	122629	7217	21231	40992	76920	64076	469899
30722	12760	15616	1514	833	23520	46057	13751	107766
1984	1090	654	9	230	233	431	500	7640
222187	94543	102587	5441	19617	16463	28992	47893	335700
9474	4897	3773	253	552	776	1440	1932	18793
15162	3983	7710	2271	1198	711	1331	3773	26082
9750	3574	4301	5	1870	258	409	1220	13070
9750	3574	4301	5	1870	258	409	1220	13070
440859	164135	222353	14761	39610	27019	48120	110356	631192
110681	57726	48307	1717	2932	33865	65047	32296	282113
16997	7412	4757	834	3994	1247	2128	1600	26092
154381	64682	73422	3196	13081	11108	20250	35678	254404
31451	14699	14573	451	1728	2829	5537	9086	54534
322870	130433	152581	11601	28254	45037	83792	80637	563182
5889	2935	2809		145	201	310	720	10000
53946	16523	32032	2063	3328	2956	5406	18131	57277
547113	220687	264360	16156	45910	60355	112035	136700	861265
1525	855	669			200	412	2600	12605
1592	857	707	4	25	409	671	1678	9875
18307	6872	9681	1152	602	1167	2177	3274	55652
97722	31915	50780	857	14171	4072	7008	14981	69546
134832	50276	70508	5058	8990	27764	53372	31135	173545
144606	56277	68421	7799	12110	10344	18793	44861	249501
41037	14825	24137	836	1239	3389	6475	14618	102350
150340	75979	61571	2762	10028	16562	29647	38657	344455

13-1 续表

单位：万元

指　　标	Item	法人企业数(个) Number of Corporation Enterprises (unit)	年末从业人员数(人) Number of Employees at Year-end (person)
二、餐饮业	**Catering**	**581**	**78525**
1.按登记注册类型分组	Grouped by Registered Kind		
内资企业	Civil Funded Enterprises	574	71034
国有企业	State-owned Enterprises	37	4035
集体企业	Collective-owned Enterprises	11	876
股份合作企业	Share Cooperative Enterprises	4	330
有限责任公司	Limited Responsibility Corporations	74	10809
国有独资公司	Company Exclusively with Investment from State	1	126
其他有限责任公司	Other Limited Responsibility Company	73	10683
股份有限公司	Share-holding Limited Corporations	5	1005
私营企业	Private-owned Enterprises	414	49365
私营独资企业	Enterprise Exclusively with Investment from Private	87	6455
私营合伙企业	Private Partnership Enterprises	6	287
私营有限责任公司	Private Limited Responsibility Corporations	312	41248
私营股份有限公司	Private Share-holding Limited Corporations	9	1375
其他企业	Others	29	4614
港澳台商投资企业	Enterprises Funded by HongKong, Macao and Taiwan	1	186
港澳台商独资企业	Solely Owned	1	186
外商投资企业	Foreign Funded Enterprises	6	7305
中外合资经营企业	Joint Venture	3	120
中外合作经营企业	Cooperative	1	160
外资企业	Enterprises Funded by Foreign Invetments	2	7025
2.按餐饮行业小类分组	Grouped by Catering Services		
正餐服务	Dinner	564	70342
快餐服务	Fast Food	13	7908
其他餐饮业	Others	4	275
小吃服务	Snack Service	1	20
其他未列明餐饮业	Other Unlisted Service	3	255
3.按控股情况分	Grouped by Share Holding		
国有控股	State Holding Enterprises	42	6693
集体控股	Collective-owned Holding Enterprises	17	1381
私人控股	Private Holding Enterprises	472	58780
港澳台商控股	Hongkong, Macao and Taiwan Holding Enterprises	2	346
外商控股	Foreign Holding Enterprises	3	7025
其　他	Others	45	4300
4.按经营形式分	Grouped by Share Holding		
独立门店	Independent Stores	558	64997
连锁总店(总部)	Chain Headquarters	7	10881
连锁门店	Chain Stores	7	1490
其　他	Others	9	1157

continued

(10 000 yuan)

营业额 Business Volume	客房收入 Revenue of Guest Room	餐费收入 Revenue of Dining	商品销售收 入 Revenue of Sales of Commodities	其他收入 Other Revenue	客房数（间） Rooms (unit)	床位数（个） Beds (unit)	餐位数（位） Tables (unit)	年末餐饮营业面积(平方米) Operating Area of Catering Services at Year-end(sq.m)
997439	**149162**	**791015**	**39219**	**18044**	**38644**	**63537**	**254889**	**1501548**
902146	148237	696938	39219	17753	38505	63283	242631	1465128
40109	10160	27597	1403	948	2033	3984	17286	77557
8654	2887	4235	376	1156	678	1194	3890	28195
2471	1078	1305	13	76	194	266	1290	13400
170097	28511	113576	20701	7309	3555	7051	29103	190324
270		270					500	4800
169827	28511	113307	20701	7309	3555	7051	28603	185524
10287	3362	6262	496	168	335	632	2980	26454
635094	97401	514047	15917	7729	30893	48800	178466	1074131
80377	14271	62341	3055	710	10620	12193	27098	135702
2745	452	2279	14		109	210	1814	10700
528308	80027	429980	11747	6555	19731	35591	143977	876125
23664	2651	19448	1101	464	433	806	5577	51604
35434	4839	29916	313	367	817	1356	9616	55067
1453	366	1085		2	79	134	848	4500
1453	366	1085		2	79	134	848	4500
93840	558	92992		289	60	120	11410	31920
3113		2824		289			800	4370
2538	558	1980			60	120	110	2000
88189		88189					10500	25550
892545	148517	687045	38943	18041	38373	63077	236614	1460000
102300	90	102200	8	3	28	49	16925	37848
2593	555	1770	268		243	411	1350	3700
1168		1024	144				180	800
1425	555	746	124		243	411	1170	2900
78709	24540	46719	1661	5788	3371	7246	20254	107911
32459	3941	8258	18549	1711	892	1608	5257	40615
733630	112645	593755	18172	9058	32757	51912	201335	1219636
3991	924	3065		2	139	254	958	6500
89001		88712		289			10850	27050
59649	7111	50507	836	1196	1485	2517	16235	99836
856204	146071	656538	38819	14776	37801	60786	222282	1358388
112080		112073	8				25254	92600
12102		12102					2435	9285
17052	3090	10302	392	3268	843	2751	4918	41275

13-2 限额以上住宿和餐饮业法人企业主要财务状况(2012年)

单位：万元

指 标	Item	年初存货 Beginning Inventory	流动资产合计 Total Circulating Assets
总 计	**Total**	**103074**	**956403**
一、住宿业	**Hotels**	**41004**	**405091**
1.按登记注册类型分组	Grouped by Registered Kind		
内资企业	Civil Funded Enterprises	40447	399959
国有企业	State-owned Enterprises	8581	112694
集体企业	Collective-owned Enterprises	1390	19683
有限责任公司	Limited Responsibility Corporations	6047	42711
国有独资公司	Company Exclusively with Investment from State	800	3309
其他有限责任公司	Other Limited Responsibility Corporations	5247	39402
股份有限公司	Share-holding Limited Corporations	795	7223
私营企业	Private-owned Enterprises	22471	210774
私营独资企业	Enterprise Exclusively with Investment from Private	7751	31074
私营合伙企业	Private Partnership Enterprises	70	1269
私营有限责任公司	Private Limited Responsibility Corporations	13832	169938
私营股份有限公司	Private Share-holding Limited Corporations	818	8493
其他企业	Others	1165	6875
港澳台商投资企业	Enterprises Funded by HongKong,Macao and Taiwan	557	5132
与港澳台商合资经营企业	Joint Venture	557	5132
2.按住宿行业小类分组	Grouped by Hotels		
旅游饭店	Resturants for Trip	32097	320153
一般旅馆	Ordinary Hotels	7388	77691
其他住宿服务	Others	1519	7247
3.按控股情况分	Grouped by Share Holding		
国有控股	State Holding Enterprises	9616	116646
集体控股	Collective-owned Holding Enterprises	1470	22590
私人控股	Private Holding Enterprises	26584	238594
港澳台商控股	Hongkong, Macao and Taiwan Holding Enterprises	347	3963
外商控股	Foreign Holding Enterprises		
其 他	Others	2987	23298
4.按经营形式分	Grouped by Share Holding		
独立门店	Independent Stores	39703	390569
连锁总店(总部)	Chain Headquarters	86	1626
连锁门店	Chain Stores	11	703
其 他	Others	1204	12193
5.按星级分	Grouped by Stars		
五 星	Five Star	6099	63728
四 星	Four Star	14361	129658
三 星	Three Star	8911	92530
二 星	Two Star	2316	25482
其 他	Others	9317	93694

FINANCIAL INDICATORS OF HOTELS AND CATERING CORPORATION ENTERPRISES ABOVE DESIGNATED SIZE(2012)

(10 000 yuan)

#应收帐款 Accounts Receivable	#存 货 Inventory	固定资产合计 Total Fixed Assets	累计折旧 Accumulated Depreciation	#本年折旧 Depreciation This Year	资产总计 Total Assets
195414	**102401**	**1135310**	**522914**	**106602**	**2584027**
84079	**37418**	**664689**	**326651**	**68067**	**1268168**
83498	36863	658647	323608	68067	1255501
24483	8182	190057	139182	26362	334974
4174	1713	22383	8898	1308	54631
12079	5769	91709	40813	8996	154988
685	770	18508	5021	2549	22021
11394	4998	73201	35792	6447	132968
3713	1740	17042	8954	1754	31141
38106	18023	326406	122809	29063	660017
12601	2457	46406	5690	926	83684
145	78	808	129	44	2194
24187	14754	272463	113124	27908	557086
1172	735	6728	3866	184	17052
944	1437	11050	2953	586	19750
581	555	6042	3043		12668
581	555	6042	3043		12668
68991	28374	504895	276629	59535	998137
13516	7956	134045	43108	7394	235369
1572	1088	25750	6915	1137	34662
26607	9138	222542	148552	29230	373190
5083	2647	34783	12797	2138	72867
46215	22443	361553	138994	31999	733524
320	292	4493	2162		9056
5854	2898	41319	24148	4699	79532
81033	36363	629902	313636	65489	1212761
271	109	985	492	78	2916
49	71	1154	1004	45	2161
2725	875	32649	11519	2455	50330
11402	6819	140662	52242	9802	235019
27613	10119	154253	94710	28669	309595
19789	8733	172143	109575	16089	349279
5299	1894	38176	15818	1269	71872
19977	9853	159456	54306	12237	302404

13-2 续表1

单位：万元

指　标	Item	年初存货 Beginning Inventory	流动资产合计 Total Circulating Assets
二、餐饮业	**Catering**	**62070**	**551311**
1.按登记注册类型分组	Grouped by Registered Kind		
内资企业	Civil Funded Enterprises	58256	544221
国有企业	State-owned Enterprises	2203	16076
集体企业	Collective-owned Enterprises	659	3946
股份合作企业	Share Cooperative Enterprises	199	3584
有限责任公司	Limited Responsibility Corporations	11945	83290
国有独资公司	Company Exclusively with Investment from State	160	25
其他有限责任公司	Other Limited Responsibility Company	11785	83265
股份有限公司	Share-holding Limited Corporations	835	13276
私营企业	Private-owned Enterprises	39246	408097
私营独资企业	Enterprise Exclusively with Investment from Private	5381	33313
私营合伙企业	Private Partnership Enterprises	100	839
私营有限责任公司	Private Limited Responsibility Corporations	33087	341360
私营股份有限公司	Private Share-holding Limited Corporations	678	32585
其他企业	Others	3169	15953
港澳台商投资企业	Enterprises Funded by HongKong，Macao and Taiwan	72	180
港澳台商独资企业	Solely Owned	72	180
外商投资企业	Foreign Funded Enterprises	3742	6910
中外合资经营企业	Joint Venture	192	1128
中外合作经营企业	Cooperative	265	658
外资企业	Enterprises Funded by Foreign Invetments	3285	5124
2.按餐饮行业小类分组	Grouped by Catering Services		
正餐服务	Dinner	58392	542483
快餐服务	Fast Food	3656	8167
其他餐饮业	Others	22	662
小吃服务	Snack Service	22	181
其他未列明餐饮业	Other Unlisted Service		481
3.按控股情况分	Grouped by Share Holding		
国有控股	State Holding Enterprises	3647	42106
集体控股	Collective-owned Holding Enterprises	1142	7829
私人控股	Private Holding Enterprises	46265	467139
港澳台商控股	Hongkong, Macao and Taiwan Holding Enterprises	337	839
外商控股	Foreign Holding Enterprises	3315	5494
其　他	Others	7365	27906
4.按经营形式分	Grouped by Share Holding		
独立门店	Independent Stores	57530	517082
连锁总店(总部)	Chain Headquarters	3776	13780
连锁门店	Chain Stores	332	2488
其　他	Others	433	17962

continued

(10 000 yuan)

#应收帐款 Accounts Receivable	#存 货 Inventory	固定资产合计 Total Fixed Assets	累计折旧 Accumulated Depreciation	#本年折旧 Depreciation This Year	资产总计 Total Assets
111335	**64983**	**470621**	**196262**	**38536**	**1315859**
110620	61820	465393	192055	38317	1288575
3528	2858	19681	6985	750	46128
1315	855	6246	2111	398	12254
725	450	1320	206	82	5320
28092	11277	66793	56455	10812	213727
1	24	152			177
28092	11253	66641	56455	10812	213550
863	851	27720	2832	152	42196
72510	42127	332010	116338	24553	938798
6759	4459	37195	7069	1416	84808
407	292	185	21	8	1519
59769	36660	279764	105906	22668	798097
5575	717	14866	3342	462	54375
3587	3401	11623	7127	1569	30153
26	48	299	307	74	668
26	48	299	307	74	668
689	3115	4929	3901	145	26616
597	178	510	2403	41	1718
92	282	136	540	46	1015
	2656	4283	957	58	23883
110643	61911	456645	193232	37942	1276619
466	2932	5690	1908	290	29387
226	140	8286	1122	304	9853
79	23				527
147	117	8285	1122	304	9325
19940	4929	46230	42962	8933	125382
2441	1757	12977	3378	735	24268
82682	50262	381610	140636	27397	1075973
118	330	435	847	121	1683
	2701	4736	1579	78	24785
6154	5005	24634	6861	1273	63768
106551	60375	446747	187909	37891	1227940
2054	3319	10773	6273	233	43466
194	756	1656	582	131	14086
2536	533	11445	1497	280	30366

13-2 续表2

单位：万元

指 标	Item	流动负债合计 Liquid Liabilities	应付帐款 Accounts Payable
总 计	**Total**	**1601816**	**322824**
一、住宿业	**Hotels**	**767885**	**126696**
1.按登记注册类型分组	Grouped by Registered Kind		
内资企业	Civil Funded Enterprises	759260	125792
国有企业	State-owned Enterprises	164297	28703
集体企业	Collective-owned Enterprises	35812	11067
有限责任公司	Limited Responsibility Corporations	83902	12775
国有独资公司	Company Exclusively with Investment from State	5269	685
其他有限责任公司	Other Limited Responsibility Corporations	78634	12091
股份有限公司	Share-holding Limited Corporations	14183	4265
私营企业	Private-owned Enterprises	450838	67122
私营独资企业	Enterprise Exclusively with Investment from Private	55642	11768
私营合伙企业	Private Partnership Enterprises	1706	52
私营有限责任公司	Private Limited Responsibility Corporations	385552	53473
私营股份有限公司	Private Share-holding Limited Corporations	7939	1830
其他企业	Others	10227	1860
港澳台商投资企业	Enterprises Funded by HongKong,Macao and Taiwan	8625	904
与港澳台商合资经营企业	Joint Venture	8625	904
2.按住宿行业小类分组	Grouped by Hotels		
旅游饭店	Resturants for Trip	578565	96696
一般旅馆	Ordinary Hotels	155796	27668
其他住宿服务	Others	33524	2332
3.按控股情况分	Grouped by Share Holding		
国有控股	State Holding Enterprises	174016	29766
集体控股	Collective-owned Holding Enterprises	50170	15024
私人控股	Private Holding Enterprises	493474	73128
港澳台商控股	Hongkong, Macao and Taiwan Holding Enterprises	5391	464
外商控股	Foreign Holding Enterprises		
其 他	Others	44835	8313
4.按经营形式分	Grouped by Share Holding		
独立门店	Independent Stores	754803	120242
连锁总店(总部)	Chain Headquarters	2157	57
连锁门店	Chain Stores	1435	506
其 他	Others	9490	5891
5.按星级分	Grouped by Stars		
五 星	Five Star	142997	16109
四 星	Four Star	178895	27889
三 星	Three Star	205579	34581
二 星	Two Star	42550	9823
其 他	Others	197865	38294

continued

(10 000 yuan)

负债合计 Total Liabilities	所有者权益合计 Total Creditors' Equity	#实收资本 Capital Hold	#国家资本 State	#集体资本 Collective	#法人资本 Legal Person	#个人资本 Individual
1914113	**669914**	**756209**	**157064**	**28294**	**311828**	**247431**
906259	**361910**	**436366**	**133185**	**22376**	**152599**	**120881**
897633	357867	427866	133185	22376	152224	120081
207442	127533	153634	113171		40463	
44806	9825	8588	10	8517	51	10
97859	57129	56042	16804	371	28512	10355
5269	16752	5065	582		4483	
92591	40377	50977	16222	371	24029	10355
14881	16260	15588	3021	3398	9116	53
522307	137710	191015	175	10091	73425	107323
59386	24298	22410			8243	14167
1706	488	389				389
450864	106222	158069	175	10091	64958	82846
10351	6701	10147			225	9922
10339	9411	2999	3		656	2340
8625	4043	8500			375	800
8625	4043	8500			375	800
701009	297128	354055	112397	16860	140398	77075
171498	63871	72173	20788	5238	11243	34905
33751	911	10138		278	958	8901
217160	156030	173913	125765		47277	871
59340	13527	12630	10	11433	1057	130
578533	154991	209037	3196	10923	80265	114527
5391	3666	8000				800
45835	33697	32785	4213	20	23999	4553
889117	323644	404333	132566	21946	122248	120249
2678	239	140			135	5
1875	286	293			33	260
12589	37742	31599	619	430	30183	367
161540	73479	78990	42245	3850	13426	12270
239705	69890	107855	3550	7586	63424	33295
244162	105117	121023	38915	6674	50459	24851
44950	26922	26001	13883	1815	1746	8556
215901	86503	102496	34592	2452	23545	41908

13-2 续表3

单位：万元

指 标	Item	流动负债合 计 Liquid Liabilities	应付帐款 Accounts Payable
二、餐饮业	**Catering**	**833931**	**196128**
1.按登记注册类型分组	Grouped by Registered Kind		
内资企业	Civil Funded Enterprises	819228	189590
国有企业	State-owned Enterprises	26834	10387
集体企业	Collective-owned Enterprises	2243	-515
股份合作企业	Share Cooperative Enterprises	2301	1566
有限责任公司	Limited Responsibility Corporations	150849	34846
国有独资公司	Company Exclusively with Investment from State		
其他有限责任公司	Other Limited Responsibility Company	150849	34846
股份有限公司	Share-holding Limited Corporations	18359	2718
私营企业	Private-owned Enterprises	593217	134884
私营独资企业	Enterprise Exclusively with Investment from Private	42070	11206
私营合伙企业	Private Partnership Enterprises	808	467
私营有限责任公司	Private Limited Responsibility Corporations	510137	107192
私营股份有限公司	Private Share-holding Limited Corporations	40202	16020
其他企业	Others	25426	5704
港澳台商投资企业	Enterprises Funded by HongKong，Macao and Taiwan	104	76
港澳台商独资企业	Solely Owned	104	76
外商投资企业	Foreign Funded Enterprises	14600	6462
中外合资经营企业	Joint Venture	4933	3908
中外合作经营企业	Cooperative	209	
外资企业	Enterprises Funded by Foreign Invetments	9458	2554
2.按餐饮行业小类分组	Grouped by Catering Services		
正餐服务	Dinner	820382	192661
快餐服务	Fast Food	12640	3231
其他餐饮业	Others	909	237
小吃服务	Snack Service	80	28
其他未列明餐饮业	Other Unlisted Service	829	208
3.按控股情况分	Grouped by Share Holding		
国有控股	State Holding Enterprises	75682	13587
集体控股	Collective-owned Holding Enterprises	7780	1415
私人控股	Private Holding Enterprises	695725	164361
港澳台商控股	Hongkong, Macao and Taiwan Holding Enterprises	313	76
外商控股	Foreign Holding Enterprises	9613	2709
其 他	Others	44819	13980
4.按经营形式分	Grouped by Share Holding		
独立门店	Independent Stores	785686	188459
连锁总店(总部)	Chain Headquarters	21308	6157
连锁门店	Chain Stores	8991	600
其 他	Others	17946	912

continued

(10 000 yuan)

负债合计 Total Liabilities	所有者权益合计 Total Creditors' Equity	#实收资本 Capital Hold	#国家资本 State	#集体资本 Collective	#法人资本 Legal Person	#个人资本 Individual
1007855	**308004**	**319843**	**23880**	**5918**	**159229**	**126550**
992152	296423	315129	23439	5918	159219	126550
30168	15960	15247	13571		1676	
5359	6895	3580		2980	600	
2550	2770	2352			252	2100
199176	14551	36363	9120	1814	14459	10971
25	152	152				152
199152	14399	36211	9120	1814	14459	10819
18420	23776	15793			10293	5500
710781	228016	234535	748	1124	130486	102173
51635	33173	27666	1	1	8189	19471
808	711	1119			478	641
618107	179989	195453	747	1123	115220	78364
40232	14143	10298			6600	3698
25697	4456	7259			1453	5806
339	329	329				
339	329	329				
15364	11252	4385	441		10	
4933	-3215	1736				
209	807	900	441			
10223	13660	1749			10	
990417	286202	312958	23880	5408	157358	123785
13414	15973	4075			1372	965
4023	5830	2810		510	500	1800
80	447	300		300		
3943	5382	2510		210	500	1800
100897	24485	20384	17237		3146	
16442	7826	4920		4280	640	
828239	247734	271092	748	1338	147554	121449
547	1136	1229	441			
10378	14407	2496			10	
51352	12416	19723	5454	300	7879	5101
957544	270397	299174	22082	5561	148595	120407
22996	20470	8119		251	2849	3280
9339	4747	1841	110	105	545	1081
17976	12390	10709	1687		7240	1782

13-2 续表4

单位：万元

指　　标	Item	营业收入 Business Revenue	主营业务收　入 Revenue in Major Business
总　计	**Total**	**1556785**	**1486756**
一、住宿业	**Hotels**	**564984**	**537235**
1.按登记注册类型分组	Grouped by Registered Kind		
内资企业	Civil Funded Enterprises	555234	527485
国有企业	State-owned Enterprises	137614	125212
集体企业	Collective-owned Enterprises	25798	24859
有限责任公司	Limited Responsibility Corporations	100276	92868
国有独资公司	Company Exclusively with Investment from State	5693	5561
其他有限责任公司	Other Limited Responsibility Corporations	94583	87307
股份有限公司	Share-holding Limited Corporations	11532	11532
私营企业	Private-owned Enterprises	264900	258400
私营独资企业	Enterprise Exclusively with Investment from Private	30378	27691
私营合伙企业	Private Partnership Enterprises	1929	1929
私营有限责任公司	Private Limited Responsibility Corporations	223015	219202
私营股份有限公司	Private Share-holding Limited Corporations	9579	9579
其他企业	Others	15113	14614
港澳台商投资企业	Enterprises Funded by HongKong,Macao and Taiwan	9750	9750
与港澳台商合资经营企业	Joint Venture	9750	9750
2.按住宿行业小类分组	Grouped by Hotels		
旅游饭店	Resturants for Trip	438082	416076
一般旅馆	Ordinary Hotels	109896	107031
其他住宿服务	Others	17007	14128
3.按控股情况分	Grouped by Share Holding		
国有控股	State Holding Enterprises	153858	141319
集体控股	Collective-owned Holding Enterprises	31226	30286
私人控股	Private Holding Enterprises	320596	312157
港澳台商控股	Hongkong, Macao and Taiwan Holding Enterprises	5889	5889
外商控股	Foreign Holding Enterprises		
其　他	Others	53416	47584
4.按经营形式分	Grouped by Share Holding		
独立门店	Independent Stores	543589	517503
连锁总店(总部)	Chain Headquarters	1517	811
连锁门店	Chain Stores	1592	1574
其　他	Others	18286	17347
5.按星级分	Grouped by Stars		
五　星	Five Star	97701	91824
四　星	Four Star	131350	127842
三　星	Three Star	144365	132553
二　星	Two Star	41008	38969
其　他	Others	150561	146048

continued

(10 000 yuan)

营业成本 Business Costs	主营业务成本 Costs in Major Business	营业税金及附加 Business Taxes and Extra Charges	主营业务税金及附加 Taxes and Extra Charges in Major Business	其他业务利润 Profits of Other Business	销售费用 Costs of Sales	管理费用 Costs of Administration
732660	**701988**	**84492**	**78475**	**35347**	**465540**	**278421**
225824	**214487**	**32987**	**29853**	**21848**	**184229**	**139739**
221540	210203	32430	29516	21848	182203	136290
55295	52163	7039	6345	15388	49190	39328
11312	11312	1469	1409	297	6506	4862
44483	39737	5862	4744	365	31150	20192
1744	1715	319	117	2	2226	1536
42738	38022	5543	4627	364	28924	18656
4017	4017	653	653	-71	3635	3266
100203	96932	16168	15148	4541	87237	65136
14382	13433	1701	1596	1531	8701	6360
517	517	112	112		648	458
81569	79247	13521	12627	3010	75418	55718
3736	3736	834	813		2470	2600
6230	6042	1240	1217	1328	4484	3506
4284	4284	556	337		2026	3449
4284	4284	556	337		2026	3449
174455	166007	25194	22329	19343	144890	107430
46133	43881	6742	6473	2300	33790	26531
5236	4599	1051	1051	205	5549	5778
64306	61145	7969	6793	15392	52294	41767
14398	13721	1746	1687	224	7997	6241
123927	120019	19779	18540	5881	106620	76194
2756	2756	337	337		935	2397
20438	16846	3155	2495	350	16383	13141
218182	207122	31828	28712	21547	178439	134963
354	354	62	62		744	261
460	184	121	112		532	283
6827	6827	976	967	301	4515	4232
32061	31600	5209	5146	14994	34470	22734
47994	46361	8605	8001	2877	44536	38767
60915	55302	8747	7249	1321	43081	35648
20597	19280	2033	1978	735	10595	6734
64258	61944	8393	7479	1921	51548	35856

13-2 续表5

单位：万元

指　标	Item	营业收入 Business Revenue	主营业务收　入 Revenue in Major Business
二、餐饮业	**Catering**	**991801**	**949520**
1.按登记注册类型分组	Grouped by Registered Kind		
内资企业	Civil Funded Enterprises	896739	854461
国有企业	State-owned Enterprises	40149	38734
集体企业	Collective-owned Enterprises	8615	8032
股份合作企业	Share Cooperative Enterprises	2462	2240
有限责任公司	Limited Responsibility Corporations	170563	167791
国有独资公司	Company Exclusively with Investment from State	268	268
其他有限责任公司	Other Limited Responsibility Company	170295	167522
股份有限公司	Share-holding Limited Corporations	10184	8693
私营企业	Private-owned Enterprises	629673	595263
私营独资企业	Enterprise Exclusively with Investment from Private	79502	76947
私营合伙企业	Private Partnership Enterprises	2746	2746
私营有限责任公司	Private Limited Responsibility Corporations	524331	492476
私营股份有限公司	Private Share-holding Limited Corporations	23095	23095
其他企业	Others	35094	33709
港澳台商投资企业	Enterprises Funded by HongKong，Macao and Taiwan	1453	1451
港澳台商独资企业	Solely Owned	1453	1451
外商投资企业	Foreign Funded Enterprises	93609	93609
中外合资经营企业	Joint Venture	3113	3113
中外合作经营企业	Cooperative	2307	2307
外资企业	Enterprises Funded by Foreign Invetments	88189	88189
2.按餐饮行业小类分组	Grouped by Catering Services		
正餐服务	Dinner	886908	848200
快餐服务	Fast Food	102300	98727
其他餐饮业	Others	2593	2593
小吃服务	Snack Service	1168	1168
其他未列明餐饮业	Other Unlisted Service	1425	1425
3.按控股情况分	Grouped by Share Holding		
国有控股	State Holding Enterprises	79095	77654
集体控股	Collective-owned Holding Enterprises	32482	31898
私人控股	Private Holding Enterprises	726985	688768
港澳台商控股	Hongkong, Macao and Taiwan Holding Enterprises	3760	3758
外商控股	Foreign Holding Enterprises	89001	89001
其　他	Others	60478	58440
4.按经营形式分	Grouped by Share Holding		
独立门店	Independent Stores	851871	817106
连锁总店(总部)	Chain Headquarters	111391	111391
连锁门店	Chain Stores	12063	4550
其　他	Others	16477	16475

continued

(10 000 yuan)

营业成本 Business Costs	主营业务成本 Costs in Major Business	营业税金及附加 Business Taxes and Extra Charges	主营业务税金及附加 Taxes and Extra Charges in Major Business	其他业务利润 Profits of Other Business	销售费用 Costs of Sales	管理费用 Costs of Administration
506836	**487501**	**51505**	**48622**	**13499**	**281311**	**138681**
458836	439501	46485	43602	13499	259151	131966
24757	23984	1973	1664	1935	7070	6556
4166	3950	401	376	–42	2211	1866
857	725	136	133		1140	695
93082	91519	8436	7927	2350	33669	38244
138	138	15	15		193	69
92945	91382	8421	7912	2350	33476	38175
7560	6439	375	345	2	1106	692
310772	297047	33146	31182	8431	201481	79795
44777	44035	3428	3161	2125	19293	8233
1608	1304	271	220		475	268
252908	240229	28083	26440	6307	175200	69419
11479	11479	1364	1361		6513	1875
17642	15836	2018	1975	824	12475	4119
465	465	84	84		617	274
465	465	84	84		617	274
47535	47535	4936	4936		21543	6442
1783	1783	171	171		1204	370
1017	1017	132	132		1218	21
44735	44735	4633	4633		19121	6050
452278	434578	46044	43366	13476	257278	131916
52753	51190	5402	5197	3	23602	6640
1805	1733	59	59	20	431	126
1158	1086	14	14		13	44
647	647	45	45	20	418	81
36821	36048	4150	3844	2562	12443	27620
24660	24435	816	791	–42	4109	3005
364196	347562	38408	36182	9927	228016	92054
1482	1482	216	216		1835	295
45222	45222	4674	4674		19308	6213
34455	32752	3241	2916	1053	15600	9495
436974	417639	43188	40305	13487	246610	127265
54135	54135	6440	6440		26799	9603
4854	4854	1044	1044	10	5567	306
10874	10874	833	833	2	2335	1507

13-2 续表6

单位：万元

指　标	Item	财务费用 Costs of Finance
总　计	**Total**	**43892**
一、住宿业	**Hotels**	**18385**
1.按登记注册类型分组	Grouped by Registered Kind	
内资企业	Civil Funded Enterprises	18330
国有企业	State-owned Enterprises	1590
集体企业	Collective-owned Enterprises	658
有限责任公司	Limited Responsibility Corporations	1986
国有独资公司	Company Exclusively with Investment from State	17
其他有限责任公司	Other Limited Responsibility Corporations	1969
股份有限公司	Share-holding Limited Corporations	145
私营企业	Private-owned Enterprises	13873
私营独资企业	Enterprise Exclusively with Investment from Private	938
私营合伙企业	Private Partnership Enterprises	
私营有限责任公司	Private Limited Responsibility Corporations	12835
私营股份有限公司	Private Share-holding Limited Corporations	100
其他企业	Others	79
港澳台商投资企业	Enterprises Funded by HongKong,Macao and Taiwan	55
与港澳台商合资经营企业	Joint Venture	55
2.按住宿行业小类分组	Grouped by Hotels	
旅游饭店	Resturants for Trip	14859
一般旅馆	Ordinary Hotels	2001
其他住宿服务	Others	1525
3.按控股情况分	Grouped by Share Holding	
国有控股	State Holding Enterprises	1629
集体控股	Collective-owned Holding Enterprises	910
私人控股	Private Holding Enterprises	14723
港澳台商控股	Hongkong, Macao and Taiwan Holding Enterprises	55
外商控股	Foreign Holding Enterprises	
其　他	Others	1068
4.按经营形式分	Grouped by Share Holding	
独立门店	Independent Stores	17741
连锁总店(总部)	Chain Headquarters	4
连锁门店	Chain Stores	11
其　他	Others	630
5.按星级分	Grouped by Stars	
五　星	Five Star	6722
四　星	Four Star	5258
三　星	Three Star	3818
二　星	Two Star	479
其　他	Others	2108

continued

(10 000 yuan)

#利息支出 Interest Expense	营业利润 Business Profits	利润总额 Total Profits	应交所得税 Income Tax Payable
17255	**-48614**	**-43840**	**9602**
5443	**-36869**	**-34546**	**1483**
5443	-36250	-33996	1478
634	-13790	-11752	261
250	115	-387	9
436	-4803	-5471	235
	-149	-147	
435	-4654	-5324	235
19	-70	-178	90
4075	-17288	-15800	844
379	-1775	19	152
	194	173	2
3681	-15553	-15811	691
15	-154	-181	
30	-415	-409	41
	-619	-550	5
	-619	-550	5
4515	-29773	-27305	732
928	-4050	-3685	677
	-3047	-3556	73
631	-13066	-11415	315
389	-265	-726	36
4152	-20171	-19124	1106
	-590	-568	
271	-2777	-2714	26
5430	-37583	-34655	1411
2	92	109	9
7	185	-6	
3	437	6	62
34	-3486	-1637	91
2314	-13833	-13014	191
1794	-9384	-9930	305
260	549	259	87
1042	-10716	-10225	810

13-2 续表7

单位：万元

指　　标	Item	财务费用 Costs of Finance
二、餐饮业	**Catering**	**25507**
1.按登记注册类型分组	Grouped by Registered Kind	
内资企业	Civil Funded Enterprises	25619
国有企业	State-owned Enterprises	496
集体企业	Collective-owned Enterprises	219
股份合作企业	Share Cooperative Enterprises	56
有限责任公司	Limited Responsibility Corporations	6773
国有独资公司	Company Exclusively with Investment from State	
其他有限责任公司	Other Limited Responsibility Company	6772
股份有限公司	Share-holding Limited Corporations	1141
私营企业	Private-owned Enterprises	16516
私营独资企业	Enterprise Exclusively with Investment from Private	2211
私营合伙企业	Private Partnership Enterprises	2
私营有限责任公司	Private Limited Responsibility Corporations	13553
私营股份有限公司	Private Share-holding Limited Corporations	750
其他企业	Others	418
港澳台商投资企业	Enterprises Funded by HongKong，Macao and Taiwan	11
港澳台商独资企业	Solely Owned	11
外商投资企业	Foreign Funded Enterprises	-123
中外合资经营企业	Joint Venture	57
中外合作经营企业	Cooperative	13
外资企业	Enterprises Funded by Foreign Invetments	-193
2.按餐饮行业小类分组	Grouped by Catering Services	
正餐服务	Dinner	25631
快餐服务	Fast Food	-130
其他餐饮业	Others	6
小吃服务	Snack Service	1
其他未列明餐饮业	Other Unlisted Service	5
3.按控股情况分	Grouped by Share Holding	
国有控股	State Holding Enterprises	3071
集体控股	Collective-owned Holding Enterprises	250
私人控股	Private Holding Enterprises	21249
港澳台商控股	Hongkong, Macao and Taiwan Holding Enterprises	24
外商控股	Foreign Holding Enterprises	-189
其　他	Others	1103
4.按经营形式分	Grouped by Share Holding	
独立门店	Independent Stores	24833
连锁总店(总部)	Chain Headquarters	259
连锁门店	Chain Stores	182
其　他	Others	234

continued

(10 000 yuan)

#利息支出 Interest Expense	营业利润 Business Profits	利润总额 Total Profits	应交所得税 Income Tax Payable
11812	**-11745**	**-9294**	**8119**
11812	-25023	-22512	4831
440	-351	-211	81
142	-250	-236	13
57	-422	-271	13
3440	-8828	-1051	1376
	146	146	
3440	-8974	-1197	1376
552	-689	-588	
7003	-12914	-18384	3213
1709	1536	-813	465
	100	-66	13
4955	-15664	-18601	2432
339	1114	1096	304
177	-1570	-1771	135
	3	3	1
	3	3	1
	13276	13215	3287
	-473	-479	2
	-94	-95	
	13843	13789	3286
11746	-26018	-23115	4797
66	14034	13821	3322
	239		
	10	10	
	229	-10	
2979	-4408	-3463	164
169	-358	-326	48
8121	-17317	-22267	4159
	-92	-92	1
	13773	13719	3287
543	-3343	3135	461
11759	-26951	-24187	4262
	14155	14092	3748
52	105	32	56
	946	769	53

13-2 续表8

单位：万元

指　　标	Item	应付职工薪酬(本年贷方累计发生额) Remuneration Payable (Accumulated Credit Balance of The Year)
总　计	**Total**	**253790**
一、住宿业	**Hotels**	**111072**
1.按登记注册类型分组	Grouped by Registered Kind	
内资企业	Civil Funded Enterprises	108276
国有企业	State-owned Enterprises	28644
集体企业	Collective-owned Enterprises	5807
有限责任公司	Limited Responsibility Corporations	18216
国有独资公司	Company Exclusively with Investment from State	1609
其他有限责任公司	Other Limited Responsibility Corporations	16607
股份有限公司	Share-holding Limited Corporations	2544
私营企业	Private-owned Enterprises	49828
私营独资企业	Enterprise Exclusively with Investment from Private	6642
私营合伙企业	Private Partnership Enterprises	312
私营有限责任公司	Private Limited Responsibility Corporations	41453
私营股份有限公司	Private Share-holding Limited Corporations	1421
其他企业	Others	3236
港澳台商投资企业	Enterprises Funded by HongKong,Macao and Taiwan	2796
与港澳台商合资经营企业	Joint Venture	2796
2.按住宿行业小类分组	Grouped by Hotels	
旅游饭店	Resturants for Trip	83237
一般旅馆	Ordinary Hotels	23528
其他住宿服务	Others	4306
3.按控股情况分	Grouped by Share Holding	
国有控股	State Holding Enterprises	31961
集体控股	Collective-owned Holding Enterprises	7197
私人控股	Private Holding Enterprises	59266
港澳台商控股	Hongkong, Macao and Taiwan Holding Enterprises	1945
外商控股	Foreign Holding Enterprises	
其　他	Others	10703
4.按经营形式分	Grouped by Share Holding	
独立门店	Independent Stores	107439
连锁总店(总部)	Chain Headquarters	236
连锁门店	Chain Stores	377
其　他	Others	3019
5.按星级分	Grouped by Stars	
五　星	Five Star	16959
四　星	Four Star	25093
三　星	Three Star	30701
二　星	Two Star	7662
其　他	Others	30657

continued

(10 000 yuan)

土地和固定资产支出 Costs of Land and Fixed Assets	土地购置 Land Purchasing	房屋和建筑物 Houses and Buildings	机器设备 Machinery Equipment	运输工具 Transport Tools
63733	**1320**	**30628**	**26111**	**722**
38591	**1147**	**19032**	**15785**	**163**
37812	1147	19032	15006	163
11066	222	3907	6505	61
219		127	3	
4767		2825	572	22
4767		2825	572	22
34			13	3
21387	925	12174	7903	77
42			42	
21324	925	12174	7861	77
21				
340			11	
779			779	
779			779	
14553	141	7391	4749	84
7415	218	640	6265	17
16623	788	11001	4771	62
11533	222	4594	6407	75
659		531	30	
22171	925	12174	8683	81
4229		1733	666	7
38542	1147	19032	15759	158
5			3	2
44			23	3
21252	788	12546	6530	69
1077		1	494	11
5211	141	2332	2528	22
45			45	
11006	218	4153	6188	61

13-2 续表9

单位：万元

指 标	Item	应付职工薪酬(本年贷方累计发生额) Remuneration Payable (Accumulated Credit Balance of The Year)
二、餐饮业	**Catering**	**142718**
1.按登记注册类型分组	Grouped by Registered Kind	
内资企业	Civil Funded Enterprises	139239
国有企业	State-owned Enterprises	7088
集体企业	Collective-owned Enterprises	1064
股份合作企业	Share Cooperative Enterprises	234
有限责任公司	Limited Responsibility Corporations	27091
国有独资公司	Company Exclusively with Investment from State	161
其他有限责任公司	Other Limited Responsibility Company	26930
股份有限公司	Share-holding Limited Corporations	1741
私营企业	Private-owned Enterprises	94843
私营独资企业	Enterprise Exclusively with Investment from Private	10954
私营合伙企业	Private Partnership Enterprises	380
私营有限责任公司	Private Limited Responsibility Corporations	80268
私营股份有限公司	Private Share-holding Limited Corporations	3241
其他企业	Others	7179
港澳台商投资企业	Enterprises Funded by HongKong, Macao and Taiwan	376
港澳台商独资企业	Solely Owned	376
外商投资企业	Foreign Funded Enterprises	3104
中外合资经营企业	Joint Venture	650
中外合作经营企业	Cooperative	518
外资企业	Enterprises Funded by Foreign Invetments	1937
2.按餐饮行业小类分组	Grouped by Catering Services	
正餐服务	Dinner	138637
快餐服务	Fast Food	3617
其他餐饮业	Others	464
小吃服务	Snack Service	31
其他未列明餐饮业	Other Unlisted Service	433
3.按控股情况分	Grouped by Share Holding	
国有控股	State Holding Enterprises	17497
集体控股	Collective-owned Holding Enterprises	2042
私人控股	Private Holding Enterprises	111565
港澳台商控股	Hongkong, Macao and Taiwan Holding Enterprises	893
外商控股	Foreign Holding Enterprises	2068
其 他	Others	8653
4.按经营形式分	Grouped by Share Holding	
独立门店	Independent Stores	127308
连锁总店(总部)	Chain Headquarters	8984
连锁门店	Chain Stores	2868
其 他	Others	3558

continued

(10 000 yuan)

土地和固定资产支出 Costs of Land and Fixed Assets	土地购置 Land Purchasing	房屋和建筑物 Houses and Buildings	机器设备 Machinery Equipment	运输工具 Transport Tools
25141	**173**	**11596**	**10326**	**559**
25137	173	11596	10326	555
241			194	8
1			1	
10279		8171	1388	247
10279		8171	1388	247
14431	173	3425	8715	300
1365	21	348	220	55
13032	152	3077	8472	234
33			23	11
185			28	
4				4
4				4
25106	173	11596	10326	530
35				29
9999		8171	1120	247
47			1	8
14679	173	3425	8806	300
4				4
412			400	
24680	23	11446	10226	509
461	150	150	100	50

13-3 限额以上连锁住宿餐饮业经营情况(2012年)
MANAGEMENT OF CHAIN ENTERPRISES ABOVE DESIGNATED SIZE IN HOTELS AND CATERING SERVICES(2012)

指　　标	Item	合　计 Total	直营店 Regular Chain	加盟店 Franchise Chain
一、门店总数 (个)	**Number of Store (uint)**	**106**	**86**	**20**
二、年末餐饮业营业面积 (平方米)	**Business Area of Catering at Year-end (sq.m)**	**67670**	**39280**	**28390**
三、年末从业人员 (人)	**Employees(person)**	**10018**	**8233**	**1785**
四、年末经营餐饮业务餐位数 (位)	**Number of Catering Tables at Year-end (uint)**	**20825**	**11983**	**8842**
五、商品购进总额 (万元)	**Total Purchases Value (10 000 yuan)**	**46824**	**41705**	**5119**
#统一配送商品购进额	Value of Unified Distribution	36340	36340	
#自有配送中心配送商品购进额	Disrtibuted by Owned Distribution Center	35252	35252	
非自有配送中心配送商品购进额	Distributed by Other Distribution Center			
六、营业收入 (万元)	**Business Revenue (10 000 yuan)**	**104519**	**93928**	**10590**
#餐费收入	Revenue of Dining	104447	93864	10583

13-4 主要年份旅游接待人数
NUMBER OF TOURISTS IN MAJOR YEARS

年　份 Year	国内旅游接待人数 (万人次) Domestic Tourists (10 000 person-times)	海外旅游者 (人次) Overseas Tounrists (person-time)	外国人 Foreigners	华　侨 Overseas Chinese	港澳台同胞 Compatriots from Hongkong, Macao and Taiwan	#台湾同胞 Compatriots from Taiwan
1985	360	34327	26066	1523	6738	2628
1990	465	46777	26983	908	18886	10786
1995	977	71199	51513	1106	18580	10035
2000	2905	165282	116578		48704	21460
2001	3510	197782	128802		68980	31588
2002	4360	248033	161490		86543	38138
2003	3490	116045	79053		36992	13863
2004	5579	295767	182197		113570	44914
2005	6545	421458	253986		167472	64970
2006	7517	573711	330291		243420	91181
2007	8529	737888	449249		288639	108915
2008	9384	939260	579354		359906	130992
2009	10611	1067835	666269		401566	140457
2010	12497	1302856	820935		481921	178480
2011	14975	1553208	982522		570686	213088
2012	19434	1891758	1204155		687603	261330

13-5 主要年份旅游收入
TOTAL INCOME OF TOURISM IN MAJOR YEARS

单位：亿元 (100 million yuan)

年 份 Year	旅游总收入 Total Income of Tourism	国内旅游收入 Revenue from Domestic Tourists	旅游外汇收入（万美元） Foreign Exchange Earnings from International Tourism (USD 10 000)	国内旅游人均花费（元/人次） Per Capita Expenditure of Domestic Tourists (yuan/person-time)
1985	0.48	0.36	146	10.00
1990	2.80	2.22	458	47.74
1995	16.71	15.00	2062	153.53
2000	81.35	77.21	4991	265.78
2001	100.44	95.50	5946	272.08
2002	126.51	120.30	7484	275.99
2003	101.47	98.46	3627	282.10
2004	199.77	193.03	8123	346.01
2005	291.99	281.91	11622	447.41
2006	428.39	414.75	16421	692.77
2007	581.57	563.67	22171	739.50
2008	739.32	721.30	30065	836.40
2009	892.53	865.85	37794	842.50
2010	1083.46	1052.26	46460	861.10
2011	1342.59	1305.10	56720	878.60
2012	1813.01	1766.28	72024	903.00

13-6 旅游外汇收入(2012年)
FOREIGN EXCHANGE EARNINGS FROM INTERNATIONAL TOURISM(2012)

单位：万美元 (USD 10 000)

项 目	Item	合 计 Total	外国人 Foreigners	香港同胞 Hongkong Compatriots	澳门同胞 Macao Compatriots	台湾同胞 Taiwan Compatriots
总 计	**Total**	**72023.9**	**47113.8**	**10395.6**	**5512.9**	**9001.7**
1.长途交通	Long Distance Transportation	15058.0	10013.4	2108.1	1054.3	1882.2
飞 机	Air	7843.4	4980.2	1186.7	693.2	983.3
火 车	Railway	4173.8	3188.9	303.4	250.3	431.2
汽 车	Highway	3040.8	1844.3	618.0	110.8	467.7
2.住 宿	Accommodation	15160.9	9671.0	1815.6	1114.9	2559.4
3.餐 饮	Catering	12916.9	8901.0	1929.4	1045.2	1041.3
4.景区游览	Visiting	9588.3	7142.3	1320.6	722.9	402.5
5.娱 乐	Recreation	5637.0	3262.2	1100.8	626.3	647.7
6.购 物	Shopping	5870.4	3226.4	1202.8	465.3	975.9
7.市内交通	Urban Transportation	1701.7	792.3	402.8	298.6	208.0
8.邮电通讯	Post and Communication	724.9	375.1	168.3	88.5	93.0
9.其 他	Others	5365.8	3730.1	347.2	96.9	1191.6

13-7 接待外国旅游人数
NUMBER OF FOREIGN TOURISTS

单位：人次 (person-time)

国　别(地区)	Country (Region)	2005	2010	2012
总　计	**Total**	**253986**	**820935**	**1204155**
一、亚　洲	**Asia**	**109722**	**372229**	**475640**
日　本	Japan	50416	165546	115499
菲律宾	Philippines	1778	5747	10354
新加坡	Singapore	6533	21116	33136
泰　国	Thailand	3378	10918	21132
印　尼	Indonesia	988	21919	16523
马来西亚	Malaysia	20217	24336	81142
韩　国	Republic of Korea	12419	30370	108107
蒙　古	Mongolia	2184	28733	13850
印　度	India	1492	15762	17249
越　南	Viet Nem			451
缅　甸	Myanmar			2316
朝　鲜	D. P. R. of Korea			13452
巴基斯坦	Pakistan			2547
其　他	Others	10317	47782	39882
二、美　洲	**America**	**36066**	**132088**	**181878**
美　国	United States	22935	80858	98095
加拿大	Canada	6020	28217	18998
其　他	Others	7111	23013	64785
三、欧　洲	**Europe**	**92274**	**280841**	**359895**
英　国	United Kingdom	10413	30963	38559
法　国	France	30453	79683	149225
德　国	Germany	20725	76935	94988
意大利	Italy	7696	23849	40002
瑞　士	Switzerland	4927	1724	5035
瑞　典	Sweden	1006	3251	3660
荷　兰	Netherlands	1532	4952	5789
俄罗斯	Russia	3734	23807	15573
西班牙	Spain	2252	4844	4012
其　他	Others	9536	30833	3052
四、大洋洲	**Oceania**	**9042**	**29636**	**53430**
澳大利亚	Australia	7442	26126	42827
新西兰	New Zealand	1422	2955	4083
其　他	Others	178	555	6520
五、非　洲	**Africa**	**1868**	**6075**	**38554**
六、其　他	**Others**	**5014**	**66**	**94758**

主要统计指标解释

住宿业 指为旅行者提供短期留宿场所的活动，有些单位只提供住宿，也有些单位提供住宿、饮食、商务、娱乐一体的服务。

餐饮业 指通过即时制作加工、商业销售和服务性劳动等，向消费者提供食品和消费场所及设施的服务。

住宿和餐饮业法人企业 指具备如下条件的住宿餐饮企业：(1)依法成立，有自己的名称、组织机构和场所，能够承担民事责任；(2)独立拥有和使用资产，承担负债，有权与其他单位签订合同；(3)独立核算盈亏，并能够编制包括资产负债表在内的全部会计帐户。

限额以上住宿企业 年主营业务收入 200 万元及以上为限额以上住宿企业。

限额以上餐饮企业 年主营业务收入 200 万元及以上为限额以上餐饮企业。

住宿和餐饮业零售额 指专门从事提供食宿服务、进行食品烹饪调制的住宿和餐饮业企业、产业活动单位和个体户，直接向居民和社会集团出售主食、菜肴、烟酒饮料和其他商品取得的餐费收入和商品销售额，包括各行业企业或单位附设的对外营业的旅馆、火车餐车、轮船餐厅、机场餐厅的零售额，不包括机关、团体、学校、企事业单位不对外营业的职工食堂所出售的餐费收入。

住宿和餐饮业企业经营形式 住宿和餐饮业企业经营的基本形式包括：独立门店、连锁总店（总部）、连锁门店及其他方式。

住宿业企业星级评定情况 星级等级指符合《中华人民共和国星级酒店评定标准》（GB/T14308-2003），并经过有关旅游管理权威部门评定（验收）后授予“星级”称号的宾馆、饭店等住宿设施的等级划分，分为一星级到五星级 5 个标准。星级越高，表示企业的档次越高。

营业额 指住宿和餐饮业单位在经营活动中因提供服务或销售商品等取得的全部收入，包括：客房收入、餐费收入、商品销售额（含增值税）和其他收入。

客房收入 指住宿和餐饮业单位在经营活动中因提供住宿服务取得的收入。

餐费收入 指住宿和餐饮业单位因为顾客提供就餐服务取得的收入。

商品销售额 指住宿和餐饮业单位出售商品的销售总额（含增值税）。

其他收入 指营业额中除客房收入、餐费收入、商品销售额（含增值税）以外的其他收入。

国际旅游(外汇)收入 入境旅游者在中国(大陆)境内旅行、游览过程中用于交通、参观游览、住宿餐饮、购物、娱乐等全部花费。

海外旅游者 指报告期内来中国（大陆）观光、度假、探亲访友、就医疗养、购物、参加会议或从事经济、文化、体育、宗教活动的外国人、港澳台同胞等游客。

国内旅游者 指报告期内在中国（大陆）观光游览、度假、探亲访友、就医疗养、购物、参加会议或从事经济、文化、体育、宗教活动的中国（大陆）居民，其出游的目的不是通过所从事的活动谋取报酬。

Explanatory Notes on Main Statistical Indicators

Hotel Services refer to activities provided to travelers a short time accommodation places. Some hotels only provide accommodation, others also provide lodging, business and entertainment services.

Catering Services refer to the activities provided to customers food, consumption places and facilities by on-the-spot making and processing, commercial sales and service-type labor.

Hotel and Catering Corporation Enterprises refer to the hotel and catering enterprises satisfying the following conditions: (1) They are established legally, having their own names, organizations, location, able to take civil liability. (2) They possess and use their assets independently, assume liabilities and are entitled to sign contracts with other units. (3) They are financially independent and compile their own balance sheets.

Hotel Enterprises Above Designated Size refer to hotel enterprises whose annual revenue of major business amounts to 2 million yuan and over.

Catering Enterprises Above Designated Size refer to catering enterprises whose annual revenue of major business amounts to 2 million yuan and over.

Retail Sales of Hotels and Catering Services refer to the retail sales hotels and catering enterprises, active units and self-employed individuals which specialized in providing accommodation, food services got by directly selling staple foods, cooked foods, beverages, tobacco and other goods to the residents and community groups. It includes retail sales from opening to the public hotels, restaurants, train dining cars, ship and airport dining rooms of all kinds of enterprises or units, while it excludes dining revenue from stuff's dining hall of government agencies, groups, schools, enterprises and institutions, which aren't open to the public.

Business Form of Hotel and Catering Enterprises mainly contains independent stores, chain stores, chain headquarters and other forms.

Star Rating of Hotel Service Enterprises refers to catering enterprises being assessed by the relevant tourism authorities according to GB/T14308-2003 standard. Hotels can be divided into five standards from one-star to five-star. The more stars hotels get, the higher grade they show.

Business Revenue refers to the total revenue hotel and catering service enterprises get from business activities by providing services and commodities selling. It includes room revenue, dinning revenue, commodities sales with value-added tax and other revenue.

Room Revenue refers to business revenue hotel and catering enterprises got by providing lodging services.

Dinning Revenue refers to revenue hotel and catering enterprises got by providing customers catering services.

Commodity Sales refers to revenue hotel and catering enterprises got by selling commodities including value-added tax.

Other Revenue refers to other revenue hotel and catering enterprises get except room revenue, dinning revenue, and commodity sales including value-added tax.

Foreign Exchange Earnings from International Tourism refer to the total expenditures of inbound tourists during their stay in the mainland of China on transportation, sighting, accommodation, food, shopping and entertainment.

Overseas Tourists refer to foreigners and compatriots from Hong Kong, Macao and Taiwan who come to China (the mainland) within the reference period for sight-seeing, vacation, visiting relatives, medical treatment, shopping, attending conference, or to engage in economic, cultural, sports and religious activities.

Domestic Tourists refer to residents of China (the mainland) who travel within China (the mainland) for sight-seeing, vacation, visiting relatives, medical treatment, shopping, attending conference, or to engage in economic, cultural, sports and religious activities. And the purpose of their travelling isn't for profits.

14 财政、金融和保险

PUBLIC FINANCE, BANKING AND INSURANCE

PAGE
467–488

资料整理人员

安爱萍　张艳君

财政、金融和保险

PUBLIC FINANCE, BANKING AND INSURANCE

财政总收入	Overall Financial Revenue	2650.3	亿元	(100 million yuan)
一般预算收入	General Budget Revenue	1516.4	亿元	(100 million yuan)
一般预算支出	General Budget Expenditure	2759.5	亿元	(100 million yuan)
城乡居民人民币储蓄存款余额	Saving Deposits in RMB of Urban and Rural Residents	11997.0	亿元	(100 million yuan)
原保险保费收入	Income of Premiums	384.6	亿元	(100 million yuan)

城乡居民人民币储蓄存款余额(亿元)

Saving Deposits in RMB of Urban and Rural Residents (100 million yuan)

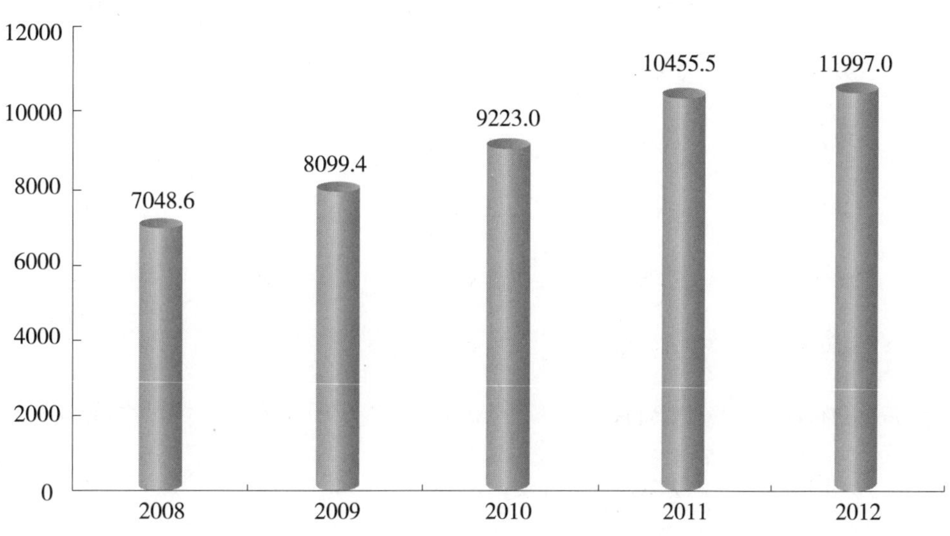

一般预算收入(亿元)

General Budget Revenue (100 million yuan)

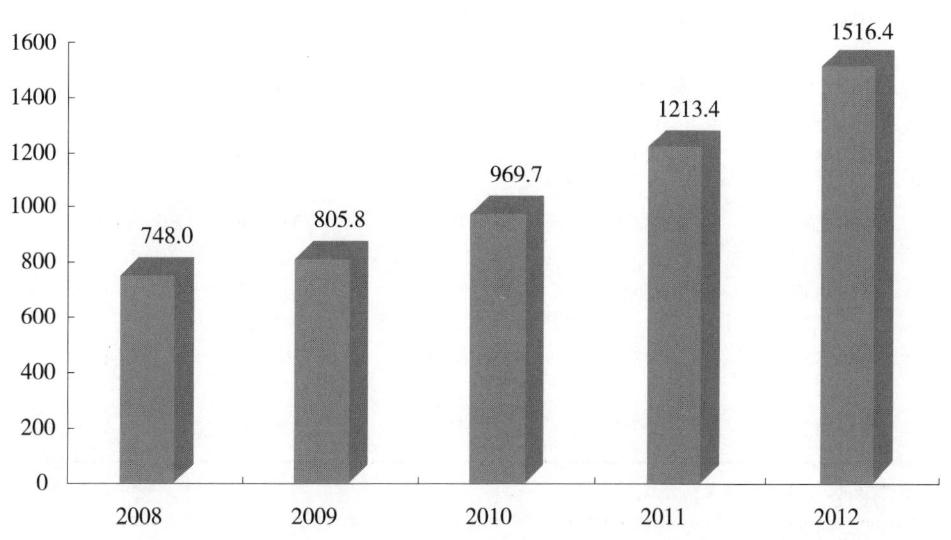

14-1 主要年份财政收支总额
FINANCIAL REVENUE AND EXPENDITURE IN MAJOR YEARS

单位：万元 (10 000 yuan)

年份 Year	财政总收入 Overall Revenue	一般预算收入 General Budget Revenue	一般预算支出 General Budget Expenditure	一般预算收支差额 General Budget Balance	一般预算收支指数(上年=100) General Budget Revenue and Expenditure Indices (last year=100)	
					收入 Revenue	支出 Expenditure
1952	18276	18276	10913	7362	138	185
1957	35230	35230	28832	6398	109	95
1962	54001	54001	36423	17578	79	50
1965	68571	68571	51064	17507	115	103
1970	92081	92081	94164	-2083	181	150
1975	123934	123934	149779	-25845	113	98
1978	196419	196419	211118	-14699	148	129
1980	209555	209555	196099	13456	103	95
1985	249905	249906	355483	-105577	92	119
1990	517495	517495	548962	-31467	107	108
1995	1293837	722064	1128924	-406860	134	127
2000	1945545	1144762	2250554	-1105792	105	121
2005	7581168	3683437	6687508	-3004071	144	129
2006	10481656	5833752	9155698	-3321946	158	137
2007	12005356	5978870	10499228	-4520358	102	115
2008	15187825	7480047	13150175	-5670128	125	125
2009	15380230	8058279	15617047	-7558768	108	119
2010	18101830	9696652	19313641	-9616989	120	124
2011	22605379	12134340	23638476	-11504136	125	122
2012	26503326	15163780	27594582	-12430802	125	117

注：1994年以前一般预算收支为财政收支。

Note: General budget revenue and expenditure refer to financial revenue and expenditure before 1994.

14-2 财政专户管理资金收支额(2012年)

REVENUE AND EXPENDITURE OF SPECIAL FINANCIAL ACCOUNT(2012)

单位：万元 (10 000 yuan)

项　　目	Item	金　额 Value
收 入 合 计	**Total Revenue**	**758443**
一、行政事业性收费收入	Revenue from Administrative and Institutional Fees	614980
二、其他收入	Other Revenue	143463
#彩票发行机构和彩票销售机构的业务费用	Business Expenses from Lottery Agencies and Lottery Sale Agencies	21252
支出合计	**Total Expenditure**	**561852**
一、一般公共服务	Expenditure for Public Services	7004
二、国　防	Expenditure for National Defence	710
三、公共安全	Expenditure for Public Security	1368
四、教　育	Expenditure for Education	417456
五、科学技术	Expenditure for Science and Technology	57
六、文化体育与传媒	Expenditure for Culture, Sports and Media	5036
七、社会保障和就业	Expenditure for Social Security and Employment	5921
八、医疗卫生	Expenditure for Medical and Health Care	8636
九、节能环保	Expenditure for Energy Conservation and Environmental Protection	38
十、城乡社区事务	Expenditure for Community in both Urban and Rural Areas	28217
十一、农林水事务	Expenditure for Agriculture, Forest and Irrigation	149
十二、交通运输	Expenditure for Transportation	5346
十三、资源勘探电力信息等事务	Expenditure for Resources Exploration, Electricity, Information Affairs	7960
十四、商业服务业等事务	Expenditure for Business, Service Affairs	4352
十五、金融监管等事务	Expenditure for Financial Supervision Affairs	
十六、国土资源气象等事务	Expenditure for Land Resource and Meteorology Affairs	4824
十七、住房保障支出	Expenditure for Housing Security	270
十八、粮油物资储备事务	Expenditure for Cereals, Oils and Material Reserves	
十九、其他支出	Other Expenditures	64508

14-3 财政一般预算收入(2012年)
GENERAL BUDGET OF FINANCIAL REVENUE(2012)

单位：万元 (10 000 yuan)

项 目	Item	金 额 Value
收 入 总 计	**Total Revenue**	**15163780**
一、税收收入	**Total taxes**	**10452161**
增值税	Value-added Taxes	2428809
营业税	Operation Taxes	3140623
企业所得税	Enterprises' Income Taxes	2143935
个人所得税	Individual Income Taxes	431029
资源税	Resource Taxes	437825
固定资产投资方向调节税	Fixed Assets Investment Orientation Regulation Tax	14
城市维护建设税	Taxes on Urban Construction and Maintenance	677942
房产税	House Property Taxes	199799
印花税	Stamp Taxes	177734
城镇土地使用税	Taxes on Use of Urban Land	274659
土地增值税	Land Value-added Taxes	153298
车船税	Taxes on Use of Vehicles，Boats and License	109528
耕地占用税	Taxes on Occuping Cultivated Land	89523
契 税	Contract Taxes	185844
烟叶税	Tobacco Taxes	1599
二、非税收入	**Non-tax Revenue**	**4711619**
专项收入	Special Incomes	2681784
行政事业性收费收入	Incomes from Administrative Fees	887188
罚款收入	Penalty Incomes	607817
国有资本经营收入	Business Revenue of State-owned Properties	160193
国有资源(资产)有偿使用收入	Incomes from State-owned Resource Utilization	205212
其他收入	Other Incomes	169425

14-4 财政一般预算支出(2012年)

GENERAL BUDGET OF FINANCIAL EXPENDITURE(2012)

单位：万元　　(10 000 yuan)

项　　目	Item	金　额 Value
支 出 总 计	**Total Expenditure**	**27594582**
一、一般公共服务	Expenditure for Public Services	2744651
二、国　防	Expenditure for National Defence	46405
三、公共安全	Expenditure for Public Security	1437926
四、教　育	Expenditure for Education	5580258
五、科学技术	Expenditure for Science and Technology	333189
六、文化体育与传媒	Expenditure for Culture, Sports and Media	601986
七、社会保障和就业	Expenditure for Social Security and Employment	3546147
八、医疗卫生	Expenditure for Health Services	1803410
九、节能环保	Expenditure for Energy Conservation and Environmental Protection	881725
十、城乡社区事务	Expenditure for Community in both Urban and Rural Areas	1604545
十一、农林水事务	Expenditure for Agriculture, Forest and Irrigation	3096278
十二、交通运输	Expenditure for Transportation	1948179
十三、资源勘探电力信息等事务	Expenditure for Resources Exploration, Electricity, Information Affairs	477810
十四、商业服务业等事务	Expenditure for Business, Service Affairs	236744
十五、金融监管等事务支出	Expenditure for Financial Supervision Affairs	51483
十六、国土资源气象等事务	Expenditure for Land Resource and Meteorology Affairs	1834317
十七、住房保障支出	Expenditure for Housing Security	856485
十八、粮油物资储备事务	Expenditure for Cereals, Oils and Material Reserves	206691
十九、援助其他地区支出	Expenditure for Aiding to Other Areas	21562
二十、国债还本付息支出	Expenditure for goverment and public Bonds and its Interest	41031
二十一、其他支出	Other Expenditures	243760

14-5 税收分经济类型情况(2012年)

单位：万元

项　　目	Item	合 计 Total	内　　资			
			国有企业 Stated -owned Enterprise	集体企业 Collective -owned Enterprise	股份合作企业 Share Cooperative Enterprise	联营企业 Joint Enterprise
税收(地税)	**Local Taxes Revenue**	**9572737**	**813982**	**243901**	**17782**	**16521**
#营业税	Operation Taxes	3274625	275110	91282	7881	2108
企业所得税	Income Taxes of Enterprises	2914723	201609	95054	559	11833
个人所得税	Individual Income Taxes	1075116	128700	20867	3704	1044
资源税	Resource Taxes	437820	37718	7145	1	343
城市维护建设税	Taxes on Urban Construction and Maintenance	678464	82389	12931	629	265
固定资产投资方向调节税	Fixed Assets Investment Orientation Regulation Tax	14		14		
房产税	House Property Taxes	199796	24969	6281	291	481
印花税	Stamp Taxes	177735	18072	2708	211	116
城镇土地使用税	Urban Land Use Taxes	274653	35335	5067	198	331
土地增值税	Land Value-added Taxes	153296	2082	609		
车船税	Vehicle and Boat Use Taxes	109531	6712	1943	4308	
烟叶税	Tobacco Taxes	1599	1286			
耕地占用税	Taxes on Occuping Cultivated Land	89522				
契　税	Contract Taxes	185843				
税收(国税)	**National Taxes Revenue**	**13598418**	**1790688**	**254657**	**27865**	**4545**
增值税	Value-added Taxes	10176300	1480161	183834	5051	4444
#一般纳税人	General Taxpayers	9290544	933047	179409	4690	4425
小规模纳税人	Small-scale Taxpayers	455680	117038	4425	361	19
消费税	Consumption Taxes	434347	151642	93	699	
企业所得税	Income Taxes of Enterprises	2373735	145462	58134	18686	3
个人所得税	Individual Income Taxes	2460				
车辆购置税	Vehicle Purchase Taxes	611576	13423	12596	3429	98

TAXES REVENUE BY FORM OF OWNERSHIP(2012)

(10 000 yuan)

Civil Funded Enterprises				港澳台投资企业 Enterprise Funded by Hongkong, Macao and Taiwan	外商投资企业 Foreign Funded Enterprise	个体经营 Individual
股份公司 Share Holding Limited Company	#国有控股 State Controlling Share	私营企业 Private Enterprise	其他企业 Other Enterprise			
7055071	**1511480**	**234983**	**543405**	**51538**	**145925**	**449629**
2356807	486446	100954	115955	25558	67397	231573
2543369	627245	40658	21641			
641191	142369	34712	45459	4911	21734	172794
363932	68391	11463	4481	159	11709	869
510501	107459	14352	11824	8637	22548	14388
131627	25051	5201	11113	3643	7468	8722
138714	22297	4037	5042	2377	3841	2617
204060	30615	10782	1767	6009	10326	778
140556	1432	5687	2053	224	899	1186
24001	175	7137	48705	20	3	16702
313						
			89522			
			185843			
9103101	**1870065**	**718816**	**4069**	**188903**	**772806**	**732968**
7152823	1165968	608826	193	128170	409018	203780
7033503	1165968	584305	152	128107	408855	14051
119320		24521	41	63	163	189729
265662	135224	8874		1068	5885	424
1648408	568873	85273	273	59597	357899	
						2460
36208		15843	3603	68	4	526304

14-6 金融机构信贷收支余额(2012年)
BALANCE OF CREDIT FUNDS OF FINANCIAL INSTITUTIONS(2012)

单位：亿元 (100 million yuan)

项 目	Item	本外币 RMB and Foreign Currency	人民币 RMB
一、各项存款	**Deposits**	**24156.95**	**24050.58**
单位存款	Corporate Deposits	10844.83	10785.14
个人存款	Personal Deposits	12141.03	12096.22
#储蓄存款	Saving Deposits	12039.23	11997.03
财政性存款	Fiscal Deposits	1058.59	1058.59
临时性存款	Temporary Deposits	49.93	48.55
委托存款	Entrusted Deposits	-21.70	-21.76
其他存款	Other Deposits	84.27	83.84
二、所有者权益	**Creditors' Equity**	**681.36**	**679.45**
#实收资本	Actual Received Capital	302.26	301.79
三、各项贷款	**Loans**	**13211.30**	**13106.21**
境内贷款	Domestic Loans	13210.70	13106.09
短期贷款	Short-term Loans	5275.26	5196.06
中长期贷款	Medium-term and Long-term Loans	7170.93	7145.54
融资租赁	Lease Loans	28.08	28.08
票据融资	Bill Finance	733.08	733.08
各项垫款	Advances	3.35	3.33
境外贷款	Foreign Loans	0.60	0.12
四、有价证券	**Securities**	**600.34**	**600.34**

14-7 金融机构人民币各项存款和贷款余额
BALANCE OF DEPOSITS AND LOANS OF RENMINBI IN FINANCIAL INSTITUTIONS

单位：万元 (10 000 yuan)

年 份 Year	各项存款合 计 Balance of Deposits	#企事业存款 Corporate Deposits	#城乡居民储蓄存款 Saving Deposits of Urban and Rural Residents	各项贷款合 计 Balance of Loans	#短期贷款 Short-term	#中长期贷款 Medium and Long-term	#基本建设贷款 Capital Construction
1980	392088	125522	128705	591107	578830	12277	
1981	447477	147220	166949	650669	631246	19189	
1982	543771	160023	219636	712125	684031	27712	
1983	673990	194255	288045	801843	767329	32372	4396
1984	877119	269620	405322	1092897	1012969	68283	24425
1985	1050817	401574	529220	1512441	1185224	247760	153465
1986	1333530	496555	704837	1837204	1406768	347628	225095
1987	1640576	562031	944179	2150614	1643114	403385	257429
1988	1933480	642254	1244252	2382519	1995685	340744	171753
1989	2480443	745858	1719554	2809278	2371858	397300	216001
1990	3141354	847362	2313378	3569045	2877047	571351	345202
1991	3809523	1034918	2915655	4328291	3262954	943164	651641
1992	4607404	1224459	3636711	5148408	3712448	1274798	880818
1993	5702498	1414515	4603533	6381035	4400154	1778957	1312393
1994	6854272	2062932	6159495	8020557	5081106	2756760	1511248
1995	12882737	2833481	8444641	12231107	7744271	3210760	1496840
1996	15699109	3681447	10738217	14201114	9259966	3910686	1462002
1997	17923626	4474154	12368354	15249840	11782869	2965442	1581365
1998	20811147	4948038	14370605	17417903	13022710	3360439	1909731
1999	23572121	5643636	16143945	19092096	13767722	3740309	2099969
2000	26283900	6772936	17484210	24531452	14224781	8212709	5287303
2001	30907287	8219315	19797268	24084029	14317608	7687055	4647358
2002	37087186	9602764	23073176	29031751	16331829	9587870	6114549
2003	46815142	12594164	27815374	35522883	19343085	12138826	7056561
2004	58116546	15579954	33423062	40161240	20362341	14893336	8913409
2005	70886971	17489745	41196865	42289987	21082074	16994250	9532519
2006	85774569	22553297	47961838	47885141	23096219	20234188	11378604
2007	100418455	26614242	54223930	53944680	26792518	22980302	12447994
2008	127667183	32744816	70486087	59603272	27912981	27300364	14554047
2009	156984678	42390374	80994287	78147390	33337917	39118456	18084104
2010	185756526	53338036	92229697	96343196	37425196	54092971	
2011	209204319	93395109	104554604	111693542	42314059	63877414	
2012	240505805	107851389	119970319	131062060	51960561	71455443	

注：2010年后，因人行统计制度调整，取消基本建设贷款。

Note: Capital construction loan is canceled in 2010 because of statistical system adjustment of the People's Bank of China.

14-8 金融机构法定存款利率
OFFICIAL INTEREST RATES OF DEPOSITS OF FINANCIAL INSITITUTIONS

单位：年利率%　　(annual interest rate %)

项　目	Item	2007.5.19 May.19.2007	2007.7.21 Jul.21.2007	2007.8.22 Aug.22.2007	2007.9.15 Sep.15.2007
城乡居民和单位存款	**Deposits of Urban and Rural Residents and Units**				
活　期	Demand Savings	0.72	0.81	0.81	0.81
定　期	Time Savings				
整存整取	Lump-sum Deposit and Withdrawing				
三个月	3 Months	2.07	2.34	2.61	2.88
半　年	6 Months	2.61	2.88	3.15	3.42
一　年	1 Year	3.06	3.33	3.60	3.87
二　年	2 Years	3.69	3.96	4.23	4.50
三　年	3 Years	4.41	4.68	4.95	5.22
五　年	5 Years	4.95	5.22	5.49	5.76
零存整取、整存零取、存本取息	Small Savings for Lump-sum Withdrawal, Big Money Saving and Small Withdrawing, Interest Withdrawal on a Principal Deposited				
一　年	1 Year	2.07	2.34	2.61	2.88
三　年	3 Years	2.61	2.88	3.15	3.42
五　年	5 Years	3.06	3.33	3.60	3.87
定活两便	Time-demand Optional Deposit				

项　目	Item	2007.12.21 Dec.21.2007	2008.10.9 Oct.9.2008	2008.10.30 Oct.30.2008	2008.11.27 Nov.27.2008
城乡居民和单位存款	**Deposits of Urban and Rural Residents and Units**				
活　期	Demand Savings	0.72	0.72	0.72	0.36
定　期	Time Savings				
整存整取	Lump-sum Deposit and Withdrawing				
三个月	3 Months	3.33	3.15	2.88	1.98
半　年	6 Months	3.78	3.51	3.24	2.25
一　年	1 Year	4.14	3.87	3.60	2.52
二　年	2 Years	4.68	4.41	4.14	3.06
三　年	3 Years	5.40	5.13	4.77	3.60
五　年	5 Years	5.85	5.58	5.13	3.87
零存整取、整存零取、存本取息	Small Savings for Lump-sum Withdrawal, Big Money Saving and Small Withdrawing, Interest Withdrawal on a Principal Deposited				
一　年	1 Year	3.33	3.15	2.88	1.98
三　年	3 Years	3.78	3.51	3.24	2.25
五　年	5 Years	4.14	3.87	3.60	2.52
定活两便	Time-demand Optional Deposit				

注：定活两便存款按一年期以内定期整存整取同档次利率打六折执行。

Notes：Time-demand optional deposit enjoys a 60% preferential interest rate of lump-sum deposit and withdrawing in a year.

14-8 续表 continued

单位：年利率% (annual interest rate %)

项　目	Item	2008.12.23 Dec.23.2008	2010.10.20 Dec.20.2010	2010.12.26 Dec.26.2010	2011.2.9 Feb.9.2011
城乡居民和单位存款	**Deposits of Urban and Rural Residents and Units**				
活 期	Demand Savings	0.36	0.36	0.36	0.40
定 期	Time Savings				
整存整取	Lump-sum Deposit and Withdrawing				
三个月	3 Months	1.71	1.91	2.25	2.60
半 年	6 Months	1.98	2.20	2.50	2.80
一 年	1 Year	2.25	2.50	2.75	3.00
二 年	2 Years	2.79	3.25	3.55	3.90
三 年	3 Years	3.33	3.85	4.15	4.50
五 年	5 Years	3.60	4.20	4.55	5.00
零存整取、整存零取、存本取息	Small Savings for Lump-sum Withdrawal, Big Money Saving and Small Withdrawing, Interest Withdrawal on a Principal Deposited				
一 年	1 Year	1.71	1.91	2.25	2.60
三 年	3 Years	1.98	2.30	2.50	2.80
五 年	5 Years	2.25	2.50	2.75	3.00
定活两便	Time-demand Optional Deposit				

项　目	Item	2011.4.6 Apr.6.2011	2011.7.7 Jul.7.2011	2012.6.8 Jun.8.2012	2012.7.6 Jul.7.2012
城乡居民和单位存款	**Deposits of Urban and Rural Residents and Units**				
活 期	Demand Savings	0.50	0.50	0.40	0.35
定 期	Time Savings				
整存整取	Lump-sum Deposit and Withdrawing				
三个月	3 Months	2.85	3.10	2.85	2.60
半 年	6 Months	3.05	3.30	3.05	2.80
一 年	1 Year	3.25	3.50	3.25	3.00
二 年	2 Years	4.15	4.40	4.10	3.75
三 年	3 Years	4.75	5.00	4.65	4.25
五 年	5 Years	5.25	5.50	5.10	4.75
零存整取、整存零取、存本取息	Small Savings for Lump-sum Withdrawal, Big Money Saving and Small Withdrawing, Interest Withdrawal on a Principal Deposited				
一 年	1 Year	2.85	3.10	2.85	2.60
三 年	3 Years	3.05	3.30	3.05	2.80
五 年	5 Years	3.25	3.50	3.25	3.00
定活两便	Time-demand Optional Deposit				

14-9 保险业基本情况(分险种)
BASIC STATISTICS ON INSURANCE BUSINESS BY TYPE

单位：万元 (10 000 yuan)

项　　目	Item	2011	2012
原保险保费收入	**Income of Premiums**	**3646684**	**3846491**
财产险	Property Insurance	1132821	1277868
企业财产保险	Enterprise Property Insurance	72742	88656
家庭财产保险	Family Property Insurance	2706	2685
机动车辆保险	Motor Vehicle Insurance	958586	1061856
工程保险	Project Insurance	23171	16940
责任保险	Liability Insurance	31739	49880
信用保险	Credit Insurance	2646	4393
保证保险	Guarantee Insurance	776	1657
船舶保险	Hull Insurance		195
货物运输保险	Cargo Transportation Insurance	12389	12032
特殊风险保险	Special Risk Insurance	2086	458
农业保险	Agriculture Insurance	25926	39068
其他险	Other Insurance	54	47
人身险	Personal Insurance	2513863	2568623
意外险	Accident Insurance	60554	65532
健康险	Health Insurance	124619	162002
寿　险	Life Insurance	2328690	2341089
普通寿险	Traditional Life Insurance	321668	320126
分红寿险	Participating Life Insurance	1992009	2005453
投资连结保险	Investment-linked Life Insurance	211	193
万能寿险	Universal Life Insurance	14802	15317
赔款及给付	**Claim and Payment**	**1035325**	**1193251**
财产险	Property Insurance	523126	653709
人身险	Personal Insurance	512199	539542
意外险	Accident Insurance	14810	18446
健康险	Health Insurance	42257	42443
寿　险	Life Insurance	455132	478653

14-10 原保险保费收入情况(山西分公司)

BASIC STATISTICS ON INCOME OF PREMIUMS BY COMPANY(SHANXI BRANCH)

单位：万元 (10 000 yuan)

公司名称	Name of Company	2011	2012
合　计	**Total**	**3646684**	**3846491**
财产险公司	**Property Insurance Company**	**1165113**	**1317799**
中国人民财产保险股份有限公司	PICC Property and Casualty Insurance Co., Ltd	583421	605520
中国太平洋财产保险股份有限公司	China Pacific Property Insurance Co.,Ltd	109351	116258
永安财产保险股份有限公司	Yong An Property Insurance Co.,Ltd	31185	31872
中国平安财产保险股份有限公司	Ping An Property & Casualty Insurance Company of China,Ltd	127835	153191
天安保险股份有限公司	Tian An Insurance Company Limited of China	12417	11512
中国大地财产保险股份有限公司	China Continent Property & Casualty Insurance Co.,Ltd	54381	59689
太平财产保险有限公司	Taiping General Insurance Co.,Ltd	17104	22460
华安财产保险股份有限公司	Sinosafe General Insurance Co.,Ltd	6355	7947
安邦财产保险股份有限公司	AB Property & Casualty Insurance Co., Ltd	2474	2536
永诚财产保险股份有限公司	Alltrust Insurance Co., Ltd	16395	15641
阳光财产保险股份有限公司	Sunshine Property & Casualty Insurance Co., Ltd	22636	24741
中国人寿财产保险股份有限公司	China Life Property and Casualty Insurance Share Co.,Ltd	154178	189606
渤海财产保险股份有限公司	Bohai Property Insurance Co., Ltd	639	936
都邦财产保险股份有限公司	Du-bang Property & Casualty Insurance Co., Ltd	4401	4651
华泰财产保险有限公司	Huatai Insurance Company of China,Ltd	12754	14406
中国出口信用保险公司	China Export & Credit Insurance Corporation	2293	2814
天平汽车保险股份有限公司	Tianping Auto Insurance Co., Ltd	3969	8046
安诚财产保险股份有限公司	Ancheng Property & Casualty Insurance Co., Ltd	1336	1944
信达财产保险股份有限公司	Cinda Property and Casualty Insurance Co., Ltd	1898	6783
中银保险有限公司	Bank of China Insurance Co., Ltd	90	4608
中煤财产保险股份有限公司	China Coal Insurance Co., Ltd		21818
英大泰和财产保险股份有限公司	Yingda Taihe Property Insurance Co., Ltd		9270
紫金财产保险股份有限公司	Zking Property & Casualty Insurance Co., Ltd		1552

14-10 续表 continued

单位：万元 (10 000 yuan)

公司名称	Name of Company	2011	2012
人身险公司	**Life Insurance Company**	**2481571**	**2528692**
中国人寿保险股份有限公司	China Life Insurance Co.,Ltd	1148355	1028620
中国太平洋人寿保险股份有限公司	China Pacific Life Insurance Co.,Ltd	387687	413732
中国平安人寿保险股份有限公司	Ping An Life Insurance Company of China,Ltd	154147	162823
新华人寿保险股份有限公司	New China Life Insurance Co.,Ltd	252712	291623
泰康人寿保险股份有限公司	Taikang Life Insurance Co.,Ltd	128665	130841
平安养老保险股份有限公司	Ping An Annuity Insurance Co.,Ltd	5433	6466
太平人寿保险有限公司	Taiping Life Insurance Co.,Ltd	56924	71816
中国人民人寿保险股份有限公司	PICC Life Insurance Co.,Ltd	273201	274145
农银人寿保险股份有限公司	ABC Life Insurance Co.,Ltd	14419	21547
中国人民健康保险股份有限公司	PICC Health Insurance Co.,Ltd	11113	22089
英大泰和人寿保险股份有限公司	Yingda Taihe Life Insurance Co.,Ltd	2724	4555
合众人寿保险股份有限公司	Union Life Insurance Co.,Ltd	7238	9388
民生人寿保险股份有限公司	Minsheng Life Insurance Co.,Ltd	13292	27752
阳光人寿保险股份有限公司	Sunshine Life Insurance Co.,Ltd	16158	27578
生命人寿保险股份有限公司	Sino Life Insurance Co.,Ltd	5764	17921
光大永明人寿保险有限公司	Sun Life Everbright Life Insurance Co.,Ltd	2071	5082
国华人寿保险股份有限公司	Guohua Life Insurance Co.,Ltd	878	8671
幸福人寿保险股份有限公司	Happy Life Insurance Co.,Ltd	790	4043

14-11 主要年份证券业基本情况
BASIC STATISTICS ON SECURITY IN MAJOR YEARS

年 份 Year	境内上市公司(家) Number of Listed Companies in Mainland (unit)	上交所 Shanghai Stock Exchange	深交所 Shenzhen Stock Exchange	股票总发行股本(万股) Issued Capital (10 000 shares)	股票发行量(万股) Issued Share (10 000 shares)	#A股 A Shares
1995	1	1		37640	5000	5000
2000	17	7	10	663761	206471	188391
2001	18	8	10	714403	228688	210608
2002	19	9	10	733432	240216	222136
2003	21	12	9	809114	267920	249840
2004	22	13	9	907871	271920	253840
2005	22	13	9	907871	271920	253840
2006	25	16	9	2570003	761526	743446
2007	26	16	10	2734756	807626	789546
2008	27	16	11	3343555	851495	833415
2009	28	17	11	3483585	873895	855815
2010	31	18	13	4314023	1119875	898926
2011	34	18	16	4623996	1128522	907573
2012	34	18	16	4983495	1315198	1083249

年 份 Year	股票筹资额(万元) Raised Capital (10 000 yuan)	#A股 A Shares	保险公司保费收入(万元) Premium Income of Insurance Companies (10 000 yuan)	保险公司赔款及给付(万元) Indemnity Expenditure and Payment of Insurance Companies (10 000 yuan)
1995	17500	17500	106747	128138
2000	1092835	1070061	283300	104200
2001	1234761	1211987	374100	104200
2002	1306661	1283887	694621	121023
2003	1505721	1482947	905101	156993
2004	1531281	1508507	1041413	197050
2005	1531281	1508507	1218039	200781
2006	4036272	4013498	1409766	252664
2007	4387204	4364430	1803611	525335
2008	4869204	4846430	2608864	735782
2009	5051201	5028427	2892495	785454
2010	8411601	7358740	3652983	798544
2011	8638229	7585368	3646684	1035325
2012	9168729	8111468	3846491	1193251

主要统计指标解释

财政总收入 即一般预算收入与上划中央收入之和，反映本地区当年组织的财政收入总规模，是计算当年地方可用财力的主要依据。与国内生产总值比较，可反映财政的集中程度。

一般预算收入 指按照财政体制规定列入地方预算，直接缴入地方金库的经常性财政收入。1996 年政府性基金纳入预算管理后，为区别于基金预算，将地方预算收入改称一般预算收入。具体包括增值税、企业所得税、个人所得税的地方分享部分、其他工商税收、农业四税、专项收入及行政性收费、罚没收入及其他收入。

上划中央收入 指实行分税制财政体制后，增值税的 75%部分和消费税划为中央收入，以及从 2002 年起实行所得税分享改革后，所得税（包括企业所得税、个人所得税）由中央分享部分，这部分收入直接缴入中央金库。根据《预算法》和财政体制规定，上划中央收入属于列入中央预算范围的收入，地方总预算中不予包括。

税收收入 反映政府税收收入。具体包括：增值税、消费税、营业税、企业所得税、个人所得税、固定资产投资方向调节税、城市维护建设税、房产税、印花税、城镇土地使用税、土地增值税、车船税、船舶吨税、车辆购置税、关税、耕地占用税、契税、烟叶税以及其他税收收入等。

非税收入 反映政府非税收入。具体包括：政府性基金收入、专项收入、彩票资金收入、行政事业性收费收入、罚没收入、国有资本经营收入、国有资源（资产）有偿使用收入及其他收入等。

一般预算支出 是指列入地方预算的经常性财政支出，其项目包括经济建设支出、教科文卫等事业支出、国家管理费用支出、国防支出、各项补贴支出及其他支出等。其资金来源包括用地方可用财力安排的支出、上年结余、调入资金和中央专款补助形成的财政支出等。

一般公共服务 反映政府提供一般公共服务的支出。具体包括人大、政协、政府办公厅（室）及相关机构、发展与改革、统计信息、财政、税收、审计、海关、人事、纪检监察、人口与计划生育、商贸、知识产权、工商行政管理、质量技术监督与检验检疫、民族、宗教、港澳台侨、档案、民主党派及工商联、群众团体事务、党委办公厅（室）其相关机构事务、组织事务、宣传事务、统战事务、对外联盟、其它共产党事务支出、其它一般公共服务支出。

公共安全 反映政府维护社会公共安全方面的支出。有关事务包括武装警察、公安、国家安全、检察、法院、司法行政、监狱、劳教、国家保密、缉私警察等。

教育 反映政府教育事务支出。有关具体事务包括教育行政管理、学前教育、小学教育、初中教育、普通高中教育、普通高等教育、初等职业教育、中专教育、技校教育、职业高中教育、高等职业教育、广播电视教育、留学生教育、特殊教育、干部继续教育、教育机关服务等。

科学技术 反映用于科学技术方面的支出。包括科学技术管理事务、基础研究、应用研究、技术研究与开发、科技条件与服务、社会科学、科学技术普及、科技交流与合作。

文化体育与传媒 反映政府在文化、文物、体育、广播影视、新闻出版等方面的支出。

社会保障和就业 反映政府在社会保障与就业方面的支出。有关事项包括社会保障和就业管理事务、民政管理事务、财政对社会保障基金的补助、补充全国社会保障基金、行政事业单位离退休、企业改革补助、就业补助、抚恤、退役安置、社会福利、残疾人事业、城市居民最低生活保障、其他城镇社会救济、农村社会救济、自然灾害生活救助、红十字事务等。

医疗卫生 反映政府医疗卫生方面的支出。具体包括医疗卫生管理事务支出、医疗服务支出、医疗保障支出、疾病预防控制支出、卫生监督支出、妇幼保健支出、农村卫生支出等。

节能环保 反映政府环境保护支出。具体包括：环境保护管理事务支出、环境监测与监察支出、污染治理支出、自然生态保护支出、天然林保护工程支出、退耕还林支出、风沙荒漠治理支出、退牧还草支出、已垦草原退耕还草支出、能源节约利用、污染减排、可再生能源和资源综合利用等支出。

城乡社区事务 反映政府城乡社区事务支出。具体包括：城乡社会管理事务支出、城乡社会规划与管理支出、城乡社区公共设施支出、城乡社区住宅支出、城乡社区环境卫生支出、建设市场管理与监督支出等。

农林水事务 反映政府农林水事务支出。具体包括：农业支出、林业支出、水利支出、农业综合开发支出等。

交通运输 反映政府交通运输方面的支出。包括公路运输支出、水路运输支出、铁路运输支出、民用航空运输支出等。
工业商业金融等事务 反映政府工业、商业、金融等事务支出。具体包括：采掘业支出、制造业支出、电力支出、信息产业支出、旅游业支出、涉外发展支出、粮油事务支出、商业流通事务支出、物资储备支出、金融保险支出、烟草事务支出、安全生产支出、国有资产监督支出、中小企业发展支出、清洁生产支出等。

资源勘探电力信息等事务 反映政府对资源勘探电力信息等事务的支出。具体包括：资源勘探业支出、制造业支出、建筑业支出、电力监管支出、工业和信息产业监管支出、安全生产监管支出、国有资产监管支出、支持中小企业发展和管理支出等。

粮油物资储备事务 反映用于对粮油物资储备事务方面的支出。

金融监管等事务支出 反映金融保险业监管等事务方面的支出。

国土资源气象等事务 反映政府用于国土资源、海洋、测绘、地震、气象等公益服务事务方面的支出。

商业服务业等事务 反映对商业服务业等事务的支出。具体包括商业流通事务支出、旅游业管理与服务支出、涉外发展服务支出等。

住房保障支出 集中反映政府用于住房方面的支出。

其他支出 反映不能划分到上述功能科目的其他政府支出。包括预备费、年初预留、住房改革支出以及其他支出。

当年可用财力 是指按照现行财政体制规定，在预算年度内可统筹安排使用的预算内资金，其来源包括当年一般预算收入、税收返还收入、下级上解收入、转移支付补助，并从中扣减上解上级及补助下级的资金。当年可用财力不包括上年结余资金及中央专款补助。根据《预算法》的规定，当年支出预算应当小于或等于当年可用财力。

存款 企业、机关、团体或居民根据可以收回的原则，把货币资金存入银行或其他信用机构保管并取得一定利息的一种信用活动形式。根据存款对象的不同可划分：企业存款、财政存款、机关团体存款、城镇居民储蓄存款、农村存款等项目。

贷款 银行或其他信用机构根据必须归还的原则，按一定利率，为企业、个人等提供资金的一种信用活动形式。我国银行贷款，分流动资金贷款、农业贷款、固定资产贷款等科目。

城乡居民储蓄年末余额 包括城镇居民储蓄和农民个人储蓄两部分的年末余额。不包括工矿企业、部队、机关团体等集体存款。

保费收入 指投保人依据保险合同的约定向保险人缴付的保险费。

赔付支出 指保险人根据保险合同的约定，向被保险人或受益人支付的赔款、死伤医疗给付、满期给付和年金给付。

Explanatory Notes on Main Statistical Indicators

Overall Financial Revenue refers to the sum of general budget of financial revenue and revenue turned over to the state. It reflects total scale of financial revenue in that year in the region, also it is the major basic counting disposable financial resources. It can reflects financial concentration comparing GDP.

General Budget Revenue refers to daily financial revenue arranged to regional budget and directly paid to local treasury according regulation of financial system. After government fund brought into budget management in 1996, it was named general budget of financial revenue from regional budget of revenue, for distinction with budget of fund. It includes value added tax, enterprise income tax, part of personal income tax, other industrial and commercial tax, four taxes of agriculture, special tax, and administrative fee, penalty income and other income.

Revenue Turned Over to the State refers to 75 percent of value added tax and consumption tax turned over to the state after implement financial system of tax distribution, and part of income tax shared by state and directly paid to central treasury after implement reform of income tax share from 2002. According to budget law and rule of financial system, revenue turned over to the state belongs to range of state budget, excluded in regional budget.

Tax Revenue refers to the government's tax revenue, including value-added tax, consumption tax, business tax, enterprise income tax and personal income tax, regulatory tax on investment in fixed assets, urban maintenance and construction tax, housing property tax, stamp tax, urban land use tax, urban land value-added tax, vehicle and ship tax, tonnage tax, tax on the purchase of vehicles, tariff , tax on occupancy of cultivated land, contract tax, tobacco tax and other tax revenue and so on.

Non-tax Revenue refers to the government's non-tax revenue, including governmental funds revenue, special revenue, lottery funds income, administrative and institutional fees income, fine and confiscatory revenue, the state-owned capital operating revenue, income from charge on use of state-owned land, etc.

General Budget Expenditure refers to daily financial expenditure arranged to regional budget, including expenditure for capital construction, operating expenses of education, science, culture and public health, administrative expenses, expenditure for national defence, expenditure for subsidies and other expenditures. Sources of funds includes expenditure arranged from regional disposable financial resources, surplus last year, funds transferred and state special subsidies.

General Public Affairs reflect the Government's provision of general public service expenditures, specifically including the NPC and CPPCC National Committee, the Government Office (room) and related agencies, development and reform, statistics, finance, taxation, auditing, customs, personnel, discipline inspection and supervision, population and family planning, commerce, intellectual property rights, industrial and commercial administration, quality and technical supervision, inspection and quarantine, land and natural resources, marine management, surveying and mapping, earthquakes, weather, ethnic, religious, Hong Kong, Macao, files, the CPC, democratic parties and the Federation of Industry and Commerce, mass organizations, lottery tickets, and other matters.

Public Safety reflects the Government to safeguard social payments in respect of public safety. Related matters include armed police, public security, national security, prosecution, courts, the administration of justice, prison inmates, the state secrecy, anti-smuggling police and so on.

Education reflects the Government's education expenditure. On specific matters, including education administration, pre-primary, primary education, secondary education, high school education, regular higher education, primary vocational education, secondary education, technical school education, vocational high school education and higher vocational education, radio and television education, the International Education , Special education, cadres and continuing education, educational institutions and so on.

Science and Technology reflects the expenditure. It includes science and technology management services, basic research, applied research, technology research and development, science and technology and service conditions, social science, science and technology popularization of scientific and technological exchanges and cooperation.

Culture, Sports and Media reflects the expenditures of the Government and the media in culture, heritage, sports, Radio, Film and Television, the press, publishing and other areas.

Social Security and Employment reflects expenditures of the Government in the area of employment and social security. Related matters including social security and employment for Management, Home Management Services, the Financial Fund for social security grants, added the National Social Security Fund, retired administrative institutions, enterprises, reform of subsidies, employment subsidies, pension, retirement and placement system, social welfare, disability One cause of the minimum living guarantee for urban residents, other urban social relief, rural social relief, natural disaster relief life, the Red Cross affairs.

Medical and Health Care reflects the Government's health care expenditures. It includes specific health care expenditure management services, medical services spending, health care spending, disease prevention and control expenditure, health expenditure monitoring, maternal and child health care spending, rural health and other expenditures.

Energy Conservation and Environmental Protection reflects government's expenditure on energy conservation and environmental protection, including expenditures on management of environmental protection, environmental monitoring and supervision, pollution control, natural and ecological protection, natural protection project, returning farmland to forests, desertification control, restoring grassland from over-grazing and cultivating, energy conservation, pollution control, comprehensive utilization and renewable energy and resources.

Urban and Rural Community Affairs reflect the Government's expenditure of urban and rural community affairs, Including urban and rural social services expenditure management, urban and rural planning and management of social expenditure, expenditure of public facilities in rural and urban communities, rural and urban communities domestic expenditure, expenditure of urban and rural communities sanitation, management and supervision of the construction market and other expenditures.

Agriculture, Forestry and Water Affairs reflect the Government's water affairs spending. It includes: agricultural expenditure, expenditure forestry, water conservancy expenses, such as the comprehensive agricultural development expenditure.

Transport reflects the Government's transport expenditure. It includes road transport expenditure, waterway transportation expenses, transport expenses, civil aviation and other transport expenses.

Expenditure on Resources Exploration, Power Information and Other Affairs reflects the government's expenditure on resources exploration and other affairs, including expenditures on resources exploration, manufacture, construction, supervision of power, industry and information, safety production, national assets and development and management of small and medium-sized enterprises.

Expenditure on Cereals, Oils and Material Reserves reflects the government expenditure on cereals, oils, and material reserves.

Expenditure on Financial Supervision and Other Affairs reflects expenditure on supervision of financial, insurance and other affairs.

Expenditure on Land Resources and Weather Affairs reflects government's expenditure on public service affairs, such as, land resources, oceans, surveying and mapping, earthquake and weather affairs.

Expenditure on Business and Service Affairs reflects expenditure on business and service affairs, including expenditure on commercial circulation affairs, management and service of tourism, foreign developing service and so on.

Expenditure on Housing Security reflects government's expenditure on housing affairs.

Other Expenditures reflect the division can not be subject to the above-mentioned functions of other government expenditures, including reserve funds, reserve expenditures at the beginning of the year, housing reform expenditures and other expenses.

Disposable Financial Resources in the Year it refer budgetary funds which can be overall arranged and used in the budget year according to current regulation of financial system, including general budget revenue, return revenue of taxes, revenue turned over from below authorities, subside of transfer pavement, deducing funds turning over to high authorities and subside to below authorities. It excludes surplus last year and subsides from central special funds. According to regulation of budgetary law, budget expenditure should be small or equal disposable financial resources in the same year.

Deposit is form of credit by which enterprises, institutions, organizations or households can put money into banks and other credit institutions for sake keeping and interest earning under the principle of free withdrawal. According to different depositors, deposits are divided into enterprise deposits, treasury deposits. Deposits are major sources of the credit funds of banks.

Loan is form of credit by which banks and other credit institutions provide funds at certain interest rate to enterprises and individuals in the light of the principle of unconditional repayment. Loans from Chinese banks include circulating capital loans, fixed assets loans, loans to urban and rural individuals engaged in industrial and commercial business and agriculture loans.

The Saving Deposits of Urban and Rural Residents refers to the total value of savings deposits of urban and rural households in banks and rural credits cooperatives at a given point of time, including the savings deposits of urban residents and the savings deposits of rural residents. The deposits of organizations such as enterprises, military units, government agencies, institutions, are not included.

Income of Premiums refers to the fee paid by the insurant to the insurer according to contract agreed terms.

Expenditure of Premiums refers to the indemnity, payment for death, injury and medical treatment, payment at maturity and annuity payment that the insurer paid to the insurant according to the contract agreed terms.

15 » 教育、科技

EDUCATION, SCIENCE AND TECHNOLOGY

PAGE

489–516

山西统计年鉴 2013

SHANXI STATISTICAL YEARBOOK

资料整理人员

商彩云　魏钦涛

教育、科技
EDUCATION, SCIENCE AND TECHNOLOGY

高等学校数	Institutions of Higher Education	67	所	(unit)
高等学校在校学生数	Students Enrollment of Higher Education	63.7	万人	(10 000 persons)
高等学校专任教师数	Full-time Teachers of Higher Education	3.8	万人	(10 000 persons)
普通中专学校数	Regular Specialized Secondary Schools	90	所	(unit)
普通中专在校学生数	Students Enrollment of Regular Specilized Secondary Schools	17.85	万人	(10 000 persons)
普通中专专任教师数	Full-time Teachers of Regular Specilized Secondary Schools	7903	人	(person)
科学研究机构	Scientific Research Institutions	164	个	(unit)

自然科技人员构成 (%)

Composition of Natural Science and Technology Personnels (%)

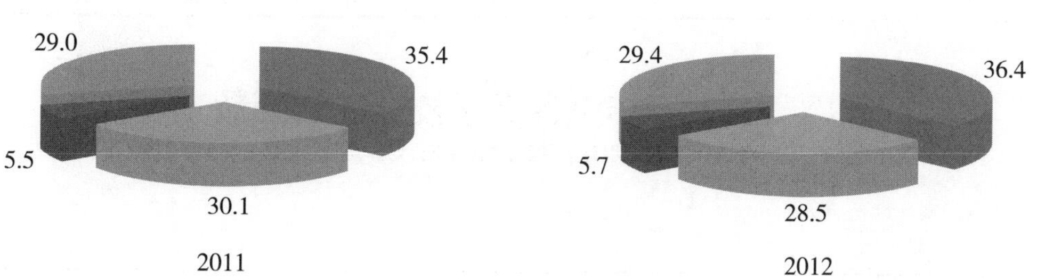

研究生在校学生数 (人)

Number of Postgraduate Enrollment (person)

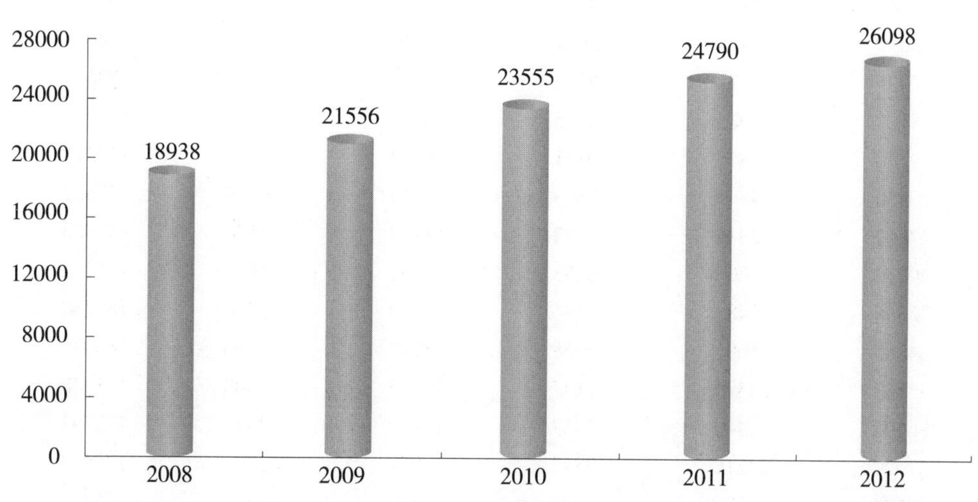

15-1 主要年份各类学校数
SCHOOLS BY LEVEL IN MAJOR YEARS

单位：所 (unit)

年 份 Year	高等学校 Regular Instiutions of Higher Education	中等职业教育 Vocational Secondary Education	#普通中专 Regular Specia-lized Secondary Schools	#职业中学 Vocational Schools	#技工学校 Skilled Workers Schools	普通中学 Regular Secondary Schools	小 学 Primary Schools	特殊教育学校 Blind, Deaf and Deaf-mute Schools
1978	16	210	73	87	50	14062	33393	12
1980	16	488	90	337	61	9895	37746	12
1985	22	591	113	408	70	4749	42394	12
1990	26	602	125	380	97	3944	42195	12
1995	26	616	129	377	110	3401	40795	19
2000	24	600	127	339	134	3346	37451	28
2005	59	498	73	309	116	3279	24339	40
2006	56	527	84	325	118	3207	21647	42
2007	59	564	88	356	120	3078	19527	43
2008	61	551	93	337	121	2986	17167	43
2009	63	500	93	298	109	2860	14722	45
2010	65	576	92	259	110	2747	12776	45
2011	66	572	93	249	111	2611	10936	51
2012	67	556	90	246	100	2534	10042	53

15-2 主要年份各类学校专任教师数
NUMBER OF FULL-TIME TEACHERS BY LEVEL OF SCHOOL IN MAJOR YEARS

单位：人 (person)

年 份 Year	高等学校 Regular Instiutions of Higher Education	中等职业教育 Vocational Secondary Education	#普通中专 Regular Specia-lized Secondary Schools	#职业中学 Vocational Schools	#技工学校 Skilled Workers Schools	普通中学 Regular Secondary Schools	小 学 Primary Schools
1978	4244	4514	3246	330	938	103772	132785
1980	5077	6423	3991	1046	1386	104075	148255
1985	7099	12621	6176	4512	1933	92619	157251
1990	8963	18975	8295	6976	3704	108774	163693
1995	9140	22855	9161	8632	5062	113216	171860
2000	10466	24845	9823	10343	4679	127582	180362
2005	27862	22319	5687	11132	5500	159803	192271
2006	29712	23000	6158	12231	4611	165122	193386
2007	33356	25483	6546	13549	5388	168250	194574
2008	34885	25683	6868	13219	5596	168935	193378
2009	35863	24390	7147	13435	3808	171348	193657
2010	36492	23440	7437	12461	3542	172793	190538
2011	37527	24816	7877	13051	3888	175443	188820
2012	38124	29295	7903	13597	4365	176319	184326

15-3 主要年份各类学校在校学生数
STUDENTS ENROLLMENT BY LEVEL OF SCHOOL IN MAJOR YEARS

单位：万人 (10 000 persons)

年份 Year	高等学校(人) Regular Institutions of Higher Education (person)	中等职业教育 Vocational Secondary Education	#普通中专 Regular Specialized Secondary Schools	#职业中学 Vocational Schools	#技工学校 Skilled Workers Schools	普通中学 Regular Secondary Schools	#高中 Senior	小学 Primary Schools
1978	20940	4.73	2.90	0.64	1.19	194.28	58.45	377.36
1980	33104	8.38	4.61	2.12	1.65	179.55	31.06	384.16
1985	41946	14.58	5.14	7.58	1.86	156.97	22.87	335.20
1990	51309	21.47	8.68	8.78	4.01	145.08	22.31	297.40
1995	67420	26.40	10.74	10.51	5.15	150.97	19.04	327.04
2000	125674	37.19	19.65	13.62	3.92	199.75	33.72	343.60
2005	407036	46.58	20.15	17.04	9.39	261.15	71.37	350.26
2006	446428	55.05	23.44	21.21	10.40	263.93	74.71	337.76
2007	484490	61.36	22.16	26.44	12.76	262.23	77.08	333.43
2008	526756	63.08	22.18	27.74	13.16	255.57	78.29	321.34
2009	547391	65.30	22.27	29.59	13.44	253.25	80.57	304.69
2010	562924	56.51	20.73	24.65	11.13	253.67	82.29	291.06
2011	594469	61.94	18.33	22.32	11.08	249.55	85.27	277.19
2012	637330	60.00	17.85	21.45	11.68	235.74	85.50	261.76

15-4 主要年份各类学校招生数
NEW STUDENTS ENROLLMENT BY LEVEL OF SCHOOL IN MAJOR YEARS

单位：人 (person)

年份 Year	高等学校 Regular Institutions of Higher Education	中等职业教育 Vocational Secondary Education	#普通中专 Regular Specialized Secondary Schools	#职业中学 Vocational Schools	#技工学校 Skilled Workers Schools	普通中学 Regular Secondary Schools	#高中 Senior	小学 Primary Schools	特殊教育学校 Blind, Deaf and Deaf-mute Schools
1978	7951	29399	15531	5708	8160	890626	280473	879737	376
1980	8287	38592	18800	11696	8096	539613	65803	664927	234
1985	14107	67423	20864	37437	9122	529347	75300	548667	390
1990	15710	81787	28615	38566	14606	482926	78749	557803	402
1995	20926	101436	35898	46721	18817	552978	69774	642867	555
2000	48041	134274	67975	52476	13823	726669	137662	631942	856
2005	127514	183008	75240	65842	41926	887403	263159	548755	743
2006	146014	216509	82568	89689	44252	874475	253177	524908	914
2007	167551	244911	75381	116176	53354	832843	260875	535376	1433
2008	184316	235490	84221	104117	47152	814693	270394	474811	1049
2009	176312	242769	83940	122039	36790	857443	277882	430781	1257
2010	184399	219365	90505	90223	38637	852635	280984	451390	1088
2011	184602	177933	52311	84592	41030	795844	286680	440802	1339
2012	208122	214892	56744	83397	42475	755080	292630	440460	1215

15-5 主要年份各类学校毕业生数

GRADUATES BY LEVEL OF SCHOOL IN MAJOR YEARS

单位：人 (person)

年 份 Year	高等学校 Regular Institution of Higher Education	普通中专 Regular Specia-lized Secondary Schools	职 业 中 学 Vocational Schools	技工学校 Skilled Workers Schools	普通中学(万人) Regular Secondary Schools (10 000 persons)	#高 中 Senior	小 学 (万人) Primary Schools (10 000 persons)	特殊教育学 校 Blind, Deaf and Deaf-mute Schools
1978	4523	11766	760	3713	75.26	19.18	62.09	145
1980		13563	4884	10649	34.80	23.40	59.28	95
1985	8499	16773	16941	6383	39.09	5.48	64.67	105
1990	15130	26768	31770	11708	47.63	7.27	51.31	466
1995	20312	31474	38238	15542	43.17	7.08	55.36	402
2000	19785	42356	48364	17652	56.18	7.86	64.09	349
2005	88344	54904	47546	19514	82.95	19.69	63.56	483
2006	108431	56039	57403	23894	82.92	22.22	63.53	593
2007	132101	75377	60073	33588	82.77	23.17	57.96	630
2008	141214	77120	71481	38391	86.92	25.88	55.21	668
2009	153422	75602	70865	31754	86.68	25.14	58.38	607
2010	165545	54669	78368	48592	83.48	25.94	57.24	895
2011	152680	62044	80175	40296	82.54	27.01	52.78	805
2012	162571	62927	79604	32335	86.39	28.53	54.73	882

15-6 普通本科分形式、分学科学生数(2012年)

STUDENTS OF REGULAR UNDERGRADUATE COURSES BY FORM AND BY FIELD OF STUDY(2012)

单位：人 (person)

项 目	Item	毕业生数 Number of Graduates	招生数 Number of New Students Enrollment	在校学生数 Number of Students Enrollment
总 计	**Total**	**72240**	**104383**	**353737**
#女	Female	36577	56031	189838
按形式分	By Form			
高中起点	Senior as Starting Point	66192	97975	340544
专科起点	Junior College as Starting Point	6048	6287	12969
第二学士学位	Second Bachelor's Degree		121	224
按学科分	By Field of Study			
#哲 学	Philosophy	53	28	159
经济学	Economics	3673	4613	15600
法 学	Law	3051	3878	14769
教育学	Education	3645	4982	17369
文 学	Literature	12274	18088	58545
#外 语	Foreign Language	3833	4279	15125
艺 术	Art	5042	9079	26301
历史学	History	683	1326	4367
理 学	Science	9957	12503	43604
工 学	Engineering	20054	32256	105602
农 学	Agriculture	1155	1826	6222
医 学	Medicine	5913	7337	29996
管理学	Administration	10885	16440	53764
总计中：师范生	Of the total: Teacher-training	15009	21010	71090

15-7 主要年份研究生数
NUMBER OF POSTGRADUATES IN MAJOR YEARS

单位：人　　(person)

年 份 Year	培养研究生的单位数(个) Institutions of Foster Postgraduates (unit)	招生数 New Students Enrollment	毕业生数 Graduates	在校学生数 Students Enrollment
1978	4	151		151
1980	6	15		218
1985	8	399	84	670
1990	9	219	288	688
1995	12	524	263	1336
2000	12	1190	466	2633
2005	12	4929	2069	12059
2006	12	5638	2850	14435
2007	11	6364	4075	16604
2008	11	6919	4728	18938
2009	12	8031	5498	21556
2010	12	8074	5929	23555
2011	12	8745	7330	24790
2012	12	9212	7771	26098

15-8 研究生数(2012年)
NUMBER OF POSTGRADUATES(2012)

单位:人　　(person)

项 目	Item	招生数 New Students Enrollment	#攻读硕士学位 Master Degree	毕业生数 Graduates	#攻读硕士学位 Master Degree	在校学生数 Students Enrollment	#攻读硕士学位 Master Degree
总 计	**Total**	**9212**	**8744**	**7771**	**7480**	**26098**	**23951**
国家任务	Country Assignment	6952	6617	5492	5279	19090	17537
委托培养	Entrust Foster	229	119	534	482	927	449
自筹经费	Self-raised Funds	2031	2008	1745	1719	6081	5965
一、中央部门	**Central Departments**	**26**	**26**	**19**	**19**	**77**	**77**
国家任务	Country Assignment	26	26	19	19	77	77
委托培养	Entrust Foster						
自筹经费	Self-raised Funds						
二、地方部门	**Local Departments**	**9186**	**8718**	**7752**	**7461**	**26021**	**23874**
国家任务	Country Assignment	6926	6591	5472	5260	19013	17460
委托培养	Entrust Foster	229	119	534	482	927	449
自筹经费	Self-raised Funds	2031	2008	1745	1719	6081	5965

15-9 高等教育学校学生数(2012年)

单位：人

指　标	Item	毕业生数 Graduates
研究生	Postgraduates	7771
博　士	Doctor Degree	291
硕　士	Master Degree	7480
普通本科、专科生	Students of Regular Undergraduate Course and Specialized Subject	162571
本　科	Students of Regular Undergraduate Course	72240
专　科	Students of Specialized Subject	90331
成人本科、专科生	Adult Education Students of Regular Undergraduate Course and Specialized Subject	47897
函授本科	Correspondence Education of Regular Undergraduate Course	16715
业余本科	Spare Time Education of Regular Undergraduate Course	5653
脱产本科	Released from Work for Education of Regular Undergraduate Course	278
函授专科	Correspondence Education of Specialized Subject	15610
业余专科	Spare Time Education of Specialized Subject	6964
脱产专科	Released from Work for Education of Specialized Subject	2677
网络本科、专科生	Net Education Students of Regular Undergraduate Course and Specialized Subject	
本　科	Students of Regular Undergraduate Course	
专　科	Students of Specialized Subject	
在职人员攻读硕士学位	Persons Admitted to Master Degree Programme	
学历文凭考试	Academic Credentials Examination	
电大注册视听生	TV Education Students	
自考助学班	Guidance Class for Students Learning Themselves and Examination	
研究生课程进修班	Class for Advanced Studies of Postgraduate Course	97
普通预科生	Students for Preparatory Course	
证书教育	Certificate Education	
岗位培训	Post Training	
进修及培训	Advanced Study and Training	20299
留学生	Student Studing Abroad	33

NUMBER OF STUDENTS IN HIGHER EDUCATION INSTITUTIONS(2012)

(person)

#授予学位数 Award Degree	招生数 New Students Enrollment	在校生数 Students Enrollment
7430	9212	26098
285	468	2147
7145	8744	23951
70430	208122	637330
70430	104383	353737
	103739	283593
1830	62285	181445
	18690	59864
	5223	18307
	455	950
	22035	66142
	10403	26853
	5479	9329
1388	2119	5040
		135
		7076
	56	130

15-10 普通高校分类别专任教师数(2012年)
FULL-TIME TEACHERS OF HIGHER EDUCATION INSTITUTIONS BY TYPE(2012)

单位：人 (person)

类　别	Type	专任教师 Full-time Teachers	正高级 Type of Professors	副高级 Type of Asso.prof.	中　级 Type of Lecturers	初　级 Type of Elementary	无职称 No Academician
总　计	**Total**	**38124**	**2883**	**9820**	**14098**	**8378**	**2945**
#女	Female	20561	1123	4966	7734	4991	1747
分类型：	By Type	25625	2596	6890	9956	4765	1418
本科院校	Regular Undergraduate Course	25625	2596	6890	9956	4765	1418
专科院校	Specialized Subject	12499	287	2930	4142	3613	1527
分性质类别：	By Nature						
综合大学	Synthesize Universitys	10810	558	2631	4220	2640	761
理工院校	Science and Engineering Institutes	11589	965	3025	4422	2385	792
农业院校	Agriculture Institutes	1904	221	428	685	453	117
林业院校	Forestry Institutes	219	4	44	73	71	27
医药院校	Medical Institutes	2749	414	769	1039	390	137
师范院校	Teacher-Training Institutes	4917	309	1402	1787	913	506
语文院校	Chinese Institues	648	13	129	203	231	72
财经院校	Finance and Economic Institutes	4268	374	1117	1330	960	487
政法院校	Politics and Law Institutes	477	16	169	160	103	29
体育院校	Sports Institues	139	1	27	49	62	
艺术院校	Art Institutes	404	8	79	130	170	17
分举办者：	By Owner						
1.地方所属	Departments of Local Government	32083	2333	8382	12297	6807	2264
教育部门	Education Departments	22467	2111	5979	8905	4177	1295
其他部门	Other Departments	9145	222	2312	3245	2458	908
地方企业	Local Enterprises	471		91	147	172	61
2.民　办	Run by Private Institutions	6041	550	1438	1801	1571	681

15-11 普通高校分科专任教师数(2012年)
FULL-TIME TEACHERS OF HIGHER EDUCATION INSTITUTIONS BY FIELD OF STUDY(2012)

单位：人 (person)

类 别	Type	专任教师 Full-time Teachers	正高级 Type of Professors	副高级 Type of Asso.prof.	中 级 Type of Lecturers	初 级 Type of Elementary	无职称 No Academician
总 计	**Total**	**38124**	**2883**	**9820**	**14098**	**8378**	**2945**
#女	Female	20561	1123	4966	7734	4991	1747
总计中:哲 学	Of the Total: Philosophy	1310	122	413	447	243	85
经济学	Economics	2067	181	611	714	373	188
法 学	Law	1729	130	411	700	334	154
教育学	Education	4390	184	1161	1605	1102	338
文 学	Literature	7745	258	1493	2818	2428	748
历史学	History	578	49	173	218	112	26
理 学	Science	4961	436	1535	1795	878	317
工 学	Engineering	8908	755	2357	3384	1746	666
农 学	Agriculture	1462	152	397	601	270	42
医 学	Medicine	2611	419	725	952	352	163
管理学	Administration	2363	197	544	864	540	218

15-12 中等职业教育分科类学生情况(2012年)
STUDENTS IN SECONDARY VOCATIONAL EDUCATION BY FIELD OF STUDY(2012)

单位：人 (person)

类 别	Type	毕业生数 Number of Graduates	#获得职业资格证书 Having Occupation Credentials	招生数 Number of New Students Enrollment	#招收初中毕业生数 Graduates from Junior	在校学生数 Number of Students Enrollment
总 计	**Total**	**171100**	**117057**	**172417**	**134372**	**483237**
#女	Female	91896	59397	88313	72486	249795
农林牧渔类	Farming,Forestry,Husbandry and Fishing	16715	5148	14518	8827	86878
资源环境类	Resource and Environment	6449	4449	10314	3628	16983
能源与新能源类	Engery and New Energy	155	50	273	127	736
土木水利类	Engineering	5068	4541	5413	4082	15299
加工制造类	Processing and Manufacture	20566	16418	18482	16067	49168
石油化工类	Petroleum Chemical	2039	1561	1717	1215	4127
轻纺食品类	Textile and Food	1695	1403	1555	924	3493
交通运输类	Transportation	8134	7598	8592	6110	20879
信息技术类	Information Technology	36832	27673	35429	29674	92588
医药卫生类	Medicine and Hygiene	16882	11201	13077	11481	35394
休闲保健类	Recreation and Health Care	419	399	1299	1251	3073
财经商贸类	Economics,Finance and Business	14887	10573	15932	12152	39507
旅游服务类	Tourism Service	7267	5679	8660	7336	19259
文化艺术类	Culture and Art	12160	9315	14922	13324	36967
体育与健身	Sports and Fitness	2055	1517	3285	2159	7232
教育类	Education	13740	6653	13643	12107	37822
司法服务类	Judicial Service	2058	1052	1934	1709	4907
公共管理与服务类	Public Administration and Service	2609	681	2402	1398	7130
其 他	Others	1370	1146	970	801	1795

15-13 普通中学学校数、班数(2012年)

NUMBER OF REGULAR SECONDARY SCHOOLS AND CLASSES(2012)

项　　目	Item	学校数(所) Number of Schools (unit)	初级中学 Junior	高级中学 Senior	完全中学 Junior And Senior	九年一贯制学校 9 Year Educa-tion	十二年一贯制学校 12 Year Educa-tion	班数(班) Classes (class)	初中 Junior	高中 Senior
总　计	**Total**	**2534**	**1546**	**244**	**234**	**477**	**33**	**44424**	**28803**	**15621**
教育部门	Education Departments	2141	1439	181	167	348	6	36161	23792	12369
民　办	Run by Private Institutions	382	105	63	66	123	25	8204	4972	3232
地方企业	Local Enterprises	4				4		12	12	
其他部门	Other Departments	7	2		1	2	2	47	27	20
城　区	Urban Areas	569	243	79	149	84	14	14698	8285	6413
教育部门	Education Departments	435	218	51	105	58	3	11394	6586	4808
民　办	Run by Private Institutions	131	24	28	43	25	11	3274	1681	1593
地方企业	Local Enterprises	1				1		3	3	
其他部门	Other Departments	2	1		1			27	15	12
镇　区	Township	1061	689	145	64	147	16	21960	13976	7984
教育部门	Education Departments	898	638	115	55	87	3	18681	11805	6876
民　办	Run by Private Institutions	158	50	30	9	57	12	3254	2154	1100
地方企业	Local Enterprises	2				2		8	8	
其他部门	Other Departments	3	1			1	1	17	9	8
乡　村	Rural Areas	904	614	20	21	246	3	7766	6542	1224
教育部门	Education Departments	808	583	15	7	203		6086	5401	685
民　办	Run by Private Institutions	93	31	5	14	41	2	1676	1137	539
地方企业	Local Enterprises	1				1		1	1	
其他部门	Other Departments	2				1	1	3	3	

15-14 普通中学学生数(2012年)
STUDENTS OF REGULAR SECONDARY SCHOOLS(2012)

单位：人 (person)

项目	Item	毕业生数 Number of Graduates	#高中 Senior	招生数 Number of New Students Enrollment	#高中 Senior	在校学生数 Number of Students Enrollment	#高中 Senior
总计	**Total**	**863939**	**285255**	**755080**	**292630**	**2357419**	**854986**
#女	Female	426277	144816	372887	149065	1168201	436719
教育部门	Education Departments	709807	224803	610756	233282	1912865	678196
民办	Run by Private Institutions	153474	60280	143652	59097	442346	175943
地方企业	Local Enterprises	156		136		505	
其他部门	Other Departments	502	172	536	251	1703	847
城区	Urban Areas	282902	114327	268547	120162	819895	352727
教育部门	Education Departments	224350	86221	208530	90843	637785	265939
民办	Run by Private Institutions	58166	27934	59753	29268	181037	86318
地方企业	Local Enterprises	21		34		88	
其他部门	Other Departments	365	172	230	51	985	470
镇区	Township	433343	147295	377827	149870	1177189	435784
教育部门	Education Departments	368289	124874	322433	129780	1003205	375209
民办	Run by Private Institutions	64824	22421	55020	19890	172935	60198
地方企业	Local Enterprises	116		87		391	
其他部门	Other Departments	114		287	200	658	377
乡村	Rural Areas	147694	23633	108706	22598	360335	66475
教育部门	Education Departments	117168	13708	79793	12659	271875	37048
民办	Run by Private Institutions	30484	9925	28879	9939	88374	29427
地方企业	Local Enterprises	19		15		26	
其他部门	Other Departments	23		19		60	

15-15 中学学校教职工数(2012年)

TEACHERS AND STAFF OF REGULAR SECONDARY SCHOOLS(2012)

单位：人　　(person)

项　　目	Item	教职工数 Total	#专任教师 Full-time Teachers	#行政人员 Admini-strative Personnel	#教辅人员 Auxiliary Teachers Staff	代课教师 Take over a Class for an Absent Teacher	兼任教师 Hold a Concur-rent Post
总　计	**Total**	**222654**	**189722**	**7078**	**9841**	**13848**	**1254**
#女	Female	133210	119552	1850	4985	9067	727
#少数民族	Minority Nationality	272	243	10	10	8	
教育部门	Education Departments	182683	161454	5199	7983	9086	388
民　办	Run by Private Institutions	39569	27891	1863	1855	4762	866
地方企业	Local Enterprises	166	155	10			
其他部门	Other Departments	236	222	6	3		
城　区	Urban Areas	71372	59152	3268	3702	5256	668
教育部门	Education Departments	56447	48566	2472	2799	2835	204
民　办	Run by Private Institutions	14807	10475	794	900	2421	464
地方企业	Local Enterprises	37	36				
其他部门	Other Departments	81	75	2	3		
镇　区	Township	107261	92378	2555	4727	5799	430
教育部门	Education Departments	91213	80789	1912	4197	4199	73
民　办	Run by Private Institutions	15866	11420	632	530	1600	357
地方企业	Local Enterprises	89	79	10			
其他部门	Other Departments	93	90	1			
乡　村	Rural Areas	44021	38192	1255	1412	2793	156
教育部门	Education Departments	35023	32099	815	987	2052	111
民　办	Run by Private Institutions	8896	5996	437	425	741	45
地方企业	Local Enterprises	40	40				
其他部门	Other Departments	62	57	3			

注：本表包括初级中学、九年一贯制学校、职业初中、完全中学、高级中学、十二年一贯制学校。

Note: Teachers and staff who work in junior schools, 9 year education schools, vocational junior schools, senior schools and 12 year education schools are included in the table.

15-16 职业高中分科类学生数(2012年)
STUDENTS OF VOCATIONAL HIGH SCHOOLS BY FIELD OF STUDY(2012)

单位：人 (person)

学科分类	Subject	毕业生数 Number of Graduates	招生数 Number of New Students Enrollment	在校学生数 Number of Students Enrollment
总计	**Total**	**90805**	**87237**	**260214**
农林牧渔类	Farming,Forestry,Husbandry and Fishing	10654	5873	55569
资源环境类	Resource and Environment	1450	2223	4348
能源与新能源类	Engery and New Energy	136	36	311
土木水利类	Engineering	1421	1685	4320
加工制造类	Processing and Manufacture	12950	12304	32934
石油化工类	Petrochemical Industry	1081	852	2249
轻纺食品类	Textile and Food	1101	1346	2820
交通运输类	Transportation	4478	5278	12235
信息技术类	Information Technology	29013	28414	73674
医药卫生类	Medicine and Public Health	3082	2154	5513
休闲保健类	Recreation and Health Care	244	696	1518
财经商贸类	Economics,Finance and Business	7381	7121	19053
旅游服务类	Tourism Service	4581	5265	11827
文化艺术类	Culture and Art	8277	9389	22747
体育与健身	Sports and Fitness	556	622	1369
教育类	Education	1897	1555	4550
司法服务类	Judicial Service	500	608	1227
公共管理与服务类	Public Administration and Service	845	1051	2728
其他	Others	1158	765	1222

15-17 职业高中分课程专任教师数

FULL-TIME TEACHERS OF VOCATIONAL HIGH SCHOOLS BY COURSE OF STUDY

单位：人 (person)

项　目	Item	2011	2012
总　计	**Total**	**13030**	**13597**
#女	Female	7583	7959
文化课	Foundation	7413	7668
专业课	Specialized	5330	5694
农林牧渔类	Farming,Forestry,Husbandry and Fishing	248	248
资源环境类	Resource and Environment	38	100
能源与新能源类	Engery and New Energy	27	46
土木水利类	Engineering	123	101
加工制造类	Processing and Manufacture	459	482
石油化工类	Petrochemical Industry	21	50
轻纺食品类	Textile and Food	28	24
交通运输类	Transportation	120	167
信息技术类	Information Technology	1393	1544
医药卫生类	Medicine and Public Health	234	207
休闲保健类	Recreation and Health Care	41	10
财经商贸类	Economics,Finance and Business	331	349
旅游服务类	Tourism Service	225	285
文化艺术类	Culture and Art	852	884
体育与健身	Sports and Fitness	232	241
教育类	Education	347	373
司法服务类	Judicial Service	28	36
公共管理与服务类	Public Administration and Service	74	75
其　他	Others	509	472
实习指导课	Practical Courses	287	235

15-18 小学学生情况(2012年)

BASIC STATISTICS ON PRIMARY SCHOOLS(2012)

单位：人 (person)

项 目	Item	学校数(所) Number of Schools (unit)	毕业生数 Number of Graduates	招生数 Number of New Students Enrollment	在校学生数 Number of Students Enrollment	预计毕业生数 Expected Number of Graduates
总 计	**Total**	**10042**	**547270**	**440460**	**2617602**	**470893**
#女	Female		261158	212250	1252142	225266
教育部门	Education Departments	9835	498877	412780	2411364	428140
民 办	Run by Private Institutions	185	46859	26137	197864	41288
地方企业	Local Enterprises	9	458	396	2703	512
其他部门	Other Departments	13	1076	1147	5671	953
城 区	Urban Areas	884	141270	136655	785389	138425
教育部门	Education Departments	825	129496	125613	717971	126012
民 办	Run by Private Institutions	50	10958	10140	62942	11617
地方企业	Local Enterprises	1	48	30	117	31
其他部门	Other Departments	8	768	872	4359	765
镇 区	Township	1816	204306	168175	1000160	180413
教育部门	Education Departments	1736	180907	156831	906688	160971
民 办	Run by Private Institutions	73	22793	10811	90320	18897
地方企业	Local Enterprises	5	352	319	2088	384
其他部门	Other Departments	2	254	214	1064	161
乡 村	Rural Areas	7342	201694	135630	832053	152055
教育部门	Education Departments	7274	188474	130336	786705	141157
民 办	Run by Private Institutions	62	13108	5186	44602	10774
地方企业	Local Enterprises	3	58	47	498	97
其他部门	Other Departments	3	54	61	248	27

15-19 小学学校教职工数(2012年)
TEACHERS AND STAFF OF PRIMARY SCHOOLS(2012)

单位：人 (person)

项 目	Item	教职工数 Total	#专任教师 Full-time Teachers	#行政人员 Adminis-trative Personnel	代课教师 Take Over a Class for an Absent	兼任教师 Hold a Concur-rent Post
总 计	**Total**	**185103**	**170923**	**4499**	**15460**	**549**
#女	Female	132652	126103	1446	13469	384
#少数民族	Minority Nationality	173	156	7	18	
教育部门	Education Departments	175675	164484	4102	14517	337
民 办	Run by Private Institutions	8854	5930	384	828	212
地方企业	Local Enterprises	272	254	1	76	
其他部门	Other Departments	302	255	12	39	
城 区	Urban Areas	43583	39604	1505	2512	83
教育部门	Education Departments	40514	37462	1348	2236	46
民 办	Run by Private Institutions	2868	1960	150	271	37
地方企业	Local Enterprises					
其他部门	Other Departments	201	182	7	5	
镇 区	Township	62815	57717	1376	5228	90
教育部门	Education Departments	59075	55190	1249	4713	67
民 办	Run by Private Institutions	3451	2276	121	429	23
地方企业	Local Enterprises	226	209	1	76	
其他部门	Other Departments	63	42	5	10	
乡 村	Rural Areas	78705	73602	1618	7720	376
教育部门	Education Departments	76086	71832	1505	7568	224
民 办	Run by Private Institutions	2535	1694	113	128	152
地方企业	Local Enterprises	46	45			
其他部门	Other Departments	38	31		24	

15-20 小学学龄人口入学率(2012年)

RATE OF SCHOOL-AGED CHILDREN ENROLLMENT(2012)

单位：人 (person)

项　　目	Item	校内外学龄人口数 Total School-age Children in and out of School	在校学龄人口数 Total School-age Children in School	适龄人口入学率(%) Rate of Enrollment (%)
总　计	**Total**	**2592910**	**2590560**	**99.9**
#女　童	Female Children	1241332	1240362	99.9
城　区	Urban Areas	768777	772450	100.5
镇　区	Township	992778	991324	99.9
乡　村	Rural Areas	831355	826786	99.5

15-21 主要年份幼儿园基本情况

BASIC STATISTICS ON KINDERGARTENS IN MAJOR YEARS

单位：人 (person)

年　份 Year	幼儿园数(所) Number of Kindergartens (unit)	在园幼儿数 Number of Student Enrollment	教职工数 Number of Staff and Teachers	#专任教师 Full-time Teachers	平均每一教师负担幼儿数 Student-Teacher Ratio
1978	5997	305783	13243	6473	47
1980	7461	408471	17363	10390	39
1985	7731	592600	26855	20714	29
1990	7849	816087	38074	28922	28
1995	8477	1026401	45760	37483	27
2000	10856	1025982	51694	42565	24
2005	4619	641470	32666	21711	30
2006	4583	613938	34808	23125	27
2007	4477	628078	37833	24798	25
2008	4486	602147	37610	24833	24
2009	4354	642881	39470	26119	25
2010	4352	710297	42782	28509	25
2011	4908	820608	51472	33294	25
2012	5489	914797	58666	38194	24

15-22 幼儿园基本情况(2012年)

BASIC STATISTICS ON KINDERGARTENS(2012)

单位：人 (person)

项目	Item	园数(所) Number of Kindergartens (unit)	班数(个) Number of Classes (unit)	在园幼儿数 Number of Students Enrollment	教职工数 Number of Staff and Teachers	#专任教师 Full-time Teachers	平均每一教师负担幼儿数 Student-Teacher Ratio
总计	**Total**	**5489**	**35541**	**914797**	**58666**	**38194**	**24**
#女	Female			439786	54843	37817	12
教育部门	Education Departments	1307	14783	373689	14252	10571	35
其他部门	Other Departments	116	863	27999	2791	1571	18
地方企业	Local Enterprises	132	1088	33737	4684	2577	13
集体	Run by Collectives	1508	4958	107035	4410	3015	36
民办	Run by Private Institutions	2408	13607	368376	32055	20196	18
城区	Urban Areas	1354	9691	281360	29832	18240	15
教育部门	Education Departments	142	1712	61002	4390	3104	20
其他部门	Other Departments	65	588	20597	2463	1347	15
地方企业	Local Enterprises	103	842	25949	3680	2022	13
集体	Run by Collectives	167	740	21948	1527	955	23
民办	Run by Private Institutions	864	5694	148345	17355	10584	14
镇区	Township	1694	12239	366196	20314	14194	26
教育部门	Education Departments	444	5192	169013	7599	5790	29
其他部门	Other Departments	25	170	5787	259	184	31
地方企业	Local Enterprises	26	232	7440	961	539	14
集体	Run by Collectives	374	1484	37806	1346	1003	38
民办	Run by Private Institutions	824	5051	146040	10148	6678	22
乡村	Rural Areas	2441	13611	267241	8520	5760	46
教育部门	Education Departments	721	7879	143674	2263	1677	86
其他部门	Other Departments	26	105	1615	69	40	40
地方企业	Local Enterprises	3	14	348	43	16	22
集体	Run by Collectives	967	2734	47281	1537	1057	45
民办	Run by Private Institutions	720	2863	73991	4552	2934	25

15-23 特殊教育学校基本情况(2012年)

BASIC STATISTICS ON SPECIAL EDUCATION SCHOOLS(2012)

单位：人 (person)

类 别	Type	班 数(个) Number of Classes (unit)	毕 业 生 数 Number of Graduates	招生数 Number of New Students Enrollment	在 校 学生数 Number of Students Enrollment	教职工数 Number of Staff and Teachers	#专 任 教 师 Full-time Teachers
总 计	**Total**	**562**	**882**	**1215**	**7873**	**1583**	**1316**
#女	Female		361	524	3438	1140	1003
视力残疾	Vision Deformity	57	63	104	599		
听力残疾	Hearing Deformity	251	510	493	3532		
智力残疾	Intelligence Deformity	233	210	453	2973		
其他残疾	Others	21	99	165	769		
特殊教育学校	Special Education School	505	648	864	6027		
视力残疾	Vision Deformity	55	46	70	420		
听力残疾	Hearing Deformity	243	489	456	3299		
智力残疾	Intelligence Deformity	187	85	313	2124		
其他残疾	Others	20	28	25	184		
小学附设特教班	Class Attached Primary School	52	61	42	271		
视力残疾	Vision Deformity	2					
听力残疾	Hearing Deformity	7	3	3	37		
智力残疾	Intelligence Deformity	42	57	38	229		
其他残疾	Others	1	1	1	5		
小学随班就读	Learning with Other Children in Primary School		85	167	1136		
视力残疾	Vision Deformity		7	18	124		
听力残疾	Hearing Deformity		7	14	134		
智力残疾	Intelligence Deformity		46	80	548		
其他残疾	Others		25	55	330		
初中附设特教班	CLass Attached Junior Secondary Shool	5	2		14		
视力残疾	Vision Deformity						
听力残疾	Hearing Deformity	1			8		
智力残疾	Intelligence Deformity	4	2		6		
其他残疾	Others						
初中随班就读	Learning with Other Students in Junior Secondary School		86	142	425		
视力残疾	Vision Deformity		10	16	55		
听力残疾	Hearing Deformity		11	20	54		
智力残疾	Intelligence Deformity		20	22	66		
其他残疾	Others		45	84	250		

15-24 科学研究机构及人员(2012年)

INSTITUTIONS AND PERSONNELS OF SCIENTIFIC RESEARCH(2012)

项　目	Item	机构(个) Institutions (unit)	职工人数(人) Employees (person)	从事科技活动人员(人) Personnel (person)	#大学本科及以上学历 Bachelor Degree and Above
总　计	**Total**	**164**	**10862**	**8768**	**6102**
一、自然科学	**Natural Science**	**133**	**9638**	**7698**	**5269**
中　央	Central Government	1	588	517	383
地　方	Local Government	132	9050	7181	4886
在自然科学研究机构中	In Natural Science Research Institutions				
农、林、牧、渔业	Farming , Forestry , Animal Husbandry and Fishery	49	3298	2700	1880
采矿业	Mining	2	136	42	31
制造业	Manufacturing	23	1393	885	511
建筑业	Construction	2	770	691	630
信息传输、软件和信息技术服务业	Information Transmission , Software and Information Technology Services	1	100	86	66
科学研究和技术服务业	Scientific Reseach and Technical Services	16	1146	1009	757
水利、环境和公共设施管理业	Water , Environmental Protection and Public Facility Management	18	1440	1183	661
卫生和社会工作	Health Care and Social Work	16	1173	969	644
文化、体育和娱乐业	Culture , Sports and Recreation	5	151	102	60
公共管理、社会保障和社会组织	Public Management, Social Security and Social Organization	1	31	31	29
二、社会科学	**Social Science**	**19**	**900**	**755**	**609**
管理学	Management	1	14	14	14
艺术学	Art	4	109	90	44
考古学	Archaeology	2	173	136	90
经济学	Economics	8	426	350	304
社会学	Sociology	1	22	22	20
教育学	Education	2	146	133	129
统计学	Statistics	1	10	10	8
三、情报科学	**Information Science**	**12**	**324**	**315**	**224**

15-25 主要年份县级以上自然科学研究与技术开发机构数

NATURAL SCIENTIFIC RESEARCH AND TECHNOLOGICAL DEVELOPMENT INSTITUTIONS AT COUNTY LEVEL AND ABOVE IN MAJOR YEARS

单位：个 (unit)

年 份 Year	合 计 Total Number	中 国 科学院直属 The China Academy of Science	国务院各部门直属 Departments of the State Council	省科委及各厅局直属 Province Committee of Sciences and Other Departments	地、市直属 Prefecture and City
1980	134	1	10	54	69
1985	147	1	12	65	69
1990	199	1	12	77	109
1995	180	1	7	75	97
2000	160	1	7	76	76
2005	132	1		66	65
2006	131	1		66	64
2007	132	1		67	64
2008	132	1		69	62
2009	133	1		71	61
2010	134	1		70	63
2011	133	1		70	62
2012	133	1		72	60

15-26 县级以上自然科学研究与技术开发机构人员数(2012年)

PERSONNELS OF NATURAL SCIENTIFIC RESEARCH AND TECHNOLOGICAL DEVELOPMENT INSTITUTIONS AT COUNTY LEVEL AND ABOVE(2012)

单位：人 (person)

项 目	Item	机构数(个) Number of Institutions (unit)	职工人数 Number of Employees	#从事科技活动人员 Personnels	#大学本科及以上学历 Bachelor Degree and Above	在职工总数中：从事课题活动人员 Personnels of Projects in Staff and Workers
总 计	**Total**	**133**	**9638**	**7698**	**5269**	**4732**
中国科学院属	The China Academy of Sciences	1	588	517	383	368
省地市属	Province，Prefecture and City	132	9050	7181	4886	4364
太原市	Taiyuan	74	6595	5233	3716	3253
大同市	Datong	5	232	188	135	129
阳泉市	Yangquan	3	78	40	25	22
长治市	Changzhi	11	317	249	154	160
晋城市	Jincheng	7	66	63	36	28
朔州市	Shuozhou	2	59	59	18	22
晋中市	Jinzhong	4	460	344	229	187
运城市	Yuncheng	6	437	356	161	151
忻州市	Xinzhou	8	232	202	136	130
临汾市	Linfen	7	328	236	153	151
吕梁市	Lvliang	5	246	211	123	131

15-27 获省科学技术奖情况
PROVINCIAL PRIZES IN SCIENCE AND TECHNOLOGY

单位：项 (unit)

项　　目	Item	2011	2012
总　计	**Total**	**195**	**190**
科技进步奖	Prize of Science and Technology Progress	162	161
一等奖	First Prize	14	11
二等奖	Second Prize	72	78
三等奖	Third Prize	76	72
技术发明奖	Prize of Technological Invention	11	6
一等奖	First Prize	2	1
二等奖	Second Prize	7	3
三等奖	Third Prize	2	2
自然科学奖	Prize of Natural Science	22	23
一等奖	First Prize	1	2
二等奖	Second Prize	11	11
三等奖	Third Prize	10	10

15-28 主要年份自然科学技术人员数
PERSONNELS OF NATURAL SCIENCE AND TECHNOLOGY IN MAJOR YEARS

单位：人 (person)

年　份 Year	总　计 Total	工程技术人员 Engineering	农业技术人员 Agriculture	卫生技术人员 Health Care	科学研究人员 Scientific Research	教学人员 Teaching
1978	151951	51127	13671	46557	5906	34690
1980	152781	54683	10825	41755	5602	39916
1985	238276	112064	12641	63502	5837	44232
1990	323808	152920	14608	77013	5218	74049
1995	355452	167114	11808	82407	4789	89334
2000	328936	121751	17074	83886	3681	102544
2005	375556	127236	20191	100160	4118	123851
2006	396904	133263	20456	112702	4006	126477
2007	403813	137329	20280	113775	3903	128526
2008	416572	145019	20507	116453	4007	130586
2009	422416	146990	20840	119458	3958	131170
2010	426966	148829	23269	119979	3652	131237
2011	433546	153618	23823	122011	3613	130481
2012	446840	162442	25613	126525	4930	127330

注：2000年及以后不包括中央驻晋单位自然科学技术人员数。

Note：Data in this table excludes persons belonging to the central unit since 2000.

15-29 省科学技术协会及所属学会工作情况(2012年)
PROVINCIAL SCIENCE AND TECHNOLOGY ASSOCIATION AND ITS BRANCHES(2012)

项　　目	Item	省科协 Provincial Associations	省级学会 Provincial Learned Societies	地(市)科协 Prefectural (civic) Associations
一、机构与人员	**Organization and Personnel**			
机　构　(个)	Organization (unit)	1		10
人　员　(人)	Personnel (person)	43		143
#直属单位人员	Attached to Associations or Learned Societies	552		145
二、学术交流	**Systematic Learning Interchange**			
学术会议　(次)	Systematic Learning Meetings (time)	6	328	90
参加人员　(人次)	Participants (person-time)	1030	50340	1602
交流论文　(篇)	Papers Presented (piece)	16	524	979
#国内学术会议 (次)	Domestic Academic Meetings (time)	6	305	87
参加人员　(人次)	Participants (person-time)	1030	48323	1597
交流论文　(篇)	Papers Presented (piece)	16	7932	978
国际学术会议 (次)	International Meetings (time)		23	3
参加人员　(人次)	Participants (person-time)		2017	5
交流论文　(篇)	Papers Presented (piece)		219	1
三、科学普及	**Science Universal**			
举办科普宣讲活动　(次)	Science Universal Lectures (time)	344	8931	459
宣讲活动受众人数 (人次)	Participants (person-time)	460600	492410	165720
四、科技培训	**Science and Technology Training**			
举办实用技术培训(次)	Practical Techniques Training (time)	238	1018	409
培训人数(人次)	Persons Trained (person-time)	45436	116435	69942
五、青少年科技活动	**Science and Technology Activity for Teenagers**			
举办青少年科普宣讲活动(次)	Science Universal Lectures to teenagers (time)	13	1373	32
青少年科技竞赛(次)	Teenagers Participating in Science and Technology Competitions (time)	6	8	30
参加人数(人次)	Number of Participants (person-time)	10100	52750	175120

主要统计指标解释

普通高等学校 指按照国家规定的审批程序批准举办，通过全国统一招生考试招收高级中等学校毕业生和具有同等学历者，实施高等教育，培养高等专门人材的学校。包括大学、专门学院、专科学院和短期职业大学。

成人高等学校 指按照国家规定的审批程序批准举办，招收在职高中毕业或同等学历者，利用多种形式对成人实施高等教育，培训相当普通高等学校专科或本科毕业水平的专门人才的学校。包括广播电视大学、职工高等学校、农民高等学校、干部管理学院、教育学院、独立函授学院以及普通高等学校举办的函授、夜大等。

小学学龄儿童入学率 指调查范围内已入小学学习的学龄儿童数占全部小学学龄儿童总数（包括弱智儿童在内，但不包括盲聋哑儿童）的比重。计算公式是：

$$小学学龄儿童入学率=\frac{已入学的小学学龄儿童数}{校内外小学学龄儿童总数}\times 100\%$$

科学家和工程师 指大学毕业及以上文化程度和其他具有高、中级职称的人事科技活动人员。

自然科学技术人员 指已取得科学技术职称，或大学、中专的理、工、农、医类系毕业，以及国民经济各部门从工作实践中提拔，从事理、工、农、医等自然科学技术的研究、教学、生产（事业）技术方面工作的专业人员和在机关、企业、事业中从事科学技术业务管理工作的专业人员。

工程技术人员 指在国民经济各行业从事工程技术工作的自然科学技术的专业人员。包括：高级工程师、工程师、助理工程师、技术员和未评定职称的技术人员。

农业技术人员 指在国民经济各行业从事农业技术工作的自然科学技术的专业人员。包括：高级农艺师、农艺师、助理农艺师、技术员和未评定职称的技术人员。

卫生技术人员 指在国民经济各行业从事卫生医务工作的自然科学技术的专业人员。包括：正副主任医师、主治医师、医师、医（护）士和未评定职称的技术人员。

科学研究人员 指在国民经济各行业从事科学技术活动的自然科学技术的专业人员。包括：正副研究员、助理研究员、实习研究员、技术员和未评定职称的技术人员。

教学人员 指在国民经济各行业从事自然科学技术方面的教学活动的专业人员。包括：正副教授、讲师、助教、教师和在小学从事自然科学技术方面的教学活动的人员。

科技活动 是指在所有科学技术领域内，即自然科学、工程科学和技术、医学科学、农业科学、社会科学及人文科学中，与科技知识的产生、发展、传播、应用密切相关的全部的、有组织的、系统的活动。包括三类活动：(1)研究与实验发展活动；(2)研究与实验发展成果应用；(3)科技服务活动。

科技服务 是指同研究与实验发展活动、研究与实验发展成果应用活动有关的和有助于科技知识的产生、传播和应用的活动。目前我们所统计的科技服务是指调查范围内，除为研究与实验发展活动直接（完全或主要是为某项研究与实验发展而开展的辅助性活动）以外的科技服务，如情报、文献、咨询等。

科学论文 指以书面发表的，最原始的研究与开发成果报道。科学论文应该是：(1)首次或最初发表的研究与开发成果；(2)作者的实验应该能被同行重复并验证；(3)发表后科技界能引用。

科技著作 指经过正式出版部门编印出版的论述科学技术问题的理论性文集或专著。如果著作系与本机构外的同行数人合著，则只统计以本机构科技人员为主的著作。

国外发表 包括在各种国际性学术会议、讨论会、讲座上发表的论文以及编入国际会议文集的论文和我国学术刊物上发表的论文。

Explanatory Notes on Main Statistical Indicators

Regular Institutions of Higher Education refer to educational establishments set up according to the government evaluation and approval procedures, enrolling graduates from senior secondary schools and providing higher education courses and training for senior professionals. They include full-time universities, colleges, institutions of higher professional education, institutions of higher vocational education and others.

Institutions of Higher Education for Adults refer to educational establishments, set up in line with relevant rules approved by the government, enrolling staff and workers with senior secondary school or equivalent education, and providing higher education courses in many forms of correspondence, spare time, or full time for adults. Professionals thus trained receive a qualification equivalent to graduates studying regular courses at regular universities, colleges and professional colleges. Institutions of higher learning for adults include schools of higher education for staff and workers, schools of higher education for peasants, colleges for management cadres, pedagogical colleges, independent correspondence colleges, Radio and TV universities and other educational establishments.

Enrollment Rate of Primary School-age Children refers to the proportion of school age children enrolled at schools to the total number of school age children both in and outside schools (including retarded children, but excluding blind, deaf and mute children). The formula is:

$$\text{Enrollment Rate of Primary School-age Children}=\frac{\text{Total Primary School - age Children at School}}{\text{Total Primary School - age Children Both at and Outside}}\times 100\%$$

Scientists and Engineers refer to persons engaged in S&T activities either having obtained titles of senior and middle level professional positions, or those without such positions but have completed university or higher education.

Natural Scientific and Technical Personnel refer to those professionals holding scientific and technical titles or taking such positions, or being graduated from departments of science, engineering, agriculture and medicine, and having been promoted in practice in different sectors of the national economy and working on research, teaching and production technique in the scientific and technological fields such as science, engineering, agriculture and medicine, etc. and the professionals doing administrative work related to science and technology in government agencies, enterprises and institutions.

Engineering Personnel refer to the persons who are engaged in engineering science and technology in different sectors of the national economy, including senior engineers, engineers, assistant engineers, technicians and technical personal without professional titles.

Agricultural Personnel refer to the persons who are working on the science of agriculture in different sectors of the national economy, including senior agronomists, agronomists, assistant agronomists, technicians and technical personnel without professional titles.

Public Health Personnel refer to those personnel engaged in medical and health work in different sectors of the national economy, including director doctors and their deputies, doctors in charge, doctors, paramedics, nurses and technical personnel without professional title.

Scientific Research Personnel refers to the persons who are engaged in scientific and technical activities in different sectors of the national economy, including research fellows and their deputies, assistant research fellows, research trainees, technicians and technical personnel without professional titles.

Teaching Personnel refer to those professionals engaged in the teaching in different activities in different sectors of the national economy, including professions, associate professors, lecturers, associate professors, lecturers, teaching assistants, teachers and teaching personnel in science and technology in primary schools.

Scientific and Technological Activities refer to organized activities which are closely related with the creation, development, dissemination and application of the scientific and technical knowledge in the fields of natural sciences, agricultural science, medical science, engineering and technological science, humanities and social sciences. It includes three kind of activities: (1) developing activities of research and experiment; (2) the application of developing results of research and dexperiment; (3) service activities in science and technology.

Science and Technology Services refer to activities related to activities of research and experiment, to applied activities of developing results of research and experiment, and benefiting the production, spread and application of knowledge of science and technology. Nowadays the services in science and technology we have summed up refer to services in science and technology with in the investigation with the exception of developing activities of research and experiment, such as information, literary data, consultation, etc.

Scientific Paper refer to the most original report on research and developing results published in written form. Scientific papers should be: (1) research and developed results published for the first time or at the first;(2)the author's experiments should be repeated and proved by their fellow craftsmen;(3)these papers should be quoted by the public of science and technology after they are published.

Science and Technology Works refer to theoretical writers' works or personal works demonstrating the question of science and technology edited and published by formal publishing section. if the works are written together by several fellow craftsmen beyond this institution then you should just compile the statistics of works written by the scientific research personnel of this institution.

Published Abroad including the papers published in all kinds of international academic meetings conferences and chairs and papers compiled into writer's works at the international conference and those published in the academic periodicals abroad.

16 文化、体育、卫生、环保

CULTURE, SPORTS, PUBLIC HEALTH AND ENVIRONMENTAL PROTECTION

PAGE

517–542

资料整理人员

高宇宏　史美荣　商彩云

文化、体育、卫生、环保

CULTURE, SPORTS, PUBLIC HEALTH AND ENVIRONMENTAL PROTECTION

文化馆数	Number of Cultural Centers	119	个	(unit)
公共图书馆数	Number of Public Libraries	126	个	(unit)
体育场地数	Number of Sports Grounds	10165	个	(unit)
电视台数	Number of TV Stations	4	个	(unit)
医院数	Number of Hospitals	1215	个	(unit)
废水排放总量	Total Volume of Waste Water	51765	万吨	(10 000 tons)

卫生技术人员构成 (%)

Composition of Medical Technical Personnels (%)

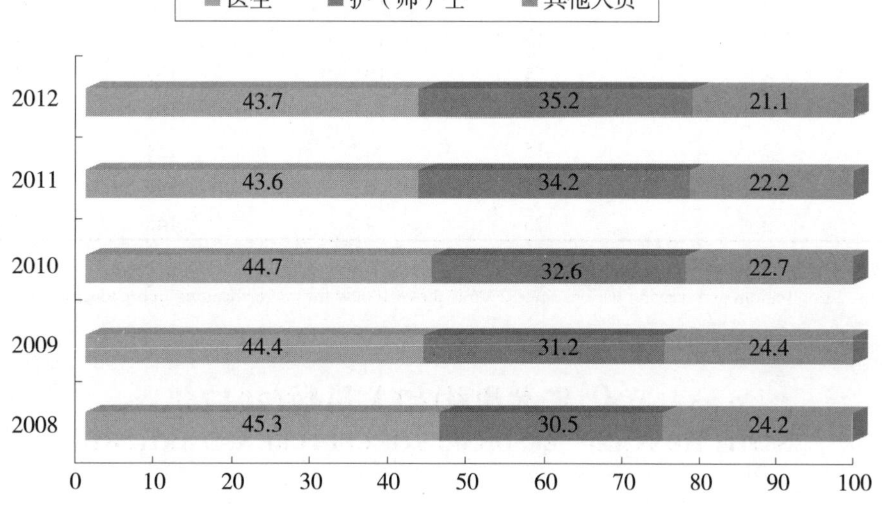

报纸总印数 (万份)

Total Printed Copies of Newspapers (10 000 copies)

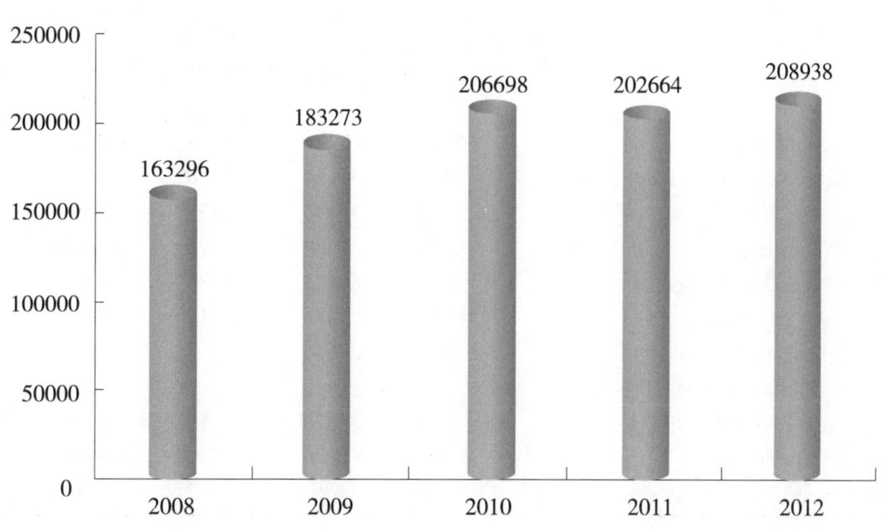

16-1 主要年份广播、电视台(站)数

NUMBER OF RADIO AND TELEVISION STATIONS IN MAJOR YEARS

单位：个 (unit)

年 份 Year	无 线 Radio Broadcast		电视广播 Telecast		人口覆盖率(%) Population Coverage Rate (%)	
	广播电台 Broadcasting Stations	中短波发射台和转播台 Transmission and Relaying Stations of Medium and Short Wave	电视台 Television Stations	一百瓦以上电视发射台 Transmission Stations above 100W	广 播 Radio	电 视 TV
1978	1	11	1	10	70.0	54.0
1980	1	10	1	11	44.5	46.6
1985	3	12	6	16	43.0	60.0
1990	14	20	25	36	51.0	78.0
1995	53	21	31	46	68.0	84.1
2000	8	17	12	53	90.0	95.2
2005	10	15	12	309	91.8	95.8
2006	8	15	10	137	92.1	96.3
2007	8	15	10	134	92.2	96.5
2008	8	15	10	152	92.4	96.6
2009	8	15	10	151	92.5	96.8
2010	7	15	8	151	93.3	97.5
2011	4	15	6	148	93.6	97.7
2012	2	15	4	148	95.4	98.1

注：由于广电系统制度变动，2006以前年份电视台和转播台为1000瓦以上口径。

Note：Data of TV transmission stations and relaying stations since 2006 is above 1000w for range changing in broadcasting and TV system.

16-2 文化艺术机构和人员数(2012年)

INSTITUTIONS AND PERSONNELS OF CULTURE AND ART(2012)

类 别	Type	总计 Total		文化部门 Culture Department			
				国有单位 State-owned Unit		集体单位 Collective-owned Unit	
		机构数(个) Institutions (unit)	人数(人) Person (person)	机构数(个) Institutions (unit)	人数(人) Person (person)	机构数(个) Institutions (unit)	人数(人) Person (person)
总 计	**Total**	**7549**	**60924**	**2178**	**19222**	**61**	**2595**
文化及相关产业	Culture and Related Industries	7526	59264	2176	19202	61	2595
艺术业	Art	433	16195	179	7530	56	2493
图书馆业	Libraries	126	1550	126	1550		
群众文化服务业	Mass Culture Services	1538	4453	1538	4453		
艺术教育业	Art Education	19	1483	17	1450		
文化市场经营机构	Business Institutions of Culture Market	5036	29079				
文艺科研	Art Research	18	278	17	273		
其 他	Others	356	6226	299	3946	5	102
非文化及相关产业	Non-Culture and Related Industries	23	1660	2	20		

16-3 主要年份广播剧、电视剧、电影故事片制作情况

PRODUCTION OF RADIO PLAYS, TELEVISION PLAYS AND FEATURE FILMS IN MAJOR YEARS

年份 Year	广播剧 Radio Plays		电视剧 TV Plays		电影故事片(部) Feature Films (unit)
	部 Unit	集数 Part	部 Unit	集数 Part	
1985	13	50	18	39	2
1987	12	16	13	46	1
1988	9	37	14	111	2
1989	6	9	24	102	1
1990	5	14	28	122	
1995			12	80	1
2000	5	8	3	42	
2005	7	353	19	371	18
2006	129	1174	14	296	14
2007	105	2507	9	206	10
2008	17	450	2	72	20
2009	6	162	5	150	11
2010	25	1133	2	32	6
2011			2	67	8
2012			1	50	18

16-4 主要年份文化艺术、文物事业单位数

NUMBER OF INSTITUTIONS OF CULTURE, ART AND CULTURAL RELICS IN MAJOR YEARS

单位：个 (unit)

年份 Year	艺术表演团体 Art Troupes	文化馆 Cultural Stations	公共图书馆 Public Libraries	博物馆 Museums
1978	147	124	61	15
1980	162	126	72	19
1985	175	117	103	56
1990	169	118	111	67
1995	162	118	119	67
2000	159	118	121	76
2005	156	119	122	86
2006	156	119	122	86
2007	159	119	122	86
2008	164	119	122	85
2009	158	119	124	86
2010	167	119	126	89
2011	162	119	126	89
2012	163	119	126	92

16-5 艺术表演团体演出情况(2012年)
PERFORMANCE OF ART TROUPES(2012)

单位：千场 (1 000 shows)

类 别	Type	国内演出场次 Number of Performances in Domestic	#到农村演出场次 Shows in Rural Areas	国内演出观众人次(千人次) Number of Spectators (1 000 person-times)
总 计	**Total**	**48.4**	**38.7**	**52588**
#国有经营剧团	Troupes Sponsored by State-owned Units	21.6	17.2	28390
集体经营剧团	Troupes Sponsored by Collective-owned Units	10.7	9.5	11550
按剧种分	**By Art Types**			
话剧儿童剧滑稽剧团	Drama, Children Play and Comedy Troupes	1.4	0.8	389
歌剧、舞剧、歌舞剧团	Song and Dance Drama Troupes	0.6	0.2	954
歌舞团、轻音乐团	Light Music Troupes in Song and Dance Troupes	2.1	1.3	2465
乐团、合唱团	Troupes and Chorus	0.2	0.1	29
文工团、宣传队、乌兰牧骑	Cultural and Performance Troupes and Ulanmuchi	0.7	0.5	1301
戏曲剧团	Opera Troupes	34.7	30.4	42891
#京 剧	Beijing Opera Troupes	0.1	0.06	42
曲、杂、木、皮、团	Recitation and Ballad Troupes, Acrobatics and Circus Troupes, Puppet Show Troupes and Shadow Play Troupes	2.5	1.2	385
综艺性艺术表演团体	Comperehensive Art Performance Troupes	6.3	4.2	4173

16-6 艺术表演团体收入和支出(2012年)
REVENUE AND EXPENDITURE OF ART TROUPES(2012)

单位：千元 (1 000 yuan)

类 别	Type	剧团(个) Number of Art Troupes (unit)	#国家经费补贴剧团 Government Subsidies	总收入 Total Revenue	#演出收入 Revenue from Performances	总支出 Total Expenditures
总 计	**Total**	**301**	**155**	**545266**	**229299**	**577291**
#国有经营剧团	Troupes Sponsored by State-owned Units	118	80	403951	127716	446996
集体经营剧团	Troupes Sponsored by Collectiveown Units	56	50	54423	24246	55962
按剧种分	**By Art Types**					
话剧、儿童剧、滑稽剧团	Drama, Children Play and Comedy Troupes	14	4	11394	6984	30030
歌剧、舞剧、歌舞剧团	Song and Dance Drama Troupes	9	5	43658	25257	61661
歌舞团、轻音乐团	Light Music Troupes in Song and Dance Troupes	25	15	43346	19170	39636
乐团、合唱团	Troupes and Chorus	3		2200	1700	1480
文工团、宣传队、乌兰牧骑	Cultural and Performance Troupes and Ulanmuchi	9	2	10251	8071	9822
戏曲剧团	Opera Troupes	165	117	314833	120570	318398
#京 剧	Beijing Opera Troupes	1	1	1201	1201	16701
曲、杂、木、皮团	Recitation and Ballad Troupes, Acrobatics and Circus Troupes, Puppet Show Troupes, and Shadow Play Troupes	12	4	13286	6079	13603
综合性艺术表演团体	Comprehensive Art Performance Troupes	64	8	106298	41468	102661

16-7 群众艺术馆、文化馆业务活动及经费(2012年)
ACTIVITIES AND FUNDS OF MASS ART CENTERS AND CULTURAL CENTERS(2012)

项目	Item	总计 Total	#群众艺术馆 Mass Art Centers	#文化馆 Cultural Centers
单位数(个)	Number of Units (unit)	1538	12	119
举办展览(个)	Number of Exhibtions (unit)	3006	40	805
举办培训班(次)	Training Courses (time)	10736	1592	3247
组织文艺活动次数(次)	Art Performances (time)	19295	549	3876
总支出(千元)	Total Expenditures (1 000 yuan)	339700	52091	164002
#商品和服务支出	Expenditures on Goods and Services	65486	10914	29674

16-8 公共图书馆业务活动及经费(2012年)
ACTIVITIES AND FUNDS OF PUBLIC LIBRARIES(2012)

项目	Item	总计 Total	省级公共图书馆 Public Libraries at Provincial Level	地市级公共图书馆 Public Libraries at Prefecture Level	县级公共图书馆 Public Libraries at County Level
总藏量 (千册,件)	Total Collections (1 000 volumes)	14623	3406	2752	8464
书架单层总长度(千米)	Total Length of Bookshelves (1000 m)	162	31	48	82
累计发放有效借书证数(千个)	Number of Library Cards Distributed (1 000 unit)	245	19	91	134
图书流通人次(千人次)	Total Number of Circulation Books (1 000 person-times)	5037	700	1411	2926
#书刊外借人次(千人次)	Number of Persons Who Borrowed Books from Libraries (1 000 person-times)	2442	346	755	1341
为读者服务举办各种活动次数(次)	Number of Service Activities Provided for Readers (time)	2669	216	553	1900
参加人数(千人次)	Number of Readers Involved (1 000 person-times)	1635	956	107	573
电子阅览室终端数(个)	Number of Terminal in Electrical Reading Room (unit)	3618	170	662	2786
总支出(千元)	Total Expenditures (1 000 yuan)	208491	35262	77266	95963
#新增藏量购置费	Purchase Expenses of New Collections	23679	6000	12742	4937
本年新购藏书(千册)	Number of Books Newly Purchased During the Year (1 000 volumes)	965	109	483	373
实际使用公用房屋建筑面积(千平方米)	Actual Usage Floor Space of Public Buildings (1 000 sq.m)	295	28	64	203
#书库	Stock Rooms	67	18	11	37
阅览室座席(千个)	Seating Capacity of Reading Rooms (1 000 seat)	20	1	5	14

16-9 出版发行、文物、图书馆、群众文化事业机构和人员数(2012年)

INSTITUTIONS AND PERSONNELS OF PUBLISHING, CULTURAL RELICS, LIBRARY AND MASS CULTURE(2012)

项　目	Item	机构数 (个) Number of Institutions (unit)	人数 (人) Number of Personnel (person)
出版发行事业	Publishing Undertakings		
出版社	Publishing Houses	7	441
国有书店	State-owned Book Stores	130	4234
文物事业	Cultural Relics Undertakings	225	6106
博物馆	Museums	92	2451
文物机构	Cultural Relics Institutions	133	3655
图书馆事业	Public Libraries Undertakings	126	1550
群众文化服务业	Mass Cultural Service	1538	4453
群众艺术馆	Mass Art Centers	12	410
文化馆	Cultural Centers	119	1573
文化站	Cultural Stations	1407	2470
#乡镇文化站	Cultural Stations of Townships and Towns	1196	2015

16-10 博物馆、文物机构业务活动及经费(2012年)

ACTIVITIES AND FUNDS OF MUSEUMS AND CULTURAL RELICS INSTITUTIONS(2012)

项　目	Item	总计 Total	文物保护管理机构 Protection and Management Institutions	其他文物机构 Other Institutions	博物馆 Museums	文物商店 Cultural Relics Shop	文物科研机构 Research Instituton of Relics
藏　品 (件)	Number of Collections (piece)	813835	85825	4035	584868	132365	6742
#一级品	Grade One	3129	155	1	2934		39
业务活动	Operation Activities						
陈列、展览 (个)	Number of Displays and Exhibitions (unit)	162	4		157		1
参观人数 (千人次)	Number of Visitors (1 000 person-times)	18863	5511		12472		880
经费收入 (千元)	Revenue of Funds (1 000 yuan)	717966	179186	45790	397260	3684	92046
经费支出 (千元)	Total Expenditures (1 000 yuan)	614220	169299	42910	294460	4050	103501
#商品和服务支出	Expenditures on Goods and Services	31999	5957	2986	12858	381	9817
项目支出	Project Expenses	289401	48445	9518	160698		70740

16-11 主要年份图书、期刊和报纸总印数
TOTAL PRINTED COPIES OF BOOKS, MAGAZINES AND NEWSPAPERS IN MAJOR YEARS

年 份 Year	图 书 Books		期 刊 Magazines		报 纸 Newspapers	
	种数(种) Number of Kinds (kind)	总印数(万册) Total Printed Copies (10 000 copies)	种数(种) Number of Kinds (kind)	总印数(万份) Total Printed Copies (10 000 copies)	种数(种) Number of Kinds (kind)	总印数(万份) Total Printed Copies (10 000 copies)
1978	290	6422	16	598	14	17869
1980	361	9055	33	1905	10	17590
1985	550	9991	110	7981	72	55174
1990	989	12166	129	2815	39	54361
1991	1381	14079	130	3086	42	46872
1992	1782	14163	139	3589	49	70047
1993	2261	13058	151	4001	55	73240
1994	2108	12300	158	3948	56	62568
1995	1728	13919	164	3586	59	59254
1996	1783	14654	160	3119	59	58363
1997	1741	15109	158	3199	59	66262
1998	1639	14016	157	2792	56	71954
1999	2214	15487	152	2816	57	69108
2000	1532	10105	165	2657	62	58825
2001	1894	10105	165	2659	59	62815
2002	2177	11800	187	3030	66	101712
2003	2505	13264	195	4290	65	140950
2004	2560	11098	198	4208	67	160553
2005	1683	10081	200	5914	60	329713
2006	1813	9337	199	4441	60	206067
2007	1979	11764	199	5434	60	210541
2008	2586	10535	199	3950	77	163296
2009	2629	11187	200	3402	77	183273
2010	3032	13183	200	4000	77	206698
2011	3401	13887	200	3428	77	202664
2012	4002	14789	198	3733	77	208938

注：自2008年起报纸新增了高校校报。

Note：Statistical coverage of newspapers has newly added college newspaper since 2008.

16-12 体育局系统从业人员数(2012年)
EMPLOYEES OF SPORTS BUREAU(2012)

单位：人 (person)

类别	Type	合计 Total	行政机关职工合计 Staff and Workers of Administrative Agencies	运动项目管理部门 Administrative Departments of Sports Programmes	职业运动技术学院 Professional Sports Technique College	体育运动学校 Physical Education and Sports Schools
总计	**Total**	**5056**	**1044**	**1596**	**377**	**863**
公务员	Civil Servants	535	535			
教练员	Coaches	273		153		34
运动员	Athletes	868		351	23	494
科研人员	Scientific and Technical Personnel	45		10		2
医务人员	Medical Personnel	50		30	6	5
文化教师	Teachers	652			282	134
管理人员	Administrative Personnel	1587		934	39	97
工勤人员	Logistics Personnel	501	255	50	15	18
其他人员	Others	545	254	68	12	79

类别	Type	业余体校 Sparetime Sports Schools	体育场馆 Stadiums and Gymnasiums	训练基地 Training Bases	科研所 Scientific Research Institutes	其他 Others
总计	**Total**	**545**	**179**	**32**	**54**	**366**
公务员	Civil Servants					
教练员	Coaches	84	2			
运动员	Athletes					
科研人员	Scientific and Technical Personnel	1			32	
医务人员	Medical Personnel	6			3	
文化教师	Teachers	185				51
管理人员	Administrative Personnel	136	105	19	15	242
工勤人员	Logistics Personnel	48	41	13	2	59
其他人员	Others	85	31		2	14

16-13 体育场地情况(2012年)
STATISTICS ON SPORTS GROUND(2012)

单位：个 (unit)

项 目	Item	总 计 Total	体育系统 Sports System	教育系统 Educat-ion System	高等院校 Regular Institutions of Higher Education	中专中技 Specialized Secondary and Skilled Worker Schools	中小学 Regular Secondary and Primary Schools	其他 Others	其他系统 Other System
总　计	**Total**	**10165**	**523**	**6201**	**473**	**301**	**5283**	**144**	**3441**
体育场	Sports Field	104	32	65	17	5	41	2	7
体育馆	Sports Gym	34	13	11	6		5		10
游泳馆	Natatorium	24	7	2			2		15
室内游泳池	Indoor Swimming Pool	82	4	10	3	1	2	4	68
室外游泳池	Outdoor Swimming Pool	60	12						48
室内跳水池	Indoor Diving Pool	1		1				1	
室外跳水池	Outdoor Diving Pool	1	1						
有固定看台灯光球场	Illuminated Fields with Fixed Seat	201	67	12	4	1	4	3	122
综合房馆	General Gym	78	17	20	4	1	7	8	41
田径房馆	Track and Field Gym	1	1						
篮球房馆	Basketball Gym	29	5	19	4	4	10	1	5
排球房馆	Valleyball Gym	2		2	1		1		
手球房馆	Handball Gym	1							1
体操房馆	Gymnastics Gym	7	3	2		1	1		2
羽毛球房馆	Badminton Gym	34	3	10	2	2	5	1	21
乒乓球房馆	Table Tennis Gym	177	15	33	2	2	26	3	129
武术房馆	Wushu Gym	27	13	12			10	2	2
摔跤柔道房馆	Wrestling and Judo Gym	17	15	1	1				1
举重房馆	Weightlifting Gym	5	4	1			1		
健身房馆	Body Buildings Gym	205	8	30	8	7	8	7	167
棋牌房馆	Chess and Card Gym	254	5	15	3	3	4	5	234
其他训练房馆	Other Training Gym	29	10	7	2		4	1	12
保龄球房馆	Bowling Gym	31	1						30
台球房馆	Billiards Gym	123	5	6	1	1	1	3	112
田径场	Track and Field	189	20	162	23	11	126	2	7
小运动场	Small Sports Field	1594	15	1557	27	44	1482	4	22
手球场	Handball Field	4	1	3	1		2		
足球场	Football Field	34	1	23	5	6	12		10
室内网球场馆	Indoor Tennis Gym	5	2	1	1				2
室外网球场馆	Outdoor Tennis Gym	189	35	40	18	2	11	9	114
室内射击场	Indoor Shooting Range	11	9	1	1				1

注：本表为第五次全国体育场地普查数，普查时点为2003年12月31日。
Note: Data in this table is based on The Fifth Sports Ground Survey of Nation in 31 , Dec. 2003 .

16-13 续表 continued

单位：个 (unit)

项 目	Item	总 计 Total	体育系统 Sports System	教育系统 Education System	高等院校 Regular Institutions of Higher Education	中专中技 Specialized Secondary and Skilled Worker Schools	中小学 Regular Secondary and Primary Schools	其他 Others	其他系统 Other System
室外射击场	Outdoor Shooting Range	2	2						
卡丁车场	Small Car Race Field	3	1						2
自行车赛车场	Cycling Field	1	1						
天然游泳场	Natural Swimming Pool	2							2
航空运动机场	Flying Sports Airport	3	3						
室内轮滑场	Indoor Wheel Slide Field	16	1						15
室外轮滑场	Outdoor Wheel Slide Field	13	4	1				1	8
攀岩场	Climbing Cliff Field	1							1
地掷球场	Baseball Ground Ball Field	18	8						10
篮球场	Basketball Field	5768	88	3911	254	188	3403	66	1769
排球场	Valleyball Field	197	7	173	59	15	94	5	17
门球场	Croquet Field	588	84	70	26	7	21	16	434

16-14 主要年份体育场地数
STADIUMS AND GYMNASIUMS IN MAJOR YEARS

单位：个 (unit)

年 份 Year	体育场 Stadiums	体育馆 Gymnasiums	有看台的灯光球场 Illuminated Fields with Fixed Seating	运动场 Playgrounds	航空机场 Aviation Airporter	射击场 Shooting Range	游泳池 Swimming Pools
1978	16	3	100	61	3	7	30
1980	17	3	127	68	3	7	31
1985	20	2	169	85	3	12	46
1990	29	7	216	140	3	14	72
1995	38	7	239	131	3	15	75
2000	38	7	239	131	3	15	75
2005	104	34	201	189	3	13	142
2006	104	34	201	189	3	13	142
2007	104	34	201	189	3	13	142
2008	104	34	201	189	3	13	142
2009	104	34	201	189	3	13	142
2010	104	34	201	189	3	13	142
2011	104	34	201	189	3	13	142
2012	104	34	201	189	3	13	142

注：2005年起数据为第五次全国体育场地普查数据,普查时点为2003年12月31日。

Note：Data from 2005 in this table is based on The Fifth Sports Ground Survey of Nation in 31 , Dec. 2003 .

16-15 分项目等级运动员发展人数(2012年)
CERTIFIED ATHLETES BY TYPE OF SPORTS(2012)

单位：人 (person)

运动项目	Item	人数合计 Number of Persons	国际级运动健将 Master of Sports in International Level	#女 Female	一级 First	#女 Female	二级 Second	#女 Female
总　计	**Total**	**679**	**6**	**2**	**203**	**104**	**470**	**177**
田　径	Track and Field	36			7	2	29	9
游　泳	Swimming	48			21	14	27	17
水　球	Water Polo							
跳　水	Diving	1					1	
体　操	Gymnastics	5			3	1	2	1
艺术体操	Artistic Gymnastics							
蹦　床	Trampoline	18			18	9		
举　重	Weightlifting	8			8	6		
拳　击	Boxing	15			5	2	10	4
国际式摔跤	International Wrestling	30			5	1	25	10
中国式摔跤	Chinese-style Wrestling	8					8	1
柔　道	Judo	65			20	10	45	22
跆拳道	Kickboxing	54			16	7	38	16
自行车	Cycle Racing	28			14	7	14	7
击　剑	Fencing	9			3	2	6	4
射　击	Shooting	47			25	16	22	8
射　箭	Sport Archery	17			4	4	13	8
足　球	Football	15					15	
篮　球	Basketball	58			26	10	32	14
排　球	Volleyball	21			5	5	16	4
乒乓球	Table Tennis	53			7	3	46	12
羽毛球	Badminton							
网　球	Tennis	20					20	10
手　球	Handball	3			3			
曲棍球	Field Hockey							
棒　球	Baseball	5					5	
健美操	Bodybuilding Gymnastics	16					16	5
街　舞	Hip Hop							
软式网球	Soft Tennis							
武　术	Wushu	65			7	3	58	20
蹼　泳	Fin Swimming							
摩托艇	Motorboat							
围　棋	Weiqi	13	1		1		11	1
国际象棋	International Chess	18	5	2	5	2	8	2
中国象棋	Chinese Chess	3					3	2
橄榄球	Rugby Football							
航空模型	Model Airplane							

16-16 分项目等级裁判员发展人数(2012年)
CERTIFIED REFEREES BY TYPE OF SPORTS(2012)

单位：人 (person)

运动项目	Item	人数合计 Number of Persons	一级 First	#女 Female	二级 Second	#女 Female
总　计	**Total**	**2148**	**167**	**40**	**1981**	**618**
田　径	Track and Field	544	3	2	541	164
游　泳	Swimming	13	9	5	4	3
跳　水	Diving	3	2		1	
水　球	Water Polo					
花样游泳	Synchronised Swimming					
体　操	Gymnastics	3			3	
艺术体操	Artistic Gymnastics					
蹦　床	Trampoline					
举　重	Weightlifting	4			4	1
拳　击	Boxing	18	18	1		
国际式摔跤	International Wrestling	50	1		49	8
中国式摔跤	Chinese-style Wrestling					
柔　道	Judo	9	1	1	8	
跆拳道	Kickboxing	14			14	3
自行车	Cycle Racing	12	12	3		
击　剑	Fencing	3			3	1
马　术	Equestrian	29			29	15
足　球	Football	16			16	2
篮　球	Basketball	644	46	3	598	116
排　球	Volleyball	59			59	25
乒乓球	Table Tennis	92	5	2	87	36
羽毛球	Badminton	123	48	15	75	28
网　球	Tennis	20			20	7
健美操	Bodybuilding Gymnastics	154			154	90
街　舞	Hip Hop					
软式网球	Soft Tennis					
武　术	Wushu	92	6	1	86	25
滑　水	Aquaplane					
潜　水	Dive					
蹼　泳	Fin Swimming					
摩托艇	Motorboat					
围　棋	Weiqi	4			4	
国际象棋	International Chess					
中国象棋	Chinese Chess	7			7	1
桥　牌	Bridge	3	3			
台　球	Billiard	33			33	10
门　球	Croquet	55			55	2
龙　舟	Dragon boat					
钓　鱼	Angling					
风　筝	Kite Flying	22			22	4
体育舞蹈	Physical Dancing	122	13	7	109	77

16-17 主要年份运动员打破纪录情况
RECORDS BROKEN BY ATHLETES IN MAJOR YEARS

年 份 Year	打破世界纪录 World Records Chalked Up			打破全国纪录 National Records Chalked Up			打破省纪录 Provincial Records Chalked Up		
	项数(项) Number of Events (item)	次数(次) Number of Times (time)	人数(人) Number of Persons (person)	项数(项) Number of Events (item)	次数(次) Number of Times (time)	人数(人) Number of Persons (person)	项数(项) Number of Events (item)	次数(次) Number of Times (time)	人数(人) Number of Persons (person)
1978				15	21	10	118	260	95
1980				11	31	4	123	233	132
1985				2	2	2	48	64	35
1990	1	1	1	7	10	7	106	152	62
1995				2	2	5	60	89	84
2000				3	4	6	70	78	57
2001				2	4	3	57	64	52
2002				3	3	2	28	38	27
2003				1	1	1	22	23	18
2004				1	1	1	23	18	14
2005				2	2	2	17	17	25
2006							6	42	42
2007							27	27	17
2008							56	57	57
2009				1	1	1	15	15	9
2010				2	2	2	5	8	8
2011							3	3	3
2012				1	1	1	11	11	3

16-18 体育彩票、福利彩票发行情况
ISSUE OF SPORTS LOTTERY AND WELFARE LOTTERY

单位：万元 (10 000 yuan)

项　目	Item	2011	2012
体育电脑彩票销售点 (个)	Computer Sale Place of Sports Lottery Ticket (unit)	2573	2683
体育彩票销售收入	Sale Revenue of Sports Lottery Ticket	96201	101566
福利彩票销售点(个)	Sale Place of Welfare Lottery Ticket (unit)	2935	3143
福利彩票销售收入	Sale Revenue of Welfare Lottery Ticket	213702	254806
用于兑奖金额	Value of Exchanging Awards	77641	98550

16-19 主要年份卫生机构数

HEALTH CARE INSTITUTIONS IN MAJOR YEARS

单位：个 (unit)

年 份 Year	总 计 Total	#医 院 Hospitals	#疗养院(所) Sanatoriums	#门诊部(所) Outpatient Departments	#专科疾病防治院（所、站）Specialized Disease Prevention and Treatment Centers
1978	4995	2302	10	2345	7
1980	5190	2346	11	2432	6
1985	5834	2468	15	2910	6
1990	6108	2573	15	3020	10
1995	5922	2590	13	2790	12
2000	3273	716	13	92	15
2005	3009	885	6	52	14
2006	2993	916	8	47	12
2007	10036	973	7	38	13
2008	9533	1048	9	40	13
2009	11804	1165	9	168	14
2010	11889	1201	9	106	15
2011	12004	1216	9	291	11
2012	11907	1215	8	317	10

年 份 Year	#疾病预防控制中心 Centers for Disease Control and Prevention	#妇幼保健院(所、站) Maternity and Child Care Centers	#医学科学研究机构 Research Institutes of Medical Science	#其他卫生机构 Other Institutions
1978	136	128	3	46
1980	137	129	12	89
1985	135	123	19	129
1990	141	123	23	136
1995	153	131	22	58
2000	148	136	23	61
2005	157	131	10	24
2006	147	133	8	29
2007	147	133	10	30
2008	137	133	8	40
2009	149	133	7	62
2010	147	133	6	67
2011	147	132	7	59
2012	135	132	7	59

注：2011年起，卫生机构数不包括村卫生室数，下同。

Note: Rural clinics aren't included in health care institutions since 2011. The same applies to the following.

16-20 主要年份卫生机构床位数
NUMBER OF BEDS IN HEALTH CARE INSTITUTIONS IN MAJOR YEARS

单位：张 (unit)

年份 Year	总计 Total	医院 Hospitals	其他卫生机构 Other Institutions	平均每千人口拥有医院床位数 Number of Hospital Beds Per 1000 Population
1978	65426	63293	2133	2.69
1980	71702	69141	2561	2.89
1985	87768	82076	5692	3.34
1990	105324	98142	7182	3.45
1995	110422	101936	8486	3.37
2000	111880	77300	34580	2.38
2005	107968	81150	26818	2.42
2006	112342	83739	28603	2.48
2007	110418	82269	28149	2.42
2008	129458	94018	35440	2.76
2009	144544	101757	42787	2.97
2010	155973	108333	47640	3.09
2011	158459	111335	47124	3.11
2012	165294	119856	45438	3.32

16-21 主要年份卫生技术人员数
NUMBER OF MEDICAL TECHNICAL PERSONNELS IN MAJOR YEARS

单位：人 (person)

年份 Year	卫生技术人员 Medical Technical Personnels	#执业（助理）医师 Licensed Assistant Doctors	#注册护士 Registered Nurses	平均每千人口拥有卫生技术人员数 Number of Medical Technical Personnel Per 1000 Population
1978	76475	35157	10775	3.16
1980	87815	40479	11561	3.54
1985	109596	48557	16488	4.17
1990	128465	60185	27956	4.52
1995	142239	68658	34907	5.68
2000	136224	64900	37057	4.19
2005	130955	58617	38117	3.90
2006	134647	60262	40943	3.99
2007	148659	66791	45523	4.38
2008	161531	73107	49256	4.74
2009	181573	80601	56577	5.29
2010	190917	85376	62251	5.45
2011	189283	82547	64793	5.27
2012	199601	87319	70337	5.54

16-22 卫生机构、床位、人员数(2012年)
INSTITUTIONS, BEDS AND PERSONNELS IN HEALTH CARE INSTITUTIONS(2012)

类别	Type	机构数(个) Institutions (unit)	床位数(张) Beds (unit)	人员合计(人) Personnel (person)	#卫生技术人员 Medical Technical Personnel
总计	**Total**	**11907**	**165294**	**234008**	**195769**
一、医院合计	**Total Number of Hospitals**	**1215**	**119856**	**150821**	**124230**
综合医院	General Hospitals	638	83993	111467	93018
中医医院	Hospitals of Chinese Medicine	193	13378	14955	12487
中西医结合医院	Hospitals for Chinese and Western Medicine	15	1236	1920	1600
民族医院	Nationality Hospitals				
专科医院	Special Hospitals	369	21249	22479	17125
口腔医院	Stomatological Hospitals	30	302	1191	929
眼科医院	Ophthalmology Hospitals	24	1134	1409	1039
耳鼻喉科医院	Otolaryngology Hospitals	5	140	217	167
肿瘤医院	Tumor Hospitals	4	2184	1835	1438
心血管病医院	Cardiovascular Hospitals	11	971	1130	953
血液病医院	Hematological Hospitals	2	220	240	210
妇产(科)医院	Maternity Hospitals	40	1233	2047	1494
儿童医院	Children Hospitals	3	850	1202	1024
精神病医院	Mental Hospitals	24	3723	2294	1650
传染病院	Hospitals for Infections Diseases	8	1961	2376	1914
皮肤病医院	Dermatology Hospitals	10	219	185	140
结核病医院	Tuberculosis Hospitals	4	953	838	582
职业病医院	Occupational Disease Hospital	1	120	170	116
骨科医院	Orthopaedics Hospitals	53	2212	1805	1350
康复医院	Recovered Hospitals	19	1220	1019	729
整形外科医院	Plastics Hospitals	3	49	129	81
美容医院	Cosmetic Hospitals	3	60	90	57
其他专科医院	Other Specialized Hospitals	125	3698	4302	3252
二、疗养院	**Sanatoriums**	**8**	**1805**	**504**	**168**
三、社区卫生服务中心(站)	**Community Medical Service Centers and Stations**	**791**	**5177**	**11777**	**10313**
社区卫生服务中心	Community Medical Service Centers	201	4213	6976	6090
四、卫生院合计	**Total Number Commune Hospitals**	**1676**	**34074**	**29120**	**24951**
街道卫生院	Urban Areas Neighbourhood Hospitals	477	5696	4210	3575
乡镇卫生院	Township Town Hospitals	1199	28378	24910	21376
中心卫生院	Centre Hospitals	444	13322	11105	9598
乡卫生院	Township Hospitals	755	15056	13805	11778
五、门诊部合计	**Total Number of Clinics**	**317**	**705**	**3204**	**2605**
综合门诊部	General Clinics	105	290	1326	1045
中医门诊部	Chinese Medicine Clinics	40	36	212	189
中西医结合门诊部	Chinese & Western Medicine Clinics	58	122	322	305
专科门诊部	Special Clinics	115	257	1344	1066

注：卫生机构、床位、人员数不包括村卫生室等数字；卫生机构床位数为实有数。

Note: The number of health care institutions,beds and personnel exclude rural clinics.The number of beds in health care institutions is an actual data.

16-22 续表1 continued

类 别	Type	机构数(个) Institutions (unit)	床位数(张) Beds (unit)	人员合计(人) Personnel (person)	#卫生技术人员 Medical Technical Personnel
六、诊所、卫生所、医务室	**Clinics, Health Centers and Infirmaries**	**7373**		**16773**	**16128**
诊 所	Clinics	6537		13807	13323
卫生所、医务室	Health Centres and Infirmaries	836		2966	2805
七、急救中心(站)	**First-aid Centers**	**9**		**560**	**400**
八、采供血机构	**Selection and Supplyment Blood Institutions**	**19**		**970**	**697**
九、妇幼保健院 (所、站)	**Maternity and Child Care Centers**	**132**	**3478**	**6999**	**5802**
1.省 属	Belong to Province	1			
省辖市(地区)属	Belong to City(prefecture) of Province	11	1005	1973	1638
地辖市属	Belong to City of Prefecture	34	650	1531	1238
县 属	Belong to County	85	1823	3478	2909
其 他	Others	1		17	17
2.妇幼保健院	Maternity and Child Care Hospitals	77	2839	5271	4358
妇幼保健所	Maternity and Child Care Institutes	6		103	82
妇幼保健站	Maternity and Child Care Stations	49	639	1625	1362
生殖保健中心	Reproduction Care Centers				
十、专科疾病防治院 (所、站)	**Special Prevention Institutions**	**10**	**199**	**435**	**328**
专科疾病防治院	Special Prevention Hospitals	2	158	208	152
结核病防治院	Tuberculosis Prevention Stations				
职业病防治院	Occupational Disease Preventivetion Stations	1	150	194	140
其 他	Others	1	8	14	12
专科疾病防治所 (站、中心)	Special Prevention Institutes	8	41	227	176
口腔病防治所 (站、中心)	Stomatological Prevention Institutes	4		27	19
结核病防治所 (站、中心)	Tuberculosis Prevention Institutes				
职业病防治所 (站、中心)	Prevention Stations of Occupational Diseases	2	40	135	110
地方病防治所 (站、中心)	Endemic Diseases Prevention Stations	2	1	65	47
其 他	Others				
十一、疾病预防控制中心(防疫站)	**Diseases Prevention and Control Centre**	**135**		**5688**	**4035**
1.省 属	Belong to Province	1		229	191
省辖市(地区)属	Belong to City (prefecture) of Province	11		987	736
地辖市属	Belong to City of Prefecture	34		1311	943
县 属	Belong to County	85		2913	1955
其 他	Others	4		248	210
2.疾病预防控制中心	Diseases Prevention and Control Centers	135		5688	4035
卫生防疫站	Sanitation and Antiepidemic Stations				
预防保健中心	Prevention and Care Centers				

16-22 续表2 continued

类 别	Type	机构数(个) Institutions (unit)	床位数(张) Beds (unit)	人员合计(人) Personnel (person)	#卫生技术人员 Medical Technical Personnel
十二、卫生监督所	**Sanitation Supervision Stations**	**131**		**5072**	**4840**
省 属	Belong to Province	1		137	137
省辖市(地区)属	Belong to City (prefecture) of Province	11		679	673
地辖市属	Belong to City of Prefecture	34		1205	1175
县 属	Belong to County	85		3051	2855
其 他	Others				
十三、计划生育技术服务机构	**Family Planning Technical Service Institution**	**13**		**154**	**116**
十四、医学科学研究机构	**Research Institutes of Medical Sciences**	**7**		**159**	**119**
十五、医学在职培训机构	**Medical in-service Training Institutes**	**3**		**37**	**26**
十六、健康教育所 (站、中心)	**Care Education Institutes**	**9**		**143**	**66**
十七、其他卫生机构	**Other Medical Institues**	**59**		**1592**	**945**
卫生监督检验(监测)机构	Sanitary supervison and Inspection Institution	2		50	39
临床检验中心	Checking Clinic Centers	4		170	113
其 他	Others	53		1372	793

16-23 卫生机构分类人员数

NUMBER OF PERSONNELS IN HEALTH CARE INSTITUTIONS BY CATEGORY

单位：人 (person)

人员分类	Type of Personnel	2005	2010	2012
一、各类人员总计	**Total Personnel**	**158186**	**227900**	**234008**
卫生技术人员	Medical Technical Personnel	130955	190917	195769
其他技术人员	Other Technical Personnel	8486	10473	10935
管理人员	Managerial Personnel	7593	11300	10725
工勤人员	Logistics Workers	11152	15199	16579
二、卫生技术人员	**Medical Technical Personnel**	**130955**	**190917**	**195769**
执业(助理)医师	Licensed Assistant Doctors	48310	85376	83794
#执业医师	Licensed Doctors	10307	69976	71178
注册护士	Registered Nurses	38117	62251	70030
药师(士)	Pharmacists	9606	10187	9973
技师(士)	Technicians	6610	10108	10313
其 他	Others	18005	23003	21659
三、平均每千人拥有卫生技术人员	**Number of Medical Technical Personnel Per 1000 Population**	**3.91**	**5.45**	**5.43**
#医生数	Doctors	1.75	2.39	2.42

注：本表不包括村卫生室人员。

Note：Data in the table does not include rural clinic personnel.

16-24 医疗机构医疗服务量及病床使用情况(2012年)

SERVICES QUANTITY IN HEALTH CARE INSTITUTIONS AND BED APPLYMENT(2012)

类　别	Item	总诊疗人次 (万人次) Total Person-time of Diagnosis and Treatment (10 000 person times)	出院人数 (万人) Person Leaving Hospital (10 000 persons)
总　计	**Total**	**11900.67**	**348.47**
#医　院	Hospital	4191.80	275.13
#综合医院	General Hospitals	3109.47	212.55
中医医院	Hospitals of Chinese Medicine	529.29	23.80
专科医院	Special Hospitals	507.22	35.66
卫生院	Commune Hospitals	1791.58	56.35
#乡镇卫生院	Town and Township Hospitals	1565.44	48.78
门诊部	Clinics	142.40	1.03
妇幼保健院 (所、站)	Maternity and Child Care Centers	256.62	10.37
专科疾病防治院 (所、站)	Special Disease Prevention Institutions	4.61	0.22

16-25 公证工作和调解

STATISTICS ON NOTARIZATION AND MEDIATION

项　目		Item	2011	2012
公证工作		**Notarization**		
公证处	(个)	Number of Notarization Offices(unit)	112	112
公证员(含公证员助理)	(人)	Notaries (Assistant Notaries) (person)	870	859
办理国内民事公证	(件)	Handle Civil Affair Notarization (case)	48026	98233
办理国内经济公证	(件)	Handle Civil Economic Notarization (case)	38700	36822
办理涉外公证	(件)	Handle Foreign Nationals Notarization (case)	28505	31918
涉港澳台公证	(件)	Hongkong, Macao and Taiwan Notarization (case)	416	590
调解工作		**Mediation**		
专职司法助理员	(人)	Full-time Judicial Assistants (person)	1621	2483
人民调解委员会	(个)	Number of People Mediation Committees (unit)	35349	35425
调解人员	(人)	Number of Mediators (person)	132440	132863
调解各类纠纷	(件)	Mediation Various Quarrels (case)	283587	292613
防止民间纠纷引起自杀	(人)	Prevent Civil Quarrel Causing Committing Sucide (person)	281	455
防止民间纠纷转化为刑事案件	(件)	Prevent Civil Quarrel Turning to Criminal Case (case)	1508	1546

16-26 律师工作
STATISTICS ON LAWYERS

项　　目	Item	2011	2012
律师事务所 (个)	Number of Law Offices (unit)	501	540
律师工作人员(注册) (人)	Number of Lawyers (person)	4546	4944
专职律师	Full-time Lawyer	4099	4524
兼职律师	Part-time Lawyers	276	291
聘请常年法律顾问的单位 (个)	Number of Units with Permanent Legal Advisors (unit)	5220	3606
民事诉讼代理 (件)	Agent of Civil Cases (case)	27895	27895
行政诉讼代理 (件)	Agent of Administrative Action (case)	1517	1517
刑事辨护及代理 (件)	Agent and Defender of Criminal Cases (case)	7220	15712
非诉讼法律事务 (件)	Agent of Non-Litigious Legal Affairs (case)	10142	10473
解答法律咨询 (人次)	Advisory Services (person-time)	18486	78547
代写法律事务文书 (件)	Legal Documents Written on Behalf of Clients (case)	17297	18162

16-27 主要年份婚姻登记数
MARRIAGE REGISTRATION IN MAJOR YEARS

单位：对 (couple)

年份 Year	登记结婚数 Permitting Marriage Registration	#恢复结婚 Resuming Marriage	初婚数(人) First Marriage (person)	再婚数(人) Second Marriage (person)	男 Male	女 Female	登记离婚数 Permitting Divorce Registration
1985	236206	1787	453433	18979	9400	9579	7615
1990	220581	1115	422721	18441	8770	9671	7471
1995	179300	1090	343561	15039	7566	7473	7100
2000	164639	981	313195	16083	8407	7676	7612
2001	146187	850	277117	15073	7876	7197	7248
2002	153709	817	292310	14970	7639	7331	7121
2003	145060	974	272546	17460	8736	8724	8782
2004	161520	900	302448	20400	9894	10506	14335
2005	189741	1222	354147	25563	12163	13400	17398
2006	202107	1527	377317	26897	13717	13180	18509
2007	238530	2365	443520	33540	16075	17465	20402
2008	287435	3161	528128	46742	25323	21419	20553
2009	343640	3341	632905	54375	30207	24168	25618
2010	360581	4481	675719	45443	24033	21410	26473
2011	339607	3330	633629	45585	21910	23675	31260
2012	362827	4102	677046	48608	22845	25763	35585

16-28 妇联组织状况
WOMEN'S FEDERATION ORGANIZATION

单位：个 (unit)

项　　目	Item	2011	2012
地市妇联数	Number of Women's Federation of Prefecture and City	11	11
县(市)妇联数	Number of Women's Federation of County and City	119	119
乡妇联数	Number of Women's Federation of Township	1184	1250
街妇联数	Number of Women's Federation for Subdistrict Office	253	220
基层妇代会数中	Number of Women's Congress of Basic Level		
城市 (社区妇联)	Urban Areas (Women's Federation of Community)	1597	1331
农村妇代会数	Rural Areas	26784	23718
非公有经济组织中妇女组织	Women's Federation in Non-Public Ownership Economic Organization	4747	5595
直属机关妇工委	Women's Council in Department Directly Under Governments	4703	6039
高等院校妇女组织	Women's Orgaization in University	38	42
省级所属	Provincial Level	2	2
市级所属	City Level	34	38
民办高校	University Run by Private Insititutions	2	2
民主党派妇委会数	Number of Women's Federation in Democratic Party	18	15

16-29 全省工业企业“三废”排放与治理情况
DISCHARGE AND TREATMENT OF WASTE WATER, WASTE GAS AND SOLID WASTES BY INDUSTRIAL ENTERPRISES

项　　目	Item	2011	2012
废　水	**Waste Water**		
废水排放总量 (万吨)	Total Volume of Waste Water (10 000 tons)	39665.2	51765.0
废　气	**Waste Gas**		
废气排放量 (亿标立方米)	Total Volume of Waste Gas Emission (100 million cu.m)	42195.2	42244.9
二氧化硫排放量 (万吨)	Volume of Sulphur Dioxide Emission (10 000 tons)	129.4	119.5
固体废物	**Solid Wastes**		
固体废物产生量 (万吨)	Volume of Solid Wastes Produced (10 000 tons)	27555.9	29201.9
固体废物综合利用量 (万吨)	Volume of Solid Wastes Utilized (10 000 tons)	15894.6	20290.3
固体废物综合利用率 (%)	Percentage of Solid Wastes Utilized (%)	57.5	69.4
固体废物处置量 (万吨)	Volume of Solid Wastes Treated (10 000 tons)	9201.4	7274.3
固体废物贮存量 (万吨)	Volume of Solid Wastes Accumulated (10 000 tons)	2571.1	1758.7
固体废物排放量 (万吨)	Volume of Solid Wastes Discharged (10 000 tons)	29.1	16.6
污染治理	**Pollution Treatment**		
当年污染治理施工项目总数 (个)	Number of Projects for Pollution Treatment in the Year (unit)	617.0	320.0
污染治理项目本年完成投资额 (万元)	Investment of the Project for Pollution Treatment in the Year (10 000 yuan)	330487.8	343851.8
治理废水	Treatment of Waste Water	71517.6	34473.1
治理废气	Treatment of Waste Gas	158284.2	207488.4
治理固体废物	Treatment of Solid Wastes	34427.9	4338.4
治理噪声	Noise Abatement	2304.5	238.8
治理其他	Others	63953.6	97313.1

主要统计指标解释

艺术表演团体 指从事戏曲、音乐、舞蹈、杂技等专业艺术表演，有独立帐户，实行单独核算的团体。不包括半工半艺、半农半艺的业余团体。

文化馆 指专门从事群众文化活动的群众文化场馆。不包括临时抽调人员组成、没有编制的农村和街道文化工作队、服务站等。

文化市场经营机构 指经文化市场行政部门审批或已申报登记并领取相关许可证的、从事文化经营和文化服务活动的机构。

图书馆 指各类图书馆的管理与服务（对文献和信息的搜集、整理、存储、利用和管理，向社会公众开放并提供科学、文化等各种知识普及教育）。包括公共图书馆和各类机构内部举办的或单独举办的图书馆的管理与服务。不包括部队系统以及文化馆（文化中心、群众艺术馆）、文化站内设的图书室。

文化艺术研究机构 指有明确的研究方向和任务，有一定水平的学术带头人和一定数量、质量的研究人员，有开展工作的基本条件，主要进行文化艺术研究（含科技）的机构。

博物馆 指为了研究、教育、欣赏的目的，收藏、保护、展示人类活动和自然环境的见证物，向公众开放，非营利性、永久性社会服务机构，包括以博物馆（院）、纪念馆（舍）、美术（艺术）馆、科技馆、陈列馆等专有名称开展活动的单位。

艺术表演观众人数 指售票、包场演出或民族地区免费演出艺术表演观众人次数。不包括彩排审查和内部观摩演出的观看人次数。

等级运动员人数 指经考核正式批准授予等级运动员称号的人数。运动员等级分为国际级运动健将、运动健将、一级运动员、二级运动员、三级运动员、少年级运动员。

等级裁判员人数 指经考核正式批准授予等级裁判员称号的人数。裁判员等级分为国际裁判、国家级裁判、一级裁判、二级裁判、三级裁判。

体育场 指有400米跑道（中心含足球场）， 有固定道牙，路道6条以上，并有固定看台的田径场。以看台容纳观众人数分：甲级25000人以上，乙级15000–25000人，丙级5000–15000人，丁级5000人以下。

体育馆 指有固定看台可供篮球、排球、羽毛球、乒乓球、体操等项目训练比赛活动用的室内场地。以看台容纳观众人数分：甲级6000人以上，乙级4000–6000人，丙级2000–4000人，丁级2000以下。

工业废水排放量 指经过企业厂区所有排放口排到企业外部的工业废水量。包括生产废水、外排的直接冷却水、超标排放的矿井地下水和与工业废水混排的厂区生活污水，不包括外排的间接冷却水(清污不分流的间接冷却水应计算在内)。

工业废气排放量 指企业厂区内燃料燃烧和生产工艺过程中产生的各种排入空气的含有污染物的气体总量，按标准状态［273K，101325Pa］计算。

工业二氧化硫排放量 指企业在燃料燃烧和生产工艺过程中排入大气的二氧化硫数量。

工业固体废物产生量 指企业在生产过程中产生的固体状、半固体状和高浓度液体状废弃物的总量、包括危险废物、冶炼废渣、粉煤灰、炉渣、煤矸石、尾矿、放射性废物和其他废物等；不包括矿山开采的剥离废石和掘进废石(煤矸石和呈酸性或碱性的废石除外)。酸性或碱性废石指采掘的废石其流经水、雨淋水的PH值小于4或PH值大于10.5者。

工业固体废物贮存量 指以综合利用或处置为目的，将固体废物暂时贮存或堆存在专设的贮存设施或专设的集中堆存场所内的数量。专设的固体废物贮存场所或贮存设施必须有防扩散、防流失、防渗漏、防止污染大气、水体的措施。

工业固体废物处置量 指将固体废物焚烧或者最终置于符合环境保护规定要求的场所，并不再回取的工业固体废物量(包括当年处置往年的工业固体废物累计贮存量)。处置方法有填埋(其中危险废物应安全填埋)、焚烧、专业贮存场(库)封场处理、 深层灌注、回填矿井等。

工业固体废物排放量 指将所产生的固体废物排到固体废物污染防治设施、场所以外的数量、不包括矿山开采的剥离废石和掘进废石(煤矸石和呈酸性或碱性的废石除外)。

Explanatory Notes on Main Statistical Indicators

Art Performance Troupes refer to the troupes who are engaged in drama, opera, music, dance, acrobatics or other art performance, have independent accounts with banks and have self-supporting accounting system. Troupes who are engaged partly in industrial or agricultural activities, partly in art performance and the professional troupes organized by the mass are not included. The statistics reflect the scale and level of development of professional art troupes nationally.

Culture Centers refer to mass cultural centres which specialize in mass cultural activities. They do not include rural and street cultural teams or service stations that comprise of temporary transferred staff or personnel who do not have a personnel quota.

Business Institutions of Cultural Market refer to the institutions dealing in culture and cultural services, which registered and permitted with the relative certificate by cultural market administration.

Libraries refer to management and services of all kinds of libraries, that is, collect, collate, store and manage literature and information, supply various popular knowledge and education of science and culture openly. They include management and service that are carried out internally and singly by public libraries and all kinds of agencies, but don't include library rooms of army and culture centers or stations.

Culture and Art Research Institutions refer to institutions that mainly do research on culture and art. These institutions own academic leaders to some degree and research personnel to some quantity and quality, have the basic condition to carry out work under definite research direction and task.

Museums refer to social service agencies which collect, protect, exhibit the evidence of human's activities and natural environment in an open, non-profit and permanent way. They include museum, memorial hall, art gallery, science museum, exhibition hall and so on.

Number of Spectators at Art Performance refers to the number of attendants at commercial shows completely booked shows or free shows given in minority national areas and does not include the number of spectators at rehearsals for examination and internal shows for study.

Number of Athletes in Grades refers to the number of athletes who have been given titles through examination. The titles of athletes include international masters of sports masters of sports first-grade second-grade and third-grade sportsmen and young athletes.

Number of Referees in Grades refers to the number of referees who have been given titles after examination. They are classified as international refers national referees and referees of the first second and third grades.

Stadiums refer to stadiums for track and field events with six lane 400-meter tracks around soccer fields permanent track marks and permanent bleachers. Stadiums are classified according to seating capacity. They include: Class a stadiums seating 25000 people each, class b stadiums seating 15000 to 25000 people each, class c stadiums seating 5000 to 15000 people each and class d stadiums seating fewer than 5000 people.

Gymnasiums refer to indoor sports grounds with permanent seats in which basketball volleyball. Badminton table tennis and gymnastics competitions can be held. Gymnasiums are classified according to seating capacity. They include class a gymnasiums seating over 6000 people. Class b gymnasiums seat 4000 to 6000 people. Class c gymnasiums seating 2000 to 4000 people and class d gymnasiums seating fewer than 2000 people.

Volume of Industrial Waste Water Discharged refers to the volume of industrial waste water discharged through all outlets to the outside of industrial enterprises including waste water produced direct-cooling water underground water from mines that does not meet the standard of discharge and the domestic sewage mixed up with industrial waste water when discharged but excluding discharged indirect-cooling water.

Volume of Industrial Waste Gas Emission refers to waste gas emitted from burning of fuels and from production process in the area of the factory and is measured by standard cubic meters each year under normal condition.

Volume of Industrial Sulphur Dioxide Emission refers to dioxide emission volume enterprises discharge into atmosphere by fuels burning and production processing.

Volume of Industrial Solid Wastes Produced refers to the total volume of solid semi-solid or high concentration liquid residue produced by industrial enterprises in their production process including dangerous wastes residues from melting slag powdered coal ash gangue chemical residues tailings radioactive residues and other residues but excluding stripped or dug stones in mining except gangue and acid or alkali stones which are stones washed or soaked by water with a pH value smaller than 4 or larger than 10.5.

Volume of Industrial Stored up Solid Wastes refers to the volume of industrial solid wastes temporarily stored up or piled with special facilities or piled in the special sites for the purpose of utilization or treatment in future. The special facilities or special sites for storing up solid wastes should have the measures against spreading or being washed away to other places permeating the soil causing air pollution or water contamination.

Volume of Industrial Solid Wastes Treated refers to solid wastes disposed of in a non—recoverable place that meet the requirement of environmental protection such as burying (The dangerous wastes should be buried safely), burning, piling in designated sites, pouring water into the deep strata, filling of old mines, etc. (Including treatment of solid wastes piled up in the previous years).

Volume of Industrial Solid Wastes Discharged refers to the volume of industrial solid wastes produced and discharged at the places outside the special facilities or special sites for preventing against pollution, excluding stripped or dug stones in mining (except gangue and acid or alkali waste stones).

17

城市概况

INFORMATION OF CITY

PAGE

543–560

资料整理人员

李永章　马金兰　李悦榕　白鹏洲　李艳旭

17-1 地级城市主要经济指标(2012年)
MAJOR ECONOMIC INDICATORS OF CITIES AT PREFECTURE LEVEL(2012)

指　　标	Item	太原市区 Taiyuan Urban District	大同市区 Datong Urban District	阳泉市区 Yangquan Urban District
总户数 (万户)	Number of Households (10 000 households)	79.16	58.08	24.43
常住人口 (万人)	Resident Population(10 000 persons)	347.34	156.77	72.69
#非农业人口	Non-agricultural Population	234.20	129.52	57.15
出生人数 (人)	Birth Population (person)	30052	14606	6169
死亡人数 (人)	Death Population (person)	12392	9312	3905
城镇从业人员期末人数(万人)	Number of Urban Employees at the End of Period (10 000 persons)	95.41	37.04	22.54
土地面积 (平方公里)	Area of Land (sq.km)	1475	2080	652
地区生产总值 (万元)	Gross Domestic Product (10 000 yuan)	21125331	7520161	3956441
第一产业	Primary Industry	150676	98994	24983
第二产业	Secondary Industry	9191550	4051277	2187388
第三产业	Tertiary Industry	11783105	3369890	1744070
工业经济指标	Industrial Indicators			
工业企业数 (个)	Number of Enterprises (unit)	309	91	67
内资企业	Domestic Capital	288	83	61
港澳台投资企业	Hongkong ,Macao and Taiwan Investment	4		3
外商投资企业	Foreign Capital	17	8	3
流动资产合计 (万元)	Total Circulating Funds(10 000 yuan)	15346099	6830721	3388645
固定资产合计 (万元)	Total Fixed Assets (10 000 yuan)	11599514	6907228	3342931
主营业务收入 (万元)	Revenue of Major Business (10 000 yuan)	30644474	15276878	6192675
主营业务税金及附加 (万元)	Tax and Extra Charges of Major Business (10 000 yuan)	279584	96114	71157
本年应交增值税 (万元)	Value Added Tax Payable (10 000 yuan)	685580	618964	332869
利润总额 (万元)	Total Profits (10 000 yuan)	1130984	283378	194778
固定电话用户数 (万户)	Number of Telephone Subscribers (10 000 subscribers)	147.59	49.96	25.30
年末移动电话用户数 (万户)	Number of Mobile Phone Subscribers (10 000 subscribers)	718.00	325.45	135.95
国际互联网用户数 (万户)	Internet Subscriber (10 000 subscriber)	123.39	41.76	27.00

注：工业经济指标统计口径为年主营业务收入2000万元及以上的工业法人企业；总户数和总人口相关指标为公安年报数；固定电话、年末移动电话、互联网宽带接入用户数为全市口径。

Note: Statistical coverage of industry are enterprises with revenue of major business over 20 million yuan; The number of households and population are all from public security department; The coverage of subscribers numbers of telephone, mobile phone and internet are all citywide.

17-1 续表1 continued

指 标	Item	太原市区 Taiyuan Urban District	大同市区 Datong Urban District	阳泉市区 Yangquan Urban District
全社会用电量 (万千瓦小时)	Total Electricity Consumption (10 000 kwh)	2311059	704999	808106
#工业用电	Industry	1724960	493913	606723
城乡居民生活用电	Resident Living	233240	76850	25125
固定资产投资 (不含农户)(万元)	Investment in Fixed Assets (Excluding Rural Household) (10 000 yuan)	11469208	4863755	1648172
#房地产开发投资	Investment in Real Estate	3454414	1582089	473637
#住 宅	Residential Buildings	2454665	1060909	390746
商品房屋销售面积 (万平方米)	Floor Space of Commercial Houses Sold (10 000 sq.m)	302.67	98.45	90.30
商品房屋销售额 (万元)	Sales of Commercial Houses (10 000 yuan)	2119656	438472	262499
社会消费品零售总额 (万元)	Total Retail Sales of Consumer Goods (10 000 yuan)	10579835	3246408	1567404
地方财政收入 (万元)	Local Financial Revenue (10 000 yuan)	1869385	688129	421045
地方财政支出 (万元)	Local Financial Expenditure (10 000 yuan)	2228863	1157108	574808
在校学生数	Student Enrollment			
高等学校 (人)	Institutions of Higher Education (person)	358202	36172	11999
高中阶段 (人)	Senior Middle Schools(person)	72578	60487	34915
中等职业学校 (人)	Vocational Secondary Schools (person)	174319	24438	16817
普通中学 (万人)	Regular Secondary Schools (10 000 persons)	17.78	10.12	6.48
小 学 (万人)	Primary Schools (10 000 persons)	19.87	12.73	6.22
科技活动人员 (人)	Technological Activities Personnel (person)		9483	9790
医院、卫生院数 (个)	Number of Hospitals (unit)	194	102	298
医院、卫生院床位数 (张)	Number of Beds in Hospitals (bed)	29189	9419	4979
医生数 (人)	Number of Doctors (person)	17190	6398	2761
在岗职工平均人数 (万人)	Everage Full Employed Staff and Workers (10 000 persons)	90.48	34.89	21.15
在岗职工工资总额 (万元)	Total Wages of Full Employed Staff and Workers (10 000 yuan)	4508728	1800639	1214445
居民人民币储蓄存款余额 (万元)	Balance of Residents Savings Deposit in RMB (10 000 yuan)	27646840	9451954	3817051

17-1 续表2 continued

指　　标	Item	长治市区 Changzhi Urban District	晋城市区 Jincheng Urban District	朔州市区 Shuozhou Urban District
总户数（万户）	Number of Households (10 000 households)	21.32	13.36	26.85
常住人口（万人）	Resident Population(10 000 persons)	78.30	48.26	71.70
#非农业人口	Non-agricultural Population	61.70	29.81	21.50
出生人数（人）	Birth Population (person)	8246	3829	12787
死亡人数（人）	Death Population (person)	4022	1025	2865
城镇从业人员期末人数(万人)	Number of Urban Employees at the End of Period (10 000 persons)	14.63	14.27	11.25
土地面积（平方公里）	Area of Land (sq.km)	334	143	4107
地区生产总值（万元）	Gross Domestic Product (10 000 yuan)	3214809	2033319	5775323
第一产业	Primary Industry	35227	11000	173704
第二产业	Secondary Industry	1646594	881021	3647335
第三产业	Tertiary Industry	1532988	1141298	1954284
工业经济指标	Industrial Indicators			
工业企业数（个）	Number of Enterprises (unit)	77	44	83
内资企业	Domestic Capital	75	38	80
港澳台投资企业	Hongkong ,Macao and Taiwan Investment	1	1	1
外商投资企业	Foreign Capital	1	5	2
流动资产合计(万元)	Total Circulating Funds(10 000 yuan)	2598967	5534536	3105396
固定资产合计(万元)	Total Fixed Assets (10 000 yuan)	2299115	2330565	6037583
主营业务收入(万元)	Revenue of Major Business (10 000 yuan)	4674178	5973742	6752751
主营业务税金及附加(万元)	Tax and Extra Charges of Major Business (10 000 yuan)	23095	38675	129272
本年应交增值税（万元）	Value Added Tax Payable (10 000 yuan)	143476	337595	595351
利润总额（万元）	Total Profits (10 000 yuan)	343059	808183	1246825
固定电话用户数(万户)	Number of Telephone Subscribers (10 000 subscribers)	62.36	43.48	24.70
年末移动电话用户数(万户)	Number of Mobile Phone Subscribers (10 000 subscribers)	261.72	171.82	131.20
国际互联网用户数(万户)	Internet Subscriber (10 000 subscriber)	45.17	31.80	19.60

17-1 续表3 continued

指　　标	Item	长治市区 Changzhi Urban District	晋城市区 Jincheng Urban District	朔州市区 Shuozhou Urban District
全社会用电量 (万千瓦小时)	Total Electricity Consumption (10 000 kwh)	410413	188427	512848
#工业用电	Industry	323613	144879	456643
城乡居民生活用电	Resident Living	40859	15213	9715
固定资产投资 (不含农户)(万元)	Investment in Fixed Assets (Excluding Rural Household) (10 000 yuan)	2206471	1983533	137421
#房地产开发投资	Investment in Real Estate	591760	352348	134251
#住　宅	Residential Buildings	468588	261083	110129
商品房屋销售面积 (万平方米)	Floor Space of Commercial Houses Sold (10 000 sq.m)	108.17	57.92	44.26
商品房屋销售额 (万元)	Sales of Commercial Houses (10 000 yuan)	390658	226684	97620
社会消费品零售总额 (万元)	Total Retail Sales of Consumer Goods (10 000 yuan)	2465787	1366168	822006
地方财政收入 (万元)	Local Financial Revenue (10 000 yuan)	544295	391396	600998
地方财政支出 (万元)	Local Financial Expenditure (10 000 yuan)	617539	464530	797464
在校学生数	Student Enrollment			
高等学校 (人)	Institutions of Higher Education (person)	30533	5907	328
高中阶段 (人)	Senior Middle Schools(person)	52540	31071	70538
中等职业学校 (人)	Vocational Secondary Schools (person)	21992	15648	7954
普通中学 (万人)	Regular Secondary Schools (10 000 persons)	6.92	4.41	6.26
小　学　(万人)	Primary Schools (10 000 persons)	6.11	3.97	7.37
科技活动人员 (人)	Technological Activities Personnel (person)	4272	3513	1123
医院、卫生院数 (个)	Number of Hospitals (unit)	62	34	67
医院、卫生院床位数 (张)	Number of Beds in Hospitals (bed)	6747	3136	2846
医生数 (人)	Number of Doctors (person)	3917	2251	1406
在岗职工平均人数 (万人)	Everage Full Employed Staff and Workers (10 000 persons)	13.12	13.52	10.86
在岗职工工资总额 (万元)	Total Wages of Full Employed Staff and Workers (10 000 yuan)	479199	884874	534616
居民人民币储蓄存款余额 (万元)	Balance of Residents Savings Deposit in RMB (10 000 yuan)	4780869	4279669	3397143

17-1 续表4 continued

指　　标	Item	晋中市区 Jinzhong Urban District	运城市区 Yuncheng Urban District	忻州市区 Xinzhou Urban District
总户数（万户）	Number of Households (10 000 households)	19.80	22.37	22.78
常住人口（万人）	Resident Population(10 000 persons)	60.15	68.73	55.19
#非农业人口	Non-agricultural Population	31.34	24.13	20.32
出生人数（人）	Birth Population (person)	6406	6438	6268
死亡人数（人）	Death Population (person)	3230	3336	3216
城镇从业人员期末人数(万人)	Number of Urban Employees at the End of Period (10 000 persons)	10.49	6.74	7.19
土地面积（平方公里）	Area of Land (sq.km)	1318	1215	1982
地区生产总值（万元）	Gross Domestic Product (10 000 yuan)	1985993	1621611	1042477
第一产业	Primary Industry	156543	110665	73758
第二产业	Secondary Industry	807168	538927	418180
第三产业	Tertiary Industry	1022282	972019	550539
工业经济指标	Industrial Indicators			
工业企业数（个）	Number of Enterprises (unit)	120	72	30
内资企业	Domestic Capital	108	69	30
港澳台投资企业	Hongkong ,Macao and Taiwan Investment	6		
外商投资企业	Foreign Capital	6	3	
流动资产合计 (万元)	Total Circulating Funds(10 000 yuan)	1213292	1288761	470041
固定资产合计 (万元)	Total Fixed Assets (10 000 yuan)	1053158	1312903	363317
主营业务收入 (万元)	Revenue of Major Business (10 000 yuan)	1842022	2196057	744565
主营业务税金及附加 (万元)	Tax and Extra Charges of Major Business (10 000 yuan)	11375	7604	1885
本年应交增值税（万元）	Value Added Tax Payable (10 000 yuan)	57834	32791	15843
利润总额（万元）	Total Profits (10 000 yuan)	12462	56963	87679
固定电话用户数 (万户)	Number of Telephone Subscribers (10 000 subscribers)	68.95	76.54	60.28
年末移动电话用户数 (万户)	Number of Mobile Phone Subscribers (10 000 subscribers)	232.89	387.94	263.12
国际互联网用户数 (万户)	Internet Subscriber (10 000 subscriber)	46.27	59.80	38.63

17-1 续表5 continued

指 标	Item	晋中市区 Jinzhong Urban District	运城市区 Yuncheng Urban District	忻州市区 Xinzhou Urban District
全社会用电量 (万千瓦小时)	Total Electricity Consumption (10 000 kwh)	276013	487769	109288
#工业用电	Industry	134100	373749	53425
城乡居民生活用电	Resident Living	32800	50701	13062
固定资产投资 (不含农户)(万元)	Investment in Fixed Assets (Excluding Rural Household) (10 000 yuan)	1168894	1801033	830209
#房地产开发投资	Investment in Real Estate	231279	435715	107044
#住 宅	Residential Buildings	170221	334088	78384
商品房屋销售面积 (万平方米)	Floor Space of Commercial Houses Sold (10 000 sq.m)	50.85	98.50	45.67
商品房屋销售额 (万元)	Sales of Commercial Houses (10 000 yuan)	225530	279973	122658
社会消费品零售总额 (万元)	Total Retail Sales of Consumer Goods (10 000 yuan)	1196955	1570000	624367
地方财政收入 (万元)	Local Financial Revenue (10 000 yuan)	98161	73852	36395
地方财政支出 (万元)	Local Financial Expenditure (10 000 yuan)	184765	184926	147889
在校学生数	Student Enrollment			
高等学校 (人)	Institutions of Higher Education (person)	35351	8189	16201
高中阶段 (人)	Senior Middle Schools(person)	9191	33952	19524
中等职业学校 (人)	Vocational Secondary Schools (person)	14362	35472	16930
普通中学 (万人)	Regular Secondary Schools (10 000 persons)	3.00	8.71	4.78
小 学 (万人)	Primary Schools (10 000 persons)	4.08	6.69	4.26
科技活动人员 (人)	Technological Activities Personnel (person)	663	2135	2751
医院、卫生院数 (个)	Number of Hospitals (unit)	39	72	139
医院、卫生院床位数 (张)	Number of Beds in Hospitals (bed)	3187	6375	3311
医生数 (人)	Number of Doctors (person)	1987	3678	2947
在岗职工平均人数 (万人)	Everage Full Employed Staff and Workers (10 000 persons)	8.71	7.99	6.47
在岗职工工资总额 (万元)	Total Wages of Full Employed Staff and Workers (10 000 yuan)	312652	251079	198131
居民人民币储蓄存款余额 (万元)	Balance of Residents Savings Deposit in RMB (10 000 yuan)	3238000	2158331	2196350

17-1 续表6 continued

指　　标	Item	临汾市区 Linfen Urban District	吕梁市区 Lvliang Urban District
总户数（万户）	Number of Households (10 000 households)	37.31	10.70
常住人口（万人）	Resident Population(10 000 persons)	80.56	32.49
#非农业人口	Non-agricultural Population	36.52	16.03
出生人数（人）	Birth Population (person)	10563	3564
死亡人数（人）	Death Population (person)	3709	1623
城镇从业人员期末人数(万人)	Number of Urban Employees at the End of Period (10 000 persons)	11.36	5.48
土地面积（平方公里）	Area of Land (sq.km)	1316	1339
地区生产总值（万元）	Gross Domestic Product (10 000 yuan)	2478276	900061
第一产业	Primary Industry	87267	18324
第二产业	Secondary Industry	966829	485725
第三产业	Tertiary Industry	1424180	396012
工业经济指标	Industrial Indicators		
工业企业数（个）	Number of Enterprises (unit)	52	21
内资企业	Domestic Capital	47	21
港澳台投资企业	Hongkong ,Macao and Taiwan Investment	4	
外商投资企业	Foreign Capital	1	
流动资产合计 (万元)	Total Circulating Funds(10 000 yuan)	963769	1801539
固定资产合计 (万元)	Total Fixed Assets (10 000 yuan)	1217525	715622
主营业务收入 (万元)	Revenue of Major Business (10 000 yuan)	2523193	810106
主营业务税金及附加 (万元)	Tax and Extra Charges of Major Business (10 000 yuan)	17275	10491
本年应交增值税（万元）	Value Added Tax Payable (10 000 yuan)	105060	53377
利润总额（万元）	Total Profits (10 000 yuan)	-50198	-26547
固定电话用户数 (万户)	Number of Telephone Subscribers (10 000 subscribers)	62.72	53.87
年末移动电话用户数 (万户)	Number of Mobile Phone Subscribers (10 000 subscribers)	363.85	247.25
国际互联网用户数 (万户)	Internet Subscriber (10 000 subscriber)	53.08	41.60

17-1 续表7 continued

指 标	Item	临汾市区 Linfen Urban District	吕梁市区 lvliang Urban District
全社会用电量 (万千瓦小时)	Total Electricity Consumption (10 000 kwh)	289765	76000
#工业用电	Industry	188773	28700
城乡居民生活用电	Resident Living	47045	21700
固定资产投资 (不含农户)(万元)	Investment in Fixed Assets (Excluding Rural Household) (10 000 yuan)	1786611	96815
#房地产开发投资	Investment in Real Estate	264928	96815
#住 宅	Residential Buildings	190612	66248
商品房屋销售面积 (万平方米)	Floor Space of Commercial Houses Sold (10 000 sq.m)	38.41	6.18
商品房屋销售额 (万元)	Sales of Commercial Houses (10 000 yuan)	140963	22558
社会消费品零售总额 (万元)	Total Retail Sales of Consumer Goods (10 000 yuan)	1639451	496283
地方财政收入 (万元)	Local Financial Revenue (10 000 yuan)	142772	111466
地方财政支出 (万元)	Local Financial Expenditure (10 000 yuan)	230114	166748
在校学生数	Student Enrollment		
高等学校 (人)	Institutions of Higher Education (person)	41359	16050
高中阶段 (人)	Senior Middle Schools(person)	32623	17766
中等职业学校 (人)	Vocational Secondary Schools (person)	16027	14553
普通中学 (万人)	Regular Secondary Schools (10 000 persons)	7.71	3.62
小 学 (万人)	Primary Schools (10 000 persons)	6.78	3.73
科技活动人员 (人)	Technological Activities Personnel (person)	533	620
医院、卫生院数 (个)	Number of Hospitals (unit)	77	72
医院、卫生院床位数 (张)	Number of Beds in Hospitals (bed)	5172	1595
医生数 (人)	Number of Doctors (person)	3071	1061
在岗职工平均人数 (万人)	Everage Full Employed Staff and Workers (10 000 persons)	9.46	4.87
在岗职工工资总额 (万元)	Total Wages of Full Employed Staff and Workers (10 000 yuan)	386139	182807
居民人民币储蓄存款余额 (万元)	Balance of Residents Savings Deposit in RMB (10 000 yuan)	3973334	1720000

17-2 地级城市公用事业及设施水平(2012年)
LEVEL OF PUBLIC FACILITIES IN CITIES AT PREFECTURE LEVEL(2012)

指　　标	Item	太原市区 Taiyuan Urban District	大同市区 Datong Urban District
城镇居民人均住房建筑面积 (平方米)	Per Capita Floor Space of Urban Residents (sq.m)	29.00	26.27
供水综合生产能力 (万立方米/日)	Daily Production Capacity of Tap Water (10 000 cu.m/day)	182.14	55.30
城市供水总量 (万吨)	Total Volume of City Water Supply (10 000 tons)	31107	8716
#居民生活用水量	Residential Use	10110	3814
平均每人生活用水(吨)	Per Capita Consumption of Tap Water for Resiential Use (ton)	30.64	29.84
排水管道长度(公里)	Lenth of Drainage Pipelines (km)	1720	574
年末实有城市道路面积 (万平方米)	Actual Area of City Roads at the Year End (10 000 sq.m)	2904	2007
每人拥有城市道路面积 (平方米)	Per Capita Area of City Roads (sq.m)	12.40	15.50
供气总量 (人工、天然气)(万立方米)	Coal Gas Supply (Munufactured and Natural Gas) (10 000 cu.m)	106822	10706
#家庭用量	Residential Use	15719	3186
液化石油气供气总量 (吨)	Natural Gas Supply (ton)	32475	10612
#家庭用量	Residential Use	32453	3250
公共汽(电)车营运车辆数 (辆)	Number of Public Transportation Vehicles (unit)	3054	866
平均每万人拥有公共汽(电) 车数 (辆)	Number of Public Transportation Vehicles Per 10 000 Population (unit)	13.04	6.69
出租汽车数 (辆)	Number of Taxis (unit)	8719	4970
公共汽(电)车客运总量 (万人次)	Number of Passengers Carried by Public TransportationVehicles (10 000 person-times)	56100	17736
绿地面积 (公顷)	Green Area (ha)	10596	4504
#公园绿地面积	Green Area of Parks	3416	1652
每万人拥有绿地面积 (公顷)	Green Area Per 10 000 Population (ha)	45.24	34.77
建成区绿化覆盖面积 (公顷)	Green Coverage of Completed Areas (ha)	12112	4504

17-2 续表1 continued

指 标	Item	阳泉市区 Yangquan Urban District	长治市区 Changzhi Urban District
城镇居民人均住房建筑面积 (平方米)	Per Capita Floor Space of Urban Residents (sq.m)	26.00	30.00
供水综合生产能力 (万立方米/日)	Daily Production Capacity of Tap Water (10 000 cu.m/day)	26.06	28.81
城市供水总量 (万吨)	Total Volume of City Water Supply (10 000 tons)	5227	7522
#居民生活用水量	Residential Use	2068	3798
平均每人生活用水(吨)	Per Capita Consumption of Tap Water for Resiential Use (ton)	32.23	52.25
排水管道长度(公里)	Lenth of Drainage Pipelines (km)	351	378
年末实有城市道路面积 (万平方米)	Actual Area of City Roads at the Year End (10 000 sq.m)	603	557
每人拥有城市道路面积 (平方米)	Per Capita Area of City Roads (sq.m)	10.55	9.03
供气总量 (人工、天然气)(万立方米)	Coal Gas Supply (Munufactured and Natural Gas) (10 000 cu.m)	79997	8071
#家庭用量	Residential Use	15097	5760
液化石油气供气总量 (吨)	Natural Gas Supply (ton)	1028	10906
#家庭用量	Residential Use	1028	10906
公共汽(电)车营运车辆数 (辆)	Number of Public Transportation Vehicles (unit)	748	678
平均每万人拥有公共汽(电) 车数 (辆)	Number of Public Transportation Vehicles Per 10 000 Population (unit)	13.09	10.99
出租汽车数 (辆)	Number of Taxis (unit)	2017	1801
公共汽(电)车客运总量 (万人次)	Number of Passengers Carried by Public TransportationVehicles (10 000 person-times)	18669	10957
绿地面积 (公顷)	Green Area (ha)	1945	2389
#公园绿地面积	Green Area of Parks	558	745
每万人拥有绿地面积 (公顷)	Green Area Per 10 000 Population (ha)	34.03	38.72
建成区绿化覆盖面积 (公顷)	Green Coverage of Completed Areas (ha)	2162	2669

17-2 续表2 continued

指 标	Item	晋城市区 Jincheng Urban District	朔州市区 Shuozhou Urban District
城镇居民人均住房建筑面积 (平方米)	Per Capita Floor Space of Urban Residents (sq.m)	32.10	28.02
供水综合生产能力 (万立方米/日)	Daily Production Capacity of Tap Water (10 000 cu.m/day)	18.00	18.00
城市供水总量 (万吨)	Total Volume of City Water Supply (10 000 tons)	2146	2696
#居民生活用水量	Residential Use	950	1162
平均每人生活用水(吨)	Per Capita Consumption of Tap Water for Resiential Use (ton)	23.44	29.92
排水管道长度(公里)	Lenth of Drainage Pipelines (km)	347	510
年末实有城市道路面积 (万平方米)	Actual Area of City Roads at the Year End (10 000 sq.m)	529	645
每人拥有城市道路面积 (平方米)	Per Capita Area of City Roads (sq.m)	17.75	30.00
供气总量 (人工、天然气)(万立方米)	Coal Gas Supply (Munufactured and Natural Gas) (10 000 cu.m)	17743	4437
#家庭用量	Residential Use	5054	2036
液化石油气供气总量 (吨)	Natural Gas Supply (ton)	1095	1300
#家庭用量	Residential Use	780	680
公共汽(电)车营运车辆数 (辆)	Number of Public Transportation Vehicles (unit)	566	217
平均每万人拥有公共汽(电) 车数 (辆)	Number of Public Transportation Vehicles Per 10 000 Population (unit)	18.99	10.09
出租汽车数 (辆)	Number of Taxis (unit)	1897	1123
公共汽(电)车客运总量 (万人次)	Number of Passengers Carried by Public TransportationVehicles (10 000 person-times)	7119	2270
绿地面积 (公顷)	Green Area (ha)	1577	1779
#公园绿地面积	Green Area of Parks	556	422
每万人拥有绿地面积 (公顷)	Green Area Per 10 000 Population (ha)	52.90	82.74
建成区绿化覆盖面积 (公顷)	Green Coverage of Completed Areas (ha)	1672	1931

17-2 续表3 continued

指 标	Item	晋中市区 Jinzhong Urban District	运城市区 Yuncheng Urban District
城镇居民人均住房建筑面积 (平方米)	Per Capita Floor Space of Urban Residents (sq.m)	34.50	35.18
供水综合生产能力 (万立方米/日)	Daily Production Capacity of Tap Water (10 000 cu.m/day)	10.00	8.01
城市供水总量 (万吨)	Total Volume of City Water Supply (10 000 tons)	3321	2446
#居民生活用水量	Residential Use	1029	812
平均每人生活用水(吨)	Per Capita Consumption of Tap Water for Resiential Use (ton)	22.53	19.68
排水管道长度(公里)	Lenth of Drainage Pipelines (km)	579	366
年末实有城市道路面积 (万平方米)	Actual Area of City Roads at the Year End (10 000 sq.m)	769	433
每人拥有城市道路面积 (平方米)	Per Capita Area of City Roads (sq.m)	24.54	17.94
供气总量 (人工、天然气)(万立方米)	Coal Gas Supply (Munufactured and Natural Gas) (10 000 cu.m)	8837	467
#家庭用量	Residential Use	2141	407
液化石油气供气总量 (吨)	Natural Gas Supply (ton)	2620	2947
#家庭用量	Residential Use	1000	2318
公共汽(电)车营运车辆数 (辆)	Number of Public Transportation Vehicles (unit)	407	350
平均每万人拥有公共汽(电) 车数 (辆)	Number of Public Transportation Vehicles Per 10 000 Population (unit)	12.99	14.50
出租汽车数 (辆)	Number of Taxis (unit)	1180	1805
公共汽(电)车客运总量 (万人次)	Number of Passengers Carried by Public TransportationVehicles (10 000 person-times)	4600	438
绿地面积 (公顷)	Green Area (ha)	1654	1523
#公园绿地面积	Green Area of Parks	605	425
每万人拥有绿地面积 (公顷)	Green Area Per 10 000 Population (ha)	52.78	63.12
建成区绿化覆盖面积 (公顷)	Green Coverage of Completed Areas (ha)	1880	1712

17-2 续表4 continued

指 标	Item	忻州市区 Xinzhou Urban District	临汾市区 Linfen Urban District
城镇居民人均住房建筑面积 (平方米)	Per Capita Floor Space of Urban Residents (sq.m)	30.41	29.67
供水综合生产能力 (万立方米/日)	Daily Production Capacity of Tap Water (10 000 cu.m/day)	6.55	12.30
城市供水总量 (万吨)	Total Volume of City Water Supply (10 000 tons)	2156	2258
#居民生活用水量	Residential Use	931	1211
平均每人生活用水(吨)	Per Capita Consumption of Tap Water for Resiential Use (ton)	35.73	29.10
排水管道长度(公里)	Lenth of Drainage Pipelines (km)	371	234
年末实有城市道路面积 (万平方米)	Actual Area of City Roads at the Year End (10 000 sq.m)	435	510
每人拥有城市道路面积 (平方米)	Per Capita Area of City Roads (sq.m)	21.41	13.96
供气总量 (人工、天然气)(万立方米)	Coal Gas Supply (Munufactured and Natural Gas) (10 000 cu.m)	7689	26862
#家庭用量	Residential Use	3300	5139
液化石油气供气总量 (吨)	Natural Gas Supply (ton)	3560	14600
#家庭用量	Residential Use	1630	6530
公共汽(电)车营运车辆数 (辆)	Number of Public Transportation Vehicles (unit)	112	302
平均每万人拥有公共汽(电) 车数 (辆)	Number of Public Transportation Vehicles Per 10 000 Population (unit)	5.51	8.27
出租汽车数 (辆)	Number of Taxis (unit)	713	1862
公共汽(电)车客运总量 (万人次)	Number of Passengers Carried by Public TransportationVehicles (10 000 person-times)	1450	5745
绿地面积 (公顷)	Green Area (ha)	674	1782
#公园绿地面积	Green Area of Parks	199	643
每万人拥有绿地面积 (公顷)	Green Area Per 10 000 Population (ha)	9.79	17.61
建成区绿化覆盖面积 (公顷)	Green Coverage of Completed Areas (ha)	788	2019

17-2 续表5 continued

指　标	Item	吕梁市区 Lvliang Urban District
城镇居民人均住房建筑面积 (平方米)	Per Capita Floor Space of Urban Residents (sq.m)	28.06
供水综合生产能力 (万立方米/日)	Daily Production Capacity of Tap Water (10 000 cu.m/day)	4.90
城市供水总量 (万吨)	Total Volume of City Water Supply (10 000 tons)	915
#居民生活用水量	Residential Use	366
平均每人生活用水(吨)	Per Capita Consumption of Tap Water for Resiential Use (ton)	15.78
排水管道长度(公里)	Lenth of Drainage Pipelines (km)	221
年末实有城市道路面积 (万平方米)	Actual Area of City Roads at the Year End (10 000 sq.m)	291
每人拥有城市道路面积 (平方米)	Per Capita Area of City Roads (sq.m)	18.15
供气总量 (人工、天然气)(万立方米)	Coal Gas Supply (Munufactured and Natural Gas) (10 000 cu.m)	3340
#家庭用量	Residential Use	1341
液化石油气供气总量 (吨)	Natural Gas Supply (ton)	1420
#家庭用量	Residential Use	1300
公共汽(电)车营运车辆数 (辆)	Number of Public Transportation Vehicles (unit)	96
平均每万人拥有公共汽(电) 车数 (辆)	Number of Public Transportation Vehicles Per 10 000 Population (unit)	5.99
出租汽车数 (辆)	Number of Taxis (unit)	450
公共汽(电)车客运总量 (万人次)	Number of Passengers Carried by Public TransportationVehicles (10 000 person-times)	650
绿地面积 (公顷)	Green Area (ha)	612
#公园绿地面积	Green Area of Parks	320
每万人拥有绿地面积 (公顷)	Green Area Per 10 000 Population (ha)	38.18
建成区绿化覆盖面积 (公顷)	Green Coverage of Completed Areas (ha)	880

主要统计指标解释

城乡居民生活用电 指市民住宅、集体宿舍、招待所、机关、商店、学校等照明用电。

城市供水总量 指报告期供水企业（单位）供出的全部水量，包括有效供水量和漏损水量，不包括开水直接利用量。

年末实有公共汽（电）车营运车辆数 是指城市公共交通企业可参加营运的全部车辆数。包括技术完好的、在修的、待修的、长期停驶的，以及拟报废尚未经上级主管部门批准报废的运营车辆数。不包括公交企业的油罐车、货车和其他专用车等非运营车，也不包括借入、租入的客运车辆。

全年公共汽（电）车客运总量 指运送乘客的总人数。包括普通票乘客人次，月票乘客人次和包车乘客人次。

供气总量（人工煤气、天然气） 指城市煤气企业向城市生产用户、家庭用户和其他用户供应的全部煤气量，包括外购及损失量。

居民生活用水量 指城市范围内所有居民家庭的日常生活用水。包括城市居民、农民家庭、公共供水站用水。

Explanatory Notes on Main Statistical Indicators

Consumption of Electricity for Residential Use refers to lighting consumption being used in residence, collective dormitory, rest house, department, store and school.

Total Volume of City Water Supply refers to total water volume supplied by waterworks (units) during the reference period. It includes both the effective water supply and loss during water supply, while it doesn't include volume of boil water directly used.

Number of Public Buses (Trolley Buses) Under Operation at Year-end refers to the total number of operational buses available, including the operational vehicles and vehicles in stock. Non-operational vehicles such as tank cars, machine shop cars, trucks and special vehicles and the borrowed passenger vehicles are excluded.

Number of Passengers Carried by Bus (Trolley Bus) in the Year refers to the total person-times of passengers carried by buses and trolley bus, including ordinary tickets passengers, monthly tickets passengers and group passengers.

Volume of (Manufactured and Natural) Gas Supply refers to the total volume of gas sold to city produce users, household users and other users by gas corporations, including volume purchased and loss.

Water Consumption for Residential Use refers to water consumption of total households for daily life in city, including water consumption of urban households, rural households and public water supply stations.

18 » 地市篇

PATR OF PREFECTURE AND CITY

PAGE

561–620

山西统计年鉴 2013

SHANXI STATISTICAL YEARBOOK

18-1 国民经济核算主要指标(2012年)
MAJOR INDICATORS OF NATIONAL ECONOMIC ACCOUNTING(2012)

单位：万元 (10 000 yuan)

市名 City	总产出 Total Output	第一产业 Primary Industry	第二产业 Secondary Industry	#工业 Industry	第三产业 Tertiary Industry	#交通运输、仓储和邮政业 Transportation, Storage and Post	#批发和零售业 Wholesale and Retail Trade
全省 Total	**314093100**	**13042600**	**221007400**	**187292500**	**80043100**	**18071600**	**13372800**
太原市 Taiyuan	69941915	674967	45368757	29260154	23898191	3914489	5250398
大同市 Datong	24917200	923587	14183818	12931877	9809795	3171883	1942205
阳泉市 Yangquan	12970417	177853	8730328	7344851	4062236	1063321	1150270
长治市 Changzhi	34237554	938114	26404428	24621885	6895012	1345728	1461111
晋城市 Jincheng	18857441	745728	13617526	12369986	4494187	1000672	753978
朔州市 Shuozhou	26617556	1047458	13808064	13227684	11762034	3451734	4927057
晋中市 Jinzhong	25708272	1445237	18965434	15083842	5297601	1423359	888825
运城市 Yuncheng	31439448	3316019	19035414	17523708	9088015	2143313	2464618
忻州市 Xinzhou	17530951	1023202	8590534	7800164	7917215	1558994	1833669
临汾市 Linfen	32205669	1517671	22229883	19941278	8458115	2009818	2493187
吕梁市 Lvliang	29105531	996935	22110935	21001345	5997661	1336667	763710

市名 City	地区生产总值 Gross Domestic Product	第一产业 Primary Industry	第二产业 Secondary Industry	#工业 Industry	第三产业 Tertiary Industry	#交通运输、仓储和邮政业 Transportation, Storage and Post	#批发和零售业 Wholesale and Retail Trade
全省 Total	**121128300**	**6983200**	**67315600**	**60235500**	**46829500**	**8474400**	**9910800**
太原市 Taiyuan	23114326	360209	10355731	7842789	12398386	1684398	3207468
大同市 Datong	9313878	497792	4721786	4195610	4094300	1239081	656077
阳泉市 Yangquan	6019519	91850	3544619	3184622	2383050	491331	467551
长治市 Changzhi	13286097	534575	8949384	8611424	3802138	805523	857359
晋城市 Jincheng	10128134	427681	6537622	6184887	3162831	735766	594444
朔州市 Shuozhou	10071198	509272	5960522	5728086	3601404	1032052	812364
晋中市 Jinzhong	9865596	837701	5384159	4891159	3643736	976933	740000
运城市 Yuncheng	10686498	1769858	4923225	4242957	3993415	960025	849061
忻州市 Xinzhou	6209439	572241	3204704	2927992	2432494	494155	347324
临汾市 Linfen	12210801	810355	7587766	7012333	3812680	917544	695487
吕梁市 Lvliang	12304159	549704	9010311	8792879	2744144	678210	385303

18-1 续表 continued

单位：万元 (10 000 yuan)

市名 City	人均地区生产总值(元/人) Per Capita GDP (yuan/person)	资本形成总额 Gross Capital Formation	最终消费 Final Consumption Expenditure	居民总消费水平(元/人) Household Consumption Expenditure (yuan/person)	农村居民 Rural Households	城镇居民 Urban Household
全省 Total	**33628**	**82238500**	**55060900**	**10829**	**6485**	**15091**
太原市 Taiyuan	54440	12812796	10342528	17738	7592	**19735**
大同市 Datong	27815	6954375	4338301	9494	4214	13441
阳泉市 Yangquan	43702	4310210	2194650	11062	6730	13679
长治市 Changzhi	39523	8902967	6175038	13323	7627	20472
晋城市 Jincheng	44257	6327842	3967118	12585	6684	17690
朔州市 Shuozhou	58205	5750119	3566877	13606	7349	20134
晋中市 Jinzhong	30093	5985919	4707333	10221	7124	13773
运城市 Yuncheng	20628	7969367	5315506	7964	5038	12270
忻州市 Xinzhou	20081	5050584	3029318	7093	4289	11055
临汾市 Linfen	28031	7187408	5262151	8503	5220	12813
吕梁市 Lvliang	32709	7793149	3965786	7018	4665	10441

18-2 国民经济核算主要指标发展速度(2012年)

RATE OF MAJOR INDICATORS OF NATIONAL ECONOMIC ACCOUNTING(2012)

上年=100 (last year=100)

市名 City	总产出 Total Output	第一产业 Primary Industry	第二产业 Secondary Industry	#工业 Industry	第三产业 Tertiay Industry	#交通运输、仓储和邮政业 Transportation, Storage and Post	#批发和零售业 Wholesale and Retail Trade
全省 Total	**109.9**	**105.6**	**110.3**	**110.4**	**109.5**	**107.3**	**114.0**
太原市 Taiyuan	112.9	106.2	113.6	118.2	111.6	104.4	118.1
大同市 Datong	114.6	126.6	115.2	115.8	112.7	108.9	120.3
阳泉市 Yangquan	110.4	105.1	114.7	115.0	102.2	103.1	100.7
长治市 Changzhi	111.7	109.4	112.5	111.7	109.4	104.1	115.3
晋城市 Jincheng	111.2	111.2	111.0	111.1	111.8	108.1	115.9
朔州市 Shuozhou	113.1	111.1	112.5	113.1	114.1	109.0	119.9
晋中市 Jinzhong	110.2	106.5	110.6	112.8	109.7	108.9	108.6
运城市 Yuncheng	100.4	113.1	94.2	93.1	110.8	106.5	112.3
忻州市 Xinzhou	114.8	110.5	117.4	116.6	113.3	112.1	115.5
临汾市 Linfen	110.6	107.1	111.3	112.2	109.4	110.3	107.1
吕梁市 Lvliang	111.3	104.9	112.1	112.4	109.7	107.4	112.8

18-2 续表 continued

上年=100 (last year=100)

市 名 City	地区生产总值 Gross Domestic Product	第一产业 Primary Industry	第二产业 Secondary Industry	#工业 Industry	第三产业 Tertiary Industry	#交通运输、仓储和邮政业 Transportation, Storage and Post	#批发和零售业 Wholesale and Retail Trade
全 省 Total	**110.1**	**106.3**	**110.8**	**111.8**	**109.7**	**107.0**	**113.8**
太原市 Taiyuan	110.5	105.5	109.7	112.2	111.3	107.6	117.4
大同市 Datong	110.0	105.8	110.8	111.9	109.7	107.7	117.2
阳泉市 Yangquan	109.6	106.0	109.7	110.7	109.7	106.6	115.4
长治市 Changzhi	110.6	105.5	111.5	111.8	109.2	107.7	113.9
晋城市 Jincheng	111.1	109.1	112.1	112.5	109.4	108.4	113.9
朔州市 Shuozhou	111.1	105.5	112.6	112.8	109.5	108.1	115.6
晋中市 Jinzhong	110.2	106.5	111.5	112.5	109.3	108.0	108.6
运城市 Yuncheng	107.8	106.5	107.5	106.8	108.6	105.0	111.3
忻州市 Xinzhou	111.5	104.3	115.0	115.2	109.1	109.6	112.9
临汾市 Linfen	110.1	105.8	111.2	111.9	109.1	109.5	106.8
吕梁市 Lvliang	110.8	105.2	111.9	112.1	108.6	106.9	112.1

市 名 City	资本形成总额 Gross Capital Formation	最终消费 Final Consumption Expenditure	居民总消费水平 Household Consumption Expenditure	农村居民 Rural Households	城镇居民 Urban Households
全 省 Total	**118.8**	**115.0**	**112.6**	**116.6**	**108.8**
太原市 Taiyuan	111.1	109.7	112.0	121.6	110.8
大同市 Datong	100.5	115.0	114.7	114.4	112.7
阳泉市 Yangquan	116.3	108.3	102.6	109.4	99.5
长治市 Changzhi	118.1	108.7	111.5	116.7	106.5
晋城市 Jincheng	113.1	109.7	113.0	108.1	112.5
朔州市 Shuozhou	113.9	115.4	118.7	127.2	114.1
晋中市 Jinzhong	110.5	109.6	107.7	109.3	104.9
运城市 Yuncheng	115.8	110.2	108.3	109.7	104.4
忻州市 Xinzhou	110.2	108.4	108.3	109.5	103.5
临汾市 Linfen	115.6	105.3	104.6	104.1	102.5
吕梁市 Lvliang	127.5	104.7	103.6	104.9	100.1

18-3 基本单位数(2012年)
NUMBER OF BASIC UNITS (2012)

单位：个 (unit)

市 名 City	法人单位数 Corporation Units			产业活动单位数 Active Units	
	合 计 Total	单产业法人 Single Industry	多产业法人 Multi-industry	合 计 Total	#多产业法人所属产业活动单位 Units Belong to Multi-industry Corporation
全 省 Total	**244874**	**224921**	**19953**	**323296**	**98375**
太原市 Taiyuan	45976	43939	2037	53997	10058
大同市 Datong	20082	19056	1026	26089	7033
阳泉市 Yangquan	10991	9855	1136	14571	4716
长治市 Changzhi	25761	23155	2606	34850	11695
晋城市 Jincheng	20399	17803	2596	27883	10080
朔州市 Shuozhou	11847	11464	383	14593	3129
晋中市 Jinzhong	25848	23529	2319	34777	11248
运城市 Yuncheng	18855	16761	2094	29053	12292
忻州市 Xinzhou	20863	19779	1084	27006	7227
临汾市 Linfen	26882	23297	3585	37853	14556
吕梁市 Lvliang	17370	16283	1087	22624	6341

18-4 按投资类型分基本单位数(2012年)
NUMBER OF BASIC UNITS BY TYPE OF INVESTMENT(2012)

单位：个 (unit)

市 名 City	法人单位数 Corporation Units				产业活动单位数 Active Units			
	合 计 Total	内资单位 Civil Funded Enterprises	港澳台商投资单位 Enterprises Funded by HongKong, Macao and Taiwan	外商投资单位 Foreign Funded Enterprises	合 计 Total	内资单位 Civil Funded Enterprises	港澳台商投资单位 Enterprises Funded by HongKong, Macao and Taiwan	外商投资单位 Foreign Funded Enterprises
全 省 Total	**244874**	**244395**	**191**	**288**	**323296**	**322107**	**412**	**777**
太原市 Taiyuan	45976	45784	70	122	53997	53616	129	252
大同市 Datong	20082	20048	13	21	26089	26020	32	37
阳泉市 Yangquan	10991	10977	5	9	14571	14540	10	21
长治市 Changzhi	25761	25720	20	21	34850	34741	53	56
晋城市 Jincheng	20399	20374	6	19	27883	27809	37	37
朔州市 Shuozhou	11847	11837	3	7	14593	14556	21	16
晋中市 Jinzhong	25848	25794	27	27	34777	34645	44	88
运城市 Yuncheng	18855	18810	12	33	29053	28938	15	100
忻州市 Xinzhou	20863	20856	4	3	27006	26980	20	6
临汾市 Linfen	26882	26847	21	14	37853	37692	24	137
吕梁市 Lvliang	17370	17348	10	12	22624	22570	27	27

18-5 按产业分基本单位数及从业人数(2012年)
NUMBER OF BASIC UNITS AND EMPLOYEES BY INDUSTRY(2012)

市 名 City	法人单位 Corporation Units							
	单位数(个) Number of Units (unit)	第一产业 Primary Industry	第二产业 Secondary Industry	第三产业 Tertiary Industry	从业人数(人) Employees (person)	第一产业 Primary Industry	第二产业 Secondary Industry	第三产业 Tertiary Industry
全 省 Total	**244874**	**30437**	**42113**	**172324**	**7983926**	**315624**	**3965673**	**3702629**
太原市 Taiyuan	45976	2633	7833	35510	1760958	22457	943399	795102
大同市 Datong	20082	2577	2765	14740	748101	18522	378485	351094
阳泉市 Yangquan	10991	1111	2143	7737	442135	11380	271674	159081
长治市 Changzhi	25761	4844	3811	17106	689639	43616	317494	328529
晋城市 Jincheng	20399	3091	3138	14170	619332	33231	311048	275053
朔州市 Shuozhou	11847	1699	1399	8749	351696	17949	149956	183791
晋中市 Jinzhong	25848	4374	4837	16637	722018	37077	376725	308216
运城市 Yuncheng	18855	1501	4194	13160	756843	47630	355203	354010
忻州市 Xinzhou	20863	2455	3611	14797	532188	21130	202148	308910
临汾市 Linfen	26882	4238	4307	18337	713646	35353	310624	367669
吕梁市 Lvliang	17370	1914	4075	11381	647370	27279	348917	271174

市 名 City	产业活动单位 Active Units							
	单位数(个) Number of Units (unit)	第一产业 Primary Industry	第二产业 Secondary Industry	第三产业 Tertiary Industry	从业人数(人) Employees (person)	第一产业 Primary Industry	第二产业 Secondary Industry	第三产业 Tertiary Industry
全 省 Total	**323296**	**30782**	**45751**	**246763**	**8530805**	**321332**	**4183825**	**4025648**
太原市 Taiyuan	53997	2653	8639	42705	1947429	22615	1027139	897675
大同市 Datong	26089	2589	3095	20405	765831	18625	361452	385754
阳泉市 Yangquan	14571	1134	2453	10984	476689	11718	284241	180730
长治市 Changzhi	34850	4863	4201	25786	747350	43897	351500	351953
晋城市 Jincheng	27883	3112	3458	21313	675559	33450	340819	301290
朔州市 Shuozhou	14593	1718	1533	11342	360358	18017	153638	188703
晋中市 Jinzhong	34777	4425	5331	25021	759935	37606	391877	330452
运城市 Yuncheng	29053	1533	4423	23097	807955	49670	376142	382143
忻州市 Xinzhou	27006	2488	3711	20807	562475	21558	212720	328197
临汾市 Linfen	37853	4336	4752	28765	757703	36325	327008	394370
吕梁市 Lvliang	22624	1931	4155	16538	669521	27851	357289	284381

18-6 按行业分法人单位数(2012年)

NUMBER OF CORPORATION UNITS BY SECTOR(2012)

单位：个 (unit)

市名 City	合计 Total	农、林、牧、渔业 Farming, Forestry, Animal Husbandry and Fishery	采矿业 Ming Industry	制造业 Manufacturing	电力、热力、燃气及水的生产和供应业 Production and Supply of Electricity, Heat, Gas and Water
全省 Total	**244874**	**33885**	**7716**	**25964**	**1251**
太原市 Taiyuan	45976	2841	731	4529	90
大同市 Datong	20082	2747	566	1577	114
阳泉市 Yangquan	10991	1297	308	1437	70
长治市 Changzhi	25761	5132	777	2269	144
晋城市 Jincheng	20399	3605	570	1891	155
朔州市 Shuozhou	11847	1858	227	769	82
晋中市 Jinzhong	25848	5032	816	3173	138
运城市 Yuncheng	18855	1736	368	3310	98
忻州市 Xinzhou	20863	2718	977	2193	135
临汾市 Linfen	26882	4792	1189	2418	118
吕梁市 Lvliang	17370	2127	1187	2398	107

市名 City	建筑业 Construction	批发和零售业 Wholesale and Retail Trade	交通运输、仓储和邮政业 Transport, Storage and Post	住宿和餐饮业 Hotels and Catering Services	信息传输、软件和信息技术服务业 Information Trans-mission, Software and Information Technology Services
全省 Total	**7433**	**53267**	**5407**	**3678**	**2036**
太原市 Taiyuan	2538	15909	784	1001	1016
大同市 Datong	549	4665	466	347	185
阳泉市 Yangquan	346	2692	214	204	55
长治市 Changzhi	645	4932	478	330	133
晋城市 Jincheng	549	4860	319	293	107
朔州市 Shuozhou	327	2465	382	195	63
晋中市 Jinzhong	740	4727	704	317	153
运城市 Yuncheng	429	2973	529	244	61
忻州市 Xinzhou	323	2762	468	223	70
临汾市 Linfen	596	4879	641	332	92
吕梁市 Lvliang	391	2403	422	192	101

18-6 续表 continued

单位：个 (unit)

市 名 City	金融业 Banking and Insurance	房地产业 Real Estate Trade	租赁和商务服务业 Lease and Business Affairs Services	科学研究和技术服务业 Scientific Reseach, and Technical Services	水利、环境和公共设施管理业 Water, Environmental Protection and Public Facility Management
全 省 Total	**1875**	**6363**	**10997**	**5925**	**2413**
太原市 Taiyuan	376	1920	3333	1763	363
大同市 Datong	179	557	960	468	201
阳泉市 Yangquan	101	273	511	259	80
长治市 Changzhi	138	620	1044	571	310
晋城市 Jincheng	134	380	886	421	225
朔州市 Shuozhou	118	269	341	234	108
晋中市 Jinzhong	230	588	1048	558	254
运城市 Yuncheng	96	525	636	401	212
忻州市 Xinzhou	190	328	516	341	229
临汾市 Linfen	143	539	1331	612	259
吕梁市 Lvliang	170	364	391	297	172

市 名 City	居民服务、修理和其他服务业 Resident Services, Repair and Other Services	教 育 Education	卫生和社会工作 Health Care and Social Work	文化、体育和娱乐业 Culture, Sports and Recreation	公共管理、社会保障和社会组织 Public Management, Social Security and Social Organization
全 省 Total	**5016**	**8982**	**4716**	**5145**	**52805**
太原市 Taiyuan	1483	1368	710	1005	4216
大同市 Datong	347	727	529	397	4501
阳泉市 Yangquan	245	349	153	291	2106
长治市 Changzhi	280	901	504	554	5999
晋城市 Jincheng	605	693	301	426	3979
朔州市 Shuozhou	291	331	219	299	3269
晋中市 Jinzhong	471	928	401	470	5100
运城市 Yuncheng	315	947	464	563	4948
忻州市 Xinzhou	252	725	535	453	7425
临汾市 Linfen	519	1292	599	435	6096
吕梁市 Lvliang	208	721	301	252	5166

18-7 总户数、常住人口数(2012年)
NUMBER OF HOUSEHOLDS AND RESIDENT POPULATION(2012)

单位：人 (person)

市 名 City	总户数(户) Number of Households (household)	常住人口 Resident Population	按性别分 By Sex		按城镇乡村分 By Urban and Rural	
			男 性 Male	女 性 Famle	城镇人口 Urban	乡村人口 Rural
全 省 Total	**12823971**	**36108300**	**18509571**	**17598729**	**18510823**	**17597477**
太原市 Taiyuan	1099048	4256326	2151834	2104492	3565094	691232
大同市 Datong	1268949	3357112	1716425	1640687	1945459	1411653
阳泉市 Yangquan	517887	1379261	705096	674165	869486	509775
长治市 Changzhi	1154689	3369666	1728817	1640849	1526899	1842767
晋城市 Jincheng	818338	2291431	1152079	1139352	1248389	1043042
朔州市 Shuozhou	672590	1734966	897626	837340	867830	867136
晋中市 Jinzhong	1288234	3286793	1692310	1594483	1558157	1728636
运城市 Yuncheng	1675644	5194592	2656374	2538218	2151157	3043435
忻州市 Xinzhou	1313290	3099318	1606319	1492999	1284127	1815191
临汾市 Linfen	1551685	4367259	2252407	2114852	1924856	2442403
吕梁市 Lvliang	1463617	3771576	1950284	1821292	1569369	2202207

注：本表总户数为公安年报数。
Note: Number of households in the table are obtained from public security department.

18-8 非农业人口增加来源(2012年)
INCREASE OF NON-AGRICULTURAL POPULATION(2012)

单位：人 (person)

市 名 City	合 计 Total	出 生 Birth	非农业人口迁入 Movement Non-agricultural Population	农业人口转非农人口 Transfering from Agricultural Population	港、澳、台和国外迁入 Movement from Hongkong, Macao, Taiwan and Abroad	复员转业 Demobilized From the Army	其 他 Others
全 省 Total	**500824**	**132585**	**228953**	**104459**	**134**	**4500**	**30193**
太原市 Taiyuan	106279	28033	40029	28963	66	1160	8028
大同市 Datong	41452	15809	17723	5355	5	1614	946
阳泉市 Yangquan	28978	6171	10542	5843		66	6356
长治市 Changzhi	61033	12062	23867	22873	3	236	1992
晋城市 Jincheng	30316	6819	20399	3011		80	7
朔州市 Shuozhou	18895	5985	11015	1045	1	317	532
晋中市 Jinzhong	44446	9142	23422	10144	3	392	1343
运城市 Yuncheng	51310	11706	26925	11250	12	266	1151
忻州市 Xinzhou	32711	9611	18189	3985	4	142	780
临汾市 Linfen	46059	13506	19004	5767	23	174	7585
吕梁市 Lvliang	39345	13741	17838	6223	17	53	1473

注：本表为公安年报数。
Note: Data of the table are obtained from public security department.

18-9 城镇单位从业人员(2012年)
NUMBER OF EMPLOYEES IN URBAN UNITS(2012)

单位：人 (person)

市名 City	总计 Total	#女性 Female	在岗职工 Fully Employed	其他从业人员 Others
全省 Total	**4360001**	**1405826**	**4184755**	**175246**
太原市 Taiyuan	984872	314273	930044	54828
大同市 Datong	445841	111973	430491	15350
阳泉市 Yangquan	275676	83268	269734	5942
长治市 Changzhi	395176	136676	384182	10994
晋城市 Jincheng	289046	93086	283543	5503
朔州市 Shuozhou	204363	60115	196675	7688
晋中市 Jinzhong	346223	119439	332698	13525
运城市 Yuncheng	324168	136781	309948	14220
忻州市 Xinzhou	253020	85783	245855	7165
临汾市 Linfen	374634	138116	348445	26189
吕梁市 Lvliang	359270	109930	345867	13403
其他单位 Others	107712	16386	107273	439

市名 City	#国有单位 State-owned Units	#集体单位 Collective-owned Units	#港澳台投资经济 Enterprises with Investment From Hong Kong, Macao and Taiwan	#外商投资经济 Enterprises with Foreign Investment
全省 Total	**2398219**	**248399**	**22418**	**140390**
太原市 Taiyuan	400205	43204	4520	94352
大同市 Datong	205031	30424	19	7158
阳泉市 Yangquan	214149	28520	389	1179
长治市 Changzhi	216953	17683	929	5387
晋城市 Jincheng	119139	15688	216	7048
朔州市 Shuozhou	110548	11278	200	3694
晋中市 Jinzhong	164902	17400	9025	8367
运城市 Yuncheng	233136	20204	625	2936
忻州市 Xinzhou	200105	17643	286	100
临汾市 Linfen	223345	17257	1824	2510
吕梁市 Lvliang	205948	29098	4385	7659
其他单位 Others	104758			

18-10 城镇单位从业人员劳动报酬 (2012年)
REWARD OF EMPLOYEES IN URBAN UNITS(2012)

单位：万元 (10 000 yuan)

市名 City		从业人员平均人数(人) Average Employees (person)	在岗职工 Fully Employed	其他从业人员 Others	从业人员劳动报酬 Reward of Employees	在岗职工工资总额 Total Wages of Fully Employed	其他从业人员劳动报酬 Reward of Others	在岗职工平均工资(元) Average Wage of Fully Employed (yuan)
全　省	**Total**	**4346517**	**4164718**	**181799**	**19227146**	**18717374**	**509772**	**44943**
太原市	Taiyuan	996665	939026	57639	4636592	4397584	239008	46831
大同市	Datong	450439	430487	19952	2084303	2051077	33226	47646
阳泉市	Yangquan	270997	265235	5762	1443209	1431522	11687	53972
长治市	Changzhi	390404	379740	10664	1699430	1682394	17035	44304
晋城市	Jincheng	284035	278640	5395	1520290	1509185	11105	54163
朔州市	Shuozhou	203173	195627	7546	893235	875956	17279	44777
晋中市	Jinzhong	341756	328360	13396	1411177	1382366	28811	42099
运城市	Yuncheng	319598	306808	12790	1008551	979086	29465	31912
忻州市	Xinzhou	253285	245949	7336	862136	847125	15011	34443
临汾市	Linfen	376193	348003	28190	1286341	1202522	83819	34555
吕梁市	Lvliang	353283	340608	12675	1606553	1585893	20660	46561
其他单位	Others	106689	106235	454	775329	772664	2666	72732

18-11 国有单位从业人员(2012年)
NUMBER OF EMPLOYEES IN STATE-OWNED UNITS(2012)

单位：人 (person)

市名 City		从业人员 Employees	#女性 Female	在岗职工 Fully Employed	其他从业人员 Others
全　省	**Total**	**2398219**	**921694**	**2324396**	**73823**
太原市	Taiyuan	400205	167920	389129	11076
大同市	Datong	205031	76969	194146	10885
阳泉市	Yangquan	214149	61641	210299	3850
长治市	Changzhi	216953	86518	212515	4438
晋城市	Jincheng	119139	47155	115639	3500
朔州市	Shuozhou	110548	35456	105985	4563
晋中市	Jinzhong	164902	73714	161818	3084
运城市	Yuncheng	233136	105741	221013	12123
忻州市	Xinzhou	200105	70760	195529	4576
临汾市	Linfen	223345	98900	217790	5555
吕梁市	Lvliang	205948	81461	196207	9741
其他单位	Others	104758	15459	104326	432

18-12 国有单位从业人员劳动报酬(2012年)
REWARD OF EMPLOYEES IN STATE-OWNED UNITS(2012)

单位：万元 (10 000 yuan)

市 名 City	从业人员平均人数(人) Average Employees (person)	在岗职工 Fully Employed	其他从业人员 Others	从业人员劳动报酬 Reward of Employees	在岗职工工资总额 Total Wages of Fully Employed	其他从业人员劳动报酬 Reward of Others	在岗职工平均工资(元) Average Wage of Fully Employed (yuan)
全 省 Total	**2380075**	**2307967**	**72108**	**9730005**	**9592100**	**137905**	**41561**
太原市 Taiyuan	398755	387216	11539	1806173	1779228	26945	45949
大同市 Datong	204674	193554	11120	682643	665560	17084	34386
阳泉市 Yangquan	211397	207828	3569	1209729	1202494	7235	57860
长治市 Changzhi	216252	211793	4459	840507	833920	6588	39374
晋城市 Jincheng	117966	114545	3421	433154	427491	5663	37321
朔州市 Shuozhou	109936	105772	4164	424504	417552	6952	39477
晋中市 Jinzhong	163843	160738	3105	614622	609158	5464	37898
运城市 Yuncheng	228639	217901	10738	725694	700000	25694	32125
忻州市 Xinzhou	199561	194978	4583	699350	689335	10015	35354
临汾市 Linfen	222200	216713	5487	712424	702812	9613	32431
吕梁市 Lvliang	203087	193612	9475	819502	805504	13999	41604
其他单位 Others	103765	103317	448	761701	759048	2654	73468

18-13 集体单位从业人员(2012年)
NUMBER OF EMPLOYEES IN COLLECTIVE-OWNED UNITS(2012)

单位：人 (person)

市 名 City	从业人员 Employees	#女 性 Female	在岗职工 Fully Employed	其他从业人员 Others
全 省 Total	**248399**	**96609**	**237490**	**10909**
太原市 Taiyuan	43204	16562	40841	2363
大同市 Datong	30424	14431	28825	1599
阳泉市 Yangquan	28520	12577	27407	1113
长治市 Changzhi	17683	5637	16989	694
晋城市 Jincheng	15688	6366	15413	275
朔州市 Shuozhou	11278	3064	11216	62
晋中市 Jinzhong	17400	7350	16640	760
运城市 Yuncheng	20204	8782	19098	1106
忻州市 Xinzhou	17643	6113	16556	1087
临汾市 Linfen	17257	8164	16475	782
吕梁市 Lvliang	29098	7563	28030	1068

18-14 集体单位从业人员劳动报酬(2012年)
REWARD OF EMPLOYEES IN COLLECTIVE-OWNED UNITS(2012)

单位：万元 (10 000 yuan)

市名 City	从业人员平均人数(人) Average Employees (person)	在岗职工 Fully Employed	其他从业人员 Others	从业人员劳动报酬 Reward of Employees	在岗职工工资总额 Total Wages of Fully Employed	其他从业人员劳动报酬 Reward of Others	在岗职工平均工资(元) Average Wage of Fully Employed (yuan)
全省 Total	**247060**	**236677**	**10383**	**809875**	**789426**	**20449**	**33355**
太原市 Taiyuan	43193	41048	2145	112643	108251	4392	26372
大同市 Datong	30827	29538	1289	79427	77060	2367	26088
阳泉市 Yangquan	27009	25790	1219	107574	104258	3316	40426
长治市 Changzhi	16976	16301	675	55699	54849	850	33648
晋城市 Jincheng	15607	15322	285	47970	47360	610	30910
朔州市 Shuozhou	11436	11370	66	34037	33887	150	29804
晋中市 Jinzhong	17526	16776	750	65109	63970	1139	38132
运城市 Yuncheng	19959	18844	1115	58006	55628	2378	29520
忻州市 Xinzhou	18345	17331	1014	40143	38425	1719	22171
临汾市 Linfen	17221	16423	798	68637	66842	1795	40700
吕梁市 Lvliang	28961	27934	1027	140630	138897	1733	49723

18-15 其他单位从业人员(2012年)
NUMBER OF EMPLOYEES IN OTHER-OWNED UNITS(2012)

单位：人 (person)

市名 City	从业人员 Employees	#女性 Female	在岗职工 Fully Employed	其他从业人员 Others
全省 Total	**1713383**	**387523**	**1622869**	**90514**
太原市 Taiyuan	541463	129791	500074	41389
大同市 Datong	210386	20573	207520	2866
阳泉市 Yangquan	33007	9050	32028	979
长治市 Changzhi	160540	44521	154678	5862
晋城市 Jincheng	154219	39565	152491	1728
朔州市 Shuozhou	82537	21595	79474	3063
晋中市 Jinzhong	163921	38375	154240	9681
运城市 Yuncheng	70828	22258	69837	991
忻州市 Xinzhou	35272	8910	33770	1502
临汾市 Linfen	134032	31052	114180	19852
吕梁市 Lvliang	124224	20906	121630	2594
其他单位 Others	2954	927	2947	7

18-16 其他单位从业人员劳动报酬(2012年)
REWARD OF EMPLOYEES IN OTHER-OWNED UNITS(2012)

单位：万元 (10 000 yuan)

市　名 City	从业人员平均人数(人) Average Employees (person)	在岗职工 Fully Employed	其他从业人员 Others	从业人员劳动报酬 Reward of Employmees	在岗职工工资总额 Total Wages of Fully Employed	其他从业人员劳动报酬 Reward of Others	在岗职工平均工资(元) Average Wage of Fully Employed (yuan)
全　省 Total	**1719382**	**1620074**	**99308**	**8687267**	**8335847**	**351419**	**51453**
太原市 Taiyuan	554717	510762	43955	2717776	2510105	207671	49144
大同市 Datong	214938	207395	7543	1322234	1308457	13776	63090
阳泉市 Yangquan	32591	31617	974	125906	124770	1137	39463
长治市 Changzhi	157176	151646	5530	803223	793625	9598	52334
晋城市 Jincheng	150462	148773	1689	1039165	1034334	4832	69524
朔州市 Shuozhou	81801	78485	3316	434694	424517	10177	54089
晋中市 Jinzhong	160387	150846	9541	731446	709239	22207	47017
运城市 Yuncheng	71000	70063	937	224851	223458	1393	31894
忻州市 Xinzhou	35379	33640	1739	122643	119365	3278	35483
临汾市 Linfen	136772	114867	21905	505280	432869	72411	37684
吕梁市 Lvliang	121235	119062	2173	646421	641493	4928	53879
其他单位 Others	2924	2918	6	13628	13616	12	46662

18-17 城镇私营单位从业人员和劳动报酬(2012年)
NUMBER AND REWARD OF EMPLOYEES IN URBAN PRIVATE UNITS(2012)

单位：人 (person)

市　名 City	从业人员 Number of Employees	劳动报酬总额(万元) Total Reward of Employees (10 000 yuan)	平均劳动报酬(元) Average Reward of Employees (yuan)
全　省 Total	**1714491**	**4013613**	**23452**
太原市 Taiyuan	365357	958050	26015
大同市 Datong	103669	263033	23374
阳泉市 Yangquan	59143	116370	19720
长治市 Changzhi	163007	330927	20285
晋城市 Jincheng	110608	210145	19071
朔州市 Shuozhou	106098	314164	28869
晋中市 Jinzhong	171507	425869	27008
运城市 Yuncheng	188961	421592	22766
忻州市 Xinzhou	148543	311073	20695
临汾市 Linfen	150197	328064	21975
吕梁市 Lvliang	147401	334326	22750

18-18 固定资产投资主要指标(2012年)
MAJOR INDICATORS OF INVESTMENT IN FIXED ASSETS(2012)

单位：万元 (10 000 yuan)

市 名 City	施工项目(个) Projects Under Construction(unit)	#本年新开工 Newly Started This Year	本年投产项目(个) Number of Projects Completed and Put into Use This Year(unit)	本年新增固定资产 Newly Increased Fixed Assets This Year
全 省 Total	**10777**	**7285**	**6593**	**52523892**
太原市 Taiyuan	1193	636	530	5370337
大同市 Datong	686	467	449	4540854
阳泉市 Yangquan	543	436	341	2513267
长治市 Changzhi	1380	923	954	7478272
晋城市 Jincheng	1172	832	774	4047719
朔州市 Shuozhou	653	426	349	2242944
晋中市 Jinzhong	1001	600	415	3343461
运城市 Yuncheng	1385	1105	1084	6400277
忻州市 Xinzhou	941	661	590	4014637
临汾市 Linfen	1196	924	851	7323676
吕梁市 Lvliang	616	275	254	3268704

市 名 City	本年完成投资 Investment Completed This Year	#住 宅 Residential Buildings	建筑工程 Construction Projects	安装工程 Installation Projects
全 省 Total	**88979033**	**12810088**	**54575909**	**7227412**
太原市 Taiyuan	13206257	4337241	7623579	1260810
大同市 Datong	8317875	1689930	5229724	1075591
阳泉市 Yangquan	3912879	734110	2342575	483240
长治市 Changzhi	8669585	951768	5736540	402293
晋城市 Jincheng	6549537	771597	3734914	622769
朔州市 Shuozhou	6106161	743222	3717509	561420
晋中市 Jinzhong	7441063	943272	4976114	498054
运城市 Yuncheng	8268454	589795	3781839	973170
忻州市 Xinzhou	6533260	379918	3830910	330658
临汾市 Linfen	8224503	1058419	5457822	438738
吕梁市 Lvliang	6903834	610816	4280073	572707

18-18 续表 continued

单位：万元 (10 000 yuan)

市 名 City	设备工器具购置 Purchase of Equipment and Instruments	其 他 Others	新 建 New Construction	扩 建 Expansion	改建和技术改造 Recons-truction	其 他 Others
全 省 Total	**16508257**	**10667455**	**43180240**	**15014344**	**15219965**	**5459971**
太原市 Taiyuan	2092760	2229108	5183145	700792	2027386	1647720
大同市 Datong	1401589	610971	3522643	1435613	1190473	463050
阳泉市 Yangquan	710624	376440	1660804	816217	806794	59397
长治市 Changzhi	1750029	780723	4199878	2013802	1257178	439567
晋城市 Jincheng	1340968	850886	3332223	1412486	799151	553858
朔州市 Shuozhou	1178207	649025	3844322	637245	636440	524147
晋中市 Jinzhong	993013	973882	3697413	1329847	1437726	272950
运城市 Yuncheng	2836502	676943	4259050	1388415	1828757	114490
忻州市 Xinzhou	1336291	1035401	4570554	849070	703547	133812
临汾市 Linfen	1493997	833946	2128253	2082610	2611356	846638
吕梁市 Lvliang	1338535	712519	1936330	2348247	1921157	404342

注：本表新建项目投资中不含房地产投资。

Note: New construction investment in this table does not include real estate investment.

18-19 固定资产投资房屋面积及价值(2012年)

FLOOR SPACE AND VALUE OF BUILDINGS UNDER INVESTMENT IN FIXED ASSETS(2012)

单位：平方米 (sq.m)

市 名 City	本年施工房屋面积 Floor Space of Buildings under Construction	#住 宅 Residential Buildings	本年竣工房屋面积 Floor Space of Buildings Completed	#住 宅 Residential Buildings	本年竣工房屋价值(万元) Value of Buildings Completed (10 000 yuan)	#住 宅 Residential Buildings
全 省 Total	**228796253**	**144013644**	**50180012**	**29058162**	**10603466**	**6523704**
太原市 Taiyuan	58006497	42350241	7531608	5414019	2259766	1765422
大同市 Datong	23822302	17405846	5801024	3666458	1343376	930920
阳泉市 Yangquan	12216873	8449660	2147483	1892099	372394	300431
长治市 Changzhi	26676684	13198215	6887945	2888822	1139195	546319
晋城市 Jincheng	13583251	7896366	3850751	1819825	1139827	473910
朔州市 Shuozhou	13588853	9177472	1595917	994876	293838	185924
晋中市 Jinzhong	19032520	10582678	1745949	977342	310106	173181
运城市 Yuncheng	19711892	9390161	7553757	3182634	1108038	461794
忻州市 Xinzhou	10023853	6578830	4070420	2537654	843465	523484
临汾市 Linfen	16068723	11251195	5409481	3725358	1076254	750117
吕梁市 Lvliang	16064805	7732980	3585677	1959075	717207	412202

18-20 房地产开发投资(2012年)
INVESTMENT IN REAL ESTATE(2012)

单位：万元 (10 000 yuan)

市 名 City	本年完成投资 Investment Completed This Yesr	#住 宅 Residential Buildings	建筑工程 Construction Projects	安装工程 Installation Projects	设备工器具购置 Purchase of Equipment and Instruments	其他费用 Others Expenses
全 省 Total	**10104513**	**7356137**	**7073575**	**1015994**	**123489**	**1891455**
太原市 Taiyuan	3647214	2601905	2347235	437582	45020	817377
大同市 Datong	1706096	1150657	1145889	201184	23348	335675
阳泉市 Yangquan	569667	449536	456621	55299		57747
长治市 Changzhi	759160	598957	639777	26721	11955	80707
晋城市 Jincheng	451819	348606	270885	46596	5510	128828
朔州市 Shuozhou	464007	303242	360836	37381	3370	62420
晋中市 Jinzhong	703127	554222	544766	48471	7475	102415
运城市 Yuncheng	677742	522581	495735	74352	6123	101532
忻州市 Xinzhou	276277	187880	195081	24055	1116	56025
临汾市 Linfen	555646	418718	397967	42490	14396	100793
吕梁市 Lvliang	293758	219833	218783	21863	5176	47936

18-21 房地产开发施工、竣工面积及价值(2012年)
FLOOR SPACE AND VALUE OF BUILDINGS UNDER CONSTRUCTION AND COMPLETED IN REAL ESTATE DEVELOPMENT(2012)

单位：平方米 (sq.m)

市 名 City	本年房屋施工面积 Floor Space of Buildings Under Construction This Year	#住 宅 Residential Buildings	本年房屋竣工面积 Floor Space of Buildings Completed This Year	#住 宅 Residential Buildings	本年房屋竣工价值(万元) Value of Buildings Completed This Year (10 000 yuan)	#住 宅 Residential Buildings
全 省 Total	**117142849**	**92996204**	**17329943**	**14356940**	**3992377**	**3302475**
太原市 Taiyuan	37160112	29000428	2309382	2012962	1009764	929444
大同市 Datong	15898554	13291685	1970137	1671672	425012	370301
阳泉市 Yangquan	7298768	5616553	1179085	1062377	206584	180850
长治市 Changzhi	9212146	7416928	1771977	1519231	357155	299723
晋城市 Jincheng	5592482	4364008	1216852	962410	402218	288024
朔州市 Shuozhou	5765413	4213665	929723	669615	151983	104812
晋中市 Jinzhong	7712318	6403377	714921	569369	140677	110185
运城市 Yuncheng	11109399	8775180	3550792	2848662	531444	407664
忻州市 Xinzhou	5477601	4539796	1656336	1395558	337956	268190
临汾市 Linfen	7041808	5475803	1658343	1330769	360485	285807
吕梁市 Lvliang	4874248	3898781	372395	314315	69099	57475

18-22 房地产开发房屋销售额(2012年)

SALES OF BUILDINGS IN REAL ESTATE DEVELOPMENT(2012)

单位：万元 (10 000 yuan)

市名 City		商品房销售额 Sales of Commercial Buildings	住宅 Residential Buildings	#90平方米及以下住房 90 sq.m and Below	#144平方米以上住房 Above 144 sq.m
全 省	**Total**	**5798872**	**5131950**	**727360**	**1359969**
太原市	Taiyuan	2214828	1977818	187508	809830
大同市	Datong	472174	385353	168646	45232
阳泉市	Yangquan	349037	328832	21861	69930
长治市	Changzhi	557208	463318	68037	113126
晋城市	Jincheng	265905	249270	25000	53844
朔州市	Shuozhou	212328	171633	36172	30559
晋中市	Jinzhong	427894	417712	25305	37773
运城市	Yuncheng	668932	577861	112785	86383
忻州市	Xinzhou	176641	155075	11105	14801
临汾市	Linfen	321275	285996	51123	65256
吕梁市	Lvliang	132650	119082	19818	33235

市名 City		#别墅、高档公寓 Villas and High-grade Apartment Buildings	办公楼 Office Buildings	商业营业用房 Buildings for Business Operation	其他 Other Buildings
全 省	**Total**	**29378**	**74705**	**545762**	**46455**
太原市	Taiyuan	1588	52556	174539	9915
大同市	Datong	8698	7093	79084	644
阳泉市	Yangquan	8654	400	18443	1362
长治市	Changzhi	195	9860	63394	20636
晋城市	Jincheng	5209	301	15485	849
朔州市	Shuozhou			37962	2733
晋中市	Jinzhong		620	9319	243
运城市	Yuncheng	1503	3875	84146	3050
忻州市	Xinzhou			17928	3638
临汾市	Linfen	3531		32808	2471
吕梁市	Lvliang			12654	914

18-23 房地产开发房屋销售面积(2012年)

FLOOR SPACE OF BUILDINGS SOLD IN REAL ESTATE DEVELOPMENT(2012)

单位：平方米 (sq.m)

市名 City	商品房销售面积 Floor Space of Commercial Buildings Sold	住宅 Residential Buildings	#90平方米及以下住房 90 sq.m and Below	#144平方米以上住房 Above 144 sq.m
全 省 Total	**14978843**	**13904422**	**2270064**	**2769452**
太原市 Taiyuan	3260605	3093738	377279	1107285
大同市 Datong	1101692	992809	413959	90197
阳泉市 Yangquan	1247889	1215039	87729	217372
长治市 Changzhi	1675480	1508550	204832	369138
晋城市 Jincheng	715196	684584	61275	117419
朔州市 Shuozhou	951818	776475	180107	126967
晋中市 Jinzhong	1087197	1071667	87447	81061
运城市 Yuncheng	2645781	2404251	519899	290561
忻州市 Xinzhou	690499	638806	49199	56660
临汾市 Linfen	1085558	1028854	201118	199283
吕梁市 Lvliang	517128	489649	87220	113509

市名 City	#别墅、高档公寓 Villas and High-grade Apartment Buildings	办公楼 Office Buildings	商业营业用房 Buildings for Business Operation	其他 Other Buildings
全 省 Total	**53834**	**95353**	**794999**	**184069**
太原市 Taiyuan	1227	50195	86891	29781
大同市 Datong	7650	15159	91523	2201
阳泉市 Yangquan	25647	1000	26055	5795
长治市 Changzhi	586	17000	79817	70113
晋城市 Jincheng	5073	549	25669	4394
朔州市 Shuozhou			158042	17301
晋中市 Jinzhong		1540	13421	569
运城市 Yuncheng	2429	9910	201241	30379
忻州市 Xinzhou			37678	14015
临汾市 Linfen	11222		50323	6381
吕梁市 Lvliang			24339	3140

18-24 海关进出口情况
IMPORTS AND EXPORTS OF CUSTOMS

单位：万美元 (USD 10 000)

市 名 City		2011			2012	
		进出口总 额 Total	出 口 Exports	进 口 Imports	进出口总 额 Total	出 口 Exports	进 口 Imports
全 省	**Total**	**1475981**	**542823**	**933158**	**1504325**	**701620**	**802705**
太原市	Taiyuan	853438	350524	502914	847422	424212	423210
大同市	Datong	43123	9791	33332	50395	23401	26994
阳泉市	Yangquan	33345	17122	16224	24350	15610	8740
长治市	Changzhi	77881	4809	73073	114890	87636	27254
晋城市	Jincheng	113516	28177	85340	123497	24543	98954
朔州市	Shuozhou	13942	1481	12461	25687	1545	24142
晋中市	Jinzhong	23316	23069	247	49466	24930	24536
运城市	Yuncheng	125466	38964	86502	106405	38847	67558
忻州市	Xinzhou	19158	19140	18	21800	21727	73
临汾市	Linfen	79597	21003	58593	82554	27725	54829
吕梁市	Lvliang	93199	28743	64456	57859	11444	46415

18-25 利用外商直接投资额
UTILIZATION OF FOREIGN DIRECT INVESTMENT

单位：万美元 (USD 10 000)

市 名 City		2011		2012	
		合同金额 Contract Value	实际使用金额 Actual Value	合同金额 Contract Value	实际使用金额 Actual Value
全 省	**Total**	**155636**	**207278**	**35605**	**250379**
太原市	Taiyuan	94066	67914	-4008	78232
大同市	Datong	11321	10635	12202	21015
阳泉市	Yangquan	16570	18134	10394	23576
长治市	Changzhi	2032	20717	1347	27929
晋城市	Jincheng	11100	21799	11612	25775
朔州市	Shuozhou	1005	11589	68	13400
晋中市	Jinzhong	12411	6507	1577	12004
运城市	Yuncheng	1189	20089	1015	897
忻州市	Xinzhou	466	1678	-595	1963
临汾市	Linfen	1255	9033	1431	13611
吕梁市	Lvliang	4221	19185	562	31977

18-26 煤炭集运站煤炭收入量与销售量
RECEPTION AND SALES OF COAL IN COAL-COLLECT STATION

单位：万吨 (10 000 tons)

市 名 City	收入量 Reception		销售量 Sales	
	2011	2012	2011	2012
全 省 Total	**11521.75**	**20025.42**	**11498.92**	**19923.28**
太原市 Taiyuan	1026.91	921.73	1026.91	921.73
大同市 Datong	73.90	199.98	53.60	199.98
阳泉市 Yangquan	163.32	646.68	173.46	646.29
长治市 Changzhi	793.77	976.51	763.73	980.84
晋城市 Jincheng	211.42	684.19	211.67	691.57
朔州市 Shuozhou	3145.30	7750.39	3166.87	7720.92
晋中市 Jinzhong	2466.64	2603.05	2463.43	2589.09
运城市 Yuncheng				
忻州市 Xinzhou	953.32	707.40	953.35	679.08
临汾市 Linfen	85.46	27.76	86.09	27.75
吕梁市 Lvliang	2601.71	5507.73	2599.81	5466.03

18-27 单位地区生产总值能源消耗(等价值)情况
ENERGY CONSUMPTION PER UNIT OF GDP(EQUIVALENT VALUE)

单位：吨标准煤/万元 (ton of SCE/10 000 yuan)

市 名 City	2005	2010	2011	2012	2012年比上年增长(%) Increase by Percent over Last Year(%)
全 省 Total	**2.89**	**2.24**	**1.76**	**1.69**	**-4.15**
太原市 Taiyuan	2.35	1.71	1.35	1.28	-5.01
大同市 Datong	2.29	1.67	1.42	1.35	-4.83
阳泉市 Yangquan	2.70	2.02	1.53	1.46	-4.31
长治市 Changzhi	3.42	2.50	1.85	1.78	-3.96
晋城市 Jincheng	2.55	1.90	1.45	1.40	-3.50
朔州市 Shuozhou	2.49	1.87	1.19	1.15	-3.51
晋中市 Jinzhong	3.35	2.49	1.93	1.86	-3.53
运城市 Yuncheng	3.64	2.72	2.48	2.36	-4.76
忻州市 Xinzhou	3.45	2.56	1.78	1.71	-3.70
临汾市 Linfen	4.18	3.13	2.89	2.78	-3.79
吕梁市 Lvliang	3.73	2.89	2.09	1.99	-4.70

注：2005年数据为2008年经济普查后调整数据。
Note: Data of 2005 is adjusted according to 2008 Economic Census.

18-28 乡村基本情况(2012年)
BASIC CONDITIONS OF RURAL AREAS (2012)

市 名 City	乡镇政府(个) Number of Township and Town Governments (unit)	#镇政府 Number of Town Governments	村民委员会(个) Number of Villager's Committees (unit)	乡村户数(户) Number of Rural Households (household)	乡村人口(人) Rural Population (person)
全 省 Total	**1115**	**478**	**28222**	**7918934**	**24150028**
太原市 Taiyuan	49	18	954	360395	1046913
大同市 Datong	91	25	1964	638520	1708864
阳泉市 Yangquan	29	17	960	294519	727906
长治市 Changzhi	127	58	3454	767637	2444368
晋城市 Jincheng	71	45	2280	559640	1640360
朔州市 Shuozhou	64	14	1688	382768	1151681
晋中市 Jinzhong	110	51	2748	904418	2353379
运城市 Yuncheng	126	71	3198	1128504	4206073
忻州市 Xinzhou	173	47	4888	908193	2428353
临汾市 Linfen	137	61	2960	939181	3315505
吕梁市 Lvliang	138	71	3128	1035159	3126626

市 名 City	乡村从业人员(人) Number of Rural Laborers (person)	农、林、牧、渔业 Farming, Forestry, Animal Husbandry and Fishery	工 业 Industry	建筑业 Construction	其他行业 Others
全 省 Total	**11377075**	**6406777**	**1511395**	**960078**	**2498825**
太原市 Taiyuan	493922	236413	82265	24515	150729
大同市 Datong	723170	420709	59394	58516	184551
阳泉市 Yangquan	334106	143638	79889	20293	90286
长治市 Changzhi	1167074	634358	174972	117727	240017
晋城市 Jincheng	837612	440946	128858	73940	193868
朔州市 Shuozhou	516234	321889	45423	38879	110043
晋中市 Jinzhong	1135986	616219	193024	92914	233829
运城市 Yuncheng	2189560	1379044	249455	159076	401985
忻州市 Xinzhou	1037953	618763	97220	118471	203499
临汾市 Linfen	1574165	867903	206264	129107	370891
吕梁市 Lvliang	1367293	726895	194631	126640	319127

注：本表指标口径同8-1。

Note: Coverage of data in this table is same with table 8-1.

18-29 农林牧渔业总产值(2012年)

GROSS OUTPUT VALUE OF FARMING, FORESTRY, ANIMAL HUSBANDRY AND FISHERY(2012)

按当年价格计算 (at current price)

市　名 City		农林牧渔业总产值(万元) Total (10 000 yuan)	农　业 Farming	林　业 Forestry	牧　业 Animal Husbandry	渔　业 Fishery	农林牧渔服务业 Farming, Forestry, Animal Husbandry and Fishery Service
全　省	**Total**	**13042557**	**8474140**	**790686**	**2988314**	**84168**	**705250**
太原市	Taiyuan	674966	404721	60684	178324	4113	27125
大同市	Datong	923587	417353	51342	428282	854	25756
阳泉市	Yangquan	177853	105054	12047	55056	2006	3689
长治市	Changzhi	938115	597959	30919	272360	3990	32886
晋城市	Jinchen	745728	348330	24128	353389	4180	15702
朔州市	Shuozhou	1047457	568163	75666	377760	1809	24060
晋中市	Jinzhong	1445237	861970	60466	493223	2549	27029
运城市	Yuncheng	3316018	2556338	39799	479652	20230	220000
忻州市	Xinzhou	1023202	563410	57717	368761	3330	29984
临汾市	Linfen	1517671	1036212	78573	364238	11115	27533
吕梁市	Lvliang	996935	581009	47220	353806	2400	12500

18-30 农林牧渔业中间消耗(2012年)

INTERMEDIATE CONSUMPTION OF FARMING, FORESTRY, ANIMAL HUSBANDRY AND FISHERY(2012)

按当年价格计算 (at current price)

市　名 City		农林牧渔业中间消耗(万元) Total (10 000 yuan)	农　业 Farming	林　业 Forestry	牧　业 Animal Husbandry	渔　业 Fishery	农林牧渔服务业 Farming, Forestry, Animal Husbandry and Fishery Service
全　省	**Total**	**6059270**	**3681594**	**469000**	**1492806**	**37856**	**378014**
太原市	Taiyuan	314758	157212	30021	111068	1888	14568
大同市	Datong	425794	187290	28531	194003	391	15579
阳泉市	Yangquan	86003	50740	6554	25753	1040	1916
长治市	Changzhi	403540	230204	15835	140073	1992	15437
晋城市	Jinchen	328730	133728	16283	168973	1877	7869
朔州市	Shuozhou	538184	288830	41538	196398	1172	10247
晋中市	Jinzhong	607537	275930	36628	279005	1178	14795
运城市	Yuncheng	1546160	1150313	23810	256743	12295	103000
忻州市	Xinzhou	450961	232584	26022	176048	1505	14803
临汾市	Linfen	707316	478543	39457	169987	5348	13981
吕梁市	Lvliang	447231	239743	21860	178061	1068	6500

18-31 农业生产条件(2012年)
CONDITIONS OF AGRICULTURAL PRODUCTION (2012)

市名 City	农业机械总动力(千瓦) Total Power of Agricultural Machinery (kw)	大中型农用拖拉机(台) Large and Medium Tractors for Agriculture (unit)	小型农用拖拉机(台) Mini-tractors for Agriculture (unit)	农用排灌动力机械(台) Drainage and Irrigation Machinery (unit)
全省 Total	**30560934**	**97832**	**333772**	**170244**
太原市 Taiyuan	1284007	3628	5264	5003
大同市 Datong	1760522	10632	11364	9225
阳泉市 Yangquan	1304251	1259	7369	14002
长治市 Changzhi	1985221	9298	22623	11829
晋城市 Jincheng	2401700	2924	46848	5608
朔州市 Shuozhou	2231217	11640	18089	16563
晋中市 Jinzhong	3499195	8961	50429	21487
运城市 Yuncheng	6584975	20108	90284	39753
忻州市 Xinzhou	2367092	10738	31901	11879
临汾市 Linfen	4399038	12690	40079	20632
吕梁市 Lvliang	2743716	5954	9522	14263

市名 City	农用运输车(辆) Conveyance Vehicle for Agriculture (unit)	配套机电井(眼) Number of Complete set of Motorelectric pumped Well (unit)	农村用电量(万千瓦小时) Electricity Consumed (10 000 kwh)	农用化肥施用量(折纯量,吨) Agricultural Consumption of Chemical Fertilizers (ton)
全省 Total	**980797**	**86599**	**949517**	**1182795**
太原市 Taiyuan	25873	2805	52576	29054
大同市 Datong	44005	8004	32391	88358
阳泉市 Yangquan	22160	149	66394	12825
长治市 Changzhi	55810	8718	81274	118897
晋城市 Jincheng	72375	571	72877	71375
朔州市 Shuozhou	56845	8030	21499	74440
晋中市 Jinzhong	106119	11005	133872	112202
运城市 Yuncheng	291931	24856	263906	294058
忻州市 Xinzhou	48417	6332	57751	130237
临汾市 Linfen	174090	10024	78321	170013
吕梁市 Lvliang	83172	6105	88656	81336

18-32 粮食、油料和棉花播种面积
SOWN AREAS OF GRAIN, OIL-BEARING CROPS AND COTTON

单位：公顷 (ha)

市　名 City	粮食播种面积 Sown areas of Grain		油料播种面积 Sown areas of Oil-bearing Crops		棉花播种面积 Sown areas of Cotton	
	2011	2012	2011	2012	2011	2012
全　省 Total	**3287850**	**3291500**	**149970**	**145862**	**53320**	**37365**
太原市 Taiyuan	82237	81768	2830	2588	96	74
大同市 Datong	276817	278935	16214	15872		
阳泉市 Yangquan	56064	56669	357	180		
长治市 Changzhi	257010	253886	1797	1479	81	56
晋城市 Jincheng	205815	199616	3436	2974	358	291
朔州市 Shuozhou	269776	268386	29099	29135		
晋中市 Jinzhong	283635	277769	3860	3631	262	273
运城市 Yuncheng	660237	667400	11297	10915	50092	33080
忻州市 Xinzhou	422532	426432	34677	32752	117	127
临汾市 Linfen	511526	509409	12782	11888	3843	3091
吕梁市 Lvliang	357416	353927	38347	34448	196	373

18-33 粮食、油料和棉花产量
OUTPUT OF GRAIN, OIL-BEARING CROPS AND COTTON

单位：吨 (ton)

市　名 City	粮食产量 Output of Grain		油料产量 Output of Oil-bearing Crops		棉花产量 Output of Cotton	
	2011	2012	2011	2012	2011	2012
全　省 Total	**11930000**	**12741000**	**187044**	**195672**	**63364**	**46981**
太原市 Taiyuan	316043	319481	2682	2905	139	111
大同市 Datong	859000	949000	13572	15077		
阳泉市 Yangquan	254556	280419	598	338		
长治市 Changzhi	1484985	1590172	2903	2892	90	53
晋城市 Jincheng	920386	974459	6189	6097	351	299
朔州市 Shuozhou	971210	1070049	33878	37162		
晋中市 Jinzhong	1583306	1695002	7758	6954	213	254
运城市 Yuncheng	2665022	3042493	18627	20959	57983	41770
忻州市 Xinzhou	1485389	1634204	43693	47368	104	113
临汾市 Linfen	2146040	2222488	18872	21131	4395	4054
吕梁市 Lvliang	1061039	1105487	38272	34792	89	329

18-34 畜牧业生产情况(2012年)

NUMBER OF LIVESTOCK AND LIVESTOCK PRODUCTS(2012)

市 名 City	大牲畜年末头数（头）Large Animals (head)	#牛 Cattle	猪年末头数（头）Hogs (head)	羊年末只数（只）Sheep and Goats (head)	禽年末只数（只）Poultry (head)	奶类总产量（吨）Output of Milk (ton)	#牛奶 Cow Milk
全 省 Total	**1227147**	**919548**	**4737582**	**8339877**	**72957800**	**809892**	**799712**
太原市 Taiyuan	42046	34457	286006	328296	3279700	102477	102418
大同市 Datong	251932	143409	547056	1315590	3206300	217494	216624
阳泉市 Yangquan	10487	5924	151013	82977	2091300	4909	4909
长治市 Changzhi	63975	47368	617433	567374	10554800	17186	17178
晋城市 Jincheng	21265	20757	921706	502234	6417500	1732	1732
朔州市 Shuozhou	216932	167646	235932	1633618	1125300	471566	471520
晋中市 Jinzhong	109771	97936	984182	854256	14266500	111851	111054
运城市 Yuncheng	49499	48391	1064988	733389	22202300	48667	48188
忻州市 Xinzhou	175284	98141	483430	2233304	4858900	50597	50597
临汾市 Linfen	95992	80754	838352	805906	11486600	43887	36312
吕梁市 Lvliang	154312	139113	510020	709486	14418500	24323	23976

市 名 City	肉类总产量(吨) Output of Meat (ton)	#猪肉 Pork	#牛肉 Beef	#羊肉 Mutton	#禽肉 Poultry	羊毛总产量（吨）Output of Wool (ton)	禽蛋产量（吨）Output of Poultry Eggs (ton)
全 省 Total	**774000**	**563200**	**48900**	**59300**	**87000**	**9265**	**747338**
太原市 Taiyuan	49769	35826	2357	4324	6958	269	25823
大同市 Datong	128288	91744	10326	17969	4721	1446	39259
阳泉市 Yangquan	17581	13407	1693	551	1794	46	24920
长治市 Changzhi	83840	61748	3519	4866	12467	688	122115
晋城市 Jincheng	131704	118647	1950	4716	5620	624	68877
朔州市 Shuozhou	55590	22489	8623	22275	1267	2128	16424
晋中市 Jinzhong	170793	113159	12958	12858	30493	533	141919
运城市 Yuncheng	150000	104568	3635	7026	33603	745	198772
忻州市 Xinzhou	100023	57988	7163	28781	4373	1838	50734
临汾市 Linfen	115808	86413	5931	6362	13276	518	107924
吕梁市 Lvliang	110553	56492	16956	6222	30355	429	92701

18-35 水果、林业及渔业生产情况(2012年)
OUTPUT OF FRUITS, FORESTRY AND FISHERY(2012)

市 名 City	全年水果产量(吨) Annual Output of Fruits (ton)	#苹果 Apples	年末果园面积(公顷) Area of Orchards (ha)	当年造林面积(公顷) Afforestation Area (ha)	全年水产品总产量(吨) Annual Aquatic Products (ton)	淡水养殖面积(公顷) Fishery Breeding Area (ha)
全 省 Total	**6068467**	**3752442**	**342364**	**307219**	**41243**	**15046**
太原市 Taiyuan	70713	9710	10475	23894	3768	1509
大同市 Datong	23752	3602	8116	35514	1020	1134
阳泉市 Yangquan	13076	10628	1865	8200	681	44
长治市 Changzhi	31811	18570	4950	23390	4404	4319
晋城市 Jincheng	69305	31390	4353	9973	1639	549
朔州市 Shuozhou	7170	2319	2103	14912	805	476
晋中市 Jinzhong	394495	170810	31015	25879	2637	1312
运城市 Yuncheng	4490934	3044936	148214	24228	16848	2379
忻州市 Xinzhou	139440	30485	18630	51919	2281	1165
临汾市 Linfen	518739	402451	49040	40152	5660	931
吕梁市 Lvliang	309031	27543	63603	49158	1500	1228

18-36 城镇居民家庭生活基本情况(2012年)
BASIC LIVING CONDITIONS OF URBAN HOUSEHOLDS (2012)

单位：人 (person)

市 名 City	调查户数(户) Households Surveyed (household)	平均每户家庭人口 Average Persons Per Household	平均每户就业人口数 Average Employees Per Household	平均每一就业者负担系数 Coefficient Support By Each Employee	平均每人可支配收入(元) Per Capita Disposable Income (yuan)	平均每人消费支出(元) Annual Expenditure Per Capita (yuan)
全 省 Total	**1810**	**2.78**	**1.31**	**2.12**	**20411.71**	**12211.53**
太原市 Taiyuan	300	2.55	1.02	2.50	22586.87	13970.43
大同市 Datong	200	2.60	1.24	2.10	21622.21	13440.60
阳泉市 Yangquan	160	2.71	1.29	2.10	21748.56	12504.17
长治市 Changzhi	100	2.94	1.30	2.26	22544.87	14051.83
晋城市 Jincheng	100	2.90	1.52	1.91	22538.89	16472.80
朔州市 Shuozhou	150	3.06	1.50	2.04	23340.52	15295.69
晋中市 Jinzhong	100	2.69	1.34	2.01	22877.63	14034.35
运城市 Yuncheng	100	2.83	1.37	2.07	19661.38	11777.46
忻州市 Xinzhou	100	2.92	1.41	2.07	19493.09	11045.42
临汾市 Linfen	100	2.93	1.49	1.97	21464.15	12493.92
吕梁市 Lvliang	100	3.04	1.27	2.39	20006.06	9425.24

18-37 农村居民家庭生活基本情况(2012年)
BASIC LIVING CONDITIONS OF RURAL HOUSEHOLDS(2012)

单位：元 (yuan)

市 名 City		调查户数(户) Households Surveyed (household)	家庭常住人口(人) Number of Permanent Residents in the Household (person)	家庭劳动力人数(人) Labors (person)	人均耕地面积(亩) Per Capita Cultivated Land (mu)	人均住房面积(平方米) Per Capita Housing Floor Space (sq.m)	农民人均纯收入 Per Capita Net Income of Rural Households	农民人均生活消费支出 Per Capita Living Expenditure of Rural Households
全 省	**Total**	**2100**	**7329**	**5335**	**2.50**	**32.39**	**6356.6**	**5566.2**
太原市	Taiyuan	796	2723	1837	1.10	37.47	10079.0	6550.3
大同市	Datong	400	1254	934	4.09	23.12	5642.3	4213.8
阳泉市	Yangquan	240	803	461	0.80	27.90	8683.0	5969.0
长治市	Changzhi	480	1734	1084	2.00	39.00	8120.0	4720.0
晋城市	Jincheng	480	1756	1247	1.27	36.74	8037.0	6044.0
朔州市	Shuozhou	480	1687	1220	6.80	26.00	8000.0	5416.0
晋中市	Jinzhong	880	3006	2187	1.95	28.50	7936.0	5970.6
运城市	Yuncheng	560	2130	1564	1.77	40.21	6381.3	4739.6
忻州市	Xinzhou	480	1599	1198	2.25	24.86	4776.0	3993.8
临汾市	Linfen	560	2079	1497	2.80	33.04	6899.3	4428.7
吕梁市	Lvliang	1030	3546	2233	2.00	24.00	5364.0	4305.0

18-38 建筑业企业总产值和竣工产值(2012年)
GROSS OUTPUT VALUE AND COMPLETED VALUE OF CONSTRUCTION ENTERPRISES(2012)

单位：万元 (10 000 yuan)

市 名 City		总产值 Total Output Value	#建筑工程 Construction	#安装工程 Installation	竣工产值 Output Value of Construction Completed
全 省	**Total**	**26681679**	**23350004**	**2524274**	**11290236**
太原市	Taiyuan	16013840	13996153	1579047	5555597
大同市	Datong	1270675	1059223	188332	554589
阳泉市	Yangquan	1450613	1294562	104914	510326
长治市	Changzhi	1179764	1057694	57994	779774
晋城市	Jincheng	574046	500883	41617	449531
朔州市	Shuozhou	580380	419649	109081	416563
晋中市	Jinzhong	1549385	1433244	96520	396562
运城市	Yuncheng	1273041	1029417	182319	635081
忻州市	Xinzhou	556236	490410	33683	387186
临汾市	Linfen	1645095	1559132	70918	1269950
吕梁市	Lvliang	588604	509638	59849	335077

18-39 按主要用途分的房屋建筑竣工面积(2012年)
TOTAL FLOOR SPACE OF COMPLETED BUILDINGS BY USE(2012)

单位：平方米 (sq.m)

市 名 City	总 计 Total	#住宅房屋 Residential Buildings	#商业及服务用房屋 Commercial and Service Buildings	#办公用房 Oiffice Buildings	#科研、教育、医疗用房屋 Scientific Research Education and Healthcare Buildings
全 省 Total	**31617202**	**21054825**	**1808642**	**1552865**	**2312829**
太原市 Taiyuan	12706806	8088408	587062	643409	1310371
大同市 Datong	2275623	1827076	21424	60202	60367
阳泉市 Yangquan	1544852	1033442	89383	26375	
长治市 Changzhi	3178768	2020241	477458	170400	82980
晋城市 Jincheng	1186141	801956	51275	68325	62965
朔州市 Shuozhou	930842	627209	32679	78361	129387
晋中市 Jinzhong	1875550	1200127	189163	50422	174632
运城市 Yuncheng	2865872	1708099	104208	184660	255333
忻州市 Xinzhou	1815947	1541516	78925	62581	91463
临汾市 Linfen	1969677	1323393	124558	117148	110079
吕梁市 Lvliang	1267124	883358	52507	90982	35252

18-40 按主要用途分的房屋建筑竣工价值(2012年)
VALUE OF BUILDINGS COMPLETED BY MAJOR USE(2012)

单位：万元 (10 000 yuan)

市 名 City	总 计 Total	#住宅房屋 Residential Buildings	#商业及服务用房屋 Commercial and Service Buildings	#办公用房 Oiffice Buildings	#科研、教育、医疗用房屋 Scientific Research, Education and Healthcare Buildings
全 省 Total	**4510429**	**2784206**	**284722**	**266418**	**378415**
太原市 Taiyuan	2133359	1224081	104685	140884	247460
大同市 Datong	275816	214725	3471	8312	9065
阳泉市 Yangquan	245486	148071	17914	6672	
长治市 Changzhi	441394	266412	79611	27335	9475
晋城市 Jincheng	139261	97918	6292	8463	8662
朔州市 Shuozhou	130399	86799	6500	10992	18179
晋中市 Jinzhong	215053	120741	23016	4558	23405
运城市 Yuncheng	325323	196792	9878	19429	28150
忻州市 Xinzhou	212209	174563	9696	8347	13913
临汾市 Linfen	227457	151797	16542	17903	14675
吕梁市 Lvliang	164672	102309	7117	13524	5433

18-41 建筑业企业房屋建筑面积(2012年)
FLOOR SPACE OF BUILDINGS CONSTRUCTED BY CONSTRUCTION ENTERPRISES(2012)

单位：平方米 (sq.m)

市　名 City	房屋建筑施工面积 Floor Space of Buildings Under Construction	#本年新开工面积 Floor Space Started This Year	#投标承包的面积 Floor Space of Enter a Bid Contract
全　省 Total	**109910535**	**46657161**	**91421793**
太原市 Taiyuan	59009567	21543059	52551164
大同市 Datong	7213655	2894566	5890145
阳泉市 Yangquan	5873417	2975950	2679847
长治市 Changzhi	7882162	3676207	7525903
晋城市 Jincheng	2881940	1471476	1730380
朔州市 Shuozhou	1428319	1140936	1186572
晋中市 Jinzhong	4848003	2320715	3118180
运城市 Yuncheng	8446908	4323049	6989954
忻州市 Xinzhou	2862049	1917551	2193430
临汾市 Linfen	6060328	2706812	5203359
吕梁市 Lvliang	3404187	1686840	2352859

18-42 建筑业企业机械设备情况(2012年)
MACHINARY AND EQUIPMENT OF CONSTRUCTION ENTERPRISES(2012)

市　名 City	自有机械设备年末总台数(台) Number of Machinery and Equipment Owned (unit)	自有机械设备年末总功率(千瓦) Total Power of Machinery and Equipment Owned (kw)	自有机械设备净值(万元) Net Value of Machinery and Equipment Owned (10 000 yuan)
全　省 Total	**208493**	**6579275**	**1211129**
太原市 Taiyuan	78389	3393607	610233
大同市 Datong	8909	161410	27847
阳泉市 Yangquan	7500	713235	53231
长治市 Changzhi	7711	155007	31406
晋城市 Jincheng	8465	154900	33209
朔州市 Shuozhou	9764	236573	56692
晋中市 Jinzhong	18623	532226	106867
运城市 Yuncheng	18688	228802	69657
忻州市 Xinzhou	13665	209864	44799
临汾市 Linfen	18566	426928	105759
吕梁市 Lvliang	18213	366723	71429

18-43 建筑业企业劳动生产率(2012年)

LABOUR PRODUCTIVITY OF CONSTRUCTION ENTERPRISES(2012)

单位：元/人 (yuan/person)

市 名 City	企业个数(个) Number of Enterprises (unit)	直接从事生产经营活动的平均人数(人) The average number of people directly engaged in production and operating activities(person)	按总产值计算的劳动生产率 Overall Labor Productivity in Terms of Total Output Value	人均竣工产值 Per Capita Output Value of Completed
全 省 Total	**2016**	**809690**	**329530**	**139439**
太原市 Taiyuan	840	428871	373395	129540
大同市 Datong	171	57684	220282	96143
阳泉市 Yangquan	69	55272	262450	92330
长治市 Changzhi	142	26300	448580	296492
晋城市 Jincheng	77	25645	223843	175290
朔州市 Shuozhou	104	28446	204029	146440
晋中市 Jinzhong	145	41340	374791	95927
运城市 Yuncheng	131	45916	277254	138314
忻州市 Xinzhou	109	30242	183928	128029
临汾市 Linfen	133	48513	339104	261775
吕梁市 Lvliang	95	21461	274267	156133

18-44 建筑业企业负债及所有者权益(2012年)

LIABILITIES AND CREDITORS' EQUITY OF CONSTRUCTION ENTERPRISES(2012)

单位：万元 (10 000 yuan)

市 名 City	负债合计 Total Liabilities	#流动负债 Liquid Liabilities	#非流动负债合计 Illiquid Liabilities	所有者权益合计 Total Creditors' Equity
全 省 Total	**22955850**	**21903552**	**810291**	**6804943**
太原市 Taiyuan	14703283	14245788	359821	3612758
大同市 Datong	1059558	979925	68027	287611
阳泉市 Yangquan	1480362	1271111	208758	563898
长治市 Changzhi	753534	724311	23275	334291
晋城市 Jincheng	688842	672906	11290	239158
朔州市 Shuozhou	433721	411689	17723	148606
晋中市 Jinzhong	1089411	1064287	18879	438583
运城市 Yuncheng	797225	710223	45718	333775
忻州市 Xinzhou	236300	197258	1045	232374
临汾市 Linfen	1195115	1155105	38020	368796
吕梁市 Lvliang	518499	470948	17735	245094

18-45 建筑业企业资产(2012年)
ASSETS OF CONSTRUCTION ENTERPRISES(2012)

单位：万元 (10 000 yuan)

市 名 City	资产总计 Total Assets	#流动资产合计 Total Circulating Assets	#固定资产合计 Total Fixed Assets
全 省 Total	**29761637**	**23780917**	**2677869**
太原市 Taiyuan	18316281	14519679	1206482
大同市 Datong	1347168	1182096	115774
阳泉市 Yangquan	2044260	1644328	148883
长治市 Changzhi	1087825	926557	133003
晋城市 Jincheng	928000	752800	117299
朔州市 Shuozhou	582507	469713	90148
晋中市 Jinzhong	1527994	1263499	215428
运城市 Yuncheng	1131057	844435	167698
忻州市 Xinzhou	468674	333276	113641
临汾市 Linfen	1564278	1314921	205146
吕梁市 Lvliang	763592	529614	164366

市 名 City	固定资产原价 Original Value of Fixed Assets	本年折旧 Depreciation This Year	实收资本 Capitals Hold
全 省 Total	**3894305**	**290756**	**4794315**
太原市 Taiyuan	1894897	171793	2541449
大同市 Datong	160159	6988	357093
阳泉市 Yangquan	220558	9508	192301
长治市 Changzhi	179189	7781	242486
晋城市 Jincheng	144107	9904	180773
朔州市 Shuozhou	124683	6154	118724
晋中市 Jinzhong	314993	22035	308404
运城市 Yuncheng	211816	9925	243903
忻州市 Xinzhou	156389	7453	157122
临汾市 Linfen	303948	28467	279751
吕梁市 Lvliang	183566	10747	172311

18-46 建筑业企业收入及成本情况(2012年)

REVENUE AND COST OF CONSTRUCTION ENTERPRISES(2012)

单位：万元　　(10 000 yuan)

市名 City	营业收入 Revenue of Business	#主营业务收入 Revenue of Major Business	主营业务成本 Cost of Major Business
全省 Total	**25953230**	**25424826**	**22650904**
太原市 Taiyuan	15714832	15589408	13942305
大同市 Datong	1086552	1069936	965839
阳泉市 Yangquan	1265472	1248838	1072280
长治市 Changzhi	1022964	1010791	890888
晋城市 Jincheng	799948	545090	477044
朔州市 Shuozhou	591839	586191	521538
晋中市 Jinzhong	1512853	1464184	1328757
运城市 Yuncheng	1206256	1188556	1047617
忻州市 Xinzhou	541603	539724	463366
临汾市 Linfen	1642208	1615715	1458417
吕梁市 Lvliang	568703	566393	482855

18-47 建筑业企业费用情况(2012年)

EXPENSES OF CONSTRUCTION ENTERPRISES(2012)

单位：万元　　(10 000 yuan)

市名 City	销售费用 Sales Expenses	管理费用 Administrative Expenses	#差旅费 Travelling Expenses	#工会经费 Labor Union Expenditure	财务费用 Financial Expenses
全省 Total	**88452**	**1206571**	**53292**	**11055**	**152071**
太原市 Taiyuan	35063	745664	34002	5369	53424
大同市 Datong	2784	50809	2142	387	5890
阳泉市 Yangquan	2155	51576	725	308	52088
长治市 Changzhi	6512	45684	2434	448	6082
晋城市 Jincheng	8638	47080	993	631	3571
朔州市 Shuozhou	8680	24423	1775	800	2268
晋中市 Jinzhong	2209	77745	2426	435	6876
运城市 Yuncheng	7285	50815	2883	771	10345
忻州市 Xinzhou	6419	23412	973	287	2444
临汾市 Linfen	5469	68133	3719	1391	4995
吕梁市 Lvliang	3239	21230	1222	228	4088

18-48 建筑业企业薪酬及利润情况(2012年)
REMUNERTION AND PROFITS OF CONSTRUCTION ENTERPRISES(2012)

单位：万元 (10 000 yuan)

市名 City	应付职工薪酬 Remuneration Payable	营业利润 Business Profits	其他业务利润 Profits of Other Business
全省 Total	**2053883**	**680726**	**49007**
太原市 Taiyuan	951511	446851	17988
大同市 Datong	148835	12324	1203
阳泉市 Yangquan	158970	35739	535
长治市 Changzhi	96648	26160	675
晋城市 Jincheng	119299	18750	22930
朔州市 Shuozhou	81610	13298	568
晋中市 Jinzhong	118470	23376	1291
运城市 Yuncheng	108933	34007	283
忻州市 Xinzhou	73594	16111	652
临汾市 Linfen	143014	27410	2978
吕梁市 Lvliang	53000	26700	-97

18-49 建筑业企业利润及税金情况(2012年)
PROFITS AND TAXES OF CONSTRUCTION ENTERPRISES(2012)

单位：万元 (10 000 yuan)

市名 City	利润总额 Total Profits	税金总额 Total Taxes	主营业务税金及附加 Taxes and Extra Charges of Major Business	管理费用中的税金 Taxes in Costs of Administration
全省 Total	**693319**	**815456**	**787796**	**27660**
太原市 Taiyuan	458016	489739	479539	10201
大同市 Datong	11792	39914	37716	2198
阳泉市 Yangquan	37661	35140	33325	1815
长治市 Changzhi	26072	38488	37169	1319
晋城市 Jincheng	19045	15226	13993	1233
朔州市 Shuozhou	13674	21638	19641	1997
晋中市 Jinzhong	22885	37529	36223	1307
运城市 Yuncheng	33346	40463	36605	3858
忻州市 Xinzhou	15862	20733	19823	911
临汾市 Linfen	28522	55735	54040	1695
吕梁市 Lvliang	26443	20850	19723	1127

18-50 规模以上主要工业产品产量(2012年)
OUTPUT OF MAJOR INDUSTRIAL PRODUCTS ABOVE DESIGNATED SIZE(2012)

市名 City	原煤(万吨) Coal (10 000 tons)	发电量(亿千瓦小时) Electricity (100 million kwh)	粗钢(万吨) Crude Steel (10 000 tons)	钢材(万吨) Steel Products (10 000 tons)	生铁(万吨) Pig Iron (10 000 tons)	焦炭(万吨) Coke (10 000 tons)	#机焦 Machine Coke
全省 Total	**89710.5**	**2454.8**	**3950.1**	**3797.6**	**3996.5**	**8612.7**	**8589.8**
太原市 Taiyuan	3626.3	289.7	936.2	883.6	698.4	1128.9	1128.9
大同市 Datong	10491.5	370.8	52.7	1.5	58.5	15.0	15.0
阳泉市 Yangquan	6833.2	121.0				46.7	46.7
长治市 Changzhi	10511.2	348.4	463.6	553.7	603.5	1322.2	1322.2
晋城市 Jincheng	8360.6	218.3	274.3	269.1	334.1	90.5	90.5
朔州市 Shuozhou	20691.2	264.3		0.3			
晋中市 Jinzhong	7975.4	197.9	171.8	147.1	119.1	1127.4	1127.4
运城市 Yuncheng		196.3	536.3	364.1	603.9	1064.3	1064.3
忻州市 Xinzhou	5513.9	212.8		76.6	17.4	190.3	171.7
临汾市 Linfen	4569.9	141.6	1197.4	1195.7	1260.7	1873.0	1873.0
吕梁市 Lvliang	11137.3	93.9	317.8	306.1	300.9	1754.5	1750.3

市名 City	水泥(万吨) Cement (10 000 tons)	平板玻璃(万重量箱) Plate Glass (10 000-weightcases)	硫酸(万吨) Sulfuric Acid (10 000 tons)	化学肥料(万吨) Chemical Fertilizer (10 000 tons)	#氮肥 Nitrogenous	#磷肥 Phosphate
全省 Total	**4720.4**	**1975.8**	**18.1**	**389.1**	**379.2**	**9.8**
太原市 Taiyuan	646.6			0.1	0.1	
大同市 Datong	658.8					
阳泉市 Yangquan	175.1					
长治市 Changzhi	417.8	810.3		44.6	34.7	9.8
晋城市 Jincheng	232.8			235.9	235.9	
朔州市 Shuozhou	397.1			5.1	5.1	
晋中市 Jinzhong	369.3		5.2	4.3	4.3	
运城市 Yuncheng	694.7		0.4	76.2	76.2	
忻州市 Xinzhou	101.3			5.2	5.2	
临汾市 Linfen	384.8		12.5	12.3	12.3	
吕梁市 Lvliang	642.2	1165.5		5.3	5.3	

18-50 续表 Continued

市 名 City	电 石(万吨) Calcium Carbide (10 000 tons)	工业锅炉(蒸发量吨) Industrial Boiler (Evaporate Capacity tons)	交流电动机(万千瓦) Alternating Current Motors (10 000 kw)	变压器(万千伏安) Transformer (10 000 kva)	泵(台) Pump (unit)	纱(吨) Yarn(ton)
全 省 Total	**42.7**	**11487.0**	**770.7**	**281.0**	**448555**	**48089.0**
太原市 Taiyuan		357.0	94.9	39.7	12242	
大同市 Datong				0.1		
阳泉市 Yangquan	6.7	162.0		68.7	2067	
长治市 Changzhi	31.1		20.1		321311	
晋城市 Jincheng						3394.0
朔州市 Shuozhou	3.7	306.0				
晋中市 Jinzhong	1.2		0.3		13324	4415.0
运城市 Yuncheng			655.5	150.4	99611	35664.6
忻州市 Xinzhou		10662.0		22.2		271.3
临汾市 Linfen						4344.1
吕梁市 Lvliang						

市 名 City	布(万米) Cloth (10 000 m)	白 酒(吨) Alcoholic Drink (ton)	啤 酒(吨) Beer (ton)	机制纸及纸板(外购原纸加工除外)(吨) Machine-made Paper and Paperboard(ton)
全 省 Total	**4707**	**130691**	**408537**	**312279**
太原市 Taiyuan		11355	74692	105425
大同市 Datong				
阳泉市 Yangquan				
长治市 Changzhi		182		19150
晋城市 Jincheng	669		726	
朔州市 Shuozhou		13114	56665	
晋中市 Jinzhong	324	26954	132717	91627
运城市 Yuncheng	2772	2253	124544	89627
忻州市 Xinzhou	74			6450
临汾市 Linfen	868	362		
吕梁市 Lvliang		76471	19193	

18-51 工业企业主要经济指标(2012年)
MAIN ECONOMIC INDICATORS OF INDUSTRIAL ENTERPRISES(2012)

单位：亿元 (100 million yuan)

市 名 City	单位数(个) Number of Enterprises (unit)	#亏损企业 Loss-making Enterprises	工业销售产值 Industrial Sales Output Value	出口交货值 Value of Export Delivery	年末资产合计 Total Assets at Year-end
全 省 Total	**3905**	**1253**	**16594.75**	**487.80**	**25342.08**
省直报 Direct Report	2		802.08		557.59
太原市 Taiyuan	458	150	2561.71	349.10	3811.73
大同市 Datong	169	57	899.78	9.15	1642.31
阳泉市 Yangquan	160	73	714.63	21.06	1216.06
长治市 Changzhi	354	135	1954.90	1.16	2885.77
晋城市 Jincheng	241	75	1110.76	51.78	2598.58
朔州市 Shuozhou	261	39	1299.11	0.54	1894.34
晋中市 Jinzhong	512	173	1288.74	16.37	2132.63
运城市 Yuncheng	462	118	1352.10	18.84	1734.83
忻州市 Xinzhou	330	69	940.55	7.88	1222.54
临汾市 Linfen	374	140	1856.95	5.99	2051.72
吕梁市 Lvliang	582	224	1813.45	5.94	3593.98

市 名 City	流动资产合计 Total Circulating Funds	固定资产合计 Total Fixed Assets	固定资产原价 Original Value of Fixed Assets	累计折旧 Total Depreciation	流动负债 Liquid Liabilites
全 省 Total	**10956.40**	**9693.35**	**13576.61**	**5408.14**	**12511.95**
省直报 Direct Report	58.64	397.91	739.58	341.67	311.68
太原市 Taiyuan	1782.66	1319.37	1994.88	909.26	1832.09
大同市 Datong	754.87	793.58	914.68	368.99	661.08
阳泉市 Yangquan	463.65	448.07	688.46	319.18	510.71
长治市 Changzhi	1333.15	981.80	1488.72	636.57	1406.13
晋城市 Jincheng	1088.98	799.87	1184.76	481.10	1057.05
朔州市 Shuozhou	619.23	936.61	1095.23	337.37	790.23
晋中市 Jinzhong	906.84	820.16	972.01	258.99	1322.81
运城市 Yuncheng	829.51	725.09	1395.51	736.41	944.14
忻州市 Xinzhou	453.46	562.18	695.56	188.84	447.27
临汾市 Linfen	919.18	821.29	1140.91	441.15	1143.12
吕梁市 Lvliang	1746.23	1087.41	1266.30	388.61	2085.63

18-51 续表1 continued

单位：亿元 (100 million yuan)

市 名 City	负债合计 Total Liabilities	年末所有者权益 Creditors' Equity	主营业务收入 Revenue of Major Business	主营业务成本 Cost of Major Business	主营业务税金及附加 Tax and Extra Charges of Major Business
全 省 Total	**17639.40**	**7643.12**	**18118.94**	**15087.48**	**162.49**
省直报 Direct Report	439.62	117.97	802.01	773.21	2.81
太原市 Taiyuan	2639.66	1176.17	3374.36	2957.73	29.54
大同市 Datong	1126.17	515.44	1617.44	1404.33	10.56
阳泉市 Yangquan	771.10	444.11	816.55	682.25	11.05
长治市 Changzhi	2036.88	844.22	1853.87	1491.59	13.29
晋城市 Jincheng	1585.23	1011.93	1332.10	1005.93	11.05
朔州市 Shuozhou	1213.59	659.97	1164.60	742.57	19.21
晋中市 Jinzhong	1677.69	453.83	1347.34	1134.12	10.88
运城市 Yuncheng	1201.69	531.27	1407.12	1271.91	3.46
忻州市 Xinzhou	727.33	472.11	628.87	468.97	7.46
临汾市 Linfen	1556.42	490.84	1959.11	1756.92	11.62
吕梁市 Lvliang	2664.01	925.27	1815.57	1397.95	31.57

市 名 City	营业费用 Costs of Business	管理费用 Costs of Administration	财务费用 Costs of Finance	#利息支出 Interest Expenditure	利润总额 Total Profits
全 省 Total	**497.85**	**1035.56**	**466.83**	**452.98**	**1010.91**
省直报 Direct Report	3.74	12.48	20.25	9.44	15.69
太原市 Taiyuan	59.93	189.63	58.10	62.95	103.26
大同市 Datong	53.67	92.49	25.95	27.54	28.92
阳泉市 Yangquan	17.76	67.25	19.95	28.58	27.81
长治市 Changzhi	29.67	138.22	48.71	51.72	155.26
晋城市 Jincheng	17.51	120.09	46.66	48.24	179.51
朔州市 Shuozhou	115.74	64.80	22.65	22.38	177.17
晋中市 Jinzhong	42.54	71.72	41.49	40.74	56.62
运城市 Yuncheng	29.81	42.68	42.81	40.44	41.87
忻州市 Xinzhou	12.22	37.72	20.53	22.51	68.70
临汾市 Linfen	30.63	75.62	41.62	39.90	37.38
吕梁市 Lvliang	84.61	122.85	78.12	58.56	118.72

18-51 续表2 continued

单位：亿元 (100 million yuan)

市 名 City	亏损企业亏损额 Loss of Loss-making Enterprises	利税总额 Total Pre-tax Profits	本年应付薪酬总额 Tatal Wages Payable This Year	本年应交增值税 Value Added Tax Payable This Year	全部从业人员年平均人数(人) Averatge Annual Employmees (person)
全 省 Total	**298.34**	**2007.61**	**1446.96**	**829.51**	**2223689**
省直报 Direct Report		43.93	64.80	25.26	34174
太原市 Taiyuan	39.44	208.36	268.69	74.82	355021
大同市 Datong	8.54	108.85	202.46	67.39	209372
阳泉市 Yangquan	15.71	82.54	104.84	43.67	171691
长治市 Changzhi	42.06	259.06	137.31	90.32	245750
晋城市 Jincheng	15.60	275.34	161.80	84.47	209425
朔州市 Shuozhou	9.87	301.68	57.84	105.07	91814
晋中市 Jinzhong	31.70	136.60	113.61	68.92	202978
运城市 Yuncheng	32.97	78.76	71.64	33.40	200858
忻州市 Xinzhou	4.42	119.45	49.88	43.12	89691
临汾市 Linfen	45.20	126.95	88.32	77.94	185569
吕梁市 Lvliang	52.82	266.10	125.78	115.13	227346

市 名 City	总资产贡献率(%) Ratio of Profits, Taxes and Interests to Average Assets (%)	资产负债率(%) Ratio of Debts to Assets (%)	成本费用利润率(%) Ratio of Profits to Total Costs (%)	人均实现利税(元) Per Capita Pre-tax Profits(yuan)	产品销售率 (%) Ratio of Sales to Gross Output Value (%)
全 省 Total	**9.54**	**69.61**	**5.71**	**90283**	**97.34**
省直报 Direct Report	9.54	78.84	1.93	128541	100.00
太原市 Taiyuan	6.92	69.25	3.13	58690	98.96
大同市 Datong	8.16	68.57	1.57	51988	83.66
阳泉市 Yangquan	8.35	63.41	3.30	48073	96.16
长治市 Changzhi	10.58	70.58	8.86	105417	94.32
晋城市 Jincheng	12.32	61.00	14.74	131475	99.39
朔州市 Shuozhou	17.05	64.06	18.53	328578	98.21
晋中市 Jinzhong	8.18	78.67	4.33	67298	94.58
运城市 Yuncheng	6.79	69.27	2.93	39210	95.85
忻州市 Xinzhou	11.45	59.49	12.35	133181	89.76
临汾市 Linfen	8.05	75.86	1.90	68409	96.93
吕梁市 Lvliang	8.93	74.12	6.90	117048	94.77

18-52 国有控股工业企业主要经济指标(2012年)

MAIN ECONOMIC INDICATORS OF STATE-HOLDING INDUSTRIAL ENTERPRISES(2012)

单位：亿元 (100 million yuan)

市名 City	单位数(个) Number of Enterprises (unit)	#亏损企业 Loss-making Enterprises	工业销售产值 Industrial Sales Output Value	出口交货值 Value of Export Delivery	年末资产合计 Total Assets
全省 Total	**738**	**275**	**8786.67**	**136.04**	**15476.96**
省直报 Direct Report	2		802.08		557.59
太原市 Taiyuan	90	31	1690.31	103.52	2862.15
大同市 Datong	43	11	738.09	8.16	1430.12
阳泉市 Yangquan	38	22	507.33	13.28	1002.82
长治市 Changzhi	82	32	954.49		1783.60
晋城市 Jincheng	112	37	706.63		2009.18
朔州市 Shuozhou	71	17	880.17		1477.79
晋中市 Jinzhong	90	41	396.13	1.61	882.01
运城市 Yuncheng	45	23	356.19	5.41	619.47
忻州市 Xinzhou	46	10	599.63	0.62	842.06
临汾市 Linfen	66	30	672.52	2.25	1111.32
吕梁市 Lvliang	53	21	483.09	0.60	898.85

市名 City	流动资产合计 Total Circulating Funds	固定资产合计 Total Fixed Assets	固定资产原价 Original Value of Fixed Assets	累计折旧 Total Depreciation	流动负债 Liquid Liabilites
全省 Total	**5676.65**	**6611.31**	**9327.45**	**3854.65**	**6767.48**
省直报 Direct Report	58.64	397.91	739.58	341.67	311.68
太原市 Taiyuan	1189.44	1054.27	1618.73	787.46	1242.44
大同市 Datong	641.83	718.85	817.67	334.25	544.29
阳泉市 Yangquan	333.13	384.18	609.72	293.12	379.93
长治市 Changzhi	721.20	691.66	1009.21	417.02	794.55
晋城市 Jincheng	785.25	609.71	943.88	413.32	759.83
朔州市 Shuozhou	454.58	749.47	888.84	290.39	634.40
晋中市 Jinzhong	228.10	446.66	526.87	137.38	549.57
运城市 Yuncheng	221.81	334.93	543.33	235.66	318.46
忻州市 Xinzhou	289.50	413.87	531.77	148.07	271.80
临汾市 Linfen	440.61	454.32	669.36	279.88	523.98
吕梁市 Lvliang	312.56	355.46	428.50	176.43	436.56

18-52 续表1 continued

单位：亿元 (100 million yuan)

市 名 City	负债合计 Total Liabilities	年末所有者权益 Creditors' Equity	主营业务收入 Revenue of Major Business	主营业务成本 Cost of Major Business	主营业务税金及附加 Tax and Extra Charges of Major Business
全 省 Total	**10616.94**	**4821.74**	**10419.54**	**8565.46**	**115.99**
省直报 Direct Report	439.62	117.97	802.01	773.21	2.81
太原市 Taiyuan	1953.14	914.10	2514.79	2246.76	25.64
大同市 Datong	982.11	447.75	1451.92	1264.82	9.41
阳泉市 Yangquan	611.44	391.24	618.80	515.49	7.11
长治市 Changzhi	1272.64	509.68	927.82	700.94	8.89
晋城市 Jincheng	1253.37	754.42	925.70	678.01	9.42
朔州市 Shuozhou	976.35	485.12	746.29	426.75	15.65
晋中市 Jinzhong	697.54	184.31	441.69	360.65	5.08
运城市 Yuncheng	471.21	148.26	404.21	381.20	1.18
忻州市 Xinzhou	515.83	304.36	294.57	199.76	4.22
临汾市 Linfen	827.48	280.72	778.25	681.19	6.22
吕梁市 Lvliang	616.21	283.81	513.48	336.68	20.34

市 名 City	营业费用 Costs of Business	管理费用 Costs of Administration	财务费用 Costs of Finance	#利息支出 Interest Expenditure	利润总额 Total Profits
全 省 Total	**308.16**	**726.34**	**275.98**	**291.57**	**554.31**
省直报 Direct Report	3.74	12.48	20.25	9.44	15.69
太原市 Taiyuan	38.37	153.67	44.82	51.02	19.79
大同市 Datong	45.24	81.79	22.46	24.12	25.72
阳泉市 Yangquan	11.70	57.06	15.41	24.34	21.45
长治市 Changzhi	9.70	95.97	31.16	34.40	101.31
晋城市 Jincheng	11.70	95.45	39.31	41.16	130.01
朔州市 Shuozhou	105.75	50.79	15.91	15.90	135.21
晋中市 Jinzhong	11.66	38.15	17.15	17.01	12.60
运城市 Yuncheng	7.01	16.94	17.91	18.49	-9.75
忻州市 Xinzhou	5.26	23.80	15.88	18.69	45.12
临汾市 Linfen	11.04	50.39	23.62	24.60	8.64
吕梁市 Lvliang	46.99	49.84	12.12	12.39	48.52

18-52 续表2 continued

单位：亿元 (100 million yuan)

市 名 City	亏损企业亏损额 Loss of Loss-making Enterprises	利税总额 Total Pre-tax Profits	本年应付薪酬总额 Tatal Wages Payable This Year	本年应交增值税 Value Added Tax Payable This Year	全部从业人员年平均人数(人) Average Annual Employmees (person)
全 省 Total	**166.22**	**1208.90**	**1091.23**	**534.03**	**1264735**
省直报 Direct Report		43.93	64.80	25.26	34174
太原市 Taiyuan	20.14	104.00	210.89	57.87	221314
大同市 Datong	2.59	98.02	192.53	60.91	169381
阳泉市 Yangquan	10.79	64.54	95.75	35.97	136737
长治市 Changzhi	29.00	173.58	105.77	63.19	148986
晋城市 Jincheng	12.82	203.26	131.57	63.53	132211
朔州市 Shuozhou	8.46	223.66	41.48	72.57	53473
晋中市 Jinzhong	19.59	46.91	72.40	29.07	90133
运城市 Yuncheng	20.19	1.60	30.27	10.16	68925
忻州市 Xinzhou	1.46	78.46	32.43	28.95	41165
临汾市 Linfen	30.45	51.02	56.00	36.15	96401
吕梁市 Lvliang	10.73	119.91	57.35	50.40	71835

市 名 City	总资产贡献率(%) Ratio of Profits, Taxes and Interests to Average Assets (%)	资产负债率(%) Ratio of Debts to Assets (%)	成本费用利润率(%) Ratio of Profits to Total Costs(%)	人均实现利税(元) Per Capita Pre-tax Profits(yuan)	产品销售率(%) Ratio of Sales to Gross Output Value(%)
全 省 Total	**9.50**	**68.60**	**5.33**	**95585**	**99.87**
省直报 Direct Report	9.54	78.84	1.93	128541	100.00
太原市 Taiyuan	5.17	68.24	0.79	46993	99.25
大同市 Datong	8.39	68.67	1.54	57867	82.09
阳泉市 Yangquan	7.92	60.97	3.29	47201	97.78
长治市 Changzhi	11.46	71.35	11.69	116510	95.88
晋城市 Jincheng	12.08	62.38	15.26	153739	99.67
朔州市 Shuozhou	16.13	66.07	22.34	418261	98.62
晋中市 Jinzhong	7.22	79.08	2.88	52041	95.78
运城市 Yuncheng	3.14	76.07	-2.20	2326	96.73
忻州市 Xinzhou	11.33	61.26	17.32	190609	172.94
临汾市 Linfen	6.69	74.46	1.04	52927	97.93
吕梁市 Lvliang	14.61	68.56	10.60	166931	104.47

18-53 外商投资和港澳台投资工业企业主要经济指标(2012年)

MAIN INDICATORS OF INDUSTRIAL ENTERPRISES WITH HONGKONG, MACAO, TAIWAN AND FOREIGN FUNDS(2012)

单位：亿元 (100 million yuan)

市名 City	单位数(个) Number of Enterprises (unit)	#亏损企业 Loss-making Enterprises	工业销售产值 Industrial Sales Output Value	出口交货值 Value of Export Delivery	年末资产合计 Total Assets at Year-end
全省 Total	**138**	**45**	**1162.56**	**306.07**	**1755.77**
太原市 Taiyuan	25	9	412.85	242.63	368.58
大同市 Datong	9	3	59.09	6.48	92.84
阳泉市 Yangquan	8	4	16.54	1.39	20.33
长治市 Changzhi	7	2	81.02		132.43
晋城市 Jincheng	16	5	212.18	47.39	389.59
朔州市 Shuozhou	5		24.86		47.31
晋中市 Jinzhong	27	7	100.62	2.73	180.06
运城市 Yuncheng	14	2	30.89	1.88	39.44
忻州市 Xinzhou					
临汾市 Linfen	15	8	52.88	2.31	101.48
吕梁市 Lvliang	12	5	171.63	1.25	383.69

市名 City	流动资产合计 Total Circul-ating Funds	固定资产合计 Total Fixed Assets	固定资产原价 Original Value of Fixed Assets	累计折旧 Total Depreciation	流动负债 Liquid Liabilites
全省 Total	**823.75**	**707.05**	**1126.84**	**442.07**	**956.90**
太原市 Taiyuan	238.93	108.48	164.72	54.53	255.19
大同市 Datong	30.92	30.38	37.30	7.95	41.60
阳泉市 Yangquan	6.80	11.06	19.48	8.82	8.49
长治市 Changzhi	48.70	58.86	149.43	91.59	67.77
晋城市 Jincheng	177.10	146.97	279.20	141.53	168.81
朔州市 Shuozhou	7.51	38.14	52.12	16.33	12.89
晋中市 Jinzhong	59.45	107.61	146.74	39.94	111.95
运城市 Yuncheng	20.13	16.69	26.35	11.15	18.19
忻州市 Xinzhou					
临汾市 Linfen	27.98	68.30	100.37	33.97	48.94
吕梁市 Lvliang	206.24	120.57	151.13	36.25	223.06

18–53 续表1 continued

单位：亿元 (100 million yuan)

市 名 City	负债合计 Total Liabilities	年末所有者权益 Creditors' Equity	主营业务收入 Revenue of Major Business	主营业务成本 Cost of Major Business	主营业务税金及附加 Tax and Extra Charges of Major Business
全 省 Total	**1199.92**	**554.77**	**1168.53**	**912.41**	**6.22**
太原市 Taiyuan	261.45	106.73	409.16	308.43	1.20
大同市 Datong	66.32	26.52	58.06	47.78	0.26
阳泉市 Yangquan	9.29	10.86	15.93	14.15	0.39
长治市 Changzhi	84.79	47.40	87.13	74.00	0.41
晋城市 Jincheng	202.63	186.96	213.11	161.27	1.17
朔州市 Shuozhou	32.17	15.09	22.68	19.91	0.27
晋中市 Jinzhong	151.88	28.00	107.12	89.70	0.85
运城市 Yuncheng	20.86	18.58	30.67	25.22	0.06
忻州市 Xinzhou					
临汾市 Linfen	93.77	7.69	53.98	47.90	0.44
吕梁市 Lvliang	276.74	106.94	170.68	124.05	1.16

市 名 City	营业费用 Costs of Business	管理费用 Costs of Administration	财务费用 Costs of Finance	#利息支出 Interest Expenditure	利润总额 Total Profits
全 省 Total	**25.78**	**51.21**	**31.87**	**29.78**	**172.58**
太原市 Taiyuan	5.28	15.64	3.31	2.68	87.60
大同市 Datong	4.82	2.82	1.23	1.16	2.36
阳泉市 Yangquan	0.60	0.94	0.38	0.40	–0.30
长治市 Changzhi	1.47	3.86	3.00	2.23	5.09
晋城市 Jincheng	1.68	12.82	3.92	3.86	43.39
朔州市 Shuozhou	0.11	0.32	1.62	1.63	2.35
晋中市 Jinzhong	3.97	5.15	5.91	5.87	4.02
运城市 Yuncheng	0.92	1.45	0.72	0.68	2.46
忻州市 Xinzhou					
临汾市 Linfen	1.06	1.65	5.00	4.92	–1.93
吕梁市 Lvliang	5.86	6.57	6.76	6.36	27.54

18-53 续表2 continued

单位：亿元 (100 million yuan)

市 名 City	亏损企业亏损额 Loss of Loss-making Enterprises	利税总额 Total Pre-tax Profits	本年应付薪酬总额 Tatal Wages Payable This Year	本年应交增值税 Value Added Tax Payable This Year	全部从业人员年平均人数(人) Average Annual Employmees (person)
全 省 Total	**20.03**	**223.49**	**88.01**	**44.68**	**189297**
太原市 Taiyuan	2.58	95.27	39.59	6.47	84869
大同市 Datong	0.81	4.18	2.68	1.56	6350
阳泉市 Yangquan	0.90	0.63	1.57	0.54	3133
长治市 Changzhi	0.35	9.49	5.17	3.99	8018
晋城市 Jincheng	0.88	55.88	20.68	11.32	47478
朔州市 Shuozhou		4.56	1.61	1.94	1677
晋中市 Jinzhong	2.99	10.21	7.04	5.34	14073
运城市 Yuncheng	0.31	3.23	1.67	0.71	4632
忻州市 Xinzhou					
临汾市 Linfen	2.83	1.43	1.60	2.91	4759
吕梁市 Lvliang	8.36	38.61	6.40	9.90	14308

市 名 City	总资产贡献率(%) Ratio of Profits, Taxes and Interests to Average Assets (%)	资产负债率(%) Ratio of Debts to Assets (%)	成本费用利润率(%) Ratio of Profits to Total Costs(%)	人均实现利税(元) Per Capita Pre-tax Profits(yuan)	产品销售率(%) Ratio of Sales to Gross Output Value(%)
全 省 Total	**14.28**	**68.34**	**16.62**	**128032**	**97.56**
太原市 Taiyuan	26.46	70.94	26.06	125641	103.79
大同市 Datong	5.71	71.43	4.12	70050	93.25
阳泉市 Yangquan	5.00	45.69	-1.88	20945	88.73
长治市 Changzhi	8.81	64.02	6.18	121281	96.04
晋城市 Jincheng	15.00	52.01	24.13	130462	100.50
朔州市 Shuozhou	13.05	68.01	10.46	271945	96.37
晋中市 Jinzhong	8.89	84.35	3.76	73170	95.18
运城市 Yuncheng	9.87	52.89	8.47	71375	91.59
忻州市 Xinzhou					
临汾市 Linfen	6.13	92.40	-3.22	30577	97.91
吕梁市 Lvliang	11.61	72.13	18.55	270373	87.07

18-54 大中型工业企业主要经济指标(2012年)

MAIN ECONOMIC INDICATORS OF LARGE AND MEDIUM-SIZE INDUSTRIAL ENTERPRISES(2012)

单位：亿元 (100 million yuan)

市名 City	单位数(个) Number of Enterprises (unit)	#亏损企业 Loss-making Enterprises	工业销售产值 Industrial Sales Output Value	出口交货值 Value of Export Delivery	年末资产合计 Total Assets
全省 Total	**1184**	**392**	**13261.46**	**456.21**	**21603.81**
省直报 Direct Report	2		802.08		557.59
太原市 Taiyuan	110	36	2238.14	345.42	3448.34
大同市 Datong	58	17	803.10	8.87	1504.20
阳泉市 Yangquan	47	24	570.83	13.78	1100.29
长治市 Changzhi	142	54	1589.92	0.60	2628.08
晋城市 Jincheng	118	29	1018.92	51.03	2336.95
朔州市 Shuozhou	75	11	928.39		1486.22
晋中市 Jinzhong	148	52	858.66	11.13	1536.54
运城市 Yuncheng	132	37	1022.69	16.09	1401.20
忻州市 Xinzhou	61	12	709.90	0.98	834.36
临汾市 Linfen	131	51	1371.49	4.73	1763.31
吕梁市 Lvliang	160	69	1347.34	3.45	3006.72

市名 City	流动资产合计 Total Circulating Funds	固定资产合计 Total Fixed Assets	固定资产原价 Original Value of Fixed Assets	累计折旧 Total Depreciation	流动负债 Liquid Liabilites
全省 Total	**9300.44**	**8178.74**	**11800.76**	**4993.83**	**10520.14**
省直报 Direct Report	58.64	397.91	739.58	341.67	311.68
太原市 Taiyuan	1567.27	1222.07	1864.44	870.69	1615.31
大同市 Datong	694.32	728.59	840.56	354.32	598.25
阳泉市 Yangquan	409.31	409.88	637.03	304.73	428.64
长治市 Changzhi	1198.59	888.03	1346.59	581.27	1259.32
晋城市 Jincheng	1008.27	710.30	1093.74	466.48	910.96
朔州市 Shuozhou	491.60	708.54	861.50	298.51	634.12
晋中市 Jinzhong	622.58	588.38	732.19	218.91	948.70
运城市 Yuncheng	677.32	570.67	1175.05	656.81	789.50
忻州市 Xinzhou	330.52	347.28	454.02	152.48	289.79
临汾市 Linfen	803.75	697.38	990.53	403.51	969.09
吕梁市 Lvliang	1438.26	909.70	1065.53	344.46	1764.79

18-54 续表1 continued

单位：亿元 (100 million yuan)

市名 City	负债合计 Total Liabilities	年末所有者权益 Creditors' Equity	主营业务收入 Revenue of Major Business	主营业务成本 Cost of Major Business	主营业务税金及附加 Tax and Extra Charges of Major Business
全 省 Total	**14930.19**	**6628.29**	**14826.00**	**12236.02**	**142.95**
省直报 Direct Report	439.62	117.97	802.01	773.21	2.81
太原市 Taiyuan	2402.58	1050.27	3059.01	2682.86	27.64
大同市 Datong	1029.00	474.93	1522.32	1323.49	10.04
阳泉市 Yangquan	674.19	425.56	674.83	552.86	9.78
长治市 Changzhi	1825.83	799.21	1505.24	1183.62	12.02
晋城市 Jincheng	1399.57	936.24	1240.99	925.85	10.77
朔州市 Shuozhou	933.42	536.58	811.10	481.19	16.31
晋中市 Jinzhong	1207.87	328.64	889.04	731.58	9.21
运城市 Yuncheng	975.26	425.13	1080.66	980.60	2.56
忻州市 Xinzhou	459.98	351.91	411.60	288.13	5.33
临汾市 Linfen	1331.43	428.30	1475.93	1325.57	9.04
吕梁市 Lvliang	2251.44	753.55	1353.26	987.07	27.44

市名 City	营业费用 Costs of Business	管理费用 Costs of Administration	财务费用 Costs of Finance	#利息支出 Interest Expenditure	利润总额 Total Profits
全 省 Total	**402.86**	**931.05**	**392.15**	**385.84**	**894.42**
省直报 Direct Report	3.74	12.48	20.25	9.44	15.69
太原市 Taiyuan	49.45	174.36	53.26	59.33	98.52
大同市 Datong	47.98	88.39	24.12	25.87	26.38
阳泉市 Yangquan	14.40	63.21	17.54	26.39	27.28
长治市 Changzhi	21.89	129.34	42.36	45.79	135.60
晋城市 Jincheng	15.09	112.75	43.16	44.76	180.53
朔州市 Shuozhou	99.73	54.13	14.43	14.89	142.02
晋中市 Jinzhong	26.78	57.75	28.93	28.77	42.18
运城市 Yuncheng	22.27	35.09	33.40	31.43	31.77
忻州市 Xinzhou	9.20	28.56	14.01	15.23	57.41
临汾市 Linfen	21.44	66.55	35.25	34.40	26.19
吕梁市 Lvliang	70.89	108.45	65.45	49.53	110.85

18-54 续表2 continued

单位：亿元 (100 million yuan)

市 名 City	亏损企业亏损额 Loss of Loss-making Enterprises	利税总额 Total Pre-tax Profits	本年应付薪酬总额 Tatal Wages Payable This Year	本年应交增值税 Value Added Tax Payable This Year	全部从业人员年平均人数(人) Average Annual Employmees (person)
全 省 Total	**232.13**	**1753.34**	**1351.36**	**711.46**	**1935746**
省直报 Direct Report		43.93	64.80	25.26	34174
太原市 Taiyuan	31.84	194.75	256.22	67.88	319113
大同市 Datong	6.43	102.63	198.52	64.24	196519
阳泉市 Yangquan	11.77	75.21	100.68	38.15	158289
长治市 Changzhi	35.47	233.32	131.38	85.49	224885
晋城市 Jincheng	9.32	273.66	156.01	82.07	193472
朔州市 Shuozhou	7.92	233.77	49.11	75.30	69904
晋中市 Jinzhong	22.66	108.46	98.94	56.91	161404
运城市 Yuncheng	25.62	62.48	61.72	28.14	163644
忻州市 Xinzhou	2.28	96.24	40.07	33.33	64942
临汾市 Linfen	36.52	91.38	79.06	56.13	157784
吕梁市 Lvliang	42.30	237.52	114.86	98.55	191616

市 名 City	总资产贡献率(%) Ratio of Profits, Taxes and Interests to Average Assets(%)	资产负债率(%) Ratio of Debts to Assets (%)	成本费用利润率(%) Ratio of Profits to Total Costs (%)	人均实现利税(元) Per Capita Pre-tax Profits(yuan)	产品销售率(%) Ratio of Sales to Gross Output Value(%)
全 省 Total	**9.72**	**69.11**	**6.15**	**90577**	**97.82**
省直报 Direct Report	9.54	78.84	1.93	128541	100.00
太原市 Taiyuan	7.15	69.67	3.29	61028	98.58
大同市 Datong	8.39	68.41	1.51	52226	82.70
阳泉市 Yangquan	8.37	61.27	3.89	47513	96.76
长治市 Changzhi	10.41	69.47	9.58	103749	95.04
晋城市 Jincheng	13.48	59.89	16.08	141448	99.51
朔州市 Shuozhou	16.67	62.81	21.64	334413	98.71
晋中市 Jinzhong	8.76	78.61	4.91	67198	95.35
运城市 Yuncheng	6.61	69.60	2.86	38183	95.99
忻州市 Xinzhou	13.13	55.13	16.30	148197	151.30
临汾市 Linfen	7.04	75.51	1.73	57913	96.44
吕梁市 Lvliang	9.43	74.88	8.75	123955	94.26

18-55 公路通车里程(2012年)
LENGTH OF HIGHWAYS(2012)

单位：公里 (km)

市　名 City	公路通车里程 Length of Highways	在通车里程中 In Length of Highways					
		国道 State Class	省道 Province Class	县公路 County Class	乡公路 Township Class	专用公路 Special Purpose	村道 Village Class
全省 Total	**137771**	**5215**	**11888**	**20068**	**48259**	**522**	**51819**
太原市 Taiyuan	7009	361	472	1001	1765	31	3380
大同市 Datong	12515	413	1120	1996	5382	4	3600
阳泉市 Yangquan	5600	289	399	799	874	4	3235
长治市 Changzhi	11184	556	981	1745	3726	40	4135
晋城市 Jincheng	8757	223	734	1185	3393	28	3195
朔州市 Shuozhou	10057	426	778	1321	4216	36	3279
晋中市 Jinzhong	15331	687	1196	2188	6363	63	4833
运城市 Yuncheng	15509	291	1452	2706	6177	84	4799
忻州市 Xinzhou	17280	525	2064	2129	6489	125	5949
临汾市 Linfen	17816	811	1221	2459	5431	79	7815
吕梁市 Lvliang	16713	633	1472	2539	4442	28	7599

18-56 公路等级里程(2012年)
LENGTH OF HIGHWAYS BY CLASS(2012)

单位：公里 (km)

市　名 City	等级里程 Expressway and Class I to IV Expressways	高速 Express-way	一级 First Class	二级 Second Class	三级 Third Class	四级 Fourth Class	等外里程 Highway Below class IV	等级里程占总里程的百分比 Percentage to Total Length of Highways
全省 Total	**134242**	**5011**	**2137**	**14799**	**17871**	**94424**	**3529**	**97.4**
太原市 Taiyuan	6882	290	186	923	1204	4279	128	98.2
大同市 Datong	12432	550	75	1115	1965	8727	83	99.3
阳泉市 Yangquan	5600	275	96	427	579	4222		100.0
长治市 Changzhi	10644	295	137	1271	1200	7741	540	95.2
晋城市 Jincheng	8519	319	114	633	1491	5962	238	97.3
朔州市 Shuozhou	9945	388	186	954	1369	7049	111	98.9
晋中市 Jinzhong	15249	572	434	2181	1429	10634	81	99.5
运城市 Yuncheng	15483	597	269	1691	1962	10964	26	99.8
忻州市 Xinzhou	16661	731	22	1750	1748	12411	620	96.4
临汾市 Linfen	17137	462	335	1849	2865	11627	679	96.2
吕梁市 Lvliang	15691	533	284	2006	2058	10809	1022	93.9

18-57 公路路面里程(2012年)
LENGTH OF PAVED HIGHWAYS(2012)

单位：公里 (km)

市 名 City	有铺装路面里程 Length of Paved Highways	占总里程(%) Percentage to Total Length of Highways (%)	简易铺装路面里程 Length of Simply Paved Highways	占总里程(%) Percentage to Total Length of Highways (%)	未铺装路面里程 Length of Non-paved Highways
全 省 Total	**92540**	**67.2**	**25405**	**18.4**	**19826**
太原市 Taiyuan	5283	75.4	777	11.1	949
大同市 Datong	10173	81.3	525	4.2	1817
阳泉市 Yangquan	5127	91.6	226	4.0	247
长治市 Changzhi	7383	66.0	2771	24.8	1029
晋城市 Jincheng	7735	88.3	715	8.2	307
朔州市 Shuozhou	6728	66.9	1168	11.6	2161
晋中市 Jinzhong	9216	60.1	2486	16.2	3628
运城市 Yuncheng	8155	52.6	7183	46.3	172
忻州市 Xinzhou	12624	73.1	1933	11.2	2724
临汾市 Linfen	8595	48.2	5102	28.6	4119
吕梁市 Lvliang	11522	68.9	2518	15.1	2673

18-58 公路绿化里程(2012年)
LENGTH OF AFFOREST HIGHWAYS(2012)

单位：公里 (km)

市 名 City	绿化里程 Length of Afforest Highways	占总里程(%) Percentage (%)	在绿化里程中 In Length of Afforest Highways					
			国道 State Class	省道 Province Class	县公路 County Class	乡公路 Township Class	专用公路 Special Purpose	村道 Village Class
全 省 Total	**56196**	**40.8**	**4161**	**8261**	**13569**	**19298**	**219**	**10689**
太原市 Taiyuan	2208	31.5	271	363	670	659	29	216
大同市 Datong	3628	29.0	333	643	1156	1233		264
阳泉市 Yangquan	1349	24.1	138	299	564	233	4	112
长治市 Changzhi	4732	42.3	499	815	1119	1528	10	761
晋城市 Jincheng	2718	31.0	204	590	523	806	18	577
朔州市 Shuozhou	3980	39.6	288	509	880	1743	21	540
晋中市 Jinzhong	6907	45.1	649	905	1741	2426	35	1151
运城市 Yuncheng	14585	94.0	267	1280	2604	5925	21	4489
忻州市 Xinzhou	4698	27.2	445	1292	1236	1587	39	99
临汾市 Linfen	7533	42.3	585	898	2048	2588	17	1397
吕梁市 Lvliang	3859	23.1	483	669	1027	571	26	1082

18-59 公路客货运输量(2012年)
HIGHWAY PASSENGER AND FREIGHT TRAFFIC(2012)

市名 City		客运量 (万人) Passenger Traffic (10 000 persons)	旅客周转量 (万人公里) Passenger-kilometers (10 000 Persons-km)	货运量 (万吨) Freight Traffic (10 000 tons)	货物周转量 (万吨公里) Freight Ton-kilometers (10 000 tons-km)
全 省	**Total**	**33662**	**2306121**	**73150**	**12022480**
太原市	Taiyuan	2141	564860	9637	1136943
大同市	Datong	2833	236820	7841	920531
阳泉市	Yangquan	2785	63570	3935	275240
长治市	Changzhi	3478	230782	6450	925737
晋城市	Jincheng	2730	182456	3910	320955
朔州市	Shuozhou	3151	124554	2008	384449
晋中市	Jinzhong	3335	145905	8430	1722292
运城市	Yuncheng	5102	221169	6842	1766839
忻州市	Xinzhou	1649	125385	6355	1521835
临汾市	Linfen	4570	271970	11486	1863810
吕梁市	Lvliang	1888	138650	6256	1183849

18-60 邮电业务总量及电话数(2012年)
VOLUME OF POST AND TELECOMMUNICATION SERVICES AND NUMBER OF TELEPHONE SUBSCRIBERS(2012)

单位：万元 (10 000 yuan)

市名 City		邮电业务总量 Business Volume of Post and Telecommunications Services	邮政 Post	电信 Telecommuni-cations Services	电话数(万户) Number of Telephone Subscribers (10 000 households)	固定 Fixed Telephone	移动 Mobile Telephone
全 省	**Total**	**3394277**	**304500**	**3089777**	**3449.78**	**685.22**	**2764.56**
太原市	Taiyuan	792960	51135	741825	7299.26	148.92	581.00
大同市	Datong	292334	22503	269832	317.32	54.11	263.22
阳泉市	Yangquan	146099	11930	134169	157.47	31.41	126.06
长治市	Changzhi	253863	16920	236943	303.33	63.26	240.07
晋城市	Jincheng	184431	12230	172201	215.39	45.73	169.66
朔州市	Shuozhou	143895	9941	133954	146.76	27.29	119.47
晋中市	Jinzhong	292578	19633	272944	310.61	69.79	240.82
运城市	Yuncheng	336087	23739	312348	388.10	81.70	306.39
忻州市	Xinzhou	234552	20671	213882	243.67	45.32	198.36
临汾市	Linfen	347245	24159	323086	351.58	63.53	288.05
吕梁市	Lvliang	296464	20580	275884	285.64	54.17	231.46

注：本表邮政分市数据中不含民营业务量；全省电信业务量包括省公司部分。

Note: Post data of 11 cities doesn't contain volume of private enterprises. Business volume of telecommunications services of the whole provice contains the data of provincial telecom company.

18-61 镇(乡)村通公路、通油路情况(2012年)

TRAFFIC CONNECTION OF TOWNS, TOWNSHIPS AND VILLAGES(2012)

单位：个 (unit)

市 名 City	乡、镇总数 Number of Townships and Towns	#通油路数 Connect With Asphalt Highways	镇总数 Number of Towns	#通油路数 Connect With Asphalt Highways	#占镇总数的比例(%) Percentage(%)	乡总数 Number of Townships	#通油路数 Connect With Asphalt Highways	#占乡总数的比例(%) Percentage (%)
全 省 Total	**1195**	**1195**	**564**	**564**	**100.0**	**631**	**631**	**100.0**
太原市 Taiyuan	52	52	21	21	100.0	31	31	100.0
大同市 Datong	98	98	33	33	100.0	65	65	100.0
阳泉市 Yangquan	32	32	20	20	100.0	12	12	100.0
长治市 Changzhi	132	132	68	68	100.0	64	64	100.0
晋城市 Jincheng	74	74	48	48	100.0	26	26	100.0
朔州市 Shuozhou	69	69	18	18	100.0	51	51	100.0
晋中市 Jinzhong	118	118	59	59	100.0	59	59	100.0
运城市 Yuncheng	136	136	81	81	100.0	55	55	100.0
忻州市 Xinzhou	185	185	59	59	100.0	126	126	100.0
临汾市 Linfen	151	151	75	75	100.0	76	76	100.0
吕梁市 Lvliang	148	148	82	82	100.0	66	66	100.0

市 名 City	行政村 Administration Villages					
	总 数 Total	通公路 Connect with Highways	#通油路 Connect with Asphalt Highways	通公路村比重(%) Percentage of Connect with Highways(%)	通油路村比重(%) Percentage of Connect with Asphalt Highways(%)	不通公路 Non-connect with Highways
全 省 Total	**28132**	**28110**	**27954**	**99.92**	**99.37**	**22**
太原市 Taiyuan	951	951	949	100.00	99.79	
大同市 Datong	1961	1961	1952	100.00	99.54	
阳泉市 Yangquan	960	960	956	100.00	99.58	
长治市 Changzhi	3454	3452	3452	99.94	99.94	2
晋城市 Jincheng	2213	2212	2212	99.95	99.95	1
朔州市 Shuozhou	1688	1688	1683	100.00	99.70	
晋中市 Jinzhong	2747	2747	2742	100.00	99.82	
运城市 Yuncheng	3194	3194	3194	100.00	100.00	
忻州市 Xinzhou	4888	4869	4738	99.61	96.93	19
临汾市 Linfen	2968	2968	2968	100.00	100.00	
吕梁市 Lvliang	3108	3108	3108	100.00	100.00	

18-62 社会消费品零售总额(2012年)
TOTAL RETAIL SALES OF CONSUMER GOODS(2012)

单位：万元 (10 000 yuan)

市名 City		社会消费品零售总额 Total Retail Sales of Consumer Goods	城镇 Town	乡村 Village
全省	**Total**	**45068327**	**36825267**	**8243060**
太原市	Taiyuan	11391568	11165864	225704
大同市	Datong	4279580	3589971	689609
阳泉市	Yangquan	2255790	2047521	208269
长治市	Changzhi	3861914	3347168	514746
晋城市	Jincheng	2686360	2528166	158193
朔州市	Shuozhou	2011809	1572162	439647
晋中市	Jinzhong	3872702	2832956	1039746
运城市	Yuncheng	4938487	3945453	993034
忻州市	Xinzhou	2328828	1855004	473824
临汾市	Linfen	4317021	3658446	658575
吕梁市	Lvliang	3124268	2474900	649368

18-63 旅游事业发展情况(2012年)
DEVELOPMENT OF TOURISM(2012)

市名 City		海外旅游人数(人次) Number of International Tourists (person-time)	旅游外汇收入(万美元) Foreign Exchange Earnings (USD 10 000)	国内旅游接待人次(万人次) Domestic Tourists (10000 person-time)	国内旅游接待收入(亿元) Revenue from Domestic Tourists (100 million yuan)
全省	**Total**	**1891758**	**72023.9**	**19434.0**	**1766.3**
太原市	Taiyuan	422451	24413.0	2941.6	339.7
大同市	Datong	277453	10224.3	1890.3	156.2
阳泉市	Yangquan	37515	1009.7	1178.9	94.9
长治市	Changzhi	124595	3042.6	1640.1	164.5
晋城市	Jincheng	95725	4564.0	1686.9	149.9
朔州市	Shuozhou	62481	2211.1	675.0	63.4
晋中市	Jinzhong	305321	10216.5	2450.1	209.6
运城市	Yuncheng	159126	4035.4	2378.9	163.4
忻州市	Xinzhou	208798	7475.6	1518.3	157.9
临汾市	Linfen	145408	3100.0	1739.8	158.0
吕梁市	Lvliang	52885	1731.7	1334.0	108.9

18-64 财政收支总额(2012年)

FINANCIAL REVENUE AND EXPENDITURE(2012)

单位: 万元 (10 000 yuan)

市名 City	财政总收入 Overall Revenue	一般预算收入 General Budget of Revenue	#企业所得税 Enterprises Income Taxes	#增值税 Value-added Taxes
地区合计 Total	**24896882**	**11121591**	**1390299**	**1700084**
太原市 Taiyuan	4544872	2156654	250274	233271
大同市 Datong	1907386	803046	91446	148302
阳泉市 Yangquan	1410123	568786	86929	111652
长治市 Changzhi	3020532	1334931	216431	202335
晋城市 Jincheng	2134753	829056	176241	154221
朔州市 Shuozhou	2100000	842500	136575	165647
晋中市 Jinzhong	2103809	992297	94078	141472
运城市 Yuncheng	800889	415406	16753	54616
忻州市 Xinzhou	1441885	651651	64113	104279
临汾市 Linfen	2016045	1107773	74103	121555
吕梁市 Lvliang	3416588	1419491	183356	262734

市名 City	一般预算支出 General Budget of Expenditure	#一般公共服务 Public Services	#教育事业费 Education Expenses	#社会保障和就业 Social Security and Employment
地区合计 Total	**20454564**	**2139054**	**4616886**	**2382578**
太原市 Taiyuan	2777613	224998	550372	334333
大同市 Datong	1865565	161574	442750	220415
阳泉市 Yangquan	884080	102379	218560	88108
长治市 Changzhi	2018665	227448	444784	221016
晋城市 Jincheng	1298261	145836	301484	162574
朔州市 Shuozhou	1388666	166662	297409	106053
晋中市 Jinzhong	1786407	182956	394859	256273
运城市 Yuncheng	1927056	201642	454469	253351
忻州市 Xinzhou	1815286	210513	435735	240409
临汾市 Linfen	2228232	243223	468120	295605
吕梁市 Lvliang	2464733	271823	608344	204441

18-65 金融机构本外币各项存款和贷款余额(2012年)
BALANCE OF DEPOSITS AND LOANS IN FINANCIAL INSTITUTIONS (2012)

单位：亿元 (100 million yuan)

市名 City	各项存款 Balance of Deposits	#单位存款 Corporate Deposits	#个人存款 Personal Depostis	#储蓄存款 Saving Deposits
全省 Total	**24156.95**	**10844.83**	**12141.03**	**12039.23**
太原市 Taiyuan	8976.90	5379.26	3125.08	3048.19
大同市 Datong	2017.92	674.37	1227.43	1223.26
阳泉市 Yangquan	1098.37	474.96	606.18	601.60
长治市 Changzhi	1724.05	659.28	981.95	981.33
晋城市 Jincheng	1729.58	877.13	761.06	756.54
朔州市 Shuozhou	1052.10	407.26	597.05	594.07
晋中市 Jinzhong	1681.80	524.30	1088.44	1087.03
运城市 Yuncheng	1320.56	378.91	879.90	879.49
忻州市 Xinzhou	1311.32	389.67	878.84	878.54
临汾市 Linfen	1656.88	512.19	1072.07	1068.67
吕梁市 Lvliang	1587.46	567.49	923.02	920.52

市名 City	各项贷款 Balance of Loans	#短期贷款 Short term	#中长期贷款 Medium and Long Term	#个人消费贷款 Personal Consumption
全省 Total	**13211.30**	**5275.26**	**7170.93**	**513.88**
太原市 Taiyuan	6452.21	2081.08	4063.99	267.56
大同市 Datong	770.58	237.46	458.82	25.45
阳泉市 Yangquan	530.30	254.39	254.48	12.46
长治市 Changzhi	841.48	367.12	397.60	21.72
晋城市 Jincheng	776.95	358.84	402.66	17.63
朔州市 Shuozhou	381.33	173.70	173.31	10.37
晋中市 Jinzhong	753.60	426.81	293.56	33.56
运城市 Yuncheng	713.40	400.02	253.08	41.82
忻州市 Xinzhou	479.82	222.01	254.87	13.31
临汾市 Linfen	749.57	358.09	310.56	40.98
吕梁市 Lvliang	762.07	395.73	307.90	29.02

18-66 原保险保费收入(2012年)
PREMIUM OF PRIMARY INSURANCE(2012)

单位：万元 (10 000 yuan)

市名 City		合计 Total	财产险 Property Insurance	寿险 Life Insurance	意外险 Accident Insurance	健康险 Health Insurace
全省	**Total**	**3846491**	**1277868**	**2341089**	**65532**	**162002**
本级	Provincial	1			1	
太原市	Taiyuan	915280	317764	526998	20299	50219
大同市	Datong	342665	126716	196594	4611	14744
阳泉市	Yangquan	196591	65314	122702	2621	5954
长治市	Changzhi	309616	103093	187204	3425	15893
晋城市	Jincheng	309518	96610	198111	4581	10216
朔州市	Shuozhou	120286	56348	58381	2266	3291
晋中市	Jinzhong	388647	112223	258453	5469	12502
运城市	Yuncheng	409582	119078	265670	6203	18632
忻州市	Xinzhou	208695	88076	110088	4943	5588
临汾市	Linfen	357542	104284	230344	5807	17107
吕梁市	Lvliang	288067	88361	186544	5306	7855

18-67 小学基本情况(2012年)
BASIC STATISTICS ON PRIMARY SCHOOLS(2012)

单位：人 (person)

市名 City		学校数（所） Number of Schools (unit)	毕业生数 Number of Graduates	招生数 Number of New Students Enrollment	在校学生数 Number of Students Enrollment	专任教师数 Number of Full-time Teachers
全省	**Total**	**10042**	**547270**	**440460**	**2617602**	**170923**
太原市	Taiyuan	581	47519	44418	258900	15946
大同市	Datong	756	54912	39024	243844	16585
阳泉市	Yangquan	335	15066	15096	84840	5569
长治市	Changzhi	1158	46449	41084	230743	15550
晋城市	Jincheng	713	32120	23071	150535	10512
朔州市	Shuozhou	354	32942	24989	173266	9795
晋中市	Jinzhong	718	41546	42189	230418	14415
运城市	Yuncheng	1078	80648	55394	360523	25016
忻州市	Xinzhou	1652	64419	40688	234853	15989
临汾市	Linfen	1296	63192	55967	310326	21132
吕梁市	Lvliang	1401	68457	58540	339354	20414

注：本表专任教师数不包括九年一贯制学制学校和十二年一贯制学校。

Note: Primary full-time teachers in the table don't include teachers who work in 9-year system or 12-year system schools.

18-68 普通中学基本情况(2012年)
BASIC STATISTICS ON REGULAR SECONDARY SCHOOLS(2012)

单位：人 (person)

市名 City	学校数(所) Number of Schools (unit)				毕业生数 Number of Graduates			招生数 New Students Enrollment		
	合计 Total	#初级中学 Junior	#高级中学 Senior	#完全中学 Junior and Senior	合计 Total	初中 Junior	高中 Senior	合计 Total	初中 Junior	高中 Senior
全 省 Total	**2534**	**1546**	**244**	**234**	**863939**	**578684**	**285255**	**755080**	**462450**	**292630**
太原市 Taiyuan	229	118	19	66	82754	53639	29115	74501	45562	28939
大同市 Datong	234	110	14	33	78143	55170	22973	66097	40299	25798
阳泉市 Yangquan	87	57	7	7	30471	21764	8707	25038	14986	10052
长治市 Changzhi	225	132	16	29	80326	53191	27135	71327	43590	27737
晋城市 Jincheng	159	117	20	14	60884	42163	18721	54290	31125	23165
朔州市 Shuozhou	100	56	14	8	50520	31898	18622	53438	32436	21002
晋中市 Jinzhong	225	164	20	9	66440	47317	19123	55354	35901	19453
运城市 Yuncheng	353	210	52	11	140371	87485	52886	117277	67657	49620
忻州市 Xinzhou	311	176	25	10	78323	51750	26573	59472	38972	20500
临汾市 Linfen	295	186	24	31	96127	65359	30768	89137	55902	33235
吕梁市 Lvliang	316	220	33	16	99580	68948	30632	89149	56020	33129

市名 City	在校学生数 Number of Students Enrollment			专任教师数 Number of Full-time Teachers		
	合计 Total	初中 Junior	高中 Senior	合计 Total	初中 Junior	高中 Senior
全 省 Total	**2357419**	**1502433**	**854986**	**176319**	**118231**	**58088**
太原市 Taiyuan	230938	143221	87717	17845	11390	6455
大同市 Datong	204481	130322	74159	15795	11221	4574
阳泉市 Yangquan	81674	52367	29307	5953	4113	1840
长治市 Changzhi	221158	140142	81016	15555	10243	5312
晋城市 Jincheng	169192	103123	66069	10928	7165	3763
朔州市 Shuozhou	164355	100688	63667	10411	6555	3856
晋中市 Jinzhong	172084	114961	57123	15248	10546	4702
运城市 Yuncheng	368817	226288	142529	27952	18171	9781
忻州市 Xinzhou	190640	127941	62699	15127	10690	4437
临汾市 Linfen	274302	178665	95637	21967	14581	7386
吕梁市 Lvliang	279778	184715	95063	19538	13556	5982

18-69 特殊教育学校基本情况(2012年)
BASIC STATISTICS ON SPECIAL EDUCATION SCHOOLS(2012)

单位：人 (person)

市名 City		学校数(所) Number of Schools (unit)	毕业生数 Number of Graduates	招生数 Number of New Students Enrollment	在校学生数 Number of Students Enrollment	专任教师数 Number of Full-time Teachers
全省	**Total**	**53**	**882**	**1215**	**7873**	**1316**
太原市	Taiyuan	5	125	152	970	188
大同市	Datong	4	47	102	505	103
阳泉市	Yangquan	2	27	38	379	48
长治市	Changzhi	4	93	143	819	139
晋城市	Jincheng	4	30	35	550	90
朔州市	Shuozhou	2	21	101	343	41
晋中市	Jinzhong	3	137	126	737	111
运城市	Yuncheng	14	112	120	1054	212
忻州市	Xinzhou	4	87	66	354	52
临汾市	Linfen	5	76	147	894	135
吕梁市	Lvliang	6	127	185	1268	197

18-70 村卫生室情况(2012年)
MAIN INDICATORS OF RURAL CLINICS (2012)

单位：人 (person)

市名 City		机构数(个) Institutions (unit)	执业(助理)医师 Licensed (Assistant) Doctors	注册护士 Registered Nurses	乡村医生 Rural Doctors	卫生员 Health Workers
全省	**Total**	**28285**	**3525**	**307**	**38998**	**2628**
太原市	Taiyuan	952	154	8	1468	35
大同市	Datong	1811	181	4	2484	112
阳泉市	Yangquan	928	119	15	1405	143
长治市	Changzhi	3879	378	28	4269	422
晋城市	Jincheng	2250	471	13	2932	171
朔州市	Shuozhou	1682	30	1	1784	54
晋中市	Jinzhong	2624	262	34	4202	105
运城市	Yuncheng	3569	560	42	5697	533
忻州市	Xinzhou	4325	561	32	5557	429
临汾市	Linfen	3154	477	43	4634	271
吕梁市	Lvliang	3111	332	87	4566	353

18-71 卫生机构数(2012年)
HEALTH CARE INSTITUTIONS(2012)

单位：个 (unit)

市 名 City		总 计 Total	#医 院 Hospitals	#疾病预防控制中心 Diseases Prevention and Control Centre	#妇幼保健院(所、站) Maternity and Child Care Centres
全 省	**Total**	**11908**	**1215**	**135**	**132**
太原市	Taiyuan	2518	188	15	12
大同市	Datong	1257	109	13	13
阳泉市	Yangquan	454	46	6	6
长治市	Changzhi	919	96	14	14
晋城市	Jincheng	762	70	7	7
朔州市	Shuozhou	365	62	7	7
晋中市	Jinzhong	1037	92	12	12
运城市	Yuncheng	1864	223	14	14
忻州市	Xinzhou	824	93	15	15
临汾市	Linfen	1153	170	18	18
吕梁市	Lvliang	755	66	14	14

18-72 卫生机构床位数和人员情况(2012年)
BEDS AND PERSONNELS IN HEALTH CARE INSTITUTIONS(2012)

单位：人 (person)

市 名 City		卫生机构床位数(张) Beds (unit)	卫生技术人员 Medical Technical Personnels	#执业(助理)医师 Licensed (Assistant) Doctors	#注册护士 Registered Nurses
全 省	**Total**	**165294**	**199601**	**87319**	**70337**
太原市	Taiyuan	33763	45074	18036	19402
大同市	Datong	15559	19164	8651	6668
阳泉市	Yangquan	7584	9048	3835	3581
长治市	Changzhi	14488	17065	7261	6378
晋城市	Jincheng	8881	12380	5637	3975
朔州市	Shuozhou	6649	6299	3004	1744
晋中市	Jinzhong	12833	15697	6654	5466
运城市	Yuncheng	25652	25160	11728	7518
忻州市	Xinzhou	12177	14198	6503	4176
临汾市	Linfen	17245	21542	9438	7117
吕梁市	Lvliang	10463	13974	6572	4312

19 » 县（市）篇

PART OF COUNTY AND CITY

PAGE

621-700

山西统计年鉴 2013

SHANXI STATISTICAL YEARBOOK

19-1 常住人口数(2012年)
RESIDENT POPULATION(2012)

单位：人 (person)

县市	Region	总户数(户) Number of Households (household)	常住人口 Resident Population	按性别分 by Sex 男 Male	女 Female	按城镇、乡村分 by Urban and Rural 城镇人口 Urban	乡村人口 Rural
太原市	**Taiyuan**						
小店区	Xiaodian	156658	815898	418749	397149	745045	70853
迎泽区	Yingze	147096	598819	284064	314755	580989	17830
杏花岭区	Xinghualing	171025	650279	325430	324849	625150	25129
尖草坪区	Jiancaoping	105105	422615	211430	211185	395877	26738
万柏林区	Wanbailin	149569	761379	396517	364862	741757	19622
晋源区	Jinyuan	62227	224465	113096	111369	144839	79626
清徐县	Qingxu	117116	346941	175436	171505	102028	244913
阳曲县	Yangqu	62855	120774	62539	58235	38236	82538
娄烦县	Loufan	48058	106988	56078	50910	39340	67648
古交市	Gujiao	79339	208168	108495	99673	151833	56335
大同市	**Datong**						
城　区	Chengqu	242957	731267	365542	365725	731267	
矿　区	Kuangqu	164046	505216	254388	250828	505216	
南郊区	Nanjiao	124475	411137	212462	198675	163071	248066
新荣区	Xinrong	49295	109580	57483	52097	29827	79753
阳高县	Yanggao	124661	275683	142855	132828	95001	180682
天镇县	Tianzhen	95940	208596	105105	103491	71006	137590
广灵县	Guangling	77347	184845	97645	87200	40429	144416
灵丘县	Lingqiu	104037	236903	124204	112699	57425	179478
浑源县	Hunyuan	134148	347634	178394	169240	118613	229021
左云县	Zuoyun	66537	158148	79389	78759	69047	89101
大同县	Datongxian	85506	188103	98958	89145	64557	123546
阳泉市	**Yangquan**						
城　区	Chengqu	70343	194441	97651	96790	194441	
矿　区	Kuangqu	74212	245564	125083	120481	245564	
郊　区	Jiaoqu	99754	286902	147892	139010	198995	87907
平定县	Pingding	141914	337668	175147	162521	119936	217732
盂　县	Yuxian	131664	314686	159323	155363	110550	204136
长治市	**Changzhi**						
城　区	Chengqu	119005	499962	247233	252729	499962	
郊　区	Jiaoqu	101956	283086	146468	136618	178964	104122
长治县	Changzhixian	118792	344427	173672	170755	106254	238173
襄垣县	Xiangyuan	84154	273371	143386	129985	112769	160602
屯留县	Tunliu	89709	266935	135297	131638	87795	179140
平顺县	Pingshun	57620	149623	76611	73012	35947	113676
黎城县	Licheng	66951	159639	82563	77076	56962	102677
壶关县	Huguan	114508	293497	148677	144820	71722	221775
长子县	Zhangzi	121066	355529	182230	173299	89594	265935
武乡县	Wuxiang	76078	181630	95745	85885	51615	130015
沁　县	Qinxian	65540	172934	92578	80356	59377	113557
沁源县	Qinyuan	60624	159328	85857	73471	59613	99715
潞城市	Lucheng	78686	229705	118500	111205	116325	113380

注：本表总户数为公安年报数。

Note: Number of households are obtained from public security department.

19-1 续表1 continued

单位：人 (person)

县 市	Region	总户数(户) Number of Households (household)	常住人口 Resident Population	按性别分 by Sex		按城镇、乡村分 by Urban and Rural	
				男 Male	女 Female	城镇人口 Urban	乡村人口 Rural
晋城市	**Jincheng**						
城 区	Chengqu	133623	482596	243676	238920	482596	
沁水县	Qinshui	82285	213758	108500	105258	79903	133855
阳城县	Yangcheng	172705	388742	194636	194106	163115	225627
陵川县	Lingchuan	89163	232838	118378	114460	83127	149711
泽州县	Zezhou	183140	486305	245649	240656	201019	285286
高平市	Gaoping	157422	487192	241240	245952	238629	248563
朔州市	**Shuozhou**						
朔城区	Shuocheng	181717	511072	265949	245123	308379	202693
平鲁区	Pinglu	86802	205947	105695	100252	101222	104725
山阴县	Shanyin	104552	241744	124249	117495	115068	126676
应 县	Yingxian	125542	331984	172217	159767	108881	223103
右玉县	Youyu	48942	113360	58533	54827	55396	57964
怀仁县	Huairen	125035	330859	170983	159876	178884	151975
晋中市	**Jinzhong**						
榆次区	Yuci	209879	643990	324315	319675	470899	173091
榆社县	Yushe	56891	136519	71330	65189	44899	91620
左权县	Zuoquan	68058	163039	83200	79839	64253	98786
和顺县	Heshun	55688	145666	74543	71123	60910	84756
昔阳县	Xiyang	103457	229055	117199	111856	68754	160301
寿阳县	Shouyang	85977	212022	109279	102743	70456	141566
太谷县	Taigu	118046	302611	158840	143771	124797	177814
祁 县	Qixian	113409	267933	138063	129870	91044	176889
平遥县	Pingyao	204847	509397	264152	245245	190717	318680
灵石县	Lingshi	105236	265428	139852	125576	122281	143147
介休市	Jiexiu	166746	411133	211537	199596	249147	161986
运城市	**Yuncheng**						
盐湖区	Yanhu	232224	687322	347467	339855	457033	230289
临猗县	Linyi	171925	579290	295713	283577	208076	371214
万荣县	Wanrong	139454	444229	227542	216687	106257	337972
闻喜县	Wenxi	128572	408950	208651	200299	174621	234329
稷山县	Jishan	112298	351676	178964	172712	115997	235679
新绛县	Xinjiang	96735	336627	171880	164747	124915	211712
绛 县	Jiangxian	86429	284669	145268	139401	136979	147690
垣曲县	Yuanqu	86698	233835	122325	111510	102330	131505
夏 县	Xiaxian	108033	356881	182733	174148	93737	263144
平陆县	Pinglu	95128	261283	136332	124951	69187	192096
芮城县	Ruicheng	145995	399456	200889	198567	169155	230301
永济市	Yongji	139948	449956	230636	219320	199550	250406
河津市	Hejin	132205	400418	207974	192444	193320	207098
忻州市	**Xinzhou**						
忻府区	Xinfu	222055	551860	279041	272819	299153	252707
定襄县	Dingxiang	100158	220011	111839	108172	73232	146779
五台县	Wutai	140800	301143	155339	145804	90704	210439
代 县	Daixian	94834	216596	112918	103678	84276	132320

19-1 续表2 continued

单位：人 (person)

县 市	Region	总户数（户）Number of Households (household)	常住人口 Resident Population	按性别分 by Sex 男 Male	女 Female	按城镇、乡村分 by Urban and Rural 城镇人口 Urban	乡村人口 Rural
繁峙县	Fanshi	110533	270138	140848	129290	106407	163731
宁武县	Ningwu	74893	162418	85957	76461	72179	90239
静乐县	Jingle	57895	158256	84100	74156	51449	106807
神池县	Shenchi	46336	107363	55946	51417	34956	72407
五寨县	Wuzhai	53397	108903	56606	52297	43934	64969
岢岚县	Kelan	34845	85246	45103	40143	36980	48266
河曲县	Hequ	68009	146794	78060	68734	65263	81531
保德县	Baode	66686	162037	86659	75378	56971	105066
偏关县	Pianguan	47895	113299	58621	54678	48235	65064
原平市	Yuanping	194954	495254	255282	239972	220388	274866
临汾市	**Linfen**						
尧都区	Yaodu	373136	954859	483118	471741	607948	346911
曲沃县	Quwo	63713	239873	123259	116614	80730	159143
翼城县	Yicheng	102655	315029	159618	155411	101383	213646
襄汾县	Xiangfen	157625	448249	238949	209300	153319	294930
洪洞县	Hongtong	244487	741776	384569	357207	268077	473699
古 县	Guxian	35496	92987	48634	44353	32852	60135
安泽县	Anze	33322	83034	42948	40086	29274	53760
浮山县	Fushan	46732	129044	67235	61809	42259	86785
吉 县	Jixian	37925	107827	56156	51671	31754	76073
乡宁县	Xiangning	76777	236204	121653	114551	72230	163974
大宁县	Daning	24162	65309	34207	31102	25901	39408
隰 县	Xixian	39666	104958	54669	50289	41049	63909
永和县	Yonghe	23839	64365	34199	30166	23415	40950
蒲 县	Puxian	35026	108721	56048	52673	44803	63918
汾西县	Fenxi	52128	146537	77454	69083	56635	89902
侯马市	Houma	82727	242562	123440	119122	145974	96588
霍州市	Huozhou	122269	285925	146251	139674	167253	118672
吕梁市	**Lvliang**						
离石区	Lishi	112573	324927	167881	157046	263092	61835
文水县	Wenshui	170118	426285	221221	205064	128447	297838
交城县	Jiaocheng	87667	233240	119812	113428	112012	121228
兴 县	Xingxian	111726	282459	144722	137737	91291	191168
临 县	Linxian	238519	586167	305125	281042	143941	442226
柳林县	Liulin	124741	323747	168029	155718	113894	209853
石楼县	Shilou	41670	113225	58277	54948	43247	69978
岚 县	Lanxian	68181	176207	90528	85679	49846	126361
方山县	Fangshan	61994	145641	75998	69643	41622	104019
中阳县	Zhongyang	54637	143053	73873	69180	84444	58609
交口县	Jiaokou	46114	121202	62425	58777	43521	77681
孝义市	Xiaoyi	183401	473644	246823	226821	286885	186759
汾阳市	Fenyang	162276	421779	215570	206209	167127	254652

19-2 城镇单位从业人员和在岗职工工资 (2012年)

单位：人

县 市	Region	从业人员 Employees	在岗职工 Fully Employed	国有单位 State-owned Units	城镇集体单位 Urban Collective -owned Units
太原市	**Taiyuan**				
市 辖	Jurisdiction of the City	119390	119128	5550	
小店区	Xiaodian	158265	149485	82519	1382
迎泽区	Yingze	169756	163618	107902	11138
杏花岭区	Xinhualing	163601	155205	101458	8175
尖草坪区	Jiancaoping	68606	66876	11083	12981
万柏林区	Wanbailin	240364	212791	41895	4534
晋源区	Jinyuan	14256	13402	6067	543
清徐县	Qingxu	20034	19757	12702	611
阳曲县	Yanqu	8517	8477	5196	544
娄烦县	Loufan	5682	5017	4439	417
古交市	Gujiao	16401	16288	10318	516
大同市	**Datong**				
市 辖	Jurisdiction of the City	151532	151241	1094	12170
城 区	Chengqu	163471	154320	92571	7302
矿 区	Kuangqu	12542	12197	9774	1885
南郊区	Nanjiao	32442	29853	16658	4777
新荣区	Xinrong	9556	9393	8563	56
阳高县	Yanggao	8798	8798	8226	202
天镇县	Tianzhen	6394	6388	6319	18
广灵县	Guangling	8200	7782	7137	587
灵丘县	Lingqiu	11951	11587	8494	44
浑源县	Hunyuan	12950	12869	12375	467
左云县	Zuoyun	18399	16556	13584	1287
大同县	Datongxian	9606	9507	9351	30
阳泉市	**Yang quan**				
市 辖	Jurisdiction of the City	4387	3984	2849	
城 区	Chengqu	58570	57322	46244	1886
矿 区	Kuangqu	136858	134913	112798	13954
郊 区	Jiaoqu	25542	25317	19925	1721
平定县	Pingding	20154	18626	12838	1556
盂 县	Yuxian	30165	29572	15645	8290
长治市	**Changzhi**				
市 辖	Jurisdiction of the City				
城 区	Chengqu	104852	98572	68323	1987
郊 区	Jiaoqu	40596	39839	27486	1205
长治县	Changzhixian	23237	23105	15650	1069
襄垣县	Xiangyuan	72240	71283	13985	4061
屯留县	Tunliu	24053	23243	9630	572
平顺县	Pingshun	8703	8318	7347	766
黎城县	Licheng	8355	8206	5844	354
壶关县	Huguan	16645	16640	8833	1118
长子县	Zhangzi	24849	24436	20798	1192
武乡县	Wuxiang	14433	14402	10202	2314
沁 县	Qinxian	6603	6537	5673	612

NUMBER OF EMPLOYEES AND WAGE OF FULLY EMPLOYED STAFF AND WORKERS IN URBAN UNITS(2012)

(person)

其他所有制单位 Other Units	其他从业人员 Other Employees	在岗职工工资总额（千元） Total Wages of Fully Employed (1 000 yuan)	#国有单位 State-owned Units	#城镇集体单位 Urban Collective -owned Units	在岗职工平均工资（元） Average Wages of Fully Employed (yuan)
113578	262	4150837	187770		37084
65584	8780	6860225	3795850	28902	43319
44578	6138	7225895	5040710	424227	44876
45572	8396	7411829	5094991	165992	47736
42812	1730	3281344	507138	308146	49196
166362	27573	13010870	1862300	79367	58651
6792	854	452530	255367	16722	33811
6444	277	560685	362401	26243	27035
2737	40	273110	184939	13627	32351
161	665	169851	156186	8297	34066
5454	113	578665	344628	10989	35379
137977	291	11374458	43152	307214	75916
54447	9151	4738447	3122769	146221	30483
538	345	473700	415167	47608	38673
8418	2589	1243533	633155	211077	41654
774	163	335711	310098	1398	35581
370		261090	248024	1245	29656
51	6	202303	198777	438	31506
58	418	275164	257778	16940	35436
3049	364	348032	269823	1172	29777
27	81	492462	471272	20411	38096
1685	1843	462588	385998	16178	28053
126	99	303282	299585	696	31655
1135	403	140897	99641		35833
9192	1248	2287277	1968142	34594	40119
8161	1945	8665543	7712507	530317	65795
3671	225	1317908	1138494	84741	52431
4232	1528	752715	548973	76501	40556
5637	593	1150878	557187	316425	39838
28262	6280	3495859	2507878	33735	35530
11148	757	1429299	887093	51881	36682
6386	132	1264496	830724	28530	55247
53237	957	4641804	604538	158477	67176
13041	810	1140233	351153	33112	48448
205	385	219226	199633	17640	26509
2008	149	211540	148095	19554	25785
6689	5	510023	291541	27045	31122
2446	413	1423911	1258699	47363	59785
1886	31	657651	460758	80828	45692
252	66	193419	176216	12941	29616

19-2 续表1

单位：人

县 市	Region	从业人员 Employees	在岗职工 Fully Employed	国有单位 State-owned Units	城镇集体单位 Urban Collective -owned Units
沁源县	Qinyuan	23251	22540	8726	1456
潞城市	Lucheng	27359	27061	10018	283
晋城市	**Jincheng**				
市 辖	Jurisdiction of the City	87476	86002	5508	1116
城 区	Chengqu	55205	55097	34519	3670
沁水县	Qingshui	26587	25979	12264	1198
阳城县	Yangcheng	34996	34059	15830	2673
陵川县	Lingchuan	12711	11839	9204	935
泽州县	Zezhou	30565	30402	23753	4274
高平市	Gaoping	41506	40165	14561	1547
朔州市	**Shuozhou**				
市 辖	Jurisdiction of the City				
朔城区	Shuocheng	82283	80227	45377	6685
平鲁区	Pinglu	30265	30243	9997	585
山阴县	Shanyin	25594	22701	15910	249
应 县	Yingxian	13287	11633	8124	361
右玉县	Yuoyu	10712	10214	7238	138
怀仁县	Huairen	42222	41657	19339	3198
晋中市	**Jinzhong**				
榆次区	Yuci	104858	94967	54004	2485
榆社县	Yushe	12343	12209	6320	253
左权县	Zuoquan	17433	17079	6743	1141
和顺县	Heshun	17181	17062	12159	579
昔阳县	Xiyang	20527	20293	12334	1176
寿阳县	Shouyang	34820	34536	8166	1416
太谷县	Taigu	18582	18508	14935	1657
祁 县	Qixian	17297	17007	9619	2976
平遥县	Pingyao	19298	18490	14995	1154
灵石县	Lingshi	25172	24988	10968	73
介休市	Jiexiu	58712	57559	11575	3730
运城市	**Yuncheng**				
盐湖区	Yanhu	79794	76404	57653	4717
临猗县	Linyi	28301	28286	19240	3553
万荣县	Wanrong	13995	13979	12024	785
闻喜县	Wenxi	17606	16518	13796	2132
稷山县	Jishan	12582	12167	10548	383
新绛县	Xinjiang	13376	12754	8775	945
绛 县	Jiangxian	16516	16470	13474	367
垣曲县	Yuanqu	23339	22936	9437	302
夏 县	Xiaxian	12042	10972	10094	814
平陆县	Pinglu	13307	13131	8598	1146
芮城县	Ruicheng	19500	19106	12493	631
永济市	Yongji	29569	29171	21993	2084
河津市	Hejin	44241	38054	22888	1239

continued

(person)

其他所有制单位 Other Units	其他从业人员 Other Employmees	在岗职工工资总额(千元) Total Wages of Fully Employed (1 000 yuan)	#国有单位 State-owned Units	#城镇集体单位 Urban Collective -owned Units	在岗职工平均工资(元) Average Wages of Fully Employed (yuan)
12358	711	817134	258431	33607	36504
16760	298	819346	364436	3779	30490
79378	1474	6566856	272659	59277	80230
16908	108	2328184	1280980	130328	42240
12517	608	1159926	461488	34092	45311
15556	937	1255562	525993	67632	37298
1700	872	371992	293657	19499	31482
2375	163	1199776	927682	111598	39671
24057	1341	2209553	512454	51175	54758
28165	2056	3195787	1845131	224252	40672
19661	22	2150382	317406	15994	71574
6542	2893	944041	638904	5951	41818
3148	1654	367832	275252	9717	29066
2838	498	481810	357768	2637	47808
19120	565	1619707	741059	80319	38842
38478	9891	3274133	2047169	54890	34968
5636	134	403863	205966	10999	33270
9195	354	790125	213635	92131	46604
4324	119	806016	547025	34836	47971
6783	234	1115035	612176	80346	54771
24954	284	2109479	306104	40596	60149
1916	74	607853	513224	46660	32926
4412	290	517061	338610	68735	30268
2341	808	646073	494941	49503	33787
13947	184	1052410	370133	1880	42821
42254	1153	2501612	442592	159122	46188
14034	3390	2876605	2320463	136134	37765
5493	15	765329	509002	98976	29675
1170	16	395720	342838	21473	28089
590	1088	462229	404130	37039	27904
1236	415	350358	305365	15896	29165
3034	622	356406	238826	37830	28485
2629	46	466120	384466	14358	27830
13197	403	678874	238564	11904	29564
64	1070	305031	281880	22657	27670
3387	176	346579	230109	30795	26456
5982	394	581472	364861	21668	30839
5094	398	951304	705299	59833	32480
13927	6187	1254836	674194	47719	33294

19-2 续表2

单位：人

县 市	Region	从业人员 Employees	在岗职工 Fully Employed	国有单位 State-owned Units	城镇集体单位 Urban Collective -owned Units
忻州市	**Xinzhou**				
忻府区	Xinfu	71931	68747	51466	3559
定襄县	Dingxiang	10036	9345	7142	1132
五台县	Wutai	17992	17930	15527	1957
代 县	Daixian	9356	9252	7538	655
繁峙县	Fanshi	14102	13694	11496	2156
宁武县	Ningwu	20667	20515	20015	480
静乐县	Jingle	12881	12638	10002	361
神池县	Shenchi	6814	6518	5562	949
五寨县	Wuzhai	6333	6313	5748	565
岢岚县	Kelan	5169	4828	4347	481
河曲县	Hequ	12947	12811	7991	249
保德县	Baode	16278	16072	10660	459
偏关县	Pianguan	9188	8452	7047	695
原平市	Yuanping	39326	38740	30988	2858
临汾市	**Linfeng**				
尧都区	Yaodu	113844	100877	61179	4606
曲沃县	Quwo	10690	10602	9531	619
翼城县	Yicheng	16215	15694	12351	1284
襄汾县	Xiangfen	16584	15539	11007	703
洪洞县	Hongtong	43773	43308	21455	1408
古 县	Guxian	8523	8154	6300	276
安泽县	Anze	8672	8312	6016	283
浮山县	Fushan	8959	8322	6206	556
吉 县	Jixian	7689	7654	5514	299
乡宁县	Xiangning	21591	21321	16440	537
大宁县	Daning	5437	5437	5174	219
隰 县	Xixian	8057	7364	6724	336
永和县	Yonghe	3931	3866	3528	135
蒲 县	Puxian	11993	11993	9076	555
汾西县	Fenxi	8160	8160	6730	155
侯马市	Houma	31295	30071	19954	256
霍州市	Huozhou	49221	41771	10605	4248
吕梁市	**Lvliang**				
离石区	Lishi	54796	50816	35524	2210
文水县	Wenshui	15550	14241	12607	1607
交城县	Jiaocheng	24325	24289	7739	1704
兴 县	Xingxian	19688	18510	15239	1107
临 县	Linxian	22106	21244	13865	789
柳林县	Liulin	58483	58319	17734	10270
石楼县	Shilou	5984	5962	4867	549
岚 县	Lanxian	9603	9582	7222	284
方山县	Fangshan	13200	12291	5598	972
中阳县	Zhongyang	22130	21901	9565	1039
交口县	Jiaokou	10752	10391	6595	246
孝义市	Xiaoyi	65759	63695	33450	3049
汾阳市	Fenyang	36894	34626	26202	4204
其他单位	**Others**	**107712**	**107273**	**104326**	

continued

(person)

其他所有制单位 Other Units	其他从业人员 Other Employmees	在岗职工工资总额(千元) Total Wages of Fully Employed (1 000 yuan)	#国有单位 State-owned Units	#城镇集体单位 Urban Collective -owned Units	在岗职工平均工资(元) Average Wages of Fully Employed (yuan)
13722	3184	2099687	1666724	87159	30661
1071	691	263660	203358	36511	28271
446	62	495301	418888	56138	27912
1059	104	289526	228084	28448	28167
42	408	369798	338316	30559	26535
20	152	891475	884234	6709	43646
2275	243	375564	328799	3314	30309
7	296	190482	176961	13335	29050
	20	221901	206418	15483	33961
	341	159705	148064	11641	32983
4571	136	579560	273198	4093	45495
4953	206	750658	475056	9425	48271
710	736	322608	297389	8938	38224
4894	586	1461320	1247858	72494	37756
35092	12967	4059822	2549137	262920	39931
452	88	305882	267113	27593	30258
2059	521	430845	317646	47853	27021
3829	1045	525507	383236	36574	33840
20445	465	1501029	540873	45788	34848
1578	369	291117	206703	11158	35032
2013	360	276757	205738	14893	34041
1560	637	254342	198675	15158	33191
1841	35	283374	159566	12379	37320
4344	270	713790	489397	12175	33593
44		145263	138062	6568	26717
304	693	203591	185488	13443	28078
203	65	117193	109629	5229	30599
2362		373364	244509	14707	31132
1275		200951	169335	1161	23957
9861	1224	893524	568280	5443	29481
26918	7450	1448868	294729	135376	34891
13082	3980	1863047	1280657	113372	36668
27	1309	400836	361639	38534	28151
14846	36	755887	178714	28473	31275
2164	1178	969983	831472	11228	56911
6590	862	906616	484524	22916	44004
30315	164	3652124	771046	825877	63913
546	22	207609	170692	11434	35290
2076	21	377922	240298	14520	39765
5721	909	625703	183230	16606	51300
11297	229	1023779	472259	45331	45534
3550	361	418897	251106	8771	41504
27196	2064	3118970	1554866	123809	50251
4220	2268	1537561	1274535	128094	44732
2947	**439**	**7726636**	**7590477**		**72732**

19-3 地区生产总值(2012年)
GROSS DOMESTIC PRODUCT(2012)

单位：万元 (10 000 yuan)

县 市	Region	地区生产总值 Gross Domestic Product	第一产业 Primary Industry	第二产业 Secondary Industry	第三产业 Tertiary Industry	人均地区生产总值(元) Per Capita GDP (yuan)
太 原 市	**Taiyuan**					
小店区	Xiaodian	5060878	75629	2626708	2358541	62182
迎泽区	Yingze	4136290	4036	609160	3523094	69197
杏花岭区	Xinghualing	3763500	6518	825745	2931237	58002
尖草坪区	Jiancaoping	2584285	25201	2083091	475993	61421
万柏林区	Wanbailin	3483864	6736	2581844	895284	45887
晋源区	Jinyuan	560599	33918	266252	260429	25056
清徐县	Qingxu	1174973	136007	736859	302107	33915
阳曲县	Yangqu	330201	43138	186924	100139	27344
娄烦县	Loufan	157128	12887	76264	67977	14707
古交市	Gujiao	326693	17501	164134	145058	15737
大 同 市	**Datong**					
城 区	Chengqu	1317674		549382	768292	
矿 区	Kuangqu	185231		24501	160730	
南郊区	Nanjiao	4163085	67213	3343148	752724	101750
新荣区	Xinrong	193566	34624	97713	61229	17597
阳高县	Yanggao	231693	93970	44059	93664	8425
天镇县	Tianzhen	169740	51625	46166	71949	8137
广灵县	Guangling	170344	46346	61395	62603	9257
灵丘县	Lingqiu	332478	29999	189598	112881	14076
浑源县	Hunyuan	341316	91328	121390	128598	9842
左云县	Zuoyun	347845	22997	159313	165535	22057
大同县	Datongxian	200301	62533	48588	89180	11348
阳 泉 市	**Yangquan**					
城 区	Chengqu	1313470		238946	1074524	67565
矿 区	Kuangqu	1687112		1493938	193174	68883
郊 区	Jiaoqu	716589	23687	451538	241364	30261
平定县	Pingding	717245	33225	401320	282700	21271
盂 县	Yuxian	1345833	34937	955270	355626	42888
长 治 市	**Changzhi**					
城 区	Chengqu	1511649	6255	362424	1142970	30543
郊 区	Jiaoqu	1703160	29138	1283965	390057	60208
长治县	Changzhixiar	1854607	56515	1344877	453215	53921
襄垣县	Xiangyuan	2265907	58376	1835129	372402	83040
屯留县	Tunliu	1123500	60825	904662	158013	42162
平顺县	Pingshun	209351	27621	101942	79788	13962
黎城县	Licheng	308064	28101	157102	122861	19317
壶关县	Huguan	379132	38844	229085	111203	12934
长子县	Zhangzi	967165	98418	670231	198516	27250
武乡县	Wuxiang	662668	29606	464225	168837	36441
沁 县	Qinxian	149350	37968	22957	88425	8643
沁源县	Qinyuan	1108694	23558	860273	224863	69666
潞城市	Lucheng	970590	37609	734798	198183	42325
晋 城 市	**Jincheng**					
城 区	Chengqu	2033530	11211	881021	1141298	42239
沁水县	Qinshui	1627391	47789	1247113	332489	76266

注：由于部分市属区尚未实行在地GDP统计，所以有的区的GDP数据不完整，有的区人均GDP数据空缺。

Notes: Some districts haven't implemented statistical investigation of GDP by the regional statistics. Therefore, the data of GDP in some districts are inperfect and the data of per capita GDP in some districts are vacancy.

19-3 续表1 continued

单位：万元 (10 000 yuan)

县 市	Region	地区生产总值 Gross Domestic Product	第一产业 Primary Industry	第二产业 Secondary Industry	第三产业 Tertiary Industry	人均地区生产总值（元） Per Capita GDP (yuan)
阳城县	Yangcheng	1600516	80452	1021122	498942	41172
陵川县	Lingchuan	303983	41115	108043	154825	13075
泽州县	Zezhou	2176678	113790	1547666	515222	44810
高平市	Gaoping	2346797	122657	1713361	510779	48222
朔州市	**Shuozhou**					
朔城区	Shuocheng	2642258	134438	1033891	1473929	51823
平鲁区	Pinglu	2921489	39266	2477100	405123	142166
山阴县	Shanyin	1690807	120885	871223	698699	70151
应 县	Yingxian	526917	108218	190741	227958	15925
右玉县	Youyu	434479	36213	224114	174152	38425
怀仁县	Huairen	1758337	74332	1047881	636124	53290
晋中市	**Jinzhong**					
榆次区	Yuci	1985993	156543	807168	1022282	30838
榆社县	Yushe	238191	30382	119484	88325	17501
左权县	Zuoquan	340033	27861	178395	133777	19251
和顺县	Heshun	421190	28948	262183	130059	28988
昔阳县	Xiyang	511024	35653	311360	164011	22325
寿阳县	Shouyang	1110893	96232	763715	250946	52450
太谷县	Taigu	605590	129068	183449	293073	19949
祁 县	Qixian	549544	120788	164442	264314	20567
平遥县	Pingyao	928430	129808	397963	400659	18286
灵石县	Lingshi	1740057	34532	1231562	473963	65787
介休市	Jiexiu	1510400	48241	1006293	455866	36818
运城市	**Yuncheng**					
盐湖区	Yanhu	1621611	110665	538927	972019	23646
临猗县	Linyi	1080336	394570	343423	342343	18697
万荣县	Wanrong	516373	152908	196609	166856	11622
闻喜县	Wenxi	946977	86868	515681	344428	23222
稷山县	Jishan	637547	106039	289539	241969	18184
新绛县	Xinjiang	634832	146330	307315	181187	18916
绛 县	Jiangxian	521424	76338	257420	187666	18360
垣曲县	Yuanqu	344590	36049	179724	128817	14780
夏 县	Xiaxian	357148	157909	93492	105747	10034
平陆县	Pinglu	293630	78283	111582	103765	11237
芮城县	Ruicheng	668500	202720	229420	236360	16780
永济市	Yongji	1193999	182581	718112	293306	26604
河津市	Hejin	1846652	74037	1222736	549879	46247
忻州市	**Xinzhou**					
忻府区	Xinfu	1042477	73758	418180	550539	18946
定襄县	Dingxiang	414452	35602	243833	135017	18886
五台县	Wutai	335918	47182	99934	188802	11165
代 县	Daixian	552412	27447	360953	164012	25571

19-3 续表2 continued

单位：万元 (10 000 yuan)

县 市	Region	地区生产总值 Gross Domestic Product	第一产业 Primary Industry	第二产业 Secondary Industry	第三产业 Tertiary Industry	人均地区生产总值(元) Per Capita GDP (yuan)
繁峙县	Fanshi	586714	34063	416161	136490	21783
宁武县	Ningwu	400174	11118	270488	118568	24664
静乐县	Jingle	193434	19634	96092	77708	12253
神池县	Shenchi	136467	47741	19827	68899	12735
五寨县	Wuzhai	187886	35699	33951	118236	17297
岢岚县	Kelan	141788	26965	39484	75339	16682
河曲县	Hequ	591348	29556	410419	151373	40386
保德县	Baode	723264	35012	561080	127172	44768
偏关县	Pianguan	237269	40801	96508	99960	20995
原平市	Yuanping	1052448	115265	553448	383735	21289
临汾市	**Linfen**					
尧都区	Yaodu	2478276	87267	966829	1424180	26024
曲沃县	Quwo	965858	111214	674937	179707	40379
翼城县	Yicheng	830501	72795	495658	262048	26415
襄汾县	Xiangfen	1286054	121155	849902	314997	28771
洪洞县	Hongtong	1653389	105377	1193583	354429	22346
古 县	Guxian	624960	21606	528719	74635	67417
安泽县	Anze	511347	35584	417805	57958	61761
浮山县	Fushan	383522	35692	280988	66842	29753
吉 县	Jixian	179134	45858	99646	33630	16769
乡宁县	Xiangning	780814	24221	617061	139532	33156
大宁县	Daning	41603	13330	5109	23164	6391
隰 县	Xixian	101085	24848	19417	56820	9655
永和县	Yonghe	57565	22803	5534	29228	8962
蒲 县	Puxian	412138	14493	325910	71734	38020
汾西县	Fenxi	171749	22190	66114	83445	11750
侯马市	Houma	909918	30248	420454	459216	37590
霍州市	Huozhou	865913	33587	644704	187622	30351
吕梁市	**Lvliang**					
离石区	Lishi	900061	18324	485725	396012	27783
文水县	Wenshui	563282	96663	339859	126760	13249
交城县	Jiaocheng	735381	27102	611125	97154	31618
兴 县	Xingxian	704321	38040	602338	63943	24990
临 县	Linxian	382431	88071	192000	102360	6541
柳林县	Liulin	2802069	20996	2523889	257184	86736
石楼县	Shilou	71973	23068	17022	31883	6376
岚 县	Lanxian	161224	26671	75477	59076	9174
方山县	Fangshan	266142	13358	189638	63146	18324
中阳县	Zhongyang	623049	11173	526262	85614	43661
交口县	Jiaokou	401382	15246	326908	59228	33197
孝义市	Xiaoyi	3900983	124774	2601874	1174335	82546
汾阳市	Fenyang	1153031	84482	676346	392203	27429

19-4 固定资产投资
INVESTMENT IN FIXED ASSETS

单位：万元 (10 000 yuan)

县 市	Region	2008	2009	2010	2011	2012
太 原 市	**Taiyuan**					
小店区	Xiaodian	2091072	2257321	2749028	2112015	2852251
迎泽区	Yingze	481918	523988	715257	792897	1121913
杏花岭区	Xinghualing	683252	723174	971884	1156028	1582201
尖草坪区	Jiancaoping	893910	694252	597998	805138	1220648
万柏林区	Wanbailin	852952	978617	1210265	1473400	2030999
晋源区	Jinyuan	235128	357310	481773	588930	785204
清徐县	Qingxu	229297	351507	515213	606322	851799
阳曲县	Yangqu	107089	100013	126913	158222	254501
娄烦县	Loufan	108179	17252	33560	44774	87705
古交市	Gujiao	308652	309098	366726	391828	543044
大 同 市	**Datong**					
城 区	Chengqu	527315	1603027	1019292	2001231	1920335
矿 区	Kuangqu	605273	621943	13348	27881	44458
南郊区	Nanjiao	935417	1101424	413856	1260833	1332086
新荣区	Xinrong	75516	89346	41190	193041	315290
阳高县	Yanggao	69504	109817	172802	257352	392935
天镇县	Tianzhen	77057	109426	150839	263238	315521
广灵县	Guangling	34179	72777	114367	262684	304298
灵丘县	Lingqiu	97987	90007	119924	287312	492732
浑源县	Hunyuan	64951	72136	102455	284078	467577
左云县	Zuoyun	155146	222726	300521	589126	984107
大同县	Datongxian	27055	131230	216059	616975	907380
阳 泉 市	**Yangquan**					
城 区	Chengqu	303835	489703	600115	734146	556862
矿 区	Kuangqu	463664	671735	855080	793474	781843
郊 区	Jiaoqu	219644	382308	479069	589411	783104
平定县	Pingding	301957	467637	519084	650716	891025
盂 县	Yuxian	274860	413249	530369	650978	900045
长 治 市	**Changzhi**					
城 区	Chengqu	405540	517526	707138	861641	1087962
郊 区	Jiaoqu	312270	536834	644994	900692	1148811
长治县	Changzhixian	221298	334499	437963	604494	834196
襄垣县	Xiangyuan	430195	753637	926393	1027357	1050479
屯留县	Tunliu	298030	474157	484338	601248	764527
平顺县	Pingshun	40002	92554	130651	162275	205132
黎城县	Licheng	68540	122507	168513	229520	299137
壶关县	Huguan	73909	102683	166052	228313	291940
长子县	Zhangzi	277928	365544	451114	522798	652285
武乡县	Wuxiang	143385	186246	250927	310972	396007
沁 县	Qinxian	81120	114533	154714	223481	292548
沁源县	Qinyuan	135549	250676	357132	456635	583277
潞城市	Lucheng	154956	384494	456404	566630	810581

注：各县(市、区)投资不含跨省、市项目投资和农村农户投资。

Note: Investment in city and county doesn't include investment across provinces and cities, aparting from investment of rural pesant household.

19-4 续表1 continued

单位：万元 (10 000 yuan)

县 市	Region	2008	2009	2010	2011	2012
晋 城 市	**Jincheng**					
城 区	Chengqu	681031	993115	1212384	1464040	2001736
沁水县	Qinshui	353800	462547	569763	728094	968038
阳城县	Yangcheng	325114	465261	572953	682214	908764
陵川县	Lingchuan	104700	110609	138158	173051	228419
泽州县	Zezhou	634944	664133	816666	976645	1270980
高平市	Gaoping	463444	538326	663776	784524	1047032
朔 州 市	**Shuozhou**					
朔城区	Shuocheng	709147	1115680	1431931	1427991	1662074
平鲁区	Pinglu	470478	746467	727692	1011809	1299322
山阴县	Shanyin	321347	361324	470610	533636	950941
应 县	Yingxian	183085	191016	231900	280007	359007
右玉县	Youyu	133274	177966	337837	458630	587567
怀仁县	Huairen	402051	422795	539538	662680	869061
晋 中 市	**Jinzhong**					
榆次区	Yuci	800534	771863	939335	881683	1505611
榆社县	Yushe	46934	57226	61711	65385	75049
左权县	Zuoquan	182302	233220	364695	470663	579462
和顺县	Heshun	148674	185430	246025	325264	450006
昔阳县	Xiyang	244382	270557	330293	438038	596043
寿阳县	Shouyang	233030	322774	429553	572458	789016
太谷县	Taigu	136242	155168	206800	255558	350212
祁 县	Qixian	143852	175016	216233	243174	330370
平遥县	Pingyao	253637	330162	361321	420408	510457
灵石县	Lingshi	562528	705676	825200	895853	1016290
介休市	Jiexiu	560078	592009	658345	552770	758290
运 城 市	**Yuncheng**					
盐湖区	Yanhu	728556	1255253	1410243	1410116	1801033
临猗县	Linyi	174312	322421	363875	394740	603271
万荣县	Wanrong	106422	176635	128030	286061	432610
闻喜县	Wenxi	564990	406033	406605	594006	732119
稷山县	Jishan	163829	304588	361214	338064	433753
新绛县	Xinjiang	188393	279005	327231	367699	470067
绛 县	Jiangxian	156654	284419	318185	447053	532828
垣曲县	Yuanqu	130498	205393	154240	214997	301446
夏 县	Xiaxian	97647	171999	207217	270896	342394
平陆县	Pinglu	121545	188364	228473	270861	340802
芮城县	Ruicheng	120101	176136	223429	299019	402926
永济市	Yongji	135332	212568	326225	471495	632651
河津市	Hejin	713545	832183	984643	1043720	976512
忻 州 市	**Xinzhou**					
忻府区	Xinfu	367057	473165	480458	605026	830209
定襄县	Dingxiang	88548	98032	128067	167279	224997
五台县	Wutai	144896	144900	154032	208192	260229
代 县	Daixian	46689	89467	118171	154643	210464

19-4 续表2 continued

单位：万元 (10 000 yuan)

县 市	Region	2008	2009	2010	2011	2012
繁峙县	Fanshi	58784	193582	293674	375195	460201
宁武县	Ningwu	38833	73699	224228	310010	407988
静乐县	Jingle	67073	160090	234037	305474	379891
神池县	Shenchi	20074	90729	116264	147609	194966
五寨县	Wuzhai	33400	89792	94771	125589	158650
岢岚县	Kelan	35307	113808	136780	172918	244871
河曲县	Hequ	102272	441052	480839	538808	600468
保德县	Baode	68458	115024	320444	470700	581214
偏关县	Pianguan	22363	56438	78147	101693	130073
原平市	Yuanping	311696	571537	687250	909904	1146229
临汾市	**Linfen**					
尧都区	Yaodu	579425	692188	1133700	1262891	1786611
曲沃县	Quwo	135121	249485	277479	315626	423866
翼城县	Yicheng	109114	183101	240094	282649	406024
襄汾县	Xiangfen	180623	277931	358615	447096	618613
洪洞县	Hongtong	320598	477736	650416	780616	1014008
古 县	Guxian	98301	143898	191889	218473	280236
安泽县	Anze	110608	152136	199873	224507	308203
浮山县	Fushan	76529	123397	163058	165650	224646
吉 县	Jixian	55283	78522	103511	118017	166116
乡宁县	Xiangning	109301	176011	228812	276041	382002
大宁县	Daning	15004	25794	34800	42585	59694
隰 县	Xixian	33829	50234	65958	77305	114923
永和县	Yonghe	11586	18135	30790	42225	65183
蒲 县	Puxian	47520	90644	120530	160647	250022
汾西县	Fenxi	56668	145147	107955	107768	150885
侯马市	Houma	207328	254274	280504	334878	404073
霍州市	Huozhou	416892	412673	548633	644623	891003
吕梁市	**Lvliang**					
离石区	Lishi	306706	256416	358142	452437	753499
文水县	Wenshui	205264	206194	227661	229040	143453
交城县	Jiaocheng	180643	141324	177832	252444	303591
兴 县	Xingxian	143612	256124	242317	302819	363546
临 县	Linxian	123682	137810	195216	238736	281374
柳林县	Liulin	403347	421135	625226	796887	929911
石楼县	Shilou	48050	38007	47226	60423	71613
岚 县	Lanxian	97599	89603	198648	471969	605347
方山县	Fangshan	121399	39093	135355	171799	146164
中阳县	Zhongyang	240734	167041	168058	214297	282511
交口县	Jiaokou	155862	64562	82752	185448	243020
孝义市	Xiaoyi	926423	895218	1302806	1701961	2212497
汾阳市	Fenyang	193472	199078	249132	359228	457550

19-5 乡村基本情况(2012年)

县 市	Region	乡镇政府(个) Number of Township and Town Governments (unit)	#镇政府 Number of Town Governments	村民委员会(个) Number of Villager Committees (unit)	乡村户数(户) Number of Rural Households (household)
太原市	**Taiyuan**				
小店区	Xiaodian	3	1	61	39544
迎泽区	Yingze	1	1	28	9452
杏花岭区	Xinghualing	2		38	11460
尖草坪区	Jiancaoping	5	2	88	36288
万柏林区	Wanbailin	1		50	14758
晋源区	Jinyuan	3	3	89	42277
清徐县	Qingxu	8	3	188	92067
阳曲县	Yangqu	9	3	124	45669
娄烦县	Loufan	7	2	142	31645
古交市	Gujiao	10	3	146	37235
大同市	**Datong**				
南郊区	Nanjiao	10	3	190	114835
新荣区	Xinrong	6		140	37037
阳高县	Yanggao	12	6	259	83257
天镇县	Tianzhen	10	4	221	58179
广灵县	Guangling	8	1	180	56816
灵丘县	Lingqiu	11	2	254	76248
浑源县	Hunyuan	17	5	315	104121
左云县	Zuoyun	8	2	228	44533
大同县	Datongxian	9	2	177	63494
阳泉市	**Yangquan**				
郊　区	Jiaoqu	7	3	189	83157
平定县	Pingding	9	7	318	107405
盂　县	Yuxian	13	7	453	103957
长治市	**Changzhi**				
市辖区	Jurisdiction of the City			4	2927
城　区	Chengqu			28	16484
郊　区	Jiaoqu	6	5	122	48078
长治县	Changzhixian	11	5	254	88379
襄垣县	Xiangyuan	10	7	323	59895
屯留县	Tunliu	13	6	294	70805
平顺县	Pingshun	11	4	262	47235
黎城县	Licheng	8	4	250	47545
壶关县	Huguan	12	4	390	89182
长子县	Zhangzi	11	6	399	89988
武乡县	Wuxiang	13	4	377	60690
沁　县	Qinxian	12	5	306	43472
沁源县	Qinyuan	13	4	254	47267
潞城市	Lucheng	7	4	191	55690

注：本表指标口径同8-1。

Note：Coverage of data in this table is same with table 8-1.

BASIC CONDITIONS OF RURAL AREAS(2012)

乡村人口 (人) Rural Population (person)	乡村从业人员 (人) Number of Rural Employees (person)				
		农林牧渔业 Farming, Forestry, Animal Husbandry and Fishery	工业 Industry	建筑业 Construction	其他行业 Others
120775	63175	33705	7897	2786	18787
25033	13081	1414	1443	610	9614
32031	16250	3875	4086	1285	7004
112309	54891	15900	9968	3837	25186
44378	20414	3776	2144	703	13791
131228	65151	26938	12013	4663	21537
253308	116427	68120	21569	4572	22166
115446	58812	30702	8175	3365	16570
106774	49432	34284	4898	2192	8058
105631	36289	17699	10072	502	8016
273059	132310	48724	13639	8174	61773
89873	41932	22405	7467	795	11265
244922	93546	63927	4814	9267	15538
181722	69303	51482	2449	4776	10596
153439	56175	41035	2232	4378	8530
206645	92929	57670	8163	9794	17302
299116	134238	71839	10284	13918	38197
108092	45037	28391	6077	1935	8634
151996	57700	35236	4269	5479	12716
212795	91986	19216	34898	3566	34306
262850	126948	52231	26293	11171	37253
252261	115172	72191	18698	5556	18727
10685	3925	1124	624	326	1851
58172	31622	4617	4355	1474	21176
166597	73587	22260	21498	4949	24880
302733	156726	72568	31790	15660	36708
188400	83128	46729	12324	3090	20985
226714	107304	60683	14155	15414	17052
135312	67608	39737	6016	11836	10019
138317	67825	37640	10894	6297	12994
269119	141239	76777	16138	24036	24288
318166	160366	109283	14494	11234	25355
176004	76980	51239	5531	7221	12989
138036	56237	37075	4399	5018	9745
137518	55841	28551	13673	3585	10032
178595	84686	46075	19081	7587	11943

19-5 续表1

县 市	Region	乡镇政府(个) Number of Township and Town Governments (unit)	#镇政府 Number of Town Governments	村民委员会(个) Number of Villager Committees (unit)	乡村户数(户) Number of Rural Households (household)
晋城市	**Jincheng**				
城 区	Chengqu	1	1	107	28454
沁水县	Qinshui	13	6	251	61682
阳城县	Yangcheng	16	9	467	124837
陵川县	Lingchuan	11	6	378	72044
泽州县	Zezhou	17	14	632	150069
高平市	Gaoping	13	9	445	122554
朔州市	**Shuozhou**				
朔城区	Shuocheng	11	2	300	89119
平鲁区	Pinglu	12	1	350	44747
山阴县	Shanyin	12	3	257	55488
应 县	Yingxian	11	2	298	93595
右玉县	Youyu	9	3	321	27151
怀仁县	Huairen	9	3	162	72668
晋中市	**Jinzhong**				
榆次区	Yuci	10	6	289	111366
榆社县	Yushe	8	3	272	43892
左权县	Zuoquan	9	4	203	49491
和顺县	Heshun	9	4	294	39991
昔阳县	Xiyang	11	4	335	81011
寿阳县	Shouyang	14	7	206	65918
太谷县	Taigu	8	2	198	90849
祁 县	Qixian	7	5	156	85279
平遥县	Pingyao	13	4	273	154105
灵石县	Lingshi	11	5	291	74593
介休市	Jiexiu	10	7	231	107923
运城市	**Yuncheng**				
盐湖区	Yanhu	13	7	314	123266
临猗县	Linyi	13	8	375	128575
万荣县	Wanrong	13	3	281	101161
闻喜县	Wenxi	12	6	343	89695
稷山县	Jishan	6	4	200	83450
新绛县	Xinjiang	8	7	220	69195
绛 县	Jiangxian	9	7	205	62802
垣曲县	Yuanqu	10	4	189	46702
夏 县	Xiaxian	10	5	257	82698
平陆县	Pinglu	9	5	228	67751
芮城县	Ruicheng	9	6	173	107780
永济市	Yongji	7	7	265	91628
河津市	Hejin	7	2	148	73801

continued

乡村人口 (人) Rural Population (person)	乡村从业人员 (人) Number of Rural Employees (person)	农林牧渔业 Farming, Forestry, Animal Husbandry and Fishery	工业 Industry	建筑业 Construction	其他行业 Others
75601	42103	10166	6567	2228	23142
170101	88900	53820	9072	5612	20396
310450	165108	84956	26400	16890	36862
230189	115960	63387	14338	11919	26316
450379	218565	118603	38561	12926	48475
403640	206976	110014	33920	24365	38677
270966	131874	89141	8042	6881	27810
162905	82406	39810	13576	5324	23696
163112	60248	40137	5074	5788	9249
273275	113510	80555	5176	10083	17696
93024	41624	26537	3266	2199	9622
188399	86572	45709	10289	8604	21970
289155	146066	82672	19835	10196	33363
117497	53188	31847	3892	6195	11254
135979	62269	37324	5950	5427	13568
109904	55441	36591	5603	3406	9841
196745	98622	61005	9631	7453	20533
172677	84831	61489	7116	2046	14180
221337	106969	61577	19805	7508	18079
208580	102863	56039	21577	7428	17819
432519	196667	95252	37980	21709	41726
184129	88292	40512	24031	3124	20625
284857	140778	51911	37604	18422	32841
425182	232236	156831	15641	13199	46565
498380	248745	173034	20209	12485	43017
407638	178358	122367	13592	13367	29032
342788	171178	79246	54948	10615	26369
315086	161403	85395	34880	15890	25238
282362	150717	99874	17334	10638	22871
233234	140887	86623	15481	10475	28308
162887	77922	42843	7329	7856	19894
321591	184886	132382	13636	13272	25596
214012	114886	85060	8976	6085	14765
349832	191730	125075	13455	14677	38523
352002	201426	128941	10345	7989	54151
301079	135186	61373	23629	22528	27656

19-5 续表2

县 市	Region	乡镇政府(个) Number of Township and Town Governments (unit)	#镇政府 Number of Town Governments	村民委员会(个) Number of Villager Committees (unit)	乡村户数(户) Number of Rural Households (household)
忻州市	**Xinzhou**				
忻府区	Xinfu	17	6	394	136941
定襄县	Dingxiang	8	2	155	76034
五台县	Wutai	18	5	573	105769
代　县	Daixian	10	5	377	67113
繁峙县	Fanshi	12	2	402	88336
宁武县	Ningwu	13	3	464	54345
静乐县	Jingle	13	3	381	39275
神池县	Shenchi	9	2	241	27844
五寨县	Wuzhai	11	2	250	30373
岢岚县	Kelan	11	1	202	22030
河曲县	Hequ	12	3	340	44471
保德县	Baode	12	3	341	47965
偏关县	Pianguan	9	3	248	32830
原平市	Yuanping	18	7	520	134867
临汾市	**Linfen**				
尧都区	Yaodu	16	10	372	125363
曲沃县	Quwo	6	4	158	48678
翼城县	Yicheng	9	5	211	72909
襄汾县	Xiangfen	12	6	348	126098
洪洞县	Hongtong	15	8	463	187763
古　县	Guxian	6	3	111	24340
安泽县	Anze	6	3	103	20256
浮山县	Fushan	8	1	185	32845
吉　县	Jixian	7	2	79	30577
乡宁县	Xiangning	9	4	182	57542
大宁县	Daning	5	1	84	16851
隰　县	Xixian	7	2	97	29348
永和县	Yonghe	6	1	79	12543
蒲　县	Puxian	8	3	93	24588
汾西县	Fenxi	7	4	120	37759
侯马市	Houma	3		76	31192
霍州市	Huozhou	7	4	199	60529
吕梁市	**Lvliang**				
离石区	Lishi	5	2	193	56942
文水县	Wenshui	11	6	199	130170
交城县	Jiaocheng	9	5	148	63646
兴　县	Xingxian	16	6	376	79104
临　县	Linxian	22	12	631	202053
柳林县	Liulin	14	7	257	95376
石楼县	Shilou	8	3	134	26462
岚　县	Lanxian	11	3	167	46535
方山县	Fangshan	6	4	169	44346
中阳县	Zhongyang	6	4	93	33996
交口县	Jiaokou	6	3	93	29917
孝义市	Xiaoyi	12	7	379	112675
汾阳市	Fenyang	12	9	289	113937

continued

乡村人口（人）Rural Population (person)	乡村从业人员（人）Number of Rural Employees (person)	农林牧渔业 Farming, Forestry, Animal Husbandry and Fishery	工 业 Industry	建筑业 Construction	其他行业 Others
348190	170143	93838	12256	26233	37816
179010	91319	47969	19130	9413	14807
272343	103561	55852	7871	21309	18529
169997	81135	58696	7389	6943	8107
247014	84437	56508	6720	7476	13733
114397	45653	27644	3213	2262	12534
141260	58148	31980	4471	6712	14985
86199	28810	23491	870	746	3703
92516	38354	28750	1381	1767	6456
66373	32589	22584	3029	3007	3969
117859	45258	29762	4063	3802	7631
145686	64911	36373	8254	6873	13411
95579	39683	24865	3064	4325	7429
351930	153952	80451	15509	17603	40389
471550	247755	116658	34735	18928	77434
193566	107006	62068	15256	10349	19333
266813	114563	57222	24599	12518	20224
441674	226478	127997	34923	14989	48569
663583	339050	164334	46414	34090	94212
74329	23518	14762	3764	863	4129
65920	23598	16065	1621	749	5163
111120	39895	22846	3379	2903	10767
94550	36138	25113	1671	3422	5932
206029	87245	60976	9174	4307	12788
55840	24876	17430	472	1706	5268
88236	36868	27413	937	3052	5466
49552	17521	13549	538	779	2655
87949	42576	24941	5816	2106	9713
128898	60226	40654	4425	2779	12368
112281	55102	23102	7218	8685	16097
203615	91750	52773	11322	6882	20773
164669	72073	29188	7655	9836	25394
394192	197054	103669	31320	12349	49716
187390	90277	32608	33213	7035	17421
260129	115863	68548	9816	14397	23102
590118	232891	150701	9055	28540	44595
282945	109654	47422	16940	8439	36853
96138	36422	27041	1410	1379	6592
160662	68259	45454	3017	4303	15485
125685	53736	36259	3947	5292	8238
114135	44023	18945	10981	5141	8956
96110	43068	29928	4502	835	7803
320902	143779	55900	41853	9795	36231
333551	160194	81232	20922	19299	38741

19-6 农林牧渔业总产值(2012年)
GROSS OUTPUT VALUE OF FARMING, FORESTRY, ANIMAL HUSBANDRY AND FISHERY(2012)

按当年价格计算 (at current price)

县 市	Region	农林牧渔业总产值(万元) Total (10 000 yuan)	农业产值 Farming	林业产值 Forestry	牧业产值 Animal Husbandry	渔业产值 Fishery	农林牧渔服务业产值 Farming, Forestry, Animal Husbandry and Fishery Service
太 原 市	**Taiyuan**						
小店区	Xiaodian	134108	91116	7182	31854	156	3800
迎泽区	Yingze	8376	235	7024	1068	49	
杏花岭区	Xinghualing	13757	1169	8586	4001		
尖草坪区	Jiancaoping	47869	27059	6733	13205	222	650
万柏林区	Wanbailin	13603	1010	8343	2880	20	1350
晋源区	Jinyuan	63231	38782	5020	16591	2018	820
清徐县	Qingxu	250261	170053	5160	65302	1867	7879
阳曲县	Yangqu	75379	43316	5075	24657	43	2289
娄烦县	Loufan	24769	10945	4460	7801	314	1250
古交市	Gujiao	35264	14554	5849	11277	84	3500
大 同 市	**Datong**						
南郊区	Nanjiao	102106	43213	1658	53555	30	3650
新荣区	Xinrong	57937	22425	6167	26663	59	2624
阳高县	Yanggao	192682	100051	2672	84875	85	5000
天镇县	Tianzhen	95912	48555	1566	45517	25	250
广灵县	Guangling	95420	49438	5552	35769	102	4558
灵丘县	Lingqiu	64860	26880	4867	31403	156	1554
浑源县	Hunyuan	149890	59903	9448	77511	28	3000
左云县	Zuoyun	46270	17973	8672	18625		1000
大同县	Datongxian	116267	48846	8569	54364	369	4120
阳 泉 市	**Yangquan**						
郊 区	Jiaoqu	44894	23112	4510	16557	14	700
平定县	Pingding	64893	36213	3886	22521	1473	800
盂 县	Yuxian	68066	45729	3651	15977	520	2189
长 治 市	**Changzhi**						
城 区	Chengqu	11037	5897	371	4479		290
郊 区	Jiaoqu	51191	25359	1050	22308	263	2210
长治县	Changzhixian	103644	48248	1605	51093	98	2600
襄垣县	Xiangyuan	107000	83844	1141	16729	286	5000
屯留县	Tunliu	106665	71131	1666	26848	520	6500
平顺县	Pingshun	49070	31770	2515	10428	156	4200
黎城县	Licheng	48991	24733	6264	16883	132	980
壶关县	Huguan	70474	42089	2385	25181	99	720
长子县	Zhangzi	169518	111561	1693	54186	716	1361
武乡县	Wuxiang	52026	39260	1276	9240	650	1600
沁 县	Qinxian	62227	49451	2667	8050	785	1275
沁源县	Qinyuan	40483	22737	4591	8190	15	4950
潞城市	Lucheng	65559	41750	3637	18702	270	1200

19-6 续表1 continued

按当年价格计算 (at current price)

县 市	Region	农林牧渔业总产值(万元) Total (10 000 yuan)	农业产值 Farming	林业产值 Forestry	牧业产值 Animal Husbandry	渔业产值 Fishery	农林牧渔服务业产值 Farming, Forestry, Animal Husbandry and Fishery Service
晋城市	**Jincheng**						
城 区	Chengqu	20483	12258	2028	5181	235	781
沁水县	Qinshui	82369	42350	5127	31655	1316	1921
阳城县	Yangcheng	137169	60674	4550	68138	530	3276
陵川县	Lingchuan	70145	39372	3682	24812	306	1973
泽州县	Zezhou	205972	91933	4312	104215	1530	3982
高平市	Gaoping	229590	101742	4428	119388	263	3769
朔州市	**Shuozhou**						
朔城区	Shuocheng	237295	161177	20407	46894	896	7920
平鲁区	Pinglu	83904	41157	19111	18018	85	5533
山阴县	Shanyin	240472	102149	6341	130410	299	1273
应 县	Yingxian	233718	155231	9246	63809	221	5210
右玉县	Youyu	79771	27355	12850	37881	85	1600
怀仁县	Huairen	171163	77057	9222	82137	223	2524
晋中市	**Jinzhong**						
榆次区	Yuci	244795	162053	3929	71732	185	6897
榆社县	Yushe	46215	24286	3075	16708	646	1500
左权县	Zuoquan	47749	32358	3035	11058	349	950
和顺县	Heshun	47548	32038	1495	13006		1010
昔阳县	Xiyang	65090	40528	3090	20394	149	930
寿阳县	Shouyang	168000	138142	6782	20432	44	2600
太谷县	Taigu	240774	125331	10384	101970	159	2930
祁 县	Qixian	204846	122026	6232	72737	352	3500
平遥县	Pingyao	221265	113857	7185	95960	513	3750
灵石县	Lingshi	64598	27644	8867	27351	35	700
介休市	Jiexiu	94357	43709	6393	41875	118	2262
运城市	**Yuncheng**						
盐湖区	Yanhu	196444	157499	4680	19597	767	13900
临猗县	Linyi	703807	611203	3160	28396	48	61000
万荣县	Wanrong	309218	244410	2923	45551	1334	15000
闻喜县	Wenxi	173191	124957	3512	37299	160	7263
稷山县	Jishan	190306	108336	1378	70543	50	10000
新绛县	Xinjiang	283485	201427	2877	63028	154	16000
绛 县	Jiangxian	138243	95798	8352	24521	73	9500
垣曲县	Yuanqu	67945	35269	3730	22168	1755	5023
夏 县	Xiaxian	299569	245631	4568	29250	120	20000
平陆县	Pinglu	142103	106213	2097	24651	42	9100
芮城县	Ruicheng	366246	296157	3348	42591	1320	22830
永济市	Yongji	330582	252309	2311	43370	12092	20500
河津市	Hejin	134175	94206	2458	26855	157	10500

19-6 续表2 continued

按当年价格计算 (at current price)

县 市	Region	农林牧渔业总产值(万元) Total (10 000 yuan)	农业产值 Farming	林业产值 Forestry	牧业产值 Animal Husbandry	渔业产值 Fishery	农林牧渔服务业产值 Farming, Forestry, Animal Husbandry and Fishery Service
忻州市	**Xinzhou**						
忻府区	Xinfu	134385	84269	7155	38171	393	4398
定襄县	Dingxiang	65244	46690	3668	11268	308	3310
五台县	Wutai	85930	41076	4996	36672	556	2630
代　县	Daixian	49295	30967	2374	14280	374	1300
繁峙县	Fanshi	61885	23762	4592	31063	368	2100
宁武县	Ningwu	20811	7641	938	11086	46	1100
静乐县	Jingle	36345	17125	6474	11779	138	830
神池县	Shenchi	85316	45437	1740	36336	24	1780
五寨县	Wuzhai	62828	46776	4925	9313	104	1710
岢岚县	Kelan	49104	21995	2274	23154		1680
河曲县	Hequ	53607	29025	6661	15560	261	2100
保德县	Baode	58067	31009	4236	21532	130	1160
偏关县	Pianguan	71180	22001	4479	42907	33	1760
原平市	Yuanping	209971	109842	5616	89295	518	4700
临汾市	**Linfen**						
尧都区	Yaodu	166958	121878	5442	34632	3331	1675
曲沃县	Quwo	191190	143515	4276	39534	2365	1500
翼城县	Yicheng	138108	75394	5083	55273	778	1580
襄汾县	Xiangfen	223311	175556	4563	37757	1136	4300
洪洞县	Hongtong	199606	118001	5674	71437	2595	1900
古　县	Guxian	39993	30055	3480	5989		469
安泽县	Anze	62608	44498	4374	11977	1	1758
浮山县	Fushan	63684	45472	5728	11228	6	1250
吉　县	Jixian	79678	63935	4933	7450	1	3359
乡宁县	Xiangning	48668	27024	4567	16101	16	960
大宁县	Daning	23877	14783	5049	2994	1	1050
隰　县	Xixian	48532	33786	5487	7326	13	1920
永和县	Yonghe	47315	33185	4480	8549	1	1100
蒲　县	Puxian	30655	18525	4021	6900	13	1196
汾西县	Fenxi	42826	19674	4307	17945		900
侯马市	Houma	55475	40550	3913	8475	1018	1520
霍州市	Huozhou	61177	34130	4232	22335	61	420
吕梁市	**Lvliang**						
离石区	Lishi	31704	14860	3543	12374	70	856
文水县	Wenshui	171841	105833	1614	61288	917	2190
交城县	Jiaocheng	50825	21464	2161	26606	120	476
兴　县	Xingxian	68056	41168	9264	16722	52	850
临　县	Linxian	147662	114200	4281	27481	201	1500
柳林县	Liulin	35401	21942	2351	10229	80	800
石楼县	Shilou	39276	26375	3301	9123	57	420
岚　县	Lanxian	45423	31471	3418	9065	270	1200
方山县	Fangshan	24874	14024	2437	7701	192	520
中阳县	Zhongyang	20665	12607	1723	6032	93	210
交口县	Jiaokou	28955	18331	1262	9203	7	152
孝义市	Xiaoyi	216976	107252	7525	95008	192	7000
汾阳市	Fenyang	153586	79160	3143	66938	242	4104

19-7 农林牧渔业中间消耗(2012年)
INTERMEDIATE CONSUMPTION OF FARMING, FORESTRY, ANIMAL HUSBANDRY AND FISHERY(2012)

按当年价格计算 (at current price)

县 市	Region	农林牧渔业中间消耗(万元) Total (10 000 yuan)	农 业 Farming	林 业 Forestry	牧 业 Animal Husbandry	渔 业 Fishery	农林牧渔服务业 Farming, Forestry, Animal Husbandry and Fishery Service
太 原 市	**Taiyuan**						
小店区	Xiaodian	58479	35689	4050	16869	71	1800
迎泽区	Yingze	4340	99	3528	687	25	
杏花岭区	Xinghualing	7239	415	4188	2635		
尖草坪区	Jiancaoping	22667	10660	3537	8027	118	325
万柏林区	Wanbailin	6868	405	3939	1786	10	728
晋源区	Jinyuan	29313	14895	2489	10409	1101	420
清徐县	Qingxu	114254	69081	2839	37085	999	4250
阳曲县	Yangqu	32242	14715	2432	14051	23	1020
娄烦县	Loufan	11882	4082	1907	5105	158	630
古交市	Gujiao	17763	5921	2900	7096	46	1800
大 同 市	**Datong**						
南郊区	Nanjiao	34594	19476	443	12568	8	2100
新荣区	Xinrong	23901	7326	2405	11973	47	2150
阳高县	Yanggao	98712	49895	1491	44273	44	3010
天镇县	Tianzhen	44288	22674	1101	20422	8	84
广灵县	Guangling	49073	17366	4183	25679	80	1765
灵丘县	Lingqiu	34860	14775	3565	15536	35	950
浑源县	Hunyuan	58561	24985	4439	28118	20	1000
左云县	Zuoyun	23049	8417	5187	9075		370
大同县	Datongxian	53735	20262	4810	26363	150	2150
阳 泉 市	**Yangquan**						
郊 区	Jiaoqu	21207	11946	2278	6624	9	350
平定县	Pingding	31667	16960	1898	11689	730	390
盂 县	Yuxian	33129	21834	2378	7440	301	1176
长 治 市	**Changzhi**						
城 区	Chengqu	4782	2234	201	2197		150
郊 区	Jiaoqu	22053	12046	586	8268	134	1020
长治县	Changzhixian	47130	19522	992	24669	15	1932
襄垣县	Xiangyuan	48623	34578	600	10842	148	2455
屯留县	Tunliu	45840	28954	841	12543	252	3250
平顺县	Pingshun	21449	12948	1997	5501	24	980
黎城县	Licheng	19275	8921	3205	6587	47	515
壶关县	Huguan	31631	16369	1169	13745	17	331
长子县	Zhangzi	71100	43161	1222	25856	277	585
武乡县	Wuxiang	22420	14741	625	6199	345	510
沁 县	Qinxian	24259	16708	1420	4980	402	750
沁源县	Qinyuan	16925	8035	1886	4621	7	2376
潞城市	Lucheng	27950	13052	1408	12794	116	580

19-7 续表1 continued

按当年价格计算 (at current price)

县 市	Region	农林牧渔业中间消耗(万元) Total (10 000 yuan)	农 业 Farming	林 业 Forestry	牧 业 Animal Husbandry	渔 业 Fishery	农林牧渔服务业 Farming, Forestry, Animal Husbandry and Fishery Service
晋城市	**Jincheng**						
城 区	Chengqu	9272	5081	1222	2476	101	391
沁水县	Qinshui	34580	18251	3324	11519	525	961
阳城县	Yangcheng	56717	25108	2947	26788	234	1640
陵川县	Lingchuan	29030	13729	2331	11840	140	990
泽州县	Zezhou	92181	35526	3120	50792	757	1987
高平市	Gaoping	106953	36033	3339	65561	120	1900
朔州市	**Shuozhou**						
朔城区	Shuocheng	102857	69826	9460	19901	609	3061
平鲁区	Pinglu	44638	19817	10748	12138	67	1868
山阴县	Shanyin	119586	40129	3440	75370	210	438
应 县	Yingxian	125502	86246	5173	31625	116	2343
右玉县	Youyu	43558	15001	7600	20153	45	760
怀仁县	Huairen	96831	43281	6046	46049	115	1340
晋中市	**Jinzhong**						
榆次区	Yuci	88252	51430	3175	29791	77	3780
榆社县	Yushe	15834	6566	2453	5792	238	785
左权县	Zuoquan	19887	9364	2686	6941	239	658
和顺县	Heshun	18600	8916	1450	7749		485
昔阳县	Xiyang	29437	15739	1804	11302	72	520
寿阳县	Shouyang	71767	54713	4432	11693	29	900
太谷县	Taigu	111706	31019	2854	76555	78	1200
祁 县	Qixian	84059	33037	5111	43641	170	2100
平遥县	Pingyao	91457	41877	3082	44305	205	1988
灵石县	Lingshi	29958	6595	5974	17037	12	340
介休市	Jiexiu	46116	16697	3125	24198	57	2039
运城市	**Yuncheng**						
盐湖区	Yanhu	85778	65900	2485	10262	460	6672
临猗县	Linyi	309430	265121	2010	15774	25	26500
万荣县	Wanrong	156310	122885	1537	24153	735	7000
闻喜县	Wenxi	85812	61444	2245	18529	95	3500
稷山县	Jishan	84852	43644	855	36026	28	4300
新绛县	Xinjiang	137150	94788	1842	32331	88	8100
绛 县	Jiangxian	62165	39763	5265	12512	44	4581
垣曲县	Yuanqu	31895	15503	2139	11532	720	2002
夏 县	Xiaxian	141965	113773	2968	15552	72	9600
平陆县	Pinglu	63320	43470	1302	14222	26	4300
芮城县	Ruicheng	163376	125089	2015	24399	773	11100
永济市	Yongji	142925	102755	1243	21756	7256	9916
河津市	Hejin	60115	38920	1477	14818	101	4800

19-7 续表2 continued

按当年价格计算 (at current price)

县 市	Region	农林牧渔业中间消耗(万元) Total (10 000 yuan)	农 业 Farming	林 业 Forestry	牧 业 Animal Husbandry	渔 业 Fishery	农林牧渔服务业 Farming, Forestry, Animal Husbandry and Fishery Service
忻州市	**Xinzhou**						
忻府区	Xinfu	60627	37401	3088	17658	189	2290
定襄县	Dingxiang	29643	20881	1801	5241	150	1570
五台县	Wutai	38748	18642	2344	16352	250	1160
代 县	Daixian	21849	13676	1234	6141	197	600
繁峙县	Fanshi	27822	11224	2472	12939	186	1000
宁武县	Ningwu	9693	3072	474	5574	23	550
静乐县	Jingle	16711	7727	3053	5520	61	350
神池县	Shenchi	37576	19122	840	16722	12	880
五寨县	Wuzhai	27129	19727	2368	4231	51	752
岢岚县	Kelan	22139	9489	1156	10705		790
河曲县	Hequ	24051	12752	3054	7061	123	1061
保德县	Baode	23054	10789	1933	9734	59	540
偏关县	Pianguan	30379	9805	2071	17576	17	910
原平市	Yuanping	94706	47923	2748	41452	233	2350
临汾市	**Linfen**						
尧都区	Yaodu	79691	59338	2947	14967	1624	815
曲沃县	Quwo	79976	57961	2093	18057	1115	750
翼城县	Yicheng	65313	34407	2298	27458	390	760
襄汾县	Xiangfen	102156	77661	2377	19461	496	2161
洪洞县	Hongtong	94229	58763	2617	30793	1117	939
古 县	Guxian	18387	13980	1729	2459		219
安泽县	Anze	27023	19050	2218	4844		912
浮山县	Fushan	27992	19213	2733	5394	3	650
吉 县	Jixian	33820	26768	2131	3187	1	1733
乡宁县	Xiangning	24447	14892	2229	6869	8	450
大宁县	Daning	10548	6256	2493	1274	1	524
隰 县	Xixian	23685	17041	2612	3089	7	936
永和县	Yonghe	24511	17715	2341	3923		532
蒲 县	Puxian	16162	9810	2205	3560	6	581
汾西县	Fenxi	20636	9621	1906	8662		447
侯马市	Houma	25227	18023	1893	4146	468	697
霍州市	Huozhou	27592	14094	2337	10932	30	199
吕梁市	**Lvliang**						
离石区	Lishi	13380	5892	1866	5195	35	391
文水县	Wenshui	75178	40646	931	32060	455	1087
交城县	Jiaocheng	23723	8331	1144	13955	65	229
兴 县	Xingxian	30016	16402	4704	8475	24	410
临 县	Linxian	59591	42874	1929	13945	108	735
柳林县	Liulin	14405	7595	1178	5213	40	380
石楼县	Shilou	16208	9706	1749	4527	26	200
岚 县	Lanxian	18752	11574	1873	4597	127	580
方山县	Fangshan	11516	6009	1283	3876	99	250
中阳县	Zhongyang	9492	5299	877	3171	47	98
交口县	Jiaokou	13708	8117	683	4834	3	72
孝义市	Xiaoyi	92202	36133	3592	48843	93	3541
汾阳市	Fenyang	69105	31038	1738	34283	108	1938

19-8 农业生产条件(2012年)

县 市	Region	农业机械总动力(千瓦) Total Power of Agricultural Machinery (kw)	大中型农用拖拉机(台) Large and Medium Tractors for Agriculture (unit)	小型农用拖拉机(台) Mini-tractors for Agriculture (unit)
太 原 市	**Taiyuan**			
小店区	Xiaodian	176875	577	401
迎泽区	Yingze	10434	8	2
杏花岭区	Xinghualing	18100	67	88
尖草坪区	Jiancaoping	38700	198	242
万柏林区	Wanbailin	41200	96	
晋源区	Jinyuan	173221	151	168
清徐县	Qingxu	347916	883	756
阳曲县	Yangqu	174613	662	2520
娄烦县	Loufan	103510	691	676
古交市	Gujiao	199438	295	411
大 同 市	**Datong**			
南郊区	Nanjiao	335200	1209	919
新荣区	Xinrong	190744	3344	29
阳高县	Yanggao	235900	986	2168
天镇县	Tianzhen	166651	738	1217
广灵县	Guangling	133116	598	1181
灵丘县	Lingqiu	212830	348	513
浑源县	Hunyuan	174917	627	1493
左云县	Zuoyun	116433	896	1990
大同县	Datongxian	194731	1886	1854
阳 泉 市	**Yangquan**			
郊 区	Jiaoqu	203041	109	370
平定县	Pingding	546065	362	1715
盂 县	Yuxian	555145	788	5284
长 治 市	**Changzhi**			
城 区	Chengqu	8318	74	98
郊 区	Jiaoqu	117408	536	695
长治县	Changzhixian	187867	359	1015
襄垣县	Xiangyuan	203011	1668	1099
屯留县	Tunliu	267435	1772	5485
平顺县	Pingshun	116546	172	585
黎城县	Licheng	126455	268	7686
壶关县	Huguan	132561	306	403
长子县	Zhangzi	232772	651	1708
武乡县	Wuxiang	168755	864	1921
沁 县	Qinxian	98897	1330	495
沁源县	Qinyuan	89641	364	605
潞城市	Lucheng	235555	934	828

CONDITIONS OF AGRICULTURAL PRODUCTION(2012)

农用排灌动力机械(台) Drainage and Irrigation Machinery (unit)	农用运输车(辆) Conveyance Vehicle for Agriculture (unit)	配套机电井(眼) Number of Complete Set of Motorelectric Pumped Well (unit)	农村用电量(万千瓦小时) Electricity Consumption in Rural Areas (10 000 kwh)	农用化肥施用量(折纯量, 吨) Agricultural Consumption of Chemical Fertilizers (ton)
467	4799	375	5475	3402
112	115	52	2221	3
1	390	2	4105	43
241	1130	182	4617	1546
87	1994	55	3122	47
701	1995	296	4834	1186
2119	5542	1388	20113	12360
710	5960	241	4026	8893
223	1274	65	711	824
342	2674	149	3353	750
1090	5318	834	10082	3839
548	2927	387	888	2265
2070	4190	1957	3667	23347
2160	5143	1415	2536	15564
665	3250	433	3241	7888
337	11052	328	2927	10607
1266	5208	1196	4374	13921
268	1927	150	1365	2268
821	4990	1304	3311	8659
536	3324	52	47089	825
11870	7610	17	12361	4816
1596	11226	80	6944	7184
152		200	4754	352
1082	2979	740	15571	5940
2171	7362	1489	13237	13152
2386	5814	222	6556	13111
1882	7815	2249	7473	27396
510	3304	7	2469	4503
635	1029	72	2634	6587
352	4366		8587	7542
1304	6658	3414	7486	18785
681	5545	41	2990	3461
510	2680	40	1853	6990
103	3013	32	2835	2567
61	5245	212	4830	8511

19-8 续表1

县 市	Region	农业机械总动力(千瓦) Total Power of Agricultural Machinery (kw)	大中型农用拖拉机(台) Large and Medium Tractors for Agriculture (unit)	小型农用拖拉机(台) Mini-tractors for Agriculture (unit)
晋城市	**Jincheng**			
城 区	Chengqu	60102	207	101
沁水县	Qinshui	340318	313	13254
阳城县	Yangcheng	420572	560	18343
陵川县	Lingchuan	308700	278	2443
泽州县	Zezhou	731502	1035	6123
高平市	Gaoping	540506	531	6584
朔州市	**Shuozhou**			
朔城区	Shuocheng	454260	2243	4860
平鲁区	Pinglu	251498	1183	2896
山阴县	Shanyin	422611	2365	3920
应 县	Yingxian	425757	3011	885
右玉县	Youyu	211923	1113	3766
怀仁县	Huairen	465168	1725	1762
晋中市	**Jinzhong**			
榆次区	Yuci	644214	1282	4263
榆社县	Yushe	125605	367	2888
左权县	Zuoquan	166277	218	6563
和顺县	Heshun	161641	366	6541
昔阳县	Xiyang	240893	405	6965
寿阳县	Shouyang	324918	2054	3987
太谷县	Taigu	485012	1095	8245
祁 县	Qixian	391207	839	3615
平遥县	Pingyao	277521	904	3252
灵石县	Lingshi	376307	646	2184
介休市	Jiexiu	305600	785	1926
运城市	**Yuncheng**			
盐湖区	Yanhu	583797	1890	13905
临猗县	Linyi	945600	2141	11560
万荣县	Wanrong	848382	1500	4494
闻喜县	Wenxi	378011	1318	3549
稷山县	Jishan	511497	1375	2964
新绛县	Xinjiang	320302	1311	904
绛 县	Jiangxian	280611	856	2927
垣曲县	Yuanqu	284168	1397	2607
夏 县	Xiaxian	355260	1526	4024
平陆县	Pinglu	514475	1750	12280
芮城县	Ruicheng	548305	1686	23051
永济市	Yongji	598467	2369	7019
河津市	Hejin	416100	989	1000

contiuned

农用排灌动力机械(台) Drainage and Irrigation Machinery (unit)	农用运输车(辆) Conveyance Vehicle for Agriculture (unit)	配套机电井(眼) Number of Complete Set of Motorelectric Pumped Well (unit)	农村用电量(万千瓦小时) Electricity Consumption in Rural Areas (10 000 kwh)	农用化肥施用量(折纯量, 吨) Agricultural Consumption of Chemical Fertilizers (ton)
337	476	20	6159	1571
767	7490	54	3724	11652
968	7821	372	25923	13095
66	13716	32	4064	12887
3470	14729	74	17950	11902
	28143	19	15057	20268
4634	11710	1287	3777	18680
1893	5255	25	642	5349
2512	8868	1295	3521	14894
3915	12510	3287	7305	20134
830	5178	160	908	2229
2779	13324	1976	5347	13154
2645	27156	2576	21186	13633
744	2397	215	924	3339
1802	4210	68	3947	2697
85	2701	73	2217	2793
648	2809	175	4943	4771
1737	15070	202	4516	24759
4437	12805	3133	13141	16765
2323	17538	2162	17273	17816
3998	6967	1747	12333	15200
917	7389	111	6732	2156
2151	7077	543	46660	8273
6560	20001	3620	34322	31150
4238	68229	3130	27111	53756
2197	47674	1043	39714	16190
2725	11184	1291	27004	23517
3001	26910	1470	34572	15584
2398	15083	1788	14575	22105
1546	9452	795	15097	31391
498	8011	216	3535	5419
2083	13500	3365	15162	23606
1740	14309	571	6806	16004
4040	13700	1911	11929	27822
5585	33050	4406	17395	18348
3142	10828	1250	16684	9166

19-8 续表2

县 市	Region	农业机械总动力(千瓦) Total Power of Agricultural Machinery (kw)	大中型农用拖拉机(台) Large and Medium Tractors for Agriculture (unit)	小型农用拖拉机(台) Mini-tractors for Agriculture (unit)
忻州市	**Xinzhou**			
忻府区	Xinfu	333495	1364	3173
定襄县	Dingxiang	116458	891	2460
五台县	Wutai	138682	613	3960
代 县	Daixian	183624	456	2984
繁峙县	Fanshi	189808	717	2481
宁武县	Ningwu	75421	267	1682
静乐县	Jingle	84540	146	1099
神池县	Shenchi	179384	782	3804
五寨县	Wuzhai	152267	2248	3347
岢岚县	Kelan	115371	522	649
河曲县	Hequ	89047	312	931
保德县	Baode	149129	159	190
偏关县	Pianguan	144185	363	2458
原平市	Yuanping	415681	1898	2683
临汾市	**Linfen**			
尧都区	Yaodu	629347	1474	4488
曲沃县	Quwo	348986	1363	961
翼城县	Yicheng	343600	1213	4504
襄汾县	Xiangfen	536217	1996	1687
洪洞县	Hongtong	1045500	1671	7680
古 县	Guxian	109715	763	1555
安泽县	Anze	139350	266	2970
浮山县	Fushan	170701	416	1509
吉 县	Jixian	84431	232	3237
乡宁县	Xiangning	290110	635	2104
大宁县	Daning	48635	154	887
隰 县	Xixian	98511	243	3020
永和县	Yonghe	32158	128	466
蒲 县	Puxian	45836	331	985
汾西县	Fenxi	96690	554	885
侯马市	Houma	181501	758	611
霍州市	Huozhou	197750	493	2530
吕梁市	**Lvliang**			
离石区	Lishi	232230	170	704
文水县	Wenshui	347647	893	960
交城县	Jiaocheng	204888	396	686
兴 县	Xingxian	135450	262	131
临 县	Linxian	144608	635	448
柳林县	Liulin	226763	256	266
石楼县	Shilou	54172	96	110
岚 县	Lanxian	90446	476	1864
方山县	Fangshan	113118	123	715
中阳县	Zhongyang	117114	141	738
交口县	Jiaokou	140716	509	256
孝义市	Xiaoyi	451552	833	724
汾阳市	Fenyang	485012	1164	1920

contiuned

农用排灌动力机械(台) Drainage and Irrigation Machinery (unit)	农用运输车(辆) Conveyance Vehicle for Agriculture (unit)	配套机电井(眼) Number of Complete Set of Motorelectric Pumped Well (unit)	农村用电量(万千瓦小时) Electricity Consumption in Rural Areas (10 000 kwh)	农用化肥施用量(折纯量,吨) Agricultural Consumption of Chemical Fertilizers (ton)
2057	8071	1915	10505	28136
1408	546	1131	14919	7548
975	2500	166	6746	8022
1456	4133	767	2987	8287
1660	2370	553	4854	7173
423	744		439	281
23	2224	14	1092	4065
61	3417	34	593	13888
4	3181	40	805	7740
414	2314	2	458	5661
552	2252	145	1484	5013
800	4310	87	6245	4029
357	1263	28	1009	6162
1689	11092	1450	5615	24232
3976	23649	2070	11335	21750
2240	10710	1216	10576	13749
1299	10843	1931	4430	12579
4823	23209	2790	20097	25197
2349	50002	982	11981	31472
463	5131		1055	4843
428	6530	2	477	7055
2446	8422	157	2993	6979
13	3117	3	340	5977
442	11182	3	2786	9391
235	1714		251	3308
459	3203	9	628	6544
39	1022	2	340	2411
116	1045	5	2086	4290
117	2513		1471	1120
856	5160	646	4296	8289
331	6638	208	3180	5059
560	10918	334	5267	2496
4135	9329	1904	17128	12499
1048	6939	699	15073	4741
607	4176	90	2224	4910
1080	3200	169	5181	20413
1754	3942	59	3537	5604
246	1858	49	890	4796
423	1568	263	2048	6439
531	4628	32	1691	3682
420	6934		6899	1147
260	5273		7723	756
711	5687	522	10695	5913
2488	18720	1984	10299	7940

19-9 主要粮食作物播种面积(2012年)

单位：公顷

县 市	Region	粮食作物播种面积 Sown Area of Grain Crops	秋粮食作物 Sown Area of Autumn Grain Crops	谷 物 Cereal	#小 麦 Wheat	#玉 米 Corn	#谷 子 Millet
太 原 市	**Taiyuan**						
小店区	Xiaodian	9558	9270	9310	288	8996	
迎泽区	Yingze	204	204	153		109	17
杏花岭区	Xinghualing	653	653	450		333	76
尖草坪区	Jiancaoping	4825	4825	4410		3896	348
万柏林区	Wanbailin	895	895	663		605	46
晋源区	Jinyuan	3451	3364	3358	88	2929	
清徐县	Qingxu	20525	20093	20008	432	18757	4
阳曲县	Yangqu	23066	23066	20864		17245	2289
娄烦县	Loufan	10395	10395	5109		1473	2152
古交市	Gujiao	8197	8197	3799		1113	1478
大 同 市	**Datong**						
南郊区	Nanjiao	15072	15072	12938		10634	681
新荣区	Xinrong	20639	20038	13253		4200	1165
阳高县	Yanggao	51295	51295	45583		36564	3059
天镇县	Tianzhen	38226	38226	29506		24889	2089
广灵县	Guangling	27178	27178	23475		16983	2233
灵丘县	Lingqiu	31338	31338	25014		17387	2977
浑源县	Hunyuan	36199	35509	29544		23992	1535
左云县	Zuoyun	21954	21954	10701		1303	1190
大同县	Datongxian	37035	37035	30709		25954	3050
阳 泉 市	**Yangquan**						
郊 区	Jiaoqu	6574	6574	6166		5710	436
平定县	Pingding	22212	22096	20869	116	19130	1516
盂 县	Yuxian	27882	27635	25887		22998	2594
长 治 市	**Changzhi**						
城 区	Chengqu	319	319	319		319	
郊 区	Jiaoqu	8551	8484	8354	67	8265	22
长治县	Changzhixian	19623	19044	18733	579	17495	524
襄垣县	Xiangyuan	30366	28890	29014	1476	25898	1639
屯留县	Tunliu	34794	33390	32206	1404	30156	591
平顺县	Pingshun	10747	9425	9475	1322	7493	638
黎城县	Licheng	17434	13420	14477	4014	9730	391
壶关县	Huguan	16454	16186	15894	268	15206	371
长子县	Zhangzi	30628	29477	29449	1151	28016	283
武乡县	Wuxiang	27129	26021	23826	1108	17114	4753
沁 县	Qinxian	25117	24490	23993	627	21030	1973
沁源县	Qinyuan	14799	14799	10884		8614	1294
潞城市	Lucheng	17926	15768	17589	2158	15153	209

SOWN AREAS OF MAJOR FARM CROPS(2012)

(ha)

#高 粱 Sorghum	#燕 麦 Oats	#荞 麦 Buckwheat	豆 类 Beans	#大 豆 Soybean	薯 类 Tubers	#马铃薯 Potato
25			247	1	1	
		27	23	12	28	28
15		8	176	160	28	27
61		47	285	220	129	100
			2		230	230
77	8	9	66	65	28	20
815			396	321	121	7
145	27	712	1557	1325	645	607
151	93	266	1601	1077	3685	3685
5	509	263	2064	1375	2334	2334
230	22	21	1280	376	853	853
1138	1669	450	3528	2326	3858	3858
233			3287	787	2425	2425
247			2019	768	6701	6701
13	836	1727	1535	221	2168	2168
9	418	900	3817	2293	2507	2507
9	2008		3598	928	3057	3057
74	3972	2335	7092	3210	4161	4161
59			4696	1539	1630	1630
			142	58	266	65
3			691	637	652	193
		5	352	114	1643	1610
			120	106	78	76
			254	87	636	634
			653	433	700	368
54			1519	541	1070	980
			200	175	1073	1005
284			2800	2756	157	120
			79	79	480	475
			240	181	939	765
514		29	847	761	2457	2330
363			470	353	654	469
1	278	239	810	261	3106	3067
69			217	185	120	54

19-9 续表1

单位：公顷

县 市	Region	粮食作物播种面积 Sown Area of Grain Crops	秋粮食作物 Sown Area of Autumn Grain Crops	谷物 Cereal	#小麦 Wheat	#玉米 Corn	#谷子 Millet
晋城市	**Jincheng**						
城区	Chengqu	3466	1328	2718	2137	502	78
沁水县	Qinshui	30616	22688	26560	7928	16809	1522
阳城县	Yangcheng	39852	26447	37017	13404	21053	2496
陵川县	Lingchuan	21192	20883	18955	309	17485	1103
泽州县	Zezhou	66509	35086	39221	31423	5948	1796
高平市	Gaoping	37980	31504	30865	6477	23714	671
朔州市	**Shuozhou**						
朔城区	Shuocheng	56595	54797	46254	73	40543	720
平鲁区	Pinglu	44983	35438	17992		1932	1460
山阴县	Shanyin	50803	48858	43597		33788	1890
应县	Yingxian	44392	44392	39937		34783	1751
右玉县	Youyu	31333	28493	16514		4333	957
怀仁县	Huairen	40280	40280	35156		29281	1204
晋中市	**Jinzhong**						
榆次区	Yuci	33116	32641	31694	475	28730	1570
榆社县	Yushe	16875	16855	14836	20	11344	2297
左权县	Zuoquan	11691	11539	10365	133	8097	1777
和顺县	Heshun	13697	13697	10813		8111	1458
昔阳县	Xiyang	22455	22455	21492		19729	1483
寿阳县	Shouyang	45001	45001	42072		39937	1344
太谷县	Taigu	27409	22690	24112	4719	17591	1019
祁县	Qixian	27662	22821	23433	4841	18045	294
平遥县	Pingyao	38331	37628	36080	651	33837	961
灵石县	Lingshi	15378	11610	14054	3768	9378	415
介休市	Jiexiu	26153	20607	21336	5546	15254	302
运城市	**Yuncheng**						
盐湖区	Yanhu	64725	37186	58113	27539	30558	
临猗县	Linyi	60447	33345	52969	27102	25867	
万荣县	Wanrong	56947	25563	48337	31384	16710	106
闻喜县	Wenxi	66581	23752	61840	42829	18781	82
稷山县	Jishan	49666	22366	47136	27299	19750	63
新绛县	Xinjiang	48245	21937	46600	26308	20009	253
绛县	Jiangxian	38303	16792	35980	21511	14330	138
垣曲县	Yuanqu	26360	10867	25124	15492	9290	305
夏县	Xiaxian	49194	26974	48150	22219	25730	131
平陆县	Pinglu	34058	14733	31007	19325	11557	125
芮城县	Ruicheng	63646	32010	59664	31636	27773	190
永济市	Yongji	76664	42588	75507	34076	40904	
河津市	Hejin	32565	15885	31229	16680	14542	

continued

(ha)

#高　粱 Sorghum	#燕　麦 Oats	#荞　麦 Buckwheat	豆　类 Beans	#大　豆 Soybean	薯　类 Tubers	#马铃薯 Potato
			695	688	53	20
301			3531	2673	525	305
46			2651	596	183	65
			273	114	1965	1951
54			26596	26591	691	299
			6780	6780	335	86
363		20	5862	1128	4479	4479
	5620	8320	12420	1249	14571	14571
315	2795	1029	4170	2224	3036	3036
531			1894	253	2561	2561
	5663	3479	7486	4645	7333	7333
497			4302	1212	822	822
289	2	362	1259	1048	164	66
871		60	1555	1287	484	355
74	93	134	656	563	670	644
110		386	1386	1346	1498	1498
20		26	534	497	430	358
257		382	614	519	2315	2306
443			2773	2670	524	366
254			3885	3867	344	128
417			1316	1237	935	613
314	8	93	931	807	393	213
94		20	4458	4405	359	246
16			5980	416	631	
			5628	2082	1850	
19			7194	749	1416	
147			3600	1518	1140	39
23			2194	763	335	2
23			1535	347	110	3
1			2077	1907	246	59
2			816	757	419	57
33			519	429	524	77
			1899	1377	1153	89
65			3307	1652	675	
527			752	655	405	
8			1040	167	295	4

19-9 续表2

单位：公顷

县 市	Region	粮食作物播种面积 Sown Area of Grain Crops	秋粮食作物 Sown Area of Autumn Grain Crops	谷 物 Cereal	#小 麦 Wheat	#玉 米 Corn	#谷 子 Millet
忻 州 市	**Xinzhou**						
忻府区	Xinfu	50327	50327	49656		48257	1169
定襄县	Dingxiang	24512	24512	23657		21404	1553
五台县	Wutai	28683	28683	24344		20243	2067
代 县	Daixian	22489	22489	20678		17280	1234
繁峙县	Fanshi	35909	35909	29169		21681	2496
宁武县	Ningwu	16471	16471	7727		1394	74
静乐县	Jingle	22588	22588	10598		2422	2058
神池县	Shenchi	37817	37817	23349		14899	891
五寨县	Wuzhai	36438	36438	25080		20995	2855
岢岚县	Kelan	24746	24746	8498		5419	1310
河曲县	Hequ	23018	23018	15367		9006	2537
保德县	Baode	22151	22151	14236		8012	3596
偏关县	Pianguan	24167	24167	16345		7923	4159
原平市	Yuanping	57116	56901	52516	215	48540	1867
临 汾 市	**Linfen**						
尧都区	Yaodu	55431	22850	53425	32581	20590	151
曲沃县	Quwo	31684	15601	31139	16083	15057	
翼城县	Yicheng	42241	19347	40922	22894	17463	561
襄汾县	Xiangfen	77853	35723	74678	42130	31027	1474
洪洞县	Hongtong	73055	29984	70244	43072	26322	542
古 县	Guxian	14674	8014	13164	6660	6012	374
安泽县	Anze	23851	21776	22631	2075	18781	1550
浮山县	Fushan	25422	10082	23552	15340	5752	2335
吉 县	Jixian	13773	9026	11294	4747	6047	188
乡宁县	Xiangning	28936	13741	24782	15196	7073	1233
大宁县	Daning	10481	8310	9003	2171	5830	593
隰 县	Xixian	21104	21030	18731	74	15973	1552
永和县	Yonghe	22160	20338	16648	1822	10231	3822
蒲 县	Puxian	12334	12264	10566	70	9422	343
汾西县	Fenxi	23665	12313	22076	11352	7198	1138
侯马市	Houma	14141	7141	13790	7000	6720	30
霍州市	Huozhou	18603	6166	17089	12437	4092	455
吕 梁 市	**Lvliang**						
离石区	Lishi	14488	14488	7319		4852	1506
文水县	Wenshui	33518	31169	31288	2349	28782	137
交城县	Jiaocheng	9828	9731	8197	96	6914	544
兴 县	Xingxian	48270	48270	25009		11878	8073
临 县	Linxian	69807	69807	39103		24779	9381
柳林县	Liulin	20502	20502	11657		5872	3781
石楼县	Shilou	25747	25198	18596	549	9364	4644
岚 县	Lanxian	31086	31086	18602		8993	4211
方山县	Fangshan	14196	14196	6806		5323	1101
中阳县	Zhongyang	9168	9168	4527		2510	1224
交口县	Jiaokou	10298	10277	7623	21	5178	1008
孝义市	Xiaoyi	28226	24402	20023	3824	12965	1352
汾阳市	Fenyang	38793	38490	36129	303	33487	1268

continued

(ha)

#高 粱 Sorghum	#燕 麦 Oats	#荞 麦 Buckwheat	豆 类 Beans	#大 豆 Soybean	薯 类 Tubers	#马铃薯 Potato
157			524	516	147	59
350		29	533	336	322	227
128	697	42	1160	1014	3179	3026
414	338	15	1014	271	797	721
	1185	135	3950	3489	2789	2752
	3543		6164	717	2580	2580
133	3665		6401	3365	5589	5589
	7028		7594	4293	6875	6875
9	462	55	2852	1346	8507	8507
	1090	53	8897	502	7351	7351
23	107	51	3455	1836	4196	4138
169		67	3457	2684	4459	4157
			3553	3047	4269	4269
336	1160		2666	838	1935	1889
13			1521	956	485	200
			184	96	360	
4			1080	1038	238	98
48			2058	840	1117	13
71			1576	984	1235	195
7	96		1167	704	343	261
172			935	582	285	187
45			1455	935	415	175
			1916	206	563	496
			2943	938	1211	1141
3			1327	435	152	78
72		264	1019	601	1354	1310
258			4518	1423	994	663
21	235	175	434	394	1333	1333
89		313	648	361	941	499
40			290	137	61	
93		12	1027	960	487	230
35			4865	3424	2304	2289
20			1760	1111	470	366
11			809	206	822	795
892	577		15511	11519	7750	7418
978		72	16111	13726	14593	13797
494			7040	6437	1805	1628
608	115	298	5159	3915	1992	1562
2478	1234		4188	1515	8296	8296
30			2969	1040	4421	4400
58	397	41	3081	2337	1560	1522
24	461	227	1492	1251	1182	1056
145	423	671	5235	4922	2968	1385
562	21	10	2047	1650	617	452

19-10 主要粮食作物产量(2012年)

单位：吨

县 市	Region	粮食总产量 Output of Grain	秋粮产量 Output of Autumn Grain	谷物 Cereal	#小麦 Wheat	#玉米 Corn	#谷子 Millet
太原市	**Taiyuan**						
小店区	Xiaodian	74381	72722	73895	1659	72026	
迎泽区	Yingze	378	378	327		237	42
杏花岭区	Xinghualing	858	858	659		526	89
尖草坪区	Jiancaoping	13698	13698	13156		12213	638
万柏林区	Wanbailin	1256	1256	1113		1035	62
晋源区	Jinyuan	21515	21047	21294	467	18837	
清徐县	Qingxu	117587	115064	116397	2523	107797	10
阳曲县	Yangqu	65767	65767	62719		56946	4119
娄烦县	Loufan	13876	13876	6620		2556	2545
古交市	Gujiao	10164	10164	4997		1608	2061
大同市	**Datong**						
南郊区	Nanjiao	57006	57006	53632		50172	1049
新荣区	Xinrong	46887	46328	34261		15872	2088
阳高县	Yanggao	236814	236814	225079		205516	7587
天镇县	Tianzhen	148985	148985	134674		125424	4314
广灵县	Guangling	131304	131304	125483		114164	4520
灵丘县	Lingqiu	74008	74008	63922		52940	5137
浑源县	Hunyuan	143577	142579	131141		119880	4398
左云县	Zuoyun	32418	32418	16588		4760	1906
大同县	Datongxian	78001	78001	72163		65780	4076
阳泉市	**Yangquan**						
郊　区	Jiaoqu	26083	26083	25349		24456	854
平定县	Pingding	121019	120404	118115	615	113352	3952
盂　县	Yuxian	133317	132422	128585		123340	4953
长治市	**Changzhi**						
城　区	Chengqu	2432	2432	2432		2432	
郊　区	Jiaoqu	54029	53644	53195	384	52684	127
长治县	Changzhixian	142740	139099	137927	3641	132699	1218
襄垣县	Xiangyuan	176001	171097	169737	4904	159024	5809
屯留县	Tunliu	240956	235827	230373	5128	222691	2497
平顺县	Pingshun	55630	49490	51523	6140	42719	2597
黎城县	Licheng	79757	67081	74579	12677	58947	1226
壶关县	Huguan	118678	117573	116365	1105	113830	1338
长子县	Zhangzi	236210	229080	230599	7130	222435	1033
武乡县	Wuxiang	113232	111310	100444	1922	81289	14188
沁　县	Qinxian	170532	168824	168507	1708	157791	7057
沁源县	Qinyuan	76162	76162	66283		62418	3131
潞城市	Lucheng	123814	116632	122659	7182	114195	870

OUTPUT OF MAJOR FARM CROPS(2012)

(ton)

#高 粱 Sorghum	#燕 麦 Oats	#荞 麦 Buckwheat	豆 类 Beans	#大 豆 Soybean	薯 类 Tubers	#马铃薯 Potato
210			483	3	3	
1		48	9	4	41	41
20		7	157	141	43	40
85		14	428	380	114	70
			2		141	141
482	39	11	94	93	127	93
6067			693	578	497	20
196	23	1088	2088	1678	960	881
119	56	212	2079	1389	5177	5177
5	483	329	1956	1439	3211	3211
412	15	19	1221	338	2153	2153
4572	1768	475	3412	2416	9214	9214
635			5023	2345	6711	6711
387			2140	941	12170	12170
19	977	2135	1622	162	4199	4199
13	596	1333	4359	2567	5727	5727
20	2143		4354	987	8083	8083
163	3537	2462	7422	3036	8408	8408
57			3294	1108	2544	2544
			192	85	542	131
6			1188	1142	1716	403
		4	452	242	4280	4219
			344	304	490	482
			902	326	3911	3899
			1112	743	5152	2422
56			4031	2271	6552	5882
			482	422	3625	3492
1598			4439	4345	740	534
			158	158	2155	2137
			562	482	5049	4267
2571		41	1221	1131	11567	11330
1951			748	600	1277	895
4	209	179	1505	518	8374	8270
412			627	556	528	223

19-10 续表1

单位：吨

县 市	Region	粮 食 总产量 Output of Grain	秋粮产量 Output of Autumn Grain	谷 物 Cereal	#小 麦 Wheat	#玉 米 Corn	#谷 子 Millet
晋 城 市	**Jincheng**						
城 区	Chengqu	15089	5263	13051	9826	2895	331
沁水县	Qinshui	136866	109228	127884	27637	95616	3366
阳城县	Yangcheng	185841	127007	181086	58834	113493	8602
陵川县	Lingchuan	122522	121475	113523	1047	108308	4062
泽州县	Zezhou	269949	125518	205630	144432	51909	8733
高平市	Gaoping	244192	214486	228464	29706	196288	2450
朔 州 市	**Shuozhou**						
朔城区	Shuocheng	314500	309167	286882	424	274373	2666
平鲁区	Pinglu	62078	53418	25355		6603	2375
山阴县	Shanyin	251750	250031	239723		217985	5116
应 县	Yingxian	254000	254000	242067		228409	4981
右玉县	Youyu	31722	29698	14783		6824	606
怀仁县	Huairen	156000	156000	150286		136236	3510
晋 中 市	**Jinzhong**						
榆次区	Yuci	203561	201146	201124	2415	192770	4034
榆社县	Yushe	60922	60900	57438	22	48046	5645
左权县	Zuoquan	51702	51146	48172	500	42866	4069
和顺县	Heshun	49529	49529	44518		41594	2560
昔阳县	Xiyang	149823	149823	147920		142993	4367
寿阳县	Shouyang	308626	308626	300822		293994	5283
太谷县	Taigu	209778	184261	199886	25518	167686	2921
祁 县	Qixian	222944	195623	213422	27322	183111	970
平遥县	Pingyao	245792	242551	237700	2930	228746	3217
灵石县	Lingshi	54236	45388	51178	8848	39156	1257
介休市	Jiexiu	138088	114108	128321	23981	102745	710
运 城 市	**Yuncheng**						
盐湖区	Yanhu	268645	136598	262742	132047	130616	
临猗县	Linyi	310829	175279	290752	135550	155202	
万荣县	Wanrong	178421	77184	167587	101237	66143	96
闻喜县	Wenxi	263640	93319	250424	170321	79378	167
稷山县	Jishan	224268	99226	220882	125042	95655	112
新绛县	Xinjiang	232116	109688	229708	122428	106075	1140
绛 县	Jiangxian	167935	94035	164635	73900	90318	415
垣曲县	Yuanqu	85937	31287	83823	54650	28732	407
夏 县	Xiaxian	259080	140062	253459	119018	134084	274
平陆县	Pinglu	107760	43089	102048	64671	37189	188
芮城县	Ruicheng	315328	159538	308406	155790	152106	286
永济市	Yongji	450779	250927	448253	199852	246109	
河津市	Hejin	177755	90331	174789	87424	87341	

continued

(ton)

#高　粱 Sorghum	#燕　麦 Oats	#荞　麦 Buckwheat	豆　类 Beans	#大　豆 Soybean	薯　类 Tubers	#马铃薯 Potato
			1416	1408	621	59
1265			6828	5206	2155	1321
116			3945	1170	811	264
			668	264	8330	8287
556			55581	55574	8738	3590
			13509	13509	2219	532
717		44	11724	2206	15895	15895
	6396	9306	10683	609	26040	26040
944	3669	1151	4162	2443	7865	7865
2451			2062	378	9871	9871
	4239	2230	4880	2857	12059	12059
1188			4283	1478	1431	1431
982	4	488	1845	1600	593	231
3337		52	2284	2071	1201	817
293	145	203	1035	898	2495	2414
92		71	2202	2167	2810	2810
70		27	991	930	912	802
984		382	1415	1230	6389	6353
2978			5616	5449	4276	3132
2019			7039	7010	2484	865
2332			3543	3399	4550	2623
1581	7	181	1771	1628	1287	769
546		45	8199	8116	1568	1015
79			3387	425	2516	
			8189	1780	11888	
21			4853	504	5982	
557			4013	1578	9204	118
73			1472	741	1915	12
54			1947	342	461	12
3			1824	1570	1476	356
4			666	624	1448	53
55			412	272	5209	927
			1981	1377	3731	200
224			2935	1675	3987	
2293			705	581	1821	
24			1287	152	1679	12

19-10 续表2

单位：吨

县 市	Region	粮 食 总产量 Output of Grain	秋粮产量 Output of Autumn Grain	谷 物 Cereal	#小 麦 Wheat	#玉 米 Corn	#谷 子 Millet
忻 州 市	**Xinzhou**						
忻府区	Xinfu	320640	320640	319164		315062	3241
定襄县	Dingxiang	165643	165643	163916		157463	4551
五台县	Wutai	120017	120017	108097		95178	5551
代 县	Daixian	79454	79454	75777		68798	3099
繁峙县	Fanshi	72908	72908	62133		47839	4865
宁武县	Ningwu	20551	20551	7214		1946	111
静乐县	Jingle	38865	38865	19527		7275	5373
神池县	Shenchi	127256	127256	95558		69543	3147
五寨县	Wuzhai	161626	161626	131684		116774	11411
岢岚县	Kelan	43188	43188	15259		11963	1459
河曲县	Hequ	50984	50984	33490		19256	7355
保德县	Baode	38674	38674	20245		11755	6435
偏关县	Pianguan	44316	44316	28457		11630	8990
原平市	Yuanping	350082	349212	338073	869	327044	6087
临 汾 市	**Linfen**						
尧都区	Yaodu	261977	117150	258935	144827	113766	129
曲沃县	Quwo	180554	102341	176434	78213	98221	
翼城县	Yicheng	188505	82700	185694	105806	77275	2595
襄汾县	Xiangfen	403301	202693	394847	200608	188489	5434
洪洞县	Hongtong	390004	174752	380806	215252	163173	1789
古 县	Guxian	55890	35704	52315	20186	31445	506
安泽县	Anze	106832	101599	103846	5233	94894	2836
浮山县	Fushan	98381	46431	94510	51950	32603	9392
吉 县	Jixian	48689	38441	45472	10248	34109	455
乡宁县	Xiangning	78086	36289	70555	41797	23659	3443
大宁县	Daning	33297	30854	30808	2443	26561	1318
隰 县	Xixian	67588	67508	60659	80	55454	3779
永和县	Yonghe	47184	45658	40987	1526	32151	6725
蒲 县	Puxian	56646	56589	52463	58	50379	606
汾西县	Fenxi	55444	34668	51962	20776	26069	2638
侯马市	Houma	79580	42308	78842	37272	41284	70
霍州市	Huozhou	70530	24643	66496	45887	18702	1618
吕 梁 市	**Lvliang**						
离石区	Lishi	25332	25332	16932		13204	2379
文水县	Wenshui	259986	249046	254852	10941	243494	290
交城县	Jiaocheng	45608	45103	42305	504	39663	1382
兴 县	Xingxian	90817	90817	62868		31291	26197
临 县	Linxian	118988	118988	86642		69742	11220
柳林县	Liulin	36215	36215	24856		12124	8996
石楼县	Shilou	38739	38023	30108	716	16573	7941
岚 县	Lanxian	74529	74529	54761		38659	6668
方山县	Fangshan	33121	33121	22812		21146	1286
中阳县	Zhongyang	20377	20377	14104		9261	3422
交口县	Jiaokou	28510	28479	24438	31	20935	2056
孝义市	Xiaoyi	129802	113052	100872	16750	76317	3467
汾阳市	Fenyang	203463	202577	199327	886	193031	2172

continued

(ton)

#高　粱 Sorghum	#燕　麦 Oats	#荞　麦 Buckwheat	豆　类 Beans	#大　豆 Soybean	薯　类 Tubers	#马铃薯 Potato
706			599	584	876	217
1654		20	734	270	993	361
768	1046	95	2137	1742	9783	9209
1448	380	15	1437	355	2241	2037
	907	102	5681	4990	5093	5060
	2197		4508	686	8830	8830
448	3691		4892	2866	14446	14446
	21265		13772	7789	17925	17925
39	615	207	6187	3167	23754	23754
	1077	46	9810	495	18119	18119
121		82	3300	1845	14194	14008
304		48	6530	5079	11900	11080
			5251	4633	10608	10608
1765	1930		3689	1575	8319	8109
27			1683	1158	1359	272
			340	179	3780	
19			1963	1793	848	384
316			3361	1229	5093	53
211			3126	2184	6072	615
14	127		2391	1446	1184	970
722			1710	1048	1276	818
253			2101	1361	1771	689
			1406	290	1811	1572
			3928	1634	3602	3360
8			2281	721	208	115
207		264	1323	920	5606	5511
245			4042	1354	2156	1492
145	422	313	777	704	3406	3406
147		302	703	381	2779	1326
216			324	159	414	
280		9	2123	2073	1911	850
34			4775	3575	3625	3606
128			3329	2200	1804	1399
71			816	273	2487	2360
1773	519		14395	10718	13554	13305
1825		84	12170	10887	20176	19077
1582			7888	7164	3471	3285
812	121	317	5577	4346	3054	2390
6532	932		3526	1184	16242	16242
68			2296	849	8013	7971
200	419	34	3299	2512	2974	2925
73	390	228	2267	1987	1805	1626
846	552	996	11676	11028	17254	8117
2694	22	12	2123	1825	2014	1158

19-11 棉花生产基本情况(2012年)
BASIC STATISTICS ON COTTON PRODUCTION(2012)

县 市	Region	播种面积 (公顷) Sown Area (ha)	总产量 (吨) Total Output (ton)	每公顷产量 (公斤) Output per ha (kg)
太原市	**Taiyuan**			
小店区	Xiaodian	1	2	1889
清徐县	Qingxu	74	109	1488
长治市	**Changzhi**			
黎城县	Licheng	27	27	986
潞城市	Lucheng	29	26	897
晋城市	**Jincheng**			
城 区	Chengqu	2	1	285
沁水县	Qinshui	212	228	1079
阳城县	Yangcheng	47	32	686
泽州县	Zezhou	30	38	1257
晋中市	**Jinzhong**			
榆次区	Yuci	35	21	596
太谷县	Taigu	78	82	1047
祁 县	Qixian	141	129	915
平遥县	Pingyao	19	22	1166
介休市	Jiexiu	1	1	857
运城市	**Yuncheng**			
盐湖区	Yanhu	6440	5216	810
临猗县	Linyi	11677	18386	1575
万荣县	Wanrong	1001	871	870
闻喜县	Wenxi	553	573	1037
稷山县	Jishan	226	298	1317
新绛县	Xinjiang	665	898	1350
绛 县	Jiangxian	167	130	780
垣曲县	Yuanqu	414	409	990
夏 县	Xiaxian	2826	3638	1287
平陆县	Pinglu	298	306	1028

19-11 续表 continued

县 市	Region	播种面积 (公顷) Sown Area (ha)	总产量 (吨) Total Output (ton)	每公顷产量 (公斤) Output per ha (kg)
芮城县	Ruicheng	1473	3011	2045
永济市	Yongji	7224	7898	1094
河津市	Hejin	116	136	1173
忻州市	**Xinzhou**			
定襄县	Dingxiang	124	112	900
河曲县	Hequ	3	1	333
临汾市	**Linfen**			
尧都区	Yaodu	63	53	843
曲沃县	Quwo	1198	1746	1458
翼城县	Yicheng	45	76	1685
襄汾县	Xiangfen	620	1183	1908
洪洞县	Hongtong	30	31	1034
浮山县	Fushan	26	48	1839
大宁县	Daning	96	136	1419
永和县	Yonghe	347	189	543
汾西县	Fenxi	17	11	665
侯马市	Houma	613	564	920
霍州市	Huozhou	37	18	477
吕梁市	**Lvliang**			
文水县	Wenshui	6	6	938
交城县	Jiaocheng	2	4	2100
临　县	Linxian	254	219	861
柳林县	Liulin	102	94	927
中阳县	Zhongyang	3	2	701
汾阳市	Fenyang	5	4	680

19-12 油料类生产基本情况(2012年)
BASIC STATISTICS ON OIL-BEARING CROPS(2012)

县 市	Region	油料合计 Oil-bearing Crops		胡麻籽 Benne		向日葵 Sunflower	
		播种面积(公顷) Sown Area (ha)	总产量(吨) Total Output (ton)	播种面积(公顷) Sown Area (ha)	总产量(吨) Total Output (ton)	播种面积(公顷) Sown Area (ha)	总产量(吨) Total Output (ton)
太原市	**Taiyuan**						
小店区	Xiaodian		1				1
迎泽区	Yingze						
杏花岭区	Xinghualing	3	3	3	3	1	1
尖草坪区	Jiancaoping	45	44			42	37
万柏林区	Wanbailin						
晋源区	Jinyuan						
清徐县	Qingxu	35	57			29	46
阳曲县	Yangqu	596	670	224	235	268	308
娄烦县	Loufan	1117	1225	606	603	292	388
古交市	Gujiao	791	905	276	317	421	519
大同市	**Datong**						
南郊区	Nanjiao	681	519	576	414	45	46
新荣区	Xinrong	2633	2169	2633	2169		
阳高县	Yanggao	1457	1574			1233	1441
天镇县	Tianzhen	992	1429	118	159	429	652
广灵县	Guangling	1927	1859	720	766	813	788
灵丘县	Lingqiu	1994	1589	370	299	298	260
浑源县	Hunyuan	1527	2304	707	1305	66	105
左云县	Zuoyun	4468	3389	4468	3389		
大同县	Datongxian	195	245	6	3	113	128
阳泉市	**Yangquan**						
郊 区	Jiaoqu		2				
平定县	Pingding	49	76			39	63
盂 县	Yuxian	131	260			105	233
长治市	**Changzhi**						
长治县	Changzhixian	88	209			33	99
襄垣县	Xiangyuan	245	375			184	270
屯留县	Tunliu	21	153			21	150
平顺县	Pingshun	39	74			11	29
黎城县	Licheng	168	285			108	184
壶关县	Huguan	42	55				
长子县	Zhangzi	15	81				
武乡县	Wuxiang	308	608			108	305
沁 县	Qinxian	8	15			1	1
沁源县	Qinyuan	445	741	8	10	132	175
潞城市	Lucheng	101	297			4	9

19-12 续表1 continued

县 市	Region	油料合计 Oil-bearing Crops 播种面积（公顷）Sown Area (ha)	总产量（吨）Total Output (ton)	胡麻籽 Benne 播种面积（公顷）Sown Area (ha)	总产量（吨）Total Output (ton)	向日葵 Sunflower 播种面积（公顷）Sown Area (ha)	总产量（吨）Total Output (ton)
晋城市	**Jincheng**						
城 区	Chengqu						
沁水县	Qinshui	835	1471			416	752
阳城县	Yangcheng	532	773			123	218
陵川县	Lingchuan	233	1004			16	40
泽州县	Zezhou	1362	2816			557	1228
高平市	Gaoping	12	32				
朔州市	**Shuozhou**						
朔城区	Shuocheng	2777	4941	2261	4081	416	695
平鲁区	Pinglu	11774	14943	10241	13313	32	50
山阴县	Shanyin	3653	3678	2139	2354	1185	1034
应 县	Yingxian	1861	3605	294	278	1561	3322
右玉县	Youyu	8700	9449	8663	9389	28	34
怀仁县	Huairen	370	546	68	86	99	207
晋中市	**Jinzhong**						
榆次区	Yuci	251	300			216	268
榆社县	Yushe	323	533			7	11
左权县	Zuoquan	295	523			50	77
和顺县	Heshun	589	710	520	527	31	128
昔阳县	Xiyang	100	142	8	5	91	131
寿阳县	Shouyang	23	25	1	1	23	24
太谷县	Taigu	45	54				
祁 县	Qixian	483	1100			408	958
平遥县	Pingyao	1259	3335	8	13	251	319
灵石县	Lingshi	247	183	13	8	104	85
介休市	Jiexiu	17	49			9	16
运城市	**Yuncheng**						
盐湖区	Yanhu	328	578			82	153
临猗县	Linyi	1516	4327			803	2735
万荣县	Wanrong	2203	3307			815	1205
闻喜县	Wenxi	1225	1896			1005	1606
稷山县	Jishan	533	1299			359	937
新绛县	Xinjiang	357	922			197	464
绛 县	Jiangxian	249	410			64	107
垣曲县	Yuanqu	333	589			23	55
夏 县	Xiaxian	469	898			105	256
平陆县	Pinglu	1361	1549			186	190
芮城县	Ruicheng	1437	2993			159	390
永济市	Yongji	388	1007			201	297
河津市	Hejin	515	1184			109	235

19-12 续表2 continued

县 市	Region	油料合计 Oil-bearing Crops		胡麻籽 Benne		向日葵 Sunflower	
		播种面积 (公顷) Sown Area (ha)	总产量 (吨) Total Output (ton)	播种面积 (公顷) Sown Area (ha)	总产量 (吨) Total Output (ton)	播种面积 (公顷) Sown Area (ha)	总产量 (吨) Total Output (ton)
忻州市	**Xinzhou**						
忻府区	Xinfu	302	452	3	4	252	354
定襄县	Dingxiang	764	2250			327	1238
五台县	Wutai	326	528	43	43	97	220
代　县	Daixian	595	917	247	307	197	316
繁峙县	Fanshi	1926	1696	760	689	820	775
宁武县	Ningwu	3237	2526	3237	2526		
静乐县	Jingle	4737	5116	3884	3831	380	798
神池县	Shenchi	7165	11925	6391	10775	773	1151
五寨县	Wuzhai	345	377	253	254	92	123
岢岚县	Kelan	4917	8525	4428	7439	489	1086
河曲县	Hequ	3977	5807	40	52	588	661
保德县	Baode	519	677			256	307
偏关县	Pianguan	2963	5365	1667	3295	383	659
原平市	Yuanping	978	1207	653	659	314	539
临汾市	**Linfen**						
尧都区	Yaodu	269	554			167	360
曲沃县	Quwo	1268	3040			1185	2857
翼城县	Yicheng	299	850			281	809
襄汾县	Xiangfen	1186	2978			685	1545
洪洞县	Hongtong	454	1128	8	12	281	816
古　县	Guxian	253	376			227	318
安泽县	Anze	235	593			100	269
浮山县	Fushan	424	1159			327	866
吉　县	Jixian	1308	2120			1048	1737
乡宁县	Xiangning	955	1904			546	964
大宁县	Daning	401	428			149	158
隰　县	Xixian	312	465			223	360
永和县	Yonghe	2822	3691			1231	1756
蒲　县	Puxian	513	503	201	172	214	218
汾西县	Fenxi	575	314	138	37	121	85
侯马市	Houma	463	818			333	620
霍州市	Huozhou	150	210			40	45
吕梁市	**Lvliang**						
离石区	Lishi	1081	711	28	14	230	160
文水县	Wenshui	398	1368	8	12	100	297
交城县	Jiaocheng	102	231	31	36	11	25
兴　县	Xingxian	12051	13654	944	623	3324	3273
临　县	Linxian	12107	9481			2784	1829
柳林县	Liulin	1364	1121	1	2	409	340
石楼县	Shilou	2327	2319	109	100	352	336
岚　县	Lanxian	1421	1343	1047	927	47	69
方山县	Fangshan	952	1191	14	13	169	177
中阳县	Zhongyang	489	346	268	136	77	104
交口县	Jiaokou	1232	731	869	585		104
孝义市	Xiaoyi	420	483	270	283	5	5
汾阳市	Fenyang	506	1814	5	3	46	70

19-13 药材、蔬菜、瓜果生产情况(2012年)

PRODUCTION OF MEDICINAL MATERIALS,VEGETABLES AND MELONS(2012)

县 市	Region	药材类 Medicinal Materials		蔬 菜 Vegetables		瓜果类 Melons	
		播种面积 (公顷) Sown Area (ha)	总产量 (吨) Total Output (ton)	播种面积 (公顷) Sown Area (ha)	总产量 (吨) Total Output (ton)	播种面积 (公顷) Sown Area (ha)	总产量 (吨) Total Output (ton)
太 原 市	**Taiyuan**						
小店区	Xiaodian			5100	282200	380	19050
迎泽区	Yingze			6	313	3	77
杏花岭区	Xinghualing			69	2167	20	189
尖草坪区	Jiancaoping	14	16	1193	76507	141	9724
万柏林区	Wanbailin	2	12	52	1474	6	150
晋源区	Jinyuan			2228	154425	310	21488
清徐县	Qingxu	25	258	9838	640490	899	67327
阳曲县	Yangqu	672	5748	2557	77703	353	11011
娄烦县	Loufan			285	8917	22	940
古交市	Gujiao	303	151	511	43688	60	6039
大 同 市	**Datong**						
南郊区	Nanjiao			2056	139541	215	16024
新荣区	Xinrong			510	19900	105	3165
阳高县	Yanggao	14	21	5561	232708	610	23678
天镇县	Tianzhen	74	156	1054	46538	47	1992
广灵县	Guangling	3	16	2533	52522	16	1212
灵丘县	Lingqiu	47		233	7325	28	1027
浑源县	Hunyuan	1685	4155	1922	95801	56	2599
左云县	Zuoyun			157	6467	15	492
大同县	Datongxian	35	48	4734	139335	241	7850
阳 泉 市	**Yangquan**						
郊 区	Jiaoqu	40	202	712	56645	119	13651
平定县	Pingding			565	17246	82	3234
盂 县	Yuxian	20	365	495	16843	122	4746
长 治 市	**Changzhi**						
城 区	Chengqu			295	28593	37	4016
郊 区	Jiaoqu	28	390	596	46196	134	10579
长治县	Changzhixian	66	79	1838	130018	143	17103
襄垣县	Xiangyuan			2053	145220	830	58720
屯留县	Tunliu	322	4347	1881	95658	234	12811
平顺县	Pingshun	593	851	559	8106	47	895
黎城县	Licheng	175	160	735	7730	116	1268
壶关县	Huguan	203	226	682	51147	64	4206
长子县	Zhangzi	132	1005	6686	378402	1041	62586
武乡县	Wuxiang	158	268	1759	33083	289	5894
沁 县	Qinxian	53	235	815	27138	218	8240
沁源县	Qinyuan	399	1095	751	12398	110	3152
潞城市	Lucheng			1519	74001	69	3560

19-13 续表1 continued

县 市	Region	药材类 Medicinal Materials		蔬 菜 Vegetables		瓜果类 Melons	
		播种面积(公顷) Sown Area (ha)	总产量(吨) Total Output (ton)	播种面积(公顷) Sown Area (ha)	总产量(吨) Total Output (ton)	播种面积(公顷) Sown Area (ha)	总产量(吨) Total Output (ton)
晋城市	**Jincheng**						
城 区	Chengqu	7	350	576	45471	65	4482
沁水县	Qinshui	172	451	1052	48992	93	3328
阳城县	Yangcheng	101	1290	866	55614	75	5646
陵川县	Lingchuan	551	2152	643	30699	103	4550
泽州县	Zezhou	279	1113	1533	74169	167	8152
高平市	Gaoping	32	170	1605	147209	346	30458
朔州市	**Shuozhou**						
朔城区	Shuocheng	291	311	7280	207000	1300	29100
平鲁区	Pinglu			489	9726		
山阴县	Shanyin			1984	84680	1170	52485
应 县	Yingxian	60	86	8472	333524	122	5842
右玉县	Youyu	8	1	115	7324	7	682
怀仁县	Huairen	11	87	3941	201014	461	12020
晋中市	**Jinzhong**						
榆次区	Yuci	4	80	13749	926002	1456	111233
榆社县	Yushe	25	28	614	15867	47	1214
左权县	Zuoquan	16	55	580	19675	52	1625
和顺县	Heshun	145	201	531	29249	56	4730
昔阳县	Xiyang			1114	32945	69	1691
寿阳县	Shouyang	32	48	7469	699724	656	50519
太谷县	Taigu	9	13	5244	362341	706	51208
祁 县	Qixian	88	2	3295	222440	268	34219
平遥县	Pingyao	79	17	4114	149533	487	12189
灵石县	Lingshi	19	28	921	17198	113	1643
介休市	Jiexiu	1	50	449	33779	67	3646
运城市	**Yuncheng**						
盐湖区	Yanhu	35	141	2491	107882	314	19067
临猗县	Linyi	238	5256	1947	92083	245	13502
万荣县	Wanrong	2779	29404	3121	146400	185	8697
闻喜县	Wenxi	2690	20072	7425	230299	1043	35604
稷山县	Jishan	1748	34310	1087	64028	56	3181
新绛县	Xinjiang	1904	7079	11263	653602	1172	65946
绛 县	Jiangxian	1805	16474	883	46760	77	4126
垣曲县	Yuanqu	466	133	1450	44307	70	3716
夏 县	Xiaxian	1839	12651	14028	720092	1500	87920
平陆县	Pinglu	27	66	1625	84204	136	5856
芮城县	Ruicheng	1070	7962	5278	173669	153	8648
永济市	Yongji	121	2896	4241	77258	58	3126
河津市	Hejin	233	6412	2472	86810	46	2503

19-13 续表2 continued

县 市	Region	药材类 Medicinal Materials 播种面积 (公顷) Sown Area (ha)	药材类 Medicinal Materials 总产量 (吨) Total Output (ton)	蔬 菜 Vegetables 播种面积 (公顷) Sown Area (ha)	蔬 菜 Vegetables 总产量 (吨) Total Output (ton)	瓜果类 Melons 播种面积 (公顷) Sown Area (ha)	瓜果类 Melons 总产量 (吨) Total Output (ton)
忻 州 市	**Xinzhou**						
忻府区	Xinfu	12	16	1646	53955	63	2457
定襄县	Dingxiang			1334	39923	50	3061
五台县	Wutai	7	8	379	12804	41	1838
代 县	Daixian	14	38	356	15208	9	275
繁峙县	Fanshi			271	11022	14	412
宁武县	Ningwu			281	8082	4	68
静乐县	Jingle	103	589	746	8774	73	407
神池县	Shenchi			1788	30070	1354	22812
五寨县	Wuzhai	198	393	113	6913	1	64
岢岚县	Kelan			157	4523	30	1614
河曲县	Hequ			533	16367	30	562
保德县	Baode			551	5340	149	1949
偏关县	Pianguan			78	3089	23	1129
原平市	Yuanping	25	75	663	48025	45	2839
临 汾 市	**Linfen**						
尧都区	Yaodu	203	5493	2207	163144	318	21131
曲沃县	Quwo	587	6142	5246	330884	1353	157742
翼城县	Yicheng	131	2769	585	35340	93	6164
襄汾县	Xiangfen	1476	18093	6044	215997	627	44679
洪洞县	Hongtong	555	3713	1941	69767	121	3351
古 县	Guxian	415	3026	307	8252	13	359
安泽县	Anze	477	2856	690	24875	47	1739
浮山县	Fushan	235	7272	1036	37869	137	10666
吉 县	Jixian	68	418	346	10253	42	1132
乡宁县	Xiangning			455	2563	27	236
大宁县	Daning	36	237	333	4715	55	599
隰 县	Xixian	36	91	268	4307	37	663
永和县	Yonghe	531	729	388	10992	39	1234
蒲 县	Puxian	18	334	203	9313	25	2512
汾西县	Fenxi	240	903	413	10112	50	1744
侯马市	Houma	280	2437	845	66914	142	11386
霍州市	Huozhou	13	220	919	66611	47	4398
吕 梁 市	**Lvliang**						
离石区	Lishi			328	3670	72	678
文水县	Wenshui			1375	61225	157	6527
交城县	Jiaocheng			208	14275	19	559
兴 县	Xingxian			125	2156	17	248
临 县	Linxian	20	788	3214	37998	1033	14823
柳林县	Liulin	7	4	985	11901	249	3857
石楼县	Shilou			423	4841	49	574
岚 县	Lanxian			144	3018	3	45
方山县	Fangshan			355	8931	39	668
中阳县	Zhongyang	7	4	271	3437	41	481
交口县	Jiaokou	80	89	437	2348	100	605
孝义市	Xiaoyi	35	333	2156	134115	202	16457
汾阳市	Fenyang	24	104	356	11444	24	990

19-14 畜牧业生产情况(2012年)

县 市	Region	大牲畜年末头数(头) Large Animals at Year-end (head)	#牛 Cattle and Buffaloes	猪年末头数(头) Hogs at Year-end (head)	羊年末只数(只) Sheep and Goats at Year-end (head)	禽年末只数(只) Poultry at Year-end (head)
太原市	**Taiyuan**					
小店区	Xiaodian	8312	8257	21809	15268	680900
迎泽区	Yingze	82	16	4273	6186	21400
杏花岭区	Xinghualing	154	91	18107	8351	81200
尖草坪区	Jiancaoping	3245	3137	32293	19258	185800
万柏林区	Wanbailin	134	134	10011		58900
晋源区	Jinyuan	2816	2776	20337	15375	343500
清徐县	Qingxu	7905	7732	112477	71217	1067800
阳曲县	Yangqu	10008	6367	36040	65774	298500
娄烦县	Loufan	5122	3104	9510	54821	72400
古交市	Gujiao	4268	2843	21149	72046	469300
大同市	**Datong**					
南郊区	Nanjiao	16838	15833	49606	62747	513400
新荣区	Xinrong	14067	10453	12186	69414	112000
阳高县	Yanggao	41110	27325	191252	153549	277900
天镇县	Tianzhen	36142	15251	89545	108631	312800
广灵县	Guangling	31907	12307	51098	265001	358200
灵丘县	Lingqiu	31900	14759	38686	209769	245400
浑源县	Hunyuan	28780	19562	68542	240543	338900
左云县	Zuoyun	31343	14041	12051	102865	128300
大同县	Datongxian	19845	13878	34090	103071	919400
阳泉市	**Yangquan**					
郊 区	Jiaoqu	1001	818	30713	5322	914500
平定县	Pingding	3176	718	75362	10896	706100
盂 县	Yuxian	6310	4388	44938	66759	470600
长治市	**Changzhi**					
城 区	Chengqu	1550	1500	10159	2415	133500
郊 区	Jiaoqu	1831	1677	38536	7296	935100
长治县	Changzhixian	1778	1538	130224	23585	2388800
襄垣县	Xiangyuan	3395	2384	28817	43994	918300
屯留县	Tunliu	8515	7788	65003	70012	864700
平顺县	Pingshun	4470	2146	34458	13597	258700
黎城县	Licheng	5180	3580	54504	51543	418800
壶关县	Huguan	382	300	87294	23933	1036400
长子县	Zhangzi	7254	6703	70319	62531	2538900
武乡县	Wuxiang	10485	7449	20344	86008	181900
沁 县	Qinxian	8437	5959	8716	27192	294000
沁源县	Qinyuan	4880	3793	6157	131801	191800
潞城市	Lucheng	5818	2551	62902	23467	393900

NUMBER OF LIVESTOCK AND LIVESTOCK PRODUCTS(2012)

奶类总产量(吨) Output of Milk (ton)	#牛奶 Cow Milk	肉类总产量(吨) Output of Meat (ton)	#猪肉 Pork	#牛肉 Beef	#羊肉 Mutton	禽蛋产量(吨) Poultry Eggs (ton)
41357	41357	4507	2087	349	119	4965
40	40	425	371		36	204
42	42	1753	1559	6	101	588
4720	4720	4708	4204	27	220	1935
333	333	862	824	2	6	459
14632	14632	2599	1722	43	197	3832
22231	22231	21839	16936	1000	1114	5963
18955	18897	6468	4668	443	705	4607
		2687	1177	227	1075	355
166	166	3921	2278	261	752	2914
62249	62249	9232	6996	610	856	8330
11139	11134	5050	1955	1164	1423	1469
50261	50261	42405	38360	994	2218	2401
14575	14575	17681	13963	1135	1845	3414
12852	12852	10121	6468	501	2198	2343
5790	4990	9067	4141	1417	2027	3429
21871	21871	20034	13102	2139	3847	3906
8023	7958	4245	1531	391	2026	1210
30735	30735	10453	5229	1975	1527	12757
3021	3021	5214	3381	1011	47	8010
1635	1635	7964	6510	539	117	9192
253	253	4403	3517	143	388	7718
2621	2621	1276	989	48	30	1020
4467	4459	5815	4675	67	108	10672
3525	3525	17054	14172	116	362	28978
648	648	5203	3717	175	230	5767
1130	1130	8244	6079	557	639	9739
		3485	2866	158	123	3223
1138	1138	6259	5064	257	414	4692
649	649	8809	7715	35	276	8794
		12407	8316	644	730	41574
370	370	4144	1169	498	560	1180
		1906	609	459	158	1492
416	416	2031	505	372	841	1543
2223	2223	7208	5872	134	394	3441

19-14 续表1

县 市	Region	大牲畜年末头数(头) Large Animals at Year-end (head)	#牛 Cattle and Buffaloes	猪年末头数(头) Hogs at Year-end (head)	羊年末只数(只) Sheep and Goats at Year-end (head)	禽年末只数(只) Poultry at Year-end (head)
晋城市	**Jincheng**					
城　区	Chengqu	1094	1094	12969	9395	147400
沁水县	Qinshui	2803	2458	47074	189396	480500
阳城县	Yangcheng	4052	4041	140590	72550	2257000
陵川县	Lingchuan	1021	947	92815	50227	648800
泽州县	Zezhou	11176	11176	271570	146205	1536600
高平市	Gaoping	1119	1041	356688	34461	1347200
朔州市	**Shuozhou**					
朔城区	Shuocheng	31733	18523	19784	194216	87500
平鲁区	Pinglu	15999	4206	23481	94147	21600
山阴县	Shanyin	86922	80514	64367	149200	435900
应　县	Yingxian	36353	27473	60181	259472	129400
右玉县	Youyu	24924	19283	20680	332595	56100
怀仁县	Huairen	18062	14708	46490	601851	361100
晋中市	**Jinzhong**					
榆次区	Yuci	10906	9574	102300	120840	1388300
榆社县	Yushe	5020	3875	11488	93756	514600
左权县	Zuoquan	3477	2654	12963	59944	307000
和顺县	Heshun	22018	20828	9728	2557	440300
昔阳县	Xiyang	6755	3495	69370	54542	187700
寿阳县	Shouyang	3180	2209	47349	80202	526200
太谷县	Taigu	6406	5662	353374	89427	3200000
祁　县	Qixian	34590	34098	78647	96267	1783900
平遥县	Pingyao	12160	11321	122827	156943	3764100
灵石县	Lingshi	727	316	80969	38542	1048100
介休市	Jiexiu	4532	3904	95167	61236	1106300
运城市	**Yuncheng**					
盐湖区	Yanhu	1557	1550	54776	65603	978200
临猗县	Linyi	1371	1334	118380	66698	994900
万荣县	Wanrong	2049	1770	99005	66200	2343100
闻喜县	Wenxi	3387	3299	62261	58869	2147200
稷山县	Jishan	1852	1638	67349	37467	5271800
新绛县	Xinjiang	7664	7513	114799	38909	3135900
绛　县	Jiangxian	4812	4789	46449	70249	542000
垣曲县	Yuanqu	7593	7593	88287	123163	254200
夏　县	Xiaxian	3474	3413	52948	25066	1358800
平陆县	Pinglu	6197	6164	97950	53024	308100
芮城县	Ruicheng	3853	3806	129674	56554	894100
永济市	Yongji	3846	3846	68982	23937	2822900
河津市	Hejin	1844	1676	64128	47650	1151100

continued

奶类总产量 (吨) Output of Milk (ton)	#牛奶 Cow Milk	肉类总产量 (吨) Output of Meat (ton)	#猪肉 Pork	#牛肉 Beef	#羊肉 Mutton	禽蛋产量 (吨) Poultry Eggs (ton)
216	216	1554	1091	130	112	1905
969	969	7406	4699	404	1755	4338
		18068	14808	332	786	22801
84	84	8795	7434	157	532	5877
		40781	36816	735	1319	20503
463	463	55101	53799	192	212	13453
85263	85263	3602	1392	187	1704	1060
3641	3641	4380	2203	281	1714	158
240480	240434	12653	7618	3503	885	6913
79656	79656	10960	3838	2220	4563	1364
15057	15057	10093	1515	1663	6697	485
36983	36983	13870	5907	770	6704	6267
39235	39235	19583	13756	652	2170	19026
		3448	1050	636	1106	2993
		3560	1726	478	600	3770
		3344	611	2186	82	4333
4660	4660	8821	7344	475	635	2558
1280	1280	6489	4417	199	1343	6495
4037	4037	52517	40632	545	1724	25224
33899	33554	20913	9406	5513	1810	21503
21856	21426	23254	12651	1620	1812	45644
336	336	12003	9285	158	712	4155
6547	6525	16862	12282	495	864	6219
3516	3516	6709	3195	156	720	3311
3418	3323	11948	9336	31	726	6282
748	748	12827	9946	110	334	27657
744	386	15464	7486	338	984	2791
439	419	12508	6977	133	242	66145
7257	7256	15214	11610	755	347	41222
69	69	9022	5683	791	596	4130
		7224	5194	154	1156	1834
526	526	7450	5392	239	298	17389
8248	8248	9962	8348	343	754	2198
4594	4594	18455	15670	207	276	4867
15625	15625	15767	9423	189	335	8800
3484	3479	7451	6308	190	257	12145

19-14 续表2

县 市	Region	大牲畜年末头数(头) Large Animals at Year-end (head)	#牛 Cattle and Buffaloes	猪年末头数(头) Hogs at Year-end (head)	羊年末只数(只) Sheep and Goats at Year-end (head)	禽年末只数(只) Poultry at Year-end (head)
忻州市	**Xinzhou**					
忻府区	Xinfu	15455	13262	44884	120594	514800
定襄县	Dingxiang	5600	3821	58800	72758	86200
五台县	Wutai	27734	23586	32904	137857	284400
代　县	Daixian	11547	8703	12312	141727	77600
繁峙县	Fanshi	20141	10729	75259	240643	229500
宁武县	Ningwu	16661	7722	11185	116293	118400
静乐县	Jingle	15758	5504	15096	150958	109000
神池县	Shenchi	13034	4655	11425	280986	73900
五寨县	Wuzhai	6425	446	5164	149525	75500
岢岚县	Kelan	13093	8921	11119	225729	116800
河曲县	Hequ	7818	2845	12414	89526	418700
保德县	Baode	1621	1213	30130	86021	235400
偏关县	Pianguan	7451	916	25378	203439	180100
原平市	Yuanping	12946	5818	137360	217248	2338600
临汾市	**Linfen**					
尧都区	Yaodu	4040	3308	111746	62403	1829800
曲沃县	Quwo	4030	3697	67368	56809	1514200
翼城县	Yicheng	9642	9135	118045	90751	1067200
襄汾县	Xiangfen	3796	3270	144768	64497	1462200
洪洞县	Hongtong	6788	5804	153060	113947	1882600
古　县	Guxian	5732	5027	13163	20151	163000
安泽县	Anze	4817	4585	7297	52749	311100
浮山县	Fushan	6773	5641	19582	52686	229700
吉　县	Jixian	6306	4023	15577	5524	127000
乡宁县	Xiangning	9913	9341	37232	60740	282500
大宁县	Daning	3536	1936	2497	7940	52700
隰　县	Xixian	2480	1994	19080	23440	228400
永和县	Yonghe	14117	9935	29989	78444	177400
蒲　县	Puxian	4444	4272	22030	3464	67200
汾西县	Fenxi	4544	4544	18758	56362	1462000
侯马市	Houma	1326	1256	21148	20642	235900
霍州市	Huozhou	3708	2986	37012	35357	393600
吕梁市	**Lvliang**					
离石区	Lishi	6307	6177	25990	30737	322000
文水县	Wenshui	55315	55150	48024	61952	3458600
交城县	Jiaocheng	18462	17495	24578	61131	554900
兴　县	Xingxian	9136	8346	21389	114114	250900
临　县	Linxian	3875	3620	66017	121783	1114600
柳林县	Liulin	1529	1230	27284	19121	239000
石楼县	Shilou	7168	6191	24640	3108	298600
岚　县	Lanxian	14126	5485	8301	71075	87900
方山县	Fangshan	8713	8140	7916	8840	325400
中阳县	Zhongyang	5125	5011	20496	7073	180000
交口县	Jiaokou	5580	5543	20278	42477	205500
孝义市	Xiaoyi	7595	5969	108818	109593	4450100
汾阳市	Fenyang	11381	10756	106289	58482	2931000

continued

奶类总产量（吨）Output of Milk (ton)	#牛奶 Cow Milk	肉类总产量（吨）Output of Meat (ton)	#猪肉 Pork	#牛肉 Beef	#羊肉 Mutton	禽蛋产量（吨）Poultry Eggs (ton)
32520	32520	6689	4427	877	913	7743
3514	3514	4268	3504	223	471	582
581	581	8618	3870	2319	2161	3617
459	459	3475	1558	585	1226	820
6137	6137	13549	9901	523	2845	4173
74	74	3622	1010	405	1788	418
74	74	3277	1144	373	1235	1040
		6398	2175	498	3429	401
		1603	391	15	1055	926
		4984	795	533	3510	792
3464	3464	2028	866	144	806	4487
509	509	4627	2775	92	1599	2563
7	7	12605	7326	118	4808	914
3258	3258	24279	18246	458	2934	22259
3452	3392	7930	5956	161	437	19811
6727	6518	10269	6327	368	457	15260
12620	12620	20781	19090	506	470	12289
654	644	14621	12170	190	519	13531
13389	7239	22000	18018	748	1102	23348
213		1609	1018	269	132	1778
		1439	483	306	190	2651
2708	2481	2888	1702	399	385	2824
		2415	1600	413	83	1709
1094	1094	5217	3373	718	493	2395
		631	160	131	233	696
351	337	2266	1569	197	232	2004
88	88	2191	1329	172	537	1465
		2528	1684	595	47	714
86	6	6877	2099	484	460	1938
1563	1563	3236	2310	142	131	1207
941	329	8910	7526	132	454	4304
1196	1196	2823	1993	459	170	3992
1273	1188	20912	5304	9792	816	20503
210	210	7547	2895	2617	496	5614
685	685	4617	2858	531	1039	1855
2961	2961	8946	7878	71	632	10171
1225	1225	3257	2571	111	304	2329
		3534	3082	248	34	2494
80	80	2105	1224	124	518	967
3		1636	776	385	91	4033
		2699	1591	557	39	1883
		2500	1870	196	312	1810
8421	8176	29292	11963	648	1169	16735
8269	8255	20684	12487	1218	602	20314

19-15 水果、林业及渔业生产情况(2012年)
PRODUCTION OF FRUITS, FORESTRY AND FISHERY(2012)

县 市	Region	全年水果产量(吨) Annual Output of Fruits (ton)	#苹 果 Apples	年末果园面积(公顷) Area of Orchards at Year-end (ha)	当年造林面积(公顷) Afforestation Area in the Year (ha)	全年水产品总产量(吨) Annual Aquatic Products(ton)	年末养殖面积(公顷) Fishery-breeding Area at Year-end (ha)
太 原 市	**Taiyuan**						
小店区	Xiaodian	1397	369	506	140	120	22
迎泽区	Yingze	205	27	77	1000	44	167
杏花岭区	Xinghualing	1195	689	692	1640		
尖草坪区	Jiancaoping	18174	3017	1489	873	266	220
万柏林区	Wanbailin	528	10	62	3000	17	11
晋源区	Jinyuan	2451	1185	505	880	1474	603
清徐县	Qingxu	41870	1943	2839	1567	1444	397
阳曲县	Yangqu	3515	1930	3311	3507	34	37
娄烦县	Loufan	688	207	297	4973	299	37
古交市	Gujiao	691	333	699	5834	70	15
大 同 市	**Datong**						
南郊区	Nanjiao	4766	14	421	2757	55	13
新荣区	Xinrong	141	19	606	2161	45	10
阳高县	Yanggao	6683	151	2839	3500	170	64
天镇县	Tianzhen	953	496	1080	3400	23	2
广灵县	Guangling	738	22	145	5637	128	84
灵丘县	Lingqiu	2674	1467	485	3391	130	40
浑源县	Hunyuan	4684	620	1888	6849	40	8
左云县	Zuoyun	1003	591	22	2553		
大同县	Datongxian	2110	222	631	4133	429	913
阳 泉 市	**Yangquan**						
郊 区	Jiaoqu	5103	4108	1174	2200	6	1
平定县	Pingding	4418	3831	402	2433	475	8
盂 县	Yuxian	3556	2689	289	3367	200	35
长 治 市	**Changzhi**						
城 区	Chengqu	1295	1121	122			
郊 区	Jiaoqu	1855	1461	301	66	160	5
长治县	Changzhixian	419	284	123	332	82	12
襄垣县	Xiangyuan	1817	964	210	1059	220	685
屯留县	Tunliu	1477	779	122	2133	400	277
平顺县	Pingshun	4842	2974	190	2487	60	5
黎城县	Licheng	3970	3078	392	1682	55	10
壶关县	Huguan	3002	1424	996	1896	33	1
长子县	Zhangzi	5979	3092	603	1741	548	355
武乡县	Wuxiang	2901	1199	1211	3259	433	560
沁 县	Qinxian	1339	363	165	2751	654	480
沁源县	Qinyuan	315	117	77	4587	25	5
潞城市	Lucheng	2601	1714	439	1397	150	24

19-15 续表1 continued

县 市	Region	全年水果产量(吨) Annual Output of Fruits (ton)	#苹 果 Apples	年末果园面积(公顷) Area of Orchards at Year-end (ha)	当年造林面积(公顷) Afforestation Area in the Year (ha)	全年水产品总产量(吨) Annual Aquatic Products(ton)	年末养殖面积(公顷) Fishery-breeding Area at Year-end (ha)
晋城市	**Jincheng**						
城 区	Chengqu	1434	70	112	480	92	6
沁水县	Qinshui	6132	4251	512	2413	516	44
阳城县	Yangcheng	5118	665	425	2181	208	63
陵川县	Lingchuan	3967	3381	327	1833	120	28
泽州县	Zezhou	19659	4452	708	1509	600	352
高平市	Gaoping	32995	18572	2269	1557	103	56
朔州市	**Shuozhou**						
朔城区	Shuocheng	338	279	81	2386	400	48
平鲁区	Pinglu				3546	30	23
山阴县	Shanyin	955	54	147	1858	30	22
应 县	Yingxian	2542	1623	429	1921	160	25
右玉县	Youyu				2934	40	24
怀仁县	Huairen	3336	362	1447	2267	40	20
晋中市	**Jinzhong**						
榆次区	Yuci	68799	51772	7099	2217	443	32
榆社县	Yushe	5129	3293	389	3525	646	471
左权县	Zuoquan	798	167	45	3604	225	129
和顺县	Heshun	46	8	2	3726	59	14
昔阳县	Xiyang	10092	8267	1498	1818	135	36
寿阳县	Shouyang	3464	1858	806	1300	139	33
太谷县	Taigu	57638	18002	4247	2260	215	280
祁 县	Qixian	125304	43970	9838	2732	320	168
平遥县	Pingyao	116947	39553	6041	1467	315	142
灵石县	Lingshi	3024	2179	709	2277	49	3
介休市	Jiexiu	3255	1741	343	953	91	4
运城市	**Yuncheng**						
盐湖区	Yanhu	321205	102722	11407	2567	630	1289
临猗县	Linyi	1808172	1413498	52420	1260	29	15
万荣县	Wanrong	571298	476010	21736	1443	1104	140
闻喜县	Wenxi	14465	5897	1209	2680	50	3
稷山县	Jishan	101331	30782	11010	1350	36	4
新绛县	Xinjiang	84470	16650	2443	1420	116	23
绛 县	Jiangxian	92643	23299	3384	2518	56	20
垣曲县	Yuanqu	17239	7575	505	2471	1391	46
夏 县	Xiaxian	214267	52735	6534	2555	100	8
平陆县	Pinglu	325670	244949	9028	1426	35	24
芮城县	Ruicheng	590377	551066	17036	1445	1079	256
永济市	Yongji	304482	109343	9852	2260	12092	541
河津市	Hejin	45316	10409	1650	833	130	10

19-15 续表2 continued

县 市	Region	全年水果产量 (吨) Annual Output of Fruits (ton)	#苹 果 Apples	年末果园面积 (公顷) Area of Orchards at Year-end (ha)	当年造林面积 (公顷) Afforestation Area in the Year (ha)	全年水产品总产量 (吨) Annual Aquatic Products(ton)	年末养殖面积 (公顷) Fishery-breeding Area at Year-end (ha)
忻 州 市	**Xinzhou**						
忻府区	Xinfu	16330	7317	2109	2440	302	106
定襄县	Dingxiang	10840	3721	316	1547	280	60
五台县	Wutai	3917	1800	435	4787	463	128
代 县	Daixian	10907	2965	1681	4063	220	56
繁峙县	Fanshi	1824	653	194	4225	200	272
宁武县	Ningwu				3807	42	157
静乐县	Jingle	362	132	355	4033	110	50
神池县	Shenchi				2681	20	5
五寨县	Wuzhai				4372	80	60
岢岚县	Kelan	794	432	143	5128		27
河曲县	Hequ	2513	248	2175	3313	84	28
保德县	Baode	26351	437	5835	3536	80	8
偏关县	Pianguan	4713	2316	797	3206	30	
原平市	Yuanping	60891	10464	4592	4314	370	208
临 汾 市	**Linfen**						
尧都区	Yaodu	57518	36323	3059	966	1375	203
曲沃县	Quwo	46967	30543	2117	433	1565	305
翼城县	Yicheng	71239	64833	4620	1982	450	85
襄汾县	Xiangfen	83449	64685	2785	2069	668	123
洪洞县	Hongtong	11145	4942	983	1130	972	82
古 县	Guxian	1424	874	280	1540	1	0
安泽县	Anze	1945	980	187	1462	1	1
浮山县	Fushan	11931	9227	578	2501	5	6
吉 县	Jixian	126934	125904	9731	4539	1	2
乡宁县	Xiangning	11317	8110	1341	4184	9	16
大宁县	Daning	4457	2861	3106	3074	1	3
隰 县	Xixian	48317	29432	7658	4142	8	5
永和县	Yonghe	13406	2024	10078	3668	1	4
蒲 县	Puxian	1880	1451	509	4509	9	6
汾西县	Fenxi	3730	2576	631	2839		
侯马市	Houma	8959	4245	483	120	550	85
霍州市	Huozhou	14122	13442	895	994	45	4
吕 梁 市	**Lvliang**						
离石区	Lishi	1794	943	357	4176	49	50
文水县	Wenshui	133061	2305	4814	2734	705	316
交城县	Jiaocheng	10628	1396	596	4130	68	96
兴 县	Xingxian	19492	1993	9791	5091	40	14
临 县	Linxian	111574	6903	29518	5096	134	95
柳林县	Liulin	6135	2512	5870	3220	50	12
石楼县	Shilou	9709	1922	10495	4296	44	20
岚 县	Lanxian	56	29	22	4189	77	63
方山县	Fangshan	2842	2077	255	4798	135	453
中阳县	Zhongyang	1034	781	337	3392	68	40
交口县	Jiaokou	212	181	56	2952	5	1
孝义市	Xiaoyi	4205	1885	1007	3140	72	44
汾阳市	Fenyang	8289	4617	487	1944	53	24

19-16 城乡居民收入(2012年)

INCOME OF URBAN AND RURAL HOUSEHOLDS(2012)

单位：元 (yuan)

县 市	Region	城镇居民人均可支配收入 Per Capita Disposable Income of Urban Households	农民人均纯收入 Per Capita Net Income of Rual Households
太 原 市	**Taiyuan**		
小店区	Xiaodian	22587	13665
迎泽区	Yingze	22587	13427
杏花岭区	Xinghualing	22587	11822
尖草坪区	Jiancaoping	22587	9612
万柏林区	Wanbailin	22587	14164
晋源区	Jinyuan	22587	9364
清徐县	Qingxu	21671	11633
阳曲县	Yangqu	16107	5177
娄烦县	Loufan	14193	4073
古交市	Gujiao	20919	9910
大 同 市	**Datong**		
城 区	Chengqu	21482	
矿 区	Kuangqu	21482	
南郊区	Nanjiao	21482	9329
新荣区	Xinrong	16333	5664
阳高县	Yanggao	14419	4589
天镇县	Tianzhen	14788	4209
广灵县	Guangling	14761	4417
灵丘县	Lingqiu	18122	4597
浑源县	Hunyuan	15038	4547
左云县	Zuoyun	17838	7432
大同县	Datongxian	13555	5657
阳 泉 市	**Yangquan**		
城 区	Chengqu	21892	
矿 区	Kuangqu	21892	
郊 区	Jiaoqu	17552	9203
平定县	Pingding	19418	8213
盂 县	Yuxian	21081	8734
长 治 市	**Changzhi**		
城 区	Chengqu	22549	9373
郊 区	Jiaoqu	26096	11076
长治县	Changzhixian	21391	10557
襄垣县	Xiangyuan	23250	9414
屯留县	Tunliu	18098	9581
平顺县	Pingshun	15483	3677
黎城县	Licheng	12725	5467
壶关县	Huguan	15200	3529
长子县	Zhangzi	19029	8707
武乡县	Wuxiang	15726	3947
沁 县	Qinxian	12858	3838
沁源县	Qinyuan	22570	8648
潞城市	Lucheng	18953	8533

注：按照不重复抽样的原则，省辖市所属区城镇居民人均可支配收入使用市平均数(原开展抽样调查的区除外)。

Note: According to non-repeated sampling principle, per capita disposable income of urban households of district, which belongs to city at prefecture, uses average data of the city(except districts conducted sample surveys fomerly).

19-16 续表1 continued

单位：元 (yuan)

县 市	Region	城镇居民人均可支配收入 Per Capita Disposable Income of Urban Households	农民人均纯收入 Per Capita Net Income of Rual Households
晋城市	**Jincheng**		
城　区	Chengqu	22565	9052
沁水县	Qinshui	18371	7051
阳城县	Yangcheng	19244	8048
陵川县	Lingchuan	12978	5421
泽州县	Zezhou	21691	9044
高平市	Gaoping	21324	8647
朔州市	**Shuozhou**		
朔城区	Shuocheng	22712	9198
平鲁区	Pinglu	16833	6206
山阴县	Shanyin	22811	10110
应　县	Yingxian	16418	6550
右玉县	Youyu	15684	4600
怀仁县	Huairen	23107	9834
晋中市	**Jinzhong**		
榆次区	Yuci	22568	10630
榆社县	Yushe	15360	3346
左权县	Zuoquan	17638	3236
和顺县	Heshun	16010	3830
昔阳县	Xiyang	16924	5367
寿阳县	Shouyang	23245	8287
太谷县	Taigu	20038	10952
祁　县	Qixian	21370	10129
平遥县	Pingyao	20105	7736
灵石县	Lingshi	25175	10515
介休市	Jiexiu	23060	8704
运城市	**Yuncheng**		
盐湖区	Yanhu	19661	7405
临猗县	Linyi	18288	7785
万荣县	Wanrong	16328	5597
闻喜县	Wenxi	18390	5934
稷山县	Jishan	17125	6709
新绛县	Xinjiang	17946	6991
绛　县	Jiangxian	16737	5886
垣曲县	Yuanqu	16951	4220
夏　县	Xiaxian	16863	4692
平陆县	Pinglu	15172	4237
芮城县	Ruicheng	18840	6809
永济市	Yongji	19175	8082
河津市	Hejin	19176	8625
忻州市	**Xinzhou**		
忻府区	Xinfu	19493	6130
定襄县	Dingxiang	19854	8017
五台县	Wutai	17216	4024
代　县	Daixian	17374	3620

19-16 续表2 continued

单位：元 (yuan)

县 市	Region	城镇居民人均可支配收入 Per Capita Disposable Income of Urban Households	农民人均纯收入 Per Capita Net Income of Rual Households
繁峙县	Fanshi	19039	4712
宁武县	Ningwu	15881	3328
静乐县	Jingle	14831	3988
神池县	Shenchi	15245	4741
五寨县	Wuzhai	15934	4500
岢岚县	Kelan	17239	3973
河曲县	Hequ	17773	3985
保德县	Baode	19309	4532
偏关县	Pianguan	14573	4188
原平市	Yuanping	19895	6416
临汾市	**Linfen**		
尧都区	Yaodu	21614	8912
曲沃县	Quwo	20103	8909
翼城县	Yicheng	19773	7141
襄汾县	Xiangfen	19984	8176
洪洞县	Hongtong	18319	7359
古 县	Guxian	20537	6381
安泽县	Anze	18348	5735
浮山县	Fushan	19366	5577
吉 县	Jixian	13340	3138
乡宁县	Xiangning	19271	6043
大宁县	Daning	13095	2012
隰 县	Xixian	15384	3466
永和县	Yonghe	14190	2206
蒲 县	Puxian	18314	5575
汾西县	Fenxi	16901	2357
侯马市	Houma	19050	9319
霍州市	Huozhou	19923	8770
吕梁市	**Lvliang**		
离石区	Lishi	20006	3833
文水县	Wenshui	14570	6319
交城县	Jiaocheng	14870	6071
兴 县	Xingxian	14540	2831
临 县	Linxian	11862	3065
柳林县	Liulin	21226	7404
石楼县	Shilou	10001	2097
岚 县	Lanxian	13638	3296
方山县	Fangshan	14596	2953
中阳县	Zhongyang	15000	4291
交口县	Jiaokou	13650	4775
孝义市	Xiaoyi	23151	10797
汾阳市	Fenyang	15845	8775

19-17 工业主要指标(2012年)

单位：万元

县 市	Region	规模以上企业单位数(个) Number of Enterprises above Designated(unit)	工业销售产值 Industrial Sales Output Value	资产总计 Total Assets
太原市	**Taiyuan**			
小店区	Xiaodian	139	5943597	6522232
迎泽区	Yingze	15	580285	828129
杏花岭区	Xinhualing	44	790828	1337155
尖草坪区	Jiancaoping	55	8287793	12627569
万柏林区	Wanbailin	36	6031558	10757607
晋源区	Jingyuan	19	654248	1357818
清徐县	Qingxu	79	2072467	2903483
阳曲县	Yangqu	23	682557	673312
娄烦县	Loufan	16	232549	300634
古交市	Gujiao	32	341245	809406
大同市	**Datong**			
市 直	Jurisdiction Area	2	4714890	9495179
城 区	Chengqu	21	1050317	1430031
矿 区	Kuangqu	7	18885	47024
南郊区	Nanjiao	34	1644839	2287992
新荣区	Xinrong	15	185840	263597
阳高县	Yanggao	6	135923	318787
天镇县	Tianzhen	8	65959	143835
广灵县	Guangling	11	67033	239742
灵丘县	Lingqiu	26	300950	725007
浑源县	Hunyuan	9	237877	202162
左云县	Zuoyun	4	121621	248668
大同县	Datongxian	14	99276	107259
开发区	Development Zone	12	354404	913792
阳泉市	**Yangquan**			
城 区	Chengqu	9	316786	560336
矿 区	Kuangqu	3	3520433	7060271
郊 区	Jiaoqu	43	596244	1017828
平定县	Pingding	54	836770	1385463
盂 县	Yuxian	39	1736222	1932880
开发区	Development Zone	12	139800	203850
长治市	**Changzhi**			
城 区	Chengqu	31	768883	1090210
郊 区	Jiaoqu	46	4717257	4619193
长治县	Changzhixian	49	1775773	3359530
襄垣县	Xiangyuan	48	3406662	6409531
屯留县	Tunliu	27	1796446	2431995
平顺县	Pingshun	14	234885	149516
黎城县	Licheng	15	745885	331381
壶关县	Huguan	17	877890	812433
长子县	Zhangzi	22	1138624	2327390
武乡县	Wuxiang	18	744113	1288081
沁 县	Qinxian	3	54266	112825
沁源县	Qinyuan	15	1277255	3010541
潞城市	Lucheng	49	2011015	2915121

MAJOR INDUSTRIAL INDICATORS(2012)

(10 000 yuan)

主营业务收入 Revenue of Major Business	利税总额 Total Pre-tax Profits	利润总额 Total Profits	全部从业人员年平均人数(人) Average Annual Employees (person)
6024242	1195504	1064378	100009
591710	237454	32605	7110
799852	41133	7559	19388
14099575	353519	138893	50881
8216320	278990	-91403	132637
912352	-2586	-20353	12556
1953962	-58491	-84838	18382
631187	21832	4852	5348
164722	19543	2748	2418
349694	-3291	-21817	6292
11876462	590987	61415	141306
1124660	87785	30107	20913
18554	1308	-552	733
1734027	252497	133866	13644
180741	48520	30559	3340
135901	9831	5732	1870
61908	8114	5211	1015
68267	-4069	-7003	2136
287443	18337	-4156	7279
181318	23549	5583	2927
69770	7969	-3136	3614
92916	6515	3586	2948
342434	37137	27982	7647
322165	69000	35593	11988
4757851	509840	206336	95186
580833	38366	-14138	18888
810391	-1742	-23428	14099
1556201	207447	77532	29620
138017	2456	-3793	1910
684134	60075	30604	23424
3990044	451081	312455	36203
1782481	628071	420051	25039
3391725	649518	412618	59238
1766017	86767	15478	17694
234705	22962	11502	1693
737228	11383	962	6816
876610	53152	22105	10729
1059676	295642	159874	17384
692638	98453	44388	7259
53755	2277	1458	704
1178756	171987	94026	17161
2090880	59262	27041	22406

19-17 续表1

单位：万元

县 市	Region	规模以上企业单位数(个) Number of Enterprises above Designated(unit)	工业销售产值 Industrial Sales Output Value	资产总计 Total Assets
晋城市	**Jincheng**			
市 直	Jurisdiction Area	5	2592203	10184774
城 区	Chengqu	24	377261	866529
沁水县	Qinshui	29	849383	3802596
阳城县	Yangcheng	45	1578716	2903406
陵川县	Lingchuan	15	138959	300328
泽州县	Zezhou	59	2523128	3347923
高平市	Gaoping	49	2100630	3194546
开发区	Development Zone	15	947334	1385707
朔州市	**Shuozhou**			
朔城区	Shuochengqu	41	2176345	2480287
平鲁区	Pinglu	29	5359510	7976359
山阴县	Shanyin	53	1655239	4142049
应 县	Yingxian	37	546550	321664
右玉县	Youyu	16	502065	1238395
怀仁县	Huairen	72	2377458	1719846
开发区	Development Zone	13	373891	1064763
晋中市	**Jinzhong**			
榆次区	Yuci	120	1968932	2609951
榆社县	Yushe	6	386697	435783
左权县	Zuoquan	21	392307	1648763
和顺县	Heshun	15	370153	994088
昔阳县	Xiyang	12	532408	1581422
寿阳县	Shouyang	34	1100694	1763460
太谷县	Taigu	50	454014	454277
祁 县	Qixian	28	433344	312925
平遥县	Pingyao	37	1005084	1443650
灵石县	Lingshi	119	2605788	4441181
介休市	Jiexiu	70	3637988	5640767
运城市	**Yuncheng**			
盐湖区	Yanhu	72	1749974	2975465
临猗县	Linyi	43	648901	849981
万荣县	Wanrong	22	303707	308008
闻喜县	Wenxi	31	1710238	2331388
稷山县	Jishan	24	640687	471592
新绛县	Xinjiang	31	1235292	907599
绛 县	Jiangxian	35	759145	953658
垣曲县	Yuanqu	11	245892	1043120
夏 县	Xiaxian	24	135178	165827
平陆县	Pinglu	17	251520	321568
芮城县	Ruicheng	23	395807	832430
永济市	Yongji	53	2081960	1879210
河津市	Hejin	76	3362732	4308443

continued

(10 000 yuan)

主营业务收入 Revenue of Major Business	利税总额 Total Pre-tax Profits	利润总额 Total Profits	全部从业人员年平均人数(人) Average Annual Employees (person)
4651982	1103255	731739	50254
366764	21318	236	9200
866779	284177	205104	16161
1605000	496694	348231	21809
133004	33400	21983	3624
2642554	326127	182020	36698
2099878	405365	229626	36386
954995	83073	76209	35293
1623637	257110	142624	13910
4798741	1682501	1105063	22088
1608358	407675	239113	13198
556477	34351	18098	8304
389808	44907	3924	6268
2338574	556162	263748	24034
330373	34101	-861	4012
1842022	82360	12483	30527
387271	1502	-13021	4681
394794	26290	5464	9795
369759	51587	-4874	10194
520389	108263	40265	13129
1067982	214672	90906	25203
436275	42812	19265	12144
438662	62586	42991	12039
924108	52399	7276	16418
2869969	183406	28359	26041
4222183	540114	337060	42807
2196057	67362	36963	33254
654029	69036	59336	11210
291152	33279	21401	3314
1803923	161841	90467	26469
659658	24944	8393	8363
1194525	172387	144990	11425
749574	77115	68071	11994
271846	26914	14410	15486
164487	6858	2308	4065
204869	14222	6964	3179
434122	21048	-5120	5903
2128578	133625	95540	20249
3318386	-21076	-125056	45947

19-17 续表2

单位：万元

县 市	Region	规模以上企业单位数(个) Number of Enterprises above Designated(unit)	工业销售产 值 Industrial Sales Output Value	资产总计 Total Assets
忻州市	**Xinzhou**			
忻府区	Xinfu	30	767654	949704
定襄县	Dingxiang	43	429086	397698
五台县	Wutai	13	174918	720472
代 县	Daixian	79	494031	525453
繁峙县	Fanshi	51	857951	854695
宁武县	Ningwu	15	506083	1457290
静乐县	Jingle	7	132842	580534
神池县	Shenchi	3	28564	222722
五寨县	Wuzhai	8	65864	27371
岢岚县	Kelan	13	103988	103754
河曲县	Hequ	12	611919	1087054
保德县	Baode	16	846259	1530987
偏关县	Pianguan	7	3059669	782350
原平市	Yuanping	33	1326628	2985321
临汾市	**Linfen**			
尧都区	Yaodu	52	2175516	2533008
曲沃县	Quwo	26	2226505	2220914
翼城县	Yicheng	28	1878667	781542
襄汾县	Xiangfen	36	2346971	1621773
洪洞县	Hongtong	56	3187921	3088455
古 县	Guxian	33	1008683	1196914
安泽县	Anze	10	768295	1047354
浮山县	Fushan	27	531417	228136
吉 县	Jixian	3	76007	130666
乡宁县	Xiangning	26	912933	1434422
大宁县	Daning	1	2585	8333
隰 县	Xixian			
永和县	Yonghe			
蒲 县	Puxian	19	498800	1466739
汾西县	Fenxi	9	159018	117314
侯马市	Houma	27	1237409	1142074
霍州市	Huozhu	21	1558752	3499512
吕梁市	**Lvliang**			
离石区	Lishi	21	912294	3278494
文水县	Wenshui	30	1190556	1133634
交城县	Jiaocheng	89	1653710	2773870
兴 县	Xingxian	12	1176203	1830071
临 县	Linxian	12	308629	1102577
柳林县	Liulin	46	3706128	10445282
石楼县	Shilou	3	28399	82302
岚 县	Lanxian	14	144763	461900
方山县	Fangshan	11	451184	666121
中阳县	Zhongyang	39	1221626	2942144
交口县	Jiaokou	39	1140819	1858027
孝义市	Xiaoyi	217	4798402	7262175
汾阳市	Fenyang	49	1401786	2103195

continued

(10 000 yuan)

主营业务收入 Revenue of Major Business	利税总额 Total Pre-tax Profits	利润总额 Total Profits	全部从业人员年平均人数(人) Average Annual Employees (person)
744565	87679	69950	8764
358126	23283	10652	6193
160489	32833	16380	2856
465407	68920	29380	12054
967005	141793	74562	9691
506626	153270	95938	8865
123809	11109	-1013	4950
28564	6015	6003	133
65556	1121	483	830
98227	13496	6622	1221
579441	170649	94821	5461
737215	250875	167384	7070
181735	66884	41365	2143
1271986	166588	74487	19460
2523193	72239	-50198	25360
2235651	64593	4621	16941
1938172	104315	52683	12362
2257677	70300	4999	16520
4059393	273817	45938	27103
1049250	59158	14662	10407
744445	130829	74738	6792
481785	101001	80903	3721
76569	42751	25912	1676
938416	239324	155646	13904
2519	-787	-988	148
477850	84823	49881	5016
159251	-6395	-7904	1329
1165005	24664	12279	12383
1481954	8832	-89417	31907
810105	37321	-26547	15325
1223078	124311	94679	15572
1523193	-39429	-85158	23304
957080	291946	163276	6586
306667	61927	19941	7151
3907436	903243	538306	48392
28727	1415	154	574
144999	15575	4822	3602
496508	64140	23462	5847
1153331	140645	79149	17179
1134224	225623	98450	8902
4636153	466842	147762	55494
1834237	367486	128936	19418

19-18 社会消费品零售总额(2012年)
TOTAL RETAIL SALES OF CONSUMER GOODS(2012)

单位：万元 (10 000 yuan)

县 市	Region	社会消费品零售总额 Total Retail Sales of Consumer Goods	城 镇 Town	乡 村 Village
太原市	**Taiyuan**			
小店区	Xiaodian	3442628	3428559	14069
迎泽区	Yingze	2625676	2625676	
杏花岭区	Xinghualing	1201320	1201117	203
尖草坪区	Jiancaoping	574685	574685	
万柏林区	Wanbailin	1666802	1666802	
晋源区	Jinyuan	209951	203135	6816
清徐县	Qingxu	332742	170263	162479
阳曲县	Yangquan	74361	53436	20925
娄烦县	Loufan	28926	21084	7842
古交市	Gujiao	332603	332603	
高新区	New and High-Tech District	446083	446083	
经济区	Economic District	160362	160362	
民营区	Civil-runned District	198970	198970	
大同市	**Datong**			
城　区	Chengqu	1645720	1645720	
矿　区	Kuangqu	639808	639808	
南郊区	Nanjiao	730620	535983	194637
新荣区	Xinrong	68854	34895	33959
阳高县	Yanggao	76397	57007	19389
天镇县	Tianzhen	65207	41472	23735
广灵县	Guangling	67108	35829	31279
灵丘县	Lingqiu	201385	148783	52602
浑源县	Hunyuan	212542	120745	91797
左云县	Zuoyun	157897	97738	60159
大同县	Datongxian	109595	46753	62842
开发区	Development Zone	161406	161406	
阳泉市	**Yangquan**			
城　区	Chengqu	1188215	1188215	
矿　区	Kuangqu	168901	168901	
郊　区	Jiaoqu	116639	39004	77635
平定县	Pingding	249028	170353	78675
盂　县	Yuxian	360001	313190	46811
开发区	Development Zone	93650	93650	
长治市	**Changzhi**			
城　区	Chengqu	2153269	2153269	
郊　区	Jiaoqu	312518	268223	44295
长治县	Changzhixian	189239	103313	85926
襄垣县	Xiangyuan	176423	150509	25914
屯留县	Tunliu	101419	58285	43134
平顺县	Pingshun	56892	31861	25032
黎城县	Licheng	89812	56923	32890
壶关县	Huguan	121454	62493	58961
长子县	Zhangzi	119313	63968	55345
武乡县	Wuxiang	85686	51815	33871
沁　县	Qinxian	66185	32546	33639
沁源县	Qinyuan	153152	102829	50323
潞城市	Lucheng	100764	75346	25418

19-18 续表1 continued

单位：万元 (10 000 yuan)

县 市	Region	社会消费品零售总额 Total Retail Sales of Consumer Goods	城 镇 Town	乡 村 Village
晋城市	**Jincheng**			
城 区	Chengqu	1366168	1366168	
沁水县	Qinshui	150476	107943	42533
阳城县	Yangcheng	293781	220699	32530
陵川县	Lingchuan	123179	81871	41308
泽州县	Zezhou	267137	220405	46732
高平市	Gaoping	406930	346055	60875
朔州市	**Shuozhou**			
朔城区	Shuocheng	562669	459916	102753
平鲁区	Pinglu	259337	178064	81273
山阴县	Shanyin	271033	227379	43654
应 县	Yingxian	217733	163930	53803
右玉县	Youyu	116310	107614	8697
怀仁县	Huairen	484326	334859	149467
晋中市	**Jinzhong**			
榆次区	Yuci	1196955	1050187	146768
榆社县	Yushe	80789	66010	14779
左权县	Zuoquan	95402	74741	20661
和顺县	Heshun	94548	59873	34674
昔阳县	Xiyang	164902	95437	69465
寿阳县	Shouyang	177060	130750	46310
太谷县	Taigu	236150	159208	76942
祁 县	Qixian	268588	170753	97835
平遥县	Pingyao	391200	224381	166819
灵石县	Lingshi	464120	231825	232295
介休市	Jiexiu	603525	470329	133197
运城市	**Yuncheng**			
盐湖区	Yanhu	1570000	1369702	200298
临猗县	Linyi	419769	308537	111233
万荣县	Wanrong	207851	157075	50776
闻喜县	Wenxi	281506	230223	51282
稷山县	Jishan	188681	115282	73400
新降县	Xinjiang	281787	198322	83464
绛 县	Jiangxian	159453	116760	42693
垣曲县	Yuanqu	156812	117178	39634
夏 县	Xiaxian	174774	128131	46643
平陆县	Pinglu	181589	154253	27336
芮城县	Ruicheng	211179	169630	41549
永济市	Yongji	386293	359572	26722
河津市	Hejin	612096	435547	176549
忻州市	**Xinzhou**			
忻府区	Xinfu	624367	589378	34990
定襄县	Dingxiang	139636	78175	61461
五台县	Wutai	148450	101116	47333
代 县	Daixian	100769	65516	35254

19-18 续表2 continued

单位：万元 (10 000 yuan)

县 市	Region	社会消费品零售总额 Total Retail Sales of Consumer Goods	城 镇 Town	乡 村 Village
繁峙县	Fanshi	114113	76896	37217
宁武县	Ningwu	69386	57972	11414
静乐县	Jingle	63879	48644	15235
神池县	Shenchi	69840	55207	14633
五寨县	Wuzhai	68087	59787	8300
岢岚县	Kelan	61445	37937	23508
河曲县	Hequ	101019	78274	22745
保德县	Baode	119923	82264	37660
偏关县	Pianguan	75714	62636	13078
原平市	Yuanping	398249	317508	80741
临汾市	**Linfen**			
尧都区	Yaodu	1639451	1350779	288672
曲沃县	Quwo	145608	112164	33444
翼城县	Yicheng	281855	201034	80821
襄汾县	Xiangfen	287400	258552	28848
洪洞县	Hongdong	387471	267774	119697
古 县	Guxian	65052	47000	18052
安泽县	Anze	60879	45564	15315
浮山县	Fushan	58920	41154	17766
吉 县	Jixian	47454	36633	10821
乡宁县	Xiangning	133136	114330	18807
大宁县	Daning	21785	19131	2655
隰 县	Xixian	65637	57095	8542
永和县	Yonghe	32090	27767	4324
蒲 县	Puxian	51783	45591	6192
汾西县	Fenxi	77391	64107	13283
侯马市	Houma	600160	561937	38224
霍州市	Huozhou	226136	203541	22595
吕梁市	**Lvliang**			
离石区	Lishi	491231	421102	70129
文水县	Wenshui	136676	97266	39410
交城县	Jiaocheng	151196	103116	48080
兴 县	Xingxian	50060	40495	9565
临 县	Linxian	275102	195142	79960
柳林县	Liulin	260052	224455	35597
石楼县	Shilou	17048	11457	5590
岚 县	Lanxian	74272	50236	24036
方山县	Fangshan	64722	39226	25497
中阳县	Zhongyang	103658	72115	31543
交口县	Jiaokou	35703	26777	8926
孝义市	Xiaoyi	933801	770519	163282
汾阳市	Fenyang	420363	335553	84811

19-19 财政收支情况(2012年)
FINANCIAL REVENUE AND EXPENDITURE(2012)

单位：万元 (10 000 yuan)

县 市	Region	财政总收入 Overall Revenue	一般预算收入 General Budget Revenue	#增值税 Value-added Taxes	#营业税 Operation Taxes	一般预算支出 General Budget Expenditure
太原市	**Taiyuan**					
小店区	Xiaodian	353333	181783	14331	93676	202918
迎泽区	Yingze	241048	111468	12031	52682	134751
杏花岭区	Xinghualing	263166	120210	9066	59037	160060
尖草坪区	Jiancaoping	136454	59186	10479	19662	105080
万柏林区	Wanbailin	172853	91748	7265	43710	146635
晋源区	Jinyuan	68372	38747	3163	19499	69601
清徐县	Qingxu	143902	100162	5252	14251	202234
阳曲县	Yangqu	57430	34502	2905	8332	93358
娄烦县	Loufan	96556	53264	6986	8643	111010
古交市	Gujiao	126190	76413	5660	10845	139136
高新区	New and High-tech District	161550	56449	9791	23446	59900
经济区	Economic District	192722	60799	17839	11780	67310
民营区	Civil-runned District	69535	33505	4165	15288	44437
大同市	**Datong**					
城 区	Chengqu	329417	33199	3803	10477	100671
矿 区	Kuangqu	114338	10003	2260	1686	96248
南郊区	Nanjiao	981418	82538	18386	10666	129956
新荣区	Xinrong	51601	15485	2972	2453	46007
阳高县	Yanggao	20564	8662	1105	2543	110923
天镇县	Tianzhen	12000	5508	426	1598	109888
广灵县	Guangling	14658	6197	855	1493	95867
灵丘县	Lingqiu	55075	21471	3127	4211	98681
浑源县	Hunyuan	45558	24722	2047	3700	123590
左云县	Zuoyun	87463	34484	5424	8475	85236
大同县	Datongxian	34076	13873	2072	3884	84272
开发区	Development Zone	64267	29055	2466	10573	28415
阳泉市	**Yangquan**					
城 区	Chengqu	49645	27020	1897	10708	45386
矿 区	Kuangqu	62060	30041	4098	8685	58187
郊 区	Jiaoqu	120160	51034	10128	13672	105777
平定县	Pingding	121176	54905	7152	15123	146333
盂 县	Yuxian	231723	92834	15971	13509	164240
开发区	Development Zone	26824	14270	1492	6538	17813

19-19 续表1 continued

单位：万元 (10 000 yuan)

县 市	Region	财政总收入 Overall Revenue	一般预算收入 General Budget Revenue	#增值税 Value-added Taxes	#营业税 Operation Taxes	一般预算支出 General Budget Expenditure
长 治 市	**Changzhi**					
城 区	Chengqu	204838	43228	2166	6295	65083
郊 区	Jiaoqu	307599	59211	4045	3104	92221
长治县	Changzhi	572786	200307	30853	7969	246575
襄垣县	Xiangyuan	401686	171121	15966	10416	185802
屯留县	Tunliu	160518	54565	9474	9885	107807
平顺县	Pingshun	15918	7204	738	1963	81802
黎城县	Licheng	39458	15955	2134	4364	71572
壶关县	Huguan	40971	20273	1899	4483	117746
长子县	Zhangzi	302843	87506	20461	9161	157512
武乡县	Wuxiang	135214	50411	7231	4031	101906
沁 县	Qinxian	13136	6132	574	1493	85814
沁源县	Qinyuan	255712	117604	11544	6440	156749
潞城市	Lucheng	80068	35635	4667	5398	74057
高新区	New and High-tech District	312866	23923	7391	1274	13272
晋 城 市	**Jincheng**					
城 区	Chengqu	115926	70166	3467	30194	110142
沁水县	Qinshui	326275	90532	25441	8942	140676
阳城县	Yangcheng	303889	88005	19831	10377	173222
陵川县	Lingchuan	42787	15167	2699	2683	110476
泽州县	Zezhou	375190	124862	23234	11529	202378
高平市	Gaoping	423115	119094	30039	13424	206979
开发区	Development District	57138	26930	2854	6952	22610
朔 州 市	**Shuozhou**					
朔城区	Shuocheng	251035	108880	16211	16367	237633
平鲁区	Pinglu	350088	158743	17027	21854	215964
山阴县	Shanyin	300159	106135	19148	13386	182602
应 县	Yingxian	29828	14771	1247	4681	140081
右玉县	Youyu	81000	35239	5212	8489	103720
怀仁县	Huairen	250088	85357	19108	11010	163920
开发区	Development District	28989	17879	1343	6063	20636
晋 中 市	**Jinzhong**					
榆次区	Yuci	228358	98161	8283	32049	184965
榆社县	Yushe	32388	14239	1958	4112	71588
左权县	Zuoquan	94168	43488	3820	8659	95908
和顺县	Heshun	126778	53153	7535	7520	100406
昔阳县	Xiyang	127158	41657	10009	8532	96857
寿阳县	Shouyang	314168	98523	18148	11317	146187
太谷县	Taigu	72018	34246	3549	8210	114266
祁 县	Qixian	51128	23080	2033	5272	101566
平遥县	Pingyao	120467	54452	6454	12931	159543
灵石县	Lingshi	366999	138283	22786	18003	170526
介休市	Jiexiu	280186	122920	14258	19170	178800
开发区	Development District	73000	36708	2570	6623	44410

19-19 续表2 continued

单位：万元 (10 000 yuan)

县 市	Region	财政总收入 Overall Revenue	一般预算收入 General Budget Revenue	#增值税 Value-added Taxes	#营业税 Operation Taxes	一般预算支出 General Budget Expenditure
运城市	**Yuncheng**					
盐湖区	Yanhu	201342	66161	5185	19119	188237
临猗县	Linyi	38120	18606	1828	4495	161542
万荣县	Wanrong	24518	9408	1585	1895	126668
闻喜县	Wenxi	51460	21925	3127	4177	130765
稷山县	Jishan	37686	14879	2799	2467	111970
新绛县	Xinjiang	50090	18176	4058	3816	118040
绛 县	Jiangxian	13589	6399	727	1706	98443
垣曲县	Yuanqu	37485	12136	2981	2219	102628
夏 县	Xiaxian	16911	8105	978	1422	118795
平陆县	Pinglu	25688	10634	1831	1846	109747
芮城县	Ruicheng	27071	14259	1418	1359	138058
永济市	Yongji	60050	28190	4051	3221	136792
河津市	Hejin	122204	62632	6541	11555	140223
经济开发区	Ecnomic Development District	23611	11108	455	2760	9645
风陵渡开发区	Fenglingdu Development District	15921	3299	1058	344	6515
华信开发区	Huaxin Development District	4862	1011	294	156	5093
忻州市	**Xinzhou**					
忻府区	Xinfu	120379	36395	2713	14748	147889
定襄县	Dingxiang	38556	17711	2504	2174	94970
五台县	Wutai	51250	22901	2670	5849	140152
代 县	Daixian	120000	39270	7179	3356	110606
繁峙县	Fanshi	74168	28553	4699	4235	120655
宁武县	Ningwu	147583	50097	10037	10247	110948
静乐县	Jingle	34449	17575	1574	3309	93614
神池县	Shenchi	34677	16241	1153	5475	82536
五寨县	Wuzhai	64504	17809	5881	4234	82697
岢岚县	Kelan	33362	11743	2464	3267	86029
河曲县	Hequ	154045	54691	9306	4403	109122
保德县	Baode	192085	60736	14538	7605	118480
偏关县	Pianguan	34260	16773	1771	3265	80252
原平市	Yuanping	208418	87988	12866	13244	190502
开发区	Development District	19131	6065	270	1694	5543

19-19 续表3 continued

单位：万元 (10 000 yuan)

县 市	Region	财政总收入 Overall Revenue	一般预算收入 General Budget Revenue	#增值税 Value-added Taxes	#营业税 Operation Taxes	一般预算支出 General Budget Expenditure
临汾市	**Linfen**					
尧都区	Yaodu	328172	130401	9455	23024	218071
曲沃县	Quwo	75046	25319	6246	3312	98967
翼城县	Yicheng	116966	54725	7024	5170	131600
襄汾县	Xiangfen	138600	70001	9299	5079	173688
洪洞县	Hongtong	226055	94635	13690	9109	256238
古 县	Guxian	100067	56282	3858	2873	86822
安泽县	Anze	120058	48562	7451	3474	79487
浮山县	Fushan	46866	19809	3347	1742	67414
吉 县	Jixian	24563	10528	1115	2245	71276
乡宁县	Xiangning	259302	155529	8055	6680	195918
大宁县	Daning	4846	2802	102	998	60139
隰 县	Xixian	11006	6435	261	1874	76741
永和县	Yonghe	5025	2350	234	937	52306
蒲 县	Puxian	150699	75965	6153	9051	114141
汾西县	Fenxi	17299	11517	393	2860	67740
侯马市	Houma	57798	29410	2834	6656	90479
霍州市	Huozhou	163009	72108	10537	9779	131760
临汾开发区	Linfen Development District	30390	12371	619	4217	12262
侯马开发区	Houma Development District	23474	10004	768	2862	15357
吕梁市	**Lvliang**					
离石区	Lishi	292428	111466	16144	20728	166748
文水县	Wenshui	56236	21852	3461	4508	140439
交城县	Jiaocheng	114058	55609	6589	5391	116492
兴 县	Xingxian	252788	73274	18032	7638	174211
临 县	Linxian	150900	59321	8033	7969	223150
柳林县	Liulin	863641	253529	57289	13850	315326
石楼县	Shilou	11701	6623	259	1694	86901
岚 县	Lanxian	100111	73675	1997	6819	136317
方山县	Fangshan	84431	30398	6573	3280	88290
中阳县	Zhongyang	189306	65577	11005	5408	114244
交口县	Jiaokou	180168	56528	15677	3778	104009
孝义市	Xiaoyi	642582	248180	43532	25677	320045
汾阳市	Fenyang	335652	73458	17842	8019	159285

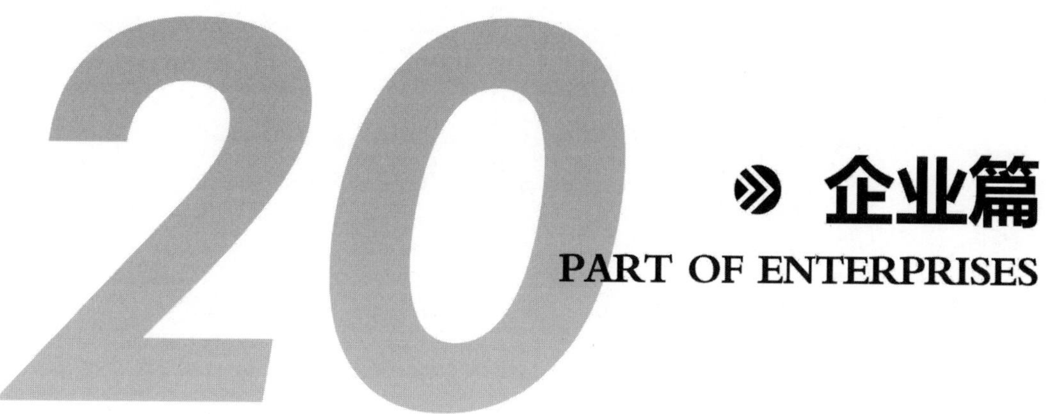

20 企业篇
PART OF ENTERPRISES

PAGE
701—737

资料整理人员

童　超　邓　娜

20-1 工业大企业(集团)主要经济指标(2012年)
MAJOR INDICATORS OF LARGE-SIZE ENTERPRISE GROUP(2012)

单位：万元 (10 000 yuan)

指　标	Item	单位数(个) Number of Enterprises (unit)	主营业务收入 Revenue of Major Business	资产总计 Total Assets	从业人员年平均人数(人) Average Number of Employees (person)
总　计	**Total**	**261**	**122676408**	**149982932**	**1228980**
#国有控股	State-holding Enterprises	140	90059042	113077376	895243
亏损企业	Loss-making Enterprises	61	21844149	28883266	261001
按工业行业大类分	Grouped by Sector				
采掘业	Mining Industry	99	51522543	72466844	664632
煤炭开采和洗选业	Coal Mining and Dressing	97	51204017	72226744	663536
黑色金属矿采选业	Ferrous Metals Mining and Dressing	2	318526	240099	1096
制造业	Manufacturing	133	57468396	61220647	507056
农副食品加工业	Farm and Sideline Food Processing	5	1474601	761254	10399
食品制造业	Food Processing	1	109033	71168	341
酒、饮料和精制茶制造业	Alcohol, Beverage and Refined Tea Manufacturing	1	1066022	885849	11175
烟草制品业	Tobacoo Manfacturing	1	365475	261464	1075
纺织服装、服饰业	Textile Garments and Accessories	1	111384	52438	1453
石油加工、炼焦和核燃料加工业	Petroleum Processing, Coking and Nuclear Fuel Processing	39	8513987	12994709	68339
化学原料和化学制品制造业	Raw Chemical Materials and Chemical Products	12	4347170	5064380	37112
医药制造业	Medical and Pharmaceutical Products	2	321859	950047	8088
橡胶和塑料制品业	Rubber and Plastic Products	1	257714	201118	1056
非金属矿物制品业	Nonmetal Mineral Products				
黑色金属冶炼和压延加工业	Smelting and Pressing Of Ferrous Metals	33	27167686	23003785	144051
有色金属冶炼和压延加工业	Smelting and Pressing Of Non-ferrous Metals	13	3461304	4891570	39463
金属制品业	Metal Products	3	1043112	1550727	20495
通用设备制造业	Ordinary Machinery Manufacturing	4	793020	555318	6859
专用设备制造业	Special Purpose Equipment Manufacturing	6	2469989	3926721	23613
汽车制造业	Automobiles Manufacturing	1	204982	204299	1821
铁路、船舶、航空航天和其他运输设备制造业	Railway, Ship, Aroespace and Other Transport Equipment Manufacturing	3	824528	903575	12647
电气机械和器材制造业	Electric Equipment and Machinery	2	647823	927730	5843
计算机、通信和其他电子设备制造业	Computer, Telecommunication and Other Electronic Product	3	4004140	3672616	111761
仪器仪表制造业	Equipment s and Instruments Manufacturing	2	284566	341880	1465
电力、热力、燃气及水生产和供应业	Production and Supply of Electricity, Heat, Gas and Water	29	13685469	16295442	57292
电力、热力生产和供应业	Production and Supply of Electricity and Heat	28	13301007	15427555	54586
燃气生产和供应业	Production and Supply of Gas	1	384463	867886	2706

注：本表统计范围为年主营业务收入10亿元及以上工业大企业（集团）。

Note：The coverage of this table is large-size industrial enterprise group whose revenue of major business is above a billion yuan.

20-2 山西省大中型工业企业法人单位名单(2012年)
SHANXI LARGE AND MEDIUM-SIZE INDUSTRIAL ENTERPRISES LIST(2012)

法人单位名称	Name of Corporation Units
太原钢铁(集团)有限公司	Taiyuan Steel and Iron Group Co.,Ltd
山西省电力公司	Shanxi Electric Power Corporation
西山煤电（集团）有限责任公司	Xishan Coal and Electricity Co.,Ltd
富士康精密电子(太原)有限公司	Foxconn Precision Electronics (Taiyuan) Co.,Ltd
太原重型机械集团有限公司	Taiyuan Heavy Machinery Group Co.,Ltd
太原煤炭气化（集团）有限责任公司	Taiyuan Coal Gasification Group Co.,Ltd
晋西工业集团有限责任公司	Jinxi Industry Group Co.,Ltd
鸿富晋精密工业(太原)有限公司	Hongfujin Precision Industry (Taiyuan) Co.,Ltd
太原化学工业集团有限公司	Taiyuan Chemical Industrial Group Co.,Ltd
山西天然气股份有限公司	Shanxi Natural Gas Share Co.,Ltd
山西昆明烟草有限责任公司	Shanxi Kunming Cigarettes Co.,Ltd
山西国际电力集团有限公司	Shanxi International Electric Power Co.,Ltd
中车双喜轮胎有限公司	Chonche Auto Double Happiness Tire Corp. Ltd
山西美锦煤焦化有限公司	Shanxi Meijin Coal Gasify Company
大唐太原第二热电厂	Datang Group Taiyuan 2nd Heat and Power Plant
太原市梗阳实业集团有限公司	Taiyuan Gengyang Industrial Group Co.,Ltd
太原轨道交通装备有限责任公司	Taiyuan Rail Transportation Equipment Co.,Ltd
山西天地煤机装备有限公司	Shanxi Tiandi Coal Mining Machinery Co.,Ltd
山西亚鑫煤焦化有限公司	Shanxi Yaxin Coal Coking Co.,Ltd
北方自动控制技术研究所	North Automatic Control Technology Institute
太原东铝控股有限公司	Taiyuan Eastern Aluminum Holding Co.,Ltd
太原华润煤业有限公司	Taiyuan Huarei Co.,Ltd
山西汾西重工有限责任公司	Shanxi Fenxi Heavy Industry Co.,Ltd
山西美锦焦化有限公司	Shanxi Meijin Coking Co.,Ltd
太原罗克佳华工业有限公司	Taiyuan Roque Jiahua Industrial Co.,Ltd
中国国电集团公司太原第一热电厂	China Guodian Group Taiyuan 1st Heat and Power Plant
山西隆辉煤气化有限公司	Shanxi Long Hui, Coal Gasification Co.,Ltd
智奇铁路设备有限公司	Zhiqi Railway Equipment Co.,Ltd
国电太一发电有限责任公司	Guodian Taiyi Power Generation Co.,Ltd
山西美锦钢铁有限公司	Shanxi Meijin Steer and Iron Co.,Ltd
太原钢铁（集团）比欧西气体有限公司	Taiyuan Steer and Iron Group BOC Gases Co.,Ltd
太原东山煤矿有限责任公司	Taiyuan Dongshan Coal Mine Co.,Ltd
太原市热力公司	Taiyuan Heat Power Company
山西北方机械制造有限责任公司	Shanxi North Machinery Manufacture Co.,Ltd
山西新华化工有限责任公司	Shanxi Xinhua Chemical Co.,Ltd
太原锅炉集团有限公司	Taiyuan Boiler Group Co.,Ltd
可口可乐(山西)饮料有限公司	Taiyuan Coca-Cola Co.,Ltd
双喜轮胎工业股份有限公司	Double Happiness Tyre Industrial Share Holding Co.,Ltd
太原迎宪焦化集团有限公司	Taiyuan Yingxian Casting Co.,Ltd

20-2 续表1 continued

法人单位名称	Name of Corporation Units
山西水塔老陈醋股份有限公司	Shanxi Shuita Mature Vinegar Share Holding Co.,Ltd
太原市三兴煤炭气化有限公司	Taiyuan Sanxing Coal Gasify Co.,Ltd
太原市自来水公司	Taiyuan Tap Water Company
太原市京丰铁路电务器材制造有限公司	Taiyuan Jingfeng Railway Power Service Equipment Manufacture Co.,Ltd
山西省太原西峪煤矿	Shanxi Taiyuan Xiyu Coal Mine
山西北方兴安化学工业有限公司	Shanxi Beifangxing'an Chemical Co.,Ltd
太原航空仪表有限公司	Taiyuan Aviation Instrument Co.,Ltd
山西德汇无缝钢管有限公司	Shanxi Dehui Seamless Steel Tube Co.,Ltd
太原港源焦化有限公司	Taiyuan Gangyuan Coking Co.,Ltd
太原钢铁（集团）公司福利总厂	Taiyuan Steel and Iron Group Company Welfare General Plant
太原六味斋实业有限公司	Taiyuan Liuweizhai Industry and Commerce Co.,Ltd
太原双塔刚玉股份有限公司	Taiyuan Shuangta Gangyu Group Co.,Ltd
太原市拓力拓科技有限公司	Shanxi Tuolituo Technology Co.,Ltd
太原金圆水泥有限公司	Taiyuan Jinyuan Cement Co.,Ltd
太原狮头集团有限公司	Taiyuan Shitou Group Co.,Ltd
太原北白水泥制造有限公司	Shanxi Beibai Cement Production Co.,Ltd
山西恒通能源有限公司	Shanxi Hengtong Energy Co.,Ltd
中国人民解放军6904工厂	Factory 6904 of The PLA
太原山水水泥有限公司	Shanxi Shanshui Cement Co.,Ltd
太原北代铸造有限公司	Taiyuan Beidai Casting Co.,Ltd
山西三益华信电子有限责任公司	Shanxi Sanyi Huaxin Electronics Industry Co.,Ltd
宏全食品包装(太原)有限公司	Taiyuan Hongquan Food Packaging Co.,Ltd
山西省工程机械厂	Shanxi Engineering Machinery Plant
山西银焱集团娄烦东升煤焦有限公司	Shanxi Yinyan Group, Loufan Dongsheng Coal Coking Co.,Ltd
古交市千峰精煤有限公司	Gujiao Qianfeng Refined Coal Co.,Ltd
山西紫林食品有限公司	Shanxi Zilin Food Co.,Ltd
迪爱生（太原）油墨有限公司	Diaisheng Taiyuan Ink Co.,Ltd
古交市矾石沟煤焦有限公司	Gujiao Fanshigou Coal and Coke Co.,Ltd
山西禄纬堡太钢耐火材料有限公司	Shanxi Luweibao Taigang Refractory Materials Co.,Ltd
山西华豹涂料有限公司	Shanxi Huabao Paint Co.,Ltd
太原理工天成科技股份有限公司	Taiyuan Science and Engineering,
山西双良鼎新水泥有限公司	Shanxi Shuangliangdingxin Cement Co.,Ltd
山西百一机械设备制造有限公司	Shanxi Hyakuichi Machinery Manufacturing Co.,Ltd
山西太原药业有限公司	Shanxi Taiyuan Pharmacy Co.,Ltd
太原市黄河供水有限公司	Shanxi Hanghe Water Supply Co.,Ltd
山西维达机械制造有限公司	Shanxi Weida Machinery Manufacture Co.,Ltd
山西省电力公司电力环保设备总厂	Shanxi Electric Power Corporation Electrical Environmental
太原田和食品集团有限公司	Shanxi Tianhe Food Group Co.,Ltd
太原东杰装备有限公司	Shanxi Dongjie Equipment Co.,Ltd

20-2 续表2 continued

法人单位名称	Name of Corporation Units
山西新型炉业集团有限公司	Shanxi New Type Furnace Industry Group Co.,Ltd
山西新富升机器制造有限公司	Shanxi Xinfusheng Machine Manufacture Co.,Ltd
山西太报传媒有限公司	Shanxi Taibao Media Co.,Ltd
娄烦县昌铭矿业有限公司	Loufan Changming Coal Co.,Ltd
中铁物资太原轨枕有限公司	China Railway Material Taiyuan Sleeper Co.,Ltd
山西电机制造有限公司	Shanxi Electrical Machinery Manufacturing Co.,Ltd
太原市齐兴伟业造纸有限公司	Taiyuan Qixing Weiye Paper Making Co.,Ltd
太原太航科技有限公司	Taiyuan Taihang Technology Co.,Ltd
山西老陈醋集团有限公司	Shanxi Mature Vinegar Group Co.,Ltd
江铃重型汽车有限公司	JMC Heavy Duty Vehicle Co.,Ltd
中国能源建设集团电力设备厂	Power Equipment Plant of China Energy Engineering Group
山西信联集团实业有限公司	Shanxi Xinlian Group Industry and Commerce Co.,Ltd
山西春光锻造有限公司	Shanxi Chunguang Forging Co.,Ltd
太原通泽重工有限公司	Taiyuan Tongze Heavy Industry Co.,Ltd
山西新能源镁业有限公司	Taiyuan New Energy Magnesium Industry Co.,Ltd
山西新华印业有限公司	Shanxi Xinhua Printing Co.,Ltd
太原第一机床	Taiyuan 1st Machine Tool Plant
山西汉波食品股份有限公司	Shanxi Hanbo Food Co.,Ltd
山西月明鑫能源产业集团有限公司	Shanxi Yuemingxin Energy Industry Group Co.,Ltd
太原市三高能源发展有限公司	Taiyuan Sangao Energy Development Co.,Ltd
山西省电力公司电力开关厂	Shanxi Electric Power Corporation Electrical Switch Plant
亚宝药业太原制药有限公司	Yabao Pharmaceutical Group Taiyuan Co.,Ltd
太原钢城企业公司第二金属结构厂	Taiyuan Gangcheng Enterprise Company 2nd Metal Structure Plant
太原市城北热力有限公司	Taiyuan Chengbei Heating Power Co.,Ltd
山西长城微光器材股份有限公司	Shanxi Changcheng Microlight Equipment Co.,Ltd
太原钢城昌盛金属线材加工厂	Taiyuan Gangchengchangsheng Matel Wire Processing Plant
太原钢城企业公司炼铁分公司	Taiyuan Gangcheng Enterprise Company Iron Branch Company
太原市钢城企业公司不锈钢制品厂	Taiyuan Gangcheng Enterprise Company Stainless Steel Products Plant
山西建业铁路罐车检修有限公司	Shanxi Jianye Railway Tank Car Maintenace Co.,Ltd
太原西山福利厂	Taiyuan Western Moutain Welfare Plant
太原钢城企业公司金属加工分公司	Taiyuan Gangcheng Enterprise Company Metal Processing Branch Co.
山西大唐盛世工贸有限公司	Shanxi Datangshengshi Industry and Trade Co.,Ltd
太原酒厂	Taiyuan Brewery Plant
太原工具厂	Taiyuan Tools Plant
大同煤矿集团有限责任公司	Datong Coal Mine Group Co., Ltd
国电电力发展股份有限公司大同第二发电厂	GD Power Development Co.,Ltd Datong 2nd Power Plant
中国北车集团大同电力机车有限责任公司	China North Rolling Stock Group Datong
山西大唐国际云冈热电有限责任公司	Shanxi Datang International Yungang Thermoelectric Co.,Ltd
国药集团威奇达药业有限公司	Shanxi Weiqida Pharmaceutical Co.,Ltd

20-2 续表3 continued

法人单位名称	Name of Corporation Units
北方通用动力集团有限公司	North General Power Group Co.,Ltd
国投大同能源有限责任公司	CNHTC's Group Datong Gear Co.,Ltd
大同机车煤化有限责任公司	Datong Jiche Coalification Co.,Ltd
大同冀东水泥有限责任公司	Datong Jidong Cement Co.,Ltd
浑源县花岗岩开发公司	Hunyuan Granite Development Co.,Ltd
中国重汽集团大同齿轮有限公司	CNHTC's Group Datong Gear Co.,Ltd
大同爱碧玺铸造有限公司	Shanxi Aibixi Casting Co.,Ltd
大同ABB牵引变压器有限公司	Datong ABB Traction Transformer Co.,Ltd
山西中新唐山沟煤业有限责任公司	Shanxi Zhongxin Tangshangou Coal Co.,Ltd
大同市绿苑饮品有限责任公司	Datong Lvyuan Drinks Co.,Ltd
山西晋能集团大同能源发展有限公司	Shanxi Jinneng Group Datong Power Development Co.,Ltd
山西中新甘庄煤业有限责任公司	Shanxi Zhongxinganzhuang Coal Co.,Ltd
山西晋能集团金光铁合金有限公司	Shanxi Jinneng Group Jinguang Ferroalloy Co.,Ltd
大同煤矿实业总公司	Datong Coal Gasify Chief Company
山西合成橡胶集团有限责任公司	Shanxi Synthetic Rubber Group Co.,Ltd
大同市云中水泥有限责任公司	Datong Yunzhong Cement Co.,Ltd
华电大同第一热电厂有限公司	Huadian Datong Diyi Thermal Plant
山西宏伟矿业有限责任公司	Shanxi Grand Mining Co.,Ltd,
山西浑源百川煤业有限公司	Shanxi Hunyuan Baichuan Coal Co.,Ltd
山西普德药业股份有限公司	Shanxi Pude Pharmaceutical Co.,Ltd
山西广灵精华化工集团有限公司	Shanxi Guangling Jinghua Chemical Co.,Ltd
大同市吴官屯煤业有限责任公司	Datong Wuguantun Coal Limited Duty Company
大同鹊山精煤有限责任公司	Datong Queshan Refined Coal Co.,Ltd
大同晋能工业硅有限公司	Datong Jieneng Industrial Silicon Co.,Ltd
山纳合成橡胶有限责任公司	Shanna Synthetic Rubber Co.,Ltd
大同市供水排水集团有限责任公司	Datong Water Supply and Drainage Group Co.,Ltd
大同市南郊区兴旺水泥有限责任公司	Datong Nanjiaoqu Xingwang Cement Co.,Ltd
大同宗银银制品制造有限责任公司	Datong Zongyin Silver Products Manufacture Co.,Ltd
灵丘县金宇铁合金有限责任公司	Lingqiu Jinyu Iron Alloy Co.,Ltd
大同机车实业公司	Datong Locomotive Company
大同市恒岳煤机有限责任公司	Datong Hengyue Coal Machinery Co.,Ltd
山西仟源制药股份有限公司	Shanxi Qianyuan Pharmaceutical Share Co.,Ltd
山西铺龙湾煤业有限公司	Shanxi Pulongwan Coal Co.,Ltd
大同市同华矿机制造有限责任公司	Datong Tonghua Coal Machine Manufacture Co.Ltd.
大同同星抗生素有限责任公司	Datong Tongxing Antibiotic Co.,Ltd
灵丘县宏运矿业有限责任公司	Lingqiu Hongyuan Coal Co.,Ltd
大同新成新材料股份有限公司	Datong Xincheng New Material Co.,Ltd
山西振东泰盛制药有限公司	Shanxi Zhendongtaisheng Pharmaceutical Co.,Ltd
大同市赛诚机车设备有限责任公司	Datong Saicheng Locomotive Equipment Co.,Ltd

20-2 续表4 continued

法人单位名称	Name of Corporation Units
山西煤炭运销集团大同晋银矿业有限公司	Shanxi Coal Transportation and Sales Group Datong Jinyin Mining Co.,Ltd
山西华青活性炭集团有限公司	Shanxi Huaqing Activated Carbon Group Co.,Ltd
山西灵丘豪洋水泥有限公司	Shanxi Lingqiu Haoyang Cement Co.,Ltd
山西大同东糖糖业有限公司	Shanxi Datong Dongtang Sugar Industry Co.,Ltd
大同市南郊区新旺煤业有限责任公司	Datong Nanjiaoqu Xinwang Coal Co.,Ltd
国营东华机械厂	State-owned Donghua Machinery Plant
大同爱得实业有限责任公司	Datong Aide Industry Co.,Ltd
山西省刁泉银铜矿业有限公司	Shanxi Diaoquan Aphthonite Co.,Ltd
广灵县长青环保能源有限公司	Guangling Changqing Clean Energy Co.,Ltd
大同市南郊区张家湾煤矿	Datong Nanjiaoqu Zhangjiawan Coal Mine
山西省大同县地方国营砖瓦厂	Shanxi Datong County State-owned Silicon Plant
大同市云威矿药有限责任公司	Datong Yunwei Mine Medicine Co.,Ltd
灵丘县梨园金矿有限责任公司	LingQiu County Liyuanjinkuang Co.,Ltd
大同县地方国营黄土坡煤矿	Datongxian Local State-owned Huangtupo Coal Mine
阳泉煤业（集团）有限责任公司	Yangquan Coal Group Co.,Ltd
山西清城工业集团有限公司	Ching Shing Industrial Group Co.,Ltd, Shanxi
山西阳光发电有限责任公司	Shanxi Yangguang Power Co.,Ltd
山西南娄集团股份有限公司	Shanxi Nanlou Group Share Co.,Ltd
阳泉市南庄煤炭集团有限责任公司	Yangquan Nanzhuang Coal Group Co.,Ltd
阳泉市燕龛煤炭有限责任公司	Yangquan Yankan Coal Co.,Ltd
阳泉市上社煤矿有限责任公司	Yangquan Shangshe Coal Mine Co.,Ltd
山西平定古州煤业有限公司	Shanxi Pingdingguzhou Coal Industry Co.,Ltd
阳泉市大阳泉煤炭有限责任公司	Yangquan Dayuangquan Coal Co.,Ltd
山西省阳泉荫营煤矿	Shanxi Yangquan Yinying Coal Mine
山西省阳泉固庄煤矿	Shanxi Yangquan Guzhuang Coal Mine
盂县路家村镇煤业有限公司	Yuxian Lujiacunzhen Coal Co.,Ltd
山西煤炭运销集团保安煤业有限公司	Shanxi Coal Transportation and Sales Group Baoan Coal Co.,Ltd
盂县恒泰煤炭实业有限公司	Yuxian Hengtai Industry Co.,Ltd
山西河坡发电有限责任公司	Shanxi Hepo Power Co.,Ltd
阳泉市上社二景煤炭有限责任公司	Yangquan Shangshe Erjing Coal Mine Co.,Ltd
山西阳泉铝业股份有限公司	Shanxi Yangquan Aluminum Share Co.,Ltd
盂县盛旺管业有限公司	Yuxian Chengwang Tube Co.,Ltd
阳泉煤业集团兴峪煤业有限责任公司	Yangquan Coal Group Xingyu Coal Co.,Ltd
盂县中信焦化有限公司	Yuxian CITIC Coking Co.,Ltd
山西晋玉煤焦化集团有限公司	Shanxi Jinyu Coking Group Co.,Ltd
盂县石店煤矿	Yuxian Shidian Coal Mine
山西阳泉盂县东坪煤业有限公司	Shanxi Yangquan Yuxiandongping Coal Industry Co.,Ltd
山西昌鑫生物农业科技有限公司	Shanxi Changxin Biological Agriculture Technology Co.,Ltd

20-2 续表5 continued

法人单位名称	Name of Corporation Units
山西远鑫实业有限公司	Shanxi Yuanxin Industry Co.,Ltd
山西吉天利科技实业有限公司	Shanxi Jitaly Technology Industry Co.,Ltd
阳泉市热力公司	Yangquan Heat Power Company
盂县下曹工业有限公司	Yuxian Xiacao Industrial Co.Ltd
山西煤炭运销集团旧街煤业有限公司	Jiujie Coal Co.,Ltd of Shanxi Coal Transportation and Sales Group
山西煤炭运销集团鸿泰煤业有限公司	Hongtai Coal Co.,Ltd of Shanxi Coal Transportation and Sales Group
山西北方晋东化工有限公司	Shanxi Beifangjindong Chemical Industry Co.,Ltd
山西阳泉盂县跃进煤业有限公司	Shanxi Yangquan Yuxianyaojin Coal Industry Co.,Ltd
盂县上社晋玉煤炭有限公司	Xuxian Shangshe Jinyu Coal Co.Ltd
山西盂县西小坪耐火材料有限公司	Shanxi Yuxian Xixiaopin Fireproof Material Co.,Ltd
阳泉市自来水公司	Yangquan Running-Water Company
山西平定汇能煤业有限公司	Shanxi Pingding Huineng Coal Co.,Ltd
阳泉市郊区神堂煤矿	Yangquan Suburbs Shengtang Coal Mine
阳泉市千亨实业总公司	Yangquan Qianheng Industrial Corporation
阳泉阀门股份有限公司	Yangquan Valve Share Holding Co.,Ltd
阳泉市煤气公司	Yangquan Gas Company
平定莹玉陶瓷有限公司	Pinding Yingyu Ceramics Co.,Ltd
平定县供水管理局	Pingding Tap Water Management Bureau
阳泉水泵厂有限责任公司	Yangquan Pump Plant Co.,Ltd
阳泉市南煤机械制造有限责任公司	Yangquan Nanmei Machinery Manufacture Co.Ltd
山西圣火炉料有限公司	Shanxi Holy Fire Furnace Materials Co.,Ltd
阳泉市丰泽恒业耐火材料有限公司	Yangquan Fengzehengye Flame-proof Material Co.,Ltd
山西阳泉盂县玉泉煤业有限公司	Shanxi Yuanquan Yuxiang Yuquan Coal Co.,Ltd
山西潞安矿业(集团)有限责任公司	Shanxi Lu'an Mineral Industry Group Co.,Ltd
首钢长治钢铁有限公司	Shougang Changzhi Steel Co.,Ltd
山西沁新能源集团股份有限公司	Shanxi Qinxin Coal and Coke Share Co.,Ltd
山西潞宝集团	Shanxi Lubao Group
长治市金泽生物工程有限公司	Changzhi Jinze Bioengineering Co.,Ltd
山西潞安常平集团有限公司	Shanxi Lu'an Changping Group Co.,Ltd
天脊煤化工集团股份有限公司	Tianji Coal Industry Group Co.,Ltd
山西晋煤集团赵庄煤业有限责任公司	Shanxi Jinmei Group Zhaozhuang Coal Co.,Ltd
山西潞安集团余吾煤业有限责任公司	Shanxi Lu'an Group Yu'wu Coal Industry Co.,Ltd
山西漳山发电有限责任公司	Shanxi Zhangshan Power Co.,Ltd
黎城太行钢铁有限公司	Licheng Taihang Steel Co.,Ltd
山西潞安大成工贸有限责任公司	Shanxi Lu'an Dacheng Industrial Commerce Co.,Ltd
山西潞安集团司马煤业有限公司	Shanxi Lu'an Group Sima Coal Co.,Ltd
山西高河能源有限公司	Shanxi Gaohe Energy Co.,Ltd
山西鲁晋王曲发电有限责任公司	Shanxi Lujin Wangqu Eelectric Power Co.,Ltd
山西省长治经坊煤业有限公司	Shanxi Changzhi Jingfang Coal Co.,Ltd

20-2 续表6 continued

法人单位名称	Name of Corporation Units
山西长信工业有限公司	Shanxi Changxin Steel Co.,Ltd
山西三元煤业股份有限公司	Shanxi Sanyuan Coal Industry Share Holding Co.,Ltd
山西潞安华亿实业有限公司	Shanxi Lu'an Huayi Industrial Co.,Ltd
潞城市兴宝钢铁有限责任公司	Lucheng Xingbao Steel Co.,Ltd
山西潞安太阳能科技有限责任公司	Shanxi Lu'an Solar Energy Technology Co.,Ltd
山西霍尔辛赫煤业有限责任公司	Shanxi Huoerxinhao Coal Co.,Ltd
山西长治王庄煤业有限责任公司	Shanxi Changzhi Wangzhuang Coal Co.,Ltd
山西省黎城县金元钢铁有限公司	Licheng Jinyuan Steel and Iron Co.,Ltd
山西通洲煤焦集团股份有限公司	Shanxi Tongzhou Coal and Coke Group Co.,Ltd
山西潞安羿神能源股份有限公司	Shanxi Lu'an Yishen Energy Share Co.,Ltd
山西漳泽电力股份有限公司漳泽发电分公司	Shanxi Zhangze Power Co ,Ltd Zhangze Electric Plant
山西马堡煤业有限公司	Shanxi Mabao Coal Industry Co.,Ltd
壶关华阳矿业有限公司	Huguan Huayang Coal Co.,Ltd
长治清华机械厂	Changzhi Qinghua Machinery Factory
长治市瑞达焦业有限公司	Changzhi Ruida Coking Co.,Ltd
山西羊头岭煤业有限公司	Shanxi Yangtouling Coal Co.,Ltd
淮海工业集团有限公司	Huaihai Industrial Group Co.,Ltd
国电长治热电有限公司	Guodian Changzhi Thermoelectric Co.,Ltd
山西大平煤业有限公司	Shanxi Daping Goal Co.,Ltd
山西康宝生物制品股份有限公司	Shanxi Kangbao Biological Product Share Co.,Ltd
长治市郊区晋源焦化有限公司	Changzhi Suburb Jinyuan Coking Co.,Ltd
山西襄矿晋平煤业有限公司	Shanxi Xiangkuangjinping Coal Co.,Ltd
长治三元中能煤业有限公司	Changzhi Sanyuan Zhongneng Coal Co.,Ltd
屯留县华诚焦化有限责任公司	Tunliu Huacheng Coking Co.,Ltd
长治市霍家工业有限公司	Changzhi Huojia Industry Co.,Ltd
山西华晟荣矿业有限公司	Shanxi Rongsheng Coal Co.,Ltd
山西瑞恒化工有限公司	Shanxi Ruiheng Chemical Co.,Ltd
山西兴旺煤化集团有限责任公司	Shanxi Xingwang Coal and Chemical Group Co.,Ltd
襄垣县鸿达煤化有限公司	Xiangyuan Hongda Coal Co.,Ltd
山西南耀集团小常矿业有限公司	Shanxi Nanyao Group Xiaochang Mining Co.,Ltd
黎城县长福煤气焦化有限公司	Licheng Changfu Gas Coking Co.,Ltd
襄垣县恒祥焦化有限公司	Xiangyuan Hengxiang Coking Co.,Ltd
黎城华太煤气化有限公司	Licheng Huatai Coal Gasifacation Co.,Ltd
山西潞安郭庄煤业有限责任公司	Shanxi Province Luan guozhuang Coal Co.,Ltd
山西中德塑钢型材有限责任公司	Shanxi Zhongde PVC Profile Co.,Ltd
山西潞安煤基合成油有限公司	Shanxi Lu'an Coal-based Compound Fuel Oil Co.,Ltd
平顺宏丰铸业有限公司	Pingshun Hongfeng Foundry Co.,Ltd
山西康伟集团有限公司	Shanxi Kangwei Group Co.,Ltd
长治煤气化总公司	Changzhi Coal Gasify Chief Company

20-2 续表7 continued

法人单位名称	Name of Corporation Units
山西襄垣七一新发煤业有限公司	Shanxi Xiangyuan Qiyi Xinfa Coal Co.,Ltd
山西马军峪煤焦有限公司	Qinyuan Majunyu Coal and Coke Co.,Ltd
山西达利食品有限公司	Shanxi Dali Food Co.,Ltd
山西壶关化工集团有限公司	Shanxi Huguan Chemical Group Co.,Ltd
山西振东制药股份有限公司	Shanxi Zhendong Pharmaceutical Share Co.,Ltd
山西明源能源集团有限公司	Changzhi Mingyuan Energy Group Co.,Ltd
山西王家峪煤业有限公司	Shani Wangjiayu Coal Co.,Ltd
山西三元福达煤业有限公司	Wuxiang Sanyuan Fuda Coal Co.,Ltd
山西凌志达煤业有限公司	Shanxi Lingzhida Coal Co.,Ltd
山西长治县雄山煤炭有限公司	Shanxi Changzhi Xiongshan Coal Co.,Ltd
山西康伟集团南山煤业有限公司	Shanxi Kangwei Group Co.,Ltd
山西尔安焦化集团有限责任公司	Eran Shanxi Coking Co.,Ltd
山西垚志达煤业有限公司	Shanxi Yaozhida Coal Industry Co.,Ltd
山西煤炭运销集团长治壶关有限公司赵屋分公司	Shanxi Coal Transportation Group Changzhi Huguan Co.,Ltd Zhaowu Branch
潞城市卓越水泥有限公司	Lucheng Zhuoyue Cement Co.,Ltd
长治市长源焦化有限公司	Changzhi Changyuan Coke Co.,Ltd
长治清华钢结构有限公司	Changzhi Qinghua Steel Structure Co.,Ltd
沁县华安焦化有限公司	Qixian Huaan Coking Co.,Ltd
山西煤炭运销集团黄山煤业有限公司	Shanxi Coal Transportation Group Huangshan Coal Co.,Ltd
长治市太行紫团饮业有限公司	Changzhi Taihangzituan Drink Co.,Ltd
山西青春玻璃有限公司	Shanxi Qingchun Glass Co.,Ltd
山西黎城粉末冶金有限责任公司	Licheng Powder Metallurgical Co.,Ltd
山西康伟集团孟子峪煤业有限公司	Shanxi Qinyuan Kangweimengziyu Coal Co.,Ltd
襄垣县新胜达电化有限责任公司	Xiangyuan Xinshengda Electrochemical Co.,Ltd
山西煤炭运销集团三元古韩荆宝煤业有限公司	Shanxi Coal Transportation Group Sanyuanguhan Jingbao Coal Co.,Ltd
长治市劲牛焦化有限公司	Changzhi Jinniu Coking Co.,Ltd
长治市郊区南村煤化有限公司	Changzhi Suburbs Nancun Coal Co.,Ltd
山西凤凰胶带有限公司	Shanxi Phoenix Adhesive Tape Co.,Ltd
襄垣县诚丰电力有限公司	Xiangyuan Chengfeng Power Co.,Ltd
山西东庄煤业有限公司	Shanxi Dongzhuang Coal Co.,Ltd
长治市双龙食品有限公司	Changzhi Shuanglong Food Co.,Ltd
山西长治红山煤业有限公司	Shanxi Changzhi County Hongshan Coal Co.,Ltd
长治县西山煤业有限责任公司	Changzhi County Xishan Coal Co.,Ltd
潞城市隆源焦化有限公司	Lucheng Longyuan Coking Co.,Ltd
山西潞安余吾热电有限责任公司	Shanxi Lu'an Yuwu Thermoelectricity Co.,Ltd
长治市潞安漳村恒达工贸有限公司	Changzhi Luan Zhangcun Hengda Industry and Commerce Co.,Ltd
山西金通焦化集团有限公司	Lucheng Jintong Coking Co.,Ltd
武乡县墨镫乡新村煤矿	Wuxiang County Modengxincun Coal Mine
山西阳屾煤业有限公司	Shanxi Yangchan Coal Industry Co.,Ltd Co.,Ltd

20-2 续表8 continued

法人单位名称	Name of Corporation Units
山西华宝焦化集团有限公司	Shanxi Huabao Coking Group Co.,Ltd
山西汾西太岳煤业股份有限公司	Shanxi Fenxi Tanyue Coal Industry Co.,Ltd
山西襄垣金星煤业有限公司	Shanxi Xiangyuanjinxing Coal Co.,Ltd
山西襄矿上良煤业有限公司	Shanxi Xiangkuang Shangliang Coal Co.,Ltd
长治新建煤业有限公司	Changzhi County Xinjian Coal Mine
长治红兴煤业有限公司	Changzhi Hongxing Coal Co.,Ltd
山西通洲集团留神峪煤业有限公司	Shanxi Tongzhou Group Liushenyu Coal Co.,Ltd
山西反坡煤业有限责任公司	Shanxi Fanbo Coal Co.,Ltd
长治市惠诚热力有限公司	Changzhi Huicheng Heat Power Co.,Ltd
山西长治联盛煤业投资有限公司	Shanxi Liansheng Coal Industry Co.,Ltd
山西襄矿西故县煤业有限公司	Shanxi Xiangkuang Xigu Coal Co.,Ltd
天脊集团兴化实业有限公司	Tianji Group Xinhua Industrial Co.,Ltd
天脊集团塑料有限公司	Tianji Group Plastic Co.,Ltd
山西澳瑞特健康产业股份有限公司	Shanxi Orient Health Industry Co.Ltd
山西通洲集团安神煤业有限公司	Shanxi Tongzhou Group Anshen Coal Co.,Ltd
山西防爆电机（集团）有限公司	Shanxi Flameproof Mortors Co.,Ltd
山西襄矿辉坡煤业有限公司	Shanxi Xiangkuanghuipo Coal Co.,Ltd
山西襄矿新庄煤业有限公司	Shanxi Xiangkuang Xinzhuang Co.,Ltd
山西潞安矿业集团慈林山煤业有限公司	Shanxi Lu'an Mineral Industry Group Cilinshan Coal Co.,Ltd
潞城市石窟煤矿有限责任公司	Lucheng Shiku Coal Mine Co.,Ltd
山西长治县雄山振义煤业有限公司	Shanxi Changzhi County Xiongshan Zhenyi Coal Co.,Ltd
山西潞安益民金属制品有限责任公司	Shanxi Lu'an Yimin Metal Product Co.,Ltd
山西襄矿石板沟煤业有限公司	Shanxi Xiangkuang Shibangou Coal Industry Co.,Ltd
山西晋牌水泥集团有限公司	Shanxi Jinpai Cement Group Co.,Ltd
山西石泉煤业有限责任公司	Shanxi Shiquan Coal Industry Co.,Ltd
长治液压有限公司	Changzhi Hydraulic Co.,Ltd
山西潞安集团华亿五一煤业有限公司	Shanxi Lu'an Group Huayiwuyi Coal Co.,Ltd
山西煤炭运销集团三元古韩永丰煤业有限公司	Shanxi Coal Transportation Group Sanyuanguhan Yongfeng Coal Co.,Ltd
长治市供水总公司	Changzhi Tap Water Chief Company
中国人民解放军第四三二八工厂	4328 Plant of PLA
长治市中天汽车实业有限公司	Changzhi Zhongtian Auto Industrial Co.,Ltd
山西沁源康伟森达源煤业有限公司	Shanxi Qinyuan Kangweixinda Coal Industry Co.,Ltd
华润水泥（长治）有限公司	Huarui Cement Changzhi Co.,Ltd
长治市牧村乳业有限公司	Changzhi Mucun Dairy Co.,Ltd
山西省长子丹峰化工有限公司	Shanxi Zhangzi Danfeng Chemical Co.,Ltd
山西潞安温庄煤业有限责任公司	Shanxi Lu'an Wenzhuang Coal Co.,Ltd
山西显王煤业有限公司	Shanxi Xianwang Coal Industry Co.,Ltd
山西太行药业股份有限公司	Shanxi Taihang Pharmacy Share Co.,Ltd

20-2 续表9 continued

法人单位名称	Name of Corporation Units
山西长治三元晋永泰煤业有限公司	Shanxi Changzhi Sanyuan Jinyongtai Coal Industry Co.,Ltd
山西长沁煤焦有限公司	Shanxi Changqin Coal Coking Co.,Ltd
山西永腾建材股份有限公司	Shanxi Yongteng Buiding Material Co.,Ltd
长治市霍氏自备电力有限公司	Changzhi Huoshi Electric Power Co.,Ltd
山西长治县振兴煤业有限公司	Shanxi Changzhi County Zhenxing Coal Co.,Ltd
山西省长治市水泥制造有限责任公司	Shanxi Changzhi Cement Manufacture Co.,Ltd
山西成功淮海发动机有限公司	Shanxi Chenggong Huaihai Engine Co.,Ltd
山西惠丰机械工业有限公司	Shanxi Huifeng Mechanical Industry Co.,Ltd
山西省长丰工业公司	Changzhi Changfeng Industry Company
山西潞宝集团晋钢兆丰煤化工有限公司	Shanxi Lubao Group Jingangzhaofeng Coal Co.,Ltd
山西晋城无烟煤矿业集团有限责任公司	Shanxi Jincheng Anthracite Coal Group Co.Ltd.
晋城福盛钢铁有限公司	Jincheng Fusheng Steel and Iron Co.,Ltd
晋城蓝焰煤业股份有限公司	Jincheng Blue Flame Coal Industry Co.,Ltd
富晋精密工业（晋城）有限公司	Fujin Precision Industrial Jincheng Co.,Ltd
山西兰花科技创业股份有限公司(母公司）	Shanxi Lanhua Technology Co.,Ltd (Headquarter)
山西长平煤业有限责任公司	Shanxi Changping Coal Co.,Ltd
阳城国际发电有限责任公司	Yangcheng International Power Generating Co.,Ltd
山西天泽煤化工集团股份公司	Shanxi Tianze Chemical Group Co.,Ltd
山西亚美大宁能源有限公司	Shanxi Yamei Daning Eenergy Co.,Ltd
山西晋丰煤化工有限责任公司	Shanxi Jinfeng Coal Industry Co.,Ltd
大唐阳城发电有限责任公司	Datangyangcheng Power Co.,Ltd
沁和能源集团有限公司	Qinhe Energy Group Co.,Ltd
山西晋煤天源化工有限公司	Shanxi Jinmeitianyuan Chemical Co.,Ltd
山西天泽集团永丰化肥有限公司	Jincheng Tianze Yongfeng Chemical Fertilizer Co.,Ltd
山西天地王坡煤业有限公司	Shanxi Tiandiwangpo Coal Industry Co.,Ltd
山西高平科兴新庄煤业有限公司	Shanxi Gaoping kexingxinzhuang Coal Co.,Ltd
山西晋煤集团沁秀煤业有限公司	Shanxi JinMei Group Qinxiu Coal Co.,Ltd
山西晋煤集团金鼎煤机矿业有限责任公司	Shanxi Jinmei Group Jinding Coal Mining Co.,Ltd
中国石油天然气股份有限公司山西煤层气勘探开发分公司	CNPC Shanxi Coal Bed Methane Prospecting and Developing Branch
山西省兰花集团东峰煤矿有限公司	Dongfeng Coal Mine in Shanxi Province Orchid Group Co.,Ltd
三营超精密光电（晋城）有限公司	Jincheng Sanying Ultra-precision Optoelectronics Co.,Ltd
山西兰花煤化工有限责任公司	Shanxi Orchid Coal Chemical Co.,Ltd
山西蓝焰煤层气集团有限责任公司	Qinshui Blue Flame Coalbed Gas Co.,Ltd
山西金象煤化工有限责任公司	Shanxi Jinxiang Coal Chemical Co.,Ltd
高平市三甲炼焦有限责任公司	Gaoping Sanjia Coking Co.,Ltd
山西阳城阳泰集团屯城煤业有限公司	Shanxi Yangcheng Yangtai Group Tuncheng Coal Co.,Ltd
晋城宏圣科威矿用材料有限公司	Jincheng Hongshengkewei Mining Material Co.,Ltd
山西高平科兴牛山煤业有限公司	Shanxi Gaoping kexingniushan Coal Co.,Ltd

20-2 续表10 continued

法人单位名称	Name of Corporation Units
山西阳城阳泰集团竹林山煤业有限公司	Shanxi Yangcheng Yangtai Group Zhulinshan Coal Co.,Ltd
山西高平科兴赵庄煤业有限公司	Shanxi Jinmei Group Zhaozhuang Coal Co.,Ltd
山西泽州天泰锦辰煤业有限公司	Shanxi Zezhou Tiantaijinchen Coal Co.,Ltd
山西高平科兴申家庄煤业有限公司	Shanxi Gaoping Kexing Shenjiazhuang Coal Co.,Ltd
山西厦普赛尔食品饮料股份有限公司	Shanxi Shapusaier Food and Drinking Share Holding Co.,Ltd
山西高平科兴龙顶山煤业有限公司	Shanxi Gaoping kexinglongdengshan Coal Co.,Ltd
山西陵川崇安苏村煤业有限公司	Shanxi Lingchuan Chong'ansucun Coal Co.,Ltd
高平市泫氏铸管有限公司	Gaoping Xuanshi Casting Pipe Co.,Ltd
山西铭石煤层气利用股份有限公司	Shanxi Mingshi CBM utilization Co.,Ltd
山西阳城阳泰集团义城煤业有限公司	Shanxi Yangcheng Yangtai Group Yicheng Coal Co.,Ltd
山西金驹煤电化股份有限公司	Shanxi Jinju Coal and Electrziation Share-holding Co.,Ltd
山西阳城阳泰集团晶鑫煤业股份有限公司	Shanxi Yangcheng Yangtai Group Jingxin Coal Co.,Ltd
山西阳城山城煤业有限公司	Shanxi Yangcheng Shancheng Coal Co.,Ltd
沁水沁晟煤焦有限公司	Qinshui Qincheng Coal Coking Co.,Ltd
山西泽州天泰坤达煤业有限公司	Shanxi Zezhou Tiantankunda Coal Co.,Ltd
山西大通铸业有限公司	Shanxi Daotng Casting Co.,Ltd
山西兰花清洁能源有限责任公司	Shanxi Lanhua Clean Energy Co.,Ltd
山西泽州天泰西陈庄煤业有限公司	Shanxi Zezhou Tiantan Xichenzhuang Coal Co.,Ltd
山西兰花集团莒山煤矿有限公司	Abdullah Gul Mountain Coal Mine Group in Shanxi Orchid Co.,Ltd
沁水晋煤瓦斯发电有限公司	Qinshui Jinmei Gas Generation Co.,Ltd
泽州县世纪球墨铸造有限公司	Zezhou Century Nodular Casting Co.,Ltd
山西高平科兴高良煤业有限公司	Shanxi Gaoping Kexinggaoliang Coal Co.,Ltd
山西清慧机械制造有限公司	Shanxi Qinghui Machinery Manufacture Co.,Ltd
晋城市春晨兴汇实业有限公司	Jincheng Chunchen Xinghui Industry Co.,Ltd
山西高平科兴龙马煤业有限公司	Shanxi Gaoping kexinglongma Coal Co.,Ltd
山西泽州天泰岳南煤业有限公司	Shanxi Zezhou Tiantanyuenan Coal Co.,Ltd
山西兰花丹峰化工股份有限公司	Shanxi Lanhuadanfeng Chemical Industrial Co.,Ltd
晋城市兴方管业有限公司	Jincheng Xingfang Tube Co.,Ltd
晋城市鸿辉管业有限公司	Jincheng Honghui Tube Co.,Ltd
山西晋煤集团泽州天安润宏煤业有限公司	Shanxi Jinmei Group Tian'anrunhong Coal Co.,Ltd
山西省晋城晋普山煤矿	Shanxi Jincheng Jinpushan Coal Mine
山西沁和能源集团南凹寺煤业有限公司	Shanxi Qinhe Energy Group Nan'aosi Coal co.,Ltd
山西阳城阳泰集团尹家沟煤业有限公司	Shanxi Yangcheng Yangtai Group Yinjiagou Coal Co.,Ltd
山西省高平市泫氏铸业有限公司	Gaoping Xuanshi Casting Co.,Ltd
山西阳城皇城相府集团皇联煤业有限公司	Shanxi Yangcheng Huangchengxiangfu Group Huanglian Coal Co.,Ltd
泽州县金秋铸造有限责任公司	Zezhou Jinqiu Foundry Co.,Ltd
高平市福鑫铸管有限责任公司	Gaoping Fuxin Casting Tube Co.,Ltd
山西江淮重工有限责任公司	Shanxi Jianghuai Heavy Industry Co.,Ltd

20-2 续表11 continued

法人单位名称	Name of Corporation Units
山西高平科兴游仙山煤业有限公司	Shanxi Gaoping Kexingyouxianshan Coal Co.,Ltd
山西高平科兴前和煤业有限公司	Shanxi Gaoping Kexingqianhe Coal Co.,Ltd
晋城市兴达铸件有限公司	Jincheng Xingda Casting Co.,Ltd
山西阳城阳泰集团白沟煤业有限公司	Shanxi Yangcheng Baigou Coal Co.,Ltd
陵川金隅水泥有限公司	Lingchuan Jinyu Cement Co.Ltd.
山西煤炭运销集团裕兴煤业有限公司	Shanxi Coal Transportation and Sales Group Yuxing Coal Co.,Ltd
山西高平青龙同昌煤业有限公司	Shanixi Gaoping Qinglongtongchang Co.,Ltd
晋城市硕阳光电有限公司	Jincheng Shuoyang Optoelectronics Co.,Ltd
山西阳城皇城相府集团史山煤业有限公司	Shanxi Yangchengxiangfu Group Shishan Coal Co.,Ltd
晋城沁泽焦化有限公司	Jincheng Qinze Coking Co.,Ltd
高平市维高水泥制造有限公司	Gaoping Weigao Cement Manufacture Co.,Ltd
晋城市金工汽车配件有限公司	Jincheng Jingong Auto Parts Co.,Ltd
山西绿洲纺织有限责任公司	Shanxi Lvzhou Textile Co.,Ltd
晋城市路宝汽车铝部件制造有限公司	Jincheng Lubao Aluminum Parts Manufacture for Autos Co.,Ltd
山西省高平化工有限公司	Shanxi Gaoping Chemical Industry Co.,Ltd
山西阳城阳泰集团伏岩煤业有限公司	Shanxi Yangcheng Yangtai Group Puyan Coal Co.,Ltd
晋城市热力公司	Jincheng Heat Power Company
山西晋煤集团泽州天安圣华煤业有限公司	Shanxi Jinmei Group Zezhoutian'an Shenghua Coal Co.,Ltd
山西煤炭运销集团南河煤业有限公司	Shanxi Coal Transportation and Sales Group Nanhe Coal Co.,Ltd
山西晋城汉通机械有限公司	Shanxi Jincheng Hantong Machinery Co.,Ltd
山西煤炭运销集团掌石沟煤业有限公司	Shanxi Goal Transportation and Sales Group Co.,Ltd,
山西骏通铸管有限公司	Shanxi Juntong Casting Pipe Co.,Ltd
山西兰花集团北岩煤矿有限公司	Shanxi Lanhua Group Beiyan Coal Mine Co.,Ltd
山西晋煤集团泽州天安海天煤业有限公司	Shanxi Jinmei Group Zezhoutian'an Haitian Coal Co.,Ltd
山西高平科兴米山煤业有限公司	Shanxi Gaoping kexingmishan Coal Co.,Ltd
晋城市东方实业发展有限公司	Jincheng Dongfang Industry & Commerce Co.,Ltd
晋城海斯制药有限公司	Jincheng Haisi Pharmaceutical Co.,Ltd
山西沁和能源集团曲堤煤业有限公司	Shanxi Qinhe Energy Group Qudi Coal Co.,Ltd
山西阳城皇城相府集团大桥煤业有限公司	Shanxi Yangchengxiangfu Group Daqiao Coal Co.,Ltd
山西天巨重工机械有限公司	Shanxi Tianju Heavy Industry Co.,Ltd
山西航空发动机维修有限责任公司	Shanxi Aeroengine Maintenance Co.,Ltd
陵川鑫源冶炼有限责任公司	Lingchuan Xinyuan Smelting Co.,Ltd
晋城市恒光热力有限公司	Jincheng Hengguan Heat Power Co.,Ltd
晋城市健牛工贸有限公司	Jincheng Jianniu Industry and Trade Co.,Ltd
山西高平科兴平泉煤业有限公司	Shanxi Gaoping kexingpingquan Coal Co.,Ltd
晋城市煤气开发利用中心	Jincheng Gas Exploitation Center
晋城凤凰实业有限责任公司	Jincheng Fenghuang Industry Co.,Ltd
山西省沁城煤矿	Shanxi Qincheng Coal Mine

20-2 续表12 continued

法人单位名称	Name of Corporation Units
晋城市金工铸业有限公司	Jincheng Jinguang Foundry Co.,Ltd
山西吉利尔潞绸织造股份有限公司	Shanxi Jilier Silk Co,Ltd.
晋城市晨晖管业有限公司	Jincheng Chenhui Pipe Industry Co.,Ltd
晋城市自来水公司	Jincheng Tap Water Company
阳城福龙陶瓷有限公司	Yangcheng Ceramic Co.,Ltd
山西阳城西冯街煤业有限责任公司	Shanxi Yangcheng Xifeng Coal Co.,Ltd
山西森鹅服装有限公司	Shanxi Sen'e Garment Company
泽州县榕鑫精密铸造有限公司	Zezhou Rongxin Precision Casting Co.,Ltd
山西晋煤集团泽州天安高都煤业有限公司	Shanxi Jinmei Group Zezhoutian'an Gaodu Coal Co.,Ltd
山西福川制铁有限公司	Shanxi Fuchuan Iron Co.,Ltd
阳城县龙飞陶瓷有限公司	Yangcheng Longfei Ceramic Co.,Ltd
阳城县侨枫瓷业有限公司	Yangcheng Qiaofeng Ceramics Co.,Ltd
山西陵川崇安关岭山煤业有限公司	Shanxi Lingchuan Chong'anguanlingshan Co.,Ltd
山西阳城阳泰集团宇昌煤业有限公司	Shanxi Yangcheng Yangtai Group Yuchang Coal Co.,Ltd
中煤平朔煤业有限责任公司	National Coal Pingshuo Coal Industry Co.,Ltd
中煤集团山西金海洋能源有限公司	National Coal Group Shanxi Jinhaiyang Energy Co.,Ltd
山西晋能集团朔州能源发展有限公司	Shanxi Jinneng Group Shuozhou Energy Development Co.,Ltd
山西中煤平朔宇辰有限公司	Shanxi Zhongmei Pingshuoyuchen Co.,Ltd
山西大唐国际神头发电有限责任公司	Shanxi Datang International Shentou Power Co.,Ltd
国网能源开发有限公司神头第二发电厂	State Grid Energy Development Co.,Ltd Shentou Second Power Plant
山西中煤东坡煤业有限公司	Shuozhou Shuochengqu Dongpo Coal Mine
山西朔州山阴金海洋五家沟煤业有限公司	Shanxi Shuozhou Shanyin Jinhaiyang Wujiagou Coal Co.,Ltd
怀仁联顺玺达能源有限公司柴沟煤矿	Huairen Lianshunxida Energy Co.,Ltd, Chaigou Coal Mine
大同煤矿集团铁峰煤业有限公司	Datong Coal Mine Group Tiefeng Coal Co.,Ltd
山西雅士利乳业有限公司	Shanxi Yashily Dairy Co.,Ltd
山西神头发电有限责任公司	Shanxi Shentou Power Co.,Ltd
山西中煤杨涧煤业有限公司	Shanxi Zhongmei Yangjian Coal Co.,Ltd
山西朔州山阴金海洋马营煤业有限公司	Shanxi Shuozhou Shanyin Jinhaiyang Maying Coal Co.,Ltd
大同煤矿集团朔州朔煤小峪煤矿	Datong Coal Mine Group Shuo Zhou Xiaoyu Coal Mine
山西华美奥能源集团有限公司	Shanxi Huameiao Energy Group Co.,Ltd
山西山阴芍药花煤业有限公司	Shanxi Shanyin Peony Flowers Coal Industry Co.,Ltd
山西中煤担水沟煤业有限公司	Shanxi Zhongmei Danshuigou Coal Co.,Ltd
山西朔州平鲁区芦家窑煤矿有限公司	Shanxi Shuozhou Lujiayao Coal Co.,Ltd
山西朔州平鲁区后安煤炭有限公司	Shanxi Shuozhou Houan Coal Co.,Ltd
山西京玉发电有限责任公司	Shanxi Jingyu Power Co.,Ltd
山西古城乳业集团有限公司	Shanxi Gucheng Milk Product Group Co.,Ltd
山西朔州平鲁区龙矿大恒煤业有限公司	Shanxi Shuozhou Longkuangdaheng Coal Co.,Ltd
山西朔州平鲁区华美奥冯西煤业有限公司	Shouzhou Pingluqu Huameiao Fengxi Coal Co.,Ltd

20-2 续表13 continued

法人单位名称	Name of Corporation Units
山西右玉东洼北煤业有限公司	Shanxi Youyu Dongwabei Coal Co.,Ltd
大同煤矿集团朔州朔煤王坪煤电有限责任公司	Shanxi Shuozhou Wangping Coal&Electric Group Co.,Ltd
山西怀仁中能芦子沟煤业有限责任公司	Shanxi Huanren Zhongnengluzigou Coal Co.,Ltd
山西中煤西沙河煤业有限公司	Shanxi ChinaCoal Xishahe Coal Co.,Ltd
怀仁县虎龙沟联营煤矿	Huairen Hugou Joint-venture Coal Mine
山西怀仁峙峰山煤业有限责任公司	Shanxi Huairen Shifengshan Coal Co.,Ltd
大同煤矿集团建材有限责任公司	Datong Coal Mine Group Tiefeng Coal Co.,Ltd
山西晶都太阳能电力有限公司	Shanxi Jingdu Solar Power Co.,Ltd
山西右玉玉龙煤业有限公司	Shanxi Youyu Yulong Coal Co.,Ltd
山西平朔泰安煤业有限责任公司	Shanxi Pingshuo Taian Coal Co.,Ltd
山西省梨花春酿酒集团有限公司	Shanxi Lihuachun Brewery Group Co.,Ltd
朔州天成电冶有限公司	Shuozhou Tiancheng Electroforming Co.Ltd
朔州金圆水泥有限公司	Shuozhou Jinyuan Cement Co.,Ltd
山西晋能集团山阴冶金有限责任公司	Shanxi Jinnengkangzhuang Shanyin Metallurgical Co.,Ltd
朔州市平鲁区白芦煤矿	Shuozhou Pinglu Bailu Coal Mine
山西山阴宝山腰寨煤业有限公司	Shanxi Shanyin Yaozhai Coal Industry Co.,Ltd
山西朔州平鲁区森泰煤业有限公司	Shanxi Shuozhou Sentai Coal Co.,Ltd
山西天鹏农牧有限公司	Shanxi Tianpeng Farming and Animal Husbandry Co.,Ltd
大同市焦煤矿有限责任公司	Datong Coal Coking Co.,Ltd
山西山阴华夏煤业有限公司	Shanxi Shanyin Huaxia Coal Co.,Ltd
山阴县康喜奶业有限责任公司	Shanyin Kangxi Dairy Co.,Ltd
应县正东陶瓷有限责任公司	Yingxian Zhengdong Ceramics Co.,Ltd
怀仁县热源厂	Huairen Heat Source Plant
山西教场坪集团玉岭煤业有限公司	Shanxi Jiaochangping Group Yuling Coal Co.,Ltd
山西西易能源集团股份有限公司	Shanxi Xiyi Energy Co.,Ltd
山西山阴县宝山玉井煤业有限公司	Shanxi Shanyin Baoshanyujing Coal Co.,Ltd
山西怀仁南窑晋通砂石煤业有限公司	Shanxi Huairen Nanyao Jintongshashi Coal Co.,Ltd
山西葫芦堂煤业有限公司	Gourd Hall Coal Co. Ltd., Shanxi
山西右玉元堡煤业有限责任公司	Shanxi Youyu Yuanbao Coal Co.,Ltd
朔州中粮糖业有限公司	Shuozhou Zhongliang Sugar Industry Co.,Ltd
山西右玉教场坪煤业有限公司	Shanxi Youyu Jiaochangping Coal Co.,Ltd
朔州市平鲁区平安化肥有限责任公司	Shuoxhou Pinglu Ping'an Fertilizer Co.,Ltd
北京韩建河山管业股份有限公司朔州分公司	Beijing Hanjianheshan Tube Co,Ltd, Shanxi Branch
山西三元炭素有限责任公司	Shanxi Sanyuan Carbon Co.,Ltd
山西燕京啤酒有限公司	Yanjing Beer Co.,Ltd, Shanxi
山阴县石星化工有限责任公司	Shanyin Shixing Chemical Industry Co.,Ltd
应县顺鑫陶瓷有限公司	Yingxian Shunxin Ceramics Co.,Ltd
应县东进陶瓷有限公司	Yingxian Dongjin Ceramics Co.,Ltd

20-2 续表14 continued

法人单位名称	Name of Corporation Units
怀仁宏丰建材有限责任公司	Huairen Fenghong Building Materials Co.,Ltd
应县天美瓷业有限责任公司	Yingxian Tianmei Ceramics Co.,Ltd
怀仁县佳美乐陶瓷有限责任公司	Huairen Jiameile Ceramics Co.,Ltd
怀仁恒源瓷业有限公司	Huairen Henyuan Ceramics Co.,Ltd
怀仁玉珑瓷业有限责任公司	Huairen Yulong Ceramics Co.,Ltd
应县欣宇陶瓷有限公司	Yingxian Xinyu Ceramics Co.,Ltd
应县盛福瓷业有限公司	Yingxian Shengfu Ceramics Co.,Ltd
怀仁嘉吉陶瓷有限责任公司	Huairen Jiaji Ceramics Co.,Ltd
朔州市自来水公司	Shuozhou Water Supply Company
大同煤矿集团同生安平煤业有限公司	Datong Coal Mine Group Tongshengping'an Coal Co.,Ltd
朔州市朔城区李大煤矿	Shuozhou Shuocheng District Lida Coal Mine
大同煤矿集团同生峪沟煤业有限公司	Datong Coal Mine Group Tongshengyugou Coal Co.,Ltd
同煤浙能麻家梁煤业有限责任公司	TongmeiZheneng Majialiang Coal Co.,Ltd
山西汾西矿业（集团）有限责任公司	Shanxi Fenxi Mine Group Chemical Industry Co.,Ltd
山西新泰钢铁有限公司	Shanxi Jiexiu City Xintai Iron & Steel Co.,Ltd
山西安泰控股集团有限公司	Shanxi Antai Share-holding Co.,Ltd
山西省平遥煤化(集团)有限责任公司	Shanxi Pingyao Coal Chemaical Group Co.,Ltd
山西新元煤炭有限责任公司	Shanxi Xinyuan Coal Co.,Ltd
山西榆社化工股份有限公司	Shanxi Yushe Chemical Co.,Ltd
山西平遥峰岩煤焦集团有限公司	Shanxi Pingyao Fengyan Coking Co.,Ltd
山西灵石天聚鑫源煤业有限公司	Shanxi Lingshi Juxinyuan Coal Co.,Ltd
山西省焦炭集团益隆焦化股份有限公司	Shanxi Coking Group Co., Ltd, Yi Long Company
灵石县中煤九鑫焦化有限责任公司	Lingshi County Jiuxin Coking Coal Co.,Ltd
山西省焦炭集团益兴焦化股份有限公司	Shanxi Coking Group Co., Ltd, Yi Xing Company
山西义棠煤业有限责任公司	Shanxi Yitang Coal Co.,Ltd
山西宏安焦化科技有限公司	Shanxi Hongan Coking Co.,Ltd
山西榆次国联制管有限公司	Shanxi Yuci Guolian Pipe-Manufaturing Co.,Ltd
山西平舒煤业有限公司	Shu-Ping, Shanxi Coal Co.,Ltd
国投昔阳能源有限责任公司	SDIC Xiyang Energy Co.,Ltd
介休市昌盛煤气化有限公司	Jiexiu Changsheng Coal Gasfication Co.,Ltd
阳煤集团寿阳开元矿业有限责任公司	Yangquan Coal Group Shouyang Kaiyuan Mine Co.,Ltd
经纬纺织机械股份有限公司榆次分公司	Jingwei Textile Machine Share Co.,Ltd Yuci Branch Company
山西省灵石存山实业有限公司	Shanxi Lingshi Cunshan Industry Co.,Ltd
山西寿阳段王煤业集团有限公司	Shanxi Shouyangduanwang Coal Co.,Ltd
华能榆社发电有限责任公司	Huaneng Yushe Power Co.,Ltd
山西金恒化工集团股份有限公司	Shanxi Jinheng Chemical Industry Group Co.,Ltd
山西阳煤寺家庄煤业有限责任公司	Shanxi Yangmei Sijiazhuang Coal Co.,Ltd
山西省晋中万邦工贸有限公司	Shanxi Jinzhong Wanbang Industry & Commerce Co.,Ltd

20-2 续表15 continued

法人单位名称	Name of Corporation Units
山西太谷恒达煤气化有限公司	Shanxi Taigu Hengda Gas Co.,Ltd
山西昔阳丰汇煤业有限责任公司	Shanxi Xiyang Fenghui Coal Co.,Ltd
山西省平遥县龙海实业有限公司	Shanxi Pingyao Longhai Industry & Commerce Co.,Ltd
山西汾西紫金煤业有限责任公司	Shanxi Fenxi Ziji Coal Co.,Ltd
山西茂胜煤化集团有限公司	Mao–Sheng, Shanxi Coal Group Co.,Ltd
山西聚源煤化有限公司	Shanxi Juyuan Coal Co.,Ltd
山西金昌煤炭气化有限公司	Shanxi Jinchang Coal Gasify Co.,Ltd
阳煤集团长沟煤矿有限责任公司	Yangquan Coal Group Changgou Coal Mine Co.,Ltd
山西天星煤气化有限公司	Shanxi Star Coal Gasification Co.,Ltd
山西大华玻璃实业有限公司	Shanxi Dahua Glass Industry & Commerce Co.,Ltd
山西神龙能源焦化有限责任公司	Shanxi Shenlong Energy Coking Co.,Ltd
山西丹源碳素股份有限公司	Shanxi Danyuan Carbon Share Holding Co.,Ltd
晋中新大宇不锈钢制品有限公司	Jinzhong Xindayu Stainless Products Co.,Ltd
山西保利铁新煤业有限公司	Shanxi Lingshi Baolitiexin Coal Co.,Ltd
山西介休三盛焦化有限公司	Shanxi Jiexiusansheng Coking Co.,Ltd
山西榆次北山煤业有限公司	Shanxi Yuci Beishan Coal Co.,Ltd
山西石港煤业有限责任公司	Shanxi Shigang Coal Industry Co.,Ltd
山西省平遥牛肉集团有限公司	Shanxi Pingyao Beef Group Co.,Ltd
山西远力黄金冶炼股份有限公司	Shanxi Yuanli Gold Smelting Co.,Ltd
阳泉煤业集团和顺新大地煤业有限公司	Yangquan Coal Group Heshun Xindadi Coal Co.,Ltd
山西和顺天池能源有限责任公司	Shanxi Heshun Tianchi Energy Co.,Ltd
山西灵石银源新生煤业有限公司	Shanxi Lingshi Yinyuanxinsheng Coal Co.,Ltd
山西昔阳安顺三都煤业有限公司	Shanxi Xiyang Anshunsandu Coal Co.,Ltd
山西博大集团寿阳京鲁煤业有限责任公司	Shanxi Boda Group Shouyang Jinglu Energy Co.,Ltd
山西昔阳运裕煤业有限责任公司	Shanxi Xiyang Yunyu Coal Co.,Ltd
山西经纬合力机械制造公司	Shanxi Jingwei Heli Machinery Making Company
山西介休大佛寺煤业有限公司	Shanxi Jiexiu Dafosi Coal Co.,Ltd
山西和顺正邦煤业有限公司	Shanxi Heshun Zhengbang Coal Co.,Ltd
榆次液压有限公司	Yuci Hydraulic Pressure Co.,Ltd
山西寿阳段王集团平安煤业有限公司	Shanxi Shouyang Duanwang Group Ping'an Coal Co.,Ltd
山西广生医药包装股份有限公司	Shanxi Guangsheng Pharmacy Package Share Holding Co.,Ltd
山西介休义棠倡源煤业有限公司	Shanxi Jiexiu Yitangchangyuan Coal Co.,Ltd
山西寿阳段王集团友众煤业有限公司	Shanxi Shouyang Duanwang Group Youzhong Coal Co.,Ltd
白象食品股份有限公司山西分公司	Baixiang Food Co,Ltd, Shanxi Branch
经纬机械（集团）有限公司	Jingwei Mechanical Group Co.,Ltd
山西潞安集团和顺李阳煤业有限公司	Shanxi Lu'an Group Heshun Liyang Coal Co.,Ltd
汾西矿务局工贸总公司	Fenxi Mining Industry & Trade Company
山西灵石华瀛荡荡岭煤业有限公司	Shanxi Lingshi Huaying Dangdangling Coal Co.,Ltd

20-2 续表16 continued

法人单位名称	Name of Corporation Units
山西保利合盛煤业有限公司	Shanxi Baolihesheng Coal Co.,Ltd
山西和顺正邦神磊煤业有限公司	Shanxi Heshun Zhengbangshenlei Coal Co.,Ltd
智海企业集团榆次水泥有限公司	Zhihai Enterprise Group Yuci Cement Co.,Ltd
山西宏艺玻璃器皿有限责任公司	Shanxi Macro Art Glassware Co.,Ltd
山西省晋中灵石煤矿有限公司	Shanxi Jinzhong Lingshi Coal Mine Co.,Ltd
山西三佳化工新材料有限公司	Shanxi Sanjia Chemical Industry New Materials Co.,Ltd
山西利民工业有限责任公司	Shanxi Limin Industry Co.,Ltd
山西寿阳潞阳麦捷煤业有限公司	Shanxi Shouyang Yangmaijie Coal Co.,Ltd
山西路鑫能源集团有限公司	Shanxi Luxin Energy Group Co.,Ltd
山西强伟纸业有限公司	Shanxi Weiqing Paper Co.,Ltd
山西灵石华瀛金泰源煤业有限公司	Shanxi Lingshi Yingjintai Coal Co.,Ltd
山西灵石华瀛孙义煤业有限公司	Shanxi Lingshi Huayingsunyi Coal Co.,Ltd
平遥县昌旺洗煤有限公司	Shanxi Pingyao Changwang Coal Washing Co.,Ltd
山西灵石天聚鑫辉源煤业有限公司	Shanxi Lingshi Tianjuxinhuiyuan Coal Co.,Ltd
山西灵石红杏广进宝煤业有限公司	Lingshi Hongxingguangjinbao Co.,Ltd
山西灵石银源兴庆煤业有限公司	Shanxi Lingshi Shiyinyuanxingqing Coal Co.,Ltd
山西灵石银源安苑煤业有限公司	Shanxi Lingshi Yinyuan'anyuan Coal Co.,Ltd
山西亮宇炭素有限公司	Shanxi Pingyao Liangyu Carbon Co.,Ltd
山西灵石银源华强煤业有限公司	Shanxi Lingshi Yinyuanhuaqiang Coal Co.,Ltd
山西汾西瑞泰井矿正明煤业有限公司	Shanxi Zuoquan Hongyuan Coal Chemistry Co.,Ltd
山西省焦炭集团益达化工股份有限公司	Shanxi Coking Coal Group Yida Chemical Co.,Ltd
山西煤炭进出口集团左权宏远煤业有限公司	Shanxi Coal Import and Export Group Zuoquan Hongyuan Coal Co.,Ltd
山西汾西瑞泰井矿正珠煤业有限公司	Shanxi Fenxi Ruitaijing Mine Zhengzhu Coal Co.,Ltd
山西灵石红杏旺盛煤业有限公司	Shanxi Lingshi Hongxingwangsheng Coal Co.,Ltd
山西晶鹏玻璃器皿有限公司	Shanxi Jingpeng Glassware Co.,Ltd
山西灵石银源新安发煤业有限公司	Shanxi Lingshi Yinyuanxin'anfa Co.,Ltd
山西昔阳乐安煤业有限公司	Shanxi Xiyang Lean Coal Co.,Ltd
北京红星股份有限公司六曲香分公司	Beijing Hongxing Share-holding Co.,LtdLiuquxiang Branch
山西利民车辆配件有限责任公司	Shanxi Limin Vehicle Parts Co.,Ltd
山西寿阳潞阳昌泰煤业有限公司	Shanxi Shouyang Luyangchangtai Coal Co.,Ltd
山西灵石华瀛冯家坛煤业有限公司	Shanxi Lingshi Huaying Fengjiatan Coal Co.,Ltd
昔阳县胜利煤业有限责任公司	Xiyang Shengli Coal Industry Co.,Ltd
左权县鑫瑞冶金矿山有限公司	Zuoquan Xinrui Metallurgical Mine Co.,Ltd
山西潞安集团和顺一缘煤业有限责任公司	Shanxi Lu'an Group Heshunyiyang Coal Co.,Ltd
山西榆次北山兴安煤业有限公司	Shanxi Yuci Beifangxing'an Coal Co.,Ltd
山西焦煤集团介休正益煤业有限公司	Shanxi Coking Coal Group Jiexiu Zhengyi Coal Co.,Ltd
山西煤炭运销集团寿阳亨元煤业有限公司	Shanxi Coal Transportation and Sales Group Shouyang Hengyuan Coal Co.,Ltd
山西平遥华兴电机铸造有限公司	Shanxi Pingyao Huaxing Motor Casting Co.,Ltd

20-2 续表17 continued

法人单位名称	Name of Corporation Units
山西灵石华瀛天星集广煤业有限公司	Shanxi Lingshi Huayingtianxing Jiguang Coal Co.,Ltd
山西双合成工贸有限公司	Shanxi Shuanghecheng Industrial and Trading Co.,Ltd
华润雪花啤酒（山西）有限公司	Huarun Xuehua Beer Shanxi Co.,Ltd
山西潞安集团左权阜生煤业有限公司	Shanxi Lu'an Group Zuoquan Fusheng Coal Co.,Ltd
山西三晋碳素股份有限公司	Shanxi Sanjin Carbon Share Holding Co.,Ltd
山西左权佳新能源有限责任公司	Shanxi Zuoquan Jiaxin Energy Co.,Ltd
山西振东安特生物制药有限公司	Shanxi Shanyin Yaozhai Coal Industry Co.,Ltd
山西省平遥县永华铸造有限公司	Shanxi Pingyao Yonghua Casting Co.,Ltd
山西煤炭运销集团晋中紫金煤业有限公司	Shanxi Coal Transportation and Sales Group Jinzhong Zijin Coal Co.,Ltd
山西广誉远国药有限公司	Shanxi Guangyuyuan Chinese Medicine Co.,Ltd
山西省平遥县巨隆福利铸造有限公司	Shanxi Pingyao Julongfuli Casting Co.,Ltd
山西灵石华瀛天星柏沟煤业有限公司	Shanxi Lingshi Huayingtianxing Baigou Coal Co.,Ltd
阳煤集团寿阳景福煤业有限公司	Yangquan Coal Group Shouyang Jingfu Coal Co.,Ltd
左权鑫源热电有限责任公司	Zuoquan Xinyuan Thermoelectric Co.,Ltd
山西太谷玛钢有限责任公司	Shanxi TaiguMa Steel Co.,Ltd
山西晋中榆次施家凹煤业有限责任公司	Shanxi Jinzhong Yuci Shijiaao Coal Co.,Ltd
山西省平遥减速器厂	Shanxi Pingyao Decelerate Machine Plant
山西永强电气有限公司	Shanxi Yongqiang Electric Co.,Ltd
银亿宏峰矿业有限公司	Yinyihongfeng Coal Mine Co.,Ltd
山西西姆东海炭素材料有限公司	Shanxi Ximudonghai Carbon Materials Co.,Ltd
太谷县昌鸿电力玛钢金具有限公司	Taigu Changhong Power Malleable Iron Fittings Co.,Ltd
山西保利金庄煤业有限公司	Shanxi Baoli Jinzhuang Coal Co.,Ltd
山西灵石红杏鑫鼎泰煤业有限公司	Shanxi Lingshi Hongxingxindengtai Coal Co.,Ltd
介休市煜业选煤有限公司	Jiexiu Yuye Coal Dressing Co.,Ltd
山西太谷明兴碳素玛钢有限公司	Shanxi Taigu Mingxing Carbon Malleable Iron Co.,Ltd
山西省东华制衣有限责任公司	Shanxi Province Donghua Garment Plant
太谷西蒙铸锻有限公司	Taigu Ximeng Casting Co.,Ltd
昔阳县天圆化工有限责任公司	Xiyang Tianyuan Chemical Industry Co.,Ltd
北京燕京啤酒（晋中）有限公司	Yanjing Beer Co.,Ltd, Shanxi
山西潞安集团左权五里堠煤业有限公司	Shanxi Lu'an Group Zuoquan Wulihou Coal Co.,Ltd
山西俄铝碳素有限公司太谷分公司	Lingshi Yutai Coking Co.,Ltd
山西格芙兰纺织有限公司	Shanxi Gefulan Textile Co.,Ltd
山西华茂纺织有限公司	Shanxi Huamao Textile Co.,Ltd
山西利民机电有限责任公司	Shanxi Liming Mechanical and Electrical Co.,Ltd
晋中供水有限责任公司	Jinzhong Water-supplying Co.,Ltd
山西省平遥县永坚重型铸造有限公司	Shanxi Pingyao Yongjian Heavy Casting Co.,Ltd
山西瑞泰灵石正丰煤业有限公司	Shanxi Ritai Lingshizhengfeng Coal Co.,Ltd
祁县光华玻璃有限公司	Qixian Guanghua Glass Co.,Ltd

20-2 续表18 continued

法人单位名称	Name of Corporation Units
山西祁县会龙玻璃器皿有限公司	Shanxi Qixian Huilong Glassware Co.,Ltd
山西巍山煤业有限公司	Shanxi Weishan Coal Co.,Ltd
山西介休大佛寺桃园煤业有限公司	Shanxi Jiexiu Dafosi Taoyuan Coal Co.,Ltd
山西左权鑫顺煤业有限公司	Shanxi Zuoquan Xinshun Coal Co.,Ltd
山西安益洪山陶瓷有限公司	Shanxi Anyi Hongshan Ceramics Co.,Ltd
山西煤炭运销集团左权盘城岭煤业有限公司	Shanxi Coal Transportation and Sales Group Zuoquan Panchengling Coal Co.,Ltd
山西煤炭运销集团夏门煤业有限公司	Shanxi Coal Transportation and Sales Group Xiamen Coal Co.,Ltd
山西丰盛尔鹏玻璃工艺制品有限公司	Shanxi Fengsheng'epeng Glassware Co.,Ltd
山西灵石华苑煤业有限公司	Shanxi Lingshi Huayuan Coal Co.,Ltd
海鑫钢铁集团有限公司	Haixin Steel Group Co.,Ltd
山西阳煤丰喜肥业（集团）有限责任公司	Shanxi Yangmeifengxi Fertilizer Group Co.,Ltd
山西阳光焦化集团股份有限公司	Shanxi Yangguang Coking Group Co.,Ltd
山西华泽铝电有限公司	Shanxi Huaze Aluminum and Electric Co.,Ltd
山西高义钢铁有限公司	Shanxi Gaoyi Steel and Iron Co.,Ltd
永济市新时速电机电器有限责任公司	Yongji New Time Speed Electric Machinery Co.,Ltd
中国铝业股份有限公司山西分公司	China Aluminium Share Co.,Ltd Shanxi Branch Company
山西宏达钢铁集团有限公司	Shanxi Hongda Steel Group Co.,Ltd
山西省绛县明迈特有限公司	Shanxi Jiangxian Mingmaite Co.,Ltd
山西华圣铝业有限公司	Shanxi Huasheng Aluminum Co.,Ltd
山西粟海集团有限公司	Shanxi Shuhai Group Co.,Ltd
山西大运汽车制造有限公司	Shanxi Dayun Automobile Manufacture Co.,Ltd
山西忠民集团有限公司	Shanxi Zhongming Group Co.,Ltd
中条山有色金属集团有限公司	Zhongtiaoshan Nonferrous Metal Group Co.,Ltd
山西阳光焦化集团河津华泰能源有限公司	Shanxi Sunlight Coking Group Hejin Huatai Energy Co.,Ltd
山西关铝股份有限公司	Shanxi Guan Aluminium Group Co.,Ltd
山西东方资源发展有限公司	Shanxi Eastern Resources Development Co.,Ltd
运城市解州九龙潜水电机有限公司	Yuncheng Haizhou Jiulingqianshui Motor Co.,Ltd
亚宝药业集团股份有限公司	Ya-Po Pharmaceutical Group Co.,Ltd, Shanxi
新绛县中信焦化厂	Xinjiang Zhongxin Coking Plant
河津市华鑫源钢铁有限责任公司	Xinjiang Zhongxin Coking Plant
山西漳泽电力股份有限公司河津发电分公司	Shanxi Zhangze Power Co.,Ltd Hejin Branch
际华三五三四制衣有限公司	Jihua 3534 Clothing Co.,Ltd
山西永恒工贸有限公司	Shanxi Yongheng Industry & Commerce Co.,Ltd
山西银光华盛镁业股份有限公司	Shanxi Yinguanghuasheng Magnesium Industry Co.,Ltd
山西鑫升焦化集团有限公司	Xin Sheng, Shanxi Coking Group Co.,Ltd
南风化工集团股份有限公司	Nanfeng Chemical Industry Share Holding Co.,Ltd
山西高义煤化有限公司	Shanxi Gaoyi Coal Industry Co.,Ltd
山西丰喜化工设备有限公司	Shanxi Toyoki Chemical Equipment Co.,Ltd

20-2 续表19 continued

法人单位名称	Name of Corporation Units
威顿水泥集团有限责任公司	Weidun Cement Group Co.,Ltd
山西丰喜华瑞煤化工有限公司	Toyoki Huarui Shanxi Coal Chemical Co.,Ltd
龙门科技集团有限公司	Shanxi Hejin Longmen Group Chief Company
山西永东化工股份有限公司	Shanxi Yongdong Chemical Share Co.,Ltd
山西曙光煤焦集团有限公司	Shanxi Shuguang Coal and Coke Group Co.,Ltd
平陆昌盛不锈钢炉料有限公司	Pinglu Yudong Electric Smelting Group Co.,Ltd
山西兵娟制衣有限公司	Shanxi Qingshan Chemical Industry Co.,Ltd
山西武圣新材料有限公司	Shanxi Wusheng New Material Co.,Ltd
山西恒晟纺织有限公司	Shanxi Hengsheng Textile Co.,Ltd
稷山县晋华焦化有限公司	Jishan Jinhua Coking Co.,Ltd
永鑫实业集团有限公司	Yongxin Industry & Commerce Co.,Ltd
闻喜县瑞格镁业有限公司	Wenxi Ruige Magnesium Co.,Ltd
新绛县宇丰冶炼有限公司	Xinjiang Yufeng Smelting Co.,Ltd
冀东海天水泥闻喜有限责任公司	Jidonghaitian Cement Wenxi Co.,Ltd
中磁科技股份有限公司	Zhongci Technology Co.,Ltd
山西闻喜银光镁业（集团）有限责任公司	Shanxi Wenxi Yinguang Magnesium Group Co.,Ltd
国营华晋冶金铸造厂	State-owned Huajin Metallurgical Casting Plant
闻喜县慧众选煤成套装备有限责任公司	Wenxi Huizhong Coal Selecting Equipment Co.,Ltd
山西华晋纺织印染有限公司	Shanxi Huajin Textile Printing and Dyeing Co.,Ltd
山西省新绛县重庆冶炼有限公司	Shanxi Xinjiang Chongqing Smelting Co.,Ltd
新绛县祥益工贸有限公司	Xinjiang County Xiang Yi Industry & Trade Co.,Ltd
垣曲国泰矿业有限公司	Yuanqu Cathay Pacific Mining Co., Ltd
山西发鑫集团有限公司	Shanxi Faxin Group Co.,Ltd
河津市康庄焦化有限公司	Hejin Kangzhuang Coking Co.,Ltd
山西恒天镁业有限公司	Shanxi Hengtian Magnesium Industry Co.,Ltd
稷山县希尧煤焦有限公司	Jishan Xiyao Coal and Coking Co.,Ltd
山西青山化工有限公司	Shanxi Bingjuan Garments Co.,Ltd
山西八达镁业有限公司	Shanxi Bada Magnesium Co.,Ltd
山西阳煤丰喜化工有限责任公司	Shanxi Yangquan Coal Group Fengxi Chemical Co.,Ltd
永济中农化工有限公司	Yongji Zhongnong Chemical Industry Co.,Ltd
运城市博鸣木业有限公司	Yuncheng Boming Wood Co.,Ltd
山西理成科贸集团有限公司	Shanxi Licheng Technology and Trading Co.,Ltd
运城市绛县开发区通达化工有限公司	Yuncheng Jiangxian Development Tongda Chemical Co.,Ltd
山西三联技术产业集团有限公司	Shanxi Sanlian Technical Industry Group Co.,Ltd
亚新科国际铸造（山西）有限公司	Yaxinke International Casting Co.,Ltd
山西卓里集团有限公司	Shanxi Zhuoli Group Co.,Ltd
山西黑马炭黑有限公司	Shanxi Heima Carbon Co.,Ltd
山西翔宇化工有限公司	Shanxi Xiangyu Chemical Co.,Ltd

20-2 续表20 continued

法人单位名称	Name of Corporation Units
运城市绛县开发区天龙农科贸有限公司	Yuncheng Jiangxian Developing Zone Tianlong Agriculture and Technology Trading Company
华润雪花啤酒（运城）有限公司	Huarun Xuehua Beer Shanxi Co.,Ltd
河津市华晋选煤有限公司	Hejin Huajin Coal Dressing Co.,Ltd
山西金宇粉末冶金有限公司	Shanxi Jinyu Powder Metallurgy Co.,Ltd
山西金星镁业有限公司	Shanxi Jinxing Magnesium Co.,Ltd
永济电机厂工业公司	Yongji Electrical Machinery Plant Industry Company
运城市鑫源骏达木业有限公司	Yuncheng Xinyuan Junda Wood Industry Co.,Ltd
运城关铝热电有限公司	Shanxi Guanlu Group Thermoelectric Co.,Ltd
山西志信化工有限公司	Shanxi Zhixin Chemical Co.,Ltd
山西恒大化工有限公司	Shanxi Hengda Chemical Co.,Ltd
山西华恩机械制造有限公司	Shanxi Huaen Machine Making Co.,Ltd
国营红山机械厂	State-owned Hongshan Machinery Plant
山西达胜金属材料有限公司	Shanxi Dasheng Metal Material Co.,Ltd
山西天海泵业有限公司	Shanxi Tianhai Pump Co.,Ltd
河津市永鑫洗煤有限公司	Hejin Yongxin Coal Washing Co.,Ltd
石药银湖制药有限公司	Shiyaoyinhu Pharmaceutical Co.,Ltd
运城市鑫洲玻璃制品有限公司	Yuncheng Xinzhou Glass Product Co.,Ltd
河津市华晟能源有限公司	Hejin Huasheng Energy Co.,Ltd
山西省运城安瑞节能风机有限公司	Shanxi Yuncheng Anrui Energy-saving Fan Co.,Ltd
山西维之王食品有限公司	Shanxi Weizhiwang Food Co.,Ltd
山西迎太塑料有限公司	Shanxi Yingtai Plastics Co.,Ltd
山西关铝集团有限公司	Shanxi Guanlu Group Co.,Ltd
山西飞宇建材有限公司	Shanxi Feiyu Building Materials Co.,Ltd
山西渝煤科安运风机有限公司	Shanxi Yumei Keanyun Fan Co.,Ltd
运城市空港华雄纺织有限公司	Yuncheng Kongganghaixiong Textile Co.,Ltd
闻喜县振鑫镁业有限责任公司裴社镁厂	Wenxi Zhenxin Magnesium Co.,Ltd Peishe Magnesium Plant
山西华康药业股份有限公司	Shanxi Huakang Pharmacy Share Holding Co.,Ltd
新绛县鸿远纺织有限责任公司	Xinjiang Yufeng Smelting Co.,Ltd
山西达康科工贸集团有限公司	Shanxi Dakang Science Industry & Trade Group Co.,Ltd
晋铝实业总公司	Jinlu Industry & Commerce Chief Company
夏县运力化工有限公司	Xiaxian Yunli Chemical Industry Co.,Ltd
山西金绛食品有限公司	Shanxi Jinjiang Food Co.,Ltd
中信机电车桥有限责任公司	CTTIC Mechanical and Electrical Carrage Co.,Ltd
垣曲县五龙实业有限公司	Yuanqu Wulong Industrial Co.,Ltd
山西合盛工贸有限公司	Shanxi Hesheng Industrial and Trading Co.,Ltd
山西海丰铝业有限责任公司	Shanxi haifeng Aluminum Co.,Ltd
河津市民政福利煤化有限公司	District Welfare Hejin Coal Plant

20-2 续表21 continued

法人单位名称	Name of Corporation Units
山西运城萨瓦莱斯制版有限公司	Shanxi Yuncheng Shawalaisi Plate-making Co.,Ltd
山西三维丰海化工有限公司	Hai Feng Chemical Co.,Ltd, Shanxi 3D
山西天王台建材集团有限公司	Shanxi Tianwangtai Building Group Co.,Ltd
山西闻喜宏富镁业有限责任公司	Shanxi Wenxi Hongfei Magnesium Co.,Ltd
夏县中森木业有限公司	Xiaxian Zhongxin Wood Co.,Ltd
闻喜县宏伟玻璃器皿有限公司	Wenxi Hongwei Glassware Co.,Ltd
夏县鹏晋镁业有限公司	Xiaxian Pengjin Magnesium Co.,Ltd
河津市中达铝业有限公司	Hejin Zhongda Aluminum Co.,Ltd
山西华南纺织有限责任公司	Jishan Huanan Textile Co.,Ltd
山西志峰农科贸有限公司	Shanxi Zhifeng Farming Scientific Commerce Co.,Ltd
中铝集团晋铝耐材有限公司	China Aluminum Group Jinlu Endurance Material Co.,Ltd
山西晋新双鹤药业有限责任公司	Shanxi Jinxin Shuanghe Pharmacy Co.,Ltd
山西津华药业有限公司	Shanxi Jinhua Pharmaceutical Co.,Ltd
朗致集团万荣药业有限公司	Langzhi Group Wanrong Pharmacy Co.,Ltd
山西铝厂水泥厂	Cement Plant of Shanxi Aluminum Plant
永济市凯通印染有限责任公司	Yongji Kaitong Printing Co.,Ltd
山西宇达集团有限公司	Shanxi Yu-Pacific Group Co.,Ltd
山西天石建材有限公司	Shanxi Tianshi Building Material Co.,Ltd
闻喜县新达玻璃器皿有限公司	Wenxi Xinda Glassware Co.,Ltd
永济市中远食品有限公司	Yongji Zhongyuan Food Co.,Ltd
闻喜县宏业玻璃制品有限公司	Wenxi Hongye Glass Products Co.,Ltd
河津市宏泰粉煤灰开发有限公司	Hejin Hongtai Coal Ash Development Co.,Ltd
平陆虞东电冶集团有限责任公司	Pinglu Yudong Electroforming Group Co.,Ltd
运城市引水供水有限公司	Yuncheng Water Supply Co.,Ltd
山西中信燎原机械制造有限公司	Shanxi zhongxinliaoyuan Machinery Manufacturing Co.,Ltd
闻喜县华隆瓷业有限公司	Wenxi Hualong Ceramics Co.,Ltd
国营山西冲压厂	State-owned Shanxi Stamping Plant
闻喜县智利玻璃有限公司	Wenxi Zhili Glass Co.,Ltd
中电投山西铝业有限公司	China Power Investment Group Shanxi Aluminum Co.,Ltd
保德县桥头煤矿	Baode Qiaotou Coal Mine
山西蓝天环保设备有限公司	Shanxi Lantian Environment Protection Equipment Co.,Ltd
山西禹王煤炭气化有限公司	Shanxi Yuwang Coal Gasify Co.,Ltd
忻州华茂精密铸造有限公司	Xinzhou Huamao Fine Foundry Co.,Ltd
大同煤矿集团轩岗煤电有限责任公司	Xuangang Coal and Power Co.,Ltd
山西鲁能河曲发电有限公司	Shanxi Luneng Hequ Power Co.,Ltd
山西宝山矿业有限公司	Shanxi Baoshan Mining Industry Co.,Ltd
山西潞安集团潞宁煤业有限责任公司	Lu'an Group Luning Coal Industry Co.,Ltd
山西晋神沙坪煤业有限公司	Shanxi Jinshen Shaping Coal Co.,Ltd

20-2 续表22 continued

法人单位名称	Name of Corporation Units
黄河万家寨水利枢纽有限公司	Huanghe Wanjiazhai Water Conservancy Center Co.,Ltd
山西鲁能河曲电煤开发有限责任公司	Shanxi Luneng Henqu Electricity and Coal Development Co.,Ltd
宁武县大运华盛煤矿	Ningwu Dayun Huasheng Coal Mine
大同煤矿集团阳方口矿业有限责任公司	Datong CoalGroup Yangfangkou Mineral Industry Co.,Ltd
大同煤矿集团轩岗煤电有限责任公司梨园河煤矿	Xuangang Coal and Power Co.,Ltd
五台云海镁业有限公司	Five Clouds Magnesium Co.,Ltd
繁峙县中兴实业有限公司	Fanshi County Zhongxing Industrial Co.,Ltd
霍州煤电集团晋北煤业有限公司	Houzhou Coal and Electricity Group Jinbei Coal Co.,Ltd
山西河曲晋神磁窑沟煤业有限公司	Shanxi Hequ Jinshenciyaogou Coal Co.,Ltd
代县鑫旺矿业有限公司	Daixian Xinwang Mining Co.,Ltd
山西紫金矿业有限公司	Shanxi Zijin Ore Industry Co.,Ltd
保德县腰庄乡路家沟煤矿	Baode Yaozhuang Lujiagou Coal Mine
繁峙县中兴矿业发展有限责任公司	Fanshi Zhongxing Mine Development Co.,Ltd
山西世德孙家沟煤矿有限公司	Shanxi Shide Sunjiagou Coal Co.,Ltd
阳煤忻州通用机械有限责任公司	Yangquan Coal Group Xinzhou General Machinery Co.,Ltd
保德县五鑫煤业有限责任公司	Baode Wuxin Coal Industry Co.,Ltd
山西同德化工股份有限公司	Shanxi Tongde Chemical Co.,Ltd
忻州市鑫宇煤炭气化有限公司	Xinzhou Xinyu Coal Gasification Co.,Ltd
山西省代县白峪里矿山冶炼有限公司	Shanxi Daixian Baiyuli Mine Smelting Co.,Ltd
代县龙华矿业有限责任公司	Daixian Longhua Coal Co.,Ltd
山西省定襄金瑞高压环件有限公司	Shani Dingxiang Jinrui High Pressure Ring Parts Co.,Ltd
山西泰宝密封有限公司	Shanxi Taibao Seals Co.,Ltd
代县泰丰矿业有限公司	Daixian Taifeng Coal Co.,Ltd
山西忻益铁合金有限公司	Shanxi Xinyi Iron Alloy Co.,Ltd
代县金升铁矿有限公司	Daixian Jinsheng Iron Mine Co.,Ltd
山西忻州神达台基麻地沟煤业有限公司	Shanxi Xinzhou Shendataiji Madigou Coal Co.,Ltd
山西管家营法兰锻造有限公司	Shanxi Guanjiayingfalan Casting Co.,Ltd
山西龙矿盘道煤业有限公司	Shanxi Longguangpandao Coal Co.,Ltd
泰安煤业有限公司	Taian Coal Co.,Ltd
代县兴旺矿业有限公司	Daixian Xingwang Mining Industry Co.,Ltd
山西焦煤集团正兴煤业有限公司	Shanxi Coking Coal Group Zhengxing Coal Co.,Ltd
山西省天桥水电有限公司	Shanxi Tianqiao Hydropower Co.,Ltd
原平市兴胜机械制造有限公司	Yuanping Xingsheng Mechanical Manufacturing Co.,Ltd
山西忻州神达晋保煤业有限公司	Shanxi Xinzhou Shendajinbao Coal Co.,Ltd
山西天柱山化工有限公司	Shanxi Tianzhu Chemical Co.,Ltd
原平市白石选矿有限公司	Yuanping Baishi Coal Dressing Co.,Ltd
山西吉港冠宇水泥有限公司	Shanxi Jigangguangyu Cement Co.,Ltd
繁峙县平型关铁矿有限公司	Fanshi Pingxingguang Iron Mine Co.,Ltd

20-2 续表23 continued

法人单位名称	Name of Corporation Units
山西佳诚液压有限公司	Shanxi Jiacheng Hydraulic Co.,Ltd
原平钢铁有限公司	Yuanping Steel and Iron Co.,Ltd
山西五台山化工有限公司	Shanxi Wutaishan Chemical Co.,Ltd
代县李家庄昌盛铁矿	Daixian Lijiazhuang Changsheng Iron Mine
代县张仙堡冶金矿山有限公司	Daixian Zhangxianbao Metallurgical Mine Co.,Ltd
山西鳌元锻造有限公司	Shanxi Aoyuan Casting Co.,Ltd
保德县泰山矿业有限公司	Baode Taishan Mine Industry Co.,Ltd
山西云中制药有限责任公司	Shanxi Yunzhong Pharmacy Co.,Ltd
山西省原平市化工有限责任公司	Yuanping Chemical Industry Co.,Ltd
山西高陶瓷业有限责任公司	Shanxi Gaotao Ceramics Co.,Ltd
原平市石豹沟煤矿	Yuanping Shibaogou Coal Mine
山西忻州神达栖凤煤业有限公司	Shanxi Xinzhou Shendaxifeng Coal Co.,Ltd
山西省静乐县发电厂	Shanxi Jingle Power Plant
山西立恒钢铁股份有限公司	Shanxi Liheng Steel & Iron Co.,Ltd
山西焦化集团有限公司	Shanxi Coking Group Co.,Ltd
太钢集团临汾钢铁有限公司	Taiyuan Steel Group Linfen Co.,Ltd
酒钢集团翼城钢铁有限责任公司	Jiugang Group Yicheng Steel Co.,Ltd
山西三维集团股份有限公司	Shanxi Sanwei Group Co.,Ltd
山西新临钢钢铁有限公司	Shanxi New Linfen Steel Co.,Ltd
霍州煤电集团有限责任公司	Huozhou Coal and Electricity Group Company
山西通才工贸有限公司	Shanxi Tongcai Industry Trade Co.,Ltd
襄汾县星原钢铁集团有限公司	Xiangfen Xingyuan Steel & Iron Group Co.,Ltd
侯马北铜铜业有限公司	Houma Beitong Copper Co.,Ltd
山西汾河焦煤股份有限公司	Fen River in Shanxi Coking Coal Limited
襄汾县新金山特钢有限公司	Xiangfen Xinjinshang Special Steel Co.,Ltd
山西兆光有限责任公司	Shanxi Zhaoguang Co.,Ltd
山西建邦集团铸造有限公司	Houma Jianbang Steel and Iron Co.,Ltd
山西省翼城城东钢铁有限责任公司	Shanxi Yicheng Chengdong Steel and Iron Co.,Ltd
临汾万鑫达焦化有限责任公司	Linfen Wanxinda Coking Co.,Ltd
山西光大焦化气源有限公司	Shanxi Guangda Coking Gas Co.,Ltd
山西平阳重工机械有限责任公司	Shanxi Pingyang Heavy Machinary Co.,Ltd
蒲县宏源煤业集团有限公司	Puxian Hongyuan Coal Group Co.,Ltd
临汾志强钢铁有限公司	Linfen Zhiqiang Steel & Iron Co.,Ltd
山西春雷铜材有限责任公司	Shanxi Chunlei Copper Co.,Ltd
山西永鑫煤焦化有限责任公司	Shanxi Yongxin Coal Coking Co.,Ltd
山西华宁焦煤有限责任公司	Shanxi Hua'ning Coal and Coke Co.,Ltd
山西中升钢铁有限公司	Shanxi Zhongsheng Steel and Iron Co.,Ltd
曲沃县闽光焦化有限责任公司	Quwo Minguang Coking Co.,Ltd

20-2 续表24 continued

法人单位名称	Name of Corporation Units
古县利达焦化有限公司	Guxian Lida Coking Co.,Ltd
山西寰达实业有限责任公司	Shanxi Zhonghua Huanda Industry and Commerce Co.,Ltd
山西霍宝干河煤矿有限公司	Shanxi Huobaogehe Coal Co.,Ltd
山西同世达煤化工集团有限公司	Shanxi Tongshida Coal Chemical Group Co.,Ltd
山西玉和泰煤业有限公司	Shanxi Yuhetai Coal Co.,Ltd
临汾四通焦化有限公司	Linfen Sitong Coking Co.,Ltd
山西安泽玉华煤业有限公司	Shanxi Anze Yuhua Coal Co.,Ltd
安徽省皖北煤电集团临汾天煜能源发展有限公司	Anhui Wanbei Coal-Electricity Group Linfen Tianyu Energy Development Co.,Ltd
山西翼城首旺煤业有限责任公司	Shanxi Yicheng Shouwang Coal Co.,Ltd
山西太岳焦化有限公司	Shanxi Taiyue Coking Co.,Ltd
山西华强钢铁有限公司	Shanxi Huaqiang Steel Co.,Ltd
古县正泰煤气化有限公司	Guxian Zhengtai Coal Gasification Co.,Ltd
中国国电集团公司霍州发电厂	China Guodian Corporation Huozhou Power Plant
山西远中焦化有限公司	Shanxi Yuanzhong Coking Co.,Ltd
山西恒富煤化集团有限公司	Shanxi Hengfu Coal Group Co.,Ltd
山西安鑫煤业有限公司	Shanxi Anxin Coal Co.,Ltd
襄汾县众泰冶炼实业有限公司	Xiangfen Zhonghe Smelting Co.,Ltd
山西省乡宁县地方国营台头煤矿	Xiangning Local State-owned Taitou Coal Mine
山西省襄汾县宏源煤焦化工有限公司	Shanxi Xiangfen Hongyuan Coal Coking Chemical Co.,Ltd
襄汾县鸿达钢铁集团有限公司	Xiangfen Hongda Coking Co.,Ltd
临汾顺泰实业有限公司	Linfen Shuitai Industry Co.,Ltd
古县晋豫焦化有限公司	Guxian Jinyu Coking Co.,Ltd
翼城县亿通铸业有限公司	Yicheng Yitong Casting Co.,Ltd
山西乡宁焦煤集团台头煤焦有限责任公司	Shanxi Xiangning Coal Coking Group Taitou Coking Co.,Ltd
翼城县飞翔铸管有限公司	Yicheng Feiyang Casting Tube Co.,Ltd
山西华翔投资有限公司	Shanxi Huaxiang Investment Co.,Ltd
襄汾县强盛铁合金厂	Xiangfen Qiangsheng Ferroalloy Factory
霍州煤电集团辛置实业有限公司	Huozhou Coal-Electricity Group Xinzhi Industry Co.,Ltd
晋源实业有限公司	Jinyuan Industry & Commerce Co.,Ltd
隆水实业集团有限公司	Longshui Industry Group Co.,Ltd
山西乡宁焦煤集团神角煤业有限公司	Shanxi Xiangning Coal Coking Group Shenjiao Coal Co.,Ltd
襄汾县新兴冶炼有限公司	Xiangfen Xinxing Smelting Co.,Ltd
山西励鑫钢铁有限责任公司	Shanxi Lixin Steer and Iron Co.,Ltd
大同煤矿集团临汾宏大矿业有限责任公司	Datong Coal Mine Group Linfen Hongda Mine Co.,Ltd
襄汾县晋华焦铁有限公司	Xiangfen Jinhua Coke and Iron Co.,Ltd
汾西县煤气化有限责任公司	Fenxi County Coal Gasification Co.,Ltd
山西省霍州市化学工业有限责任公司	Shanxi Beifangxing'an Chemical Co.,Ltd
霍州中冶焦化有限责任公司	Huozhou Zhongye Coking Co.,Ltd

20-2 续表25 continued

法人单位名称	Name of Corporation Units
山西华晋韩咀煤业有限责任公司	Shanxi Huajinhanju Coal Co.,Ltd
山西乡宁焦煤集团毛则渠煤炭有限公司	Xiangning Maozequ Coal Co.,Ltd
临汾晋能焦化有限公司	Linfen Jinneng Coking Co.,Ltd
山西华翔同创铸造有限公司	Shanxi Huaxiang Tongchuang Casting Co.,Ltd
山西乡宁焦煤集团申南凹焦煤有限公司	Xiangning Shennanwa Coking Coal Co.,Ltd
襄汾县万鑫原焦化有限公司	Xiangfen County Wanxinyuan Coking Co.,Ltd
山西风雷钻具有限公司	Shanxi Fenglei Drilling Co.,Ltd
山西华晋明珠煤业有限责任公司	Shanxi Huajinmingzhu Coal Co.,Ltd
山西宏强煤焦集团有限公司	Shanxi Hongqiang Coal Coking Group Co.,Ltd
古县锦华焦化有限公司	Guxian Jinhua Coking Co.,Ltd
襄汾县腾达焦化厂	Xiangfen County Tengda coking plant
翼城县钰烨铸造有限公司	Yicheng Yuhua Casting Co.,Ltd
山西蔺润煤业有限公司	Shanxi Linrun Coal Co.,Ltd
山西海姿焦化有限公司	Shanxi Haizi Coking Co.,Ltd
翼城县华煜离心球墨铸管有限责任公司	Yicheng Huayu Centrifugal Casting Ductile Iron Pipe Co.,Ltd
山西云鹏制药有限公司	Shanxi Yunpeng Pharmacy Co.,Ltd
山西临汾尧都一平垣什一林煤矿有限公司	Shanxi Linfen Yaodu Sheyi Coal Co.,Ltd
山西古县老母坡煤业有限公司	Shanxi Guxian Laomupo Coal Co.,Ltd
山西永昌源煤气焦化集团有限公司	Shanxi Yongchangyuan Coking Coal Co.,Ltd
山西中条山新型建材有限公司	Shanxi Zhongtiaoshan New Modle Construction Co.,Ltd
古县宝丰焦化有限公司	Guxian Baofeng Coking Co.,Ltd
洪洞华清煤焦化学有限公司	Hongtong Huaqing Coal and Coke Chemicstry Co.,Ltd
山西建滔万鑫达化工有限责任公司	Shanxi Jiantao Wangxinda Chemical Co.,Ltd
翼城县振丰机械制造有限公司	Yicheng Zhengfeng Mechanical Manufacturing Co.,Ltd
山西煤炭运销集团吉县盛平煤业有限公司	Shanxi Coal Transportation and Sales Group Jixian Shengping Coal Co.,Ltd
翼城县大众饲料有限公司	Yicheng Dazhong Feed Co.,Ltd
霍州煤电集团李雅庄工贸有限公司	Huozhou Coal-Electricity Group Liyazhuang Industrial and Trading Co.,Ltd
霍州煤电集团煤化多种经营公司	Pingshuo Coal Industry Company Diversified
汾西县朝阳食品有限责任公司	Fenxi Zhaoynag Food Co.,Ltd
山西古县晋辽柳沟煤业有限公司	Shanxi Guxian Jinliaoliugou Coal Co.,Ltd
山西乡宁隆博煤业有限公司	Shanxi Xiangning Longbo Coal Co.,Ltd
山西蒲县蛤蟆沟煤业有限公司	Shanxi Puxian Hamagou Coal Co.,Ltd
山西金尧焦化有限公司	Shanxi Jinyao Coking Co.,Ltd
山西东诚钢铁有限公司	Shanxi Dongcheng Steel and Iron Co.,Ltd
山西省泓翔煤业有限公司	Shanxi Hongxiang Coal Co.,Ltd
山西潞安集团蒲县常兴煤业有限公司	Shanxi Lu'an Group Puxian Changxing Coal Co.,Ltd
山西临汾染化（集团）有限责任公司	Shanxi Linfen Dying Group Co.,Ltd
山西华德冶铸有限公司	Shanxi Huade Casting Co.,Ltd

20-2 续表26 continued

法人单位名称	Name of Corporation Units
山西汤荣机械制造股份有限公司	Shanxi Tangrong Mechinery Manufacture Co.,Ltd
山西光宇半导体照明股份有限公司	Shanxi Guangyu Semiconductor Lighting Co.,Ltd
国营山西锻造厂	State-owned Shanxi Forging Plant
山西同世达煤化工集团隆顺焦铁有限公司	Shanxi Tongshida Coal Chemical Group Longshun Coke and Iron Co.,Ltd
山西古县晋辽下辛佛煤业有限公司	Shanxi Guxian Jinliao Xiaxinfo Coal Co.,Ltd
霍州煤电集团团柏多种经营公司	Huozhou Coal and Electricity Group Tuanbai Diversified Company
霍州煤电集团白龙多种经营公司	Huozhou Coal and Electricity Group Bailong Diversified Company
曲沃县民政福利企业有限公司	Quwo Social Welfare Enterprise Co.,Ltd
阳泉煤业集团安泽登茂通煤业有限公司	Yangquan Coal Group Anze Dengmaotong Coal Co.,Ltd
山西安吉欣源煤业有限公司	Shanxi Anjixinyuan Co.,Ltd
山西鸿兴煤业有限公司	Shanxi Hongxing Coal Co.,Ltd
侯马市特种机械厂	Houma Special Style Machinary Plant
山西晋宏盛钢铁有限公司	Shanxi Hongsheng Steel and Iron Co.,Ltd
山西潞安集团蒲县伊田煤业有限公司	Shanxi Lu'an Group Puxian Yitian Coal Co.,Ltd
山西登福康煤业有限公司	Shanxi Dengfukang Coal Industry Co.,Ltd
山西巨龙焦化有限公司	Shanxi Julong Coking Co.,Ltd
侯马旺旺食品有限公司	Houma Wang Wang Food Co.,Ltd
山西古县店上煤业有限公司	Shanxi Guxiandianshang Coal Co.,Ltd
山西潞安集团蒲县黑龙关煤业有限公司	Shanxi Lu'an Group Heshunyiyang Coal Co.,Ltd
山西潞安集团蒲县开拓煤业有限公司	Shanxi Lu'an Group Kaituo Coal Co.,Ltd
山西潞安集团蒲县黑龙煤业有限公司	Shanxi Lu'an Group Puxian Heilong Coal Co.,Ltd
侯马市东鑫机械铸造有限公司	Houma Dongxin Machinery Manufacture Foundry Co.,Ltd
侯马普天通信电缆有限公司	Houma Putian Communcation Cable Co.,Ltd
临汾华翔纬泰精工机械有限公司	Linfen Huaxiangweitai Precision Machinery Co.,Ltd
山西晋煤集团洪洞晋圣荣康煤业有限公司	Shanxi Jincheng Coal Group Hongtong Jinshengrongkang Co.,Ltd
山西省临汾市自来水公司	Shanxi Linfen Tap Water Company
襄汾县荣世达机械制造有限公司	Xiangfen Rongshida Mechanical Manufacturing Co.,Ltd
侯马市模范机械制造有限公司	Houma Mofan Machinery Manufacturing Co.,Ltd
山西五江工贸有限公司	Shanxi Wujiang Industry and Trade Co.,Ltd
山西众大纺织有限公司	Shanxi Zhongda Textile Co.,Ltd
山西杏花村汾酒集团有限责任公司	Shanxi Xinghuacun Fengjiu Group Company
山西西山晋兴能源有限责任公司	Shanxi Xishan Jinxing Energy Co.,Ltd
山西中阳钢铁有限公司	Shanxi Zhongyang Steel Co.,Ltd
孝义市兴安化工有限公司	Xiaoyi Xing'an Chemical Co.,Ltd
山西大象农牧集团有限公司	Shanxi Daxiang Farming Co.,Ltd
华晋焦煤有限责任公司	Huajin Coking Coal Co.,Ltd
文水海威钢铁有限公司	Wenshui Haiwei Steel and Iron Co.,Ltd
山西汾西煤化集团公司	Shanxi Fenxi Coalification Group Co.,Ltd

20-2 续表27 continued

法人单位名称	Name of Corporation Units
霍州煤电集团吕梁山煤电有限公司	Huozhou Coal & Electric Group Lvliang Coal & Electric Co., Ltd
山西汾西新峪煤业有限责任公司	Shanxi Fenxi Mine Group Xinyu Coal Mine Co.,Ltd
山西汾西新阳煤业有限责任公司	Shanxi Fenxi Xinyang Coal Co.,Ltd
山西美锦煤化工有限公司	Shanxi Meijin Coal Chemical Industry Co.,Ltd
山西华瑞煤业有限公司	Shanxi Huarui Coal Co.,Ltd
山西汾西新柳煤业有限责任公司	Shanxi Fenxi Xinliu Coal Co.,Ltd
山西华鑫煤焦化实业有限公司	Shanxi Huaxin Coking Coal Industrial Co.,Ltd
山西柳林兴无煤矿有限责任公司	Shanxi Liulin Xingwu Coal Mine Co.,Ltd
山东东岳能源交口肥美铝业有限责任公司	Shandong Dongyue Energy Jiaokoufeimei Alunium Co.,Ltd
山西柳林煤矿有限公司	Shanxi Liulin Coal Mine Co.,Ltd
山西大土河焦化有限责任公司	Shanxi Datuhe Coking Co.,Ltd
山西柳林金家庄煤业有限公司	Shanxi Liulin Jinjiazhuang Coal Co.,Ltd
山西汾西宜兴煤业有限责任公司	Shanxi Fenxi Yixing Coal Co.,Ltd
柳林县凌志大井沟洗煤有限公司	Liulin Lingzhi Dajinggou Coal Washing Co.,Ltd
山西柳林寨崖底煤业有限公司	Shanxi Liulin Zhaiyadi Coal Mine
山西福龙煤化有限公司	Shanxi Fulong Coal Chemical Co.,Ltd
山西柳林汇丰兴业同德焦煤有限公司	Shanxi Liulin Fengxingtongde Coal Co.,Ltd
交城义望铁合金有限责任公司	Jiaocheng Yiwang Ferroalloy Co.,Ltd
山西楼东俊安煤气化有限公司	Shanxi Loudong Jun'an Gasification Co.,Ltd
柳林县兴家沟煤矿凌峰洗煤有限责任公司	Liulin Xingjiagou Lingfeng Coal Washing Co.,Ltd
山西焦煤集团五麟煤焦开发有限责任公司	Shanxi Coal Coking Group Wulin Coal and Coke Development Co.,Ltd
霍州煤电集团吕临能化有限公司	Huozhou Coal Electricity Group Lvlin Chemical Energy Co.,Ltd
山西晋阳煤焦（集团）有限公司	Shanxi Jinyang Coking Coal Group Co.,Ltd
孝义市金晖煤焦有限公司	Xiaoyi Jinhui Coking Co.,Ltd
山西金桃园煤焦化集团有限公司	Shanxi Jintaoyuan Coal Coking Co.,Ltd
山西宏特煤化工有限公司	Shanxi Hongte Coal Chemical Industry Co.,Ltd
山西金岩和嘉能源有限公司	Shanxi Jinyanhejia Energy Co.,Ltd
山西东辉新能股份有限公司	Shanxi Donghui New Energy Share Co.,Ltd
汾阳市金塔山福利煤焦有限公司	Fenxi Jintashan Welfare Coal and Coke Co.,Ltd
柳林县浩博煤焦有限责任公司	Liulin Haobo Coal Coking Co.,Ltd
山西离柳焦煤集团有限公司	Shanxi Liliu Coal and Coke Group Company
柳林县成家庄镇兴家沟煤矿	Shanxi Chengjiazhuang Coal Mine Co.,Ltd
山西柳林王家焉煤矿有限公司	Shanxi Liulin Wangjiayan Coal Mine Co.,Ltd
交口县旺庄生铁有限责任公司	Jiaokou Wangzhuang Pig Iron Co.,Ltd
山西汾西中兴煤业有限责任公司	Shanxi Fenxi Zhongxing Coal Co.,Ltd
山西汾西曙光煤业有限责任公司	Shanxi Fenxi Shuguang Coal Co.,Ltd
山西吕梁中阳梗阳煤业有限公司	Shanxi Lvliang Zhongyang Gengyang Coal Co.,Ltd
山西华润福龙水泥有限公司	Shanxi Runfulong Cement Co.,Ltd

20-2 续表28 continued

法人单位名称	Name of Corporation Units
中国铝业股份有限公司山西分公司孝义铝矿	Xiaoyi Aluminum Mine of Shanxi Aluminum Co.,LtdShanxi Branch
山西吕梁东江煤业有限责任公司	Shanxi Lvliang Dongjinag Coal Co.,Ltd,
山西亚通柳家庄煤业有限公司	Shanxi Yatong Liujiazhuang Coal Co.,Ltd
山西成家庄煤矿有限公司	Shanxi Chengjiazhuang Coal Mine Co.,Ltd
山西利虎玻璃（集团)有限公司	Shanxi Lihu Glass Group Co.,Ltd
山西神州煤业有限责任公司	Shanxi Shenzhou Coal Co.,Ltd
柳林县森泽煤铝有限责任公司	Liulin Senze Coal and Aluminum Co.,Ltd
汾州裕源土特产品有限公司	Fenzhouyuyuan Native Products Co.,Ltd
山西省孝义市新禹煤焦有限责任公司	Shanxi Xiaoyi Xinyu Coking Coal Co.,Ltd
孝义市红沟煤焦有限责任公司	Xiaoyi Honggou Coking Coal Co.,Ltd
孝义市金岩电力煤化工有限公司	Xiaoyi Jinyan Power Coal Chemical Industry Co.,Ltd
山西文峰焦化科技有限公司	Shanxi Wenfeng Coking Technology Co.,Ltd
吕梁永宁煤焦集团有限责任公司	Lvliang Yongning Coal Coking Group Co.,Ltd
山西吉港水泥有限公司	Shanxi Jigang Cement Co.,Ltd
山西曜鑫煤焦有限公司	Shanxi Yaoxin Coking Co.,Ltd
山西柳林大庄煤矿有限责任公司	Shanxi Liulin Dazhuang Coal Mine Co.,Ltd
山西吕梁离石金晖荣泰煤业有限公司	Shanxi Lvliang Lishi Jinhuirongtai Coal Co.,Ltd
山西吕梁离石西山亚辰煤业有限公司	Shanxi Lvliang Lishi Xishanyachen Coal Co.,Ltd
吕梁东义集团煤气化有限公司	Lvliang Dongyi Group Gasification Co.,Ltd
柳林县王家沟煤矿	Liulin Wangjiagou Coal Mine
孝义市晋茂煤焦有限公司	Xiaoyi Jinmao Coking Co.,Ltd
山西柳林哪哈沟煤业有限公司	Shanxi Liulin Nahegou Coal Co.,Ltd
山西兴县金地煤业有限公司	Shanxi Xingxian Jindi Coal Co.,Ltd
山西柳林郭家山煤业有限公司	Shanxi Liulin Guojiashan Coal Co.,Ltd
山西临县华润联盛黄家沟煤业有限公司	Shanxi Linxian Huarunliansheng Huangjiagou Coal Co.,Ltd
山西中阳华润联盛苏村煤业有限公司	Shanxi Zhongyang Huarunliansheng Sucun Coal Co.,Ltd
山西东义煤电铝集团有限公司	Shanxi Dongyi Coal, Power and Aluminum Group Co.,Ltd
山西山宝食用菌生物有限公司	Shanxi Shanbao Edible Mushroom Biology Co.,Ltd
山西汾西矿业集团化工有限责任公司	Shanxi Fenxi Mine Group Chemical Industry Co.,Ltd
山西柳林贾家沟煤矿有限公司	Shanxi Liulin Jiajiagou Coal Co.,Ltd
山西焦煤集团岚县正利煤业有限公司	Shanxi Coal Coking Group Lanxianzhengli Coal Co.,Ltd
孝义市金达煤焦有限公司	Xiaolyi Jinda Coking Co.,Ltd
山西柳林电力有限责任公司	Shanxi Liulin Power Co.,Ltd
中阳县张子山乡沈家峁煤矿	Zhongyang Zhangzishan Shenjiamao Coal Mine
山西宏盛安泰煤业有限公司	Shanxi Hongshengantai Coal Co.,Ltd
山西吕梁锦瑞煤业有限公司	Shanxi Lvliang Jinrui Coal Co.,Ltd
山西兴杭隆矿业有限公司	Shanxi Xinghanglong Mining Co.,Ltd
孝义市田园化工有限公司	Xiaoyi Tianyuan Chemical Industry Co.,Ltd

20–2 续表29 continued

法人单位名称	Name of Corporation Units
交口县华润联盛梁家沟煤业投资有限公司	Jiaokou Huarunliansheng Liangjiagou Coal Co.,Ltd
山西柳林陈家湾煤业有限公司	Shanxi Liulin Chenjiawan Coal Industry Co.,Ltd
山西光华铸管有限公司	Shanxi Guanghua Founding Pipe Co.,Ltd
山西临县华烨煤业有限公司	Shanxi Linxian Huahua Coal Co.,Ltd
山西仙塔食品工业集团有限公司	Shanxi Xianta Food Industrial Group Co.,Ltd
山西金兴华化工有限公司	Shanxi Jinhua Chemical Industry Co.,Ltd
山西吕梁襄矿环能国鼎煤业有限公司	Shanxi Lvliang Xiangkuang Huannengguoding Coal Co.,Ltd
山西离柳鑫瑞煤业有限公司	Shanxi Liliu Xinrui Coal Co.,Ltd
山西省交城县兴龙铸造有限公司	Shanxi Jiaocheng Xinlong Casting Co.,Ltd
山西煤炭运销集团金达煤业有限公司	Shanxi Coal Transportation Group Linfen Sitong Co.,Ltd
交口县兴荣冶炼有限公司	Jiaokou Xingrong Smelting Co.,Ltd
山西柳林庄上煤矿有限公司	Shanxi Liulin Zhuangshang Coal Co.,Ltd
孝义市东正冶金化工有限公司	Xiaoyi Dongzheng Golden Chemical Industry Co.,Ltd
山西隆华铸造有限公司	Shanxi Longhua Casting Co.,Ltd
交口县华润联盛孟家焉煤业投资有限公司	Shanxi Jiaokou Huarunliansheng Mengjiayan Coal Co.,Ltd
山西奥凯达化工有限公司	Shanxi Aokaida Chemical Industry Co.,Ltd
交口县华润联盛蔡家沟煤业投资有限公司	Shanxi Jiaokou Huarunliansheng Caijiagou Coal Co.,Ltd
临县新民焦电有限公司	Jiao Xinmin Linxian County Electric Co.,Ltd
孝义市泰兴铝镁有限公司	Xiaoyi Taixing Aluminum and Magnesium Co.,Ltd
孝义市盛锦镁业有限公司	Xiaoyi Shengjin Magnesium Co.,Ltd
孝义市恒山焦化有限公司	Xiaoyi Hengshan Coking Co.,Ltd
山西新星冶炼集团有限公司	Shanxi Xinxing Smelting Co.,Ltd
柳林县贺昌煤矿	Liulin Hechang Coal Mine
山西岚县昌恒煤焦有限公司	Shanxi Lanxian Changheng Coal and Coke Co.,Ltd
山西铭信禽业有限公司	Shanxi Mingxin Poultry Industry Co.,Ltd
山西楼俊集团赵家庄煤业有限公司	Shanxi Loujun Group Zhaojiazhuang Coal Co.,Ltd
交口县天马能源实业有限公司	Jiaokou Tianma Energy Co.,Ltd
山西柳林宏盛聚德煤业有限公司	Shanxi Liulin Hongshengjiude Coal Co.,Ltd
孝义市和中兴矿产有限公司	Xiaoyi Hezhongxing Mine Co.,Ltd
孝义市河东煤焦有限责任公司	Xiaoyi Hedong Coal and Coke Co.,Ltd
山西金晖万峰煤矿有限公司	Shanxi Jinhui Wanfeng Coal Co.,Ltd
文水县振兴化肥有限公司	Wenshui Zhenxing Chemical Fertilizer Co.,Ltd
孝义市红塔煤焦有限公司	Xiaoyi Hongta Coal and Coke Co.,Ltd
山西省安泰矿用机械有限公司	Shanxi Antai Machinery for Mine Co.,Ltd
山西楼俊集团泰业煤业有限公司	Shanxi Loujun Group Taiye Coal Co.,Ltd
山西柳林曹家山煤业有限责任公司	Liulin County Shiweigou Coal Co.,Ltd
山西省交城红星化工有限公司	Shanxi Province Jiaocheng Hongxing Chemical Co.,Ltd
山西汾西香源煤业有限责任公司	Shanxi Fenxi Xiangyuan Coal Co.,Ltd

20-2 续表30 continued

法人单位名称	Name of Corporation Units
山西孝义华庆铝业有限公司	Shanxi Xiaoyi Huaqing Alunium Co.,Ltd
山西金信易威镁业有限公司	Shanxi Jinxin Yiwei Magnesium Co.,Ltd
山西金桃园能源有限公司	Shanxi Jintaoyuan Coal Coking Co.,Ltd
山西孝义德顺煤业有限公司	Shanxi Xiaoyi Deshun Coal Co.,Ltd
山西成凯机车车辆配件有限公司	Shanxi Chengkai Locomotive Vehicle Accessories Co.,Ltd
石楼县华润联盛赵家沟煤业投资有限公司	Shilou Huarunliansheng Zhaojiagou Investment Co.,Ltd
山西临县焉头煤业有限公司	Shanxi Linxian Yantou Coal Co.,Ltd
山西吕梁中阳桃园鑫隆煤业有限公司	Shanxi Lvliang Zhongyang Taoyuanxinglong Coal Co.,Ltd
山西佳昌汽配制造有限公司	Shanxi Jiachang Auto Parts Manufacture Co.,Ltd
中阳县桃园水泥有限责任公司	Zhongyang Taoyuan Cement Co.,Ltd
山西建华美锦管桩有限公司	Shanxi Huameijing Tube Pile Co.,Ltd
山西东义集团特种水泥有限公司	Shanxi Dongyi Group Special Cement Co.,Ltd
山西楼俊集团担炭沟煤业有限公司	Shanxi Loujun Group Dantangou Coal Co.,Ltd
山西省吕梁地区朱家店煤矿	Shanxi Luliang Zhujiadian Coal Mine
山西美锦镁合金科技有限公司	Shanxi Meijin Alloy Technology Co.,Ltd
山西杏花村汾酒集团有限责任公司汾青分厂	Shanxi Xinghuacun Brewery Group Co.,Ltd, Fengqing Branch
山西汾西正帮煤业有限责任公司	Shanxi Fenxi Zhengbang Coal Co.,Ltd
山西人民印刷有限责任公司	Shanxi People Printing Plant
山西柳林鑫飞下山峁煤业有限公司	Shanxi Liulin Xinfen Xiafeixiashanmao Coal Co.,Ltd
山西国瑞轨道车辆装备有限公司	Shanxi Guorui Rail Vehicle Equipment Co.,Ltd
山西汾阳王酒业有限责任公司	Shanxi Fenyangwang Wine Co.,Ltd
汾西矿务局工贸总公司水峪矿分公司	Fenxi Mining Industry & Trade Company Shuiyu Mine Branch
山西省中阳荣欣焦化有限公司	Shanxi Zhongyang Rongxin Coking Co.,Ltd
山西汾西矿业集团有限责任公司工贸总公司柳湾煤矿分公司	Liulin Coal Mine Branch of Shanxi Fenxi Mine Group Industrial and Trading Company
岚县田野铁矿采矿场有限公司	Lanxian Tianye Iron Mine Dressing Filed Co.,Ltd
柳林县龙门塔煤矿	Liulin Longmenta Coal Mine
交城金良铸造有限公司	Jiaocheng Jinliang Casting Co.,Ltd
汾阳市杏花村镇辉煌瓷业有限公司	Fenyang Xinhuacun County Huihuang Ceramics Co.,Ltd
山西卦山水泥有限责任公司	Shanxi Guashan Cement Co.,Ltd
兴县关家崖煤业有限责任公司	Xingxian Guanjia'ai Coal Co.,Ltd
山西同辉重工有限责任公司	Shanxi Tonghui Heavy Industry Co.,Ltd
山西吕梁中阳付家焉煤业有限公司	Shanxi Lvliang Zhongyang Fujiayan Coal Co.,Ltd
山西吕梁泰佳煤业有限公司	Shanxi Lvliang Taijia Coal Co.,Ltd
汾阳市利前陶瓷科技有限责任公司	Fenyang Liqiang Ceramics Science and Technology Co.,Ltd
山西方山金晖瑞隆煤业有限公司	Shanxi Fangshan Jinhuiruilong Coal Co.,Ltd
山西临县西山晟聚煤业有限公司	Shanxi Linxian Xishanshengju Coal Co.,Ltd
山西城财焦化集团有限公司	Shanxi Chengcai Coking Group Co.,Ltd
山西吕梁能源开发总公司孝义分公司	Shanxi Lvliang Energy Development Headquater Xiaoyi Branch

20-3 旅游四星级以上饭店基本情况(2012年)
BASIC CONDITIONS OF ABOVE FOUR STAR GRADE RESTAURANT IN TRAVELLING(2012)

名称	Name	地址	Address
五星级	**5 Star**		
山西国贸大饭店	Shanxi World Trade Hotel	太原市府西街69号	No.69 Fuxijie, Taiyuan
万狮京华大酒店	Grand Metropark Wanshi Hotel	太原平阳路126号	No.126 Pingyanglu, Taiyuan
晋祠宾馆	Jinci Hotel	太原晋祠路中段669号	No.669 Jincilu, Taiyuan
山西迎泽宾馆西楼	Shanxi Yingze Hotel West Building	太原迎泽大街189号	No.189 Yingze Dajie, Taiyuan
丽华大酒店	Li Hua Hotel	太原长风街1号	No.1 Changfengjie, Taiyuan
云冈国际酒店	Yungang International Hotel	大同大西街38号	No.38 Daxijie, Datong
天贵国际酒店	Tiangui International Hotel	大同新开南路133号	No.133 Xinkai Nanlu, Datong
五台山五峰宾馆	Wutaishan Wufeng Hotel	五台县台怀镇龙泉寺	Wutai Moutain Taihuan Town Longguan temple
宏源国际饭店	Hongyuan International Hotel	灵石高速路口	Lingshi Highway Intersection
万豪美悦国际酒店	Wanhaomeiyue International Hotel	榆次迎宾西街中段	Middle of Yingbin Xijie, Yuci
药林会议中心	Yaolin Conference Center	阳泉平定县张庄镇南后峪村	South Houyucun Zhangzhuang Town, Pingdingcounty
益东国际酒店	Yidong International Hotel	长治市西一环路	Xiyihuanlu, Changzhi
东明国际大酒店	Dongming International Hotel	紫金东街369号	No.369 Ziji Dongjie
万通源大酒店	Wantongyuan Hotel	开发北路68号	No.68 Kaifa Beilu
金辇大酒店	Jinnian Grand Hotel	晋城泽州南路888号	No.888 Zezhou Nanlu, Jincheng
金鑫大酒店	Jinxin Grand Hotel	运城槐东南路88号	No.88 Huaidong Nanlu,Yuncheng
海纳温泉国际酒店	Haina Wenquan International Hotel	运城永济河东大道南段	South Hedongdadao Yongji ,Yuncheng
运城空港大酒店	Yuncheng Konggang Hotel	运城空港新区关公东街9号	No.9 Guangongdongjie Konggang, District ,Yuncheng
四星级	**4 Star**		
山西大酒店	Shanxi Grand Hotel	太原新建南路5号	No.5 Xingjian Nanlu , Taiyuan
山西愉园大酒店	Shanxi Yuyuan Hotel	太原开化寺街148号	No.148 Kaihuasi ,Taiyuan
三晋国际饭店	Sanjin International Hotel	太原迎泽大街30号	No.30 Yingze Dajie , Taiyuan
黄河京都大酒店	Yellow River Jingdu Hotel	太原平阳路17号	No. 17 Pinyanglu , Taiyuan
山西阳光大酒店	Shanxi Yangguang Hotel	太原北大街47号	No.47 Beidajie , Taiyuan
山西晋协宾馆	Shanxi Jinxie Hotel	太原东缉虎营35号	No.35 Dongjihuying ,Taiyuan
世纪王朝·商务会馆	Century Dynasty Business Hall	太原长治路88号	No.88 Changzhilu , Taiyuan
月亮湾国际商务酒店	Moonbay International Business Hotel	太原市北大街107号	No.107 Beidajie, Taiyuan
西山大厦	Xishan Hotel	太原西矿街318号	No.318 Xikuangjie ,Taiyuan
太原铁道大厦	Taiyuan Railway Hotel	太原迎泽南街19号	No.19 Yingze Nanjie, Taiyuan

20-3 续表1 continued

名 称	Name	地 址	Address
云水国际大酒店	Yunshui International Hotel	太原平阳路48号	No.48 Pingyanglu, Taiyuan
太原金荦酒店	Taiyuan Jinnian Hotel	太原滨河东路北段22号	No.22 North of Binhe Donglu, Taiyuan
泰瑞国际商务酒店	Tairui International Commercial Hotel	太原长风街7号	No.7 Chengfengjie ,Taiyuan
宏安国际酒店	Hongan International Hotel	大同迎宾西路28号	No.28 Yingbin Xilu , Datong
京原迎宾馆	Jingyuan Yingbin Hotel	大同拥军南路甲3号	No.Jia 3 Yongjun Nanlu , Datong
大同宾馆	Datong Hotel	大同迎宾西路37号	No.37 Yingbin Xilu , Datong
五洲大酒店	Wuzhou Hotel	大同迎宾西路 宾西街88号	No.88 Yingbin Xilu Binxijie , Datong
花园大饭店	Huayuan Hotel	大同大南街59号	No.59 Dananjie , Datong
浩海国际酒店	Haohai International Hotel	大同新建南路46号	No.46 Xinjian Nanlu , Datong
雁北宾馆	Yanbei Hotel	大同御河北路甲1号	No.Jia 1 Yuhe Beilu , Datong
悦龙休闲商务酒店	Yuelong Business Hotel	大同操场城街5号	No.5 Caochangchengjie , Datong
阳光海悦大酒店	Yangguanhaiyue Hotel	大同大庆路3号	No.3 Daqinglu , Datong
晨光国际酒店	Chenguang International Hotel	大同迎宾东路68号	No.68 Yingbin Donglu , Datong
北冰洋大酒店	Beibingyang Hotel	阳泉北大街80号	No.80 Beidajie, Yangquan
泉美国际酒店	Quanmei International Hotel	阳泉南大西街	Nandaxijie, Yangquan
鹏宇国际大酒店	Pengyu International Hotel	长治市长兴中路509号	No.509 Changxingzhonglu,Changzhi
财苑大厦	Caiyuan Hotel	长治市长兴中路305号	No.305 Changxingzhonglu,Changzhi
富景国际饭店	Fujing International Hotel	晋城新市东街81号	No.81 Xinshi Dongjie , Jincheng
晋城大酒店	Jincheng Grand Hotel	晋城凤台西街88号	No.88 Fengtai Xijie , Jincheng
太平洋大厦	Pacific Ocean Hotel	晋城凤台西街59号	No.59 Fengtai Xijie , Jincheng
颐宾大酒店	Yibin Hotel	晋城前西街58号	No.58 Qianxijie , Jincheng
晋城高都大酒店	Jincheng Gaodu Grand Hotel	晋城新市东街8号	No.8 Xinshidongjie , Jincheng
晋城阳光大酒店	Jincheng Sunshine Hotel	晋城市泽州路76号	No.76 Zezhoulu, Jincheng
棋源山庄	Qiyuan Moutain Village	晋城陵川县棋子山风景区	Qizi Shanfengjing District , Lingchuan
兰花大酒店	Lanhua Hotel	晋城凤台东街2288号	No.2288 Fengtaidongjie, Jincheng
金缘大酒店	Jinyuan Hotel	晋城黄花街218号	No.218 Huanghuajie, Jincheng
泽州大酒店	Zezhou Hotel	晋城市凤台西街2839号	No.2839 Feitai Xijie, Jincheng
竹林山大酒店	Zhulinshan Hotel	晋城市阳城县新阳东街169号	No.169 Xinyang Dongjie, Yangcheng, Jincheng
万通源平鲁宾馆	Wantongyuan Pinglu Hotel	朔州市平鲁区胜利南路	Shengli Nanlu, Pinglu District, Shuozhou
平朔宾馆	Pingshuo Hotel	朔州平朔生活区	Living District , Pingshuo
圣厚源大酒店	Shenghouyuan Hotel	朔州开发北路安泰街2号	No.2 Antaijie Kaifabeilu, Shuozhou
玉龙国际酒店	Yulong International Hotel	右玉县新建大街北侧	North of Xinjian Dajie, Youyu

20-3 续表 2 continued

名 称	Name	地 址	Address
颐景国际大酒店	Yijing International Hotel	晋中市榆次区西顺城街71号	No.71 Xishunchengjie , Yuci
平遥峰岩大酒店	Pingyao Fengyan Hotel	晋中市平遥县曙光路峰岩广场	Fengyan Square, Shuguanglu, Pingyao, Jinzhong
介休市正达海悦酒店	Jiexiu Zhengdahaiyue Hotel	晋中市介休市北坛东路25号	No.25 Beitan Donglu, Jiexiu, Jinzhong
通宝国际酒店	Tongbao International Hotel	运城禹都经济技术 开发区大运路北	North Dayunlu Economic Development District, Yuncheng
运城宾馆	Yuncheng Hotel	运城市红旗东街84号	No.84 Hongqi Dongjie,Yuncheng
运城大酒店	Yuncheng Grand Hotel	运城红旗东街376号	No.376 Hongqi Dongjie,Yuncheng
新耿大酒店	Xingeng Hotel	河津市新耿北街	Xingeng Beijie,Hejin
天都大酒店	Tiandu Hotel	河津市振兴东路	Zhenxing Donglu,Hejin
桃源国际酒店	Taoyuan International Hotel	运城市圣慧北路2号	No.2 Shenghui Beilu,Yuncheng
芮城惠阳大酒店	Ruicheng Huiyang Hotel	芮城县洞宾东街8号	No.8 Dongbindongjie,Ruicheng
新康国际酒店	Xinkang International Hotel	运城市人民南路243号	No.243 Renmin Nanlu, Yuncheng
闻喜黄河京都大酒店	Wenxi Huanghejingdu Hotel	闻喜县兴闻街11号	No.11 Xinwenjie, Wenxi
五台山银海山庄	Wutai Moutain Yinhai Moutain Village	忻州五台山台怀镇	Wutai Moutain Taihuai Town, Xinzhou
原平市宾馆	Yuanping Hotel	忻州原平前进西街57号	No.57 Qianjinxijie,Yuanping, Xinzhou
花卉山庄	Huahui Moutain Village	忻州五台山大车沟	Dachegou,Wutai Moutain , Xinzhou
瑞龙大酒店	Ruilong Hotel	忻州忻府区公园路	Park Road, Xinfu District, Xinzhou
繁峙县嘉盛伦大酒店	Fansi Jiashenglun Hotel	忻州市繁峙县向阳北路	Xiangyang Beilu, Fansi, Xinzhou
侯马华翔大酒店	Houma Huangxiang Hotel	临汾市侯马市火车站南侧	South of Houma Station, Linfen
唐尧大酒店	Tangyao Hotel	临汾经济开发区中大街	Zhongdajie,Linfen Economic technological
金海湾大酒店	Jinhaiwan Hotel	临汾市向阳西路西段	West of Xiangyang Xilu, Linfen
思麦尔国际酒店	Smir International Hotel	临汾市鼓楼东大街40号	No.40 Gulou Dongdajie, Linfen
山西丁陶国际大酒店	Shixi Dingtao International Hotel	临汾市襄汾县兴农路公园南侧	South of Park, Xingnonglu, Xiangfen, Linfen
吕梁国际宾馆	Luliang International Hotel	离石区滨河南东路2号	No.2 Binhe Nanlu , Lishi District
吕梁国贸大酒店	Luliang World Trade Hotel	离石区新建沟口43号	No.43 Xinjiangoukou,Lishi District
贾家庄裕和花园酒店	Jiajiazhuang Yuhe Garden Hotel	吕梁市汾阳县贾家庄腾飞路	Tengfenlu, Jiajiazhuang, Fenyang, Lvliang
吕梁华大酒店	Lvliang Huada Hotel	吕梁市离石区新世纪广场	Xinshiji Square, Lishi District, Lvliang
山西滨河饭店	Shanxi Binhe Hotel	府西街103号	No.103 Fuxjie
华强大酒店	Huaqiang Grand Hotel	侯马市呈王东路69号	No.69 Chengwangdonglu,Houma
祥禾大酒店	Xianghe Grand Hotel	阳泉市开发区烟台路1号	No.1 Yantailu, Yangquan Development Zone
东兴酒店	Dongxing Hotel	孝义市府前街55号	No.55 Fuqianjie, Xiaoyi

山西省人力资源和社会保障厅

山西省就业服务局挂牌成立

山西省社会保险局挂牌成立

与商业银行开展社会保障“一卡通”建设战略合作

启动社会保险统一征缴工作

山西省十项重大人才工程启动仪式

召开全省创业就业表彰大会

山西省交

省委书记袁纯清视察工作

省委常委、副省长杜善学视察工作

2012年，面对复杂多变的形势，我厅稳中求进，创新驱动。坚决执行省委、省政府加快交通基础设施建设、拉动内需等重大决策部署，抢抓机遇、负重前行、改革创新、攻坚克难，实现了交通运输跨越式发展。

一、控规模、保重点，交通基础设施建设成效显著

坚持确保重点、实事求是、因地制宜的原则，正确处理好“需要”与“可能”的关系，统筹考虑、综合平衡，坚持“三网并重”，全面推进公路建设，全面完成了省委、省政府安排的公路建设年度目标。全省公路建设累计完成投资额589亿元，其中：高速公路493.54亿元、普通干线公路33.63 亿元、农村公路55.48 亿元、汽车站场和交校新校区6.98亿元。2012年新增公路通车里程2963公里，其中：高速公路新增1006公里、一级公路新增67公里、二级公路新增378公里、三级公路新增344公里、四级公路新增1445公里，等外路减少277公里。

截止2012年底全省公路通车里程达到137771公里，公路密度为87.91公里/百平方公里。按行政等级分：国道5215公里，省道11888公里，县道20068公里，乡道48259公里，专用公路522公里，村道51819公里。按技术等级分：高速公路5011公里、一级公路2137公里、二级公路14799公里、三级公路17871公里、四级公路94424公里、等外公路3529公里。

新增二级以上高等级公路里程1450公里，达到21947公里，占总里程的15.93%，比2011年提高了0.73个百分点。新增有铺装路面和简易铺装路面（高级、次高级路面）里程4723公里，达到117945公里，铺装率达到85.61%，较上年增加1.61个百分点。

二、抓养护、治超限，提高路网通行效能

坚持“畅通主导、安全至上、服务为本、创新引领”的方针，大力转变公路养护发展方式。一是树立全寿命周期成本理念，全面推行预防性养护。坚持“预防为主、防治结合”的方针，高速公路完成预防性养护、病害处治和水毁灾害防治工程90项。加快建立高速公路特大桥梁、特长隧道实时监控系统，确保桥隧安全运营所有高速公路桥梁均恢复到了设计时的技术状况，隧道技术状况达到B级以上，公路优良路率为99.97%，比目标95%高4.97个百分点。二是切实加强桥梁隧道养护，落实安全监管责任，完善桥隧养护档案。干线公路完成改造危桥33座、灾害防治660公里、安保工程100公里、翻修加铺102公里、双层罩面281公里，路网运行效率得到提高，优良路率达到81.64%，比目标75%高6.64个百分点。三是深化农村公路管理养护体制改革，落实养护责任主体，组织开展“农村公路养护管理年”活动，推动以公共财政投入为主的养护资金政策落实，实现有路必养。农村公路基本实现了有路必养，县公路优良路率为80.83%，比目标70%高10.83个百分点。

交通厅副厅长唐晋在工地调研

交通厅副厅长张润到工地视察

省厅党组成员、省公路局党委书记郭贵平在临离工地现场办公

厅党组成员、驻厅纪检组
在山平高速公路现场办公

通 运 输 厅

交通厅厅长段建国到基层调研

建立政府主导、部门联动、科技支撑、法制保障、责任倒查的治超工作机制，并不断完善，近1万个政府公示的货运源头企业全部纳入运管机构巡查监管。全省公路超限检测固定站点达到205个，所有的站点和214个高速公路入口全部安装了不停车检测系统，105个县（市）建立了远程监控平台，覆盖全省、点线面相结合的治超监控网络基本形成。公路超限超载率稳定控制在了0.2%以内，高速公路和国省干线公路基本消除了非法超限超载运输。全国治超领导小组推广我省治超经验，交通运输部杨传堂部长莅临我省出席全国、全省治超工作会议。

三、抓转型、调结构，提升运输产业素质

客货运量稳步增长。2012年全省营业性道路运输完成客运量3.37亿人、旅客周转量230.6亿人公里、货运量7.3亿吨、货物周转量1202.2亿吨公里，比2011年分别增长2.43%、4.87%、12.19%和14.81%。水路运输完成客运量117万人、旅客周转量949万人公里、货运量30万吨，比2011年分别减少4.88%、18.26%、26.83%，货物周转量596万吨公里，比2011年增长20.16%。

运力结构扎实调整、不断优化。截至2012年底，全省共有营运客车1.48万辆（其中86.51%是班车，12.97%是旅游客车，0.52%是其它客车），总客位41.1万个，分别比上年末下降2.56%和增长3.97%，平均客位28个，比上年末增加2个；道路旅客运输经营业户459户，比上年末下降11.39%。但每个旅客运输经营业户拥有从业人员88.5人和32.2辆客车，分别比上年末增加了9人和2.9辆客车，100辆及以上的企业比上年减少了2户，达到23家，客运市场集中度明显提高。全省共有营运货车41.9万辆，420.6万个吨位，分别比上年增长3.3%和13.2%；共有道路货物运输经营业户23.9万户，比2011年底增长2.14%，其中罐车、集装箱运输车、安装GPS的营运货车数量有较快的增长。

运输枢纽站场服务水平不断提高。多年来，我省加快以公路运输枢纽和农村客运设施为重点的运输站场建设，站场数量、设施和规模均有所改善，服务能力和质量全面提高。2012年底，全省共有等级客运站319个，包括一级站19个，二级站54个，三级站26个，四级站26个，五级站194个，简易站及招呼站24520个。客运站平均日发班次和旅客发送量分别达到了2.8万班次和50.9万人次，分别同比减少10.3%和6.5%。货运站方面，截止2012年底，全省共有货运站55个，其中二级站16个、三级站5个、四级站34个。货运站平均日换算货物吞吐量7.11万吨，同比减少10%。太原公路主枢纽武宿货运中心主体工程和物流公共信息平台基本建成，侯马运输枢纽货运中心开工建设，黄河小浪底航运建设工程已启动。

城市公交发展势头迅猛。2012年市级财政对城市公共交通投入15亿元，新增更新公交车辆1552辆，达到9887辆、10372标台，出租汽车达到4万辆，分别完成客运量13.2亿人次和10.7亿人次，城市居民公交出行分担率达到16%。太原市被列入首批国家“公交都市”试点示范城市，晋东南城镇群公交系统基本建成，太原市公共自行车服务系统和临汾市出租车“电召”服务系统受到广大市民好评。

党组成员、总工程师郜玉兰在山公路现场办公

省交战办专职副主任尹新平在太佳黄河大桥现场办公

省交通运输厅党组成员、副厅长戴飞在长平工地视察指导工作

省交通运输厅总会计师张德仪（左一）听取汇报

北京展销周

北京展销周

2012年，农业农村经济继续保持了良好的发展态势，呈现出农业生产平稳发展、农村经济持续向好，农民收入快速增长的良好局面。主要有十大亮点：

（一）粮食生产稳定发展，今年再创历史新高。在强农惠农富农政策的带动下，通过加强农田基础设施建设和组织开展粮食高产创建行动，全省粮食综合生产能力不断提高。除2009年遭遇百年不遇特大旱灾严重减产外，四年粮食产量超过百亿公斤，2008年102.8亿公斤，2010年108.5亿公斤，2011年119.3亿公斤。今年全省粮食总产达到127.4亿公斤，较上年增长6.8%,粮食总产、单产双双再创历史新高，总产、单产增幅分别比全国高出3.6个百分点、4个百分点，在全国各省（区、市）分别排名第3位和第4位。

（二）主要农产品产量全面增长，农产品市场供应充足。通过组织实施百万棚设施蔬菜建设工程、水果双增工程、规模健康养殖工程等，全省蔬菜、水果、畜牧业全面发展。蔬菜总产量达到1107万吨，较上年增长12.7%；水果总产量达到607万吨，较上年增长9.4%；肉、蛋、奶产量分别达到68.7万吨、74.7万吨和81.0万吨，同比分别增长7.7%、5.2%和7.2%。

（三）“513”工程快速推进，农产品加工业势头强劲。省政府强势推进农产品加工龙头企业“513”工程，扩大企业规模，引导资源型企业转产投资农产品加工业，农产品加工业突飞猛进。2010年、2011年全省农产品加工企业实现销售收入为510亿元、629亿元，分别比上年增长36%、23%。2012年全省农产品加工企业实现销售收入为784.2亿元，超额完成760亿元的目标任务，增长24.7%。其中“513”工程龙头企业实现销售收入635.4亿元，同比增长30%。

（四）农民收入较快增长，连续几年实现两位数增幅。我省坚持把增加农民收入作为“三农”工作的中心任务，千方百计拓宽增收渠道，促进增产增收、优质增收、提价增收、务工增收、补贴增收，农民收入均实现两位数增长。2011年农民人均纯收入达到了5601.4元，比2007年3665.7元增长52.8%。今年年初省委、省政府又制定出台了《关于进一步加强“三农”工作奋力实现农民收入翻番的决定》，2012年农民人均收入达6356.6元，比上年增长13.5%。

（五）强农惠农富农政策力度加大，农民得到更多实惠。在认真贯彻落实中央各项强农惠农富农政策的基础上，从我省实际出发，制定出台了一系列农民期盼、受益面大的补贴政策，农民从中得到了最直接的利益和最实在的好处。2009年至2012年，累计出台强农惠农富农政策40项，资金总规模达到50多亿元。可以说，补贴种类之多、范围之广、力度之大、含金量之高、受益农民之多，是前所未有的，也是全国少有的。

（六）三大现代农业示范区扎实推进，农业现代化步伐加快。在继续推进雁门关生态经济畜牧区建设的同时，按照高起点规划、高标准建设、大力度推进的思路，扎实推进大同、晋中、运城三大现代农业示范区建设和10个现代农业示范县建设，太谷、盐湖、大同南郊被列为农业部示范点。今年省政府又制定出台了《山西省现代农业发展规划（2012—2015年）》，明确了发展特色现

山西特色农产品老陈醋

葡萄基地

大棚蔬菜基地

大同南郊区现代化温棚

代农业的指导思想、指标体系和主要措施，召开了全省现代农业暨设施农业建设推进会，落实重点项目58个。目前，现代农业示范区累计建设各类产业园区600个，完成投资近100亿元。

（七）“一村一品”“一县一业”快速推进，特色农业产业加快发展。以“一村一品”、“一县一业”为主攻方向，坚持工业化理念，产业化运作，着力打造杂粮、畜牧、蔬菜、水果、中药材等特色优势产业。连续四年举办了两届“农博会”和两届“北京展销周”，加强了京津晋区域合作和产销衔接，扩大了山西特色农产品的知名度。今年，省委、省政府又进一步加大“一县一业”、“一村一品”支持力度，安排5.5亿元对4000个专业村和60个基地县进行扶持建设。全省组织召开了杂粮、畜牧、生猪、水果、中药材等工作会议，粮、畜、菜、果等特色产业呈现出强劲的发展势头。

对超标蔬菜进行跟踪指导

技术人员在对农产品质量安全检测数据进行结果分析

（八）农业科技推广力度加大，农产品质量安全形势平稳。近年来，我省完善农科教、产学研、人技物相结合的推广机制，开展了科技进村入户行动，积极推进农业标准化生产，加快农业科技成果转化步伐。特别是今年，我省认真贯彻中央1号文件精神，全面落实中央“一个衔接、两个覆盖”政策，截止目前，全省启动建设现代农业产业技术体系11个，建设乡镇或区域农技推广站1155个，建成村级服务网点520个，培训农民98万人。初步测算，全省农业科技进步贡献率比五年前提高了3-4个百分点，达到了51%。同时以宣传贯彻《山西省农产品质量安全条例》为契机，全省组织开展了农产品质量安全专项整治行动。加强了免疫为主的重大动物疫病防控工作。连续几年，全省没有发生重大农产品质量安全事件和区域性重大动物疫情。

（九）农业生产经营形式不断创新，农村经营管理信息化建设全国领先。在认真贯彻落实家庭联产承包责任制的基础上，依法积极稳妥推进土地流转。截至目前，全省土地流转面积达609万亩，占全省农村家庭承包经营面积的12.7%。按照“数量质量并重，一村一品一社”的思路，大力发展农民专业合作社，2012年底，全省登记注册的农民专业合作社50196家，入社农户107万户，带动农户243万户，覆盖93%的行政村，合作社总数位居全国前列。创新了农村党风廉政建设和农村社会管理模式。省市县乡村五级开通了“阳光农廉网”，实现了农经、农廉同网运行，农业部和中纪委今年分别在我省召开了全国农村经营管理信息化建设和全国村务公开民主管理现场会，推广我省经验。

（十）新农村建设扎实推进，两轮“五个全覆盖”全面完成。实施了“千村示范、万村推进”工程，扎实推进社会主义新农村建设，建设新农村试点村和重点推进村11098个。特别是从2009年起，省政府集中人力、物力、财力，投资600多亿元，实施了两轮“五个全覆盖”，极大改善了农民生产生活条件，解决了困扰农村民生多年的难题，成为近年来我省影响范围最大、受益人数最多的民生工程，被农民群众称为“幸福全覆盖”。

屠宰车间

养牛基地

生产车间

全自动生产线

山西省人口和

袁纯清对人口信息化工作作出批示

张建欣副省长慰问计生家庭

杨增武主任调研基层基础工作

【人口和计划生育工作概述】 2012年山西省人口计生工作按照“稳中求进、服务全局、转型发展、创新提升”的总体要求，全面推进并取得新进展。

（一）加强组织领导和统筹协调，统筹解决人口问题迈出新步伐。召开人口计生工作会议，签订人口计生工作目标责任书。将人口计生工作纳入全省年度目标责任考核，实行“一票否决”。省政府制定《山西省人口发展与人口计生事业发展“十二五”规划》并顺利实施。召开省人口计生领导小组会议，全面推进免费孕前优生检查和“三晋康家”工程。坚持和完善人口计生目标责任制考核，促进重点工作落实。加强经费投入保障，全省人口计生事业人均经费为57.38元，达到全国中等水平。抓好稳定低生育水平的首要任务，根据山西省统计局公布，2012年全省人口出生率为10.70‰，比上年上升了0.23‰，人口死亡率为5.83‰，比上年下降了0.22‰，人口自然增长率为4.87‰，比上年上升了0.01‰，低生育水平保持稳定。2012年底全省常住人口为3610.83万人，比上年增加了17.55万人，增长率为0.49%。“十二五”规划的人口调控目标圆满完成。全省人口健康状况明显改善，人口文化素质不断提高，人口结构趋于优化，人口城镇化水平稳步提高，形成人口与经济社会协调可持续发展的良好局面。

（二）坚持依法管理和依法行政，提高人口计生法制化水平。坚持干部提拔、评先评优等计划生育审核制度，省市县三级共审核单位11614个，否决58个；审核个人15197人，否决74人。开展依法行政、政务公开和便民维权活动，重点治理基层乱收费、乱罚款和“吃拿卡要”等问题，维护群众合法权益。全省共创建依法行政示范乡镇（街道）131个，60%的县达到诚信计生标准，61个村（居）被评为全国基层群众自治示范村（居）。开展出生人口性别比治理年活动，公安、卫生、计生、药监、妇联等部门联合查处“两非”典型案例，树立了全社会关爱女孩的良好风尚。推进流动人口服务管理全省“一盘棋”和服务均等化，开展“爱在流动”服务家庭、关心关爱留守儿童、空巢老人系列活动，流动人口服务均等化试点扩大到53个县，保障了流动人口合法权益。

（三）加快推进优质服务全覆盖，提升人口计生公共服务能力。按照标准化、规范化、信息化要求，建成50个县级数字化服务站。继续开展优质服务先进单位创建活动，共创建9个国家级和15个省级优质服务先进县（市、区）。开展优质服务进农村、进社区、进企业、进机关、进军营活动，实施农村独生子女、双女母亲“第二春”免费生殖健康检查，服务123万多人次，改善了群众生殖健康水平。推进优生促进工程，运用“孕前优生咨询指导系统”，为群众提供免费孕前风险评估累计90.36万例。认真落实国家免费孕前优生健康检查项目，投入专项资金1700多万元，在72个县开展试点，覆盖率达到60.5%。2012年全省共确定目标人群17.9万人，实际检查19.13万人，超额完成任务，建起了预防出生缺陷的重要防线。

（四）加强人口信息化建设，着力创新人口服务管理。健全完善“四网一库”为架构、九大应用系统为支撑的人口信息化体系，全省全员人口信息库常住人口入库率达到99.98%。加强信息共享，各级人口计生与公安、教育、民政、卫生等部门按季度互通信息，建立了长效机制。强化业务协同，35000个手机信息直报终端覆盖全省乡村、社区，运用人口计生考核平台对市、县进行网上考核，推广运用计生奖励扶助系统、人口计生证件打印系统等，实现重点任务、业务工作与目标责任制考核统筹推进。深化综

计划生育委员会

合应用，开发创建“山西省人口管理服务信息系统”，搭建了基层社会服务管理的信息平台。在阳泉矿区、介休、娄烦等21个县开展人口网格化管理服务新模式试点，召开“全省人口社会管理服务信息系统建设座谈会”，加快推广步伐，为新时期人口领域加强和创新社会管理探索了有效途径。“山西省城镇人口管理服务平台”获得2012年度中国信息化（人口计生领域）成果评选一等奖。2012年12月，国家人口计生委在山西召开全国人口计生信息化建设工作会议，推广了该经验做法。省委袁纯清书记批示，“山西人口数据资料库建设取得的成绩令人欣喜，统计局、金融办、工商以至发改委、民政、政法、公安都可以利用好这些难得的数据和平台，为我省发展、民生及稳定服务”。

（五）全面实施“三晋康家”工程，增强计生家庭民生福祉。全力打造“三晋康家”民生工程，形成“一市一品牌、一县一特色”的良好局面，受到全国政协副主席、中国人口文化促进会会长李金华的肯定。长治的“好娃娃工程”、晋中的“宜人宜家”、太原的“幸福家庭创建”、晋城的“凤之家幸福促进行动”等等，受到群众欢迎。2012年全省共发放奖励扶助资金60845.83万元，惠及计生群众920267人（户）；发放生育关怀救助金2700多万元，救助计生大病家庭和基层计生工作者近1万人；全省有155901户计生家庭在集体林权改革、扶贫移民搬迁、集体收益分配中，多领到1人份补助；327342户计生家庭在新农合和新农保中享受优先优惠；14409名农村独生子女和双女中考加分被录取；13600多户计生家庭在贴息贷款、种植养殖、科技项目等方面得到帮扶。“三晋康家”工程，使更多的计生家庭走上“文明、健康、优生、致富、奉献”的小康之路。

（六）加强党风廉政建设和作风建设，形成为民、务实、清廉的良好风气。坚持讲政治、树正气、塑形象。落实党风廉政建设责任制，实行“一岗双责”，深化风险防控，加强人、财、物及关键岗位、关键环节的监督管理，建立完善惩治和预防腐败的长效机制。开展窗口单位为民服务创先争优活动，推进“三亮”行动（亮标准、亮身份、亮承诺）。开展保持党的纯洁性学习教育活动，抓好“学、查、改”关键环节，举行学雷锋先进事迹报告会，参观太原解放纪念馆，重温入党誓词，强化党性观念，坚定理想信念。认真学习贯彻中央关于改进工作作风密切联系群众的“八项规定”，扎实开展干部下乡住村活动，委领导带头深入基层调研帮扶，包村致富。推进“阳光计生行动”，完善“12356阳光计生”服务热线，10个县（市、区）被国家人口计生委授予“基层阳光计生行动示范单位”称号。开展明察暗访、“请农民兄弟姐妹评计生”、“政风行风下评上”等五项评议活动，接受社会监督，维护群众利益，树立了良好形象。2012年9月在全国人口计生纠风工作座谈会暨阳光计生行动经验交流会上介绍了经验。山西省人口计生委连续四年被评为全省政风行风建设免评部门。

全国人口计生信息化建设工作会议

全省人口和计划生育工作会议

全省人口社会管理服务信息系统建设座谈会

全省“三晋康家”工程推进现场会

山西省人口与计划生育领导小组(扩大)会议

环渤海地区流动人口信息交换协作会议

山西省体育局

国家体育总局局长刘鹏调研山西农民体育健身工程

5月10日，省委书记袁纯清在中阳县宁乡镇阳坡塔新村考察农民体育健身工程

袁纯清书记等省领导接见奥运会受表彰人员

伦敦奥运会摔跤资格赛开赛，王君省长致辞

省领导与伦敦奥运会立功人员合影

2012年，山西体育系统在省委、省政府正确领导下，以科学发展观为统领，坚持以人为本，大力强化公共体育服务，全民健身覆盖范围不断拓展；坚持突出重点，不断优化运动项目布局，竞技体育竞争实力不断增强；坚持面向市场，努力深化产业结构调整，体育产业和体育场馆设施建设基础不断巩固。

群众体育

农民体育健身工程覆盖全省。新建农村体育健身场地3255个，实现全省28200个行政村农民体育健身工程“全覆盖”，被人民日报、中国体育报评选为2012年最具影响力的国内十大体育新闻之一；国家体育总局联合山西省人民政府在北京召开新闻发布会进行宣传推广；人民日报、中国体育报进行专题报道；在全国体育局长会议上进行大会典型经验交流发言。农民体育健身工程电子档案同步实现“全覆盖”。全省新建、扩建农村乡镇型全民健身活动广场200个，更新、建设城市社区全民健身路径工程180个，扶持具备条件的2568个自然村建成农民体育健身场地。积极争取国家援建项目，6个“雪炭工程”项目获得资助，创建国家级“全民健身活动中心”2个、“全民健身户外活动基地”4个。

群众体育组织不断发展壮大。加强体育总会建设，全省11个市全部设立体育总会，县（市、区）体育总会建设积极推进。按照“就近、方便”的原则加强基层群众体育组织建设，社区、农村全民健身指导站（点）组织建设力度不断加大。继续采取鼓励、扶持措施，社会各界投资兴办的各类体育俱乐部不断增长。推进组建全省各级社会体育指导员协会和志愿者组织，培训等级社会体育指导员近1万名，全省注册总数达到近4万名。

全民健身活动更加精彩纷呈。紧紧依靠各级各类群众体育组织和骨干队伍，充分利用现有体育场地设施，广泛开展全民健身活动，各具特色的健身活动覆盖全省、贯穿全年，为促进社会和谐发挥积极作用。元旦、春节全民健身系列活动、“体育三下乡”、山西跤王争霸赛、晋城棋子山国际围棋文化节、永济五老峰登山节等品牌项目深入人心，国际形意拳交流大会、国际柔力球交流大会、全省第九套广播体操培训和通讯赛、第四届老年人健身大会、残疾人体育健身展演赛、省直妇女体协趣味健步走、武乡太行穿越挑战赛等一系列活动深受群众喜爱。组队参加第七届全国农民运动会、第九届全国大学生运动会都取得运动成绩和精神文明双丰收。

《全民健身条例》得到深入落实。全省11个市、119个县（市、区）全部制定《全民健身实施计划》并着手实施。各级政府推进全民健身工作“三纳入”取得新成效。长治市积极创建国家“全民健身示范城市”取得新进展。青少年体育工作不断加强，公益性青少年体育活动组织机制基本形成，青少年体育活动举办主体更加多元，引导、支持青少年参加体育活动的社会氛围正在形成。太原、大同、平遥三个城市举办主题为“激扬青春、与青奥同行”的“全国青年迎青奥”（山西站）长跑活动，约7000名青少年踊跃参加。印发《山西省体育传统项目学校体育师资培训五年计划》，创建山西省体育传统项目学校师资培训基地4所。

竞技体育

伦敦奥运创造优异成绩。山西体育健儿顽强拼搏、奋勇争先，在伦敦奥运会上取得1金1银1铜和1个第五名，实现山西28年奥运征战史上单项金牌“零”的突破，创造奥运参赛历史最好成绩，谱写山西体育事业新篇章。国家体育总局授予山西省体育局“2012年伦敦第30届夏季奥运会重大贡献奖”；省委、省政府授予省体育局及省体操运动管理中心、省射击射箭运动管理中心“山西省先进集体”荣誉称号；董栋被评为2012年“感动山西”十大人物之一。

全运备战扎实有效推进。坚持“以奥运带全运”战略，及早制定备战方案，及时

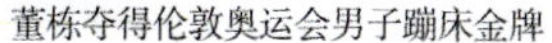
董栋夺得伦敦奥运会男子蹦床金牌

伦敦奥运会方玉婷摘银

王智伟夺得山西射击项目首枚奥运会奖牌

优化项目布局，深入开展规律研究，扎实抓好运动训练，不断巩固强化优势项目，积极挖掘发展潜优势项目，以冬训和夏训为重点，推动整个备战队伍上水平、求突破、出效益，在全国最高水平的年度比赛中共获得金牌18枚、银牌26枚、铜牌28枚。

重大赛事不断落户山西。成功举办2012年奥运会摔跤项目资格赛、蹦床世界杯赛、太原国际马拉松赛、全国蹦床锦标赛、全国自行车锦标赛、全国自行车冠军赛、全国跳水锦标赛、全国女子武术冠军赛、全国小轮车锦标赛。全国男子篮球职业联赛（CBA）、全国女子篮球职业联赛（WCBA）、中国乒乓球俱乐部超级联赛山西赛区比赛精彩激烈、组织有序，山西汾酒男篮夺得CBA年度比赛第3名，山西兴瑞女篮当年组队、当年冲甲成功，山西成为唯一同时拥有男子、女子两项篮球顶级联赛的中部省份。

全民健身日社会体育指导员展示技能

省运比赛力求规范有序。在严格审查、层层甄别的基础上，对2011年取得阶段赛资格的运动员进行赛后集训和骨龄测试，对举报投诉的运动员进行身份鉴定和骨龄测试，取消部分运动员参赛资格；制定下发各单项竞赛规程；通过赛事竞标明确各单项比赛的举办地点和比赛时间；进一步加强裁判员培训工作；第十四届省运会阶段赛19个大项的比赛顺利完成。

体育产业

组建产业集团积极推进。按照省委、省政府要求，把组建山西省体育产业集团有限公司作为推进体育产业上台阶的突破口，借鉴兄弟省市经验，起草、完善组建方案并上报省政府，已经省政府常务会议研究通过；努力加强部门协调，完成局属企业脱钩改制及清产核资等相关工作。

太原国际马拉松赛起跑

体育市场监管更加规范。不断规范行政执法行为，进一步明确体育产业行政执法范围和依据；积极履行市场监管职能，组织开展全省体育经营活动安全工作检查；加强体育市场信息统计和服务，与山西大学联合开展全省体育产业和体育市场调研；建立健全体育市场监管考评机制，组织开展全省体育产业考评工作。体育产业市场主体、市场交易、市场竞争行为和行政执法行为得到了进一步规范，市场消费环境得到优化。参展中国体育旅游博览会获10项大奖。

体彩销售突破十亿大关。遵循市场规律，推进改革创新，认真落实责任，大力拓展市场，加强业务培训，提升营销水平，进一步加大优势玩法市场占有率，加强销售网点品牌建设，全省体育彩票共计销售10.16亿元，首次突破10亿元大关。

农民体育健身工程全覆盖，群众尽享运动快乐

航空体育服务不断拓展。积极推动航空体育普及，加大滑翔、跳伞等运动培训和航模科普工作力度，举办2012年全国滑翔锦标赛；大力开展通用航空事业，完成飞播造林、防火灭虫、人工增雨、航拍航测等大量通航服务，创造良好的经济和社会效益。

体育设施

山西体育中心全面竣工并交付使用，承办多项大型国际体育赛事和大型文体活动。太原航校迁建工程正式开工。山西省全民健身中心改建积极推进。大同、临汾等市级体育场馆建设取得新进展。

广播体操表演

山西省旅游局

五台山

平遥古城

云冈石窟

皇城相府

乔家大院

一、2012年旅游业总体情况

2012年，全省共接待海外旅游者189.18万人次，同比增长21.8%，入境旅游创汇7.2亿美元，同比增长26.98%；接待国内旅游者1.94亿人次，同比增长29.78%，国内旅游收入1766.28亿元，同比增长35.33%；实现旅游总收入1813.01亿元，同比增长35.04%，完成了年度目标的111.6%。全省新增4A级景区9处，3A级景区8处，四星级饭店5家，三星级4家，旅行社27家，导游员2028名，旅游产业规模进一步扩大。省市政府部门用于旅游宣传促销的经费达到4.14亿元。

一是推动了经济增长。据省统计局测算，2012年全省共实现旅游增加值942.4亿元,占全省GDP的比重为7.6%，占服务业增加值的比重为20.54%，为全省增加财政收入317.16亿元，占全省财政总收入的12.2%。

二是促进了社会就业。2012年，全省共新增旅游直接从业人员5.6万人，新增间接从业人员14.3万人。截止2012年底，全省共有旅游直接从业人员38.1万人，间接从业人员176.8万人。

三是拉动了内需。据测算，2012年全省城镇居民家庭人均消费性支出中有约3%用于旅游休闲花费；因旅游业所带动的餐饮、住宿业消费总额为644.67亿元；带动社会消费品零售总额238.23亿元；实现旅游交通消费额385.4亿元。

四是加快了贫困地区脱贫致富。2012年我省新增的A级景区中，有3家位于国家级贫困县；我省将确定的33家旅游重点县中，有12个属于国家级贫困县。武乡县2012年接待了221万旅游者，旅游综合收入达到17.98亿元，仅“两园一剧”就解决了当地1100人的就业问题。

二、海外旅游市场分析

一是从入境旅游客源占比情况分析

2012年全省接待的入境旅游者中，外国人达到120.42万人次，同比增长22.56%，占接待入境旅游者总数的63.66%。港澳台市场中，香港同胞达到27.86万人次，占接待入境游客总数的14.74%；澳门同胞14.77万人次，比2011年增长18.4%，占接待入境游客总数的7.81%；台湾同胞21.31万人次，比2011年增长22.64%，占接待入境游客总数的13.82%。

二是从入境旅游主要客源国情况分析

2012年，黄岩岛、钓鱼岛事件以及欧美国家主权债务危机等对我省的外国人市场格局产生了一定影响，韩国、马来西亚、新加坡、泰国和俄罗斯领涨主要客源国。2012年，我省十大客源国的人数占外国人市场的65.92%，亚洲市场占外国人市场的42.72%，优势较为突出。一直是我省第一大客源国的日本首次出现了负增长，跌幅达32.7%，降为第2位。韩国、马来西亚、新加坡、泰国和俄罗斯的涨幅均超过60%以上，其中：韩国市场增幅达85.4%，由2011年的第5位升至第3位;马来西亚保持了第6的位次，增幅达82.1%；新加坡由2011年的第10升至第9位，增幅达84.5%；位列第11和12的分别为泰国和俄罗斯，增幅分别为68.3%和93%，排名有了较大提升。欧美和澳洲旅游市场的格局基本没变，传统客源地法国市场增幅13.5%，位列十大客源国之首。美国、德国、英国和澳大利亚排名退后一位，分别为第4、5、8和第10位。

三是从入境旅游外汇收入情况分析

据国家旅游局入境旅游者抽样调查显示，我省入境旅游者人均天花费为175.01美元（我省非口岸地，入境旅游者均为过夜入境旅游者），比2011年增长0.52%，入境旅游者在我省的平均停留天数为3.1天，比2011年增长47.62%。外国

人人均天花费最高为187.69美元、香港同胞为157.57美元、澳门同胞为141.39美元、台湾同胞为145.41美元。

三、国内旅游市场分析

一是从国内旅游者的旅游消费特征看，商务会展、会议培训成为成长最快的游客群，带动了人均花费的增长，休闲度假产品受到更多关注。

据2012年国内旅游抽样调查显示：来我省的国内旅游者中，休闲度假占34.3%（2012年无同比）；观光游览的占30.8%，同比下降了7.4个百分点；探亲访友的占13.9%，与2011年持平；商务会展的占31.7%，同比增加了15.1个百分点；会议培训的占26.67%，同比增加了15.57个百分点；健康、疗养的5.7%，同比增加了1.7个百分点；宗教朝拜的占1.9%，与2011年持平；其他目的占8.6%，比2011年同期下降了1.1个百分点。国内旅游者在我省的停留天数为2.26天，比2011年同期增加了0.36天。抽样调查中，被访问者在进行旅游目的选择时往往会采取多项选择的方式，休闲度假与观光游览的游客出现一定的多项选择性，但是在调查中看出，选择休闲度假的游客更加青睐自然风光或自然风光与人文资源相结合的产品，多以自助游方式。在各种旅游产品中，观光游览继续缓步下降，商务会展、会议培训涨幅较高。

国内旅游者在我省人均花费903元，比2011年提高24.4元。2012年国内旅游者在我省的花费构成如下：长途交通占19.6%，减少0.7个百分点；住宿占18.9%，同比减少0.9个百分点；餐饮占17.9%，同比增加1.1个百分点；景区游览14.8%，同比增加0.1个百分点；娱乐占7.9%，同比增加0.6个百分点；购物占13.6%，同比减少0.2个百分点；市内交通占2.4%，同比减少0.3个百分点；邮电通讯2.0%，同比增加0.6个百分点；其他占3.0%，同比减少0.2个百分点。游客感兴趣的旅游商品是土特产（37.4%）、手工艺品（26%）、酒类（8.8%）和食品（8.4%）。

二是从国内旅游者的旅游偏好看，人文山水类景区依然是我省旅游产品的重头戏。

据抽样调查显示，游客感兴趣的旅游资源排在前列的分别是文物古迹（43.5%）、山水风光（29%）和民俗风情（14.8%）。据省旅游局2012年组织的“美好印象山西十大景区”全球网民票选活动显示，在531.4万张选票中，五台山、平遥古城、云冈石窟、晋祠旅游区、洪洞大槐树、壶口瀑布、雁门关、李家大院、绵山和皇城相府入选，表明人文山水类旅游产品仍然是我省的优势所在。

三是从国内旅游者的出游方式看，自助游占绝大多数，中短线过夜游客比例较高。

旅游者选择的出游组织方式，有43.6%的游客选择了个人或与亲朋结伴出游，33.9%的游客为自驾游，11.4%的游客为旅行社组织，11.2%的游客为单位组织。

在整体游客中，一日游游客占34.3%，过夜游客占65.7%。结合我省国内游客的平均停留2.26天可以看出，二、三日线路较为热销。在过夜游客中，32.3%的游客会选择星级饭店和酒店；58.9%的游客选择旅馆和招待所；8.8%的游客则会住在亲友家。

四是从国内旅游者客源地情况看，省内和周边300-500公里地区为主要客源市场。

我省国内旅游的最大市场是本省居民，2012年我省省内游客占全部游客数的32.3%，省外游客占游客总量的67.7%。省外市场主要集中在河北、河南、山东、陕西、北京、内蒙古等周边客源市场。抽样调查结果显示，一级市场为：河北、河南、山东，2012年河北取代北京，成为我省省外最大的国内旅游客源市场，占全部国内旅游者的8.62%；河南、山东是我省省外仅次于河北的国内旅游客源市场，占全部国内旅游者的比例分别为7.38%和7.09%。二级市场为：北京、陕西、内蒙古等周边省（市），占全部国内旅游者的17.21%；湖北、江苏、辽宁、安徽四省来我省的国内游客所占份额在2-4%之间。三级市场为：浙江、天津、湖南、四川、黑龙江、广东等其他省市来我省的国内游客所占份额低于2%，是我省潜在的客源市场。

壶口之秋

洪洞大槐树

晋祠

方山县北武当山全景

关帝庙

发展农业机械化

郭迎光副省长深入运城调研

近年来在省委、省政府的高度重视和正确领导下，各级农机部门按照全省“三农”工作部署要求，主动适应新形势，创新工作思路，狠抓任务落实，全省农机化发展和农机化工作呈现出了快速、持续、健康、稳定发展的良好势头，实现了由初级阶段到中级阶段的重大跨越，农业生产方式实现了由人力畜力为主向机械作业为主的历史性转变。主要表现在以下五个方面：

一是农机化投入逐年加大。2012年，全省共投入农机化发展资金32.5亿元，比上年增加2.4亿元，增长8%。其中中央财政投入达到8.114亿元，地方财政投入达到4.574亿元，农民和社会其他投入达到19.8亿元，财政投入占到总投入的39%，起到了显著的引导和推动作用。农业机械购置投入达26.53亿元，占全部投入的81.6%。

二是农机装备总量持续增长。到2012年底，全省农机总动力突破3000万千瓦大关，达到了3056.09万千瓦。拖拉机保有量达到了43.16万台；拖拉机配套农具达到了66.3万部；联合收获机达到2.2万台,其中玉米收获机达到了1.05万台；畜牧、林果、设施、加工等机械发展迅速，农机装备结构趋于合理。

三是农机化作业水平稳步提升。到2012年底，全省农作物耕、种、收综合机械化水平达到了58.3%，超过了全国平均水平1.3个百分点。其中，小麦已实现全过程机械化生产；玉米机耕、机播已基本实现机械化，玉米机收水平达到了37.2%，比上一年提高了近十一个百分点，取得了突破性进展；机械化秸秆还田作业面积达到了1163.9千公顷；精少量播种面积达到了1110.9千公顷。

四是全省农机化效益持续增加，农机服务组织蓬勃发展。2012年，全省农机化经营总收入115亿元，其中农机户经营纯收入达到57亿元。全省各类农机服务组织达到了88.3万个，其中农机专业合作社从无到有，发展到了1647个；农机大户达到了4716个。

五是农机安全形势持续向好。全省农机安全生产事故起数、伤亡人数，均低于省政府对农机安全生产的总体控制考核指标，全省农机安全生产形势总体趋于稳定。

重点抓了以下六方面工作:

（一）认真落实农机购置补贴政策。我省农机购置补贴工作从2004年开始，当年省级财政列支532万元用于农机购置补贴，2005年增加至1018万元（中央财政500万元、省级财政518万元），以后逐年快速增加，到2012年农机购置补贴项目资金达到7.1亿元（中央财政资金6.7亿、省级财政资金0.4亿）。农机购置补贴项目实施九年间，全省共落实中央和省级农机购置补贴资金24.85亿元，其中中央财政资金23.25亿元，省财政资金1.6亿元，累计补贴40万户农民购买各类农机具50.5万台件,农机化装备水平实现了跨越式发展。九年间农作物耕、种、收综合机械化水平提高了20个百分点，农机总动力增加了1128万千瓦，九年的发展超过了农机购置补贴政策实施前三十年的发展。农机购置补贴政策的实施，极大地调动起了广大农民发展农业机械化的积极性，取得了农民得实惠、企业得效益、政府得民心、农机化快速发展的良好成效。

（二）大力推进玉米机械化收获。针对玉米机收水平低是制约玉米生产机械化作业的“瓶颈”，也是我省机械化发展薄弱环节的实际，2010年起我们相继采取了对农民购买的玉米收获机械实行累加补贴、安排玉米机收作业补贴项目、组织跨区作业、加大示范推广力度和培训机手等措施，收到了显著效果。到2012年底，完成玉米机收面积657.9千公顷，是2009年玉米机收面积的3.45倍，三年时间玉米机收水平提高了25个百分点，玉米机收机械化生产作业的薄弱环节取得了重大突破。

春　播

夏　收

引晥

建设农业现代化

——山西省农机局

高速 跨区作业

（三）加快推进保护性耕作发展。保护性耕作是一项采用机械化手段，实施作物秸秆直接还田覆盖、免少耕播种等措施，实现农业可持续发展的国际先进农业耕作技术。保护性耕作发端于我省并在我省大面积推广实施。我们一直将保护性耕作和农机深松作为确保粮食安全生产的基础性工程来抓，通过采取创新管理运行机制、项目捆绑、技术集成和串联、集中连片实施、严格考核等措施，不断完善技术体系和机具系统，有效推动了保护性耕作技术的大面积推广应用。到2012年底，全省保护性耕作面积达到689.1千公顷，占到总播种面积近五分之一，在资金投入、建设规模和建设质量上位居全国前列。2012年，我们与联合国粮农组织、农业部农机化司等单位联合在北京举办了“中国保护性耕作20年国际研讨会”，在会上，我省作了《山西保护性耕作20年》专题报告，农业部领导和中外专家普遍肯定了我省保护性耕作发展成就及经验。目前保护性耕作已成为我省农业实现抗旱增产、生态环境改善和可持续发展的一项主要技术措施。

（四）提升农机社会化服务水平。采取健全组织机构、增加资金投入、制定创建标准、推出示范典型、建立表彰机制等措施，开展农机化生产劳动竞赛，狠抓了农机专业合作社规范发展。近年来，全省共投入专项资金1亿多元，用于扶持农机合作社、农机大户和农机维修网点发展。自2008年开始发展农机专业合作社，到2012年底发展到1647个。农机专业合作社承担了全省30%以上的农机作业任务和近50%的农机项目建设任务，成为我省农业生产的主力军。

（五）强化农机科技创新。紧紧围绕现代农业和新农村建设对农机化提出的不同需求，在稳步提升主要粮食作物机械化水平的同时，突出抓了玉米和薯类机收、秸秆综合利用、牧草收获及加工、杂粮生产加工、旱作节水等农业生产急需机具的科研开发和示范推广。在农机科技创新工作中，“柠条饲料智能收获制粒装备开发”列入国家863计划项目，“玉米收获机研发”列入2010山西省科技创新计划项目，“不对行轻型玉米收割机”等20项科研成果达到国际先进水平。围绕省委省政府现代农业示范区建设部署，在全省建成13个现代农业机械化示范区。

（六）狠抓农机安全生产。加强农机安全生产宣传教育和农机执法检查，组织开展了农机安全专项整治活动。同时深入开展“平安农机”创建活动，累计创建全国平安农机示范县18个、省级平安农机示范县34个。2012年全省新注册登记拖拉机、联合收割机2.13万台，检验机车8.81万台，新训新考驾驶员1.34万人，农机安全监理“三率”（上牌率、检验率和持证率）分别达到了57.35%、59.65%和80.69%，农机事故率逐年递减。

工厂化育秧

喷 灌

玉米机收

耕整地

铁牛展翅

魅力新大同

一、2012年工作回顾

过去的一年，全市认真贯彻落实党的十八大精神和省委、省政府的决策部署，深入实施转型发展、绿色崛起战略，加快"三名一强"建设步伐，经济社会发展迈上新台阶。

经济保持平稳增长。年初确定的各项主要指标全面完成。全市地区生产总值同比增长10%，规模以上工业增加值增长13.4%，财政总收入增长17.6%，公共财财政预算收入增长24.2%，固定资产投资增长25.1%，社会消费品零售总额增长16%，城镇居民人均可支配配收入增长13.6%，农民人均纯收入增长14.3%，居民消费价格涨幅2.3%，万元GDP综合能耗下降4.83%，污染物排放实现控制目标。

项目建设步伐加快。以项目为抓手，以园区为载体，推进传统产业提升和新兴产业发展。装备制造、新医药、煤化工等工业园区集聚示范效应增强。全市签约项目152个，项目总投资2107.87亿元。同煤集团东周窑1000万吨矿井及洗煤厂项目投产，金庄1000万吨矿井完成500万吨工作面。8座资源整合重组矿井完成技改扩建。晋投1万吨玄武岩加工、华润10万吨雪花啤酒及国药威奇达、国药中抗制药搬迁改造项目竣工投产。新增风力发电装机40万千瓦，建成光伏电站4万千瓦。

城市建设日新月异。城镇化率提高1.45个百分点，达到57.95%。投资22亿元，建设改造城市道路57条103公里，城市路网体系趋于完善。天大高速、同源高速通车，广源高速基本完工，市县一小时经济圈初步形成。大同机场新航站楼投入使用。御东新区建设步伐加快，太阳宫、博物馆、大剧院、图书馆、美术馆、体育中心六大工程主体基本完成。市政设施、园林绿化、景区景点维护管理力度加大。数字城管平台作用进一步发挥，区级政府城市管理主体功能强化。住宅小区特别是政府安居工程物业管理得到加强，居民满意度不断提高。

古城修复有序推进。北城墙修复完工，西城墙修复过半，展览馆平移工程分体成功，代王府一期主体完成。云冈石窟窟檐保护

东城墙带状公园

经济适用房

MEI LI XIN DA TONG

工程进展顺利。晋华宫国家矿山公园正式开园，文化科技产业基地主体完成。成功举办第十一届云冈文化旅游节和国际壁画双年展、曾竹韶雕塑艺术奖学金作品展、中国大同国际汽车文化节。文化旅游业加快发展，旅游总收入163亿元，同比增长19%。

农业发展水平提升。粮食总产9.49亿公斤，连续3年创历史新高。新增设施农业4.47万亩，总面积达到16万亩。投资55亿元完成现代农业项目363个。雨润百万头生猪屠宰项目投产，新发地农产品冷链物流市场、露露集团大同绿苑公司项目进展顺利。“一县一业”、“一村一品”稳步发展，5个县、322个村被列入省级基地县、专业村。孤山水库竣工，唐河水库蓄水，守口堡水库开工，新建农村饮水安全工程105处，105个村8.92万农村人口饮水安全状况得到改善。移民扶贫搬迁9450人。农村公共事业新的“五个全覆盖”工程全面完成。

生态环境质量改善。新增集中供热面积600万平方米，市区二级以上天数达到349天，比上年增加2天。御东、东郊、西郊污水处理厂新改扩建工程基本完成，餐厨垃圾处理厂开工建设。完成造林47.44万亩，全省造林绿化现场会在大同召开。6.8平方公里的文瀛湖生态公园建成开放，采凉山森林公园、十里河生态园、口泉植物园、御河东西两岸景观等重点绿化工程基本完成，建成区新增绿化面积346万平方米，绿化覆盖率、绿地率、人均公共绿地分别比上一年增加3.2个百分点、2.48个百分点、1.23平方米。

社会民生全面进步。开工建设保障性住房11.6万套，基本建成4.9万套。大同三中、大同十六中、大同实验小学、大同卫校4所新校投入使用。新改扩建20所标准化幼儿园。调整市直学区并组建5个教育集团。阳高、天镇、大同、浑源、灵丘、广灵6县落实学生营养改善计划，惠及507所中小学校11.78万名学生。市疾控中心、一医院、六医院、中医院、光荣院等新建工程投入使用，五医院新院基本建成。城镇新增就业5.44万人，下岗失业人员再就业2.86万人，城镇登记失业率2.9%。社会保障体系不断完善，社会救助逐步规范，城乡低保实现应保尽保，各类社会保险参保人数和基金收缴均超额完成任务。安全生产形势稳定，重大安全事故为零。国防教育、双拥工作深入开展，人口计生、妇女儿童、老龄事业和红十字会、慈善等公益事业进一步加强，宗教、外事、信访、统计、气象、地震、人防和档案等各项工作都取得新的成绩。

政府建设不断加强。坚持依法行政，自觉接受人大法律监督和政协民主监督，办理人大代表建议129件、政协提案288件，办复率均为100%；提请市人大常委会审议地方性法规草案2件，制定政府规章2件。行政审批制度改革走在全省前列，行政审批和行政权力服务事项办理流程进一步优化，行政处罚自由裁量权标准进一步规范，行政监察和审计监督进一步加强。

幢幢高楼拔地而起

矿工喜迁新居

大同云冈石窟

北岳恒山悬空寺

华严寺壁画

觉 山 寺

大同九龙壁

广灵水神堂

湿 地 公 园

许家窑遗址

桃 花 溶 洞

空 中 草 原

黑鹤保护区

想 亲 亲

广灵剪纸被誉为中华民间艺术一绝

大同电力工业迅猛发展

晋煤外运专线

陕　汽

医药园区

21大齿与中国重汽联缘，使企业焕发勃勃生机

煤电一体化项目

阳高杏树林

节能日光大棚

坚定不移抓转型

光伏发电

2012 年，朔州市认真贯彻落实党的十八大精神和省委、省政府的决策部署，大力弘扬右玉精神，坚持主题主线，牢牢把握稳中求进的工作总基调，全市经济社会发展保持平稳较快、健康协调的良好态势。

综合经济实力跃上新台阶。在项目建设拉动、实体经济支撑、政策措施保障等多方面积极因素的作用下，全市经济保持全省领先的发展势头。全市地区生产总值达到 1007.1 亿元，增长 11.1%；工业增加值完成 569.9 亿元，增长 16.3%；服务业增加值完成 360.14 亿元，增长 9.5%；全社会固定资产投资完成 610.6 亿元，增长 28.6%；财政总收入完成 210 亿元，增长 20%；一般预算收入完成 84.25 亿元，增长 18.8%；社会消费品零售总额达到 191.1 亿元，增长 16.5%；外贸进出口总额达到 2.57 亿美元，增长 84.2%；城镇居民人均可

煤矸石电厂

金海洋循环工业园区

全力以赴促发展

——朔州市人民政府

支配收入达到23114元，增长13.9%；农民人均纯收入达到8000元，增长13.9%。主要经济指标均超额完成目标任务，10项主要经济指标有8项增幅位居全省前三。

安全生产水平得到新提升。认真落实政府安全监管和企业安全生产两个主体责任，扎实开展安全生产年活动。建设了安全监管综合信息平台，配齐配强了基层安监机构。市政府领导实行联系县区、联系煤矿制度，经常深入企业调导安研指全生产工作。各重点行业全面推行企业安全生产承诺制，积极推进企业安全生产标准化建设，安全管理得到加强，安全生产保障水平得到提高，安全生产形势进一步好转。全年事故起数和死亡人数分别比上年下降14.94%和26.74%。

产业转型升级迈出新步伐。坚持把调结构、促转型作

风力发电

日用瓷都

制衣车间

社区文化节

碧水荡漾的金沙植物园人工湖

崇福寺广场

金沙植物园

为转变经济发展方式的主攻方向。加快推进工业新型化，积极推进现代化矿井建设，22座矿井达到标准化矿井要求，全市原煤产量达到2.07亿吨。积极发展新能源电力，电力装机容量达到633.85万千瓦；其中，煤矸石发电装机容量达到267万千瓦，居全国第一；风风电装机容量达到81.75万千瓦，居全省第一。加快提升陶瓷产业发展水平，全市日用瓷生产能力达到16亿件。特别是狠抓了八个要业园区和经济开发区建设，新兴产业和循环经济加快发展。八个工业园区投产和在建项目达到314个，总资产达到520多亿元，2012年实现产值256亿元，比上年增长70%多，成为全市重要的经济增长极。加快提升农业现代化，大力推进“一村一品、一县一业”，特色农业加快发展。粮食产量达到21.4亿斤，增长10.2%，创历史新高。新增设施农业面积3.15万亩，总面积达到10万亩。新建和完善标准化养殖园区116个，奶牛养殖园区达到236个，肉羊养殖园区达到187个，奶牛存栏达到17.8万头，肉羊饲养量达到403万只。积极扶持农业产业化龙头企业，农产品品牌建设得到加强。文化旅游业加快发展，2012年旅游业收入达到61.6亿元，增长35.5%。

城乡环境面貌呈现新变化。进一步加大城镇化推进力度，全市铺开城镇化项目246项，全年完成投资154亿元。加快建设中心城市，继续推进道路、水源、供热、绿化、净化、亮化六大市政工程，改造20多条城市道路，增加集中供热面积600万平方米，城市功能进一步完善。深入推进特色城镇建设，各县城加快扩容提质，五个省级百镇建设示范镇启动建设。2012年底，全市城镇化率达到50.02%，城镇化水平实现历史性突破。进一步推进新农村建设，增加重点推进村185个，总数达到818个。普遍开展环境综合治理，农村面貌得到改变。大力加强交通建设，全市公路建设完成投资97亿元，公路通车里程达到9910公里。加大造林绿化力度，广泛种植大规格苗木，全市投资15.2亿元，高标准完成营造林33.2万亩。大力加强水系建设，投资19.8亿元，建设33处水系重点工程。

民生工作取得新成果。财政支出进一步向民生倾斜，全市财政在民生领域投入89.3亿元，占一般预算支出的64.36%。加大教育投入力度，新增39所城镇和农村幼儿园。实施义务教育阶段学校标准化建设，“两基”工作受到国务院表彰。倾力发展高等教育，自筹资金6亿元，建成了我市第一所本科院校中北大学朔州电力学院。深化医疗卫生体制改革，基本药物制度由乡村卫生服务机构扩大到试点县县级公立医院。实施积极就业政策，新增就业人数2.2万人，完成省定目标任务的147%。进一步健全社会保障体系，启动五险统征工作，提高城乡低保和居民医保标准，发放社会保障卡100万张。大力实施惠民工程，完成778个农村5946公里街巷硬化，建成378个便民连锁店，圆满完成农村新的“五个全覆盖”工程。开工建设各类保障性住房41431套，完成投资60.69亿元。改造农村危房9248户，完成投资2.4亿元。为40.54万农户免费供应了冬季取暖煤。市政府投入9000万元，实施义务教育阶段寄宿学生饮用奶工程。

改革开放实现新突破。全面展开转型综改试验工作，“一市两县”、“一市两园”、“一县一企”和转型标杆项目扎实推进。土地保障机制得到创新。金融体系加快完善，全市银行业机构达到14家。产业转型促进机制加快建立，坚持以工补农，推进“一矿一企”，煤炭企业在循环经济、装备制造、现代农业、现代服务业等领域兴办了大批转型项目。加大招商引资力度。精心组织参加中部博览会、能源博览会、晋商大会、广州招商会等大型招商活动，赴台湾开展旅游推介活动，成功举办了首届山西省工艺美术精品博览会暨朔州精品陶瓷展、第一届中国朔州煤炭工业及循环利用技术装备展览会。2012年，签约招商引资项目178项，总投资3704亿元，签约项目总投资额居全省第三；到位外来投资684亿元，到位额居全省第一。

2013年是全面贯彻落实党的十八大精神的开局之年，是实施“十二五”规划承前启后的关键一年，是为全面建成小康社会奠定坚实基础的重要一年。我们将全面贯彻落实党的十八大精神，高举中国特色社会主义伟大旗帜，以邓小平理论、“三个代表”重要思想、科学发展观为指导，坚持以习近平总书记对右玉精神的重要批示精神为指导，更加注重艰基奋斗、久久为功；坚持以转型综合试验区建设为统领，更加注重改革开放，创新驱动；坚持以“四化一体”东部新区建设为典范，更加注重区域突破、示范引领；坚持以八大工业园区建设为载体，更加注重集聚效应、辐射带动，按照“安全稳定促和谐，抢抓机遇树标杆，整体工作上台阶”的要求，紧紧围绕优化经济结构和提升发展质量两大任务，把循环经济、新兴产业、特色农业、生态建设、城乡统筹等“五大重点”作为主攻方向，把打造全国综合能源示范基地、工业固废综合利用示范基地、日用陶瓷生产基地、生态畜牧养殖基地和全省特色农产品加工基地等“五个基地”作为攻坚目标，努力提升煤炭循环率、新兴产业占比率、绿化覆盖率、城市化率，力争到2020年实现城乡居民人均收入超过全国平均水平，努力把朔州建设成为生态环境美、城乡面貌新、人民生活好的美丽朔州和彰显自然、生态、精致、宜居现代化城市魅力的“塞上明珠”。

县城新貌

绿满右玉

设施农业

奶牛养殖园区

小店区位于太原市区东南部，北端南内环街与迎泽区相连，西接汾河与晋源区相望，南连潇河与清徐县为邻，东南与晋中市接壤。小店区是建于公元前497年春秋时期的历史名城晋阳邑属地，是山西政治、经济、文化的发祥地之一；一代名相狄仁杰、明朝中期著名政治家王琼出生于此；圣安多尼教堂、北极宫、卧龙庙碑、佛光禅寺、800年古槐等位于区内。全区辖1镇2乡7个街道办事处，94个社区、62个行政村，面积275.09平方公里，建成区50平方公里，常住人口76.1万。小店区名列“2012年度中国市辖区综合实力百强”74位，是山西省唯一入选的市辖区。

小店新貌

区位特点：城乡一体，南农北商，高新技术密集，交通通讯便捷，发展空间广阔。武宿机场、太原南客站、太旧高速武宿枢纽聚集于此；与太原高新区、太原经济区相包相容；山西大学、山西财大等高校林立。小店区是山西省建设太原都市圈、推进太原晋中同城化的核心区，建设汾东商务区的重要承载区，是全省投资活力最强、经济最活跃的地区。

园林绿化

地形气候：全区地形以广阔的河套平原为主，除东北部为山地丘陵外，绝大部分地区为平川地带，全区海拔763—950米，气候适宜，属温带大陆性气候，日照充足，四季分明，年平均气温9度，无霜期165天，年降水量485毫米。东部山地丘陵地区富有煤炭、石膏、铁矿、铝土矿等矿产资源，平川地带盛产小麦、玉米、水稻、蔬菜、瓜果等物产。

园林绿化

民俗风情：辖区有蒙、壮、藏、回等少数民族15个，语言以汉语为主，兼有地方方言；文化艺术有戏剧（晋剧、曲艺（快板）、舞蹈；民间文艺有吹奏乐、锣鼓、社火（铁棍、背棍、划棍、龙灯、社火杂耍）等；特色小吃有小店栖汤、八大套、老汉元宵等。

家乐福商业区

历史沿革：历史上，小店区域属古晋阳所在地。1949年10月起，先后归属太原市晋源县、第七区、第四区、小店区、大郊区、南城区、小店人民公社、晋源区。1970年起属太原市南郊区。1998年元月，市辖行政区划调整，原南郊区的六乡镇和原南城区的三街办组成现在的

武宿航空港

南客站效果图

武宿立交桥

龙城大街

城乡一体化新区。

经济发展：2012年，全区地区生产总值完成291亿元，同比增长8.3%，占全市18.1%；四项指标总量排全市十县（市、区）第一位：社会消费品零售总额完成344.3亿元，同比增长17.1%，占全市30.5%；固定资产投资完成285.2亿元，同比增长35.0%，占全市22.0%；财政总收入完成35.3亿元，同比增长16.4%；一般预算收入完成18.2亿元，同比增长22.6%。此外，规模以上工业增加值完成14.5亿元，同比增长18.7%，增速排十县（市、区）第三；农民人均纯收入完成13665元，增长13.7%，总量排全市第二。煤炭、冶金、化工等高耗能、高污染企业全部退出小店区，全区三次产业比例优化到3.0:25.9:71.1，成为全省乃至全国产业结构最优、发展水平最高的地区。沃尔玛、家乐福、王府井百货、茂业天地、星河湾、联盛城市综合体等国内外知名企业和优质项目落户小店区，总投资达千亿元。

新型农村社会养老保险宣传现场

星光老年之家

城乡面貌：2006年到2012年末：相继实施推进60项重大重点项目和工作，自筹资金推进小店城镇五项重点工程，服务推进太原南站、汾东商务区、南中环街建设等50余项国家、省、市重点工程。建成区断头路全部贯通；建成区面积由24平方公里拓展到50平方公里；常住人口由50万增加到76.1万，全区城镇化率由68.2%达到91.32%，提高20多个百分点。建成区集中供水率100%，农村安全饮水覆盖率100%，城市垃圾集中处理率100%。创新开展的“村清扫、乡转运、区收集”环卫管理一体化模式在全省推广。率先启动了全市第一家城中村整村改造项目一杨家堡改造。累计投资2亿多元，率先在全省完成新农村建设“十覆盖”和省定新旧两轮“五个全覆盖”工程，水平领先全省。

社区活动室

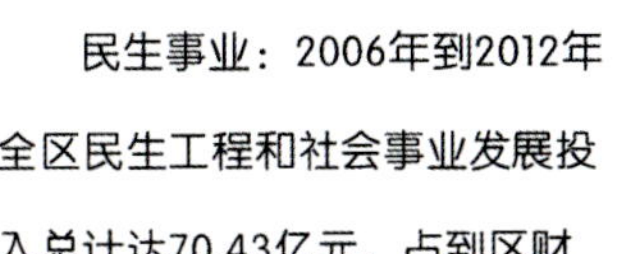

民生事业：2006年到2012年全区民生工程和社会事业发展投入总计达70.43亿元，占到区财政总支出的83.58%,成为全省县区级财政中民生持续投入总量最大、比例最高、兑现惠民政策最好的县区之一。

蔬菜种植基地

“十二五”时期，一个发展更具活力，开放更加深入，城市更具魅力，生态更加优美，社会更加和谐，人民更加幸福的更高水平小康社会将在小店区率先建成。

街

星河湾商住楼

长风画卷

恒大社区

娄烦县

县城提档升级四项民生工程竣工剪彩仪式

娄烦县招商引资恳谈会

美丽娄烦春意浓 喜庆祥和闹元宵

【自然概况】娄烦县地处太原市西北、吕梁山腹地、汾河中上游，距省城97公里，东依古交，西临方山，南毗交城，北连静乐，西北与岚县接壤，是集山区、老区、库区为一体的国家扶贫开发重点县，是省城最重要的水源地和生态屏障。全县总面积1289平方公里，辖3镇5乡、六个居委会、142个行政村，总人口 12.64万人。

娄烦山川秀美，资源丰富，历史悠久，底蕴深厚。素有“山上有林，地下有矿，沟川有水，垣坪有粮，物丰地灵，人间美景”之称。全县境内群山环抱，山水相绕。现已探明的主要有煤、铁、大理石、硅等16种。其中，煤储量达15亿吨，铁矿储量6亿吨以上。境内有被誉为“太原青藏高原”的云顶山，有被称作“高山平湖”的汾河水库，有党的创始人之一高君宇故居等人文景观。

【经济发展概况】2012年全县地区生产总值完成15.7亿元，增长17.2%；规模以上工业增加值6.85亿元，增长32.4%；财政总收入9.66亿元，增长20%；一般预算收入5.33亿元，增长27.3%；固定资产投资8.77亿元，增长95.9%；社会消费品零售总额2.9亿元，增长13.5%；服务业增加值6.8亿元，增长11.1%；农民人均纯收入4073元，增长13.4%。

在重点工程方面，太原煤气化龙泉矿井、国能风电、静静铁路3项省重点工程完成投资13.73亿元，完成任务的120%。涧河蓄水工程、涧河公园提升改造、生态建设项目等12项市重点工程全部完工，完成投资8.58亿元。省市重点工程投资完成率、固定资产投资完成增速、重点项目落地率三项指标全市排名第一。包括16项标杆工程在内的76项县重点工程全部完工，完成投资21亿元。

【转型跨越、综改试验新成就】2012年娄烦县委、县政府紧紧围绕建设最具发展潜力特色经济强县目标，为实现“生态涵养发展区、休闲旅游度假地、循环经济示范县”建设新突破，坚持主题主线总基调，坚持稳中求进，以提高经济增长质量和效益为中心，着力实施“生态环保、产业发展、宜居县城、招商引资、和谐稳定”五大战略，全力以赴调结构、抓投资、上项目、谋转型、促跨越，着力推进“工业新型化、农业现代化、县域城镇化、城乡生态化”四化建设，着力加强经济、政治、文化、社会、生态文明建设和党的建设，着力保障改善民生，维护社会和谐稳定，县域经济发展活力明显增强。

一、坚持结构调优，狠抓产业升级，转型跨越深入推进

产业升级加快推进。传统支柱产业加快技改升级，省煤运集团煤矿项目有序推进，马家岩煤矿、三聚盛煤矿、天池店煤

高君宇故里

花果山生态旅游景区龙和晚照

涧河公园一景

云 顶 山

矿完成总工程量的65%，完成投资2.6亿元。太原煤气化龙泉矿井完成投资11.8亿元。旅游服务业迈出坚实步伐，高君宇纪念馆主体基本完工，故居修缮后于去年7月1日开放。花果山景区游客接待中心投入使用。汾河水库被批准为国家级水利风景区。

新型产业加快构建。加大力度招商引资，签约8个项目24.1亿元，到位18.1亿元。国能风电项目一期今年开工建设。华能风电项目进行风场选址等工作。在龙泉煤矿投产的基础上，积极谋划建设集采煤、洗选、发电、煤制气于一体的循环工业园区。

现代农业加快发展。惠农马铃薯科技园被确立为“太原现代农业十大主题产业园”之一，引领带动作用逐步放大。全县马铃薯种植8万亩，实现产值1.3亿元。马铃薯“一县一业”全省推进会在我县观摩。编制完成了南川河现代农业示范园区建设规划，建成核心区215栋节能温室大棚，种植蔬菜6000亩。培育了14个“一村一品”村，5家无公害农产品、1家绿色食品通过认证，“513”龙头企业销售收入完成1.93亿元。

二、坚持保水富民，狠抓造林绿化，生态环保建设持续加强

生态建设成效明显。投资1.49亿元，实施了库周城周造林绿化、石峡沟生态建设、东山生态基地、矿山生态恢复治理、通道绿化、出口靓化等重点工程，完成营造林7.43万亩，合格率95%。全县绿化率达到50%，同比提高了5个百分点。治理水土流失面积6.8万亩，年减少入库泥沙27万吨，受到了国家林业局的高度肯定。

水源地保护迈上新台阶。汾河水库成功列入国家26个湖泊保护项目之一，库区生态环境治理保护项目开工建设。在完成涧河城区段造林水保工程、危险化学品车辆重点监控工程等项目的基础上，全长2300米，占地210亩的涧河人工湿地水质改善工程加快建设。

环境质量持续改善。扎实开展环保专项整治，净水质、控烟尘、查超标、削总量，化学需氧量、二氧化硫、氨氮、氮氧化物、烟尘、工业粉尘全部超额完成市下达任务。万元GDP能耗下降5.4%。全县空气质量二级以上天数首次达到365天。地表水质量达到三类水标准，达标率为100%。

三、坚持大县城战略，狠抓基础设施建设，城乡统筹加快发展

滨水园林县城成效初显。投资2.7亿元，实施了“一河两路三桥”和“一街五巷提升改造”工程，蓄水2.5公里，建设了大型音乐喷泉，打造了水脉文脉共生、休闲健身一体的涧河公园，新建了娄家庄桥，改造美化了涧河2号桥、3号桥，整饰亮化了南大街及两侧建筑。县城新增绿化面积250亩，绿化覆盖率39.2%，人均公共绿地10 ,县城基础设施明显改善、品质有效提升，顺利通过了省级园林县城初验。

县城扩容提质加快推进。县城东区、西区土地储备基本完成。滨河北路拓宽改造扎实推进。南大街东延、迎宾大道开工建设，县城路网框架基本成型。尖山移民搬迁工程、综合性医院项目、国防教育基地等一批市政基础设施开工建设，县城规划建设面积扩大了一倍，达到了7.26平方公里，城镇化率提高了0.5个百分点。

城乡统筹发展继续加强。完成了城中村、娄家庄村、三元村等6个村的自来水、污水扩网改造。新建了2处换热站，供热能力增加64万平米，集中供热普及率提高了2个百分点。全力实施城乡清洁工程，120个村（居）达标，城乡环境和管理水平进一步提升。

四、坚持民生至上，狠抓和谐社会建设，社会事业全面发展

社会事业繁荣进步。加快教育发展，学前入园率达到87.1%，高中阶段毛入学率83%，完成了14所薄弱学校设施设备配置和16所寄宿制学校食堂标准化改造。6所高标准卫生院建成，投资1亿多元的县城综合性医院开工建设。成功申报“首批太原市转型综改试验先导区科技创新园”。进一步完善公共文化服务体系，农村文化体育场所实现全覆盖。人口计生工作常抓不懈，人口自然增长率小于5.19‰。人口网格化管理服务模式得到了国家计生委肯定并推广。

民生保障继续加强。覆盖城乡的社会保障体系进一步健全完善。新增就业岗位1785个，238名下岗失业人员实现了再就业，城镇登记失业率为3.4%。开工建设保障性住房660套，改造农村危房1770户。实施了9个村1900人的扶贫移民搬迁，解决了35个村1.2万人的安全饮水问题十件实事和农村新的“五个全覆盖”工程全部完成。

和谐稳定不断巩固。创新社会管理，网格化管理三级服务平台初步建成。社会治安持续稳定，95%以上的村庄社区实现了“零发案”。全县连续两年没有发生赴省市重复群访、进京非正常上访，十八大期间实现了“双零”和“四个不发生”。深入开展“打非治违”专项行动和百日安全生产活动，实施重大隐患有奖举报，受理举报152件，兑现奖金4.21万元，全县社会大局和谐稳定。

马铃薯博览园

农业循环经济

汾河水库

涧河河道蓄水工程

北山绿化

库周造林绿化

广灵县

县委书记郭占宝（右二）在涧东新区指导建设工作

一年来，广灵县委、县政府团结带领全县人民，紧紧围绕建设富裕民主文明和谐新广灵的主题，以科学发展观为统领，加快推进经济发展方式转变和经济结构调整，加快推进基础设施建设和发展环境优化，加快推进生态环境治理和资源节约利用，加快推进公共服务体系建设和社会民生改善，推动全县经济社会转型跨越发展实治理和资源节约利用，加快推进公共现了新的突破。

一、经济指标持续提升。2012年全县地区生产总值完成17亿元，同比增长11.8%；全社会固定资产投资完成30.5亿元，同比增长15.98%；财政总收入完成1.47亿元,同比增长16.7%；农村经济总收入13.4亿元，同比增长16.6%；农民人均纯收入4417元，同比增长14.6%；城镇居民人均可支配收入14761元，同比增长17.8%。

二、现代农业加快发展。粮食总产量达到13.13万吨，实现三连增。新申报现代农业示范园区建设项目3个，新增“一村一品”专业村11个，食用菌等设施蔬菜种植达到1.44万亩。养殖业发展迅速，大牲畜饲养量和存栏量分别增长11.7%和10.4%，农机总动力达到13.3万千瓦。有机、绿色、无公害农产品认证达到12个，“三品”认证面积达到总播种面积的59%。

三、环保工业势头良好。风电、生物质能发电、新型干法水泥等重点工业项目建设顺利推进，节能减排工作取得新成效，万元GDP单位能耗同比下降3.6 %。二氧化硫等六项主要污染物减排超额完成年度任务,万元工业增加值用水量降幅达到4.4%。县城饮用水水源地一、二级保护区和七乡镇饮用水水源地保护区的水质达标率100%，县城污水处理率达70%以上，壶流河水质控制在

县城鸟瞰图

建设中的涧东新区

建设中的高标准住宅小区

高

精华集团镁业公司压铸生产线

金隅水泥公司先进的中控室

精华集团建材公司水泥生产线

精华集

国家地表水环境质量五类标准以内，县城空气二级以上天数达到335天。

四、项目建设扎实推进。21项重点工程项目完成投资38亿元。华润月明山风电、华电甸顶山风电、同德化工、金隅水泥等一批重点项目相继投产或试产，为县域经济发展注入新动力。综改试验区建设顺利推进，启动实施了围绕产业升级、城乡统筹、生态修复、民生改善四大领域的16个标杆项目。

五、招商引资成效显著。组织参加了第七届“中博会”、第八届“文博会”、首届世界晋商大会和第四届“太原能源产业博览会”，促成项目签约11个，签约金额92.56亿元。成功引进山西同德化工和北京金隅集团，完成民爆炸药和水泥产业投资优化整合。荞宝公司苦荞系列产品和东方物华公司“东方亮”小米产品成功进入中粮集团网络销售渠道。“六棱山四季度假区项目”的总体规划评审、项目一期工程立项及开工筹备工作顺利实施。品牌兴县战略再跨新台阶，“东方亮”小米商标被评为“中国驰名商标”。

六、城乡建设步伐加快。以涧东新区建设为重点的县城扩容提质工程取得突破性进展，秀水佳苑、尚品公寓、东方丽都、舒惠佳园等县城开发项目顺利实施，保障性住房建设扎实推进，县城绿化、美化、亮化水平持续提升，宜居广灵建设取得新成效。城乡道路交通条件持续改善，城乡客运公交化改造项目顺利完成。农业基础设施建设进一步加强，完成了16个村的整村推进项目，新解决了2.1万人、2869头大畜的饮水安全问题，农村生产生活条件进一步改善。

七、社会事业全面进步。投资2亿多元用于农村学前教育、廉租住房、危房改造、生态治理、基础设施、农产品加工、人畜饮水安全等民生工程。实施了学校食堂建设项目、农村义务教育学生营养改善计划。扎实推进医药卫生体制改革，基本医疗保障制度进一步完善，新型农村合作医疗参合率达到99.48%。实施了文化惠民工程，群众文化生活日益丰富。广灵剪纸在深圳文博会和全国非遗博览会上展览，并首次亮相央视“倾注三农”晚会。人口计生工作再上新台阶，荣获“全国计划生育优质服务先进单位”称号。社保体系逐年完善，2012年养老金发放率100%，新农保参保率98.45%，城镇居民养老保险参保率90.36%。

世界非物质文化遗产——广灵剪纸

甸顶山空中草原

国家级重点文物保护单位——水神堂

壶流河湿地

新农村建设村民欢

五保户住进康乐院

农村公路蜿蜒似长龙

生产线

精华集团农牧公司养殖园区

国家级食用菌标准化示范区

东方亮谷子基地

朔州经济开发区

山西新时代集团

朔州经济开发区成立于1992年，1996年省政府批准为省级开发区，总面积86.9平方公里，其中北部朔东新区16.4平方公里，南部朔南新区41.54平方公里，东部西盐池生态园区28.96平方公里，是山西省土地面积最大的省级开发区，也是全省开发区中唯一的“资源环境可持续发展综合改革试验区”和“十二五”规划编制试点区，先后获得“中国最具投资价值开发区”、“2011年中国十大特色产业园区”和“2012年中国十大最具投资价值开发区”殊荣。

朔州经济开发区紧紧围绕市委、市政府“三新一城”和“四化一体东部新区”建设战略部署，按照“项目立区、招商兴区、机制活区”的要

新时代混凝土

首采工作面采煤机地面试运转成功

山西中北工贸

世界最高井架主立井井架顺利合拢

中北工贸优质钢材

麻家梁外景

SHUO ZHOU JING JI KAI FA QU

求，努力创优发展环境，不断加大项目建设和招商引资力度。近年来，中煤、同煤、中冶、浙能、海尔、江苏双良、日本小松、美国安普等一批海内外大公司大集团相继入区建设，朔州经济开发区正朝着“环境最优、发展速度最快、幸福指数最高”的一流开发区迈进。

2012年，全区各项经济指标均位于全市前列。1—12月份地区生产总值（GDP）完成21.16亿元，同比增长12.4%，高出全市1.3个百分点，位居全市第二。全区科工贸总收入完成69.38亿元，同比增长45.03%。全区财政总收入完成2.90亿元，同比增长33.7%，排名位居全市第二。一般预算收入完成1.79亿元，同比增长34.43%，排名位居全市第三。全区工业总产值完成32.02亿元，同比增长42.4%。全区规模以上工业企业完成工业总产值30.7亿元，同比增长44.4%；工业增加值完成11.6亿元，同比增长17.1%，增幅比全市高0.8个百分点，排名位居全市第二。全区固定资产投资完成37.8亿元，同比增长28.5%，低于全市0.1个百分点，居全市第二位。全区限额以上商贸流通企业累计完成营业收入22.1亿元，同比增长19.7%。全区社会消费品零售总额完成4.64亿元，同比增长16.5%，增幅位居全市第二。全区建筑业总产值累计完成8.04亿元，同比下降23.03%。服务业增加值完成7.5亿元，同比增长9.4%，低于全市0.1个百分点，排名位居第三。外贸进出口总额完成266万美元，同比增长8.57%。

山西中煤平朔宇辰有限公司

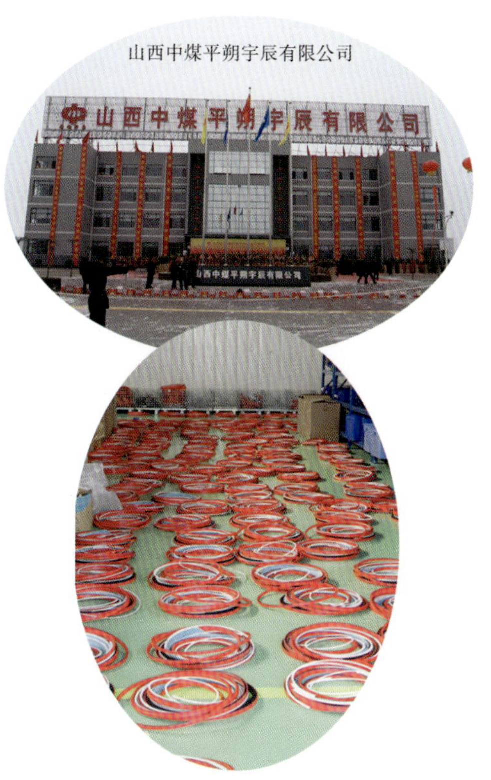

密封件车间产品

朔州市永富机修有限责任公司

朔州市永富机修有限责任公司

中煤装备维修中心

中煤装备维修中心

平鲁区 PING LU QU

国务院副总理回良玉莅临平鲁参加三北防护林现场会

区委书记吴晓斌在基层调研

区委副书记、区长马占文深入棚户区调研改造工作

统计培训会议

平鲁区隶属山西省朔州市管辖，地处晋西北黄土高原，内外长城之间，晋陕蒙三省交界处，北连内蒙，西接偏关、东靠山阴、南屏三关。109国道纵贯南北，与山西大动脉大运公路相接；引黄入晋万家寨专线横穿东西，元（元子河）芦（芦家窑）、安（安太堡）木（木瓜界）两条铁路专线与北同蒲线接轨，全区乡乡通油路、村村通公路。总面积2314平方公里，辖2镇11乡，10个社区、286个行政村。总人口20.59万人，其中：城镇人口10.12万人，农村人口10.47万人，耕地面积98.6万亩。

平鲁资源丰富，物华天宝。已探明的矿产资源有煤、高岭土、石墨、石灰石等40余种。其中：煤炭含量137亿吨，是全国煤炭百强县区之一。改革开放的第一块试验田、驰名中外的平朔安太堡露天煤矿，华北最大的火力发电厂——神头电厂就在平鲁境内。平鲁区还是世界上最大的硬质高岭土生产基地。

平鲁区是全国小宗杂粮商品基地区（县）之一。集营养、保健、食疗、益智为一体的名特优小杂粮，倍受市场青睐，久享盛誉，尤其是含硒量居全国首位的红山荞麦，千粒重38.8克，硒含量0.73mg/g，深受日本和东南亚国家青睐，多次入选国宴。豌豆、马铃薯淀粉含量极高，为良好的制粉原料，油料以葫麻为主，味香色亮，久存不腐，亚油酸含量极高，为我国食用油之冠。

平鲁区历史悠久，人杰地灵。大唐名将尉迟敬德，金朝大夫虞仲文，明代参将李广才，清代武官刘诏等彪炳史册的军事将领和文人墨客就诞生此地。2010年平鲁被中国民间文艺家协会命名为“中国门神文化之乡”和“中国门神文化研究基地”。平鲁还是红色革命老区，著名的民族女英雄归国华侨李林就牺牲在这片土地上。

改革开放为平鲁插上了腾飞的翅膀。1978年，农民人均现金收入20.1元，经济排队全省倒数第一，全国倒数第二。而如今，平鲁是山西省经济强区，正奋力向全国百强迈进。

十二五以来，平鲁区紧紧扭住“打好文化牌，走出转型路，创造特色城，建设自然生态精致宜居的现代化新平鲁”的奋斗目标，依托历史资源，以“尉迟故里”为主线，大力开发乌龙洞，北固山，明海湖等一批旅游景区，努力实现从“挖煤”到“挖文化”的跨越；投资近千亿元建设北坪、东露矿两大循环经济园区，为平鲁展开了以煤为基、以煤兴产、以煤兴业，多元发展的新画卷。2012年，平鲁区委、区政府紧紧围绕这一奋斗目标，坚持稳定增势争先进位的工作总基调，以转型综改先行试点区建设为统揽，以“70%的土地实施生态化建设，70%的农民享受城镇化服务”为抓手，通过工业新型化带动市域城镇化，促进城乡生态化，实现农业现代

住宅小区

即将开工建设的智慧平鲁信息资源大厦

街道美化

化，在产业转型、生态修复、城乡统筹、民生改善等方面取得了可喜的成就。全区31座煤矿，9座建成安全质量标准化矿井。全年生产原煤1.32亿吨（含平朔），百万吨死亡率0.0076%，煤炭产业整体素质和安全生产能力显著提升。全年实施省、市重点工程23项，总投资299.76亿元，完成投资133亿元。其中：北坪、东露天两大循环经济园区取得重大进展，建成项目8个，在建项目8个，即将落地9个。设施蔬菜、苗木种植、小杂粮生产加工、标准化养殖四大现代化农业基地初具规模；实施城建重点工程29项，总投资20亿元，完成了两个住宅小区、三条城市街道、七大功能性建筑、五大公共设施建筑、两大商贸工程以及环城生态新区水系工程。投资5个亿在全省率先启动智慧城市建设。新“五个全覆盖”工程全面完成，农村生活条件显著改善；投资了5.2亿元，重点实施了“一园一圃两大圈，一区三山四条路”造林绿化工程，全区林地面积达115万亩，林木绿化率达35%，林草覆盖率达45%；全面实施15年免费教育，与山大附中联合实施了振兴平鲁教育三年计划。深化与省人民医院合作，加快全省医疗卫生体制改革试点区建设，新农合补助标准、报销比例、封顶线三项指标及基本药物补助标准全省第一、全国领先。300名孤寡老人入住区敬老院，且生活标准按每人8000元预算；全年共签约引资项目30多个，总引资额达700多亿元，有力地促进了全区转型跨越发展，全区经济社会各项事业发展呈现出又好又快的良好态势：GDP实现292.1亿元，同比增长12.4%。其中一产 3.9亿元，同比下降0.9%；二产247.7亿元，同比增长13.3%；三产40.5亿元，同比增长9%；农林牧渔业总产值完成8.39亿元，同比下降0.03%；其中，农业4.12亿元，同比增长14.43%；林业1.91亿元，同比下降11.25%；牧业1.8亿元，同比下降15.24%；渔业0.0085亿元，同比增长5.63%；农林牧渔业服务业0.55亿元，同比增长8.75%；粮食产量62077.5吨，同比下降5.5%；油料产量14943吨，同比增长0.5%；规模以上工业增加值完成243.5亿元（含平朔），同比增长 16.1%；其中平鲁本区完成39.5亿元，同比增长18.4%。原煤产量达到13152万吨，同比增长5.3%。其中：平鲁本区1828万吨，同比增长16%；发电量36亿千瓦时，同比下降4%；完成固定资产投资129.9亿元，同比增长28.4%，其中：本区完成83.3亿元，同比增长58.1%；社会商品零售总额25.9亿元，同比增长16.4%；城镇居民人均可支配收入16833.1元，同比增长14.6%；农民人均纯收入6204元，同比增长13.6%；财政总收入35亿元，同比增长16.04%，一般预算收入15.9亿元，同比增长6.2%。

北固山风光
明海湖
乌龙洞
门神文化园

平鲁区平朔煤矸石电厂

遍布平鲁的风力发电厂

北坪循环经济园区大型轮胎翻新车间

平鲁区陶村乡舍养鸡场
贝泥泉山羊养殖基地
智能大棚中的蝴蝶兰
大西梁造林工程

山阴县

古城乳业集团

古城液态奶生产车间

金海洋循环工业园区

【自然概况】山阴县因位于恒山余脉翠微山北而得名，版图面积1651平方千米，辖4镇9乡，257个行政村，24.1万人。

【经济发展概况】2012年，全县地区生产总值169.1亿元，比2011年增长11%；人均国内生产总值70268元，增长11.3%；固定资产投资95.1亿元，增长28.1%；工业增加值80.8亿元，增长17.1%；农业总产值24.07亿元，增长5.57%；粮食总产量251749.6吨，增长25.4%；社会消费品零售总额27.1亿元，增长16.3%；城镇居民人均可支配收入2.28万元，增长13.5%；农民人均纯收入10110元，增长13.5%；财政总收入30.02亿元，增长24.2%；一般预算收入10.61亿元，增长22.4%。

新型工业水平显著提升。12座煤矿推进“两型三化”矿井建设，8座矿井达到安全质量标准，进入联合试运转；炫昂建材水泥生产线一期工程建成并投入试生产；中煤金海洋洗煤厂改扩建、装备维修中心、引黄供水等项目加快实施；同煤风电一期33台风电机组并网发电，二期5万千瓦风电项目和联成偏岭5万千瓦风电项目开工建设。

现代农业发展步伐加快。全县日光温室示范园区新增和扩建到52处，建成各类设施大棚5100座，规模达到1066.67公顷；宇昊蘑菇种植有限公司建成双孢菇生产车间6栋，加工车间3栋，首批双孢菇开始试种；10个标准化奶牛养殖园区建设初具形态；古城农副产品加工园区完成5千米主干道路基工程；古城乳业集团列入山西省唯一的“学生饮用奶定点生产企业”，全年实现销售收入8亿元；天鹏农牧有限公司完成生物有机肥生产线、污水处理沼气工程、智能连栋温室大棚、日光绿色大棚等工程，初步形成综合生态循环体系。

【自然概况】山阴县因位于恒山余脉翠微山北而得名，版

图面城乡面貌发生深刻变化。完成河阳大道、顺通街等新区主体框架道路10千米；完成大忻线县城段、青年东街、西

大棚种植

玉　米

张家庄乡

SHAN YIN XIAN

山阴县广武长城

老年公寓

环路、北环路、虎山线、文卫东街等 6 条 15 千米旧城街道改造；完成集中供热一次管网铺设 26 千米，新建换热站 5 座，县城热电联供集中供热面积达到 130 万平方米；完成自来水县城支管网改造及水表出户一期工程；县城生活垃圾处理厂投入使用。按照“三拆四改五化”的要求，推进了农村环境综合整治。

城乡生态环境持续改善。大力实施生态水系综合治理，在生态建设方面，桑干河湿地完成绿化 1333.33 公顷；西山拓展绿化 2666.67 公顷；广武拓展绿化 666.67 公顷；完成干果经济林 133.33 公顷；实施了 208 国道、大忻线、大运高速引线等 10 条通道绿化。在水系建设方面，初步形成了以桑干河、引黄北干线、南山引水“两横一纵”为骨架，以人工湖、蓄水库为点源的覆盖全县域的大水系，重点实施了桑干河湿地 10 大系列湖水面工程和南山引水工程，。

服务产业发展态势强劲。在旅游业方面，重点实施了旧广武城墙及城楼保护修复一期工程、长城游览步道、旧广武城道路改造等项目。在物流业方面，虹桥商贸城、城南农产品交易中心成功引进了华联商厦集团和美特好连锁超市；雁门关农产品物流中心完成气调保鲜库、物流配送区等分区建设和框架道路工程。在文化业方面，成功举办首届中国 山阴边塞文化周暨奶牛节，《雁门关外好人家》震撼人心，奶牛选美大赛名扬世界，广武长城摄影大赛开启了千年古城的大门，成为山阴重要的形象符号。

民生保障水平不断提升。在教育方面，第一幼儿园、雁杰学校及下喇叭、古城、玉井、薛 等 4 个中心幼儿园新、改、扩建工程竣工并投入使用。在医疗卫生方面，新建县人民医院住院大楼主体工程完工。在道路交通方面，完成虎山线改造路基和桥涵工程。在城乡就业和社会保障方面，全县城镇新增就业人数 3139 人，全县城镇登记失业率控制在 2.36% 以内；全县养老、失业、医疗等九项社会保险参保人数达到 24 万人次。在保障性住房建设方面，开工建设各类保障性住房 2251 套。

对外开放取得新的突破。2012 年，山阴县有史以来第一次在美国、俄罗斯、台湾等国家和地区举行国际性的经贸商务新闻发布会，有美国、俄罗斯、摩尔多瓦、澳大利亚、日本、法国、丹麦、意大利、荷兰、加拿大、韩国、南非、西班牙等国家和地区的官员和客商率团前来访问考察，与一些国家的县市建立了“友城”，并签订了战略合作协议，在深圳、长沙、太原、上海、杭州、北京、银川等国内大城市主办或参与招商引资和商业交流，尤其是奶牛宣传遍及世界。山阴正以全方位开放的态势，与国际接轨，与世界交融。

园全景图

天鹏生猪养殖园区

农业现代化

多管齐下 建

2013年统计工作的指导思想是：认真学习贯彻落实党的十八大精神，以县委、县政府确定的重点工作目标为指针，解放思想，强化联网直报，引深“一套表”改革，夯实基础数据，提升县城经济实力，为我县在全省、全市再次取得好名次作出更大贡献。

工作思路是：打大仗、打硬仗、上管理、抓质量、强责任、创一流：

（一）打大仗就是全面开展全国第三次经济普查，夯实全县经济基础数据，再次提升县域经济发展水平。

五年一次的全国经济普查，涉及国民经济的每一个行业和每一个角落，既是区域经济发展态势的助推器，又是经济发展硕果的鉴定书，面广工作量大，只有做好打大仗的准备，才能取得预期效果。硬件上，专用设备配置、数据处理、网络传送是关键；软件上，行业划分、两员聘用、业务培训、企业数量、经济总量是重心。请组织放心，我们有能力也有决心打赢这场大仗，向县委、县政府交一份满意答卷。

（二）打硬仗就是扎实开展服务业清查直报工作，进一步提高三产在GDP的比重，再次提升城乡居民幸福指数。

开展服务业清查直报工作是一项具有现实意义和长远意义的新工作，涉及交通运输、仓储邮政、信息传输、软件计算机服务、金融业、科技、居民服务、体育娱乐、公共管理、社保

城 市 激 情

“水成公园”，打造晋北独特水城

宜 居 家 园

“校成殿堂”，打造全国教育强县

华北最大皮革商贸综合物流中心——中国怀仁海宁皮革城

“羊成商品 ” 打造全国羔羊养殖小区第一县

设幸福新怀仁

等国民经济14个门类，46个大类，193个中类，431个小类行业。能否做好此项工作，事关城乡居民福祉。采取“部门分工、明确职责、鉴定范围、重点突破、行业覆盖、不留死角”的工作方法，力争做到清查及时准确、内容完整全面、直报快捷高效，实现全市唯一。

（三）上管理就是创新管理机制，提高数据质量，保证县域经济总量规模。

针对经济发展总量越来越大，要保证与增速同步，必须将达到“三上企业”标准的所有企业纳入国家名录库管理。因为国家上报数据的原则是“先入库、再报数”，不入库再有数也不能报。针对此情况有必要成立“县企业名录库管理中心”，人员由农委、发改、经信、住建、煤管、商贸等部门抽专人开展，职责就是成熟一个企业必须入库一个企业，只有这样才能避免运营企业多入库上报企业少的问题，才能永远保持经济总量全市不落伍。

（四）抓质量就是抓总量上速度，抓匹配降能耗，实现质量与效益双赢。

总体思路就是“总量翻番，增幅上档”，基本做法：是加分的指标在完成考核任务的基础上，必须抓净增量，为综合考核争第一开辟道路；二是实现产值、财务、能耗报表的三统一，切实避免因指标匹配性差错导致数据总量缩减；三是行业关联度高的数据首先要备份，其次是统一口径，坚决杜绝部门各自为战，顾前不顾后，顾左不顾右，而发生数据扯皮问题，确保相互佐证，万无一失。

（五）强责任就是部门职责分明，各司其职，协调统一，凝聚力量，打赢攻坚战。

总体思路是“任务到部门、责任到专人、领导包企业、股长包指标，一月一考核，年终总兑现”。具体方法：一是部门月初有计划，月中有安排，月末有落实，月结有分析；二是企业工作有专人，填报要全面，上报要完整，时间要保证；三是工作人员责任心要强、工作要实、服务要好、督导要强、奖罚要严。最终实现三位一体，促经济保发展。

（六）创一流就是打造队伍，提升职工素质，为再造一个新怀仁而努力奋斗。

一是树标兵，立榜样，从工作流程、业务水平、服务质量、工作态度、目标进度全方位创建“统计标兵”活动；二是树红旗，讲效能，从阵地建设、数据质量、服务水平、档案管理、创新发展全角度创建“红旗站所”活动；三是树形象，比干劲，从量化指标、明确进度、突出重心、细化措施、考核奖罚全视野创建“文明股室”活动。以一流的质量、一流的服务打造全市一流的统计队伍，为再次增强县域经济总体实力，提升全省的位次做出新的更大贡献。

清凉山生态旅游区

怀 仁 塔

以杨家将文化为主的金沙滩生态旅游区

鹅毛口古石器遗址

五台县
WU TAI XIAN

创建国家卫生县城誓师大会暨城建1234工程启动仪式

五台县城市总体规划

建设中的五台县新城区

通 道 绿 化

2012年，在忻州市委、市政府的正确领导下，五台县委、县政府团结带领全县人民，紧紧围绕科学发展主题和转变经济发展方式主线，全面实施“三五”战略，以“三整治、四创建”活动为抓手，深入开展“项目落地年”、“大干城建年”、“走出去年”活动，致力于打基础、利长远、办实事、求实效，扎实推进各项工作，经济和社会发展保持了健康发展态势。

经济平稳较快增长。2012年完成地区生产总值33.6亿元，增长10.9%；全社会固定资产投资26亿元，增长25%；社会消费品零售总额14.8亿元，增长16.03%；财政总收入5.1亿元，增长24.4%，全市增幅第一；一般预算收入2.3亿元，增长18.5%；城镇居民人均可支配收入17216元，增长15.3%；农民人均纯收入4024元，增长14.1%。

项目建设成效显著。实施省市重点项目25个，累计完成投资38.58亿元，完成率124.01%。重点项目落地30个，落地额26.4亿元，落地率135%。续建和新建县乡产业化项目115个，累计完成投资79.87亿元。积极开展招商引资活动，组织参加了第六届中博会、第四届能博会、首届世界晋商大会等重大招商引资洽谈会，引进项目24个，签约金额141.85亿元。

“三农”工作稳步发展。在落实上级各项强农惠农政策的基础上，县财政拿出1000万元用于“三农”补贴。以东雷乡为中心的农业科技示范园区初具规模。科丰农牧公司脱毒种薯繁育基地年繁育原种1000亩，可使全县5万亩马铃薯单产提高30%；城园丰农机具制造有限公司生产玉米铺膜施肥精量播种机5000台，远销到陕西、河北等省。县财政支持8个乡镇280人次分14批先后赴山东寿光、太原阳曲、晋中太谷等地考察蔬菜大棚种植，新建蔬菜大棚904.5亩，全县达到2552.6亩。新建“一县一业”肉牛基地示范园区2个，建设各类养殖小区5个，养殖规模场户累计达4076个。农产品“513”龙头企业完成销售收入8860万元。建设“一村一品”示范村30个、特色专业村186个，发展农民专业合作社156个。加大扶贫攻坚力度，全力推进了燕山—太行山连片特困地区区域发展与扶贫攻坚试点项目，实施了中央专项彩票公益金支持贫困革命老区整村推进。完成2000人移民搬迁任务。全县粮食总产量达2.4亿斤。

工业经济稳健运行。聘请北京东西部能源技术研究院编制了五台县工业园区规划，智通源红木家具厂、新世际生态园已入驻园区。“煤铁铝镁电”五大工业支柱产业扎实推进。天和煤业、同华煤业两大露天煤矿有序推进，金宇矿业生产球团1万吨，中电投山西铝业铝土矿扩能50万吨项目进展顺利，云海镁业一期2000吨镁合金压铸件生产线完成设备安装调试，华能新能源49.5兆瓦峨岭风电经省发改委核准，已开工建设。全年规模以上工业增加

全省转型综改试验旅游领域第一标杆项目——五台山风景区改造提升

连接五台山和西柏坡的门限石至河北平山界旅游公路

值7.2亿元，比2011年增长16.3%。

旅游综改步伐加快。全省转型综改试验旅游领域第一标杆项目----五台山风景区改造提升工程顺利推进，忻阜高速公路通道绿化、景区中心区道路改造、大型情景体验剧“印象五台山”、气化五台山、清水河流域河道治理与生态建设项目顺利推进。成功举办了中国五台山第三届国际文化旅游月开幕式、“翼彩五台山”大型文化活动楹联匾额揭幕暨颁奖仪式、海峡两岸佛教论坛等活动。驼梁自然风景区木栈道建成，门限石至河北省平山界旅游公路竣工通车，全县大旅游建设有序推进。2012年共接待国内外游客487万人次，实现旅游总收入39.1亿元。

正在建设中的五台县工业园区

城镇建设扎实推进。抢抓“大县城”战略和“双百”城镇建设的机遇，实施了“12345”创卫及城建重点工程，“1”是编制了县城建设总体规划、新城区控制性详规及唐家湾水库公园、水库下游湿地公园两个园林景观规划、旅游沿线7个乡镇总体规划。“2”是启动了唐家湾水库公园和水库下游湿地公园两个园林景观建设。“3”是打通了供销街通往东环线道路、新城区府东路、新城区人民街三条城区主干道。“4”是实施了保障性住房建设、东岗垃圾无害化处理场建设、古城雨水污水管网铺设、人武部基础设施建设四项工程。“5”是办好了县城集中供热扩容、天然气入户、县城殡仪馆建设、公安消防大队执勤楼建设、县“三馆一院”选址五件民生实事。各项城建重点工程于4月开工建设，9月底全部完成，县城框架进一步拉大、县城品位进一步提升、县城人居环境和投资环境得到有效改善。同时，以创建省级卫生县城为契机，实施了城市美化、绿化、亮化等工程。节能减排指标全部控制在市定目标以内，县城二级以上天数达366天。完成各类绿化造林2.85万亩，生态建设进一步加强。

五台县投资规模最大的民营工业企业之一——云海镁业有限公司

现代设施农业园区

社会事业繁荣兴旺。农村新的“五个全覆盖”全部完成；县政府十件惠民实事全部兑现。教育事业优先发展，新城区龙泉学校完善后续工程并投入使用。县职教中心、教研室、高中考场三大项标准化建设完成。中、高考再创佳绩，县委、政府拿出143万元重奖教育功臣。卫生事业不断进步，新农合住院报销比例平均提高10%，封顶线由5万元提高到了10万元，参合率达到99.64%。社会就业进一步扩大，新增城镇就业2720人，城镇登记失业率控制在了4.2%以内。门限石至河北省平山界旅游公路建成通车。山西天然气定襄至五台长输管线工程启动实施。为全县低收入农户发放冬季“暖心煤”10.69万吨。平安五台创建不断深化，全国平安畅通县通过验收。经济大发展，文化大繁荣，社会大稳定，人民生活更幸福，勤劳智慧的五台人民正在谱写一幅宜居宜业宜游美丽新五台的新画卷。

城园丰农机具制造有限公司自主研发的玉米铺膜施肥精量播种机

代县全向公司辣椒产品

代县黄酒产品

代县金鸡农牧有限公司肉鸡屠宰加工车间

代县金九州公司水果玉米加工车间

【自然概况】

代县于山西省东北部,地处东经112° 43′-113° 21′，北纬38° 49′-39° 21′，东临繁峙，西接原平，南界五台，北毗山阴。滹沱河由向西南横贯全境，全县地形由东北向西南倾斜，地貌特征为“两山夹一川”，“七山一水二分田”。全县总面积1721.5平方公里，总人口21.5万，现辖6个镇、5个乡、1个居民办事处，377个行政村，2012年总人口21.6万人。

代县矿产资源较为丰富。铁矿资源已探明储量14.5亿吨，占全省总储量的42.8%，全省独占鳌头；金红石矿探明保有储量8651万吨，远景储量近2亿吨，是全国第二大钛矿；此外，花岗岩、钾长石、石灰石、金、银、铜等资源也较丰富。酥梨曾获全国果品博览会金奖，誉称“黄土高原第一梨”，辣椒为全国四大主产地之一，“山西红”辣椒外销东南亚国家；黄酒早在宋朝时就享有“代州金波又琼酥”的美誉，大米是毛主席当年路居代县时赞不绝口的米中佳品。此外，这里的大豆、绿豆、黄米、小米等小杂粮质优味美，驰名三晋。

代县区位优越，交通便利。地处北京、太原、大同三大都市圈交汇处，自古便是东西大通道、南北大通道，素有“旱码头”之称，是商贾云集，商家必争之地。境内108、208国道纵横交错，大运高速穿境而过，灵河高速覆盖全境，京原铁路横贯东西，大同到西安高铁正在建设，县乡村道路便捷通畅，交通网络四通八达。

代县是中国历史文化名城、中国现代民间绘画之乡、中国民间文化艺术之乡、国际精品文化旅游县，拥有雁门关、边靖楼等历史文化遗址432处，其中，国保文物4处，省保文物8处。中国19座舍利塔之一的“阿育王塔”高耸入云，万里长城第一楼“代州鼓楼”声闻四达，净土祖庭“白人岩”美景堪比黄山，国家AAAA级风景区“雁门关”享誉华夏 。

【经济发展概况】

2012年，全县生产总值55.2亿元，，比2011年增长13.2%。财政总收入12亿元，增长20.2%；一般预算收入3.9亿元，增长27.5%。工业增加值28.2亿元，增长18.1%。固定资产投资21亿元，增长36.1%。社会消费品零售总额10.1亿元，增长16.23%。城镇居民人均可支配收入17374万元，增长16.6%；农民人均纯收入3651元，增长19.5%。

项目建设成果丰硕。实施省市重点项目30个，完成投资36.39亿元，投资完成率112.3%。项目落地58个，完成落地投资74.52亿元，落地率277.85%。招商签约项目29个，引资119.2亿元。全县78家规模以上企业已有35家上马转型项目37个，完成年度投资6.98亿元。

“三农” 工作扎实推进。累计建成黄酒、水果玉米、小杂粮、金鸡农牧业、丰达养殖园区等20多家农产品加工龙头企业，五个十万亩产业扶贫基地基本建成，并显现出良好的规模效益；“一村一品”专业村达47个，设施农业面积达到5000亩，规模健康养殖示范小区达123个，农民专业合作社达489个，农业产业化发展迈出了坚实的步伐。粮食总产量达到1.53亿斤。完成整村推进6个村，减少贫困人口9358人，39个新农村重点推进村完成了“四改四化”、“五个一工程”，农村面貌显著改善。

代县投资2亿多元建设的滹沱河湿地公园

代县滹沱河湿地公园美景

代县赵杲观国家级森林公园

代县
年古关重

代县礼信橡胶科技有限公司生产车间

DAI XIAN

工业经济稳定提升。依托矿产资源优势，大力实施“工业富县”战略，非煤矿山资源整合工作全面完成，全县铁矿企业由37家整合为25家，规模以上企业达到78家；通过推动技改和标准化建设，铁矿采选业较好地实现了产业化升级，使铁矿采选业的支柱作用更加牢固、更加扎实。200万吨钢铁项目获得核准。总投资6.1亿元的2200万吨水泥项目完成了一半工程量。总投资30亿元的300MW雁门关风电和大唐风电项目快速推进。总投资3.6亿元的具有国家专利技术和自主知识产权的混炼胶项目一期工程竣工投产，经济效益和环保效益显著，全县工业新型化向纵深发展。

县城建设步伐加快。新城方面，累计投资20亿元，完善了市政基础设施建设，挂牌转让建设用地累计达480多亩，检察院、人武部、新城医院、公安局等一批单位已入驻或正在建设中；五星级酒店诚济大厦主体完工，六大住宅区完成工程量的70%。旧城恢复性建设方面，城隍庙街等6条历史街区整治工程全部完工，西门瓮城、西城墙等4项恢复性建设工程完成规划设计;县域城镇化水平进一步提升。

代县泰丰矿业有限公司年产60万吨铁精矿粉技改扩建项目竣工投产

文化旅游亮点纷呈。围绕“一心四线”总体布局，统筹推进五大景区联动发展。完成了古城西北角楼复建、文庙敬一亭、崇圣祠修缮工程。雁门关景区威远楼及两侧城墙复建和前后腰铺服务区宾馆酒店全部竣工；旅游循环公路开工建设。赵杲观景区完成旅游开发总体规划，并开工建设。杨家将朝圣文化园建设项目完成可行性报告和总体建设规划。杨氏古建、锦绣源刺绣、天顺昌泥塑等一批文化产业龙头企业快速发展；韩街民俗博物馆成为山西雕镌技艺博物馆和中国长城书画协会理事单位；电影《浴血雁门关》获省“五个一工程奖”，《山路弯弯》在全国公映。

生态环境明显改善。实施了污水处理提标改造、集中供热、天然气管道入户、新技术推广等四大工程，污水处理率达到90%以上，垃圾填埋率达到95%，完成造林1.5万亩，水土流失治理7.5万亩，建成区绿化覆盖率达到36%，人均公园绿地面积达到10.51平方米；实现城区内住宅小区和企事业单位集中供热全覆盖，全县球团企业推行脱硫除尘、煤气发生炉等新技术，全县二级标准以上天气达到363天；6项减排约束性指标全部完成市政府下达的目标任务，生态文明建设取得明显成效。

社会事业全面发展。新的“五个全覆盖”全面完成。

新增城镇就业岗位2740个，登记失业率控制在3.8%；全县参加新农保、城居保参保率位居全市前列；投资3729万元对69所中小学、幼儿园校舍、食堂进行了改造，为52所中小学配备了图书、仪器和多媒体设备。县、乡、村三级医疗卫生机构实行药品零差价销售，新农合参合率达到99.98%;累计完成保障房建设910套，改造农村危房870户。暖心煤使全县6.7万农户受益。人口自然增长率控制在3.15‰。矛盾纠纷和信访积案得到有效化解，社会治安呈良好发展态势。

民主政治建设全面加强。全力支持人大、政协及其常委会依法履行职能，实施法律监督和民主监督。加强和改进新形势下工商联工作，组织“新晋商万企联万户感恩行动”和“光彩之星”活动，全县济困助学、扶贫帮困等工作走在了全市的前列。围绕市委“双创建”目标要求，全县武装工作和后备力量建设扎实推进，全面提升应急维稳和应急救援能力，双拥共建工作取得新成绩,连续六年被评为“双拥模范县”。深入实施“六五”普法工作，法律服务和法律援助不断加强。大力推行政务公开、村务公开制度，全面推广“四议两公开”工作法，基层民主法治建设进一步加强。支持工会、共青团、妇联等群团组织和人民团体围绕全县大局，充分发挥党委、政府联系群众的桥梁纽带作用，主动参与社会管理和公共服务。机关效能、政风行风明显改善，各项工作都取得了新成效。

【经济大事简介】

①成功举办第二届中国 雁门关国际边塞文化旅游节，并荣获中国节庆“金手指奖”；雁门关景区跻身“晋善晋美 美好印象山西十大景区”荣誉榜。②金鸡农牧肉鸡养殖加工项目一期工程投产运营，发展养鸡大鹏50座，代县被省政府确定为“一县一业”肉鸡养殖基地县。③成功列入了全国小型农田水利重点县。④实施农村安全饮水工程，29个村1.4万人受益。⑤完成156个村856.9公里街道硬化工程。⑥ 实施广电“村村通”工程，为山区农村安装卫星直播设备3800套。⑦滹沱河湿地公园建设项目一期工程胜利竣工，于国庆节前正式向市民开放。⑧ 全面开展“矿山安全生产标准化建设年”活动，全县100万m3以上尾矿库全部安装了在线监测系统。

门关使3000

雁门关边贸街

雁门关关城

雁门关天险门

宁 武 县

2013年，县委、县政府坚持以科学发展为主题，以加快转变经济发展方式为主线，带领全县人民，凝心聚力，团结奋斗，我县经济社会发展呈现稳中有进的良好态势。

西 城 区

一、综　合

初步核算，全年全县地区生产总值400174万元，比上年增长12%。其中，第一产业增加值12398万元，减少13.3 %，占生产总值的比重为3.1%；第二产业增加值269208万元，增长16.1%，占生产总值的比重为67.3%；第三产业增加值118568万元，增长9.6%，占生产总值的比重为29.6%。第三产业中，交通运输、仓储和邮政业增加值21297万元，增长10.8%；批发和零售业增加值9959万元，增长8.7%；住宿和餐饮业增加值7267万元，增长35.3%；金融保险业增加值11937万元，增长24.3%；房地产业增加值10498万元，增长6.2%；营利性服务业增加值17824万元，增长10.9%；非营利性服务业增加值39786万元，增长1.7%。

城镇在岗职工17880人，新增就业1749人。年末城镇登记失业率1.8%。

全年财政总收入147583万元，增长14.7 %。一般预算收入50097万元，增长19.2%。一般预算支出110948万元，增长14.6%。

栖凤公园休闲健身广场

二、农　业

全年粮食种植面积247067.7亩，比上年减少2208.3亩。油料种植面积48551.55亩，增长8.11%。

全年粮食产量20551.47吨，比上年增长17.4%。油料产量25260吨，增长5.25%。

全年全县猪牛羊肉总产量279.63吨。其中，猪肉产量98.43吨，牛肉产量94.25吨，羊肉产量86.95吨。年末生猪存栏14069头，增长9.05%；生猪出栏10100头，增长4.19%。禽蛋产量56.66吨。牛奶产量26.99吨。

新建县人民医院

三、工　业

年末全县规模以上工业企业5家。全年规模以上工业增加值309959万元，增长17.7%。煤炭产量1318.5万吨，增长38.6%；煤炭销量1158.6万吨，增长29.2 %。

四、固定资产投资

全年全社会固定资产投资完成407988万元，比上年增长31.6%。其中，农业投资完成1730万元，房地产投资完成35667万元，煤矿投资完成239544万元，基础设施建设投资完成29095万元，其他投资完成101952万元。

五、能源

全年全县向省外运输煤炭135.79万吨，外运煤炭占原煤产量比重10.3%。铁路运输135.79万吨。

全年全县全社会用电量37080.79万千瓦小时。其中，第一产业用电76.14万千瓦小时，占全部用电量0.02 %；第二产业用电量

同煤集团阳方口煤业有限公司

山西煤炭运销集团明业煤矿新矿区全貌

山西忻州神达南岔煤业有限公司

NING WU XIAN

阳方口堡楼

古关城墙修葺一新

23569.74万千瓦小时，占全部用电量的63.6%；第三产业用电量6939.44万千瓦小时，占全部用电量18.7%；城乡居民生活用电3905.85万千瓦小时，占全部用电量的10.53%。

六、贸易

全年全县全社会消费品零售总额69385.7万元，增长16.2%。

全县外贸进出口总额44.9万美元，增长349%。

七、交通、邮电和旅游

全年全县公路旅客运输量169万人，公路旅客运输周转量12880万人公里。公路货物运输量558万吨。公路货物运输周转量150849万吨公里。

年末固定电话用户17650门，比上年新增1200门。新增移动电话用户27308户，年末达到135063户。新增宽带用户3324户，年末达到12930户。

全年全县接待旅游者91.02万人次，增长32.1%；旅游总收入16.8978亿元，增长28.99%。

八、金融

年末金融机构各项存款余额892386万元，比年初增加159275万元，增长21.71%。各项贷款余额356509万元，增加82150万元，增加29.94%。

2012年，全县保费收入8955万元，同比增长12.17%。其中，寿险保费收入5440万元，财险保费收入3515万元。

九、教育和卫生

全县现有高级中学1所，学生788人。职业中学1所，学生332人。公办义务教育阶段学校27所，在校生15655人，其中，中学生4403人，小学生11252人。全县在园幼儿3921人。

年末全县共有卫生机构（含村卫生所）472个，其中妇幼保健院（站、所）1个，全县卫生机构（含卫生室）共有床位602张，卫生技术人员1741人。

十、人口、人民生活和社会保障

年末总人口为162418人，比上年末增加329人。全年出生人口1763人，出生率为10.87‰；死亡人口1234人，死亡率为7.61‰；自然增长率为3.26‰，出生人口性别比为112.42。

全年农村居民人均纯收入3356元，增长19.7%。城镇居民人均可支配收入15881元，比上年增长16.6%。全年在岗职工年平均工资43652元，比上年增加6039元，增长16.1%。　　年末全县参加城镇基本养老保险27419人；参加农村社会养老保险85280人；参加城镇医疗保险42300人；参加失业保险15100人；参加工伤保险15012人，其中农民工5938人。全县共有14个乡（镇）开展了新型农村合作医疗试点工作，106828名农民参加了合作医疗，参合率99.16%。

全年全县纳入城市最低生活保障的居民6263人，发放城市低保资金1268.789万元，比上年增加274.844万元；纳入农村最低生活保障的居民15760人，比上年增加5680人，发放农村低保资金1463万元，比上年增加187.02万元。农村五保供养2462人。

煤矸石烧结多孔砖

石湖河、冯家山大棚示范园区

大山养殖有限公司

静乐县

县委书记李德新与德国专家考察静乐藜麦

正在建设中的汾源国际大酒店

河西商务区拔地而起

时尚动感的文化大楼

一、自然概况

静乐地处汾河上游，东临忻州，南连娄烦，西接岢岚，北靠宁武，国土面积2058平方千米。全县辖4镇10乡1个居民办事处、381个行政村、450个自然村，总人口16.2万。境内煤炭资源储量最大，含煤面积1300平方千米。汾河纵贯县境40千米，八大河流网状分布。县城距忻州89千米、太原81千米、北京400余千米，太佳、忻保两条高速横贯县境，忻黑线、宁白线、忻五线、康北线网络分布，宁静铁路投入运营，榆襄铁路规划建设，是太原、忻州和晋西北联系的重要枢纽。

二、主要指标

2012年，全县生产总值达到19.3亿元，比2011年增长14.2%；财政总收入完成3.44亿元，比2011年增长19.3%；一般预算收入完成1.76亿元，比2011年增长46.7%；规模以上工业增加值达到5.52亿元，比2011年增长13.4%；固定资产投资达到38.2亿元，比2011年增长25.2%；社会消费品零售总额达到6.4亿元，比2011年增长16.1%；城镇居民人均可支配收入达到1.5万元，比2011年增长15.9%；农民人均纯收入达到4022元，比2011年增长17.6%。

三、经济发展

一是项目建设扎实推进。全年共实施省市重点项目43个，完成投资54.9亿元、完成率127.2%；项目落地13个，落地金额33.8亿元、落地率356.7%；三项考核指标均排全市前列。积极参加各类招商活动，全年签约项目8个、总投资159亿元，6个当年落地。项目工作成效突出，荣获全市项目观摩三等奖。二是工业经济强势发展。晋北煤业建成投产，大远煤业开始试生产，其余7座煤矿正在紧张建设。“1830”化工项目单体试车，生产尿素4.7万吨、甲醇3400吨。国电5万千瓦项目并网发电，当年发电1600万度；龙源15万千瓦风电项目、天然气综合开发项目开工建设；生物质能发电项目即将完工。惠恒制衣、洁净改性型煤等一批转型项目开工建设。静乐已经走上依托煤又不依赖煤、立足煤又超越煤的转型发展轨道。三是脱贫步伐明显加快。围绕人均1亩水浇地、1亩藜麦、1分大棚、1亩经济林和1亩小杂粮的“五个一”目标，扩大“一村一品、一乡一业”。狠抓以藜麦、玫

大远煤业有限公司

霍州煤电集团晋北煤业公司

静乐潞宁前文明煤矿技改工程开工奠基仪式现场

玫瑰制品有限公司

瑰、养羊三大产业为主的增收富民项目，推广种植藜麦 93.3 公倾，发展羊 4 万只，玫瑰种植达到 200 公倾，全县粮食总产 3.9 万吨，农业总值达到 3.7 亿元，累计修建蔬菜大棚 1600 座、种植核桃 1800 公倾、育苗 1067 公倾，农民专业合作社达到 293 个，有效推动了特色农业的规模化、产业化、效益化。四是人居环境不断改善。以建设“百里汾河川、太原后花园”为目标，大手笔改善城乡基础设施。汾河西区综合开发全面推进，448 套保障房、1500 人的移民工程、105 户棚户区改造主完工。全年造林 3733 公倾，水土流失治理率达到 43.5%，县城垃圾处理厂、污水处理厂改扩建工程以及杜家村污水处理厂基本完工，空气质量二级以上天数达到 364 天。五是各项事业协调推进。全年发放涉农补贴 5376 万元、保险金 1.1 亿元、低保五保金 4378 万元、医疗救助补偿金 3746 万元，发放农民用煤 4.7 万吨。一中综合楼投入使用，县城第二幼儿园主体完工，新建改建农村幼儿园 7 所，高考达线 140 人，各项事业全面进步，安全形势稳定好转。

“1830”项目厂区全景

精选玫瑰花蕾

静乐生产的优质马铃薯进入了太原蔬菜市场

静乐县养羊基地

岢岚县

KE LAN XIAN

十大标杆项目集中开工

全民掀起生态绿化新高潮

保障性安居工程——广惠园移民新社区

富起来的村民舞起了秧歌

岢岚县地处晋西北黄土高原中部，管涔山西北麓，总面积1984平方公里，辖2镇8乡202个行政村，总人口8.5万人，其中农业人口6.7万人。

2012年，全县地区生产总值完成14.2亿元，同比增长13.4%；规模以上工业增加值3.74亿元，增长20.3%，；固定资产投资24.5亿元，增长41.6%；社会消费品零售总额6.14亿元，增长16.3%；财政总收入3.34亿元，增长20.96%；一般预算收入1.17亿元，增长31.5%；城镇居民人均可支配收入1.7万元，增长16.2%；农民人均纯收入4006元，增长19.3%。全县主要经济指标增幅名列全市前茅，各项约束性指标年度任务全部完成。岢岚县被评为全市2012年度目标责任考核优秀县，位居全市第一，创历史最好成绩。

【项目建设】全年规划实施各类项目137项，总投资248.8亿元。优选招商引资10大标杆项目举行了集中开工仪式，带动项目建设全面推进。其中总投资79.6亿元的50项省市重点工程全部开工，年内竣工12项，完成投资33.2亿元，完成年度计划的115.5%；重点项目落地金额27.1亿元，完成年度计划的332%；签约项目20个，总投资约73.1亿元，资金到位13.5亿元，其中15个项目开工建设，投资额66.4亿元。超额完成市政府下达的项目建设任务，荣获全市项目攻坚战三等奖。

【工业经济】扎实推进以7个煤焦发运、3个洗选煤、1个工业园区、7个电力项目、3个建材项目为主的“73173”工业重点项目。昊东煤台、万达煤台、鑫圆洗煤、庆江玻棉、大唐燕家村风电项目一期等项目建成并投入运营；观音堂、鑫隆源、鑫宇等煤台和大涧花岗岩石材加工项目均完成主体建设；省重点工程晋兴奥隆水泥建材、易达洗煤、龙源风电、国电牛碾沟风电、浩力丰石油压裂支撑剂等项目相继开工，快速推进。工业重点项目的扎实推进，不断加快结构调整和转型跨越发展步伐。

【农业经济】岢岚柏籽羊肉、红芸豆获国家地理标志认证，鲁忻蔬菜、吴家庄培育的5个蔬菜品种获得有机认证。开工建设了总投资1.55亿元的国家级晋岚绒山羊育种中心，首批培育种羊600只。扶持新建万泰、泰岚等17个饲养量千只以上规模养殖场，培育500户饲养量300只以上的重点繁育户，全县绒山羊饲养量达到48.6万只，畜牧业总产值突破3亿元，农民人均畜牧业纯收入2200元，占人均纯收入的一半以上，岢岚县被再次评为全省“一县一业”先进县。首次提供红芸豆包衣优种10万斤，建立了红芸豆良种繁育基地。全县种植红芸豆13万亩，产量2万吨，普利丰、炜岚工贸两大红芸豆出口企业创汇1100万美元。投资1000万元建设了33个科技示范园区1.5万亩。全县粮油总产达到1.1亿斤，农民人均种植业纯收入1900元。加快农业产业化发展步伐。山西暖神和山地阳光发展为省级龙头企业、山西省AA级信用企业，拥有山西省著名商标，山西暖神研发的1436型超细羊绒被通过ISO9000认证；县科技局认证了12个专利产品。规划建设了高家会高科技加工园区，乾泽科技新上投资2.8亿元的小杂粮营养素提取项目，试验成功了提取红芸豆硒元素、羊胎盘素、胡麻油化妆品 3 个项目；山阳药业投资 6 亿元的沙棘制药项目，两个车间主体完工。全县 14 个龙头企业全年完成销售收入 4 亿元，同比增长 15.8%。

【城乡建设】认真落实“大干城建年”各项任务，规划实施了总投资 3 亿元的“36822”市政综合工程。完成 3 山绿化 7000 亩；新建南山森林公园、文昌塔公园、东山山地公园等 6 大景观；实施了环城路、209 国道改移线、岚漪河东段南岸景观路等 8 条道路；建设了 2 个住宅小区，广惠园新社区 35 栋楼主体完工，世纪嘉苑社区奠基开工；新建改造了 2 个宾馆，岢岚宾馆改造装饰工程完工，形胜大酒店主体接近尾声。城市框架进一步拉大，县城品位显著提升，连续 9 年荣获“省级卫生县城”。大力实施农业基础设施建设，完成水土流失治理 3 万亩、农田灌溉 1.3 万亩、坡耕地治理 1.67 万亩、耕地综合生产能力建设 3300 亩，新增造地 2850 亩；人民群众期盼已久的北川灌区基本建成，19 村 2.2 万人的饮水安全工程全部完工，岚漪河河流治理工程开工建设。岢岚县被评为全省“农田水利基本建设红旗县”。全面加大扶贫开发力度，启动连片特困地区试点工作，完成荒山荒坡生态产业种植 6960 亩；涉及 4 乡（镇）9 村的整村推进项目全部完工；投资 3000 万元的片区扶贫开发开始实施。易地扶贫搬迁项目开工 3 处 1100 套，主体完工 860 套。2012 年 2 月全省易地扶贫搬迁现场会在岢岚隆重召开。扎实推进新农村建设，启动 20 个重点推进村建设，完成“四化四改、五个一工程”，完成 96 村 394 公里农村街巷道硬化，实现全覆盖。落实帮扶资金 3000 余万元，重点打造东川、南川沿线 34 个村庄，农村面貌发生明显变化。

【生态环境】推进生态岢岚建设。组织全县干部职工进行义务植树，打造了万亩“书记林、县长林”示范工程，实施了以一条线、一座山、一面坡、一条沟、一道川为重点的“五个一工程”，新发展干鲜果经济林 7000 亩、苗圃 600 亩，省市 4.6 万亩的造林任务全部完成，被评为“全省植树造林先进县”。推进节能减排工作。县城污水处理厂达标运行，第二热源厂厂房完工，城区无害化垃圾处理场投入运营，启动了天然气入户工程，主要污染物排放量全部实现零增长，城区二级以上天数 365 天，节能降耗减排任务全部完成。

【社会事业】财政筹资 1000 余万元，知名企业家和社会各界捐款 700 余万元，完成新岢中行政办公楼、学生公寓、艺术楼、图书馆等主体工程；投资 1200 万元改扩建学生食堂 40 个、农村幼儿园 10 所；为 29 所薄弱学校配备了价值 896 万元的教学仪器、图书及多媒体设备；公开招聘特岗教师 22 名、幼儿教师 20 名；实施了农村义务教育营养改善、两免一补、生源地助学贷款等惠民工程，职业高中免学费实现全覆盖。县级医疗机构全部实行药品网上集中招标采购，乡镇药品零差价覆盖率 100%；落实门诊、住院及大病补偿 1605 万元；新农合参合农民 59805 人，参合率 99% 以上，筹资标准由 150 元提高到 290 元，住院补偿限额由 5 万元提高到 10 万元；农村居民健康档案率达到 92%。新型农村社会养老保险参保 4.5 万人；城乡低保分别提标 30 元和 22 元，五保户集中和分散供养标准分别提高到 4000 元、2600 元；免费为 420 名重点优抚对象体检，解决 30 户重点优抚对象住房困难；烈士陵园和革命公墓全部完工。稳定和扩大就业，城镇新增就业 1123 人，城镇登记失业率 3.9%。推进住房保障工作，2011 年 2282 套保障性住房组织分配 580 套，2012 年 0.9 万平方米经济适用住房、210 套 1.1 万平方米公共租赁住房和棚户区改造项目全部开工建设。实施了文化产业“十个一工程”，启动了航天博览城和宋长城荷叶坪旅游开发项目，成功举办首届晋岚绒山羊文化节，在忻保高速公路建起 28 组大型广告牌，新建和改造了文体广场露天舞台、文化活动中心等活动场所，12 个乡镇综合文化站建成投入使用，农村文化活动场所、县城周边网络电视实现全覆盖。巩固省级计生优质服务县成果，全县人口自然增长率 2.48‰，人口出生率 7.8‰，各项任务指标均超额完成。

新建成的晋岚绒山羊育种中心

首届晋岚绒山羊文化节

岢岚县出口红芸豆生产基地示范区

农村新五个全覆盖之街巷硬化

河 曲 县

组织学习宣讲“十八大”精神

2012 年，全县上下紧紧围绕转型发展、跨越发展目标，大力推进经济结构调整，努力转变经济增长方式，加大招商引资力度，认真落实“十二五”规划的各项政策，各行各业共同发展，齐头并进，使我县各项经济继续指标保持稳步增长的态势。

一、经济总量

2012 年河曲县 GDP 完成 59.13 亿元，比上年增长 13%，其中：第一产业增加值 2.95 亿元，增长 0.6%, 第二产业增加值 41.04 亿元，增长 15.3%，第三产业增加值 15.14 亿元，增长 9.5%。三产业所占比重分别是 5%、69.4%、25.6%。全县完成财政收入 15.4 亿元，同比增长 19.48%。按收入级次分：上划中央收入 7.84 亿元，同比增长 22.71%，上划省级收入 1.39 亿元，同比增长 19.8%，上划市级收入 0.7 亿元，同比增长 19.8%，财政个一般预算收入 5.47 亿元，同比增长 15.03%。

河曲创卫工作取得阶段性成果

二、农业生产

据统计，2012 年全县农作物播种面积 28.69 千公顷，比上年增加 113 公 。其中，粮食种植面积 23.02 千公顷，增加 497.9 公顷；油料种植面积 3.97 千公顷，增加 197 公顷。在粮食种植面积中，玉米种植面积 9 千公顷，增加 1.79 千公顷。全年粮食产量 5.1 万吨，比上年增加 0.74 万吨，增产 17%。农林牧渔业产值达到 5.36 亿元，同比增长 2.44%。其中：农业产值 2.95 亿元，同比增长 2.38 %，林业产值 0.67 亿元，同比增长 5.52%，牧业产值 1.56 亿元，同比增长 2.33%。

三、工业经济

2012 年规模以上工业企业增加值完成 39.08 亿元，增长 19.6%。其中：轻工业同比减少 17.16%，重工业同比增长 44.76%；实现主营业务收入 57.85 亿元，同比增长 11.75%。利税 17.05 亿元，同比增长 10.21%，其中：利润 9.47 亿元，同比减少 7.23%。全年原煤产量 1113.92 万吨，同比增长 29.37%，发电量 66.52 亿度，同比减少 5.87%。综合能源消费量（当量值）141.51 万吨标准煤，同比下降 1.91%。万元工业产值综合能源消费量为 1.955 吨标准煤，同比下降 30.14%。从全年总体情况看，我县 2012 年规模以上工业企业产值、利税实现了同步增长，利润、能耗有所下降。

长城大街全面开通

四、固定资产

2012 年全县累计完成固定资产投资 60.05 亿元，同比增长 11.44%，其中：城镇固定资产投资完成 57.54 亿元，同比增长 8.06%、房地产投资完成 1.098 亿元，同比增长 341.14%，农村非农户固定资产投资完成 1.41 亿元，同比增长 266.88%。

五、消费品市场

2012 年我县全年社会消费品零售总额完成 10.10 亿元，较去年同比增长 16.05%。按地域分，城镇社会消费品零售额完成 7.83 亿元，较去年同比增长 19.67%，乡村社会消费品零售额完成 2.27 亿元，较去年同比增长 5.1%。按行业分，批发业的零售额完成 859 万元，同比增长 11.27%，零售业的零售额完成 8.49 亿元，同比增长 15.44%；住宿业的零售额完成 4701 万元，同比增长 26.27%；餐饮业的零售额完成 1.06 亿元，同比增长 17.25%。

引黄工程引水到县城

六、交通运输邮电

全县年末干线公路 118 公里，县公路 169 公里，乡公路 396 公里，村公路 500 公

广场文化系列活动如火如荼

河曲中学新校区

河曲高考再创佳绩

HE QU XIAN

里。年末车辆拥有情况：客车 477 辆，货车 887 辆、小汽车 3762 辆、挂车 571 辆、专用车 23 辆、农用车 268 辆、出租车 133 辆、救护车 28 辆、警车 79 辆。全年货运周转量 58871 万吨 / 公里，客运周转量 7694 万人 / 公里。

全年完成邮电业务总量 5485 万元。其中：邮政业务总量 1168 万元。从邮政业务情况看：国内函件 5.84 万件，国内包裹 0.24 万件，国内汇票 2.41 万张，订销报纸累计发行 264.91 万份，订销杂志累计发行 9.51 万份。电信业务总量 4317 万元。新增移动电话用户 14147 户，年末达到 133180 户，其中，3G 移动电话用户达到 20633 户。全县宽带接入用户 16734 户。

七、金融和保险

年末全县金融机构各项存款余额 84.85 亿元，比上年增长 17.68%，其中，居民储蓄存款达 54.18 亿元，比上年增长 14.29%。各项贷款余额 31.37 亿元，比上年降低 5.58%。

全年保险业务收入 8112.96 万元，同比减少 12.33%。其中，寿险业务保费收入 4766.5 万元，增长 3.5%；健康险业务保费收入 146.52 万元，增长 9.0%；意外险业务保费收入 108.77 万元，增长 15%；财产险业务保费收入 3091.18 元，减少 5.67%。全年支付各类赔款及给付 1591.79 万元，增长 7.84%。

八、教育、卫生和科技

全县中学学校 21 个，其中完全中学 1 个、高级中学 2 个、初级中学 18 个、高中年底在校人数 2999 人，初中年底在校人数 6648 人。高中教师 284 人、初中教师 710 人。小学学校 70 个，教职工人数 1106 人，年底在校人数 11465 人。职业学校 2 个，教职工人数 123 人，年底在校人数 1550 人。全县共有幼儿园 14 个，幼教人员 171 个，在校幼儿 3534 人。

全县共有卫生机构 385 个。其中：县医院 2 个，中医院 1 个，精神病院 1 个，乡镇卫生院 13 个，疾控中心 1 个，卫生监督所 1 个，妇幼保健站 1 个，厂矿卫生所 13 个，其他卫生组织 352 个。全县卫生机构共有病床 475 支。其中：县医院 150 支、中医院 120 支、精神病院 50 支、乡镇卫生院 155 支。卫生人员数 913 人，其中：卫生技术人员 593 人。

全县共有各类专业技术人员 4102 人。其中：高级职称 205 人、中级职称 1799 人，初级职称 2098 人。

九、人民生活和社会保障

2012 年，我县城镇居民人均可支配收入达到 17773.11 元，同比增长 17.19%；人均消费支出为 13963.3 元，同比增长 32.62%。农民人均纯收入达 4019 元，比去年同期增加 633 元，同比增长 18.69%。农村居民人均生活消费支出 2576 元，同比增长 19.5%。城镇占调查总户数 20% 的低收入家庭人均可支配收入 8079.03 元，增长 17.52%；农村占人口 20% 的低收入者收入 1637.23 元，增长 18.47%。城镇居民家庭恩格尔系数 27.09%，农村居民家庭恩格尔系数 33.62%。我县居民消费价格涨势逐步放缓，居民消费价格总水平比上年同期平均上涨 3.1 %，比 2011 年回落 1.9 个百分点。

城镇单位在岗职工平均工资 46980 元，同比增长 28.2%。

年末参加城镇职工基本养老保险 19812 人；参加新型农村社会养老保险 83221 人；参加城镇基本医疗保险 36092 人，增加 8167 人；参加失业保险 12610 人；参加工伤保险 14700 人，其中农民工 5092 人；参加生育保险 13270 人。

十、资源、环境和安全生产

全县水资源总量 5706.9 万立方米。年末总降水量 646.9 毫米。全年总用水量 3409 万立方米。

全年全县城市空气质量二级以上天数为 358 天。

全年共发生各类安全事故 14 起，下降 22%；死亡 8 人。未发生特别重大事故。全年全县煤炭 0.09 万吨死亡率。

山西煤炭运销集团猫儿沟煤业开工庆典

神华神东电力河曲电厂发电工程开工仪式

五个全覆盖惠及百姓

村村通道路硬化工程

推广脱毒种薯种植

奋进中的偏关

偏关县委书记任建华（左一）陪同省委常委、宣传部部长胡苏平调研日光温室大棚蔬菜

偏关县委书记任建华（右一）、县长王源（右三）陪同忻州市市长郑连生（右二）在神河高速公路建设现场调研

偏关县地处晋西北晋蒙交界地带，为黄河从内蒙入晋南流的第一县，也是山西引黄工程的龙头所在地。全县总面积1685.4平方公里。现辖4镇、6乡、248个村委、454个自然村，全县总人口11.33万人。早在新石器时代偏关就有人类活动的足迹。史料记载，春秋战国时期是北方少数民族林胡族聚居之地，赵武灵王破林胡始归中原。五代设“偏头寨”，宋代升寨为关，改称“偏头关”。明代与宁武关、雁门关合称“外三关”，为“三关首镇、九寨屏藩、晋北锁钥”。清雍正三年（1725）正式置县，定名为“偏关县”。

境内山高坡陡、沟壑纵横，属典型的黄土丘陵土石山区。由于地处毛乌素沙漠边缘，自然条件恶劣，生态环境脆弱，气候干燥多变，频发旱涝灾害。矿产资源匮乏，少量储煤薄而不稳，开采条件差；其他矿产资源分布呈“散、乱、小”状态，难以形成工业依托。基础设施建设滞后，发展不足的问题相对突出。

近年来，面对“十二五”艰巨繁重的攻坚任务和自身发展明显不足的县情实际，县委、县政府科学决策、未雨绸缪，适时地提出并实施“双五”工作战略，全县经济社会各项建设取得了可喜成绩，整体呈现出了经济持续增长、社会全面进步、人民安居乐业的大好局面。2012年，全县实现地区生产总值23.7亿元，同比增长17.1%，规模以上工业增加值完成11.4亿元，同比增长22.4%；财政总收入3.4亿元，同比增长19%；城镇居民人均可支配收入14593元，同比增长17.6%，农村居民人均纯收入4224元，同比增长18.5%。在2012年全市目标责任考核中被评为“优秀县”，并受到忻州市委、市政府的表彰。具体表现为：

黄河老牛湾

实施以产业转型升级为重点的项目强财战略，打造煤电新基地。全县上下始终把项目建设作为经济工作的第一任务，牢固树立大抓项目、抓大项目的意识，先后引进黄万公司、焦煤集团、华能集团、国新能源、同煤集团、大唐、龙源等一批重点项目企业，成为推动地方经济发展的重要支撑。

华能偏关风力发电有限公司黑家庄风电场

实施以农民增收为重点的产业富民战略，建设农贸集散地。县委、县政府坚持把“三农”工作放在首位，针对全县农村人口多、农业基础弱、农民增收难的实际，抓产业、助增收。传统种植提质增收，优质小杂粮、优质油料、无公害脱毒马铃薯成为当主要农作物，全县粮食产量稳定在一亿斤左右；设施农业扩量增效，日光温室大棚不断推广，大棚蔬菜通过“无

长城万亩针叶林基地

白水大杏经济林

十万亩优种谷子

舍 养殖带动养羊业发展

日光温室大棚

公害”蔬菜认证；经济林种植渐成规模，成为带动农民增收的又一强势产业；舍饲养殖稳步扩张，养羊发展到46.8万只，农民人均牧业纯收入达到2018.4元。

实施以特色旅游文化发展为重点的旅游活县战略，擦亮旅游新名片。偏关有得天独厚的旅游资源和悠久厚重的历史文化，县委、县政府坚持把发展旅游业作为强县富民的重要抓手，围绕黄河、长城、古堡、电站四大要素，充实古堡军事文化、黄河（土）风情文化、中华长城文化以及水电工业旅游四项内容，形成以黄河（土）风情体验为载体，以古军事文化为精髓，以生态旅游为补充、以现代水电工业为拓展的特色旅游之路。

实施以保障和改善民生为重点的实事惠民战略，构建和谐新环境。新的“五个全覆盖”圆满完成，新型农村社会养老保险、城镇居民社会养老保险基本上实现了应保尽保，新农合参合率达到99%以上。人口和计划生育工作成效显著，计生局被国家计生委评为“全国阳光计生行动和阳光统计”示范单位。文化体育事业蓬勃发展，基本实现了广播电视和农家书屋的全覆盖。全面加强生态环境建设，全县二级及以上天数超过330天。

实施以凸显古关古韵为重点的特色新城战略，塑造边塞特色城。以“大干城建年”为抓手，连续实施21项市政建设工程，重点在城区开展了“三街三路两桥”亮化、街巷硬化、门户牌匾、经营秩序、卫生清洁“五项治理”，彰显了县城的品味和活力。西山公园、西北循环路、县城外环路、安居工程建设、城市集中供气供暖、污水处理、垃圾处理中转站、管网入地和新长途汽车客运站等一批以创建全省县级宜居城市为目的的市政工程建设，使县城布局更合理、功能更完善、环境更优美。

面对新的形势任务，站在新的发展起点，县委、县政府审时度势，确立新的发展目标。以党的十八大精神为指导，紧紧围绕全面建成小康社会的宏伟目标，牢牢把握稳中求进、好中求快的工作总基调，坚定“双五”发展战略不动摇、推进“4815”重点工程不停步，坚持项目为纲、产业为先、民生为重、环境为要、稳定为上、党建为本不松劲，加快建设富裕文明、开放和谐、充满活力的新偏关。

坚定不移实施“五大战略”　矢志不渝实现“五大目标”

特产丰富：

偏关土地资源较为丰富。现有可耕地面积60万亩，农民人均7亩。盛产以糜、谷、豆类、荞麦为主的小杂粮和脱毒种薯、优质羊肉、黄河鲤鱼等农副土特产。已经注册乳酸系列产品、“老家牌”全羊系列食品、“塞上凯风”小米、“裕佳”脱毒马铃薯、“易丰”蔬菜等品牌。偏关现有矿产资源具有较高的开发价值。主要有：煤、铁、石灰岩、耐火粘土、铝矾土、铁锰矿砂等。

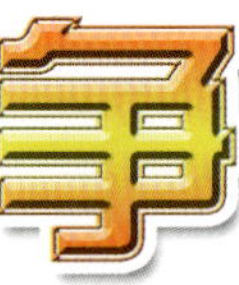

郭保平市长深入基层

近年来，我们坚持以科学发展观为指导，牢牢把握中央“稳中求进”的总基调，认真贯彻省委、省政府“转型跨越，再造一个新山西”的战略部署，以转型综改和扩权强县“双试点”为总抓手，解放思想，先行先试，破解难题，加快发展，全面推进工业新型化、农业现代化、市域城镇化、城乡生态化，转型跨越取得新成效。2012年GDP实现390.1亿元，增长14%；财政总收入实现64.26亿元，增长7.05%；一般预算收入实现24.82亿元，增长22.3%；全社会固定资产投资达到221.25亿元，增长30%；规模以上工业企业增加值完成257.9亿元，增长21.85%；社会消费品零售总额完成93.38亿元，增长15.52%；城镇居民人均可支配收入达到23151元，增长17.22%；农民人均纯收入达到11077元，增长19%，多项主要经济指标位居全省县域总量前列。在第十二届全国县域经济基本竞争力与县域科学发展评价中，位列第65位，实现连续6年进位赶超。

一、坚持以煤为基、多元发展，以园区引领经济转型升级。坚持以园区集聚产业、项目推动发展，构建起“以煤为基、多元发展”的现代产业体系。扎实推进“项目落地年”活动，2012年，奠基开工22个亿元以上项目，概算投资187.04亿元。全市90%以上新兴产业项目入驻园区，吸引投资突破2000亿元。千万吨级新型煤化工园区成为全省四个焦化集中发展区之一，高新科技产业园区列入全省“一市两园”重点支持行列。传统产业做大做强。全面加快13座兼并重组煤矿基建改造，金达煤业投产。鹏飞500万吨焦化项目一期投产，成为全省首家点火烘炉并投产的现代化大型焦化项目。总投资800亿元的信发铝系综合循环项目一期白刚玉及配套项目基本建成。金州针状焦项目一期煤焦油部分正进行单体试车。金岩500万吨、金达300万吨焦化项目和兴安化工年产200万吨铝材深加工项目加快推进。新兴产业高端发展。晋越峰纳米超级电容电池30万只生产线投入试生产；华夏电动农用车电机、金晖可降解塑料、汾西矿业集团煤矸石制陶瓷微珠等一批高新项目开工建设。现代服务业蓬勃兴起。铺开孝义中央商务区（CBD）规划。沃尔玛综合商务区一期具备总包进场条件，西关世纪购物广场部分建成，金目物流、烟草物流配送中心、华美新天地购物广场等项目加紧建设，孝义大世界、义乌商品交易国际博览城、新濠国际酒店奠基开工。汇通、晋商、民生等商业银行成功入驻。

二、坚持壮大龙头、基地承载，以典型带动现代农业发展。坚持效益提升、规模发展，大力发展特色“种养加”产业，实现基地带动农民5万人。全市粮食总产量达到2.71亿斤；猪、鸡、牛、羊总存栏量达到2610万头（只），肉、蛋产量分别达到5.8万吨、3.5万吨，畜牧产值占农业总产值的53%。农民专业合作社总数达到369个，覆盖村数达到205个，覆盖率达到54%，入股农户达到1.48万户。特色种植业不断扩大。设施蔬菜总面积达到1.7万亩，形成4个高标准设施蔬菜示范园区；玉米种植面积稳定在20万亩以上。核桃经济林总面积达到40万亩，形成了6个万亩核桃基地和38个千亩核桃示范园，农民人均达到1.3亩。标准化养殖业集中做强。以山西铭信、孝义大象为龙头，铺开肉鸡、肉鸭标准化养殖小区建设工程，全市草食畜全部实现舍饲圈养。新发展肉禽标准化养殖小区34个，全市标准化养殖小区达到283个。农产品加工业打造品牌。威尔仓储产销一体化项目正式投产，惠民蔬菜直通车工程投入运营。大象禽业1亿只肉鸡屠宰加工及60万吨饲料生产项目投入试生产。铭信二期2520万只枫叶鸭加工项目完成孵化厂、种鸭厂建设；现代农业园区入园企业达到24户，年可实现产值6亿元，利税8500万元，带动种植面积近10万亩、农户2.2万户。农产品年加工总量达到20.07万吨，销售收入达到5.49亿元。

三、坚持扩容提质、基础先行，以特色统揽城乡一体发展。围绕在全省率先实现“市域城镇化、城乡一体化”目标，实施“1420”工程，集中力量建设规划面积57平方公里、30万人口的主城区，以及4个特色中心镇和20个社区化中心村。中心城市框架基本形成。打通了永安路南延、大众路、府前街西延等多年阻碍城市发展的断头路，完成了孝汾立交、时代大道东延等一批城市标志性工程，新改建城市道路12条、总长27.5公里，实现了城市南北、东西大贯通的“八横九纵一环”格局，建成区面积达到27.3平方公里，中心城市基础框架基本形成。城乡基础功能日益完善。投资1.3亿元完成人民广场景观提升改造工程；投资1.1亿元的吕梁市消防训练基地暨孝义消防特勤站竣工；总投资7749万元、日处理污水2.4万吨的第二污水处理厂开工建设；城南110KV变电站竣工投用。全市集中供热普及率达90%以上，集中供气普及率达到95.7%。主动对接全省“大水网”建设，市域水网引黄输水工程加快实施，城市综合承载能力进一步

兴安化工4A沸石及多品种氢氧化铝建设基地

投资800亿元山西信发化工铝系综合循环项目

东

奋勇跨越

——全力打造富裕文明生态宜居幸福新孝义

增强。中心镇村建设稳步推进。梧桐新区6000户居民入住。胜溪新村中小学及9栋300套3.3万平米居民安置房工程竣工投用。启动涉及84村8万人的压煤村庄搬迁工程，已铺开总面积60万平方米的5个安置新区工程。

四、坚持标本兼治、去污增绿，以绿色彰显宜居城市魅力。抓住全省绿色转型试点政策机遇，扎实推进节能减排、造林绿化、城乡环境卫生整治“三大工程”，争创全国文明城市、国家卫生城市、国家环保模范城市、国家生态园林城市、全国宜居城市。节能减排扎实有效。累计对40个产业项目实行环保“一票否决”，完成城市规划区和敏感区范围内174户企业的搬迁取缔。项目环评和“三同时”执行率均达到100%。2012年，城区空气质量二级以上天数达到361天，一级天数111天，创历史最好水平。生态建设步伐加快。高标准打造10平方公里城南山区生态景观带。新造林11.2万亩，新增城区绿化面积250.4公顷。国家级胜溪湖湿地公园、孝河生态环境综合整治三期以及兑镇河、下堡河、柱濮河、曹溪河流域生态环境综合治理工程加紧推进。全市森林覆盖率达到30.9%，林木绿化率达到42%。环境整治卓有成效。全面开展国家卫生城市创建活动，市容环境、食品安全、病媒防治等工作取得显著成效，顺利通过国家爱卫办暗访。铺开环境优美乡村创建活动，4个街道办事处39个村实现“垃圾不落地”管理。

五、坚持民生优先、践诺惠民，以保障助推幸福指数提升。集中力量大办民生实事。大力发展科教卫生事业。吕梁职业技术学院一期工程完工，具备入驻条件。投资2165万元支持薄弱学校改造。投资3亿元完成市乡村三级医疗卫生院所标准化建设，399个医疗机构全部实现药品零差率销售。城镇居民医保和新农合补助标准提高到每人每年240元，新农合重大疾病保障由8项扩至30项以上。健全完善社会保障体系。2012年，城镇新增就业岗位5288人、创业带动就业816人、城镇失业人员再就业1107人、就业困难对象再就业314人，城镇登记失业率控制在3%以内。城镇职工基本养老保险参保人数达5.09万人，城镇基本医疗保险参保18.01万人，失业保险参保5.12万人，工伤保险参保1.51万人，生育保险参保人数4.08万人。铺开2433套保障性住房建设，竣工170套。圆满完成供应低收入农户冬季取暖用煤任务。高标准完成两轮“五个全覆盖”。农村便民连锁商店、农村文化体育场所、中等职业教育免费、新型农村社会养老保险实现全覆盖。特别是累计投入资金2.92亿元，完成农村街巷硬化1375.7公里，较上级下达任务超额完成116.6公里。加快推进“方便农民五件实事”。全年累计完成实事388件，超吕梁年度任务50件，其中新建和改造达标农村幼儿园52个、洗澡堂57个、理发室59个、红白理事厅71个，110个村新安装太阳能路灯2146盏、电路灯593盏。

2013年，我市将深入贯彻落实党的十八大精神，紧紧围绕资源型城市经济转型和民生幸福型区域中心城市建设“两大战略”，牢牢把握转型综改和扩权强县“两项试点”政策机遇，大力推进新型工业化、特色城镇化、农业产业化、市域生态化和文化强市进程，为在全省率先走出资源型地区转型跨越发展新路，率先全面建成小康社会而奋斗！

城市交通

保障性住房

投资18亿元沃尔玛综合商务区

基地

投资5亿元大象农牧

铭信禽业肉鸭屠宰线

兴县 XING XIAN

省委常委、组织部长汤涛在三星油脂厂视察工作

省交通厅厅长段建国在岢临高速视察工作

一、兴县概况

兴县位于山西省西北部、吕梁市北端，东接岢岚、岚县，南连临县、方山，北邻保德，西与陕西省神木县隔黄河相望。全县现辖7镇10乡，372个行政村，717个自然村，常住人口282459人。其中：城镇人口91291人，乡村人口191168人，全县国土总面积3165.3平方公里，居全省各县（市、区）之首。

兴县是资源大县，全县境内已探明的矿产资源有煤、铝、铁、硅、煤层气、石墨等23种，多数矿种品质优良，易于开采，其中煤铝属优势矿种。全县储煤面积约2000平方公里，占国土总面积的63%，是河东煤田的重要组成部分，总储量461.54亿吨，已探明储量93.99亿吨，属优质动力煤和配焦煤。铝土矿探明储量2.7888亿吨，远景储量大于5亿吨，分布面积183平方公里，是全省五大铝土矿区之一。兴县著名的土特产品有大明绿豆、黄豆、红枣、乌枣、柏籽羊肉等。兴县地处黄土高原腹地，西临黄河，地形独特，自然景观优美，文物古迹甚多，有国家级重点文物保护单位晋绥边区革命纪念馆，有全国100个红色旅游经典景区之一“四八”烈士纪念馆，有国家重点文物保护单位晋绥解放区烈士陵园，有险峻奇特的石楼山，有峰峦叠嶂的石猴山、有“华北第一大溶洞”之称的仙人洞、有雄奇峻伟的黑茶山等风景名胜、文物古迹。

二、2012年兴县经济社会发展情况

1、综 合

全年全县生产总值704321万元，比上年增长15.8%。其中，第一产业增加值41488万元，增长4.2%，占生产总值的比重为5.9%；第二产业增加值598890万元，增长17.8%，占生产总值的比重为85.0%；第三产业增加值63943万元，增长9.4%，占生产总值的比重为9.1%。第三产业中，金融保险业增加值9780万元，增长23.1%；交通运输、仓储和邮政业增加值7525万元，增长11.7%；批发和零售业增加值3255万元，增长13.1%。

人均地区生产总值24990元，按2012年平均汇率计算达到3959美元。

全年全县财政总收入252788万元，比上年增长47.1%。一般预算收入73275万元，增长47.33%。税收收入236939万元，增长46.5%。一般预算支出174181万元，比上年增长35.61%。其中农林水事务支出26910万元，增长78.44%；教育支出49646万元，增长40.85%；社会保障和就业支出15656万元，增长43.09%；医疗卫生支出14418万元，增长15.90%；环境保护支出4733万元，增长54.93%；文化体育与传媒支出2575万元，增长47.31%；公共安全支出6676万元，下降6.55%。

居民消费价格比上年上涨2.5%，其中，食品价格上涨3.7%。商品零售价格上涨2.2%。

2、农 业

全年全县农作物种植面积6.05万公顷，比上年减少 0.02万公顷。其中，粮食种植面积4.83万公顷，增加0.04万公顷；油料种植面积1.21万公顷，减少0.06万公顷。在粮食种植面积中，玉米种植面积1.19万公顷，增加0.02万公顷。

全年粮食产量9.08万吨，比上年增加0.37万吨，增长 4.2%。其中，秋粮9.08万吨，增长4.2%。

全年完成造林10.98千公顷，增长77%。其中，荒山荒地造林面积6.98千公顷，增长50%。经济林面积4.11千公顷，同比持平。

全年全县猪牛羊肉总产量4200吨，比上年增长5%。其中，猪肉产量2600吨，增长4%；牛肉产量260吨，下降3.7%；羊肉产量1100吨，增长11%。年末生猪存栏22310头，增长4.7%；生猪出栏29111头，增长0.8%。牛奶产量640吨，增长6.7%。禽蛋产量1610吨，增长6.6%；水产品产量40吨，与上年持平。

3、工业和建筑业

2012年末全县规模以上工业企业12家。全年规模以上工业增加值增长22.52%。

全社会原煤产量1799万吨，洗煤产量1444万吨，水泥产量32.2万吨，食醋产量2.04万吨，分别比上年增长4.4%、61.6%、53.3%、99.0%。

规模以上工业实现主营业务收入95.70亿元，比上年增长20.62%。其中，煤炭、水泥、食醋分别实现主营业务收入93.86亿元、1.25亿元、0.59亿元，分别增长26.63%、64.5%和99.92%。

规模以上工业实现利税29.15亿元，比上年增长6.12%；实现利润16.33亿元，下降12.63%。

全年全县建筑业实现增加值7586万元，比上年增长0.1%。

4、固定资产投资

2012年，全县固定资产投资累计完成363546万元,同比增长20.1%，增速排名全市第8。其中，城镇固定资产完成投资363428万元，同比增长30%；农村非农户完成投资118万元，同比下降99.5%。

固定资产投资入库项目截止12月底计划总投资1604782 万元，累计完成1115394万元，占全县总投资的比重达69.5 %，同比增长20.4%。其中，1-5亿元项目累计完成投资73676万元，同比增长3.1%；5-10亿元的项目累计完成投资38370 万元，同比增长45.5%；10亿元以上项目累计完成投资937357万元，同比增长18.4%。

从施工和新开工项目情况看，2012年全县施工项目累计为15个，同比下降11.8%；本年投产项目5个。

从产业情况看，第一产业没有投资；第二产业完成投资353343万元，同比增长77.2%。其中工业投资353343万元，增长77.2%；第三产业完成投资10203万元，同比下降90.1。

5、能 源

全年全县能源消费总量62.93万吨，万元GDP能耗1.215吨标准煤每万元，实际下降3.764%。

一次能源生产折标准煤1035.24万吨；二次能源生产折标准煤1000.6万吨。

全年全县向省外运输煤炭1049.63万吨，外运煤炭占原煤产量比重58.33%。在外运煤炭中，铁路运输1049.63万吨。

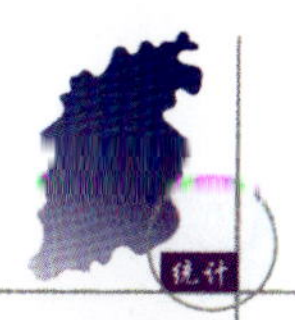

全年全县全社会用电总量6.23亿千瓦小时。其中，第一产业用电0.039亿千瓦小时，占全部用电量的0.63%；第二产业用电4.98亿瓦小时，占全部用电量的79.94%，其中工业用电4.98亿千瓦小时；第三产业用电0.6亿千瓦小时，占全部用电量的9.63%。

6、国内贸易

全年全县社会消费品零售总额50060万元，比上年增长 15.0%。其中城镇消费品零售额40495万元，增长27.24%；乡村消费品零售额9565万元，下降18.27%。

7、交通、邮电

年末全县公路线路里程1960.361公里，民用汽车保有量718辆（包括客车138辆和货车586辆）。全年全县完成邮电业务总量12955.77万元。其中，邮政业务总量1555.77万元，增长19.59%；电信业务总量11400万元。2012年末手机用户达到13.2万户、宽带接入用户达到20000户。

8、金融

年末全县金融机构本外币各项存款余额653742万元，比年初增加102868万元，增长18.67%。各项贷款余额180996万元，增加57976万元，增长47.13%。

年末全县农村金融合作机构（农村信用社、农村合作银行、农村商业银行）人民币贷款余额99246万元，比年初增加22431万元，增长29.2%。

全年全县人保财险保费收入4319万元。其中，健康险业务保费收入88.51万元；意外伤害险业务保费收入15.26万元；其他（人身保险）2245.23万元；财产险业务保费收入1970万元。支付各类赔款及给付588.41万元。

9、教育和科学技术

年末全县中等职业教育学校2所；普通高中4所。全县高中阶段毛入学率86%，初中阶段毛入学率98.2%。成人技术培训学校培训结业职工和农民共计5400人次。

全年全县专利申请量27件，同比增长50%。

年末全县共有省、市、县产品质量监督检验和计量鉴定技术机构1个，省授权行业建立的检验所(站)1个，全年完成强制检定计量器具300多台（件）。

全县有气象台站21个。全县气象系统开展人工影响天气业务的单位1个，防雹、增雨累计受益面积200.96平方公里。全县有天气预报服务Intel网站1个，卫星云图接收站 1个。

10、文化、卫生和体育

年末全县共有群众艺术（美术）馆1个，文化馆1个。全县文化系统共有艺术表演团体4个。全县公共图书馆1个，档案馆1个。广播电台1座，电视台1座，广播电视台1座。年末有线电视用户8990户。

年末全县共有卫生机构(含诊所)434个（含村卫生所），其中妇幼保健院（所、站）1个。全县卫生机构(含诊所)共有床位544张。全县卫生机构共有卫生技术人员470人。

全县有体育场415个，体育馆1个。

11、人口、人民生活和社会保障

据2012年人口抽样调查，年末全县常住人口为282459人，比上年末增加1229人。全年全县出生人口3356人，人口出生率为11.88‰；死亡人口2124人，死亡率为7.52‰；自然增长率为4.36‰。全县男女性别比为105.07。

全年城镇居民人均可支配收入14539.73元，比上年增长15.91%；城镇居民人均消费性支出8228.49元，增长6.77%。城镇占调查总户数20%的低收入家庭人均可支配收入6368.09元，下降1.88%；城镇居民家庭恩格尔系数（即居民家庭食品消费支出占家庭消费支出的比重）37.01%。

全年农村居民人均纯收入2904元，增长18.3%；农村居民人均生活消费支出2671元，增长36.67%。农村占人口20%的低收入者收入1467元，增长2.09%。农村居民家庭恩格尔系数48.60%。

年末参加城镇基本养老保险12360人；参加农村社会养老保险152215人；参加城镇医疗保险27448人；参加失业保险15030人；参加工伤保险10811人，其中农民工3779人。全县共有17个乡（镇）开展了新型农村合作医疗试点工作，21.4933万农民参加了合作医疗，参合率95.7%。

全年全县城镇新增就业3475人，转移农村劳动力2546人。年末城镇登记失业率2.0%。

全年全县纳入城市最低生活保障的居民7978人，发放城市低保资金1956万元，比上年增加204万元；纳入农村最低生活保障的居民29941人，比上年增加7100人，发放农村低保资金3043万元，比上年增加643万元。

年末全县各类福利院床位数50张，收养39人。接收社会捐赠款115万元。

12、资源、环境和安全生产

全年全县新增水地面积1.1万亩；完成实灌面积7.2万亩；解决农村饮水安全人口10037人；完成水保初治面积6.71万亩；建设淤地坝49座；水利规费征收完成1650万元，其中水资源费征收520万元，河维费700万元，水保补偿费280万元。

全年全县共实施4个市政公用设施投资项目，总投资达到2.18亿元。其中，新建项目4个，总投资1.5亿元；开工率100%，实际完成投资额1.2亿元。

全年空气质量二级以上天数达到360天。其中，一级天数 192天，比上年减少了1天，空气污染指数1.59%，比上年下降0.35个百分点。

全年全县实际建设占用耕地132.0292公顷。土地整理、复垦、开发补充耕地112.37公顷。

年末全县3座中小型水库蓄水总量750万立方米，比上年末增加530万立方米。

年末全县森林面积34.12千公顷，森林覆盖率10.78%。全县自然保护区总数2个，自然保护区面积6342公顷。

全年全县没有发生各类安全生产事故。

2012年度重点工作推进会

百岁老红军生日宴

一二〇师学校开工奠基仪式

兴县华兴铝业建设工地

供热公司生产车间

兴县发展山羊养殖态势良好

兴县红枣加工业已成农民增收的重要渠道

咬定目标

为早日跻身“三晋一流

绿色柳林

生态柳林

民生柳林

柳林县1971年组建，全县国土面积1288平方公里，辖8镇7乡257个行政村，总人口33.6万。柳林地处吕梁山西麓，隔河与陕西省相望，为河东煤田腹地，是山西重要的主焦煤生产基地，境内储煤面积800多平方公里，探明储量54.3亿吨，远景储量达100亿吨以上，其中4#优质主焦煤被国家煤炭部誉为“国宝”。县境内铝土矿、石灰石、铁矿石、紫砂陶土等资源也很丰富。柳林属全国五大产枣县之一，全县红枣成林面积28万亩，年产量达3000万公斤，占山西红枣总产量的15%,主要品种“木枣”名列全国八大名枣之首，1998年国家农业部命名柳林三交镇为中国红枣（木枣）第一镇。

2012年，面对国内外市场疲软、经济下行带来的不利影响，在省委、省政府和市委、市政府的正确领导下，全县人民共同努力，克难攻坚，奋勇争先，开启了转型跨越发展和建设“三大家园”的新征程，取得了经济社会发展的新业绩。全县各项工作有69项受到省、市表彰，特别是有10项工作进入了全国先进行列。

经济实力实现了新提升。全县地区生产总值完成280.2亿元，同比增长14.8%，增速在全省22个扩权强县中位居第一；财政总收入完成86.36亿元，同比增长19.58%，继续巩固了“吕梁第一、全省第二”的位置；一预算收入完成25.35亿元，同比增长52%，总量位居全省第一；固定资产投资完成92.99亿元，同比增长19.7%；居民消费价格指数为2.7%，同比回落了2个百分点；社会消费品零售总额实现26亿元，同比增长15.9%；城镇居民人均可支配收入实现21226元，同比增长17.9%；农民人均纯收入实现7596元，同比增长18.7%。各项经济指标总量和增幅继续保持全省、全市前列。

产业转型开辟了新路径。按照“全县所有煤炭主体企业和各驻柳大企业都必须上马一个真正意义上的转型项目，同时领办或扶持一个农业园区”的“1+2”转型发展模式，全县8个煤炭主体企业和2个驻柳国有企业上马总投资58亿元的12个非煤转型项目，同时领办和扶持了总投资116.5亿元的9大农业园区。以“1+2”模式为切入点，全县全年共铺开总投资645亿元的55个重点项目，完成投资150.09亿元，超计划任务37个百分点。重点项目开工54个，完成投资149.09亿元；全年原煤产量达到3519万吨；5万吨煤矸提取1.5万吨白炭黑和1万吨氧化铝工业化中试取得成功；宏光2×30万千瓦煤矸石发电项目和华泰960万吨洗煤项目进入试运行阶段，吕梁柳林高新技术产业园区奠基开工，黄河大峡谷旅游项目完成立项审批。扩权强县强力推进，充分运用首批下放的85项权限，开展项目申报审批396个，争取中央、省级资金6.98亿元；通过招商成功签约6个项目，引资200多亿元。并与中科院等科研院校合作，储备了11个领域214个高科技项目。荣获“全省重点工程项目先进县”荣誉称号。

加快发展

全国百强”而努力奋斗

——山西省柳林县

城乡统筹迈出了新步伐。全年铺开各类城市建设项目总投资38.8亿元。完成了《县城总体规划》、《县域城镇体系规划》及10个专项规划；实施了北大街建设、贺昌大街升级改造及薛家湾、青龙、锄沟城中村改造等工程；启动了北大街、贺昌、上青龙、龙门会等13处棚户区改造项目；新开通了庙湾至汇丰中学、鑫飞中学和清河广场至柳林南站免费公交；城区新增供热面积32万平方米、供气1800户，集中供热面积达到了60万平方米、集中供气达到了13053户。特别是全县人民期盼已长久的太中银铁路柳林南站正式通车，柳林铁路货物集运站开工建设。与此同时，继续加大造林绿化力度。全年投入造林绿化资金3.5亿元，新增绿化面积11.6万亩，森林覆盖率达到32%，被国家林业局授予“全国生态建设突出贡献奖”；继续加快城乡基础设施建设步伐，总投资11.8亿元的横泉水库引水、黄河提水、中部引黄三大重点水源工程进展顺利；总投资20亿元的307国道城区段改线工程完成了征地手续，铺开了拆迁工作，正积极争取省交通厅落实贷款事宜；新农村建设、设施蔬菜建设、“千井富民”工程、“身边增绿”工程、规模健康养殖、扶贫移民等“农村六项重点工作”和每村办一所幼儿园、建一所洗澡理发室、建一座磨面碾米豆腐坊、建一个红白理事厅、主街道安装太阳能路灯等“方便农民五件实事”年度目标任务圆满完成。获得全省农建“禹王杯”“全省农民增收先进县”等荣誉。

清河文化长廊

民生改善取得了新成果。县财政全年用于民生事业的资金占到可用财力的85%，直接用于教育投资7亿元、医疗卫生投资1.6亿元、社会保障投资2.6亿元、文化事业投资5000万元。特别是汇丰、鑫飞中学投入使用，高中阶段免学费全面实行，医改工作深入推进，500套经济适用房、500套廉租房和264套公租房建房设全面启动，城乡低保、五保、孤儿救助标准进一步提升，以及高度重视安全生产，扎实开展“三大活动”等一系列工作标志着我县民生改善又取得了新成果。

丰收的果园

2012年，柳林县在艰难中奋进、逆境中突破，开启了着力构建“三大家园”的新征程。富裕家园建设迈出坚实步伐，产业转型正当其时，“三农”工作生机勃勃，项目建设如火如荼，扩权强县强力推进；绿色家园建设取得显着成就，规划编制不断完善，基础建设成效显着，造林绿化成绩斐然，人居环境明显改善；幸福家园建设开创崭新局面，民生事业不断完善，“三大活动”圆满收官，社会管理全面加强。2012年柳林县继续入选“全省十佳卫生县城”，成功跻身2012年度最具投资潜力和最具区域带动力中小城市百强县行列。

规模化养殖场

2013年，新的号角已经吹响，新的征程已经开启，我们将继续努力，共同开创柳林科学发展的美好明天，为加快建设人民满意的富裕家园、绿色家园、幸福家园，早日跻身“三晋一流、全国百强”而努力奋斗！

山川柳林

同心协力

县长徐宇平陪同山西省长李小鹏在交口县新农村建设村调研

县长徐宇平陪同吕梁市委书记高卫东在山东信发交口肥镁氧化铝公司考察

县长徐宇平陪同吕梁市委书记高卫东在山西天蕤农业产业基地调研

【自然概况】交口县于1971年5月组建，位于山西省中部西侧，吕梁山脉中段，全县总面积1257.61平方公里辖7个乡镇、95个村委、381个自然村，总人口12.12万人。

境内地势起伏、群山环抱，处于中纬度地带，属中温带大陆性气候区。年均气温6.7℃，年均降水量618毫米，森林覆盖率达33.8%，林木绿化率为56.6%，居全省前列。是全国沙棘、汾州核桃和晋西小杂粮的主产区之一。

地下各类矿产资源较为丰富，主要有煤、铝、铁、硫、石灰岩、白云岩、耐火粘土等14种，且分布广、埋藏浅、易开采，尤以铝、镁资源开发潜力较大。

交口县历史悠久，人杰地灵，殷商时期，就有人类聚居繁衍，重耳筑城，汉初置县，唐朝设温泉县，历经700余年，久盛而不衰；山西第一支工农武装"晋西游击队"在交口成立；毛泽东率领东征红军在交口县境内转战48天，使交口成为革命的摇篮，英雄的土地。境内旅游资源丰富，云梦山、牡丹洞、元代千佛寺、金代大铁钟、韩极石碑坊、晋西民居、红军东征总指挥部旧址、幸福泉等自然人文景观和革命遗迹星罗棋布，在发展生态休闲旅游、民俗文化旅游和红色旅游方面颇具开发价值。

【经济发展概况】2012年，全县生产总值40.14亿元，增长16.1%；财政总收入18.02亿元，增长69.66%；一般预算收入5.65亿元，增长31.38%；全社会固定资产投资24.3亿元，增长31%；农林牧渔业总产值2.90亿元，增长12.79%；粮食总产量31072.85吨，增长14.81%；规模以上工业总产值85.8亿元，增长39.56%；规模以上工业增加值37.35亿元，增长23.47%；社会消费品零售总额3.57亿元，增长13.85%；城镇居民人均可支配收入13650元，增长13.18%；农民人均纯收入4899元，增长18.7%。

转型项目步伐加快。2012年，紧紧抓住省、市"项目落地年"重大契机，强势推进投资329.12亿元的5大类53个重点工程项目。信发240万吨氧化铝项目、旺庄130万吨焦化技改项目建成投运，云梦山生态旅游项目、兴华科技2×35万吨铝基新材料项目、道尔200万吨低品位铝土矿综合利用项目开工建设，2×35万kw低热值煤发电项目上报，安华集团100万吨铸造循环集群产业园项目签约，产业发展呈现出体系进一步壮大、链条进一步拉长、布局进一步合理的良好态势。

基础建设力度空前。桃临一级路、西纵高速获准立项，汾阳—交口高速争取列规划，中部引黄工程开工建设，阳双铁路上报行政许可。启动大规模的旧城拆迁改

82012年峻工落成的交口县一中新校区

乘势而上

——交口县全面推动经济社会发展实现新跨越

交口县生态旅游云梦山风光

交口县生态旅游牡丹洞风光

交口县生态旅游

造工程，17万 旧城区改造房屋征收拆迁基本完成，南北片区、中心商业区、东征文化广场项目奠基开工。

“三农”工作稳步推进。整合6000万元进行强农惠农补贴，培植出一批示范村、科技种植示范区、规模健康养殖小区、专业合作示范社、农业示范园区。扎实推进新农村建设、新“五个全覆盖”、方便农民“五件实事”、“一村一品”等惠民基础工程，广大农村呈现出生产发展、生活改善、充满活力的可喜局面。

民生事业协调发展。新建城区幼儿园1所、乡镇示范幼儿园3所、农村幼儿园6所，县一中新校区建成投运，体育场（馆）、吕梁学院交口分院项目开工；县医院整体委托汾阳医院管理，实现合作办医，创建为“二级甲等医院”，新建住院楼建成投运。新农合参合农民87975人，实现全覆盖，新农合住院费用支付比例达到75%，报销封顶线提高到15万元，新农合慢性病保障增加到30种，重大疾病保障扩大到20项；城乡居民养老、医疗保障全覆盖，义务教育、高中教育、职业教育、就业培训实现全免费，城乡低保扩面提质，实施“双消零”就业工程，开工建设保障性住房756套；制定出台“五项惠民政策”，设立“四大基金”，县财政69%的支出用于民生事业，基本实现“保基本，广覆盖，普受益”。

【经济大事简介】①能源鑫建煤业、华润联盛孟家焉煤业、永兴煤业3个基建矿井主体工程完工。②投资150亿元的中铝集团兴华科技公司120万吨特种氢氧化铝及深加工项目、道尔200万吨铝矾土品味分级及综合利用项目、云梦山生态旅游景区、东征文化广场、吕梁学院交口分院等9个重点工程项目集中启动。③信发240万吨氧化铝项目、旺庄130万吨焦化技改项目建成投运。④“天蕤”万头特色山养猪基地及加工项目一期屠宰加工生产线10月份投运。⑤全面落实各项惠农政策，投入6000万元对农业进行补贴。⑥县道窑西线建成投运，关西线完成主体工程。⑦集中推开17万 的旧城改造工程、交口新区建设工程、宝岩河城区段综合治理、垃圾卫生填埋场建设等工程。⑧2012年9月，中部引黄工程交口段正式开工建设。⑨国兴煤层气公司完成天然气入城输气管道建设及城区供气管网改造。⑩一次性投入5000余万元全面推开“方便农民五件实事”工程。

山东信发交口肥美铝业公司氧化铝厂全景

交口县旺庄生铁铸造公司技改工程项目

山西维仕杰沙棘饮料

野生沙棘

腾 飞 的

省委书记袁纯清视察石楼县食用菌种植基地

李小鹏省长视察石楼县煤层气开发项目

一、自然情况

石楼县位于山西省西部中段，黄河东岸，吕梁山西麓。全县辖 4 镇 5 乡，134 个行政村，506 个自然村，总面积 1808 平方千米，2012 年总人口 11.58 万人。

境内拥有煤炭、煤层气、石英岩、紫砂陶土、石灰石、硅、矿泉水等多种矿产资源物，其中煤炭探明储量 53 亿吨，煤层气 2000 亿立方米。旅游资源丰富，有天下奇观“黄河石楼湾”，红军东征纪念馆，毛泽东《沁园春 雪》创作地和东狱庙国家级文物保护单位等。

二、工作情况

2012 年，石楼县在县委的坚强领导下，面对宏观经济下行压力，以科学发展观为统领，紧紧围绕“打基础、利长远、惠民生”总体要求，将“十大工程、十大项目”作为推动经济转型跨越发展的总抓手，凝心聚力，攻坚克难，经济社会保持平稳较快发展。全县地区生产总值完成 7.19 亿元，同比增长 9.1%；财政总收入完成 1.17 亿元，同比增长 3.2%；固定资产投资完成 7.16 亿元，同比增长 18.5%；工业增加值完成 1.54 亿元，同比增长 11.07%；社会消费品零售总额完成 1.7 亿元，同比增长 14%；城镇居民收入 1 万元，同比增长 17.6%；农民人均纯收入达到 2450 元，同比增长 36.1%。

1. 全面推进项目建设，招商引资实现新突破。全县上下以“十大工程、十大项目”新思路为统领，以大项目带动大建设，以大发展谋求大跨越，全年完成投资 5.5 亿元，建设各类项目 260 余个。其中“十大工程”成效显著，核桃产业和生态建设等 6 项工程完成当年建设任务；“十大项目”纵深推进，尤其是煤炭、煤层气、电力等领域实现了招商引资的新突破。我们先后与大唐公司、中煤集团、中海沃邦和新天能源等 4 个大公司成功签订了共计 140 亿元的战略合作协议。同时，支持组建了山西中煤煜隆能源有限公司，成功保留了年产 100 万吨的焦化项目，获得了全省唯一一家 LNG 天然气液化项目县级承载企业的资格批复，启动了西卫煤气化工业园区的建设规划，全县以煤、气、电为主要框架的工业经济加速启动。

2. 加快发展特色农业，农民增收实现新飞跃。全面落实各项强农惠农政策，以发展特色农业为重点，涉农资金累计支出达到 3.6 亿元。粮食总产量达到 6723 万公斤，创近年新高；核桃栽植 6 万亩，全县干果经济林面积累计达到 50 万亩；百万元以上标准化养殖企业建成 10 个，养殖专业合作社累计达到 135 个，规模化经营、标准化生产的现代养殖业正在形成。特色农业加快发展。投资 4150 万元建成 422 栋设施蔬菜，投资 1100 万元打造了薛家垣村黄土高原农业循环发展新模式，成功启动了有机食品示范县申报工作。全县农业生产总值达到 4.14 亿元，贫困人口减少 9311 人，扶贫攻坚迈出坚实步伐。

3. 大力实施生态文明建设，生态优势得到新提升。坚持造林绿化和节能减排双管齐下，齐抓共管，生态优势明显提升。坚持封山禁牧不动摇，大力实施了核桃干果经济林、通道荒山、灌木造林、三北防护林、天保工程和村庄绿化等六大工程，完成造林 12.47 万亩，林木覆被率达到 56.81%，同比增长 10 个百分点；深入开展“净空、净水、减排”绿色生态三大重点工程，启动了农村环境连片整治示范项目，取缔了 18 个非法采沙户，完成了月亮湾小区天然气供暖试点。全县空气质量二级以上天数 357 天，同比增加 16 天，全县人民生活环境质量得到较大改善。

4. 统筹发展城乡建设，城乡面貌呈现新变化。创新县城开发机制，统筹城乡一体化发展，城镇化建设加快推进，全县城镇化率达到 39%。在县城“扩容提质”上，编制完成了县城总体规划，铺开了总投资 7200 余万元的东征大街延伸、城市供水、屈产河蓄水美化等工程，新建了民兵综合训练基地，首次成功采用房地产开发经营模式，铺开了总投资 9.95 亿元的王村、塔底、西河湾 3 个城中村改造和石楼一中、百货、东庄 3 个住宅小区的“三城三区”工程，县城建设加速发展。在新农村建设上，整合资金 1350 万元完成霍阳庄村等 9 个移民点和农村改造危房 400 户；完成了塔则上村等 15 个省级新农村重点推进村和岔沟村等 4 个百村行动村建设任务；投资 1.37 亿元，用两年时间超额完成农村街巷硬化等新“五个全覆盖”任务，投资 1180 万元实施了“方便农民五件实事”，共建成幼儿园 36 所、磨面房 79

中煤集团与山西煜隆煤气化公司签约合作开发

山西中南铁路石楼屈产河特大桥

石清黄河大桥（石楼至陕西清涧县）

石楼县建设中的“村村通水泥路”

石  县

个、理发室 67 个、红白理事厅 62 个，安装太阳能路灯 60 个村，农村生活环境得到较大改善。

5. 加快基础设施建设，发展支撑力得到新提高。圆满完成 40 眼“一村一井”工程，加快推进曹家垣乡提黄灌溉工程，全面启动坪底水库和山西中部引黄这两大省级重点水利工程，农业抗旱能力进一步增强，并且为我县今后上马大型工业项目提供了水源保障。投资 2160 万元建成了义牒 35 千伏变电站，投资 2134 万元实施了农网改造升级工程，完成了罗村 110 千伏变电站的项目立项，启动了西卫 220 千伏变电站建设工程，电力供应能力不断加强；中南铁路顺利推进，汾阳至清涧高速公路项目成功纳入我省“十二五”规划，石楼至中阳县际公路改造竣工通车。基础设施建设进一步提速，推进我县跨越发展的有力支撑面正在形成。

6、加大民生投入力度，和谐社会迈出新步伐。着眼民生，维护民利，全面加快社会事业发展，“和谐石楼”建设取得明显成效。教育事业全面推进。教育支出比例不断扩大，占到县财政总支出的 23%。农村义务教育学生营养改善计划全面落实，高中课改深入推进，中职教育免费入学实现全覆盖，76 名青年特岗教师被纳入编制，教育水平再上新台阶。2012 年高考达线 304 人，达线率连续六年居全市山区九县第一，职中对口升学考试首批本科 109 人，升学率全市第一。医药卫生体制改革深入推进。乡村两级基本药物制度不断巩固，新农合参合率达到 96.72%，全年支出基金 1930 万元，有效减轻了农民的看病负担。食品安全监管全面加强，人口自然增长率控制在 5.8‰，人口与计生工作荣获全市责任制考核综合先进县。社会救助和保障体系不断完善。发放各类民政救助资金 4688 万元，同比增加 20%，1.34 万名农民享受农村低保，5967 名居民享受城市低保，城市低保率达到 30%，比全省平均水平高 20%。投入各类劳动保障资金 4080 万元，新增就业 1260 人，新增公益性岗位 198 个，失业率控制在 2.1% 以内。文化旅游产业成绩突出。覆盖全县的县、乡、村三级公共文化服务体系基本形成。《红军东征》电视剧、同名小说和《村官梁宝》广播剧，“印象石楼”画册等一批文艺精品引起了较大反响。文化旅游开发规划和黄河第一湾开发设计方案编制完成，留村东征文化园启动建设，旅游产业开发取得新进步。

7、深入开展安稳工作，平安石楼形成新局面。严格落实政府、企业两个主体责任，全方位、大力度、多层面推进“百日安全生产活动”，共排查各类生产经营建设单位 1600 余户，发现并整改各类隐患 419 条，企业安全标准化和安全乡村创建工作扎实推进，安全生产继续保持总体稳定，持续向好的良好态势。扎实开展“大排查、大接访、大化解”三大活动，累计排查群众各类诉求 1.97 万件，化解率达到 99.9%，为党的十八大胜利召开创造了一个和谐安定的政治局面。

8. 加强民主法制建设，执政能力取得新进步。自觉接受人大法律监督、政协民主监督和社会舆论监督，密切联系工会、共青团、妇联、工商联等群团组织，广泛听取社会各界意见、建议。高质高效办结人大代表议案建议 79 件、政协提案 117 件。全面落实政府系统党风廉政建设责任制，切实加强行政监察和审计监督。深入开展“吃拿卡要专项整治，共查处各类违法违纪案件 XXX 起，机关作风进一步改进；积极推进政务公开，努力加强政府网站建设，行政透明度不断提高，行政效能进一步提升。

石楼县县委书记闫孝敏在灵泉镇调研

石楼县县长刘应刚在罗村镇调研

沁园春广场

石楼县核桃通过近年来的大力发展，面积已达到 23 万亩

石楼县红枣面积达到 27.17 万亩，是全县的传统主导产业

石楼县退耕还林面积达到 68.7 万亩，是我省面积最大县份

薛家垣村生猪养殖基地

介休市

战略合作签约仪式

介休市位于山西省中南部，东临长治，西靠吕梁，南接临汾，是大太原都市圈确定的区域性中心城市，全市辖7镇3乡5个街道办事处，231个村，总面积744平方公里，人口达41万。

2012年我市全力以赴抓项目、稳增长、促转型、惠民生、保稳定，紧紧围绕建设大太原都市圈南部中心城市的目标，深入实践转型综改、扩权强县、义安经济发达镇试点，加快推动新型工业新市、区域中心新市、文化旅游新市、现代农业新市、物流集散新市“五个新市”建设，全年完成生产总值151亿元，增长9.6%；规模以上工业增加值94.7亿元，增长15.1%；财政总收入28.02亿元，增长1.9%；一般预算收入12.3亿元，增长9.5%；固定资产投资75.8亿元，增长37.2%；社会消费品零售总额完成60.4亿元，增长16%；城镇居民人均可支配收入实现23060元，增长15.4%；农民人均纯收入实现8704元，增长14.8%；外贸进出口总额19999.4万美元，增长1458.4%；城市集中供热、供气普及率分别达到88%和95%，城镇人口达到24.6万，城镇化率达到60.6%。

汾河湿地森林公园

四大园区建设引领新型工业发展。介休市坚持工业强市，着力改造提升传统产业，扶持发展优势产业，重点培育新兴产业，以园区为载体，以项目为突破，抓住转型综改、扩权强县和义安经济发达镇三大试点的机遇，加快推进义安循环经济园区、装备制造园区、新材料园区、青云直升机园区建设，努力打造全省最具影响力的新型煤化工、特种钢、新材料基地。

随着循环经济生产模式的普及，义安循环经济园区应运而生，这是介休市第一个工业园区，也是我省确定的八个焦化工业园之一。该园区依托安泰、三佳、茂胜、路鑫、昌盛等几大工业集团，已形成焦化、电力、冶金、建材、化工等主导产业。园区内的上游企业以焦化、钢铁、发电为主，这三大产业已经具备了相当规模。

纬二路风光

装备制造园区整合24户落后工艺小企业，规划布局多智大型锻件、景津压滤机、汾西多经公司煤化成套设备等一批骨干项目，其中汾西多经公司煤化成套设备项目包括八大板块、49个项目，总投资50亿元，规划建设有支护材料总厂、成套设备厂、服装厂、照明器材厂、筛网厂、矿用管材厂等。新材料园区通过土地流转，配套基础设施，布局三佳25万吨有机硅深加工等标杆项目。

青云超轻直升飞机项目是省转型综改标杆项目，总投资159亿元，产业带动性极强。主要建设内容分为通用飞机研发与制造基地、通用飞机产品支援基地、通用飞机销售与服务基地以及通用航空飞行体验、娱乐基地与会展中心五个模块。园区建设分三期工程完成，项目建设全部完成后，最终实现每年5000架通用飞机生产制造的能力，实现利税100亿元以上。

介休一中全景

“一村一品”“一乡一业”保障农民持续增收。落实强农惠农

城市新貌

JIE XIU SHI

农政策，围绕农民持续增收，打造农业产业基地，形成龙头企业引领、园区示范带动、优势农产品支撑的现代农业发展格局。以“一村一品”、“一乡一业”为抓手，突出特色、精品、规模，全力做好“十强百村万亩”工程。“十强”即挖掘银条菜、长山药、中药材、西瓜、红薯五大种植业；陈醋、白酒、香业、贯馅糖、柿饼五大传统加工产业等十大特色产业。“百村”即我市通过正确引导、项目扶持形成各具特色的“一村一品”示范村100个。“万亩”即建成5个万亩特色基地：义安镇万亩高效设施农业种植基地，龙凤镇万亩核桃种植基地，连福万人核桃加工基地，宋古万亩高效种植基地，张兰万亩露地菜种植基地。“十强百村万亩”工程的实施，大大提升了我市农业产业的比重，促进了农业、农村经济持续、平稳、快速、健康发展。

绵山全景

四大民生工程改善人民生活。一是就业和保障工程。落实各项就业政策，加强对就业困难人员的就业援助，开发公益性岗位，动态消除零就业家庭。不断完善社会保障制度，重点抓好城乡居民养老保险、医疗保险和最低生活保障。二是教育均衡工程。提升中小学校舍安全建设水平，到2012年我市耗巨资对全市的中小学校舍进行加固、原址重建和异地迁建。工程实施以来，我市严格按照上级统一部署和要求，认真落实组织机制，精心谋划工程方案，加大项目推进力度，紧密结合全市中小学布局调整和义务教育标准化建设，投资5.5亿元实施了37所学校、77个项目、23万平米的介休教育史上规模最大的中小学校舍建设，全面提升了学校现代化水平。校安工程完成后，全市保留中小学校78所，比原来减少69所，校舍建筑面积达到48万平米，比原来增加2万平米。大力发展职业教育。落实学前教育三年行动计划，加速提升基础教育和高中教育的教学质量，致力实现惠及全民的公平教育和更加均衡的优质教育。三是安居暖心工程。严把保障性住房规划选址关、建筑材料关、设计施工关、竣工验收关，推进采煤沉陷区治理。四是全民健康工程。深化医改工作，加快人民医院、7个乡镇卫生院和卫生监督所等新建工程，建设残疾人康复服务中心。统筹城乡居民基本医疗保险，不断提高基本医疗保险住院费用即时结算和门诊大病统筹比例，提高新农合参合率。

祆神楼

后土庙全景

碎片重构新旧共融打造历史文化名城。积极整合历史和文化碎片，挖掘和提炼介休历史文化名城的特色与价值，继承和弘扬中华民族优秀传统文化，抢救和保护介休市文物古迹和非物质文化遗产，将介休历史文化名城建设成为：琉璃之城、寒食之乡、三贤故里、文化名邦、慈孝之都。全力推进十大重点工程，建设历史文化街区：一是顺城街历史文化街区保护修复工程；二是市博物馆项目；三是三贤广场建设工程；四是后土庙广场建设工程；五是城隍庙广场建设工程；六是祆神楼修复工程。七是后土庙及城墙修复工程。八是城隍庙维修工程。九是文庙维修工程。十是龙泉观维修工程。

路鑫公司30万吨苯加氢项目

抢抓机遇

凤凰新城

永吉大道

文化艺术中心

灵石县地处三晋腹地、晋中市西南端。总面积1206平方公里，全县辖6乡6镇3个管委会、291个行政村、598个自然村,2012年底全县常住人口26.5万人。境内山峦起伏，沟壑纵横，太岳、吕梁两山系在境内隔汾河对峙，三晋南北大动脉南同蒲铁路、大运公路、108国道以及新建的大西高铁纵贯县城。灵石素有“矿藏之乡”美称，目前探明的矿物有煤、铁、石膏、硫铁矿以及铜、钼、钛、稀土等多种稀有金属和非金属，尤以煤炭、石膏、硫铁矿储量丰富。全县含煤面积860平方公里，占全县总面积的71.3%，地质储量为91亿吨，且多为肥煤、焦煤，被誉为“煤海瑰宝”。

2012年，在县委、县政府的正确领导下，面对严峻复杂多变的经济形势，面对经济下行压力不断加大的态势，面对改革发展稳定的繁重任务，全县上下以“稳中求快、快中求好”为总基调，紧紧抓住综改、扩权“两个试点”的有利机遇，全力谋转型，合力促跨越，扎实惠民生，使县域经济社会继续保持健康快速发展的良好势头。

一、经济实力更强

2012年，全县生产总值完成174亿元，同比增长12.7%，绝对额位居全市第二；财政总收入完成36.7亿元，同比增长17.5%，绝对额位居全市第一；一般预算收入完成13.8亿元，同比增长46.2%，绝对额位居全市第一；规模以上工业增加值完成116.9亿元，同比增长20.4%，绝对额位居全市第一；固定资产投资完成101.6亿元，同比增长13.4%，绝对额位居全市第二；社会消费品零售总额完成46.4亿元，同比增长16.0%，绝对额位居全市第四；城镇居民人均可支配收入完成25175元，同比增长13.1%，绝对额位居全市第一；农民人均纯收入完成10515.5元，同比增长15.6%，绝对额位居全市第三。

二、转型步伐更快

围绕“新型工业强县”建设，加快传统产业改造，26座煤矿技改完成投资45.8亿元；积极培育新型替代产业，中煤“18 30”项目调产试运行，东方希望铝系综合循环经济项目、永泰装备制造等一批项目快速实施，为工业转型奠定了坚实基础。围绕“核桃经济大县”建设，全力推进以核桃为主的“一村一品”工程，新植核桃林4万亩，核桃林总面积达到28万亩，发展“一村一品”专业村92个。围绕“文化旅游名县”建设，全力打造“古镇大院文化名地、山水休闲旅游胜地、中国版画艺术基地”三张名片，静升古镇保护开发、石膏山风景区、红崖峡谷景区等旅游项目快速推进，成

垃圾发电厂

聚义循环产业园煤矸石制砖车间

乘势而上

——奋力谱写灵石转型跨越发展新篇章

功举办首届中国灵石国际版画双年展。

三、发展后劲更足

坚持把项目建设作为推动发展、积蓄后劲的主抓手和突破口，全力实施总投资730亿元的108项重点工程，完成投资101.6亿元；积极创新招商模式，组建4个专业招商局，充实招商力量，全方位开展“对口”招商，成功引进项目11个，达成引资意向270.5亿元，到位资金36.9亿元。

华夏民居第一宅王家大院

四、环境质量更优

深入开展环境污染整治，完成汾河沿线、县城周边5户企业搬迁。强化企业节能减排，万元GDP综合能耗下降3.73%，二氧化硫等六项减排指标全部完成。全方位推进造林绿化，新植生态林2.8万亩，完成村庄绿化37个、通道绿化103.8公里。区域环境明显好转，全年县城区二级以上天数达到358天，一级天数达到142天。国家卫生县城创建工作顺利通过综合审定。

五、城乡面貌更新

旧城提质步伐加快，总投资22.6亿元的常青小区、上村小区、贵都财富中心等一批房地产开发项目主体完工，成为城市建设新的亮点。静升新区建设全面启动，新区路网、人民医院、政法大楼、森林公园等工程快速实施。特色村镇建设亮点频现，20个省级新农村重点村建设顺利推进，鑫源新村、延安新村成为新农村建设样板。全力完善水、电、路基础设施，石膏山水库开始蓄水，10千伏弓珍线路、农村低压台区及线路改造等电力工程完工，南马路、玉郝线等道路建设工程完工。

石膏山秋韵

六、民生保障更好

全县财政民本民生投入达9.6亿元，比上年增加16%。落实教育优先发展战略，总投资2700万元的职中实训楼和36所中小学校舍维修工程完工；大力发展医疗事业，县、乡、村三级医疗卫生机构达标率达到98.3%，新农合参合率达到98.6%；社会保障体系日趋完善，发放城乡养老金2573万元、低保户救助金2769万元；千方百计扩大就业，城镇新增就业4790人，转移农村劳动力5036人；4个文化站建设完工，乡镇文化站实现全覆盖；积极推进安居工程建设，新开工保障性住房3911套，完成投资3.2亿元；计划生育工作迈出重要步伐，被评为“全国计划生育优质服务先进单位”；深入开展百日安全大检查和“打非治违”专项行动，全县安全生产形势稳定好转。

2013年，是全县全面深入贯彻落实党的十八大精神的开局之年，是实施“十二五”规划大干快上的一年。全县上下将全面贯彻落实党的十八大和中央、省、市经济工作、农村工作会议精神，牢固树立发展是第一要务的理念，坚持解放思想，坚持改革开放，以提高经济增长质量和效益为中心，用足用好“双试点”政策机遇，持续推动产业升级，持续统筹城乡发展，持续提升环境质量，持续强化社会管理，求真务实，勇于担当，率先转型，全力跨越，努力实现经济持续健康发展和社会和谐稳定，加快建设富强、生态、美丽、幸福、活力新灵石，为全面建成小康社会奠定坚实基础。

强隆核桃加工

保利生态经济示范园一角

【自然概况】和顺县地处山西省东陲、太行山中段。全县东长75千米，南北宽30千米，总面积2250平方千米，为晋中市版图最大的一个县。全县地形地貌大致为“八山一水一分田”。全县现辖5镇5乡，294个行政村，2012年总人口14.5万人，其中农业人口10.98万人，耕地面积33.75万亩，属国家级扶贫开发重点县。

全县山大坡广，林丰草茂，宜林宜牧面积150万亩，占总面积的45%，林木覆盖率为35%，发展畜牧业具有得天独厚的优势。畜牧业生产以牛为主，是全国黄牛改良基地县。和顺也是全国林业基地县之一，林木覆盖率为65%。主要树种有油松、杨树、旱柳、白榆、落叶松及杂木等。

全县矿藏资源十分丰富。现已探明地下矿藏有煤、铁、铝、耐火粘土、铜、磷、硫、水晶石、辉绿岩、白云石等29种之多。尤以煤炭资源为最，在储量、煤种、煤质等方面具有很大的优势，已探明储量128亿吨，为全国重点产煤县之一。除煤炭外，其它矿藏约为20—30亿吨，铝钒石储量约为15亿吨左右，金钢砂储量约为2000万吨左右。从资源的地质储量和发展潜力来看，煤炭是和顺最大最重要的资源优势。全县河流较多，分属黄河、海河两大流域，较大的河流有15条，主要河流有潇河、东西清漳河、松溪河等。年平均地表径流量为1.99亿立方米，但全县至今尚无一处骨干性水利控制工程。

和顺平均海拔1300米，年平均气温6.3度，是个天然的“大空调”、“大氧吧”。昼夜温差大，夏无酷暑，清凉宜人，全年四季分明、风光秀美。清代一位和顺县令曾生动地描述了和顺的气候特点是：“春寒如冬，夏无盛暑，初秋陨霜，将冬霏雪”，确属天然的消夏避暑胜地。

【经济发展概况】2012年，全县地区生产总值完成41.5亿元，比2011年增长11.2%。规模以上工业增加值22.4亿元，增长15.7%，财政总收入12.68亿元，增长39.8%，一般预算收入5.3亿元，增长58.50%，固定资产投资45亿元，增长38.4%。社会消费品零售总额9.45亿元，增长16.4%，城镇居民人均可支配收入16010元，增长16%，农民人均纯收入3830元，增长14.86%。

项目建设成效显著。全县43个市级重点项目全部开工建设，开工率100%，完成投资56.44亿元，重点项目落地55项，落地资金70.25亿元。总投资18.57亿元的10大转型综改标杆项目全部开工建设，其中8个项目已竣工或投产，完成投资19亿元，占年度投资计划的102.3%。招商引资力度加大。引

省委书记袁纯清在和顺调研

省长李小鹏在和顺调研

晋中市市委书记张璞在和顺调研

和顺县县委书记孙永胜、县长马海军检查食品安全

和顺县政府与北京中冶集团战略合作签约仪式

HE SHUN XIAN

进了中国华电集团、北京中冶能源等一批大企业、大集团，签约项目6个，引资318.7亿元。重点项目“四位一体”推进工作获全市一等奖。

天凯现代农业采摘园区

产业转型持续推进。投资6.58亿元对煤矿进行升级改造，全年完成煤炭产量1121万吨。阳煤集团500万吨泊里矿井开工建设。阳煤化工1830项目、盛宝年产1.2亿块烧结砖项目、随生年产4000万块烧结砖项目、长沟选煤厂、丰泰选煤厂竣工投产。阳煤晋东煤机维修制造项目和佰裕东粮食加工项目推进顺利。

增加19814.7吨，完成市考核指标的157.5%。围绕“一村一品、一县一业”，全县规划“一村一品”专业村170个，发展“一村一品”示范村24个。新增设施蔬菜面积4020亩。新建、改扩建标准化养牛园区88个，全县10头以上母牛饲养户达到2153户，母牛存栏2.4万头。大型肉牛育肥企业达到8个，龙旺公司肉牛屠宰生产线建成投产。双孢菇新增菇床面积15万平方米，总产量300余万公斤，产值2300余万元。

和顺县繁殖母牛群

第三产业加快发展。加强商业网点建设，各类市场繁荣活跃。八路军石拐会议纪念馆、合山、太行龙口、许村艺术公社、阳曲山等景点景区运行良好。成功举办了第六届牛郎织女文化旅游节，接待游客27.6万人次，实现旅游综合收入2.3亿元。

城镇建设步伐加快。投资1.8亿元，集中力量完成了六大片区、660余户的房屋征收工作，实现了和谐搬迁目标。启动和顺新城建设。加快城市绿化、美化、亮化、净化步伐，文昌公园、湿地公园开工建设，市容市貌明显改观，顺利通过省级园林县城初评工作，荣获“省级卫生县城”称号。着力推进“大交通”建设。安和线恋思水库淹没段改线二期铺油配套工程完工；汾邢高速和顺段完成投资3.1亿元，阳左高速和顺段完成投资9.15亿元；和邢铁路列入全国铁路建设“十二五”规划，线路定测已完成。二级汽车客运站建成运营。

社会事业全面进步。全年用于民生及各项社会事业的投入达到6.58亿元，同比增长20.5%。县政府向全县人民承诺的“十件实事”全部完成。投资1.8亿元，实施了薄弱学校改造和标准化幼儿园建设工程。新建了县中医院。40所标准化村级卫生所投入使用。新农合参合率达到98.55%，基本药物制度在乡村卫生院（室）全面实施。县财政拿出500万元对文化产业项目进行扶持，“和顺刺绣”列入山西省手工艺代表项目。开工建设1752套保障性住房，超额完成市定任务269套，开工率、竣工率、投资完成率、综合排名均居全市前列。新增城镇就业1729人，转移农村劳动力6000人，城镇登记失业率控制在2%以内。城乡居民社会养老保险参保7.9万人。城乡低保1.1万人，1278名困难对象得到城乡大病医疗救助。全县105617人参加新型农村合作医疗，参合率98.55%。农村基础设施得到加强。投入各类扶贫资金3650万元，实施移民搬迁、整村推进等扶贫项目，受益人口2.15万人，8782口贫困人口脱贫，扶贫工作考核位列全市第一。荣获“全省新农村建设先进县”称号。2012年，全县农村公路通车总里程为945.752公里，比上年增加24.397公里，同比增长2.6%。公路密度为43.4公里/百平方公里。全县固定及移动电话用户总数达到106400户，同比增长9.05%。电话普及率达73部/百人。全县国际互联网用户15200户，其中联通宽带用户13000户，移动宽带用户2200户，同比增长27.7%。

和顺鸟瞰图

和顺合山圣母广场

和顺县省级森林公园九龙柱

励精图治谋发展

全国人大常委会委员长吴邦国同志视察大寨现代农业科技示范园

昔阳县位于山西省东境，太行山西麓，东瞰河北、西屏寿阳、南连和顺、北接阳泉。全县国土面积1954平方公里，辖5镇7乡335个行政村，总人口23.4万人。昔阳历悠悠久，远在公元前660年，县境内就有人类聚居，劳动生息。东汉为乐平郡，隋大业初年改为乐平县。后几经演变，到辛亥革命后的1914年，因与江西省乐平县同名，改称昔阳县。上世纪六七十年代，虎头山下的大寨人曾作为中国农民的一代风流，自力更生，艰苦奋斗，在七沟八梁一面坡上谱写了撼天动地的壮歌，成为一个时期全国农村的先进典型，受到了毛泽东主席、周恩来总理等老一辈无产阶级革命家的高度赞扬和价。

近年来，县委、县政府团结和带领全县人民，立足转型跨越，乘势而上，拼搏实干，奋勇争先，开创了全县经济社会发展的新局面。2012年，全县地区生产总值完成51.1亿元，同比增速7.3%；财政收入完成12.7亿元，同比增幅26.7%；规模以上工业增加值完成26.4亿元，同比增速9.8%；全社会固定资产投资完成59.6亿元，同比增幅36.1%；社会消费品零售总额完成16.5亿元，同比增幅15.5%；农民人均纯收入完成5367元，同比增幅14.1%；城镇居民人均可支配收入完成16924元，同比增幅15.1%。先后荣获了省卫生县城、省园林县城、省脱贫增收和移民搬迁先进县；荣获了城建、环保、林业、国土、煤炭、安全、计生工作先进县，重点工程“四位一体”先进县和市级文明和谐县城等诸多荣誉称号，被市委、市政府授予年度综合考核优秀单位。具体表现为：

坚持项目引领，推动工业新型化发展。昔阳县将项目建设作为县域经济发展的重要支撑，围绕“煤炭、电力、煤层气、电石”四大支柱产业，大抓项目，抓大项目。特别是总投资10亿元的全国先进、全省最大的阳煤40万吨电石项目顺利投产，二期60万吨电石项目和投资200亿元的阳煤化工园区上马，为建成全省最大的电石生产基地奠定了基础，推动了产业的多元发展，形成了“一黑一白、一电一气”的产业格局。去年年产原煤达到1195万吨，发电量达到10.55亿千瓦时，年产煤层气达到4433万立方米，电石产量达到9.33万吨。

坚持特色示范，推动农业规模化发展。昔阳县以“农业增效、农民增收”为目标，积极壮大传统农业，围绕“西菜东果中养猪，山上山下种蘑菇”的发展思路，做大做强蔬菜、核桃、商品猪、双孢菇四大特色产业。蔬菜种植面积达2.6万亩，核桃种植总面积达到15万亩，规模养猪场达到160个，生猪饲养量突破50万头，特别是双孢菇种植面积达到30万平米，产值达1亿多元，带动农民人均增收240元，成为全省最大的双孢菇培植基地。同时，以大寨现代农业科技示范园为龙头，开发和引进新型现代农业技术，示范带动全县农业向高效农业、现代农业发展。

坚持龙头带动，推动旅游品牌化发展。大寨是昔阳的金字招牌，去年，昔阳紧紧抓住大寨景区被评为国家AAAA级景区的有利契机，大力发展品牌旅游，构建以大寨红色旅游带动，以黄庵垴、龙岩大峡谷、水磨头的太行山自然风光，以石马寺、卧佛寺的宗教文化，以毛家大院、崇家岭西水东调旧址的人文景观为一体的昔阳特色旅游框架。利用大寨品牌，加大对旅游产品的开发力度，开拓市场，营销整个昔阳旅游经济。全年境内共接待游客55万人（次），旅游总收入4.8亿元。

昔阳县上城红旗一条街

坚持理念先行，推动城乡一体化发展。在城市，坚持上城、下城、新城“三城同建”的原则，加快城市发展步伐。上城突出大寨红色文化主题，修复整合了学大寨时期的一批具有代表性的建筑，着力打造具有地方特色的“红旗一条街”，先后接待游客10万余人次。下城围绕打造最佳生活区目标，加大市政基础设施力度，新建改造了厚庄路、小西外环、庄园路、下城街4条道路和水泥厂桥、东风桥2座百米大桥；铺开了东关、南关、留庄、武家坪等城中村改造，已开工住宅面积达200万平

新 建 路

转型跨越铸辉煌

——昔阳县

米；新建了6组38面特色鲜明的文化墙、20座城市雕塑；建成了10多个城市小绿园、小公园，新增城市绿化面积22.7万平米，市民人均公共绿地面积超出全省平均值近6平米，极大地改善了县城公共基础设施条件。大规模推进新城建设，启动了会展中心、公安局、检察院、人武部、煤销公司等单位办公大楼，新城框架初步形成。在农村，圆满完成了省政府两轮“农村五覆盖”工程，极大地改善了农村基础设施条件，改变了农村面貌，为农村经济繁荣发展奠定了良好的基础。随着一系列工程的实施，城乡一体，统筹推进，协调发展的新昔阳展现在世人面前。

坚持以人为本，推动民生普惠化发展。昔阳县高度重视社会保障工作，去年新增就业岗位1710个，城镇登记失业率控制在1.6%以内；农村初中学生进城上学补贴、农村冬季取暖用煤、十二年免费教育、大病医疗救助等各项惠民政策有效落实；“新农保”、“新农合”参合率稳步提升，各类救灾救济工作扎实推进。倾力实施民生工程，投资21.7亿元的十大惠民工程全面推进。全省标准化程度最高的千人养老院已经开工建设。民生事业形成了“均衡普惠、和谐共享”的新格局。

面对新形势，站在新起点，县委、县政府以党的“十八大”精神为指导，围绕产业转型、经济跨越两大目标，以项目支撑、产业集聚、城乡统筹为路径，坚持“三化”引领兴产业，城乡联动创环境，和谐共享惠民生，克难攻坚，稳中求进，凝心聚力，跨越赶超，全面建设美丽昔阳、平安昔阳、幸福昔阳。

双孢菇种植基地

优质核桃示范基地

阳煤电石厂全景图

电厂外景

大　寨

大　寨

建于北魏年间的石马古寺

松溪湿地公园

颐民公园

阳泉经济

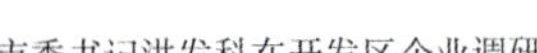
市委书记洪发科在开发区企业调研

开发区党工委书记要真到社区调研

阳泉经济技术开发区成立于1993年2月，是经山西省人民政府批准的省级开发区。开发区区域总面积为10.06平方公里，分东、西两区，原有人口1.2万人，新入区人口5万余人。开发区与市区紧密相连，浑为一体。经过近二十年的建设发展，开发区现已成为阳泉市一个功能齐备、设施完善、环境优美的新型城市区，成为一个主业突出、结构合理、效益明显，带动阳泉市产业转型和经济发展的新型工业园区。

2012年，在市委、市政府的正确领导下，我们按照全市转型跨越的总部署和“千亿百万”的总目标要求，本着“扩区”与“挖潜”并举、“建设”与“管理”并重、“发展”与“稳定”齐抓的指导思想，紧紧围绕年初目标任务，突出“五个着力”，抓好“六大重点”，全面实施创新引领、扩容提质、产城融合和三区共建“四大战略”，攻坚克难，奋力推进，实现了发展思路的新变化、发展质量的新提高、社会和谐的新进步、民生改善的新成效，圆满完成了各项目标任务，经济社会发展取得可喜成绩。

截止2012年底，全区财政总收入完成2.71亿元，增长30.90%；一般预算收入完成1.43亿元，增长43.56%，增幅居全市第一。地区生产总值完成11.72亿元，增长23.35%；固定资产投资完成22.2亿元，增长30.00%；社会消费品零售总额完成9.36亿元，增长

开发区举办干部领导力提升培训学习班

阳泉经济技术开发区先进人物典型事迹报告会

技术开发区

开发区重点项目晋东物流园项目开工奠基

百度云计算项目奠基

开发区与民生银行太原分行签订战略合作协议

15.27%；工业总产值完成24亿元，增长25%；规模以上工业增加值完成2.3亿元，增长3.1%；外贸进出口总额完成5344万美元。此外，招商引资力度不断加大，随着煤机制造工业园区项目、天峰五星级大酒店项目等一批新项目签约落地，百度云计算中心、晋东物流园、红星美凯龙等一批大项目开工建设，兆丰金属镓项目、林兴磁材、居然之家二期等一批重点项目建成投产，开发区以矿机装备制造、电子信息、现代化工和现代商贸物流为特色的产业结构更加凸显。尤其是百度云计算项目，不仅对提升我市和我省形象产生重大作用，而且对提升和优化开发区产业结构产生了决定性、里程碑式的影响。

新的一年，我们相信在市委、市政府的正确领导和支持下，以更加振奋的精神、更加开阔的视野、更加务实的态度，切实提升转型跨越的新境界，增强转型跨越的新动力，营造转型跨越的新环境，夯实转型跨越的新保障，开创转型跨越的新局面，向市委、市政府和全区人民交一份满意的答卷！

开发区红星幼儿园新校车投入使用

管委会班子成员慰问环卫工人

阳泉开发区被山西省经济和信息化委员会授予“省级新型工业产业示范基地（装备制造）

丰富多彩的三节活动

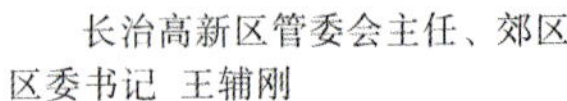
长治高新区管委会主任、郊区区委书记 王辅刚

长治高新区党工委书记 李安清

长治高新区1992年11月经省政府批准成立，是山西省最早成立的5家开发区之一，也是全省唯一的省级高新区。规划面积9.3平方公里，共有各类工商企业1256家，其中工业企业127家，高新技术企业6家，三资企业8家，投资上亿元企业15家。

近年来，长治高新区在长治市委、市政府的坚强领导下，紧紧围绕“发展高科技、实现产业化”的宗旨，集聚创新要素，培育高新产业，深入实施“一二三五五”发展战略：即办好创建国家级高新区一件大事；抓住创优环境和招商引资两个重点；打造高新技术集聚区、新兴产业引领区、经济发展示范区“三区特色”；坚持总量扩张与质量提升相统一、坚持产业升级与技术创新相结合、坚持基础开发与功能培育相适应、坚持产业功能和城市功能相协调、坚持体制创新和管理规范相融合“五个坚持”；到“十二五”末，实现科工总收入、工业总产值、生产总值、财政总收入、固定资产投资等五项指标比“十一五”末翻一番。

长治高新区现有德式工业园、科技工业园和星星标准工业园三个园区，经过二十年的发展，尤其是近三年来，高新区产业发展初具

山西达利食品有限公司外景

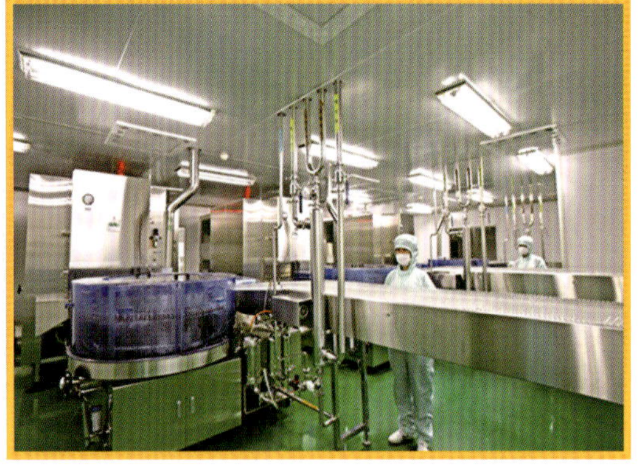

山西康宝生物制品股份有限公司生产线

长治市钜星锻压机械设备制造有限公司智能数控四辊卷板机160x4000（亚洲最大）

山西玉华再制造科技有限公司新建厂房

山西省人大副主任申联彬调研高新区

博太科德方专家检测产品

规模，初步形成五大产业格局：以康宝生物医药集团为代表的生物医药产业；以飞利浦-中池联华、台资崧宇科技、山西福万达等为支撑的光电产业；以西门子大型特种电机基地、玉华再制造、中德合资博太科电气为标志的先进装备制造产业；以山西达利、佰和园、世龙为引领的高档食品产业；以居然之家、金威商贸、益东国际为范式的现代三产服务业。

2012年，长治高新区完成科工贸总收入323亿元，增长15.4％，绝对值全省开发区第3；工业总产值283.6亿元，绝对值全省开发区第3；工业增加值168亿元，增长15.8％，绝对值全省开发区第2；生产总值178.5亿元，增长15.9％，绝对值全省开发区第2；财政总收入31.3亿元，增长10.95%，绝对值全省开发区第1；一般预算收入2.4亿元，增长38.81%。固定资产投资2011年和2012年累计完成45亿元，比建区20年来前18年总和还要多13.6亿元。2012年长治高新区被科技部、工信部分别认定为国家级科技企业孵化器、国家新型工业化产业示范基地，被评为亚太区最具投资潜力的开发区。长治高新区正努力成为区域经济转型跨越发展新的增长极和强大引擎，在创建国家高新区的道路上乘风破浪扬帆奋进。

长治高新区科技工业园鸟瞰图

高新区德式园

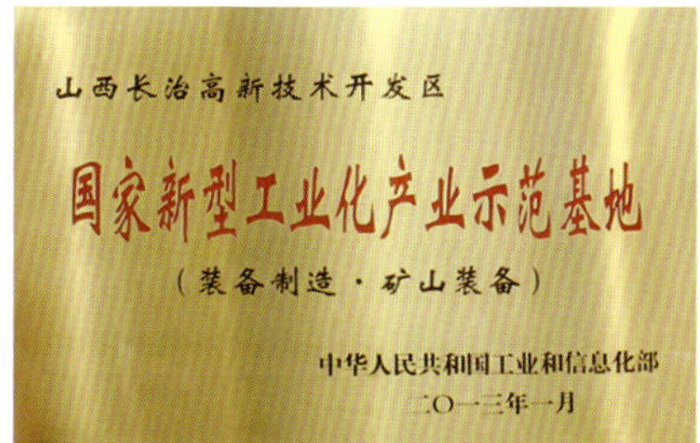

国家新型工业化产业示范基地

国家级科技企业孵化器

创新大厦

襄垣县

县城全景图

美丽城南

东湖全景

襄垣县位于太行山西麓，上党盆地北缘，属丘陵半山区。全县辖8镇3乡1个市级工业区323个行政村，总面积1178平方公里，总人口28万，其中农业人口19万。境内有煤、铁、铝、锰等矿产30余种。其中煤炭探明储量75.8亿吨，可开采40亿吨，是全国优质动力煤生产基地之一。全县有西漳、南漳、北漳三大干流、大小水库14座，属华北地区相对富水县。

2012年，在省委、省政府和市委、市政府的正确领导下，县委、县政府认真贯彻落实党的十八大精神，团结带领全县广大干部群众，努力克服经济疲软、安全生产形势严峻等不利因素，创优发展环境，狠抓项目建设，促进了经济社会协调发展。

一是经济运行总体平稳。2012年，地区生产总值完成226.7亿元，同比下降7.4%，绝对值全市排名第一；财政总收入完成40.2亿元，同比增长12.6%，绝对值全市排名第二；一般预算收入完成17.1亿元，同比增长48.5%，绝对值全市排名第二；规模以上工业增加值完成182.5亿元，同比下降10.5%，绝对值全市排名第一；全社会固定资产投资完成105亿元，同比增长2.3%，绝对值全市排名第二；社会消费品零售总额完成17.6亿元，同比增长16%，绝对值全市排名第四；城镇居民人均可支配收入达到23250元，同比增长12.9%，绝对值全市排名第二；农民人均纯收入达到9414元，同比增长15.2%，绝对值全市排名第四。

二是工业转型扎实推进。按照集群化和垂直一体化的发展思路，立足我县的区位、资源和产业优势，依托园区平台，重点抓了31个工业转型项目。其中，富阳园区入园企业26个，2012年落地项目19个，基本形成以煤为基的循环经济产业链条。至德新能源建设示范生产线、山力铂钠百万米矿用皮带、襄子老粗布等项目已进入试生产，聚氯乙烯二期、塑木复合材料等项目已经开工建设。王桥园区的潞安煤基多联产、乙二醇等一批大项目正在紧张筹建，为我县的转型发展增添了后劲，增强了实力。

三是农业产业化初具规模。加大财政扶持力度，重点培育了设施蔬菜、规模养殖、干果经济林三大产业。建设蔬菜园区123

文王山观光农业园

设施农业

振浩醋业

个，新增蔬菜大棚8570亩，总面积达到3.2万亩。新上了善福石楼20万只养鸡、化岭千只养羊等一批养殖项目。种植优质核桃1.2万亩，总面积达到3.4万亩。建成4座智能化育苗大棚、2座冷库和农产品质量安全检测中心。重点扶持了晋襄王、东宝薯业、宝达菇业等一批农业龙头企业，增强了辐射带动能力。

四是旅游开发步伐加快。按照“市场运作，规划先行”的理念，聘请国内知名专家对襄垣县文化旅游产业进行了总体规划，重点建设了仙堂山、宝峰湖、襄子文化园等三大景点30余个项目。同时建成了襄美商贸中心、综合物流配送中心等一批配套基础设施，加快了商贸服务业发展。

五是城乡基础设施不断改善。按照市域城镇化的要求和上党城镇群的规划布局，加快了大县城、重点镇、中心村的建设步伐。新建二中、四中和职中三所中学的主体建筑全部封顶。新上了城北路、滨河东路等5条路街工程，建设了宣传文化中心、城市规划馆、游泳馆、垃圾处理厂等配套设施工程，襄矿研发中心、小郝沟、北关“城中村”改造正在加快推进。襄垣至长治城际连接线襄垣段已经完成主体工程。对乡村公共基础设施和文化服务设施进行了配套完善。

六是社会事业全面进步。坚持以人为本，统筹兼顾，大力兴办民生实事，稳步推进民生改善。教育上，基本实现了义务教育全免费，免除了高中阶段学生住宿费和信息费。社保上，城镇职工基金征缴完成3920万元，占市下达任务的154.6%；全面提高了低保标准和五保对象补助标准；农村居民养老金发放实现100%；全面启动了城乡临时救助工作。医疗卫生上，全县新农合参合率达到99.7%；全面取消以药“补”医，所有药品全部实行了零差率销售；我县作为全国首批、全省唯一的创建国家卫生应急综合示范县，顺利通过卫生部专家组复核验收；开展创建全国农村中医药工作先进单位活动，并顺利通过国家中医药管理局组织的专家组评估验收。

富阳工业园区

襄矿集团循环经济典范

古韩大道

襄矿集团60万吨聚氯乙烯

建设中教育园区

佳美门业

宝达菇业

荒山绿化

扬帆包装

转型跨越发展

省委书记袁纯清（左二）在黎城太行山景区调研

省委常委、政法委书记王建明（左二）和市委副书记、代市长席小军（右二）一行在黎侯古城展示厅参观

长治市委书记马天荣亲临黎城晋道酒厂调研

2012年，黎城县以科学发展观为指导，以转型跨越发展为主线，紧紧围绕打造“中国硅都、世界红山、宜居古城”战略实施，同心同德，扎实工作，经济及社会发展主要考核指标均完成或超额完成市、县计划，为转型跨越发展奠定了良好基础。

一、县情概况

黎城县国土面积1101平方公里，耕地面积28万亩，辖5镇4乡250个行政村，总人口16.3万。是国家卫生县城、全国文明城镇、全国科普示范县、中国千年古县、中国绿色名县、中国核桃之乡、中国低碳国土实验区、中国精品文化旅游县、中国民间文化艺术之乡、中国影视文化拍摄基地。

1、矿产资源丰富：已发现各类矿产21种，探明储量的6种。其中，铁矿总储量2亿吨，硅矿储量10亿吨，白云石储量20亿吨，钾矿储量5亿吨，优质煤炭储量2亿吨，石膏矿储量5000万吨。其它磷矿、大理石等矿产资源富集。

2、自然风光壮丽：地处太行山核心地段，北部山区地形奇特，属嶂石岩地貌，是八百里太行雄奇风光独特的一段，素有“太行画廊”之称。人民大会堂“山西厅”的核桃木刻“太行日出”的原景，就采自黎城板山风光。

3、气候环境宜人：气候温和，四季分明，冬无严寒，夏无酷暑，光照充足，雨量适中。年平均气温10.4℃，年积温3583.8℃，平均降水量547毫米，无霜期184天。全县森林覆盖率达到50%以上，人均公共绿地面积22平方米。2012年县城环境空气质量二级以上天数356天。

4、区位优势明显：位于山西省东南部、长治市东北部，地处晋、冀、豫三省交界处，素有“三省通衢”之称，是山西省的“东大门”。207国道、309国道、长邯铁路、青兰高速公路、正在建设黎（城）左（权）高速公路和即将开建的黎（城）霍（州）高速公路，在县境内纵横交错，形成四通八达的交通网。

5、文化底蕴深厚：黎城，古称黎侯国，女娲补天、蚩尤争天、许由洗耳、燕王争雄、西伯戡黎等神话传说和历史故事均产生于此，是尧帝故里，中华民族的发祥地之一，文明史长达5000多年。北齐摩岩造像、宋代文庙、元代圣源文庙、冯奉世墓等文化古迹遍布全县，是国家民政部命名的“千年古县”。是抗战时期太行山抗日根据地的腹心，孕育了八路军最大的兵工基地——黄崖洞兵工厂、最大的银行——冀南银行，还有晋冀豫根据地最早的医院、制药厂和被服厂等，是新中国军事工业和金融事业的发源地。黎侯虎和上党落子被列入国家非物质文化遗产名录。

二、2012年经济社会发展状况

2012年，黎城逆境奋进。全县生产总值完成30.8亿元，较2011年增长13.9%；规模以上工业增加值完成15.6亿元，同比增长25.1%；财政总收入完成3.95亿元，同比增长0.8%；一般预算收入完成1.60亿元，同比增长3%；全社会固定资产投资完成29.9亿元，同比增长30.3%；社会消费品零售总额完成9亿元，同比增长15.7%；城镇居民人均可支配收入达到12725元，同比增长13.7%；农民人均纯收入达到5467元，增长14%。

1、三次产业稳步发展。全年实现农林牧渔业总产值48798万元，同比增长9.1%。粮食总产量达79757.2吨，增长16.3%，粮食亩产304.99公斤，增长14.04%；全年完成工业总产值779465.8万元，同比增长39.5%，实现规模以上工业增加值156149.5万元，同比增长25.1%，增幅高于全市平均增幅11.7个百分点。全年共接待游客160.5万人次，增长41%；旅游综合收入16.93亿元，同比增长55.7%。三次产业比例由上年的10.3:49.6:40.1调整为9.1:51.0:39.9。

2、社会事业全面进步。全面完成农村新“五个全覆盖”工程。投资2840万元用于农村幼儿园建设、贫困学生资助、义务教育阶段学生免费、寄宿制小学“一颗鸡蛋”和“一两肉”工程；投入1445万元完成44所学校标准化配套，率先通过全市验收；县教研室、职教中心建设顺利通过省级达标验收；招聘69名中小学幼儿教师，师资力量进一步充实。实现基本药物制度和食品药品监管全覆盖。县医院、西井和上遥镇中心卫生院的外科楼和门诊综合楼投入使用，广大群众就医环境进一步改善。大力改善城乡环境卫生，被评为全省城乡环境卫生整洁行动先进县。县图书馆、文化馆和各乡镇综合文化站、农家书屋全部免费开放，建成2个网球场和门球场并投入使用，群众文化体育活动蓬勃开展。全面推行创本达标工作，安全生产形势持续稳定好转。

3、民生水平持续提高。新农合参合率达99.57%，全年共补偿群众医疗费用18.9万人次、3400多万元；想方设法为广大公职人员

雄奇太行

四方山风光

金鸡寨

中的新黎城

补发、增发津补贴2000多万元。为2970多户计生家庭发放奖励扶助资金206万元，为833对符合条件的待孕夫妇免费进行了优生健康检查，对33户重大疾病计生家庭给予每人2800元的大病救助。开工建设保障性住房609套，首批54户符合条件的困难家庭全部入住廉租住房。为431户城镇低收入住房困难群体发放租赁补贴38万元。投入390多万元对280户农村危房进行改造。城乡低保覆盖8887户、1.2万人，基本做到应保尽保。社会养老保险基本实现全覆盖，其中为全县1.8万名60岁以上老人发放养老金1170多万元。同时，武装、审计、统计、地震、残联、档案、史志、宗教、气象等各项社会事业均取得长足发展。

三、“中国硅都、世界红山、宜居古城”发展战略全面实施。

项目建设成效显著。在国内光伏产业面临寒冬，多晶硅项目受挫的形势下，黎城县委县政府以“项目落地年”为契机，与协鑫集团洽谈合作，引进了太阳能光伏发电项目；引进中技集团采用国际领先技术，生产硅酸钙板，同步建设全省唯一的低碳建筑研发生产基地，已列入国家“十二五”科技支撑计划，填补了长治市新型建筑材料的一项空白；云计算信息平台和矿山物联网项目攻克核心技术，完成专利申报和成果鉴定；华驰物流500万吨物流项目全面推进实施；晋道生态酒庄建成酿造车间、成装车间、私藏酒窖、潞商博物馆、晋道美术馆及艺术酒店，具备对外开放条件；蓝天燃气煤高效洁净转化项目引进美国先进技术，用低热值煤生产活性炭和煤气，开创国内首例；万瑞达三醋酸甘油酯项目建成投入试生产；青春玻璃深加工项目投入生产。项目建设的快速推进，积蓄了经济发展的新动力。同时，积极推进传统产业的升级改造，粉末冶金与黄崖洞纯铁精现整合重组，太行钢铁和金元钢铁的节能技改项目投入运行，传统产业焕发出新的生机与活力。

宜居古城建设全方位推进。聘请深圳建筑设计院编制了黎城新区建设规划，同时聘请中国建筑设计研究院进一步完善了旧城改造规划，出台了《黎城县城中村及城边村改造试行办法》。依托深厚的文化底蕴，投资35亿元，全面铺开黎侯古城项目一期工程。“黎城印象”住宅小区工程开工建设。县城集中供热工程正式开工。古城西环路工程进展顺利。国防动员应急指挥中心、基层就业和社会保障用房完成主体工程，新区地标性建筑城市综合体工程完成选址勘界。居民住宅小区建设有序实施，县城居民住房条件进一步改善。国家园林县城创建工作全面启动，县城绿化覆盖面积达到190万平方米，绿化覆盖率达到42.79%，人均公共绿地面积达到20.77平方米。县城生活垃圾全部实现无害化处理，浩华垃圾处理场荣获“2012年山西省人居环境范例奖”。

世界红山建设取得新进展。编制完成太行红山景区总体规划和主要景点的详细规划，完成400多公里景区道路基础工程和26公里标准化生态旅游路工程，景区至207国道4条旅游连接线开工建设，其中1条已经完成路面铺装。杨岐山、四方山景区完成主干道路拓宽改造、游步道和停车场建设。广志山景区129师后方医院旧址修复完成主体工程。黄崖洞景区索道、观光火车道、电梯、兵工文化园、黎侯古国文化园、文化演艺广场等项目完成主体工程,游客服务中心基本建成。白岩寺三大殿和国宾馆建设完成主体，正在进行内部装修。非物质文化遗产保护工作扎实推进，上党战役指挥部、北方局高干会议旧址等革命遗址全面修复。在北京、太原成功举办红山风光摄影展宣传推介活动，引起强烈反响，省内外游客纷至沓来，文化旅游产业正成为黎城转型跨越发展的重要支撑。

2013年是全面落实十八大精神的开局之年，是实施“十二五”规划承前启后的关键之年，是为全面建成小康社会奠定基础的重要一年。我们将乘借十八大的强劲东风，始终坚持科学发展，立足实际，抢抓机遇，团结拼搏，负重奋进，以新的风貌、新的气魄、新的斗志，积极推进生态黎城、实力黎城、富裕黎城、活力黎城、文化黎城、和谐黎城建设，努力开创黎城经济社会又好又快发展的崭新局面！

县委书记郜双庆（中）调研农业项目_2160

县长郝献民（中）在古城工地上调研

山村新貌

东河游园

斓

铜墙铁壁

广志秋韵

凝心聚力埋头

2012年，县委、县政府按照省、市转型跨越发展的战略部署，团结带领全县人民，顽强拼搏，砥砺奋进，圆满完成了年初确定的各项目标任务。

经济指标稳中有升。全年确定各类建设项目218个，其中重点项目70个，总投资163.57亿元，累计完成投资39.71亿元，投资额占年计划101%。全县地区生产总值完成21.18亿元，同比增长12%；规模以上工业增加值完成10.02亿元，同比增长24.4%；全社会固定资产投资完成20.5亿元，同比增长26.4%；财政总收入完成1.5918亿元，为年初预算103.2%；公共财政预算收入完成7204万元，为年初预算125.1%；社会消费品零售总额完成5.7亿元，同比增长15.5%；城镇居民人均可支配收入达到15483元，同比增长13.7%；农民人均纯收入达到3677元，同比增长14.9%。以上各项指标均超额完成市下达任务。

茏兰岩工业园区泓升石英砂公司厂区

招商引资成效明显。全年共接待各类考察投资商80多批次，外出招商70多批次，参加大型招商会20多个，签约亿元以上非煤非电项目16个，其中5亿元以上大项目7个，签约总额101.04亿元，是市定目标任务的112.27%，项目到位资金18.2亿元，是市定目标任务的121.33%。

工业项目健康成长。长治清华机械厂平顺航天工业园区一期工程快速推进；文正卓越和弘泰化工两家企业入驻高新科技产业园区；大唐公司风力发电项目风场道路建设完成，风机安装工程即将全面展开；瑞烽化工2×2.5万KVA密闭电石炉项目已具备点火生产条件。铁矿采选单一的产业布局开始扭转，新能源、新材料、机械制造、航天工业等新兴产业多元格局加快形成。

铁　厂

恐龙谷景区

旅游产业持续发力。成功引进山西煤销集团、山东塔山集团等大企业投资旅游产业；太行水乡游客服务中心、文博馆、天脊山旅游公路等项目顺利推进，青羊大酒店正式对外营业，太行水乡、神龙湾、红色西沟、天脊山景区主题分区和功能设置进一步完善，虹霓峡景区首届“晋善晋美，诗初步具备接待能力；成功举办第六届全国新闻记者漂流邀请赛暨画平顺”风光摄影大赛。东庄村和岳家寨村入选国家首批传统村落名录，神龙湾村被命名为全国特色景观旅游名村，我县荣获全省休闲农业与乡村旅游示范县称号。

特色农业稳步发展。大红袍花椒芽菜、振东集团连翘深加工、纪兰饮料、蜀中制药、双喜科技等项目顺利实施。全年共争取各类农业项目资金（粮食补贴资金除外）2282.4万元。5个品牌成为“山西省著名商标”，成功认证21个有机食品、9个绿色食品、9个无公害农产品和1个地理标志产品，被省政府确定为全省“一县一业”中药材基地县，并授予“全省一县一业先进县”称号。

生态建设显著提升。完成造林7万亩，长环高速平顺段两侧、长青线（北社段）两侧荒山绿化、兼用经济林建设等工程全面完工。集体林权制度改革如期完成，均山

苦干再铸辉煌

——长治市平顺县

平顺宾河

广场喷泉

到户、联户承包92.04万亩。全年二级以上天数达到365天。全县境内没有发生一起山林火灾。

城乡建设统筹推进。共铺开28个城镇化项目，劳模文化广场一期工程投入使用，425套保障性住房项目全面开工，集中供热项目初步具备二次入网条件。新增城镇人口4067人，城镇化率达到24.60%，超额完成市定任务。

民生事业不断改善。长平高速平顺段试通车，中南铁路平顺段完成总工程量60%，国道长平二级公路完成路基工程80%，农村街巷道硬化全覆盖工程全面完成，成功迎接全市农村街巷道硬化全覆盖工程现场推进会召开。职教中心、特教小学、教师培训基地投入使用，教师周转房、农村中心幼儿园等重点工程顺利推进，“一颗鸡蛋、一两肉”工程惠及所有农村寄宿制小学学生，高考达线突破300人，中考600分以上达到90人。“一县两馆（文化馆、图书馆）”、“一乡一站（文化站）”、“一村一屋（农家书屋）”、农村电影放映等文化工程惠泽城乡广大群众，主旋律电影《申纪兰》完成外景拍摄，凤凰卫视反映全国农业互助组、合作化的五集专题片拍摄完成。县医院急救中心、虹梯关卫生院住院楼投入使用，县卫生监督所业务用房主体完工，居民健康档案建档率达到98.4%，新型农村合作医疗参合率达到99.99%。新增就业人数1750人，城镇登记失业率控制在1.7%，各类保险政策有效落实，参保人数不断增加。全年共争取各级各类扶贫资金2000多万元，完成16个整村推进项目，建设移民新区9个，实施移民搬迁338户1200人，入住率达到95%。狠抓了安全生产和信访稳定工作，全年安全生产形势良好，全县大局和谐稳定。

2012年，不论是主要指标，还是主要工作，都圆满完成了预定目标任务，实现了“十二五”良好开局，开创了平顺科学发展的新局面！

新农村建设

龙镇大戏台

首届尧文化旅游节“尧风晋韵”大型文艺晚会

尧庙景区

【自然概况】尧都区位于山西省南部、临汾市中部，境内东为太岳山脉，西为吕梁山余脉，中部为断陷盆地，汾河纵贯南北，将全区分为汾西、河东两个基本对等的部分，形成东西两山夹平原的地貌，是全市政治、经济、文化、商贸中心。总面积1304平方公里，辖6乡、10镇、9个办事处，372个行政村、43个社区居委会。总人口95.5万人，其中城镇人口60.8万人，乡村人口34.7万人，为全省第一大县（区）。

【区位优势】尧都区物华天宝，资源丰富，概括起来讲，有五大优势：

一是厚重的人文资源优势：尧都历史悠久，史称平阳，因4700多年前帝尧在此建都而得名。人文底蕴深厚，史传文字、华表、围棋、诗歌、印刷、戏曲等文化经典都发源于此。历史上人才辈出，著名的有：仓颉、尧、舜、羊舍、卫青、霍去病、法显等。旅游资源丰富，境内现存古建筑、古遗址50余处，有古帝尧庙、尧居、尧帝陵、尧井、击壤台、大云寺、元代戏台等历史人文景观和仙洞沟、龙子祠、卧虎山等自然风景区。尧庙华门景区被评为国家4A级景区。

二是便捷的交通区位优势：尧都区地处晋陕豫黄河金三角中心，境内交通便捷，南同蒲铁路、大运高速，108国道纵贯南北，309国道横穿东西，晋中南出海通道、大西高铁、青兰高速、张礼至台头地方铁路、临汾机场正在建设中。全区公路通车里程1600公里以上。

三是丰富的矿产资源优势：已探明矿种38种，煤炭资源最为丰富，境内含煤面积达257.9平方公里，地质总储量20亿吨以上，是全国优质主焦煤基地之一。铁矿探明储量9000万吨，远景储量2亿吨；工业石灰岩储量2.3亿吨，石膏储量3亿吨，耐火粘土储量3000万吨。

四是独特的自然资源优势：全区属温带大陆性气候，四季分明，气候宜人。多年平均气温12.7° C，无霜期年平均197天。年降水量494毫米。地下水储量1.48亿立方米，可开采量9400万立方米。境内河流水系主要有汾河及其支流涝河、河等。汾河为全区第一大过境河，境内长度为28公里，流经6个乡镇，流域面积122平方公里。全区森林覆盖率为13.17%，城市绿化覆盖率达25.5%。

五是良好的社会资源优势：辖区有各类公办学校207所，有山西师大、临汾职业学院等大中专院校20余所。有同世达、光宇2家省级发中心，各类科研和技术人才3万余人。有文化、图书、体育、艺术经营场所上千余处。区级以上医疗卫生单位11个。

临汾热电

山西海姿焦化集团厂区一角

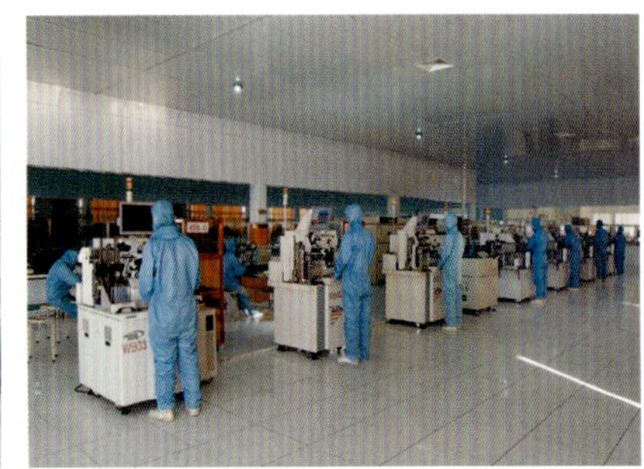

山西省光宇半导体照明有限公司电源生产线

转型中稳步增长

30万亩核桃基地

【经济社会发展状况】2012年，辖区生产总值完成247.9亿元，增长10.2%；规模以上工业增加值完成76.7亿元，增长14%；社固定资产投资完成178.7亿元，增长35.8%；财政总收入完成32.8亿元，增长7.1%；社会消费品零售总额完成163.9亿元，增长16.2%；城镇居民人均可支配收入达到21614元，增长14.2%；农民人均纯收入达到6912元，增长15.6%。主要经济指标位居全市第一、全省前列。

2012年，尧都区三次产业比为3.5:39:57.5，呈现出以第二、三产业为主导产业的“三二一”型产业结构。

（一）第一产业 主要以粮食、果蔬和畜牧业为主，占全区整个经济的比重较小。过去是全省主要的粮棉基地，现为全省主要的粮食、果蔬和畜牧业生产基地。

万亩葡萄基地

全区16个乡镇分为西山资源型、平川城郊型和东山纯农业型。西山区域以养殖、林果为主，平川区域以粮食、蔬菜为主，东山区域以粮食、水果、畜牧业为主。

全区耕地面积68.02万亩，农作物播种面积87.48万亩。2012年全区粮食总产量26.2万吨，蔬菜产量16.3万吨，水果5.7万吨，肉类7845吨，禽蛋2万吨，奶类3392吨。蔬菜供应额占全区总量的26%左右。

全区现有16 个农产品获国家、省无公害认证，年销售收入500万元以上的农副产品加工企业达25户。

尧都生态产业园智能连栋温室

（二）第二产业 1、工业经济仍然是全区经济的骨干支撑力量。主要以煤、焦、铁产业为主，是全省重要的煤化工生产基地。全区拥有大唐热电、临汾热电、同世达集团、海姿焦化、光宇电源等规模以上企业52家。全区第二产业纳税500万元以上企业有20家。全区煤矿从52座整合为18座，年产能从1100万吨提升到1425万吨。2、项目建设成效显著。扎实开展项目落地年活动，项目储备、签约、落地、建设取得新的成效。项目储备突破千亿元大关。招商引资共签约项目15个，签约资金达445亿元。项目落地金额225.5亿元，超市下达任务48.3%。56个重点项目完成投资132.3亿元，超年度计划62%。

（三）第三产业 主要以餐饮、商贸、市场、物流、金融为主，三产占据经济总量的半壁江山。

尧都生态产园智能温室内景

全区限额以上批发和零售企业80家，餐饮住宿业40户。大中型商贸企业20余家，中型酒店和饭店100余家，各类专业市场30余家，初具规模的电子商务1家，物流企业100余家，家政服务企业80余家，中介机构100余家。全区第三产业纳税500万元以上企业29家。

旅游业全年接待海内外游客88万人次。国内旅游收入1389.8万元，旅游外汇收入66万美元。

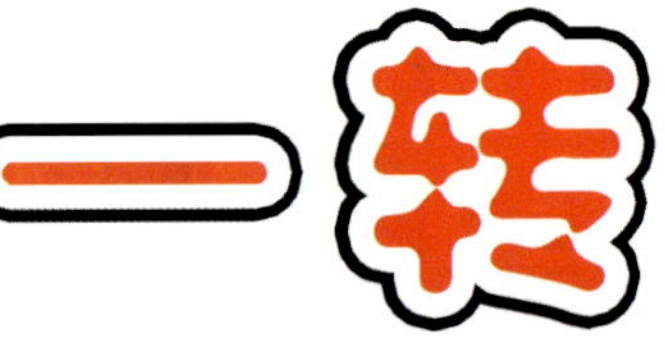

曲沃一转型

县委书记张越铁设施蔬菜调研

县长郭惠勇工业项目调研

曲沃县位于山西省中南部，临汾盆地南端，总面积437.9平方公里，辖5镇2乡，158个行政村，239873人。境内南同蒲铁路、大运一级路纵贯南北，侯月铁路、阳侯高速、晋韩公路并行东西，实现乡乡通二级路，村村通三级路，户户通水泥路，全县公路密度达138公里/百平方公里，走在全国前列。

曲沃历史悠久，曲沃之名始于西周初期，北魏太和十一年置曲沃县。曲沃为古晋国建都之地，曲村—天马遗址发掘清理的九代十九座晋侯及夫人墓是1992年、1993连续两年全国十大考古发现之一，被列为二十世纪中国100项最重大的考古发现之一。

2012年，曲沃县委、县政府带领全县人民，坚持以科学发展观为统领，深入贯彻落实省、市关于转型跨跃发展的决策部署，立足县情、汇集民智，实施“产业强县、城建靓县、文化立县”三大战略，建设“全省千万吨钢铁基地、全省最大的设施蔬菜基地、全国晋文化研究开发基地”三大基地，全力推进“551011”工程，主要社会经济指标完成全市领先，综合实力进一步增强。2012年全县实现地区生产总值96.58亿元，同比增长13.0%；规模以上工业增加值完成72.72亿元，同比增长21.0%；财政总收入完成7.5亿元，同比增长17.3%；城镇居民人均可支配收入达到20103元，同比增长14.7%；农民人均纯收入达到8909元，同比增长17.2%。

一、五大工业园区，激发经济新活力

坚持“工业强则曲沃强，工业兴则曲沃兴”的发展理念，大力实施工业园区建设突破工程，工业经济焕发出新的生机和活力，对曲沃的县域经济跨越发展形成绝对的支撑力量。目前，规划实施中的千万吨级钢铁工业园区、马庄装备制造园区、山西国际陆港曲沃项目园区、华电曲沃煤电一体化循环经济产业园区、紫金山黄金产业开发园区等“五大工业园区”建设进展顺利，特别是千万吨级钢铁工业园区建设进展快速，园区装备水平、生产能力、基础设施逐年提升加强。

二、五大农业重点，实现农民快增收

以建设精品园区、壮大主导产业、发展畜牧养殖、推进产业化和完善基础设施等五个方面为重点，大力发展现代农业，呈现出园区带动、主产拉动、多产齐动的科学农业经济发展态势。曲村现代农业、里村红提葡萄、磨盘岭生态示范、浍河北岸生态观光等系列蕴含“晋文化”内涵的“晋之源”精品农业园区全新出炉，对全县其它农业园区的规范发展起到了导向性作用，有效地推动了以设施蔬菜为代表的高效农业健康发展，截止2012年底，全县蔬菜面积达到13万亩，蔬

千万吨级优特钢循环工业园区

工业污水处理厂

通才公司引进的世界先进双高线

循环利用—焦炉煤气、干熄焦发电

城东新区新貌

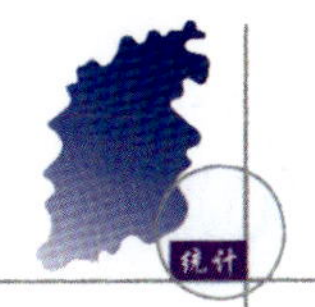

跨越展蓝图

菜大棚已发展到了6776栋、3.3万亩，连续三年被省农业厅评为全省设施蔬菜奖补大县，2012年被国家农业部确定为全国580个蔬菜重点县之一，被省委、省政府授予全省“农民增收先进县”和“一县一业先进县”的荣誉称号；万只羊场、禹门口引黄东扩、浍河河道整治、水库除险等农业基础工程的陆续竣工，更是推出了曲沃农业产业发展的精彩大幕，推开了曲沃农民的致富之门。

三、十大城建工程，催生曲沃新容颜

把开发城东新区作为推动城市扩容提质的主战场和突破口，全力以赴地推进了新区主干道路、行政功能区、公益设施区、商业区、住宅区等方面的十大系列二十余项重点工程建设。吉祥路、如意路中段和贡院东街的全面竣工通车，成功实现了新区主干道路中央核心区大贯通、大循环；东城花园、景泰吉祥苑两大住宅小区主体工程已完工；法院、司法局、卫生监督所等单位的便民服务中心启动建设；晋都御苑、晋韵华府等大型样板住宅小区和星级酒店、新区购物广场、步行街等商业设施正在加紧建设；晋都文化公园和晋都文化会展中心两项地标工程也已全面开工。与此同时，曲沃积极开展“环境建设年”活动，城乡环境干净整洁。尤其是以彰显晋文化内涵为目标，对曲沃至襄汾、翼城、侯马三个出县口以及西关口、烟厂口两个出城口进行了绿化美化和亮化，建起了标志性建筑和景观，有效提升了县域形象和城市品位。

山西博物馆镇馆之宝—鸟尊

晋国博物馆晋君战阵出征群雕—晋魂

城东新区吉祥路

四、一条旅游线路，弘扬光大“晋文化”

大力推进以晋国考古遗址文化旅游区、磨盘岭农业观光区、太子滩休闲度假区、浍河自然风景区、景明生态旅游区为主的精品文化旅游带建设。晋国博物馆主体工程已顺利完工，与之配套的旅游公路全线通车，绿化美化、装修布展等后期工程井然有序。独树一帜，深入推行《曲沃县古建筑认领保护办法》，有效推进了桥山黄帝庙、南林交龙泉寺、西海龙王庙、义城黄帝庙、神泉黄帝庙等文物古迹的修缮保护和开发。全县文化旅游产业初步形成了以晋国考古遗址文化旅游区为龙头，各景区、景点加快建设、规模连片、相串成线的发展格局。

城东新区如意路

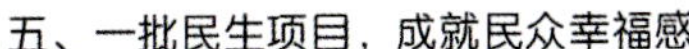

五、一批民生项目，成就民众幸福感

晋之源绿色无公害产品

晋之源现代农业信息中心

晋之源工厂化育苗中心

涉及教育、医疗、住房、道路等方面的一大批民生工程和惠民实事得到有效落实。完成曲沃中学生活区、新乐昌中学、新职业中学、曲沃二中迁址入城等教育硬件设施；早动手，早收工，提前半年完成农村新的“五个全覆盖”；完成全长31公里、涉及18个村3万人农村公路改造，通浍大道全线贯通；完成4500余户居民的天然气置换煤气工作；规划建设了6座星级公共卫生间，总数达到12座；完成建筑面积1.5万平米的县人民医院门诊楼建设；完成300户农村危房改造任务，保障性住房一期258套、二期230套廉租房和60套经济适用房全部完成分配，新建设的400套保障性住房正在加紧建设；完成全省低收入农户冬季取暖用煤政策，全力确保了农民群众温暖过冬；2012年为城乡低保户、优抚对象、五保户以及农村寄宿制学生发放各类补贴2513.98万元；城乡居民医疗保险报销比例提高到80%以上；新型农村合作医疗全年共补偿农民43.98万人次；新型农村社会养老保险参保人数达到87452人，实现了全覆盖。与此同时，全县其它各项工作也得到了有效加强，整体呈现出政治稳定、社会和谐、人民安居乐业的良好局面。

襄汾县

县委书记 王国平

县长 张宏志

襄汾县位于山西省中南部，总面积1034平方公里，辖13个乡镇4，348个行政村，50万人口，90万亩耕地，是临汾市的平川大县。农业条件较好，是老牌的国家级粮棉基地县，素有“金襄陵、银太平”的美誉。

襄汾县历史悠久，源远流长。驰名中外的“丁村人”十万年前就在这里繁衍生息，被誉为华夏先祖的尧帝五千年前在这里建国立都，兴业安邦。以丁村遗址和陶寺遗址形成的丁陶文化享誉三晋，闻名全国。

2012年，在省委、省政府、市委、市政府的坚强领导下，我们紧紧围绕全市“产业转型、环境提升、城乡统筹、民生改善”的总体要求和“思想解放年、项目落地年、环境建设年、作风转变年”四项活动的安排部署，按照“强化招商引资一个引擎，夯实现代农业基地、新型工业强县、宜居宜业新区、帝尧文化之都四个基础，提升安全生产、环境保护、社会管理三个水平，抓好以经济发展、民生改善为重点的‘七个十’工程项目建设”的工作思路，直面国际、国内严峻经济形势，力克焦铁市场持续低迷、建设资金严重短缺、安全稳定压力加大等众多困难和挑战，紧密依靠全县广大干部群众，迎难而上，扎实工作，实现了经济社会平稳较快发展。2012年全县地区生产总值完成128.63亿元，同比增长11.6%；规模以上工业企业增加值完成82.1亿元，同比增长17.4%；固定资产投资总额完成61.86亿元，同比增长37.8%；城镇居民人均可支配收入达到19993元，同比增长14.9%；农民人均纯收入达到8176元，同比增长14.9%；财政收入达到13.86亿元，在极其艰难的情况下，顺利完成省、市下达的调控任务。

一、巩固一产基础地位，有效增加农民收入，现代农业基地建设扎实推进。紧扣传统农业大县实际，明确工作努力方向，出台强农惠农政策，农业“规模化、产业化、品牌化”建设取得新成效。生产基础得到夯实。全年建设高标准农田1.05万亩，开发复垦耕地6200余亩，更新改造末级渠系4.2万亩，主要农作物综合机械化水平达到90%，粮食产量连续三年稳定增长，总产达到4亿公斤，被评为全国粮食生产先进县。特色农业有序发展。围绕八大产业基地和两大养殖园区建设的总体布局，襄陵西红柿、奥格姆食用菌、陈郭温室蔬菜等种植基地形成规模效应，官滩红枣、汾城核桃、定兴到16.8万亩、8.7万亩、19万亩，年初确定的3个万头生猪园区和10个千头标准化养殖场全部建成投产。龙头作用稳定发挥。坚持走“农户+基地+专业合作社+市场”的产业化路子，落实奖励扶助政策，帮助重点企业搞好配套设施建设，协调金融机构解决贷款9800万元，天美食品、丰谷农业、金田园粉条等28家企业进入年销售收入100万元企业行列，全县36家农业龙头企业辐射带动农户超过3.5万户。品牌效应逐步显现。“惠圜”面粉、“三盛合”小米醋等农产品荣获“山西省著名商标”，“侯临”杏鲍菇通过国家农业部无公害认证，全县各类农产品“三品一标”认证达到48个；积极组织参加辣博会、山西特色农产品北京展销周等农产品交易活动，交易额超过1000万元；在第四届中国国际辣椒产业博览会上，赵康镇荣获“中国辣椒之乡”称号。

二、全力抓好项目建设，不断加快转型升级，新型工业强县建设扎实推进。抢抓全省综改试验区机遇，积极引导经济下行背景下企业转型的内在需求，加快传统产业兼并重组、整合升级，力促新上项目顺利落地、开工建设，经济结构战略性调整有了新进展。项目建设成效喜人。采取县级领导包建项目责任制，责任部门跟踪办理前期手续，做到了监控、协调、服务三到位，年初确定的重点项目进展情况明显好于预期。产业整合步履坚实。焦化方面，巨成100万吨焦化项目和宏源、腾达整合重组后的120万吨焦化项目正在办理土地、环评等手续，光大、宏源、腾达、万鑫达420万吨焦化产能获得工信部公告准入，建滔万鑫达二期10万吨焦炉煤气制甲醇项目建成投产。钢铁方面，中升1280立方高炉和新金山2×120吨转炉获得省经信委批复，分别成为全市最大的炼铁高炉和炼钢转炉；星原与太钢“渐进式”重组进展顺利，全县钢铁行业的整体实力进一步提升。铸造方面，新兴冶炼、塔山通用和荣世达铸造三家企业的铸造高炉获得国家工信部认定，强盛、鑫盛两座高炉作为铸造生铁高炉予以保留。园区建设稳步实施。河西煤化工园区环评工作全部完成，新兴际华绿色铸造园区60万吨高端铸件项目已经省经信委备案，制药工业园区1.2亿瓶注射剂及60亿片固体制剂项目一期完工，星原集团循环经济工业园区矿渣综合利用项目建成投产。招商引资成果丰硕。积极参加中博会、能博会、晋商大会等大型招商活动，自主承办临汾市文化产业博览交易会，全年签约项目28个，签约金额183.95亿元，落地项目16个，完成投资32.3亿元。

三、实施扩容提质工程，持续改善人居环境，宜居宜业新区建设扎实推进。围绕“一城三区”建设总体规划，拉大发展框架，加快扩张步伐，城乡一体化发展实现新突破。“百里汾河新型经济带”襄汾段建设力度空前。正式启动“百里汾河新型经济带”襄汾段专项规划，全面铺开滨河东路和汾河治理工程。滨河东路1830亩道路征占地和清表工作高效实施，路面工程全线贯通，具备BT运作和招标条件；汾河治理与生态修复一期工程11个标段的河道疏浚、干砌石护坡等工程正在紧张施工，已完成总工程量的50%。县城建设亮点频现。滨河公园建设圆满完成，计生、法院、司法等单位的业务办公用房相继投入使用，泽欣花园、晨光家园等滨河生态水景住宅主体完工，丁陶西路、振兴路北延、城北铁路桥改造等市政道路竣工通车，丁陶大道北延、滨河西路北延工程开工建设，保障性住房、锣鼓雕塑等工程快速推进，城市框架不断拉大，市政设施日趋完善。农村新“五个全覆盖”全面告捷。累计硬化农村街巷2018公里，新增村便民连锁店84家，新建农村体育场所131个、文化场所283 个、农家书屋306个，农村新型社会养老保险参保人数达到27万人，中等职业教

现代工业园绿化区

钢材生产线

汽车刹车盘生产线

全县重点项目观摩

中国源头　文明根祖

育免费全覆盖惠及学生3857人。"两区同建"试点引领。尧京葡萄及撤村并建示范区完成土地流转3700余亩、平整土地1300余亩、育苗60万株，湾里、桥北里两个村启动撤村并建；湖李、陈郭两个城中村完成改造规划；邓庄燕村、下院、梁坡三个村推进旧村改造。城乡清洁工程持续引深。全面实施交通干道、县境出入口、城乡结合部、集贸市场等重点区域卫生大整治，城乡面貌焕然一新。2012年，我县被授予省级"卫生县城"和"环境整治行动先进县"称号。

四、精心组织节庆活动，着力培育产业优势，帝尧文化之都建设扎实推进。围绕文化强县建设"一三四七"总体思路，挖掘资源内涵，打造产业品牌，文化旅游产业开发得到新加强。景区建设力度加大。丁村国家考古遗址公园总体规划加紧编制，景区牌楼、戏台、广场等设施完成建设，丁村古建筑群再次入列《中国世界文化遗产预备名单》。陶寺国家考古遗址公园立项上报待批，观象台复旧工程、出土文物成果展示区面向游客开放。双龙湖国家湿地公园顺利开园迎客，成为生态休闲旅游的亮点。宣传推介持续升温。《襄汾文物旅游资源分布示意图》、《丁氏家族与丁村》系列丛书出版发行，大型原创音乐舞蹈剧《帝尧》、经典民歌演唱会《击壤遗韵》相继推出，《走进襄汾见证帝尧之光》、《发现陶寺》等专题片先后在央视旅游、教育频道播出，"中国源头、文明根祖"的口号深入人心。节庆活动效应凸显。成功举办了荷花文化旅游节、龙澍峪祈福节、首届中国陶寺帝尧文化旅游节等节庆活动，与广东中惠源实业投资公司成功签订陶寺、汾城、丁村、龙澍峪、双龙湖五大景区开发建设合同，全年接待游客76万人次，实现旅游业总收入7.64亿元，襄汾的文化旅游景点在沉寂多年后再次进入世人视野。

五、加强创新社会管理，优先保障改善民生，和谐平安襄汾建设扎实推进。坚持把民生改善作为一切工作的出发点和落脚点，加大投入，加强管理，社会各项事业彰显新气象。教育科技方面，撤并农村中小学校17所，改建乡镇示范公立幼儿园20个，星原中学动工建设，特殊教育学校置换迁址，普通高考硬本达线937人，继续保持高位运行。医疗卫生方面，县医院河西新院加快建设，10所乡镇卫生院分院新改建顺利完工，376个村级卫生室通过达标验收，国家基本药物制度得到落实，惠及全县人民的医疗卫生网络基本形成。文化事业方面，天塔狮舞全国巡演100多场，"画说陶寺"、"丁陶墨韵"等书画作品成功展出，"激情夏日、文化丁陶"等二十余场大型文艺晚会轮番上演，新城镇丁村、汾城镇西中黄村、陶寺乡陶寺村入选全省首批传统村落名单。劳动就业方面，新增城镇就业5320人，转移农村富余劳动力6280人，开发购买公益性岗位275个，为教育、卫生系统招聘工作人员79人。安全生产方面，认真落实安全生产责任，持续开展安全生产专项整治，累计排查治理各类安全隐患3261条，安全生产形势稳定好转。生态建设方面，狠抓节能降耗和污染减排，工业企业保持达标排放；大力实施"绿色生态"工程，植树400余万株，造林3.5万余亩，县城环境空气质量二级以上天数达到342天。民生改善方面，广大人民群众期盼已久的数字电视顺利开通，保障12万户低收入家庭温暖过冬的"爱心煤"发放到位，250名凭借无私奉献精神支撑十多年的长期代教的工资待遇得到兑现，备受社会各界关注的万盛源天然气项目正常运营，涉及500户农村低收入家庭和50户残疾人切身利益的危房改造全部完工，迎宾馆改制、桥西街改造、丁陶文化公园建设等一大批热点、难点问题得到彻底解决，广大人民群众的生活质量和幸福指数显著提升。社会管理方面，探索成立了建设投资公司融资平台，为重点工程项目融资2.72亿元，有效缓解了建设资金不足的压力。率先开展各类审批项目清理规范，项目精简率为43.19%，时限压缩率为46.89%，得到了市审改办的充分肯定。扎实开展"春季攻势"、追逃"利剑"、"丁陶净土"四号等专项行动，创新民爆物品管理"八字工作法"，走出了资源型地区社会管理的新路子。积极开展矛盾纠纷"大排查、大调解"工作，全面落实领导接访下访制度，狠抓信访积案化解，群众反映的热点难点问题得到有效解决。2012年，我县荣获全市"社会管理创新先进县"和"平安县"称号。

首届陶寺帝尧文化旅游节

首届荷花节开幕式

丁村民居

国家级非物质文化遗产天塔狮舞

襄汾县全景

陶寺观象台空中全景

线

山西省十大名枣官滩红枣

华北最大的三樱椒生产基地

万亩大棚设施农业示范园区

万亩莲菜基地

咬定目标

县委书记郭行杰在翼钢调研

县委书记郭行杰在中卫乡调研农产品

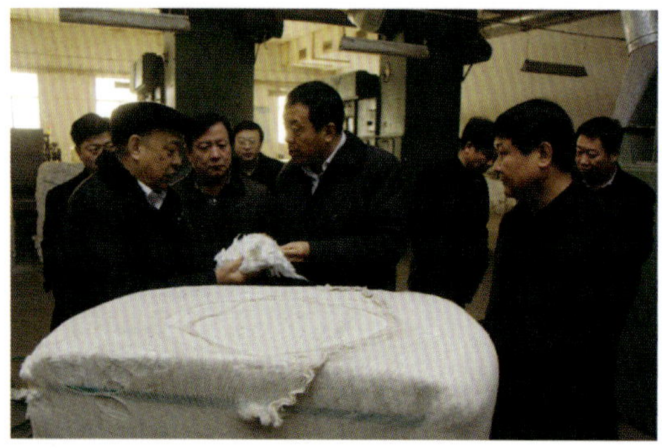

县委书记郭行杰调研纺织业

县委书记郭行杰在职业中学调研

翼城县位于山西省临汾市东南隅，在中条山与太岳山之间，北纬 35.23—35.52，东经 110.34—112.03，东邻沁水，西接曲沃，南与绛县、垣曲相连，北与浮山、襄汾毗邻。东西长约 44 公里，南北宽约 25 公里，总面积 1168 平方公里。全县辖 4 乡 6 镇，211 个行政村，2012 年底全县常住人口 31.5 万人。

2012 年，在县委、县政府的正确领导下，面对复杂严峻的国际国内经济形势和县域经济转型跨越发展，保持稳定增长的任务，全县上下紧紧围绕“强力壮大钢铁、煤电、制造、林果四大主导产业，奋力建设富裕、繁荣、美丽、和谐新翼城”的发展战略，坚持以科学发展为主题，以加快转变经济发展方式为主线，按照稳中求进的工作总基调，认真贯彻落实加强和改善宏观调控的各项政策措施，县域经济运行总体平稳，各项社会事业取得新的进步，为全面建成小康社会奠定了良好基础。

一、主要经济指标稳定增长

2012 年，全县生产总值完成 83.1 亿元，同比增长 9.6%；财政总收入完成 11.7 亿元，同比增长 12.3%；规模以上工业增加值完成 49.1 亿元，同比增长 13.3%；固定资产投资完成 40.6 亿元，同比增长 38.4%；社会消费品零售总额完成 28.2 亿元，同比增长 16.3%；城镇居民人均可支配收入达到 19773 元，同比增长 13.7%；农民人均纯收入达到 7141 元，同比增长 15.6%。

二、三农工作有了新发展

全年粮食总产量 18.9 万吨，新发展干鲜果经济林 6.2 万亩，成为全省苹果产业“一县一业”基地县。翼众公司西郑百万只无公害蛋鸡养殖基地建成投用，7 家养殖场改扩建工程全部完工，畜牧业规模化、标准化生产能力明显提升。实施了中卫乡史庄片高标准农田建设、隆化镇上吴片基本农田整理、农业机械化推广、小河口水库除险加固、新一轮农网改造等项目，农业生产基础更加稳固。农村新的“五个全覆盖”工程圆满完成，解决了 43 个自然村、1.9 万人饮水安全问题，新农村连片示范区和重点村建设稳步推进，群众生产生活条件进一步改善。

三、工业转型有了新突破

全力破解工业发展瓶颈制约，三大高端工业园区建设在逆境中艰难起步。锻造园区“三通一平”等基础设施建设基本完成，舜达 8000 吨生产线完成设备安装。铸造园区亿通 10 万吨汽车零部件铸造及机加工、永益 30 万吨铸管等项目加紧推进。翼钢优特钢升级改造项目规划调整经省经信委备案，居民搬迁完成三分之一，配套干熄焦项目土建工程基本完工。大力推进煤炭产业扩张延伸，首旺煤业 120 万吨坑口选煤厂投产运营，阳煤、晋煤 12 座整合煤矿技改工程全部开工，3 座基本完成。非煤矿山资源整合进度加快，5 座铁矿取得安全设施设计批复，达到复工建设条件。

四、城乡建设有了新变化

大力开展“环境建设年”活动，城乡环境综合整治取得阶段性成效。唐

创新实干

——奋力开创翼城转型跨越发展新局面

霸大道全线竣工，北环路开工建设，县城主干道拓宽改造全面完成，启动了唐霸文化公园、城西防洪排水等市政工程，集中供热供气面积进一步扩大。完成农村危房改造200户，国有工矿棚户区改造和保障性住房建设有序推进。实施了西南线道路改造，启动了重点产煤乡镇公路建设，农村客运公交化开通运营。城乡建设用地增减挂钩试点县获批，批复挂钩周转指标500亩，完成土地储备1200亩，单宗土地拍卖收益首破亿元。

五、民生事业有了新进步

汇丰及5个乡镇中心幼儿园相继开工，中小学校舍安全改造工程按期完成。教师队伍不断充实，教育资源配置更加优化。高考二本以上达线人数创历史新高，中考成绩继续保持全市领先。科技专利申请和项目申报实施数量显著增长。公立医院改革稳步推进，中医院附属楼主体完工。完成了7处文保单位修缮、佛爷山景区配套工程和坞岭抗日纪念馆主体工程建设。基本实现数字电视全覆盖。大力开展非物质文化遗产保护，我县被文化部命名为“民间文化艺术之乡”。就业再就业工作成效明显，城乡社保实现全覆盖，医疗救助资金足额兑现，低保、五保、部分优抚对象补助标准进一步提高。“低供煤”发放圆满完成。完成造林绿化3.1万亩，万元GDP能耗下降3.9%，城区空气质量二级以上天数达到362天，生态环境持续改善。

六、社会管理有了新成效

食品药品安全监管持续加强，医疗市场秩序明显好转。为全县20820名65岁以上老年人进行了免费体检，建立了电子健康档案。扎实开展“三关爱”活动，农村80周岁以上无固定收入老人全部纳入了低保范围。深入开展安全生产专项整治、“打非治违”和百日安全生产活动，安全生产形势持续稳定好转。集中开展打黑除恶、打击“两抢一盗”、网上追逃等严打整治专项斗争，推进社会治安综合整治“三项战役”，提升了公众安全感。实行县级领导轮流接访，进一步畅通了信访诉求渠道。突发事件应急预案体系不断完善，应对能力进一步提升。与此同时，人事、编制、统计、民族宗教、物价、气象、残疾人、档案、地震、儿童、工青妇和人民武装等工作，也都取得了新的成绩。

新的一年，翼城县将紧紧围绕“强力壮大钢铁、煤电、制造、林果四大主导产业，奋力建设富裕、繁荣、美丽、和谐新翼城”发展战略，坚持解放思想、改革创新，认真抓好“科学发展、安全稳定、作风建设”三件大事，大力推进“项目攻坚突破、农业增效发展、城乡强基提质、民生事业改善、社会管理创新”五项工作，着力实施十大重点产业项目和十大基础设施项目，办好十件惠民实事，积极推进20个重点预备项目，坚定信心，同心同德，克难攻坚，奋力赶超，不断开创转型跨越发展新局面，为建设富裕、繁荣、美丽、和谐新翼城，实现全面建成小康社会宏伟目标而努力奋斗。

县长杨春权调研浇底、隆化经济林 建设

县长杨春权调研翼众公司

县长杨春权在首旺煤业调研企业生产情况

县长杨春权在首旺煤业调研企业生产情况

太原钢铁（集

汪洋在太钢考察

袁纯清到太钢调研

太原钢铁（集团）有限公司（简称太钢，英文简称TISCO）始建于1934年，地处汾河之滨龙城太原。

太钢是集铁矿山采掘和钢铁生产、加工、配送、贸易为一体的特大型钢铁联合企业，也是目前全球最大、工艺技术装备水平最高、品种规格最全的不锈钢企业。

太钢致力于不锈钢、特殊钢和高等级碳素钢的研究开发和生产加工，拥有雄厚的研发实力和可靠的质量保障能力。太钢技术中心在全国729家国家认定企业技术中心中排名第二。目前已形成了以不锈钢、冷轧硅钢、高强韧系列钢材为主的高效节能长寿型产品集群，重点产品批量进入石油、化工、造船、集装箱、铁路、汽车、城市轻轨、大型电站、“神舟”系列飞船等重点领域和新兴行业。铁路行业用钢、双相钢、耐热钢、车轴钢、9%Ni钢等30多个品种国内市场占有率第一。

太钢坚持绿色发展，以科技创新和技术进步为支撑，大力倡导节约、环保、文明、低碳的生产和生活方式，坚持走新型工业化道路，走可持续发展之路，先后成功实施了干熄焦、煤调湿、焦炉煤气脱硫制酸、烧结烟气脱硫脱硝制酸、高炉煤气联合循环发电、高炉煤气余压发电、饱和蒸汽发电、钢渣处理、膜法工业用水处理、城市生活污水处理、酸再生、冶金除尘灰资源化、钢渣肥料制造等节能环保项目，万元产值能耗、吨钢综合能耗、新水消耗、烟粉尘排放、二氧化硫排放、化学需氧量排放等主要指标居行业领先水平。

太钢坚持推进国际化经营，实施海外资源开发，参与山西省内煤炭资源整合，推动煤钢战略联盟，构建起安全、稳定的战略供应链；加快建设不锈钢生态工业园，发展不锈钢深加工业，建设钢材加工配送中心，延伸产业链；整合资源，发挥优势，开展冶金工业新工艺、新技术、新材料和新装备的开发和成套技术输出；积极开展国际贸易，同美、德、法、英、日、韩、澳大利亚等80多

太钢高速铁路用钢技术签约

财务公司开业

太钢

团）有限公司

个国家和地区保持稳定的经济贸易关系。

2012年，太钢经受了新世纪以来最为严峻的考验。太钢全体干部职工迎难而上，奋发进取，经营绩效实现逆势增长，行业最困难的时期，成为太钢竞争力升最快的时期。全年钢产量首次跃上千万吨台阶，不锈钢产量继续稳定增长，实现营业收入140亿元，保持了较好的盈利水平。与此同时，太钢“十二五”转型跨越重点工程有序推进；产业链竞争力不断增强；绿色发展再创新水平；职工生活质量进一步改善。

世界最快轧机

世界最先进的精密带钢生产线

职工正在对产品进行质量把关

太钢2012年荣获“全国五一劳动奖状”、“六西格玛管理方法推广质量标杆示范单位”、“中国不锈钢发展杰出贡献企业称号”、“全球契约中国网络2012环境保护最佳实践”、“全国爱国卫生先进集体”等荣誉。太钢股份公司荣获“全国企业文化建设特殊贡献单位”，“太钢不锈”荣获中国企业五星品牌。

“十二五”期间，太钢将以科学发展为主题，以转型发展为主线，以科技创新为动力，以能力建设为核心，以队伍建设为保障，全面推进“三个转变”，坚持做强主业、多元发展、延伸发展、绿色发展、和谐发展，建设全球最具竞争力的不锈钢企业，到2015年，营业收入达到2000亿元以上，成为国内一流、世界著名的大型企业集团。

太钢开发出了具有世界领先水平和防伪技术的不锈钢材料——“太钢牌”造币钢

太钢在能博会

开工奠基

硅钢冷连轧工程

滨河苑小区竣工剪彩仪式现场

中国建设银行

建设银行山西省分行党委书记、行长高强

2012年，中国建设银行山西省分行认真贯彻落实国家宏观产业政策，积极应对复杂多变的经济形势,采取一系列有效措施，有力支持了山西省地方经济发展。该行紧紧抓住山西省作为国家资源型经济转型配套改革试验区的机遇，坚持“敢为人先”的精神，坚持“又快又好”的发展，各项业务实现了跨越式发展。全行资产负债、中间业务、资产质量和经营效益等主要业务在当地同业居于前列，在系统内位次大幅提升,多项指标创出历史最好成绩。

一、主要业务发展概况

2012年，建行山西省分行融会贯通核心理念，研究确定发展目标，快速推进改革措施，逐项跟进鼓舞激励，加快业务转型，强化风险内控，狠抓制度落实，资产质量双降，经营效益提升。

【各项业务持续快速发展，经营效益大幅提升】

截至2012年末，建行山西省分行各项存款余额2450.08亿元，较年初新增366.27亿元，同比多增287.69亿元；各项贷款余额1104.66亿元，较年初新增134.28亿元，增幅13.84%；中间业务收入13.5亿元，同比增幅得历史性的突破：不良贷款比年初减少2.96亿元；不良率比年初下降0.42个百分点。2012年实现税前利润35.37亿元，同比增盈9.41亿元，同比增幅36.25%。

山西省分行与山西电视总台签约

二、工作主要举措

【树立企业核心理念，确立“又快又好”发展目标】针对发展不足的现状，山西省分行党委确立了“强化危机意识和责任意识，提出了“以敢为人先的精神，以合规经营的行为，以又快又好的发展，打造服务最好的银行，创造公平公正的环境，让员工享受发展成果”的核心理念，作为山西分行未来追求、努力的方向。同时，号召全行树立一种意识“客户至上、员工为本”，弘扬一种精神“敢为人先、敢于超越”，强化一种观念“抓住不落实的事，追究不落实的人”，以实际行动“热爱山西，热爱建行，热爱山西分行”。在积极贯彻落实总行“十二五”规划要求的基础上，认真编制《山西省分行2012—2015年发展规划》，确立了系统内拼速度、争排名，同业间上份额、夺位次，大发展、快发展的工作目标。

建设银行山西省分行与山西国际电力签约

【紧抓地方发展机遇，密切银政合作关系】2012年，山西省在转型发展、跨越发展的道路上迈出了坚实的步伐，尤其是国家在山西省设立资源型经济综改区，使山西转型发展上升到国家战略层面。在研读山西发展的思路中，在与地方政府及企业的合作过程中，建行山西省分行紧紧地抓住了这一难得的机遇。2012年初，在与总行高层及山西省委省政府的多次接洽中，促成了双方战略合作协议的签署。2月6日，王洪章董事长、陈佐夫副行长赴晋调研，与时任山西省省长王君、常务副省长李小鹏举行座谈，双方签署了《中国建设银行与山西省人民政府战略合作协议》，为山西省对综改区的建设推进，为山西省分行积极融入地方经济建设和加快发展，创建了一个良好的平台。借此东风，山西省分行还与朔州、阳泉、吕梁、忻州、运城等多个市政府签订合作协议，进一步密切了银政关系。

建设银行总行与中国太原煤炭交易中心交易商推进会在山西太原召开

【信贷投放创出新高，小企业业务蓬勃发展】建行山西省分行积极贯彻执行总行“三大一高”战略，突出班子团队营销作用，最大限度地投入到与当地政府、企业的联系和业务营销中，加强与各级政府、机构客户、大中型集团客户，以及商会、企业联合会的高层拜访。尤其是在太原煤炭交易中心的项目营销中，在所有竞标银行中以总分第一名的成绩中标，既扩大了建设银行在当地的影响力，又促成了重点客户、龙头企业带动、促进业务发展的良好局面。全年信贷投放力度不断加大，累计投放518亿元，创出近年来新高。

建设银行参加微小企业路展

山西省分行

积极落实国家政策，年初即把小企业业务确定为战略性、基础性业务。在全省设立13个以“信贷工厂”为批量化业务运营模式的小企业经营中心，进一步完善服务体系，推动小企业业务飞跃发展。截至2012年末，小企业贷款余额47.7亿元，新增25亿元。与此同时，山西省分行在小企业产品创新方面也取得突破，在巩固“速贷通”等传统产品的基础上，推广了9种小企业特色产品，改变了以往产品使用单一的局面，申报的新产品—“商会通”已经通过总行审批并推广应用。

建设银行王洪章董事长参加与山西省政府签约

【提升合规经营意识，全面加强风险防控】建行山西省分行将“合规经营的行为”置于核心理念首要位次，作为“又快又好”发展的底线与根基，将加强基础管理，从严执行制度，作为提高全行合规经营的意识和制度执行力的必要手段与途径。始终坚持对违规、违纪行为“零容忍”，坚持从严执行制度，从严追究责任，尤其是针对个别项目暴露出的管理不力、违规操作、条件不落实就放贷问题，给予责任人较为严厉处分、处罚。全面传导责任意识，培育责任文化，逢会必讲合规经营与风险控制，树立“抓住不落实的事、追究不落实的人”观念，营造合规经营、全面风险管理、扎实干工作的氛围。

山西省分行团委为阳曲县杨兴乡学校捐款

【积极承担社会责任，树立良好社会形象】建行山西省分行与山西省总工会携手合作，以“融入民生建设，承担社会责任”为主题，创新推出了面向全省720万工会会员的“晋工龙卡”，并隆重举行了首批针对20万名困难职工帮扶济困的晋工龙卡发卡仪式，为20名困难职工代表现场发卡，为10余户特约商户代表授牌。借此机会，山西省分行万名员工共捐资100万元，为全省困难职工送上了温暖和爱心，体现了建设银行的大爱与责任，受到了地方政府及社会各界的广泛好评。为此，山西省总工会以党组名义，专门给建设银行总行党委写信给予高度评价。

山西省首批困难职工代表领取了“晋工龙卡”

三、2013年信贷支持举措

2013年是全面贯彻落实十八大精神的开局之年，是实施“十二五”规划承前启后的关键一年，是为全面建成小康社会奠定坚实基础的重要一年。建设银行山西省分行将继续发扬“敢为人先”精神，坚持“又快又好”，加强内控合规，加大各项工作力度，开创改革与发展的崭新局面。

建设银行金融进太钢社区

2013年，建设银行山西省分行将继续突出“以客户为中心”的政策导向，统筹考虑行业、客户、产品、区域因素，继续贯彻“进、保、控、压、退”的信贷政策，加强对产业结构调整的金融服务，积极支持全省经济建设。积极落实山西省煤炭、焦炭、冶金、电力等传统支柱产业调整和振兴规划，针对重点产业、行业和企业，一业一策、一企一策，量身定做差异化的综合金融服务方案，并在利率优惠、资金配置等方面给予倾斜，做实大企业直通车服务。尤其是在支持新兴产业规模化发展方面，将加大对山西省重点培育的装备制造、新型材料、煤化工等新兴支柱产业以及新能源、光伏及半导体照明、生物医药与育种、信息网络、节能环保等战略性新兴产业的支持力度。在三农和新农村建设方面，积极推广新农村建设信贷业务。优先在经济发展状况好、政府财政实力强及统筹城乡配套政策完善的地区先行试点，打造“城乡合”品牌，提升该行市场竞争力。

太原地区职工运动会召开

总之，2013年山西省的经济发展与全国态势会有所不同，仍然将继续保持较快势头，增长速度也将会超越全国平均水平。地方经济的强劲给力，区域经济的稳定发展，政策效应的不断释放，蕴含着无限机遇和先机，这些都将为山西建行的发展提供更为广阔的空间和平台。建行山西省分行将紧紧抓住外部发展这一机遇，借助山西经济发力这一平台，努力扩大资产负债规模，做强做实中间业务，全面实现自身跨越发展。

2012 年 9 月 10 日，总行与山西省人民政府在太原签署战略合作协议。董事长胡怀邦，山西省委常委、常务副省长李小鹏出席签约仪式

交通银行山西省分行党委书记、行长朱军先、党委委员、副行长秦新祥，党委委员、副行长梅津芝，党委委员、副行长曹栓利，党委委员、副行长马丽萍等领导出席晋中分行开业仪式

一、历史沿革简介

交通银行成立于 1908 年，是中国早期的四大银行之一。1987 年，交通银行重新组建，成为中国首家全国性股份制商业银行。2004 年，交通银行深化股份制改革，成为国内首家完成财务重组、首家成功引进外资战略投资者的国有商业银行和首家在境外公开上市的中国内地商业银行。

交通银行 1989 年在山西省成立分支机构，成立之初属支行建制，1992 年升格为辖属分行，1997 年升格为直属分行，2008 年正式更名为“交通银行山西省分行”。截至 2012 年末，全辖经营网点 45 个，其中在晋城、临汾、大同、朔州、长治、运城、阳泉等 7 个地市设立省辖分行，员工 1495 人。

二、业务发展概况

2012 年，交行山西省分行以“稳发展、促转型、控风险、抓改革、增效益”为总体要求，以山西“跨越转型”为发展契机，抢抓机遇，开拓奋进，呈现出主营业务快速发展、资产质量总体向好、内控管理扎实推进、经营效益稳步提升的良好态势，实现了又好又快发展。

截至 2012 年末，交行山西省分行本外币资产规模 784.95 亿元，比年初增加 147.47 亿元，增幅 23.13%；人民币各项存款余额 713.43 亿元，较年初新增 134.96 亿元，增幅 23.33%；人民币各项贷款余额 482.53 亿元，较年初新增 70 亿元，增幅 16.97%；中间业务净收入 3.12 亿元，同比增加 1.31 亿元，增幅 72.38%。资产质量实现“双降”，不良贷款余额 4.57 亿元，较年初减少 0.52 亿元；不良贷款率 0.94%，较年初下降 0.29 个百分点。全年实现税前利润 15.52 亿元，同比增加 1.17 亿元，增幅 8.15%。

三、工作主要举措

【以服务实体经济为导向，调整信贷结构】牢固树立服务实体经济的指导思想，充分发挥交行“国际化、综合化”的经营优势，通过加大信贷投放、表外业务融资、其他方式融资等措施，大力支持山西经济发展。全年累计投放信贷资金 286.13 亿元，通过表外业务以及资产池、租赁等融资方式为山西融入资金 306.02 亿元，为地方经济建设贡献一己之力。着力解决小微企业融资问题，优先支持吸纳下岗失业人员的小微企业，且执行基准利率。全年，分行小企业授信客户共 142 户，授信业务余额 6.3 亿元，较上年增加 2.02 亿。从行业投向看，重点支持实业制造及加工型小微企业，积极扶持科技环保型小企业，大力支持政府主导的“创业就业”工程。积极响应卫生部提出“先诊疗后结算”的诊疗流程优化服务模式，第一时间推出以“智康医院”产品为重点的“银卫安康”医疗卫生行业整体金融服务方案。现分行已在山大一院、山西省中西医结合医院成功投放“自助医院”设备，大大缩短了患者挂号、缴费、领取化验单的排队等候时间，有效支持了医疗单位信息化建设。

2012 年 9 月 10 日至 11 日，以“伙伴·共赢·新平台”为主题的交通银行“蕴通财富走进城市”山西站路演活动在太原成功举办

阳泉分行举行“六一”特别企划活动——童心看世界，用心感受

交通银行山西省分行 2012 激情奥运沃德嘉年华活动

长治分行积

山西省分行

交通银行平阳路支行营业大厅整体环境

交通银行平阳路支行沃德客户休闲区

交通银行高新技术开发区支行客户体验区

【以履行社会责任为己任，树立企业形象】作为中央驻晋企业，分行始终以履行社会责任为己任。一是积极参加公益活动。组织 300 名员工参加了由太原市政府组织的“植树节”活动，在晋源区建立的交通银行山西省分行绿化基地，被太原市委评为“生态绿化义务植树合格企业”。二是无私奉献社会。慰问太原市区值勤交警，赠送矿泉水 100 多箱，价值 1 万多元。三是支持地方经济发展。与武乡县政府举办政银企座谈会，签署战略合作签约。四是支持扶贫点新农村建设。通过支持举办篮球赛、募集客户善款支持当地教育事业、为村干部提供培训机会等，加大扶贫点——武乡县石北乡的支持力度，先后共投入资金 13 万余元。

【以优质银行服务为抓手，提升客户体验】坚持将服务作为立行之本，以提升客户体验为目标，着力打造“第一服务品牌”。通过严格考核机制、创新内部管理和加强业务培训保持分行在同业及系统内服务领先地位，为客户营造“营业网点亮丽、员工服务优质、设备运行完好、义务处理高效益”的优质服务窗口。2012 年 9 月，蕴通财富走进山西，时任胡怀邦董事长、钱文晖副行长亲莅分行，指导路演，并与山西省政府签署了战略合作协议。分行以此为契机，开展了“服务大战一百天”服务提升系列活动，实现了全行“业务无差错、服务零投诉、安全无事故”的目标，赢得了广大群众的认可和信赖。2012 年在银行业协会组织的服务示范单位评比中，分行营业部、河西支行、建北支行、开发区支行、平阳路支行、井西支行、晋城建设路支行与临汾分行营业部等 8 家单位荣获山西银行业协会“百家示范单位”，开发区支行、平阳路支行与井西支行等 3 家单位荣获中国银行业协会“千家示范单位”。

【以合规稳健经营为前提，促进转型发展】以案件防控为重点，全面加强风险管理。通过完善内控管理机制、强化员工行为管控、严格实施案防问责等手段，确保分行各项业务在合规稳健的前提条件下不断向前推进。2012 年，省分行本部内控评级继续保持 B+ 级，大同、朔州、临汾分行均保持 B 级，山西银监局也对分行的内控管理及案件风险防控工作也给予了充分肯定。

交通银行山西省分行大楼

新年文艺晚会闭幕式.

2012 年第三届职工运动会开幕式

齐心协力跑

拔 河

传月活动

基金业务客户经理关爱活动

柜员为客户办理业务

客户经理接待客户

邮政储蓄银行

2012年12月24日，省分行联合省个体劳动者协会、省民营企业协会召开了金融服务合作推进会

2012年12月23日，首届“邮储银行杯”太原市青年创富大赛圆满落幕

2012年，中国邮政储蓄银行山西省分行坚持科学发展和安全发展，始终秉承“进步与您同步”的理念，充分依托和发挥点多、线长、面广的网络优势，通过实施差异化服务，在服务城乡“二元经济”、“三农”、社区、商户、小微企业等方面发挥了重要作用，为全省经济社会建设发展做出了积极贡献。

一、各项收入稳步增长，为国家做出积极贡献。

2012年，全行实现业务收入21.04亿元，同比增长32.11 %。全年向国家缴纳所得税1.22亿元、营业税及附加0.62亿元，各项税项总计1.87亿元，为山西财政收入增长做出了积极贡献。

二、信贷保持高速投放态势，有力支持地方经济发展。

2012年，我行发放各类贷款133.9亿元，结余较年初增加38.88亿元，其中：个人贷款发放100.71亿元，较年初净增14.5亿元；小企业贷款17.01亿元，较年初净增8.68亿元；大中型企业贷款16.2亿元，较年初净增15.7亿元。

（一）支持山西转型综改试验区建设。我行依据山西省政府颁布的的各类产业调整和振兴规划，对规划范围内的同煤集团、阳煤集团、潞安集团、国新能源和天然气分别发放贷款4亿元、4.6亿元、3亿元、2亿元和2.6亿元，共计16.2亿元，支持山西资源型企业经济结构调整、转型、试点和兼并重组。

（二）大力服务农村经济发展。我行始终坚持服务农业、农村和农民的基本政策，立足全省，通过产品要素调整、产业链开发、扶持重点行业和特色产业等方式，不断满足“三农”客户需求，有力支持农村经济发展。全年累计为农村种植户、养殖户等6.88万户发放涉农贷款31.76亿元，占各项贷款发放的16.90%。

（三）积极助力小微企业发展。我行积极响应政府号召，加大小微企业扶持力度，采取多种措施，有效缓解小微企业融资难问题。全年累计为各类个体商户5.2万户，发放贷款63亿元；小企业贷款累计发放629户、17.01亿元，余额较年初净增8.68亿元，增速为117.29%。

（四）积极发展绿色环保贷款

我行将绿色环保理念贯穿于信贷经营管理中，不断创新“绿色信贷”管理模式和调控手段，深入推进“绿色信贷”工程建设，坚持“淘汰环保不达标客户”与“鼓励环保优秀客户”并重，将政策措施推向标准化、精细化，环保优秀类客户占比持续提高，有效促进了信贷业务的健康持续发展。

（五）加大创业就业扶持力度

为大力支持下岗失业人员、农村青年创业、大学生村官创业、妇女创业等，我行积极与省人社厅就业局联合推动，开展再就业小

大同市分行在浑源县西留乡召开支持县域农村经济发展暨信用村镇建设现场推进会

2012年9月22日，忻州市分行在市和平广场举办“服务三农 回馈社会”文艺晚会活动

晋城市分行开展邮储银行杯青年创富大赛活动

大同市分行信贷人员深入农民田间地头开展调研

运城闻喜县支行信贷员对凹地辛村中药材加工户进行贷前现场调查

晋城陵川县支行工作人员深入学校向学生宣传人民币知识

山西省分行

额担保贷款业务。各分支行通过与当地人社局、财政局积极沟通，分层对接，阳泉市分行、吕梁交城和方山县支行、晋中寿阳县支行均开办了再就业小额担保贷款，保证金已到位1865万元，累计发放贷款25笔145万元。运城市分行积极响应运城市劳动就业部门的号召，支持下岗失业人员再就业。

三、各项存款增速迅猛，经营规模不断扩大。

截至2012年末，全行各项存款余额1816.37亿元，较年初新增170.07亿元，增幅10.33%。其中：个人存款余额1566.15亿元，较年初新增159.4亿元，增幅11.33%；单位存款余额250.22亿元，较年初新增10.67亿元，增幅4.45%。

（一）个人存款快速增长，但结构仍需进一步优化。

2012年，全省邮政储蓄存款增长迅速，增幅达到10.33%。全年新增存款中活期存款新增25.72亿元，占比16.13%。截至年底，个人存款活期比为32.58%，较年初下降1.85个百分点，结构需进一步优化。

（二）公司业务发展平稳，存款余额小幅微增。

2012年，我行公司业务发展平稳，存款余额稳步扩大。公司存款全年新增10.67亿元，增幅4.45%。全年新增存款中活期存款新增8.8亿元，占比为82.5%。截至年底，公司存款活期比为83.8%，与年初基本一致。

四、不断加强能力建设，取得显著成效。

我行以效益提高和案件防控为目标，内控管理扎实有效，服务能力全面提升，文化建设成效明显，各项工作均取得了较好成绩。

（一）风险防控得到巩固。按照商业银行内控要求，推进全面风险管理体系建设，加快审计队伍专业化，强化“三道防线”协同联动，采取网点资金安全达标升级、风险经理派驻、综柜上收、违规积分、人员排查、邮银联防等举措，创新开展集中式审计、风险分类分级检查、操作行为规范达标、“最有价值的风险提示”评选等活动，取得了显著的防范效果。全年累计督导整改问题31486个，整改率达94%；累计对各类违规行为处罚金额达102.71万元；共对全省4584人进行了负向积分，占全省邮储从业人员的30.24%，起到了很好的警示教育和震慑作用。

（二）能力建设获得提升。加大物理网点建设和终端科学布放同时，将工作重心向电子银行业务转移，着力构建与经济发展、能力提升、业务扩张相适应的渠道服务体系。2012年，新建、迁址、装修改造一类网点24个，网点布局更加合理，网点形象进一步提升；全省电子银行柜面交易替代率大幅提高，年末达到13.84%；组建了947人的客户经理队伍，占总人数的14.59%，立体多元化营销服务体系成形；全年加大客户投诉考核和问责力度，整体服务管理水平和客户满意度得到提升。

（三）文化建设有了新成效。始终将企业文化建设纳入企业长远发展战略，突出合规文化和发展文化建设，多措并举增强员工对合规的认知性和自觉性，让合规理念“扎根”。同时，围绕职工切身利益，通过实施“素质提升工程”、提高薪酬福利水平、建立“职工小家”、食堂和单身宿舍等措施，“五险”覆盖所有劳务工，还为部分优秀劳务工缴纳了住房公积金，员工福祉大幅提升。

2013年，我行将紧紧围绕全省转型跨越发展的总体战略，充分发挥邮储银行覆盖城乡二元经济的天然优势，继续以支持地方经济发展和为社会大众提供金融服务为己任，努力履行企业社会责任。通过根植百姓，立足城乡，大力推进金融产品的创新，积极扶持“三农”、商户、和小微企业发展，为山西走出资源型地区转型跨越发展新路、全面建成小康社会努力奋斗。

运城市分行信贷员在柴家庄村蛋鸡养殖场进行贷后现场调查

运城闻喜县支行信贷员对凹地辛村中药材加工户进行贷前现场调查

忻州市分行在市人民公园参加“金融知识普及活动

朔州市分行在春耕期间，为窑子头乡前寨村送去价值3万多元的化肥

2012年8月16日，晋中市分行积极参与晋中市防范和打击非法集资宣传活动

品质 智慧

上海浦东发展银行太原分行自2004年4月28日成立以来，在省委、省政府和监管部门的关心支持下、在总行的正确领导下，全行上下以科学发展观为统领，以融智创新为经营动力，以承担社会责任为己任，秉承“笃守诚信 创造卓越”的经营理念，依靠“天地生人，有一人应有一人之业；人生在世，生一日当尽一日之勤”的晋商创业精神，创造性地将浦发银行锐意进取、创造卓越、胸怀全球的鲜明时代性与晋商文化诚信为本的传统精髓融会贯通，逐渐将太原分行打造成为倍受当地社会尊重的银行之一。

太原分行与太原不锈钢产业园区举行战略合作签约仪式

稳健经营 创新发展

浦发银行太原分行作为上海浦东发展银行设在太原辐射山西的省级分行，始终坚持贯彻浦发“新思维 心服务”的战略思路，不断增强“以客户为中心”的核心竞争能力，各项主营业务增速一直保持了强劲的发展态势。截止2012年末，浦发银行太原分行资产总额已突破700亿元大关，全省机构网点发展到21家，其中，同城设立了12家支行，并在晋中、忻州、长治、运城、朔州及其辖内县市设立了8家异地分支机构，在晋城成立了1家村镇银行。分行异地机构覆盖面位居山西同类股份制银行之首，并且连续九年保持了“无案件、无重大事故、全行资产质量较好”的纪录，初步实现了规模、效益、质量的协调发展。

开业九年来，浦发银行太原分行始终将自身的经营发展与山西经济发展紧密结合，重点支持了山西省基础设施和民生工程建设，为山西省煤炭、交通、铁路、水利、冶金、电力等一批省内重点工程项目提供了资金支持。重点支持了山西省煤炭资源整合和煤炭行业发展，为我省一大批龙头企业和地方骨干企业提供了支持。2005年，主承销山西省内首只短期融资券——阳煤集团10亿元短券；2006年，重点打造的中小企业金融服务方案，受到了中国银监会的全国通报表扬；2007年太原浦发成功发行了浦发系统、山西同业最大规模的人民币理财产品—太钢集团信托理财计划；2008年，首家承销了山西省最大的中长期债券---山西焦煤集团27亿元中期票据；2009年，按照“全行推、全行办”的中小业务经营方针，率先成立了中小企业经营中心和山西同业首家中小企业专营支行；2010年，在并购贷款、动产质押、企业年金、代付赢、公司网银等十一大领域得到突破创新；2011年成功办理了省内股份制商业银行首笔跨境人民币直接投资业务——晋中龙城高速跨境人民币代付业务。2012年浦发银行又成功入围中国（太原）煤炭交易中心8家合作银行之一，为推动全国各级各类煤炭生产、经营单位通过交易中心煤炭现货交易平台进行交易做出突出贡献。并在全省首家推出了“山西省儿童医院、妇幼保健院医疗‘诊疗卡’”；与山西省人力资源和社会保障厅签订社会保障“一卡通”建设战略合作协议，标志着正式以银政合作的形式加大对消费领域投入，将金融服务融入社保千家万户。

与此同时，浦发银行太原分行始终坚持“向零售业务转型”的方针，以“新思维、心服务”的理念积极服务大众、奉献社会，打造了以商旅出行、文体健身、名师大讲堂等为特色的增值服务体系以及“卓信贵宾理财”、“出国留学一站通”、“传承的不只是财富”私人银行等品牌形象，拓宽了个人金融服务的外延。积极发挥银行卡的社会服务功能，全力促进金融创新和服务民生的有机融合、互动发展，为顺利实现战略转型和客户经营结构有效调整奠定了坚实基础。

情系灾区 爱心助学 浦发银行太原分行向震区儿童捐赠教学设备

九年间，浦发银行太原分行以“品质 智慧 奉献社会”为宗旨，竭诚支持实体经济发展，累计为1万户公司客户投入各类信贷资金达2500多亿元，主要投向关系国计民生的省内重点工程项目和我省支柱产业。积极支持民生工程，为中小企业和50余万户个人客户提供了优质高效的金融服务，累计为2500户中小企业和个人客户融通资金近千亿元以上，有力地支持了山西经济建设和民生事业发展。

社会责任 奉献爱心

浦发银行太原分行在“行之以礼，出之以仁，成之以信，守之以诚”的企业社会责任理念引领下，在做好银行自身经营的同时，积极探索金融创新，大力推进经营模式转型，不断提升金融服务品质、完善金融服务功能，切实履行金融服务社会、金融服务民生、金融服务大众、金融惠及百姓的银行企业社会责任。

按照“转型发展、创新驱动”的战略发展规划，坚持将中小企业作为转型发展和践行社会责任的重要抓手，明确“全行推、全行办”的中小业务经营方针，全力支持我省中小企业发展。在经营指标上，坚持“规模优先、计划单列”；在客户服务上，坚持“中小微并进、强化批量带动”；在信贷投向上，重点支持“绿色信贷”、“转型升级”、“民生消费”、“小微

奉献社会

——上海浦东发展银行太原分行

农业”四个领域；浦发银行始终主动了解广大中小企业客户特点和融资需求，不断摸索、大胆尝试，逐步建立了从客户出发且符合实际的中小企业信贷服务体系。针对中小企业金融服务推出了“五宝一厂”等一系列金融产品，前瞻性地提出了支持百家名优地方特产的中小业务发展战略，先后支持六味斋、老陈醋、双合成、汉波枣业等42家中华老字号、非物质文化遗产和地理标志客户；积极开拓涉农企业市场，开创了新业务模式“农贷通”，有力地支持了县域经济发展。截至目前，全行已拓展中小企业客户800余户，累计为全省中小企业融通资金550亿元以上，在市场上形成了“携手、成长、共赢”的中小企业融资品牌和助力中小企业发展的良好口碑。

在深耕金融服务的同时，浦发银行太原分行将奉献爱心内化为经营发展的重要组成。建行至今，累计为革命老区群众、灾区群众、残疾人、贫困学子、空巢老人等社会特殊群体及“红十字”、“红丝带”、希望小学、环保项目等社会公益事业捐款捐物达600余万元。先后荣获“山西省劳动竞赛一等功”、“山西省五一劳动奖状”、“山西省金融系统支持地方经济发展贡献奖”、“山西省社会责任优秀企业”、“山西省环保公益事业先进单位”、“山西省‘百姓喜爱的银行’综合互动调查第一名”、“信贷政策传导评估先进单位”、“支持太原中小企业转型跨越发展贡献突出单位”等荣誉，真正实现了“品质 智慧 奉献社会”的追求。

科学管理 用心服务

九年间，面对金融危机和后危机时期复杂多变的经济金融形势以及日趋白热化的同业竞争态势，浦发银行太原分行始终坚持科学发展。根据建设现代金融服务企业的内在要求，以敏锐的政策洞察力及敏感的市场反应力，从宏观层面加强对战略决策的管理，从而实现了在复杂多变的环境中能够始终准确把握正确的发展方向。

经过九年的发展壮大，浦发银行太原分行的风险管控能力进一步加强，精细化管理水平进一步提高，已逐步实现了由风险管理向管理风险大格局的转变，全行风险防范意识与合规文化氛围进一步增强。与此同时，分行坚持“以人为本”，采用科学、规范的考核模式，实现了中高层管理干部管理能力、经营能力、领导能力的稳步提升。在员工队伍建设中注重爱岗敬业意识、职业操守教育和业务技能培训，打造浦发人本文化平台，以严格的管理机制、科学的激励约束机制和完善的培养机制，有效提高了员工的忠诚度和业务能力，保障了职业操守的纯洁性。

文化入市 文化兴行

成立至今，浦发银行太原分行将“诚信为本”的晋商精神和“敢为人先”的浦发文化紧密融合，以文化拼抢市场、以文化赢得口碑、以文化凝聚人心，积淀了特有的班子文化、团队文化、员工文化、信贷文化、家园文化等多元素浦发文化，锻造出一支敢打硬仗、甘于奉献的浦发生力军。从“九九重阳节”孝亲感恩日到员工有困必访、有难必帮，从员工演讲比赛、征文活动到每年的行庆等活动，从诠释忠诚党性主题教育活动到关注员工的职业生涯规划，充分体现着浦发银行对员工的关爱，及员工对浦发银行的认同感和归属感。

路漫漫其修远兮，吾将上下而求索。在锦绣汾河之畔，在巍巍太行之巅，全体山西浦发人将继续以“昔日晋商通天下，今日浦发融万家”的夙愿，以全力支持山西经济发展和服务百姓民生为己任，借助浦发总行位于上海国际金融中心的区位优势和晋商故里以信制利的传统精髓，以党的十八大精神为指引，坚持稳中求进，坚持科学发展，为实现

浦发银行太原分行参与关爱空巢老人行动

太原分行开展希望工程爱心助学活动

低碳让生活更美好志愿者活动

太原分行慰问省城交警

山西省住房和城乡建设厅

太原市一景

大同市富乔垃圾发电厂主控室

五老峰

襄垣污水处理厂

长治人民公园

运城市姚暹渠：昔日的“龙须沟”今日的清水河